地球の歩き方 D21 ● 2025〜2026年版

ベトナム

Vietnam

JN050394

COVER STORY

ハノイに続き、ホーチミン市にも同市初となる都市鉄道のホーチミン・メトロ1号線がいよいよ2024年夏に開通予定。建設工事にともなって、町のトレードマークのひとつでもあったベンタン市場前のロータリーは解体され、周辺は7年弱の間、封鎖されていました。1号線開通を目前に市場前はきれいに整備され、市場脇に設置された地下鉄入口もお目見え。ロータリーの騎馬像も再設置される予定です。鉄道開通によって交通インフラが整い、渋滞緩和はもちろん都市の発展につながることが期待されますが、そう遠くない将来、バイクの洪水は見られなくなるかもしれません。

地球の歩き方 編集室

VIETNAM  CONTENTS

279 都市ガイド 北 部

393 旅の準備と技術編

433 ベトナム百科

COLUMN

出発前に必ずお読みください！　旅の健康管理とトラブル対策について …… 427、429

歩き方の使い方

本書で用いられる記号・略語

住 住所
通り名のあとの St. や Rd. は省略しています。階数を表す○Fは現地表記の階数を、通り名の次の Q. 1 は Quận 1（第1区）の略で、地区名を表しています。

☎ 電話番号
固定電話の電話番号は市外局番から記しています。

URL ホームページアドレス

E-mail eメールアドレス

営 営業時間
L.O. はラストオーダーの時間を記しています。

開 開館時間

休 休業日・休館日
ベトナムでは多くの公共機関、レストラン、ショップは、祝日とテト(旧正月)の3日～1週間は休館・休業となります。本書ではそれ以外の休業日・休館日について記載してあります。

料 料金

カード 使用可能なクレジットカード

予約 予約の必要度合い

町名の日本語読みです。

中国との貿易でにぎわう国境近くの町

MAP 折表-1B

ランソン

ランソンの市外局番 0205

Lạng Sơn

ランソンはハノイの北東約150kmに位置し、中国の国境までは約15km。1979年の中越紛争（→P.442）時には中国軍の侵攻を受け、町は大半が破壊されたが、中国との国交が正常化した現在では活気を取り戻している。

にぎやかなランソンの町なか

中国との盛んな国境貿易を物語るように、市場では中国から輸入された電化製品、食器、漢方薬の材料らしき物などが並べられている。また、黒い民族衣装を着たヌン族の人たちの姿も見られる。

両替
町なかにはいたるところに銀行があり、USドルや中国元などからベトナム・ドンへの両替が可能。日本円の両替はできない。

見どころ Sightseeing

岩山からの眺望も楽しめる鍾乳洞
タムタイン洞窟（三清洞）
Động Tam Thanh　MAP P.386-1A参照　Tam Thanh Cave

町外れの小高い岩山の中に鍾乳洞があり、山腹に寺も建てられ人々の信仰を集めている。鍾乳洞内は美しくライティングされており、見学も可能だ。また岩山の頂上からは、ランソンの町と、のどかな田園風景が見渡せる。

タムタイン洞窟（三清洞）
☎なし　開6:00～18:00
休無休　料2万ドン

タムタイン洞窟の奥はライティングされているが、足元が暗い。懐中電灯があると便利

仏教寺がある美しい鍾乳洞
ニタイン洞窟（二清洞）
Động Nhị Thanh　MAP P.386-1A参照　Nhi Thanh Cave

タムタイン洞窟と同じく鍾乳洞があり、内部はライティングされている。ここにも仏教寺があり、聖なる場所とされている。

ニタイン洞窟（二清洞）
☎なし　開7:00～17:00
休無休　料2万ドン

アクセス ACCESS

ランソンへの行き方
●列車
ハノイ駅からのランソン行きの便は2024年3月現在、運休中。また、ハノイのザーラム駅からドンダン（→P.386）経由で中国・南寧行きの列車が火・金曜21:20発の週2便運行していたが、2024年3月現在、運休中。再開は未定。
●バス
ハノイのミーディン・バスターミナルから5:00～18:00の間に20分間隔で運行。15万ドン、所要約5時間。同ザップバット・バスターミナルから6:00～16:30の間に30分間隔で運行。10万ドン、所要4～5時間。ハザンからも便がある。

ランソンからの交通
●列車
ハノイ駅への便は2024年1月現在、運休中。また、中国・南寧からハノイのザーラム駅行きの列車がドンダン1:55発の1便運行していたが、2024年3月現在、運休中。再開未定。
●バス
ランソン北バスターミナル（Bến Xe Phía Bắc Lang Sơn MAP P.386-1B参照）から4:35～17:00の間に、ハノイのミーディン・バスターミナル、ザップバット・バスターミナル行きが頻発。15万ドン～、所要約3～5時間。ランソン市内またはドンダンからもバスが頻発しており、乗降場所の送迎サービスを含むバスもある。URL vexere.comでオンライン予約が可能。

385

紹介している地区の市外局番を指しています。

町名のベトナム語表記です。

紹介している地区の場所を★印で指しています。

紹介している見どころの日本語読みとベトナム語表記です。星の数は見どころのおすすめ度を表しています。

地図上の位置を指します。MAP P.386-1A の場合は、P.386 の地図の 1A の範囲にあることを示しています。折は巻頭の折り込み地図を示しています。

紹介している見どころの英語表記です。

町への行き方、その町からほかの町への行き方が記してあります。

✉ **読者投稿**　Voice **編集部からのプチ情報**

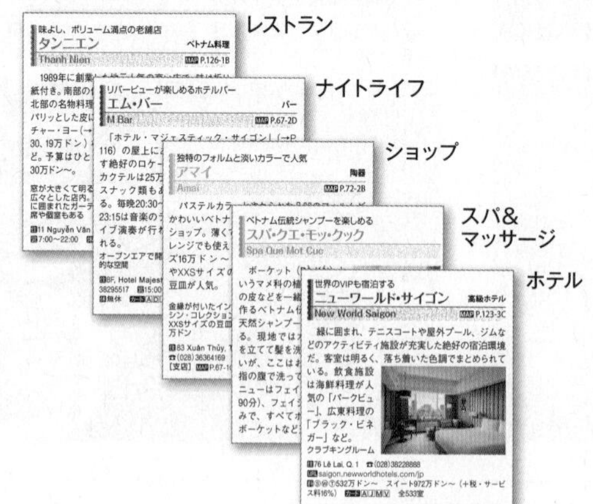

ホテル、レストラン、ショップ（主要物件）の名称は、原則として日本語読み、もしくはアルファベットで表記してありますが、ベトナム語は地方によって発音が異なります。本書ではなるべく、その地方の発音に近いカタカナ表記にしています。
高級ホテル、中級ホテルなどのホテルのカテゴリーは、料金だけでなく、立地、施設の充実度、コンセプトなど、日本人にとっての利便性を考慮して分けてあります。
ドミトリー以外の部屋のタイプの料金は1部屋当たりのものです。また、本書では断りがない限り、正規料金で記載してあります（ホテル事情→ P.425）。
Ⓢシングルルーム
Ⓦダブルルーム
Ⓣツインルーム
Ⓓドミトリールーム

地 図 凡 例

- 見どころ
- ホテル
- レストラン、カフェ
- ショップ、スパ、マッサージ
- ナイトライフ
- 銀行
- 郵便局
- 病院
- 学校
- バスターミナル、バス停
- トイレ
- ガソリンスタンド
- タクシー乗り場
- 寺、廟、祠
- 教会
- モスク
- 市場
- 映画館
- 航空会社
- 旅行会社&ツアーオフィス
- 公安（警察）
- ツーリストインフォメーション

基本的に記事で紹介しているすべての町の見どころ、ホテル、レストラン、ショップなどは地図上に位置を記してあります。ただし、掲載地図範囲にないものは☞でその方向を示してあります。

住 住所
☎ 電話番号
URL ホームページアドレス
E-mail eメールアドレス
日本の予約先 日本国内の予約先
営 営業時間
開 開館時間
休 休業日・休館日
料 料金
カード 使用可能なクレジットカード
　A アメリカン・エキスプレス・カード
　D ダイナースクラブカード
　J JCB カード
　M マスターカード
　V ビザカード
予約 予約の必要度合い
ドレスコード ドレスコード

■掲載情報のご利用にあたって

編集部では、できるだけ最新で正確な情報を掲載するよう努めていますが、現地の規則や手続きなどがしばしば変更されたり、またその解釈に見解の相違が生じることもあります。このような理由に基づく場合、または弊社に重大な過失がない場合は、本書を利用して生じた損失や不都合について、弊社は責任を負いかねますのでご了承ください。また、本書をお使いいただく際は、掲載されている情報やアドバイスがご自身の状況や立場に適しているか、すべてご自身の責任でご判断のうえでご利用ください。

■現地取材および調査時期

本書は、2023 年 8 月から 2024 年 3 月の取材調査データを基に編集されています。しかしながら時間の経過とともにデータの変更が生じることがあります。特に飲食店などの料金は、旅行時点では変更されていることも多くあります。また現在、ホテル、レストラン、ショップなどの料金表示は US ドルからベトナム・ドンへと移っています。本書では取材時に各店が提示する通貨単位での料金を記載しているため、US ドルとベトナム・ドンが混在しています。さらに、ベトナムでは長年、値段は売り手と買い手の交渉によって決められるという習慣があります。現在は、都市部を中心に定価販売の店も増えていますが、値段交渉が有効な所も多く残っています。したがって、本書のデータはひとつの目安としてお考えいただき、現地では観光案内所などで、できるだけ新しい情報を入手してご旅行ください。

■発行後の情報の更新と訂正情報について

本書発行後に変更された掲載情報や訂正箇所は、「地球の歩き方」ホームページの本書紹介ページ内に「更新・訂正情報」として可能なかぎり最新のデータに更新しています（ホテル、レストラン料金の変更などは除く）。下記 URLよりご確認いただき、ご旅行前にお役立てください。

URL www.arukikata.co.jp/travel-support

■投稿記事について

投稿記事は、多少主観的になっても原文にできるだけ忠実に掲載してありますが、データに関しては編集部で追跡調査を行っています。投稿記事のあとに（東京都 ○○ '23）とあるのは、寄稿者と旅行年度を表しています。旅行年度のないものは 2019 年以前の投稿で、2023 年 8 月から 2024 年 3 月にデータの再確認を行ったものには、寄稿者データのあとに調査年度を入れ['23]、['24] としています。読者投稿は文頭に✉を付けて掲載しています。

ジェネラルインフォメーション

ベトナムの基本情報

▶多民族国家ベトナム→ P.449

▶ベトナム人の信仰→ P.460

▶旅のベトナム語→ P.462

北部山岳地帯には少数民族が多く暮らす

国　旗
ベトナム国旗は金星紅旗（コー・ドー・サオ・ヴァン：Cờ Đỏ Sao Vàng）と呼ばれ、旧ベトナム民主共和国（北ベトナム）の国旗として1945年に制定した旗を、南北統一（1976年）後も使用している。

正式国名
ベトナム社会主義共和国
Socialist Republic of Viet Nam

国　歌
ティエン・クアン・カー Tiến Quân Ca

面　積
33万1690km^2。日本の約90%

人　口
約1億30万人（'23年）

首　都
ハノイ。人口約844万人（'22年）

国家主席（元首）
2024年5月現在、未定
国家主席代行はヴォー・ティ・アイン・スアン Võ Thị Ánh Xuân

共産党書記長
グエン・フー・チョン Nguyễn Phú Trọng

首　相
ファム・ミン・チン Phạm Minh Chính

政　体
社会主義共和制

民族構成
キン族（ベト族）が約86%。そのほかに53の少数民族が存在している。

宗　教
約80%が仏教徒。そのほか、キリスト教（9%）、イスラム教、カオダイ教、ホアハオ仏教、ヒンドゥー教など。

言　語
公用語はベトナム語。文字はクオック・グー（Quốc Ngữ）を使用する。外国人や旅行者を相手にする所では英語がよく通じる。店によっては日本語が通じることもある。ほかに年配者にはフランス語やロシア語が通じることもある。

通貨と為替レート

VND

▶旅の予算→ P.394

▶通貨と両替→ P.419

通貨単位はドン(Đồng ＝ VND)。使用されている紙幣は100、200、500、1000、2000、5000、1万、2万、5万、10万、20万、50万ドンの12種類だが、100、200ドンはほとんど流通していない。硬貨は200、500、1000、2000、5000ドンの5種類あるが、こちらも流通していない。

また、以前流通していたUSドルは決められた場所以外の取引は禁じられており、基本的に流通はしていない。

1円≒160ドン
1US$ ≒ 2万5345ドン
1ドン≒ 0.0062円（1000ドン≒6円）
（2024年5月現在）

紙幣は桁数が大きく、柄が似ているので間違えないように

コインは、ほとんど流通していない

国際電話のかけ方

▶通信と郵便→ P.422

日本からベトナムへの電話のかけ方

国際電話識別番号		ベトナムの国番号		市外局番（頭の0は取る。各町の項参照）		相手先の電話番号
010※	＋	84	＋	××	＋	1234567

※携帯電話の場合は010のかわりに「0」を長押しして「＋」を表示させると、国番号からかけられる
※ NTTドコモ（携帯電話）は事前にWORLD CALLの登録が必要

入出国

ビ　ザ
入国時点で6ヵ月間以上の残存有効期間があるパスポートを有する日本国民に対しては、45日以内の滞在に限りビザは不要。46日以上滞在する場合はビザが必要。オンラインで申請・受領するeビザは、90日間滞在可能で、入出国が1回に限られるシングルビザ(25US$)と有効期間内なら何度でも入出国が可能なマルチプルビザ(50US$)が選べる。所要3業務日。eメールで送られてくるeビザを印刷し、入国時に提示する。

パスポート
ビザ取得時(ビザなしの場合は入国時)に6ヵ月以上の残存有効期間が必要。

▶ビザ→P.401
▶入国の手順→P.403
▶出国の手順→P.405

日本からのフライト時間

日本から直線距離で約3600km。ホーチミン市までは、成田国際空港と羽田空港から6時間〜、関西国際空港からは5時間30分〜、中部国際空港からは約5時間45分、福岡空港からは約5時間20分。ハノイまでは、成田と羽田から5時間20分〜、関空からは5時間〜、中部からは5時間15分〜、福岡からは約4時間30分、広島空港からは約4時間50分。ダナンまでは、成田から約5時間55分。
※いずれも直行便での所要時間。

▶ベトナムへのアクセス→P.398

ビジネスアワー

以下は、一般的な営業時間の目安。ショップやレストランなどは店によって異なる。

銀　行
月〜金曜8:00〜11:30、13:00〜16:00。日曜、祝日は休み。土曜は営業する所もある。営業時間中は両替が可能。

ショップ
9:00〜21:00。

レストラン
10:00〜22:00だが、6:00オープンや24:00まで営業する所もある。また、高級店はランチタイムとディナータイムの間に、2〜3時間クローズする所が多い。

時差とサマータイム

時差は日本の2時間遅れ。日本の正午はベトナムでは午前10:00となる。サマータイムはない。

祝祭日

日付	祝祭日
1/1	元日
1月 旧暦の大晦日と1/1〜1/3 (※2025年の元日は1月29日)	テト(旧正月)
3月 旧暦の3/10 (※2025年は4月7日)	フンヴオンの命日
4月 4/30	南部解放記念日
5月 5/1	メーデー
9月 9/2	国慶節(独立記念日)

※2024年の国慶節は、3日(火)も休日となり3連休になる予定。

ベトナムでは、テト(旧正月)に縁起物のキンカンを飾る。テト前は町のあちこちにキンカンを売る市が立つ

ベトナムから日本への電話のかけ方

国際電話識別番号 00 ※1 ＋ 日本の国番号 81 ＋ 相手先の電話番号(市外局番の頭の0は取る) XX-1234-5678 ※2

※1 ホテルの部屋からは、外線につながる番号を頭に付ける。
※2 携帯電話などへかける場合も、「090」「080」などの最初の0を除く。

▶日本語オペレーターに申し込むコレクトコール
・KDDI　ジャパンダイレクト 120-81-0010

インターネット

Wi-Fi

Wi-Fi
ベトナムのインターネット環境は整っており、各空港をはじめ、ホテル、レストラン、カフェなどあらゆる所でWi-Fiが無料で使える。

▶通信と郵便→P.422

気候

▶旅のシーズンと持ち物 → P.396

ベトナムは南北に細長く気候は地域によって多彩に変化する。また変化に富んだ自然景観も楽しめる。写真はニャチャン

旅行の ベストシーズン

●南部
雨が少なく、湿度も下がる11～3月。

●中部
ビーチを楽しむなら乾季のなかでも晴天が多い5～8月。観光メインなら暑さもさほどではない3月中旬の乾季に入って間もない頃。

●北部
雨が少なく、気温も下がる10～11月。

ベトナムには明確な雨季があり、スコールもある。そのためバイク、自転車用の雨合羽はさまざまなタイプがあり、少々の雨ならこれで十分

ベトナムは全体としては高温多雨で、熱帯モンスーン気候に属している。しかし、南北に細長い国土のため、同じ時期でも地域によって気候は大きく異なる。特に冬（11～3月）は、北部では朝晩はジャケットを必要とするほど冷えるが、南部では日中30℃を超える日が続く。出発前に目的地の気候を調べ服装を整えよう。ウェブサイトは右記のようなものがある。

日本気象協会 tenki.jp
URL www.tenki.jp/world

ホーチミン市と東京の気温と降水量

南部

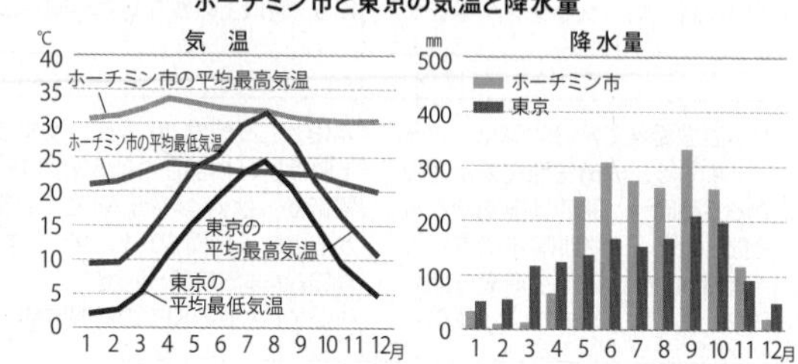

ダナンと東京の気温と降水量

中部

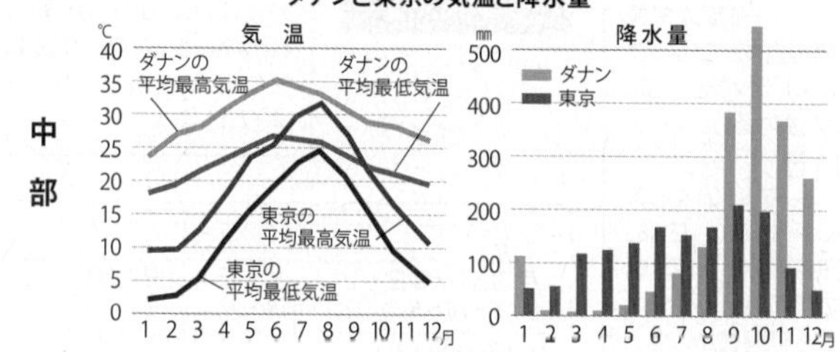

ハノイと東京の気温と降水量

北部

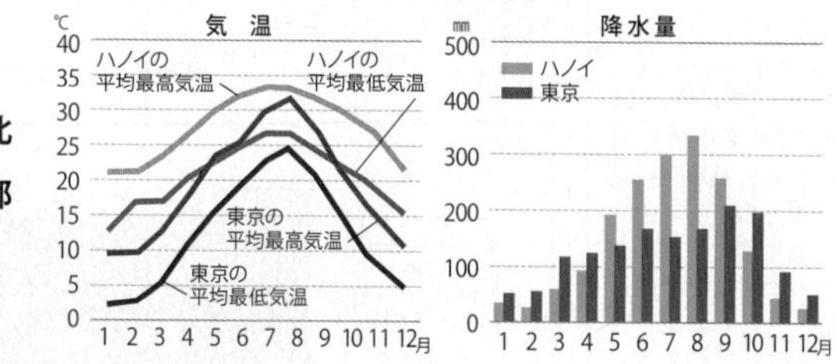

電圧とプラグ

左からA型、C型、SE型の変換アダプター

電圧はほとんどが220Vで、まれに110Vがある。周波数は50Hz。プラグはA型とC型の複合型が多く、A型、C型、まれにSE型とBF型がある。日本の100V用電気製品を使用するには、変圧器が必要。中級以上のホテルであれば、変圧器を借りることも可能。日本の電気製品でも、100～240V対応の物であれば変圧器なしで使用できるため、使用予定の電気製品の説明書を読んでおこう。ただし100～240V対応製品でもプラグの変換アダプターは必要となるため要注意。

ビジネス利用の多い都市部のホテルでは、数は少ないがLANケーブルの差し込み口が設置されている所も

チップ

チップの習慣はなく、基本的に不要。

レストラン
高級店以外では不要。高級店でも、サービス料が付加されている場合は不要。

ホテル
ベルボーイやルームサービスに対しては、2万～5万ドン程度。

ツアーガイドやドライバー
プライベートツアーの場合、1日5万～10万ドンくらい。格安ツアーの場合は渡さなくてもOK。

マッサージやスパ
渡す場合は5万～10万ドンを目安に。料金にチップやサービス料が含まれている場合もあるので確認を。

タクシー
不要。

飲料水

ベトナムの水道水は日本の軟水とは異なり、硬水※。水道水は衛生面に問題があるため、飲まないほうがよい。ミネラルウオーターは町なかの商店をはじめ、あらゆる場所で売られている。種類にもよるが500mLで4000ドン～。

※硬水はカルシウム、マグネシウムなどの含有量が多い水。軟水は逆に少ない。

さまざまな種類のミネラルウオーターが売られている。内容量も500mL、1L、2Lなどがある

DVD

DVD購入の際はリージョンコードの確認を忘れずに。日本のリージョンコードは「2」、ベトナムは「3」のため、「All code」と明記されている物でないと日本では見られない。なお、アニメや映画などのDVDコピー商品は日本に持ち込めないので注意。

郵　便

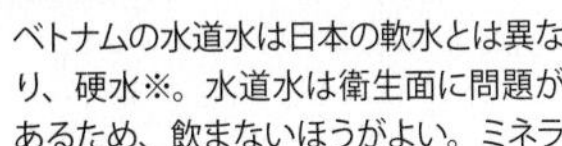
郵便局からは国内・国際郵便を送れる。写真はベトナムの郵便ポスト

郵便局の営業時間はだいたい7:00～18:00。日曜営業の郵便局もある。

郵便料金　日本までのエアメールの場合、はがき、封書は24gまで2万3000ドン。航空便の小包は、2.5kgまで63万8400ドン。所要5～20日。

▶通信と郵便
→P.422

税　金

TAX

基本的に10%のVAT（付加価値税）がかかるが、現実的に旅行者レベルでの買い物、支払いにはほとんど適用されていないようだ。旅行者がVATを支払うのは、ホテルやレストランでの支払い時くらい。VAT還付制度があり、国際線が就航している空港や港にあるVAT還付カウンターで手続きできる。手順を踏めば還付金を受け取ることができるので、事前によく確認しておきたい。

▶ VAT還付制度
→P.402

安全とトラブル

ベトナムは比較的治安がよくテロや凶悪犯罪などは少ないが、スリやひったくりなどの軽犯罪の発生率は日本より高い。旅行者は気をつけよう。

■外務省 海外安全ホームページ
渡航前に必ず外務省のウェブサイトにて最新情報をご確認ください。
URL www.anzen.mofa.go.jp

警察	**113**
消防	**114**
救急車	**115**

▶旅のトラブル対策
→P.429

年齢制限

たばこ、アルコールともに法律の規定はない。社会的に認められるのはたばこ、アルコールともにだいたい18歳から。50ccを超えるバイクの運転には免許証が必要で、外国人もその対象になっている。また、ベトナムは日本が加盟する国際運転免許証の条約が異なるため、日本の国際運転免許証は通用しない。

度量衡

メートル法。

話題の情報をチェック!

ベトナム最旬NEWS

ベトナム南・中・北部の各町で、話題を集めているニュースや最新スポット、新しい観光情報など、ホットな話題を一挙にご紹介！　気になる情報をチェックしてベトナム旅行に役立てよう。

ベトナム全土

電気自動車を使った EVタクシー&バイクが登場!

ベトナムの自動車メーカー、ヴィンファスト(Vinfast)社の電気自動車を使ったタクシー、「サインSM」がホーチミン市、ハノイ、ダナン、ニャチャンなどベトナムの主要都市で営業を開始した。青緑色の車体が目印で、ガソリン車よりも音が静かでスムーズな走行。ホーチミン市にはバイクタクシーも登場している。なお、EVタクシーはサインSM以外にも、ダラットでは「ラド・タクシー Lado Taxi」も走行させている。詳細はP.414欄外。

1 サインSMのEVタクシー。ガソリン車よりやや割高だが乗り心地がいい　2 「Taxi Điện」はEVタクシーのこと

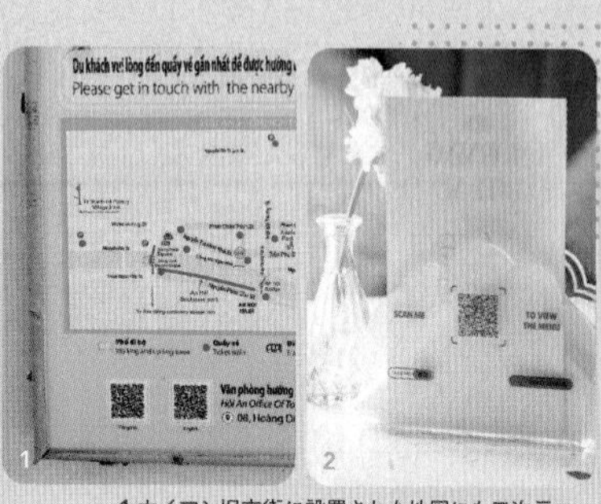

1 ホイアン旧市街に設置された地図にも二次元コードがあり、観光情報が見られる　2 卓上に置かれた二次元コードメニュー

観光地や飲食店で 二次元コード利用が急増

おもに博物館などの見どころでは、展示物の解説は二次元コードで読み取り、情報にアクセスする方法が増えている。また、レストランやカフェなどでも、メニューは二次元コードで読み取る店が急増中。

シェアサイクルの TNGoが利用可能地域を拡大

2021年にホーチミン市で始まったシェアサイクルの「TNGo」がハノイやダナンのほかブンタウやハイフォンでも利用できるようになった。市内に設置されたステーションなら、どこでも借りられてどこでも返せるというシステム。台数はまだ少ないが、場所によっては電動アシスト自転車もある。利用方法や料金、注意事項などはP.417を参照しよう。

自転車が停められているステーション。ステーションはTNGoのアプリで検索できる

中部 ダナン

五行山の碑文が ユネスコ世界記憶遺産に

五行山(→ P.223)にある17～20世紀に彫られた漢字とベトナムの古い文字、チューノムが混じった碑文、マーニャイ(Ma Nhai)が世界記憶遺産に登録された。

碑文はフェンコン洞窟とタンチョン洞窟にあり、写真はフェンコン洞窟のもの

南部
ホーチミン市

思わず写真を撮りたくなる

華やかスイーツ&ドリンクが急増中

洋菓子のレベルが年々上がり、本格的な味わいを楽しめるようになったホーチミン市。ここ数年は味だけでなくプレゼンテーションや見た目の美しさにもこだわったスイーツやドリンクが話題を呼んでいる。特におすすめなのは、人気パティシエによる「ドリーマーズ・デザート・バー」とオリジナルのデニッシュ類が大人気の「ソコ・カフェ・ベイク・ブランチ」。

A ドリーマーズ・デザート・バー (→P.99)

B ソコ・カフェ・ベイク・ブランチ Soko. Cafe Bake Brunch

MAP P.126-3A 住 27A Nguyễn Trung Trực ☎090-1109880 (携帯) 営9:00～22:00 休 無休 カード A D J M V 予約 不可

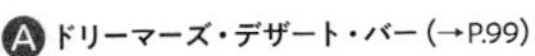

1 テーブルで2色のフルーツソースをかけ、わたあめをトッピングしてくれるジョイマグマ (25万ドン) 2 エディブルフラワーやフルーツソースで美しくデコレーションされたライチムースのレディ 3 パッションフルーツとベトナム風梅干しを合わせたドリンク 4 デニッシュ生地にクリームを詰めたロンド (15万ドン) 5 ミルクたっぷりのラテにマシュマロをトッピング (11万ドン)

北部 ハノイ

1 今のところ、モノレールと言ったほうが近い 2 通勤や通学のための利用者はほとんどなくすいている 3 自動券売機は英語表示もある。自販機に慣れた日本人なら使い方に困らない

いつもより高い位置から郊外を眺めよう!

地下は走らない"地下鉄"

予定の8路線の先頭を切り、2A号線が開通した。2023年9月時点で乗車できるのはカットリン駅 (MAP P.342-2B) からイエンギア駅 (MAP P.340-3B参照) までの12駅、約13km。すべて高架で、沿線に見どころは少ないが、地元の人々には乗車自体が観光目的になっている。詳細はP.287、417。

自撮り好きハノイっ子の心をわしづかみ

花と記念撮影

2022年あたりからハノイで大流行しているのが、荷台に花を山積みにした花売りバイクをバックに、花束を抱えて記念撮影すること。撮影前にハスやヒマワリ、カスミソウなどの花束 (8万ドン～) を購入する必要がある。最近は、ニンビンなど北部の地方都市にも流行が広がりつつある。旅の記念にトライしてみては?

1 バック門北側 (MAP P.343-1C、2C) にて。特に多くの花売りが集中する 2 チャンクオック寺近くの湖畔の遊歩道 (MAP P.343-1C) にも多い

これを見れば一目瞭然！

ベトナム主要エリア

ハノイ Hà Nội

▶P.280

町の歴史は古く、由緒ある寺やフランス統治時代の建物などが残り、しっとりとした雰囲気が漂う。市内にはタンロン遺跡（→P.27、295）、近郊にはニンビンのチャンアン複合景観（→P.27、350）、ホー朝城跡（→P.27、306）と3つの世界遺産がある。

サパ Sa Pa

▶P.22 ▶P.369

海抜約1500mに位置する山間部に開けた町。少数民族の集落を巡るトレッキングが人気。

ホイアン Hội An

▶P.28 ▶P.238

16～17世紀には日本人町も造られ、海のシルクロードの要衝として栄えた町。オリエンタルな古い町並みは、訪れる人を郷愁へと誘う。世界遺産のミーソン遺跡（→P.29、247）はホイアンからツアーが出ている。

世界遺産

世界遺産

フエ Huế

▶P.28 ▶P.260

グエン朝の都がおかれていた古都。王宮、寺院、皇帝陵など風情ある建築物が残る。世界遺産フォンニャ・ケバン国立公園（→P.29、269）へもフエから行ける。

ミトー Mỹ Tho

▶P.138

メコンデルタの町で、ホーチミン市から日帰りで行けるショートトリップが人気。メコンの支流を手こぎ舟で進むジャングルクルーズが楽しめる。

ホーチミン市 Hồ Chí Minh

▶P.56

ショッピングやグルメをリードする商業の中心都市。高層ビルが建ち並び、車やバイクがあふれ、ベトナムパワーを満喫できる。

ガイド

南北に細長いベトナム。まずは北部・中部・南部の主要都市と世界遺産（→P.26）を知って、自分の"歩き方"を見つけよう。

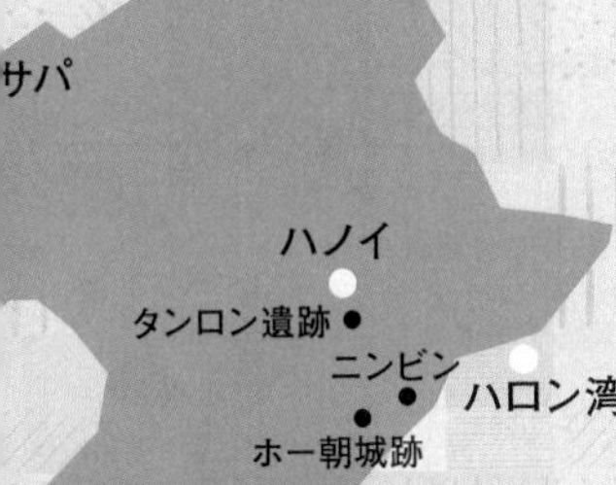

P.279

北部
North

ベトナムの首都ハノイを起点に、世界遺産のハロン湾やニンビン、少数民族が暮らすサパなどへ足を延ばしてみよう。

ハロン湾 ▶P.26 ▶P.356
Vịnh Hạ Long

世界遺産のハロン湾クルーズは北部観光のハイライト。

ダナン Đà Nẵng ▶P.216

明るく開放的な雰囲気の中部最大の港湾都市。ヤシの並木が続く長い海岸沿いには美しいビーチがあり、ベトナムを代表する人気のビーチリゾートでもある。

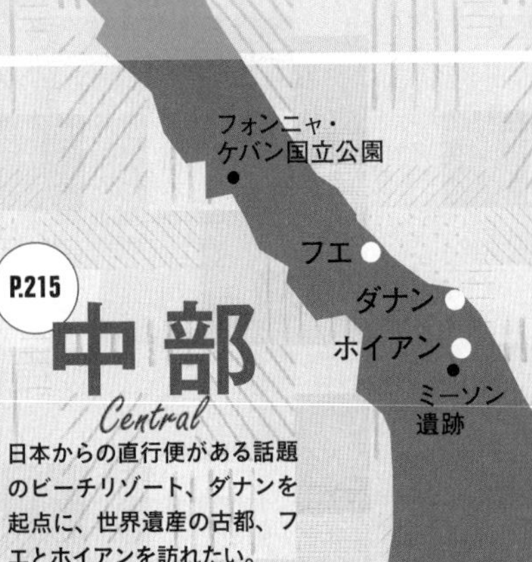

P.215

中部
Central

日本からの直行便がある話題のビーチリゾート、ダナンを起点に、世界遺産の古都、フエとホイアンを訪れたい。

ニャチャン ▶P.20 ▶P.180
Nha Trang

南部を代表するビーチリゾート。沖合に浮かぶ島々の自然景観を楽しむボートトリップが人気。大きな漁港があり、海鮮料理がおいしいことでも知られている。

ニャチャン
ダラット
ホーチミン市
ミトー

P.55

南部
South

言わずと知れた観光都市ホーチミン市では、南国の雰囲気にどっぷり浸ろう。リピーターにはダラットやニャチャンがおすすめ。

ダラット ▶P.24 ▶P.199
Đà Lạt

海抜約1400mに位置する、フランス統治時代に開発された高原の避暑地。滝や湖など、自然景観の見どころが多い。歴史あるコロニアル様式のホテルも人気。

エリア別 ベトナム旅行モデルプラン

Plan 1 ホーチミン市3泊5日

1日目 ショッピング&カフェをハシゴ

泊 ホーチミン市

13:45 ホーチミン市、タンソンニャット国際空港着

15:00 ホテルにチェックイン後、ショッピング＆話題のカフェを巡る。小腹がすいたらバイン・ミーを

お気に入りアイテムをゲット

バイン・ミーは必食

市内には雰囲気抜群のおしゃれカフェが急増中！

2日目 ホーチミン市市内観光

泊 ホーチミン市

09:00 市内観光スタート。統一会堂（独立宮殿）、戦争証跡博物館（→ともにP.74）、ベンタン市場（→P.78）など主要観光スポットを一気に回る

仏領時代の建築、美術博物館（→P.76）も必見

1日中観光客でにぎわうベンタン市場

3日目 メコンデルタでジャングルクルーズ

泊 ホーチミン市

08:00 ホーチミン市出発

10:00 ミトー（→P.138）到着。ジャングルクルーズや名物料理などを堪能

17:00 ホーチミン市帰着

ミトーへはホーチミン市からの日帰りツアー利用がおすすめ

4日目 クチへ半日トリップ

泊 機内

08:00 ホーチミン市中心部出発

10:00 クチ（→P.130）到着。クチの地下トンネルなどを見て回る

クチへはツアー利用が一般的

14:30 ホーチミン市中心部帰着。最後のショッピング＆マッサージへ

最終日ディナーもベトナム料理を

5日目 日本へ帰国

00:10 タンソンニャット国際空港発

08:00 成田国際空港着

プラスαで カンボジア、アンコール・ワットへ

ホーチミン市から世界遺産アンコール・ワットのあるカンボジア、シェムリアップへは飛行機で約1時間。時間に余裕がある人は組み合わせてみよう。カンボジアのビザは空港で取得可能。

アンコール・ワットは世界三大仏教遺跡のひとつ

主要観光地を網羅 南北縦断11泊13日

時間に余裕があれば、南北縦断もおすすめ。ベトナムのおもな世界遺産を中心に周遊してみよう。

1&2日目	ホーチミン市着	ホーチミン市 泊
3日目	フエ	フエ 泊
4日目	フォンニャ・ケバン国立公園	フエ 泊
5日目	ホイアン	ホイアン 泊
6日目	ミーソン遺跡	ホイアン 泊
7&8日目	ダナン	ダナン 泊
9&10日目	ハノイ	ハノイ 泊
11日目	ハロン湾	ハノイ 泊
12日目	ニンビン	機内 泊
13日目	ハノイから日本へ	

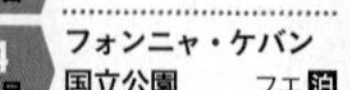

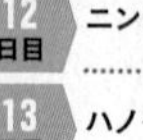

日本から直行便が飛んでいるホーチミン市、
ダナン、ハノイの3都市を起点とした3つのプランをご紹介。

古い町並みが残るホイアン

Plan 2 ダナン&ホイアン3泊5日

1日目 リゾートホテルへ 泊 ダナン

14:25 ダナン国際空港着

15:00 ホテルにチェックイン。プールでのんびり

ダナンのホテルはアクティビティが充実

2日目 ダナン観光 泊 ダナン

10:00 終日ダナン観光。五行山(→P.223)などを回る

神秘的な洞窟がある五行山

3日目 ホイアン観光 泊 ホイアン

12:00 ホイアンへ移動。終日ホイアン観光。夜もホイアンの町を散歩

ホイアン名物のカオ・ラウ

4日目 ミーソン遺跡へ半日トリップ 泊 機内

08:00 ホイアン出発

09:10 世界遺産、ミーソン遺跡(→P.29、247)に到着。ミーソン遺跡観光

14:30 ホイアン帰着。ホイアンで最後のショッピングや町歩き

ミーソン遺跡へはツアー利用が便利

5日目 日本へ帰国

00:05 ダナン国際空港発

07:35 成田国際空港着

プラスαで　フエやフォンニャ・ケバン国立公園へ

フォンニャ・ケバン国立公園(→P.29、269)へ行く場合はフエを起点にするといい。ダナンからバスまたは列車でフエへ行き、フエを起点にフォンニャ・ケバン国立公園を観光、ダナン&ホイアンへ戻るルートがおすすめ。

見事な石筍が見られるティエンドゥーン洞窟(天国の洞窟)

Plan 3 ハノイ3泊5日

1日目 旧市街を散策 泊 ハノイ

14:00 ハノイ、ノイバイ国際空港着

15:30 ホテルにチェックイン。その後、旧市街(→P.288)散策へ

ハノイ旧市街は町歩きが楽しい

2日目 ハノイ市内観光 泊 ハノイ

09:00 市内観光スタート。ホーチミン廟(→P.293)、世界遺産のタンロン遺跡(→P.27、294)など主要観光スポットを回る

ハノイ観光のハイライト、ホーチミン廟

本場のフォーを味わいたい

プラスαで　ニンビン、サパへ

世界遺産があるニンビン(→P.27、350)へはハノイから車で約2時間、少数民族が暮らすサパ(→P.369)へは車で約5時間。ニンビンは日帰り可能だが、サパへは2泊3日ほど余裕をもった日程を組みたい。

棚田が美しいサパ

3日目 ハロン湾へ日帰りトリップ 泊 ハノイ

ハロン湾へはツアー利用が便利

08:00 ハノイ出発

11:30 ハロン湾(→P.26、356)到着。船に乗り換え、ハロン湾の景観や洞窟観光を楽しむ

20:00 ハノイ帰着

4日目 バッチャンへ 泊 機内

バッチャン焼のティーバッグトレイ

09:00 ハノイ中心部出発

09:30 バッチャン(→P.308)到着。バッチャン焼のショッピング

12:30 ハノイ中心部帰着。市内観光をしつつ、最後のショッピング&マッサージへ。夜は水上人形劇(→P.298)を観賞

5日目 日本へ帰国

00:20 ノイバイ国際空港発

07:35 成田国際空港着

ベトナムの伝統芸能、水上人形劇

円安&物価高対策に！

お得にベトナムを満喫する

ベトナムでは2023年以降、ホーチミン市など主要都市を中心に一気に物価上昇が加速。円安も加わって、以前より割高になっている。とはいえ、まだまだリーズナブルに旅行が楽しめるベトナム。お得に楽しめる情報をお届け。

その1 ストリートフード

安ウマグルメがたくさん！

外食文化が盛んなベトナムはストリートフードの宝庫。各地に名物グルメがあり、レストランで食べるより屋台や食堂のほうが安くておいしいなんてことも。ホーチミン市とハノイの代表的なグルメをご紹介。 P.42もチェック！

コム・タム（→下記）屋台。店前で肉を焼いていることが多い

ホーチミン市

場所によって異なるが屋台は朝と夕方以降が多い。屋台が出るのは市場や学校周辺、チョロン（→P.82）が特に多い。ハイバーチュン通りの路地（MAP P.68-2A）には軽食の屋台が集まるスポットがある。

ブン・ティット・ヌォン Bún Thịt Nướng

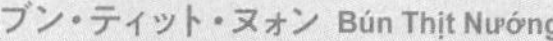

南部のお昼ご飯の定番、汁なし麺（→P.37）。屋台で食べられることが多いが「キウバオ Kieu Bao」（MAP P.123-3C）などの専門店もある。3万ドン～。

コム・タム Cơm Tấm

砕き米におかずを載せたワンプレートご飯（→P.38）はベトナム南部が本場。ホーチミン市内には食事時になるとコム・タムの屋台があちらこちらに立つ。屋台なら3万ドンくらい～。

バイン・ミー Bánh Mì

バイン・ミー（→P.38）屋台は朝から深夜まで町のいたるところにあり、具の種類もかなり豊富。目安はだいたい2万ドン、だが場所によっては1万5000ドン～もある。

ベトナム・コーヒー&シン・ト Cà Phê & Sinh Tố

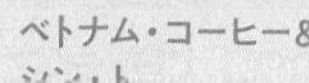

カフェで飲むとコーヒーは5万ドン近くするが、路上カフェや屋台ならブラックで1万5000ドン～、ミルク入り2万ドン～。スムージーのシン・トー（→P.47）は3万ドンくらい～。

ホーチミン市は屋台グルメがいっぱい！

ハノイ

旧市街では屋台はかなり数が減っていて、ストリートフードも食堂やローカル専門店で食べられることが多い。ハノイの代表的なストリートフードは以下。

ソイ Xôi

ベトナム版おこわ。色や味が付いた種類もあって楽しい。5000ドン～。ハノイのソイ売りには、国家無形文化遺産に認定されたおこわ村、フートゥオン村の出身者が多い。

ブン・チャー Bún Chả

ハノイのブン・チャー（→P.37）屋台は豚肉入り揚げ春巻、ハイフォンはカニ入り揚げ春巻、ハロン湾ではイカのすり身揚げと、地方色も楽しい。揚げ春巻なしなら3万ドン～。

フォー Phở

かつては朝の通りのあちらこちらに屋台が出ていたフォーも路面店に転換した店が多く、レア度が高くなった。それだけに見つけるとうれしくなる。屋台で1杯3万5000ドン～。

その

豊富なおかずで栄養もバッチリ

2 クアンコム・ビンザン

おかずを選んで食べる大衆食堂のクアンコム・ビンザン（→ P.41）は安くていろいろな種類のおかずを食べられるのが魅力。

11:00頃にはできたての料理が並ぶクアンコム・ビンザン

混まないお昼前の利用がおすすめ

ホーチミン市

場所によって値段が異なるが、総菜2品とご飯で5万ドン〜が目安。「ドンニャン・コム・バーカー」（→P.98）は総菜1品とスープで8万ドン〜と高いが、総菜がおいしい人気店。

肉や魚介を頼むと値段は高くなる。写真は2〜3人前で30万ドン

自分みやげの食器に盛れば

ゴージャスお部屋ビンザン！

自分みやげにバッチャン焼などのベトナムの陶磁器を買った人は、ホテルに持ち帰った総菜を新品の食器に盛りつけてみるのも一興。お店と違い、遠慮なくじっくり時間をかけて写真も撮れる。

彩りよく盛りつければ、高級店に遜色なく見える（!?）

ハノイ

旧市街は全般に価格が高いが、中心部から少し外れれば、総菜2品とスープ付きで5万〜10万ドンで食べられる。ホーチミン市に比べて素材の味重視の薄味仕立ての店が多い。

「ニュー・デイ」（→P.322）は9万ドン〜。高めだが英語可

その

3

メータータクシーは比較的安心できる大手タクシー会社利用が無難

市内移動を少しでも安く

配車サービス&シェアサイクル

メータータクシーも日本に比べると安いけれど、グラブなどの配車サービス（→P.415）は基本的にはメータータクシーよりも若干安い。グラブのバイクタクシーは稼働数も多く、さらに安い。ホーチミン市、ハノイ、ダナンなどではシェアサイクル（→P.417）を利用できる。

都市部はグラブ・バイクドライバーの質も高い場合が多い

一部の町で利用できるシェアサイクルのTNGo

その

実は大衆食堂もリストアップ

4 ミシュラン掲載店巡り

ミシュランの星付きレストランは予算的にちょっと……な人には、フォー専門店などの大衆店もリストアップした「セレクト」や「ビブグルマン」の掲載店巡りはいかが？

左上／調理風景を楽しめるのが大衆店の醍醐味　左下／本書で紹介している「ダックキム」（→P.322）も掲載店のひとつ　右上／人気店はピーク時間には混雑するので、食事時を外すのがコツ　右下／フォーの超人気店「ザーチュエン」（→P.321）もリスト入り

注目トピック 1

ベトナム南部のリゾート、行くならどっち？

ニャチャンVS ファンティエット

朝焼けに染まるニャチャン・ビーチ（→P.182）

思いっきり海遊びを楽しむなら

ニャチャン Nha Trang

明るく活気にあふれたビーチリゾート。海がきれいなため海水浴、ウオータースポーツ、離島へのツアーなど多彩な海遊びを満喫できる。

ヤシの木が連なるニャチャン・ビーチ沿いのプロムナード

ニャチャンですべきコト 1

アイランドホッピング

ニャチャン周辺には大小19の島があり、海の透明度が高いことからダイビングやスノーケリングのメッカになっている。いくつかの島を巡るホッピングツアー参加はマスト！

左／ボートに乗ってツアーに出発！　右／ムン島には海洋保護区域があり、ここでのスノーケリングではさまざまな魚や珊瑚礁が見られる。透明度の高い4～5月がおすすめ

ニャチャンですべきコト 2

ニャチャン・ビーチでサンライズを観賞

ニャチャン・ビーチは美しい日の出が見られるサンライズビーチでもある。地元の人に交じって海辺を散歩したり、朝日をのんびり眺めたりして1日をスタートさせよう。

神々しい光を放つ朝日。あっという間に日が昇り、気温も上昇する

ニャチャンですべきコト 3

ご当地グルメを食べ尽くす！

海の町ニャチャンは、地元で取れる海の幸をふんだんに使ったご当地料理がたくさん。ほかの町では出合えないニャチャン・グルメに舌鼓を打とう。

左／魚のさつま揚げが載ったクリアスープの米麺。朝食の定番でクラゲ入りもある　右／エビやイカなどを入れて焼く米粉のスナック

灼熱の太陽が照りつけ、
南国気分を盛り上げてくれる
ベトナムのビーチリゾート。
南部を代表するふたつのリゾート、
ニャチャンとファンティエットの
それぞれの魅力を知って、
旅の参考にしてみよう。

風が強いファンティエットではヤシの木々が海に向かって群生

海沿いでのんびりするなら ファンティエット Phan Thiết

ほどよいリゾート感も楽しみながら、のんびりとした田舎の海町の雰囲気が心地いい。海水浴にはあまり適さないけれど、日常から離れてのんびり過ごすのに最適。

ファンティエットの海は、日が沈む直前の時間帯が最も美しい

ファンティエットですべきコト 1

海沿いを散歩＆カフェでのんびり

ムイネー（→P.177）に近いハムティエン市場（MAP P.175下図-1D）周辺は、雰囲気のいいビーチカフェやバーが点在。のんびりとした村の雰囲気が楽しめる海沿いは散策にピッタリ。

左／音楽ライブが楽しめるビーチカフェ＆バー「パイナップル・ムイネー」（→P.178）　右／気の向くままに散策したいハムティエン市場裏の路地

ファンティエットですべきコト 2

海の幸に舌鼓

取れたての新鮮な魚介を日本よりもリーズナブルに楽しめるのがファンティエットの魅力。ムイネーに向かってリゾートホテルが林立するグエンディンチウ通りには大型海鮮料理店が並ぶ。

「ピットストップ・フードコート」（→P.178）内「モット・ナン」の海鮮プレート

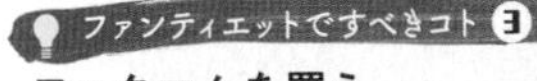
ファンティエットですべきコト 3

ヌックマムを買う

近年、ファンティエットは高品質なヌックマム製造に力を入れているヌックマムの産地。飲めるほどおいしい一番搾りの商品が多数あり、ほかの町では手に入りづらいヌックマムも。

「伝統漁村ヌックマム博物館」（→P.176欄外）併設のショップで購入できる

唯一無二のエスニック体験

バックハー日曜市へようこそ

花モン族の女性たちは、まさにバックハー日曜市の"花"

よりディープな旅をしたいなら、サパ近郊の村々が開催するウイークリーマーケットがおすすめだ。なかでもアクセスがよく規模の大きいバックハー（→P.375）の日曜市は、集う人々の民族衣装率も高い。民族衣装好きにはたまらないスポットだ。

何はともあれバックハーといえば

民族衣装ウオッチング

日曜市には、売り手も買い手もおしゃれしてやってくるので、市場は華やかな彩りに包まれる。花モン族が多いが、赤ザオ族などの姿もある。P.371の写真を片手に楽しませてもらおう。商品を購入すれば、カメラ目線でほほ笑む写真を撮らせてもらえることも。

左／竹筒で蒸し焼きにしたもち米を売るザイ族女性　中／バックハーでは少ない赤モン族の売り子　右／アレンジされ過ぎて、もはやどの民族かわからない服も

サパより安く手に入る

雑貨ショッピング

ベトナムみやげの少数民族グッズを買うなら、ここは本場中の本場だ。実際に彼らが身に着けていた骨董品の古着から、普段使いの民族衣装まで何でも揃う。市場内より場外の露店のほうが少し安い。民族衣装を着た住民が民族衣装を品定めする光景が楽しい。

左／刺繍を施した帯状の布　下／試奏しながら、笛選びに余念のない花モン女性

旅の記念にレンタル衣装

市場の一画には、花モン族をはじめとする周辺民族の衣装をレンタルできる店もある。一式10万ドンぐらいから。着てみると、その重さに驚く。借りた衣装で市場を歩くと、旅行者からカメラを向けられる、なんてことも。

民族衣装を着た店員と記念撮影する旅行者

ここならではの民族料理にトライ！

市場グルメ ザッピング

あちらこちらで大鍋がスパイシーな香りを放つ市場の食堂。おしゃれに飾りたてられたサパの山岳料理店に比べれば、屋台に毛が生えた程度の店構えで盛りつけもざっくりしているが、味はまさに本物。民族衣装を着た女性たちと並んで食べれば味わいも格別だ。

1 バイン・ドゥック・ゴー Bánh Đúc Ngô

2 七色おこわ Xôi Bảy Màu

1 トウモロコシの粉から作る、硬めのゼリーのような料理　2 自然素材で7色に着色したおこわはヌン族料理　3 ラオカイ名物・栗饅頭。バックハー産の栗は特に香りが高い　4 特産の赤米から作る、うっすら赤い麺のフォー　5 本場のタン・コー鍋は野趣あふれる大鍋で調理

3 栗饅頭 Bánh Hạt Dẻ

4 赤フォー Phở Đỏ

5 タン・コー鍋（馬鍋） Lẩu Thắng Cố

カフェ派にはここ

町なかにはかわいいカフェもある。市場の喧騒に疲れたら、こちらで休憩を。ただし日曜はかなり混み合う。

カフェ・バオカップ85-88s
Ca Phe Bao Cap 85-88s
MAP P.375-1A　住13, 20 Tháng 9
☎081-8008588（携帯）　営7:00～22:30　休無休　カード不可　予約不要

市場帰りに訪問したい観光スポット

周辺 サイトシーイング

敷地面積4000㎡、内部は計36室

ホアンアートゥオン邸
Dinh Thự Hoàng A Tưởng

MAP P.375-1B参照　住257 Ngọc Uyển
☎(0214) 3780662　開8:00～17:00　休無休　料2万ドン

20世紀初頭に植民地政府の保護のもと、バックハーを治めていたモン族藩主の邸宅。行政府の役割も果たしていた。1914～1921年にかけて中国とフランスの建築家により建設され、両国の影響を受けた様式となっている。

酒造工房

バックハーにはトウモロコシ酒を醸造する工房がたくさんあり、有料で飲めるところもある。見学したい人は、工房見学を含むサパからの日帰りツアーに参加するか、バックハーでバイクタクシーと交渉して連れていってもらおう。

バンフォーII（Bản Phố II）村の酒工房

「消えた」花モン族女性の民族衣装

「今の花モン族の民族衣装は偽物だ」という人がよくいる。確かに中国製の青いプリントスカートが流入する前は、彼女たちは刺繍がびっしり入ったボリュームのあるスカートをまとい、全体的な色合いもサーモンピンクだった。しかし、その頃でも鮮やかな人工染料を使っており、そのさらに数十年前とは民族衣装の色も形も違っていたはずだ。現在のスタイルは安価な中国製プリント生地スカートが普及した結果だが、それでも大多数の花モン族が同じ方向性で衣装を変遷させたのだから、それが彼らの民族衣装の現在地なのだろう。

左／今も一部の年配者が着る、かつて主流だったスタイル　右／現在の一般的なスタイル。青いプリーツスカートに合わせ、全身を青で統一する人が多い

注目トピック 3

高原の町 ダラット 絶景スポット巡り

色とりどりの花々が咲き、緑豊かな自然に囲まれた中南部の町ダラット。
高原野菜や果物、花、コーヒーと特産物がたくさんあるダラットだが、実は
ベトナム人観光客を中心に人気の絶景スポットもたくさんある。その一部をご紹介。

ティエン・フックドゥック丘はバイクを降りて約10分丘を上って行く

絶景スポット ❶ 雲海を見下ろすサンライズスポット

ダラット近郊には雲海を見られる場所が複数ある。有名なのは、中心部から南東へ約23km先のカウダット茶畑（Đồi Trà Cầu Đất、MAP P.25）周辺。比較的行きやすいのは中心部から北へ約7km、ランビアン山（→P.204）へ行く途中にあるティエン・フックドゥック丘（Đồi Thiên Phúc Đức、MAP P.25）。雲海＆朝日を見にいくツアーもある。

左上／ティエン・フックドゥック丘へは足場の悪い斜面を歩くので歩きやすい靴で　左下・上／カウダット茶畑周辺は撮影スポットがいくつかあり、入場料が必要な所もある

左／2ヘクタールもの広大な畑にアジサイが咲くカトゥカ・アジサイ畑。入場料はやや高いが絵になる写真が撮れる　上・右／手入れの行き届いた色とりどりの花畑や撮影スポットが整備されたドイマイ・ダラット

絶景スポット ❷ 花畑＆フラワーガーデン

花の町ともいわれるダラットは町のあちらこちらに花畑やフラワーガーデンがある。観光用に整備された所も多く、人気の撮影スポット。

カトゥカ・アジサイ畑
Catuka Cánh Đồng Hoa Cẩm Tú Cầu
MAP P.25　住 Tập Đoàn 7, Trại Mát
☎098-5603148（携帯）　開 7:30 ～ 17:30
休 無休　料 10万ドン（1ドリンク付き）

ドイマイ・ダラット Đồi Mây Đà Lạt
MAP P.25　住 Thôn Tuý Sơn, Xuân Thọ
☎（0263）3580079　開 5:00 ～ 17:00
休 無休　料 5万ドン

上／まるで空中に浮いているようなスペースが設けられた絶景テラス席　右上／連なる山々の絶景を眺めながらカフェタイム　右中／広々としたテラス席のほか、山小屋風のかわいらしい屋内席もある　右下／1975年のベトナムをテーマにしたレトロなカフェ

絶景スポット❸ 景色を楽しむ絶景カフェ

山の斜面や見晴らしのいい高台に建つ、眺めのいいカフェが急増中。景色はもちろん、店の雰囲気や内装もすてきなカフェをピックアップ。

Ⓐ **チェオヴェオー**（→P.206）

Ⓑ **フィアチャンドイ**（→P.206）

Ⓒ **ビンミン・オイ** Binh Minh Oi

ダラットの山々を望める庭園風のカフェ、食事を楽しめるおしゃれ食堂、イベントスペースがある大型カフェ。

MAP下図　住89 Hoàng Hoa Thám
☎092-5903634（携帯）　営4:30 ～ 22:00
休無休　カード不可　予約不要

Ⓓ **リン・ダラット** Linh Da Lat

ホーチミン市の人気レトロカフェ（→P.64欄外写真）のダラット支店。広々としたテラス席からの山の眺めは圧巻。

MAP下図　住Hẻm Dã Chiến, 118 Hùng Vương
☎093-1912657（携帯）　営6:00 ～ 20:30（日曜6:30 ～）　休無休　カード不可　予約不要

左／アイス・ミルクコーヒーのバック・シウ・ダー（5万9000ドン）とフルーツヨーグルト（6万5000ドン）

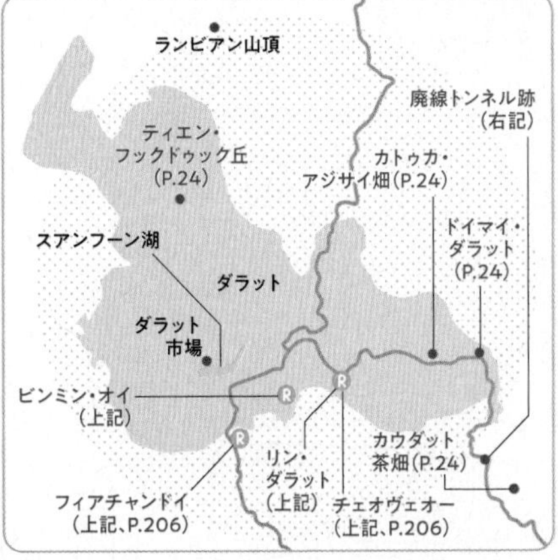

番外編

密かに人気!? 廃線トンネル跡

すでに廃線となったダラット～タップチャム間のトンネルがそのまま残されており、撮影スポットとして密かに人気。近くにもう1ヵ所あり、そちらはカフェとして整備されている。MAP左図

トンネル内は薄暗くひと気がないので、明るい時間帯にふたり以上で訪れよう

豊かな自然と歴史が育む

ベトナムの世界遺産

ハノイ・タンロン王城遺跡中心地区
ハノイ
ニンビン
ホー王朝の城塞
ハロン湾
チャンアン複合景観
フォンニャ・ケバン国立公園
フエの建造物群
ダナン
ミーソン聖域
古都ホイアン
ホーチミン市

現在、ユネスコに登録されているベトナムの世界遺産は8ヵ所。大自然の神秘に触れられる自然遺産や、いにしえの記憶を刻む文化遺産、自然と文化ふたつの要素を内包する複合遺産と、一度は訪れたいベトナムの世界遺産をご案内。

大自然が織りなす絶景

ハロン湾 Ha Long Bay

P.356
自然遺産

海面から突き出た無数の岩山が造り出す、ベトナムを代表する景勝地。ハロン湾一帯は中国南部から続く広大なカルスト地形の一部で、この独特な景観は、石灰岩大地が氷河期に沈降し、海上に残った部分が長い歳月をかけて風雨などに侵食され形成されたもの。ハロン湾には、龍が吐き出した宝玉が岩山となり、外敵の侵入を防いだという伝説が残る。

大小2000もの岩山をぬって進むクルーズが人気

季節によっては水路の両脇が稲穂を実らせた水田となるタムコック

P.350
複合遺産

美しき山水画の世界

チャンアン複合景観

Trang An Scenic Landscape Complex

左上／チャンアンの岩山の下は洞窟になっており、手こぎ舟でいくつもの洞窟内を進む　右上／タムコックはハロン湾のようなタワーカルストの岩山が連なり、水田の合間をぬって手こぎ舟で進む　左／ベトナム初の独立王朝がおかれたホアルー

チャンアンやタムコックといった景勝地のほか、古都ホアルーなどを含むベトナム北部・ニンビンの一部が世界複合遺産として登録。エリア一帯はカルスト地形で、水田が広がる湿地帯に奇岩が林立する独特の景観が印象的だ。山水画に描かれたような美しい景観が広がるタムコックやチャンアンを手こぎ舟でゆっくり回ろう。

各王朝の歴史重なる遺跡群

P.294
文化遺産

ハノイ・タンロン王城遺跡中心地区

Central Sector of the Imperial Citadel of Thang Long - Hanoi

11～19世紀に栄えた各ベトナム王朝の城が築かれていた場所。1010年、タンロン（現ハノイ）に都をおいたベトナム初の長期王朝リー（李）朝の城であるタンロン城の遺構と、フエに遷都されたグエン（阮）朝時代に一地方都市の城として1805年に建設されたハノイ城の一部が残されており、ふたつを合わせたエリアが世界文化遺産に登録されている。

右上／国旗掲揚塔の展望室から遺跡が眺められる
下／ハノイ城の正門、ドアン門（端門）。タンロン城の建築物はフエ遷都時に分解されフエへ運ばれたため、建築遺物や遺構などのみが残り、さらに年代の異なる建物の遺構や遺物が発掘されている

石造りのトンネルがある重厚な城門。
正門は南で、東・西・北門がある

P.306
文化遺産

石造りの城門が残る

ホー王朝の城塞

Citadel of Ho Dynasty

ハノイの南、タインホア省の村にあるホー（胡）朝時代の城跡。ホー朝は1400～1407年のわずか7年という短命で消えた王朝だが、そのわずかな期間で築いた立派な石の城は当時の東南アジアでは最大規模だったという。高さ約7mもの城壁は南北約900m、東西約700mとほぼ正方形で四方をぐるりと囲んでいたが、現在は四方に重厚な石造りの城門が残されているのみだ。

グエン朝王宮（→P.262）。旧市街は王宮を中心に碁盤の目状に造られた。王宮内部にはベトナム、中国、フランスなど各国の建築様式を取り入れた建築物が見られる

P.260 文化遺産

宮廷文化が花開いた古都

フエの建造物群 Complex of Hue Monuments

ベトナム最後の王朝、グエン（阮）朝の都がおかれた中部の町、フエ。約150年間栄華を極めた王朝のもと、ベトナムの伝統様式に加えて中国やフランスの意匠を取り入れた華麗な建築物、料理や雅楽など、華やかな宮廷文化が花開いた場所だ。中国の紫禁城を模して建てられた王宮をはじめ、主要な霊廟や寺などの歴史的建造物が世界文化遺産に登録されている。

上／中国文化を積極的に取り入れた皇帝らしく、中国色がより強いミンマン帝陵（→P.266）　左／世界遺産・フエの建造物群のハイライト、王宮の前には大きなハス池がある　右／見事な装飾でびっしりと埋め尽くされたカイディン帝陵（→P.267）

P.238 文化遺産

ノスタルジックな中世の港町

古都ホイアン

Hoi An Ancient Town

15〜19世紀にアジアとヨーロッパの交易拠点として栄えた港町。江戸時代初期には朱印船貿易の舞台となり、異国の地にやってきた日本人商人たちによって日本人町が造られた。数百年の時を経た現在も、往時の町並みを色濃く残すノスタルジックタウンとして知られ、ランタンの柔らかな光がともる旧市街が世界文化遺産として登録されている。

左／ランタンに明かりがともる夜の旧市街　下／屋根付きの日本橋は日本人商人たちによって建てられた。日本人町の衰退後に改築され、現在は中国風の建築に。橋の内部には小さな寺がある

チャンパ王国の聖地

ミーソン聖域

P.247
文化遺産

My Son Sanctuary

ベトナム中部沿岸と中部高原を支配していた古代チャンパ王国（→P.456）の聖地だった場所で、ヒンドゥー教シヴァ神信仰の地。聖山マハーパルヴァタを望む盆地に、れんが造りの塔など70棟を超える遺構が草木に埋もれて残っている。4世紀末に建立し、13世紀頃までに建てられたといわれている。1999年に世界文化遺産に登録された。

ミーソン遺跡の遺物の一部はダナンのチャム彫刻博物館（→P.221）に展示されている

7世紀頃かられんがを使った建築へと変わっていったが、接着剤を用いないチャンパの建築方法はいまだに解明されていない

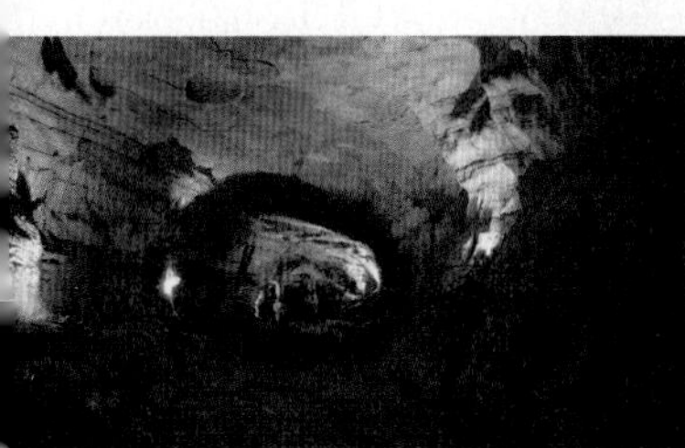

左／洞窟内部は静寂に包まれている
右／地底湖のようなフォンニャ洞窟
下／息をのむ美しさのティエンドゥーン洞窟

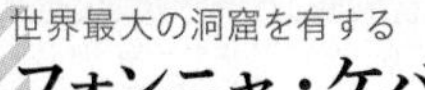

世界最大の洞窟を有する

フォンニャ・ケバン国立公園

P.269
自然遺産

Phong Nha-Ke Bang National Park

ラオス国境近くの豊かな原生林に覆われた国立公園で、ベトナム固有の植物約400種とこの地域固有の動物38種が確認されている。大小約300の鍾乳洞があり、約2億5000万年前に形成されたフォンニャ洞窟、ティエンソン洞窟、見事な石筍が美しいティエンドゥーン洞窟（天国の洞窟）などが有名だ。2009年に初めて調査が行われた世界最大の洞窟、ソンドン洞窟へはツアー限定で中に入れる。

指さしオーダーにも使える

ベトナム料理メニュー

ネム・ザン（チャー・ヨー）
Nem Rán(Chả Giò)

ひき肉やキクラゲ、春雨入りの揚げ春巻。北部ではネム・ザン、南部はチャー・ヨーと呼び、形や具も若干異なる。

ビー・クオン
Bì Cuốn

豚の皮をゆでて細切りにし、天日で乾かした珍味、ビーをライスペーパーで巻いた通好みの一品。

ゴイ・クオン
Gỏi Cuốn

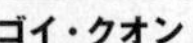

見た目も涼しげな生春巻。エビ、生野菜、米麺ブンなどを薄いライスペーパーでくるりと巻いて。

クオン・ジエップ
Cuốn Diếp

からし菜の生春巻。ライスペーパーの代わりにピリッと辛いからし菜で米麺ブンなどをくるりと巻いたフエ料理。

クオン・フエ
Cuốn Huế

春雨を薄い米皮でくるみ、上に豚肉とエビで彩りを添えて。見た目にもこだわるのがフエ流。

チャオ・トム
Chạo Tôm

サトウキビの芯にエビのすり身を巻き付けて焼いたフエ料理。ライスペーパーで野菜などと一緒に包んで食べる。

チャー・カー
Chả Cá

まさにベトナム風さつま揚げ。そのなじみやすさが人気の理由かも。カルシウムもたっぷり。

バイン・ベオ
Bánh Bèo

中部の料理で、小皿スタイルはフエ風。小皿ごと蒸した米粉生地に干しエビをトッピング。つるんとした食感が美味。

100選

中国やカンボジア、フランスなどの影響を受けながら独自の食文化を築いてきた美食の国、ベトナム。地域によって特色があり、生野菜やハーブをふんだんに使用したヘルシーな料理が多いのが特徴だ。あふれんばかりの豊かな食材のマジック、シンプルにして繊細な味の数々にトライしてベトナムパワーの源をまるごといただこう！

※この項ではベトナム語読みの表記を原則として北部方言に統一しており、一部( )内に南部方言を記しています。

：おすすめのメニュー

南部 中部 北部：各地域発祥あるいはその地域で多く食べられているメニュー

バイン・ボット・ロック
Bánh Bột Lọc

プリンとした半透明の外皮に包まれたエビたち。ヌックマム（→P.39）のたれで食べるとどんどんいけそう。フエ料理。

ゴイ・ガー
Gỏi Gà

鶏肉のサラダ。ゆでた鶏肉をメインに、キャベツやオニオンスライスなどと合わせたボリュームある一品。

ゴイ・ブオイ
Gỏi Bưởi

柑橘系フルーツであるザボンのサラダ。スルメイカやエビと一緒にあえるのが一般的。南部で多く食べられる一品。

ゴイ・ホア・チュオイ
Gỏi Hoa Chuối

バナナの花のサラダ。千切りにしたバナナの花を野菜や肉などと一緒にあえ、さっぱりとした味わい。

ゴイ・ドゥ・ドゥ
Gỏi Đu Đủ

青いパパイヤのサラダ。未熟なパパイヤの果肉を千切りにし、さっぱりと仕上げた一品は映画『青いパパイヤの香り』で有名。

ゴイ・ゴー・セン
Gỏi Ngó Sen

ハスの茎のサラダ。エビ、豚肉などを具材に用いることが多く、ヌックチャム（→P.39）であえ、砕きピーナッツをまぶす。

スープ
Món Canh / Súp

カイン・チュア
Canh Chua

甘酸っぱいスープ。トマトやパイナップル、ライギョなどの淡水魚が入った具だくさんスープで、ベトナム南部のお袋の味。

カイン・コアイ・モー
Canh Khoai Mỡ

紫イモのスープ。紫イモを食感が残る程度にすりおろした、トロリとした食感が美味。南部家庭料理のひとつ。

カイン・ゲウ・ティー・ラー

Canh Nghêu Thì Là

ハマグリとディルのスープ。ハマグリのだしが利いたスープにトマトの酸味、ディルの香りがマッチ。北部家庭料理。

ガー・タン

Gà Tần

烏骨鶏の薬膳スープ。烏骨鶏を数種類の薬草などと一緒に煮込む。滋養に富み、病後や妊婦の栄養食とされる。

スップ・マン・クア

Súp Măng Cua

カニとホワイトアスパラガスの贅沢スープ。トロリとした上品な味を黒コショウが引き立てる。

ザウ・ムオン・サオ・トイ

Rau Muống Xào Tỏi

シンプルなのについつい箸が伸びてしまう、空芯菜のニンニク炒め。サイドメニューにおすすめ。

ティエン・リー・サオ・トイ

Thiên Lý Xào Tỏi

夜来香（イエライシャン）のニンニク炒め。夜来香はキョウチクトウ科のツル植物で、黄緑色の花と芳香が特徴。

ボン・ビー・サオ・トイ

Bông Bí Xào Tỏi

カボチャの花とニンニクの炒め物。新食感のカボチャの花が美味。ニンニクの香りでご飯も進む。

マム・コー・クエット

Mắm Kho Quẹt

ヌックマム（→P.39）のカラメルソース。豚の脂や干しエビなどと一緒にヌックマム、砂糖で煮詰めたたれに、ゆで野菜やおこげご飯をディップして食べる南部の料理。

ズア・チュア・サオ・ティット

Dưa Chua Xào Thịt

高菜漬けと豚肉の炒め物。豚バラ肉やローストポークを使うことが多い。酸味のある高菜とジューシーな豚肉の相性抜群。

ティット・コー・ト

Thịt Kho Tộ

豚肉の土鍋ヌックマム（→P.39）煮込み。コショウがピリリと利いていてご飯が進む。ビールのつまみにも。

ティット・コー・ダウ・フ

Thịt Kho Đậu Phụ

豚肉と厚揚げの土鍋煮。甘辛い味付けで、ご飯が進むこと間違いなし。家庭料理でもある。

ネム・ヌオン
Nem Nướng

豚肉つくねのグリル。揚げたライスペーパーや野菜などと一緒にライスペーパーに包んで食べるニャチャン名物。

ティット・ルオック・チャム・マム・ズオック
Thịt Luộc Chấm Mắm Ruốc

ゆで豚肉の塩辛ディップ。豚肉をライスペーパーで巻き、塩辛のような小エビの発酵調味料、マム・ズオックに付けて食べる。

ティット・コー・ヌオック・ズア
Thịt Kho Nước Dừa

豚肉のヌックマム（→P.39）&ココナッツジュース煮込み。ベトナム版豚の角煮とでもいうべき料理で、甘辛味が卵にも染み込んで美味。

ティット・バー・チー・クワイ
Thịt Ba Chỉ Quay

豚バラ肉のロースト。カリカリにローストした皮が香ばしく、中の肉はしっとり軟らか。食堂などでも食べられる。

カイン・ガー・チエン・ボー
Cánh Gà Chiên Bơ

鶏手羽先のバター揚げ。レモン汁を搾った塩コショウに付けてさっぱりと。鶏手羽先のヌックマム（→P.39）揚げもポピュラー。

ガー・サオ・サー・オッ
Gà Xào Sả Ớt

鶏肉のレモングラス炒め。たっぷりのレモングラスやタマネギなどと一緒に炒める。牛肉バージョンもあり。

チム・ボー・カウ
Chim Bồ Câu

たれに漬けてローストしたハト。頭の先から爪の先までパリパリといける。ビールのつまみにグッド。

ボー・サオ・ボー・ソイ
Bò Xào Bó Xôi

牛肉とホウレンソウの炒め物。牛肉炒めによく合う野菜は、ほかに空芯菜、インゲン豆、花ニラなど。

ボー・コー
Bò Kho

ベトナム風ビーフシチュー。フランスパンと一緒に食べるほか、米麺フー・ティウを入れて食べることも多い。

ボー・ラー・ロット
Bò Lá Lốt

ロットの牛肉巻き。ロットという香りのよい葉で牛肉ミンチを巻いて、香ばしく網焼きにした物。葉っぱごと食べる。

ボー・ルック・ラック
Bò Lúc Lắc

牛肉のサイコロステーキ。ベトナムの牛肉はやや噛み応えがある。タマネギやピーマンなどと一緒に炒めることが多い。

ボー・ネー
Bò Né

ベトナム風ビーフステーキ。熱々の鉄板で供され、フランスパンと一緒に食べることが多い。ボー・ビッ・テッとともいう。

トム・カン・ヌオン
Tôm Càng Nướng

淡水産の手長エビの塩焼き。長～い両手(?)の中に詰まった細い身が一番うまいのだとか。

トム・スー・ハップ・ヌオック・ズア
Tôm Sú Hấp Nước Dừa

エビのココナッツジュース蒸し。ココナッツジュースで蒸すことで、よりエビの身が軟らかくマイルドな味わいになる。

トム・フム・ドゥット・ロー
Tôm Hùm Đút Lò

ロブスターのテルミドール。取れたてを賞味したいならニャチャンやダナンなどの港町まで足を延ばそう。

バイン・トム・ホー・タイ
Bánh Tôm Hồ Tây

ハノイ名物エビの天ぷら。米粉のサクサクとした天ぷら衣の上にエビが載っている。スナック感覚で食べられている。

トム・スー・ヌオン
Tôm Sú Nướng

ウシエビの串焼き。ベトナム海鮮料理ではポピュラーな一品だが、たれは各地で異なる。ダナンでは青トウガラシのたれ。

トム・サオ・ボン・ヘ
Tôm Xào Bông Hẹ

エビと花ニラの炒め物。シャキシャキとした花ニラの食感が楽しい一品で、ご飯が進む。

クア・ザン・ムオイ
Cua Rang Muối

カニの丸揚げの塩炒め。丸揚げにしたカニを塩・コショウなどで炒めた一品。タマリンドソースバージョンもある。

ゲ・ハップ
Ghẹ Hấp

甲羅模様が美しい花ガニの蒸し物。淡泊なカニ肉はライムを搾った塩コショウであっさりと。

カン・クア・チエン・トム
Càng Cua Chiên Tôm

カニ爪とエビすり身フライ。カニ爪にエビのすり身を巻きつけて揚げた贅沢な料理。プリッとした食感で美味。

クア・ロット
Cua Lột

ソフトシェルクラブのから揚げ。甲羅まで軟らかい脱皮直後のカニをパリッとから揚げにしていただく。

ムック・モッ・ナン
Mực Một Nắng

イカの一夜干し。ニャチャン産などのイカは新鮮で、身は軟らかい。ジューシーでビールが進む一品。

ムック・チエン・ゾン
Mực Chiên Giòn

イカフライ。ビールのつまみにしてもイケそう。イカ料理はどれも比較的リーズナブルだ。

ハウ・ヌオン・ボー・トイ
Hàu Nướng Bơ Tỏi

カキのニンニクバター焼き。プリプリのカキにバターが溶けて絶妙のハーモニー。カキの網焼き、ハウ・ヌオン（Hàu Nướng）も人気。

ゲウ・ハップ・サー
Nghêu Hấp Sả

ハマグリのレモングラス蒸し。ベトナム産はやや小ぶり。レモングラスの香りが鼻孔をくすぐる。

ソー・フェット・トゥー・スエン
Sò Huyết Tứ Xuyên

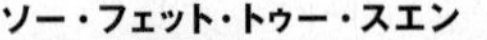

四川風赤貝。焼いた赤貝に甘辛いソースがかかった一品で、ビールにぴったり。日本のものより小粒だが味はバツグン！

オック・ニョイ・ティット
Ốc Nhồi Thịt

淡水貝タニシの肉詰め。コリコリ食感の身と豚ミンチなどを混ぜて殻に詰め、ショウガの葉やレモングラスなどと蒸した料理。

カー・コー・ト
Cá Kho Tộ

魚の土鍋煮。ヌックマム（→P.39）とココナッツジュースで煮詰めた甘辛味の家庭料理。魚は淡水魚を使うことが多い。

カー・トゥー・チエン・ソッ・カー
Cá Thu Chiên Sốt Cà

サワラのトマトソースがけ。揚げたサワラにトマトソースをたっぷりかけたフレンチテイストあふれる一品。

チャー・カー・タン・ロン
Chả Cá Thăng Long

白身魚の油鍋。白身魚をたっぷりのネギ、ディルと一緒に揚げ焼きにし、米麺ブンと一緒に食べるハノイの名物料理。

カー・ハップ・グン・ハイン
Cá Hấp Gừng Hành

魚の香味蒸し。上に載せたネギとショウガの風味が利いている（写真は炭火蒸しスタンバイ状態）。

カー・タイ・トゥオン
Cá Tai Tượng

メコンデルタ名物、象耳魚（エレファントフィッシュ）のから揚げ。身は野菜とともにライスペーパーにくるんで。

ルオン・サオ・ラン
Lươn Xào Lăn

北部

ウナギの香味炒め。ショウガやレモングラス、カレー粉などを使ってエスニック風に炒めた料理。ウナギは北部でよく食される。

エック・チエン・ボー
Ếch Chiên Bơ

カエルのから揚げ、バター風味。カエルは家庭の食卓にものぼる食材で、鶏肉に似た淡白な味が特徴だ。

フォー・ボー

Phở Bò

牛肉の米麺フォー。火の通った牛肉のチン（Chín）、レア牛肉のタイ（Tái）や牛バラ肉のナム（Nạm）など、好みの具が選べる。ベトナム全土で食べられるが北部発祥といわれる。

フォー・ガー

Phở Gà

鶏肉のフォー。牛肉のフォーに比べてあっさりとした味わい。ライムを搾り入れるとまた違った味わいになる。

ミー・ホアイン・タイン

Mì Hoành Thánh

ワンタンメン。黄色い中華麺は日本の物よりやや硬めでスープもあっさりしている。ミー・ヴァン・タン（Mì Vằn Thắn）ともいう。

フー・ティウ

Hủ Tiếu

フォーとはひと味違う南部の米麺。レバー、エビ、豚肉など具だくさんが甘めの豚骨スープにマッチ。

バイン・ダー・クア

Bánh Đa Cua

カニ汁幅広麺。茶色く平たい麺、バイン・ダーを使った北部の港町ハイフォンの名物麺。カニのすり身入りで美味。

ミエン・ガー

Miến Gà

鶏肉のスープ春雨。ツルリとしたのどごしの春雨はあっさりスープと相性がいい。鶏肉のほか、ウナギ入りなどもある。

バイン・カイン・クア

Bánh Canh Cua

カニ入り汁麺。タピオカ粉や米粉などで作るモチモチの麺を使った料理で、とろみのあるスープにカニ身がゴロッと贅沢に入る。

ブン・ボー・フエ

Bún Bò Huế

フエ名物、米麺ブンを使った牛肉のピリ辛スープ麺。スパイシーなスープに牛肉や練り物が入り、好みで野菜を入れていただく。

ブン・タン

Bún Thang

ハノイの五目スープ麺。あっさりスープに米麺ブン、錦糸卵、ゆで鶏肉、ハムなどが彩りよく載って見た目にも鮮やか。

ブン・オック

Bún Ốc

タニシの汁麺。タニシのだしが利いたトマトベースのピリ辛スープに、米麺ブン、ゆでたタニシの身が載る。北部名物。

ブン・モック

Bún Mọc

ハノイ発祥の豚肉のスープ麺。豚骨スープに米麺ブン、豚肉のつみれ、スペアリブなどが載るが、あっさりとした味わい。

ブン・ジエウ
Bún Riêu

カニとトマトの汁麺。すりつぶした田ガニが入ったトマトスープ麺。つるりとした食感の米麺ブンがいいアクセントに。

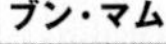

ブン・マム
Bún Mắm

発酵魚の汁麺。魚の発酵調味料を使った濃厚でうま味たっぷりのスープが美味。メコンデルタ地方の名物麺。

ブン・チャー
Bún Chả

ハノイ名物ベトナム風つけ麺。細めの米麺ブンを、炭火で焼いたつくねや豚の焼肉、たっぷりの野菜と一緒にヌックマム（→P.39）だれに付けて食べる。

ミエン・サオ・クア
Miến Xào Cua

カニ入り春雨炒め。カニのほぐし身がたっぷり入った贅沢な一品で、春雨にもカニのうま味が。海鮮料理店やカニ専門店で。

ミー・サオ・ゾン
Mì Xào Giòn

かた焼きそば。麺のパリパリ感を楽しもう。ちなみに軟らかい焼きそばは、ミー・サオ・メム（Mì Xào Mềm）。

ブン・ティット・ヌオン
Bún Thịt Nướng

焼肉載せ汁なし麺。野菜、米麺ブンの上に香ばしく焼いた焼肉や揚げ春巻を載せ、ヌックチャム（→P.39）であえて食べる南部料理。

ブン・ダウ・マムトム
Bún Đậu Mắm Tôm

米麺ブン＆揚げ豆腐のマムトム添え。プレスしたブンと揚げ豆腐、香草を発酵調味料マムトム（→P.39）に付けて食べる北部料理。

ミー・クアン
Mì Quảng

幅広米麺の汁なし麺。甘辛く煮付けたエビや豚肉が載る中部クアンナム地方の名物麺。ゴマせんべいを割り入れて食べる。

カオ・ラウ
Cao Lầu

ホイアン名物汁なし麺。コシの強い麺に野菜、豚肉、揚げワンタンなどが載り、甘辛いたれをからませて食べる。

ご飯・パン その他
Cơm / Bánh Mì / Món Khác

コム・チエン・タップ・カム
Cơm Chiên Thập Cẩm

五目チャーハン。ラップスーンという甘味がありやや脂っぽいサラミソーセージを入れる場合もある。

コム・チエン・カー・マン
Cơm Chiên Cá Mặn

塩気の強い干し魚のチャーハン。具は、細かくほぐしたカリカリ食感の魚と卵などシンプル。南部でよく食べられている。

コム・チエン・トム
Cơm Chiên Thơm

パイナップルチャーハン。パイナップルの器に盛りつけているのでチャーハンにも香りが移ってフルーティな味わい。

コム・セン
Cơm Sen

ハスの実ご飯。ほっくりとした食感のハスの実入りチャーハンをハスの葉に包んで蒸したフエ料理。ハスの葉の香りもいい。

コム・ヘン
Cơm Hến

フエ風シジミご飯。シジミのほかスターフルーツ、香草、ゴマ、ピーナッツなどの具を混ぜ合わせて食べる。フエの家庭料理。

コム・ガー・ホイアン
Cơm Gà Hội An

ホイアン風鶏飯。中国・海南島から伝わったとされる料理で、鶏だしで炊いたご飯の上に、ゆで鶏肉が載る。

コム・ダップ
Cơm Đập

土鍋で炊き上げたカリカリのおこげご飯。香ばしい香りが食欲をそそる。ネギやゴマをかけて食べる。

チャオ・ガー
Cháo Gà

鶏粥。鶏だしが利いた優しい味わい。北部の粥はどろっとしているが、南部の粥はサラサラとしたタイプが多い。

コム・タム
Cơm Tấm

砕き米のワンプレートご飯。精米過程で砕けた米を炊き、炭火で焼いた豚肉などのおかずをトッピングした南部の料理。

バイン・ミー
Bánh Mì

ベトナム風サンドイッチ。バゲットにレバーパテやハム、なます、パクチーなどの具をサンド。卵焼きや肉団子入りもある。

バイン・セオ
Bánh Xèo

エビや豚肉を米粉生地でパリッと挟み焼きにした料理。南部では野菜で包みヌックチャム（→P.39）に付けて、中部では野菜と一緒にライスペーパーに包んで味噌だれで食べる。

バイン・クオン
Bánh Cuốn

米粉の皮でキクラゲ、豚ひき肉などの具を包んで蒸したクレープのような料理。朝食やおやつに人気。

ソイ・タップ・カム
Xôi Thập Cẩm

五目おこわ。うずらの卵、サラミなどが載る。トウモロコシや緑豆のおこわなど種類豊富。おかずを載せて食べることも多い。

ソイ・ガック
Xôi Gấc

ガックというトゲのある実で赤く色付けした甘いおこわはテト（旧正月）料理に欠かせない。ベトナム版赤飯か？

鍋料理

Món Lẩu

ラウ・ゼー

Lẩu Dê

ヤギ鍋。ヤギの骨で取っただしにヤギ肉、デーツ、クコの実などを加えて長時間煮込んだスープは薬膳のような味わい。

ラウ・ナム

Lẩu Nấm

キノコ鍋。種類を多く入れるのがおいしくするコツ。ゴマ・塩だれで。じわじわと全国人気に。

ラウ・ガー・ラー・エー

Lẩu Gà Lá É

ラー・エーというレモンバジルをたっぷり入れて食べるダラット名物の鶏鍋。タケノコ、キノコも入り、あっさりとした味わい。

ラウ・ジエウ・クア

Lẩu Riêu Cua

田ガニ＆トマトスープの鍋。ブン・ジエウ(→P.37)の鍋版で、空芯菜、バナナの花、揚げ豆腐や米麺ブンなどと一緒にいただく。

ボー・ニュン・ザム

Bò Nhúng Dấm

牛肉の酢しゃぶ鍋。酢入りのスープにスライス牛肉をさっとくぐらせ、野菜と一緒にライスペーパーに包んで食べる。

ヌックマムだけじゃない！

ベトナム料理の極意は付けだれにあり

ベトナム料理の味のベースは何といっても「ヌックマム」。煮物でも炒め物でも、あらゆる場面で活躍するこの万能調味料は、小魚を塩に漬け込み発酵させて作った魚醤で、何といってもその強烈な臭いに特徴がある。

そのヌックマムをベースにした付けだれもまた、ベトナムの食卓には欠かせない。なかでも最もポピュラーなのが、湯で薄めたヌックマムに砂糖、酢（ライム汁）、ニンニクを混ぜてトウガラシを浮かべた「ヌックチャム Nước Chấm」。こちらは臭いもあまり気にならないし、ちょっと甘酸っぱい味が揚げ春巻をはじめ、どんな料理ともよくマッチする。でもやっぱり魚醤の臭いは苦手という人は、豆醤油の「ヌックトゥオン」がおすすめ。

さらに要チェックなのが「トゥオンダウ」というたれ。こちらは大豆味噌とピーナッツペーストをベースにした味噌だれで、チャオ・トム（→P.30）や生春巻のお供として登場することが多い。生春巻には黒味噌「トゥオンデン」や赤い味噌「トゥオンゴッ」も合うが、これらはおもに南部のフォー屋のテーブル調味料として活躍している。

もうひとつ、付けだれとして重要なのが「マム」という塩辛類だ。この種類も多いが、代表的なのはヌックマム用の小魚を発酵させた「マムネム」。実はこのマムネムの上澄み液がヌックマムというわけ。同様に小エビから作られる「マムトム」も、その臭いのすごさは半端ではないが、あっさりしたゆで豚やハノイ名物チャー・カーの味を引き立てる名脇役だ。

レストランで料理を何品か注文すると、こうした付けだれが小皿に入っていくつも運ばれてくる。どれがどの料理用なのか迷ってしまいそうだが、心配はご無用。店員が「この料理はコレ」とアドバイスしてくれるだろうし、そもそも厳密なルールはない。いわば絶妙なブレンドを施した多彩なたれこそが味の決め手、食べる人の好みで"マイ・テイスト"をいろいろ楽しむのがベトナム流なのだ。

❶小エビの塩辛マムトム Mắm Tôm は強烈な臭い
❷大豆醤油のヌックトゥオン Nước Tương（北部ではシーザウ Xì Dầu）
❸小魚から作られる代表的な塩辛マムネム Mắm Nêm
❹タマリンドの酸味が利いたマムメー Mắm Me はシーフードに
❺トウガラシを浮かべたヌックチャム Nước Chấm は基本
❻黒味噌トゥオンデン Tương Đen と赤味噌トゥオンゴッ Tương Ngọt
❼エビ、カニには塩コショウにライムを搾るムオイティエウ Muối Tiêu
❽ピーナッツ味噌だれのトゥオンダウ Tương Đậu

宮廷料理から
庶民の味まで

繊細なるフエ料理の世界を堪能する

バリエーション豊かなベトナム料理のなかでも、ひときわ異彩を放っているのが「フエ料理」だ。中部の古都フエ（→P.260）は、かつてベトナム最後の王朝、グエン（阮）朝（1802～1945年）の都がおかれていた所で、当時国中から集められた一流の料理人たちは、皇帝と皇族たちのために絶えず腕を競い合った。こうして編み出されたのが、カニ、エビ、カモ、ハスの実などの高級食材をふんだんに使い、贅沢にして洗練されたフエ宮廷料理の数々。さらに野菜などで花や動物を形作り、華麗に盛りつけられた料理は芸術的な美しさだ。

フエのホテルやレストランなどでは、こうした宮廷風料理を体験できるディナーコースがあり、人気を呼んでいる。王朝風の衣装を身に着け、民族音楽と伝統儀式のショーを楽しみながら賞味するいにしえの味。お値段のほうも豪勢（？）だが、フエを訪れたならグエン朝グルメ体験としゃれこむのもいいかも。

さて、もともと宮廷内の物だったレシピは、やがて官吏の家庭に伝わり、後に庶民層へ広まったといわれている。こうして発展していったフエ庶民料理、代表的な物にはピリ辛麺のブン・ボー・フエ（→P.36）やバイン・ベオ（→P.30）、バイン・ボット・ロック（→P.31）などがあるが、いずれも安くて種類も豊富。素朴ながらどこか繊細な味わいなのは、宮廷料理の流れを受け継いでいるからだろう。もうひとつ隠れたフエの美味が多彩な伝統菓子の数々。名物ムッ・セン（ハスの実の砂糖漬け）やメー・スン（ピーナッツヌガー）、バイン・スー・セー（ココナッツあんもち）など、優雅な古都の味をお試しあれ。

今や都市部にはセンスのいいフエ料理専門店がたくさんあるし、地方の小さな町へ行っても「MÓN ĂN HUẾ（フエ料理）」という看板を見かけるほどファンの多いフエ料理。ベトナム・グルメプランに、ひと味違うフエの味もプラスしてみてはいかが？

「ピルグリミッジ・ビレッジ」（→P.274）の宮廷料理コースメニュー。鳳凰のオードブル、パイナップルのランタンに刺された揚げ春巻、ハスの葉に包まれたハスの実ご飯はいかにもフエ風アレンジ

超ワイルド!?

これが珍ベトナム料理だ！

ベトナムには特に厳しい宗教上の食戒律がないため、牛、鶏、豚肉はもちろん、アヒルやカエルも家庭の食卓をにぎわせる。そればかりか犬、ヘビ、ウサギ、ヤギ、アルマジロ、ヤマアラシ、ハト、コウモリ、カメ、田ネズミ、カブトガニetc.、何でも食材になってしまう。

といっても、それらは一般のレストランのメニューにはまず載っていないし、普段家庭で食べることもない。こうした精の付く珍味の数々は、大切な客人のもてなしや特別な会食の席などに予約をしたり、専門店に足を運んで賞味したりする、いわば高級料理なのだ。当然値段も普通の料理に比べればかなり高いのだが、肝心のお味のほうは「超ワイルド」のひと言に尽きる。

ここでは旅行者でもトライしやすい野趣あふれる珍ベトナム料理を紹介しよう。

犬料理　ティット・チョー　Thịt Chó

「おいしいから」、「滋養を付けるため」などのほか「厄落とし」の意味合いも強く、旧暦の月末に食べる人が多い。ベトナム全土で食べられてはいるが、どちらかといえば北部でよく食べられている。ハノイのザンボー湖の北のヌイチュック通り沿い（MAP P.342-3B）に犬肉料理屋がある。とはいえ、北部でも絶対に犬肉は口にしないという人は多いし、もともとそういう食習慣のない中・南部にいたっては、露骨にイヤな顔をする人もいる。

犬料理は濃いめの味付けの料理が多い。写真の炒め物、揚げ物以外に、犬肉鍋もポピュラーな料理だ

ヘビ料理　ティット・ザン　Thịt Rắn

ベトナム全土で食べられており、特に有名なのはハノイの北東約7kmの所にあるレマット（Lệ Mật MAP P.306-1B）村だ。村にはヘビ料理専門店が数軒あり、生き血、スープ、炒め物、揚げ物、焼き物などフルコースでヘビ料理を食べさせてくれる。コブラを含めて食用ヘビは数種類あり、希望すれば選ばせてくれる。

これら以外にも町によって独特な野味料理がある。有名なのは北部ハノイのハト料理、高原地方ダラットのシカ料理、メコンデルタの田ネズミ料理など。ホッ・ヴィッ・ロン（孵化寸前のアヒルの卵をゆでた物〈→P.42〉）や椰子虫をつまみに一杯やるのは全然珍しくなかったりするのだ。

そんなベトナムの人たちが絶対に食べないのが、クジラ。クジラは海の守り神とされているため、「食べるなんてとんでもない！」というわけ。まことに食文化とは多様にして奥深いものだ。

ヘビ料理のフルコース（3人用）。肉はもちろん、生き血、ウロコ、骨まで余す所なく調理される

早い　安い　ウマイ

クアンコム・ビンザンの達人を目指せ！

「Cơm」の看板が目印の大衆食堂「クアンコム・ビンザンQuán Cơm Bình Dân※」。店頭にはベトナムの家庭料理が並び、注文は好きなおかずを指さしするだけでOK。値段は野菜料理なら2万ドン～、肉料理は3万ドン～、海鮮料理は5万ドン～。テイクアウトもできる。

※単にコム・ビンザンと呼ばれることも。南部発音では～ビンヤン。

皿飯
Cơm Đĩa
コム・ディア
ひとりなら、ご飯におかずを載せるワンプレートスタイルが一般的。

別盛り
Cơm Phần
コム・ファン
ふたり以上なら別盛りでもOK。

ウマイ！をゲットする　**心得 三ヵ条**

一、人気店情報を入手すべし。
地元の人に聞くなどして
事前の情報収集もしっかりと。

二、早めに店に到着すべし。
昼食なら11:00頃、夕食は19:00頃
までに行くのがベター。
おかずがなくなり次第閉店となる。

三、食事時に店の前にバイクがズラリと
並んでいたら要チェック。
安くてうまい確率大。

食事時にはおかずがズラリ。数十種類ものおかずを提供する店もある

土鍋煮をウリにしている店もあり、注文するとできたてが楽しめる

「マン・ベー Mang Về」と告げると持ち帰り用に詰めてくれる

別盛りで注文すると、席まで運んでくれる

人気のおかずからどんどん売り切れていく

ナルホド簡単！　クアンコム・ビンザンの利用法

1 店頭にズラリと並んだおかず。野菜炒めに焼肉、焼き魚、卵焼き、スープ……。う～ん、目移りしちゃう

2 「コレ、コレちょーだい！」食べたい物を直接指さして注文。値段が心配なら注文前に聞いておこう

3 席に着いて待つこと数分、すぐにご飯と頼んだおかずがいっせいにやってくる

4 「このたれはこれに付けて……」と店員さんがレクチャー（これは1人前ではありません。念のため……）

5 食後に「ティン・ティエン（お勘定）」と声をかけると、マネジャーがやってきてササッと計算。料金はテーブルで支払う

路上はグルメパラダイス

何でもありの屋台料理

ちょいと一杯

ビール系

Beer

「ヨー！（乾杯）」と、ヤギ鍋屋でめいっぱい盛り上がる地元の人たち

町のあちこちにある路上飲み屋ではスルメイカ屋台も出現！

左から中部ダナンの地ビールのラルー、南部を代表するビア・サイゴンと333（バーバーバー）、北部を代表するビア・ハノイとハリダ

自家製生ビールのビア・トゥーイ（Bia Tươi）。度数は低くやや水っぽい味だが、さらに氷を浮かべて飲むのが通

ビールの友ベスト3

孵化寸前のアヒルの卵をゆでたホッ・ヴィッ・ロン（Hột Vịt Lộn）は塩コショウで。北部ではチュン・ヴィッ・ロン（Trứng Vịt Lộn）と呼ばれる

大粒のゆでハマグリ。このうまさはやめられない止まらない

豚肉を発酵させたネム・チュア。酸味のなかに粒コショウがピリリ

種類豊富

麺屋系

バイン・カイン・クア（→P.36）。屋台でも、エビ入りで豪華！

ベンタン市場の食堂街では、頭上に乱舞する料理名の看板が頼り

歩道いっぱいにテーブルを並べ、次から次へと客がひっきりなしにやってくる

天秤棒の屋台は毎日同じ場所、同じ時間で。写真はブン・オック（→P.36）売り

Noodle

ベトナムの路上は、朝から晩までおいしい物にあふれている。朝ご飯の定番メニューは屋台の麺とお粥。おやつ代わりにつまむスナック類。1日の締めくくりには生ビールのビア・ホイ（Bia Hơi）で一杯。「これは何？」とつい足を止めてのぞき込んでみれば、気取らない庶民派のグルメが呼んでいる。何でもありの屋台料理には出合いと驚きがいっぱいだ。

小腹がすいたら

スナック系

Snack

夕方のおやつの時間になると小道にもスナックの屋台がズラリ

フォーの生春巻、フォー・クオン（Phở Cuốn）。ハノイっ子の定番スナック

ホカホカの肉まん、バイン・バオ（Bánh Bao）。具なし、ウズラの卵入りなどさまざま

臓物のココナッツ煮込み、ファー・ラウ（Phá Lấu）。クリーミーでクセになる味

「Kem」の文字を見つけたらそこにはアイスクリームが。これはパンにアイスクリームを挟んだアイスクリームサンド

ハノイ風ピロシキ、バイン・ゴイ（Bánh Gối）（右下）などの揚げ物は野菜と一緒に

バイン・ミー（→P.38）は屋台で売られているのが一般的

ガッツリ

お食事系

トロトロのカニスープ、スップ・クア（Súp Cua）の屋台。おいしい店にはやはり人が集まる

鶏おこわ、ソイ・ガー（Xôi Gà）。さまざまな部位の鶏肉がたっぷり載ってこれ一品でおなかいっぱいに

海鮮焼きそば、ミー・サオ・ハイ・サン（Mì Xào Hải Sản）は港町でぜひ食べたい

山積みされたカニの中にカブトガニを発見。果たしてうまいのか？

Food

ハノイのスープ・ブンといえば、このブン・ジエウ（→P.37）。いたるところにあり、食べ比べてみるのもおもしろい

ホルモン粥、チャオ・ロン（Cháo Lòng）はベトナムではポピュラーなお粥のひとつ

ホーチミン市で人気のピータン入りのカニスープ。鶏足入りのカニスープもある

レストランはこう使いこなす

ベトナムのレストラン（ニャーハン：Nhà Hàng）は比較的カジュアルな雰囲気の所が多い。店によっては予約が必要な所もある。予算はひとりの場合、料理1～2品と飲み物で30万～50万ドン、庶民的な店なら20万～40万ドンくらいを目安に。ベトナム料理は中華のようにひと皿を数人で取り分けるスタイルが多いので、やはり複数人で行ったほうが割安で済むだろう。

店で人数を告げると席に案内され、渡されたメニューを見ながらオーダーするという手順は日本と同じだが、勘定はテーブルで支払うシステムなので注意。食事が終わって店員に合図をすれば、すぐに計算書を持ってくるので、よく確認してから支払おう。基本的にチップは必要ないが、渡したい場合は金額の5～10%以内の少額をテーブルに残せばよい。会計金額にサービス料が含まれている場合は不要。

簡単メニュー解読法

ベトナム料理のメニューの読み方は意外と簡単だ。メニューはたいてい野菜、豚肉、鶏肉、牛肉、シーフード、鍋物という具合に分類されて書かれているし、料理名は素材名と料理法の組み合わせからなる物が多い。メニューが読めるとオーダーも楽しくなってくる。この単語リスト片手に、どんどん新しい料理をオーダーしてみよう！

料理名の読み方

パターン1

Bò 牛肉 （主素材名）	＋	Xào 炒める （調理方法）	＋	Bó Xôi ホウレンソウ （副素材名）

パターン2

Gỏi あえ物 （できあがり状態）	＋	Đu Đủ パパイヤ （素材名）

ベトナム流テーブルマナー指南

ベトナムは日本と同じ米食文化、そして箸文化。そのため初めてのベトナム旅行で、言葉が理解できず、習慣がわからなくても、食べることに限れば大きなとまどいは感じないはずだ。テーブルマナーも、日本で常識とされていることを守っていれば基本的に大丈夫。とはいえ、日本のそれとは多少の違いもあるため、ここで食事マナーの常識のおさらいと、簡単な違いを解説しておこう。

高級レストランのテーブル。グラス、ナプキン、箸、レンゲが美しくセッティングされている

高級レストランにて

高級店では、予約をする、小ぎれいな服装で、といったことは日本と同じ。テーブルマナーも大きな違いはない。

食堂・屋台にて

周りを意識せずリラックスしてしまうぶん、むしろ高級レストランより注意したほうがいいことが多い。

まずは混み合う時間は相席が当たり前。また、忙しいときの外国人客は邪険な応対をされることも。往々にしてテーブルや椅子は小さく、やや窮屈。

左／箸、つまようじ、トウガラシ、ライム、塩、コショウ、酢（トウガラシ入り）など。この食堂のテーブルは比較的揃っているほう
右／見知らぬ人との相席もベトナム食堂のおもしろさ

テーブルに用意されている箸、レンゲ、碗などは使う前に必ず紙ナプキン（ティッシュの場合もある）で拭いておこう。ほこりっぽい所に出しっぱなしにされているためで、地元のベトナム人もみんなしており、決して失礼なことではない。

おしぼりを使うと、1000～2000ドンほど取られることもある。ぼられているわけではない。

食堂でも、麺を食べる際、音を立ててすするのはよろしくない。いったん箸でレンゲに移してから口に運ぶこと。

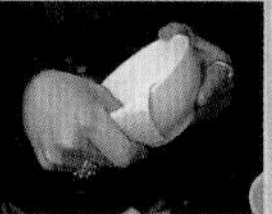

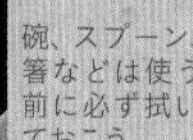

碗、スプーン、箸などは使う前に必ず拭いておこう

素材名１（肉・魚介類）

（以下アルファベット順）

Ba Ba	スッポン
Bò	牛
Cá	魚
Cá Chẽm	バラマンディ
Cá Quả（Cá Lóc）	ライギョ
Cá Trê	ナマズ
Cánh Gà	手羽先
Chim Bồ Câu	ハト
Cua	カニ
Ếch	カエル
Gà	鶏
Ghẹ	花ガニ
Hàu	カキ
Heo / Lợn	豚
Lươn	ウナギ
Mực	イカ
Nai	シカ
Ốc	タニシ
Rắn	ヘビ
Sò Huyết	赤貝
Tép	小エビ
Thịt	肉
Thỏ	ウサギ
Tôm	エビ
Tôm Càng	手長エビ
Tôm Hùm	ロブスター
Trứng	卵
Vịt	アヒル

素材名２（野菜類）

Bắp / Ngô	トウモロコシ
Bắp Cải	キャベツ
Bí Đỏ	カボチャ
Bó Xôi	ホウレンソウ
Bông Cải Xanh	ブロッコリー
Cà Chua	トマト
Cà Rốt	ニンジン
Cà Tím	ナス
Chanh	ライム
Củ Cải	大根
Đậu Bắp	オクラ
Dưa Chuột / Dưa Leo	キュウリ
Giá	モヤシ
Gừng	ショウガ
Hành	ネギ
Khoai Tây	ジャガイモ
Lạc	ピーナッツ
Măng	タケノコ
Măng Tây	アスパラガス
Mía	サトウキビ
Mướp Đắng	ニガウリ
Nấm	キノコ
Rau	野菜
Rau Diếp	ロメインレタス
Rau Mùi / Ngò Rí	コリアンダー
Rau Muống	空芯菜
Rau Diếp Cá	ドクダミ
Rau Tía Tô	シソ
Sen	ハス（の実）
Tỏi	ニンニク

果物

Bưởi	ザボン
Chôm Chôm	ランブータン
Chuối	バナナ
Dừa	ココナッツ
Đu Đủ	パパイヤ
Khế	スターフルーツ
Măng Cầu	シュガーアップル
Măng Cụt	マンゴスチン
Mít	ジャックフルーツ
Nhãn	リュウガン
Ổi	グアバ
Sầu Riêng	ドリアン
Thanh Long	ドラゴンフルーツ
Vải	ライチ
Vú Sữa	ミルクフルーツ
Xoài	マンゴー

調理法

Cuốn	巻く
Gói	包む
Gỏi	あえる
Hấp	蒸す
Kho	煮付ける
Luộc	ゆでる
Nấu	煮る
Nướng	焼く
Rán / Chiên	揚げる
Trộn	混ぜる
Xào	炒める

味付け・調味料

Cà Ri	カレー
Cay	辛い
Chua	酸っぱい
Chua Ngọt	甘酸っぱい
Dấm	酢
Đắng	苦い
Đường	砂糖
Mắm	塩辛
Mặn	塩辛い
Me	タマリンド
Muối	塩
Ngọt	甘い
Nước Mắm	ヌックマム
Nước Tương	醤油
Ớt	トウガラシ
Sả	レモングラス
Tiêu	コショウ

できあがり状態・その他

Bánh	粉物料理の総称
Bánh Mì	パン
Bánh Tráng	ライスペーパー
Bột Sắn	タピオカ
Bún / Phở	米麺
Canh / Súp	スープ
Cháo	粥
Cơm	ご飯
Cơm Chiên	チャーハン
Đặc Biệt	特別
Đậu Phụ	豆腐
Hải Sản	シーフード
Gỏi	あえ物
Khai Vị	前菜
Lẩu	鍋物
Mì	中華麺
Miến	春雨
Nem / Viên	肉団子
Salad	サラダ
Thập Cẩm	五目
Tráng Miệng	デザート
Xôi	おこわ

クアンコム・ビンザン（→P.41）などでひと皿にご飯とおかずを載せた、いわゆる皿飯（コム・ディア）の場合には、箸ではなく、右手にスプーン、左手にフォークで食べることも多い。

食堂、高級店での違い

食堂ではご飯のお碗に口を付けて食べてもいいが、高級店ではダメ。ただし、食堂でも麺やスープの碗には口を付けてはダメ。レンゲやスプーンを使うこと。

高級店のスープはひとりずつの碗でサーブされるが、食堂では人数分が大碗で出される。しかもスープ用の碗はない。ご飯を半分ほど食べてからレンゲでご飯の碗に入れて、茶漬けのようにして食べるか、ご飯をいったん食べ切ってから同じ碗にスープを入れてスープを楽しむ。その後またご飯を入れる。

左／スープはご飯の碗と同じ物を使う　右／ご飯も複数の場合は大碗で出され、それを各自が取り分ける

《フォーの食べ方指南》

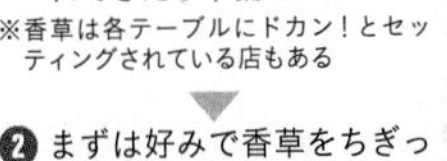

❶ フォーと香草、野菜が運ばれてきたら準備OK！

※香草は各テーブルにドカン！とセッティングされている店もある

❷ まずは好みで香草をちぎって入れる。南部ではモヤシが出てくることもある

❸ ライムをぎゅっとひと搾りして酸味を付ける

※辛いのが好みならトウガラシや辛子味噌を入れてもいい

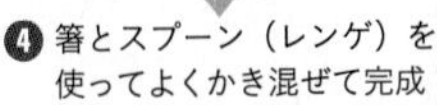

❹ 箸とスプーン（レンゲ）を使ってよくかき混ぜて完成

❺ 箸とスプーン（レンゲ）を使って食べる。決して音を立てたり、碗に口を付けてはいけない

※写真のようにフォーと野菜＆香草が別々に出されるのは中・南部。北部はネギが載っている程度で、あまり野菜＆香草は入れない。

Vietnamese Sweets & Drink

おすすめの

ベトナムスイーツ&ドリンク

伝統甘味からフランスの影響を受けたちょっとおしゃれなデザートまで、ベトナムのスイーツはどれも魅力たっぷり。町歩きに疲れたら、ベトナムスイーツでひと休みといこう。

チェー Chè

「ベトナム版ぜんざい」とでもいうべき、ベトナムの伝統甘味。クラッシュアイスを入れるタイプと入れないタイプがある。

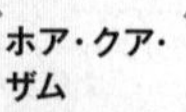

ホア・クア・ザム
Hoa Quả Dầm

季節のフルーツのミックス・チェー。見た目も味もさわやかな逸品。

チェー・タック・ズア
Chè Thạch Dừa

ナタデココとココナッツのチェー。独特の食感と味は南国ならでは。

チェー・スオン・サー・ハッ・ルー・ダウ・サイン
Chè Sương Sa Hạt Lựu Đậu Xanh

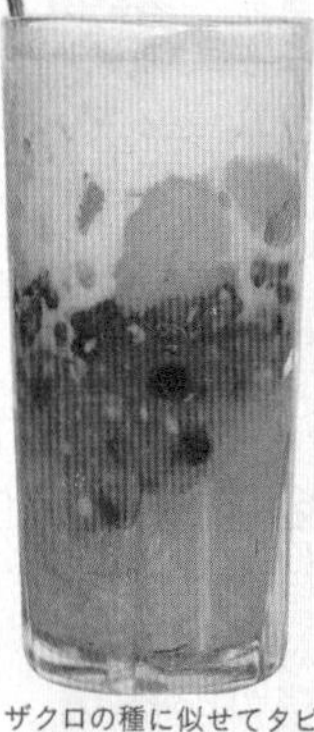

ザクロの種に似せてタピオカ粉とクワイの実から作られるチェー。

チェー・タップ・カム
Chè Thập Cẩm

ミックス・チェー。どの店でもハズレがなく、初心者におすすめ。

チェー・バップ
Chè Bắp

もち米とトウモロコシのチェー。甘味が増す組み合わせは隠れた人気。

チェー・セン
Chè Sen

ハスの実のチェー。ハスの実はクセがなく、どんな味にもなじみやすい。

チェー・ダウ・サイン
Chè Đậu Xanh

緑豆のチェー。もっちりとした食感で甘さ控えめ。誰からも好かれる。

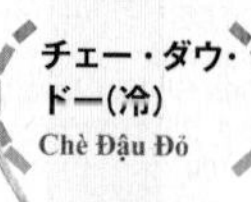

チェー・ダウ・ドー(冷)
Chè Đậu Đỏ

煮込んだあずきを冷やしてココナッツミルクをかけた冷チェー。

チェー・チュオイ・ヌオン
Chè Chuối Nướng

焼きバナナのチェー。バナナをもち米で包んで焼き、ココナッツミルクをかけたもの。

チェー・バイン・チョイ・タウ
Chè Bánh Trôi Tàu

白玉入りチェー。おもに北部で食べられる温かいチェーの代表格。

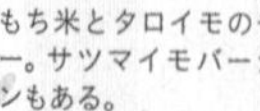

チェー・コアイ・モン
Chè Khoai Môn

もち米とタロイモのチェー。サツマイモバージョンもある。

チェー・ダウ・チャン
Chè Đậu Trắng

もち米と豆のチェー。ココナッツミルク味で、食べ応えもあり。

チェー・ダウ・ドー(温)
Chè Đậu Đỏ

あずきを煮込んだ温チェー。日本人には懐かしくほっとする味。

アイス・プリン・その他 Kem / Bánh Flan / Tráng Miệng Khác

ひんやり冷たいアイスやプリンなどの定番スイーツからちょっと変わったスイーツまでめじろ押し。

ケム・ズア
Kem Dừa

ボリューム満点ココナッツアイス。殻の内側の白い果肉も美味。

ザウ・カウ
Rau Câu

ココナッツ味、コーヒー味などのゼリー。一度に2、3個イケそう。

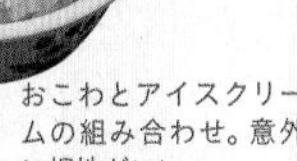

ケム・ソイ
Kem Xôi

おこわとアイスクリームの組み合わせ。意外に相性がいい。

スア・チュア・ネップ・カム
Sữa Chua Nếp Cẩm

古代米の黒米とヨーグルトを合わせたハノイ発のデザート。

バイン・フラン
Bánh Flan

濃厚なカスタードプリンは絶品！ 北部ではカラメンと呼ばれる。

タウ・フー
Tàu Hũ

豆腐花。おぼろ豆腐のシロップがけで、ツルンとした食感が楽しい。

スア・チュア（ヤァウー）
Sữa Chua / Yaourt

ヨーグルト。フローズンタイプやドリンクタイプも人気。北部はスア・チュア、南部はヤァウーという。

ドリンク Đồ Uống

町のいたるところにジューススタンドがあり、その場で季節の果物を搾ってくれる。見慣れないドリンクにもトライ。

シン・トー・ボー
Sinh Tố Bơ

ヌオック・ミア
Nước Mía

ほんのり甘いサトウキビジュース。この屋台は町中で見かける。

チャー・チャイン
Trà Chanh

ライムティー。近年、ハノイで登場した緑茶にライムを搾ったドリンク。

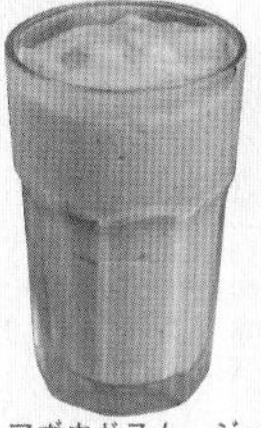

アボカドスムージー。シン・トーは果物、練乳、砂糖、氷をミキサーにかけて作る。

ヌオック・エップ・ズア・ハウ
Nước Ép Dưa Hấu

スイカのフレッシュジュース。スイカ以外にも種類豊富なフレッシュジュースがある。

スア・ダウ・サイン(後方) スア・ダウ・ナイン(手前)
Sữa Đậu Xanh / Sữa Đậu Nành

豆乳はコクがありヘルシー。緑色の物は緑豆の豆乳。

焼き菓子・ケーキ
Các Loại Bánh Ngọt

素朴な伝統菓子から卵やミルクたっぷりのケーキまで、焼き菓子やケーキにもチャレンジしたい。

バイン・チュオイ
Bánh Chuối

バナナケーキ。焼きたてが最高！　タロイモ入りもある。

バイン・ダウ・サイン
Bánh Đậu Xanh

緑豆の寒天寄せケーキ。甘さ控えめで優しい味だ。

バイン・ケップ・メー
Bánh Kẹp Mè

甘い香りを放つワッフル。市場内で営業していることが多い。

チュオイ・チエン
Chuối Chiên

甘酸っぱいバナナとサクサク米粉衣が絶妙にマッチした揚げバナナ。

バイン・ガック
Bánh Gấc

ガックのもち菓子。赤いガックの実で色付けしたタピオカ生地でモチモチ食感。

バイン・スー・ケム
Bánh Su Kem

シュークリーム。厚めの生地の中には卵たっぷりのカスタードクリームが。

バイン・コアイ・ミー・ヌオン
Bánh Khoai Mì Nướng

キャッサバケーキ。タピオカの素となるキャッサバを使ったモチモチ食感のケーキ。

チェー・コン・オン
Chè Con Ong

ショウガのもち米団子。ショウガと砂糖をたっぷり入れ、炊き上げたもち米のお菓子。

バイン・ザー・ロン
Bánh Da Lợn

三層蒸しもち。パンダンリーフで色付けしたタピオカ粉ベースのもち。豚の三枚肉に見えることから「豚皮ケーキ」と呼ばれる。

バイン・ソアイ
Bánh Xoài

ココナッツと黒ごまの団子。ソアイとはマンゴーのことだが、マンゴーは入っていない。

バイン・ガン
Bánh Gan

アヒルの卵とココナッツミルクで作る焼きプリン。

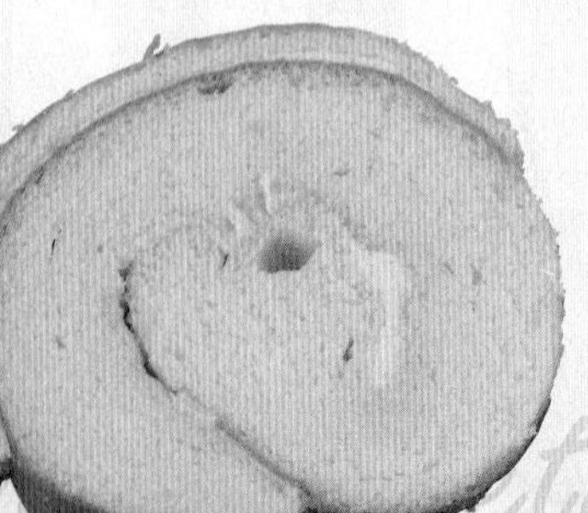

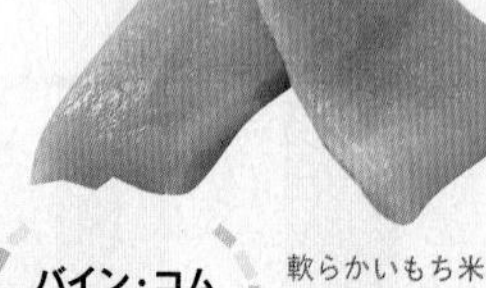

バイン・クオン
Bánh Cuộn

ロールケーキ。昔懐かしい素朴な味わい。

バイン・コム
Bánh Cốm

軟らかいもち米のハノイ名菓。中は緑豆あん。

Vietnamese Sweets & Drinks

ベトナムのカフェを極める
Vietnamese Cafe

南部のローカルカフェはビーチチェアで道路に向かって座るのが特徴。深く腰掛け、通りを眺めれば、小さな発見に出合えるかも

近所の男性たちのたまり場の渋〜いカフェも健在

意外と知られていないが、ベトナムはコーヒーの生産国だ。輸出はブラジルと世界第1位を競っており、もちろん日本にも輸出されている。おもな産地はダラットやバンメトート。フランス統治下の頃、気候がコーヒー栽培に適していることに目を付けたフランス人たちが始めたのが今にいたっている。こうした歴史背景もあり、ベトナム人はよくコーヒーを飲む。ベトナム全土、どんな小さな町へ行っても必ずカフェがある。そんなカフェ文化にちょっとだけ足を踏み入れてみよう。カフェから見えるベトナムには、ショッピングやグルメとは違った普段着の姿が見えてくる。

豆から焙煎方法までこだわったカフェが急増中

新聞を読みながら、携帯電話でおしゃべりしながら、何をするわけでもなく通りを眺めながら、男性たちは一杯のコーヒーで自分の世界を作り出す

ベトナム・コーヒーといえばバンメトート(→P.208)発のチュングエン・ブランドが有名。おみやげにも人気

ダラットでは山の景色を楽しめるカフェが急増中

南部はコーヒー文化、北部はお茶文化が根付いている。南部ではアイスコーヒーがよく飲まれる

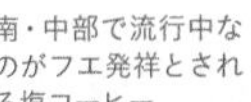
南・中部で流行中なのがフエ発祥とされる塩コーヒー

カフェ番外編 路上のカフェ

カフェは路上にもある。町歩きに疲れたら、ちょっとひと休みに座ってみよう。足元にもディープなベトナムが待っている。

特に北部の路上カフェはお茶を出すことが多い

カフェでは水たばこ(トゥオック・ラオ)に興じる男たちも

お茶請けはハッ・フォン・ズオン(ヒマワリの種)、ハッ・ズア(スイカの種)

ベトナム・コーヒー指南

独特のアルミやステンレスのフィルターで提供され、目の前でポタリ、ポタリとできあがるのを待つのが昔ながらのベトナム・コーヒー。最初にコンデンスミルクをタップリと入れておくのがベトナム流だ。

カフェ・スア(ホット・ミルクコーヒー)

1

オーダーするとこの状態で出てくるので、できあがるまで数分待つ。コーヒーが冷めないように碗にはお湯が入っている

2

できあがったらフタを皿代わりにしてフィルターを外す。よくかき混ぜて、甘〜いコーヒーのできあがり

カフェ・スア・ダー(アイス・ミルクコーヒー)

1
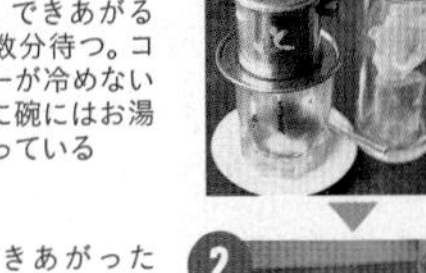
オーダーすると左記のホットコーヒーと同じ状態で出てくるので、同じように待つこと数分。氷は別グラスに入っている

2

できあがったらよくかき混ぜ、氷をカップに入れて、アイス・ミルクコーヒーのできあがり

ベトナムのエレガンス アオザイ

ベトナム旅行中、ベトナム女性の着るアオザイ姿の可憐な美しさにハッとさせられた覚えのある人は多いだろう。体を上着（アオ：Áo）と長いパンツ（クアン：Quần）でスッポリ包み込み、露出が少なく清楚な感じをうかがわせる一方、スリットからチラリとのぞく肌やボディコンシャスなシルエットからは、ほのかな色気が漂う。旅行の前に、ベトナムの文化のひとつであるアオザイの歴史や豆知識を勉強しておこう。

スタイルの変遷

時代の流れとともに変化するアオザイのデザインは、時代を反映する鏡でもある。スタイル変化からベトナムの文化や歴史が見えてくる。

17世紀

4枚布のアオザイ
現在の形は5枚の布を使用するが、この頃は4枚の布を組み合わせており、体のラインが隠れるデザイン。畑や市場での仕事がしやすいよう、締め付けの少ない前開きのひらひらとしたアオザイを腰ひもで結ぶスタイルが主流。

アオザイの下には、年配の女性はダークカラー、若い女性は赤や白の衣を身に着けた

19世紀

5枚布のアオザイへと変遷
5枚の布を使用し、左肩のあたりで前布をとめるスタイルが主流に。この頃のアオザイには5つのボタンがあり、その一つひとつに礼儀、知性など儒教の五常の徳が込められているとされた。

不死鳥、コウモリ、太陽、ひょうたん、果物などの刺繍が施されたアオザイは、グエン（阮）朝の儀式の際などに着用された

1940年代

西洋風アオザイが登場
1887年以降のフランス植民地時代、アオザイもフランス文化を取り入れた西洋風のデザインに変化を遂げた。ボディラインを強調するデザインが取り入れられ始めるのもこの頃。

1942年に結婚祝いとして贈られたアオザイ。この頃のアオザイは数が少なく貴重な品だ

明るい色合いのアオザイが多く、レースなどさまざまな素材が使用されるようになった

1950年代

現在の形に近いアオザイが主流
1958年に初めてラグラン・スリーブが取り入れられ、体のラインを強調するデザインが多く見られる。ボートネックのアオザイなどが登場し、アオザイがもっとファッショナブルに進化した。

左／現在のアオザイの多くがラグラン・スリーブを採用　右／ベトナム共和国初代大統領ゴ・ディン・ジエムの弟の妻であった、事実上のファーストレディ、マダム・ヌーが着用したボートネックのアオザイ

アオザイ裏話

ベトナム人の体型に適し、かつマイナス部分をカバーしてくれるアオザイ。一般にベトナム人は背が低く小柄で、肩幅が狭い人が多いといわれる。しかし、ひきずるほど長いパンツとその下に厚底のサンダルを履けば身長をカバー。また、肩の下の切り替えが、なで肩の魅力を生かす。

しかし、あの見事なスタイルにも秘密がある。アオザイを着るときは、カップ付き下着を着用している人も多いとか。もちろんアオザイを仕立てるときも、アオザイ用下着を着用して作るのだ。結婚式を数週間後に控えてダイエットに励む女性も。美しいアオザイ姿のためには涙ぐましい努力も必要なのだ。

アオザイ博物館に行こう

ホーチミン市のアオザイ博物館は、貴重なアオザイの保存はもちろん、アオザイの歴史と文化の研究・発信を目指し、アオザイに特化した博物館で、意外にもベトナム初となる。

アオザイ博物館を設立したのは、現代アオザイの先駆者とも呼ばれるシー・ホアン氏。数々のデザインコンクールで受賞を果たし、アオザイを芸術作品に高めた功労者でもある。

情熱的なアーティストタイプのシー・ホアン氏。真っすぐな瞳と親しみやすい笑顔が印象的だ

シー・ホアン Sĩ Hoàng
1962年生まれ。芸術大学を首席で卒業したのち、芸術家、美術講師として活躍していた1989年、ミス・アオザイコンテストに出場する自身の生徒のアオザイにハンドペイントを施したところ、その斬新なアオザイが一大ムーブメントを巻き起こす。現在は講師、アオザイデザイナー、芸術家、役者など多方面で活躍中。

12年もの年月をかけ、アオザイ博物館をオープンに導いたシー・ホアン氏に、博物館への熱い思いを語ってもらった。

アオザイ博物館の見どころを教えてください。
私自身が集めた約100点の新旧アオザイコレクションは必見です。歴史的に有名な人物から提供してもらったアオザイや、17世紀から現代までのアオザイの変遷がわかる資料館と、ベトナムを代表する有名人や歌手が着用した近代アオザイの資料館があるので、両方じっくり見てほしいですね。

なぜアオザイ博物館を開館しようと思ったのですか？
もともと講師として働いていた私を、世界20ヵ国以上のファッションショーや交流イベントに招待されるまでに導いてくれたアオザイに恩返ししたいという気持ちと、もっと多くの人にアオザイを好きになってもらいたいという気持ちが大きいです。

アオザイスタイル

ハレの日の衣装としてはもちろん、アオザイにはこんなにもバリエーションがある。

少数民族の刺繍アオザイ
ダン・ティ・ミン・ハン Đặng Thị Minh Hạnh 氏によってデザインされた、ベトナムの少数民族の刺繍が施されたアオザイは、フランスのファッションショーに出品された

アオザイ×着物
ベトナム国内のフェスティバルに出品された、日本の要素を取り入れたアオザイ

手描き風アオザイ
技術の進歩により、イラストを転写したアオザイの制作も可能に

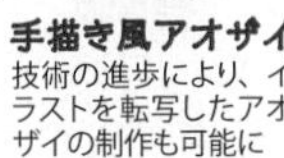

宗教着としてのアオザイ
手前はベトナムの仏教徒、後方はキリスト教徒が着用するアオザイ

オーダーメイドに挑戦！

短時間で作れる店もあるので、自分の体にフィットする好みのアオザイを作ってみよう。

1 まずは既製品を参考に、あるいは希望のイラストや写真を持参してデザインを決める。なるべく具体的に希望をスタッフに伝えよう。その後、生地選び。種類豊富なので大まかな種類を決めて、あとは実際に生地を体に合わせてみて選ぼう

2 採寸は美しいシルエットを作るカギ。できるだけ細かく採寸したほうがよい。最低でも 15ヵ所、多い場合は 30ヵ所にも及ぶ

3 刺繍や糸、ビーズの種類、飾りボタンなど細部まで決め込もう

コットンやシルクのブラウスもオーダーメイドできる。普段使いできる物を作るのもいい

取材協力：フレーム・ツリー・バイ・ザッカ（→ P.106）

1970年代

ヒッピーアオザイがトレンドに
1960 年代後半から 1990 年代半ばまで、アメリカのヒッピーカルチャーの影響を受け、ビビッドカラーと奇抜な模様の布を使ったアオザイが流行。ベトナム戦争中もヒッピー文化に傾倒する若者が着用した。

丈は短め、ゆとりのあるボディラインが特徴

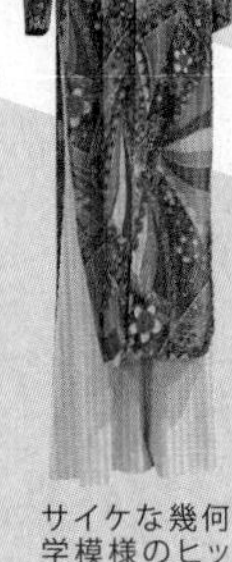

サイケな幾何学模様のヒッピーアオザイ

戦時中に着られていたアオザイ

1980年代

ハンドペイントのアオザイが登場
1980 年代からミス・アオザイコンテストがスタート。古い伝統衣装としてではなく、ファッションとしてアオザイが再び注目を集め始める。1989 年、ベトナムを代表するアオザイデザイナーのシー・ホアン氏がハンドペイントを施した芸術性の高いアオザイが爆発的人気に。

ハンドペイントのアオザイは登場当時邪道とされ、反発も受けたが、現在では定番となっている

さまざまな女性が着用したアオザイがズラリと並び、種類の多さに驚かされる

シー・ホアン氏にとってアオザイとは？

アオザイは自分の家族のような存在。恋人のように情熱的な愛ではないけれど、生涯離れることのない強い絆を感じていますし、とても愛おしく思います。アオザイ人生 30 余年間の集大成としての博物館にぜひお越しください。

また、外国文化の流入にともなって、伝統文化であるアオザイを着るベトナム人が少なくなりました。この伝統文化が失われつつある今、このタイミングで開館しなければいけないという使命感がありました。

※アオザイ博物館データは→ P.81。

アオザイ博物館は約 2 万㎡もの広大な敷地をもつ

厳選 SOUVENIR おみやげ CATALOG カタログ

ベトナムならではの品がたくさん！

ぬくもりあふれる刺繍製品や、どこかレトロで懐かしい市場風アイテムなど、日本に買って帰りたいベトナムみやげをセレクト。今のベトナムを感じられる旬のアイテムを手に入れよう。

ロン橋＆花火がデザインされた自立できるスタンド型付箋5万ドン（ホアリー→P.230）

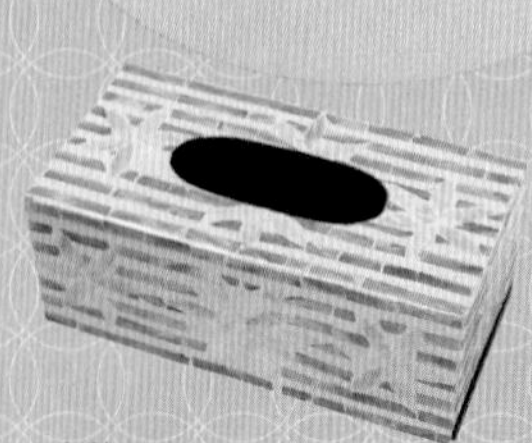

螺鈿加工のティッシュボックス35万7000ドン（アメージング・ハノイ→P.328）

ドンホー版画（→P.453）や袋麺、中秋節などのベトナムステッカー各4万ドン（キッサ・スーベニア→P.192）

海の町ニャチャンらしいデザインのオリジナルTシャツ15万ドン（キッサ・スーベニア→P.192）

スイカ（5万5000ドン）とケーキ（12万9000ドン）の形の石鹸（コンフーン→P.106）

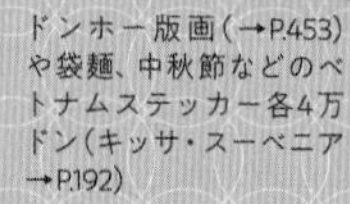

ベトナムの名所や名物料理などがデザインされたボールペン各4万ドン（ホアリー→P.230）

ブロックプリントとピンク布を合わせた手刺繍入りハンカチ各35万ドン（キト→P.105）

素朴な風合いがかわいい、昔ながらのフタ付き籐のカゴ25万ドン（ホアリー→P.230）

味のある魚が描かれた小皿6万9000ドン（サイゴン・エコ・クラフト→P.105）

ハスの花などのベトナムモチーフ手刺繍が入ったカラフルなポーチ45万ドン（キト→P.105）

ソール部分に飾り彫りが施されたベトナムサンダル125万ドン（キト→P.105）

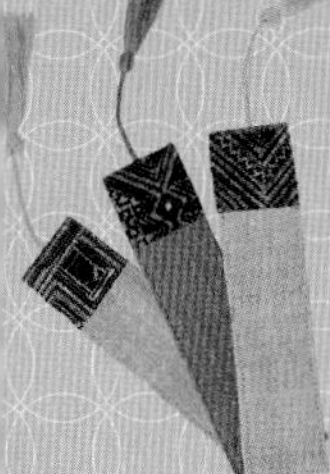

黒モン族の布を使ったブックマーク各6万7000ドン（サイゴン・エコ・クラフト→P.105）

モダン・ソンベー焼のケーキ皿各7万9000ドン（トゥーフー・セラミックス→P.106）

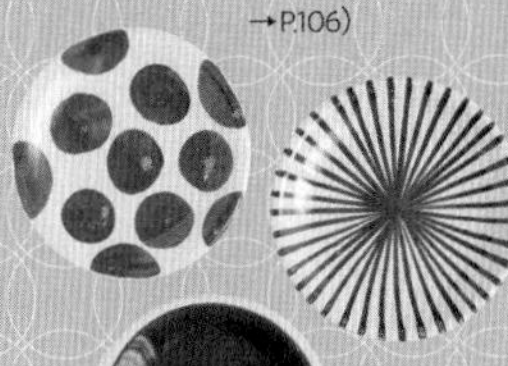

エアメール刺繍の長方形ポーチ各9万4000ドン（タンミー・デザイン→P.328）

螺鈿のスプーン。上は3万5000ドン、下は3万8000ドン（アメージング・ハノイ→P.328）

カラフルなトンボがデザインされたクリアポーチ26万ドン（サイゴン・キッチュ→P.105）

ポケットの少数民族布がポイントのインディゴワンピース309万ドン（サパ→P.327）

若手クリエイターがデザインした手すき紙のポストカード各10万ドン（コンフーン→P.106）

緻密な刺繍が施された花モン族のビンテージシューズ89万ドン〜（サパ→P.327）

おすすめ グルメみやげ

フェアトレード商品をはじめ、コーヒーやお茶などベトナムならではの高品質なグルメみやげもチェック。

ホーチミン市のクラフトビール7万6000ドン〜（アンナム・グルメ・マーケット→P.330）

シナモンとオレンジのベトナム産煎じ茶30万2500ドン（マスター・タン→P.253、330）

ベトナム産のマカダミアナッツ250g12万ドン〜（ランファーム→P.110、206）

ロブスタ100%のコーヒー20万ドンとジュートバッグ18万ドン（サイゴン・キッチュ→P.105）

デザインボックス入りのお茶100g5万3000ドン〜（ランファーム→P.110、206）

オーガニックのベトナム産カモミールティー12万5000ドン（コンフーン→P.106）

安くて便利

スーパーマーケットへ行こう

調味料やお菓子といった食材など
おみやげにいいアイテムが安く手に入る
スーパーマーケットは旅行者の強い味方。
※下記商品はすべておもなスーパーマーケットで。値段は目安。

ラルー・ビール
1万2000ドン
タイガーの絵が目印のダナンの地ビール。スッキリとしたのどごし

フェイスマスクシート
1万3600ドン
イチゴヨーグルト、オリーブ、アロエ成分入りなど種類豊富

333ビール
1万2400ドン
ホーチミン市を代表する地ビール。333はバーバーバーと読む

シーズニングパウダー
7100ドン
肉と卵があれば作れるベトナム版角煮の素。魚の煮付けの素もある

エビの辛味調味料サテー・トムにXO醤を加えたバージョン

XO醤のサテー・トム
9600ドン

ドライマンゴー
8万8000ドン
ソフトタイプのドライマンゴー。ヨーグルトに入れても美味

再現度が高いご当地袋麺

ベトナムご当地麺の袋麺はどれも本格的な味わい。おすすめはバイン・ダー・クア（→P.36）とブン・ジエウ・クア（→P.37のブン・ジエウ）。

スープ粉末
2万200ドン
袋麺「Hao Hao」のスープ粉末。果物に付けるとおいしい

インスタントカプチーノ
11万1000ドン
エスプレッソ、砂糖、ミルク、ホイップクリームの粉末入り

南中北部のご当地お菓子もスーパーで

南部
ココナッツキャンディ。サイズや種類はもちろん、メーカーによって微妙に味も異なる。3万ドン～

中部
フエ（→P.260）からエントリーしたヌガーの「メー・スン」（左）など。フエの伝統菓子はピーナッツ、ゴマ、黒ゴマなど多種多様で5万ドン～

北部
緑豆をすりつぶして固めたバイン・ダウ・サイン。日本語が話せるベトナム人は「キナコ」と説明してくれるが、味や食感はまさに日本のきな粉。お茶請けによさそう。3万6000ドン～

都市ガイド

南部

南国の鮮やかな緑がまぶしいベンチェー

ベトナム最大の商業都市

MAP折表-4B

ホーチミン市

ホーチミン市の市外局番
028

TP. Hồ Chí Minh

ホーチミン市と ホー・チ・ミン氏

英語だとHo Chi Minh City、漢字だと胡志明市と表記される。1975年のベトナム戦争終結までは南ベトナムの首都で、サイゴン（Sài Gòn）と呼ばれており、現在も鉄道駅などは、当時のまま「サイゴン駅」となっている。

ホーチミン市を「サイゴン」と呼ぶ人も多いが、これには人物のホー・チ・ミンと町のホーチミンを区別するため、ホー・チ・ミンを呼び捨てにしないためなど諸説ある。本書でも人物のホー・チ・ミンと町のホーチミンを区別するため、町は「ホーチミン市」と表記している。

拡大する都市圏

ホーチミン市の中心部は概して1区、3区とされているが、人口増加とともに都市圏も徐々に拡大し、7区のフーミーフン(Phú Mỹ Hưng) 地区（MAP折裏-3C、3D）など、郊外に新都心が誕生。さらに4区のタンフー（Tân Phú）地区にはイオンモールが、ビンタン（Bình Thạnh）区には81階建て、高さ461.2mと、国内一の高さを誇る複合施設「ランドマーク81タワー」（→P.79）がオープンするなど、周辺の開発が進められている。

ちなみに市街地や郊外県も含めたホーチミン市はかなり広く、大きい。行政区画は22に区分されており、郊外県としてクチ（→P.130）も含まれている。面積は約2095km²と、東京都よりもやや小さい程度。

サイゴン川沿いには遊歩道が設けられたバクダン埠頭公園が完成

町の中心部に建つホーチミン市人民委員会庁舎。すぐそばのホーチミン市劇場横には地下鉄の駅が設置された

ベトナム戦争が終結し、解放される1975年までは「サイゴン」と呼ばれていたベトナム最大の商業都市、ホーチミン市。人口は約889万9866人、その数は年々増加の一途をたどっている。町はサイゴン川の西側に開けており、かつて「プチパリ」とたたえられていた美しい町並みは、ここ十数年で急激な変貌を遂げ、今では整然と並ぶ街路樹やシックなコロニアル様式の建物、カトリック教会にわずかにその面影を残すだけとなった。市場経済を軸とした自由競争はますます町に活力を与え、現在も進化中だ。高層ビルが増え、通りやロータリーは1日中車やバイクであふれ返っている。2012年にベトナム初となる地下鉄建設工事が市中心部で着工、2020年初頭からのコロナパンデミックで工事が中断したものの、2024年夏にメトロ1号線が開通する予定だ。ベトナム観光をホーチミン市からスタートしたら、「社会主義国ベトナム」のイメージは大きく裏切られるだろう。とどまるところを知らないこの大都市は、強烈な日差しのようにエネルギッシュなパワーで今日も発展を続けている。

一方で、昔と変わらない光景も生きている。市場に行けばメコンの恵みをいっぱいに授かった南国特有のフルーツや野菜が山積みされ、裏通りには天秤棒を担いだ威勢のいい売り子たちが行き来する。近年では買い物・美食天国ホーチミン市のイメージが強いが、町角にはそんな普段着のホーチミン市もいたるところで目にする。

ホーチミン市の住所欄の表記について：住所欄には通り名に続き、行政区画の区を入れていますが、ベトナム語で区を表す「Quận」を略し、例えば3区なら「Q. 3」のように「Q. ○○」と表示しています。

ホーチミン市・タンソンニャット国際空港到着

空港内でできること

●両　替

到着ロビーにはEXIMバンク、BIDVバンクなどの銀行代理の両替所があり、日本円やUSドルなどの現金からベトナム・ドンへの両替が可能だ。日本円、USドルの両替レートは各両替所ともに市内の各銀行の本店とほぼ同レートだが、各行によってレートや手数料は若干異なる。両替後はその場できちんと確認しよう。また、到着ロビーにはATMが設置されており、キャッシングも可能。銀行の営業時間は年中無休で、その日の最初の到着便の到着時間から最終便の到着時間まで。どこかの両替所は営業しているので両替に困ることはないだろう。

●SIMカードの購入

SIMフリーの携帯端末を持っている場合は、SIMカードの購入がおすすめ。オンラインで地図を使えたり、グラブなどの配車サービスを使えたりと、数日間だとしてもベトナム滞在が格段に快適になる。到着ロビーには、ヴィナフォン（Vinaphone）、ヴィエッテル（Viettel）、モビフォン（Mobifone）の大手通信会社のブース（代理店含む）が並び、ここでSIMカードを購入できる。購入にはパスポートが必要で、すぐに電話・ネットともにつながるようになる。

会社によって微妙に内容や値段が異なるが、ヴィナフォンの場合、5GのSIMカードでデータ通信のみのSIMとデータ通信＋通話のSIMがある。毎日2GB使えるデータ通信のみのSIMは12万ドン（7日間有効）。毎日3GB使え、国内通話89分＋ヴィナフォン携帯への通話1500分付きのSIMは18万ドン（15日間有効）。

左／機内預け荷物が出てくるターンテーブルは電光掲示板で確認を　中／通信大手ヴィナフォンのブース　右／到着ロビーにはATMが数台設置されている

空港から市内へのアクセス

タンソンニャット国際空港からホーチミン市中心部までは約8km。空港から市中心部までのアクセスには、タクシーまたは国際線ターミナルと市内間の運行をしている路線バスの利用が便利。エアポートミニバスの運行はなく、バイクタクシーも空港内では営業していない。

●タクシー

メータータクシー

到着ロビーを出て左側にメーター使用のタクシー乗り場があり、「Taxi Stand」の表示が出ている。乗り場には各社の料金表があるが、メーター使用のタクシーは、どのタクシー会社も市内（1区）までだいたい16万ドン～。乗車料金とは別に空港使用料と空港営業サービス料（→P.58欄外）が必要。数社のタクシー会社がスタンドで停まっており、各社の制服を着た配車担当スタッフがいるので、利用する場合は声をかけてみよう。ただし、空港からのメータータクシーによるぼったくり被害が多いため、割高にはなるが定額タクシーまたはグラブなどの配車サービスを利用しよう。

✉空港のタクシー乗り場から乗ったのに、メーターの0がひとつ多く、10倍の値段を払うように言われ、態度も運転もひどすぎた。必ず定額制のタクシーに乗るべき。（東京都　くりまる　'22）['24]

ホーチミン市のベストシーズン

雨季でも1日中雨が降ることは多くないので年中旅行シーズンといえるが、比較的雨が少ない11～3月がベストシーズン。4月は暑季で非常に暑い。

入国手続きについて

具体的な入国手続きについてはP.403の「入国の手順」を参照のこと。

国際線ターミナルと国内線ターミナルは隣接

タンソンニャット国際線ターミナルと、国内線ターミナルは隣接しており、徒歩約3分。

空港でのATM利用

タンソンニャット国際線ターミナルの到着ロビーにはATMが数台あり、マスターカード、ビザカードでベトナム・ドンのキャッシングが可能。また、隣接する国内線ターミナル1階にもATMが数台設置されており、マスターカード、ビザカードなどでベトナム・ドンのキャッシングが可能。

空港での両替は少なめに

市内には空港よりもレートのよい両替所や銀行がある。空港で両替し過ぎないように注意しよう。なお、市内の両替所は22:00頃まで営業している。

空港からのメータータクシーについて

空港からも利用でき、評判がいいのはビナサン・タクシー、マイリン・タクシー（→P.63欄外）。ともにベトナムを代表する大手のタクシー会社。しかしここ数年、空港から市内へのメータータクシーでのトラブルが急増しているので、心配ならば配車サービス（→P.58）または、割高にはなるが定額タクシー（→P.58）を利用したほうがよい。在ホーチミン市日本国総領事館のホームページで「ぼったくりタクシー防止カード」（→下記）を入手しておくと安心。

ぼったくりタクシー防止カード

タクシー降車時に法外な料金を請求されるといったトラブルの増加を受け、在ホーチミン市日本国総領事館が発行したカード。乗車した際にタクシー会社名や車両番号を控えることで犯罪を防止し、万一トラブルに遭った場合でもその後の追跡が可能になる。下記のURLから入手を。
URL www.hcmcgj.vn.emb-japan.go.jp/2011/dec/20111201bottakuri_taxi_boshi_card.pdf

タクシー空港使用料と空港営業サービス料

空港からメータータクシーや配車サービスの車に乗る場合、乗車料金とは別に空港使用料（1万ドン）と空港営業サービス料（車体の大きさなどによって異なり7000ドン〜）がかかる。

配車サービスの車が停まるレーンBは到着ロビーと駐車場の間にある

定額タクシー

到着ロビーまたは到着ロビー出口付近で定額タクシーを手配する会社がブースを並べている。ブースで行き先を告げ、チケットを買うと車まで案内してくれる。車は空港から1区までの場合、7人乗りで25万ドン〜。料金には空港使用料と空港営業サービス料が含まれているので、タクシー降車時にドライバーにお金を支払う必要はない。

配車サービス

配車サービス（→P.415）が利用できる。乗り場は到着ロビーを出て、道を渡った奥のレーンB。グラブ（→P.395）の予約時に乗り場は10番レーン（Lane B Pillar 10）と出てくるが、10番は到着ロビーの柱の番号のこと。到着ロビーで10番の柱を確認してから道を渡り、ドライバーの到着を待とう。グラブを利用する予定の人はあらかじめアプリをインストールしておこう。空港から市内（1区）までは通常は15万ドン〜。乗車料金に加えて車の空港使用料と空港営業サービス料が加算される。雨の日や混雑する時間帯はメータータクシーよりも高くなることがある。市内までは渋滞に巻き込まれない限り、所要約20分。

到着ロビーにはバス乗り場やメータータクシー乗り場の案内が出ている

●路線バス

到着ロビーを出て道を渡り、右へ進んだあたりから路線バスが市内まで運行。市内までは渋滞に巻き込まれない限り所要約45分。便利なのは空港と1区中心部やブイヴィエン通り（→P.70）近くのファングーラオ通りなどを通り、9月23日公園のサイゴン・バスターミナル（MAP P.122-3B）までを結ぶ109番バス。5:30〜22:15の間に40〜45分間隔で運行、1万2000ドン（4.5km以内は8000ドン）。そのほか、152番バスは空港からハムギー通りバス乗り換え所（MAP P.128-1B〜129-1D）やチャンフンダオ通りを経由し、7区までを結ぶ。5:15〜19:00の間に12〜18分間隔で運行、5000ドン。大きな荷物を持って乗車する場合はプラスひとり分の運賃。

ブイビエン通り周辺へ行くのに便利な109番バス

152番バス。1区中心部までのルートは109番バスとそれほど変わらない

送迎車は到着ロビー出口あたりで出迎えのスタッフが名前を書いた紙を持って待機している

●旅行会社の送迎車

空港〜市内間の送迎を含めたツアーに参加していれば、現地の旅行会社が送迎車を用意してガイドなどが出迎えに来ているはずだ。送迎付きツアーに参加している人は、空港内のどこでどのように待ち合わせをするのかを事前に確認しておこう。

●ホテルのシャトルバス

事前にホテル予約がしてあり、さらに空港からの送迎サービスを頼んでいる場合は、ホテルのシャトルバス（有料）が利用できる。ホテルスタッフの多くは、ホテル名と宿泊者の名前を書いたボードを掲げて到着ロビーの出口で待機しているが、空港内のどこでどのように待ち合わせをするのかを事前に確認しておこう。

✉ホーチミン市のタンソンニャット国際空港内の両替所は、それぞれレートが違うので、何ヵ所かあたったほうがいい。一番いいレートの両替所と、市内の銀行はほと↗

ACCESS

ホーチミン市への行き方

●飛行機（空港の詳細は→P.407）

国際線：関西国際空港、成田国際空港、羽田空港、中部国際空港、福岡空港から直行便がある（→P.398）。近隣諸国はバンコク、プノンペン、クアラルンプール、シンガポール、香港、ソウルなどから直行便がある。

国内線：各地からベトナム航空（VN）、ベトジェットエア（VJ）、バンブー・エアウェイズ（QH）の便がある。

●ハノイから（所要2時間10分～）
VN：毎日22～23便　VJ：毎日25～27便　QH：毎日9便

●クアンニン（ハロン湾）から（所要約2時間15分）
VJ：毎日1便

●ハイフォンから（所要2時間～）
VN：毎日4便　VJ：毎日7便　QH：毎日2便

●ダナンから（所要1時間25分～）
VN：毎日14便　VJ：毎日9～10便　QH：毎日5～6便

●フエから（所要1時間25分～）
VN：毎日5便　VJ：毎日7便　QH：毎日1便

●ドンホイから（所要約1時間35分）
VN：毎日1便　VJ：毎日2便

●クイニョンから（所要1時間～）
VN：毎日2便　VJ：毎日3便　QH：毎日1便

●ニャチャンから（所要1時間5分～）
VN：毎日5便　VJ：毎日4～5便　QH：毎日1便

●バンメトートから（所要1時間～）
VN：毎日1便　VJ：毎日2便

●ダラットから（所要55分～）
VN：毎日3便　VJ：毎日1便

●フーコック島から（所要1時間～）
VN：毎日6便　VJ：毎日6～7便

●コンダオ島から（所要55分～）　VN：毎日9～14便　QH：毎日2便

●列　車

ハノイ方面から毎日5便運行している。所要時間は一番速い便でハノイから約33時間55分、フエから約20時間46分、ダナンから約18時間3分。ニャチャンからは毎日7～8便、所要約8時間4分（→P.411）。

●バ　ス

主要都市から毎日運行している。詳しくは各町のアクセスの項を参照。

●船

ホーチミン市～ブンタウ間に水中翼船が運航している（→P.62）。

地方への旅の起点

ホーチミン市はメコンデルタ各町をはじめ、クチのトンネル観光やフーコック島などへの旅行の起点となる町だ。移動方法には飛行機、列車、バス、船があるので、行き先や自分の旅行のスタイルに合わせて選ぼう。

●飛行機の旅の起点

タンソンニャット国際空港　国内線ターミナル

国内線ターミナルは国際線ターミナルに隣接しており、1階にチェックインカウンター、2階に出発ゲートがある。

↘んど同じだった。（福岡県　野田 順子）['24]

搭乗手続きについて

搭乗手続きについてはP.410の「国内の交通」を参照のこと。

空港使用税

国内線の空港使用税は航空券購入時に支払うシステムになっており、空港で支払う必要はない。

国内線ターミナルから市内へ行く際の配車サービス乗り場

グラブなどの配車サービスを利用して国内線ターミナルから市内へ出る場合、乗り場は到着ロビーを出て、メータータクシー乗り場レーンを超えた先にある駐車場1階のD1レーン。乗り場はわかりづらく、変更される可能性もあるので利用前に確認を。

空港へは早めに向かおう

市内から空港までの道は、時間帯によって渋滞することが多く、思ったよりも時間がかかる。また、国内線は手荷物のX線検査が混み合うため、時間に余裕をもって早めに出発しよう。事前にウェブチェックインが可能な航空会社・路線であれば、利用したほうがよい。

タンソンニャット国際空港の国内線ターミナルは、利用する航空会社によって入口が分かれているので、市内からタクシーで向かう際は運転手に航空会社名も伝えるといいだろう

タンソンニャット国際空港の国内線ターミナル。国内線利用の際も、ウェブチェックインをしていなければ、遅くとも2時間前までにチェックインしよう

タンソンニャット国際空港の国内線ターミナルの出発ロビーには、カフェスタンドやフードコート、みやげ店がある

上／サイゴン駅1階のチケット売り場。整理券をもらって順番を待つ　下／駅構内にはカフェや売店もある

サイゴン駅
MAP P.122-1A
住1 Nguyễn Thông, Q. 3
☎1900-1520（ホットライン）
チケット売り場
営5:00～21:00　休無休
カード M V
荷物輸送受付
営7:00～17:00
休無休
料ハノイまでは1kg2554ドン。所要2～3日

鉄道チケットはベトナム鉄道のウェブサイト（→P.61欄外）から予約でき、オンライン決済が可能。詳細はP.411。サイゴン駅へは市中心部からタクシー、バイクタクシーで10～15分。バイクタクシーは4万ドン～。

鉄道チケット販売代理店
MAP P.71-1C
住269 Đề Thám, Q. 1
☎(028) 38367640
営6:30～22:00
休無休　カード M V

デタム通りにある代理店。サイゴン駅発のすべての鉄道チケットが1ヵ月前から予約可能（要問い合わせ）。5US$の手数料がかかり、チケットの払い戻しは発車の4時間前までだが、直前だと応じてくれない場合もあるため1日前が確実。キャンセルチャージは発車時間の何時間前かによって異なり、20～40%。

市内から空港への行き方

タクシー

市内中心部から空港までのメータータクシー利用は、ドンコイ通りから15万ドン～。配車サービスのグラブ（→P.395）は14万ドン～。空港までは渋滞に巻き込まれない限り、所要約20分。

路線バス

9月23日公園のサイゴン・バスターミナル（MAP P.122-3B）から109番バスが5:30～22:15の間に40～45分間隔で運行、1万2000ドン（4.5km以内は8000ドン）。ハムギー通りバス乗り換え所（MAP P.128-1B～129-1D）から152番バスが5:15～19:00の間に12～18分間隔で運行、5000ドン。所要約45分。

バイクタクシー

市内中心部から空港まで8万ドン～。空港までは通常、所要約25分。

ホテルのシャトルバス

ホテルで送迎サービスを行っていれば、これが最も安心で確実だ。

ホーチミン市発の直行便

各地へベトナム航空（VN）、ベトジェットエア（VJ）、バンブー・エアウェイズ（QH）の便がある。

●**ハノイ行き**（所要2時間5分～）
VN：毎日22～23便　VJ：毎日24～26便　QH：毎日9～10便

●**クアンニン（ハロン湾）行き**（所要2時間15分～）
VN：週3便　VJ：毎日1便

●**ハイフォン行き**（所要2時間～）
VN：毎日5便　VJ：毎日7便　QH：毎日2便

●**ダナン行き**（所要1時間10分～）
VN：毎日13～14便　VJ：毎日9～10便　QH：毎日5～6便

●**フエ行き**（所要1時間25分～）
VN：毎日5便　VJ：毎日7便　QH：毎日1便

●**ドンホイ行き**（所要約1時間35分）
VN：毎日1便　VJ：毎日2便

●**クイニョン行き**（所要1時間10分～）
VN：毎日2便　VJ：毎日3便　QH：毎日2便

●**ニャチャン行き**（所要1時間10分～）
VN：毎日4便　VJ：毎日3便　QH：毎日1便

●**バンメトート行き**（所要1時間～）
VN：毎日1便　VJ：毎日2便

●**ダラット行き**（所要55分～）
VN：毎日2便　VJ：毎日1便　QH：毎日1便

●**フーコック島行き**（所要1時間～）
VN：毎日6便　VJ：毎日6～7便　QH：毎日2～4便

●**コンダオ島行き**（所要55分～）
VN：毎日4～6便　QH：毎日1～2便

左／国内線のチェックインロビーにある自動発券機。ウェブチェックインができない路線に乗る場合やチェックインカウンターが混んでいるときは利用しよう　右／国内線出発ロビー

●列車の旅の起点

ホーチミン市の駅はサイゴン駅。市中心部から北西へ約3kmの所に位置するサイゴン駅からはニャチャン、ダナン、フエを経由しハノイまでの列車が運行している。

サイゴン駅（Ga Sài Gòn） MAP P.122-1A

ホーチミン市発の便

●**ハノイ行き**　毎日5便、所要33時間20分〜。途中ニャチャン、ダナン、フエなどで停車する（→P.411）。

サイゴン〜ニャチャン間のハイクオリティ列車

サイゴン〜ニャチャン間は、全車両の内装を少し豪華に変えたハイクオリティ列車SNT 1およびSNT 2が運行。サイゴン発がSNT 2で水〜土曜1日1便運行、ニャチャン発はSNT 1で木〜日曜1日1便運行。いずれもベッド席で52万3000ドン〜。時期によって便数、料金ともに異なる。

●バスの旅の起点

鉄道網が発達していないベトナムでは、バスは非常に有効な交通手段だ。大きな町はもちろん、地方の小さな町へもバスは走っている。おもなバスターミナルは市内に4ヵ所あり、行き先方面によって分かれている。フーンチャン（→P.91）などのバス会社はローカルバスと比べて値段は少々高いが、サービスもよく安心して利用できる。

寝台バス

多くの路線で寝台バスも運行。バスの種類にもよるが、車内には上下2段の簡易ベッドが並び、テレビ、トイレ、給水器を完備。

ミエンドン・バスターミナル（Bến Xe Miền Đông）　MAP 折裏-1D参照

市中心部から約22km北東のビンユーン省に移転（住Bình Thắng, Dĩ An, Tỉnh Bình Dương）。中部・北部方面行きの長距離バスが発着している。ハムギー通りバス乗り換え所（→欄外）またはサイゴン・バスターミナル（→P.62）から93番バスに乗り、終点下車。4:30〜19:15の間に12〜20分間隔で運行。7000ドン、所要約75分。タクシーなら35万ドン〜、所要約40分。

●**ハノイ行き**　11:00〜20:00の間に寝台バスが10便。110万〜120万ドン、所要35〜37時間。

●**ダナン行き**　7:00〜18:00の間に寝台バスが9便。60万ドン〜、所要約22時間。

●**フエ行き**　7:00〜17:00の間に寝台バスが6便。55万〜90万ドン、所要約25時間。

●**ニャチャン行き**　7:00〜22:30の間にリムジン寝台バスが30分〜1時間間隔。30万〜70万ドン、所要8〜10時間。

●**ファンティエット行き**　7:00〜22:30の間に寝台バスが37便。25万〜45万ドン、所要約6時間。

●**バンメトート行き**　6:30〜23:00の間に寝台バスが30分〜1時間間隔。30万〜50万ドン、所要約9時間。

●**ダラット行き**　寝台バスが7:45、22:30、23:00発の3便。30万ドン、所要約7時間30分。

●**ブンタウ行き**　6:00〜17:00の間に1時間に2便。17万ドン〜、所要約2時間。

ミエンドン・バスターミナルから発着していたラオス行きバスは2024年1月現在、運休中。再開は未定。

南部の鉄道旅行の起点、サイゴン駅

列車チケットの買い方、列車の利用方法について
詳しい列車チケットの買い方や列車の利用方法についてはP.410の「国内の交通」を参照。
また、下記のベトナム鉄道のウェブサイトで鉄道の時刻表や料金の確認、購入ができる。
URL dsvn.vn

鉄道旅行の注意
鉄道利用の注意点やトラブルについてはP.411欄外を参照のこと。

バスチケットの買い方、バスの利用方法について
詳しいバスチケットの買い方やバスの利用方法についてはP.412〜413を参照のこと。

長距離バスターミナルではスリ、ひったくりに要注意
長距離バスターミナルにはスリやひったくりが非常に多い。特にミエンドン・バスターミナル、ミエンタイ・バスターミナルでは外国人はもちろん、ベトナム人も狙われることがある。貴重品はポケットやウエストポーチ、リュックの外側ポケットなど、取り出しやすい所には入れておかないように。

ハムギー通りバス乗り換え所
Trạm Trung Chuyển Trên Đường Hàm Nghi
Ham Nghi Bus Stop
MAP P.128-1B〜129-1D
ハムギー通り上に点在するバス停。バス停は複数あり、行き先によって乗り場が異なる。各バス停には路線番号が表示されている。チョロン行き1番バスや空港行き152番バスなど、市内の路線バス発着がおもで、各中距離バスターミナルまでも結ぶ。

複数のバス停が集まるハムギー通りバス乗り換え所

バス会社ごとにチケット販売窓口が分かれている（ミエンタイ・バスターミナル）

長距離バスターミナルでの食事

ミエンドン・バスターミナル（→P.61）にはカフェや売店があり、簡単な食事ができる。ミエンタイ・バスターミナルには食堂はなく、売店のみ。

9月23日公園にあるサイゴン・バスターミナル

船会社

グリーンラインズDP
Greenlines DP
MAP P.127-3D
住10B Tôn Đức Thắng, Q. 1（バクダン・スピードフェリーターミナル内）
☎098-8009579（携帯、ホットライン）
URL greenlines-dp.com
営7:30～17:00
休無休　カードMV

船は全席指定席。チケットに書かれた番号のカバーがかけられた席に座ろう

グリーンラインズDPの船

ミエンタイ・バスターミナル（Bến Xe Miền Tây）MAP 折裏-3A参照

市中心部から約10km南西に位置する。メコンデルタの各町など、南西部行きの中距離・長距離バスが発着。サイゴン・バスターミナル（→下記）から102番バスに乗り、終点下車。5:00～19:00の間に15～20分間隔で運行。7000ドン、所要約80分。タクシーなら20万ドン～、所要約35分。

●**ミトー行き**　5:50～18:00の間に約2時間間隔。4万7000ドン、所要約1時間30分。

●**ベンチェー行き**　6:30～18:30の間に30分間隔。6万～10万ドン（寝台バスは14万ドン）、所要約2時間。

●**カントー行き**　0:00～23:00の間に寝台バスが30分～1時間間隔。16万5000ドン、所要約4時間。

●**ソクチャン行き**　0:30～23:30の間に寝台バスが30分～1時間間隔。19万5000ドン、所要約5時間。

●**ロンスエン行き**　3:15～23:45の間に寝台バスが30分間隔。19万5000ドン、所要約5時間。

●**チャウドック行き**　0:00～23:30の間に寝台バスが1時間間隔。24万5000ドン、所要約6時間。

●**カーマウ行き**　7:00～24:00の間に寝台バスが1時間間隔。23万ドン～、所要7時間35分～8時間。

●**ラックジャー行き**　0:15～23:55の間に寝台バスが30分～1時間間隔。22万ドン、所要約6時間。

●**ハーティエン行き**　6:00～23:45の間に寝台バスが30分～1時間間隔。24万～29万ドン、所要約7時間。

チョロン・バスターミナル（Bến Xe Chợ Lớn）MAP P.84-2A

市中心部から約5km南西に位置する。クチ行きのバスが発着。ハムギー通りバス乗り換え所（→P.61欄外）から1番バスに乗り、終点下車。5:00～20:15の間に10～14分間隔で運行。5000ドン、所要約35分。

●**クチ行き**　94番バス。4:30～19:00の間に12～20分間隔。1万5000ドン、所要約1時間15分。

サイゴン・バスターミナル（Bến Xe Sài Gòn）MAP P.70-1B

ベンタン市場から徒歩約15分、ファングーラオ通りの9月23日公園にあるバスターミナル。市内の路線バス発着がおもで、各中・長距離バスターミナルまでも結んでいる。

●**クチ行き**　13番バス。5:00～19:30の間に15～20分間隔。1万5000ドン、所要約1時間25分。クチ・トンネル（ベンユック）へは終点で79番のバスに乗り換えが必要。7000ドン。

●**モックバイ（タイニン方面）行き**　まずクチ行きの13番バスで終点下車し、70-1番バスに乗り換え。70-1番バスは4:00～19:00の間に30～40分間隔。1万5000ドン、所要約1時間55分。

●船の旅の起点

ホーチミン市とブンタウを結ぶ水中翼船は、バクダン・スピードフェリーターミナル（MAP P.127-3D）からグリーンラインズDPが運航している。

月～木曜9:00、12:00発の2便、金曜9:00、12:00、14:00発の3便、土曜8:00、10:00、12:00、14:00発の4便、日曜8:00、10:00、12:00発の3便運航。月～金曜32万ドン、土・日曜35万ドン。6～11歳は月～金曜27万ドン、土・日曜29万ドン、5歳以下無料。所要約2時間。天候によっては運休や時刻が変更になることもある。週末は2～3日前までに予約を。

Voice ブンタウ行きの船が発着するバクダン・スピードフェリーターミナル（→上記）と水上バスが発着するバクダン船着場（→P.63）の住所は同じだが、乗り場は異なる。前↗

市内交通

ホーチミン市は広く、移動には乗り物の利用が便利。旅行者に利用頻度が高いのはタクシーとバイクタクシーだろう。

●タクシー　→P.414

メーター制のタクシー会社が数社あり、軽自動車、セダン、ワゴンなど車の種類もさまざま。ガソリンの値段によって運賃は常に変動しており、料金体系は各社によって異なるが、ビナサン・タクシーの７人乗りタイプの場合、初乗り１万1000ドン、30kmまで1kmにつき１万7600ドン。移動距離によって料金が加算される。グラブなど配車サービス（→P.415）も利用でき、通常はメータータクシーより割安。

広いホーチミン市内はタクシーを有効に使おう

●バイクタクシー　→P.416

事故やトラブルもあるため、予算を節約する必要がないのならタクシー利用を。利用する場合は配車サービス（→P.416）がおすすめ。流しのバイクタクシーの料金は事前交渉制で、外国人旅行者なら1kmで２万ドンくらいが目安。

バイクタクシーには縄張りがあり、各辻で客待ちをしている

●路線バス　→P.416

市内にはたくさんの路線バスが走っており、ほとんどがエアコン付きの大型バス。運賃は6000ドン、7000ドンがほとんどで一部5000ドン。運行時間は路線によって異なるが、だいたい5:00頃～19:00頃で、ほぼ５～30分間隔で運行している。

ときどき路線番号や路線の変更もされるので、利用前に確認するのが望ましい

●都市鉄道（ホーチミン・メトロ）　→P.417

ホーチミン市初の都市鉄道の１号線が2024年７月に開業予定。１区ベンタン（Bến Thành）駅～トゥードゥック市のスイティエン（Suối Tiên）駅間の約19.7kmを高架で結ぶ。料金は距離により１万2000～１万8000ドンの予定。

オペラハウス駅の入口

●水上バス

１区のバクダン埠頭にあるバクダン船着場（Ga Tàu Thủy Bạch Đằng MAP P.127-3D）とトゥードゥック市のリンドン（Linh Đông）船着場の５区間を結ぶ水上バス。バクダン～ビンアン（Bình An）ルートは8:30～21:00の間に13便（土・日曜8:30～22:00の間に16便）運航。

黄色の船体が目印

●レンタサイクル・バイク／シェアサイクル　→P.417、418

日本の国際免許はベトナムでは通用しないため、バイクレンタルの際は要注意。１日15万～20万ドン（ガソリン代別）。レンタル屋はデタム通り周辺に多い。またアプリをインストールして利用するシェアサイクルの「TNGo」が利用できる（→P.417）。１日（最大７時間30分）５万ドン、24時間利用可能。

↘者はドンコイ通り近くで、後者は前者よりも北側のメリン広場前。

市内交通の乗り物について

市内交通のタクシー、バイクタクシー、路線バス、都市鉄道、シェアサイクル、レンタサイクル・バイクの詳しい利用方法はP.414～418を参照のこと。

トラブルが少ないタクシー会社

比較的トラブルが少ないのは以下の２社。

ビナサン・タクシー
Vinasun Taxi
☎(028) 38272727

マイリン・タクシー
Mai Linh Taxi
☎1055

白タク利用は避けよう

くれぐれも注意したいのは、車体の脇に社名も電話番号も書かれていない個人タクシーだ。これらはトラブルが非常に多く、おすすめできない。

偽タクシーに注意

車体のロゴやカラーリングを、大手のマイリン・タクシーやビナサン・タクシーに似せたタクシーが増えている。乗車料金が異様に高かったり、遠回りをしたりと、トラブルが多いので注意が必要。遠目からではわかりづらいので、レストランやホテルからタクシーを利用する場合は、タクシーを呼んでもらおう。

市内交通のトラブル

タクシー、バイクタクシーでのトラブルはP.429の「旅のトラブル対策」を参照のこと。

バイクタクシー料金は？

ベンタン市場～ドンコイ通り間なら２万ドン程度。

シクロ料金は？

各自の交渉能力やルートにもよるが、ひとり乗りで市内を約１時間巡って23万ドン～。

市内バス路線マップ

下記のウェブサイトで市内のバス料金や走行ルートが確認できる（アプリとしてスマートフォンにダウンロードも可能）。
URL map.busmap.vn

水上バス

サイゴン・ウオーターバス
Saigon Water Bus
MAP P.127-3D
住10B Tôn Đức Thắng, Q. 1（バクダン船着場内）
☎1900-636830（ホットライン）
営チケット売り場7:00～20:00
休無休　料１万5000ドン

シェアサイクル

TNGo
☎1900-633548（ホットライン）
URL tngo.vn

サーカス劇場
ホーチミン市サーカス団
Đoàn Xiếc TP. Hồ Chí Minh
Ho Chi Minh City Circus
MAP 折裏-1B参照
住Công Viên Gia Định, Hoàng Minh Giám, Q. Gò Vấp
☎081-3686565、092-8055992（携帯、ホットライン）
開土曜21:30〜、日曜19:00〜
休月〜金曜　料15万〜20万ドン　カード不可

タンソンニャット国際空港付近にあるサーカス劇場。演目は空中アクロバットといった高度なものから動物が活躍するほほ笑ましいものまで幅広く、家族で楽しめる内容になっている。

2枚の布を使って宙を舞うアクロバット

書店
グエンフエ書店
Nha Sach Nguyen Hue
MAP P.127-3C
住40 Nguyễn Huệ, Q. 1
☎(028)38225796　営8:00〜22:00　休無休　カード J M V

中心部にある大きな書店。1階はさまざまなジャンルの書籍、中2階には日本の漫画、2階は文具&おもちゃ売り場。

レトロなおしゃれカフェが流行中

ベトナム全土で流行しているレトロなたたずまいのカフェがホーチミン市でも若者に大人気。ベンタン市場近くのカフェ「リン・サイゴン」は町歩きの休憩にも使えて便利。

緑を配した涼しげな「リン・サイゴン Linh Sai Gon」（MAP P.128-1A）。2階テラス席がおすすめ

歩き方　Orientation

ホーチミン市とひと口にいっても、市街地は南北約15km、東西約12kmの広さの大きな町だ。とはいえ外国人旅行者にとって意味のあるエリアは限られている。ここではツーリスティックなエリアをおもな大通りに沿って、概略を説明する。ホーチミン市のだいたいのイメージをつかんでおこう。

まずはホーチミン市の中心部を歩いてみよう

ホーチミン市1区の中心部はドンコイ通り、レロイ通り、ハムギー通りを3辺とする三角地帯（正確には三角形ではないが……）に囲まれている。このサイゴン・トライアングルは自分の足で歩いてみよう。

●ドンコイ通り〜トンドゥックタン通り　MAP P.123-1D〜2D

サイゴン大教会からサイゴン川に向かう道がドンコイ通り、三角形の第1辺だ。並木の美しいこの通りは早くから開けた目抜き通りで、 かつてはみやげ店が軒を連ねるショッピングストリートとして有名だったが、2021年以降、みやげ店は激減。それでも、ドンコイ通りやそれと交差する通りにはおしゃれなカフェやレストランが集まり、市内でも有数の繁華街となっている（→P.66）。

ドンコイ通りを東南へ進みサイゴン川まで出ると、右側にコロニアル様式の「ホテル・マジェスティック・サイゴン」（→P.116）が見えてくる。右折してトンドゥックタン通りに出て、ハムギー通りまでサイゴン川沿いを歩いてみよう。川沿いはバクダン埠頭公園として整備され、川風が気持ちいい。夕方には地元の人々が集まり、夕涼みの場となっている。

交通量が多く、1日中バイクや車が行き交うトンドゥックタン通り。メリン広場にはベトナムの英雄チャン・フン・ダオの像が立つ

●ハムギー通り〜ベンタン市場前　MAP P.123-3C〜3D

三角形の第2辺目、ハムギー通りまで来たら右折。ハムギー通りは高層ビルが建つ大通りだが、周辺には地元の人向けの食料品店や小さな市場もある。ハムギー通り以南は、食堂や屋台が多く、特にヤンシン市場（→P.78欄外）付近はよりローカル色が強くなるが、最近はチェーン店のカフェやおしゃれなレストラン、ブティックなども増え、新旧が入り交じったエリアに。

左／ベトナム風ステーキのボー・ネー（5万5000ドン〜）がおいしい「ボー・ネー・バー・ヌーイ」（MAP P.128-2B）　右／魚麺が有名なレトロな店構えの「ナムロイ」（MAP P.129-1C）

✉レストランやカフェなどで、袋に入ったおしぼり（ウェットティッシュ）が頼まなくても出てくるが、たいてい有料（2000ドン前後）。レストランによっては金額がレシートに↗

ハムギー通りを西に進むと、ホーチミン市の中央市場であるベンタン市場が遠くに見えてくる。地下鉄建設工事で囲われていた市場の正面入口周辺の封鎖は解かれ、地下鉄ベンタン駅への入口もお目見えしている。ロータリーには以前あったチャン・グエン・ハン騎馬像が設置される予定だ。ベンタン市場に向かって歩いていくと右手に、三角形の第3辺目レロイ通りに出る。

左／ベンタン市場前のロータリーはきれいに整備された　右／ベンタン市場周辺は屋台も多く、夕方以降はおこわの屋台が出る

●レロイ通り

MAP P.123-2D

レロイ通りは、2013年から地下鉄建設工事のため一部が車両通行止めとなっていたが、地下鉄1号線開業に向け車両が通れるようになっている。かつてみやげ店やカフェが軒を連ねていた通りはいまだ閑散としているが、少しずつ店がオープンし始めている。右側に近代的なビル「サイゴン・センター」が見え、1ブロック進むと交差する道路はパスター通りだ。左側（北側）にはファッションや雑貨の店が並んでいる。そのままレロイ通りを直進すると交差する大通りはグエンフエ通り。ベトナム戦争終結40周年とホー・チ・ミン生誕125周年を記念して、2015年に通りの中央に歩行者天国が設けられた。ホー・チ・ミン市人民委員会庁舎の前には全長4.5mのホー・チ・ミンの像が立ち、歩行者天国として新たな観光スポットになっている。そしてレロイ通りの正面にホーチミン市劇場が見えてきたら、サイゴン・トライアングルを一周したことになる。ベンタン市場からホーチミン市劇場までは歩いて約15分の道のりだ。

上／レロイ通りからホーチミン市劇場を望む　下／レロイ通りのランドマーク、サイゴン・センター

このトライアングルの中にはホテル、レストラン、旅行会社、コンビニエンスストア、銀行など旅行者に必要な施設が集まっているが、物価はほかのエリアに比べて高めだ。

高級ホテルの多いドンコイ通り、グエンフエ通り周辺がおもにツアー客やビジネスマンエリアなら、リーズナブルな旅をよしとする個人旅行者は、ブイヴィエン通りとデタム通り（→P.70）を目指そう。また、レタントン通り（東側）、タイヴァンルン通り（→P.68）には日本料理店やバーが集まっている。

左／昼のグエンフエ通り。ハスの花の噴水は夜ライトアップされる　中・右／歩行者天国は夕方頃から夕涼みに訪れる人でいっぱいになる。似顔絵師やパフォーマーも登場し縁日のような雰囲気

町なかのトイレ情報

清潔でトイレットペーパーの備え付けがある旅行者にも利用しやすいトイレなら、高級ホテルやショッピングセンターへ行こう。ホテルは中級ホテルでも貸してくれることがある。オフィスビルの中にも利用しやすいトイレは多い。また、市内には有料公衆トイレ（1000ドン～）が設置されているが、トイレットペーパーがないなど、あまり清潔とはいえない所が多い。

便利なコンビニエンス・ストア

ホーチミン市内には、セブン-イレブン、ミニストップ、ファミリーマートなどの日系をはじめ、サークルKや韓国のGS25など数多くのコンビニエンス・ストアがある。24時間営業の所も多く、コーヒーやレンジで温めて食べる中食も充実している。

薬局

ファーマシティ
Pharmacity
MAP P.127-2C
住97 Hai Bà Trưng, Q. 1
☎1800-6821（ホットライン）
営6:00～24:00　休無休
カードMV

ベトナム全土に展開する薬局。ホーチミン市では町のいたるところにあり、便利。薬はもちろんマスクやシャンプーなども販売。

サイゴン大教会裏のブックストリートには書店やブックカフェが並ぶ（MAP P.126-1B）

↘表記されている。使用しなければ「－2000」のように表示されていることもある。
（千葉県　匿名希望）['24]

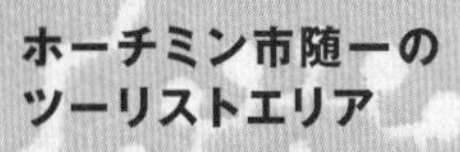

ホーチミン市随一の
ツーリストエリア

ドンコイ通り

ホーチミン市劇場はサイゴン・オペラハウスとも呼ばれる

緑の並木道が続くドンコイ通り

ホーチミン市劇場

Nhà Hát Thành Phố Hồ Chí Minh

Municipal Theatre of Ho Chi Minh City

MAP 下図-1A、1B

ドンコイ通りに堂々と建つ壮麗な劇場。フランス統治時代の1900年に建てられ、ベトナム戦争中は南ベトナムの国会議事堂としても使用されていた。現在の姿は建築当時の意匠を忠実に復元したもので、通常は入館できないが、アー・オー・ショー（→P.80）の公演が定期的に行われているほか、週末の夜などには公演が行われることもある。

上／ホーチミン市劇場の向かいには「I Love HOCHIMINHCITY」のオブジェが登場
下／若者に大人気の「カティナ・サイゴン・カフェ」

ドンコイ通りは、グエンフエ通り（MAP P.126-2B～P.127-3D）、ハイバーチュン通り（MAP P.126-1B～P.127-2D）と並行して南東に延びる、ホーチミン市の目抜き通りといえる通りだ。このあたりは近代的なデパートや高級ホテルなどが建ち並び、市内有数の一等地となっている。その一方で、フランス統治時代からの建

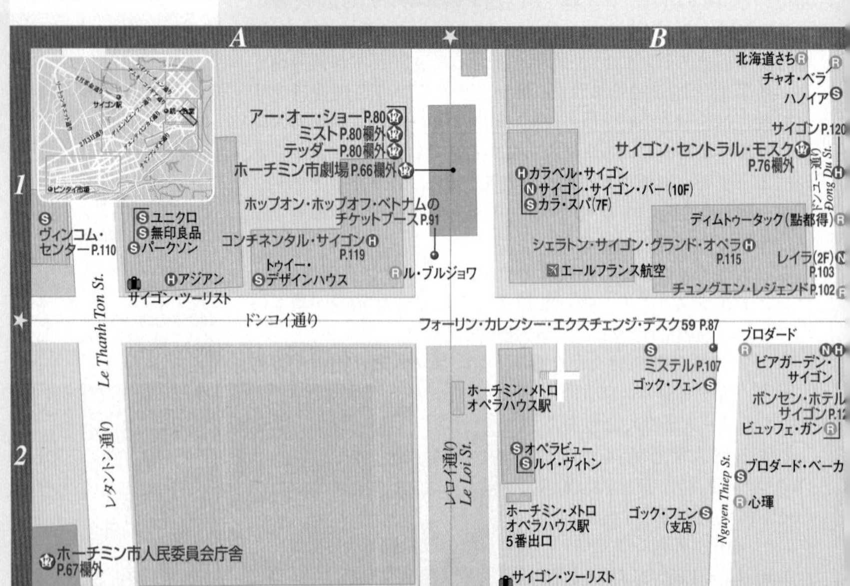

※地図中、左上の小エリア図の赤枠部分が、折り込み地図裏でのこのストリート図の位置を示しています。

町のシンボル、ホーチミン市人民委員会庁舎

左／ホップオン・ホップオフ（→P.90）のチケット売り場　右／「コンチネンタル・サイゴン」（→P.119）

ホーチミン市人民委員会庁舎
Ủy Ban Nhân Dân Thành Phố Hồ Chí Minh
Ho Chi Minh City Hall
MAP P.66-2A

グエンフエ通りの突き当たり、レタントン通りに建つ1908年建造のフランス風建築物。現在はホーチミン市人民委員会の本部として使用されている。建物には見事な装飾が施され、人民委員会庁舎前にはホー・チ・ミン像が立つ。夜はライトアップされ、いっそう美しい姿が見られる。写真撮影は禁止とされているが、離れて撮影すれば問題はない。

物も残り、新旧が混在した独特の町並みが見られる。

以前は、ベトナム雑貨のみやげ店やスーパーマーケットなどが集まり、ホーチミン市随一のショッピングストリートとして知られていたが、コロナ禍以降、観光客向けのみやげ店の数は激減。それでもおしゃれなカフェやレストラン、洗練されたブティックが点在し、にぎやかな雰囲気は健在だ。ホーチミン市を訪れる旅行者の多くは、何度となくこの美しい並木の通りを行き来することとなるだろう。

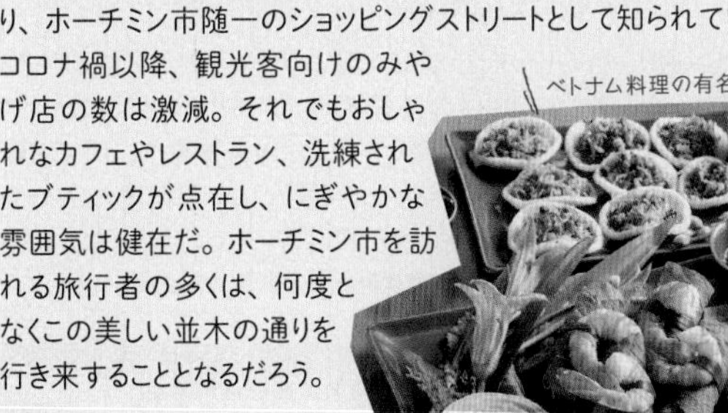

ベトナム料理の有名店も多い

在住外国人が集う
ホーチミン市のグルメエリア

レタントン通り＆タイヴァンルン通り

日本語の看板が連なるレタントン通り

左／「パスター・ストリート・ブルーイング・カンパニー」（→P.103）の支店
右上・右下／タイヴァンルン通りの路地は日本食レストランやラーメン店、居酒屋が並ぶ日本人街。日本人オーナーの店も多い

レタントン通り、ハイバーチュン通り、ティーサック通り、タイヴァンルン通り一帯は、ホーチミン市在住の外国人向けアパートやオフィスがたくさんある地域で、外国人密度が高い。そのため日本をはじめ、韓国、インド、イタリア、フランス、タイとバラエティ豊かに各国料理のレストランが点在する。「パークハイアット・サイゴン」（→P.114）の向かいにあるハイバーチュン通りの路地は洗練されたレストランやバーが集まる人

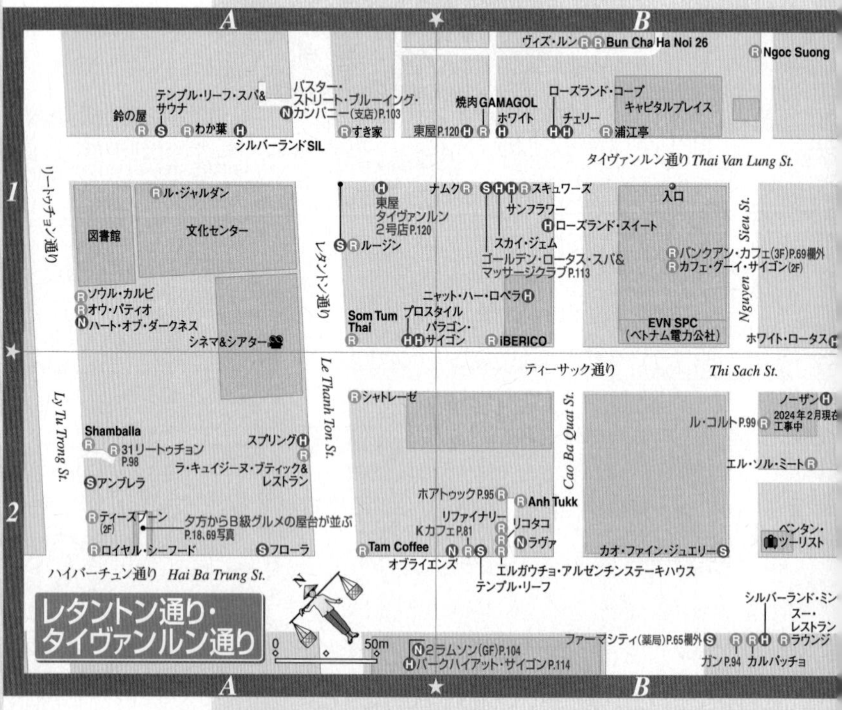

A B 1 2

ヴィズ・ルン R R Bun Cha Ha Noi 26
R Ngoc Suong
テンプル・リーフ・スパ＆サウナ
パスター・ストリート・ブルーイング・カンパニー（支店）P.103
鈴の屋
わか葉
シルバーランドSIL
すき家
焼肉GAMAGOL
東屋P.120
ホワイト
ローズランド・コープ
チェリー
キャピタルプレイス
浦江亭
タイヴァンルン通り Thai Van Lung St.
リートゥチョン通り
ル・ジャルダン
図書館
文化センター
東屋タイヴァンルン2号店P.120
ルージン
レタントン通り
ナムク
スキュワーズ
サンフラワー
ローズランド・スイート
スカイ・ジェム
ゴールデン・ロータス・スパ＆マッサージクラブP.113
入口
Nguyen Sieu St.
バンクアン・カフェ(3F)P.69欄外
カフェ・グーイ・サイゴン(2F)
ソウル・カルビ
オウ・パティオ
ハート・オブ・ダークネス
シネマ＆シアター
ニャット・ハー・ロペラ
Som Tum Thai
プロスタイル
パラゴン・サイゴン
iBERICO
EVN SPC（ベトナム電力公社）
ホワイト・ロータス
ティーサック通り Thi Sach St.
Ly Tu Trong St.
Le Thanh Ton St.
シャトレーゼ
Cao Ba Quat St.
ノーザン
ル・コルトP.99
2024年2月現在工事中
Shamballa
31リートゥチョンP.98
スプリング
ラ・キュイジーヌ・ブティック＆レストラン
アンブレラ
エル・ソル・ミート
ホアトゥックP.95
Anh Tukk
ティーズブーン(2F)
夕方からB級グルメの屋台が並ぶP.18、69写真
リファイナリー
Kカフェ P.81
リコタコ
ラヴァ
ロイヤル・シーフード
フローラ
Tam Coffee
オブライエンズ
カオ・ファイン・ジュエリー
ベンタン・ツーリスト
ハイバーチュン通り Hai Ba Trung St.
エルガウチョ・アルゼンチンステーキハウス
テンプル・リーフ
シルバーランド・ミン
スー・レストラン
ラウンジ
ファーマシティ（薬局）P.65欄外
ガンP.94
カルパッチョ
2ラムソン(GF)P.104
パークハイアット・サイゴンP.114
0 50m

レタントン通り・タイヴァンルン通り

※地図中、右上の小エリア図の赤枠部分が、折り込み地図裏でのこのストリート図の位置を示しています。

左／雰囲気のあるローカルアパート（→欄外）　右上／しゃれた飲食店が集まるハイバーチュン通りの路地　右下／このあたりは平日特に屋台が多く出る　上／ユニークな外観のカフェや薬局も

ローカルアパート内のカフェに注目

ホーチミン市カフェの定番ともなりつつあるローカルアパート内のカフェ。タイヴァンルン通りにあるローカルアパート内最上階の「バンクアン・カフェ」（MAP P.69-1B）は、静かで居心地がよくおすすめ。すぐ下の階にある「カフェ・グーイ・サイゴン」ではライブ演奏も楽しめる。

「バンクアン・カフェ」の店内

気エリア。毎晩、地元の若者や外国人客でにぎわっている。

タイヴァンルン通りには韓国料理レストランやミニホテルが、ティーサック通りにはエコノミークラスのホテルや足マッサージ店などが点在している。ここ数年、活気づいているのがレタントン通りとタイヴァンルン通りの路地だ。静かな住宅街だったこの路地には、日本料理店やラーメン店、居酒屋、バー、ラウンジ、カフェなど、日系を中心とした飲食店が次々とオープンし、にぎわいを見せている。

一方でローカルな風景もわずかながら残っている。カオバークワット通りとティーサック通りが交差するあたりには、フー・ティウ（→P.36）の屋台やコーヒー屋台が立ち、周辺で働くベトナム人たちが利用している。

ハイバーチュン通りの路地（MAP P.68-2A）は夕方からB級グルメの屋台が並ぶ

Column さまざまな表情をもつホーチミン市のストリート

レタントン通りは、西側はベンタン市場あたりから、東側はトンドゥックタン通りあたりまで続く長い道だ。おもに西側寄りに中級〜エコノミークラスのホテル、ブティックなどが軒を連ね、東側には日本料理店が集まっている。レタントン通り周辺は、ベトナム戦争終結後に北部出身のベトナム人が住み着いたエリアで、北部風のご飯を出す食堂もある。ファムホンタイ通り（MAP P.128-1A）には名刺やネームプレートの店があり、ステンレス、プラスチック製の看板などを販売。

中心部の西側グエンチャイ通り（MAP P123-3C）には、地元志向のファッションブティックが並んでおり、夕方以降はチョロン方向へ数kmにわたって（MAP 折裏-3B〜3C）洋服やサンダルの屋台が出る。レコンキウ通り（MAP P.128-1B）は、ホーチミン市の骨董通り。また、グエンティミンカイ通りから脇に入った道（MAP P.122-2B）は、夕方頃からスナックやローカルフードなどベトナムの屋台が集うホーチミン市のB級グルメ通りだ。

個性豊かなストリートを歩き、ちょっとディープなベトナム体験をしてみよう。

上／レコンキウ通りの骨董店　左／約30年前に使用されていた籐の籠

グエンチャイ通りにはレディスファッション店が多い。日本でも使える服が安く手に入る

上／グエンティミンカイ通りの屋台街。お粥やフォーもあり親子連れも多い　下／ベトナム風大根餅のボッ・チン

シルバーランド・ジョリー
カイ・ジェム・セントラル
ドンユー通り Dong Du St.
アンナム・グルメ・マーケット（支店）P.110
7 Bridges Brewing Co.

ベトナム最大級の
バックパッカーエリア

ブイヴィエン通り&デタム通り

ブイヴィエン通りには夜になると串焼きやスルメ、貝料理などローカルフードの屋台が出る

金・土曜の夜は人があふれ返り、通りを歩くのもひと苦労

週末はブイヴィエン通りが路上ビアガーデンに

ブイヴィエン通りの名物のひとつ、ビア・ホイ（大衆ビアホール）の前に小さなプラスチックの椅子を並べて飲むスタイルは今も健在。毎晩18:00頃から椅子がセッティングされ、週末は特に盛り上がる。

夕方から深夜までビールを飲む旅行者で路上屋台がいっぱいになる

デタム通り・ブイヴィエン通りは、安宿、レストラン、食堂、バー、24時間営業のコンビニエンスストア、旅行会社と、旅行者に必要なスポットが集まるベトナム最大級の旅人街。世界中からバックパックを背負った旅人たちがこのエリアを目指してやってくる。旅行会社はおもにデタム通りと、それと交差するファングーラオ通りに多く、格安ツアーやオープンツアーバス、隣国カンボジア行きのバスなどを予約できる。

ファングーラオ通りと並行するブイヴィエン通りには、近年、通りの中ほどからオープンエアの大型スポーツバーやナイトクラブが次々とオープン。ブイヴィエン通りが歩行者天国となる夜は、ミラーボールやディスコ

ブイヴィエン通り・デタム通り

A B 1 2

サイゴン・バスターミナル P.58、60、62
9月23日公園
夕方以降屋台が出る
ファングーラオ通り
カンボジア行きバス会社が並ぶ
Indian Dhaba
バーガーキング
クムホ・サムコ
タイビン市場
ファンアン・バックパッカーズ・ホステル P.121
ホステル・コイ
ロング・ホステル
ララ・ホーム
アンファン
コンクイン通り
Cong Quynh St.
Cong Quynh Saigon 1979
Cozy House 140
インターナショナルプラザ
Pharmacity
フォークイン（麺屋）
ヤンヤン・バス
フーンヘン・バス
ジャイアントアイビス・トランスポート P.91
ヴィエンド
ビックユエン
Saigoneer
サイゴン・スター・ホステル
ゴックミン P.121
ゲストハウスが並ぶ
ドークアンダウ通り
Do Quang Dau St.
Com Tam Chi Hang
サークルK
クレイジー・ナイト
ノック・ノック・バー
ミス・サイゴン
メラキ・ブティック
Squ
Sen Đai Viet
ブイヴィエン通り
Hu Tieu Nam Vang
ボンジュール
東北餃子
ナマステ・インディア
Bun Cha 145
155A（ビアホイ）
サハラ
Viet Star Buffet Cl
Station Sports Bar
ババズ・キッチン
ファーマシティ（薬局）
8月革命通り
サイゴン駅
統一会堂
2月3日通り
ビンタイ市場

※地図中、左下の小エリア図の赤枠部分が、折り込み地図裏でのこのストリート図の位置を示しています。

sahara
Budweiser

COCO
KNOCK KNOCK

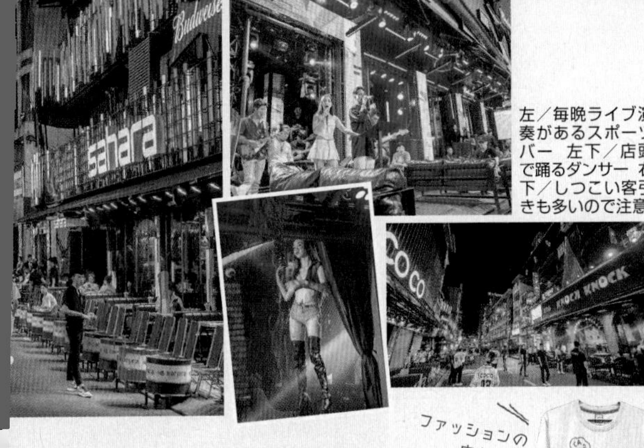

左／毎晩ライブ演奏があるスポーツバー　左下／店頭で踊るダンサー　右下／しつこい客引きも多いので注意

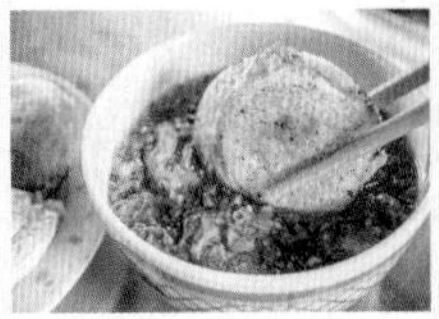

朝限定でファンティットやニャチャンの名物料理バン・カンを出す屋台もある

ブイヴィエン通り&デタム通りの治安

このエリアに滞在する外国人旅行者が急増したこともあってか、このあたりの治安はそれほどよくない。私服警官が巡回し、以前より治安はよくなったが、ホテル内での盗難や路上でのバイクタクシーによるひったくりには十分注意しよう。

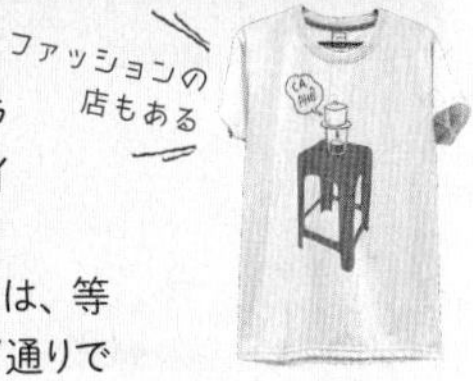
ファッションの店もある

ライトで派手に照らされた各店が爆音でクラブミュージックを流し、通り一帯がまるでナイトクラブのような様相を呈している。

外国人が集うこの旅人街のかたわらには、等身大の庶民の生活も残っている。ドンコイ通りではあまり見かけなくなった路上商人、屋台の数々。特にノスタルジックな生活臭が満ちているのは、ファングーラオ通りとブイヴィエン通りの間を網の目のように走る狭い路地だ。開けっ放しの民家から大音響で流れるテレビの音、抑揚の利いた物売りの声。小さなテーブルを構えただけの路上麺屋。元気に遊び回る子供たち……。ファングーラオ通りの西の端にはタイビン市場があり、ここでも庶民的な光景を見ることができる。

飲んでいって！

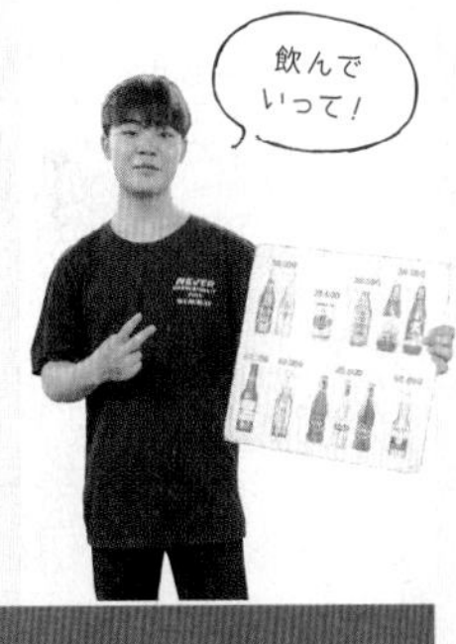

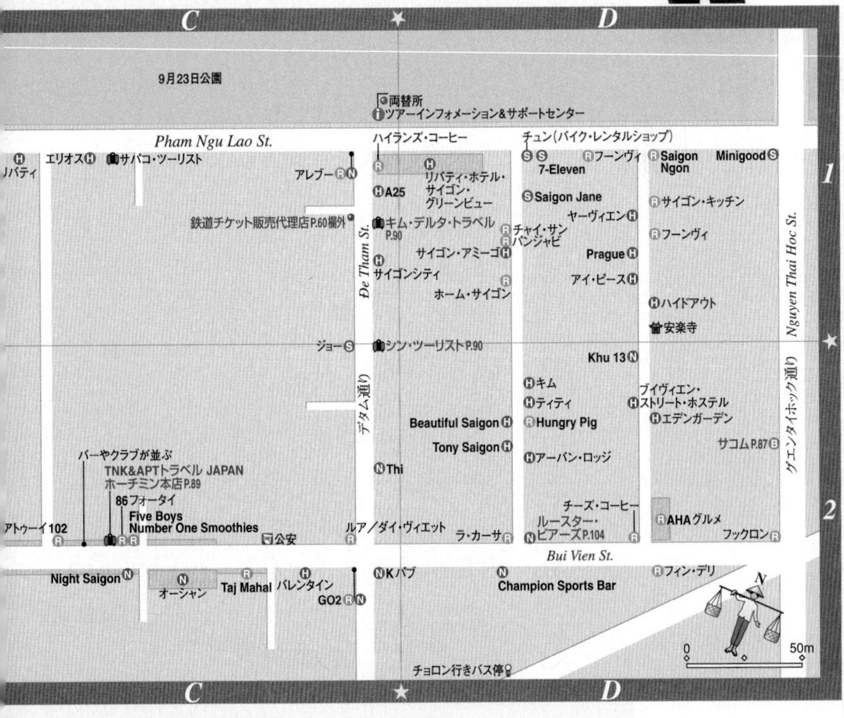
C
D
9月23日公園
両替所
ツアーインフォメーション&サポートセンター
Pham Ngu Lao St.
ハイランズ・コーヒー
チュン（バイク・レンタルショップ）
リバティ
エリオス
サパコ・ツーリスト
アレブー
リバティ・ホテル・サイゴン・グリーンビュー
A25
7-Eleven
フーンヴィ
Saigon Ngon
Minigood
Saigon Jane
サイゴン・キッチン
鉄道チケット販売代理店P.60欄外
キム・デルタ・トラベル P.90
チャイ・サン パンジャビ
ヤーヴィエン
フーンヴィ
サイゴン・アミーゴ
Prague
サイゴンシティ
アイ・ピース
ホーム・サイゴン
ハイドアウト
安楽寺
Đe Tham St.
Nguyen Thai Hoc St.
ジョー
シン・ツーリスト P.90
Khu 13
キム
ティティ
ブイヴィエン・ストリート・ホステル
デタム通り
Beautiful Saigon
Hungry Pig
エデンガーデン
Tony Saigon
アーバン・ロッジ
サコム P.87
グエンタイホック通り
バーやクラブが並ぶ
TNK&APTトラベル JAPAN ホーチミン本店P.89
Thi
86フォータイ
Five Boys Number One Smoothies
チーズ・コーヒー
アトゥーイ102
ルースター・ビアーズP.104
AHAグルメ
公安
ルア／ダイ・ヴィエット
ラ・カーサ
フックロン
Bui Vien St.
Night Saigon
オーシャン
Taj Mahal
バレンタイン
GO2
Kパブ
Champion Sports Bar
フィン・デリ
N
0
50m
チョロン行きバス停
1
2

最新の
おしゃれスポットが集まる

タオディィエン

上／「カシュー・チーズ・デリ」のエイジド・カシュー・チーズを使ったクラシックサンドイッチ（10万ドン） 下／カシュー・ヨーグルト（5万5000ドン）も人気 右／「カシュー・チーズ・デリ」のある「サイゴン・コンセプト」

カシュー・チーズ・デリ

Kashew Cheese Deli

MAP 下図-2B
住14 Trần Ngọc Diện, Thảo Điền, TP. Thủ Đức ☎098-9890927（携帯） 営9:00～20:00（木～日曜21:00） 休無休
料税別 カード MV
予約不要

カシューナッツから作るチーズを使ったサンドイッチやチーズプレートなどが楽しめる。

フレーム・ツリー・バイ・ザッカ（→P.106）もあります

ホーチミン市１区から車で20～30分。ハノイ・ハイウェイの北側、サイゴン川に囲まれたエリアがタオディエンだ。欧米人を中心に、在住外国人やベトナム人富裕層が多く暮らすエリアで、緑が多くリゾート感ある開放的な雰囲気のカフェやレストラン、洗練されたショップが集まり、１区や３区などホーチミン市中心部のにぎやかな町並みとはかけ離れた別世界が広がる。

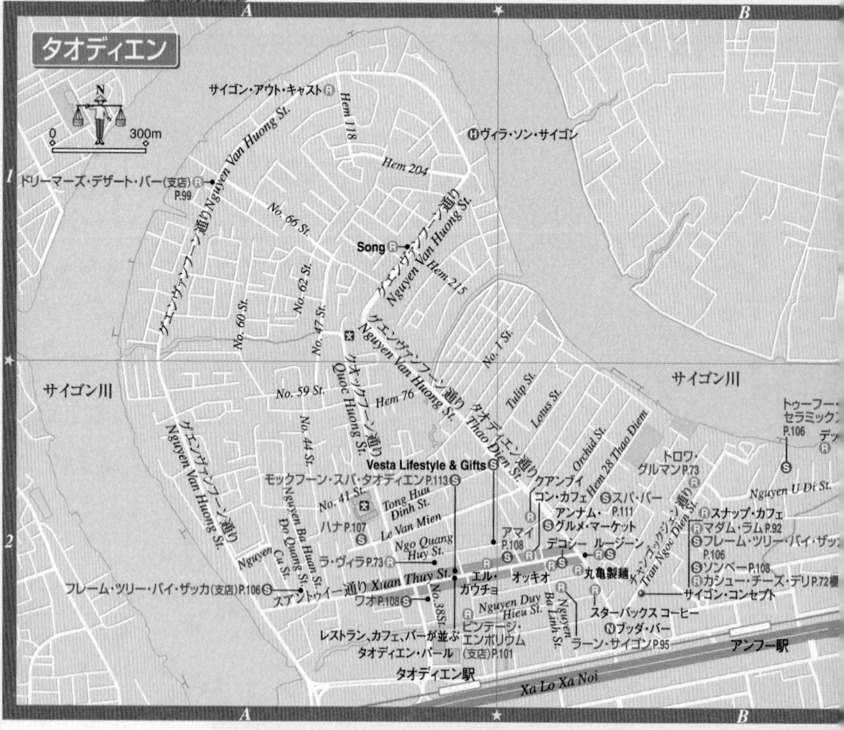

タオディエン

0 300m

サイゴン・アウト・キャスト R
ヴィラ・ソン・サイゴン H
ドリーマーズ・デザート・バー（支店）R P.99
Song R
Vesta Lifestyle & Gifts S
モックフーン・スパ・タオディエン P.113 S
ハナ P.107 S
ラ・ヴィラ P.73 R
フレーム・ツリー・バイ・ザッカ（支店）P.106 S
ワオ P.108 S
レストラン、カフェ、バーが並ぶ タオディエン・パール
タオディエン駅
アマイ P.108 S
エル・ガウチョ R
オッキオ
ビンテージ・エンポリウム（支店）P.101
クアンブイ
コン・カフェ
アンナム・グルメ・マーケット S
スパ・バー S P.111
デコシー
ルージーン
丸亀製麺
スターバックス コーヒー
ブッダ・バー N
ラーン・サイゴン P.95
トロワ・グルマン P.73 R
スナップ・カフェ R
マダム・ラム P.92 R
フレーム・ツリー・バイ・ザッカ P.106 S
ソンベー P.108 S
カシュー・チーズ・デリ P.72 R
サイゴン・コンセプト
トゥーフー・セラミック P.106 S
アンフー駅
サイゴン川
グエンヴァンフーン通り Nguyen Van Huong St.
クオックフーン通り Quoc Huong St.
タオディエン通り Thao Dien St.
チャンゴックジエン通り Tran Ngoc Dien St.
スアントゥイー通り Xuan Thuy St.
Hem 118
Hem 204
Hem 215
Hem 76
Hem 28 Thao Diem
No. 66 St.
No. 62 St.
No. 60 St.
No. 47 St.
No. 59 St.
No. 44 St.
No. 41 St.
No. 1 St.
No. 38 St.
Tulip St.
Lotus St.
Orchid St.
Tong Huu Dinh St.
Le Van Mien
Ngo Quang Huy St.
Nguyen Ba Huan St.
Do Quang St.
Nguyen Cu St.
Nguyen Duy Hieu St.
Nguyen Ba Linh St.
Nguyen U Di St.
Xa Lo Xa Noi

左／スアントゥイー通りには開放感あるビアホールやカフェが並ぶ
右／美しいハス池をたたえた癒やしのスパ「スパ・バー」(→P.111)

「マダム・ラム」(→P.92)の看板メニューのひとつ、ドラゴンフルーツとザボンのサラダ

人気カフェチェーン「コン・カフェ」(→P.101)のタオディエン支店

左は「アマイ」(→P.108)の豆皿(XXSサイズ)、各16万ドン。右は「ハナ」(→P.107)のプラカゴ25万ドン

陶器専門店「トゥーフー・セラミックス」(→P.106)

タオディエンの中心は、最旬の店が軒を連ねるスアントゥイー通り。タオディエン・エリアの入口であるタオディエン通りから西へ約1kmにわたって、アルゼンチン・ステーキの「エル・ガウチョ」、レトロカフェチェーンの「コン・カフェ」(→P.101)の支店やパステルカラー陶器の「アマイ」(→P.108)など地元でも評判の店が並ぶ。また、タオディエン通りから川沿いへ向かうチャンゴックジェン通りには、話題の店が集合した複合施設「サイゴン・コンセプト」があり、カシューナッツを使ったチーズやコーヒーを楽しめる「カシュー・チーズ・デリ」(→P.72欄外)、オーダーメイド服の「フレーム・ツリー・バイ・ザッカ」(→P.106)、ビンテージ・ソンベー焼の「ソンベー」(→P.108)などが入っている。北側のサイゴン川沿いにはトロピカルガーデンに白亜のヴィラが点在するリゾートホテル「ヴィラ・ソン・サイゴン」もある。

左／「トゥーフー・セラミックス」は定期的に新作が登場　上／エスプレッソカップ 8万9900ドン

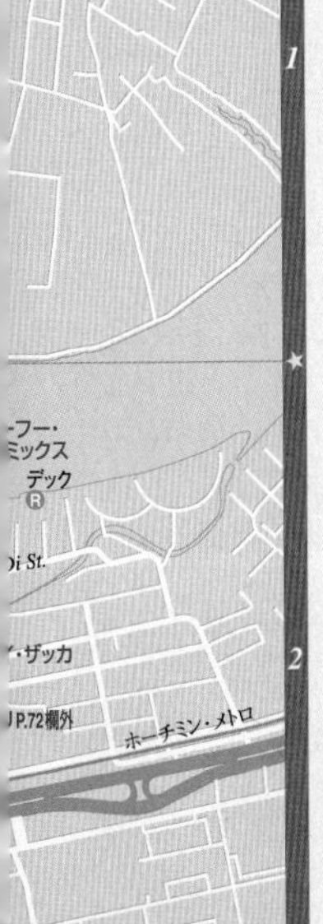

Column タオディエン・エリアで絶品フレンチに舌鼓

洗練されたレストランが多いタオディエン・エリアには、フランス料理の名店も揃う。なかでも老舗の「トロワ・グルマン」と「ラ・ヴィラ」は、ヴィラを改装した一軒家レストランで、味も雰囲気もよいと評判が高い。

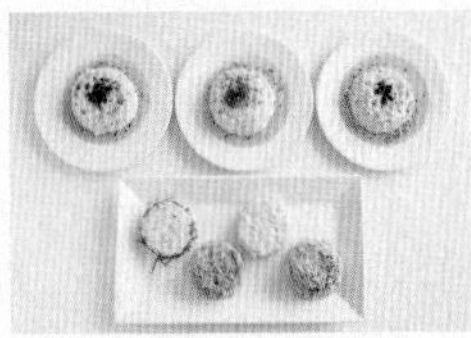

左／「トロワ・グルマン」の絶品自家製チーズ
右／目にも美しい「ラ・ヴィラ」のメニューの一例

トロワ・グルマン Trois Gourmands
伝統的なフランス料理にアジアのエッセンスを加えた料理が得意。5品のコースメニューは199万ドン。自家製チーズがおいしいことでも有名。
MAP左図-2B　住39 Trần Ngọc Diện, Thảo Điền, TP. Thủ Đức　☎(028)3744 4585、090-8225884(携帯)　営11:45～16:00(L.O. 13:30)、18:30～深夜(L.O. 21:30)　休月曜　料税別　カードMV　予約不要

ラ・ヴィラ La Villa
20年近い経験をもつフランス人オーナーシェフによる店。木～土曜のランチコース(149万ドン)がお得。夜のコースは219万ドン～。
MAP左図-2A　住14 Ngô Quang Huy, Thảo Điền, TP. Thủ Đức　☎(028)38982 082　営18:00～21:30(木～日曜11:45～13:30もあり)　休月曜　カードAJMV　予約要予約

見どころ Sightseeing

ベトナム戦争が終結した場所

MAP P.123-2C

統一会堂（独立宮殿）

Hội Trường Dinh Thống Nhất (Dinh Độc Lập)　Independence Palace

統一会堂（独立宮殿）
住135 Nam Kỳ Khởi Nghĩa, Q. 1
☎(028) 38223652
URL independencepalace.gov.vn
開8:00〜16:30（チケット窓口〜15:30）　休無休
料入場料：4万ドン、子供1万ドン、展示「ノロドム宮殿から独立宮殿」と統一会堂のセットチケット：6万5000ドン、子供1万5000ドン
　日本語のオーディオガイド9万ドン。英語のガイドツアー（35万ドン）や電気カーツアー（1万5000ドン）もある。

上階からは解放軍がやってきたレユアン通りが見える

国書を呈した部屋などさまざまな部屋が公開されている

南ベトナム政権時代、独立宮殿と呼ばれた旧大統領官邸。現在の建物はフランス統治時代のノロドム宮殿があった敷地に1962年から4年間かけて建てられた物で、大小100以上の部屋と、屋上にはヘリポートまである。

正面入口から入ると右側に内閣会議室、左側に宴会室、大統領と副大統領の応接室などが並んでいる。官邸の中で最も豪華なのは、各国の大使が大統領に国書を呈上（ていじょう）した部屋で、壁面は大きな漆画で飾られている。上階は大統領とその家族のためのスペースで、大統領夫人の宴会室や娯楽室、映画室などがある。最上階は展望台となっており、ここからかつて解放軍の戦車がやってきたレユアン通りが眺められる。地下に下りると一変して、秘密の軍事施設。ベトナム戦争中に使われた大統領の司令室や暗号解読室、アメリカと連絡を取り合った放送局などが残されている。

1975年4月30日、解放軍の戦車がこの官邸の鉄柵を突破して無血入城を果たし、事実上ベトナム戦争は終結した。現在は統一会堂と呼ばれ、国賓を迎えるときや会議に使われるとき以外は、一般に公開されている。

ベトナム近代史の象徴ともいえる統一会堂

ベトナム戦争の記憶を刻む

MAP P.123-2C

戦争証跡博物館

Bảo Tàng Chứng Tích Chiến Tranh　War Remnants Museum

戦争証跡博物館
住28 Võ Văn Tần, Q. 3
☎(028) 39306325、39305587
開7:30〜17:30（最終入場17:00）
休無休
料4万ドン、子供（6〜15歳）2万ドン、5歳以下無料
　無料の日本語パンフレットあり。

3階建ての立派な建物。展示には一部日本語の説明も併記

屋外には戦車や戦闘機が展示されている

ベトナム戦争の歴史を、実際に使用された兵器などの戦争遺物、写真などの展示で綴（つづ）る博物館。農村での虐殺など、目を覆いたくなるような凄惨な戦争犯罪を記録した写真パネルの数々や、枯れ葉剤による被害状況の記録、ホルマリン漬けの奇形胎児などの展示は、戦争の傷痕を生々しく証明している。

屋外には、拷問の島と呼ばれたコンソン島の牢獄「トラの檻」を忠実に復元した物もある。この檻の中で、南ベトナム政府に反対する人々に激しい拷問が科せられたのだ。これらの展示は見る者に衝撃すら与え、あらためて戦争の愚かさを思い知らされる。

世界中の従軍写真家たちが撮影した写真を集めた部屋「レクイエム」の中には、故沢田教一氏がピュリッツアー賞を受賞した作品『安全への逃避』（→P.443）が飾られ、写真家・石川文洋氏がベトナム戦争を撮った作品もある。

左／従軍写真家たちが記録したベトナム戦争の記録
右／石川文洋氏がベトナム戦争を撮影したカメラも展示

✉「統一会堂には、要人が脱出するための大きな秘密（？）の地下道が造られていて、タンソンニャット空港まで続いていた。現在は通れませんけど」とガイドは説明してくれた。↗

19世紀に建てられた　MAP P.123-2D

中央郵便局

Bưu Điện Thành Phố　Central Post Office

サイゴン大教会の横にある一見駅のような建物が、実は中央郵便局。19世紀末のフランス統治時代に建てられ、建築文化財としても貴重な物だ。よくよく見ると、細かなデザインや飾りがいたるところに見られる。正面の時計の下には建設の期間（1886～1891年）、1階の窓と窓の間にある白い飾りの下にはフランス人の名前が刻まれている。内部天井はクラシックなアーチ状になっており、右側には1892年のサイゴンとその付近の地図、左側には1936年の南ベトナム（当時はコーチシナと呼ばれていた）とカンボジアの電信網が描かれている。入口両側にはみやげ物売り場がある。

入口両側のみやげ物売り場

レモンイエローの壁が印象的

仏領時代に建てられた　MAP P.123-2C

サイゴン大教会（聖母マリア教会）

Nhà Thờ Đức Bà　Notre Dame Cathedral

19世紀末に建てられた赤れんが造りの教会で、正式名称は聖母マリア教会という。ふたつの尖塔をもつ美しいカトリック教会は、ドンコイ通りの北西の端に優雅なたたずまいを見せている。日曜のミサには熱心なクリスチャンでいっぱいに。クリスマスには派手な電飾がともされ、ひと晩中賛美歌が流される。

美しいステンドグラスも見もの

天を突くようにそびえる赤れんがのサイゴン大教会。前方の広場にはマリア像が立つ

ピンク色のキュートな外観　MAP P.123-1C

タンディン教会

Nhà Thờ Giáo Xứ Tân Định　Tan Dinh Church

ビビッドなピンク色の外観が特徴的なゴシック建築の教会。1876年に建てられた、市内でも古い教会のひとつ。観光客が非常に多いため、基本的にはミサと土・日曜は見学不可としているが、ミサ以外は閉鎖され外観しか見られないことも多い。

青空に鮮やかなピンク色が映える。教会前のハイバーチュン通りは1日中交通量が多いため、外観撮影で道を渡る際は十分注意を

↘そのときは「フムフム……」と聞き流したが、あとになって気がついた。統一会堂から空港までは7～8kmはある。あの話は本当だったのだろうか？（福岡県　匿名希望）['24]

中央郵便局

住2 Công Xã Paris, Q. 1
☎(028) 39247247
開7:30～18:00（日曜8:00～17:00）　休無休　料無料

国内外に郵便物を送れる。EMSやDHLのカウンターもある。

ホーチミン博物館

Bảo Tàng Hồ Chí Minh
Ho Chi Minh Museum
MAP P.123-3D
住1 Nguyễn Tất Thành, Q. 4
☎(028) 38255740
開7:30～11:30、13:30～17:00
休無休　料1万ドン

ホー・チ・ミン主席の革命活動の写真や記念品が展示されている。1911年、ホー・チ・ミンはフランスの商船に乗り込んで、ここからフランスへと渡った。

展示物はあまり多くないが、ホー・チ・ミンの足跡をたどれる

サイゴン大教会（聖母マリア教会）

住1 Công Xã Paris, Q. 1
開8:00～11:00、15:00～16:00
休無休　料無料

ミサは、月～土曜は5:30、17:30。日曜は5:30、6:45、8:00、9:30、16:00、17:15、18:30。
※2024年2月現在、改修工事中。

ホーチミン作戦博物館

Bảo Tàng Chiến Dịch Hồ Chí Minh
Ho Chi Minh Campaign Museum
MAP P.123-1D
住2 Lê Duẩn, Q. 1
☎033-6578946（携帯）
開7:30～11:00、13:30～16:30
休土・日曜、祝日　料無料（パンフレット代1万ドン）

1975年4月30日のサイゴン解放の瞬間の写真など、いわゆる「ホーチミン作戦」を中心に革命の経緯を紹介。

タンディン教会

住289 Hai Bà Trưng, Q. 3
開7:00～12:00、14:00～16:00
休無休　※ミサ、土・日曜は見学不可　料無料

ミサは月～土曜は5:00、6:15、17:30、19:00。日曜は前記に加えて7:30、9:00、16:00もある。

独特の建物にも注目

歴史博物館
住2 Nguyễn Bỉnh Khiêm, Q. 1
☎(028) 38298146
URL www.baotanglichsutphcm.com.vn
開8:00～11:30、13:00～17:00（チケット窓口は閉館30分前まで。水上人形劇は土・日曜10:30、14:30）
休月曜　料3万ドン（水上人形劇10万ドン）

ホーチミン市博物館
住65 Lý Tự Trọng, Q. 1
☎(028) 38299741
開8:00～17:00
休無休　料3万ドン（カメラでの館内撮影は2万ドン）

美術博物館
住97A Phó Đức Chính, Q. 1
☎(028) 38294441
開8:00～17:00　休無休
料3万ドン、子供（6～16歳）1万5000ドン

中国人商人の邸宅だった建物を改装

サイゴン・セントラル・モスク
Saigon Central Mosque
MAP P.66-1B
住66 Đông Du, Q. 1
開4:00～21:00
休無休　料無料

1935年、南インド出身のムスリムによって建てられたイスラム寺院。白い壁にライトグリーンの装飾が美しく、1日5回の礼拝には市内に住む信者たちが訪れる。内部は土足厳禁。肌が露出した服装もNG。

正式名称はジャミア・モスク

ベトナム伝統医学博物館
住41 Hoàng Dư Khương, Q. 10　☎(028) 38642430
URL www.fitomuseum.com.vn
開8:30～17:00　休無休
料18万ドン、子供（身長120cm以下）9万ドン

先史～現代までの歴史をたどる　MAP P.123-1D

歴史博物館

Bảo Tàng Lịch Sử　History Museum

先史時代から近代までのベトナムの歴史を、貴重な展示品とともにたどれる。銅鼓で知られるドンソン文化時代の青銅器のほか、チャンパ時代のチャム彫刻の出土品、南部ベトナムとアジア諸国の文化をテーマ別に紹介したエリアなど、非常に幅広い内容で見応えがある。また、中庭では土・日曜のみ水上人形劇も観賞できる（約30分、最少催行人数12名）。

仏像の展示も多く見応えがある

町の歴史や成り立ちがわかる　MAP P.123-2D

ホーチミン市博物館

Bảo Tàng Thành Phố Hồ Chí Minh　Ho Chi Minh City Museum

1885～1890年に建てられたフレンチコロニアル風の建物。ふたつの独立戦争、つまり抗仏戦争とベトナム戦争当時のサイゴン・ジャディン地区の写真と品々が、そのまま展示されている。1階ではベトナム伝統の民芸、工芸や当時の生活が人形模型で再現されており興味深い。

ベトナムに暮らす各民族の婚礼衣装

多岐にわたる展示が魅力　MAP P.123-3C

美術博物館

Bảo Tàng Mỹ Thuật　Fine Arts Museum

20世紀初頭にフランス人建築家によって建てられた趣ある建物を利用。3館からなり、入口正面のメイン館は、ベトナム人アーティストを中心とした絵画や彫刻などの、古典アートから現代アートまでを展示した常設展。左端の建物も常設展で、中央の建物は特別展示場。建物のクラシカルな造りも見ものだ。

左・右／内部は往時の雰囲気を残しており、クラシカルな内装に展示物が映える

ベトナム伝統医学の貴重な資料を展示　MAP P.122-2A

ベトナム伝統医学博物館

Bảo Tàng Y Học Cổ Truyền Việt Nam　Museum of Traditional Vietnamese Medicine

ベトナム初の伝統医学博物館でフィート（Fito）博物館ともいう。ベトナム全土から収集した資料は3000点以上にものぼる。6階まである館内には古代の薬学書や漢方薬を作る道具などが展示・紹介され、見応えがある内容となっている。説明はベトナム語表記がおもだが、4～5人のグループならスタッフが無料で英語ガイドをしてくれる。ビデオ上映もあり。

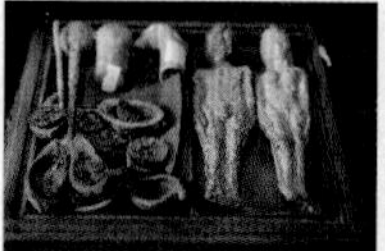

左・右／古代から伝わる生薬や昔の医学書、薬の調合に使う道具などが展示されている

ベトナム南部の女性たちの歴史をたどる

MAP P.122-1B

南部女性博物館

Bảo Tàng Phụ Nữ Nam Bộ　Southern Women's Museum

ベトナム南部の女性たちの暮らしや文化、歴史に焦点を当てた博物館。２階は1700年代アオザイの原型でもあるアオトゥータンから現代のスタイルまでアオザイの変遷を実物展示で紹介。４階はおもに戦時中の女性の役割や抵抗の歴史などを写真パネルや衣類、武器などの実物展示とともに紹介している。

左／アオザイ展示は見応えあり
右／少数民族の女性の衣装展示もある

日本留学した僧侶が開いた寺

MAP P.122-1B

ヴィンギエム寺（永厳寺）

Chùa Vĩnh Nghiêm　Vinh Nghiem Temple

空港から市内へ向かうナムキーコイギア通り沿いにある。日本留学から帰国した僧が開いた寺で、1964〜1971年にかけてベトナムの伝統的な仏教建築と、当時の最新の建築技術を駆使して建てられた。比較的新しい造りで、南部では最大規模の寺。境内には本堂のほかに高さ40mの七重の塔と舎利塔、鐘楼（しょうろう）がある。鐘楼の「平和の鐘」は日本の曹洞宗の寺から寄贈された物。広い境内も仏教の祭りの日には、身動きできないほどの参拝客で埋め尽くされる。

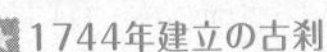

上／堂々としたたたずまいの寺。正門の左手には七重の塔が建ち、隣には精進料理のレストランがある　下／本堂では毎日9:15、15:15から約１時間15分の読経がある

1744年建立の古刹

MAP 折裏-2A

ヤックラム寺（覚林寺）

Chùa Giác Lâm　Giac Lam Temple

1744年建立の、ホーチミン市では最古といわれるベトナム仏教寺院。２回の修建を経た現在でも、寺院内は古めかしくも荘厳な雰囲気に満ちている。内部には歴史を物語る仏像や調度品が多く飾られている。歴代の僧の肖像画や18本の手が伸びる観音像があり、そばに無造作に置かれている大理石の椅子は400年前、一本木のテーブルは200年以上も前の物とか。左側奥が本殿になっており、金色に輝く木彫り飾りの奥中央には本尊の仏像、両サイドには数多くの金の彫像、仏像が安置されている。柱には古いベトナム文字（チューノム）が書かれている。寺の門の外には黄、緑、赤で彩色された七重の仏塔があり、塔の上からは密集する住宅街が見渡せる。

参拝者が次々に訪れる本堂。シャンデリアなど西洋の要素もうかがえる

４階の展示室。見応えがあり充実した展示内容

南部女性博物館
住200-202 Võ Thị Sáu, Q. 3
☎(028) 39327130、39320785
開7:30〜11:30、13:30〜17:00（最終入場16:30）
休無休　料無料

ヴィンギエム寺（永厳寺）
住339 Nam Kỳ Khởi Nghĩa, Q. 3 ☎(028) 38483153、38439901
開7:00〜11:30、13:30〜17:00
休無休　料無料
中心部からタクシー、バイクタクシーで15〜20分。

スリ・タンディ・ユッタ・パニ
Sri Thenday Yuttha Pani
MAP P.126-3B
住66 Tôn Thất Thiệp, Q. 1
☎なし　開6:00〜19:00（毎月旧暦１・15日〜20:00）
休無休　料無料
パスター通り沿いにある建立100年以上のヒンドゥー教寺院。中庭にある小さな階段を上がると、そこにはベトナム人の顔をしたヒンドゥー教の神様が！観光客はほとんどいないが、２階の神様は必見。

寺院内に張り巡らされた美しいタイル装飾も一見の価値あり

ヤックラム寺（覚林寺）
住118 Lạc Long Quân, Q. Tân Bình
☎(028) 38653933
開6:00〜12:00、14:00〜20:30
休無休　料無料
中心部からタクシー、バイクタクシーで15〜20分。１日に４回、僧侶の読経の時間がある。

ヤックヴィエン寺（覚園寺）
Chùa Giác Viên
Giac Vien Temple
MAP 折裏-2A参照
住161/35/20 Lạc Long Quân, Q. 11　☎(028) 38581674
開7:00〜12:00、13:30〜21:00
休無休　料無料
ダムセン公園近くの住宅街にひっそりとたたずむ古寺。約200年前に僧侶ヤック・ヴィエンを崇拝するために建てられ、大小153体もの仏像が祀られる。中心部からタクシー、バイクタクシーで20〜25分。

ベンタン市場正面入口は時計塔のあるレロイ通り側。市場脇には都市鉄道の駅が造られた

左・右／チェー（→P.46）にもトライ

イラストマグネット各４万ドン

量り売りスパイス店。フォーのスープに使うスパイスなども販売

ベンタン市場
営店によって異なるが、だいたい7:00〜19:00　休無休

ミリタリーグッズ市場
ヤンシン市場
Chợ Dân Sinh
Dan Sinh Market
MAP P.128-2B
住104 Yersin, Q. 1
営店によって異なるが、だいたい6:00〜18:00　休無休
　ベトナム戦争中、従軍記者が取材に出かける際に、備品を買いに走った所がこの市場。数は減ったが、今でも軍隊の払い下げ品を売る店が並ぶ一画がある。

市場内は薄暗く、商品が積まれた店が並ぶ

★★★ ホーチミン市観光の目玉　MAP P.123-2C

ベンタン市場

Chợ Bến Thành　Ben Thanh Market

　生鮮食料品から衣料、雑貨まで何でも揃う、ホーチミン市最大の市場。北側はおもに食料品店や食堂が、南側は衣料品や生活雑貨の店が並び、市場中央にはみやげ物や雑貨の店が集まっている。隅から隅までベトナムの匂いがぎっしりと詰まった所だ。ただし観光客も多いため、どの店も料金交渉は手強く、値段は高めだ。

左・中／麺類、軽食、甘味などが楽しめる食堂エリア。冷たい飲み物や甘味でクールダウンしよう　右上／品質の高いみやげ店も多い　右下／ドライフルーツやナッツ売り場

✉ホーチミン市内の観光スポット周辺のココナッツジュース売りに要注意。こちらの購入意思などお構いなしにココナッツをナイフで切り「もう切ってしまったので買ってくれな↗

東南アジア一の高さを誇る展望台　MAP 折裏-1D参照

ランドマーク81スカイビュー

Landmark 81 Skyview

上／市街を一望　左下／スカイウオークでは命綱をつけて空中散歩気分が楽しめる　右下／79階の日本料理店「ミワク」にあるテラス席

巨大なタワーマンション群が建ち並ぶ新興地区にある、東南アジア最高層（461.2m）の超高層ビル「ランドマーク81タワー」内にできた展望台。展望台は79～81階の3フロアからなり、眼下には周辺のタワーマンション群、サイゴン川、タオディエン・エリア（→P.72）なども見え、町を一望できる。さらに81階の屋外エリアには一段高い回廊「スカイウオーク」が設けられている。

展望台からは周辺のタワー群も眼下に

ランドマーク81スカイビュー
住 79-81F, Landmark 81, 720A Điện Biên Phủ, P. 22, Q. Bình Thạnh　☎なし
開10:00～22:00(最終入場21:00)
休無休
料30万ドン、子供（身長100～140cm）15万ドン
カード J M V
チケット売り場は地下1階で、売り場近くに展望台への専用エレベーターがある。

市内を一望できる展望台　MAP P.123-3D

サイゴン・スカイデッキ

Saigon Skydeck

ホーチミン市で2番目に高いビル「ビテクスコ・フィナンシャル・タワー」の49階にある展望台。地上178mの高さからホーチミン市を360度見渡すことができる人気スポットだ。無料で利用できる望遠鏡でホーチミン市の観光名所を探してみよう。

夕刻からの夜景もおすすめ。視界に入る名所や地名がわかるタッチパネルも備えられている

サイゴン・スカイデッキ
住49F, Bitexco Financial Tower, 36 Hồ Tùng Mậu, Q. 1
☎(028)39156156
URL www.saigonskydeck.com
開9:30～21:30（最終入場20:45）
休無休　料24万ドン、4～12歳と65歳以上16万ドン、3歳以下無料　カード A D J M V
無料の英語ガイドツアーあり。

ビテクスコ・フィナンシャル・タワー
Bitexco Financial Tower
MAP P.123-3D
住36 Hồ Tùng Mậu, Q. 1
☎(028)39156868　営店によって異なるが、だいたい10:00～22:00
休無休
ハスの花をかたどったホーチミン市のアイコン的存在のビル。68階建てで、上階はオフィス、1～5階はショップやレストランが入店する「アイコン68ショッピングセンター」。

世界有数の歴史ある動植物園　MAP P.123-1D

サイゴン動植物園

Thảo Cầm Viên Sài Gòn　Saigon Zoo and Botanical Garden

統一会堂を背にレユアン通りを真っすぐ行った突き当たりにある。広大な敷地の園内は、家族連れやカップルでいつもにぎわっている。入口を入って左に歴史博物館（→P.76）、右にフンヴオン廟、奥に動物園があり、ゾウやフラミンゴ、クジャクのほか、珍しいホワイトタイガーもいる。

左上／キリンへの餌やりは子供たちに大人気
左下／運がよければ檻から出てきたホワイトタイガーも見られる
右／ゾウも比較的近くで見られる

サイゴン動植物園
住2 Nguyễn Bỉnh Khiêm, Q. 1
☎(028)38291425
開7:00～17:30(土・日曜～18:00)
休無休　料6万ドン、子供(身長130cm未満)　4万ドン

仏領時代の1864年に造られたベトナム最古の動植物園

↘いと困る」などと言って高額な値段を請求される。親切心は切り捨てて、毅然とした対応を。（福岡県　森重宏文）['24]

水の中に潜ったり人形が火を噴いたりと演出が豊富で飽きさせない

水上人形劇
ロンヴァン水上人形劇場
Nhà Hát Múa Rối Nước Rồng Vàng
Golden Dragon Water Puppet Theatre
MAP P.123-2C
住55B Nguyễn Thị Minh Khai, Q. 1 ☎(028) 39302196
URL www.goldendragonwaterpuppet.vn
開18:30（チケット窓口は9:00～11:30、13:30～18:00）
休無休 料30万ドン
カード不可
※URL ticket.box.vnでオンライン購入が可能（要登録）。座席指定、カード支払い（JMV）可能。

アー・オー・ショー
住7 Công Trường Lam Sơn, Q. 1 ☎084-5181188（携帯）
URL www.luneproduction.com
開18:00（上演はひと月に12～19日、1日1回公演。ウェブサイトで確認） 料 80万～175万ドン
カード AJMV
※チケットはウェブサイトから購入できる。また、公演日のみホーチミン市劇場の専用チケット売り場（開9:00～18:00）でも購入できる。
テッダー Teh Dar
MAP 住 ☎ URL 料 カード アー・オー・ショーと同じ
ベトナム中部の高原地帯で暮らす少数民族の暮らしがテーマのショー。
※2024年２月現在、休演中
ミスト The Mist
MAP 住 ☎ URL 料 カード アー・オー・ショーと同じ
ベトナム南部の農村の暮らしをテーマに、ストーリー性のある情熱的なダンスパフォーマンスが見ものだ。
※2024年２月現在、休演中

ダムセン公園
住3 Hòa Bình, Q. 11
☎(028) 38588418
開8:00～17:00（土・日曜～19:00）、最終入場は閉園30分前
休火曜 料入場料20万ドン、園内の乗り物乗り放題付き28万ドン ※身長100～140cmの子供は半額
ハムギー通りバス乗り換え所（→P.61欄外）から38番バスに乗り、終点下車。6:00～18:00の間に30分間隔で運行。6000ドン、所要35～40分。中心部からタクシー、バイクタクシーで20～25分。

★★★ ベトナム北部の伝統芸能

水上人形劇

Múa Rối Nước　　Water Puppetry

ベトナム北部に古くから伝わる伝統芸能、水上人形劇がホーチミン市でも本場さながらの迫力とともに楽しめる。水面を舞台に魚釣りや田植え、ボートレースといった生活に根ざした小話や民話が３～５分のスパンで次々に展開される。民族音楽の演奏と奏者のかけ声に合わせて演目は進むため、言葉はわからずとも見応えは十分だ。なお、座席は指定制のため、事前に会場横のチケット窓口で購入しておこう。ショーは約45分間。

コミカルな人形の動きを見ていると45分間はあっという間

★★★ ホーチミン市劇場で上演するニューサーカス　MAP P.66-1A

アー・オー・ショー

À Ó Show　　A O Show

17種類の伝統音楽の調べにのって、ベトナムの生活に欠かせない竹を使ったアクロバットが繰り広げられるエンターテインメントショー。穏やかな南部の農村と、それとは対照的な喧騒の町ホーチミン市を独自の世界観で表現。ベトナム中部の高原、タイグエン地方を舞台にした「テッダー」やダンスショーの「ミスト」（→ともに欄外）は2024年２月現在、休演中。再開および公演スケジュールはウェブサイトで確認を。

見事なバランス！

上／サーカス出身の若きベトナム人演者17名の見事な演技に目が釘付け　中／竹があるときはカゴに、あるときはお椀舟に姿を変えて登場　下／普段は入場できないホーチミン市劇場に入れるのも貴重な体験

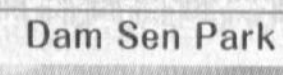

★ 地元で人気のアミューズメントパーク　MAP 折裏-2A参照

ダムセン公園

Công Viên Văn Hóa Đầm Sen　　Dam Sen Park

中心部から西へ約10kmの所にある、ホーチミン市きってのアミューズメントパーク。ここは遊園地と動物園を足して、ベトナムっぽさをかけ合わせたような所だ。ショーやイベント、動物のサーカス、激流下りや水中世界探検などのアトラクション、ジェットコースターやメリーゴーラウンド、さらにプール、ミニ動物園、チョウ園、植物園まで、あらゆる娯楽施設が集合している。

「ダムセン」とはベトナム語でハス池のこと。その名前のとおり、公園内には大きなハス池がある

郊外の見どころ Sightseeing

★★ 17世紀からのアオザイの歴史がわかる　MAP 折裏-1D参照

アオザイ博物館

Bảo Tàng Áo Dài　Ao Dai Museum

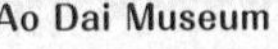

ベトナムを代表するアオザイ・デザイナー、シー・ホアン氏（→P.50）が私有地の庭園内に設立した、ベトナム初のアオザイ博物館。17世紀から現代までのアオザイの変遷の歴史をはじめ、著名人が実際に着用した物、戦時下の物、宗教や民族ごとのアオザイなど盛りだくさんの展示内容だ。アオザイのレンタルも可能。

1960年代のヒッピーカルチャーの影響を受けて若者の間で流行したアオザイ

アオザイ博物館
住206/19/30 Long Thuận, P. Long Phước, TP. Thủ Đức
☎091-4726948（携帯）
URL baotangaodai.com.vn
開8:30～17:30　休無休
料5万ドン
　中心部からタクシーで約1時間。35万ドン程度。サイゴン・バスターミナル（→P.62）から88番のバスに乗り、アオザイ博物館への小道の手前で下車。そこから約300m先にあるが、電話すれば電気カーで迎えに来てくれる（要予約）。運転手に行先を伝えておくこと。5:00～19:00の間に7～15分間隔で運行。6000ドン、所要約70分。

★★ 摩訶不思議なテーマパーク　MAP 折裏-1D参照

スイティエン

Suối Tiên　Suoi Tien Park

左／神話に登場するベトナムの王、ラック・ロン・クアンが見守るプール　上／ウオーターパークへは別途入場料が必要。コンボチケットもある

106ヘクタールの広大な敷地に50以上のアトラクションを備えた、ベトナム最大級のテーマパーク。ベトナムの神話や伝説をテーマにしたアトラクションやショー、プールにワニ釣りまでなんでもアリ。家族連れはもちろん、ツッコミどころ満載の不思議ワールドを体験したい人はぜひ。

スイティエン
住120 Xa Lộ Hà Nội, P. Tân Phú, TP. Thủ Đức
☎(028)38960260
URL suoitien.com
開8:00～17:00　休無休
料入場料15万ドン、子供8万ドン。ウオーターパーク入場料15万ドン、子供9万ドン
　園内アトラクション付きのコンボチケットもある。
　中心部からタクシーで約1時間。30万ドン程度。サイゴン・バスターミナル（→P.62）から19番のバスに乗り、スイティエン下車。5:00～19:30の間に12～15分間隔で運行。7000ドン、所要約1時間20分。

サイゴン川をディナークルーズ

　4区のサイゴン港（MAP P.123-3D　住5 Nguyễn Tất Thành, Q.4）から、毎晩サイゴン川ディナークルーズ船が出ている。

左／サイゴン港　中／インドシナ・クイーン号のビュッフェ　右上／1区の夜景　右下／ベンゲー号

●おもなクルーズ船

ベンゲー号　Ben Nghe
　魚の形のクルーズ船。乗船17:30～、出航20:00頃、帰港21:15頃。音楽の生演奏や曲芸などが行われる。乗船料4万ドン、料理は別途注文。食事をせず、乗船のみの場合は12万ドン。予約不要。
☎077-8888865（携帯）　URL taubennghe.vn

インドシナ・クイーン号　Indochina Queen
　3階建ての大型クルーズ船で伝統音楽やバンド生演奏が楽しめる。乗船は18:00～、出航19:45、帰港21:15。ビュッフェの場合、乗船料込みで49万9000ドン～。旅行会社を通して予約をするのが便利。
☎088-8024240（携帯、ホットライン）、(028)3895 7438　URL indochinaqueencruise.com.vn

●屋形船

　日本料理店の「Kカフェ」が主催する和風の屋形船。料理は、寿司＆刺身中心のセットA（150万ドン）、焼肉のセットB（140万ドン）、ベトナム海鮮料理のセットC（100万ドン）の3種類から選べる。出航時間はリクエストでき、クルーズ時間は約2時間。最少催行人数は6名。

Kカフェ　K Cafe
MAP P.68-2B　住74A4 Hai Bà Trưng, Q. 1
☎(028)38245355、090-3912522（携帯、日本語可能）
URL kcafe.vn
営11:30～14:30、17:00～23:00　休日曜
カード A J M V　予約 前日までに要予約

ディープな町歩きが楽しめるチャイナタウン

MAP 折裏-3A、3B

チョロン

Chợ Lớn

チョロン最大の卸市場、ビンタイ市場周辺は1日中にぎわっている

市の中心街から西へ約5km行くと、ホーチミン市在住華人の大半が住むといわれるチャイナタウン——チョロン地区がある。といっても「チョロン」という名前の区があるわけではなく、チャンフンダオ通りを中心に広がる5区と、ビンタイ市場のある6区の東側あたりを指して、こう呼ばれている。チョロンとはベトナム語で大市場（チョ＝市場、ロン＝大きい）の意味で、チョロンの中心にあるビンタイ市場のことをチョロンと呼ぶ人も多い。

この町が形成されたのは18世紀後半。中部の新興勢力グエン（阮）氏の台頭で、多くの華僑たちがこの地へ移住したのがその始まりだ。現在でも通りには漢字の看板を掲げた個人商店やレストランがびっしり建ち並び、けたたましいバイク音に混じって広東語が聞こえてくることも。

マルグリット・デュラス原作のフランス映画『愛人／ラマン』で描かれた、20世紀初頭のどこか退廃的な雰囲気のチョロンとはイメージが違うものの、ゆっくりと歩けばその名残ともいえる趣のある建物や濃密な中国色に出合えるはず。ホーチミン市街とはひと味違った熱気や情緒を感じつつ、発見と出合いをおおいに楽しもう。

✉チョロンはスリ、ひったくり多発地帯

チョロン周辺でスリやひったくりに遭う日本人旅行者が非常に多いと聞く。チョロンはベトナム人でさえ気を引き締める場所。外国人旅行者のわれわれは、さらなる注意が必要な場所であることを肝に銘じよう。
（福岡県　匿名希望）['24]

地元で人気の甘味屋

タム・ムーイラム　85
MAP P.84-2B
住85 Châu Văn Liêm, Q. 5
☎079-9762238（携帯）
営10:00～20:00　休無休
カード不可　予約不要

地元の学生にも人気のテイクアウト専門の甘味屋。一番人気のココナッツプリンは4万ドン。ココナッツの器にココナッツ風味のプリンがたっぷり入っている。ほかにバイン・フラン（→P.47）もある。どれもひんやりして甘さ控えめでおいしい。小さな店なので見逃さないように。

ハーキー（何記甜品店）Hà Ký
MAP P.84-2B
住138 Châu Văn Liêm, Q. 5
☎(028) 38567039
営10:00～22:30　休無休
カード不可　予約不要

漢方薬のゼリーや黒ゴマのチェーなど、市内ではなかなかお目にかかれない広東スイーツが食べられる。杏仁豆腐（2万5000ドン）や白玉団子のチェー（湯丸糖水、4万ドン）は素朴な味。プリンも美味。

手前右が白玉団子のチェー。右奥のイチゴプリンもおすすめ

アクセス ❁ ACCESS

チョロンへの行き方

●バス

ハムギー通りバス乗り換え所（→P.61欄外）、またはメリン広場のバス停（MAP P.127-3D）から、1番バスに乗り終点下車。5:00～20:15の間に18分間隔で運行。5000ドン、所要約30分。デタム通り周辺からはチャンフンダオ通り沿いのバス停が便利。

●タクシー

ベンタン市場からビンタイ市場まで行った場合、14万ドン～。所要約20分。

●バイクタクシー

ベンタン市場からビンタイ市場まで行った場合、6万ドン～。所要約15分。

✉甘味屋「タム・ムーイラム」（→欄外）のココナッツプリンがすごくおいしい。あまりにもおいしいので連日通い詰めた。（京都府　河村佳宏）['24]

歩き方 Orientation

色とりどりの布がズラリと並ぶ布屋街

ベンタン市場前のロータリーから西へ延びるチャンフンダオ通り。それを真っすぐ行くと、道の両側に並ぶ商店の看板文字がベトナム語より漢字のほうが多くなり、車やバイクの喧騒が一段と増してくると、そこはもうチョロン。チャイナタウンといっても、残念ながらチョロンにはバンコクや横浜のチャイナタウンのようなネオンピカピカのレストラン街は存在しない。ただひたすら商店が並び、その間にホテルやレストランが点在している。路線バスで行く場合も、とりあえず終点のチョロン・バスターミナルで降りたら、ビンタイ市場まで行き、まずはそこから歩き始めよう。

ビンタイ市場をひととおり見て回ったら、チョロン・バスターミナル前の通りを東へ行き、交差するホックラック通りを左折すると、左側にチャータム教会がある。しばしこの静寂の教会を見学し、その後ここから東に延びる喧騒のチャンフンダオ通りへ入って行こう。

左／ランタンが軒を飾る店　右上／中華料理店では餃子を食べられる店も多い
右下／以前に比べて数が減った漢方薬局店

チャンフンダオ通りからグエンチャイ通りに入り、東へ数分行くとティエンハウ寺だ。古色蒼然とした寺院を堪能したら、さらに東へ約3分。市場の周りの露店がにぎわうサータイ市場が見えてくる。また、このあたりには中国各地の郷土会館もある。

歩いてみよう“中国文化満喫コース”
ビンタイ市場（→P.86）➡チャータム教会（→P.85）➡布屋街（チャンフンダオ通り）➡漢方薬屋街（フーンフン通り）➡ダイクアンミン・モール＆裁縫道具街（トンユイタン通り）➡ティエンハウ寺（→P.84）➡サータイ市場（→P.86）

漢方薬屋街
MAP P.84-2B

チャンフンダオ（Trần Hưng Đạo）通りを挟んで北側のフーンフン（Phùng Hưng）通りには時代めいた漢方薬の老舗が数軒ある。店先には漢方の薬材や乾物が並び、希少価値の高い高価な物も。

なかには昔ながらの店構えの漢方薬店も

裁縫道具街
MAP P.84-2B

チャンフンダオ通りの布問屋街を東へ進み、右側に布＆裁縫道具の市場、ダイクアンミン・モールが見える。この市場の手前の小さな路地、トンユイタン（Tống Duy Tân）通りにも裁縫道具の店が連なる。

リボンやワッペン、チロリアンテープなどもある

布屋街
MAP P.84-2A、2B

チャンフンダオ通りの西端から200mくらいにわたってズラリと布地問屋が並ぶ。通りに面した店だけでなく、建物の中まで1000店以上がひしめきあい、問屋街のパワーを肌で感じる。店先では商品の搬入や仕分けなどが行われていて、活気に満ちている。

色とりどりのシルク、コットンを並べた生地屋がズラリと並ぶ

文房具の問屋街
MAP P.84-2B

チャンフンダオ通りを挟んで南側のハイトゥーンランオン（Hải Thượng Lãn Ông）通りへ延びるフーンフン通りは文房具店が並ぶ。

文房具店の店先ではハンコのオーダーメイドが可能

ローカル屋台スポット

レストランでは味わえないB級グルメ、屋台食。都市化の進むホーチミン市において、屋台は減少傾向にある。とはいえ、デタム通り周辺（→P.70）やチョロン地区（→P.82）は今でも屋台や売り子が多く出没するエリア。デタム通り周辺には時間限定のお粥や甘味の屋台が、チョロン地区では中国風の食べ物の屋台もあり、売り子の数も多い。

ナタデココのような食感のニッパヤシ（Dừa Nước）の屋台も見かける。1袋4万ドンくらい

水餃子店通り
MAP P.84-1A

ハートンクエン通りには、水餃子を売る店が数軒ほど並ぶ所がある。看板にある「Sủi Cảo」の文字が目印。店は小さいが、ボリューム満点の水餃子が美味で、地元客に人気。この近隣には中国語の看板が多く目立つ。

チョロンで飲茶なら
バオズ・ディムサム
Baoz Dimsum

MAP P.85-2C
住 82-84-86-88 Nguyễn Tri Phương, Q. 5
☎ (028)39231480、092-288 7878（携帯）
営 6:30～22:30　休 無休
カード J M V　予約 不要

リーズナブルに本格的な飲茶を楽しめる大型レストラン。1品6万ドンくらい～。

チャーシュー入りメロンパンの叉焼菠蘿餐包5万ドン

上／歴史を感じさせるたたずまい　下／屋根部分の装飾にも注目

ティエンハウ寺（天后宮）

住710 Nguyễn Trãi, Q. 5
開6:00〜17:00（毎月旧暦の1・15日5:00〜22:00）
休無休　料無料

　巨大な渦巻き線香は1ヵ月くらい燃え続けるという。売店で売っている小型の物で2万ドン〜。

見どころ　Sightseeing

★★ 航海安全の守り神を祀る中国寺院

MAP 下図-2B

ティエンハウ寺（天后宮）

Chùa Bà Thiên Hậu　　Thien Hau Temple

　1760年に建てられたベトナム最古の華人寺のひとつ。福建系華僑の多くが信仰する航海安全の守り神、ティエンハウ（天后聖母）が祀られている。寺の天井からいくつも下げられた巨大な渦巻き線香などは、中国そのものといった雰囲気だ。境内に1日中絶えることのない線香の香りが、今も変わらない人々のあつい信仰を物語っている。

左／境内に線香の煙が立ち込める。渦巻き線香に専用の札をつるして祈願できる　右／チョロンを代表する古刹

チョロン

A　B　1　2
0　200m　N
トンニャット競技場
Tan Phuoc St.　タンフック通り
2月3日通り 3 Thang 2 St.
レダイハン通り Le Dai Hanh St.
リーナムデー通り Ly Nam De St.
リートゥンキエット通り Ly Thuong Kiet St.
グエンキム通り Nguyen Kim St.
グエンラン
Tran Quy St.
ダウイン通り
ドーゴックタン通り
サトラ・フーズ
チャンクイ通り
小さな食堂が並ぶ
Tan Khai St.　タンカイ通り
ユーントゥジャン通り
ACB
Nguyen Chi Thanh St.
仏具・祭祀用具店が並ぶ
Pho Co Dieu St.
トゥアンキウ通り Thuan Kieu St.
チョーライ病院
玉意水餃
水餃子の店が並ぶ P.83欄外
強記麵家
ハートンクエン通り Ha Ton Quyen St.
BIDV
グエンチータン通り
Duong Tu Giang St.
Do Ngoc Thanh St.
ドンスエン・ホットポット
Tan Thanh St.
Ta Uyen St.
フンヴーン・プラザ
フンヴーン病院
Pham Dinh Ho St.
路上市場
タンタン通り
Pham Huu Chi St.
フックアン会館
Hong Bang
ファンフーチ通り
電器屋が並ぶ
バイクの部品、修理の店が並ぶ
ガーデン・モール
ハーキー（何記甜品店）P.82欄外
ティエンハウ寺（天后宮）P.84
オンラン会館（温陵會館）P.85欄外
ギアアン会館
グエンティニョ通り Nguyen Thi Nho St.
ホンバン通り
フックロン
路上市場
媽祖天后廟
Nguyen Trai St.
チョロンモスク
ファムディンホー通り
ホックラック通り Hoc Lac St.
杏徳堂薬行
民益
グエンチャイ通り
東源鶏飯
タム・ムーイラム P.82欄外
サータイ市場 P.86
漢方薬の店が並ぶ P.83
Tran Chanh Chieu St.
フンフンハン（薬屋）
愛華大酒楼
フエフエベーカリー
果物の路上店が並ぶ
チャータム教会 P.85
ダイクアンミン・モール
Trang Tu St.
布問屋が並ぶ P.83
二府廟
裁縫道具の店が並ぶ P.83
チョロン・バスターミナル P.62
ハイトゥーンランオン通り Hai Thuong Lang Ong St.
小公園
ランオン通り Lang Ong St.
ハイトゥーンランオン通り Hai Thuong Lang Ong St.
ビニール製品、カゴの店が多い
文房具問屋が並ぶ P.83
チョロン中央郵便局 P.88
Thap Muoi St.
タップムーイ通り
キムビエン市場
Phung Hung St.
Nguyen An Khuong St.
Nguyen Thi St.
Mac Cuu St.
ティミへ（約400m）P.107
ビンタイ市場 P.86
Chu Van An St.
Phan Van Khoe St.
Tau Hu Canal
チャーヴァー橋
ファンヴァンコエ通り
Binh Dong St.
Bai Say St.
ヴォーヴァンキエット通り
タウフー運河
ジャーフー通り Gia Phu St.
バイサイ通り
ビンドン通り

クリーム色の尖塔が印象的 MAP P.84-2A

チャータム教会

Nhà Thờ Cha Tam　Cha Tam Church

チャンフンダオ通りの布屋街に出ると、クリーム色の尖塔が姿を現す。1900年建造のこのカトリック教会は、1963年11月、時の南ベトナム政権に対するクーデターの際、ゴ・ディン・ジエム（Ngô Đình Diệm）が無条件降伏をした場所として知られている。ミサは毎日行われ、チョロン地区の熱心なカトリック教徒が訪れている。別名をフランシスコ・ザビエル教会という。

上／ごみごみとしたチョロンにあって優美な姿はよりいっそう引き立つ
左／ミサのときは中に入れる

チャータム教会
住25 Học Lạc, Q. 5
開6:00～18:00　休無休
料無料
ミサは月～金曜5:30、17:30。土曜18:30、19:30。日曜は5:30、7:15、8:45、16:00、17:00。

オンラン会館（温陵會館）
Hội Quán Ôn Lăng
On Lang Assembly Hall
MAP P.84-2B
住12 Lão Tử, Q. 5
開6:15～17:00　休無休
1740年創建の福建系の寺。天后聖母や観世音菩薩など16の神様が祀られている。

極彩色の内部は広々としている

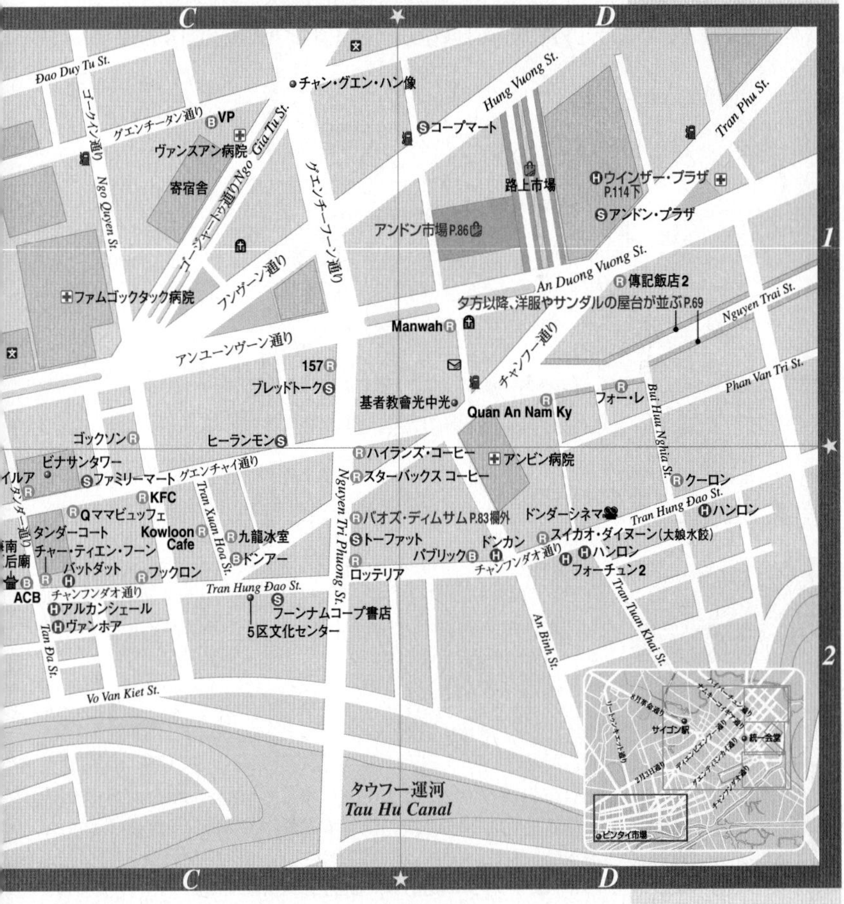

C　D
Đao Duy Tu St.
チャン・グエン・ハン像
Hung Vuong St.
Tran Phu St.
ゴークイェン通り
Ngo Quyen St.
グエンチータン通り
VP
ヴァンスアン病院
寄宿舎
ゴージャートゥ通り Ngo Gia Tu St.
グエンチーフーン通り
コープマート
路上市場
ウインザー・プラザ P.114下
アンドン・プラザ
アンドン市場 P.86
1
An Duong Vuong St.
傳記飯店2
ファムゴックタック病院
フンヴーン通り
夕方以降、洋服やサンダルの屋台が並ぶ P.69
Nguyen Trai St.
Manwah
アンユーンヴーン通り
チャンフー通り
157
ブレッドトーク
Phan Van Tri St.
基督教會光中光
Quan An Nam Ky
フォー・レ
Bui Huu Nghia St.
ゴックソン
ヒーランモン
ハイランズ・コーヒー
アンビン病院
ビナサンタワー
イルア
ファミリーマート　グエンチャイ通り
スターバックス コーヒー
クーロン
タンダー通り
KFC
Tran Xuan Hoa St.
Nguyen Tri Phuong St.
ドンダーシネマ
Tran Hung Đao St.
ハンロン
Qママビュッフェ
バオズ・ディムサム P.83欄外
タンダーコート
Kowloon Cafe
九龍冰室
トーファット
ドンカン
スイカオ・ダイヌーン（大娘水餃）
南后廟
チャー・ティエン・フーン
ドンアー
パブリック
チャンフンダオ通り
ハンロン
バットダット
フックロン
ロッテリア
フォーチュン2
ACB
チャンフンダオ通り
Tran Hung Đao St.
アルカンシェール
フーンナムコープ書店
Tran Tuan Khai St.
ヴァンホア
5区文化センター
An Binh St.
Tan Đa St.
2
Vo Van Kiet St.
サイゴン駅
統一会堂
ビンタイ市場
タウフー運河
Tau Hu Canal
C　D

※地図中、右下の小エリア図の赤枠部分が、折り込み地図裏でのこの地図の位置を示しています。

昔懐かしいレトロな食器類が手に入る

ビンタイ市場
住57A Tháp Mười, Q. 6
☎(028) 38571512
営店によって異なるが、だいたい6:00〜18:00　休無休

ビンタイ市場に出没する日本語使いに注意

自称「市場内で警備の仕事をしている」という日本語の話せるベトナム人が、市場の案内をするからと言い寄ってくる、との投稿が編集部に寄せられている。親切にされたからといって、たやすく気を許さないように。

★卸売業が集まる大型市場　MAP P.84-2A

ビンタイ市場

Chợ Bình Tây　Binh Tay Market

食品売り場では乾物や発酵食品、ビーフジャーキーの店も見かける

1930年、中国の潮州で生まれたクァック・ダム（Quách Đàm）が、泥地だったこの地を開墾したのが始まりといわれる、チョロン最大の中央市場。ほとんどの店が卸を生業としており、店舗数は2000店以上。ダース単位で売る店が多く、1個から買える店は少ないが見て歩くだけでも楽しい。中庭を取り囲むように2階建ての売り場が並ぶ独特の建築も見もの。

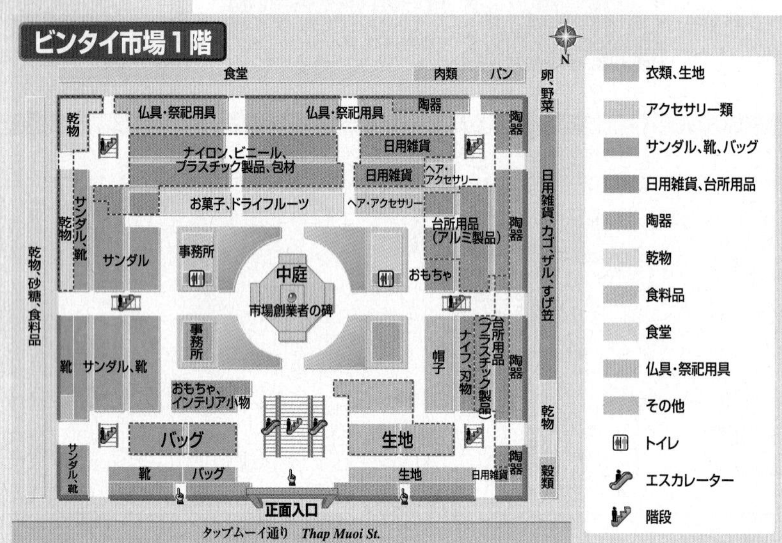

アンドン市場
住34-36 An Dương Vương, Q. 5
営8:00〜18:00頃　休無休

食堂街には甘味の店もある

★近代的な建物の市場　MAP P.85-1D

アンドン市場

Chợ An Đông　An Dong Market

近代的な建物の市場。活気があり、特に2、3階の服、サンダル売り場は1日中にぎわっている。日本のシーズン遅れの化粧品が安く売られている一画も。同じ建物内の1階入口左側に郵便局、地下には食堂街がある。

サータイ市場
営店によって異なるが、だいたい6:00〜12:00　休無休

ビンタイ市場、アンドン市場と比べると最も生活に密着した市場だ

★人々の生活が垣間見られる　MAP P.84-2B

サータイ市場

Chợ Xã Tây　Xa Tay Market

日常生活の垣間見える地元に密着した小さな市場だが、周辺には古い建造物が残り、市場の雑踏と相まって味のある風情を醸し出している。市場脇にはチョロン・モスクが建つ。

インフォメーション INFORMATION

銀　行

●ベトコムバンク　Vietcombank

［本店］ MAP P.127-2D 住5 Công Trường Mê Linh, Q. 1 ☎(028) 38271940 営8:00～12:00、13:00～16:30 休土・日曜

USドル・日本円をはじめ、主要通貨の現金の両替が可能。JCBカード、マスターカード、ビザカードでのキャッシングが可能（要パスポート）。

●VIB Vietnam International Commercial Joint Stock Bank

MAP P.127-3D 住2 Ngô Đức Kế, Q. 1
☎(028) 38242620 営8:00～17:00（土曜～12:00）
休日曜

USドル・日本円などの現金の両替が可能（要パスポート）。入口に24時間利用できるATMがあり、主要カードでのキャッシングが可能。

●サコム・バンク　Sacom Bank

MAP P.71-2D 住177-179-181 Nguyễn Thái Học, Q. 1 ☎(028) 38360243 営7:30～11:30、13:00～17:00 休土・日曜

USドル・日本円をはじめ、主要通貨の現金の両替が可能（要パスポート）。

両替所

●フンロン　Hung Long

MAP P.67-2C 住86 Mạc Thị Bưởi, Q. 1
☎(028) 38297887 営8:00～20:00 休祝日

USドル・日本円などの現金の両替が可能。JCBカード、マスターカード、ビザカードでのキャッシングが可能。ベトナム・ドンからUSドル、日本円への再両替も可能。

●フォーリン・カレンシー・エクスチェンジ・デスク59 Foreign Currency Exchange Desk 59

MAP P.66-2B 住135 Đồng Khởi, Q. 1
☎(028) 38231316、090-3810248（携帯）
営7:00～22:00 休無休

USドル・日本円などの現金の両替が可能。

病　院

●ロータスクリニック ホーチミン　Lotus Clinic HCMC

MAP P.127-1C 住3F, Lancaster Bldg., 22 Bis Lê Thánh Tôn, Q. 1 ☎(028) 38270000 URL lotus-clinic.com E-mail info@lotus-clinic.com
営9:00～12:00、14:00～17:30（土曜～12:30）
休日曜、祝日

ベトナム初の日系クリニックで、日本人医師と日本人看護師が常勤。一般内科、外科、小児科など診療全般を行う。医療機器や設備も整っており、特殊な検査以外は院内で検査可能。各種日系海外旅行保険会社のキャッシュレス対応も可能。

●DYMメディカルセンターベトナム ホーチミン1区院 DYM Medical Center Vietnam District 1 in HCM

MAP P.126-1B 住B103, M Plaza, 39 Lê Duẩn, Q. 1
☎(028) 35210172（日本語）、1900-292937（ホットライン） URL jp-dymmedicalcenter.com.vn 営9:00～18:00 ※水・日曜は日本人医師休診 休日曜、祝日

日系企業が運営する医療機関で日本人医師による内科、外科、整形外科、小児科、呼吸器科の診察が可能。ベトナム人医師が担当する婦人科、歯科、耳鼻科、眼科などもある。日本語スタッフも常駐。各種日系海外旅行保険会社のキャッシュレス対応可能。外来予約はLINEからも可能（ウェブサイト内に二次元コードあり）。

●ラッフルズ・メディカル・ホーチミン・クリニック Raffles Medical Ho Chi Minh Clinic

MAP P.122-2B 住285B Điện Biên Phủ, Q. 3
☎(028) 38240777（8:00～12:00、13:00～16:30）
URL rafflesmedical.vn/ja
E-mail Japanese_HCMC@rafflesmedical.com（日本語可能）
営8:00～17:00（土曜～16:00） 休日曜、祝日

国際色豊かな医師たちが、国際水準を満たした一次医療、救急医療、専門医療を提供し、輸入物の薬の提供も行っている。日本人医師常勤（要予約、夜間は緊急対応のみ）。日本語予約電話受付は月～金曜8:00～18:00（土曜～12:00）。各種日系海外旅行保険会社のキャッシュレス対応も可能。

●ファミリーメディカルプラクティス・ホーチミン市　Family Medical Practice HCMC

MAP P.126-1B 住Diamond Plaza, 34 Lê Duẩn, Q. 1 ☎(028) 38227848（日本語デスク：月～金曜8:00～16:30、土曜～12:00）
URL www.vietnammedicalpractice.com
E-mail hcmc.jpdesk@vietnammedicalpractice.com（日本語） 営8:00～18:00 休無休

日本人医師、日本人スタッフ常勤。内科、小児科、婦人科、消化器内科、整形外科、感染症科などでの診療、緊急医療・搬送（国内外）などを提供。24時間体制の院内検査ラボ、画像診断センター、薬局、入院施設（個室）、最新設備搭載の救急車などを備え、ハイレベルな専門医が治療にあたる。日系海外旅行保険、クレジットカード付帯保険のキャッシュレス対応も可能。日中は予約優先、緊急時は24時間対応。

※前記の4院は緊急時を除き予約制。緊急の場合でも、事前に電話連絡しておくことが望ましい。4院ともにおもな海外旅行保険会社と提携しており、加入者はキャッシュレスで治療が受けられる。しかし対象外の治療もあるため、事前に要確認。また、クレジットカードに付帯されている海外旅行保険は、通常キャッシュレスの対象外で、いったん現地で治療費を支払い、帰国後に保険会社に請求することになる。さらにカード会社によって保険会社が違うため、事前に自分のクレジットカードに付帯されている保険会社名を確認しておこう。

おもな航空会社

●ベトナム航空　Vietnam Airlines
MAP 124-2B　住15Bis Đinh Tiên Hoàng, Q. 1
☎1900-1100（ホットライン）　営8:00～11:30、13:00～17:00　休日曜、祝日　カードADJMV

●日本航空　Japan Airlines
☎(028) 38422161（日本語ホットライン）
Free1800-599925（ホットライン）　営7:00 ～ 17:00
休無休
　カウンター業務は行っておらず、電話対応のみ。

●全日空　All Nippon Airways
MAP P.127-3C　住16F, Sun Wah Tower, 115 Nguyễn Huệ Q. 1　☎(028) 38219612　営8:30～17:30　休土・日曜、祝日
　カウンター業務は行っておらず、電話対応のみ。

●ベトジェットエア　VietJet Air
MAP P.124-3A　住8 Bis Công Trường Quốc Tế, Q. 1　☎1900-1886(ホットライン)　営7:00～20:30（祝日～19:30）　休無休　カードADJMV

●バンブー・エアウェイズ　Bamboo Airways
MAP P.122-1B　住112 Lý Chính Thắng, Q.3
☎1900-1166(ホットライン)　営8:00 ～ 18:00(土・日曜8:30 ～ 17:00)　休無休　カードADJMV

●キャセイパシフィック航空
Cathay Pacific Airways
MAP P.124-3A　住5F, Centec Tower, 72-74 Nguyễn Thị Minh Khai, Q. 1　☎(028) 38223203
営8:30～16:30　休土・日曜、祝日　カードADJMV

●チャイナエアライン　China Airlines
MAP 折裏-3D参照　住Room 1B, 7F Crescent Plaza, 105 Tôn Dật Tiên, Q. 7　☎(028) 54141008
営8:00～12:00、13:00～17:00（土曜～12:00）
休日曜、祝日　カードAJMV

郵便・宅配

●中央郵便局
MAP P.123-2D　住2 Công Xã Paris, Q. 1
☎(028) 39247247　営7:30～18:00(日曜8:00～17:00)
休無休
　EMS、DHLの取り扱いがある。

●チョロン中央郵便局
MAP P.84-2B　住26 Nguyễn Thi, Q. 5
☎(028) 38551763　営7:00～19:00（日曜7:30～12:00、13:00～17:00）　休無休

●郵便税関
MAP P.126-1B　住117-119 Hai Bà Trưng Q. 1
☎(028) 38251636　営7:30～18:00（土曜～17:00）
休日曜

●EMS
MAP P.128-2B　住216 Nguyễn Công Trứ, Q. 1
☎1900-545433(ホットライン)
営7:30～20:30（土・日曜8:00～16:30）　休祝日

●佐川急便ベトナム
MAP 折裏-1D参照　住169 Điện Biên Phủ, Q. Bình Thạnh　☎(028) 38409330
E-mail sgv_info-hcm@sgh-global.com　営8:00～12:00、13:00～17:00　休土曜午後、日曜、祝日　カード不可
　電話1本で集荷、日本の届け先住所まで配達してくれる。日本までは通常、所要5～7日。料金の目安は10kg174.6US$～、20kg255.33US$～（梱包代も含む）。食品は輸送不可、食器は発送制限あり。利用する場合は出国の最低3営業日前までに連絡を。

●DHL
MAP P.67-2C　住71C Đồng Khởi, Q. 1
☎(028) 38222740、1800-1530（ホットライン）
営8:00～18:00　休日曜、祝日　カードADJMV
　専用封筒、箱代は無料。日本までパッケージ0.5kg146万ドン～、1kg170万ドン～。所要1～2営業日。

おもな領事館

●日本国総領事館
MAP P.122-2B　住261 Điện Biên Phủ , Q. 3
☎(028) 39333510
URL www.hcmcgj.vn.emb-japan.go.jp
開8:30～12:00、13:00～17:15（領事窓口8:30～12:00、13:15～16:45）　休土・日曜、ベトナムのすべての祝日と日本の一部の祝日
※パスポートの新規発給、帰国のための渡航書の発給については→P.432。入館には身分証明書が必要。

●カンボジア領事館
MAP P.123-1C　住41 Phùng Khắc Khoan, Q. 1
☎(028) 38292751　開7:30 ～ 11:30、14:00 ～ 17:00
休土・日曜、祝日
　カンボジア入国にはビザが必要だが、空港でのアライバルビザ（30US$）またはeビザ（36US$、所要3業務日）申請が便利。どちらも30日間滞在可能な観光シングルビザ。eビザは以下公式ウェブサイトから申し込む。
URL www.evisa.gov.kh
　領事館でビザを申請する場合は、30日間滞在可能な観光ビザは所要3業務日で100万ドン。即日発行は200万ドン。申請には6ヵ月以上の有効期間があるパスポートと顔写真1枚（4cm×6cm）が必要。

●ラオス領事館
MAP P.126-2B　住93 Pasteur, Q. 1　☎(028) 38297667
開8:30～11:00、13:30～16:00　休土・日曜、祝日
　日本国籍の場合、入国時点でパスポートに6ヵ月以上の有効期間があれば、ビザなしで15日以内の滞在が可能。30日間滞在できるアライバルビザ（40US$、写真2枚要）やeビザ（50US$※為替レートにより変動、所要3業務日）も取得可能。eビザは以下公式ウェブサイトから申し込む。
URL application.visalaos.com/application
　領事館で取得する場合は30日間滞在可能なビザは即日発行で40US$。申請には6ヵ月以上有効期間があるパスポートと写真（4cm ×6cm）2枚が必要。

●中国領事館
MAP P.123-1C 住175 Hai Bà Trưng, Q. 3
☎(028)38292459 開8:30～11:00、14:30～16:30
休土・日曜、祝日
中国ビザ申請サービスセンター
Chinese Visa Application Service Centre
MAP P.125-3C 住16F, Saigon Trade Center, 37 Tôn Đức Thắng, Q. 1 ☎1900-561599（ホットライン）
URL www.visaforchina.cn
E-mail hcmcenter@visaforchina.org
開9:00 ～ 15:00 休土・日曜、祝日

日本国籍の場合、一般の観光ならビザなしで15日間の滞在が可能。それ以上滞在する場合は中国ビザ申請サービスセンターまたは日本でビザを申請していくこと。

旅行会社&ツアーオフィス ❀ TRAVEL OFFICE & TOUR OFFICE

旅行会社&ツアーオフィス

●TNK & APTトラベル JAPAN ホーチミン本店
TNK & APT travel JAPAN Ho Chi Minh
MAP P.71-2C 住90 Bùi Viện Q. 1
URL www.tnkjapan.com
LINE ID：https://lin.ee/bqUppns
営8:00～22:00 休無休 カードJMV

日本人スタッフが駐在する旅行会社で、各種格安ツアーやバスの手配などを扱う。ひとり旅や学生のグループ旅行に人気。ビジネス視察対応、専門通訳手配もできる。日本語ガイドが付くメコンデルタ（49US$）とクチ・トンネル半日（42US$）ツアーは、各旅行会社のなかでも最も安く、ホタル観賞ができるナイト・メコンデルタ・ツアー（78US$）のほか、サイゴン川ディナークルーズ（32US$～）、アジア最大級のマングローブ林の中を手こぎボートで行くカンザー・ツアー（106US$）の評判も高い。ハノイ（→P.313）にも支店がある。問い合わせや予約は公式LINEまたはウェブサイトから。

[各種ツアー]

ナイトシクロツアー（45US$～）、日帰りカイベー水上マーケット（156US$）、スイティエン公園ツアー（102US$）など。アンコール・ワット観光の起点となるシェムリアップの現地発着、ホーチミン市発のパッケージツアーも手配可能。

※２名以上参加の場合のひとり料金。

●ピース・イン・ツアー　Peace In Tour
MAP P.123-2C 住51 Trương Định, Q. 3
☎(028)39306309、39306165 URL www.pitt.jp
営8:00～11:30、13:00～17:30（土曜～12:00）
休日曜、祝日 カードAJMV

日本の旅行会社、ピース・イン・ツアーの現地オフィス（表の看板はIndochina Tourist & Trade）。日本人スタッフが駐在。ツアーはすべて宿泊先ホテルより発着し、日本語ガイドが同行。前日の午前中までに予約したほうがいい。各種ツアーのほか、航空券、車、ガイドの手配、ホテル予約、空港からホテルまでの送迎などが可能。

[各種ツアー]

クチ半日観光（90US$、昼食なし）、ミトー１日観光（131US$、昼食付き）など。

※２名参加の場合のひとり料金。最少催行人数は２名。

●HISホーチミン支店　HIS Ho Chi Minh
MAP P.126-2B 住MF, Bao Viet Financial Centre Bldg., 233 Đồng Khởi, Q. 1 ☎(028)39390800
URL www.his-discover.com/vietnam 営8:30 ～ 17:30 休土・日曜、祝日 カードAJMV（カードによって手数料が発生する場合がある）

日本語スタッフが常駐。各種ツアー申し込みのほか、スパやレストランの予約代行、アオザイレンタル（15US$）などができる。

[各種ツアー]

ミトー・メコン川クルーズ終日観光（昼食付き、70US$）、アオザイを着て回るホーチミン半日市内観光（アオザイレンタル付き、45US$）、水上人形劇とサイゴン川ディナークルーズのセット（夕食付き、65US$）など。

※２名参加の場合のひとり料金。

●ウェンディーツアー
Wendy Tour（SMI-VN Travel. Co., Ltd.）
MAP P.125-2C 住25/60 Nguyễn Bỉnh Khiêm, Q. 1
☎(028)39142525 URL www.wendytour.com/vietnam E-mail vietnam@wendytour.jp（日本語可能） 営9:00～18:00 休土・日曜、祝日 カードV

日本人スタッフが駐在し、日本語ガイド同行のバスツアーを催行。前日までに要予約。各種ツアーのほか、各種チケットの手配が可能。日本語ガイド付きタンソンニャット国際空港から宿泊先のホテルへの送迎は70万ドン（２名以上）。スパやショーなどのクーポンも販売している。

[各種ツアー]

メコン川クルーズ１日（270万ドン、昼食付き）、カオダイ教寺院とクチ・トンネル１日（248万ドン、昼食付き）、ゆっくりブンタウ１日（330万ドン、昼食付き）、カンザー・マングローブの森１日（340万ドン、昼食付き）、ベトナム料理教室（66万ドン、昼食付き）など。

※２名参加の場合のひとり料金。最少催行人数は２名。

旅行会社＆ツアーオフィス ❁ TRAVEL OFFICE & TOUR OFFICE

●スケッチトラベル ホーチミン本店
Sketch Travel Ho Chi Minh City
MAP 折裏-1C参照 住14-16-18 Nguyễn An Ninh, Q. Bình Thạnh（Apex Vietnam内）
☎(028) 38207366 URL vietnam.sketch-travel.com URL www.facebook.com/VietnamSketchTravel E-mail vietnam@sketch-travel.com（日本語対応） 営9:00～17:00
休土・日曜、祝日 カード J M V

ベトナム現地の情報を豊富にもつ日系旅行会社で、日本人スタッフが駐在。南部から北部までベトナム各地の日帰りツアーを催行しており、リゾート宿泊パッケージやゴルフ、世界遺産へのツアー、航空券（ベトナム発日本行きや、その他の国際線およびベトナム国内線）や車の手配など、観光に関するサービスを多岐にわたって提供。また、ビジネスにおける車チャーターや通訳なども行っている。

［各種ツアー］
市内半日観光ダイジェスト（35US$～）、メコン川クルーズ（80US$～）、クチとメコン1日観光（95US$～）ほか、アンコール・ワットやバンコクなどの周辺諸国やベトナム・リゾート、中部フエ・ホイアンへのツアーなどもある。
※2名参加の場合のひとり料金。

●ポコロコベトナム Poco Loco Vietnam
MAP 折裏-1D
住Room 1411, Lot C, 79 Phạm Viết Chánh, Q.Bình Thạnh
☎093-3605003（携帯）
URL www.pocolocovietnam.com
E-mail pocolocovietnam@gmail.com
営10:00 ～ 18:00 休不定休 カード不可

日本人経営のツアーオフィスで、プライベートバイクツアーを主催。日本語ツアーガイドがバイクを運転し、おすすめの屋台やローカルスポットなど要望に合わせて連れて行ってくれる。宿泊先への送迎付き、保険完備。保険登録のため2～3営業日前までに要予約。

［各種ツアー］
3時間のグルメツアー(67US$、食事代は別途必要)
※ひとり当たりの料金。最少催行人数は1名。

●ベトスペース・トラベル
Vietspace Travel
MAP P.125-3D
住Aqua 2, 22OT01, Vinhomes Golden River, 2 Tôn Đức Thắng, Q. 1 ☎(028) 38205065
URL vietspacetravel.com
E-mail vietspace@vietspacetravel.com（日本語可能） 営9:00～17:30
休土・日曜、祝日 カード J M V

イタリアのスクーター、ベスパの後部座席に乗ってホーチミン市内の観光地を巡るベスパツアー（英語ガイド、122US$～）やカイベー水上マーケット&ヴィンロン・ツアー（170US$)、ベンチェー・ボートトリップ＆メコン名物セー・ロイ乗車体験（135US$）といったユニークなツアーを提供している。コンダオ島（→P.171）へのツアーや、中部高原へのツアーも扱っており、ツアーアレンジも可能。日本人スタッフがメール対応してくれるので、日本からの申し込みでも安心。

［各種ツアー］
日帰りビエンホア汽車の旅（日本語ガイド、145US$)、コンダオ島1泊2日（英語ガイド、400US$。航空券は含まない）など。
※2名参加の場合のひとり料金。

●シン・ツーリスト The Sinh Tourist
MAP P.71-2C 住246-248 Đề Thám, Q. 1
☎(028) 38389593 URL www.thesinhtourist.vn
営6:30～20:30 休無休 カード J M V

シン・カフェからシン・ツーリストへと改名した老舗のツアーオフィスで、ベトナム全土に支店をもつ。格安ツアー、オープンツアーバス（→P.412）をはじめ、航空券の手配、ホテル予約など総合的なサービスを行う。日本語のパンフレットあり。

［各種ツアー］
ホーチミン市内半日観光（29万9000ドン～、各入場料は別途必要）、カオダイ教寺院とクチ・トンネル1日（69万9000ドン～、クチ・トンネル入場料が別途必要）、メコンデルタ1日（59万9000ドン～）など。メコンデルタに滞在したあとカンボジアのプノンペンやカンポットへ抜け、ツアーを終了させることもできる。プノンペン(78万ドン～)への直行バスも運行。
※2名以上参加の場合のひとり料金。料金は参加日によって異なるため注意。最少催行人数は8名。

●キム・デルタ・トラベル
Kim Delta Travel
MAP P.71-1C 住268 Đề Thám, Q. 1
☎090-2334715(携帯)
URL kimdeltatravel.com.vn
営7:00～19:00 休無休 カード M V

シン・ツーリストと並ぶ老舗のツアーオフィス。

［各種ツアー］
クチ・トンネル1日（45万ドン、入場料込み）、ホーチミン市内とクチ・トンネル1日（89万ドン、入場料込み)、メコンデルタ1日（45万ドン）など。
※2名以上参加のひとり料金。

●アンヴィエット・ホップオン・ホップオフ・ベトナム
Anh Viet Hop On-Hop Off Vietnam
MAP P.122-1B
住 210 Điện Biên Phủ, Q. 3
☎091-3674412(携帯、ホットライン)
URL www.hopon-hopoff.vn
E-mail sale@anhviettourist.com 営8:00～18:00
休土・日曜、祝日 カード M V

ベンタン市場など市内の主要観光スポット12ヵ所を巡る2階建てのオープントップバス「ホップオン・ホップオフ・ベトナム」を運行。途中下車不可

✉メコンもクチも行ってしまった場合、カンザー・ツアーがおすすめ。自力で行くのは難しそうなので、ツアー利用が便利。途中フェリーやモーターボートなども使って国立公園へ。手こぎボートで巡るマング↗

の市内バスツアーチケットと、乗り降り自由なチケットがある。

途中下車不可の周遊バスツアー（1周約45分）は昼と夜があり、いずれも15万ドン。昼の出発場所は中央郵便局前（MAP P.126-1B）で8:00～15:30の間に30分間隔で運行。夜はグエンフエ通り（MAP P.127-3C 住92-94 Nguyễn Huệ, Q. 1）出発で16:00～22:30の間に30分間隔で運行。

乗り降り自由なチケットは4時間有効（8:00～15:30の間に30分間隔で運行）が35万ドン、24時間有効（8:00～22:30の間に30分間隔で運行）が50万ドン。

チケットブースは中央郵便局（→P.75）内とドンコイ通り（MAP P.66-1A）にある。

左／ドンコイ通りのチケットブース
右／赤い車体のダブルデッカーバス

バス会社

●フーンチャン　Phuong Trang

MAP P.123-3C
住43 Nguyễn Cư Trinh, Q. 1
☎1900-6067（ホットライン）　URL futabus.vn
営24時間　休無休　カード不可

おもにベトナム南部で運行するバス会社。ムイネー行きのバスは毎日6:30～23:30の間に14便運行、17万ドン。ニャチャン行きのバスは毎日8:00～24:00の間に19便運行、29万ドン。ダラット行きのバスは終日運行、28万ドン。上記は基本的に3列×2段の寝台バスでWi-Fiも無料で利用でき快適だが、バスのタイプは事前に要確認。ブンタウへは5:00～18:30の間に30分間隔で運行、18万ドン。メコンデルタ方面（カントー、ヴィンロン、カーマウ、チャウドックなど）の路線も充実。バス乗り場は行き先により異なるので、現地で確認を。

カンボジアへの直行バス

以下の各社がカンボジアへの直行バスを運行している。

●ジャイアントアイビス・トランスポート Giantibis Transport

MAP P.70-1B　住303 Phạm Ngũ Lão Q. 1
☎037-9567333（携帯）　URL www.giantibis.com
営6:00～21:00　休無休　カード不可

カンボジア国内でもサービスがよいと人気のバス会社。プノンペン行きバスはシートバスのみで8:00、9:45発の2便運行、35US$。プノンペンで乗り換える必要があるが、シェムリアップ、シハヌークビル、カンポットなど各町へのバスもある。カンボジアビザはeビザのほか国境で取得可能。

●クムホ・サムコ　Kumho Samco

MAP P.70-1B　住275E Phạm Ngũ Lão, Q. 1
☎(028) 62915389、1900-6065（ホットライン）
URL www.kumhosamco.com.vn
営5:00～22:00　休無休　カード不可

カンボジアのプノンペン行きバスは毎日6:45、7:45、8:45、11:00、13:30発の5便運行。7:45発と11:00発の便はシートバスで48万ドン。6:45、8:45、13:30発の便は寝台バスで55万2000ドン。バス乗り場はオフィス前。また、ブンタウ、ファンティエット、バンメトート行きなどの国内バスも運行。チケット売り場は各バスターミナル内にもあり、行き先によってバスターミナルは異なる。

現地ツアーについて

個人旅行を対象としたツアーを扱う旅行会社はデタム通り（→P.70）周辺に多く集まり、予約はオンラインまたは直接窓口で前日までに。ツアーの種類や料金はどこもほぼ同じだが、内容やサービスに違いがあるので数社を比較・検討してから決めよう。

●メコンクルーズツアー

旅行会社によって多少の違いはあるが、グループツアーなら英語ガイド、昼食付きで49万9000ドン～。日本語ガイドなら 49US$～。果樹園、ライスペーパー工場、養蜂場などを訪れ、手こぎ舟でメコンデルタの支流をクルーズ。通常8:30～8:00頃旅行会社の前から出発、夕方17:00頃帰着。昼過ぎに出発してメコンデルタでホタルを観賞するツアーもある。

●ホーチミン市内観光ツアー

統一会堂、戦争証跡博物館、サイゴン大教会、中央郵便局など、ホーチミン市の見どころを効率よく回るコース。グループツアーなら英語ガイド付きで24万9000ドン～。午前中、午後は選べる場合が多く、所要約3時間。

●カオダイ教寺院とクチ・トンネルツアー

タイニンでカオダイ教の寺院と礼拝を見学し、クチ・トンネル内部を歩き、射撃体験（有料）ができるコース。グループツアーなら英語ガイド付きで54万9000ドン～。通常7:00頃旅行会社の前から出発、夕方16:30頃帰着。クチ・トンネルのみのツアーもある。

●バイクツアー

ここ数年人気が高いのがバイクツアー。バイクの後ろに乗って町なかを観光したり、夜の屋台を案内してもらったりとホーチミン市らしい体験ができる。運転手がアオザイ女性だったり、ベスパに乗って回ってくれたりとツアー会社によって内容はさまざま。バイクツアーでの大きな事故は起こっていないが、参加する場合は、保険完備の旅行会社を選ぼう。

↘ローブの森は、メコンツアーと違ってほとんど人がおらず（私たちだけでした！）、とっても静かで神秘的。オプションでワニ釣りも。（神奈川県　島田美穂）['24]

ひと工夫加えた絶品ベトナム料理

マダム・ラム

Madame Lam

モダン・ベトナム料理

MAP P.72-2B

さまざまな食のコンテストで華々しい経歴をもつ敏腕シェフのクォン氏が腕を振るう注目店。シェフのルーツでもある南中部クイニョンの料理や母の味などをベースに、斬新な食材使いで新しさを、シェフのひと工夫で食べやすさなどを加えている。どれを食べてもハズレなしだがザボンとドラゴンフルーツのサラダ（写真手前左、Gỏi Bưởi Thanh Long Đỏ、16万9000ドン）やスティックタイプの揚げ春巻（写真左奥）は必食。月～金曜10:30～14:00はランチセットメニューが、金～日曜7:00～10:30は朝食メニューがある。

盛りつけも美しい料理の数々

住10 Trần Ngọc Diện, Thảo Điền, TP. Thủ Đức
☎070-3226262（携帯）
営7:00～22:00　休無休　料税・サ別
カードMV　予約不要

仏領インドシナ時代のインテリアをコンセプトにした高級感のある店内でゆっくり食事を楽しもう

ストリートフードを一級の味わいに昇華

アンアン・サイゴン

Anan Saigon

モダン・ベトナム料理

MAP P.129-1C

2023年に初めて発表されたベトナム版ミシュランガイドで、ホーチミン市では唯一の星付きレストランに選出。世界的に有名なフランス料理店で修業したベトナム系アメリカ人のオーナーシェフ、ピーター氏がフレンチの手法を用いてベトナムのストリートフードを一級品に作り上げた、ここでしか味わえない料理の数々が楽しめる。おすすめは香ばしくパリッと焼き上げた生地に具材を詰め、タコスのように手づかみで食べるバイン・セオ・タコス（17万ドン）や、小さめサイズのル・プティ・バイン・ミー（26万ドン）など。

ミニサイズのバイン・セオ・タコス

住89 Tôn Thất Đạm, Q. 1
☎非公開　URL anansaigon.com
営17:00 ～ 23:00
休月曜　料税・サ別　カードMV
予約3週間前までに要予約

路上市場チョ・クーがあるトンタットダム通りにある。上階&屋上にはバーも併設

メコンデルタ料理のおいしさに開眼

ベップ・ニャー・ルック・ティン

Bep Nha Luc Tinh

ベトナム料理

MAP P.129-2C

日本人にはまだなじみの薄いメコンデルタ地域の食文化にフォーカスした市内でも珍しいレストラン。ココナッツジュースで煮る魚や豚肉の甘辛い煮付け（Kho Tộ）、さまざまな川魚や淡水エビなどを使った発酵調味料マム（Mắm）の料理など、メコンデルタ出身者なら誰もが懐かしむ料理がズラリ。煮付け、マム料理、炒め物、漬物、スープ、サラダ、ご飯がセットになったモイ・ティン・クエ（Mối Tình Quê、83万ドン）などのメコンデルタ家庭料理のセット（70万ドン～）がおすすめ。

店内はメコンデルタの田舎をイメージした空間で、店の中央には池が設けられ涼しげ

住37 Nam Kỳ Khởi Nghĩa, Q. 1
☎(028) 39153999
営10:00～22:00（L.O. 20:30）　休無休
料税・サ別　カードMV　予約要予約

甘辛い煮付けにマム料理の独特の味わい、甘酸っぱい漬物などご飯が進む料理ばかり。アラカルトは1品20万ドンくらいから

各店データ欄の「税・サ別」は税・サービス料別途のことを意味し、税（VAT）は10%です。サービス料は通常5%です。

レストラン Restaurant

繊細な味わい&美しい盛りつけで満足度が高い

ドゥドゥ・サン

創作ベジタリアン料理

Du Du Xanh

MAP P.123-1C

仏教徒の多いベトナムには精進料理を食べる習慣があり、そのメニューもバラエティに富んでいる。ここ数年ホーチミン市でも増えているのが、見た目にも華やかで肉や魚を使わずとも満足度が高くおいしい精進料理が食べられる専門店だ。ここはそんな最旬の精進料理店のひとつで、ベトナム料理とヨーロッパ料理を組み合わせた創作ベジタリアン料理がいただける。繊細な味付けが特徴的で、アーティチョークとブルーチーズのタルト（10万5000ドン）やイチジクのサラダ（Salad Sung、13万5000ドン）などをぜひ。

卵、チーズを使用するメニューもある

住178A Hai Bà Trưng, Q. 1
☎(028) 38243877、093-3022626（携帯）
営11:00～14:00、17:00～21:30
休無休
カード A D J M V　予約不要

仏領インドシナ時代の古いヴィラを改装した一軒家レストラン

昔の南部ベトナムの家を再現

クックガック

ベトナム料理

Cuc Gach

MAP 折裏-1C

ベトナムの著名な建築家が手がけた一軒家レストラン。1940年代のベトナム南部の生活様式を再現した店内は、アンティークの調度品や南部の昔ながらの陶磁器、ソンベー焼の食器が置かれ、レトロなベトナムを体感できる空間だ。家庭料理を中心にエビのビール蒸し（Tôm Thẻ Hấp Bia、80万ドン）などの海鮮料理も食べられる。メニュー数はかなり多く、写真付きではないので何を頼めばいいか迷ったら店員に聞いてみよう。野菜料理で11万ドン～、肉料理で13万ドン～。通りを挟んで2店舗ある。

手前は揚げ豆腐。野菜料理は素材と調理方法を選べ、調理方法によって値段が異なる

住9&10 Đặng Tất, Q. 1
☎(028) 38480144
営9:00～23:30
休無休　カード M V
予約ディナーは望ましい

2店舗とも内装の雰囲気は同じだが、10番地が1号店でコロニアル建築を改装

路地裏ビストロで味わうファンラン家庭料理

ニャー・トゥー

ベトナム料理

Nha Tu

MAP P.122-2B

南部ファンランの小さな漁村で生まれ育ったベトナム人女性オーナー、トゥー氏が営む路地裏の一軒家ビストロ。「ニャー・トゥー」とは「トゥーさんの家」のことで、店内にはアンティークの食器棚やピーコック柄のレトロなテーブルクロスが敷かれた木製テーブルが置かれ、アットホームな空間が広がる。メニューに並ぶのは気取らない普段着のベトナム料理。特に、クレイポットで作るエビや魚の煮付け、カキのお粥など、トゥー氏の母直伝のレシピを用いた故郷の味はぜひ試してみたい。

手前はタニシの肉詰め（8万5000ドン）、奥がカキのお粥（11万5000ドン）

住129/4 Võ Văn Tần, Q. 3
☎(028) 39305069
営9:00～15:00、16:30～22:00
休無休　カード M V
予約ランチは要予約

素朴なインテリアが優しい雰囲気を作り出す。屋上には小さなテラス席もある

アパート屋上の隠れ家レストラン
シークレット・ガーデン
Secret Garden

ベトナム料理

MAP P.126-2B

路地裏のアパート屋上に店を構える大人気店。半屋外のガーデン風レストランで、のどかで開放的な雰囲気はベトナムの田舎を思わせる。ソンベー焼の素朴な器で提供するのは、ベトナム南部の伝統料理や家庭料理を中心に、モダンなエッセンスを加えたオリジナル料理。何を頼んでもハズレがなく、ていねいに作られた料理はどれも味付けが抜群で、食べやすい。ベトナム家庭料理を頼むなら、肉詰め豆腐のトマトソース煮（Đậu Hũ Dồn Thịt Sốt Cà、10万5000ドン）などがおすすめ。

生春巻、揚げ春巻など５種類の春巻が２種類ずつ載った春巻の盛り合わせ25万ドン

住 4F, 158 Alley Pasteur, Q. 1
☎090-9904621（携帯） 営11:00～22:00（L.O.21:30） 休無休 料税別
カード A D J M V 予約不要
［支店］ MAP P.128-2B 住131 Calmette, Q. 1

緑に囲まれたオープンエアの客席

老舗のベトナム料理レストラン
ホアンイエン
Hoang Yen

ベトナム料理

MAP P.67-1D

メニュー数はそれほど多くないが料理はどれもレベルが高く、地元のベトナム人も認める味。豚肉のココナッツジュース煮込み（Thịt Kho Nước Dừa、13万9000ドン）や紫イモとエビのスープ（Canh Khoai Mỡ Tôm、14万5000ドン～）など南部の代表的な家庭料理がおすすめ。写真付きメニューがあり、わかりやすい。また、系列のビュッフェレストラン「ビュッフェ・ホアンイエン・プレミア」（MAP P.126-3B）は、ベトナム料理はもちろん海鮮メニューが豊富（平日昼29万5000ドン、平日夜47万5000ドン）。

手前はエビ入り揚げ春巻（Chả Giò Tôm、14万5000ドン）、左奥はひき肉入り卵焼き８万9000ドン

住7-9 Ngô Đức Kế, Q. 1
☎（028）66842343
営10:00～22:00（L.O.21:00）
休無休 料税・サ別
カード A D J M V 予約不要

明るく広々とした店内。市内に４店舗あるほか系列店も多数

港町ニャチャンの郷土グルメ専門店
ガ　ン
Ganh

ベトナム料理

MAP P.68-2B

ベトナム料理は地域によってさまざまな郷土料理があるが、独特の食文化でベトナム人にもファンが多いのがニャチャン料理だ。ここは、生魚のサラダ（Gỏi Cá Mai、18万5000ドン）やクラゲ麺（Bún Sứa、８万5000ドン）などニャチャンの特産グルメを楽しめる専門店。ライスペーパーで豚つくねや青マンゴー、野菜＆ハーブ、揚げライスペーパーなどを包み、ひき肉入りピーナッツだれで食べるネム・ヌオン（→P.33、12万5000ドン）は異なる食材の風味や食感が口の中で混ざり美味！

ふたり以上でシェアしたいネム・ヌオン

住91 Hai Bà Trưng, Q. 1
☎（028）66820692
営11:00～23:00
休無休
カード A J M V 予約不要

青マンゴーとカタクチイワシのサラダ（16万5000ドン）もおすすめ。店内はひとりでも入りやすい雰囲気

Voice 「ホアンイエン」（→上記）は、野菜料理もおすすめで、特にカボチャの花や夜来香など南部ならではの花の炒め物をぜひ。

レストラン Restaurant

立地抜群のおしゃれレストラン
ラーン・サイゴン・セントラル ベトナム料理
Laang Saigon Central MAP P.127-1D

ターコイズグリーンカラーで統一されたベトナム料理店。中心部にありながら静かにゆっくりと食事が楽しめる。ザボンとエビのサラダ（19万9000ドン）など1品の量が多めなのでシェアがおすすめ。前菜で10万9000ドン～。

手前がザボンとエビのサラダ（Gỏi Bưởi & Tôm Nướng）

住18 Ngô Văn Năm, Q. 1　☎(028)66847708　営7:00～23:00
休無休　料税・サ別　カードJMV　予約不要
［ラーン・サイゴン］MAP P.72-2B　住22 Đặng Hữu Phổ, Thảo Điền, TP. Thủ Đức

ストリートフード×伝統料理
ジーマイ ベトナム料理
Di Mai MAP P.128-2A

1960年代のオールド・サイゴンをイメージした店内でいただけるのはベトナム各地のストリートフードと伝統料理を組み合わせたオリジナル料理。豪華な前菜プレート（25万8000ドン）などを試したい。化学調味料・着色料不使用。

タイルの床や赤いランプのかわいらしい店内

住136-138 Lê Thị Hồng Gấm, Q. 1　☎(028) 38217786
営8:00～22:00（L.O.21:30）　休無休　料税別
カードADJMV　予約不要

プロパガンダアートが目を引く
プロパガンダ ベトナム料理
Propaganda MAP P.126-2A

壁一面に描かれたプロパガンダアートが印象的な店内で、ベトナムの家庭料理をベースにしたヘルシーな創作料理が味わえる。人気は種類豊富な生春巻（9万8000ドン～）や玄米パフと揚げ豆腐が載ったオリジナルの汁なし麺（Bún Đậu Hủ Gạo Lức Propaganda、16万ドン）など。

迫力のプロパガンダ壁画に彩られた店内

住21 Hàn Thuyên, Q. 1　☎(028)38229048　営7:30～22:30
休無休　カードADJMV　予約望ましい

味よし、ボリューム満点の老舗店
タンニエン ベトナム料理
Thanh Nien MAP P.126-1B

1989年に創業した地元人気の高い店で、味は折り紙付き。南部の代表的な料理を中心に、海鮮料理や北部の名物料理もメニューに並ぶ。店のおすすめはパリッとした皮にジューシーなひき肉などが詰まったチャー・ヨー（→P.30、19万ドン）など。予算はひとり30万ドン～。

窓が大きくて明るく広々とした店内。緑に囲まれたガーデン席や個室もある

住11 Nguyễn Văn Chiêm, Q. 1　☎(028) 38225909
営7:00～22:00　休無休　料サ別　カードAJMV　予約不要

ベトナム全土の美食が集合
エス・エイチ・ガーデン ベトナム料理
SH Garden MAP P.67-1C

元客室乗務員のベトナム人オーナー夫婦がベトナム各地で食べ歩いたおいしい料理を厳選してメニュー化。中部クアンナム省のシジミのサラダ（Hến Xúc Bánh Đa Quảng Nam、21万5000ドン）など。前菜1品19万5000ドン～と高めだが味もサービスもいい。

手前はハノイ風からし菜の生春巻25万5000ドン

住26 Đồng Khởi, Q. 1　☎(028) 66596622、098-1999188（携帯）、096-5596188（携帯）　営10:00～23:00　休無休　料税別
カードAJMV　予約望ましい

アヘン工場跡地に建つ
ホアトゥック ベトナム料理
Hoa Tuc MAP P.68-2B

フランス統治時代のアヘン工場を改装した人気のベトナム料理レストラン。ワインのセレクトに力を入れており、伝統的なベトナム料理に少しアレンジを加えたメニューはワインにも合う。人気はベトナム中部風のバイン・セオ（→P.38、13万5000ドン）など。

手前がバイン・セオ。料理教室も開催

住74/7 Hai Bà Trưng, Q. 1　☎(028)38251676　営11:00～22:00
休無休　料税別　カードAJMV　予約望ましい

ベトナム南部料理がおいしい
クアン・ブイ・オリジナル
ベトナム料理
Quan Bui Original　MAP P.127-1D

市内に店舗展開するモダンレトロな雰囲気の一軒家レストラン。ソンベー焼の器でサーブされるベトナム料理は、南部風の甘めの味付け。鶏肉料理は11万9000ドン〜。野菜料理は調理方法によって値段が異なり6万9000ドン〜。ポークリブハニーソース（15万9000ドン）などが人気。

手前左のマンゴーとエビのサラダ（Gỏi Xoài Tôm Sú、14万9000ドン）もおすすめ

住19 Ngô Văn Năm, Q. 1　☎(028)38291515　営7:00〜23:00　休無休　料税・サ別　カード ADMV　予約不要

ベンタン市場近くの路地にある
ベップ・メ・イン
ベトナム料理
Bep Me Inn　MAP P.126-3A

1階はベトナムの日常を切り取った壁画が彩る食堂のような雰囲気で、2階はかわいらしいカフェのような内装。ベトナム南・北部の代表的な家庭料理が楽しめ、おすすめは厚めの生地がおいしいバイン・セオ（→P.38、11万9000ドン〜）、ココナッツシェルに入ったチャーハンなど。

左はココナッツシェル入りチャーハン14万9000ドン

住136/9 Lê Thánh Tôn, Q. 1　☎(028) 22111119　営10:30〜22:30　休無休　料税別　カード JMV　予約不要

屋台がコンセプトの大型店
ニャーハン・ゴン
ベトナム料理
Nha Hang Ngon　MAP P.126-2B

150種類以上ものベトナム庶民料理が揃う。特に麺料理は豊富で、メコンデルタ名物のブン・マム（→P.37、12万ドン）、ハイフォン名物のバイン・ダー・クア（→P.36、11万ドン）など各地の味が大集合。なじみのない料理も多いがメニューは写真付きなので選びやすい。

地元の人にも人気の屋台形式レストラン

住160 Pasteur, Q. 1　☎(028) 38277131　営9:00〜22:00　休無休　カード ADJMV　予約4人以上は要予約

ヘルシーで繊細な味わいのフエ料理
ティブ
ベトナム料理
Tib　MAP P.123-1C

フエ料理の老舗で、素朴で庶民的な料理から伝統的な宮廷料理まで豊富なメニューを揃えている。トマトベースの肉団子スープをかけて食べるフエの米麺（Dấm Nước、14万5000ドン）などがおすすめ。予算はひとり50万ドン〜。

赤と黒を基調にした重厚な雰囲気の店内

住187 Ter Hai Bà Trưng, Q. 3　☎093-3395993（携帯）　営11:00〜14:00、17:00〜22:00　休無休　料税・サ別　カード JMV　予約要予約

おしゃれなベジタリアンレストラン
フム
ベジタリアン料理
…hum　MAP P.123-2C

ヘルシーで見た目も美しいベジタリアン料理を楽しめる。シグネチャーメニューは、タピオカで作られるモチモチ食感の麺を用いたクエソン・タピオカヌードル・イン・スパイシーソース（18万ドン）やハスの葉で包まれたオーガニック玄米など。化学調味料不使用。

ヴィラを改装した一軒家レストラン

住32-34 Võ Văn Tần, Q. 3　☎(028)39303819、089-9189229（携帯）　営10:00〜22:00　休日曜（祝日は営業）　料税・サ別　カード AMV（20万ドン以上の支払いのみ）　予約不要

カニ身たっぷりの揚げ春巻
ネム
ベトナム料理
Nem　MAP P.124-2B

北部ハイフォン名物、カニの揚げ春巻ネム・クア・ビエン（Nem Cua Biển、7万9000ドン）が絶品。パリッと揚げたての皮の中にはジューシーなカニ身がたっぷり。米麺ブン（6000ドン）とハーブと一緒にいただく。ブン・チャー（→P.37）もある。

サーブすると卓上でカットしてくれる

住15E Nguyễn Thị Minh Khai, Q. 1　☎(028)62991478　営10:00〜22:00（L.O.21:30）　休四半期ごとの第1月曜14:00〜　カード JMV　予約不要

Voice!「94トゥイー 94 Thuy」はローカルなカニ料理専門店。カニチャーハン21万ドンなど。
MAP P.124-1A　住84 Đinh Tiên Hoàng, Q. 1　☎(028) 39101062　営10:00〜22:00　休無休

レストラン Restaurant

本格的なフエ庶民料理の店

ナムジャオ ベトナム料理

Nam Giao MAP P.126-3A

ベンタン市場北口付近の路地にあり、本格的な味と安さで人気のフエ料理店。おすすめはピーナッツの食感と、味の濃いシジミ飯が絶妙にマッチしたコム・ヘン（→P.38、7万5000ドン）。ピリ辛牛肉スープ麺のブン・ボー・フエ（→P.36）や米粉の蒸し料理もおいしい。

カニのすり身も入るスペシャル・ブン・ボー（9万ドン）

住136/15 Lê Thánh Tôn, Q. 1 ☎(028) 38250261
営7:30～21:00 休無休 カード不可 予約不要

地元の人に親しまれるフォーの老舗

フォー・ホア・パスター 麺

Pho Hoa Pasteur MAP P.122-1B

地元の人や観光客でにぎわう1968年創業の老舗フォーの専門店。牛肉のうま味を感じる甘めで優しい味わいのスープが評判で、12種類から選べる（フォー・ガー以外は牛肉のフォー）。一番人気はレア牛肉入り（Phở Bò Tái）。小9万ドン、大10万5000ドン。

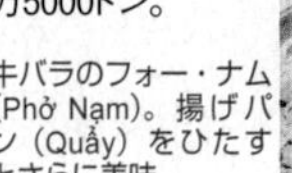

牛バラのフォー・ナム（Phở Nạm）。揚げパン（Quẩy）をひたすとさらに美味

住260C Pasteur, Q. 3 ☎(028) 38297943
営5:30～23:00 休無休 カード J M V 予約不要

プリプリのイカがうまい南部麺

フー・ティウ・ムック・オンジャー・チンゴック 麺

Hu Tieu Muc Ong Gia Chinh Goc MAP P.127-3C

スルメや豚骨でだしを取る甘めのスープに豚肉やエビ、ウズラの卵などが載る南部の米麺、フー・ティウ（→P.36）。この店は豚肉などの代わりに、プリプリの新鮮なイカをたっぷり載せたフー・ティウ・ムック（5万ドン）で一躍有名に。路地奥にある。

甘めのスープにイカ、イカ団子、揚げニンニクがたっぷり

住62/3 Tôn Thất Thiệp, Q. 1 ☎090-9608614（携帯）
営7:00～21:00 休無休 カード不可 予約不要

ベトナム版ビーフシチュー専門店

ボー・コー・コーマイ ベトナム料理

Bo Kho Co Mai MAP P.124-3B

ベトナム版ビーフシチューのボー・コー（→P.33）の専門店。バイン・ミーと一緒に食べるバイン・ミー・ボー・コーのほか、米麺フー・ティウや卵麺のミーと合わせる麺バージョンもあり、いずれも普通サイズ5万9000ドン、大サイズ6万9000ドン。写真付きメニューあり。

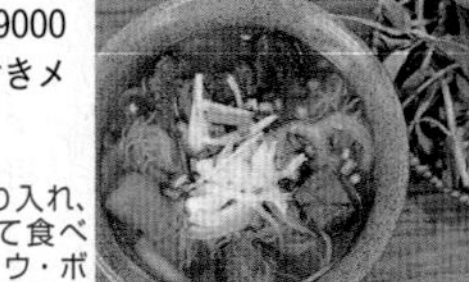

ハーブをちぎり入れ、ライムを搾って食べる。フー・ティウ・ボー・コーがおすすめ

住17C Nguyễn Thị Minh Khai, Q. 1 ☎083-6252525（携帯）
営6:30～21:30 休無休 カード不可 予約不要

行列必至のバイン・ミー専門店

バイン・ミー・フィンホア バイン・ミー

Banh Mi Huynh Hoa MAP P.123-3C

開店と同時に行列ができ、閉店まで常に客でにぎわう大人気のバイン・ミー（→P.38）の店。バイン・ミーは6万8000ドンの1種類で肉やパテ、ポークフロス、野菜、香草など、具がたっぷり入っている。イートインスペースあり。同じ通りの26番地はフードデリバリー業者専用店舗。

コリアンダーや辛いものが苦手な人は注文時に忘れずに伝えよう

住32 Lê Thị Riêng, Q.1 ☎089-6698833（携帯）
営6:00～22:00 休無休 カード不可 予約不要

食堂併設の老舗ベーカリー

ニューラン ベーカリー

Nhu Lan MAP P.129-1C

1968年創業の老舗パン屋。各種パンはもちろん、ハムや肉まん、甘味など何でも揃い、1日中買い物客でにぎわう。自家製のバゲットを使った具だくさんのバイン・ミーがおいしいことでも知られ、グリルポーク、鶏肉、魚、肉団子など数種類あり、どれも3万ドン。食堂併設。

ハム入りのバイン・ミー・ティット（Bánh Mì Thịt）

住50, 66-68 Hàm Nghi, Q. 1 ☎(028) 38292970
営4:00～翌2:00 休無休 カード不可 予約不要

Voice!「バイン・ミー・フィンホア」（→上記）は、混み具合によっては、並んでいるときに店員が注文を取りにきてくれ、その場で会計ということもある。おつりが出ないように準備しておくとスムーズ。

巨大ポークリブが豪快に載るコム・タム
コム・タム・バー・ギェン 大衆食堂
Com Tam Ba Ghien MAP 折裏-1B

ふっくら炊き上げた砕き米に、約400gの炭火焼きポークリブが載るコム・タム（→P.38）の名店。肉はひと晩特製だれに漬け込み、弱火でじっくり、最後に強火で焼き上げるため軟らか＆ジューシー。ポークリブ載せ（7万6000ドン）を基本におかず1品ごとに1万2000ドン加算。

手前は一番人気のポークリブ（Sườn）

住84 Đặng Văn Ngữ, Q. Phú Nhuận ☎(028) 38461073 営7:30～20:30 休無休 カード不可 予約不要

北部風おかず&家庭料理の食堂
ドンニャン・コム・バーカー 大衆食堂
Dong Nhan Com Ba Ca MAP P.127-3C

北部風の味付けで地元客に人気のクアンコム・ビンヤン（→P.41）。店頭には代表的なベトナム家庭料理や北部名物がズラリと並び、目移りしてしまいそう。注文は指さしで。おかず1品＋スープで8万ドン～。昼時は混み合うのでピークを外して行くのがベター。

メニューは日替わりで常時40種類ほど。会計は食後に

住11 Tôn Thất Thiệp, Q. 1 ☎(028) 38225328 営10:30～14:30 休無休 カード不可 予約不要

バイン・セオの有名店
バイン・セオ 46A 大衆食堂
Banh Xeo 46A MAP P.123-1C

野外に並んだテーブルはいつも満席状態。外はパリッ、中はモチッとした食感がたまらない名物バイン・セオ（→P.38）は11万ドン。チャー・ヨー（→P.30、8万5000ドン／5本）もおいしい。店頭では手際よくバイン・セオを焼く姿も見られる。

ここのバイン・セオは具だくさん。野菜で包んで、なます入りヌックマムだれに付けて食べる

住46A Đinh Công Tráng, Q. 1 ☎(028) 38241110 営10:00～14:00、16:00～21:00 休無休 カード不可 予約不要

巻物料理が味わえる
ラップ&ロール ベトナム料理
Wrap & Roll MAP P.126-1B

カフェのような店内で、生春巻、揚げ春巻、蒸し春巻など、さまざまなベトナムの巻物料理が楽しめる。からし菜の生春巻、クオン・ジエップ（→P.30、6万9000ドン／4本）や、蒸し春巻のバイン・クオン（→P.38、5万ドン）などを試してみよう。

定番の生春巻（Gỏi Cuốn、6万9000ドン／4本）。ココナッツ風味の甘めのピーナッツだれがよく合う

住GF, M Plaza, 39 Lê Duẩn, Q. 1 ☎(028) 38230600 営10:00～21:00 休無休 カード A J M V 予約不要

ボリューム満点のチキンライス
31リートゥチョン 大衆食堂
31 Ly Tu Trong MAP P.68-2A

路地を進んだ先にある食堂で、名物はチキンライス、コム・ガー・ソイ・モー（6万ドン）。鶏ガラスープで炊いたご飯を強火でパラパラに炒め、その上に載ったパリッと香ばしいから揚げが食欲をそそる。添えられる薄味のスープとも相性ぴったりだ。食事時には長蛇の列ができる。

追加のから揚げは、ひとつ3万ドン

住31 Lý Tự Trọng, Q. 1 ☎(028) 38251300 営16:00～20:00 休無休 カード不可 予約不要

中国料理を洋風にアレンジ
ティエンナム（天南餐廳） 中国料理
Thien Nam MAP P.129-1C

中国海南島出身の主人が1952年に開業した、歴史ある中国料理店で、地元の評価が高く、珍しい料理が多数。肉載せハマグリのチーズ焼き（28万ドン）や鶏の骨を抜き、腹にケチャップライスを詰めた料理（69万ドン）がおすすめ。

手前がハマグリのチーズ焼き、中央右はオックステールのスープ（25万ドン）

住53 Nam Kỳ Khởi Nghĩa, Q. 1 ☎(028) 38223634 営10:00～22:00 休無休 カード A J M V 予約グループは要予約

レストラン Restaurant

盛りつけも美しい創作フレンチ

ル・コルト

フランス料理

Le Corto MAP P.68-2B

まるでアートのような美しいひと皿が楽しめると、在住フランス人が通う。ダラット野菜や味噌などアジアの食材をフランス料理の手法で仕上げ、奥深く繊細な味わいを生み出す。月～金曜の日替わりランチセットメニュー（3品のコース37万ドン）がお得。

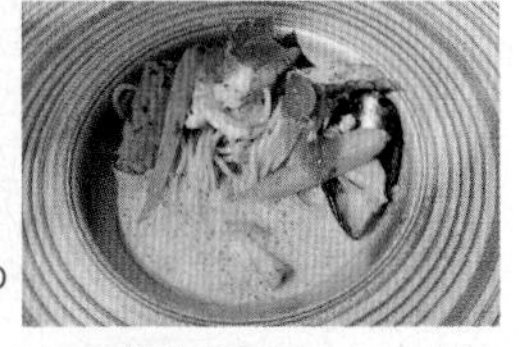

平日ランチセットの一例、海鮮パスタ

住5D Nguyễn Siêu, Q. 1 ☎(028) 38220671 営11:15～14:30、17:30～23:00（土曜17:30～23:00） 休無休 料税・サ別 カード ADJMV 予約望ましい

本格的な香港式飲茶が楽しめる

オーシャン・パレス

広東料理

Ocean Palace MAP P.125-2D

香港から仕入れた食材や調味料で、香港人シェフが腕によりをかけて作る料理はどれも本場の味。フカヒレ、アワビなどの高級食材のほか、14:30までは本格飲茶（1品6万ドンくらい～）が味わえ、休日は約600席の店内が満席になることも。

焼売（8万8000ドン）。お茶代は3万ドン／1人前～

住2 Lê Duẩn, Q. 1 ☎(028) 39118822 営10:00～14:30、17:00～22:00（日曜9:00～、飲茶～14:30） 休無休 料税・サ別 カード ADJMV 予約不要

古民家を改装した和みの庭園カフェ

ダバオ・コンセプト

カフェ

Dabao Concept MAP P.122-2B

静かな路地を進み、フエの王宮を思わせるデコラティブな門をくぐると、緑の木陰とそよ風が気持ちいい庭が広がる。庭の奥の建物は18～19世紀にフエ出身の人々が住んでいたとされる古い邸宅で、柱や床のタイルなどはそのままに建物の特徴や雰囲気を生かしてリノベーション。龍の天井画や柱絵などフエ風の華やかな部屋のほか、木のぬくもりを感じる部屋などエリアごとに空間が異なる。ドリンクやケーキ類もおいしく、お茶メニューは5万5000ドン～。夕方や週末は特に混み合う。

店の奥には座敷風の席もあり、大きな窓から中庭が眺められる。写真撮影に訪れる若者も多数

住18A Tú Xương, Q. 3 ☎035-4527147（携帯） 営7:00～21:00 休無休 カード ADJMV 予約不可

上／広々とした中庭席　左／フレッシュフルーツが載るお茶メニューがおすすめ

思わず試したくなる華やかケーキがズラリ

ドリーマーズ・デザート・バー

カフェ

The Dreamers Dessert Bar MAP P.126-1A

背の高い木々が木陰をつくる公園前のカフェで、店内から見える緑が目を癒やしてくれる。ここではパークハイアットなど高級ホテルで腕を磨いたパティシエが生み出す、芸術的な美しさの絶品ケーキが食べられる。看板メニューのひとつ、レディ（The Lady）は甘さ控えめのライチムースで、添えられたイチゴやラズベリーの酸味が加わり飽きのこないおいしさ。シフォンケーキに2種類のフルーツソースをかけ、わたあめを載せるジョイマグマ（Joymagma、→P.13）もテーブルでの演出が楽しい一品。

レディ（15万2000ドン）。プレートデコレーションも圧巻の美しさ。値段は高いが試す価値は十分

住15 Hàn Thuyên, Q. 1 ☎093-4010286（携帯） 営8:00～21:00 休無休 カード JMV 予約不要 ［支店］ MAP P.72-1A 住169 Nguyễn Văn Hưởng, Thảo Điền, TP. Thủ Đức

上品な雰囲気の店内。2階席からは公園の緑がよく見える

Voice 「ダバオ・コンセプト」（→上記）は、週末は特に混雑し、満席となることも多い。平日の午前中は人が少ないのでおすすめ。支店（MAP P.124-3A 住151C Hai Bà Trưng, Q. 3）もある。

眺めのいいレトロカフェ
カフェ・チュン3T　カフェ
Ca Phe Trung 3T　MAP P.127-1D

エッグコーヒーを店名に冠したカフェチェーンで、若者を中心に支持を集める。見晴らしのいい店舗が多く、同店も通りに面して設けられたテラス席が人気。店内は木材を多用したレトロな内装。コーヒー 3万9000ドン〜。

左はエッグコーヒー（6万ドン）、右はブルーベリーヨーグルトのシャーベットドリンク（6万5000ドン）

住2B Ngô Văn Năm, Q. 1　☎089-9312386（携帯）
営6:00〜24:00　休無休　カード不可　予約不要

チョコレートブランド運営のカフェ
アルヴィア・チョコレート・ハウス・サイゴン　カフェ
Alluvia The Chocolate House Saigon　MAP P.126-3B

メコンデルタ産カカオを使ったシングルオリジン・チョコレートの「アルヴィア・チョコレート」が手がけるカフェで、同ブランドのカカオを使ったドリンクが楽しめる。おすすめはマックケーン（Mắc Khén）という山椒を使ったマックケーン・チョコ・コーヒー（7万ドン）など。

店内ではアルヴィアのチョコレートも販売

住74B Lê Lợi, Q. 1　☎090-6822050（携帯）　営9:00〜22:00
休無休　カードMV　予約不要

小さな庭園でのんびりカフェタイム
エブリー・ハーフ　カフェ
Every Half　MAP P.122-1B

ベトナム国内をはじめ各国の良質なコーヒー豆を厳選。市内に6店舗あり、小さな庭園のあるトゥースーン店では毎日焙煎しているため新鮮なコーヒーが楽しめる。パイナップル&レモンジュースを合わせたシトラス・パンチ・コールド・ブルー（8万5000ドン）など変わり種もある。

1日中コーヒーを楽しむ人でにぎわう

住6E Tú Xương, Q. 3　☎083-8999180（携帯）
営7:00〜22:00　休無休　カードMV　予約不要

エッグコーヒーが人気の隠れ家カフェ
オッキオ・カフェ　カフェ
Okkio Caffe　MAP P.128-1B

ベンタン市場近く、小さな入口から赤いらせん階段を上がってアクセス。店内はインダストリアル照明とレトロな床タイルがアンティーク感を醸し出している。人気のエッグコーヒーなどベトナム・コーヒーにはバオロック産のコーヒー豆を使用。市内に店舗展開。

クリーミーなホイップのエッグコーヒー（7万5000ドン）は驚きのおいしさ

住3F, 120-122 Lê Lợi, Q. 1　☎084-8011118（携帯）
営7:30〜22:00　休無休　カードAJMV　予約不要

静かにゆったり過ごせる
スー・カフェ　カフェ
Soo Kafe　MAP P.124-1B

静かな住宅街にあるおしゃれなカフェ。ペンダントランプが柔らかな照明を作り出す店内は、BGMの音量も控えめでパソコンで仕事をする人や本を読みながらゆっくり過ごす人が多い。コーヒーは4万ドン〜、マンゴープリン（3万5000ドン）などのデザートも絶品。

果物を組み合わせたオリジナルティー（6万ドン）もおすすめ

住2-3F, 10 Phan Kế Bính, Q. 1　☎098-5939258（携帯）
営8:00〜23:00　休無休　カードMV　予約不要

極上の1杯が楽しめる
サイゴン・コーヒー・ロースタリー　カフェ
Saigon Coffee Roastery　MAP P.122-1B

ベトナムや各国の厳選豆を使ったスペシャルティコーヒーが味わえる本格派。豆は店で焙煎しているため、店内はコーヒーのアロマに包まれている。熟練のバリスタがひきたての豆でていねいに入れてくれるコーヒーは格別な味わいだ。ハンドドリップコーヒーは8万ドン〜。

住宅街に建つ一軒家カフェ

住232/13 Võ Thị Sáu, Q. 3　☎093-8808385（携帯）
営7:00〜22:00　休無休　カードADJMV　予約不要

Voice 「スー・カフェ」（→上記）はベンタン市場前にも支店（MAP P.128-1A　住35 Phan Chu Trinh, Q. 1）があり、テラス席から市場を見下ろせる。

レストラン Restaurant

チョコブランド「マルウ」のカフェ
メゾン・マルウ・サイゴン カフェ
Maison Marou Saigon MAP P.128-2B

カカオ豆の仕入れから一貫して行うベトナム発のビーン・トゥ・バー・チョコレートブランド「マルウ」のカフェ。「マルウ」のチョコレートを使ったマルウ・モカなどのドリンクやマグムース（12万ドン）、ソフトクリーム（4万5000ドン～）といったスイーツが味わえる。

手前がマグムース。市内ほかハノイやダナンにも店舗がある

住167-169 Calmette, Q. 1 ☎(028)73005010 営9:00～22:00（金～日曜～22:30） 休無休 カードAJMV 予約不要

専任の自家焙煎士がいる
レ・モン カフェ
Les Monts MAP P.129-1C

コーヒー豆のバイヤーとして活躍してきたベトナム人オーナーが開いたカフェ。ベトナムだけでなく世界中から約50種類の生豆を輸入し、専任の焙煎士が店内でローストしている。ハンドドリップコーヒー（8万ドン～）は週替わりで約10種類の豆から選べる。

おいしいコーヒーを自家製クロワッサン（4万5000ドン）と一緒に味わいたい

住51 Hàm Nghi, Q. 1 ☎(028)38227713 営8:00～18:00（L.O.17:30） 休日曜 カードJMV 予約不要

フォトジェニックなカフェメニュー
ビンテージ・エンポリウム カフェ
The Vintage Emporium MAP P.124-1B

料理やドリンクに花がデコレーションされた見た目もかわいいメニューが評判。人気のモロッカン・エッグス（17万ドン）などの食事メニューほか、ターメリックのゴールドラテ（7万5000ドン）といったカラフルなドリンク類も試したい。2区にも支店（MAP P.72-2A）がある。

ビーツを使ったピンクラテ（7万5000ドン）も人気

住95B Nguyễn Văn Thủ, Q. 1 ☎090-4413148（携帯） 営7:00～21:00 休無休 カードMV 予約不要

サードウェーブコーヒーが楽しめる
シン・ヘリテージ カフェ
Shin Heritage MAP P.126-3B

コーヒーを愛するベトナム人オーナーが開いたサードウェーブコーヒーの店。豆の好みまたは飲み方に応じて、最も適した方法でバリスタがていねいに入れてくれる。スペシャルティコーヒー（9万ドン～）は5種類あり、北部ソンラーや中南部プレイクなど、すべてベトナム産の厳選コーヒー豆。

ベンタン市場近くの小さなカフェ

住27 Lưu Văn Lang, Q. 1 ☎093-8886500（携帯） 営7:30～19:00 休日曜 カードJMV 予約不要

テラス席から町を見下ろす
コン・カフェ カフェ
Cong Caphe MAP P.126-2B

ハノイ発、ベトナム全土にチェーン展開するレトロカフェ。市内にも数多く展開しているが、同店舗は古いアパートの中にあり、テラス席から町が見下ろせる。ココナッツコーヒー（6万5000ドン）などのココナッツミルクシャーベットを使ったドリンクが名物。

左はココナッツコーヒーのチョコ版、ココナッツチョコレート（6万5000ドン）

住1F, 26 Lý Tự Trọng, Q. 1 ☎091-1811165（携帯） 営7:00～23:00 休無休 カード不可 予約不要

地元人気が高いチェー&おこわ
ソイ・チェー・ブイティスアン 甘味
Xoi Che Bui Thi Xuan MAP P.122-3B

1977年創業の歴史あるチェー（→P.46）屋。学校帰りの学生や家族連れが、ここのチェーを目指してやってくる。あっさりとしていてあとを引くチェー（1万4000ドン～）のウマさに、やみつきになるのも納得。五目おこわ（Xôi Thập Cẩm、3万5000ドン）も人気。

奥はチェー・タップ・カム（→P.46、2万ドン）。手前の生春巻（3万ドン／3本）も人気がある

住111 Bùi Thị Xuân, Q. 1 ☎(028)38332748 営6:30～22:30 休無休 カード不可 予約不要

Voice ホーチミン市では豆からこだわったサードウェーブ系コーヒー店が急増中。豆を店内で販売している店も多いのでコーヒー好きな人へのおみやげにもおすすめ。

レストラン Restaurant

杏仁寒天の専門店
チェー・クック・バック・タン 甘味
Che Khuc Bach Thanh MAP 折裏-1C

杏仁豆腐に使う杏仁霜（ぎょうにんそう）を使ったミルク寒天、チェー・クック・バック（Chè Khúc Bạch）の店。クック・バックはコーヒー、ココナッツなど6種類あり、マルベリーとパッションフルーツは生の果肉から作っている。数種類をミックスしたタップ・カムは2万5000ドン〜。

ライチ入り（Tứ Quý Vải、2万5000ドン）。プリン（1万2000ドン）も美味

住68/210 Trần Quang Khải, Q. 1 ☎091-7251251（携帯）
営9:00〜22:00 休無休 カード不可 予約不要

南国フルーツのデザート&ドリンク
シン・トー142 甘味
Sinh To 142 MAP P.122-1B

生搾りジュースやシン・トー（→P.47）など南国フルーツを使ったドリンクやデザートが楽しめる。季節にもよるがアボカドのシン・トー（Sinh Tố Bơ、4万5000ドン）やイチゴヨーグルト（Dâu Dầm Yaourt、4万5000ドン）が人気。

左は季節のフルーツミックス（Trái Cây Dầm、3万5000ドン）、右はヨーグルト入り（Trái Cây Dầm Yaourt、4万ドン）

住142 Lý Chính Thắng, Q. 3 ☎（028）38483574
営8:00〜22:30 休無休 カード不可 予約不要

その他のレストラン Restaurant

フォー24 麺
Pho 24 MAP P.126-1A
住9 Nguyễn Văn Chiêm, Q. 1 ☎（028）39227190
営6:00〜23:00 休無休
カードJMV 予約不要

24時間以上かけて作るコクのあるスープがおいしい、ファストフード風のフォー専門店。牛肉のフォーはレア（Tái）、ウェルダン（Chín）、牛肉団子（Bò Viên）の3種類あり、サイズで値段が変わる（4万〜7万ドン）。

Column 人気コーヒーチェーン店で、ベトナム・コーヒー飲み比べ

ベトナムはブラジルと輸出世界第1位を競うコーヒー豆生産国。せっかくのベトナム旅行ならさまざまなベトナム・コーヒーを、というコーヒー好きも多いはず。手軽に飲み比べを楽しむには町でよく見かけるチェーン店が手っ取り早い。ベトナム全土に展開する、味の異なる以下の3店でコーヒーを楽しめば、あなたも立派なベトナム・コーヒー通！

ハイランズ・コーヒー　Highlands Coffee

香りにこだわり、独自の方法で焙煎。苦味は残しつつも比較的マイルドで飲みやすいのが特徴。コーヒーは3万5000ドン〜。

MAP P.127-2C 住B3, Vincom Center, 70-72 Lê Thánh Tôn, Q. 1 ☎（028）38272981
営7:00〜22:00 休無休 カードJMV
予約不要

ホットは若干酸味が強め、アイスは苦味控えめ。ハイランズ・コーヒーはチェーン店のなかでもオシャレ度が高い

チュングエン・レジェンド　Trung Nguyen Legend

ベトナム・コーヒーの老舗ブランド、チュングエンのカフェ。ホットは苦味が強めだが、バターで焙煎しているため甘い香りを感じる。

MAP P.66-1B 住80 Đồng Khởi, Q. 1
☎091-5289932（携帯）
営7:00〜21:00 休無休
カードJMV 予約不要

ホット5万5000ドン〜。アイスコーヒーは、フィルターで入れたコーヒーを氷の入ったグラスに流し入れる

フックロン　Phuc Long

1957年創業のコーヒーとお茶の老舗メーカー。酸味、苦味が強いツウ好みのストロングな味わいが特徴で3万ドン〜。ライチティー（5万ドン〜）などのお茶もおいしい。

MAP P.67-2D
住31 Ngô Đức Kế, Q. 1
☎（028）71001968
営7:00〜23:00 休無休
カードJMV 予約不要

テイクアウトも可能。コーヒーやお茶も販売している

ナイトライフ Night Life

本格的なカクテルを楽しむならココ

レイラ　バー

Layla　MAP P.66-1B

ドンユー通りとドンコイ通りの角に建つコロニアル建築内にあるカクテルバー。オーストラリア出身のミクソロジスト、ジェイ氏が作るベトナム産ハーブや南国のフルーツを使ったミクソロジーカクテルを味わえる。人気はキウイ・バジル・デライト（上写真右、19万ドン）やスモークカクテルのスモーキー・レッドフックなど。ジンまたはウオッカベースの自分好みのカクテルを、炭酸水、フルーツ、ハーブなどから選んで作ることもできる。月～土曜17:00～20:00はハッピーアワー。店の入口はドンユー通りに面している。

左がスモーキー・レッドフック18万ドン

住2F, 63 Đông Du, Q. 1
☎(028) 38272279
営16:00～翌1:00（金・土曜14:00～翌2:00）　休無休　料税・サ別
カードADJMV　予約不要

スモークカクテルを作る様子を見るのも楽しい

ベトナム発のクラフトビールブランドが運営

パスター・ストリート・ブルーイング・カンパニー　バー

Pasteur Street Brewing Company　MAP P.126-3B

アメリカの醸造技術とベトナムの食材を組み合わせたオリジナリティあふれる生のクラフトビールを楽しめる。コショウやコーヒーなどを使ったビール（12種類）はどれもさわやかな口当たりで飲みやすく、175mL 3万9000ドン～。季節によって数種類の味わいも登場する。パスター通りの路地にあるこの店は、「パスター・ストリート・ブルーイング・カンパニー」のタップルーム1号店で、こぢんまりした隠れ家的な雰囲気で人気がある。レタントン通りをはじめ2区や3区にも支店があり、いずれも広々とした店内。

グラスの大きさは175mL、330mL、620mLの3種類

住2F, 144/3 Pasteur, Q. 1
☎(028) 73007375　営11:00～23:00
休無休　カードADJMV　予約望ましい
［支店］MAP P.68-1A　住26A Lê Thánh Tôn, Q. 1

開放的な雰囲気のルーフトップ席。ビールに合うフードメニューも揃えておりハンバーガーなどが人気

町を一望するルーフトップバー

チル・スカイバー　レストラン・バー

Chill Skybar　MAP P.123-3C

有名人も訪れる屋上バー。夜空に浮かび上がるバーカウンターと、遮る物のないホーチミン市の夜景には思わず息を飲んでしまう。毎晩21:30からDJプレイがあり、深夜まで盛り上がる。カクテル35万ドン～。

静かに夜景を楽しむなら日没直後くらいがおすすめ

住26F, AB Tower, 76A Lê Lai, Q. 1　☎093-8822838（携帯）
営17:30～翌2:00　休無休　カードADJMV　予約不要
ドレスコード 男性の短パン、タンクトップ、スポーツウエア、ビーチサンダルは不可

リバービューが楽しめるホテルバー

エム・バー　バー

M Bar　MAP P.67-2D

「ホテル・マジェスティック・サイゴン」（→P.116）の屋上にあり、サイゴン川を眼下に見下ろす絶好のロケーション。オリジナルを含む各種カクテルは25万ドン～で、ビールは18万ドン～、スナック類もある。毎晩20:30～23:15は音楽のライブ演奏が行われる。

オープンエアで開放的な空間

住8F, Hotel Majestic Saigon, 1 Đồng Khởi, Q. 1　☎(028) 38295517　営15:00～24:00（最終入店23:30）　料税・サ別
休無休　カードADJMV　予約川沿いの席は望ましい

美しい夜景とおいしいカクテル

ソーシャル・クラブ・ルーフトップ バー

Social Club Rooftop MAP P.124-3A

５つ星ホテルのルーフトップバーで、24階からの夜景がすばらしい。リゾート感あるチェアやプールのある空間はカジュアルながら洗練された大人の雰囲気。おすすめはシグネチャーカクテル（29万ドン～）のハバナ・オー・ナナやトーキョー・ヨーなど。

15:00～19:00は一部ドリンクが50%オフ

住24F, Hôtel des Arts Saigon-MGallery, 76-78 Nguyễn Thị Minh Khai, Q. 3 ☎(028)39898888 営15:00～深夜（金・土曜～翌1:00） 休無休 料税・サ別 カードADJMV 予約望ましい ドレスコードスマートカジュアル

地元でも人気の５つ星ホテルのバー

２ラムソン バー

2 Lam Son MAP P.68-2A

地元でも人気が高い５つ星ホテル内のバーで、ラベンダー・ミルクパンチ（39万ドン）など、花を使った目にも美しいカクテル（38万ドン～）が話題。クラシックカクテルは37万ドン～。水～日曜の夜はDJプレイがあり、深夜まで盛り上がる。

毎日17:00～20:00はハッピーアワーで会計からボトル以外のドリンクが50%オフ

住GF, Park Hyatt Saigon, 2 Lam Sơn Square, Q. 1 ☎(028)38241234 営17:00～深夜 休無休 料税・サ別 カードADJMV 予約不要 ドレスコードスマートカジュアル

400種以上のウイスキーを揃える

ウイスキー・ハウス バー

Whisky House MAP P.122-3B

ウイスキーの楽しみ方をベトナム人にも伝えたいと、ウイスキー好きのオーナーがオープン。ウイスキーボトルはアメリカ、スコットランド、アイルランド、台湾、日本など各国の銘柄が常時400種以上揃う。知識豊富なバーテンダーが嗜み方も教えてくれる。１杯18万ドン～。

英国紳士気分に浸れる渋い内装

住28/3A Tôn Thất Tùng, Q. 1 ☎090-3081086（携帯） 営18:00～翌2:00 休無休 料税・サ別 カード不可 予約不要

クラフトビールのタップバー

ルースター・ビアーズ バー

Rooster Beers MAP P.71-2D

黄色の派手な外観が目を引く小さなタップバー。ベトナム発のクラフトビール「ルースター・ビアーズ」の生ビール９種類が２万2000ドン～（250mL）という安さで楽しめる。アルコール度数4.5～7.5で、どれも飲みやすく口当たりがいい。

キンキンに冷えたグラスに注いでくれる。200mLずつの３種飲み比べ（12万ドン）もある

住40 Bùi Viện, Q. 1 ☎090-8924877（携帯） 営12:00～23:00（木～土曜～24:00） 休無休 料税別 カード不可 予約不要

自家製チェコ・ビールで乾杯

ホアヴィエン ビアホール

Hoa Vien MAP P.124-2B

黒生ビールを含む２種類のビール（４万4000ドン～／0.3L）とともに、チェコ風チーズフライ（19万2000ドン）や特製ポークグリル（26万4000ドン）を。店は路地の奥まった所にあるが、路地の入口から店までは電気カーで無料送迎してくれる。

ジョッキがしっかり冷えているのもうれしい

住18 Bis/28 Nguyễn Thị Minh Khai, Q. 1 ☎(028)38290585 営9:00～23:00（料理L.O. 22:00） 休無休 カードADJMV 予約不要

若者に人気のクラブ

ラッシュ クラブ

Lush MAP P.125-3D

クラブスペースでは、ハウス、ヒップホップ、ラテンなどさまざまなジャンルの音楽が日替わりで流れる。火曜はレディスナイトで、女性客は一部のドリンクが23:00まで無料で飲み放題に。毎晩23:00頃が最高潮。ビール14万5000ドン～。

SNSでイベントをチェックしてから訪れよう

住2 Lý Tự Trọng, Q. 1 ☎091-8630742（携帯） URLwww.facebook.com/LushSaigon 営22:00～翌4:00 休月曜 カードAJMV 予約不要 ドレスコードビーチサンダル、男性のタンクトップ不可

ショップ Shop

ハンドメイドのベトナム雑貨&希少な南部陶器

キト

Kito

ベトナム雑貨＆陶器

MAP P.127-3C

刺繍小物や昔ながらの製法で作られる手描きのバッチャン焼など、ベトナムの伝統的な手工芸品をオーナー夫婦のセンスで磨き上げたオリジナル雑貨が魅力。オーナーのミオ氏考案のアオザイとワンピースを組み合わせた「アオザイワンピ」(210万ドン〜) も人気で、オーダーメイドも可能だ。アンティーク&ビンテージのソンベー焼、ライティウ焼といった南部陶器のコレクションが圧巻の2階も必見。オーナーのキト氏は市内における古い南部陶器愛好グループのリーダー的存在で、知識もコレクションの数もピカイチ。

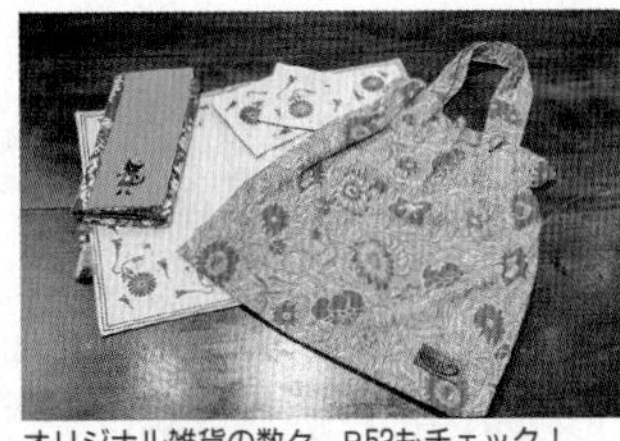

オリジナル雑貨の数々。P.52もチェック！

住13 Tôn Thất Thiệp, Q. 1
☎(028) 38296855 営9:00〜20:00
休無休（不定休あり） カード A D J M V

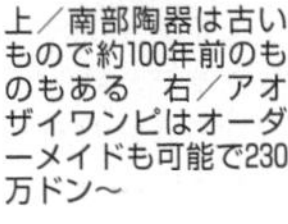

上／南部陶器は古いもので約100年前のものもある 右／アオザイワンピはオーダーメイドも可能で230万ドン〜

デザインよし品質よしのベトナム手工芸品

サイゴン・エコ・クラフト

Saigon Eco Craft

ベトナム雑貨

MAP P.126-3B

環境に配慮したエコな商品や手工芸品に着目し、ベトナム全土から集めた5000点以上ものアイテムを扱う雑貨店。商品のバリエーションも豊富で、陶器や木製・螺鈿（らでん）加工のカトラリー、漆製品、少数民族布を含む布小物、ポストカードやノートなどの紙製品、食品、スキンケア商品など、ありとあらゆるものが揃う。なかでも飼料袋のリサイクルグッズは同店製作で他店に卸しているため、他店より安く、サイズや柄、種類も豊富。デザイン、品質ともにいいものばかりを厳選しているのでおみやげ探しに訪れたい。

左上の飼料袋のミニポーチ3万ドン

住36 Lê Lợi, Q. 1
☎(028) 38226518、097-4461856（携帯）
営9:00〜22:00
休無休
カード A D J M V

たくさんの商品がズラリと並ぶ店内。時間をかけてじっくり選びたい

ユニークな雑貨がめじろ押し

サイゴン・キッチュ

Saigon Kitsch

ベトナム雑貨

MAP P.127-3C

フランスとベトナム両方にルーツをもつデザイナーのオードリー氏による雑貨店。原色のポップカラーに彩られた店内は、オードリー氏のセンスが光るベトナムらしさ満点のグッズがめじろ押し。店は3フロアからなり、1階は南国フルーツや海鮮モチーフのティータオル（27万ドン）などのオリジナルアイテムや、プロパガンダアートをモチーフにしたショットグラス（6万ドン）など、こまごまとした雑貨が、2階は食品みやげや漆のカトラリーが、3階にはオリジナルのバッチャン焼が並ぶ。

版画のミニポスター(15万ドン)、ベトナムコーヒーのイラストメモ帳（4万ドン）など

住43 Tôn Thất Thiệp, Q. 1
☎(028) 38218019
営8:00〜22:00
休無休
カード D J M V

こまごまとした商品が並ぶ1階。キッチュな雰囲気のプチプラアイテムも豊富

Voice 「キト」(→上記) のビンテージ陶器は18万ドン〜。ソンベー、ライティウに加えて古いビエンホア焼もあり、珍しい品も多い。訪れるだけでも価値大。

注目のローカルアーティスト&ブランドが集合

コンフーン
Cong Huong

ベトナム雑貨

MAP P.125-1C

路地の奥にたたずむ白い外観のかわいらしいショップ。ここは同店がピックアップしたベトナムのローカルアーティストやブランドのハンドクラフトアイテムが揃うセレクトショップだ。ベトナム伝統工芸の紙製品や刺繍小物、陶器、革製品、ピアスや洋服など、思わず手に取りたくなるあたたかみのあるアイテムがめじろ押し。注目は、ホーチミン市発のファッションブランド「Moriko Saigon」の刺繍アイテムや一つひとつ表情や装飾が異なるネコの形をした陶器の線香立て（20万ドン）など。

革バッグ（214万ドン）、毛糸で編んだ花のブローチ（各1万ドン）など

住10i Nguyễn Thị Minh Khai, Q. 1
☎077-7045197（携帯）
営10:00～12:00、13:30～21:00
休月曜
カード A D J M V

数は多くはないが、お茶などの食品もあり品質にこだわったものばかり

モダンなエッセンスを加えたニュー・ソンベー焼

トゥーフー・セラミックス
Tu Hu Ceramics

陶器

MAP P.72-2B

素朴であたたかみのあるたたずまいにひかれ、その魅力を発信したいとベトナム人女性が立ち上げたソンベー焼のブランド。ソンベー焼に使われる伝統的な青色に着目し、ドット柄やストライプなど伝統的なソンベー焼にはないデザインをあしらった「The Color is Blue」コレクションがヒットし、一躍有名に。価格はソース皿で3万2900ドン～、茶碗5万5900ドンなど。ツボクサをモチーフにした「Summer Centella」、デイジーの花をモチーフにしたコレクションなどがある。しっかり梱包してくれるので安心。

グラデーションが美しい新作コレクション

住11/4A Nguyễn Ư Dĩ, Thảo Điền, TP. Thủ Đức
☎034-9096060（携帯）
営9:00～18:00
休無休
カード M V

左側がブルーコレクション。16cmのケーキ皿7万9000ドンなど

「ザッカ」から改名した日本人経営の老舗有名店

フレーム・ツリー・バイ・ザッカ
Flame Tree by Zakka

オーダーメイドウエア

MAP P.72-2B

市内でオーダーメイド服を作るなら必ず名前が挙がる超有名店。しっかりとした縫製と、日本人のパタンナーが起こすデザインには定評があり、「長く使える布小物や他店では作れない洋服も仕立ててくれる」と、在住外国人やベトナム人のリピーターも多い。布の種類は300～400種類あり、オリジナルのシルクのろうけつ染めをはじめ、近年は世界各地から珍しい布をセレクト。オーダーメイドは布やデザインで料金が変わるが布代込みでアオザイ120US$～、ワンピース88US$～。

オーダーメイドの所要日数は2日～が目安。店は「サイゴン・コンセプト」の一画にある

住14 Trần Ngọc Diện, Thảo Điền, TP. Thủ Đức ☎070-3134714（携帯）
営10:30～16:00（オーダー～15:30）
休12/24、12/25 カード M V
［支店］MAP P.72-2A 住7A Đỗ Quang, Thảo Điền, TP. Thủ Đức

布小物もかわいい。巾着13万8000ドン、ポーチ18万8000ドン

ショップ Shop

洗練されたバッグが話題
ハ　ナ　Hana
カゴバッグ
MAP P.72-2A

もともとは問屋だったが、他店にはないシックな色合いにファーやビジューなどを施したオリジナルのプラカゴが口コミで評判を呼び、専門店をオープン。３階まである店内には100種類以上のバッグがところ狭しと並ぶ。プラカゴは15万ドン～で、ウオーターヒヤシンスやイグサ、竹といった自然素材を使ったバッグ（25万ドン～）も人気。ほとんどが内布付き。

左／ブルーのプラカゴ50万ドン　右／鮮やかなグリーンが目を引く水草のバッグ50万ドン

住47/3 Quốc Hương, Thảo Điền, TP. Thủ Đức　☎090-8011836（携帯）
営10:00～17:00　休日曜（事前連絡すれば開けてくれる）　カード J M V

一軒家を改装したショップ。商品数はかなり多いので時間をかけてお気に入りを探したい

美しい手刺繍のアイテム
ティミ　Timi
刺繍
MAP 折裏-3A

約20年のお針子経験をもつベトナム人女性が開いた店。ていねいに手刺繍が施されたアイテムは、色合い、デザインともに上品で美しい物ばかり。おみやげに人気なのはアルファベットの刺繍がかわいくデザインされたポーチ（14万ドン～）など。

手前の繊細な花刺繍が美しいペンケース（24万ドン）など

住121A/15B Hậu Giang, Q. 6　☎090-8940381（携帯）
営10:00～18:30　休無休　カード A D J M V

使い勝手のいい刺繍アイテム
ニンクーン　Ninh Khuong
刺繍
MAP P.67-2C

ベトナムの農村の様子や素朴な動物など眺めているだけでほっこりする、あたたかみのある刺繍がかわいい。内布を防水加工にした歯磨きセット入れや、旅行にちょうどいいアクセサリーポーチ（各22万9000ドン）、下着入れなど使い勝手のいいアイテムが多い。

花柄＆刺繍入りバッグ28万5000ドン

住71B Đồng Khởi, Q. 1　☎(028)38279079
営9:00～21:00　休無休　カード A J M V

ベトナム・モチーフのキルト商品
メコン・キルツ　Mekong Quilts
手工芸品
MAP P.126-3B

ベトナム、カンボジアの農村部の女性を支援するNGOが運営する雑貨店。ベトナムのすげ笠、ノンラーや農村の風景をモチーフにしたキルト商品がメインで、ベッドカバーや枕カバーのほか、コースターやメガネケースなど小物類もある。刺繍入り藍染のポーチ（29万9000ドン）も人気。

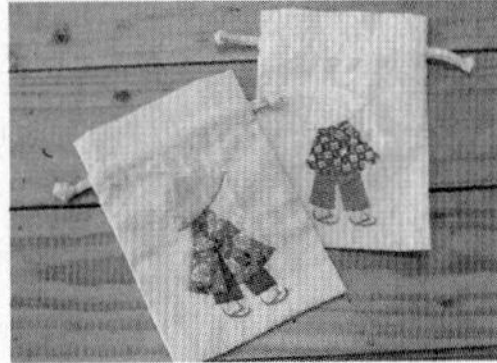
巾着各13万ドン

住85 Pasteur, Q. 1　☎(028)22103110
営10:00～18:00　休祝日　カード A J M V

ベトナムの少数民族アイテムが豊富
ミステル　Mystere
手工芸品
MAP P.66-2B

少数民族の織物や布小物が充実。各民族の刺繍をアレンジした小物類はしっかりした作りで色使い、デザインともに洗練されている。人気の商品はクッションカバー、ポーチ類、シルバーアクセサリーなど。珍しい北部ロロ族やヌン族の刺繍アイテムは要チェックだ。

淡いピンク色がすてきな花モン族のポーチ36万8000ドン。ペンケースにちょうどいいサイズ

住141 Đồng Khởi, Q. 1　☎(028)38239615
営8:00～21:30　休無休　カード J M V

ベトナム南部陶器の伝統柄を再現
ナン・セラミックス
陶器
Nang Ceramics MAP P.123-2C

ソンベー焼やライティウ焼など窯元が激減した南部の陶器文化の復興を目指して立ち上げられた陶器ブランド。ニワトリやピオニーの花など伝統的な絵柄を再現した、素朴で味わいのある陶器が手に入る。ひとつ7万5000〜20万ドンが目安。

職人が手描きで絵付けを施した上の平皿は7万5000ドン

住93C Võ Văn Tần, Q. 3　☎037-6908856(携帯)
営10:00〜19:00　休月曜　カード不可

ビンテージのソンベー焼
ソンベー
陶器
Song Be MAP P.72-2B

ソンベー焼に魅了されたベトナム人女性オーナーがオープンさせたビンテージ・ソンベーのショップ。店内にはオーナーが買い集めたさまざまなデザイン・年代のソンベー焼がディスプレイされ、なかには珍しい白×黒パターンの物も。約20年前のバッチャン焼（10万ドン〜）もある。

価格は20万〜700万ドンくらい

住14 Trần Ngọc Diện, Thảo Điền, TP. Thủ Đức　☎034-7740942(携帯)　営9:00〜18:00　休無休　カードADJMV

独特のフォルムと淡いカラーで人気
アマイ
陶器
Amaï MAP P.72-2B

パステルカラーとやわらかな凸凹のフォルムがかわいいベトナム発の陶器ブランド「アマイ」のショップ。薄くて軽いのも特徴で、食洗機や電子レンジでも使えるものもある。マグカップ（Sサイズ16万ドン〜）やXXSサイズの豆皿が人気。

金縁が付いたインドシン・コレクション。XXSサイズの豆皿16万ドン

住83 Xuân Thủy, Thảo Điền, TP. Thủ Đức
☎(028)36364169　営9:00〜20:00　休無休　カードAJMV
［支店］MAP P.67-1C　住76 Đồng Khởi, Q. 1

日本人経営のプラカゴ専門店
ハッパーズ
カゴバッグ
Happers MAP P.127-1D

プラスチックのPPバンドを編み込んだプラカゴの専門店。洗練されたデザインでクオリティも高く、品揃え豊富と評判だ。上階はテーラーで、ウエアとお揃いの内布のカゴバッグをオーダー可能（所要1〜2日）。

革の持ち手で上品な雰囲気のプラカゴ58万ドン

住15A/39-40 Lê Thánh Tôn, Q. 1　☎(028)36020264
営10:00〜19:00　休無休　カードJMV

遊び心たっぷりのカード類がGood
ワオ
ベトナム雑貨
OHQUAO MAP P.72-2A

店名のワオは「Wow」をベトナム語発音で表したもので、思わず「ワオ!」と言いたくなるユニークな商品を集めている。特にベトナムコーヒーやマッチなどをカラフルにデザインしたポストカード（各5万ドン）やグリーティングカードは要チェック。

グリーティングカードは6万ドン〜

住19 Đường Số 38, Thảo Điền, TP. Thủ Đức
☎079-9830021(携帯)　営10:00〜20:00　休無休　カードJMV
［支店］MAP P.124-3A　住58/12 Phạm Ngọc Thạch, Q. 3

自然素材のリビング雑貨
メイハウス
リビング雑貨
Mayhouse MAP 折裏-1C

「環境に優しく長く使えるものを」とラタンや竹、シーグラスなどベトナムの自然素材を使ったインテリア・キッチン用品などのリビング雑貨を扱う。特に高品質なハンドクラフトで知られるフエ産のラタン製品や南部のウオーターヒヤシンス製品などが人気。

北部自社工場で生産されるバンブーバスケット各21万ドン

住8B Trần Nhật Duật, Q. 1　☎098-5830132(携帯)
営8:00〜20:00（日曜〜18:00）　休無休　カードJMV

ショップ

Shop

流行をおさえたベトナム発のブランド
リ ベ　ウエア
LIBÉ MAP P.126-2B

若い女性に人気のベトナム発のファストファッションブランド。流行をおさえたデザインが豊富で、フェミニン&カジュアルなラインアップだ。1着25万ドン〜だが安っぽく見えず上品な着こなしができるのもポイント。

トップス30万ドン、パンツ38万ドン。市内に3店舗あり

住1F, 26 Lý Tự Trọng, Q. 1　☎(028)38231989
営9:30〜21:30　休無休　カードAJMV

ベトナム人女性デザイナーの刺繍ウエア
ナウ・コーナー　ウエア
Nau Corner MAP P.123-1C

小鳥やハスの花など、ベトナムとかかわりのある自然の物をモチーフにした刺繍が特徴的。トップスでも260万ドンくらいからと高価だが、まるでアートのような繊細な刺繍は圧巻。肌に優しい木の繊維を加工した生地を使うなど随所にこだわりが見られる。オリジナルのアオザイも要チェック。

花刺繍のトップス299万ドン

住1F, 298 Hai Bà Trưng, Q. 1　☎090-5055313（携帯）
営9:30〜21:00　休無休　カードADJMV

高品質のオリジナルデザインTシャツ
ギンコー・Tシャツ　Tシャツ
Ginkgo T-Shirts MAP P.126-3B

からみ合った電線やランタンなど、ベトナムをモチーフにしたユニークなデザインTシャツの店。デザイン性の高さだけでなく、オーガニックコットン100%の物もあり品質にもこだわる。防水や折りたたみなど機能性抜群のオリジナルバッグ、ベトナムモチーフの雑貨にも注目。

Tシャツは60万ドンくらいから。デザインも豊富

住10 Lê Lợi, Q. 1　☎(028)35218755
営8:00〜22:00　休無休　カードJMV

スターリングシルバーの手作りアクセ
シマー　アクセサリー
Shimmer MAP P.123-3C

銀純度92.5%のベトナム産スターリングシルバーだけを使った、ベトナム人オーナーによる手作りアクセサリーの店。女性に似合う上品でかわいらしいデザインが揃い、指輪は25万ドン〜。月餅などベトナムらしいモチーフのデザインも多く、贈り物にもおすすめ。

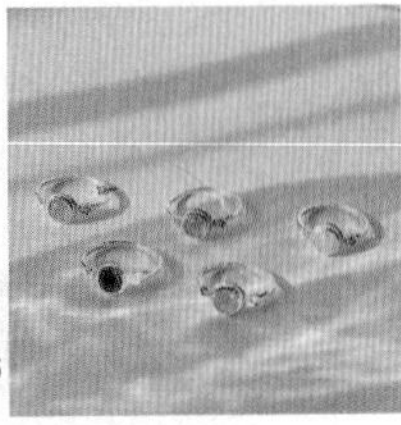
天然石シルバーリング各86万ドン

住128 Lê Lai, Q. 1　☎090-6863536（携帯）
営9:30〜21:30　休無休　カードADJMV

スワロフスキーの手作りアクセ
レ・ハン　アクセサリー
Le Hang MAP P.126-3B

アクセサリーデザイナーのレ・ハン氏が営む店。スワロフスキーの正規代理店で、指輪やブレスレットなどスワロフスキーを使った手作りのアクセサリーを販売。指輪17万ドン〜、ピアス13万ドン〜、ネックレス49万ドン〜。オーダーメイドも可能（シンプルな指輪なら30分〜）。

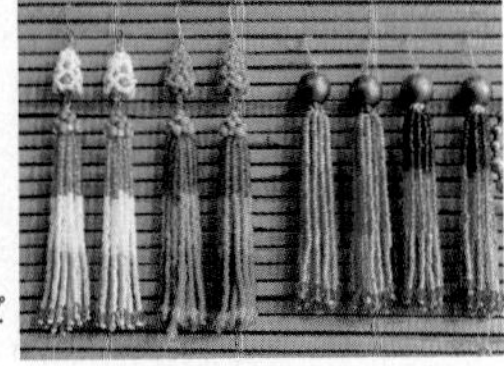
ビーズのタッセルピアス65万ドン〜

住101 Lê Thánh Tôn, Q. 1　☎(028)38273596
営9:00〜20:00　休無休　カードADJMV

日本の写真スタジオが経営
創寫舘　写真スタジオ
Soshakan MAP 折裏-3D参照

アオザイやドレス、着物を着て記念撮影ができる。2着アオザイを着て、13cm×18cmの写真6枚（データ付き）で150万ドン。通常は翌日仕上げで、料金にはメイク・衣装・プリント代が含まれる。カップル写真、家族写真、子供だけの写真撮影も可能。

日本でカメラの勉強をしたプロが撮影

住1F Đường 3A, P.Tân Hưng, Q. 7　☎(028)39250355（日本語可能）、090-8387622（携帯、日本語可能）
営8:30〜16:30　休水曜　カードADJMV　予約要予約

ショップ

Shop

ダラット発の食品ブランド ランファーム 食料品
L'angfarm MAP 折裏-3C

ダラットはおいしい高原野菜やコーヒー豆などの栽培で知られるが、「ランファーム」はそうしたダラット産の高品質食材を使った食品ブランド。フルーツゼリーやお茶（→P.53）、ドライフルーツ、マカダミアナッツ（→P.53）などが売れ筋。市内に多数店舗あり。

右の野菜＆果物チップス（3万3000ドン）は程よく塩気が利いて美味

住126-128 Nguyễn Văn Cừ, Q. 1 ☎1900-9065（ホットライン） 営7:30～22:00 休無休 カード A D J M V

高品質なフードみやげが充実 アンナム・グルメ・マーケット スーパーマーケット
Annam Gourmet Market MAP P.126-3B

食品を中心に1万4000点以上の厳選商品を販売する大型スーパーマーケット。品質にこだわった食材を多く取り扱っており、フードみやげを買うなら訪れたい。デリカテッセンやカフェも併設。ホーチミン市とハノイで店舗展開。

オリジナルコーヒー（左）や他店では見かけない高品質ヌックマム（右）もある

住B2, Saigon Centre, 65 Lê Lợi, Q. 1 ☎039-2043674（携帯） 営8:30～21:30（金～日曜～22:00） 休無休 カード A J M V
［支店］ MAP P.69-2C 住16-18 Hai Bà Trưng, Q. 1

安くて何でもあるスーパー コープマート スーパーマーケット
Co.opmart MAP P.123-2C

生協コープのような組合形式のスーパーマーケットで、値段が安く、品揃えも豊富。地元の人々が日常使いする店だけあって、食料品は特に品揃えがよく、生鮮食品エリアはもちろん、ライスペーパーや乾麺、バラマキみやげにもいい各地名産のお菓子など、おみやげ買いに重宝する。

広々とした店内は生活感いっぱい

住168 Nguyễn Đình Chiểu, Q. 3 ☎(028) 39301384 営7:30～22:00 休無休 カード J M V

ローカルファッションの店が多い サイゴン・スクエア ショッピングセンター
Saigon Square MAP P.128-1B

「ホーチミン高島屋」（→下記）の向かいにある、地元の若者に人気のショッピングセンター。Tシャツやジャケット、ワンピースといった衣類、バッグ、サングラスやアクセサリーなど、ファッション関連の小さな店がひしめき合い、まるで市場のような雰囲気。

ローカル感たっぷりのショッピングセンター。夕方以降、週末は特に混み合う

住77-89 Nam Kỳ Khởi Nghĩa, Q. 1 ☎(028) 38233915 営9:00～21:00 休無休 カード 店により異なる

地下2階のデパ地下は要チェック ホーチミン高島屋 ショッピングセンター
Ho Chi Minh Takashimaya MAP P.126-3B

専門店が集まるショッピングセンター「サイゴン・センター」内にある。地下2階から地上3階までの5フロアで約210の国内外ブランドを販売。地下2階の食料品売り場は日本のデパ地下のようなフロア展開で、地元の人気店から日系のスイーツまで注目店がめじろ押しだ。

地下2階のデパ地下エリアにはカフェもある

住92-94 Nam Kỳ Khởi Nghĩa, Q. 1 ☎1800-577766（ホットライン） 営9:30～21:30（金～日曜～22:00、5Fレストラン街は10:30～22:30） 休無休 カード A D J M V

国内外の最旬ブランドが揃う ヴィンコム・センター ショッピングセンター
Vincom Center MAP P.127-2C

「H&M」や「ザラ」などのカジュアル店から高級ブランド店までバラエティ豊かに入店。地下3階には大型スーパーマーケットの「ウィンマート」（→下記）もある。地下3階はレストラン街で、地元で有名なカフェチェーンやレストランが多数入店。

B3（地下3階）からL3階までの7フロアにおよそ200店舗が入店している

住70-72 Lê Thánh Tôn, Q. 1 ☎(028) 39369999 営10:00～22:00（土・日曜9:30～） 休無休 カード 店によって異なる

Voice 1区のスーパーマーケットなら「ヴィンコム・センター」（→上記）地下3階にある「ウィンマート WinMart」（MAP P.127-2C）がおすすめ。売り場が広く、食料品は特に充実の品揃え。

スパ・マッサージ Spa & Massage

自然に囲まれたヒーリングスパ

スパ・バー The Spa Bar

スパ

MAP P.72-2B

タオディエン通りの路地を進んだ先にある癒やしのスパ。周辺は自然に囲まれ、都会とは思えない静けさに包まれている。コクーンをイメージした３室のみのスパルームは、美しいハス池を臨む造りで、少人数でゆったりとしたスペースを楽しめる。トリートメントに使用するのは、ベトナムの天然素材を使った自社製品。フェイシャルやボディマッサージもおすすめだが、せっかくならヘア、フェイシャル、ボディ、足と全身をケアできる180分のスパパッケージ（155万5000ドン）で贅沢な時間を過ごしたい。

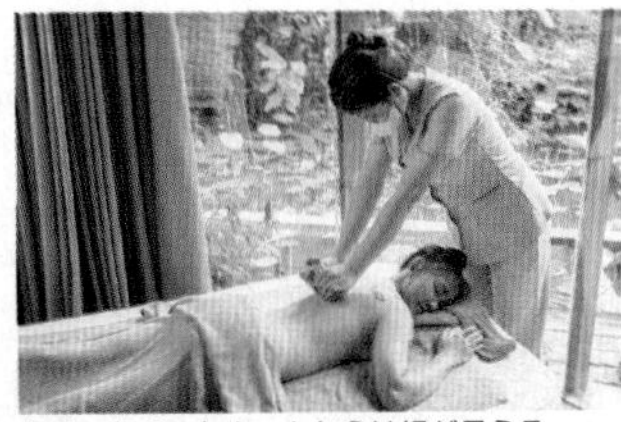
トリートメントルームからは緑が見える

住28 Thảo Điền, Thảo Điền, TP. Thủ Đức ☎(028)36204535、090-2582255(携帯) 営9:00〜20:00(L.O.19:00) 休無休 料フェイシャル52万5000ドン〜(60分)、シグネチャー・クリーム・マッサージ69万5000ドン(60分)など カードADJMV 予約前日までに要予約

施術後は池に面したデッキでティータイムを楽しめる

ハイレベルなマッサージ&赤ザオ族の薬草風呂体験

ノワール・スパ Noir. Spa

スパ

MAP P.123-1C

オリエンタルとフレンチシックを融合させたインテリアで彩られた館内は、日常を離れて心身ともにリラックスできる空間だ。マッサージを行うスタッフはすべて視覚障がいのある人で、視覚に頼らず手の感覚に集中して施されるマッサージは、的確にツボを刺激してくれ、ハイレベル。ここでは、ぜひマッサージとともに赤ザオ族伝統のハーブ風呂も試したい。サパ・タフィン村の赤ザオ族から直接買い付けている120種類以上のハーブや樹木のミックスを煮出した伝統風呂は、血行を促進しデトックス効果も望める。

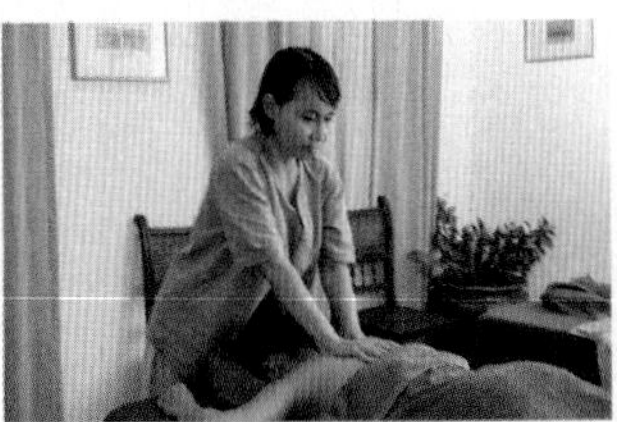
30分からのお手軽マッサージも人気

住178B Hai Bà Trưng, Q. 1 ☎093-3022626(携帯) 営10:00〜21:00 休月曜 料赤ザオ族のハーブ風呂15万ドン（15〜25分）、ベトナミーズアロママッサージ45万ドン（60分）など カードADJMV 予約要予約

足マッサージルーム。マッサージに使うココナッツオイルは３種類の香りから選べる

フランスの伝統的なハーブ療法を用いたケア

ラ・メゾン・ド・ラポティケア La Maison de L'Apothiquaire

スパ

MAP P.122-1B

築約100年になる庭付きの洋館を改装したフレンチスパ。ラポティケアとは、17世紀にフランスに存在した「薬剤師」に由来し、ここでは植物のもつ自然のヒーリングの力に着目した、フランスの伝統的なハーブ療法を用いた施術が受けられる。トリートメントに使用するオイルはフランス政府認定のオーガニック製品。シグネチャーボディートリートメントのルネッサンス（150万ドン／95分）は、筋肉の緊張をやわらげて血の巡りをよくし、疲れた体をリフレッシュしてくれる。

トリートメント前にカウンセリングをしてくれる

住64A Trương Định, Q. 3 ☎(028)39325181 営9:00〜21:00（L.O. 19:30、パッケージは16:00） 休無休 料フェイシャル130万ドン〜(60分)、くつろぎの半日コース340万ドン（４時間）など カードJMV 予約前日までの予約が望ましい

館内はクラシカルなインテリア。ジャクージ付きのVIPルームもある

Voice「ラ・メゾン・ド・ラポティケア」（→上記）の建物は統一会堂（→P.74）の建築デザインを担当したゴー・ヴィエット・トゥ氏によって建てられた。同スパはドンコイ通りにも支店「ル・ブドゥワー・ドゥ・ラポティケア Le Boudoir de L' Apothiquaire」（MAP P.67-2D 住41 Đồng Khởi, Q. 1）がある

完全個室のラグジュアリーなホテルスパ
スパ•インターコンチネンタル
スパ
Spa InterContinental
MAP P.126-1B

「インターコンチネンタル・サイゴン」（→P.116）内にあるラグジュアリーなスパ。完全個室のプライベート空間で、ベトナム独自のメニューを体験できる。レモングラスやシナモン、スイートバジルといったベトナム産のハーブを包んで蒸し上げたハーブボールを使ったマッサージでリラックスしたあと、ふたりのテラピストによるオイルマッサージを行うトランクウィル・メディテーション・フォーハンズ・マッサージ（195万ドン／45分）が人気。気軽に利用できる30分間のフットマッサージ（55万ドン）もある。

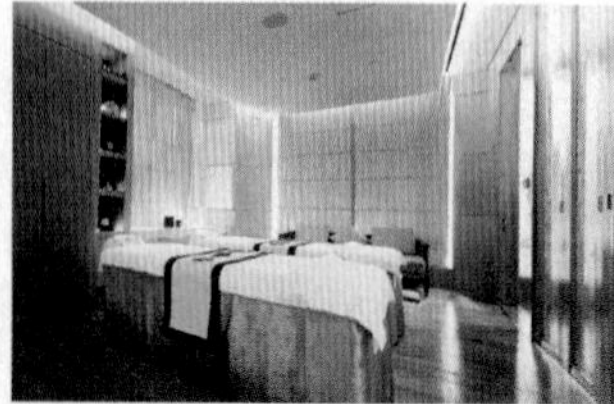
広々とした個室で極上のスパ体験ができる

住3F, InterContinental Saigon, Corner Hai Bà Trưng & Lê Duẩn, Q. 1　☎(028) 35209999　営10:00～20:00（L.O. 19:00）休無休　料ホットストーン・テラピー 150万ドン（60分）、ウオーム・バンブー・アンマ185万ドン～（75分）など。税・サ別　カードADJMV　予約望ましい

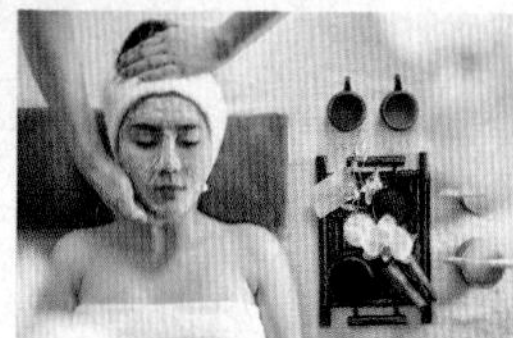
フェイシャルも人気

ベトナム伝統シャンプーを体験
スパ•クエ•モッ•クック
シャンプー
Spa Que Mot Cuc
MAP 折裏-1C

ボーケット（Bồ Kết）というマメ科の植物とザボンの皮などを一緒に煮出して作るベトナム伝統の100%天然シャンプーが体験できる。現地では水使用＆爪を立てて髪を洗うことが多いが、ここはお湯を使い、指の腹で洗ってくれる。メニューはフェイシャル付き、首・肩マッサージ付き（各35万ドン／90分）、フェイシャル&首・肩マッサージ付きの3つのパッケージのみで、すべてボーケットシャンプーと足湯がセットになっている。ボーケットなど天然由来のシャンプーやリンスなど自社製品も販売。

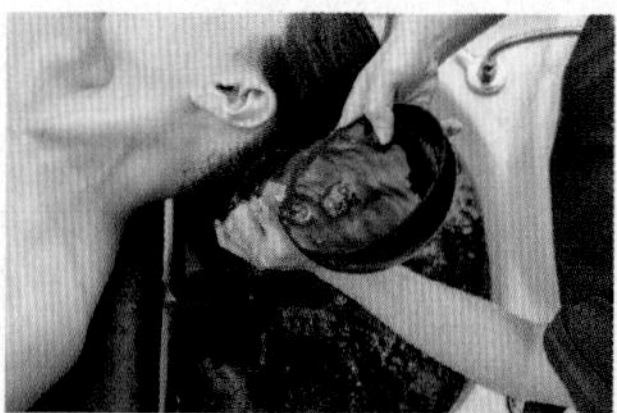
ボーケットは髪を黒く、しなやかにしてくれる

住53 Trần Khánh Dư, Q. 1　☎097-8939791（携帯）、089-8429992（携帯）　営10:00～19:00　休無休　料首・肩マッサージ付きのヴァイ・コーガイ35万ドン（90分）など　カード不可　予約不要

南ベトナムの田舎をイメージしたレトロかわいい内装

自然素材を用いた上質トリートメント
サー•スパ
スパ
Sa Spa
MAP P.123-1C

ベトナム伝統の美容方法を取り入れ、地元のハーブやフルーツなど自然の物をトリートメントに使用。3時間30分のサー・シグネチャー（165万ドン）などパッケージメニューがおすすめ。

緑と静寂に包まれた一軒家スパ。ていねいな施術で人気がある

住40B&D Phạm Ngọc Thạch, Q. 3　☎(028) 35210670　営9:00～21:00（L.O.20:00）　休無休　料ムクティ・オーガニックフェイシャル98万ドン（70分）、アロママッサージ58万ドン（60分）など。サ別　カードJMV　予約要予約

メニューが豊富で人気
セン•スパ
スパ
Sen Spa
MAP P.125-3D

充実したメニューのなかでも特に人気なのは、3人のテラピストによるシックスハンド・マッサージ（176万ドン／75分）。サンダルでの町歩きは足が汚れがちだが、ここでは角質除去込みの足のトリートメントもある。

ジャクージやサウナのあるVIPルーム（有料）で極上のスパタイムを

住10B1 Lê Thánh Tôn, Q. 1　☎(028) 39102174、38251250　営9:30～21:00（L.O.20:00）　休無休　料トラベラーズ・リトリート132万ドン（2時間）、フットリバイブ39万6000ドン（30分）など。税・サ別　カードADJMV　予約望ましい

Voice! オイルを使わないボディマッサージは、タイマッサージのように体をひねるアクロバティックな施術が含まれることが多い。苦手ならその施術は抜きでお願いしておくこと。

スパ・マッサージ　Spa & Massage

技術もサービスも満足度が高い
スパ・サイゴン　マッサージ
The Spa Saigon　MAP P.123-1C

マッサージ専門学校と提携し、丹念に研修を行うため腕のいいテラピストが揃う。特にフォーハンドマッサージ（85万ドン／60分）はふたりの息がぴったり合い、流れるようなストロークで感動ものの気持ちよさ。館内は非常に清潔でサービスもていねい。

アロマや指圧メニューもおすすめ

住58/6 Phạm Ngọc Thạch, Q. 3　☎033-3006588（携帯）
営10:00～22:00（L.O.21:30 ※予約すれば22:00）　休無休
料足裏マッサージ30万ドン（35分）、指圧65万ドン（60分）など　カード A J M V　予約 週末は要予約

多くの在住外国人が信頼を寄せる
ミウミウ・スパ2　スパ
Miu Miu Spa 2　MAP P.125-3D

ホットストーンを使ったアロママッサージなど豊富なメニューと腕のよさで人気。30分から3時間までのコースがあり、60分以上のメニューを受ければサウナ&スチームバス利用が無料。チップは料金に含まれている。市内に3店舗展開。

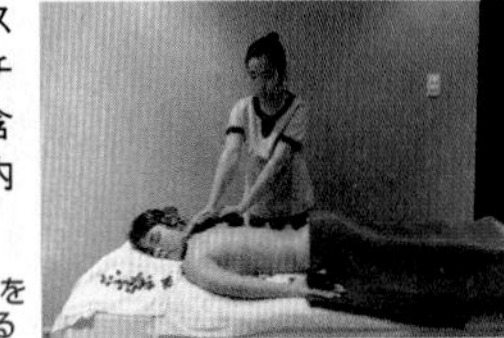
事前質問票で希望を伝えることもできる

住2B Chu Mạnh Trinh, Q. 1　☎(028) 66802652
営9:30 ～ 23:00（日曜～22:30、L.O. 閉店60分前）
休無休　料シグネチャーアロママッサージ45万ドン（60分）など。税別　カード J M V　予約 要予約

インドシナ・スタイルの一軒家スパ
モックフーン・スパ・タオディエン　スパ
Moc Huong Spa Thao Dien　MAP P.72-2A

一軒家ヴィラを改装したリゾート感あふれるスパ。ボディマッサージの種類が豊富で、竹筒を使ったマッサージやヒーリングボウルマッサージ（各55万ドン／60分）を試したい。日本語メニューあり。料金にはチップが含まれる。

施術にはオーガニック製品を使用

住61 Xuân Thủy, Thảo Điền, TP. Thủ Đức　☎(028)35191052
営9:00～22:00（L.O. 21:00）　休無休　料リラクシング・フットマッサージ45万ドン（60分）、モックフーン・シグネチャーマッサージ50万ドン（60分）など。税・サ別　カード A J M V　予約 要予約

マッサージ付きネイルメニューが人気
フェイム・ネイルズ　ネイルサロン
Fame Nails　MAP P.67-1C

ネイルはマッサージチェアに座りながら行ってくれるのでリラックスでき、買い物や観光の合間の休憩にぴったり。ハンドマッサージ付きのスパ・マニキュア（20万ドン／30～45分）や、フットマッサージ付きのスパ・ペディキュア（32万ドン／50分）が人気。

多様なネイルデザインに対応。市内に店舗展開している

住45 Mạc Thị Bưởi, Q. 1　☎(028)62671188　営9:00～21:00（L.O. 21:00）　休 無休　料クラシックマニキュア12万ドン（30分）、ジェルネイル40万ドン～など　カード A D J M V　予約 不要

腕のいい香港式足マッサージ
健之家　足マッサージ
Kien Chi Gia　MAP P.127-3C

店内は健全な雰囲気で、熟練のマッサージ師が多い。メニューは70分コースのみだが、35分延長することもできる。足マッサージのあとは背中、首、手、頭のマッサージもしてくれ、こちらを長めにすることも可能。料金にはチップが含まれている。

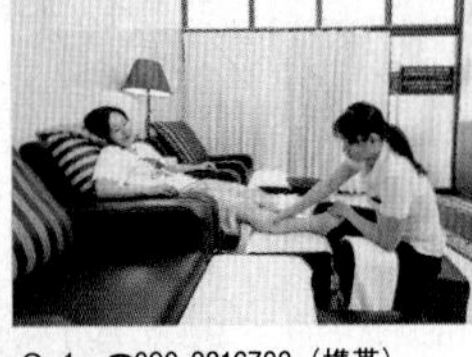
マッサージルームは全6室

住44 Tôn Thất Thiệp, Q. 1　☎090-3316733（携帯）
営10:30～24:00　休無休　料35万ドン（70分）、延長17万ドン（35分）　カード 不可　予約 週末は望ましい

市内に展開する人気足マッサージ店
ゴールデン・ロータス・スパ&マッサージクラブ　スパ&マッサージ
Golden Lotus Spa & Massage Club　MAP P.68-1B

開業20年近くの老舗マッサージ店。60分の足マッサージと30分の手・背中・肩・頭マッサージに背中のホットストーンマッサージが付くシグネチャー・ロータス・フット（39万5000ドン）が人気。

料金にはチップが含まれている

住15 Thái Văn Lung, Q. 1　☎(028)38221515　営10:00～23:00（L.O. 21:00、男性用サウナは8:30～22:00）　休無休
料足マッサージ31万5000ドン（60分）など。税別　カード A J M V
予約 要予約

Voice 「スパ・サイゴン」（→上記）は35分～の体験マッサージや足マッサージでもシャワーが無料で使えるので空港へ向かう前の利用もおすすめ。

優美な意匠とあたたかなホスピタリティ
マイ・ハウス・サイゴン
Mai House Saigon

高級ホテル

MAP P.123-2C

フランスの面影を残すマリーキュリー高校の目の前に建ち、フレンチコロニアル風のエレガントなたたずまいが目を引く。ロビーに足を踏み入れると、白い大理石の床、大きなイタリア製のシャンデリアと優雅に弧を描くらせん階段が出迎えてくれる。2022年にオープンした新しいホテルだが、この町の歴史と伝統を感じられる意匠が散りばめられた上質な空間、そしてあたたかなホスピタリティで、早くも町を代表するラグジュアリーホテルに。客室も質のいい上品な家具が配置され、くつろいだ滞在ができる。ふたつの飲食施設、スパ、ジム、屋外プールあり。

客室は最小でも30㎡。全室禁煙

住157 Nam Kỳ Khởi Nghĩa, Q. 3
☎(028)73039000 URL maihouse.com.vn
料ⓈⓌⓉ397万ドン～ スイート740万ドン～（朝食付き）
カード ADJMV 全223室

大きな窓から光が差し込むロビー階の「トム・ティーラウンジ」ではアフタヌーンティーを堪能できる

フレンチコロニアル風のラグジュアリーホテル
パークハイアット・サイゴン
Park Hyatt Saigon

高級ホテル

MAP P.127-2C

白亜の外観が美しいアーバンラグジュアリーを極めた5つ星ホテル。優しいアイボリーカラーを基調とした客室には、白木を使った大きな両開きのフレンチウインドーやアールデコ調の家具類を設え、機能性も備えた大理石の浴室、さらに趣味のよいバッチャン焼の器を置くなど“エレガント”のひと言。客室のタブレットや各フロアには24時間態勢でバトラーを配するなど、きめ細かなサービスはハイアット・グループならではだ。バー「2ラムソン」（→P.104）や1階のイタリアン「オペラ」をはじめ、飲食施設もハイレベル。

緑に囲まれた屋外プールでリラックス

住2 Lam Sơn Square, Q. 1
☎(028)38241234
URL www.hyatt.com/ja-JP/hotel/vietnam/park-hyatt-saigon/saiph
料ⓈⓉ800万ドン～ スイート1300万ドン～（＋税・サービス15%。朝食付き）
カード ADJMV 全245室

ガーデンビューキングルーム。アメニティはニューヨーク発のル・ラボを提供

エレガントな5つ星ブティックホテル
ホテル・デザール・サイゴン・Mギャラリー
Hôtel des Arts Saigon - MGallery

高級ホテル

MAP P.124-3A

世界で瀟洒なブティックホテルを数多く手がけるMギャラリーによる5つ星ホテル。「仏領インドシナの優雅な時間を呼び起こす」がコンセプトとあって、ロビーからコリドー、客室、レストランまで、すべてがシック&エレガント。タイムスリップしたかのような非日常が味わえる。オーナーが集めたアート作品が館内に飾られ、絨毯は香港、ランプはラオスから取り寄せるなど独自のコロニアル様式を極めている。プール、スパ、メインダイニングの「サイゴン・キッチン」、「ソーシャル・クラブ・ルーフトップ」（→P.104）など各施設も趣向を凝らしている。

館内のあちらこちらに絵が飾られエレガントな雰囲気に包まれている

住76-78 Nguyễn Thị Minh Khai, Q. 3
☎(028)39898888
URL www.hoteldesartssaigon.com
料ⓈⓌⓉ287万5000ドン～ スイート600万ドン～（＋税・サービス料15%。朝食付き） カード ADJMV 全168室

客室は木をふんだんに使い、あたたかい雰囲気。写真はデラックスルーム

Voice 5区チョロンの5つ星ホテルでは飲食店が充実した「ウインザー・プラザ Windsor Plaza」もおすすめ。MAP P.85-1D 住18 An Dương Vương, Q. 5 ☎(028)38336688 URL www.windsorplazahotel.↗

ホテル Hotel

重厚かつゴージャスなデザインの６つ星ホテル

レヴェリー・サイゴン
The Reverie Saigon

高級ホテル

MAP P.67-2C

「アーバンラグジュアリー」をテーマにした大人の隠れ家的ホテル。館内は重厚なヨーロピアンテイストで統一され、ロビーを飾るスワロフスキーのシャンデリアや珍しい青の大理石など、インテリアのほとんどがイタリアから輸入した物。客室にはシモンズの最高級ベッドが置かれ、シーツや布類はフェレッティ社の物を使用。バスタブにはテレビが付き、無料のミニバー、エスプレッソマシンを完備するなど、快適に過ごせるよう細かな配慮がされている。４つのレストラン、スパ、ベトナム初のサウンドプールがある。

客室からサイゴン川を望むデラックスルーム

住 22-36 Nguyễn Huệ & 57-69F Đồng Khởi, Q. 1
☎ (028) 38236688
URL thereveriesaigon.com
料 ⓈⓌⓉ320US$～
カード ADJMV　全286室

水に入ると音が聞こえるサウンドプール。温水なので温かい

改装&抜群の立地で快適な滞在がかなう

シェラトン・サイゴン・グランド・オペラ
Sheraton Saigon Grand Opera

高級ホテル

MAP P.66-1B

ドンコイ通りの一等地に建つ。メインタワーとグランドタワーからなる館内はモダンなインテリアで飾られ、高級感あふれる空間。グランドタワーは、ほとんどの客室からサイゴン川を望むエグゼクティブルームベースで、クラブラウンジを利用できる。379の客室とスイートルームからなるメインタワーは、近年、全面改装。可動式の大型フラットスクリーンテレビやゆったりくつろげるデイベッドの設置など、ハスの花をモチーフにしたモダンなデザインとともにより快適に過ごせる客室へと進化した。プール、ジム、飲食施設など館内設備も充実。

快適な眠りにつける特注ベッドを全室に設置

住 88 Đồng Khởi, Q. 1
☎ (028) 38272828　URL sheratonsaigon.com　料 ⓈⓉ550万ドン～　スイート1300万ドン～（スーペリア・デラックスとスイートは朝食付き）
カード ADJMV　全485室

ロビー階にある広々とした「ラウンジ」ではアフタヌーンティーを楽しめる

アートも楽しめるモダンな空間

ル・メリディアン・サイゴン
Le Méridien Saigon

高級ホテル

MAP P.127-1D

サイゴン川沿いに建つアートに特化した５つ星ホテル。現地の文化を感じられるようにと、ところどころにサイゴン川やホーチミン市の町並みなどベトナム南部をモチーフにしたアート作品が展示されている。客室は黒が基調のモダンデザイン。全室バスタブとシャワーブースが分かれており、バスタブにつかりながら景色を楽しめる。また、９階のサイゴン川が望めるプールは塩素を入れず、肌や髪に優しい海水を使うなど、随所に細かな配慮がされている。ジムには最新のマシンが備わり、スパも完備。

プレミアクラシックダブルの客室

住 3C Tôn Đức Thắng, Q. 1
☎ (028) 62636688　URL www.marriott.com/en-us/hotels/sgnmd-le-meridien-saigon　料 ⓈⓉ180US$～（朝食付き）
カード ADJMV　全343室

ゴージャスなロビー。客室をはじめプールやバーなど多くの館内施設からサイゴン川の眺めを楽しめる

↘com　料 ⓈⓌⓉ120US$～　カード ADJMV　全376室

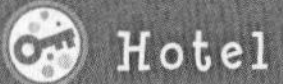

伝統とモダンが融合した大型ホテル

インターコンチネンタル・サイゴン

高級ホテル

InterContinental Saigon

MAP P.126-1B

床から天井までの大きなガラス窓より望むシティビューの絶景が最大の魅力。使い勝手のよいワークデスクやチェア、浴室には赤い漆塗りのアメニティボックスや竹のタオル掛けなど、モダンと伝統が溶け合った快適空間が広がる。ビジネスならぜひエグゼクティブフロアへ。アフタヌーンティーやイブニングカクテルのクオリティはもちろん、バトラーの給仕も最高レベル。海鮮ビュッフェが好評の「マーケット39」や完全個室で極上スパ体験ができる「スパ・インターコンチネンタル」(→P.112) など、5つの飲食店やスパの評判も高い。

全室禁煙。写真はクラブルーム

住Corner Hai Bà Trưng & Lê Duẩn, Q. 1
☎(028)35209999 URL www.icsaigon.com
料ⓈⓌⓉ510万480ドン～ スイート874万3680ドン～(+税・サービス料15%。クラブキングルームとスイートルームは朝食付き)
カード ADJMV 全305室

本格的な広東料理が楽しめる「ユーチュー」

優雅な雰囲気のフランス資本の5つ星ホテル

ソフィテル・サイゴン・プラザ

高級ホテル

Sofitel Saigon Plaza

MAP P.125-3C

設備の整ったフランス系5つ星ホテル。館内はフランス人デザイナーによるエスプリの利いた、モダンなデザイン。選べる枕や高級寝具としても販売されている独自のソフィテル・マイベッドを設置するなど快適な眠りにつける心配りがうれしい。18階から上はエグゼクティブ仕様のクラブフロアで、よりパーソナルなサービスが受けられる。飲食施設はフランス料理の「ル・17ビストロ」、インターナショナル料理のビュッフェが楽しめる「メッズ」、ベトナム料理の「ST25バイ・コト」など。ビジネスセンター、屋外プールなどもある。

ラグジュアリークラブルーム

住17 Lê Duẩn, Q. 1
☎(028)38241555
URL sofitel-saigon-plaza.com
料ⓈⓉ300万ドン～ スイート600万ドン～
カード ADJMV 全286室

1区でも比較的静かなエリアにあり、館内は優雅でシックな空気に包まれている。写真はロビー

1925年創業の歴史あるホテル

ホテル・マジェスティック・サイゴン

高級ホテル

Hotel Majestic Saigon

MAP P.67-2D

ドンコイ通りとトンドゥックタン通りの角、サイゴン川に面して建つ。ホテルの開業はフランス統治下の1925年、第2次世界大戦中は日本軍の宿舎として、ベトナム戦争中はジャーナリストたちの拠点として町の歴史とともに歩んできた由緒あるコロニアル様式のホテルだ。館内は新館と旧館があり、客室はどちらもウッディな調度品で統一。クラシカルな雰囲気を残しつつ、防音効果のある二重窓など近代的な設備を整えている。ベトナム戦争中に朝日新聞の臨時特派員として、芥川賞作家の開高健氏が滞在していた客室もある。

ゴージャスな雰囲気の「カティナ・ラウンジ」

住1 Đồng Khởi, Q. 1 ☎(028)38295517
URL majesticsaigon.com
料ⓈⓌ150US$～ Ⓣ180US$～ スイート220US$～(朝食付き)
カード AJMV 全174室

開高健氏が宿泊していた103号室。氏の写真が飾られシグネチャールームになっている

✉タクシーを利用する際はホテルのレセプションやスタッフに呼んでもらったほうがぼったくりに遭わない。自分が宿泊しているホテルでなくても、高級・中級ホテルならタクシーを呼んでくれるので、近く↗

ホテル Hotel

至便な立地の５つ星リバーサイドホテル

ルネッサンス・リバーサイド・ホテル・サイゴン

高級ホテル

Renaissance Riverside Hotel Saigon

MAP P.67-1D

サイゴン川を見下す好立地にある５つ星ホテル。広々とした客室は明るい色使いでシンプルかつ機能的な造り。シティビューとリバービューの２タイプあり、料金は割増しになるがリバービューの部屋が断然おすすめだ。館内施設は、オーセンティックな広東料理が評判の中華料理店「嘉賓」、オールデイダイニング＆シーフードビュッフェが人気の「ヴィエット・キッチン」、ロビー階の「Rバー」、夜景を楽しめる「リキッド・スカイバー」などのレストラン＆バーのほか、ジム、スパ、屋上プールもある。

クラブツインルーム

住 8-15 Tôn Đức Thắng, Q. 1
☎ (028)38220033
URL www.marriott.com/SGNBR
料 Ⓢ Ⓦ Ⓣ 550万ドン～　スイート870万ドン～（＋税・サービス料15%）
カード A D J M V　全336室

各レストランで開催されるフードプロモーションも話題

きめ細かなサービスの日系５つ星ホテル

ホテル・ニッコー・サイゴン

高級ホテル

Hotel Nikko Saigon

MAP P.122-3B

およそ10名の日本人スタッフが在駐し、日系ならではのきめ細かなサービスを提供している。デラックスルームでも40m²というホーチミン市で最大級を誇る客室はアースカラーを基調とした洗練のデザインで心地よい滞在が期待できる。オーガニック素材を使用するラグジュアリーな「蓮スパ」や飲茶が味わえる中国レストラン「明宮」、シーフードビュッフェが好評の「ラ・ブラッセリー」など館内施設も充実している。中心部から少し距離はあるが、無料のシャトルバスを運行。

全室バスタブ付き

住 235 Nguyễn Văn Cừ, Q. 1
☎ (028)39257777
URL www.hotelnikkosaigon.com.vn
日本の予約先 ☎ 0120-003741
E-mail reservation@hotelnikkosaigon.com.vn（日本語可能）　料 Ⓢ Ⓦ Ⓣ 300～360US$　スイート550US$～（＋税・サービス料15.5%。朝食付き）　カード A D J M V　全334室

５階のオープンエアのプール

王冠が目印の老舗ラグジュアリーホテル

レックス・ホテル・サイゴン

高級ホテル

Rex Hotel Saigon

MAP P.126-2B

シンボルの王冠を掲げ、威風堂々とグエンフエ通りに建つ老舗の国営ホテル。1927年に車の販売所として建てられ、1960～70年代は米軍の情報基地として、町の歴史とともに変遷してきた貴重な存在のホテルだ。室内はチーク材を多く使った落ち着いた内装で、ワンランク上のプレミアム客室が多いのが特徴。エグゼクティブルームでは、無料レイトチェックアウト、毎日２着ランドリーが無料という特典が付く。サービスも申し分なく、リラックスした滞在ができる。新館１階はシャネルなど高級ブランドショップが軒を連ねる。

エグゼクティブプレミアムの客室

住 141 Nguyễn Huệ, Q. 1
☎ (028)38292185、38293115、091-7590900（携帯、ホットライン）
URL www.rexhotelsaigon.com
料 Ⓢ 352万5000ドン～　Ⓦ Ⓣ 411万ドン～　スイート481万5000ドン～（＋税・サービス料15%。朝食付き）
カード A D J M V　全286室

屋上のバーなど飲食施設は全７店

↘にホテルがあったらそのホテルを通してタクシーを呼ぶことをすすめる。（茨城県　T.C 2）['24]

ホテル Hotel

町なかでリゾート気分が味わえる
ロッテ・ホテル・サイゴン 高級ホテル
Lotte Hotel Saigon MAP P.127-2D

サイゴン川を望む5つ星ホテル。広い敷地に贅沢な造りで、開放感のあるロビーや屋外プールはリゾートホテルのような印象だ。客室も広々としており、アメリカ製の高級ベッド、シモンズを使用するほか、全室シャワートイレ完備。

南国リゾートの趣たっぷりの屋外プール

住2A-4A Tôn Đức Thắng, Q. 1 ☎(028)38233333
URL www.lottehotel.com/saigon-hotel
料Ⓢ Ⓦ Ⓣ255万ドン～ スイート800万ドン（＋税・サービス料15%。朝食付き） カード ADJMV 全283室

モダンなデザインのシティホテル
プルマン・サイゴン・センター 高級ホテル
Pullman Saigon Centre MAP P.123-3C

中心部からは若干離れるが、客室は広く洗練されたデザインで、プールバーをもつ屋外プールはシティリゾートの趣だ。30階の「マッド・カウ・ワイン&グリル」やルーフトップバーなど6つの飲食施設、スパ、ジムがある。

デラックスルーム以上はバスタブ付き。写真はスーペリアルーム

住148 Trần Hưng Đạo, Q. 1 ☎(028)38388686
URL www.pullman-saigon-centre.com 料Ⓢ Ⓦ Ⓣ235万7200ドン～ スイート419万9000ドン～（＋税・サービス料15%）
カード ADJMV 全306室

世界のVIPも宿泊する
ニューワールド・サイゴン 高級ホテル
New World Saigon MAP P.123-3C

緑に囲まれ、テニスコートや屋外プール、ジムなどのアクティビティ施設が充実した絶好の宿泊環境だ。客室は明るく、落ち着いた色調でまとめられている。飲食施設は海鮮料理が人気の「パークビュー」、広東料理の「ブラック・ビネガー」など。

クラブキングルーム

住76 Lê Lai, Q. 1 ☎(028)38228888
URL saigon.newworldhotels.com/jp
料Ⓢ Ⓦ Ⓣ532万ドン～ スイート972万ドン～（＋税・サービス料16%） カード AJMV 全533室

コロニアル建築のクラシックホテル
ホテル・グランド・サイゴン 高級ホテル
Hotel Grand Saigon MAP P.67-1C

ドンコイ通りに面した老舗ホテル。1930年代のコロニアル建築を改築した館内は、随所にロマンティックな香りが漂う。旧館、新館ともに、木のぬくもりあふれる室内はクラシカルな家具がポイントで、バスルームもゴージャス。創業時からのアンティーク・エレベーターも健在。

新館ロイヤルスイートの客室

住8 Đồng Khởi, Q. 1 ☎(028)39155555 URL www.hotelgrandsaigon.com 料Ⓢ Ⓣ142US$～ スイート300US$～（＋税・サービス料15%。朝食付き） カード ADJMV 全251室

空港と市内の中間にある大型ホテル
イースティン・グランド・ホテル・サイゴン 高級ホテル
Eastin Grand Hotel Saigon MAP 折裏-1B

館内はモダンなインテリアで、4店の飲食施設や、ジム、スパなどを完備。無料空港送迎、ラウンジアクセス、無料ランドリーなどさまざまな特典が付くエグゼクティブ・クラブデラックスとスイートへの宿泊がおすすめ。

開放的な雰囲気の屋外プールもある

住253 Nguyễn Văn Trỗi, Q. Phú Nhuận ☎(028)38449222
URL www.eastinhotelsresidences.com/eastingrandsaigon
料Ⓢ Ⓦ Ⓣ250万ドン～ スイート450万ドン～
カード ADJMV 全268室

中心部とチョロンの中間に建つ
エクアトリアル・ホーチミン・シティ 高級ホテル
Equatorial Ho Chi Minn City MAP P.122-3A

中心部からはやや離れるが快適な滞在を楽しめるよう、満足度の高いふたつのレストランとバー、屋外プール、スパ、フィットネスジムなどの館内施設を揃える。客室は2020年に改装し、最新設備&エレガントなデザインでアップグレードされた。

海水を使用した屋外プール

住242 Trần Bình Trọng, Q. 5 ☎(028)38397777
URL hochiminhcity.equatorial.com 料Ⓢ Ⓦ Ⓣ270万ドン～ スイート770万ドン～ カード ADJMV 全333室

✉「ホテル・グランド・サイゴン」（→上記）の新館に泊まりました。ほとんどの部屋はシティビューで、最近増えている高層ビルが見渡せます。バスタブとシャワールームが併設されており、新しいだけに水↗

ホテル Hotel

オールド・サイゴンがテーマ

ミスト・ドンコイ 高級ホテル

The Myst Dong Khoi MAP P.67-1C

ドンコイ通り近くに建つブティックホテル。「オールド・サイゴン」をテーマにし、カラフルなタイルやビンテージ風の家具など細部までこだわった客室にはゆったりとした時間が流れる。レストラン、カフェ、屋上プール、スパあり。

しゃれた内装の客室

住6-8 Hồ Huấn Nghiệp, Q. 1 ☎(028) 35203040
URL www.themystdongkhoihotel.com 料Ⓢ Ⓦ Ⓣ160US$～ スイート254US$～（+税・サービス料15%）
カード A D J M V 全108室

スタイリッシュな都会派ホテル

エム・ホテル・サイゴン 中級ホテル

M Hotel Saigon MAP P.127-3C

ヒンドゥー寺院のスリ・タンディ・ユッタ・パニ（→P.77欄外）前に建つホテル。館内は白とグレーを基調にしたシンプルかつ都会的なデザインで統一され、客室も機能性にこだわりスタイリッシュ。ミニ庭園付きの客室もある。レストラン、ジムを完備。

ミニマルなデザインの客室。窓のある部屋がおすすめ

住39 Tôn Thất Thiệp, Q. 1 ☎(028) 38212888
URL mhotel.vn 料Ⓢ Ⓦ Ⓣ207万ドン～ スイート253万ドン～
カード M V 全55室

1880年創業のコロニアルホテル

コンチネンタル・サイゴン 中級ホテル

Continental Saigon MAP P.66-1A

世界の要人、著名人が宿泊リストに名を連ねる伝統あるホテル。客室は高い天井と広いクローゼットが魅力だ。各国料理のレストラン、ガーデンバー、ビジネスセンター、フィットネスセンターなどがある。

時代めいたクラシカルな調度品が置かれたヘリテージルーム

住132-134 Đồng Khởi, Q. 1 ☎(028) 38299201
URL www.continentalsaigon.com
料Ⓢ230万ドン～ Ⓣ240万ドン～ スイート500万ドン～（朝食付き） カード A D J M V 全83室

20階建ての高層4つ星ホテル

ノボテル・サイゴン・センター 中級ホテル

Novotel Saigon Centre MAP P.124-3A

1区にほど近いにぎやかなエリアに建つ20階建てのシティホテル。明るく清潔感あふれる客室は、白を基調にシンプルかつスタイリッシュにまとめられており、設備も申し分ない。館内設備はアジア&西洋料理の「スクエア」、ふたつのバー、プール、スパ、ジムなど。

明るくモダンな内装のスーペリアツインルーム

住167 Hai Bà Trưng, Q. 3 ☎(028) 38224866
URL www.novotel-saigon-centre.com 料Ⓢ Ⓦ Ⓣ250万ドン～（朝食付き） カード A D J M V 全247室

屋上プールからのリバービューが魅力

リバティ・セントラル・サイゴン・リバーサイド 中級ホテル

Liberty Central Saigon Riverside MAP P.67-1D

市内に展開するリバティ・グループのホテルで客室や屋上プールからはサイゴン川が望める。白木とオフホワイトの客室はモダンかつ機能的な造りでデラックスルーム以上はバスタブが付く。館内にはバーやスパも備わり、快適に過ごせそう。

明るく機能的な客室

住17 Tôn Đức Thắng, Q. 1 ☎(028) 38271717
URL www.libertycentralsaigonriverside.com 料Ⓢ Ⓦ Ⓣ290万ドン～ スイート580万ドン～ カード A D J M V 全170室

クラシカルな調度品で統一

オディス 中級ホテル

The Odys MAP P.128-2B

11階建ての規模の大きなブティックホテルで、無料ミニバー、無料アフタヌーンティーなどうれしいサービスが好評。客室は広くはないが細部までこだわった上品なインテリアで高級感がある。スパやテラス席からの眺望がすばらしいレストランを完備。

デラックスルーム以上の客室は窓付き

住67-69 Nguyễn Thái Bình, Q. 1 ☎(028) 38216915
URL www.theodyshotel.com 料Ⓢ Ⓦ Ⓣ160万ドン～
カード A J M V 全71室

↘回りが快適で、排水もスッキリ。朝食会場が広く内容も充実しています。（奈良県 suzuka）['24]

ホテル Hotel

グエンフエ通りに建つ老舗ホテル
サイゴン・プリンス 中級ホテル
Saigon Prince MAP P.127-3C

やや古いが明るく広々とした客室は、ベトナム製のファブリックを使用した上質な空間。サイゴン川が見渡せるリバービュールームが人気だ。飲食施設は、多国籍料理の「グリル」など。ジム、屋外プールを完備。

エグゼクティブルーム。客室の一部は近年改装している

住63 Nguyễn Huệ, Q. 1 ☎(028) 38222999
URL www.saigonprincehotel.com 料Ⓢ149万ドン～ ⓌⓉ179万ドン～ スイート329万ドン～（＋税・サービス料15%。朝食付き） カード ADJMV 全191室

うれしい無料サービスが充実！
ランタン エコノミーホテル
Lantern MAP P.123-3C

日本のホテルでも経験を積んだベトナム人女性が2023年末開業。日本語スタッフ常駐、無料ランドリーサービス、無料客室ミニバー、SIMカードの無料貸し出し、客室での朝食サービス（15万ドン）など、旅行者が必要なサービスを幅広く提供し、早くも大人気ホテルに。

客室は清潔でスタッフの応対もていねい

住122 Lê Lai, Q. 1 ☎(028) 39252691、078-4485325（携帯）
URL neo-hospitality.com/jp 料ⓈⓌⓉ90万ドン～
カード JMV 全15室

抜群の立地でツアー利用が多い
サイゴン エコノミーホテル
Saigon MAP P.66-1B

ドンコイ通りすぐのドンユー通りに建ち、どこに行くにも便利な立地。木のあたたかみを生かした客室はエアコン、冷蔵庫、セーフティボックスなど基本的な設備を完備。一部の部屋にはバスタブもある。レストラン、フィットネスセンターなどがある。

シニアデラックスルームはバルコニー付き

住41-47 Đông Du, Q.1 ☎(028) 38299734
URL www.saigonhotel.com.vn 料Ⓢ135万ドン～ ⓌⓉ160万ドン～ スイート280万ドン～ カード AJMV 全86室

日本人客に特化したサービス
東屋 エコノミーホテル
Azumaya MAP P.68-1B

屋上露天風呂、足マッサージ店、日本料理店がある「和」をコンセプトにしたホテル。朝食は和食で、民放視聴可能、全室シャワートイレを完備。フロントには日本語可能なスタッフが常駐する。タイヴァンルン2号店（MAP P.68-1A）、レタントン店（MAP P.127-1D）がある。

屋上の露天風呂。ダナンやハノイにも展開

住8A/8D1-8A/9D1 Thái Văn Lung, Q. 1 ☎(028) 38246835
URL azumayavietnam.com 料ⓈⓌ45.2～68.4US$ スイート78.8～95.2US$（＋税10%。朝食付き） カード JMV 全58室

飲み物やスナック、ランドリーが無料
ハンモック・ホテル・ファインアーツ・ミュージアム エコノミーホテル
The Hammock Hotel Fine Arts Museum MAP P.128-2B

各客室にハンモックを設けたコンセプトホテル。客室はモダンカジュアルな雰囲気で、2段ベッドの部屋もある。客室内のミニバーやスナックをはじめ、9階のレセプション横にある飲食スペースに置かれたスナックや大型冷蔵庫内のドリンクはすべて無料。

コージーダブルネストの客室。宿泊料にはランドリー代も含まれる

住59-61 Nguyễn Thái Bình, Q. 1 ☎(028) 36363621
URL thehammockhotel.com 料ⓈⓌ130万ドン～ Ⓣ100万ドン～ ファミリー150万ドン～（朝食付き） カード AJMV 全45室

ベンタン市場すぐの3つ星ホテル
サヌーヴァ・サイゴン エコノミーホテル
Sanouva Saigon MAP P.126-3A

ベンタン市場まで徒歩数分の距離にある中規模ホテル。ていねいなサービスに定評があり、リピーターも多い。客室は、オリエンタルなデザインを施したウッディな家具や鳥籠シルエットのペンダントライトが備わり、上品な内装。朝食会場となるレストランを併設。

プレミアムデラックスツインルーム

住177 Lý Tự Trọng, Q. 1 ☎(028) 38275275
URL www.sanouvahotel.com 料Ⓢ130万ドン～ ⓌⓉ160万ドン～ スイート300万ドン～（朝食付き） カード ADMV 全53室

Voice 「ランタン」（→上記）はレセプションエリアに無料のウェルカムドリンクコーナーがあり、日替わりのお茶＆ジャスミンティー、コーヒーなどを提供。ロビーではもちろん客室に持っていくことも可能。日↗

ホテル・ゲストハウス Hotel

メンテナンスが行き届いた老舗

フーンセン エコノミーホテル

Huong Sen MAP P.67-1C

ドンコイ通りの老舗ホテルだが毎年改装を重ねており、清潔に保たれた客室には冷蔵庫、セーフティボックスなど基本設備が整い、シャワーは水圧が強く快適。デラックス以上はバルコニー付きだ。ジムやサウナ、レストラン、プール完備。

ダブルデラックスルーム

住66-68-70 Đồng Khởi, Q. 1 ☎(028) 38291415
URL www.huongsenhotel.com.vn
料ⓈⓌⓉ150万ドン～（＋サービス料５%。朝食付き）
カード MV 全76室

創業40年以上の老舗３つ星ホテル

ボンセン・ホテル・サイゴン エコノミーホテル

Bong Sen Hotel Saigon MAP P.66-2B

フレンチ風とベトナムモダンをミックスさせたロビーや、ベトナム料理のビュッフェが好評な「ガン」など、パブリックエリアの雰囲気がいい。ジムも完備。同経営の「パレス・ホテル・サイゴン」（MAP P.127-3C）のプールも利用できる。

改装を重ね手入れが行き届いた客室

住117-123 Đồng Khởi, Q. 1 ☎(028) 38291516
URL www.bongsenhotel.com
料Ⓢ240万ドン～ スイート450万ドン～
カード ADJMV 全130室

アパートメントタイプの客室が人気

EMMホテル・サイゴン エコノミーホテル

EMM Hotel Saigon MAP P.123-1C

グリーンとピンクがテーマカラーのモダンなブティックホテル。中心部までは少々距離があるものの、無料で使える洗濯機&乾燥機のほか、リビングルームやキッチンが付いたアパートメントタイプの客室があるなど、中・長期滞在も可能なサービスが充実している。レストランあり。

アパートタイプのジュニアスイートの客室

住157 Pasteur, Q. 3 ☎(028) 39362100 URL emmhotels.com/en/hotels/emm-hotel-saigon 料ⓈⓌⓉ65US$ ～ アパートメント78US$ ～（朝食付き） カード ADJMV 全50室

ドミトリー用ベッドが多い高層ホステル

9 ホステル&バー ゲストハウス

9 Hostel & Bar MAP P.123-3C

ベンタン市場まで徒歩で行ける好立地の高層ホステル。２段ベッドのドミトリールームがメインで、ベッドライト、コンセント、ロッカーが備わる。個室もあり、ツインルームはハンモックが設置され、広々としたバルコニー付き。ロビー階にはカフェ・バーを併設している。

ツインルーム。ダブルルームもある

住9 Bùi Thị Xuân, Q. 1 ☎090-6889855（携帯）
E-mail booking.9hotel@gmail.com 料ⓈⓌⓉ35万ドン～ Ⓓ15万ドン～ カード MV 全６室、46ベッド

アットホームで居心地良好

ゴックミン ゲストハウス

Ngoc Minh MAP P.70-1B

ファングーラオ通りとドークアンダウ通りのミニホテルが建ち並ぶ路地にある老舗ゲストハウス。改装を重ねており、客室はシンプルながら清潔に保たれていて設備も十分。屋上にはガーデンテラスがあり、ここで朝食を取れる。

バルコニー付きのファミリールーム

住283/11 Phạm Ngũ Lão, Q. 1 ☎098-2910927（携帯）、098-9599076（携帯） E-mail ngocminhhotel283@gmail.com
料Ⓢ50万ドン～ Ⓦ66万ドン～ ３人部屋80万ドン～ ファミリー 95万ドン～ カード 不可 全25室

ボリューミーな朝食が人気

ファンアン・バックパッカーズ・ホステル ゲストハウス

Phan Anh Backpackers Hostel MAP P.70-1A

ファングーラオ通りの路地にある人気のゲストハウス。靴を脱いで上がるスタイルで、館内は常に清潔に保たれている。客室はシンプルだが明るく、基本的な設備が整い、広さも十分。ボリューミーで選べる朝食も人気がある。

ダブルベッドが並ぶツインルーム

住373/6 Phạm Ngũ Lão, Q. 1 ☎(028) 39209235 E-mail sales@phananhbackpackershostel.com 料Ⓢ35万ドン～ ⓌⓉ40万ドン～ ３人部屋50万ドン～ ファミリー 60万ドン～ Ⓓ17万ドン～（＋税・サービス料15%。朝食付き） カード ADMV 全20室

↘本語スタッフは24時間対応なのも心強い。

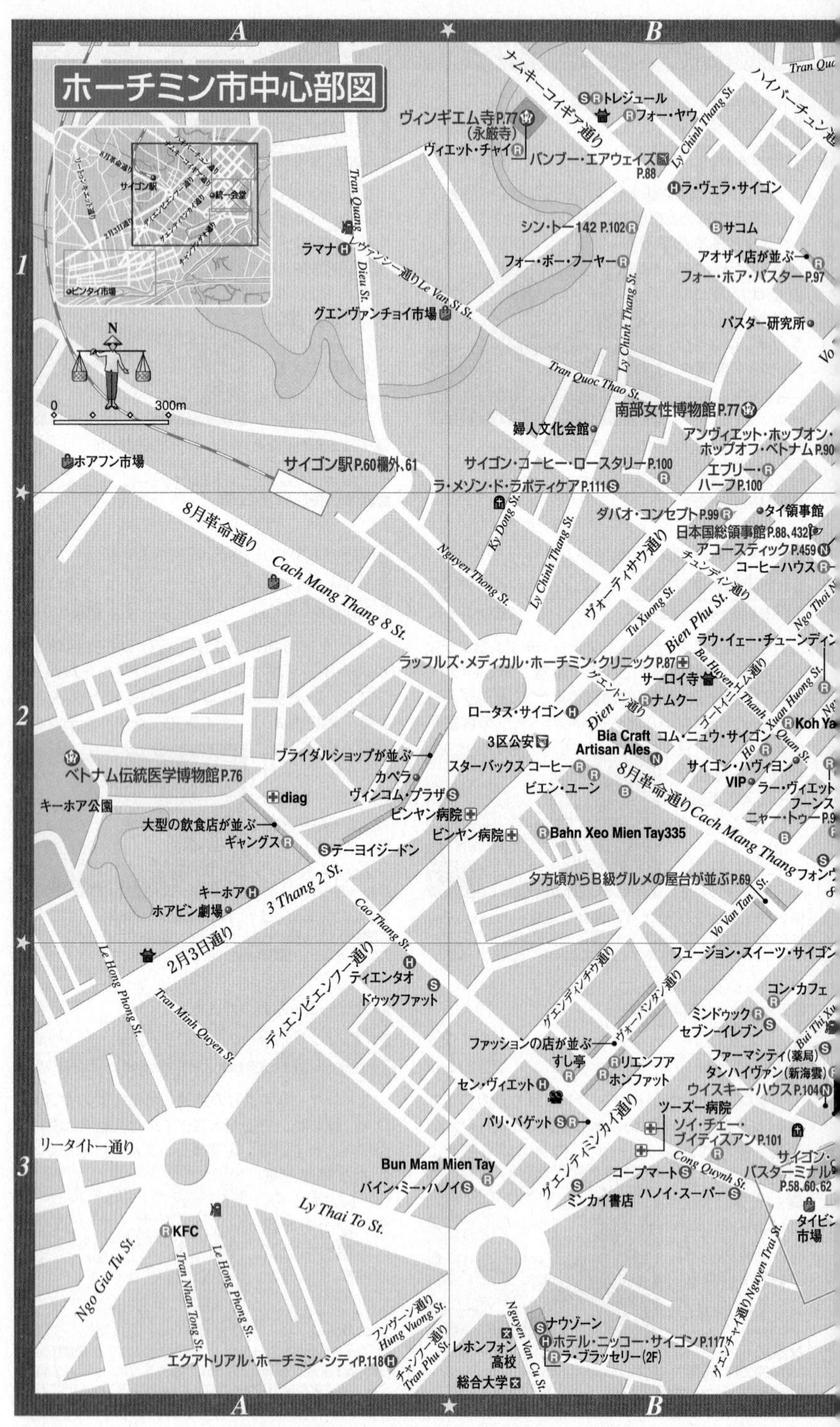

※地図中、左上の小エリア図の赤枠部分が、折り込み地図裏でのこの地図の位置を示しています。

歴史博物館南西部図 P.124-125
人民委員会庁舎周辺図 P.126-127
レタントン通り・タイヴァンルン通り P.68-69
ドンコイ通り P.66-67
ベンタン市場南東部図 P.128-129
歴史博物館 P.76
ホーチミン作戦博物館 P.75欄外
サイゴン動植物園 P.79
サイゴン大教会 P.75 (聖母マリア教会)
※2024年2月現在、改修工事中
中央郵便局 P.75、88
戦争証跡博物館 P.74
統一会堂 P.74 (独立宮殿)
ホーチミン市人民委員会庁舎 P.67欄外
ホーチミン市博物館 P.76
ベンタン市場 P.78
美術博物館 P.76
ホーチミン博物館 P.75欄外
サイゴン川

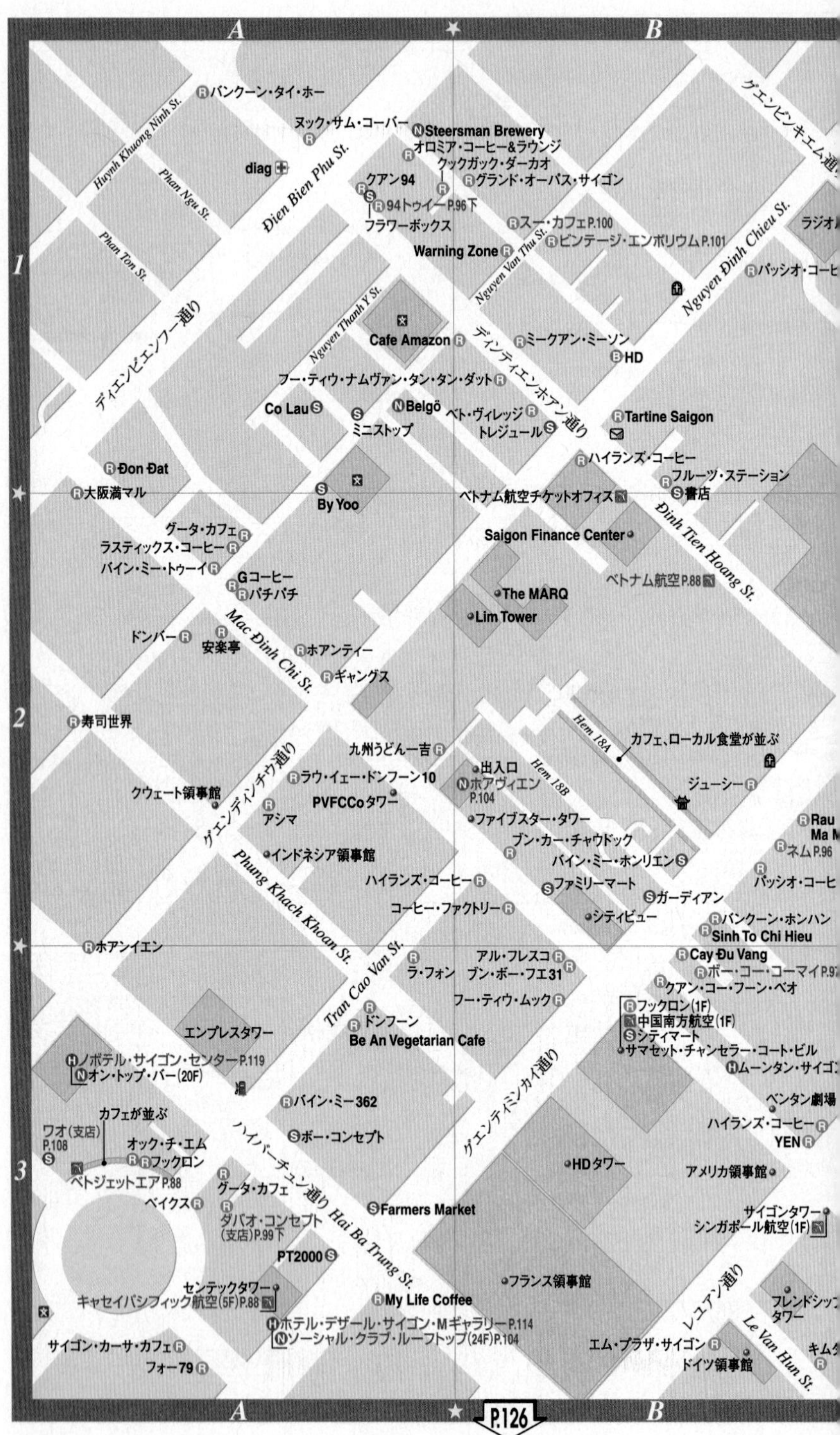

A
B
1
2
3
バンクーン・タイ・ホー
ヌック・サム・コーバー
Steersman Brewery
オロミア・コーヒー&ラウンジ
クックガック・ダーカオ
グランド・オーパス・サイゴン
diag
クアン94
94トゥイー P.96下
フラワーボックス
スー・カフェ P.100
ビンテージ・エンポリウム P.101
Warning Zone
Huynh Khuong Ninh St.
Phan Ngu St.
Phan Ton St.
Đien Bien Phu St.
Nguyen Van Thu St.
Nguyen Đinh Chieu St.
グエンビンキエム通り
ラジオ
パッシオ・コーヒ
Nguyen Thanh Y St.
Cafe Amazon
ディンティエンホアン通り
ミークアン・ミーソン
HD
ディエンビエンフー通り
フー・ティウ・ナムヴァン・タン・タン・ダット
Co Lau
Belgö
ミニストップ
ベト・ヴィレッジ
トレジュール
Tartine Saigon
ハイランズ・コーヒー
フルーツ・ステーション
書店
Đon Đat
大阪満マル
By Yoo
ベトナム航空チケットオフィス
Saigon Finance Center
Đinh Tien Hoang St.
グータ・カフェ
ラスティックス・コーヒー
バイン・ミー・トゥーイ
Gコーヒー
パチパチ
ベトナム航空 P.88
The MARQ
Lim Tower
Mac Đinh Chi St.
ドンバー
安楽亭
ホアンティー
ギャングス
寿司世界
Hem 18A
カフェ、ローカル食堂が並ぶ
九州うどん一吉
Hem 18B
出入口
ホアヴィエン P.104
ジューシー
グエンディンチウ通り
ラウ・イェー・ドンフーン10
クウェート領事館
PVFCCoタワー
アシマ
ファイブスター・タワー
Rau Ma M
ネム P.96
ブン・カー・チャウドック
インドネシア領事館
バイン・ミー・ホンリエン
Phung Khach Khoan St.
ハイランズ・コーヒー
ファミリーマート
パッシオ・コーヒ
ガーディアン
コーヒー・ファクトリー
シティビュー
バンクーン・ホンハン
Sinh To Chi Hieu
ホアンイエン
Cay Đu Vang
アル・フレスコ
ボー・コー・コーマイ P.97
ラ・フォン
ブン・ボー・フエ31
クアン・コー・フーン・ベオ
Tran Cao Van St.
フー・ティウ・ムック
フックロン(1F)
中国南方航空(1F)
シティマート
サマセット・チャンセラー・コート・ビル
ドンフーン
Be An Vegetarian Cafe
エンプレスタワー
ノボテル・サイゴン・センター P.119
オン・トップ・バー(20F)
ムーンタン・サイゴ
グエンティミンカイ通り
ベンタン劇場
バイン・ミー362
カフェが並ぶ
ハイランズ・コーヒー
YEN
ワオ(支店) P.108
オック・チ・エム
フックロン
ボー・コンセプト
HDタワー
アメリカ領事館
ハイバーチュン通り Hai Ba Trung St.
ベトジェットエア P.88
ベイクス
グータ・カフェ
Farmers Market
ダバオ・コンセプト(支店) P.99下
サイゴンタワー
シンガポール航空(1F)
PT2000
センテックタワー
キャセイパシフィック航空(5F) P.88
フランス領事館
レユアン通り
My Life Coffee
フレンドシップタワー
ホテル・デザール・サイゴン・Mギャラリー P.114
ソーシャル・クラブ・ルーフトップ(24F) P.104
サイゴン・カーサ・カフェ
エム・プラザ・サイゴン
Le Van Hun St.
ドイツ領事館
フォー79
P.126

P.127

※地図中、右上の小エリア図の赤枠部分が、折り込み地図裏でのこの地図の位置を示しています。

P.124
人民委員会庁舎周辺図
サイゴン・カーサ・カフェ
フォー79
タンニエン P.95
フォー24 P.102
屋台が並ぶ
青年文化会館
チュングエン・レジェンド
ファミリーメディカルプラクティス・ホーチミン市 P.87
ボックス・マーケット
ダイヤモンド・デパートメント・ストア
ハイランズ・コーヒー
ブックストリート P.65欄外写真
DYMメディカルセンターベトナム ホーチミン1区院 (B1F) P.87
ラップ&ロール(GF) P.98
エム・プラザ・サイゴン
スターバックス コーヒー
インターコンチネンタル・サイゴン P.116
スパ・インターコンチネンタル (3F) P.112
マーケット39(GF)
ハイバーチュン通り
オーラック
郵便税関 P.88
Vinaphone
MobiFone
パッシオ・コー
The Coffee L
diag
カフェが並ぶ
カファ・カフェ
モーモーパラダイス
セイリング・タワー
パスター通り
サイゴン大教会(聖母マリア教会) P.75
※2024年2月現在、改修工事中
中央郵便局 P.75、88
ホップオン・ホップオフ・ベトナムのバス発着所 P.91
マリア像
メゾン・マルウ(支店)
カティナ・サイゴン・カフェ
RuNam d'Or
グエンユー通り
レユアン通り
mk(1F)
メサ・プラザ
スターバックス コーヒー
ドリーマーズ・デザート・バー P.99
オウ・パルク
プロパガンダ P.95
カフェが並ぶ
北海道 幸
メトロポリタンビル
バオヴィエット・フィナンシャルセンタータワー
HISホーチミン支店 (MF) P.89
コン・カフ (1F) P.101
リベ(1F) P.
ニュー・プレイグラウン
ナムキーコイギア通り
セブン-イレブン
ドンヤオ P.459
ニャーハン・ゴン P.96
フォー24
トゥクトゥク
カトリーヌ・ドゥヌアル・メゾン
Chef Thien
ブン・ダウ・ゴー・ニョー・フォー・ニョー
シークレット・ガーデン(4F) P.94
出入口
クアン・アン・ゴン138
Ben Nghe Street Food
レスコ・タワー
ブラウホフ
コープ・フード
ラオス領事館 P.88
プレジデント・プレイス
チュングエン・レジェンド
統一会堂(独立宮殿) P.74
リートゥチョン公園
ホーチミン市人民委員会庁舎 P.67欄外
ホーチミン市博物館 P.76
出入口
レタントン通り
ホー・チ・ミン像
パスター通り
レックス・ホテル・サイゴン P.117
グエンユー通り
セントラル・パレス
リートゥチョン通り
ナムキーコイギア通り
グエンチュンチュック通り
ローカル飲み屋が並ぶ
文化公園
ブルーダイヤモンド
シルバーランド・イェン
パスター・ストリート・ブルーイング・カンパニー(2F) P.10
レ・ハン P.109
メコン・キルツ P.107
ギンコー・Tシャツ P.109
The Alley
ケム・バクダ
コム・タム・モック
パスター・ストリート・ブルーイング・カンパニー(支店)
GKセントラル
リバティ・セントラル・サイゴン・シティポイント
ソコ・カフェ・ベイク・ブランチ P.13
バーベキュー・ガーデン
2024年2月現在、工事中
ヒンドゥー教寺院
レロイ通り
エー&イーエム・コーナー
ラメンダ・カフェ
メイヘム・サイゴン
ベップ・メ・イン P.96
ナムジャオ P.97
フォンチャー・コン・テン
サイゴン・エコ・クラブ P.105
サイゴン書店
El Gaucho
ニャットハー2
モスボックス
サヌーヴァ・サイゴン P.120
ネイルの店が並ぶ
リバティ・セントラル・サイゴン・センター
ソイガー・ナンバーワン
スリ・タンディ・ユッタ・パ P.77
ピザ・フォーピース
カティナ・サイゴン・カフェ
エー&イーエム
ルーヴァンタン通り
シン・ヘリテージ P.101
ビュッフェ・ホアンイエン・プレミア(5F) P.94
アンナム・グルメ・マーケット(B2) P.110
サイゴン・センター
イースト・ウエスト・ブルーイング・カンパニー
靴屋が並ぶ
アルヴィア・チョコレート・ハウス・サイゴン P.100
ホーチミン高島屋 P.110
ベンタン市場 P.78
オッキオ・カフェ (3F) P.100
サイゴン・スクエア P.110
P.128
Nguyen Thi Minh Khai St.
Pham Ngoc Thach St.
Nguyen Van Chiem St.
Alexandre de Rhodes
Le Duan St.
Han Thuyen St.
Nguyen Du St.
Ly Tu Trong St.
Pasteur St.
Nam Ky Khoi Nghia St.
Huyen Tran Cong Chua St.
Nguyen Trung Truc St.
Thu Khoa Huan St.
0 100m
N

※地図中、左上の小エリア図の赤枠部分が、折り込み地図裏でのこの地図の位置を示しています。

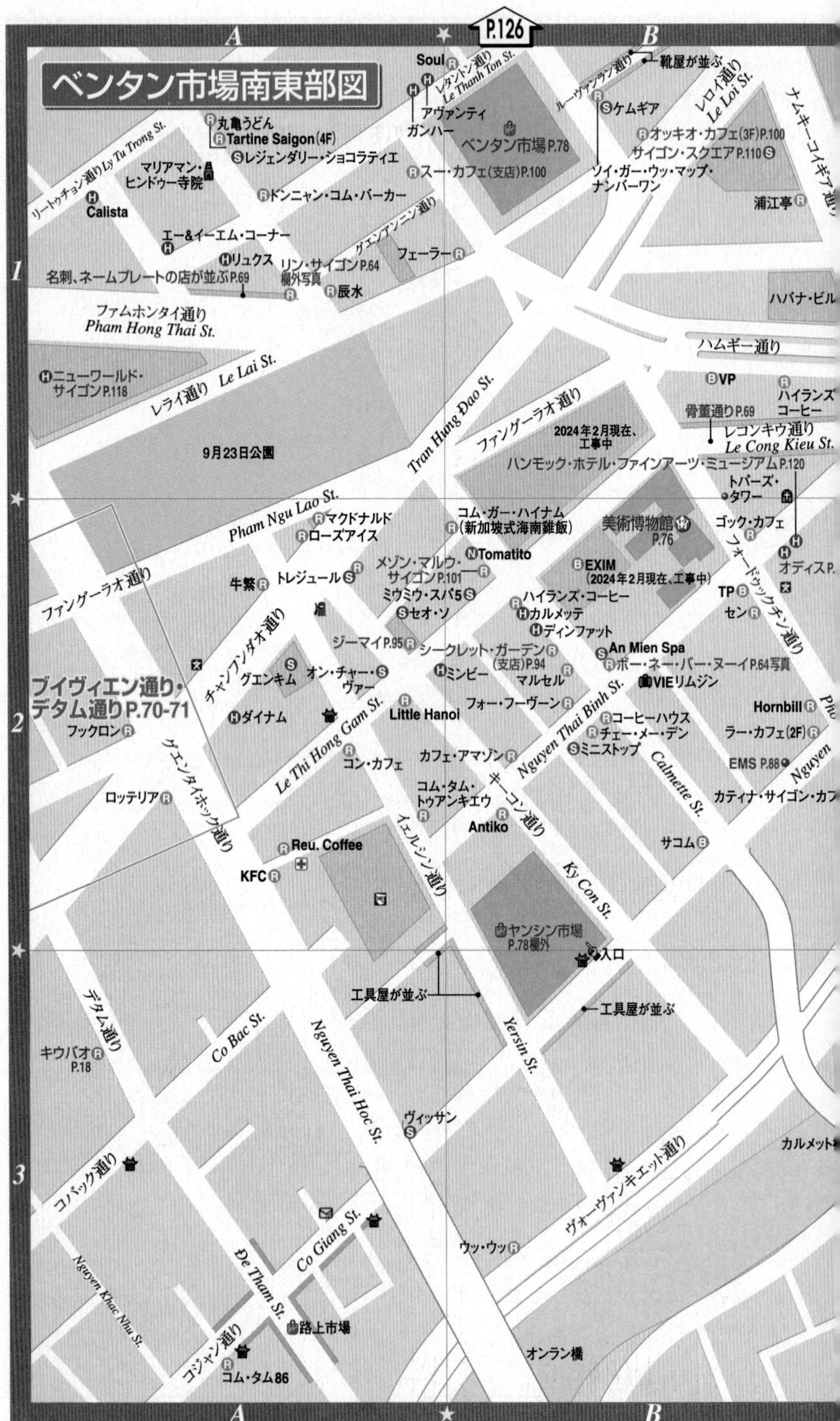
ベンタン市場南東部図
P.126
A
B
1
2
3
Soul
レタントン通り Le Thanh Ton St.
アヴァンティ
ガンハー
ベンタン市場 P.78
ルーヴァンラン通り
靴屋が並ぶ
ケムギア
レロイ通り Le Loi St.
ナムキーコイギア通り
オッキオ・カフェ(3F) P.100
サイゴン・スクエア P.110
ソイ・ガー・ウッ・マップ・ナンバーワン
浦江亭
丸亀うどん
Tartine Saigon(4F)
レジェンダリー・ショコラティエ
リートゥチョン通り Ly Tu Trong St.
マリアマン・ヒンドゥー寺院
Calista
ドンニャン・コム・バーカー
スー・カフェ(支店) P.100
グエンアンニン通り
エー&イーエム・コーナー
リュクス
リン・サイゴン P.64 欄外写真
フェーラー
名刺、ネームプレートの店が並ぶ P.69
辰水
ファムホンタイ通り Pham Hong Thai St.
ハバナ・ビル
ハムギー通り
ニューワールド・サイゴン P.118
レライ通り Le Lai St.
VP
ハイランズ・コーヒー
骨董通り P.69
レコンキウ通り Le Cong Kieu St.
Tran Hung Dao St.
ファングーラオ通り
2024年2月現在、工事中
9月23日公園
ハンモック・ホテル・ファインアーツ・ミュージアム P.120
トパーズ・タワー
Pham Ngu Lao St.
マクドナルド
ローズアイス
コム・ガー・ハイナム(新加坡式海南雞飯)
美術博物館 P.76
ゴック・カフェ
フォードゥックチン通り
オディス P.
Tomatito
メゾン・マルゥ・サイゴン P.101
EXIM (2024年2月現在、工事中)
トレジュール
牛繁
ファングーラオ通り
ミウミウ・スパ5
ハイランズ・コーヒー
TP
セン
セオ・ソ
カルメッテ
ディンファット
ジーマイ P.95
シークレット・ガーデン(支店) P.94
An Mien Spa
ボー・ネー・バー・ヌーイ P.64写真
チャンフンダオ通り
グエンキム
オン・チャー・ヴァー
ミンビー
マルセル
VIEリムジン
ブイヴィエン通り・デタム通り P.70-71
ダイナム
Little Hanoi
フォー・フーヴーン
Nguyen Thai Binh St.
コーヒーハウス
チェー・メー・デン
ミニストップ
Hornbill
ラー・カフェ(2F)
フックロン
Le Thi Hong Gam St.
グエンタイホック通り
コン・カフェ
カフェ・アマゾン
Calmette St.
EMS P.88
Nguyen
ロッテリア
コム・タム・トゥアンキエウ
キーコン通り
カティナ・サイゴン・カフ
Antiko
イェルシン通り
サコム
Reu. Coffee
KFC
Ky Con St.
ヤンシン市場 P.78 欄外
入口
工具屋が並ぶ
工具屋が並ぶ
デタム通り
Co Bac St.
Nguyen Thai Hoc St.
Yersin St.
キウバオ P.18
ヴィッサン
カルメット
コバック通り
ヴォーヴァンキエット通り
Co Giang St.
ウッ・ウッ
Nguyen Khac Nhu St.
De Tham St.
路上市場
オンラン橋
コジャン通り
コム・タム86

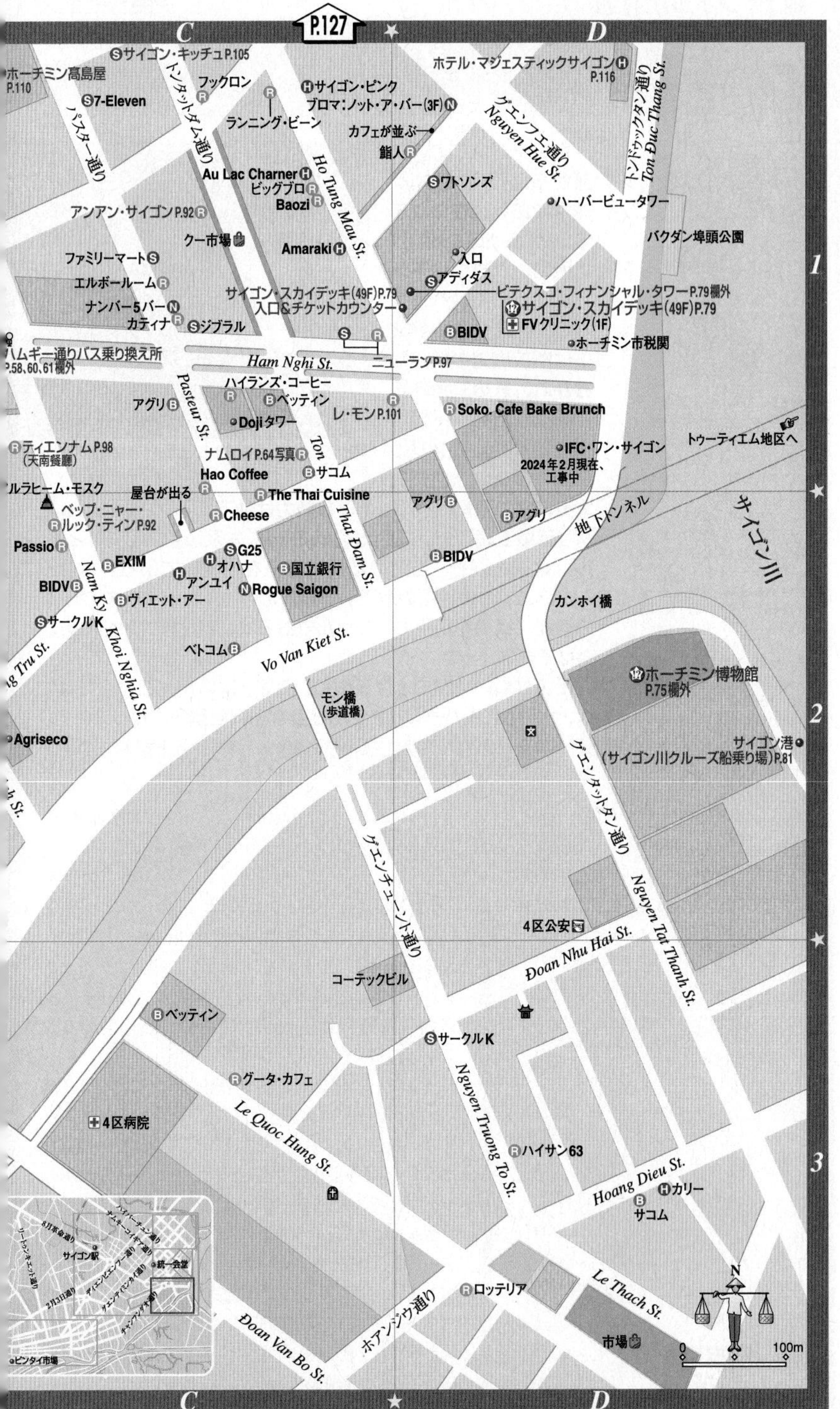

※地図中、左下の小エリア図の赤枠部分が、折り込み地図裏でのこの地図の位置を示しています。

地下トンネルが有名

MAP 折表-4B

クチ

クチの市外局番 028

Củ Chi

クチ・トンネルへの行き方

ホーチミン市内からクチ・トンネルへの直通バスはなく、クチの町で乗り換えなければならない。クチの町へのバスはホーチミン市のサイゴン・バスターミナル、チョロン・バスターミナルから出ている（→P.62）が、旅行会社が主催するツアーに参加するか車をチャーターするのが、所要時間も短くて便利。ホーチミン市内から車で約1時間30分。

クチ・トンネル観光の服装

トンネル内に入るときは汚れてもいい服装で。女性もパンツルックのほうがよい。また、虫よけの薬があればなおよい。

ホーチミン市の中心部から北西へ約70km、途中にある現在のクチの町から約30km離れた所に、クチの地下トンネルがある。ベトナム戦争当時、この地域には解放戦線の拠点がおかれ、鉄の三角地帯と呼ばれた難攻不落の場所だった。アメリカ軍はたび重なる空爆と大量の枯れ葉剤を投下し、解放勢力は地下にトンネルを掘ってゲリラ戦を続けた。総距離約250kmにも及ぶ手掘りのトンネルは現在も残り、当時の抵抗の様子を物語っている。もちろん、アメリカ軍はこの地下トンネルの存在は知っていたが、その複雑な構造を正確にはつかんでおらず、最後まで攻略することはできなかった。

解放戦線の兵士たちが作った武器や仕掛けが模型展示されている

そんな戦いの歴史とは裏腹に、今はトンネルへと続く道々には、水牛がのんびり草を食むのどかな田園風景が広がっている。

見どころ Sightseeing

南ベトナム解放民族戦線によって造られた

クチの地下トンネル

Địa Đạo Củ Chi　Cu Chi Tunnels

MAP 左図、P.131

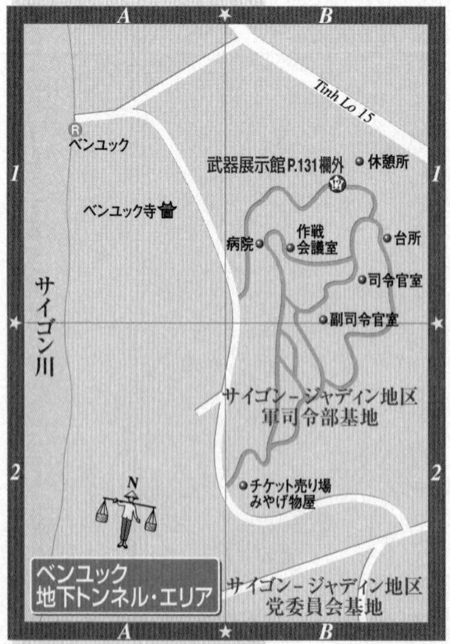

現在見学できるトンネルは、ベンディン（Bến Đình）と、そこから北西へ約12km先にあるベンユック（Bến Dược）の2ヵ所。一般にクチ・トンネルというとベンユックを指すが、ホーチミン市内の旅行会社主催のツアーではたいていベンディンに行く。

ベンユックは広く、道を挟んでサイゴン-ジャディン地区軍司令部と同地区党委員会のトンネルに分かれている。射撃場やみやげ物店などもあり、まるで公園のように整備されている。一方、ベンディンはそれより規模は小さいが、見学できるトンネル内の内容はほぼ同じ。ここでは一般的なツアーで見学するベンディンについて説明する。

ベンディン地下トンネルエリア

ゲートをくぐると最初にビデオ上映室があり、解放戦線の戦いや地元住民の暮らしを描いた約10分間の記録映画が上映される。日本語のナレー

女性兵士は、報告書の作成やトンネル内のガイド、負傷兵士の救助など、重要な役目を果たしていたという

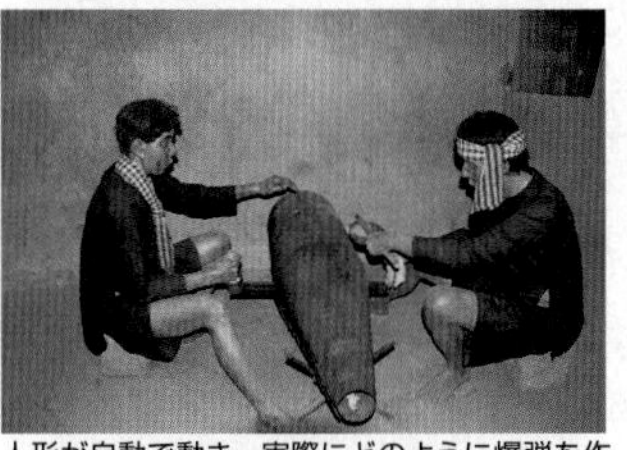
人形が自動で動き、実際にどのように爆弾を作っていたかを見せてくれる。極暑のなかで過酷な労働だったことがうかがえる

トンネルの入口は人がやっと通り抜けられる大きさ。ほかにもジャングルに仕掛けられた多くのトラップなどの説明を受ける

ションによる上映を行う部屋もある（ベンユックも同様）。

地下トンネルは整備され、観光用に広げられた一部のトンネルに入ることができる。地上から深さ4m、6m、10mの３層構造になったトンネル内には、会議室、司令官室のほかに、台所や寝室、病院まであり、文字どおり地下生活の様子がうかがえる。

トンネルの土は意外と硬い。腰をかがめて中に入ると、狭い通路は迷路のごとく二差、三差に分かれており、ムッとする臭いと湿気が襲ってくる。少しだけでもトンネル内に入り、苦しい当時のゲリラ戦の様子を肌で感じてみよう。

入口は木の葉や枝でカムフラージュされており、すぐに見つけるのは難しい。うっそうとした林の中を歩いて行くと、ところどころに大きく陥没した爆撃の跡もある。

台　所

かまどの奥には穴が掘られ、敵に発見されないように離れた場所から少しずつ煙が出るよう工夫されている。布で作られた筒の中には米が入っており、これを背負って移動した。隣の食堂では、当時の兵士たちが食べていたタピオカの原料でもあるキャッサバのイモを試食できる。

作戦会議室

狭くて薄暗い部屋の中には、長い机と椅子が置かれている。正面には解放戦線の旗と「独立と自由ほど尊いものはない」というホー・チ・ミンの有名な言葉が書かれている。部屋の隅には落とし穴が掘られ、中にはヤリが突き出ている。

司令官・副司令官室

いずれも狭く、薄暗い小部屋にハンモックや木製ベッド、机とタイプライターがあるだけの質素なもの。

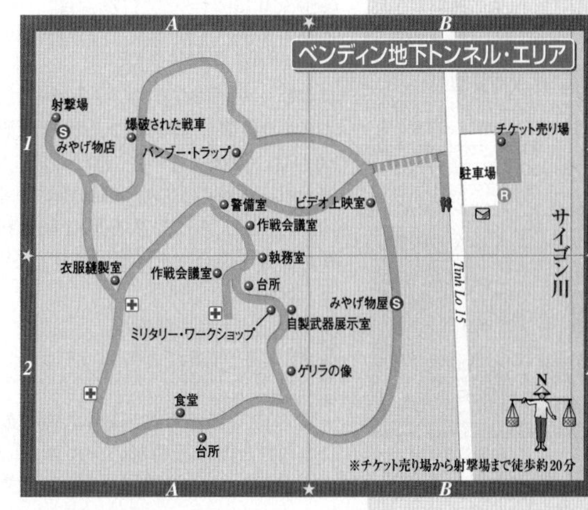

※旅行会社のツアーに参加する場合でも、入場料は別途現地で払うことが多い。

南ベトナム解放民族戦線

1960年12月、"アメリカ帝国主義勢力" と南ベトナムのゴ・ディン・ジエム政権打倒を目標として南部で結成された民族統一戦線（略称NFL）。反共勢力からは「ベトコン：Việt Cộng（越共）」と呼ばれたが、共産主義者以外に農民や知識人も多く含まれていた。1969年には南ベトナム共和国臨時革命政府を樹立。その後、北ベトナム政府軍（NVA）とともに1975年４月、南ベトナムの解放を成し遂げた。

クチ博物館

Nhà Truyền Thống Huyện Củ Chi
Cu Chi Museum
住Tỉnh Lộ 8　☎(028)37948830
開8:00〜11:30、13:00〜18:00
休無休　料無料

クチの町の中心部近くにある。解放戦線の戦いの記録と使用された武器などを展示。

ベンユック

住Tổ 6, Ấp Quốc Lộ 22, Phước Thành ☎(028)37948820
開7:30〜17:00　休無休
料12万5000ドン（英語ガイド、武器展示館入場料含む）

武器展示館

Nhà Trưng Bày Vũ Khí Tự Tạo
Self-made Weapon Exhibition Show Room
MAP P.130-1B
開7:00〜17:00　休無休

ベンユックにあり、解放戦線の兵士たちが作った武器の模型が展示されている。ワナは下に杭が出ている単純な落とし穴から、踏み込むと鉄の矢が刺さり抜けにくい仕掛けなど、巧妙な物が多い。

ベンディン

住Tỉnh Lộ 15, Ấp Bến Đình
☎(028)37946442
開7:00〜17:00　休無休
料12万5000ドン（英語ガイド付き）

カオダイ教の総本山

MAP 折表-4B

タイニン

タイニンの市外局番
0276
Tây Ninh

寺院は6つの宗教のそれぞれのシンボルが混在した造りで、正面には「天眼」が描かれている

ホーチミン市の北西約100km、カンボジアと国境を接するタイニン省の省都。ベトナムの独特な新興宗教、カオダイ教の本部があることで有名な所だ。省民の80%はカオダイ教の信者といわれ、純白のアオザイをまとったカオダイ教徒の姿をあちらこちらで見かける。また近郊にはいたるところにカオダイ教の寺院があり、民家に入ればカオダイの象徴である「天眼」の画像が見られる。

市内から15kmほど北東にはバーデン山があり、町なかからもその三角形の美しい姿が眺められる。ベトナム戦争中の一時期、解放戦線の本拠地がこの近くにあり、バーデン山の中腹の洞窟に陣地網を築いて抗戦を続けたという。

タイニンへの行き方

ホーチミン市からタイニンへの直通バスはなく、クチ・バスターミナルで乗り換えることになる。旅行会社主催のツアーに参加するのが所要時間も短くて便利。ホーチミン市内から車で約2時間30分。

カオダイ教とは

1926年、ゴ・ヴァン・チエウ(Ngô Văn Chiêu)によって唱えられたベトナムの新興宗教。信徒数は約250万人。キリスト教、仏教、イスラム教、ヒンドゥー教、儒教、道教を取り混ぜた混合宗教で、キリスト、釈迦、孔子、ビクトル・ユゴーや李白まで聖人に祀られている。カオダイは宇宙の至上神で、その象徴が巨大な眼「天眼」である。

宇宙の至上神は人類を救済するため、これまで3度現れたとされる。1度目は西洋ではモーゼ、東洋では釈迦、2度目はキリストと老子、そして3度目がカオダイで、地球上の宗教を統一して人類を救おうという思想が信仰の中心となっている。

南北分離の南ベトナム政府時代には、カトリック独裁のゴ・ディン・ジエム政権に武力で抵抗し、政治的な面でも注目された。

寺院内への入場口

観光客は正面向かって右側の男性用の入口前にある靴脱ぎ場に靴を預ける。女性信者は左側の入口から入場しなければならないが、観光客であれば女性でも男性用の入口から入場可能。

バーデン山山頂のヴァンソン寺。山頂まではロープウエイが運行

見どころ Sightseeing

★★★ 新興宗教、カオダイ教の総本山

カオダイ教寺院

Tòa Thánh Cao Đài　Cao Dai Great Temple

正午の礼拝では、礼拝の音楽とともに信者たちの荘厳な合唱が寺院を包む

ベトナム全土のカオダイ教の総本山。広大な敷地内に極彩色の巨大な寺院がそびえ建つ。1933～55年に建てられた寺院は、カトリック聖堂の建築様式にアジア的な装飾が施され、何とも不思議な雰囲気だ。内部には龍が巻き付いた派手な柱が並び、正面には宇宙の至上神を表し、カオダイの象徴でもある巨大な眼「天眼」が据えられている。青く塗られた天井には星が描かれ、両側の窓にも天眼が施される。毎日6:00、12:00、18:00、24:00の4回礼拝の時間があり、白いアオザイ姿の信者たちが集まってくる。

御本尊の「天眼」。礼拝前のみ1階に立ち入って撮影できる

★ メコンデルタで一番高い山

バーデン山

Núi Bà Đen　Ba Den Mountain

町の中心部から約15km北東にある高さ850mの山。平野の中にポコンと黒い三角形のシルエットが浮かび上がっている。山頂にはヴァンソン寺(Chùa Vân Sơn:雲山寺)という小さな寺がある。

Voice カオダイ教寺院での礼拝を見学する場合は、礼拝の始まる10分前には2階へ上がっておこう。混雑時は入場が制限され、集合時間に間に合わなくなる恐れもある。

気軽に行ける海水浴場

ブンタウ

MAP 折表-4B

ブンタウの市外局番
0254
Vũng Tàu

小さな漁船が並ぶフロント・ビーチ

郵便局
MAP P.134-1B
住408 Lê Hồng Phong
☎(0254) 3525968
営7:00～18:00(土曜～12:00)
休日曜

穴場のリゾート、ロンハイ
ホーチミン市から車でブンタウへ向かう途中、バーリア（Bà Rịa）の先にある三差路を左折し、約30分行った所にあるビーチ。ビーチは有料で、水はそれほどきれいではないが、のんびり過ごしたい人にはよい。

ホーチミン市から船でわずか２時間ほどの所にある、１年中海水浴が楽しめるビーチ。真っ青な空に火炎樹の赤い花が鮮やかに映り、明るい雰囲気に満ちている町だ。バーやカラオケ、ディスコなどナイトライフも充実しており、例えるならベトナムの熱海といったところ。ホーチミン市から日帰りで行けるので、シーズン中は週末ともなるとたくさんの海水浴客でにぎわう。遠浅の海、手に取るとサラサラとこぼれる白砂のビーチ。タイヤチューブの浮き輪に乗って歓声を上げる子供たち。ギラギラと照りつける太陽の下、体を焼く欧米人も多い。そしてひと泳ぎしたあとは、新鮮な海の幸が待っている。

アクセス ❁ ACCESS

ブンタウへの行き方

●**バス**

ホーチミン市のタンソンニャット国際空港国際線ターミナルからブンタウ・バスターミナル（MAP P.134-1A）まで72-1番バスが4:30～22:30の間に10分～２時間間隔で運行。15万ドン、所要約３時間。ミエンドン・バスターミナルからもバスが運行（→P.61）。

●**船**

ホーチミン市から水中翼船のグリーンラインズDPが運航（→P.62）。

ブンタウからの交通

●**バス**

ブンタウ・バスターミナルからホーチミン市行きのバスは終日頻発。タンソンニャット国際空港行きのバスは行き方の項（→上記）参照。

ホーチミン市行きは市内からも多数リムジンバスが出ている。ホアマイ（MAP P.134-2B 住47 Trưng Nhị ☎(0254) 3833333）が4:30～18:00の間に30分間隔で運行。20万ドン、所要約２時間。VIEリムジン（MAP P.134-1B 住33 Đường 3 Tháng 2 ☎081-2131131〈携帯〉）は5:00～21:30の間に１時間間隔で運行。19万ドン～、所要約２時間。

●**船**

ホーチミン市行き水中翼船グリーンラインズDPがロープウエイ乗り場（MAP P.134-1A）から月～金曜10:00、12:00、14:00、16:00発の４便、土・日曜は前記に加えて13:00、15:00発もある。32万ドン、子供（６～11歳）27万ドン、５歳以下無料。所要約２時間。コンダオ島行きはフーコック・エクスプレスがブンタウ・フェリーターミナル（MAP P.134-1A）から8:00発の１便運航。月～木曜79万ドン（子供63万ドン）、金～日曜、祝日95万ドン（子供76万ドン）。所要約３時間15分。

グリーンラインズDP　Greenlines DP
☎098-8009579(携帯)
URL greenlines-dp.com

フーコック・エクスプレス　Phu Quoc Express
☎(0254)3622889
URL phuquocexpressboat.com

ストロベリー・ビーチ近くには海を眺められるおしゃれなカフェも点在。写真は「ビーチ・ストップ Beach Stop」（MAP 下図-1A参照）

安ウマ！なカニ麺
フーンヴィ
Phuong Vy
MAP 下図-1B
住104A Võ Thị Sáu
☎090-2780590（携帯）
営6:00～13:00、16:30～21:00
休無休　カード不可

タピオカ粉や米粉から作られるモチモチの麺にカニの身がどっさり載った汁麺、バン・カン・ゲ（Bánh Canh Ghẹ、4万ドン～）の専門店。

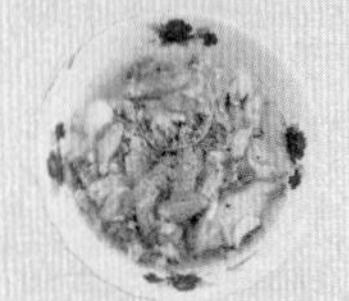

カニのすり身も入ったスペシャル（Bánh Canh Ghẹ Đặc Biệt 、7万ドン）

歩き方 Orientation

ブンタウには4つのビーチがある。市街地の前に広がるフロント・ビーチ（Bãi Trước）、その北にあるストロベリー・ビーチ（Bãi Dâu）と、南のパイナップル・ビーチ（Bãi Dứa）、そして長い砂浜をもつバック・ビーチ（Bãi Sau）だ。海水浴に最も適しているのは、ビーチ幅が広く遠浅のバック・ビーチ。複数のビーチ施設があり、にぎわいを見せている。フロント・ビーチにはたくさんの漁船が停泊しており、なかなか絵になる光景。一部に限られるがフロント・ビーチでも海水浴が楽しめる。ストロベリー・ビーチとパイナップル・ビーチは泳ぐのには適さない。

市街地のチューンコンディン通りと、フロント・ビーチ沿いのクアンチュン通りに挟まれた一帯に、レストランやカフェ、食堂が集まる。ホテルはバック・ビーチ沿いのトゥイーヴァン通りにミニホテルから高級ホテルまでズラリと並ぶ。市街地はさほど広くないので歩いても回れるが、釈迦仏台やバック・ビーチへは歩いては行けないので、タクシーやバイクタクシーを利用しよう。ブンタウの日差しは強烈で、近いと思って歩くと意外に疲れる。フロント・ビーチからバック・ビーチまではタクシーで約10分。

フロント・ビーチは小さな漁港。毎日新鮮な魚が水揚げされる

ブンタウ

ホワイト・パレス P.135
ドッグレース P.136（グレイハウンド・レーシング）
ラッフルズ・メディカル・クリニック
ロバート・テイラー古武器博物館 P.135
クアンチュン通り Quang Trung St.
Ba Cu St.
チャンフンダオ通り Tran Hung Dao St.
チューンコンディン通り Truong Cong Dinh St.
Nam Ky Khoi Nghia St.
Xo Viet Nghe Tinh St.
Vo Thi Sau St.
Le Hong Phong St.
ファミリーマート
P.133欄外 ブンタウ・バスターミナル P.133
海鮮料理店が並ぶ
ビンチャウ行きバス乗り場
コープマート
ビンチャウ温泉へ（約80km）P.136
VIEリムジン P.133
ロッテ・マート P.135下
プルマン・ブンタウ
マリブ P.137
バック・ビーチ P.135（トゥイーヴァン・ビーチ）
遊園地
ナイトマーケット
フーンドン
サミー
FITAカオスー
ファーマシティ（薬局）
バック・ビーチ
フロント・ビーチ
ブンタウ中心部 右下図
ウッ・ムーイ P.137
ソムルーイ・シーフード・マーケット・ストリート P.135欄外
タンタム亭 P.136
Quach's
Hoang Hoa Tham St.
ヴィクトリー
グリーン
イビス・スタイルス
ブンタウP&T
ハイランズ・コーヒー
ピザカンパニー
ブンタウ・フェリーターミナル P.133（コンダオ島行き高速船乗り場）
レストラン、カフェ、バーが並ぶ
パーティ
フーンヴィ P.134欄外
トゥイーヴァン通り Thuy Van St.
ブンタウ・ケーブルカー＆ホーメイ・パーク P.135欄外
グリーンラインズDP水中翼船乗り場（ホーチミン市行き）P.133
オーカップ
ハロン通り Ha Long St.
トゥイーヴァン
ブルー・シー
プレミアム・パール
マリーナ・ベイ・ブンタウ・リゾート＆スパへ（約3.8km）P.137
スクール・プラス・ブンタウへ（約3km）P.137
ストロベリー・ビーチへ（約1.8km）
ビーチ・ストップへ（約1.8km）P.134欄外写真
ガンハオ1へ（約1.5km）P.137
ニェットバン寺（涅槃寺）P.136
サークルK
ホテルが並ぶ
ソーホー・コーヒー
パイナップル・ビーチ
キリストの像 P.135
マリーナ・クラブ
メルキュール・ホテル・ブンタウ
南シナ海
0　500m

ブンタウ中心部

釈迦仏台へ（約3km）P.136
ロバート・テイラー古武器博物館 P.135
ペトロ
ペトロ・ベトナム・タワー
レロイ通り
Le Quy Don
Ba Cu St.
ラムソン・スクエア
ロイヤル
レックス
ホアマイ P.133
Quang Trung St.
Le Loi St.
Ly Tu Trong St.
ランキー
EXIM
フロント・ビーチ
PAROS
Tran Hung Dao St.
Thong Nhat St.
ムーンタン・ホリデイ・ブンタウ P.137
フュージョンスイーツ・ブンタウ
ウッ・ムーイ P.137
Nguyen Du St.
BIDV
グランド
ソムルーイ・シーフード・マーケット・ストリート P.135欄外
チャン・クオック・トアン
Nguyen Trai St.
0　300m

見どころ Sightseeing

★★★ にぎわいあるブンタウのメインビーチ MAP P.134-1B

バック・ビーチ（トゥイーヴァン・ビーチ）

Bãi Sau (Bãi Thùy Vân) Back Beach(Thuy Van Beach)

町の東側にある、長さ約4kmにもわたる白砂のビーチ。夏のシーズン中は、近郊からやってきた海水浴客で埋め尽くされる。ビーチ沿いには海の家が建ち並び、客を呼び込んでいる。水の透明度はさほどでもないが、遠浅で波の穏やかな海では、ジェットスキーに興じる人の姿も見られる。ここには複数の総合ビーチ施設がある。

家族で遊びに来るベトナム人も多い

★★ 驚くほど充実した世界の武器展示 MAP P.134-2B

ロバート・テイラー古武器博物館

Bảo Tàng Vũ Khí Cổ Robert Taylor Worldwide Arms Museum

イギリス人武器収集家、ロバート・テイラー氏の私設博物館。17～20世紀にかけての世界各国の武器や軍服など約2500点が展示されている。鎌倉時代の侍の甲冑や神聖ローマ帝国時代の甲冑などもあり、見応えがある。

充実のコレクション

★★★ ブンタウを見渡す大きなキリスト像 MAP P.134-2A

キリストの像

Tượng Chúa Kitô Vua Jesus Christ Statue

町の南端の山上にそびえ立つ高さ30mの白いキリスト像。両手を広げて立つポーズは、南米リオデジャネイロのキリスト像を彷彿させる。バック・ビーチの南端近くから像まで長い石段を上っていく。像内部にはらせん階段が設けてあり、キリスト像の肩の上の展望台に出られ、遠くの海岸線が見渡せる。

15分もあれば頂上まで上れる

★★ 今も残るフランス総督の豪華な別荘 MAP P.134-1A

ホワイト・パレス

Bạch Dinh White Palace

市街地の北西部、海に面した丘の上に建つ洋館。もともと1889年にフランス総督の別荘として建てられ、南ベトナム政府時代にはゴ・ディン・ジエム大統領、グエン・ヴァン・チュー大統領も使っていた。２階には当時のままの応接間や寝室が残されており、見学も可能。１階には16世紀頃ブンタウ近海で難破した船から引き上げられた陶磁器などが展示されている。２階の窓から広がる海の眺めはすばらしく、この眺めだけでも贅沢な別荘だったことが想像できる。

その白亜の外観からホワイト・パレスと呼ばれる

Voice! スーパーマーケットで買い物をするなら「ロッテ・マート Lotte Mart」へ。MAP P.134-1B
住 Góc Đường 3 Tháng 2 & Thi Sách ☎090-1057057（携帯） 営 8:00～22:00 休 無休

ソムルーイ・シーフード・マーケット・ストリート

Phố Hải Sản Xóm Lưới
Xom Luoi Seafood Market Street
MAP P.134-2B
住 14 Trương Công Định
☎093-3661818（携帯）
営 5:00～22:00 休 無休

数十mの道の両脇に約20店の海産物を取り扱う店が並ぶ海鮮市場。

上・下／ブンタウ近郊で取れた新鮮な魚介類がズラリと並び、見て歩くだけでも楽しい。５万ドンくらいでその場で調理もしてくれる

ロバート・テイラー古武器博物館

住 98 Trần Hưng Đạo
☎090-8367566（携帯）
開 8:00～17:00 休 無休
料 7万ドン

キリストの像

住 2 Hạ Long
☎(0254)3856580
開 ゲートは6:30～17:00、キリスト像の内部展望台は7:30～11:30、13:30～16:30 休 無休 料 無料

ホワイト・パレス

住 4 Trần Phú
☎(0254)3511608 開 7:30～17:00（最終入場16:30） 休 無休
料 1万5000ドン

ブンタウ・ケーブルカー&ホーメイ・パーク

Vung Tau Cable Car & Ho May Park
MAP P.134-1A
住 1A Trần Phú
☎(0254)3856078、090-8002735（携帯）
URL www.homaypark.com
開 7:30～18:00（金・土曜～22:00）
休 無休
料 ロープウエイ往復とホーメイ・パーク入場料、園内の乗り物のセットチケット50万ドン

ホワイト・パレス前のロープウエイ乗り場から約500m先の山の頂上を結ぶ。頂上は遊園地やプールなどがあるテーマパーク「ホーメイ・パーク」で、ブンタウ市街を一望できる。

白い大仏と涅槃仏は御利益満点!?

MAP P.134-2B参照

釈迦仏台

Thích Ca Phật Đài　Thich Ca Buddha Statue

市の中心部から約3km北に離れた丘の上にある。敷地内にはいくつかの白い釈迦仏の像があり、狭い階段を上り下りしながら巡ると、釈迦の一生をたどることができる。ここはベトナム人にとっても人気の観光地で、線香を掲げて熱心に祈る人の姿も多い。

その白さがより神々しさを感じさせる

海を見渡せる

MAP P.134-2A

ニェットバン寺（涅槃寺）

Niết Bàn Tịnh Xá　Nirvana Pagoda

1974年に建てられた比較的新しい造りの寺。本堂には大きな釈迦仏が横たわり、線香を掲げて祈る参拝者の姿があとを絶たない。

クジラを祀った神社がある

MAP P.134-1A

タンタム亭

Đình Thần Thắng Tam　The Whale Temple

19世紀初旬、グエン（阮）朝のザーロン帝からミンマン帝の時代に、近隣海域で暴れていた海賊を退治した３人の指揮官を祀っている。同じ敷地内には、ブンタウに打ち上げられたクジラの頭の骨を祀ったクジラの神社、南海翁陵（Nam Hải Lăng Ông）がある。これは漁師の海難事故を防いでくれるクジラの神様「南海将軍」の骨と言い伝えられている。毎年９月上旬から中旬にかけては、海上安全と大漁を祈願した「クジラ祭り」も行われる。

その速さに白熱する本格的なレース

MAP P.134-1A

ドッグレース（グレイハウンド・レーシング）

Đua Chó　Dog Racing

イギリスやオーストラリアでポピュラーなドッグレースが、ブンタウで行われている。毎週土曜の夜、ラムソン・スタジアムでグレイハウンド犬による10レースが開催。もちろんギャンブルなので、馬券ならぬ犬券をレースごとに購入可能（単勝、複勝、二連複、三連単があり、１万ドン～）。配当金はレース後すぐに換金できる。白熱したレースが展開されると盛り上がる。

南部ベトナムでは珍しい温泉リゾート

MAP P.134-1B参照

ビンチャウ温泉

Suối Nước Nóng Bình Châu　Binh Chau Hot Spring

ホーチミン市から車でブンタウへ向かう途中の三差路を右に行くとブンタウ、そこを左に折れてさらに北へ進むとビンチャウに着く。ブンタウから車で約１時間半、ホーチミン市からだと約３時間半だ。ここには温泉施設「ミネラ・ホットスプリングス・ビンチャウ」がある。敷地内には温水の湧く湿地帯の中に温水プール（水着着用）、マッドバス（泥風呂）、露天風呂、スパなど約30もの設備がある。ここではぜひ82℃の温水で作る温泉卵を試したい。売店で生卵を買って、自分で湯に浸して作る。ホテルも完備しており、宿泊も可能。

釈迦仏台
住610 Trần Phú　☎なし
開正門は6:00～17:00、正門横の小さな入口は24時間
休無休　料無料

ニェットバン寺（涅槃寺）
住66/7 Hạ Long　☎なし
開7:00～18:00　休無休　料無料

本堂の寝釈迦仏。小さな寺だが厳かな雰囲気

タンタム亭
住77A Hoàng Hoa Thám
☎(0254)3526099　開7:00～17:00　休無休　料無料

ていねいに祀られている南海将軍（クジラ）の骨

ドッグレース
ラムソン・スタジアム
Lam Son Stadium
住15 Lê Lợi　☎(0254)3807309
URL www.duachovietnam.net
料入場料９万ドン、VIPルーム18万ドン

入場チケットはラムソン・スタジアム、ブンタウのホテル、ホーチミン市のチケット代理店で購入できる。レース時間は土曜の19:00～22:15。

レース犬は意外と（？）速く見ていて楽しい

ビンチャウ温泉
ミネラ・ホットスプリングス・ビンチャウ
Minera Hot Springs Binh Chau
住QL55, Xã Bình Châu, Huyện Xuyên Mộc
☎(0254)3871131
URL minera.vn　営9:00～17:00
休無休　料入場料16万5000ドン（週末20万ドン）、入浴44万5000ドン（週末54万5000ドン）

昼食付き、マッドバス付きなどさまざまなコンボセット（90万5000ドン～）もある。

レストラン Restaurant

ブンタウで海鮮を食べるならここ！
ガンハオ1 海鮮料理
Ganh Hao 1 MAP P.134-1A参照

ブンタウでは誰もが知る超有名店。ハマグリやイカ料理なら12万5000ドン〜。タコのグリル（Bạch Tuộc Nướng Muối Ớt、16万ドン〜）やザボンの海鮮サラダ（Gỏi Bưởi Hải Sản、17万5000ドン〜）、海鮮粥（Cháo Hải Sản、22万5000ドン〜）がおすすめ。

手前は具だくさんのザボンの海鮮サラダ

住 3 Trần Phú ☎(0254) 3550909 営10:00〜21:30 休無休 カードMV 予約不要

ブンタウ名物エイ鍋の店
ウッムーイ 海鮮料理
Ut Muoi MAP P.134-2B

アカエイの切り身を野菜や米麺ブンと煮込んでいただく、ブンタウ名物のエイ鍋（Lẩu Cá Đuối、25万ドン〜）が食べられる店。淡白なアカエイはクセがなく、小骨のない白身魚のよう。酸味のあるスープとも相性がよく案外いける。

普通のベトナム料理もあるが、ほとんどの人がエイ鍋を注文している

住10 Trương Công Định ☎(0254) 3596477 営9:00〜22:45 休無休 カード不可 予約不要

ホテル Hotel

海沿いの大型高級リゾート
マリーナ・ベイ・ブンタウ・リゾート&スパ 高級ホテル
Marina Bay Vung Tau Resort & Spa MAP P.134-1A参照

ブンタウ市街から北に約4km、大海原の絶景を楽しめる大型のラグジュアリーリゾート。宿泊施設は、2階建てのアパートメントタイプで、全室バルコニーまたはテラス付きのオーシャンビュー。レストラン、ジム、スパなども完備。

海に面したインフィニティプール

住115 Trần Phú ☎(0254) 3848888 URL marinabayvungtau.com 料ⓈⓌⓉ369万ドン〜 スイート578万ドン〜（朝食付き） カードADJMV 全100室

スタイリッシュな4つ星ホテル
マリブ 高級ホテル
The Malibu MAP P.134-1B

バック・ビーチまで徒歩約5分の所に建つ高層の大型4つ星ホテル。6階以上が客室となり、上階にあるプールやレストランからの見晴らしは抜群。部屋はスタイリッシュな内装で、最も小さいデラックスルームでも39㎡と広く、ゆったりと使えるのがうれしい。

デラックスダブルルーム

住263 Lê Hồng Phong ☎(0254) 7305779 URL malibuhotel.vn 料ⓈⓌⓉ155万〜210万ドン スイート250万〜350万ドン（朝食付き） カードADJMV 全209室

パステルカラーのかわいいホテル
スクール・プラス・ブンタウ 中級ホテル
Skool Plus Vung Tau MAP P.134-1A参照

ストロベリー・ビーチを望む9階建ての高層ホテル。最小でも37㎡と周辺ホテルに比べて広々とした客室はパステルカラーで統一されている。高層階の客室からは海が見渡せるほか、屋上のインフィニティプールからも絶景が楽しめる。

デラックスルーム

住160/2 Trần Phú ☎(0254) 3858788 URL www.facebook.com/skoolplusvungtauhotel 料ⓈⓌⓉ240万ドン〜 カードMV 全30室

手頃な価格で快適ステイ
ムーンタン・ホリデイ・ブンタウ 中級ホテル
Muong Thanh Holiday Vung Tau MAP P.134-2B

フロント・ビーチの目の前に建つ4つ星ホテル。客室は暖色系の落ち着いた色でまとめられており、ゆっくりと過ごせる。プールやジム、レストラン、バー、スパがひととおり揃っているなど、館内設備も十分。

プレミアムデラックスルーム

住9 Thống Nhất ☎(0254) 3552468 URL holidayvungtau.muongthanh.com 料ⓈⓌⓉ160万〜210万ドン スイート300万〜350万ドン（朝食付き） カードADJMV 全85室

Voice ブンタウのホテルのほとんどは週末、祝日料金を設定しており、週末や祝日は値上がりするので要注意。

メコンクルーズの起点

MAP 折表-4B

ミトー

ミトーの市外局番
0273
Mỹ Tho

メコンデルタのベストシーズン
ベストシーズンは乾季の10〜11月と4〜5月。雨季でも1日中雨が降り続くことはあまりない。

ベトコムバンク
Vietcombank
MAP 下図-1A
住204-204B Nam Kỳ Khởi Nghĩa ☎(0273) 3976055
営7:30〜11:30、13:00〜16:30
休土・日曜
USドルと日本円の現金の両替が可能。要パスポート。

ミトー市場
営店によって異なるが、だいたい7:00〜19:00 休無休

入り組んだ細い水路の両側にはニッパヤシが生い茂る

ホーチミン市から国道1号線を南西に行くこと約1時間30分。メコンデルタの入口の町、ミトーに到着する。米粉から作られるフー・ティウ麺の本場であり、リュウガン、マンゴー、ランブータンなど豊富な果物の産地としても有名な町だ。

ミトー観光のハイライトは、何といってもメコンクルーズ。モーター付きの木造船に乗り込み、中州のトイソン（Thới Sơn）島やフン（Phụng）島に向けて出発！　両岸に低く続くジャングルを眺めながら、茶色く濁ったメコン川の雄大な流れのなかを行く。ときおりすれ違う貨物を積んだ木造船やフェリー、果物を山積みにした小舟、黙々と網を打つ漁師たちを見やりながら、のんびりと心地よい川風に吹かれよう。

見どころ　Sightseeing

人々の暮らしを肌で感じる　MAP 左図-2B

ミトー市場

Chợ Mỹ Tho　My Tho Market

おもに生鮮食品が売られている屋内のミトー市場。人ひとりすれ違うのがやっといった細い路地に、新鮮な野菜や魚がズラリと並んでいる。市場周辺にも太陽の恵みをたっぷり受けて育った南国野菜や果物、魚の乾物などの食料品の路上市場が広がっている。道を挟んだ北側には国営百貨店があり、こちらは生活雑貨が売られている。

淡水魚やエビの乾物なども多く見かける

郵便局：MAP 上図-2B　住59 Đường 30 Tháng 4　☎(0273) 3873214　営6:30〜20:00（日曜7:00〜17:00）　休無休

★★★ 中国×フランスの建築美 MAP P.140-1B

ヴィンチャン寺（永長寺）

Chùa Vĩnh Tràng　Vinh Trang Temple

美しく整備された敷地内に建つ、独特の雰囲気をもった寺院

市内から東に約1km行った所にある、ヤシの木々に囲まれた仏教寺院。1849年に開かれた由緒ある寺だが、その造りは日本の寺とは大違い。中国とフランスの建築様式を取り入れ、曲線的で優美な外観を造り出している。中にはお坊さんのための学校もあり、ここで4年間の修行を積むという。

★★ ヤシの実だけを食べて生活していた MAP P.140-2B

ヤシ教団の寺

Di Tích Đạo Dừa　Coconut Monk Temple

龍の尻尾が異なる中央の塔はダオユアを象徴

ミトーから船で約20分。フン（Phụng）島に遊園地のような奇妙な造形物が見えてくる。ヤシの実だけを食べて生活していたヤシ教団の寺だ。教祖ダオユア（本名グエン・タン・ナムNguyễn Thành Nam）は1909年フックタン（現ベンチェー省）で生まれ、1928～35年までフランスに留学。その後帰国し、仏教とキリスト教、イスラム教、カオダイ教、ホアハオ仏教を融合した宗教を確立。ここに小さな教団の生活共同体を作った。ダオユアは当時の南ベトナム政府によって何度も投獄されながら活動を続けたが、1990年に死亡し、教団は解散させられた。

広場に建つ9つの塔は9本の支流があるメコン川と、9人いた妻との婚姻生活を象徴。また後部のふたつのタワーは橋で結ばれているが、その下にはベトナムのジオラマ地図があり、南北ベトナムの統一を象徴している。

敷地内の巨大な涅槃像。巨大布袋像と観音像もある

ヴィンチャン寺（永長寺）
住Mỹ Phong
☎(0273)3873427
開6:30～18:30　休無休　料無料

ドンタム・スネークファーム
Trại Rắn Đồng Tâm
Dong Tam Snake Farm
MAP P.140-1A
住Bình Đức, Châu Thành
☎(0273)3853204
開7:00～17:00　休無休
料7万ドン
市内から西へ約10kmの所にある。大蛇や毒ヘビなど、研究用のヘビがうようよ。

ヤシ教団の寺
住Ấp Tân Vinh, Châu Thành
☎(0273)3822198
開7:00～19:00　休無休
料4万ドン、子供2万ドン

ダオユアの写真をはめ込んだ記念碑もある

アクセス ACCESS

ミトーへの行き方

●バス

ホーチミン市のミエンタイ・バスターミナルから5:50～18:00の間に約2時間間隔で運行。4万7000ドン、所要約1時間30分。カントーのカントー中央バスターミナルからは10:00発の1便運行。10万ドン、所要約2時間。

ミトーからの交通

●バス

中心部から西へ約3kmの所にあるティエンジャン・バスターミナル（Bến Xe Tiền Giang MAP P.140-1B）からホーチミン市へは3:00～18:30の間に30分間隔で運行。4万5000ドン～、所要約2時間。カントーへは5:00発の1便運行。8万ドン、所要約2時間。同バスターミナルからは近郊の町へのバス発着が多く、各方面へはベンチェー・バスターミナル（→右記）のほうが本数が多い。

ベンチェーへの行き方

●バス

ホーチミン市のミエンタイ・バスターミナルから6:30～18:30の間に約30分間隔で運行。6万～10万ドン（寝台バス14万ドン）。ミトー市内からの路線バスはなく、タクシーを利用。約30分、20万ドンくらい。

ベンチェーからの交通

●バス

ベンチェー・バスターミナル（MAP P.141-1A参照）からホーチミン市へ終日頻発。6万ドン～、所要約2時間。ヴィンロンへはカントー行きの路線バス71B番に乗り、ミートゥアン大橋で下車（8万ドン、所要約1時間30分）。そこからバイクタクシーまたはタクシーでヴィンロン市内へ。所要約15分。バイクタクシー 4万ドン、タクシー 9万ドンくらい。

ラックミウ橋からの眺め

ミトーとベンチェーを結ぶラックミウ橋

MAP 下図-1A～2A

ミトーとベンチェーを結ぶラックミウ橋（Cầu Rạch Miễu）は、橋部分の長さは第1橋と第2橋を合わせて2878m、全長8331mの大橋でトイソン島、フン島とも結ばれており、陸路でふたつの島へも行ける。

ミトー周辺の4つの島

トイソン島：Cù Lao Thới Sơn（ユニコーン島）
フン島：Cù Lao Phụng（フェニックス島）
ロン島：Cù Lao Rồng（ドラゴン島）
クーイ島：Cù Lao Qui（トータス島）
※（　）内は英語名。

メコンデルタ旅行のハイライト

メコンクルーズ

MAP 下図

Mekong River Cruise

ミトーの南側を流れるメコン川には、中州状の4つの島がある。最も大きいものがトイソン島、そしてフン島、ロン島、クーイ島と連なる。ミトー観光の目玉は、これらの島々やメコン川の南のベンチェーをボートで巡るツアーだ。トイソン島をはじめ、周辺には果樹園がいくつもある。ツアーでは、ベトナム南部民謡のドン・カー・タイ・トゥ（Đờn Ca Tài Tử）を聴きながらパパイヤ、マンゴー、ドラゴンフルーツ、ジャックフルーツなど、もぎたての季節のフルーツが味わえる。その後は手こぎの小舟に乗り換えて、ニッパヤシが茂る細い水路をジャングルクルーズ。ベンチェー側にはココナッツキャンディ工場やハチミツ農園が多く、それらも見学できる。

左／ハチミツ農園ではハチミツ茶を楽しめる　中／5～6種類のみずみずしい旬の果物が味わえる果樹園

クルーズはこぎ手ひとり当たり2万～3万ドンのチップが必要

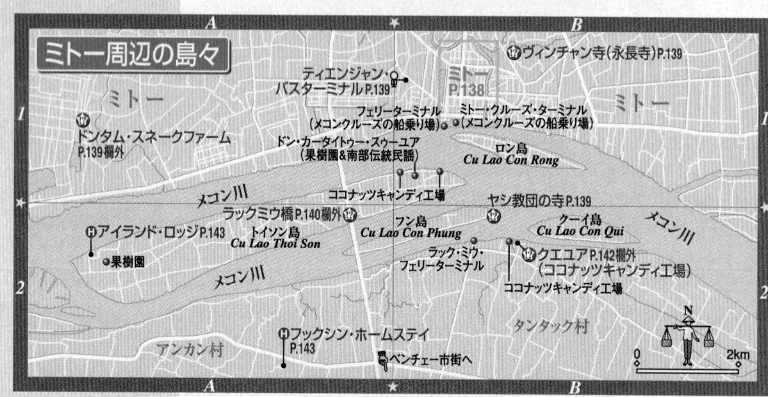

旅行会社&ツアーオフィス ❁ TRAVEL OFFICE & TOUR OFFICE

●ティエンジャン・トラベル
Tien Giang Travel

MAP P.138-2A　住8 Đường 30 Tháng 4
☎(0273)3853666、3852888、091-8406070(携帯)
URL tiengiangtravel.vn
営8:00～16:30　休無休　カード不可

トイソン島での果樹園、ハチミツ農園、ココナッツキャンディ工場見学やクルーズ体験と、フン島のヤシ教団の寺を回るツアー（約3時間）は、ひとり40万8000ドン～、2名参加の場合はふたりで47万6000ドン～。前日までに要予約。

●ヴィエット・ニャット・ツーリスト
Viet Nhat Tourist

MAP P.138-2A　住1 Hoàng Sa(フェリーターミナル内)
☎(0273)3975559　URL dulichvietnhat.com
営7:30～21:00　休無休　カード不可
【1号店】MAP P.138-2A　住8 Đường 30 Tháng 4

トイソン島の果樹園、ハチミツ農園、ココナッツキャンディ工場を回るツアー（約3時間）は、2名参加の場合はひとり80万ドン。夕方以降のホタル観賞ツアーやホームステイプログラムもある。最少催行人数はふたり。日本語ガイドあり。

郊外の町

ココナッツの名産地

ベンチェー

Bến Tre

MAP 折表-4B、下図

省の全域にヤシが多く、ココナッツの名産地として知られるベンチェー省は、メコン川の前江河口部に位置する広大な中州地帯からなる。省都ベンチェーはミトーから車で約30分。メコン川に架かるラックミウ橋を渡り、そこからさらに12kmほど行ったベンチェー川の北岸にある。目抜き通りは市街の中央を南北に走るドンコイ通りで、通りの南側の突き当たりにはベンチェー橋が架かっている。たいして広い町ではないので、散策には1〜2時間あれば十分だ。市場や教会などを見たら、ベンチェー橋を渡って対岸を散策するのもいい。このあたりは果樹園が多く、グァバやスモモが植えられている。道なりに10分ほど行くと、ミーホア橋があり、ここからの夕日は美しい。

ベンチェーはココナッツの産地。あちらこちらにヤシの木が群生している

また、ここから南シナ海方面へ約36km離れたヴァムホー（Vàm Hồ）には、水ヤシに営巣するサギの生息地がある（→P.158）。メコン川もここまで来ると川幅が一段と広くなり、海が近いことを実感する。

ベンチェーの市外局番
0275

ベンチェーの旅行会社

ビナツアーズ
Vinatours
MAP 下図-1A参照
住179D Võ Nguyên Giáp
☎（0275）3829618
E-mail sale@vinatours.org

ココナッツ工場や果樹園があるベンチェー近郊の村をボートや徒歩、シクロに似た荷台付きの乗り物、セー・ロイなどで巡るツアーを主催。4時間のツアーでひとり95万ドン、2名参加の場合、ふたりで98万ドン。

メコンデルタの名物料理

メコン川で養殖されている「象耳魚」のから揚げ：カー・タイ・トゥオン（→P.35）や、米と緑豆を混ぜた生地を丸く揚げたソイ・チン・フォン（Xôi Chiên Phồng）は、メコンデルタの名物料理として有名。たいていのレストランにはあるが、ローカルな食堂にはない。

上／象耳魚の身はライスペーパーで巻いて食べる
下／ソイ・チン・フォンは鍋の中で回して膨らませていく

上・左下／のどかな光景が広がるベンチェーの村　右下／メコンクルーズツアーはベンチェー側からもある

ベンチェーの見どころ Sightseeing

ココナッツキャンディ工場
クエユア　Quê Dừa
MAP P.140-2B
住 Ấp 2, Tân Thạch Village
☎ 093-9020857（携帯）

バナナ、チョコレート味などのキャンディは各３万ドン。ココナッツ酒（10万ドン／480mL）やココナッツのスキンケア商品も販売している。

キャンディはピーナッツ入りも人気

★★ 名物キャンディ作りが見られる

ココナッツキャンディ工場

Cơ Sở Sản Xuất Kẹo Dừa　Coconut Candy Workshop

キャンディ作りは成形や梱包など、ほぼ手作業

ミトーから船で約30分のベンチェーのタンタック（Tân Thạch）村には、名物のココナッツキャンディの家内工場があちらこちらにある。工場といっても民家に仕事場があって、手作業で製品化する小規模なもの。ヤシの汁と麦芽を煮つめ、着色素材を加えるという単純な作業だが、技術が必要とのこと。工場は何軒もあり、そのうちの１軒にボートツアーで立ち寄る。

メコンデルタでサンセット＆ホタル観賞

メコンデルタを訪問したら見逃せないのが、壮大なサンセットと、メコン川支流に生えるカイバン（Cây Bân）というコルクの木に群がるホタル群。天気や時期に左右されることもあるが、運がよければ真っ赤に沈む太陽と、クリスマスツリーのライトさながら、葉陰で点滅するホタルを見ることができる。

ミトー、またはカントーを18:00頃ボートで出発。空が真っ赤に染まる贅沢な夕焼けを堪能したあとの19:00頃、ホタルが集まるポイントへ向かう。ミトーならベンチェー川沿いに１月を除きほぼ１年中見られる。以前はカントーでも見られたが、近年では見られなくなってしまったとか。

ツアーを行っている旅行会社もあるので、ツアーに参加するのがベスト。ボートをチャーターして行くこともできるが、その際は、ツアー内容の詳細確認を怠らないこと。また、夜だけに危険がともなうこともあり、女性だけでの参加はなるべく避けたほうがよい。

左・右／コルクの木に群がるホタル。おしりに近い部分が発光する

レストラン Restaurant

ミトー名物が食べられる大型店

メコン・レスト・ストップ　ベトナム料理

Mekong Rest Stop　MAP P.138-1A参照

ホーチミン市からのツアーでよく利用される茅葺き屋根の大型レストラン。名物はカー・タイ・トゥオン（→P.35、141欄外。22万9000ドン～）と、ソイ・チン・フォン（→P.141欄外、14万9000ドン）。

朝食ではフー・ティウも人気。店はミトー中心部から車で約10分

住 Km1964 + 300 Quốc Lộ 1, Châu Thành（国道１号線沿い）
☎ (0273) 3858676、093-3334445（携帯）　営 6:00～20:30
休 無休　カード A D J M V　予約 不要

家庭料理が楽しめる食堂

チータン　大衆食堂

Chi Thanh　MAP P.138-1A

豚肉、牛肉、エビ、魚などさまざまな食材を使ったミトーの家庭料理を楽しめる。皿飯のコム・ディアも豊富で、フライドチキンが載ったチキンライス（Cơm Gà Chiên、６万5000ドン）は特に人気。

家庭の味を楽しめる。手前はカイン・チュア（→P.31、６万ドン～）

住 279 Tết Mậu Thân　☎ (0273) 3873756
営 10:00～20:30　休 毎月旧暦15日　カード 不可　予約 不要

Voice! ミトーは南部の米麺フー・ティウ（→P.36）が有名。魚のフー・ティウなどもあるので見かけたら試してみて。

ホテル  Hotel

トイソン島の小さなリゾート
アイランド・ロッジ　高級ホテル
The Island Lodge　MAP P.140-2A

ふたりのフランス人が手がけるトイソン島のリゾートホテル。フレンチコロニアル風のインテリアが随所に散りばめられており、タイル張りの客室は竹を多用したナチュラルな雰囲気。メコン川に面したインフィニティプール、スパ、レストランを完備。

雄大なメコン川の眺めを楽しめるインフィニティプール

住390 Ấp Thới Bình, Thới Sơn, Châu Thành
☎(0273) 6519000　URL www.theislandlodge.com.vn
料ⓈⓌⓉ580万ドン～（朝食付き）　カード AMV　全12室

ベンチェー中心部の高層ホテル
ダイヤモンド・スターズ・ベンチェー　高級ホテル
Diamond Stars Ben Tre　MAP P.141-2A

ベンチェー中心部では珍しい高層ホテル。クラシカルかつ上品なインテリアで統一された客室は、一番小さな部屋でも35㎡と広く、最新設備を備える。レストラン、バー、インフィニティプール、会議室など館内施設も充実。

デラックスルーム

住140 Hùng Vương, P. An Hội, Bến Tre
☎(0275) 3748888　URL diamondstarbentre.com
料ⓈⓌⓉ281万8181ドン～　スイート427万2727ドン～（朝食付き）　カード AJMV　全138室

ベンチェーの田舎でのんびり
メコン・ホーム　中級ホテル
Mekong Home　MAP P.141-2A参照

ベンチェー中心部から南へ約12km。ベンチェーの片田舎にある南国植物に囲まれたアットホームなエコリゾート。広大なガーデンの一画にあり、自然と調和したデザインの客室は洗練されたガーデンリゾートの趣だ。リバービューのレストラン、スパ完備。

全室バルコニー付きで38㎡と広々。写真はダブルルーム

住Ấp 9, Xã Phước Long, Huyện Giồng Trôm, Bến Tre　☎098-7299718（携帯）　URL www.mekonghome.com　料ⓈⓌⓉ150万ドン～　ファミリー200万ドン～（朝食付き）　カード V　全10室

ベンチェー川を見下ろす高層ホテル
ベンチェー・リバーサイド・リゾート　中級ホテル
Ben Tre Riverside Resort　MAP P.141-2A参照

ベンチェー市街から西へ約3km、ベンチェー川とハムルーン川の角に位置する。真っ白な外観が印象的で、客室はグリーン×ブラウンのカジュアルな内装。対岸にはホテルが有する自然豊かなリバーサイドガーデンがあり、ここでの料理教室といったツアーも開催している。

高層階からの眺めは格別

住708 Nguyễn Văn Tư, P. 7, Bến Tre　☎(0275) 3545454
URL bentreriverside.com　料ⓈⓌⓉ50US$～　スイート75US$～（朝食付き）　カード AJMV　全81室

ミトー中心部の川沿いホテル
クーロン　エコノミーホテル
Cuu Long　MAP P.138-2B

ミトー市場やメコン川クルーズ乗り場まで徒歩圏内にあり、便利な立地。ミトー中心部では比較的新しく、客室はシンプルな内装だが明るく清潔。スタンダードルームのみ窓なし。カフェ・バー、レストランを完備。

ミトーでは比較的規模の大きなホテル

住81-83 Đường 30 Tháng 4, P. 1, Châu Thành　☎(0273) 6266666　料ⓈⓌⓉ60万ドン～　3人部屋115万ドン　ファミリー200万ドン　スイート220万ドン（朝食付き）
カード JMV　全65室

緑や花に囲まれたガーデンステイ
フックシン・ホームステイ　ミニホテル
Phuc Sinh Homestay　MAP P.140-2A

トロピカル植物が生い茂るガーデンにバンガローが数軒建つ小規模の宿で、ミトーにほど近いベンチェーの小さな村にある。バンガローは簡素な造りだがミニ冷蔵庫や蚊帳などがあり、ハンモック付きのテラスも備わる。エアコン付きの部屋もある。

レストラン併設で食事もおいしい

住Tổ 10, Ấp Phước Xuân, An Khánh, Châu Thành, Bến Tre　☎032-8944788（携帯）　URL phucsinhhome.com
料49万9000ドン～（朝食付き）　カード MV　全6室

果樹園や古民家で知られる

ヴィンロン

MAP 折表-4B

ヴィンロンの市外局番
0270

Vĩnh Long

ACBバンク
ACB Bank
MAP P.145-2B
住3 Hoàng Thái Hiếu
☎(0270) 3839999
営7:30～11:30、13:00～16:30（土曜～11:30） 休日曜
USドルの現金の両替が可能。マスターカード、ビザカードでのキャッシングも可能。

郵便局
MAP P.145-2B
住12C Hoàng Thái Hiếu
☎(0270) 3822550
営7:30～19:00
休無休

豊かな自然や素朴な人々の暮らしに触れられるアンビン島

ホーチミン市から車で約2時間30分。メコンデルタの町、ヴィンロンでは日の出とともに起きよう。川から昇る太陽をバックに、朝霧の中を行き交う船がシルエットとなって浮かぶ、1日のうちで最も美しいひとときだ。やがて川岸の緑が鮮やかに見え始める頃、市場は活気にあふれ、1日が始まる。

ヴィンロンを訪れたなら、メコン川の中州であるアンビン島へ。細い水路を巡るメコンクルーズや旬の果物を味わえる果樹園、何よりのんびりとしたメコンデルタの田舎の雰囲気を思う存分楽しめる。

カイ・クーン氏の古民家（→P.146欄外）

アクセス ACCESS

ヴィンロンへの行き方

●バス

ホーチミン市のミエンタイ・バスターミナルから終日頻発。14万ドン～、所要3時間。カントーの91Bカントー・バスターミナルから、ヴィンロン行き路線バスが6:00～17:00の間に20～30分間隔で運行。2万9000ドン（大きな荷物はプラス1万2000ドン）、所要約1時間。

ヴィンロンからの交通

●バス

市の中心部から南へ約3kmの所にあるヴィンロン・バスターミナル（MAP P.146-2B 住1E Đinh Tiên Hoàng）から、各方面へ便がある。ホーチミン市へは終日頻発。12万ドン～、所要約3時間30分。ベトナム南部の各町を結ぶバス会社フーンチャン（Phuong Trang）のバスターミナルもここにあり、ホーチミン市、ダラット行きなどを運行。

町なかの近郊バスターミナル（MAP P.145-2B 住18B Đoàn Thị Điểm）からは、カントー行きの路線バスが5:00～17:00の間に15分間隔で運行。2万9000ドン、所要約1時間。近郊の町、サデック（→下記Voice）への路線バスもある。5:30～17:45の間に35分間隔で運行。1万5000ドン、所要約45分。

旅行会社＆ツアーオフィス TRAVEL OFFICE & TOUR OFFICE

●**クーロン・ツーリスト Cuu Long Tourist**
MAP P.145-1B 住1 Đường 1 Tháng 5
☎(0270) 3823611、093-9374005（携帯）、098-2321999（携帯）
E-mail info@cuulongtourist.com
営7:00～14:00 休無休 カード不可

老舗の旅行会社。カイベーの水上マーケット、ライスペーパー工場、アンビン島の果樹園や盆栽ガーデンなどを巡るツアー（4～5時間）は、2名参加の場合はふたりで90万ドン。アンビン島に1泊するホームステイツアー（270万ドン～）もある。ツアー料金は参加人数に応じて変わる。

Voice! サデック（Sa Đéc）は『愛人／ラマン』で知られるフランス人作家、マルグリット・デュラスが暮らした町。作品に登場する中国人青年の家が残されている。

見どころ Sightseeing

★活気に満ちた大規模な市場 MAP 下図-1B

ヴィンロン市場
Chợ Vĩnh Long　Vinh Long Market

左・右上／ヴィンロンは果物がおいしいことで有名。右下／野菜もみずみずしい新鮮なものが並ぶ

川沿いの5月1日通り、グエンコンチュー通り、グエンチャイ通り一帯に広がる路上市場を含めたヴィンロン中心部最大の市場。5月1日通りに面した立派な建物の市場を中心に、果物や野菜、魚の露店が道いっぱいに並び、周辺には商店や甘味屋台も出て1日中活気づいている。特に、果物コーナーは旬の南国フルーツが並び、圧巻。味見をさせてくれる店もあるので購入前に食べ比べてもいい。

★ヴィンロン省の歴史を紹介 MAP 下図-1B

ヴィンロン博物館
Bảo Tàng Vĩnh Long　Vinh Long Museum

上／100以上のアンティークが展示されている　右／ヴィシュヌ神の像は国家指定遺産

3つの展示館からなる博物館。それぞれ革命の歴史に関する展示館、ヴィンロン省の発展に関する展示館、人々の生活や文化に関する展示館。メコンデルタで興った扶南の中心都市、オケオ遺跡の出土品であるヴィシュヌ神の像（6～7世紀、周辺のヴンリエム出土）や、6～20世紀初頭のヴィンロン周辺の人々の日用品なども展示されている。敷地内にはカフェがあり、ひと休みできる。

ヴィンロン市場
住Đường 1 Tháng 5 / Nguyễn Công Trứ / Nguyễn Trãi
営店によって異なるが、だいたい5:00～19:00

市場には食用花もたくさん。写真のカボチャのほか、8～9月に食べられるマメ科のディエンディエンの花（Hoa Điên Điển）もある

盆栽ガーデン
アンビン島（→P.146）のビンホアフック村にはラン園、盆栽ガーデンが多い。日本の盆栽よりスケールが大きく、トロピカルな植物もある。ちなみにベトナムでもBONSAIという。

ヴィンロン博物館
住1 Phan Bội Châu
☎(0270) 3823181
開7:00～11:00、13:00～17:00
休土・日曜
料無料

展示説明はベトナム語のみ

★★★ メコン川クルーズが楽しめる　MAP 下図

アンビン島

Cù Lao An Bình　An Binh Island

ヴィンロン市街地からフェリーで約5分。東西南北それぞれ数km以上もあるメコン川の中州、アンビン島はメコンの自然とともに暮らす人々の素朴な生活が残る島で、ヴィンロン観光の目玉でもある。島のいたるところに網の目状の小さな川がいくつもあり、ヴィンロンでのメコンデルタクルーズはその支流からさらに細い水路へと入っていく。

左上／島でも舟は重要な交通手段
右上・左／島内はのんびりとした雰囲気で南国植物や花がたくさん

島内には「メコン・リバーサイド・ホームステイ」（→欄外）など自然を楽しめる宿泊施設や古民家が何軒もあり、周辺の小道をサイクリングしたり、果樹園（→下記）を訪れたりと、メコンデルタの田舎ならではののんびりとした滞在ができる。

★★ もぎたて旬のフルーツを味わえる　MAP 左図-1A～2B

アンビン島の果樹園

Vườn Trái Cây ở Cù Lao An Bình　Fruit Garden in An Binh Island

アンビン島の西部、アンビン（An Bình）村やホアニン（Hòa Ninh）村は果樹園が多く、これらの果樹園を見学できる。栽培されている果物はランブータン、リュウガン、プラム、グァバなど。季節によって見学できる果樹園は異なり、例えば7～8月ならリュウガン、ランブータンが旬。

左・右／ランブータン＆リュウガンの果樹園、トゥーヒエン果樹園（MAP左図-2B）。もぎたてフルーツを味わえる

郊外の町

水上マーケットが有名　MAP 折表-4B、上図-1B

カイベー

Cái Bè

ヴィンロンから車で約1時間、アンビン島のフェリー乗り場（MAP上図-1B）からフェリーで約20分。カイベー水上マーケット（MAP上図-1B）で有名なティエンジャン省の小さな町。JICAと昭和女子大学が保存活動にあたった、約250年前に建てられたキエット氏の邸宅をはじめとする古民家が残っており、散策するのも楽しい。

Voice! アンビン島のレクリエーション施設「ヴィンサン Vinh Sang」（MAP上図-2A）ではダチョウ乗り（3万ドン）ができる。入場料5万ドン。

アンビン島
ヴィンロン市街地のフェリー乗り場（MAP P.145-1B）から4:00～22:00の間にフェリーが往復。所要約5分。1000ドン（自転車は2000ドン、バイクは4000ドン）。

アンビン島の古民家
カイ・クーン氏の古民家
Nhà Cổ Cai Cường
Cai Cuong's Ancient House
MAP 下図-2B
住 145/11 Ấp Bình Hòa 1, Bình Hoà Phước
18世紀末の古民家でフレンチコロニアル様式の外観だが内部はベトナム式。見学可能だが、留守のこともあるので事前に旅行会社などで確認を。

アンビン島の宿泊
メコン・リバーサイド・ホームステイ
Mekong Riverside Homestay
MAP 下図-2A
住 145A/11 Bình Lương, An Bình　☎090-7747305（携帯）
料 35万～60万ドン（朝食付き）
カード 不可　全16室

アンビン島の果樹園
各果樹園の入場料は園や時期によって異なるが、3万5000ドン～。果物の試食込みのところがほとんど。メコンデルタクルーズツアーで果樹園を訪れる場合も多い。

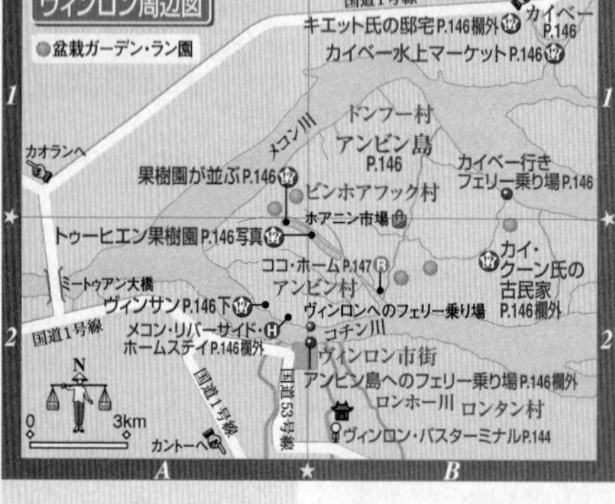

カイベーの市外局番
0273

キエット氏の邸宅
Nhà Cổ Ông Kiệt
Mr. Kiet's Ancient House
MAP 上図-1B
住 22 Ấp Phú Hòa, Đông Hoà Hiệp, Cái Bè
☎（0273）3824498
URL kiethouse.com
開 8:00～17:00
休 無休　料 4万ドン
レストラン併設。ホームステイも可能。

クメール族が暮らす町
チャーヴィン
Trà Vinh

MAP 折表-4B

クメール寺院のアン寺

ヴィンロンから南東へ車で約1時間の所にクメール族の人々が多く住むチャーヴィンの町がある。町なかから4kmほどの郊外には古いクメール寺院のアン寺（Chùa Âng）があり、内部には仏陀の一生が描かれている。寺の近くにはアオバーオム（Ao Bà Om）という四角い沼があり、神秘的な雰囲気を漂わせている。また、チム寺（Chùa Chim：鳥寺）と呼ばれるクメール寺院も近郊にあり、午後になると庭の木々にシラサギが群れをなしてやってくる。

チャーヴィンの市外局番
0294

ヴィンロンの有名フォー店
フォー 91
Pho 91
MAP P.145-2B参照
住91 Đường 2 Tháng 9
☎なし
営6:00～10:00、17:00～21:00
休無休
ヴィンロンでは誰もが知る有名店。5万5000ドン～。

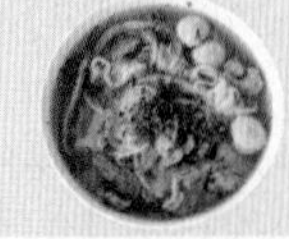

レストラン Restaurant

川風が心地いいベトナム料理店
フーントゥイー
Phuong Thuy
ベトナム料理
MAP P.145-1B

川沿いのレストランで、コチン川を行き交う船を眺めながらの食事は風情があってよい。一般的なベトナム料理が中心で、ほとんどのメニューが1品10万ドン以下と安い。おすすめはカー・コー・ト（→P.35、10万ドン）やフライドライス（5万ドン～）。英語メニューあり。

ローカルな雰囲気の食堂といった感じだが立地は抜群。カフェ利用もOK

住1 Phan Bội Châu ☎(0270) 3824786
営6:30～22:00 休無休 カードAMV 予約不要

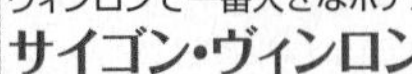

アンビン島のメコンデルタ料理店
ココ・ホーム
Coco Home
ベトナム料理
MAP P.146-2B

手入れの行き届いた庭でメコンデルタの郷土料理を楽しめる。建物をはじめ、椅子やテーブルなどの家具もココナッツの木でできており、ココナッツを使ったメニューも。おすすめはココナッツミルクを使った甘辛味の牛肉グリル（Bò Nướng Trái Dừa、26万ドン）。

ディエンディエンの花と小エビのサラダ（12万ドン）はメコンデルタならでは

住203A/12 Ấp Hoà Quí, Hoà Ninh, Long Hồ ☎(0270) 3505356 営7:00～21:00 休無休 カード不可 予約不要

ホテル Hotel

ヴィンロンで一番大きなホテル
サイゴン・ヴィンロン
Saigon Vinh Long
中級ホテル
MAP P.145-1A

ヴィンロンの市街地、川沿いに建つ町一番の大型ホテル。全室バスタブ付きの客室は、フローリングの床でカジュアルな内装。館内にはベトナム料理のレストラン、カフェ、バーのほか、プールやジムを完備。シティビューやパークビューもあるが、せっかくならリバービューの客室を選びたい。

川の眺望を楽しめるグランドツインルーム

住2 Trưng Nữ Vương ☎(0270) 3879988、3879989
URL www.saigonvinhlonghotel.com 料ⓈⓌⓉ90万ドン～ スイート190万ドン（朝食付き） カードADJMV 全84室

テラコッタがテーマのミニホテル
メコン・ポッタリー・ホームステイ
Mekong Pottery Homestay
ミニホテル
MAP P.145-1B参照

客室は2部屋のみと、ホームステイ感覚で滞在できる人気の宿。テラコッタをテーマにしており、れんが造りの客室はいたるところに素焼きの容器や家具が置かれている。バイクや自転車ツアーなどのツアーも主催。市街地から約3km離れた村にあり、ホテルとは少し違った滞在を楽しめる。

各客室には小さなパティオがある

住209A/15 Thanh Mỹ 1, Thanh Đức, Long Hồ ☎084-8618182（携帯） URL mekongpotteryhomestay.com 料Ⓦ28US$～ 3人部屋32US$～（朝食付き） カード不可 全2室

Voice! 「ココ・ホーム」（→上記）は食事をせず、観光のみの場合は入場料2万ドンが必要。敷地内には宿泊施設もある。

メコンデルタ最大の都市

MAP 折表-4B

カントー

カントーの市外局番
0292

Cần Thơ

カントー・ディナークルーズ
Can Tho Dinner Cruise
MAP P.149-1B
住 Bến Ninh Kiều, Hai Bà Trưng ☎(0292) 3810841
営 9:00～22:00 休 無休
カード 不可 予約 週末は望ましい
メコン川のディナークルーズ船。出航は19:30～21:00（土・日曜、祝日18:00～19:30、20:00～21:30)。乗船料は無料だが、飲食は別料金。隣接してニンキウ・ディナークルーズもあり、出航時間はカントー・ディナークルーズと同じ。

3階建てで、1・2階がレストラン

カントー中心部から約30分で行けるカイラン水上マーケット

ホーチミン市から車で約4時間。メコンデルタ最大の町、カントーは経済の中心都市であるとともに、交通の要衝でもある。また農業研究でその名を知られるカントー大学があるためか、町は明るい活気に満ちている。

カントー川沿いの小さな公園には、ブロンズのホーおじさんが片手を上げてニッコリ。ここから南側の川沿いには、整備され緑が植えられた公園が延びている。船着場では野菜や果物を満載した船から荷揚げされていく光景が見られ、メコンデルタの豊かさを肌で感じられる。

カントーに来たなら、ぜひ水上マーケットを訪れてみよう。手こぎボートで縦横無尽に川を行くエネルギーあふれる女性たちの姿に圧倒される。メコンとともに生きる人々の姿は、いつも力強い。

アクセス ❀ ACCESS

カントーへの行き方

●**飛行機**

ハノイからベトナム航空（VN）が毎日3便、ベトジェットエア（VJ）が毎日2～3便運航。所要2時間10分～。ダナンからはVJが毎日1便運航。所要約1時間30分。ハイフォンやコンダオ島からも便がある。

●**バス**

ホーチミン市のミエンタイ・バスターミナルから0:00～23:00の間に寝台バスが30分～1時間間隔で運行。16万5000ドン、所要約4時間。ミトーからは5:00発の1便運行。8万ドン、所要約2時間。チャウドックからは4:00～18:00の間に1時間間隔で運行。13万ドン～、所要約3時間30分。ヴィンロン、ロンスエン、ソクチャン、ハーティエンなどからも便がある。

カントーからの交通

飛行機に関しては行き方の項（→上記）参照。

●**バス**

中心部から南西へ約4kmの所にあるカントー中央バスターミナルから各方面へ便がある。ホーチミン市へは終日頻発。14万ドン～、所要約3時間30分。ミトーへは10:00発の1便運行。10万ドン、所要約2時間。ロンスエンへは5:00、7:00発の便以降は1時間間隔で運行。7万5000ドン～、所要約2時間。チャウドックへは5:00、7:00発の便以降は1時間間隔で運行。13万ドン～、所要約3時間30分。ハーティエンへは7:00、8:30、11:30、14:00、16:00発の5便運行。20万ドン、所要4～5時間。ソクチャンへの便もある。

ヴィンロンへは、中心部から南西へ約5kmの所にある91Bカントー・バスターミナルから路線バスが発着。6:00～17:00の間に20～30分間隔で運行。2万9000ドン（大きな荷物はプラス1万2000ドン)、所要約1時間。

カントー中央バスターミナル
Bến Xe Trung Tâm Cần Thơ
MAP P.149-2A参照
住 Quốc Lộ 1A, Hưng Thạnh, Cái Răng

91Bカントー・バスターミナル **Bến Xe Lộ 91B Cần Thơ**
MAP P.149-2A参照 住 Quốc Lộ 91B

旅行会社＆ツアーオフィス ❀ TRAVEL OFFICE & TOUR OFFICE

●ヒウ・ツアー　Hieu Tour

MAP 上図-2B
住27A Lê Thánh Tôn
☎(0292)3819858、093-9419858(携帯)
URL hieutour.com　営8:00〜17:00　休無休　カード M V

カントーを起点とした半日〜5日間の各種ツアーを主催。ヴィンロンまで船で行き、市場やクメール寺院を訪れる半日ツアーは52US$。カントーのローカルフードを食べ歩くツアーや、自転車でカカオ農園や果樹園を訪れる半日ツアーも人気。

●カントー・ツーリスト　Can Tho Tourist

MAP 上図-1B
住10-12 Hai Bà Trưng　☎(0292)3827674
URL canthotourist.vn
営7:30〜18:00　休無休　カード A J M V

メコン川のボートツアーをメインに行っている。カイラン水上マーケットツアー（約4時間）は、ボート・ガイド代込みのグループツアー（5人）がひとり36万ドン。4時間のボートチャーターなら、1隻当たり3人の場合、平日77万ドン〜、土・日曜、祝日93万5000ドン〜。4〜8人の場合、平日99万ドン〜、土・日曜、祝日115万5000ドン〜。カントー近郊の伝統工芸の村を訪れる日帰りサイクリングツアーやホームステイプログラムなどもある。航空券の手配も可能。

バス会社

●フーンチャン　Phuong Trang

MAP 上図-2A参照
住 Quốc Lộ 1A, Hưng Thạnh, Cái Răng（カントー中央バスターミナル内）　☎1900-6919(ホットライン)
URL futabus.vn　営24時間　休無休　カード不可

各方面へ寝台バスを運行。ホーチミン市行きは終日30分〜1時間間隔で運行。16万5000ドン〜、所要約4時間。

見どころ Sightseeing

カントーみやげはここでチェック MAP P.149-2B

カントー市場
Chợ Cần Thơ　Can Tho Market

町の中心部にある。市場といっても、ほかの町の市場のような生活感はなく、みやげ物店とレストラン「サオホム」(→P.152)が入る。南へ約300m行ったタンアン市場(Chợ Tân An MAP P.149-2B)周辺では野菜や果物が道に並び、地元民でにぎわう。

川沿いに建つ町のランドマーク的存在の市場

渦巻き線香が天井を埋め尽くす道教寺院 MAP P.149-1B

廣肇会館
Chùa Ông Cần Thơ　Canton Assembly Hall in Can Tho

線香の煙が立ち込める会館内。天井からは大きな渦巻き線香が無数につり下げられている

1896年に建てられた中国の広州と肇(ちょう)慶(けい)出身者のための同郷集会所であり道教寺院。航海や漁業の神様として知られる道教の天后聖母や、戦いや商売の神として信仰を集める関羽が祀られている。屋根や祭壇に見られる細かな彫刻が美しく、地元の人々からは「チュア・オン」と呼ばれ、あつい信仰を集める。

カントーの昔と今を知る MAP P.149-1B

カントー博物館
Bảo Tàng Cần Thơ　Can Tho Museum

カントーの自然や歴史を紹介する博物館。1階ではオケオ遺跡の出土品の展示のほか、キン族、華人、クメール族の生活や文化を家具や生活用具などとともに紹介。2階は、抗仏戦争とベトナム戦争というふたつの戦争に焦点を当てた展示がメインで、現代のカントーの工業などを紹介するコーナーもある。

カントーの伝統芸能を紹介する一画

ホー・チ・ミンとベトナム革命の歴史 MAP P.149-1A

ホーチミン博物館
Bảo Tàng Hồ Chí Minh　Ho Chi Minh Museum

ホー・チ・ミンの生涯を中心に、彼が残した名言とともに革命の歴史をパネルで説明。ホー・チ・ミン愛用のサンダルやタイプライター、中国から持ち帰った小さな茶碗と箸などの遺品も展示。

敷地内には軍事博物館もある

カントー市場
住Hai Bà Trưng
営店によって異なるが、だいたい8:00～21:00
休無休

センス・シティ
Sense City
MAP P.149-1A
住1 Hòa Bình
☎(0292)3688988
営8:30～22:00　休無休
近代的なショッピングセンター。スーパーやフードコートがあり、旅行者にも利用価値大。

廣肇会館
住32 Hai Bà Trưng
☎(0292)3823862
開7:00～20:00
休無休　料無料

カントーでも古い寺院。ライトアップした夜の雰囲気も神秘的

カントー博物館
住1 Hòa Bình
☎(0292)3820955
開8:00～11:00、14:00～15:00(土・日曜、祝日8:00～11:00、18:30～21:00)
休月・金曜　料無料

1～7世紀頃の手をかたどった像。オケオ遺跡の出土品

ホーチミン博物館
住6 Hòa Bình
☎(0292)3822173
開8:00～12:00、14:00～16:30
休土・日曜、祝日　料無料
軍事博物館の敷地内にあり、屋外には戦車などが展示されている。

郊外の見どころ Sightseeing

★★★ 活気あふれる水上マーケット　MAP P.149-2B参照

カイラン／フォンディエン

Cái Răng / Phong Điền　Cai Rang Floating Market / Phong Dien Floating Market

カントー周辺には数ヵ所の水上マーケットがあるが、最も近くて旅行者が手軽に見学できるのは、カイランの水上マーケットだ。市内からソクチャン方面に約7km南下した所にあり、船で約30分。毎朝、メコン川の支流から荷を満載した船が集まり、船上での売買が行われる。6:00～8:00頃がにぎわいのピークだが、夕方まではやっている。

また、カントーの南西約17kmのフォンディエンにも水上マーケットがある。ここは船で約2時間。小規模だが、小さな手こぎ舟の数が多く、シャッターチャンスが狙える。

左／大型の船が多いカイラン　右上／太陽が昇る前から売買が始まる（フォンディエン）　右下／ドリンクや朝食を売る小型の船も多い（カイラン）

カイラン水上マーケット

ホーチミン市やカントー市内の旅行会社が主催するツアーを利用するのが便利。ハイバーチュン通り沿いのツーリスト・ボートステーション（MAP P.149-2B）付近に、4時間のカイラン水上マーケットツアーを主催するトゥーアン（Tu An）社のチケットブースがあり、ここでツアー申し込みができる。カイラン水上マーケットのほか、フー・ティウ工場、果樹園などを巡る。ひとり10万ドン。ボートチャーターは50万ドン～。問い合わせは☎090-2536661（携帯）

ツアーで立ち寄るフー・ティウ工場では体験もできる

カントーの食堂街

ローカルなご飯を食べるならデタム通り（MAP P.149-2A）へ。麺、お粥、皿飯、甘味など庶民の味がズラリと並んでいる。

ブン・マム（→P.37）の店もある

Column 水上マーケットの楽しみ方

夜も明けきらない頃から、カントー周辺の支流を通って、果物や野菜を山積みにした船が川面を滑るようにやってくる。6:00を過ぎる頃には、約1kmにわたる“水上マーケット”ができあがる。船に積まれているのはキャベツ、ウリ、水イモ、トマト、ライム、バナナ、ココナッツなどなど。

大小の船が集まるカイランでは、じっくり観察してみると、少しずつ仕組みが見えてくる。小さい船は大型の船のそばに身を寄せ、交渉したり、売り買いが成立している。大型の船は卸の商人の船で、小さい船は農家の人々なのだ。農家から買い取った卸商はミトーやホーチミン市に売りにいく。もちろん卸の船から小さな船が品物を買うほか、小さい船同士が物々交換の要領で、売り買いしているケースもある。

商人たちの交渉の様子をうかがうのもまた、水上マーケットの醍醐味のひとつ

もっとよく見ていると、妙な物を発見。手こぎの舟以外の大きめの船にはサオのような棒が立っていて、その先端にイモやカボチャがぶら下がっている。これは水上マーケット流の看板だという。つまり、「うちの船ではカボチャを売っています」、または「うちはキャベツの卸商」ということを表す目印なのだ。なかには1本の棒に上からハクサイ、ウリ、トマト、トウガラシなど数種類がぶら下がっている大型船も。さらに同業者はミカンエリア、イモエリア、レンコンエリアといった具合に、だいたい固まって停泊している。その間をすり抜けるように、“水上カフェ”やお粥、バイン・ミー（→P.38）を売る船が行き来する。

ニンジン、レタス、タマネギなどを扱っているという卸商の目印

人々の暮らしや流通の仕組みなどを垣間見ることができれば、よりいっそう興味深い“市場探検”になるだろう。

ミーカン・ツーリスト・ビレッジ
住335 Lộ Vòng Cung, Xã Mỹ Khánh
☎(0292) 3846260
URL mykhanh.com
開8:00～18:00 休無休
料12万ドン、子供（身長130cm未満）6万ドン
カントー市内から約12km、船で約1時間。バンガローなどの客室が38室あり、宿泊も可能。エアコン、ホットシャワー付きでⓈⓉ69万9000ドン～。レンタサイクル、馬車などで敷地内を回ることもできる。またピッグレース、ドッグレースも毎日開催されている。

★★ ベトナムの田舎と大自然を満喫 MAP P.149-2B参照

ミーカン・ツーリスト・ビレッジ

Làng Du Lịch Mỹ Khánh　My Khanh Tourist Village

カイランからさらに川を約2km南下した所にある複合観光施設。広大な土地に、マンゴー、リュウガン、パパイヤ、ザボン、バナナなど約20種のフルーツが植えられた果樹園があり、ワニ、ダチョウ、サルなどの動物も飼育されている。また、バンガロータイプの宿泊施設やレストラン、プールもある。

上／ドッグレース。ピッグレースもある
下／緑に囲まれキャンプ気分が味わえる

インフォメーション INFORMATION

●**ベトナム航空　Vietnam Airlines**
MAP P.149-2A
住66 Nguyễn An Ninh　☎(0292) 3844320
営8:00～12:00、13:30～17:00（土曜、祝日～11:00、14:00～17:00）　休日曜

●**ベトコムバンク　Vietcombank**
MAP P.149-2A
住3-5-7 Hòa Bình　☎(0292) 3820445
営7:30～11:30、13:00～16:30　休土・日曜
USドルと日本円の現金の両替が可能（要パスポート）。ATMでアメリカン・エキスプレス・カード、マスターカード、ビザカードでのキャッシングも可能。

●**中央郵便局**
MAP P.149-1B
住2 Hòa Bình　☎(0292) 3818818
営7:00～20:00　休無休
EMSやDHLも取り扱っている。

レストラン Restaurant

川沿いのオープンエア席が人気

サオホム　ベトナム料理

Sao Hom　MAP P.149-2B

カントー市場内のレストラン。川に面したオープンエアの席ではカントー川を眺めながら食事が取れると人気がある。メニューは代表的なベトナム料理がおもで、メイン料理は16万～27万ドンとやや割高だが、サービスも味もいい。

カフェとしても利用できる

住Nhà Lồng Chợ Cổ, Bến Ninh Kiều　☎(0292) 3815616
営6:00～22:00　休無休　カードADJMV　予約夜は望ましい

落ち着いて食事を楽しむならここ

ライトハウス　西洋&ベトナム料理

The Lighthouse　MAP P.149-2B

ブティックホテル「ライトハウス」（→P.153）併設のレストラン。ホテル同様に洗練されたインテリアとサービスでゆっくり食事を楽しめる。西洋料理がメインでベトナム料理もある。海鮮料理で16万ドン～。プリンなどのデザートもおすすめ。

カフェやバー利用もOK

住120 Hai Bà Trưng　☎(0292) 3819994
営6:00～23:00　休無休　カードAMV　予約不要

その他のレストラン Restaurant

ホンファット　麺

Hong Phat　MAP P.149-2A
住6 Đề Thám　☎(0292) 3811668
営7:00～11:00、15:00～21:00　休無休
カード不可　予約不要

あっさりスープがおいしい地元で人気の麺屋。コシのある米麺フー・ティウと中華麺の2種類の麺が楽しめる五目麺、フー・ティウ・ミー・タップカム（Hủ Tiếu Mì Thập Cẩm、7万5000ドン）がおすすめ。ワンタン（4万ドン～）も人気。

Voice! 市街中心部での宿泊なら4つ星ホテル「ニンキウ2 Ninh Kieu 2」も立地がよく人気がある。
MAP P.149-1B　住 3 Hòa Bình　☎(0292) 3789999　URL www.ninhkieuhotel.com　料ⓈⓌⓉ99万ドン～↗

ホテル Hotel

唯一無二のアイランドリゾート

アゼライ・カントー 高級ホテル

Azerai Can Tho MAP P.149-1B参照

カントー市街東に位置する小島全体がリゾートで、市街の専用桟橋（MAP P.149-1B参照）から専用ボートでアクセス。雄大な自然をひとり占めできるヴィラは最小でも636㎡と非常に贅沢な造り。飲食施設、スパ、ヨガスタジオなどがある。

ガーデンヴィラ

住1 Cồn Âu, Cái Răng ☎(0292) 3627888 URL azerai.com/resorts/azerai-can-tho 料Ⓢ Ⓦ Ⓣ654万2000ドン～ ヴィラ1853万6000ドン～（朝食付き） カード A J M V 全60室、5ヴィラ

南国気分たっぷりの老舗リゾート

ヴィクトリア・カントー・リゾート 高級ホテル

Victoria Can Tho Resort MAP P.149-1B

インドシナスタイルの本格リゾート。レストラン、スパ、プールやテニスコートなど、施設も揃う。ホテル主催の水上マーケットを訪れる朝食クルーズと、サンセットディナークルーズ（43US$）が好評。

フローリングのウッディな客室。市街とホテル間に無料送迎ボートあり

住Cái Khế Ward ☎(0292) 3810111 URL www.victoriahotels.asia 料Ⓢ Ⓣ130US$～ スイート200US$～（＋税・サービス料15%。朝食付き） カード A D J M V 全92室

充実設備で快適滞在

ムーンタン・ラグジュアリー・カントー 高級ホテル

Muong Thanh Luxury Can Tho MAP P.149-1B参照

市街北東のニンキウ橋を渡った先にある。ゴールドを基調にした客室は、ヨーロッパ風のクラシカルな家具が置かれゴージャス。レストラン、ルーフトップバー、屋外プール、ジム、スパ、テニスコートと、充実の設備が魅力。

客室の大きさは最小32㎡。写真はデラックスツインルーム

住Khu E1, Cồn Cái Khế ☎(0292) 3688888 URL luxurycantho.muongthanh.com 料Ⓦ Ⓣ350万ドン～ スイート550万ドン～（朝食付き） カード A J M V 全300室

立地良好＆最新設備で人気

ライトハウス 中級ホテル

The Lighthouse MAP P.149-2B

ハイバーチュン通りの角に建つクラシカルな外観のブティックホテル。インドシナ時代をテーマにした客室は、チークウッドの家具が置かれ、上品な印象だ。にぎやかな通りに面しているが窓は防音ガラスのため静かな滞在ができる。

人気なので予約は早めに。バルコニー付きの客室もある

住120 Hai Bà Trưng ☎(0292) 3819994 URL www.facebook.com/thelighthousecantho 料Ⓢ Ⓦ Ⓣ81万ドン～ カード A M V 全8室

コロニアル建築の風情を楽しめるブティックホテル

ナムボ 中級ホテル

Nam Bo MAP P.149-2B

仏領時代のコロニアル建築を改装したホテル。全7室のみの客室はすべて異なるインテリアで、スイートルーム仕様という贅沢な造り。建物の雰囲気を生かしたクラシカルな雰囲気で滞在自体を楽しめる。屋上にはワインセラーを備えたテラスレストラン「レスカール」があり、カントー川を一望できる。

コーナースイートのリビングルーム

住1 Ngô Quyền ☎(0292) 3819139 URL mekong-delta.com 料Ⓢ Ⓦ Ⓣ85US$～ カード A M V 全7室

リバービューがすばらしい

ティー・ティー・シー・ホテル・カントー 中級ホテル

TTC Hotel Can Tho MAP P.149-1B

カントー川に面して建つ大型ホテル。リバービューの客室からはもちろん、8階のオープンカフェからも川を一望でき、すばらしい眺めを楽しめる。客室はテーマカラーであるパープルが差し色のカジュアルな内装。屋外プール、レストラン、マッサージを完備。

デラックスダブルルーム

住2 Hai Bà Trưng ☎(0292) 3812210 URL ttchospitality.vn 料Ⓢ Ⓦ Ⓣ119万ドン～ スイート394万ドン～（朝食付き） カード A J M V 全107室

↘スイート220万ドン（朝食付き） カード M V 全104室

クメール文化の色濃い町

ソクチャン

MAP 折表-4B

ソクチャンの市外局番
0299

Sóc Trăng

中央郵便局
MAP P.155-2A
住 2 Trần Hưng Đạo
☎ (0299) 3829323
営 7:00～19:00 休 無休

ソムロン寺
Chùa Som Rong
Som Rong Temple
MAP P.155-1B参照
住 367 Tôn Đức Thắng
開 24時間 休 無休 料 無料
広大な境内に青い衣をまとった長さ約63mもの巨大涅槃像があるクメール寺院。カラフルな講堂も見もの。

ソクチャンのおもなクメール行事
水祭りとして知られるオクオムボク祭り（Lễ Hội Ooc-Om-Boc）は、旧暦の10月14、15日に行われる。ドラゴンボートレース（Đua Ghe Ngo）が有名。そのほか、4月中旬のクメール正月（Ngày Tết Chol Chnam Thmay）など。

カレン寺院
住 6 Tôn Đức Thắng
☎ (0299) 3821340
開 24時間 休 無休 料 無料

ソクチャンの名物料理
ライギョの発酵調味料を使った汁麺ブン・ヌック・レーオ（Bún Nước Lèo）が名物。

豚肉や白身魚が載る。市場などで食べられる

コウモリ寺（ヨイ寺）
住 181 Văn Ngọc Chính
☎ (0299) 3822233、091-9444503（携帯） 開 5:00～22:00
休 無休 料 無料

ホーチミン市から直線で約150km、カントーから国道1号線を南東に約65km。現在の町の基盤はフランス統治時代に造られ、古いフランス風住居やロータリーのある広い道路がその面影を残している。

迫力満点の巨大涅槃像があるソムロン寺（→欄外）

この町の人口の約3分の1はクメール族※（→下記）の人々。クメール族が多く住むメコンデルタ全体の中でも、ここソクチャンは特に多い。ソクチャンという地名もクメール語をベトナム語表記したものだという。町なかや郊外には90以上のクメール寺院がある。

見どころ Sightseeing

★★ 黄金に輝くクメール寺院 MAP P.155-1B

カレン寺院
Chùa Kh'leang　　Kh'leang Pagoda

かつてクメール族の大切な米蔵だった場所に建立された。1533年建立と歴史は古く、ソクチャン省の歴史文化遺産でもある。黄金に彩られた寺院は、まばゆいほどにきらびやかだ。内部には黄金の仏像が安置され、柱から天井まで装飾が施されている。

カレンとはクメール語で「米蔵」の意味。本堂への階段の手すりには猿神のハヌマン像がある

★★ コウモリがすみつくクメール寺院 MAP P.155-2A参照

コウモリ寺（ヨイ寺）
Chùa Dơi　　Mahatup Pagoda

1562年建立の歴史の古いクメール寺院で、極彩色の仏教説話やクメール文字があちらこちらに見られる。敷地内のミルクフルーツの木々に、たくさんのオオコウモリ（フルーツバット）がすんでいることからこう呼ばれている。また、境内にはかつて5本指のブタ（普通は4本）が飼育されており、それらの墓もある。2007年に本堂が全焼したが、再建された。

本堂内には釈迦の生涯が壁一面に描かれている

※クメール族：9世紀～15世紀に、現在のカンボジアを中心に栄えたクメール王朝（アンコール王朝）の末裔で、カンボジア、タイ、ラオス、ベトナムのメコンデルタ一帯に居住している。

★クメール族の文化に触れる　MAP 左下図-1B

クメール文化展示館

Nhà Trưng Bày Văn Hóa Khmer　Commercial Khmer Culture Museum

カレン寺院と道を隔てた正面にある。規模が小さく展示物も少ないが、結婚式の衣装や小道具、葬式の衣装、クメールの祭りで使われる伝統船の模型など、クメール族の文化が垣間見られて興味深い。

訪れる人は少なくひっそりとしている

クメール文化展示館
住53 Tôn Đức Thắng
開7:30～11:00、13:30～17:00
休月曜　料無料

★粘土で造られた仏像が安置された　MAP 左下図-1B参照

ダットセット寺（宝山寺）

Chùa Phật Đất Sét　Dat Set Temple

大地の守り神を祀った寺院で、正式名称はブー・ソン・トゥ（Bửu Sơn Tự）。2000体の仏像が安置されており、高さ2.6m、重量200kgの巨大なろうそくが６本あることでも有名。ダットセットとはベトナム語で粘土を意味し、寺院内の仏像、獅子や龍の像などは粘土で作られている。裏庭にも観音像が置かれている。

ダットセット寺（宝山寺）
住286 Tôn Đức Thắng
☎(0299) 3828723
開6:00～17:00
休無休　料無料

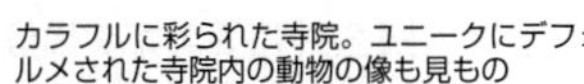

カラフルに彩られた寺院。ユニークにデフォルメされた寺院内の動物の像も見もの

アクセス ACCESS

ソクチャンへの行き方

●バス

ホーチミン市のミエンタイ・バスターミナルから0:30～23:30の間に寝台バスが30分～１時間間隔で運行。19万5000ドン、所要約５時間。カントーからは8:00～18:00の間に８便運行。11万ドン、所要約１時間20分。ロンスエンからも便がある。

ソクチャンからの交通

●バス

中心部から南西へ約2kmの所にあるソクチャン・バスターミナル（MAP 左図-2A参照）から、各地への便が出ている。ホーチミン市へは終日30分～１時間間隔で運行。18万ドン～、所要約５時間。カントーへは6:00～16:30の間に５便運行。11万ドン、所要約１時間20分。

ホテル Hotel

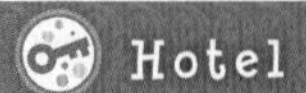

トゥアン・ファット
Thuan Phat　中級ホテル　MAP 上図-2A参照
住295 Phú Lợi　☎081-2888152（携帯）、081-2666152（携帯）
URL thuanphathotel.com　料ⓈⓌⓉ65万ドン～　スイート100万ドン～（＋税・サービス料15%）　カード MV　全56室

中心部からやや離れるが、設備が新しく清潔でスタッフの対応もいいと人気。白を基調とした客室は設備もひととおり揃い、バスタブ付きの部屋もある。屋外プールとカフェを併設。

フークイー
Phu Qui　ミニホテル　MAP 上図-2A
住19-21 Phan Chu Trinh
☎(0299) 3611811
料ⓈⓉ35万ドン～　カード MV　全31室

設備はやや古いが中心部に位置し、便利な立地。全室ホットシャワー、エアコン、テレビ付き。Wi-Fi接続は無料。エレベーターあり。

Voice 地元で人気のベトナム料理店「ハンキー Hang Ky」。ドジョウの煮付けなど大皿料理が多い。予算は20万ドンくらい。MAP上図-1A　住1 Hùng Vương　☎(0299) 3612034　営8:00～21:00　休無休

ハウジャン（後江）沿いののどかな町

MAP 折表-4B

ロンスエン

ロンスエンの市外局番
0296
Long Xuyên

郵便局
MAP 右下図-1A
住11-13 Ngô Gia Tự
☎(0296) 3840986
営7:00～18:00　休無休

バス会社
フーンチャン
Phuong Trang
MAP 右下図-2A参照
住392 Phạm Cự Lượng
(ロンスエン・バスターミナル内)
☎1900-0342(ホットライン)
営24時間　休無休　カード不可
ホーチミン市のミエンタイ・バスターミナル行きの寝台バスを終日30分～1時間間隔で運行。19万ドン～、所要約5時間。

野菜を積んだ船上での売買（ロンスエン水上マーケット）

ベトナムで最も自然に恵まれているといわれるアンジャン省の省都。ベトナム民主共和国の第2代国家主席トン・ドゥック・タンの生誕地としても有名だ。また、2～7世紀にメコンデルタを中心に栄えた扶南の中心都市、オケオの遺跡が町の南西約30kmの所にあるが、出土品はロンスエンのアンジャン博物館（→P.157）やホーチミン市の博物館に保管され、遺跡には何も残っていない。

さらに約20km南東の運河沿いには省民の大半が信奉するホアハオ仏教※（→下記）の本部がある。

アクセス ACCESS

ロンスエンへの行き方

●バス

ホーチミン市のミエンタイ・バスターミナルから3:15～23:45の間に寝台バスが30分間隔で運行。19万5000ドン、所要約5時間。カントーからは5:00、7:00発の便以降は1時間間隔で運行。7万5000ドン～、所要約2時間。

ロンスエンからの交通

●バス

町の中心部より東へ約4kmのファムクルーン（Phạm Cự Lượng）通りにあるロンスエン・バスターミナル（MAP 右図-2A参照）から、各方面へ運行。カントーへは11:00、13:30、14:30、15:30発の4便運行。7万5000ドン～、所要約2時間。そのほかチャウドック、ハーティエンなどへの便がある。ホーチミン市へは便数の多いフーンチャン（→欄外）のバスを利用するのが便利。

※ホアハオ仏教：カンボジアとの国境に近いアンジャン省で起こり、20世紀前半にベトナムで最も栄えた仏教系民族宗教。教祖は釈迦の生まれ変わりとされている。

見どころ Sightseeing

★★★ ロンスエン最大の見どころ MAP P.156-1B参照

ロンスエン水上マーケット

Chợ Nổi Long Xuyên　Long Xuyen Floating Market

ロンスエンから船で10分ほどの所にあり、野菜や果物を満載した卸売りの大型船に、仲買人や小売店が小さな船で買いにくる。積荷が売り切れるまで、大型船は数日間ほど停泊しているという。また、周辺には水上家屋や船上で暮らす人の船が停泊していて、水上での暮らしぶりが垣間見える。ツアー参加または船のチャーターで見学を。

麺やパンを売る船も見られる

★ トン・ドゥック・タンの生家 MAP P.156-1A参照

トンおじさんの家

Nhà Bác Tôn Đức Thắng　The Birth House of Ton Duc Thang

ハウジャン（後江）の中州、ミーホアフン（Mỹ Hòa Hưng）島に、ホー・チ・ミンの死後、２代目の国家主席となったトン・ドゥック・タンの生家が保存されている。小さな木造の家屋の中には、先祖を祀った祭壇や木製のベッド、テーブルが置かれている。道を挟んだ向こう側にある公園内には、トン・ドゥック・タンの遺品や革命の歴史を展示した展示館や記念館がある。

敷地内は国家特別遺産に認定されている

★ オケオ遺跡の貴重な出土品を展示 MAP P.156-1A参照

アンジャン博物館

Bảo Tàng An Giang　An Giang Museum

キン族、クメール族、華人、チャム族など各民族文化の展示が中心。３階はオケオ遺跡からの出土品が展示されており、青銅製のヴィシュヌ神、５～６世紀の物といわれる木製の仏像など貴重な物も見られる。

伝統楽器の展示も興味深い

★ ロンスエン一（いち）の大きな市場 MAP P.156-1B、2B

ロンスエン市場

Chợ Long Xuyên　Long Xuyen Market

雑貨や洋服中心の近代的な市場と、その周辺の路上に広がるロンスエン市場は、メコン川から水揚げされた魚、野菜や果物など、豊富な生鮮食料品が並んでいる。

路上の魚売り

アンジャン・ツーリメックス　An Giang Tourimex：MAP P.156-1A　住17 Nguyễn Văn Cưng　☎(0296) 3841670　E-mail nvdlagt@gmail.com、angiangtour74@gmail.com　営8:00～20:00　休無休　カード不可　ロンスエン水上マーケットのボート手配などが可能。

ロンスエン水上マーケット
営だいたい5:00～夕方
休無休

小さな船にココナッツを満載

トンおじさんの家
住Ấp Mỹ　☎(0296) 3851310
開7:00～11:00、13:00～17:00
休無休　料無料
ミーホアフン島へは中心部から約４km離れたチャーオン・フェリー乗り場（Bến Phà Trà Ôn MAP P.156-1A参照）からフェリーで約５分。1000ドン。中心部のオーモイ・フェリー乗り場（Bến Phà Ô Môi MAP P.156-1A）からも行けるが運航間隔・運航時間ともに長い。
トン・ドゥック・タン展示館
☎(0296) 3851310
開7:00～11:00、13:00～17:00
休無休　料無料

アンジャン博物館
住11 Tôn Đức Thắng
☎(0296) 3956248
開7:30～11:00、13:30～17:00
休月曜　料無料

ロンスエン大聖堂
Nhà Thờ Long Xuyên
Long Xuyen Church
MAP P.156-1A
住9 Nguyễn Huệ
☎(0296) 3842570
開7:30～18:00　休無休
南フランスのアルビ大聖堂を模して1973年に建てられた、メコンデルタ最大の教会。建物の壁は風が通り抜ける透かし彫りで、いかにも南国らしい造り。尖塔の下にはマリア像が立つ。

毎日早朝と夕刻にミサがある

ロンスエン市場
営店によって異なるが、だいたい7:00～19:00　休無休

レストラン Restaurant

ハイトゥエ
Hai Thue

ベトナム料理 MAP P.156-2B

住26 Nguyễn Trãi ☎(0296) 3845573
営9:00～20:00 休無休
カード不可 予約不要

メコンデルタ料理がおいしいと地元で評判の食堂。タックラックという淡水魚のさつま揚げ、チャー・カー・タック・ラック（Chả Cá Thác Lác Chiên）が名物。予算は10万～20万ドンが目安。

ホテル Hotel

広々とした明るい客室が魅力

ララ・ホテル・ロンスエン エコノミーホテル
Lara Hotel Long Xuyen MAP P.156-2A

2021年オープンの比較的新しい3つ星ホテル。マンゴーウッドの家具が置かれた客室はシンプル＆ナチュラル。機能性にもこだわり、日本製のトイレやエアコンが完備されている。デラックスルーム以上はかなり広く快適。

明るく清潔な客室。写真はプレミアムルーム

住46-48 Hùng Vương ☎(0296) 3526526
URL www.larahotellongxuyen.com 料Ⓢ Ⓦ Ⓣ31.5US$～ スイート105US$～（朝食付き） カードDJMV 全50室

サービスに定評あり

ホアビン1 エコノミーホテル
Hoa Binh 1 MAP P.156-1A参照

白い外観の3つ星ホテル。24時間対応のフロントやスタッフのていねいな応対に定評がある。市街地からはやや離れるが静かな環境で周辺には飲食店もある。レストラン、プール、サウナ、ツアーデスクを完備。客室も落ち着いた雰囲気で清潔。

広々としたデラックスダブルルーム

住130 Trần Hưng Đạo, P. Mỹ Bình ☎(0296) 6250440
URL www.hoabinhhotel.vn 料Ⓢ Ⓦ Ⓣ31.6US$～ スイート63.2US$～（朝食付き） カードADJMV 全60室

Column メコンデルタの野鳥生息地

広大にして豊饒（ほうじょう）なるメコンデルタは、人間だけでなく野鳥にとってもすみ心地のいい場所だ。特に通常食用にされないサギ類にとっては、安全が保証されたうってつけの繁殖地。エサとなる小魚や昆虫も多く、メコンデルタ全体でざっと数百万羽はいると推測されている。

メコンデルタでは、こうした野鳥の繁殖地が近年次々と発見され、観光客の人気を呼んでいる。おもな場所はドンタップ（Đồng Tháp）省のチャムチム国立公園（Vườn Quốc Gia Tràm Chim）、ベンチェーのヴァムホー（Vàm Hồ）、ほかにカオラン（Cao Lãnh）やカーマウの郊外にも確認されている。それぞれ地元の旅行会社のツアーを利用すれば行くことができるが、繁殖地はたいてい人の少ない奥地にあるため、往復するだけで半日はかかってしまう。

このなかで比較的行きやすいのはロンスエンから約50kmにあるチャムチム国立公園。水鳥の生息地として国際的に重要な湿地に関するラムサール条約湿地に認定されており、公園内を船で回って見られる。

繁殖地は湿地帯の低木林。高さ5mほどの密集した草木の上に巣が作られていて、観察用の櫓（やぐら）からそれを眺めることになる。場所によってはかなりの遠望となるので、できれば双眼鏡を用意しておきたい。

左／鳥の大群で木々に花が咲いたようだ
右／この上が観察用の櫓になっている

とにかく、どこの繁殖地でも驚かされるのは、その鳥の数。ダイサギやクロサギなど、翼を広げれば1mはゆうに超す大きな鳥が何千、何万という単位で集っている。あるものは悠々と空を舞い、あるものは枝の上であたりを睥睨（へいげい）している。こうしたコロニーを見ていると、地球が人間だけのものでないことがあらためてよくわかる。特に、すべての鳥が捕食から戻る夜は圧巻。闇の中で、その一帯だけがサギたちの白い色で明るくなっている。

観察は日中が中心だが、チャンスがあればぜひ夜も見てほしい。

チャム族が暮らす信仰の町

チャウドック

MAP 折表-4A

チャウドックの市外局番
0296
Châu Đốc

寺が多く、ベトナム人観光客も多く訪れるチャウドック。写真は中心部にあるチャウドック市場（→P.161）

カンボジア国境に近い小さな町、チャウドック。周辺にはマレーシアから伝来したイスラム教を信仰するチャム族※（→下記）が暮らしており、郊外へ足を延ばすと白いイスラム服を身にまとい、モスクへ出かけるチャム族に出会う。

また、中国系やクメール族の人々も住んでおり、町なかではクメール文字や漢字を目にすることがある。西には信仰の山であるサム山を望み、ベトナム各地から参拝に訪れるベトナム人があとを絶たない。数多くの寺が存在する信仰の町、チャウドックは何か独特な雰囲気をもっている。

郵便局
MAP P.160-2B
住 2 Lê Lợi ☎(0296)3866416
営 7:00～12:00、13:00～18:00（日曜7:00～11:00、13:00～17:00） 休 無休

サコムバンク
Sacombank
MAP P.160-1A
住 88 Đống Đa
☎(0296)3260262
営 7:30～11:30、13:00～17:00
休 土・日曜
USドルの現金の両替が可能。

サム山
住 P. Núi Sam
料 2万ドン、15歳以下1万ドン

各見どころへの行き方
町なかからタイアン寺までバイクタクシーで片道5万ドン～。タイアン寺まで行けば、バー・チュアスー廟、トァイ・ゴック・ハウ陵の2ヵ所へは徒歩数分。フックディエン寺へはタイアン寺からバイクタクシーで約5分、3万ドン～。サム山山頂へは麓からバイクタクシーで片道5万ドン～、所要約10分。グラブ・バイク（→P.416）利用可。
中心部にはシクロに似たセー・ロイ・ダップ（Xe Lôi Đạp）という乗り物もある。

見どころ Sightseeing

★★★ 眺めが抜群、山岳信仰の聖地

サム山

Núi Sam　Sam Mountain

MAP P.160-2A参照

麓から頂上までは徒歩約30分

チャウドックから南西約6kmの所にある、標高230mのサム山。ここは多くの伝説が残る神聖な山だ。ベトナム戦争時代の壕が残されている頂上からは、川の向こうに広がるカンボジアの田園地帯が見渡せる。麓にはいくつかの寺や廟、陵墓が点在し、朝日や夕日を見にたくさんの観光客や参拝者が訪れる。

アクセス ACCESS

チャウドックへの行き方

●バス

ホーチミン市のミエンタイ・バスターミナルから0:00～23:30の間に寝台バスが1時間間隔で運行。24万5000ドン、所要約6時間。カントーからは5:00、7:00発の便以降は1時間間隔で運行。13万ドン～、所要約3時間30分。

チャウドックからの交通

●バス

町の南東約4kmのチャウドック・バスターミナル（MAP P.160-2B参照）から各方面へ便が出ている。ホーチミン市へは5:00～24:00の間に1時間間隔で運行。21万ドン～、所要6～7時間。カントーへは4:00～18:00の間に1時間間隔で運行。13万ドン～、所要約3時間30分。ハーティエン行きもある。

カンボジアへの船

チャウドックからメコン川を遡り、カンボジアのプノンペンへ行く船が運航している。「ハンチャウ・ツーリスト」（→P.161）と「ヴィクトリア・チャウドック」（→P.162）の2社がスピードボートを運航。カンボジアビザはeビザのほか途中の国境で取得可能。

※チャム族：2世紀から17世紀までベトナム中部を中心に栄えたチャンパ王国の末裔。そのほとんどがイスラム教を信仰しており、イスラム教徒をチャム族と呼ぶ人もいる。

ヒンドゥー様式を取り入れた寺

MAP下図-2A参照

タイアン寺（西安寺）

Chùa Tây An　　Tay An Temple

町なかからサム山へ向かうと、真っ先に目に入る派手な寺。1847年にタイアン和尚によって創設され、その後1861年と1958年に補修された。ヒンドゥー教の建築様式を取り入れた独特な造りが、訪れる者を引き付ける。前庭ではゾウやライオンの像が出迎え、内部には200体もの神仏の像が安置されている。裏にはタイアン和尚の墓もある。

派手な色でペイントされた外観が印象的

伝説の女神が祀られる

MAP下図-2A参照

バー・チュアスー廟（主處聖廟）

Miếu Bà Chúa Xứ　　Ba Chua Xu Temple

さまざまな伝説が残るチュアスー女神が祀られる。最初は木造だったが、1870年に建て替えられ、1972年に現在のような形に完成した。上から見ると開いたハスの花に似ているといわれ、今も人々のあつい信仰を集めている。内部の写真撮影は禁止。

毎年旧暦の4月23～27日には法要祭が行われ、たいへんな人出となる

運河を建設した武将が眠る

MAP下図-2A参照

トァイ・ゴック・ハウ陵

Lăng Thoại Ngọc Hầu　　Tomb of Thoai Ngoc Hau

グエン（阮）朝時代の武将トァイ・ゴック・ハウの陵墓。トァイ・ゴック・ハウは、この地方に広がるヴィンテー運河を造った人物として知られている。チャウドックからハーティエンまで延びる運河の工事には、5年の歳月を要したという。

1829年に建造された

タイアン寺（西安寺）
住Vòng Núi Sam, P. Núi Sam
開24時間　休無休　料無料

チャム族の村
MAP 右下図-1B参照
中心部から約7km、ハウジャン（後江）を越えた先にあるダーフック村（Xã Đa Phước）は、400人を超えるチャム族が住む村。特にこれといった見どころはないが、南国の雰囲気たっぷりのイスラムモスクや高床式の家が並ぶ道をのんびり散策するのもいい。村にはモスクがふたつあり、エッサン・モスク（Thánh Đường Ehsan）には異教徒でも入れる。

チャウドック中心部からエッサン・モスクへは、バイクタクシーで約10分

バー・チュアスー廟（主處聖廟）
住132 Châu Thị Tế, P. Núi Sam
開24時間　休無休　料無料

トァイ・ゴック・ハウ陵
住P. Núi Sam
開24時間　休無休　料無料

本堂内にはトァイ・ゴック・ハウの胸像が立つ

カム山
Núi Cấm　Cam Mountain
MAP 右図-2A参照
住Xã An Hảo
☎(0296) 3760229　開7:00～17:00　休無休　料入場料2万ドン、ロープウエイ往復20万ドン
全長3485mのロープウエイで一気に山頂へ。山頂には高さ約33mの巨大な弥勒菩薩像が鎮座する寺院のほか、池や公園、カフェなどがあり、なかなか楽しめる。

チャウドックの中心部から約35km先にある標高約700mの山

★美しい農村風景が望める MAP P.160-2A参照

フックディエン寺（福田寺）

Chùa Phước Điền　Phuoc Dien Temple

サム山の西方の山の中腹にある。寺の門をくぐり、長い石段を上ると寺に着く。本堂の裏に高さ2m、深さ12mの石穴があることから、ハン寺（Chùa Hang：穴寺）とも呼ばれている。伝説によると、19世紀の初め頃、レ・チ・トーという名の少女がタイアン寺で修行した後、穴に仏を祀ったのがこの寺の始まりといわれている。寺からはチャウドックの水田と運河の美しい農村風景が望める。

本堂に着くまでに整備された美しいハス池がある

フックディエン寺（福田寺）
開24時間　休無休　料無料

★国境近くの町ならではの品揃え MAP P.160-1A、1B、2B

チャウドック市場

Chợ Châu Đốc　Chau Doc Market

カンボジアとの国境に近いだけあり、タイ製品が多く見られる。小さな町のわりに規模は大きく、品数も豊富だ。道幅の狭い路上でバイクと人がごった返し、朝早くから威勢のいい声が飛び交う。

発酵調味料マムはチャウドックの特産品のひとつ

チャウドック市場
営店によって異なるが、だいたい6:30～19:00
休無休

その他のメコンデルタの町

ベトナム最南端の省都 MAP 折表-4A

カーマウ

Cà Mau

ホーチミン市から約350km、カントーからは約182km、ベトナムを縦断する国道1号線の最南端に位置するカーマウ省の省都。町の見どころは、川沿いの市場とその近くにある動・植物園、水上マーケットなど。

カーマウの市外局番 0290

カーマウへの行き方

ホーチミン市からベトナム航空が週5便（所要約1時間10分）運航。またホーチミン市のミエンタイ・バスターミナルから7:00～24:00の間に寝台バスが1時間間隔で運行。23万ドン、所要7時間35分～8時間。

タイランド湾に面した港湾都市 MAP 折表-4A

ラックジャー

Rạch Giá

カントーから西へ約125kmの所にある、タイランド湾に面したキエンジャン省の省都。見どころこそ少ないが、空港や大学があり、町は省都らしいにぎわいに満ちている。

ラックジャーの市外局番 0297

ラックジャーへの行き方

ホーチミン市からベトナム航空が週3便（所要約50分）運航。またホーチミン市のミエンタイ・バスターミナルから、0:15～23:55の間に寝台バスが30分～1時間間隔で運行。22万ドン、所要約6時間。フーコック島からスピードボートがあり（→P.166）、スーパードンは7:20、10:10、12:10、13:30発の4便運航。33万ドン、所要2時間50分～3時間10分。フーコック・エクスプレスは7:10、8:00、10:00、12:20、13:20発の5便運航。34万ドン～、所要約2時間30分。

旅行会社&ツアーオフィス ❁ TRAVEL OFFICE & TOUR OFFICE

●**ハンチャウ・ツーリスト　Hang Chau Tourist**
MAP P.160-2B参照　住8 Lê Lai　☎(0296)3562771、3856140　URL hangchautourist.vn　E-mail dieuhanh.boat@hangchautourist.vn　E-mail hangchautourist@gmail.com　営6:30～17:00　休無休　カード不可

プノンペン行きのスピードボートを毎日運行。7:30発、13:30着。84万ドン。到着場所はプノンペンのリバーサイドにある船着場。満席になることも多いので早めの予約を。ウェブサイトからも予約できる。料金にはミネラルウオーター、果物、スナック、保険などが含まれ、船内はWi-Fi利用可能。

●**ミズ・サン・ツアーズ　Ms San Tours**
MAP P.160-2A参照　住277 Nguyễn Văn Thoại　☎091-8669236（携帯）　URL mekongchaudoctravel.com　E-mail sanhuynhhappy1973@gmail.com　営事前に連絡を　休無休　カード不可

チャウドック起点のさまざまなツアーを催行。チャウドックから約30km離れた、カヤプテが群生するチャースーの森（Rừng Tràm Trà Sư）へ行くツアーもある。

バス会社

●**フーンチャン　Phuong Trang**
MAP P.160-2A　住69 Phan Văn Vàng　☎(0296)3565939　営24時間　休無休　カード不可

ホーチミン市行きは終日1時間間隔で運行。21万ドン、所要約6時間。カントー行きも4:00～18:00の間に14便運行。12万5000ドン、所要約3時間30分。チャウドック・バスターミナル内にもある。

Voice! チャウドックからハーティエン方面へ約44km。1978年、ポル・ポト政権に虐殺された3157人のベトナム人を弔うために建てられた「バーチュック霊廟 Nhà Mồ Ba Chúc」がある。MAP P.160-2A参照

レストラン Restaurant

バイーボン
Bay Bong

大衆食堂
MAP P.160-1B

住20 Sương Nguyệt Anh ☎(0296) 3867271
営8:00〜22:00 休無休
カード不可 予約不要

おかずとご飯がセットになった定食（各12万ドン）が豊富。特産の発酵調味料マムを使ったチャウドックの名物鍋、ラウ・マム（Lẩu Mắm、40万ドン）も人気。一部英語メニューあり。

チューンヴァン
Truong Van

大衆食堂
MAP P.160-2A

住10 Quang Trung ☎(0296) 3866567
営6:00 〜 20:00 休無休
カード不可 予約不要

市場近くの老舗食堂。メコンデルタ料理が食べられ、具だくさんの甘酸っぱいスープ、カイン・チュア（→P.31）や炒め物、煮付け料理は12万ドン〜。チャウドックの名物鍋、ラウ・マムもある。

ホテル Hotel

川沿いの４つ星リゾート

ヴィクトリア・チャウドック
高級ホテル

Victoria Chau Doc MAP P.160-2B参照

市街のやや南側、ハウジャン（後江）に面した老舗の４つ星リゾートホテル。外観、内装ともにフレンチコロニアル調で、フローリングの客室も落ち着いた雰囲気。レストラン、バー、プール、スパなどの施設がある。ホテルの桟橋からは、カンボジアのプノンペンを結ぶスピードボートが出ている（要予約）。

客室のテラスからはハウジャン（後江）の眺めが美しい。写真は広々としたスイートルーム

住1 Lê Lợi ☎(0296) 3865010
URL www.victoriahotels.asia
料ⓈⓌⓉ110US$〜 スイート165US$〜（＋税・サービス料15%。朝食付き） カードADJMV 全92室

美しい田園風景が望める

ヴィクトリア・ヌイサム・ロッジ
高級ホテル

Victoria Nui Sam Lodge MAP P.160-2A参照

サム山の中腹にある４つ星リゾートホテルで、どこまでも広がるメコンデルタの大地を見下ろすことができる。レストランやバーなどの設備も充実しており、インフィニティプールからの景色もよい。宿泊者向けの自転車のレンタルも好評だ。ホテル〜「ヴィクトリア・チャウドック」（→左記）間の無料シャトルバスを運行。

山の斜面に沿って建つ。デラックスルームはテラス付き

住Vĩnh Đông 1, P.Núi Sam ☎(0296) 3575888
URL www.victoriahotels.asia 料ⓌⓉ90US$〜 ファミリー150US$〜（＋税・サービス料15%。朝食付き）
カードADJMV 全36室

サム山のそばで観光に便利

フォンラン・リゾート
エコノミーホテル

Phong Lan Resort MAP P.160-2A参照

サム山（→P.159）の麓まで徒歩約５分、タイアン寺やバー・チュア・スー廟（→各P.160）まで徒歩２〜３分とサム山周辺の観光に便利な立地。老舗ホテルだが改装されていてきれい。広大な敷地内にはレストランやテニスコートがある。

住Tân Lộ Kiều Lương, P. Núi Sam
☎(0296) 3861745
E-mail phonglantrangvn1980@gmail.com
料ⓈⓉ42US$〜 VIP91US$（朝食付き）
カード不可 全71室

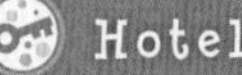
広々としたVIPルーム

その他のホテル Hotel

チャウフォー
Chau Pho

エコノミーホテル
MAP P.160-2A参照

住88 Trưng Nữ Vương ☎(0296) 3564139 URL www.chauphohotel.com 料ⓈⓌⓉ90万〜110万ドン ファミリー125万〜145万ドン スイート165万ドン（朝食付き） カードAJMV 全50室

レストランやカフェが近くにあり、チャウドック市場へも歩いて行ける好立地。全室バスタブ、エアコン、テレビ、ミニバー付き。部屋は広く、窓からの眺めもよい。館内にはレストランがあり、レンタサイクル１時間無料のサービスが好評。

Voice! 中心部で食事をするなら食堂が集まるチーラン通りやクアンチュン通りへ行ってみよう。また夕方以降は市場周辺に屋台が立つ。

ベトナム南西端の小さな町

MAP 折表-4A

ハーティエン

ハーティエンの市外局番
0297
Hà Tiên

市場周辺に出る干しイカの屋台

ベトナムの南西端、カンボジアとの国境地帯に位置する港町。ホーチミン市からは約340km、沖合約45kmにはフーコック島が浮かぶ。周辺は水路や湿地帯を利用した田園地帯で、石灰質の山から採掘した石灰岩のセメント工場もある。

市街はメコン川支流の河口部に位置している。碁盤の目状に造られた市街は非常にコンパクトで、散策には1時間もあれば十分だ。市内の見どころは、市場や中国寺、教会など。近郊には風光明媚な海岸や鍾乳洞などもあって楽しめる。全体的にのんびりしたムードで居心地のいい町だ。

一面の緑が広がる郊外

ベトコムバンク
Vietcombank
MAP P.164-1B
住4 Phương Thành ☎(0297)3951065 営7:30～11:30、13:00～16:30 休土・日曜

郵便局
MAP P.164-1B 住3 Tô Châu ☎(0297)3850432 営7:00～11:00、13:00～17:00 休無休

各見どころへの行き方
バイクタクシー利用が便利。中心部からムイナイ・ビーチ、タックドン岩までは4万～5万ドン程度。

ハーティエン魚市場
住Nguyễn Trung Trực
営4:00～20:30 休無休

見どころ Sightseeing

★★ 活きのいい魚介がたくさん!

MAP P.164-2B

ハーティエン魚市場

Chợ Cá Hà Tiên　Ha Tien Fish Market

ハーティエン近郊で取れた、さまざまな魚介類が並ぶ魚市場。エイやサメ、珍しい貝類もあり見て歩くだけでもなかなか楽しい。エビ1kg15万ドンなど、ほかの町の市場より安い。

魚介はその場で調理もしてくれる

アクセス ACCESS

ハーティエンへの行き方

●バス

ホーチミン市のミエンタイ・バスターミナルから6:00～23:45の間に寝台バスが30分～1時間間隔で運行。24万～29万ドン、所要約7時間。カントーからは7:00、8:30、11:30、14:00、16:00発の5便運行。20万ドン、所要4～5時間。

●船

フーコック島（バイボン港）からのスピードボートはスーパードンが6:40、8:00、11:15、13:30発の4便運航、23万ドン。フーコック・エクスプレスは6:50、9:00、11:45、14:00発の4便運航。25万ドン、所要1時間15～20分。

ハーティエンからの交通

●バス

ハーティエン・バスターミナル（MAP P.164-2B参照）からホーチミン市行きのバスが頻発。トゥアンガーは個室になるVIPリムジン寝台バスを6:30～23:00の間に7便運行。35万ドン、所要約7時間。

トゥアンガー　Tuan Nga
MAP P.164-2B参照　住Hẻm 51, Tô Châu（ハーティエン・バスターミナル内）　☎(0297)3954464

●船

フーコック島（バイボン港）へスーパードンが6:10、8:20、9:50、13:00発の4便、フーコック・エクスプレスは6:40、8:55、11:45、13:30発の4便運航。料金、所要時間は行き方の項と同じ。乗り場はMAP P.164-2B。フーコック・エクスプレスのチケット売り場は乗り場と同じ。

スーパードン　Superdong
MAP P.164-2B　住11 Trần Hầu
☎(0297)3955933　営6:00～20:30　休無休

Voice! カフェ休憩なら緑いっぱいの「エブリデイ・コーヒー Everyday Coffee」がおすすめ。
MAP P.164-2B　住18 Đặng Thuỳ Trâm　☎033-5072321（携帯）　営6:30～22:00　休無休
カード不可　予約不要

★★ 華人マック・クー家の霊廟

マック・クー廟（鄭公廟）

MAP 下図-1B

Đình Thần Mạc Cửu　Mac Cuu Family Tombs

18世紀にこの地を治めていた華人、マック・クーとその一族を祀る中国式の霊廟。境内の奥、ビンサン山の麓には一族の立派な墓がある。

敷地内は花や木々が植えられ、和やかな空気に包まれる

★★ ハーティエンの洞窟寺

タックドン岩（仙山洞）

MAP 下図-1A参照

Núi Thạch Động　Thach Dong Cave Pagoda

市街からカンボジア国境に向かって約4km、小さな石灰山の中に造られた洞窟寺院。岩の合間からはカンボジアとの国境地帯が見渡せる。1978年にこの地でポル・ポト派との戦闘があり、約130人の犠牲者が出た。入口の横に戦没者を祀る記念碑が建つ。

洞窟内には祠が建てられている

★ 波のない穏やかなビーチ

ムイナイ・ビーチ

MAP 下図-2A参照

Bãi Tắm Mũi Nai　Mui Nai Beach

市街から西へ約5km、弓なりの海岸に造られたビーチで、地元の人やベトナム人観光客でにぎわう。南側がフロント・ビーチ（Bãi Trước）、北側がバック・ビーチ（Bãi Sau）と呼ばれる。

フロント・ビーチ

マック・クー廟（鄭公廟）
住Đường Mạc Cửu
開7:00～20:00　休無休
料無料

タックドン岩（仙山洞）
開6:00～18:00　休無休
料２万ドン

タックドン岩からカンボジア国境を望む

ムイナイ・ビーチ
住Khu Phố 3, P. Pháo Đài
料３万ドン（バイクはプラス2000ドン、車１万ドンが必要）

モーソー洞窟
Động Mo So
Mo So Cave
MAP 下図-2B参照　住Bình An

市街から南東へ約27km、ラックジャー方面へ向かう途中、石灰で覆われた岩山が現れる。洞窟内には恐竜の手の形や馬の形など、ユニークな形の鍾乳石が見られる。洞窟内を回る際はライトアップ（10万ドン）はしてくれるが、薄暗く滑りやすい所もあるため、懐中電灯の持参を。

モーソーはクメール語で石灰山を指す

Voice! 新興地区で毎晩18:00頃から開催されるハーティエン・ナイトマーケット（MAP上図-2A）は、店頭に魚介を並べた海鮮料理の店や洋服の屋台が並ぶ。

郊外の見どころ Sightseeing

悲しい寓話から名付けられた

フ・トゥ岩
Hòn Phụ Tử　Phu Tu Islet

MAP P.164-2B参照

市街から南東へ約38km、海に浮かぶ奇岩。フ（Phụ）とはベトナム語で父、トゥ（Tử）は息子を意味する。この地に残る悲しい寓話から、寄り添うように立っていたふたつの奇岩はホン・フ・トゥ（父子岩）と呼ばれていたが、2006年に父とされていた大きな岩が倒れ、現在は息子の小さな岩のみが立つ。ボートに乗り、海岸付近に浮かぶ奇岩の下にある鍾乳洞の中も探検できる。フ・トゥ岩のある海岸は、洞窟の中にあるハン寺（Chùa Hang）を抜けた先にある。

左側の岩の塊のうち、右の細長い岩が息子の岩

レストラン Restaurant

川沿いのレストラン

カンブォム　ベトナム料理＆海鮮料理
Canh Buom

MAP P.164-2B

トーチャウ橋のたもと、ジャンタン川沿いにある大型レストラン。海鮮料理が看板メニューだが、カニや貝などは時価が多い。おすすめは海鮮チャーハン（Cơm Chiên Hải Sản、14万ドン）、エビのフリッター（Tôm Chiên Bột、18万ドン）など。

ベトナム人の団体客の利用も多い大型店。新鮮な魚介を使った料理がウリ

住1 Trường Sa　☎(0297) 3969499、091-1466545(携帯)
営6:00～21:00　休無休　カード不可　予約不要

種類豊富な海鮮料理店

ホアンガン　海鮮料理
Hoang Ngan

MAP P.164-2A

市街地の西側、新興地区にある半屋外の海鮮料理店。メニューはベトナム語のみだが、味がよく評判がいい。おすすめはカキのチーズ焼き（Hàu Nướng Phô Mai、1個6万ドン）など。昼は海鮮も使ったリーズナブルな日替わりの食堂メニューを提供。

エビのレモングラス焼き（Tôm Nướng Sả Ớt、12万ドン）

住 C15-10 Khu Đô Thị Mới Hà Tiên, P. Pháo Đài　☎091-8506022(携帯)　営11:00～22:00　休無休　カード不可　予約不要

ホテル Hotel

市街地にあり便利な立地

ヴィスハ　エコノミーホテル
Visuha

MAP P.164-2B

市街地に数あるホテルのなかでも比較的新しいホテルで、ハーティエン魚市場（→P.163）へも徒歩圏内。客室は白×パープルが基調の上品な雰囲気で、スタンダードルームでも25㎡と広々。屋外プール、レストランあり。客室の設備も申し分ない。

バルコニー＆バスタブ付きのデラックスキングルーム

住81 Trần Hầu　☎(0297) 3958999、098-5066662(携帯)
URL visuhahotel.com　料Ⓢ Ⓦ Ⓣ 81万～357万ドン(朝食付き)
カード ADJMV　全80室

自宅のような居心地のよさ

セリ・ハウス　ミニホテル
Sele House

MAP P.164-2A

旅好きなベトナム人夫婦が一軒家を改装し、旅先で出合った好みのものを集めてデザインしたミニホテル。柔らかな色調の家具で統一された客室は居心地がよく、ミニバー、湯沸かし器、ヘアドライヤー、バスアメニティなど客室設備も十分。

バルコニー付きの部屋がおすすめ

住Đường Số 35&38, P. Pháo Đài　☎090-6605929(携帯)
E-mail ngoselehouse@gmail.com　料Ⓢ Ⓦ Ⓣ 18US$～　ファミリー 36US$～　カード ADJMV　全12室

Voice ハーティエンのホテルは、市街地のハーティエン魚市場（→P.163）周辺に集まる。週末や祝日は宿泊料が割り増しになるホテルが多い。

白砂のビーチと夕日が美しいリゾート地

MAP 折表-4A

フーコック島

フーコック島の市外局番
0297

Đảo Phú Quốc

両替

両替は銀行、ホテル、市場内の貴金属店などでできるが、銀行以外はレートが悪いので、島に来る前に済ませておいたほうがよい。

郵便局

MAP P.167A図-1A
住10 Đường 30 Tháng 4, P. Dương Đông ☎(0297) 3846117
営7:00～18:00 休日曜

希少種フーコック犬は背中の逆毛が特徴

ベトナム屈指の透明度を誇る美しい海で知られるが、近年はビーチのゴミ問題も深刻化しつつある。写真はサオ・ビーチ（→P.168）

タイランド湾に浮かぶ緑豊かなフーコック島は、黒コショウとヌックマムの生産地としても有名。島の南半分の海岸線には美しい白砂のビーチが広がっている。透明度の高い海は遠浅で、海水浴やスノーケリングに最適。一方、カンボジア国境に近いこともあり、北部、南部ともに軍事エリアと演習場がある。

今、島は国の観光開発戦略の拠点として急速にリゾート開発が進んでいる。それでもまだのんびりしたムードが漂っているが、今後リゾート観光地としてますます注目を集めそうだ。

アクセス ACCESS

フーコック島への行き方

●飛行機

ホーチミン市からベトナム航空（VN）が毎日6便、ベトジェットエア（VJ）が毎日6～7便運航。所要1時間～。ハノイからはVNが毎日2～3便、VJが毎日5便運航。所要2時間5分～。ハイフォンからも便がある。

●船

ハーティエンからのスピードボートは、スーパードンが6:10、8:20、9:50、13:00発の4便運航、23万ドン。フーコック・エクスプレスは6:40、8:55、11:45、13:30発の4便運航、25万ドン。所要1時間15分～20分。船は島の東部のバイボン港（MAP P.167B図-2B）に到着する。2社ともにラックジャーからも便がある。時期によって増減便し、悪天候は欠航。バイボン港からユーンドンの中心部まで車で所要約20分。

フーコック島からの交通

●飛行機

行き方の項（→上記）参照。

●船

バイボン港からハーティエンへスピードボートが運航。スーパードンは6:40、8:00、11:15、13:30発の4便運航。フーコック・エクスプレスは6:50、9:00、11:45、14:00発の4便運航。料金、所要時間は行き方の項と同じ。

スーパードン　Superdong
MAP P.167A図-1A
住187 Nguyễn Trung Trực, P. Dương Đông
☎(0297) 3980111 URL superdong.com.vn

フーコック・エクスプレス
Phu Quoc Express
MAP P.167A図-1A
住37A Trần Hưng Đạo, P. Dương Đông
☎(0297) 3981981、082-2368939（携帯）
URL phuquocexpressboat.com.vn

フーコック国際空港～ユーンドンのアクセス

電気自動車のヴィンバス（VinBus）17番と19番バスがフーコック国際空港（MAP P.167A図-2B）～北部にある複合商業施設のヴィンパール・グランドワールド・フーコック（MAP P.167B図-1A）間を無料運行。ヴィンバスのアプリを入れるとルートや運行スケジュール、リアルタイム走行などが確認できる。空港からユーンドン中心部まで車で約20分。

Voice! フーコック島のベストシーズンは乾季の11～4月。ダイビングのベストシーズンもこの時期で、透明度は10mほど。ちなみに、5月は暑季、6～10月は雨季。

歩き方 Orientation

生活の中心はユーンドン（Dương Đông）。ユーンドン川に架かる橋の周辺に市場、橋を渡った西側に銀行、郵便局、商店などが点在する。ホテルや旅行会社、飲食店が並ぶのは、西海岸に沿って南に延びるチャンフンダオ通り。また、島の北西のオンラン・ビーチは、その豊かな自然を生かしたエコリゾートの拠点としても注目されており、バンガロータイプのホテルが増えている。

岬の端に立つタックソン殿

カウ岩

Dinh Cậu　Cau Rock

MAP 下A図-1A

ユーンドン川が海と合流する所にある大きな岩は島のシンボル。岩の上の廟、タックソン殿（Thạch Sơn Điện）は島民の信仰を集めている。

旅行会社＆ツアーオフィス ❁ TRAVEL OFFICE & TOUR OFFICE

●ジョンズ・ツアーズ　John's Tours

MAP 下A図-1A 住143 Trần Hưng Đạo, P. Dương Đông ☎(0297)3997799、096-5997799（携帯） URL phuquoctrip.com 営7:30～21:30 休無休 カード MV

アントイ諸島へのアイランドツアーに強い旅行会社。2島でスノーケリングなどを楽しめるツアーは50万ドン。魚釣りツアーなどもある。

●オンバード・フーコック　Onbird Phu Quoc

MAP 下A図-1B 住Tổ 3, Ấp Cửa Lấp, P. Dương Tơ ☎036-3759280（携帯、LINE） URL onbird.vn E-mail hello@onbird.vn 営8:30～17:30 休無休 カード ADJMV

フーコック島でのさまざまなツアーを主催。アントイ諸島でのスノーケリングツアー（5～6時間）が人気。グループ最大人数は9人でひとり135万ドン。

●フリッパー・ダイビング・クラブ

Flipper Diving Club

MAP 下A図-1A 住60 Trần Hưng Đạo, P. Dương Đông ☎093-9402872（携帯） URL www.flipperdiving.com E-mail flipper@flipperdiving.com 営9:00～21:00 休無休 カード MV

PADI公認のダイビングショップ。ダイビングは1ダイブ170万ドン～で、初心者でも楽しめるダイビングツアー（1ダイブ140万ドン～）もある。スノーケリングは70万ドン～で、フーコック島南部2～3ヵ所のダイビングスポットでのスノーケリングツアー（約4時間）はひとり180万ドン。

フーコック島の名物麺、ブン・クァイ

つるっとしたのどごしの米麺ブンに、エビのすり身が載ったブン・クァイ（Bún Quậy）は磯の香り漂うフーコック島の名物麺。島で見かけたら試してみて。

専門店もある

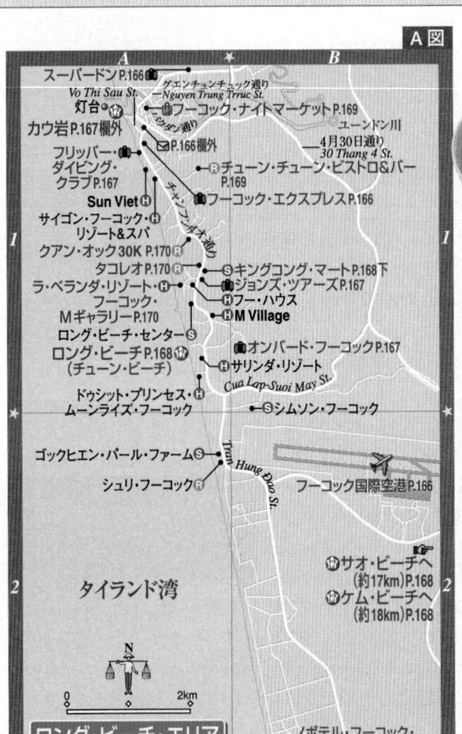

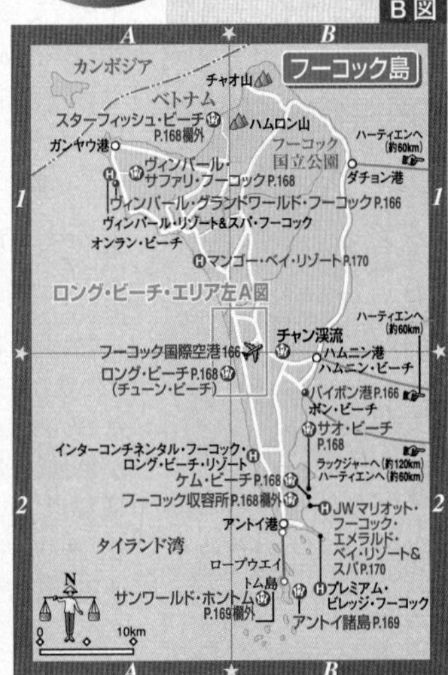

真っ赤な夕日が海に沈むロング・ビーチ

スターフィッシュ・ビーチ
Bãi Rạch Vẹm
Starfish Beach
MAP P.167B図-1A

島北部にあるビーチで10～11月はヒトデが見られることで有名。12～4月頃まではボートでヒトデが生息する場所へ行ける。ボートは各海の家で申し込め、目安はひとり20万ドン。

ユーンドンからは車で約45分とかなり遠い。このビーチを含めた島北部を回るツアーに参加するのがおすすめ

フーコック収容所
Nhà Tù Phú Quốc
Phu Quoc Prison
MAP P.167B図-2B
住350 Nguyễn Văn Cừ, P. An Thới　☎なし
開7:00～17:00（最終入場16:45）
休無休　料無料

フランス統治下の1953年に建てられた収容所が博物館として公開。ベトナム戦争時には約4万人もの北ベトナム軍の捕虜や政治犯を収容していた。拷問の様子を再現した模型や、実際に使用されていた檻などが展示されている。「ココナッツ・プリズン」とも呼ばれる。

囚人がいかに非人道的で劣悪な環境におかれていたかがわかる展示内容

ヴィンパール・サファリ・フーコック
住Khu Bãi Dài, P. Gành Dầu
☎（0297）3636699
URL vinwonders.com/en/vinpearl-safari-phu-quoc
開9:00～16:00（ナイトサファリ月・金・土・日曜19:00～21:50）
休無休　料60万ドン～、ナイトサファリ60万ドン。ヴィンワンダーズ・フーコックとのコンボチケットもある　カード A D J M V

見どころ　Sightseeing

★★★ 美しい夕日が望めるサンセットビーチ
MAP P.167A図-1A

ロング・ビーチ（チューン・ビーチ）
Bãi Trường　Long Beach(Truong Beach)

飲食店やホテルが建ち並ぶチャンフンダオ通りに沿い、島の西側約20kmにわたって続くビーチ。ビーチ沿いにはビーチバーやレストランが並び、マリンスポーツも楽しめる。

左／夕日を眺められるバーも多数　右／島のメインビーチ

★★ 南東部にある白砂のビーチ
MAP P.167B図-2B

サオ・ビーチ
Bãi Sao　Sao Beach

島の南東部にあるビーチで、真っ白な砂浜とマリンブルーの海のコントラストがまぶしい。フーコック島で一番美しいビーチといわれていたが、近年ビーチのゴミ問題が深刻化している。

海の透明度は高く人気は健在

★★ 島随一の美しい砂浜で人気
MAP P.167B図-2B

ケム・ビーチ
Bãi Khem　Khem Beach

サオ・ビーチから南へ車で約10分。小規模ながら、サオ・ビーチに比べてゴミも少なく、白い砂浜と遠浅の美しい海が楽しめる。マリンスポーツもできるが、のんびり静かに過ごす人が多い。

大型リゾートホテルの間にある小さなビーチ

★★ ベトナム最大のサファリパーク
MAP P.167B図-1A

ヴィンパール・サファリ・フーコック
Vinpearl Safari Phu Quoc

歩いて回る動物園ゾーンと、バスに乗って巡るサファリゾーンのふたつがある。380ヘクタールの広大な敷地には希少動物を含む4500種類以上の動物が飼育されている。キリンやゾウへの餌やり（9:30～15:15）やアニマルショーなどもある。近くに同経営の大型テーマパーク「ヴィンワンダーズ・フーコック」がある。

ラクダやライオン、水牛などが見られる

Voice スーパーマーケットなら「キングコング・マート Kingkong Mart」が便利。
MAP P.167A図-1A　住141A Trần Hưng Đạo, P. Dương Đông　☎091-5794238（携帯）
営8:00～22:00　休無休　カード M V

ダイビング&スノーケリングを楽しもう

MAP P.167B図-2B

アントイ諸島

Quần Đảo An Thới　An Thoi Islands

アントイ諸島はフーコック島の南側に浮かぶ15の島々。海の透明度が高く、複数の島を巡るアイランドツアーが人気だ。おもにスノーケリングツアーで訪れるのは珊瑚礁や色とりどりの魚たちに出合えるモンタイ（Móng Tay）島、ガムギー（Gầm Ghì）島など。一番大きな島のトム（Thơm）島にはウオーターパークやジェットコースターなどがあるアミューズメントパーク「サンワールド・ホントム」があり、7899.9mと世界最長の海上ロープウエイが本島とトム島を結んでいる。

左／ロープウエイからは眼下に青い海や島々のすばらしい景色を楽しめる　中／「サンワールド・ホントム」のウオーターパーク「アクアトピア」　右／ガムギー島でのスノーケリング

海の家があるマイルットチョン（Mây Rút Trong）島

サンワールド・ホントム

Sunworld Hon Thom

MAP P.167B図-2B

住Bãi Đất Đỏ, P. An Thới

☎088-6045888（携帯、ホットライン）

URL honthom.sunworld.vn

開9:30～16:45（アクアトピア10:00～16:30）、ロープウエイは9:00～11:30、13:30～17:00

休無休　料65万ドン、子供（身長100～140cm）50万ドン

園内はウオーターパークの「アクアトピア」、ジェットコースターなどの乗り物がある「エキゾティカ」、ビーチなどのエリアに分かれ、チケット料金にはロープウエイ往復のほか「アクアトピア」の入場料、「エキゾティカ」での乗り物料金も含まれる。

上／「アクアトピア」の流れるプール　下／スリル満点のジェットコースター

縁日気分を楽しもう

MAP P.167A図-1A

フーコック・ナイトマーケット

Chợ Đêm Phú Quốc　Phu Quoc Night Market

バクダン通り一帯にスナック系&スイーツ系のストリートグルメ屋台、海鮮屋台、レストラン、みやげ物の露店などが並び、縁日のようなにぎわい。海鮮料理は、店先に水槽を並べ、直接水槽から選んで注文できる店もある。

左・右下／道の両側にさまざまな屋台が立つ　右上／値段はそれほど安くはないがフーコック産の海鮮をその場で調理してくれる店も多い

フーコック・ナイトマーケット

住Bạch Đằng, P. Dương Đông

営18:00頃～23:00頃　休無休

レストラン　Restaurant

町を見下ろす絶景レストラン

チューン・チューン・ビストロ&バー

Chuon Chuon Bistro & Bar

ベトナム&西洋料理

MAP P.167A図-1A

高台にある開放的な雰囲気のカジュアルなレストラン。テラス席からはユーンドンの町や海が見え、景色を楽しみながら食事ができる。メニューはベトナム料理を中心にピザやパスタもあり、前菜で11万5000ドン～と高めだが味はいい。14:00まではブランチメニューもある。カフェやバー利用もOK。

住Uphill Alley, Trần Hưng Đạo, P. Dương Đông

☎(0297) 3608883

営7:30～23:00　休無休

カードMV　予約不要

コーヒー（7万ドン～）は7:00～15:00の提供

Voice 島には特産のヌックマム工場が複数あり、なかには工場見学が可能な所も。「カイホアン Khai Hoan」や「タンハー Thanh Ha」が有名。購入したヌックマムは預け荷物でも航空会社によって規定がある場合が多いので事前に要確認。

レストラン Restaurant

3万ドン〜の安ウマ海鮮料理
クアン・オック30K 海鮮料理
Quan Oc 30K MAP P.167A図-1A

3万ドンからと激安で海の幸を楽しめるローカルシーフード店。ほとんどが10万ドン以下で、仕入れ具合によってはメニューにない海鮮もある。

カキ焼き1個3万ドン、エビのビール蒸し6万ドン

住102 Trần Hưng Đạo, P. Dương Đông ☎036-8403659（携帯） 営17:00〜22:00 休無休 カード不可 予約不要

気軽に立ち寄れるメキシコ料理店
タコレオ メキシコ料理
TacoLeo MAP P.167A図-1A

カフェ風の店内でタコスやケサディーヤなど、メキシコのファストフードを手頃な価格で楽しめる。小腹がすいたときや海鮮料理に飽きたらぜひ。

タコスは1個5万5000ドン。ビーフがおすすめ

住114 Trần Hưng Đạo, P. Dương Đông ☎076-8082631（携帯） 営8:00〜22:30 休無休 カードMV 予約不要

ホテル Hotel

ケム・ビーチ沿いの瀟洒なリゾートホテル
JWマリオット・フーコック・エメラルド・ベイ・リゾート&スパ 高級ホテル
JW Marriott Phu Quoc Emerald Bay Resort & Spa MAP P.167B図-2B

1889年に建てられた大学のキャンパスをイメージしたというユニークなコンセプトが話題の高級リゾートホテル。透明度が高く美しい砂浜のケム・ビーチに面して建つ。レストランやスパなどの施設のレベルも高く、滞在自体を楽しめる。

客室によってテーマカラーやインテリアが異なる。写真はエメラルドベイビューの客室

住Bãi Khem, P. An Thới ☎(0297) 3779999 URLwww.marriott.com/ja/hotels/pqcjw-jw-marriott-phu-quoc-emerald-bay-resort-and-spa 料ⓈⓌⓉ240US$〜 スイート330US$〜 ヴィラ1200US$〜（+税・サービス料15%） カードAJMV 全231室

大人がくつろげるリゾートホテル
ラ・ベランダ・リゾート・フーコック・Mギャラリー 高級ホテル
La Veranda Resort Phu Quoc-MGallery MAP P.167A図-1A

客室は柔らかな色調でまとめられ、天蓋付きベッドがロマンティック。高い天井にファン、広いテラスはクラシカルに飾られた調度品と相まって多国籍の風情を醸し出す。サンセットバーを含む3つの飲食施設、スパ、プライベートビーチ、プール、無料ヨガクラスなどがある。

クラシックガーデンヴィラの客室

住Alley 118, Trần Hưng Đạo, P. Dương Đông ☎(0297)3982988 URLlaverandaresorts.com 料ⓈⓉ299US$〜 ヴィラ499US$〜（+税・サービス料15%。朝食付き） カードAJMV 全53室 21ヴィラ

ロング・ビーチ沿いのリゾート
ノボテル・フーコック・リゾート 高級ホテル
Novotel Phu Quoc Resort MAP P.167A図-2B

トロピカルガーデンに客室棟やバンガローが点在。プールやプライベートビーチがとても広く、開放感が抜群だ。特にプールでカクテルを片手に楽しむトワイライトタイムは格別。客室は万人受けするカジュアルな内装で落ち着いた雰囲気。各種アクティビティも充実。

スーペリアオーシャンビューの客室

住Đường Bào, P. Dương Tơ ☎(0297)6260999 URLwww.novotelphuquoc.com 料ⓌⓉ200万ドン〜 スイート250万ドン〜 バンガロー275万ドン〜（朝食付き） カードADJMV 全366室

自然を感じるエコリゾート
マンゴー・ベイ・リゾート 中級ホテル
Mango Bay Resort MAP P.167B図-1A

約1kmのプライベートビーチと20ヘクタールの森に囲まれたバンガロータイプのエコリゾート。客室にはエアコンや電話を置かず、建物やインテリアにもすべて自然素材を利用。海を臨むレストラン&バーや南国植物に囲まれた屋外プール、スパがある。レンタサイクル無料。

バンガローは非常に広々とした造り

住Ông Lang Beach ☎(0297)3981693 URLmangobayphuquoc.com 料ⓈⓉ165万ドン〜 スイート670万ドン〜（朝食付き） カードADJMV 全44バンガロー

ベトナム最後の楽園

MAP 折表-4B

コンダオ島

コンダオ島の市外局番
0254
Côn Đảo

海の透明度はかなり高く、美しい自然が残る。写真はロヴォイ・ビーチ（→下記）

バリア・ブンタウ省コンダオ島は、ホーチミン市から約230km南の海域に浮かぶ大小16の島々の総称。

1800年代のフランス統治時代からベトナム戦争にかけての流刑地で、「監獄の島」として知られるとともに、ベトナム人にとっては独立の志士たちの「英雄の島」だ。志半ばで散った英雄たちが眠るハンユーン墓地（→P.172）は聖地として崇められており、多くのベトナム人が巡礼に訪れる。

島の約８割が国立自然公園に指定されており、数々のダイビングスポットに加えウミガメの産卵スポットやジュゴンの生息地もあり、エコツーリズムの拠点としても注目度が高い。ベストシーズンは３～５月。

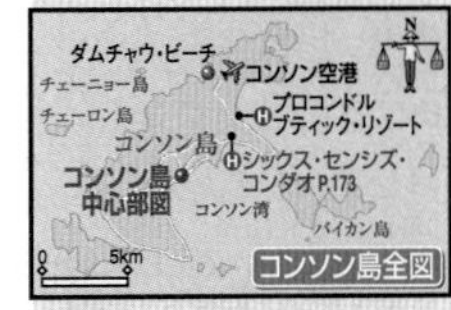

ヴォー・ティ・サウ
Võ Thị Sáu
1933年生まれのヴォー・ティ・サウは女性ながら10代から抗仏運動に身を投じるが拘束され、19歳のときにコンダオ収容所で絞首刑に処された。若くして非業の死を遂げた彼女は国民的英雄となっている。

みやげ物店にはヴォー・ティ・サウグッズが並ぶ

歩き方 Orientation

中心となるのは空港のあるコンソン島。コンダオ市場の北から北西方向にかけて、ホテルや飲食店が集中している。島内を回るにはレンタバイクか、タクシーや電気自動車（メーター制）の利用を。ビーチは市街地近くにロヴォイ・ビーチ（MAP下図-1B）が、西へ少し行くとアンハイ・ビーチ（MAP下図-2A）がある。最近はアンハイ・ビーチ沿いにもホテルや飲食店が増えてきている。

アクセス ACCESS

コンダオ島への行き方

●**飛行機**
ホーチミン市からベトナム航空が毎日４～７便、バンブー・エアウェイズが毎日１～２便運航。所要55分～。

●**船**
ブンタウから高速船（フーコック・エクスプレス）がある（→P.133）。

コンダオ島からの交通

行き方の項（→上記）参照。

Voice 空港からコンソン島中心部までは車で約20分。ホテルから空港へは、前日までにホテルを通して空港送迎バスを予約したほうがよい。島内ではグラブなどの配車サービス（→P.415）は使えない。

見どころ Sightseeing

★★★ フーハイ収容所跡など複数の収容所跡の総称 MAP P.171下図-1B、1B参照、2B

コンダオ収容所跡

Nhà Tù Côn Đảo　Con Dao Prisons

仏領時代、政治犯などの流刑地だったコンダオ島では、過酷な環境をジオラマで再現した複数の収容所跡を見学できる。ホーチミン市の戦争証跡博物館（→P.74）に模型がある「トラの檻」も原型がある。

1940年に建てられた「フランスのトラの檻」

★★★ ベトナム有数のパワースポット MAP P.171下図-1B参照

ハンユーン墓地

Nghĩa Trang Hàng Dương　Hang Duong Cemetery

ヴォー・ティ・サウ（→P.171欄外）など祖国のために命を落とした英雄たちを祀る墓地。ベトナム人にとってはパワースポットとして有名で、霊力が強まるとされる20:00以降が最も混み合う。

供物が山積みになったヴォー・ティ・サウの墓

コンダオ収容所跡
　コンダオ収容所跡は島内にある複数の収容所跡の総称。公開されているのはフーハイ収容所跡（MAP P.171下図-2B）、フランスのトラの檻（MAP P.171下図-1B）、アメリカのトラの檻（MAP P.171下図-1B参照）で、コンダオ博物館（→下記）と島政府宮（MAP P.171下図-2A）も含めた5ヵ所に入れるチケットを博物館で先に購入。各収容所へ直接行っても見学できないので注意。チケットは当日のみ有効。

コンダオ博物館
Bảo Tàng Côn Đảo
Con Dao Museum
MAP P.171下図-1B
住 Nguyễn Huệ
☎(0254) 3830517
開 7:00～11:30、13:30～17:00（チケット販売は～15:00） 休 無休
料 5万ドン、14歳以下無料

ハンユーン墓地
住 Nguyễn Huệ　☎(0254) 3630117　開 7:00～12:00、13:30～22:00　休 無休　料 無料

Column　ウミガメの産卵見学ツアーに参加してみよう

　コンダオ島を構成する、バイカン(Bảy Cạnh)島やカウ(Cau)島、タイ(Tài)島のビーチでは、6～8月の間にアオウミガメとタイマイが産卵し、ツアーが催行される。14:30にバイカン島へ向け出発し、ビーチや夕食を楽しんだあと、夜中に始まる産卵を朝まで見守り翌朝7:00に帰着する。ハードなツアーだが、生命誕生の神秘的な瞬間は心に残る経験となるだろう。ツアーはナショナル・パークが主催しており、島内のホテルでも申し込みができる。なお、ツアー参加以外ではバイカン島へは入島できない。

ナショナルパーク・オフィス
National Park Office
MAP P.171下図-1A参照
住 Huỳnh Thúc Kháng, Khu 3
☎(0254)3830150、098-3830669（携帯） URL www.condaopark.com.vn
営 7:00～11:30、13:30～17:00
休 無休　料 ひとり185万ドン
※ボート乗降の際、海の中を歩くので濡れてもいい服で参加を。

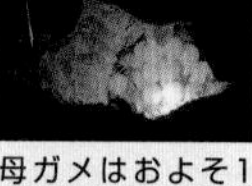
母ガメはおよそ1時間かけて100個ほどの卵を産む

レストラン Restaurant

島一番の人気レストラン

ジャーミン

ベトナム＆西洋料理
Gia Minh　MAP P.171下図-1A

　オープンエアの簡素な造りは大衆食堂風で値段も手頃だが、味は一級品。特にコシのある手作り麺は人気が高く、パスタとして食べても汁麺で食べてもおいしい。ベトナム料理にシーフード、イタリアンと、メニューの幅も広い。1品5万ドン～。

オレンジ色の外壁が目印

住 Corner of Lê Thanh Nghị & Nguyễn Văn Linh
☎038-3568789（携帯） 営 9:00～22:00　休 無休　カード 不可
予約 不要

歩き疲れた旅人のオアシス

インフィニティ

カフェ
Infiniti　MAP P.171下図-1A

　高い天井とウッディな内装、あちらこちらに配した植物がナチュラルな雰囲気を醸し出すくつろぎカフェ。コンダオ市場の裏手という好立地で、町歩きのたびに立ち寄ってしまう。ドリンク類に加え、食事メニュー（22万ドン～）も揃う。味も盛りつけも都会のカフェに遜色ない。

手前は地場の魚を使ったフィッシュ・フィレ25万ドン

住 Khu 8 Trần Phú　☎(0254) 3908909
営 10:30～14:00、17:30～21:30　休 無休　カード 不可
予約 不要

Voice コンダオ島の名物はアワビに似た食感のカサ貝（Ốc Vú Nàng）や新鮮なカキたっぷりの粥（Cháo Hàu）、香りの濃さとクリスピーな食感のナッツ、ハッ・バン（Hạt↗

その他のレストラン Restaurant

オック・ルアン
Oc Luan
麺
MAP P.171下図-1B
住78 Phạm Văn Đồng ☎035-4884649（携帯）
営5:00～22:00 休無休 カード不可 予約不要

コンダオ名物麺のイカ入りフー・ティウ（4万ドン）やミルクカキ粥（Cháo Hàu Sữa、5万ドン）が食べられる半屋台の食堂。特にカキ粥は大ぶりのカキたっぷりでおすすめ。

チーキー
Tri Ky
海鮮＆ベトナム料理
MAP P.171下図-2A
住5 Nguyễn Đức Thuận ☎(0254) 3830294
営10:00～22:00 休無休 カード不可 予約不要

新鮮なシーフードを思う存分味わえる、庶民的な海鮮料理レストラン。イカ料理（24万9000ドン～）や、コンダオ島の名物、カサ貝のオック・ヴー・ナン（Ốc Vú Nàng）などが人気。

ビングエン
Binh Nguyen
海鮮＆ベトナム料理
MAP P.171下図-1B
住Khu 8 Phạm Văn Đồng ☎096-2499700（携帯）
営9:00～23:00 休無休 カード不可 予約不要

コンダオ市場のすぐ近くにある、町なかの人気シーフード店。店頭の生けすで魚介（時価）を選び、調理法を指定するスタイル。近隣には同種の店が軒を連ね、夜は島内で最もにぎわうエリアだ。予算は50万ドンくらいから。

ホテル Hotel

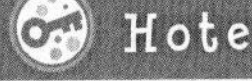

自然と調和するラグジュアリーリゾート
シックス・センシズ・コンダオ
高級ホテル
Six Senses Con Dao
MAP P.171上図

息をのむような美しい自然と、スタイリッシュなヴィラがうまく調和して、エコ・ラグジュアリーな非日常空間を演出。全ヴィラにプールが付き、要望は専属バトラーが対応してくれる。４つのダイニングとプール付きのスパがあり、リゾートステイを満喫できる。

目の前にプライベートビーチが広がる、ビーチフロント・プールヴィラ

住Bãi Đất Dốc ☎(0254) 3831222 URLwww.sixsenses.com/en/resorts/con-dao 料ヴィラ1158US$～（＋税・サービス料15%。朝食付き） カードA J M V 全50ヴィラ

市街中心部の高級リゾート
シークレット
高級ホテル
The Secret
MAP P.171下図-1B

コンソン島の中心部近く、ロヴォイ・ビーチへもすぐの位置に、2022年にオープンした高級リゾート。プライベートビーチはないが、ホテル前に海へ直接アプローチできる階段を備える。スパやレストランもレベルが高く、観光ポイントへ行くにも便利。

プールからは海を一望できる

住8 Tôn Đức Thắng ☎(0254) 3837888 URLthesecretcondao.com 料ⓈⓌⓉ250万ドン～ スイート600万ドン～ カードD J M V 全197室

コンダオ随一のおしゃれホテル
ミステリー
中級ホテル
The Mystery
MAP P.171下図-1A

観葉植物に覆われた外観やブルーをポイントカラーにまとめたシックなインテリアなど、デザイン性の高さが光るブティックホテル。眺望抜群の屋上インフィニティプールも魅力。静かなエリアだがコンダオ市場に歩いて行け、周囲には飲食店もある。

洗練された雰囲気のロビー

住Lê Thanh Nghị ☎(0254) 3956099
料ⓈⓌⓉ130万ドン～ スイート170万ドン～
カードM V 全27室

かわいい＆リーズナブル
ウイェンズ・ハウス
ゲストハウス
Uyen's House
MAP P.171下図-1B

各室が趣向を凝らしたおしゃれな雰囲気で、欧米人バックパッカーに人気が高い。南国植物が生い茂るガーデンカフェも居心地がよく、ほかの宿泊者との交流も楽しい。ドミトリールームは部屋の広さのわりにベッド数が多く、あまりおすすめできない。

スタンダードダブルルーム

住Phạm Văn Đồng ☎034-9416331（携帯）
URLwww.facebook.com/UyenHouseConDao
料ⓈⓌⓉ60万ドン～ Ⓓ20万ドン カード不可 全７室

↘Bàng）など。カサ貝やカキ粥は海鮮料理店や食堂、屋台などで、ハッ・バンは市場で購入できる。

ウインド&カイトサーフィンのメッカ

MAP 折表-4B

ファンティエット

ファンティエットの市外局番
0252
Phan Thiết

ハノイ
ダナン
ホーチミン市

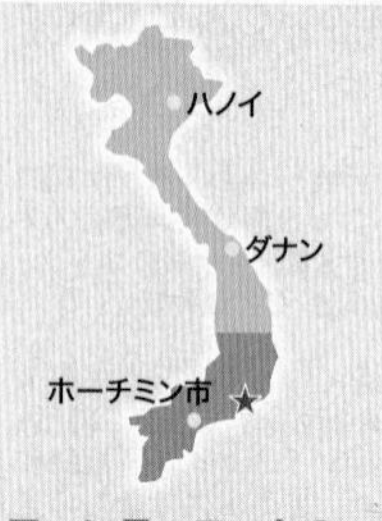

ファンティエットのベストシーズン

ベストシーズンは乾季の11～4月。カイトサーフィンをするなら11～3月。

ベッティン・バンク
Vietin Bank
MAP P.175上図-1A
住 2 Nguyễn Tất Thành
☎(0252)3828079
営7:00～11:00、13:30～17:00
休土・日曜
USドルや日本円、主要通貨の現金の両替が可能。

郵便局
MAP P.175上図-1B
住19 Nguyễn Tất Thành
☎(0252)3827892 営7:00～11:30、13:30～19:30 休無休

ホーチミン市から東へ約250km、港町ファンティエットはフーコック島（→P.166）と並ぶヌックマム（魚醤）の本場。私営・公営のヌックマム工場があり、仕込みの時期には毎朝50トンもの小魚が運び込まれる。さすが本場だけあって、自家製のヌックマムを作る家庭もあるという。

また、ファンティエットはウインドサーフィン＆カイトサーフィンが楽しめるリゾート地としての顔もあり、町の東、ムイネー岬までの約23kmの海岸線にはリゾートホテルが並び、白砂のビーチが続く。ヤシの木が立ち並ぶ風景は、ベトナムの熱気や喧騒から解き放たれた、のんびりとした休日を約束してくれる。

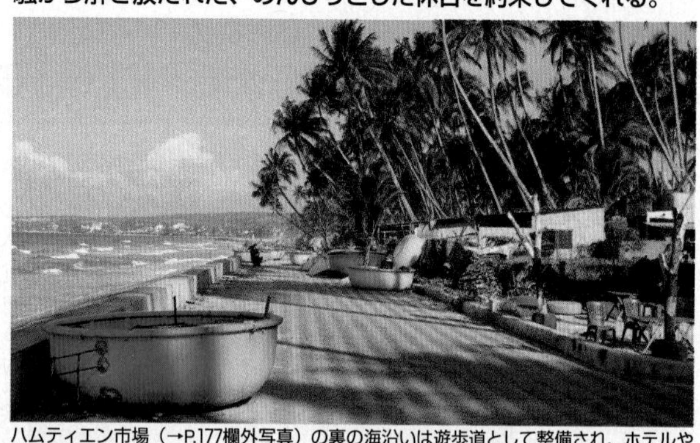

ハムティエン市場（→P.177欄外写真）の裏の海沿いは遊歩道として整備され、ホテルやバーが連なる

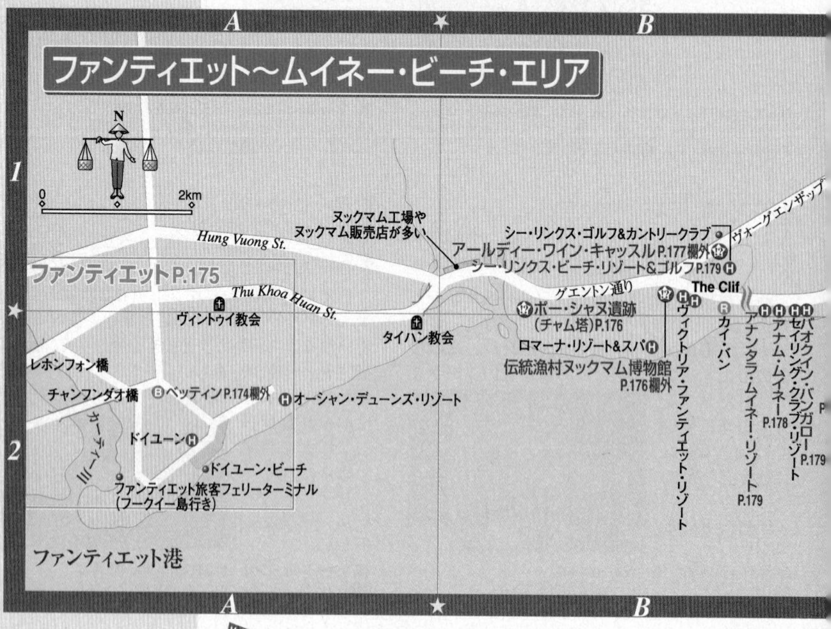

ファンティエット～ムイネー・ビーチ・エリア
A
B
1
2
N
0
2km
ヌックマム工場やヌックマム販売店が多い
Hung Vuong St.
ファンティエットP.175
Thu Khoa Huan St.
ヴィントゥイ教会
タイハン教会
レホンフォン橋
チャンフンダオ橋
ベッティン P.174欄外
オーシャン・デューンズ・リゾート
カーティー川
ドイユーン
ドイユーン・ビーチ
ファンティエット旅客フェリーターミナル（フークイー島行き）
ファンティエット港
シー・リンクス・ゴルフ&カントリークラブ
アールディー・ワイン・キャッスル P.177欄外
シー・リンクス・ビーチ・リゾート&ゴルフ P.179
ヴォーグエンザップ
The Clif
グエントン通り
ポー・シャヌ遺跡（チャム塔）P.176
ロマーナ・リゾート&スパ
伝統漁村ヌックマム博物館 P.176欄外
ヴィクトリア・ファンティエット・リゾート
カイ・バン
アナンタラ・ムイネー・リゾート P.179
アナム・ムイネー P.178
セイリング・クラブ・リゾート
バオクイン・バンガロー P.179

Voice! ファンティエット市内のスーパーなら「コープマート Co.opmart」へ。MAP P.175上図-1A 住1A Nguyễn Tất Thành ☎(0252) 3835440 営8:00～22:00 休無休 カード M V

歩き方 Orientation

町を国道１号線（チャンフンダオ通り）が貫き、この通り沿いに商店、銀行、レストランなどが並ぶ。また、ファンティエット港に流れ込むカーティー川が町の中心を流れ、川の西側の一画が市場や商店、寺院、民家などが建ち並ぶ生活に密着したエリアとなっている。ホテルはドイユーン・ビーチ沿いに集まる。

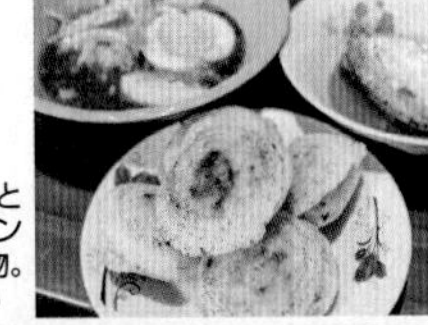

たこ焼き器のような土鍋に米生地と卵などの具を入れて焼くバン・カン（Bánh Căn）はファンティエット名物。肉団子入りのスープにつけて食べる

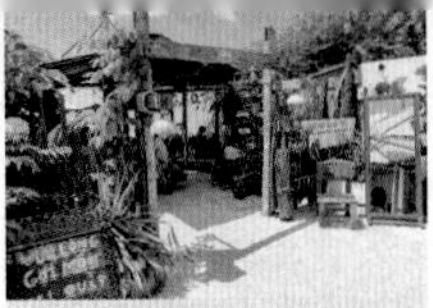

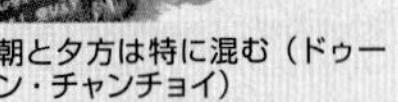

朝と夕方は特に混む（ドゥーン・チャンチョイ）

ドゥーン・チャンチョイ

Duong Chan Troi
MAP 上図-2B
住64/8 Lê Lợi, P. Hưng Long
☎094-3919441（携帯）
営7:00～21:30 休無休
カード不可 予約不要

ファンティエット中心部にある海を望める人気カフェ。コーヒー２万7000ドン～。

ファンティエット
ビントゥアン病院へ
競技場
Cao Thang St.
Le Hong Phong St.
Hai Thuong Lang Ong St.
ビントゥアン・バスターミナルへ（約1km）P.176
ファンランへ（約150km）
Tran Hung Dao St.
ラム・キウ
Thu Khoa Huan St.
ホアンロン
KFC
ハイヴァン
ヤックホア寺
ヴィントゥイ教会
Ton Duc Thang St.
トンドゥックタン通り
公安
ホーチミン博物館 P.176下
カティ
ユックタン学校
レホンフォン橋
ウオータータワー
勝利の像
コープマート P.174下
ペッティン P.174欄外
P.174欄外
グエンタッタン通り
Nguyen Tat Thanh St.
オン寺
ナムギア亭
アグリ
省人民委員会
ナムタンラウ
BIDV
オーシャン・デューンズ・リゾート
ファンティエット市場
チャンフンダオ橋
ビンクアンニートゥー寺
TCC
漁船が並ぶ
ビンミン
バードゥックサン寺
Vo Thi Sau St.
ドイユーン
ファットアン寺
Tran Phu St.
サコム
ヴァントゥイトゥ寺
カーティー川
ドイユーン・ビーチ
チャンフンダオ通り（国道１号線）
Le Loi St.
ホーチミン市へ（約200km）
ファンティエット教会
タク山の涅槃仏へ（約30km）P.176
ティーズ・ハウス P.179下
レロイ通り
ファンティエット港
ヴィンフー教会
ファンティエット旅客フェリーターミナル（フークイー島行き）
ドゥーン・チャンチョイ P.175欄外
0
300m
N

Vo Nguyen Giap St.
ハムティン村
滝へ
スイティエン P.177
ハン・カフェ P.178
Jaguar House
Dac San Phan Thiet
フックティエン寺
Nguyen Dinh Chieu St.
Lubu
レッド・キャニオン
ホワイト・サンデューンへ（約25km）P.177
グエンディンチウ通り
ジャイブズ・ビーチ・クラブ P.178
シーフードの店並ぶ
マタドール P.178下
ピットストップ・フードコート P.178
ハバナ・リゾート・ムイネー
スイティエン入口
ラン橋
センタラ・ミラージュ・リゾート・ムイネー
パイナップル・ムイネー P.178
サイゴン・ムイネー・リゾート
ブルーオーシャン・リゾート
ジャイブズ・カイトサーフスクール
スイス・ビレッジ・リゾート
サンシャイン・リゾート
The Dream
Me Buffet Hai San
ドンヴィ・フードコート P.178
レッド・サンデューン P.177
ラ・マリーナ P.179
ハムティエン市場 P.21、177欄外写真
フィッシング・ビレッジ P.177
ホンロム・ビーチ
ムイネー市場
ミニョン・ホテル・ムイネー P.179
ムイネー村
Ravenala Resort
バンブー・ビレッジ・ビーチ・リゾート＆スパ P.178
ウオーターリリー・スパ
シン・ツーリスト P.178
Pacific Resort
ムイネー P.177
ムイネー岬

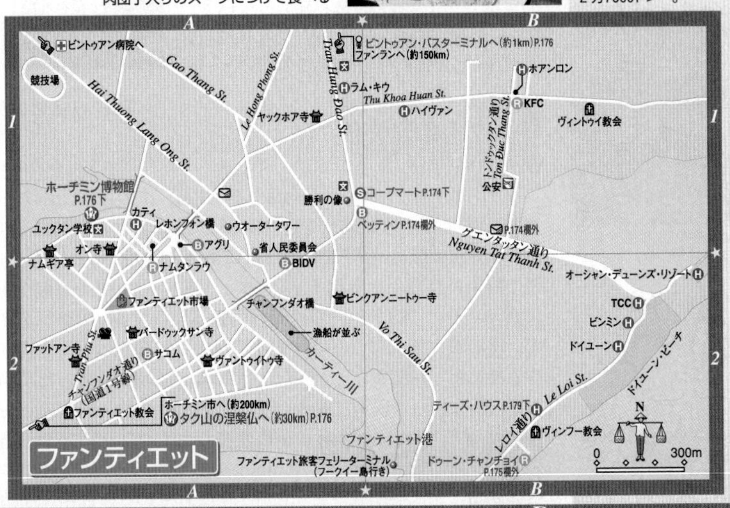

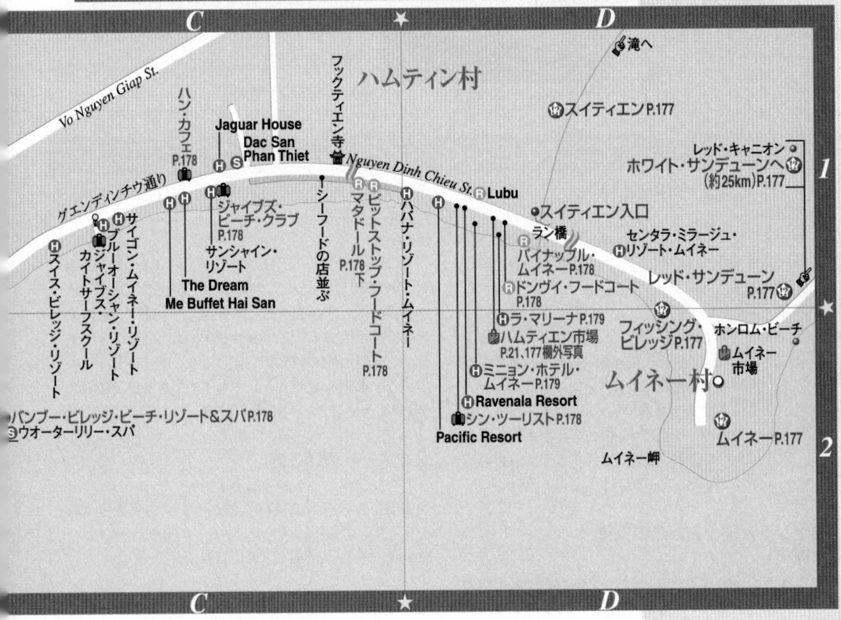

郊外の見どころ Sightseeing

★★ ポー・ハイ遺跡群の一部 MAP P.174-1B

ポー・シャヌ遺跡（チャム塔）

Di Tích Pô Sah Inư（Tháp Chăm） Poshanu Cham Tower

市内から東へ約7km。8世紀末から9世紀初めに建立されたチャンパ王国時代のシヴァ神を祀る寺院（→P.457）。周辺に残るポー・ハイ遺跡群の一部で、寺院の内部には女性器の象徴ヨニの上に男性器の象徴リンガが載った像が祀られている。

赤茶色のれんが造りの塔が2基建つ。内部に安置されたヨニとリンガはヒンドゥー教における子孫繁栄のモチーフ

★ 森に囲まれた大きな涅槃仏 MAP P.175上図-2A参照

タク山の涅槃仏

Chùa Núi Tà Cú Ta Cu Mountain

ファンティエット市内から南西へ約30km、タク山の標高475mの密林の中に巨大な仏陀が眠っている。これは長寿の霊山（Linh Sơn Trường Thọ）と呼ばれる寺院にある全長49mに及ぶ涅槃仏。この場所は1872年、僧侶チャン・フー・ドゥックが悟りを開く場所に選んだ地で、約7年間岩の間の洞窟（現存する）で修行を積んだ。その後、役人によって住まいが建てられ僧侶はここで漢方医学も極めた。1880年、トゥドゥック帝の母親を病から救った功績からこの住まい（寺院）は長寿の霊山と名づけられ、洞窟の下方に後に建てられたロンドアン寺（Chùa Long Đoàn：竜団寺）と合わせてタク山寺と呼ばれている。近年、周辺は「TTCワールド・タク」として整備され、麓から涅槃仏のある寺までロープウエイが結んでいる。

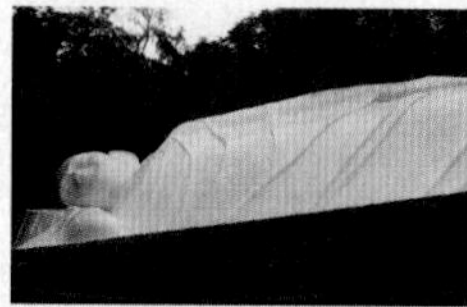
圧倒される大きさの涅槃仏

伝統漁村ヌックマム博物館
Bảo Tàng Nước Mắm Làng Chài Xưa
Old Fishing Village Fish Sauce Museum
MAP P.174-1B
住 360 Nguyễn Thông, P. Phú Hải
☎090-1111666（携帯、ホットライン）
開9:00～18:00
休無休 料10万ドン（ショーは30万ドン）
漁村とヌックマムに関する博物館。ファンティエット産の高品質なヌックマムを買えるショップを併設しており、試飲もできる。毎週土曜20:00～21:00（時期によっては毎日）は漁村をテーマにしたフィッシャーマンショーを開催。

博物館は小規模だが併設ショップは訪れる価値あり

ポー・シャヌ遺跡（チャム塔）
開6:45～17:30 休無休
料1万5000ドン、子供（6～12歳）7000ドン

タク山
住18 Nguyễn Văn Linh, Thuận Nam, Hàm Thuận Nam（ロープウエイ乗り場）
☎083-8867484（携帯）
開6:00～17:00 休無休
料入場料5万ドン、往復ロープウエイ＋入場料25万ドン
ファンティエット市内から車で約40分。

アクセス ACCESS

ファンティエットへの行き方

●列車

ホーチミン市（サイゴン駅）から毎日6:30発の1便運行（列車番号はSPT 2）。片道18万ドン～、所要約4時間20分。

●バス

ホーチミン市のミエンドン・バスターミナルから7:00～22:30の間に寝台バスが37便運行。25万～45万ドン、所要約6時間。ニャチャンからはニャチャン北バスターミナルから便があるほか、ハン・カフェのオープンツアーバスが8:00、20:00発の2便運行。11万ドン、所要約4時間30分。ムイネーからはメータータクシーで16万～30万ドン。

ファンティエットからの交通

●列車

ホーチミン市（サイゴン駅）行きは毎日13:10発の1便運行（列車番号はSPT 1）。片道18万ドン～、所要約4時間20分。

●バス

ビントゥアン・バスターミナル（Bến Xe Bình Thuận MAP P.175上図-1A参照）からホーチミン市行きが終日頻発している。寝台バス19万～45万ドン。ニャチャン行きやファンラン-タップチャム行きは、ファンティエット市内からバスが出ている。ヴェーセーレー（Vexere URL vexere.com）でも予約できるが、宿のスタッフに予約してもらうほうが確実。

ムイネーへの行き方

ファンティエットの町なかからタクシーで16万～30万ドン。砂丘へは旅行会社のツアー参加か、車をチャーターするとよい。ホーチミン市発のオープンツアーバスのほとんどがムイネー行き。

Voice! ホーチミン博物館の向かいにはホー・チ・ミンが20歳のときに教壇に立っていたユックタン（Dục Thanh）学校がある。ホーチミン博物館 Bảo Tàng Hồ Chí Minh ↗

★★★ 外国人も多いビーチスポーツのメッカ　MAP 折表-4B、P.175下図-2D

ムイネー
Mũi Né

ファンティエットから東へ約23km、半島の突端の西側にある小さな漁村、ムイネー。そこへ向かう道の両脇には高いヤシの木が生い茂り、リゾートホテルやレストラン、ショップなどが軒を連ねる。今やファンティエットを素通りしてこのエリアを目指す観光客が増え、なおも開発が進んでいてビーチの幅が年々狭くなっている。

ムイネーの漁港には無数の漁船が停泊し、岸では小魚や小エビを天日干しする光景が見られる。また早朝や夕方は、漁を終えた船が戻ってきて魚を水揚げする様子も見られる（フィッシング・ビレッジ MAP P.175下図-2D）。

★★★ 夕日観賞が人気の赤の砂丘　MAP P.175下図-1D

レッド・サンデューン
Đồi Cát Đỏ　Red Sand Dunes

左／夕日に照らされ赤く染まる砂丘　右／砂丘滑りは3万ドン～

ムイネーの北側には海岸からせり上がるようにして砂丘が広がる。レッド・サンデューンはムイネーの有名な砂丘のひとつで、ムイネー中心部から約2.5km北東にある。赤い砂丘と呼ばれるのは、砂が赤茶色で特に夕日にあたるとより赤く見えることから。

★★★ 風紋が美しい真っ白な砂丘　MAP P.175下図-1D参照

ホワイト・サンデューン
Đồi Cát Hòa Thắng　White Sand Dunes

レッド・サンデューンから北東約25km先にある白砂の砂丘。バウチャン湖のすぐ脇に広がる砂丘で、チケット売り場から湖を望めるポイントや砂丘の頂上まではバギー、またはジープで行ける。日の出前に行くと観光客の足跡も少なく、風紋が美しい。早朝に行く場合は羽織れるものを用意して行こう。

昼間は、白砂と青空のコントラストが美しい

★★★ 渓流ウオーキングを楽しめる　MAP P.175下図-1D

スイティエン
Suối Tiên　Fairy Stream

「妖精の渓流」を意味するスイティエン

ムイネーの手前、フィントゥックカン通りに架かるラン橋（Cầu Rạng）の下に小川が流れており、ここから北へ片道約30分、赤土と白い石灰石、ヤシの木が織りなすユニークな景観を楽しみながら渓流ウオーキングが楽しめる。行程のほとんどが砂地なので、はだしで歩くと気持ちがいい。

↘MAP P.175上図-1A　住39 Trưng Nhị　☎(0252) 3818738　開8:00～12:00、14:00～16:30　休月・金曜　料無料

海の近くでは魚を日干しする光景があちらこちらで見られる

ムイネーに近いハムティエン市場（MAP P.175下図-1D）の周辺は屋台が多く出る

アールディー・ワイン・キャッスル
RD Wine Castle

MAP P.174-1B
住Km9, Nguyễn Thông, Phú Hài（シー・リンクス・シティ内）
☎(0252) 3719299
開8:00～17:00（土曜～18:00）
休無休　料ワイナリーツアー13万ドン、試飲15万ドン

ワインのテーマパーク。カリフォルニアのナパバレーにワイナリーをもつランドン社が運営。地下1階ではワイン醸造の方法を学べ、1階はテイスティングバーやショップ、2階はカフェ・バーになっている。

レッド・サンデューン
住1 Hòn Rơm, Mũi Né
開4:30～17:30頃　休無休
料無料

ホワイト・サンデューン
住1 Hoà Thắng, Q. Bắc Bình
☎091-5540748（携帯）
開4:30～17:30頃　休無休
料1万5000ドン、子供7000ドン。頂上までのジープ＆バギー各1台80万ドン（20分）

風が作り出す風紋は刻一刻と変化する

スイティエン
住40B Huỳnh Thúc Kháng, P. Hàm Tiến
☎097-9293478（携帯）
開6:30～17:30
休無休
料無料

旅行会社＆ツアーオフィス ✿ TRAVEL OFFICE & TOUR OFFICE

●シン・ツーリスト　The Sinh Tourist
MAP P.175下図-1D　住144 Nguyễn Đình Chiểu, P. Hàm Tiến　☎(0252) 3847542
URL www.thesinhtourist.vn
営8:00～21:00　休無休　カード不可
　オープンツアーバスのチケット手配などが可能。

●ハン・カフェ　Hanh Cafe
MAP P.175下図-1C　住117 Nguyễn Đình Chiểu, P. Hàm Thiến　☎ (0252)3847347、3847597
営7:00～22:00　休無休　カード不可
　ホーチミン市、ニャチャン、ダラット～ムイネー間のリムジンバスを運行。

●ジャイブズ・ビーチ・クラブ　Jibe's Beach Club
MAP P.175下図-1C　住90 Nguyễn Đình Chiểu, P. Hàm Tiến　☎(0252) 3847405
URL jibesbeachclub.com
営6:30～17:00　休無休　カード J M V
　ウインドサーフィン、カイトサーフィンのレッスンと器具レンタルを行う。カイトサーフィンの1時間のレッスンが65US$～。レストラン併設。

レストラン　Restaurant

海を望む青空フードコート
ピットストップ・フードコート　フードコート
PIT Stop Food Court　MAP P.175下図-1C

　海沿いの開けた一画に海鮮、メキシコ料理、ハンガリー料理、カフェなど11店舗が集まる屋外フードコート。注目は新鮮な海の幸が食べられる「モットナン　Mot Nang」。ふたり以上なら数種類の魚介を楽しめるセットメニュー(54万9000ドン～)がおすすめ。

シーフードグリルセット54万9000ドン

住122 Nguyễn Đình Chiểu, P. Hàm Tiến　☎092-8419988(携帯)　営10:00～22:00　休無休　カード不可　予約不要

海沿いのカフェ&バー
パイナップル・ムイネー　カフェ・バー
Pineapple Mui Ne　MAP P.175下図-1D

　静かな海沿いにあるカフェ&バー。ヤシの木が林立する砂浜に大きなクッションや椅子が並ぶビーチ・カフェといった趣で開放感たっぷり。週末は音楽ライブなども開かれ、夕方からの雰囲気は特にいい。モクテルのパイナップル・ムイネー・コラーダ（9万ドン）が人気。食事メニューもある。

サンセットタイムは特に混み合う

住4/1 Huỳnh Thúc Kháng, P. Hàm Tiến　☎086-2251294(携帯)　営7:30～23:00(金～日曜～23:30)　休無休　カード不可　予約不要

ドンヴイ・フードコート　フードコート
Dong Vui Food Court　MAP P.175下図-1D
住246 Nguyễn Đình Chiểu, P. Hàm Tiến　☎083-4517858(携帯)
営9:00～22:30　休無休　カード不可　予約不要

ムイネーにほど近いグエンディンチウ通りにあるフードコート。ベトナム料理をはじめ、インド料理、タイ料理、ピザなど、バラエティ豊かな約20店が店を構える。注文するとその場で炭火焼きにしてくれるグリル料理や海鮮料理がおすすめ。

ホテル　Hotel

ベトナム・クラシカルな5つ星リゾート
アナム・ムイネー　高級ホテル
The Anam Mui Ne　MAP P.174-1B

　ハノイのフランス風建築とベトナム中部の伝統的な庭園からインスピレーションを受けて設計された気品漂うリゾートホテル。プライベートビーチ、屋外プール、スパ、3つの飲食施設、ウオータースポーツセンターがある。

グランドプレミアムルーム

住18 Nguyễn Đình Chiểu, P. Hàm Tiến　☎(0252) 6284868
URL www.theanam.com/mui-ne
料Ⓢ Ⓦ Ⓣ180US$～　スイート440US$～(+税・サービス料15%。朝食付き)　カード A D J M V　全127室

リピーター続出の老舗ガーデンリゾート
バンブー・ビレッジ・ビーチ・リゾート&スパ　高級ホテル
Bamboo Village Beach Resort & Spa　MAP P.175下図-1C

　美しい南国ガーデンに宿泊棟やバンガローが建ち並ぶ人気の老舗リゾート。定期的に改装を重ねメンテナンスが行き届いた客室は竹細工を施したアジアンチックな内装。ふたつのプール、腕がいいと評判のスパ、ビーチレストランがある。

敷地内は南国の木々や花々が彩る

住38 Nguyễn Đình Chiểu, P. Hàm Tiến
☎(0252) 3847007　URL bamboovillageresortvn.com
料Ⓢ Ⓦ Ⓣ180万ドン～　バンガロー295万ドン～(朝食付き)
カード A D J M V　全152室

Voice「マタドール Matador」は大人気のグリル料理店。MAP P.175下図-1C　住179 Nguyễn Đình Chiểu, P. Hàm Tiến　☎097-2905899　営16:00～21:00　休無休　カード不可　予約不要

ホテル Hotel

快適な滞在ができる５つ星リゾート

アナンタラ・ムイネー・リゾート 高級ホテル

Anantara Mui Ne Resort MAP P.174-1B

竹でできたランプやハス池など、ベトナムの片田舎をイメージして建てられたタイ資本の５つ星リゾート。客室棟とプール付きのヴィラがあり、ファシリティ、サービスともにムイネーではトップクラスの快適に過ごせる。

優雅な滞在ができるプール付きのビーチフロントプールヴィラ

住12A Nguyễn Đình Chiểu, P. Hàm Tiến ☎(0252) 3741888
URL www.anantara.com/ja/mui-ne 料Ⓢ⓪Ⓣ430万ドン～ スイート615万ドン～ ヴィラ799万ドン～（朝食付き）
カード ADJMV 全90室

全室ヴィラタイプのガーデンリゾート

チャム・ヴィラズ 高級ホテル

Cham Villas MAP P.174-1B

約１ヘクタールもの広大な敷地内にわずか21棟のヴィラが建つ贅沢なガーデンリゾート。55㎡の広々とした客室には少数民族の織物が随所にあしらわれ、全体的に落ち着いた内装で居心地がいい。リラックスした滞在ができるだろう。

欧米人に人気

住32 Nguyễn Đình Chiểu, P. Hàm Tiến ☎(0252) 3741234
URL www.chamvillas.com 料ガーデン310万ドン～ ビーチフロント360万ドン～（朝食付き）
カード ADJMV 全21ヴィラ

施設が充実した丘上のリゾート

シー・リンクス・ビーチ・リゾート&ゴルフ 高級ホテル

Sea Links Beach Resort & Golf MAP P.174-1B

海を見下ろすゴルフコース、テニスコート、ワイナリー（→P.177欄外）などを有する丘の上の複合リゾート「シー・リンクス・シティ」内のホテル。６階建てで全室バルコニー付き。飲食施設、プール、スパ完備。

客室は海に面した造り。写真はデラックスルーム

住Km9, Nguyễn Thông, Phú Hài ☎(0252) 2220088
URL www.sealinkscity.com 料ⓈⓌⓉ322万ドン～ ファミリー710万ドン～ スイート501万ドン～（朝食付き）
カード ADJMV 全188室

バンガロータイプの客室が人気

バオクイン・バンガロー エコノミーホテル

Bao Quynh Bungalow MAP P.174-1B

手入れの行き届いた広々としたガーデンにルームタイプの部屋とバンガローが点在する人気ホテル。静かな落ち着いた環境でゆっくり過ごすのにいい。セーフティボックス、ドライヤーなど客室の設備も整っていてプールとレストランがある。

アットホームな雰囲気が魅力

住26 Nguyễn Đình Chiểu, P. Hàm Tiến
☎(0252) 3741007、3741070 URL baoquynh.com
料ⓌⓉ3人部屋 バンガロー 57US$～（朝食付き）
カード JMV 全45室

海を望む路地裏の人気ホテル

ラ・マリーナ エコノミーホテル

La Marina MAP P.175下図-1D

「ドンヴイ・フードコート」（→P.178）横の路地を進んだ先にある小さなブティックホテル。一部の客室からは海が望め、小さなバルコニーも備わる。客室はイエローとブルーを基調にしたさわやかな内装。緑に囲まれたプール、レストラン、スパ併設。

客室設備も十分

住246/2 B Nguyễn Đình Chiểu, P. Hàm Tiến
☎090-4040083（携帯） URL lamarinamuine.com
料ⓈⓌⓉ130万ドン～（一部の客室は朝食付き）
カード MV 全18室

自宅のような居心地のよさ

ミニョン・ホテル・ムイネー ミニホテル

Minhon Hotel Mui Ne MAP P.175下図-1D

海岸近くに建つ人気のミニホテル。明るく清潔な客室は全室バルコニーまたはテラス付きで、室内からもヤシの木々やプールが見え、南国気分を盛り上げる。自転車の無料貸し出し、各種ツアーやバスの手配などが可能。

プールを囲むように客室棟が建つ

住210/5 Nguyễn Đình Chiểu, P. Hàm Tiến ☎(0252) 6515178 URL www.facebook.com/MiNhonMuineHotel
料Ⓦ65万ドン～ ３人部屋85万ドン～ ファミリー 100万ドン～（朝食付き） カード ADJMV 全15室

Voice ファンティエット中心部に安く宿泊するなら「ティーズ・ハウス T's House」が清潔でおすすめ。MAP P.175上図-2B 住89 Lê Lợi, P. Hưng Long ☎(0252) 3822783 料ⓈⓌⓉ29万7000ドン～ カード不可 全６室

国内最大級のビーチリゾート

MAP折表-3B

ニャチャン

ニャチャンの市外局番
0258
Nha Trang

ニャチャンのベストシーズン

ベストシーズンは乾季の2～8月。特に5～8月は気温が上がり、晴天の日が続く。ダイビングを楽しむなら海水の透明度が上がる4～5月。9～12月は雨季で台風が来ることも。

アレクサンドル・イェルサン博物館

Bào Tàng Alexandre Yersin
Alexandre Yersin Museum
MAP P.197-2B
住10 Trần Phú　☎(0258)3829540　開7:30～11:30、14:00～17:00　休土・日曜、祝日
料2万ドン

北里柴三郎とほぼ同時期にペスト菌を発見し、ニャチャンにパスツール研究所を開いたアレクサンドル・イェルサン医師の小さな博物館。ラボで使用したビーカーや顕微鏡のほか、直筆の手紙などが公開されている。

ニャチャン・パスツール研究所の一画にある

ナイトマーケット

MAP P.198-1B　住Trần Phú
開18:00～23:00　休無休

夕方になると150mほどの小道が歩行者天国になり、雑貨や服、水着、食品みやげなどの露店が並ぶ。

小規模だがそぞろ歩きが楽しい

ヤシの並木道が続くニャチャン・ビーチ（→P.182）。ニャチャンは外国人観光客も多く国際色豊か

カンホア省の省都で、ベトナムの代表的なリゾート地。中心街の東側にあるプロムナードに沿ってビーチが約5kmも続き、白い砂浜と緑したたるヤシの並木は、リゾート気分いっぱい。ヤシの葉陰にパラソルを広げ日光浴をする外国人ツーリスト、朝夕に海水浴や釣りにやってくる地元の人々……。ビーチは1日中私たちを楽しませてくれる。

また、ニャチャンはこの地方最大の漁港をもち、ニャチャン川河口の港には、青と赤に彩色された漁船が数十隻も停泊している。もちろん、新鮮な海産物も魅力的。河口近くの漁港では、夜明け前から魚介類の水揚げが威勢よく行われている。

開放的なムードが漂うニャチャンは、もともとフランス領インドシナ時代に政府要人向けのリゾートとして開発された町で、早くから欧米人旅行者には人気の町だった。周辺の島々を巡る各種ツアーやリーズナブルなホテル、おいしいレストランが多く、年々その傾向は強まっている。

歩き方　Orientation

飲食店やホテル、スパなどが集まるフンヴーン通り

ニャチャンの市街地は約3km四方に及んでいる。地元の人でにぎわうのは、ダム市場やトンニャット通り、ファンボイチャウ通り一帯（MAP P.197-2A、2B）。たくさんの商店、カフェ、レストランなどが建ち並び、車やバイクが途絶えることのないにぎやかなエリアだ。一方、観光客が多いのはビーチに並行して南北に延びるチャンフー通り、フンヴーン通り、グエンティエントゥアット通り一帯（MAP P.198）。観光客向けのホテルやカフェ、

Voice ツーリストサポートセンター（MAP P.198-2B）では地図やパンフレットなどを置いているが、2023年8月現在、休業中。☎＊2258(ホットライン)

レストラン、ツアーオフィス、スパなどが並び、路地にもミニホテルや飲食店が連なるツーリスティックなエリアとなっている。

チャンフー通りは中央に緑の植え込み、海側にはヤシ並木があって、そぞろ歩きにぴったり。ビーチにも幅1mほどの舗装道路が南北に敷かれ、歩きやすくなっている。

ニャチャンではぜひ、海から昇る日の出を見るために早起きしよう。浜辺にはまだ薄暗いうちから地元の人たちが集まって来る。朝焼けに染まりながら体操する人、海岸通りを散歩する人、ジョギングする人……。海辺の町の1日がこうして始まる。

早朝からジョギングや運動をする人でにぎわうニャチャン・ビーチ

カンホア省の特産でもある沈香を模したモニュメント、タップ・チャム・フーン（MAP P.198-1B）

アクセス ACCESS

ニャチャンへの行き方

●飛行機

ホーチミン市からベトナム航空（VN）が毎日4便、ベトジェットエア（VJ）が毎日3便、バンブー・エアウェイズ（QH）が毎日1便運航。所要1時間10分～。ハノイからVNが毎日3便、VJが毎日4便、QHが毎日1便運航。所要1時間50分～。ハイフォンからも便がある。

●列車

ハノイから毎日5便、一番速い便で所要約25時間40分。ホーチミン市（サイゴン駅）から毎日7～9便、一番速い便で所要約7時間13分。ホーチミン市からの便のうち、SNT 2はハイクオリティ列車（→P.61）。

●バス

ホーチミン市のミエンドン・バスターミナルから、7:00～22:30の間に30分～1時間間隔でリムジン寝台バスが運行。30万～70万ドン、所要8～10時間。ダナンから17:00～20:40の間に数便運行。29万ドン～、所要約12時間。ダラットから7:30～17:30の間に7便運行。27万ドン、所要約4時間。そのほかフエ、クイニョン、バンメトート、ファンラン-タップチャム、ファンティエットなどからもバスが出ている。

ニャチャンからの交通

●飛行機・列車

行き方の項（→上記）参照。

●バス

ニャチャン南バスターミナルから、各方面へ便が出ている。ホーチミン市へは6:00～22:20の間に頻発。27万～57万ドン、所要約8時間。ダラットへは7:30～17:30の間に5便運行。27万ドン、所要約4時間。

ニャチャン北バスターミナルからは、おもに北方面のダナン（45万ドン）やクイニョン（20万ドン）、ファンティエット（18万ドン）への便がある。

ニャチャン南バスターミナル
Bến Xe Phía Nam Nha Trang
MAP P.197-2A参照　☎(0258)3894192
営切符売り場は5:30～23:30

ニャチャン北バスターミナル
Bến Xe Phía Bắc Nha Trang
MAP P.197-1B参照　☎(0258)3838788
営切符売り場は5:30～21:00

フーンチャンバス乗り場
FUTA Bus Lines（Phuong Trang）
MAP P.197-2A　住176 Trần Quý Cáp
☎(0258)3812812

フーンチャンのバス乗り場は中心街にあり、行き先によっては、わざわざ遠い南北のバスターミナルへ行かなくてもバスに乗れる。ホーチミン市のミエンタイ・バスターミナルへは、10:00～翌1:00の間に10便運行。29万ドン、所要約9時間。ダラットへは9:30～18:30の間に9便運行。16万5000ドン、所要約4時間。便数は少ないがダナン行きもある。バス内ではWi-Fiが無料で接続できる。

カムラン空港～市内のアクセス

カムラン空港（MAP P.197-4B参照）と市内のバス発着所間の約38kmを、エアポートバスが運行している。6万5000ドン、所要約50分。また、市内からカムラン空港行きは、4:30～19:55の間に30分間隔で運行。

エアポートタクシー利用なら、カムラン空港から市内までは38万～50万ドン（小型・大型で異なる）、所要40～45分。

空港バス発着場　Bến Xe Đất Mới
MAP P.197-2B　住10 Yersin
☎(0258)6254455、096-6282385(携帯)
URL www.busdatmoi.com

※ファンティエットのリゾートエリアであるムイネー行きは7:30、21:00発（時期によって時刻は変動）の2便のみ。所要約5時間30分。

見どころ Sightseeing

海岸に並行し、ヤシの木が林立するプロムナードが整備されている

★★★ 思い思いに過ごせる美しい海岸 MAP P.197-2B～4B

ニャチャン・ビーチ

Bãi Biển Nha Trang　Nha Trang Beach

約5kmにわたって延びる白砂のビーチ。背の高いヤシの木が心地よい木陰を作り出し、人々の絶好の"避暑地"となっている。幅1mほどの舗装道路とベンチも整備され、ジュース屋や物売りが行き来し、デッキチェア（有料）がズラリと並ぶ。また近年、外国人旅行者向けのしゃれたバンガロー風のカフェやバー、レストランがビーチ沿いに姿を現している。ここでは、心地よい風が吹き渡るヤシの木陰でゆったりと過ごしたい。

左／灼熱の太陽が照りつける日中は人が少ない　右／サンライズビーチでもあり、美しい日の出が望める

ビーチクラブ

ニャチャン・ビーチにはさまざまなビーチクラブが点在。パラソルやデッキチェアのレンタルのほか、ビーチバーやシャワールームも備えている。下の写真の「ブルーシー・ビーチクラブ」（MAP P.198-2B）はデッキチェア（シャワー使用料込み）5万ドン。

泳いだあとはビーチバーでドリンクを飲みつつひと休み

★★ 1日遊べる大型アミューズメントパーク MAP P.189-2A、197-4B参照

ヴィンワンダーズ・ニャチャン

VinWonders Nha Trang

ニャチャン・ビーチ沖に浮かぶチェー島（Hòn Tre）にある大型アミューズメントパーク。島の一画を占める5万m²の敷地には、ミニコースターや国内最大級の観覧車といったアトラクションのほか、ウオーターパーク、動物園、植物園などがある。水族館「アンダー・ウオーター・ワールド」では7000匹ものサメが泳ぐアクリルトンネルの下を動く歩道で見学できる。普段見られないような珍種も多く、見応え十分。レストランやショッピングアーケードも備わり、家族連れにおすすめだ。特にイルカのショーと水上音楽ショーは人気で、ショーのあとはイルカと一緒に記念写真も撮れる。

2024年1月にヴィンワンダーズに隣接したエンタメ施設「ヴィンパール・ハーバー」がオープン。「キッサ・スーベニア」（→P.192）などのショップや飲食店などが集まっている。

ヴィンワンダーズ・ニャチャン

住 Trần Phú, Cầu Đá（ヴィンパール・ケーブルカー駅）
☎ (0258) 3598123
URL www.vinwonders.com
開 9:00～21:00 ※ロープウエイは8:30～23:00　休 無休
料 入場料＋ロープウエイ往復92万ドン、子供（身長100～140cm）68万8700ドン

市内から約7km南にあるヴィンパール・ケーブルカー駅（MAP P.189-2A）からロープウエイでアクセス。
※園内への飲食物の持ち込みは禁止。

潜水艦のアトラクションは要予約。ただし人数が集まらないとキャンセルになる

左／ウオータースライダーの種類が豊富。右上は国内最大級の観覧車「スカイ・ホイール」。観覧車の上からは、対岸にニャチャン・ビーチのパノラマが広がる
右／スリル満点のアトラクションも乗り放題

★★★ 1000年の時を経て信仰が続く MAP P.189-1A、197-1B

ポー・ナガル（タップ・バー）

Tháp Pô Nagar (Tháp Bà) Po Nagar Cham Towers

町の中心から北へ約2km、ニャチャン川の北岸に位置する花崗石の丘の上にある、9世紀初めに建立されたチャンパ寺院の遺跡。

774年と784年の2度にわたってジャワ軍が侵攻。この寺院は焼き払われ、壊滅的な被害を受けた。

塔は8～13世紀にかけてチャンパの王によって建立されたが、現在は主祠堂をはじめ5棟の建物が残るのみとなっている。

この遺跡の見どころは、祠堂の内部に残されている女神ポー・ナガルの像。線香の煙で充満した堂内には、かわいらしく着飾って台座の上に座った10本の腕をもつ神像が見える。チャンパの遺跡の多くは現在では見捨てられ、彫像のほとんどは博物館に収蔵されているが、この寺院はベトナム人の信仰と結びつくことによって、かろうじて信仰の形が生き残っている。このほかにも、堂内には堅木で作られた2体の彫像（9世紀以前の物だと推定する学者もいる）が残っている。

ジャワ軍の侵攻時に、寺院の貴重な宝物のほとんどが持ち去られた。内部は掃除が行き届き、ベトナム人の信仰のあつさがうかがえる

ポー・ナガル（タップ・バー）
開6:00～18:00 休無休
料3万ドン、子供無料
英語ガイドは約45分で10万ドン。また毎日チャム族による伝統楽器の演奏と伝統舞踊も行われている。開8:00～11:00、14:00～17:00（この間に客が集まれば踊ってくれる）料無料

安置されたポー・ナガルの像

頭に壺を載せて踊るチャム族の伝統舞踊

★★★ ジュゴンのホルマリン標本など充実の展示 MAP P.189-2A、197-4B参照

国立海洋学博物館

Viện Hải Dương Học National Oceanographic Museum of Vietnam

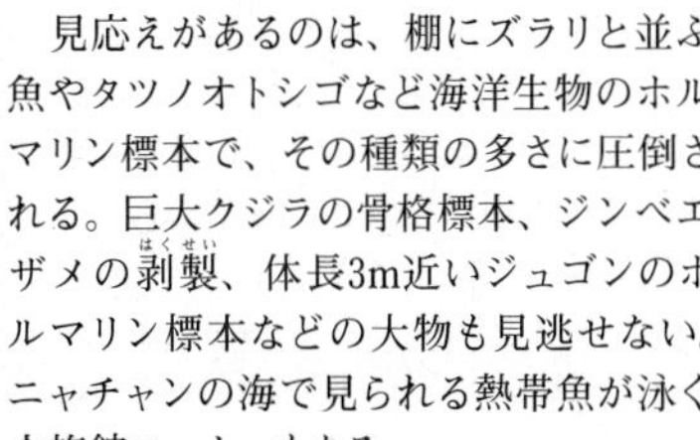

上／クロトガリザメのホルマリン標本　下／トンネル水槽

ニャチャンの中心から南へ約5km、ニャチャン港のすぐそばに建つ、ベトナム唯一の本格的な海洋学に関する博物館。設立は1922年と歴史は長く、研究と収集の成果が一堂に展示されている。

見応えがあるのは、棚にズラリと並ぶ魚やタツノオトシゴなど海洋生物のホルマリン標本で、その種類の多さに圧倒される。巨大クジラの骨格標本、ジンベエザメの剥製（はくせい）、体長3m近いジュゴンのホルマリン標本などの大物も見逃せない。ニャチャンの海で見られる熱帯魚が泳ぐ水族館コーナーもある。

国立海洋学博物館
住1 Cầu Đá ☎(0258)3590036
開6:00～18:00 休無休
料4万ドン、学生2万ドン、子供1万ドン、6歳未満無料

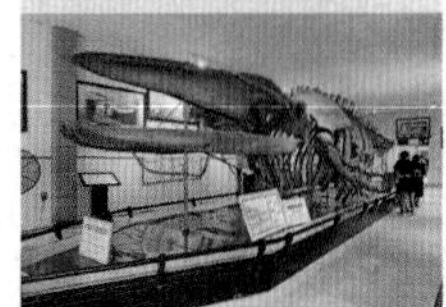

体長約18mのクジラの骨格標本

★★★ 美しいステンドグラスが特徴 MAP P.197-3A

ニャチャン大聖堂

Nhà Thờ Núi Nha Trang Nha Trang Cathedral

鉄道駅を見下ろす小高い丘の上に、1934年建立のゴシック様式の大聖堂がある。入口はグエンチャイ通りにあり、そこから聖人像が並ぶ坂を上がっていく。石造りの内部はひんやりと涼しく、色鮮やかなステンドグラスに囲まれ、神聖な雰囲気が漂う。

荘厳なたたずまいのカトリック大聖堂

ニャチャン大聖堂
開7:00～11:00、14:00～16:00
ミサは月～土曜は4:45、17:00。日曜は5:00、7:00、9:30、16:30、18:30。ミサの時間帯（特に日曜）は教会内部の見学は断られることがある。

凛とした空気が漂う教会内

岬にはカフェや展望台がありそこから湾が見渡せる

ホンチョン岬
開6:00～18:00（10～12月は6:00～17:30） 休無休
料3万ドン
チャンフー通りからチャンフー橋を渡って真っすぐ北へ向かった所。中心部から車で約10分。
チケット売り場すぐそばの建物では客が数人集まればベトナムの伝統楽器の演奏が聴ける。
開7:30～17:00 休無休

ロンソン寺（隆山寺）
開7:00～17:00 休無休
料無料

寺院の講堂では毎日説法が行われている

ダム市場
営店によって異なるが、だいたい7:00～17:00 休無休

海産物売り場は広く、干物や練り物などがズラリと並ぶ

★★ 青い海に突き出た岬の奇岩は必見 MAP P.189-1A、197-1B参照

ホンチョン岬

Mũi Đất Hòn Chồng　Hon Chong Promontory

市の中心部から北へ約3.5kmの所に小さな岬があり、その下に広がる岩場に巨大な一枚岩が載っている。潮が満ちるとその岩の周辺だけが取り残され、小さな島のようになる。この岬からの眺めは格別で、突き出た巨岩の上から広大な海が見渡せる。

左／足場が悪いので歩きやすい靴がベター　右／奇岩のトンネルの下は人気の撮影スポット

★ 裏山には大仏が鎮座する立派な寺院 MAP P.197-2A

ロンソン寺（隆山寺）

Chùa Long Sơn　Long Son Pagoda

1889年建立。その後修復、再建を重ね、現在では立派な寺院になっている。本殿に入ると、ハスの花に囲まれた仏陀の座像があり、壁面には仏教説話の壁画が物語形式に描かれている。寺の背後の山の上には、町を見下ろすように巨大な白い仏像が座している。

町を見守るように鎮座する白い仏像

★★ みやげ物も日用品も何でも揃う MAP P.197-2B

ダム市場

Chợ Đầm　Dam Market

ニャチャン最大のローカルマーケット。円形状の特異な建物の周りを、何重にも野菜や果物、衣類、雑貨などの露店が取り囲み、巨大に膨らんでいる。2階は布地や衣料品が中心。隣に3階建ての新市場が完成し、海産物店などが移転している。

掘り出し物が見つかるかも。外国人観光客の姿も多い

インフォメーション ❀ INFORMATION

航空会社

●**ベトナム航空　Vietnam Airlines**
MAP P.198-2A
住227 Nguyễn Thiện Thuật　☎(0258) 3526768
営8:00～11:30、13:30～17:00　休日曜、祝日
カムラン空港オフィス
☎(0258) 2241606

銀　行

●**ベトコムバンク　Vietcombank**
MAP P.197-2A　住17 Quang Trung　☎1900-1100（ホットライン）、(0258) 3568899
営7:00～11:30、13:30～17:00　休土・日曜
USドルと日本円の現金の両替が可能（要パスポート）。アメリカン・エキスプレス・カード、ダイナースクラブカード、JCBカード、マスターカード、ビザカードでのキャッシングが可能。

郵便局

●**中央郵便局**
MAP P.197-2B
住1 Pasteur　☎(0258) 3821271
営7:00～11:30、13:30～20:00（土曜7:00～11:30、13:30～19:00、日曜7:30～11:30、14:00～18:00）
休無休
ニャチャンで最も大きな郵便局。EMS、DHLも取り扱っている。ほかにも町なかにはいくつか郵便局があり、営業時間も同じ。

Voice! ローカル市場なら地元の人々の生活に密着した小規模のソムモイ市場（Chợ Xóm Mới　MAP P.197-3A）もおすすめ。

郊外の見どころ Sightseeing

★★★ 1000頭以上のサルが生息する　MAP P.197-1B参照

ラオ島（モンキー・アイランド）

Hòn Lao (Đảo Khỉ)　Lao Island (Monkey Island)

名前のとおり、たくさんのサルが生息する小さな島。ここにいるのは野生ではなく、かつて旧ソ連向けの動物実験用として飼育されていたサルの子孫。ソ連崩壊後は需要がなくなり、結果、島全体を観光用に開発することになった。サルはそのまま残され、以来、島のシンボルとなり現在は1000頭を超える。島ではサルのサーカス（開10:00、14:00、15:15）が行われるほか、カヤックやゴーカート（どちらも有料）も楽しめる。

島中を元気に走り回るサルたち

★★ 遠浅の静かなビーチ　MAP P.197-1B参照

ヨックレット・ビーチ

Bãi Biển Dốc Lết　Doc Let Beach

ニャチャンから国道１号線を北へ約40km行ったニンホア県（Huyện Ninh Hòa）に、ヨックレット・ビーチがある。リゾートとして整備されたビーチには、茅葺きのパラソルが付いたベンチが並び、幅は狭いが遠浅で水はきれい。レストランとホテルが数軒建ち、夏になるとホーチミン市からベトナム人観光客が押し寄せ、ビーチはにぎわいを見せる。

★★ 滝以外の見どころがたくさん　MAP P.197-2A参照

ヤンバイ滝

Thác Yang Bay　Yang Bay Waterfalls

ニャチャンの中心から西へ約40km、標高約1500mのホンバー（Hòn Bà）山麓にある海抜100mの滝で、ニャチャン川（カイ川：Sông Cái）の源流となる。この滝と、温泉やバーベキューが楽しめるレストラン、動物の餌付けができる総合施設を含めたエリアがヤンバイ・ツーリストパークとなっていて、人気を集めている。滝壺の清らかな天然プールで泳いだり、近辺に住む少数民族ラグレイ（Raglay）族の民族舞踊ショーも見られる。ワニ釣りやダチョウ乗り体験などもできる。

家族連れにも人気のスポット

ラオ島
☎094-1267267（携帯、ホットライン）
URL www.longphutourist.com
開7:30〜16:30　休無休
料18万ドン、子供10万ドン
※チケットは船往復料金、入島料を含む

ニャチャン中心部から約16km北にあるロンフー船着場（Bến Tàu Du Lịch Long Phú）から7:30〜15:00の間に船が出ている。人が集まれば出航。所要約15分。

ヨックレット・ビーチ

ニャチャン中心部から車で約１時間。タクシーなら往復150万ドン以上。ヨックレット・ビーチは公共ビーチが少なく各リゾートで入場料（９万ドン〜）が必要。

ヨックレット・ビーチには静かでゆっくりとした時間が流れている

ヤンバイ滝
住Thôn Ngã Hai, Khánh Phú, Khánh Vĩnh
☎090-5252272（携帯、ホットライン）　開7:30〜17:00　休無休
料20万ドン、子供14万ドン

ツアー参加（→P.189）が便利。車で所要約１時間。

郊外の見どころ

ユィエン・カン砦
Thành Cổ Diên Khánh
Dien Khanh Fort
MAP P.197-2A参照

ニャチャンの西約11kmの所にある17世紀建造の砦。壁と門の一部が現存する。

バーホー滝　Suối Ba Hồ
Ba Ho Waterfalls
MAP P.197-1B参照

ニャチャンの北約22kmの山の中に３つの滝と池がある。

妖精の泉　Suối Tiên
Fairy Spring
MAP P.197-4B参照

ニャチャンの南約24kmの所にある美しい泉。植物や石で自然の庭園が形成されている。

果物屋のフレッシュジュース

海の町ニャチャンは、海鮮やグリル料理の店が多い。おいしいからといって食べ過ぎていると、野菜不足になっていることも。そこで活用したいのが、フレッシュフルーツジュースだ。繁華街にはあちらこちらに果物屋やジュース屋台が点在しており、マンゴーやオレンジ、ドラゴンフルーツ、パイナップルなどの果物がズラリ。たいていの店では搾ったりミキサーにかけたりしてジュースにしてくれる。ミックスも可能で、値段は１杯２万〜３万ドン程度。店によっては野菜やアロエベラなども加えたオリジナルセットも用意しており、その日の気分に応じて選ぶのも楽しい。

ナイトマーケット（→P.180欄外）近くの果物屋は夜も営業している（MAP P.198-1A）

クイニョンの市外局番
0256

郊外の町

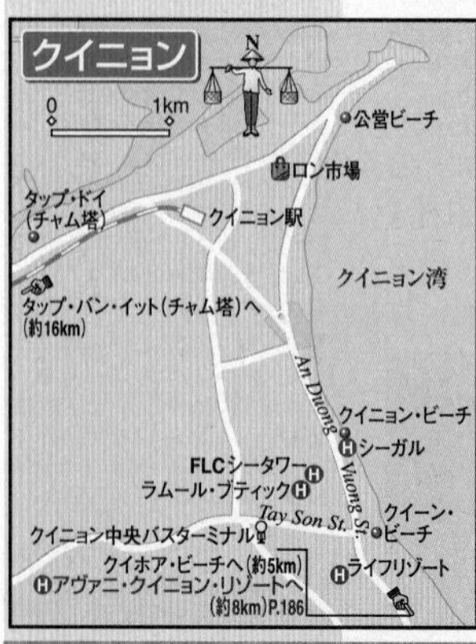

美しいビーチで有名な港町

MAP 折表-3B、左図

クイニョン

Quy Nhơn

ビンディン省の省都、クイニョンは港町として知られている。郊外はのどかな田園風景が広がり、町並みはのんびりとした雰囲気でほっとする。外国人旅行者には、タップ・ドイ（Tháp Đôi）と、郊外のタップ・バン・イット（Tháp Bánh Ít）などのチャンパ遺跡（→P.456）や、クイーン・ビーチ（Bãi Tắm Hoàng Hậu）、クイホア・ビーチ（Bãi Quy Hòa）などの美しいビーチがあることで知られている。また、ヤイ・ビーチ（Bãi Dài）には大型リゾートホテル（→下記）もオープンし、ますます注目を集めている。

アクセス ACCESS

クイニョンへの行き方

ホーチミン市からベトナム航空（VN）が毎日３便、ベトジェットエア（VJ）が毎日２便、バンブー・エアウェイズ（QH）が毎日１便運航。所要１時間10分～。ハノイからはVJが毎日２便、VNとQHが各毎日１便運航。所要１時間35分～。

列車はホーチミン市から週１～３便運行、所要約14時間15分。バスならニャチャンから約４時間。

クイニョンのホテル Hotel

クイニョン随一の５つ星リゾート

アヴァニ・クイニョン・リゾート

Avani Quy Nhon Resort

高級ホテル

MAP 上図参照

クイニョン中心部から約10km南のビーチ沿いに建つ５つ星リゾートホテル。全室オーシャンビューで最小でも50㎡と贅沢な造り。飲食施設、スパ、ジム、屋外プールなど設備も整いリゾート気分を満喫できる。ガイド付き魚釣りなどのツアーも主催。

住 Ghềnh Ráng, Bãi Dài
☎ (0256) 3840133
URL www.avanihotels.com
料 ⓈⓉ135US$　スイート190US$～（＋税・サービス料13％。朝食付き）
カード ADJMV　全63室

明るくさわやかな雰囲気の客室。写真はデラックス・スタジオルーム

ファンラン-タップチャムの市外局番0259

ニャチャンから日帰りで

ファンラン-タップチャムへはニャチャンから、車（150US$～）をチャーターして遺跡などを回り、日帰りすることも可能。片道所要約２時間。

のんびりとした雰囲気のファンラン-タップチャムの町なか

チャム文化の残る町

MAP 折表-4B、P.187

ファンラン-タップチャム

Phan Rang-Tháp Chàm

ニントゥアン省にあるこの町一帯は半砂漠地帯の中にある。荒野といった感じの大地には硬いトゲをもつサボテンが群生し、この土地独特の植物景観を目にする。ファンラン-タップチャムは小さな町だが、ポー・クロン・ガライをはじめとするチャンパの遺跡群（→P.456）が郊外に点在し、それらの見学の拠点となる所だ。また、郊外にはテーブルグレープやドラゴンフルーツの果樹園、海岸部には塩田が広がる。近年、新たな観光地として注目されている織物の村（Mỹ Nghiệp）、陶器の村（Bàu Trúc）、砂丘（Nam Cương）なども、数時間あれば町から見学できる範囲に点在する。

ファンラン-タップチャムという町名はチャム族のチャム（Chàm）からきたものだ。郊外に行けば頭に白いターバン、変形ズボン、３種類の色の服をまとったチャム族の人に出会うこともある。

アクセス ❁ ACCESS

ファンラン-タップチャムへの行き方

●列車

ホーチミン市（サイゴン駅）からタップチャム駅まで毎日5便運行、一番速い便で所要約6時間1分。ハノイから毎日4便運行、一番速い便で所要約27時間55分。ニャチャンから毎日6便運行、一番速い便で所要約1時間36分。

●バス

ニャチャンからは早朝から夕方までの間に頻発。6万ドン〜、所要約2〜3時間。ダラットからは10万ドン、所要約3時間。ホーチミン市やファンティエットからも便がある。

ファンラン-タップチャムからの交通

●列車

タップチャム駅からホーチミン市（サイゴン駅）とニャチャンへは毎日6便運行。ハノイへは毎日4便運行。

●バス

町の北約3kmに位置するニントゥアン省バスターミナル（Bến Xe Tỉnh Ninh Thuận MAP右図-1B参照）から各地へバスがある。ダラットへは10万ドン〜、所要約3時間。ホーチミン市へは19万ドン〜、所要7〜8時間。便数は少ないが、バンメトート行きもあり、25万ドン〜、所要約6時間。

ファンラン-タップチャムの見どころ

14世紀に造られたチャンパ遺跡 MAP 右図-1A参照

ポー・クロン・ガライ

Tháp Pô Klong Garai　Po Klong Garai Cham Temple Towers

美しいレリーフにも注目

中央祠堂に祀られたムカリンガ（人の顔が描かれたリンガ）

れんが造りの3つの塔からなるチャンパの遺跡（14世紀）。町の中心部から北西へ約7kmの郊外の丘の上にあり、れんが造りの内部には木造の円錐形の鞘堂（さやどう）がある。この形式は古いもので、チャンパの宗教建築が最初は木造で建てられていたことの名残である。その下にはヨニ（女性器の象徴）の上に載ったリンガ（男性器の象徴）があり、リンガの正面には顔が描かれている。これは王とシヴァ神が一体化したことを示すもので、ムカリンガと呼ばれている。チャンパ王国の時代には、このリンガの上から聖水をかけ、その聖水をヨニから受け取る儀式が行われていた。

人里離れた遺跡だが、人々の信仰はあつく、祠堂入口の前にあるナンディン神像（雄牛）の前には、いつもハーブやアレッカ・ナッツが供えられている。毎年10月には地域の住民によって盛大な

ポー・クロン・ガライ
☎(0259)3888116
開7:00〜17:00 休無休
料2万ドン

町の中心からバイクタクシーで約10分、片道5万ドン〜。タクシーなら片道20万ドンくらい。車をチャーターして、ポー・ロメも一緒に回ることも可能。

遺跡入口から祠堂のある丘までは歩ける距離だが、電気自動車もある。行き1万5000ドン、戻り1万ドン

祭りが催され、大祭のときには祝宴が１ヵ月も続くことがある。
　この遺跡は半砂漠状の大地にあり、周りはサボテンが群生している。丘の上から見える牛や馬の放牧地、タップチャム駅の操車場、赤茶色のれんが屋根の家々といった雄大な景観も味わおう。

ブーゲンビリアの花が咲く階段を上がった先に祠堂群がある

ポー・ロメ
料無料（入口の守衛に頼めば主祠堂の中を見せてもらえることもある。その際はチップを）

丘の上からは、風力発電の風車群が林立する草原を見晴らせる

ファンラン-タップチャムのレストラン
フォンキー　Phong Ky
MAP P.187-2B
住1 Hồ Sinh Thái-Ngã 5 Tấn Tài　☎(0259) 3929452
営11:00～23:00　休無休
カード不可　予約不要
　中庭のある規模の大きなレストラン。メニューが多く、海鮮鍋（25万ドン～）が人気。

ニンチュー・ビーチ
　町の中心から北東に約7km。タクシーで約10分、13万～15万ドン～。バイクタクシーで約15分、８万ドン～。

チャンパ最後の王のレリーフが残る　MAP P.187-2A参照
ポー・ロメ
Tháp Pô Romê　Po Rome Tower

　ファンラン-タップチャムから南へ約20km行った丘の上にあるチャム族の最後の遺跡（17世紀）。石段を上り切ると、主祠堂が現れる。チャンパ最後の支配者、ポー・ロメ王のレリーフ、碑文などがある。

石段を上り詰めた丘の上にひっそりと建つ

家族連れが多くのんびりした雰囲気　MAP P.187-1B参照
ニンチュー・ビーチ
Bãi Biển Ninh Chữ　Ninh Chu Beach

　町の中心部から民家を抜けると田園地帯が広がり、しばらくすると海が近づいてくる。白い砂浜が広がるビーチは、遠くになだらかな山を見渡せるのんびりとした雰囲気。ビーチには地元の家族連れの姿が多く、たくさんのリゾートホテルが並んでいる。

砂浜が約10kmも続くビーチは穏やかで泳ぐには最適

ファンラン-タップチャムのホテル　Hotel

ニンチュー・ビーチをひとり占め
ホアンミー・リゾート
Hoan My Resort　中級ホテル　MAP P.187-1B参照

　客室からも海が眺められるニンチュー・ビーチのリゾート。リーズナブルな価格帯のヴィラを備え、ホテルの敷地からすぐにニンチュー・ビーチに出られる。ベビーベッドや授乳用の椅子などの用意もあり、子連れ旅行にも対応している。

自然光を取り入れるデザインの客室

住Yên Ninh
☎(0259) 2478888
URL hoanmyresort.com
料Ⓢ①140万ドン～　スイート350万ドン～　カードADJMV
全120室　32ヴィラ

ロントゥアン・ホテル&リゾート
Long Thuan Hotel & Resort　エコノミーホテル　MAP P.187-1B参照
住1 Yên Ninh　☎(0259) 2220200、2205555
URL longthuanhotelresort.com　料ⓈⓌ①90万ドン～　バンガロー170万ドン～（朝食付き）　カードAJMV　全468室　24バンガロー

ニンチュー・ビーチ沿いに立地。もともとの188室に300室近くを擁する新館が加わり、ニンチュー・ビーチきっての大型リゾートとなった。大きめのプールやスパ、テニスコートも完備。

ホーフォン
Ho Phong　エコノミーホテル　MAP P.187-2A
住363 Ngô Gia Tự　☎(0259) 3920333
E-mail hophonghotel@yahoo.com　料Ⓢ①26万～32万ドン　スイート30万～45万ドン　カード不可　全27室

中心部エリアでは最も大きなホテル。６階建てでエレベーター付き。清潔感があり、特にビジネスデラックスは快適。英語も通じる。浴室の備品は有料の物もあるので要注意。

旅行会社&ツアーオフィス ✿ TRAVEL OFFICE & TOUR OFFICE

旅行会社

中心部には多数のツアーオフィスがあり、どこもほぼ同じツアーを主催しているが、若干内容や料金が異なるので数社を比較・検討してから決めよう。以下の料金はひとり当たりの料金。

●ビエンダオ・ツアー
Bien Dao Tour
MAP P.198-1A　住172/1 Bạch Đằng
☎(0258)3526494　URL www.biendaotour.com
営7:30 ～ 21:30　休無休　カード不可

30年以上続く老舗旅行会社。ニャチャン近郊の島巡りツアーが得意で、3つの島を巡る日帰りツアー（65万ドン～）のほか、ムン島へのスノーケリングやダイビングツアー（45万ドン～）、ラオ島&オーキッド島（55万ドン）などが人気。

●シン・ツーリスト
The Sinh Tourist
MAP P.198-2B　住130 Hùng Vương
☎(0258)3522982　URL www.thesinhtourist.vn
営7:00～20:00　休無休　カードMV

各種ツアーやバスチケット手配などを行う老舗ツアーオフィス。ニャチャン市内ツアー（49万9000ドン～）、島巡りツアーなどがある。

ダイビング会社

ニャチャンのダイビングのシーズンは3～10月。ベストシーズンは4～5月。

●レインボー・ダイバーズ
Rainbow Divers
MAP P.198-2A　住132 Nguyễn Thiện Thuật
☎(0258)3524351、094-5916191（携帯）
URL www.divevietnam.com　営7:00～19:00
休無休　カードAJMV

老舗のダイビング専門ツアー会社。体験ダイビング（スノーケリング付きで55US$～）、ボートダイビング（50US$～）、スノーケリング（25US$）などがある。

バス会社

●ハン・カフェ
Hanh Cafe
MAP P.197-4A参照　住106 Phong Châu
☎(0258)3527467　営6:00 ～ 22:00
休無休　カード不可

夜行便のオープンツアーバスを運行しており、Wi-Fi付きの寝台バスが人気。市内の各ホテルでも申し込め、ニャチャン市内ならホテルへピックアップに来てくれる。

大自然を満喫できるニャチャン発のツアー

ニャチャンには海や川といった自然や人々の暮らしに触れるツアーが数多くある。

●島巡りツアー（1日）

ニャチャン沖に点在するムン島、モッ島、チェー島、ミウ島、タム島の島々のうち、いくつかの島を船で巡る。3島を巡るツアーが一般的で、ムン島、チェー島、タム島が多い。スノーケリングに特化した島巡りツアーもあり、透明度が高くさまざまな魚や珊瑚礁に出合えるムン島の海洋保護エリアがメイン。オプションでダイビングや魚釣りができるものもある。タム島には泥温泉があり、島巡りとセットになったツアーも人気。

船で行く島巡りツアーはニャチャン旅行のハイライトでもある。透明度の高い海でのスノーケリングは特に人気

●ヤンバイ滝ツアー（1日）

ヤンバイ滝（→P.185）を訪れるツアー。滝壺で泳いだり、温泉に入ったり、周辺に住むラグレイ族の民族舞踊などが見られる。

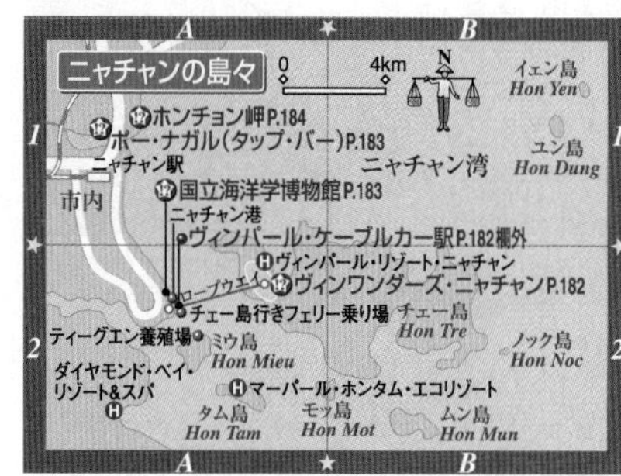

●モンキー・アイランドツアー（1日）

モンキー・アイランドとして知られるラオ島（→P.185）への日帰りツアー。ラオ島＋泥温泉ツアー、ラオ島＋バーホー滝（→P.185欄外）ツアーもある。

●ヨックレット・ビーチ&バーホー滝ツアー（1日）

ヨックレット・ビーチ（→P.185）とバーホー滝（→P.185欄外）を組み合わせた日帰りツアー。ヨックレット・ビーチは個人で行くにはアクセスが悪いのでツアー利用がおすすめ。

バートイ Ba Toi

コンセプトは「おばあちゃんの味」

ベトナム料理 MAP P.198-1A

一見素朴だが、実は手間のかかった家庭料理を味わえる隠れ家レストラン。選べる総菜3品とスープ、漬物がセットになった、おばあちゃんの伝統料理セット（19万9000ドン／2人前）がおすすめ。人気店でとても混むので、開店後すぐの時間帯を狙おう。

しゃれた内装の店内。野菜料理で1品4万9000ドン～

住68/4 Đống Đa ☎(0258)3522667 営10:00～14:00、17:00～20:45 休無休 カード不可 予約不要

ニャチャン・ビュー378 Nha Trang View 378

新鮮なシーフードならココ

ベトナム料理 MAP P.197-1B

ワイルドな海景色に加え、ニャチャン・ビーチの端に建つため、リゾートホテル群を一望できる。観光客や地元ベトナム人が多く訪れる。海に面した客席は広く、団体客にも対応できる。人気のエビ料理やイカ料理が1品17万5000ドン～。

ブラックタイガーの塩卵揚げ（21万ドン）、パッションフルーツジュース（4万1000ドン）

住48 Nguyễn Bỉnh Khiêm ☎083-6925290、098-6509144（携帯） 営6:30～22:00 休無休 カードMV 予約不要

ラックカン Lac Canh

ベトナム人に人気のローカル焼肉店

ベトナム料理 MAP P.197-1B

七輪で焼くセルフ炭火焼肉の店。地元人気が高く食事時は混み合う。サイコロ型の牛肉（Bò Nướng Lạc Cảnh、11万5000ドン～）は特製ピリ辛だれに漬け込まれて、ご飯が何杯もいけそう。豚肉、鶏肉、ヤギ肉、海鮮料理や、チャーハン（6万ドン～）などもある。

炭火焼肉はミニサラダ（1万5000ドン）と一緒に食べよう

住77 Nguyễn Bỉnh Khiêm ☎(0258)3821391 営10:00～21:15 休無休 カード不可 予約大人数の場合は要予約

ホンドゥック Hong Duc

安くてうまいベトナム食堂

ベトナム料理 MAP P.198-2B

味、値段、メニュー数の三拍子が揃った食堂。1品4万～7万ドン程度で、おいしいベトナム料理が食べられる。フォーやベトナム版ビーフシチューのボー・コー（→P.33）など定番のほか、海鮮料理もある。観光エリアにあり、客の多くは外国人。

手前はご飯がセットになったサワラの煮付け（Cơm Cá Thu Kho Tộ、7万5000ドン）

住176 Hùng Vương ☎090-5946352（携帯） 営6:00～23:00 休無休 カード不可 予約不要

ダン・ヴァン・クイン Dang Van Quyen

ニャチャン名物ネム・ヌオン専門店

ベトナム料理 MAP P.197-2B

炭火で焼いた豚肉つくねを野菜などと一緒にライスペーパーで巻いて食べるニャチャン名物のネム・ヌオン（→P.33、5万ドン）がおいしいと評判の店。特製の付けだれが味を引き立てる。英語メニューがあり、巻き方も教えてくれる。

豚肉つくねと干しエビ入り揚げライスペーパーを野菜と一緒に巻いて特製のエビだれに付けて食べる

住16A Lãn Ông ☎(0258)3826737 営7:00～20:30 休無休 カード不可 予約不要
［2号店］MAP P.197-2B 住4 Phan Bội Châu

バン・カン51 Banh Can 51

ニャチャンを代表するストリートフード

ベトナム料理 MAP P.198-1A

バン・カン（Bánh Căn）は、半球状に焼いた米粉の生地にエビやイカ、肉、卵などの具材を載せたスナック。同店のバン・カンは大ぶりのタイガー・プロウンやミニイカが丸ごと載っていることで有名で、食べ応え抜群だ。全8種類をひと皿に載せたスペシャルセット（10万ドン）がおすすめ。

店頭で焼き上げる。大きなエビのバン・カンは6個入り16万ドン

住24 Tô Hiến Thành ☎098-9689348（携帯） 営10:30～22:00 休無休 カード不可 予約不要

Voice 「ライト・ホテル」（MAP P.198-3B）1階のレストラン「ミス・バンブー」は竹をふんだんに使ったリゾート感満載のオープンエアレストラン。宿泊客以外でも利用でき、1品7万9000ドン～。

レストラン Restaurant

海の恵みが詰まった名物麺ブン・カーの店
ナムベオ
麺
Nam Beo　MAP P.197-2B

ニャチャン名物ブン・カー（Bún Cá、小3万5000ドン、大4万ドン）の人気店。魚だしの米麺ブンに、ベトナム風さつま揚げのチャー・カー（→P.30）とコリコリした食感が楽しいクラゲをトッピング。魚の切り身も添えた、磯の香り漂うご当地麺料理だ。

英語は通じないが「ブン・カー」と言って、お碗の大小を選べばOK

住Lô B2 Chung Cư Chợ Đầm　☎097-2331881（携帯）
営5:30～20:30　休無休　カード不可　予約不要

行列ができるバイン・ミー店
バイン・ミー・ファン
バイン・ミー
Banh Mi Phan　MAP P.198-1A

1960年代に屋台から始まったバイン・ミーの老舗で、開店と同時に行列ができる人気店。バイン・ミーは13種類あり2万5000～5万5000ドン。定番のミックス（3万5000ドン）のほか、牛焼肉&チーズ（4万5000ドン）やキノコ&モッツァレラチーズ（3万5000ドン）などオリジナルも多い。

具がぎっしり詰まって食べ応えがある

住164 Bạch Đằng　☎037-2776778（携帯）　営6:00～21:00
休無休　カード不可　予約不要

ビーチが目の前の大型レストラン
セイリング・クラブ・ニャチャン
多国籍料理
Sailing Club Nha Trang　MAP P.198-3B

ビーチクラブも兼ねた海沿いの人気レストラン&バー。多彩な料理が自慢で、ベトナム・西洋・インド料理まで幅広いラインアップ。座席は5つのエリアに分かれ、寝そべってくつろげるカバナ席やオープンエアのテーブル席、海辺のデッキチェアなど気分に合わせて選べる。

ビーチ沿いのテーブル席。食事なら40万ドン～が目安

住72-74 Trần Phú　☎（0258）3524628　営7:00～23:00（バーは～翌1:00または2:00）　休無休　カード A J M V　予約不要

新鮮な魚介はやっぱり刺身で
居酒屋きわみ
日本料理
Izakaya Kiwami　MAP P.198-1A

日本人の板前が旬の魚をすすめてくれる。3月はタコ、4月後半はウニ、5～8月はマグロ、1年中おいしいのはイカやフエダイなど。焼き鳥メニューも豊富でおいしい。ホンバン通りには寿司メインの「寿司処きわみ」（MAP P.197-3A）もある。

寿司盛り合わせは松竹梅と3種類あり、それぞれ24万、29万、47万ドン

住136 Bạch Đằng　☎034-4092390（携帯）　営11:30～13:30、17:00～22:00　休火曜　カード J M V　予約望ましい

Column トレンドはルーフトップバー

ニャチャンで旅人の人気を集めているのが、ホテル屋上のルーフトップバー。大きく分けてふたつのタイプがあり、「シェラトン・ニャチャン・ホテル&スパ」（→P.194）の「アルティテュード」に代表される、夕日や夜景を楽しみながらしっぽり飲めるバーと、「プレミア・ハヴァナ・ニャチャン」（→P.195）の「スカイライト」のような音楽やDJを楽しみながら仲間とわいわい楽しめるバーだ。海風わたる天空の特等席で、旅の夜を彩ろう。

「アルティテュード」のカクテルは17万ドン～

アルティテュード
Altitude
MAP P.197-3B　営15:00～24:00　休無休　カード A D J M V　予約不要

シーフードをはじめとする食事メニューも充実

スカイライト　Skylight
MAP P.197-3B　営17:30～翌1:00　休月曜　料入場料20万ドン（1ドリンク付き）、火・木曜は女性無料　カード A D J M V　予約不要

屋上から360度の夜景パノラマを堪能できる

Voice ローカル料理を食べたかったら、ダム市場周辺へ行こう。「ラックカン」、「ダン・ヴァン・クイン」（→各P.190）、「ナムベオ」（→上記）もすべて徒歩で回れる距離にある。

レストラン Restaurant

ヨーロッパ風の内装がキュート

アルパカ カフェ

Alpaca MAP P.198-1A

カントリースタイルのアットホームなカフェ。一軒家を改装した店内はビンテージ風のキャビネットなどが置かれ、あちらこちらにかわいらしいアルパカの絵が飾られている。コーヒーは5万5000ドン～。食事メニューもおいしく、イタリアンとメキシカンが中心。

メキシカンとイタリアンをミックスしたケサディーヤ・ボロネーゼ（10万9000ドン）

住10/1B Nguyễn Thiện Thuật ☎033-8899439（携帯）
営8:30～21:30 休無休 カード J M V 予約不要

フルーツたっぷりのワッフルがおいしい

アトリエ カフェ

Atelier MAP P.197-4A

9種類の自家製アイスクリーム（3万2000ドン）が有名で、特に炙りココナッツがおすすめ。南国フルーツをたっぷり載せたフワフワのワッフルやバスクチーズケーキ（4万9000ドン）なども手作りでどれもおいしい。自家製のハイビスカスワインなどにも注目。

マンゴーワッフル5万ドン。アイスのトッピングも可能

住28 Hát Giang ☎090-5047045（携帯）、090-5354323（携帯） 営9:00～18:00 休火曜 カード不可 予約不要
[支店] MAP P.198-2B 住4D Biệt Thự

ニャチャン産クラフトビールがおいしい

ルイジアナ・ブルーハウス ブルワリー

Louisiane Brewhouse MAP P.198-3B

新鮮なビールが味わえる、海辺のブルワリーレストラン。毎日6種類のビールが造られ、特にピルスナーの生ビール（6万5000ドン／330mL）が人気。つまみからグリル料理までビールに合う食事も充実している。プールサイド席もある。

200mLずつ4種類を試せるテイスティング・トレイ（15万ドン）

住29 Trần Phú ☎(0258) 3524644 営7:00～23:00
休無休 カード A D J M V 予約不要

若者人気No.1のフルーツパーラー

ヴイフルーツ 甘味

Vfruit MAP P.198-1A

夕暮れ時には、シン・トー（→P.47）やアイスクリーム、かき氷を食べる若者たちであふれかえる。アボカドアイスクリーム（4万ドン）やフルーツバケット（4万ドン～）が地元人気が高く、フルーツ載せプリン（3万5000ドン）も日本人が好きそう。

季節のフルーツとクラッシュアイスが入ったフルーツバケット

住24 Tô Hiến Thành ☎090-5068910（携帯）
営7:00～23:00 休無休 カード不可 予約不要

ショップ Shop

ぬくもりあふれるベトナム雑貨

キッサ・スーベニア ベトナム雑貨

Kissa Souvenirs MAP P.198-1A

少数民族による草木染めや手織り布、陶器といったベトナム産ハンドメイド雑貨を中心に、飼料袋のリサイクルグッズ、刺繍小物、キッチュなステッカーなど、扱う商品はバラエティ豊か。ニャチャンTシャツ（→P.52）などオリジナル商品もある。近くに系列のバッグ専門店「キッサ・バッグ・ニャチャン」があるほか、「ヴィンパール・ハーバー」（→P.182）にも店舗がある。

上／バラエティ豊かなアイテムがズラリ
左／「キッサ・バッグ・ニャチャン」はプラカゴなどバッグに特化した店
右／ベトナムの名所が描かれたオルゴール16万ドン

住1B Ngô Thời Nhiệm
☎033-7356076（携帯）
営9:00～21:00 休無休
カード J M V
[キッサ・バッグ・ニャチャン]
MAP P.197-3B 住7 Tô Hiến Thành

Voice 国際色豊かなニャチャンは各国料理のレストランも多い。ウズベキスタン料理の「ウズベチカ」（MAP P.198-2A）やアルメニア料理の「スモール・アルメニア」（MAP P.198-2A）など日本ではなじみの薄い国の料理も楽しめる。

スパ・マッサージ Spa & Massage

和のエッセンスをひとさじ
スパ・インターコンチネンタル スパ
Spa InterContinental MAP P.197-3B

和のおもてなしとベトナムの伝統が融合したスパ。金箔入りのプロダクトを使用したコラーゲンたっぷりのフェイシャル（170万ドン／60分）や緑茶のスクラブ（120万ドン／60分）など、和を意識したメニューが充実。

「インターコンチネンタル・ニャチャン」（→P.194）の2階にある

住32-34 Trần Phú ☎(0258) 3737212 営12:00～20:00 休無休 料フット・リフレクソロジー105万ドン(60分)、ホットストーン・テラピー210万ドン(90分)など カードADJMV 予約要予約

ホテルで手軽に泥スパ体験
ガリナ・マッドバス&スパ スパ
Galina Mud Bath & Spa MAP P.198-2B

ホテル併設の泥温泉リゾートで、ニャチャン中心部にあるが、市街地とは思えないほどリラックスできる空間だ。料金には泥温泉のほかスチーム&ドライサウナ、ジャクージ、プール利用が含まれている。マッサージの種類も豊富。

名物の泥温泉は植物あふれる露天風呂

住B1F, 31 Hùng Vương ☎(0258) 3529998 営8:00～19:00 休無休 料ミネラルマッドバス(ひとり35万ドン～)、ホットストーンテラピー79万ドン(90分)など カードADJMV 予約望ましい

黄色い外観の一軒家スパ
スー・スパ スパ
Su Spa MAP P.198-2A

町なかにあふれるローカルマッサージと比べると、落ち着いた雰囲気で清潔感がある。ベトナム式やタイ式、ボディスクラブなどメニューは多彩。スタッフの対応もていねいで、安心して施術を受けられる。

建物内に一歩入ると静寂が。観光の疲れを癒やしたい

住229 Nguyễn Thiện Thuật ☎091-3444337(携帯) 営9:00～23:00（L.O.21:30） 休無休 料リフレクソロジー52万3600ドン(60分)、オリエンタル・ハーバル・テラピー76万8900ドン(80分)など カードMV 予約不要

リーズナブルな繁華街のスパ
チャーム・スパ・グランド・ニャチャン スパ
Charm Spa Grand Nha Trang MAP P.198-1A

ダナンの人気スパの支店。市街中心部のにぎやかな通りにあり、夜遅くまで個人旅行客でにぎわう。店内はこぢんまりしているが、間接照明の心休まる空間で、従業員のサービスも行き届いている。夜は混むので予約したほうがいい。

施術後は、お茶とお菓子のサービスがある

住48C Nguyễn Thị Minh Khai ☎090-1132138(携帯) 営10:00～23:00（L.O.21:30または22:00） 休無休 料フットマッサージ43万ドン(60分)、首肩マッサージ44万ドン(50分)など カードMV 予約望ましい

ミネラルたっぷり！ ニャチャンの泥温泉

ミネラル分が多く、美肌効果があるといわれるニャチャンの泥温泉。市内北部には天然泥温泉があり、温水プールやレストラン、マッサージなども備えたリゾート施設として大人気だ。

泥湯は塩分濃度が高く、体が浮いておもしろい。20分くらいつかったあと、日なたで乾燥させてから洗い流すと肌がツルツルになる。あとはプールで遊んだりマッサージをしたり、思い思いに過ごそう。

左／「タム・ブン・タップ・バー・ニャチャン」の泥湯エリア　右／「アイ・リゾート」の泥温泉

アイ・リゾート　I-Resort

日本の温泉をモデルにした人気の泥温泉リゾート。スライダー付きのプールもある。

MAP P.197-1B参照 住Tổ 19, Thôn Xuân Ngọc ☎(0258)3838838 URL www.i-resort.vn 営8:00～17:30 休無休 料泥温泉＋プール35万ドン(バスタブにふたりまで) カードJMV 予約不要

タム・ブン・タップ・バー・ニャチャン
Tam Bun Thap Ba Nha Trang

老舗の泥温泉リゾート。温水プールやマッサージ、レストラン、くつろげるガーデンなどが揃っている。

MAP P.197-1B参照 住438 Ngô Đến ☎(0258)3835335 URL tambunthapba.vn 営7:30～18:00 休無休 料泥温泉＋プール35万ドン(バスタブにふたりまで) カードADJMV 予約不要

ホテル

大自然に囲まれたラグジュアリーリゾート

シックス・センシズ・ニンヴァン・ベイ

高級ホテル

Six Senses Ninh Van Bay

MAP P.197-1B参照

ニャチャン中心部から北へ約30km、さらに専用ボートで約15分のニンヴァン・ベイに位置する。白砂のビーチや山の斜面、巨岩など天然の地形をうまく生かしながら、約14.5ヘクタールの敷地に62のヴィラが建つ。どのヴィラもベッドルーム、リビングルーム、バスルーム、サンデッキ、プールが備わっている。天然木材を使った室内はあたたかみにあふれ、海風が吹き抜けるナチュラルな空間に心癒やされる。まさに大人のための極上の隠れ家だ。デトックスプログラムやウエルネス・スクリーニングのアレンジも可。

ビーチフロントヴィラのバスルーム

住 Ninh Vân Bay, Ninh Hòa ☎(0258) 3728222 URL www.sixsenses.com/en/resorts/ninh-van-bay
料 ヴィラ1051US$～ ファミリープールヴィラ1455US$（朝食、空港送迎付き）
カード ADJMV 全62ヴィラ

ベトナム初の太陽光発電複合施設を導入

180度のオーシャンビューが楽しめる

インターコンチネンタル・ニャチャン

高級ホテル

InterContinental Nha Trang

MAP P.197-3B

レセプションには投げ網漁風オブジェ、客室は砂と海、自然をイメージしたベージュと水色でまとめ、浴室の床に南ベトナムの大理石をふんだんに使うなど、随所にニャチャンらしさがうかがえる。広々とした部屋は優雅で、オープンバスも開放感があり、わが家にいるような快適さだ。ほとんどの部屋から海が見えてバルコニー付き。夜は道路を隔てた海から潮騒が響く。ロビーバーではアフタヌーンティー（38万ドン／２人前、税・サービス料別）やシーフード・プラッターが楽しめる。

ジュニアスイート・オーシャンビューの客室

住 32-34 Trần Phú ☎(0258) 3887777
URL www.intercontinentalnhatrang.com
料 ⓈⓌⓉ190US$～ スイート270US$～（＋税・サービス料15%）
カード ADJMV 全279室

シーフード・プラッター（120万ドン／２人前、税・サービス料別）は金・土曜18:00～21:30の提供

シックな部屋でくつろぎの滞在

シェラトン・ニャチャン・ホテル&スパ

高級ホテル

Sheraton Nha Trang Hotel & Spa

MAP P.197-3B

30階建ての９階以上が客室になっている。全室オーシャンビューのバルコニーからは、眼下に広がるニャチャン・ビーチの全景が圧巻だ。さらに、６階にある長さ21mのプールはインフィニティスタイルで、思う存分海を感じられる。レストランやスパ、ルーフトップバー（→P.191）の評判も高く、近くにショッピングセンターもあり飲食店も多い。ニャチャンを楽しみ尽くしたい人には最適のホテルだ。なお、クラブルーム以上の部屋を選べば専用ラウンジを使え、ワンランク上の滞在が可能。

エグゼクティブスイート・オーシャンビューのバルコニーからは美しい海岸線が見える

住 26-28 Trần Phú ☎(0258) 3880000
URL www.marriott.com/ja/hotels/travel/nhasi-sheraton-nha-trang-hotel-and-spa 料 ⓈⓌⓉ150US$～ スイート200US$～（＋税・サービス料15%。朝食付き）
カード ADJMV 全280室

明るく広々としたロビー。ホテルでは料理教室も開催

Voice ホテル屋上のルーフトップバーが流行中のニャチャンだが、バーによってはかなりの音量で夜遅くまでDJナイトなどを催すところもある。静けさを求める人は、その点も考慮してホテルを選ぼう。

ホテル Hotel

古き良き時代と現代の融合がテーマ

アナム・カムラン 高級ホテル

The Anam Cam Ranh MAP P.197-4B参照

中心部から車で約30分のカムランにあるリゾート。プライベートビーチにインフィニティプール、はだしで歩ける芝生の庭、高級フレンチレストラン、映画館、パターゴルフなど、おおよそリゾートに求めるすべてが揃う。子連れ旅行にも対応。

デザインコンセプトはインドシナ時代のベトナム

住Long Beach, Northern Peninsula Cam Ranh ☎(0258)3989499
URL www.theanam.com/the-anam-cam-ranh
料ⓈⓌⓉ270US$～ スイート462US$～ ヴィラ331US$～（＋税・サービス料15%） カード ADJMV 全136室 75ヴィラ

安定した高いホスピタリティを提供

ノボテル・ニャチャン 高級ホテル

Novotel Nha Trang MAP P.198-2B

モダンなインテリアで、リゾート滞在にもビジネス滞在にも対応した造り。18階建ての全室オーシャンビューで、バルコニーからの眺めは絶景だ。スパ「インバランス」の個室からは海が望める。「ル・バー」のアフタヌーンティー（40万ドン／2人前）も好評。

窓からは海が望め、バスタブもある。写真はスタンダードルーム

住50 Trần Phú ☎(0258)6256900
URL www.novotelnhatrang.com 料ⓈⓌⓉ222万8000ドン～（朝食付き） カード ADJMV 全154室

広い部屋は全室オーシャンビュー

プレミア・ハヴァナ・ニャチャン 高級ホテル

Premier Havana Nha Trang MAP P.197-3B

チャンフー通り沿いの5つ星ホテル。40㎡の広々とした客室は、ブラウンとアイボリーを基調としたシンプルモダンな内装で、全室オーシャンビュー。館内はレストラン、スパ、プールなどを完備し、日本語スタッフもいる。ナイトマーケットも近いので、夜の散歩が楽しめる。

客室は全室禁煙

住38 Trần Phú ☎(0258)3889999
URL www.havanahotel.vn 料ⓈⓌⓉ65US$～ スイート83US$～（朝食付き） カード ADJMV 全1067室

老舗のシティリゾート

サンライズ・ニャチャン・ビーチ・ホテル&スパ 高級ホテル

Sunrise Nha Trang Beach Hotel & Spa MAP P.197-2B

クラシカルな外観の老舗ホテル。客室はオフホワイトを基調にした優雅で上品な雰囲気で、全室バルコニー付き。デラックスルーム以外はオーシャンビューというのも魅力だ。3つの飲食施設、ギリシャ神殿をイメージさせるロマンティックな屋外プール、ジム、スパなどがある。

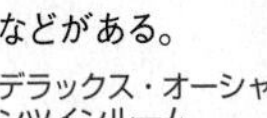

デラックス・オーシャンツインルーム

住12-14 Trần Phú ☎(0258)3820999
URL www.sunrisenhatrang.com.vn 料ⓈⓌⓉ105US$～ スイート190US$～（朝食付き） カード ADJMV 全125室

町にも海にも近い4つ星ホテル

スターシティ・ホテル&コンドテル・ビーチフロント・ニャチャン 中級ホテル

Star City Hotel & Condotel Beachfront Nha Trang MAP P.198-3B

市内南部にある15階建ての4つ星ホテル。海にも繁華街にも近く、レジャーや町歩きにぴったりの立地だ。客室は白と木目調でまとめたミニマルなデザインで、プレミアムデラックスルームにはコーヒーマシンが付く。3階にプール、ジム、スパ、サウナがある。

足元まである大きな窓は開放感抜群

住72-74 Trần Phú ☎(0258)3590999
URL starcitynhatrang.com 料ⓈⓌⓉ60US$～（朝食付き）
カード MV 全203室

立地とサービスのよさが自慢

リバティ・セントラル・ニャチャン 中級ホテル

Liberty Central Nha Trang MAP P.198-2B

飲食店が集まるビエットゥ通りに面していて、ビーチへも徒歩約3分と便利な立地。客室はベージュ系の上品な内装で落ち着いた滞在ができる。21階のモダンなルーフトップバー「アバブ・スカイバー」は海が一望できる絶景スポット。

日本からのツアーにもよく利用される4つ星ホテル。写真はシグネチャー・オーシャンビューの客室

住9 Biệt Thự ☎(0258)3529555
URL www.libertycentralnhatrang.com 料ⓈⓌⓉ125万ドン～ スイート250万ドン～（朝食付き） カード ADJMV 全227室

ホテル Hotel

町なかのカワイイ系ブティックホテル

ポティーク 中級ホテル

Potique MAP P.198-1A

ミニホテルが多いエリアに2022年にオープンしたブティックホテル。客室は重厚なベトナム風、共有スペースは白壁にエメラルドグリーンの窓枠をあしらった南仏風という越仏折衷スタイルで統一。屋上のインフィニティプールやスパ、レストランなども充実している。

デラックスルーム

住22 Hùng Vương ☎(0258)3556999
URLpotiquehotel.com 料ⓈⓌⓉ250万ドン～ スイート295万ドン～（朝食付き） カードDJMV 全151室

カジュアルで機能的

イビス・スタイルズ・ニャチャン 中級ホテル

ibis Styles Nha Trang MAP P.198-2B

中心部やビーチまで徒歩5分程度とアクセスがよく、ビジネスにもレジャーにも便利。海を意識した客室はマリンブルーとイエローを利かせたさわやかな内装で、シンプルながら快適に過ごせる。開放的なレストラン「ストリーツ」やロビーバー、プール、スパも完備。

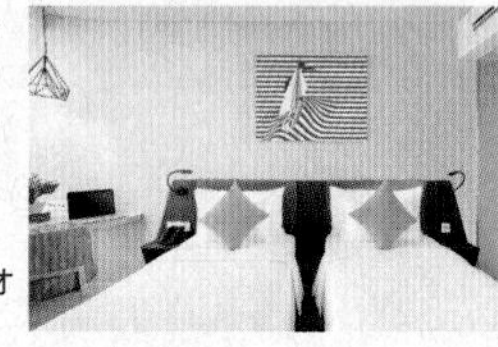

プレミアム以上はオーシャンビュー

住86 Hùng Vương ☎(0258)6274997
URLwww.accorhotels.com/9578 料ⓈⓌⓉ85万ドン～ スイート199万ドン～（朝食付き） カードADJMV 全311室

部屋や設備は4つ星級

アジア・パラダイス 中級ホテル

Asia Paradise MAP P.198-2B

3つ星だが規模や客室、設備は4つ星相当と、コストパフォーマンスがいい。部屋はスーペリア（シティビュー）で32㎡と比較的広く、バルコニーやバスタブも付いている。繁華街の真ん中にあり、ビーチまでも至近距離。カフェやコンビニも近く使い勝手がいい。

屋上には小さなプールもある

住6 Biệt Thự ☎(0258)3524686
URLwww.asiaparadisehotel.com 料ⓈⓉ34US$～ スイート81US$～（朝食付き） カードADJMV 全113室

路地裏の人気ホテル

ボス エコノミーホテル

Boss MAP P.198-2B

チャンフー通りの路地にある18階建ての高層ホテル。館内、客室ともに清潔で居心地がいいと人気がある。上階の部屋からはニャチャンの海が見え、屋上のプールから見下ろす景色は抜群。周辺には飲食店やコンビニもありビーチへもすぐ。

繁華街にあり、どこに行くにも便利な立地

住10 Tôn Đản ☎(0258)3884555 URLwww.facebook.com/Bosshotelnhatrang 料ⓈⓌⓉ55万～145万ドン（朝食付き） カードV 全69室

窓付き＆モダンな新ホテル

モジョ・イン ミニホテル

Mojzo Inn MAP P.198-1A

便利な立地にある、ミニマルで機能的なホテル。全室窓付きの明るく清潔な客室は、現代アートがさりげなく配されたしゃれた造りでシャワーとトイレには仕切りがある。テレビ、ドライヤー、セーフティボックス、冷蔵庫など基本設備が揃い、スタッフも親切で快適に過ごせる。

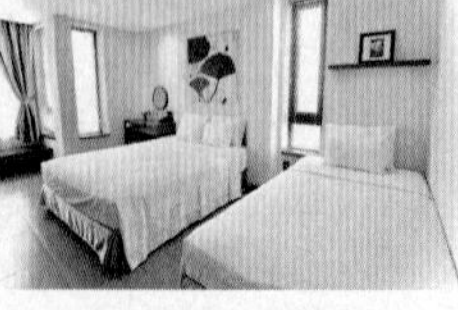

バルコニー付きの客室もある

住65/7 Nguyễn Thiện Thuật ☎035-7751188（携帯）
URLwww.facebook.com/MojzoInn 料ⓈⓌⓉ40万ドン～ スイート60万ドン～ カードMV 全22室

2022年オープンのミニホテル

ハッピー・ホーム ミニホテル

Happy Home MAP P.198-2B

海まで徒歩約3分、静かな路地にある。清掃が行き届いた客室は清潔＆広々として、ミニ冷蔵庫、バスアメニティ、ヘアドライヤーなど基本設備も整う。レセプション横に用意されているコーヒーやお茶、フルーツ、飲料水は無料。各種ツアーやバス予約も可能。

広いバルコニー付きの部屋もあり40万ドン～

住64B/13 Trần Phú ☎(0258)3511438、089-9363541（携帯）
E-mail happyhomehotel2022@gmail.com
料ⓈⓌⓉ23万ドン～ カード不可 全16室

ニャチャン
ポー・ナガルP.183（タップ・バー）
ホンチョン岬へ（約2km）P.184
クーラオ（小島）漁港市場
ソムボン橋
チャンフー橋
ハイダオ橋
ニャチャン川（カイ川）
シックス・センシズ・ニンヴァン・ベイへ（約3km）P.194
アイ・リゾートへ（約3km）P.193
タム・ブン・タップ・バー・ニャチャンへ（約3km）P.193
ニャチャン北バスターミナルへ（約4km）P.181
ラオ島（モンキー・アイランド）へ（約15km）P.185
バーホー滝へ（約22km）P.185欄外
ヨックレット・ビーチへ（約50km）P.185
ハーラー橋
ナムソン
レストランが並ぶ
Muong Thanh Luxury Nha Trang
ラックカンP.190
ニャチャン・ビュー378 P.190
ダン・ヴァン・クイン（2号店）P.190
近郊バス停
省人民委員会
ダム市場P.184
公園
ナムベオP.191
ダン・ヴァン・クインP.190
中央郵便局P.184
TTC Hotel Premium Michelia
アレクサンドル・イェルサン博物館P.180欄外
パスツール研究所
チェンタン広場
フーンチャンバス乗り場P.181
タンティエン書店
大仏
リン・カー・ケオ2
ロン・タン・ギャラリー
レンパレス
ベトコムP.184
ビタミンシー
サンライズ・ニャチャン・ビーチ・ホテル＆スパP.195
ロンソン寺P.184（隆山寺）
トンニャット通り
競技場
トーキョーサチ
空港バス発着所P.181
公安（警察）
カンホア博物館
イェルシン通り
ニャチャン・パレス
ヤサカ・サイゴン・ニャチャン
サコム
ヴィンコム・プラザ
Lotte Mart Nha Trang Gold Coast
ニャチャン・センター
フォー63
KFC
公安（警察）
Annova Nha Trang
ニャチャン駅
アルティテュード（28F）P.191
ニャチャン大聖堂P.183
図書館
シェラトン・ニャチャン・ホテル＆スパP.194
ニャチャン南バスターミナルへ（約5km）P.181
ユィエン・カン砦へ（約11km）P.185欄外
ヤンバイ滝へ（約40km）P.185
Chuon Chuon Kim
スパ・インターコンチネンタルP.193
大学
Arise
インターコンチネンタル・ニャチャンP.194
公園（遊歩道）
ナン・ハ（ラ・パロマ）
コスタ・レジデンス
ニャチャン・ビーチP.182
レタントン通り
市人民委員会
スカイライト（43F）P.191
ソムモイ市場P.184
フォー・ホン
プレミア・ハヴァナ・ニャチャンP.195
アンジェラ
ヴィンコム・プラザ
ビエンドン
Co. opmart
Kim Chung
ハーコム・ガー
キッサ・バッグ・ニャチャンP.192
ニャチャン・ロッジ
アルパカP.192
タップ・チャム・ワーン P.181欄外写真
チャンフー通り
寿司処きわみP.191
キッサ・スーベニアP.192
居酒屋きわみP.191
劇場
広場
Ot Hiem
コン・カフェ
アトリエP.192
I Am Cake
ノボテル・ニャチャンP.195
ムーンタン
公園（遊歩道）
グエンティミンカイ通り
シン・ツーリストP.189
アジア・パラダイスP.196
ハン・カフェへ（約2km）P.189
リバティ・セントラル・ニャチャンP.195
ベトナム航空P.184
ニャチャン空軍博物館
セイリング・クラブ・ニャチャンP.191
ヴィンコム・プラザ
公安
ルイジアナ・ブルーハウスP.192
ニャチャン空港（旧空港）（2023年8月現在、閉鎖中）
国立海洋学博物館へ（約4km）P.183
ヴィンワンダーズ・ニャチャンへ（約4km）P.182
妖精の泉へ（約24km）P.185欄外
アナム・カムランへ（約24km）P.195
カムラン空港へ（約38km）P.181
ニャチャン南部P.198
2 Thang 4 St.
Nguyen Binh Khiem St.
Hang Ca St.
4月2日通り
Phan Boi Chau St.
Hoang Van Thu St.
Phan Chu Trinh St.
Le Loi St.
レロイ通り
Tran Quy Cap St.
Phuong Sai St.
Thong Nhat St.
Pasteur St.
パスツール通り
Le Thanh Phuong St.
23 Thang 10 St.
Yersin St.
Le Thanh Ton St.
Thai Nguyen St.
Ly Tu Trong St.
Quang Trung St.
Hoang Hoa Tham St.
Nguyen Chanh St.
Dinh Tien Hoang St.
Hoang Dao St.
Tran Hung Dao St.
Lac Long Quan St.
Le Hoang Phong St.
Ngo Gia Tu St.
Bach Dang St.
Nguyen Trai St.
Cao Ba Quat St.
Hong Bang St.
Trinh Phong St.
Nguyen Han St.
Ke St.
Me Linh St.
Ngo Thoi Nhiem St.
Ngo Duc
Hung Vuong St.
Nguyen Thien Thuat St.
To Hien Thanh St.
Tran Nhat Duat St.
Hat Giang St.
Nguyen Thi Minh Khai St.
Tran Phu St.
Biet Thu St.
Van Don St.
Tran Quan Khai St.
Tue Tinh St.
A
B
1
2
3
4
N
0
500m

ニャチャン南部
A
B
1
2
3
N
0
100m
ビエンドン
ハイランズ・コーヒー
アグリ
リブラ
Le Thanh Ton St.
Rainbow Yogurt
ベトコム
ニャチャン・ロッジ
Huynh Thuc Khang St.
アンラムビストロ
トーヒエンタン通り
アルバカ P.192
ボティーク P.196
カーサ・スパ
AB セントラル・スクエア
マクドナルド
ハイアット・リージェンシー・ニャチャン
タップ・チャム・フーン P.181欄外写真（沈香の木のモニュメント）
18 Cafe
Le More
To Hien Thanh St.
Bach Dang St.
キッサ・スーベニア P.192
L. Store
クオックテー
フンヴーン通り
チャンフー通り
CCCP Coffee
夕方凧あげが見られる
居酒屋きわみ P.191
バイン・ミー・ファン P.191
ビエンダオ・ツアー P.189
Perfect Reality
ナイトマーケット P.180欄外
Well Spa
果物屋 P.185
ヴィフルーツ P.192
モジョ・イン P.196
劇場
バン・カン51 P.190
サタ
バートイ P.190
広場
Hong Bang St.
チャーム・スパ・グランド・ニャチャン P.193
ティゴン・スパ
パノラマ
グリーン・ワールド
Nguyen Thi Minh Khai St.
ハッピーライト
桜寿司
グエンティミンカイ通り
ヴァーゴ
コン・カフェ
Dien Bien Grill
スクエア(2F)
レガリア
Ot Hiem
ゴック・フオット
Navigator Travel
ノボテル・ニャチャン P.195
Ot Hiem
ボス P.196
ツーリストサポートセンター P.180下（2023年8月現在、休業中）
ウズベチカ P.192下
イビス・スタイルズ・ニャチャン P.196
Hung Vuong St.
パビリオン・ガーデン
ABC
ボンジュール
サン・シティ
ガリナ・ホテル&スパ
ガリナ・マッドバス&スパ P.193
T&T Travel
アート・ネスト
Banh Mi Space
グエンティエントゥアット通り
公園（遊歩道）
スモール・アルメニア P.192下
Tran Phu St.
ムーンタン
ミックス
エルラウンジ
アジア・パラダイス P.196
マダム・フオン
Edel
ガリオット
アトリエ P.192（支店）
シン・ツーリスト P.189
シタディーンズ
Biet Thu St.
チュックリン2
ガランガル
ロミー・イタリアンアイスクリーム
Ba Nam
ビエットゥ通り
レジェンド・シー
リバティ・セントラル・ニャチャン P.195
Azura Gold
ハッピー・ホーム P.196
レインボー・ダイバーズ P.189
スー・スパ P.193
ベトナム航空 P.184
ブルーシー・ビーチクラブ P.182欄外
Victoria
Alluvia Chocolate
ムーンライト
セイリング・クラブ・ダイバーズ
Aマート
セイリング・クラブ・ニャチャン P.191
ニャチャン空軍博物館
アミーゴス・ダイバーズ
ホンドゥック P.190
Que Huong
ハイランズ・コーヒー
Nguyen Thien Thuat St.
スターシティ・ホテル&コンドテル・ビーチフロント・ニャチャン P.195
チャオ・ベトナム
Navy
Ganesh
Coconut Spa
スターバックス コーヒー
モックバ
ヴィンコム・プラザ
Tran Quang Khai St.
Connect Pub
Maris
公安
グリーン・ビーチ
ソフィア
ゴールデン・レイン2
ヴィンパール・コンドテル
Greek Souvlaki
アラナ・ニャチャン・ビーチ
スパ・リュクス
Nom Nom
ルイジアナ・ブルーハウス P.192
タイビン
Tue Tinh St.
フークイ
ホアンソン
Vivu Che
コモド
スターレット
ステラ・マリス
ミス・バンブー・ライト P.190下
グリル・ガーデン
ニャチャン空港（旧空港）（2023年8月現在、閉鎖中）
オリエンタル・ニャチャン

MAP 折表-4B

花と緑に囲まれた高原リゾート

ダラット

ダラットの市外局番
0263
Đà Lạt

コーヒー豆の産地でもあるダラットはカフェのレベルも高く、こだわりの豆を使った雰囲気のいいカフェが多い。古い洋館をカフェとして利用する店もある

海抜1400～1500mにある高原都市、ダラット。町周辺に広がる丘陵の松林を吹き抜ける風が、頬に心地よい。年間を通じて平均気温が18～23℃、日本の軽井沢を思わせる避暑地だ。フランス植民地時代に開発されたため、起伏の多い丘陵地にフランス風ヴィラが点在している。スアンフーン湖の周りにはバラ、ジャスミンなどの花畑が広がり、1年を通しておいしい高原野菜が栽培されている。

ダラット郊外には自然豊かな景勝地がたくさんある。マイナスイオンたっぷりの滝や山あいに広がる湖、トレッキングもできる山々などへは、町から30分もかからずアクセスできる。ツアーもあるため、1日で複数のスポットを回ることも可能だ。大自然を満喫したあとは、新鮮な野菜や果物をいただこう。体のなかから元気になれること請け合いだ。観光に適しているのは乾季の11～4月。11～12月にはフラワーフェスティバルも開催され、花を楽しむならこの時期がおすすめ。

ダラット名物の鶏鍋

キノコやタケノコ、鶏肉入りのクリアスープにたっぷりのレモンバジルを入れて食べるラウ・ガー・ラー・エー（→P.39）。寒い日に食べると体の芯から温まるダラットの名物鍋だ。有名店は「タオゴ Tao Ngo」で、のれん分けの形で同名の店舗が市内各所にある。MAP P.201-1Aの店舗（住155 Bùi Thị Xuân）は20万ドン～/2人前。

鶏肉は刻み青トウガラシ&レモン塩のたれに付けて食べる

アクセス ❀ ACCESS

ダラットへの行き方

●飛行機

ホーチミン市からベトナム（VN）航空が毎日2便、ベトジェットエア（VJ）が毎日1便運航。所要55分～。ハノイからはVNが毎日2便、VJが毎日4便、バンブー・エアウェイズ（QH）が毎日1便運航。所要1時間50分～。

●バス

ホーチミン市のミエンドン・バスターミナルから、寝台バスが7:45、22:30、23:30発の3便運行。30万ドン、所要約7時間30分。ニャチャンから7:30～17:30の間に5便運行。27万ドン、所要約4時間。

ダラットからの交通

●飛行機

行き方の項（→上記）参照。

●バス

ダラット市外バスターミナル（Bến Xe Liên Tỉnh Đà Lạt MAP P.201-2B参照）から各方面へ便が出ている。ホーチミン市へは終日1時間間隔で運行。30万ドン、所要約7時間。ニャチャンへは7:30～17:30の間に7便運行。27万ドン、所要約4時間。ダナンへは14:00、15:00、16:00、17:00、18:00発の5便運行。34万ドン、所要約13時間。

ダラット空港～市内のアクセス

ダラットのリエンクォン空港はダラット中心部の南約28kmに位置。空港から市内へは定額タクシーのみで、タクシー会社によって料金が異なる。5:00～22:00は14万5000ドン～、22:00～翌5:00は25万ドン～。いずれも35km以内の料金。所要約30分。市内からはメータータクシーのほか、配車サービスのグラブ（→P.395）も使える。

Voice ダラットは夏でも朝夕冷え込むため、長袖シャツ、薄手のセーターを用意しよう。冬場は厚手のジャケットの下に重ね着が必要。

ラムビエン広場は高台にありスアンフーン湖を見下ろせる

ラムビエン広場
Quảng Trường Lâm Viên
Lam Vien Square
MAP P.201-2B
スアンフーン湖の南にある市民の憩いの場。広場に建つ奇抜なふたつの建物は、それぞれキクとアーティチョークを模した劇場とカフェで、地下はスーパーになっている。

ダラット名産アーティチョーク
アーティチョークはキク科チョウセンキク科の多年草で、和名は朝鮮アザミ。ダラットでは栽培が盛ん。可食部はツボミの根元と芯の部分で、かすかな甘みとホクホクした食感が特徴だ。

小さなアルマジロのようでかわいい

ダラット市場
営店によって異なるが、だいたい7:00～19:00　休無休

ナイトマーケット
MAP P.202-2B
夕暮れ時になると、市場前のロータリーからホアビン広場に続く階段一帯に屋台が並ぶ。

壁画通り
Dốc Nhà Làng
Doc Nha Lang
MAP P.201-1A
グエンビウ（Nguyễn Biểu）通りは、ダラット市とアーティスト集団のコラボで生まれた壁画通り。

花の町ダラットらしい、色とりどりな花の絵が多い

ダラット市ガーデン
住2 Trần Nhân Tông
☎(0263)3837771　開6:00～18:00　休無休　料10万ドン、子供（身長120cm未満）5万ドン

歩き方 Orientation

市街地の中心はダラット市場前のロータリー。その西側にある階段（夜は屋台が並ぶ）を上り、レダイハン通りを右に行くと、かつて映画館だった建物があり、その周りに小さな商店が並んでいる。そこから西に延びる2月3日通り、チューンコンディン通り、タンバットホー通りは商店、レストラン、ホテルなどが集まったにぎやかな一帯。食事や買い物を安く済ませたいなら、このあたりで。

ダラットの中心街はアップダウンがあり、道がくねくねと入り組んでいるが散策にはちょうどいい広さ。高原の町ならではの珍しい風景や食べ物に多く出合えて楽しい。

見どころ Sightseeing

★★ 果物やドライフルーツはみやげに最適
MAP P.202-1B

ダラット市場
Chợ Đà Lạt　Da Lat Market

夜は市場周辺がナイトマーケットになり大にぎわい

1階はダラット特産のイチゴジャムやドライフルーツ、市場周辺の路上は紫キャベツやアーティチョーク、イチゴ、桑の実など、高原ならではの温帯野菜や果物が並び、朝から活気に満ちている。ダラットといえば何といっても花。正面入口前は色とりどりの切り花が華やかだ。2階は雑貨や衣料品が並び、特にセーターやマフラーなどが揃うのは涼しいダラットならでは。

★★★ 町の中心にあり湖畔にはカフェも点在
MAP P.201-2B

スアンフーン湖（大湖）
Hồ Xuân Hương (Hồ Đại)　Xuan Huong Lake

湖畔は地元の人の憩いの場となっている

町の中心部にあり、湖畔の松林を湖面に映す周囲約5kmの静かな湖。周りを散歩して疲れたら、湖畔のカフェでひと休みしよう。ペダルボートにも乗れる。

★★ フラワーフェスティバルの会場にもなる
MAP P.201-1B

ダラット市ガーデン
Vườn Hoa Thành Phố Đà Lạt　Dalat Flower Garden

スアンフーン湖北側に位置するダラット最大のフラワーガーデン。ふたつの湖を有する敷地面積7000m²の広大な庭園で、350種類以上の花が見られる。毎年11～12月にはフラワーフェスティバルが開かれる。

左／鳥が羽ばたいているように見える極楽鳥花
右／たくさんの花が見られるのは11～4月頃

Voice ダラットといえばイチゴ。ダラット市場周辺には多くのイチゴ売り屋台が出る。フォトジェニックな光景に写真を撮りたくなるが、撮影は売り子さんたちの許可を得てからにしよう。

★★★ かつての隆盛を今に伝える

MAP 下図-2A参照

バオダイの別荘（パレスⅢ）

Dinh Bảo Đại (Palace Ⅲ)　Bao Dai Summer Palace

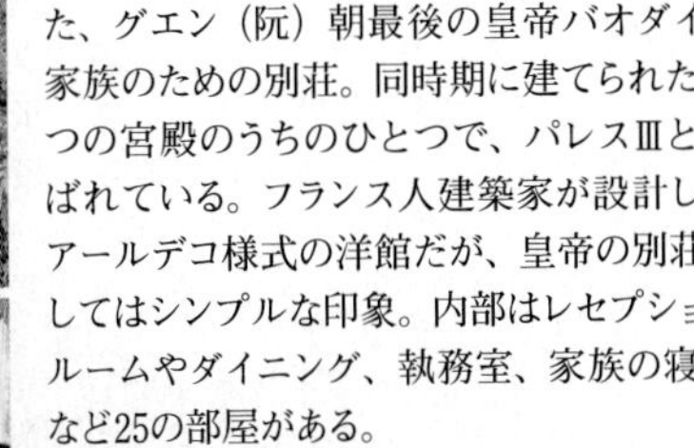

1933年より５年の歳月をかけて建造された、グエン（阮）朝最後の皇帝バオダイと家族のための別荘。同時期に建てられた３つの宮殿のうちのひとつで、パレスⅢと呼ばれている。フランス人建築家が設計したアールデコ様式の洋館だが、皇帝の別荘としてはシンプルな印象。内部はレセプションルームやダイニング、執務室、家族の寝室など25の部屋がある。

上／敷地内に造られた見事なフランス式庭園
下／レセプションルーム。皇帝や皇后の衣装を着て記念撮影もできる。９万ドン

★★ 今も建築が続く奇妙な建物

MAP 下図-2A参照

クレイジー・ハウス（ハンガー）

Crazy House (Hằng Nga)　Crazy House

アントニ・ガウディに影響を受けたといわれるベトナム人建築家が建てた奇抜な外観のホテル。巨木をモチーフにした建物には階段が内部にも屋根にも張り巡らされ、まるで迷路のように入り組んだ造り。

高さのある所を歩くので高所恐怖症の人は注意。今も増築を重ね、ますます奇怪な構造になっている

入場の際は建造物保護のために、入口にある靴カバーを装着しよう

バオダイの別荘（パレスⅢ）

住 1 Triệu Việt Vương
☎ (0263) 3826858
開 7:00～17:00　休 無休
料 ４万ドン、子供（身長120cm未満）２万ドン

クレイジー・ハウス（ハンガー）

住 3 Huỳnh Thúc Kháng
☎ (0263) 3822070
URL crazyhouse.vn
開 8:30～19:00　休 無休
料 ８万ドン、子供（身長120～140cm）３万ドン

タイガールーム、イーグルルームなどと名づけられた部屋には宿泊も可能

ダラット

ダラット大学
黄金の大仏（ヴァン・ハン）へ（約3km）P.203欄外
TTCワールド愛の谷へ（約4km）P.203
XQ刺繍センターへ（約4km）P.204欄外
クラブハウス
ダラット市ガーデン P.200
ラー・ヴィエット・コーヒーへ（約800m）P.206
コホ・コーヒーへ（約9km）P.204
ランビアン山／ラット村へ（約10km）P.204
リンソン寺（靈山寺）P.202
アナ・マンダラ・ヴィラズ・ダラット・リゾート＆スパへ（約1km）P.207
タオゴ P.199欄外
シェフズ・ダラット P.205
ミニホテル、ヴィラ風ホテルが並ぶ
ドリームズ
タンタオ
コンカフェ
ダラットパレス・ゴルフクラブ
ニャットリー P.205
ドラゴン・キング1
Wood Stock Coffee
リバー・プリンス
ミニホテルが並ぶ
ヴィ・カフェ
Tui Ba Giang
センソーカフェ
プリマヴェラ P.205
シン・ツーリスト P.203
ランファーム
壁画通り P.200欄外
ムーンタン・ホリデイ・ダラット
（旧映画館）
ダラット市場 P.200
チャイマット村へ（約7km）P.202
リンフック寺へ（約7km）P.202欄外写真
ティー・ティー・シー・プレミアム
アン・カフェ P.205下
チョコ
カフェ・ガール・ダラット
タントゥイー
スアンフーン湖（大湖）P.200
コンドアン
ダラット駅 P.202
ボート乗り場
フーンチャン P.203
ビー・ホステル P.207
ティー・ティー・シー・ゴックラン
チェオヴェオーへ（約4km）P.206
ラウバップホア
ダラット中心部 P.202
ラムビエン広場 P.200欄外
ゴー！
ゾウの滝へ（約25km）
ニャット・グエン
ベッティン
バン・チャン・ヌーン・ジーディンへ（約200m）P.205
Park
ゴックファット
シウマイ・フックハンへ（約270m）P.205
ダラット・パレス・ヘリテージ P.207
ダラット大教会 P.202（チャントア教会）
ベトナム航空 P.202
チャンフー通り
ドゥ・パルク・ホテル・ダラット P.207
バイン・ミーや甘味の店が並ぶ
ダラット市外バスターミナルへ（約1km）P.199
グルービー・ゲッコー・ツアーズへ（約1km）P.203
フィアチャンドイへ（約2km）P.206
ロープウエイ乗り場へ（約4km）P.203
ダタンラ滝へ（約5km）P.204
チュックラム禅院（竹林禅院）へ（約6km）P.203
トゥイエンラム湖へ（約6km）P.203
プレン滝へ（約10km）P.204
スイス・ベルリゾート・トゥイエンラム・ダラットへ（約10km）P.207
リエンクォン空港へ（約28km）
クレイジー・ハウス（ハンガー）へ（約150m）P.201
バオダイの別荘（パレスⅢ）へ（約1km）P.201
Xuan St.　Dinh Tien Hoang St.　Nguyen Van Troi St.　Bui Thi　Ba Huyen Thanh Quan St.　Yersin St.　Hai Ba Trung St.　Phan Dinh Phung St.　3 Thang 2 St.　Tran Quoc Toan St.　Ho Tung Mau St.　Tran Hung Dao St.　Ba Trieu St.　Tran Phu St.
N　0　300m

Voice アーティチョーク茶（Trà Atiso）はおみやげとしても人気。肝機能を高め、二日酔いに効能があるとされる。みやげ物店やスーパーではティーバッグや茶葉が手に入る。

ダラット駅
住1 Quang Trung
☎(0263) 3834409
開6:30～18:30　休無休
料5000ドン（入場料）

チャイマット村への行き方

毎日9:55発の1便運行。客が集まれば7:50、12:00、14:05、16:10発もある。シーズンによってスケジュールは変わるので要確認。運賃は往復10万8000～14万8000ドン。片道の所要時間は約30分で、チャイマット村の駅に30分ほど停車し、列車は再びダラットへ引き返す。

チャイマット村にある派手な装飾で有名なリンフック寺（MAP P.201-2B参照）へは、駅から徒歩5分ほどで行ける

リンソン寺（靈山寺）
開24時間　休無休　料無料

ダラット大教会（チャントア教会）
住15 Trần Phú　料無料

ミサは月～金曜の5:15、17:15。土曜は17:15。日曜は5:30、7:00、8:30、16:15、18:00。

日本で作られたSLが展示されている

ダラット駅

MAP P.201-2B

Ga Đà Lạt　Da Lat Railway Station

1938年に開業したベトナム一美しいと誉れ高い鉄道駅。路線はベトナム戦争中に一度廃止されたが、観光用列車として復活。現在は約7km東のチャイマット村（MAP P.201-2B参照）までの単線をディーゼル機関車が往復している。駅構内には1930年代に日本から中国経由で送られた日本製のSL機関車の展示や倉庫を改装したショコラカフェ「チョコ」がある。

左／クリーム色の壁と三角屋根がかわいい駅舎　中／「国鉄C12形蒸気機関車」。今は展示のみで撮影スポットとして人気　右／ユニークな写真が撮れる撮影スポットも

静かで美しい厳かな空間

リンソン寺（靈山寺）

MAP P.201-1A

Chùa Linh Sơn　Linh Son Pagoda

1938年建立。中国とフランスの建築様式をミックスさせた寺で、ダラットの仏教信仰の中心になっている。まれに修行僧が寺の中を案内してくれることもある。

中心部からは歩いて15分程度

遠くからでも見える美しい教会

ダラット大教会（チャントア教会）

MAP P.201-2A

Nhà Thờ Đà Lạt (Nhà Thờ Chánh Tòa)　Da Lat Church (Chanh Toa Church)

フランス統治時代の1931年から12年間かけて建てられた教会。地上から47mある尖塔の先端には雄鶏が止まっており、「鶏の教会」とも呼ばれている。

教会内のステンドグラスも見もの

ダラット中心部
B21バー
アグリ
ランファーム
センソーカフェ
Sandals Lily
エムオイ・ダラット
タンバットホー通り
ホアスア P.206
フォー・ヒエウ
チューンコンディン通り
壁画通り P.200欄外
プリマヴェラ P.205
（旧映画館）
チューリップI P.207
サコム P.202
2月3日通り
リエンホア P.205
ホアビン広場
アンダオ
カフェ・ガー P.204下
アン・カフェ P.205下
ラドラ・ワイナリー P.206下
ミニホテルが並ぶ
VP
コリン
ベトコム
ダラット市場 P.200
入口
像
ランファーム
サンダルスフローラ
ナイスドリーム
ティー・ティー・シー・プレミアム
ランファーム P.206
ナイトマーケット P.200欄外
Phe-La
カフェ、食堂、ミニホテルが並ぶ
ロイヤル
カフェやレストランが並ぶ
ロッテリア
ミニホテルが並ぶ
ティー・ティー・シー・ゴックラン
中央郵便局 P.202
さまざまな店が並ぶ
Nguyen Van Troi St.
Phan Boi Chau St.
Le T. H. Gam
3 Thang 2 St.
Nam Ky Khoi Nghia St.
Le Dai Hanh St.
Nguyen Thi Minh Khai St.
Nguyen Chi Thanh St.
Phan Nhu Thach St.
Anh Sang St.
0　100m

インフォメーション INFORMATION

●サコム・バンク　Sacom Bank
MAP 左図-1A　住32 Khu Hoà Bình
☎(0263) 3511082　営7:30～11:00、13:00～17:00
休土・日曜
USドルと日本円の両替が可能。

●ベトナム航空　Vietnam Airlines
MAP P.201-2B　住63 Hồ Tùng Mậu
☎(0263)3833499　営8:00～11:30、13:30～17:00
休日曜、祝日

●中央郵便局
MAP 左図-2B　住2 Lê Đại Hành　☎(0263)3822586
営7:00～19:00（日曜7:30～18:00）　休無休
EMS、DHLがある。

✉ダラット大教会（→上記）のステンドグラスは有名だが、昼間や夜はきれいに見えない。教会内に電気がついている早朝か夕方のミサの時間が、ステンドグラスがきれいに浮↗

郊外の見どころ Sightseeing

★★ベトナム人カップルの定番スポット
MAP P.201-1B参照

TTCワールド愛の谷

TTC World Thung Lũng Tình Yêu　TTC Valley of Love

市街地から約6km北にある、深い緑色の湖水をたたえたダーティエン湖（Hồ Đa Thiện）を中心としたロマンティックな雰囲気の広大な公園。湖の周辺にはなだらかな草原と松林が広がり、バラやジャスミンなどの花々が彩りを添える。園内は整備され、観光列車などのちょっとした乗り物や2023年に開通したガラスでできたスケルトンの橋などがある。

ベトナム人カップルでにぎわうダーティエン湖

★★★ダラットの大自然を一望できる
MAP P.201-2B参照

ロープウエイ

Cáp Treo　Cable Car

ロープウエイからの眺めも見事

町の南約4kmに位置する丘、ロビン・ヒルから約2.3km先のチュックラム禅院（→下記）を結ぶ（所要約20分）。眼下には高原野菜の畑や松林が広がり、遠くにはダラットの町が望める。ロビン・ヒルからはランビアン山（→P.204）も見える。

★★参拝客が絶えず訪れる
MAP P.201-2B参照

チュックラム禅院（竹林禅院）

Thiền Viện Trúc Lâm　Truc Lam Temple

ロープウエイ（→上記）でアクセスする禅院で、多くのベトナム人観光客が参拝に訪れる。禅院の下には約350ヘクタールの人造湖、トゥイェンラム湖（MAP P.201-2B参照）がある。

1993年に建てられた国内でも最大規模の禅寺

TTCワールド愛の谷
住7 Mai Anh Đào
☎(0263)3821448、091-2805279（携帯）
開7:30～17:00　休無休
料25万ドン、子供（身長100～139cm）12万5000ドン
入場料にはショー（9:00～11:00、14:00～16:00）、ペダルボートや園内移動のバス代が含まれる。

黄金の大仏
Vạn Hạnh
Statue of Golden Buddha
ヴァン・ハン（MAP P.201-1B参照）の丘の上から見下ろすダラット市街の景色は格別。ツアーに参加するならドライバーにお願いしてダーティエン湖の帰りに立ち寄ってもらえる。

ヴァン・ハンの大仏。隣接する寺院には奇抜な像が多数あり必見

ロープウエイ
住Đồi Robin, P. 3
☎(0263)3837938
営7:30～11:30、13:00～17:00（土・日曜7:30～17:00）
休毎月第1水曜の午後
料片道12万ドン、往復15万ドン。子供（身長120cm未満）片道10万ドン、往復12万ドン

チュックラム禅院（竹林禅院）
開7:00～17:00　休無休
料無料

旅行会社＆ツアーオフィス ❁ TRAVEL OFFICE & TOUR OFFICE

●**シン・ツーリスト　The Sinh Tourist**
MAP P.201-1A　住22 Bùi Thị Xuân
☎094-8927780(携帯)　URL www.thesinhtourist.vn
営8:00～12:00、13:00～17:00　休水曜　カード V
市内および近郊へのツアーを催行しているほか寝台バスも運行。

●**グルービー・ゲッコー・ツアーズ**
Groovy Gecko Tours
MAP P.201-2B参照　住14/33 Đường 3 Tháng 4
☎(0263)3836521、091-8248976(携帯)
URL www.groovygeckotours.net
E-mail tingeckodl@gmail.com
営7:00～21:00　休無休　カード A J M V（ウェブサイトのみ）
トレッキング（1日99万ドン～）や自転車ツアー（87万ドン～）などアドベンチャーツアーが得意で、海沿いを走りニャチャンまで自転車で行くツアーなどが人気。オフィスは中心部から離れているためメール予約が便利。ツアー当日はホテルへのピックアップあり。

バス会社

●**フーンチャン　Phuong Trang**
MAP P.201-2A　住11A/2 Lê Quý Đôn
☎(0263)3560588　URL futabus.vn
営24時間（窓口7:00～19:00）　休無休　カード不可
各町へのバスを運行。バスを予約すると、ホテルまでピックアップに来てくれる。ダラット市外バスターミナル（→P.199）にも窓口あり。

↘かび上がってベスト。ミサは誰でも参加できるが、30分以上の長い時間だった。（埼玉県　かこ）['23]

森の中を滑り降りるアルパインコースター

ダタンラ滝
住Quốc Lộ 20 Đèo Prenn
☎(0263)3822021
開7:00～16:30　休無休
料5万ドン、子供（身長120cm未満）2万5000ドン
　アルパインコースター1は片道11万ドン、往復13万ドン。アルパインコースター3へは25万ドン。ジップラインなどもある。

プレン滝
ティーリゾート・プレン
Tea Resort Prenn
住Quốc Lộ 20, Chân Đèo Prenn
☎094-4391616（携帯）
URL tearesortprenn.doidep.com
開7:30～17:00　休無休
料22万ドン、子供（身長140cm未満）11万ドン

XQ刺繍センター
XQ Hand Embroidery Centre
MAP P.201-1B参照
住80 Mai Anh Đào
☎(0263)3831343　開8:00～10:00、13:00～17:30　休無休
料10万ドン、ガイド付き15万ドン
　ベトナム伝統刺繍の製作過程を見学できるクラフトセンター。通称ダラットのXQ村。絵画かと見紛うばかりの緻密な刺繍作品が多数展示され、博物館のよう。シルク製品の店やレストランやカフェもあって、宮廷音楽などの生演奏も聴ける。

ランビアン山
　市内の旅行社が主催するツアーで行くのが便利。シン・ツーリスト（→P.203）のツアーの場合、44万9000ドン。

★★★ 迫力ある滝が連続して現れる　MAP P.201-2B参照

ダタンラ滝

Thác Đatanla　Datanla Waterfall

　町の中心部から南へ約5km。緑深い森の中に3つの滝があり、ソリ型の乗り物で疾走するスリル満点のアルパインコースターで滝の近くまで行ける。滝1と2の近くまで行くアルパインコースター1と、滝3近くまで行くアルパインコースター3の2路線があり、それぞれ料金と乗り場が異なる。入口から近い滝1と2までは約1kmで徒歩でも行けるが、帰りは上り坂がきつい。

迫力満点の滝3

★★★ 水と緑の癒やしの公園　MAP P.201-2B参照

プレン滝

Thác Prenn　Prenn Waterfall

　町の南約10kmの所にある、高さ約9m、幅約20mの滝で、流れ落ちる水流の裏側にある歩道「滝のすだれ」を楽しみながら歩ける。周囲を含め一帯が、エコツーリズムエリアとして開発中。

涼しげな滝に引き寄せられそうになる

★★ ダラット最高峰の山　MAP P.201-1A参照

ランビアン山／ラット村

Núi Langbiang (Núi Bà) / Xã Lát　Langbiang Mountain / Lat Village

　市街地から北側に約12kmの所にそびえるランビアン山（標高2169m）は、標高1950m地点まで車で行くことができ、そこからの絶景が楽しめる。麓のラット村はコホ族の住む村で、伝統家屋や教会がある。

標高1950m地点には公園や展望台、小さなカフェがある

Column

ダラットのコーヒー農園

　ベトナム産スペシャルティコーヒーの産地として注目されるダラット。せっかくダラットに行ったなら、コーヒー農園を訪ねてみよう。ランビアン山（→上記）の麓にある「コホ・コーヒー」は、少数民族コホ族の一家が営む小さなコーヒー農園。農園内のカフェでは、コーヒーの木を眺めながら入れたてのコーヒーを味わえる。ここでは豆の精製から選別、焙煎までの一連の工程を行っており、タイミングが合えば作業を見られることも。ダラットならではのスペシャルな体験はいかが？

生豆の選別をしている

左／山の中腹にある農園カフェ。コーヒーはハンドドリップ7万ドン～　上／赤く色づくコーヒーの実

コホ・コーヒー　K'Ho Coffee
MAP P.201-1A参照　住1/2 Duy Tân, Tổ Dân Phố, Đăng Gia, Dềt B, Lạc Dương　☎097-4047049（携帯）
URL www.khocoffee.com　営8:30～16:30　休日曜
カード不可　予約農園見学はウェブサイトより要予約

Voice「カフェ・ガー Cafe Nga」はヨーグルトがおいしい老舗カフェ。MAP P.202-1A
住2A Nguyễn Chí Thanh　☎096-6120099（携帯）　営5:40～22:00　休無休　カード不可

レストラン Restaurant

アーティチョークスープの名店

ニャットリー　ベトナム料理

Nhat Ly　MAP P.201-1A

「何を食べてもおいしい」と地元の人が太鼓判を押す、老舗のベトナム料理店。特にアーティチョークを丸ごと煮込んだスープ（25万ドン～、季節によってはないことも）は、スペアリブのうま味とからんで絶品。ジャン（Giang）というハーブを使った鶏鍋（30万ドン～）も人気。

手前はダラット特産のサーモンを使ったホイル焼き（18万ドン）

住88 Phan Đình Phùng　☎(0263) 3821651
営10:00～22:00　休無休　カード不可　予約不要

名物ミートボールを食べるならここ

シウマイ・フックハン　ベトナム料理

Xiu Mai Phuc Hanh　MAP P.201-2A参照

シウマイ・ダラットとは、ミートボール入りのスープにフランスパンを浸して食べるダラット名物。たくさんの専門店があり、ここも有名店のひとつだ。シウマイ、バイン・ミー、目玉焼き、ハム＆ソーセージ、サラダなどが付くバイン・ミー・シウマイ・デイ・ドゥーをぜひ。

バイン・ミー・シウマイ・デイ・ドゥー4万ドン

住34 Hoàng Diệu　☎091-9824684（携帯）　営6:00～19:30（土・日曜5:30～21:00）　休無休　カード不可　予約不要

通称ダラット・ピザの店

バン・チャン・ヌーン・ジーディン　ベトナム料理

Banh Trang Nuong Di Dinh　MAP P.201-2A参照

ライスペーパーに野菜や卵、ハムなどを載せて炭火で焼く通称ダラット・ピザ、バン・チャン・ヌーンの専門店。ローカルな店だが夕方は地元の人や観光客で混み合う。10種類以上あり、1万3000～2万8000ドン。注文するとすぐに焼き始め、アツアツの焼きたてが味わえる。

サーブされたらハサミで切って食べよう

住26 Hoàng Diệu　☎038-5888621（携帯）
営13:30～20:00　休無休　カード不可　予約不要

バイン・ミーも絶品

リエンホア　ベーカリー

Lien Hoa　MAP P.202-1A

おかず系の総菜パンからドーナツやクロワッサン、ケーキ類まで並び、1日中客足の絶えない老舗ベーカリー。10種類以上もあるバイン・ミー（1万5000～8万5000ドン）がおいしいことでも有名で、スペシャル（3万5000ドン）が人気。ヨーグルトやプリンも美味。

手前左のドーナツは1万5000ドン。奥中央のプリンは1万7000ドン

住15-17, 19 Đường 3 Tháng 2　☎(0263) 3837303
営6:00～21:00　休無休　カード不可　予約不要

ダラット野菜を味わえるハイセンスなイタリアン

シェフズ・ダラット　イタリア料理

Chef's Dalat　MAP P.201-1A

アジアのレストランを格付けする賞にノミネートされたこともある有名店。「ファームからテーブルへ」をモットーに、収穫したてのダラット野菜を使用し、ピザ生地やパスタ、パン類もすべて手作り。ワッフル（9万5000ドン～）などが楽しめる朝食（8:00～11:00）も見逃せない。

手前はビートルートのフェットチーネ、エビ添え（20万5000ドン）

住156 Phạm Ngọc Thạch　☎091-9069314（携帯）
営8:00～22:00　休無休　カードJMV　予約不要

モチモチの窯焼きピザが絶品

プリマヴェラ　イタリア料理

Primavera　MAP P.202-1A

イタリア人オーナーによる本格イタリア料理店。店内の窯で直火焼きした、直径30cmの自家製ナポリピザ（19万ドン～）はふっくら&モチモチで必食。スパゲティやラビオリ、ペンネなど多彩なパスタ（23万ドン～）もおいしい。デザートにはティラミス（14万ドン）を。

ブロッコリー、ナスなど野菜たっぷりのピザ・ダラット（23万ドン）

住54/7 Phan Đình Phùng　☎(0263) 3582018
営12:00～22:00　休月曜　カードMV　予約不要

Voice 中心部のカフェなら「アン・カフェ An Cafe」もおすすめ。MAP P.202-1A　住63Bis Đường 3 Tháng 2　☎097-5735521（携帯）　営7:00～21:00　休無休　カード不可　予約不要

レストラン Restaurant

山を見渡す絶景カフェ
チェオヴェオー　カフェ
Cheoveooo　MAP P.201-2B参照

中心部から東へ約6.5km。大通りから小道に入った先にある、かわいらしい山小屋風カフェ。見晴らしのいい静かな立地でテラス席や2階席からはダラットの山々を見渡せる。コーヒーは4万5000ドン〜。チーズヨーグルト（5万ドン）などのデザートもおすすめ。P.25もチェック。

中心部からやや離れるが行く価値は十分

住Hẻm Dã Chiến, 116 Hùng Vương　☎093-8622234（携帯）
営8:00〜19:00　休無休　カード不可　予約不要

砂糖の量を調節できるのがうれしい
ホアスア　豆乳
Hoa Sua　MAP P.202-1A

老舗の人気豆乳店で、豆乳は夕方からのみ販売。砂糖の量を指定できるのがうれしい。メニューは大豆や緑豆の豆乳やピーナッツミルクなどのドリンク類と菓子パン（7000ドン）のみ。壁画通り（→P.200欄外）に近く、レトロな店構えが目印。

手前から緑豆豆乳、黒ゴマミルク（各1万3000ドン）

住64 Tăng Bạt Hổ　☎093-3420731（携帯）、091-8527428（携帯）
営16:00または17:00〜23:00または24:00　休無休　カード不可
予約不要

その他のレストラン Restaurant

ラー・ヴィエット・コーヒー　カフェ
La Viet Coffee　MAP P.201-1A参照
住200 Nguyễn Công Trứ　☎(0263) 3989919
営7:00〜22:00　休無休　カード J M V　予約不要

倉庫のような内装の有名ロースターカフェ。ここで焙煎したダラット産コーヒー豆は全国のこだわりショップに卸される。入れ方を選べるコーヒー（3万5000ドン〜）やコーヒーを使ったオリジナルモクテルを試したい。

Column トレンドはマウンテンビューカフェ

最近ダラットではやっているのが、市街を取り囲む山の斜面に建つ森林浴カフェ。かなりの山の中でハイセンスなおしゃれ空間に遭遇して驚くこともある。町から比較的近いのは複数のカフェが付近の山肌に散在するダラット市外バスターミナル付近。なかでも「フィアチャンドイ」はうっそうと緑が茂る山道を下っていくため、やや行きづらいが隠れ家的雰囲気で地元人気が高い。レンタバイクが便利だが、バイクタクシーで行く場合は往復利用で交渉しドライバーに待機してもらおう。

フィアチャンドイ　Phía Chân Đồi
MAP P.201-2B参照　住Hẻm 31/6 Đường 3 Tháng 4
☎097-2818587（携帯）　営7:30〜19:30　休無休
カード不可　予約不要

付近にはほかにも「ルンチュン（Lung Chung）」などの人気カフェがある

ショップ Shop

ランファーム　食料品
L'angfarm　MAP P.202-1B
住6 Nguyễn Thị Minh Khai
☎(0263) 3510520　営7:00〜22:00
休無休　カード不可

ダラット産の農産物を使った自然食品を中心に販売。ドライフルーツやお茶、コーヒー豆、チョコレートバーなど商品は100種を超える。パッケージがおしゃれで日持ちするのでおみやげに最適。市内中心部に数店舗ある。

Voice ダラット産ワインを買うならワイン製造のラドフーズ直営店「ラドラ・ワイナリー」へ。
MAP P.202-1A　住1 Nam Kỳ Khởi Nghĩa　☎(0263) 3827852　営6:30〜21:00　休無休　カード不可

ホテル・ゲストハウス  Hotel

皇帝の別荘に宿泊

ダラット・パレス・ヘリテージ 高級ホテル

Dalat Palace Heritage MAP P.201-2A

1922年にバオダイ帝の別荘として建てられた館を改装したダラット随一の歴史あるホテル。フレンチコロニアルとアールデコ様式でまとめられ、旧館は当時の雰囲気そのままの贅を尽くした客室やレストラン、カフェなどが揃い、非日常を味わえる。

当時のフランスのリゾート建築様式を踏襲している

住2 Trần Phú ☎(0263) 3825444
URL www.dalatpalacehotel.com 料ⓈⓌⓉ710万ドン～ スイート1290万ドン～（朝食付き） カード ADJMV 全73室

自然派のフレンチヴィラ

アナ・マンダラ・ヴィラズ・ダラット・リゾート&スパ 高級ホテル

Ana Mandara Villas Dalat Resort & Spa MAP P.201-1A参照

フランス統治時代の建物を修復したヴィラが森の中に点在する丘の上のリゾート。ヴィラによって部屋の造りが異なり、プライベートな滞在が楽しめる。敷地内は広く、電気カーでの移動となる。

広々としたバルコニーを備えた落ち着いた内装のヴィラ。屋外の温水プールやスパ、ジムを完備

住2 Lê Lai ☎(0263) 3555888
URL anamandara-resort.com 料ⓈⓌⓉ105.84US$～（朝食付き） カード ADJMV 全87室

コロニアル様式の4つ星ホテル

ドゥ・パルク・ホテル・ダラット 高級ホテル

Du Parc Hotel Dalat MAP P.201-2A

1932年にインドシナ政府の要人のために建てられた宿を改装。館内にはクラシカルなエレベーターがあり、客室も上品で落ち着いた雰囲気だ。「ダラット・パレス・ヘリテージ」（→上記）の姉妹ホテルで、施設を一部共用している。レストラン、スパ、スチームサウナなどを完備。

ダラット教会(→P.202)すぐそば

住15 Trần Phú ☎(0263) 3825777
URL duparchoteldalat.com 料ⓈⓌⓉ240万ドン～ スイート390万ドン～（朝食付き） カード AJMV 全140室

高原リゾートをアクティブに楽しみたいなら

スイス・ベルリゾート・トゥイェンラム・ダラット 高級ホテル

Swiss-Belresort Tuyen Lam Dalat MAP P.201-2B参照

トゥイェンラム湖近くの森の中に建つリゾート。ゴルフコース、温水プール、スパ、レストランなどの設備が揃う。バスタブ付きの客室はきれいで広く、バルコニーからは大自然が望める。市内への無料シャトルバスもある。

ゴージャス＆シックで落ち着ける内装

住7 & 8 , Khu Du Lịch Hồ Tuyền Lâm
☎(0263) 3800800 URL samtuyenlamhotel.com.vn
料ⓈⓌⓉ85US$～ スイート233US$～（朝食付き）
カード ADJMV 全151室

コスパ抜群&アクセス良好

チューリップI エコノミーホテル

Tulip I MAP P.202-1A

ダラット市場（→P.200）や外国人向けの飲食店が集まるチューンコンディン通りに近く、銀行やベーカリーも目の前で便利。客室は明るく清潔で、エレガントにまとまっている。シャワーとトイレは別で、ミニバー、ドライヤーも完備。

エグゼクティブ・ダブルルーム

住26-28 Đường 3 Tháng 2 ☎(0263) 3510995
URL www.tuliphotelgroup.com 料ⓈⓌⓉ62万ドン～ スイート115万ドン～ カード JMV 全25室

居心地のいい人気ホステル

ピー・ホステル ゲストハウス

Pi Hostel MAP P.201-2A

スタイリッシュで清潔な客室とホスピタリティで人気上昇中のホステル。6～8ベッドのドミトリーと個室（バスルーム付き、または共用）があり、上階のバルコニーからは町が一望できて眺めがいい。

スーペリア・ダブルルーム。ドミトリーは男女ミックスのみ

住61 Thủ Khoa Huân ☎(0263) 3525679
URL www.facebook.com/piboutiquehostel
料ⓈⓌ78万5000ドン～ Ⓓ28万5000ドン～（朝食付き）
カード ADJMV 全14室

Voice ダラットはベトナム人にも人気の観光地で、週末や祝日はホテルも満室になることが多い。週末や祝日に訪れる場合は、早めの予約が望ましい。

コーヒー栽培で有名な中部高原の町

MAP 折表-3B

バンメトート

バンメトートの市外局番
0262
Buôn Ma Thuột

ベトコムバンク
Vietcombank
MAP P.209B図-2A
住30 Quang Trung, P. Thắng Lợi
☎(0262) 3968586
営8:00～11:30、13:30～16:30
休土・日曜
USドル、日本円の現金の両替が可能（要パスポート）。ATMでJCBカード、マスターカード、ビザカードでのキャッシングも可能。

中央郵便局
MAP P.209B図-2A
住1-3 Nơ Trang Long, P. Thắng Lợi
☎(0262) 3852612、050-0368 6868（携帯、ホットライン）
営7:00～18:30　休無休

ベトナム航空
MAP P.209B図-2A
住17-19 Nơ Trang Long, P. Thắng Lợi
☎(0262) 3954442
営8:00～11:30、13:30～17:00
休日曜・祝日

バンメトートはカフェ巡りも楽しい。写真は「デン・コーヒー&ハウス」（→P.213）

標高500～1000mの中部高原の中心地、ダックラック省の省都。もともとこの地に暮らしていたエデ、ムノン、ジャライ族に加えて、1950年以降、北部から移住してきたモン、ターイ、ヌン族など49の少数民族が暮らす。

ベトナム戦争中はアメリカとサイゴン政府軍の戦略拠点で、革命勢力による1975年の南部解放作戦は、この都市の攻略から始まった。その後、平野部からはキン族の移住者が増え、学校や病院も建設された。周辺は特産のコーヒーをはじめ、ゴム、コショウ、薬用植物などの栽培地が広がっている。付近の山中にはゾウ、トラなどの野生動物の生息も確認されている。

町なかの少数民族は、今は民族衣装を脱ぎ、ごく普通の格好をしている人も多い。しかし、郊外には今も伝統的な暮らしを続けている村が点在する。せっかくバンメトートまで来たなら、そうした少数民族の村を訪ねるなど文化と自然に親しみたい。2年に1度、3月に開かれるコーヒーフェスティバルも注目だ。

アクセス ACCESS

バンメトートへの行き方

●飛行機

ホーチミン市からベトナム航空（VN）が毎日1便、ベトジェットエア（VJ）が毎日2便運航。所要1時間～。ハノイからはVNが毎日1便、VJが毎日2便運航。所要1時間45分～。

●バス

ホーチミン市のミエンドン・バスターミナルから6:30～23:00の間に寝台バスが30分～1時間間隔で運行。30万～50万ドン、所要約9時間。ニャチャン、ダラット、フエ、ダナンなどからも便がある。

バンメトートからの交通

●飛行機

行き方の項（→上記）参照。

●バス

町の南西にあるバンメトート南バスターミナル（Bến Xe Phía Nam Buôn Ma Thuột MAP P.209B図-2A参照）からホーチミン市行きのバスが数便運行。26万ドン～、所要約9時間。バンメトートの町は広く、多くのバスが複数のバスターミナルに発着する。そのため、フーンチャン（→P.212）のバスを利用、または町なかのオフィスから出発するバスを宿泊先で予約してもらうほうがいい。バスの比較サイト、ヴェーセーレー（Vexere URL vexere.com）も使える。

空港～市内のアクセス

空港～市内間は約10km。タクシーで15万～20万ドン。所要約20分。

Voice バンメトート観光のベストシーズンは乾季の11～4月のうち暖かい3～4月。雨季は5～10月。

歩き方 Orientation

バンメトートの町は非常に広く、いくつかのエリアに分かれる。戦車のモニュメント「勝利の像」があるロータリー広場周辺（MAP下B図-2A）は、昔からのダウンタウンで老舗ホテルや飲食店、旅行会社などが点在。ダウンタウンから北東方向に走るグエンタッタン通りとファンチューチン通りに囲まれたエリア（MAP下B図1A～2B）はホテル、飲食店が多く、現在の町の中心はこちら。大型のスーパーマーケット「コープマート」もある。中心部の北西方向にあるアコドン村（Buôn Ako Đhong MAP下B図-1A）は、今もエデ族の人々が暮らしており、伝統的なロングハウスが見られるほか、ロングハウスを使ったしゃれたカフェやレストランが集まっている。

町の東側に位置するバンメトート国際空港周辺は、コーヒー農園が多く、大通りから小さな道に入ると左右にコーヒーノキが植えられた農園が続く。さらに空港の南側は、果樹園、コショウ農園などが広がるのどかな農園地帯。バンメトート周辺は人口湖も含めた湖が多く、少数民族が暮らす小さな村も点在している。

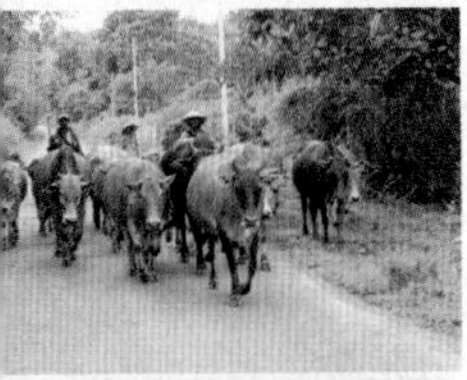

上／農園地帯では牛を連れた少数民族に出会うことも　下／バンメトート特産のコーヒーの実。2～3月に花が咲き、11～12月が収穫期

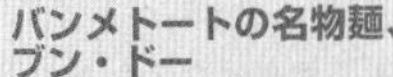

バンメトートの名物麺、ブン・ドー

ツルッとした食感の太い米麺ブンを赤く色付けしたトマト味のスープ麺。ウズラの卵、つみれ、田ガニ入りつみれなど具だくさん。1杯2万5000ドンくらい。「ブン・ドー・フーン」（MAP下B図-2A）をはじめ、レホンフォン（Lê Hồng Phong）通りにブン・ドー屋台が集まる。

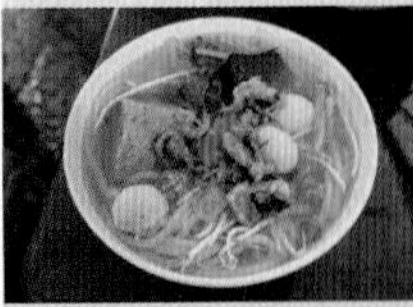

ブン・ドー屋台は夕方以降に開店

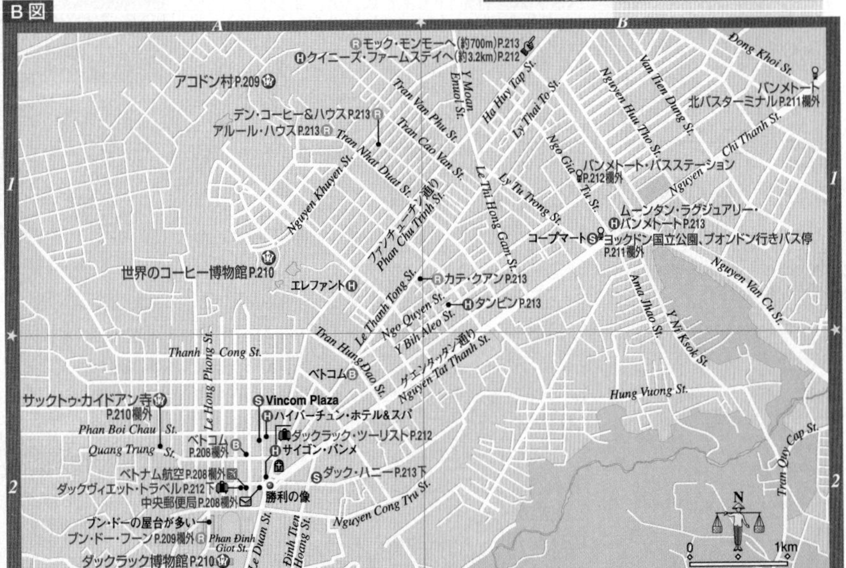

A図

B図

モック・モンモーへ（約700m）P.213
クイニーズ・ファームステイへ（約3.2km）P.212
アコドン村 P.209
デン・コーヒー&ハウス P.213
アルール・ハウス P.213
バンメトート北バスターミナル P.211欄外
バンメトート・バスステーション P.212欄外
ムーンタン・ラグジュアリー・バンメトート P.213
コープマート
ヨックドン国立公園、ブオンドン行きバス停 P.211欄外
世界のコーヒー博物館 P.210
エレファント
カテ・クアン P.213
タンビン P.213
ファンチューチン通り
グエンタッタン通り
ベトコム
サックトゥ・カイドアン寺 P.210欄外
Vincom Plaza
ハイバーチュン・ホテル&スパ
ダックラック・ツーリスト P.212
ベトコム P.208欄外
サイゴン・バンメ
ベトナム航空 P.208欄外
ダック・ハニー P.213下
ダックヴィエット・トラベル P.212下
中央郵便局 P.208欄外
勝利の像
ブン・ドーの屋台が多い
ブン・ドー・フーン P.209欄外
ダックラック博物館 P.210
ヨックドン国立公園、ブオンドン行きバス停 P.211欄外
バオダイ帝別荘
ハウス・オブ・レンズへ（約1km）P.213
フーチャンへ（約2km）P.212
バンメトート南バスターミナルへ（約5km）P.208
Dong Khoi St.　Van Tien Dung St.　Nguyen Huu Tho St.　Ngo Gia Tu St.　Ly Thai To St.　Ha Huy Tap St.　Y Moan Enuol St.　Tran Van Phu St.　Tran Cao Van St.　Tran Nhat Duat St.　Nguyen Khuyen St.　Phan Chu Trinh St.　Le Thi Hong Gam St.　Ly Tu Trong St.　Nguyen Chi Thanh St.　Nguyen Van Cu St.　Ama Jhao St.　Y Ni Ksok St.　Le Thanh Tong St.　Ngo Quyen St.　Y Bih Aleo St.　Tran Hung Dao St.　Nguyen Tat Thanh St.　Thanh Cong St.　Le Hong Phong St.　Phan Boi Chau St.　Quang Trung St.　Hung Vuong St.　Tran Quy Cap St.　Nguyen Cong Tru St.　Phan Đinh Giot St.　Le Duan St.　Dinh Tien Hoang St.　Y Ngong St.
0　1km
バンメトート

Voice! バンメトートは配車アプリのグラブ（→P.395）が車・バイクともに使える。メータータクシーならマイリン・タクシー（☎(0262)3819819）が安心。

見どころ　Sightseeing

★★★ ダックラックの文化や自然がわかる

MAP P.209B図-2A

ダックラック博物館

Bảo Tàng Đắk Lắk　Dak Lak Museum

エデ族とムノン族の建築様式を取り入れた独特の外観が印象的。２階が通常展示スペースで、ダックラック省の歴史、地理と自然、人々の暮らしと文化の３つのスペースに分かれている。展示内容はかなりしっかりとしていて、実物展示に加えて写真や絵とともに詳しく説明書があるものも多く、見応えがある。特に少数民族の文化のスペースでは、エデ族のロングハウスや伝統的な台所の再現、ゾウ狩りに使われていた道具など、ここでしか見られない貴重な展示物がたくさん。

敷地内には1905年に建てられ、仏領インドシナ総督が住んだのち、バオダイ帝の別荘となった建物もあり、こちらも見学できる。

上／ゾウ狩りで使われていた道具がひととおり展示　右上／エデ族の墓の周りに建てられる木彫りの人形　右／各少数民族の装身具を紹介するコーナー

★★ チュングエン・コーヒーが運営

MAP P.209B図-1A

世界のコーヒー博物館

Bảo Tàng Thế Giới Cà Phê　The World Coffee Museum

ベトナム・コーヒーの老舗ブランド、チュングエン・コーヒーが運営するコーヒーの博物館。ベトナム、日本、インドネシア、インドなどアジアを中心に各国のコーヒーの歴史や文化をはじめ、焙煎機やコーヒーを入れるのに使う道具など、貴重なコレクションが展示されている。チケットにはチュングエン・コーヒーの試飲１杯が含まれており、地下のスペースでチケットを見せるとコーヒーをもらえる。

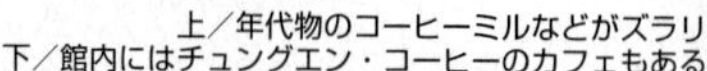

上／年代物のコーヒーミルなどがズラリ
下／館内にはチュングエン・コーヒーのカフェもある

郊外の見どころ　Sightseeing

★★★ 豪快に流れ落ちる

MAP P.209A図-2A

ダライヌア滝／ダライサップ滝

Thác Đray Nur / Thác Đray Sáp　Dray Nur Waterfall/Dray Sap Waterfall

バンメトートから南西約25kmにあり、ダライヌアの「ヌア」は、エデ族の言葉で「水牛の角」を指す。高さ約30m、幅約150mと横幅が広く、水量の多い雨季のあとは特に豪快だ。周辺は公園として整備されており、週末にはピクニックを楽しむ地元の人たちでいっぱい。近くにはひと回り小さいダライサップ滝もあり、こちらも人気だ。

ダライヌア滝はすぐ近くまで行くことができる。迫力満点の眺めだ

ダックラック博物館
住2 Y Ngông, P. Tự An（入口はファンディンジョットPhan Đình Giót通り）
☎(0262) 3605507
URL daklakmuseum.vn
開7:30～16:30（土・日曜、祝日8:00～）　休無休
料３万ドン、子供２万ドン

エデ族とムノン族の建築様式をミックスした独創的な建物

サックトゥ・カイドアン寺
Chùa Sắc Tứ Khải Đoan
Sac Tu Khai Doan Temple
MAP P.209B図-2A
住117 Phan Bội Châu, P. Thống Nhất
☎(0262) 3858649
開6:00～19:00　休無休　料無料

1951年から約２年間かけて建てられたフエ・スタイルの寺。造りは、エデ族のロングハウスの要素も取り入れられている。満月の日は先祖礼拝の参拝客でにぎわう。

世界のコーヒー博物館
住Nguyễn Đình Chiểu, P. Tân Lợi　☎089-9355368（携帯）
URL baotangthegioicaphe.com
開8:00～17:00　休無休
料15万ドン（コーヒー試飲１杯付き）

独特な外観は人気の撮影スポットでもある

ダライヌア滝
料３万ドン
管理連絡オフィス
営6:00～18:00
☎094-3529090（携帯）

ダライサップ滝
開7:00～17:00　休無休
料８万ドン

Voice バンメトート郊外の見どころには旅行会社運営のツーリストセンターが複数ある。「バンドン・タンハー・エコツーリズム Du lich Sinh Thai Ban Don Thanh Ha」もそのひとつで↗

★★★ 野生の動物たちに合えるトレッキングが人気 MAP P.209A図-1A

ヨックドン国立公園

Vườn Quốc Gia Yok Đôn　Yok Don National Park

ゾウを驚かせないよう、少し離れたところから見学する

バンメトートの町から北西へ約40kmの所に位置する、総面積約11万3000ヘクタールのベトナムで最も広い面積をもつ国立公園。カンボジアと国境を隔てており、カンボジア側はモンドルキリ保全林へと続く。公園内にはゾウをはじめ、シカ、水牛、トラなど野生動物が数多く生息している。公園入口から渡し船でセレポック川を渡ると広い森林が広がる。5～10月の雨季は緑が美しく、11～4月の乾季はドライフォレストとなり全体が茶系に染まる。ここでは、ガイドと歩くトレッキングツアーやキャンプに参加してみよう。特に野生のゾウを見に行くツアーが人気で、ツアー中はゾウの生態や国立公園内の植物、少数民族の文化などについても学べる。バードウオッチングやサイクリング、セレポック川のボートツアー、魚釣りのツアーもある。

★★ 竹のつり橋が有名 MAP P.209A図-1A

ブオンドン（ドン村）

Buôn Đôn　Don Village

スリル満点のカウ・チェオ

バンメトートから北西に約45kmの所にある少数民族の村。この村は、野生のゾウをつかまえて飼い慣らしてきた人たちが住む村として有名（1998年より禁猟）で、エデ族とムノン族のほかに、ラオ族、ジャライ族と、多くの民族が共存している。

ブオンドン最大の見どころは、カウ・チェオと呼ばれる竹のつり橋だ。村の中を流れるセレポック川にはいくつもの竹のつり橋が架けられていて、ガジュマルの木（Cây Si）がからまるなかで、揺れる橋を渡るのはなかなかスリリング。つり橋を渡った先には鶏の丸焼きや竹筒入りのもち米など、地元の料理を楽しめる開放的なレストランがある。

村には、「ゾウの王」と呼ばれたムノン族出身のゾウ使い、アマコン（Amakong）の墓が建てられている。また、村から約3kmの所には、ゾウ使いを生業としてきたラオ族出身のゾウ使いたちの墓が残されており、どれもゾウの飾りが施され、捕らえたゾウの数が記されている。ジャライ族の葬儀の際に用いられる木彫りの像が立っているのも興味深い。村の奥には1883年に建てられたラオ族の家も残っている。カウ・チェオ入口付近には旅行会社運営のツーリストセンターがある。

最後のゾウ使いとして政府が建てたアマコンの墓

ヨックドン国立公園
住Xã Krông Na, Huyện Buôn Đôn ☎(0262)3783049、096-1382323(携帯)、096-6335399(携帯、ホットライン)
URL yokdonnationalpark.vn
開7:00～17:00 休無休
料エレファント・エクスペリエンス半日ツアーひとり80万ドン、1日トレッキング2名参加の場合、ひとり60万ドンなど
町の北東にあるバンメトート北バスターミナル（Bến Xe Phía Bắc Buôn Ma Thuột MAP P.209B図-1B）からカウ・チェオ（Cầu Treo）行きバスに乗車。3万5000ドン、所要約1時間。また同バスターミナル発で緑とピンクの車体のバスも運行。2万2000ドン。コープマート前のバス停（MAP P.209B図-1B）、ダウンタウンならレホンフォン通りのバス停（MAP P.209B図-2A）からも乗車できる。乗車時に車掌にヨックドン国立公園で降りる旨を伝えよう。タクシーなら50万ドンくらい。

野生の動物たちと出合えるトレッキングに参加しよう

ブオンドン（ドン村）
カウ・チェオ
Cầu Treo
料4万ドン、子供3万ドン
ブオンドンのカウ・チェオへは、ヨックドン国立公園へ行くバスで行ける。詳細は上記。

ブオンドン・ツーリストセンター
Trung Tam Du Lich Buon Don
MAP P.209A図-1A
住Xã Krông Na, Huyện Buôn Đôn
☎(0262)3783020、096-6335399(携帯)
営7:00～21:00 休無休
カウ・チェオ近くにあるツーリストセンター。以前はエレファントライディングができたが、ゾウ保護の観点から廃止に。代わりに自然の中で暮らすゾウを見に行くツアーができ、半日ツアーはひとり80万ドン、1日ツアーはひとり140万ドン。

バンメトートの酒
バンメトートではノニの木のワイン「ヨックドニ Yokdoni」が有名。ゾウ狩りの人たちが愛飲していた酒「アマコン Amacong」もあり、これはハーブや木の葉などから作られる。

↘ダライヌア滝へのツアーなどを催行。MAP P.209A図-1A 住Buôn N D'rếch, Xã Ea Huar, Huyện Buôn Đôn ☎(0262)8560079 URL bandontour.com.vn 営7:30～17:00 休無休

ラック湖

ラック湖へはバンメトート・バスステーション（Bến Xe TP. Buôn Ma Thuột MAP P.209B図-1B）から12番バスに乗車。3万2000ドン、所要約２時間。

ベトナムで２番目に大きな淡水湖

MAP P.209A図-2B

ラック湖

Hồ Lắk

Lac Lake

静かな時間が流れるラック湖

バンメトートから約60km南東にある大きな淡水湖。ラック湖周辺には古くからムノン族が暮らしており、ラックとはムノンの言葉で「水」を意味する。湖では、カヌーやスタンドアップパドルボード（SUP）のほかエレファントライディングも楽しめる。ラック湖のほとりには湖で取れる魚料理が食べられるレストランやホテルがあり、旧バオダイ帝別荘の見学も可能（料 2万ドン）。

風光明媚な巨大人口湖

MAP P.209A図-1B

エアカオ湖

Hồ Ea Kao

Ea Kao Lake

バンメトートの町から南へ約12km先にある、複数の小川を遮断して作られた巨大な人口湖。エデ族の言葉で「枯れることのない湖」を意味するという。周辺は豊かな自然に囲まれ、夕涼みに訪れる地元の人の姿も見られる。

静かな湖面と青空のコントラストが美しい

エアカオ湖のすぐ横には牧歌的な風景が広がる

旅行会社＆ツアーオフィス ❁ TRAVEL OFFICE & TOUR OFFICE

●ダックラック・ツーリスト　Dak Lak Tourist

MAP P.209B図-2A

住 3 Phan Chu Trinh, P. Thắng Lợi（サイゴン・バンメ・ホテル内）　☎(0262)3852246

営 8:00〜17:00　休 無休　カード J M V

ダウンタウンにあるホテルの敷地内に併設。ダライヌア滝やラック湖などのおもな見どころへの日帰りツアーなどを主催。日帰りツアーひとり58万ドン〜。

バス会社

●フーンチャン　Phuong Trang

MAP P.209B図-2A参照

住 172 Lê Duẩn, P. Tân Thành

☎(0262)3936666　営 6:00〜22:00

休 無休　カード 不可

ホーチミン市行きバスを0:05〜23:30の間に12便運行。26万ドン、所要約８時間。

Column　自然を楽しむ穴場の宿

バンメトートでは雄大な自然を感じられる宿が増えている。花々が咲く庭園に小さな家が建つ「クイニーズ・ファームステイ」はかわいらしい内装とおいしい朝食で人気。「ジュンズ・ホーム」は空港近くのエア・チューカップ湖畔のバンガローで、雄大な湖の景色をひとり占めできる。どちらも町なかから離れており、観光には不便だが、のんびり過ごしたい人にはおすすめ。

左／バンガローのすぐ横は湖（B）
上／小さなかわいらしい２階建てのハウス（A）

A　**クイニーズ・ファームステイ　Queeny's Farmstay**
MAP P.209B図-1B参照　住 442/139 Y Moan Ênuôl, P. Tân Lợi　☎096-9082779（携帯）　URL www.facebook.com/queenysfarm/　料 Ⓢ Ⓦ 50US$〜

B　**ジュンズ・ホーム　Jun's Home**
MAP P.209A図-1B　住 Hoà Thắng
☎078-5386666（携帯）　URL www.facebook.com/JunsHomevn　料 Ⓢ Ⓦ 40万ドン〜

Voice 旅行会社なら「ダックヴィエット・トラベル DakViet Travel」もおすすめ。MAP P.209B図-2A　住 32 Nơ Trang Long　☎（0262）3839398　URL dakviettravel.vn

レストラン Restaurant

エデ族の料理を楽しめる
アルール・ハウス エデ族料理
Arul House MAP P.209B図-1A

エデ族女性がオープンし、伝統の高床式家屋でエデ族の料理を提供。敷地内にはエデ族の木彫りの像や彫刻があちらこちらにあり、興味をそそられる。おすすめは黒米おこわと地鶏のグリル（Gà Đồng Bào Nướng-Cơm Lam Nếp Cẩm、34万5000ドン）など。

飲食をせずに敷地内の写真撮影をする場合は入場料として1万5000ドンが必要

住17-19 Trần Nhật Duật, P. Tân Lợi ☎091-6434478(携帯)
営6:30～22:00 休無休 カード不可 予約不要

秘伝のたれがうまい牛焼肉
カテ・クアン ベトナム料理
Cate Quan MAP P.209B図-1A

バンメトート名物になりつつある、この店発祥の牛焼肉、ボー・ニュン・メー（Bò Nhúng Me、小13万ドン／2人前）。タマリンドなど52種類の食材で作る秘伝のソースに漬け込んだ牛肉を鉄板の上でマーガリン、ニンニクとともに豪快に焼くとソースの酸味が消えてまろやかに。

付け合わせの野菜、バイン・ミーと一緒に食べる

住140 Lê Thánh Tông, P. Tân Lợi ☎093-5551905(携帯)
営9:00～22:00 休無休 カード不可 予約ディナーは要予約

住宅街にある若者に人気のカフェ
ハウス・オブ・レンズ カフェ
House of Lens MAP P.209B図-2A参照

住宅街に現れるビビッドイエローの壁とビンテージカーが目を引く。地元出身のオーナー夫婦が開いたおしゃれなカフェで、若者に大人気。緑いっぱいのガーデン席と屋内席があり、店内の奥にはさらに小さなガーデン席も。ダラット産の豆を使ったコーヒーは1万8000ドン～。

閑静な住宅街にあるカフェ。宿泊施設もある

住14/19 Cù Chính Lan, P. Tự An ☎093-9799692(携帯)
営7:00～22:00 休無休 カード不可 予約不要

メルヘンなガーデンカフェ
モック・モンモー カフェ
Moc Mong Mo MAP P.209B図-1B参照

みずみずしい緑が生い茂り、季節の花々が咲く庭園に小さなウッドハウスが建つ。おとぎ話に出てくるようなかわいらしいウッドハウスは2階建てで、2階は足を伸ばしてゆっくり過ごせるお座敷風。ガーデン席もある。コーヒーは2万ドン。庭園にある小屋で注文し、支払う方式。

絵になる撮影スポットがたくさん

住305/35C Hà Huy Tập, P. Tân An ☎097-1811812(携帯)
営7:00～22:00 休無休 カード不可 予約不要

デン・コーヒー&ハウス カフェ
Den Coffee & House MAP P.209B図-1A
住25 Tống Duy Tân, P. Tân Lợi ☎091-4176879（携帯）
営6:00～22:00 休無休
カード不可 予約不要

地元の若者が日常使いする平家の一軒家カフェ。耳に心地よい音楽が流れる店内はベトナム各地の風景写真や絵が飾られ、友人宅を訪れたような居心地のよさ。コーヒー豆はバンメトート産から厳選し、コーヒー 1杯1万2000ドン～。

ホ テ ル Hotel

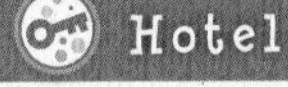

ムーンタン・ラグジュアリー・バンメトート 高級ホテル
Muong Thanh Luxury Buon Ma Thuot MAP P.209B図-1B
住81 Nguyễn Tất Thành, P. Tân An ☎(0262) 3961555
URL luxurybuonmathuot.muongthanh.com 料Ⓦ①135万ドン～ スイート290万ドン～ カードAMV 全231室

中心部にも空港にも近い便利な場所にある、新しくきれいな5つ星ホテル。テニスコート、ジム、プール、マッサージ、カラオケ、会議室などが揃い、客室の設備も充実している。最上階の18階にはバンメトートを一望できるカフェ・バーも併設。

タンビン ミニホテル
Thanh Binh MAP P.209B図-1B
住47 Y Bih Aleô, P. Tân Lợi ☎(0262) 3593456
料ⓈⓌ30万～40万ドン ①50万～60万ドン（＋税10%）
カード不可 全23室

町の中心部にあり、1階はおいしいと評判の食堂があるほか、周辺にはカフェ、飲食店が多く便利な立地。客室は、やや狭いが明るく清潔でドライヤー、湯沸かし器、バスアメニティ、冷蔵庫など必要最低限の物が揃う。エレベーターあり。

Voice ハチミツはバンメトート名産のひとつ。老舗の「ダック・ハニー Dak Honey」は味がよく評判がいい。250gで3万9000ドン。MAP P.209B図-2A 住3 Đinh Tiên Hoàng, P. Tự An ☎(0262) 3810804 営7:00～17:00 休無休

読者投稿

タンソンニャット国際空港の両替所で大ボラレ！
ドン→円のレートを逆に提示され1円が60ドン。深夜到着のうえイミグレーション1時間待ちと疲れきっていたのでホテルに着くまで気づかなかった。

水上人形劇をホーチミン市とハノイで観た
内容はほぼ同じだがパフォーマンスからアクセスまで断然ハノイに軍配が上がる。ただ会場が広く後ろだとかなり小さく見えるので5列目までがよい。ホーチミン市はコンパクトで舞台との距離が近いので、間近で観られる点はメリット。両方とも代理店で早めに購入すれば良席になるようで、私は2列目と4列目でした。

ホイアン・メモリーズ・ランドの送迎付きプラン
ホイアン・メモリーズ・ランド（→P.245）のボート送迎付きのプランを利用。行きは薄暗いなかランタン付きの船で進んでムードがあり、帰りはミニ灯籠流し体験付きと楽しめた。ちなみに一番安いエコ席は最前列でよさそうだが、混むため遅く到着するとかなり端の席になる。エコ席なら最低でも40分前には会場に着いておいたほうがいい。

（以上、東京都　匿名希望　'24）

ホーチミン市の入国審査は混み合う
ホーチミン市のタンソンニャット国際空港の入国審査で1時間以上待った。ホーチミン市到着後の予定は余裕をもったほうがよい。

水上人形劇は双眼鏡必須！
水上人形劇を観るときは、舞台から離れた席に座ることもあるので、双眼鏡必須です！

ハノイの旧市街にて
ハノイの旧市街でお菓子を購入するとき、お店の人が「これ、これ」と言ってお札を抜き取った。お菓子代は10万ドンだったのに、50万ドン札が抜き取られていたことにあとで気づいた。相手に財布を見せたのがいけなかった。

（以上、福岡県　かんた　'20）〔'24〕

ホイアンの観光チケット
ホイアン観光のチケットを2枚買ったら、ホチキスで2枚まとめて留められた状態で渡された。各施設でチケットを切り取るときは、1枚目を使い切らずに2枚目を切り取る（1枚目の一番上→2枚目の一番上→1枚目の一番下などのように）のだが、1枚目と2枚目の同じ個所を2枚まとめて切り取られそうになったことがあったので要注意。

フエの帝陵ツアーの落とし穴
ミンマン帝陵＆カイディン帝陵半日ツアーに参加した。ふたつの帝陵に手頃な料金で行けるのはとてもよかったが、帝陵は観光時間が短いのに（各30～40分）、途中立ち寄ったみやげ物屋には1時間近くいた。大きな店でもないし、近くにも同じようなみやげ物屋以外ないので、帝陵をじっくりと見たい場合にはあまりおすすめしない。

広々とした帝陵は、時間がある場合はのんびり散策したい。写真はミンマン帝陵

（以上、茨城県　匿名希望　'20）〔'24〕

ベトジェットエア利用時の注意点
ホーチミン市のタンソンニャット国際空港で国内線を利用する際、ベトジェットエアのチェックインカウンターだけ別エリアにあるので要注意。その他の航空会社のエリアの電光掲示板には、ベトジェットエアのフライト情報は表示されないので、知らないと少し焦ります。

ダラットのバスターミナル起点の巡り方
フーンチャンのバスでニャチャンからダラットに行く場合、到着バスターミナルはロープウエイ（→P.203）乗り場のすぐそば。荷物が少なければ、その足でロープウエイ片道利用→タクシーでダタンラ滝あるいはプレン滝→タクシーでホテル、というふうに回ると時間を有効活用できます。ロープウエイ折り返し地点や滝周りにはグラブのバイクタクシーはいません。

（以上、東京都　kyo）〔'23〕

バッチャン村のセレクトショップ
バッチャン村の奥まった所に、キッチン＆テーブルウエアのセレクトショップ「ピーゴム Pi Gom」があります。シンガポールや中国などの海外ブランドから注文を受けてバッチャンで製造されたおしゃれな陶器アイテムを格安で販売しています。営業時間は18:00までと短いので注意。MAP P.308
URL www.facebook.com/pigombattrang

（東京都　匿名希望）〔'23〕

ホーチミン市での両替について
円を持ち込んで換金するほうがレートがよい。換金率は、キャッシュディスペンサー<銀行<換金所の順だった。滞在1週間のうち現地ツアーにもいくつか参加したが、5万円あれば十分。

ホーチミン市の空港でSIMカードを購入
タンソンニャット国際空港でSIMカードを購入。10GB／利用期間1ヵ月のSIMが、日本円で1000円くらいだった。設定はすべて店の人がしてくれて、面倒はまったくない。ホテルのWi-Fiがいまいち遅かったりでWi-Fiをオフにして使っていたが、1週間の滞在で総使用量2GB足らずだった。

空港からグラブのタクシーで市内へ
グラブで配車したタクシーでホーチミン市のタンソンニャット国際空港から市内へ行った。グラブはスマホにアプリをインストールして、使い方はYouTubeや「ベトナムでGrab」とググると出てくるので参照すると使えると思う。私はスマホ内アプリでクレジットカードも登録していたので、英語を話せない運転手だったが何も会話することなく、ありがとうだけ言ってタクシーを降りた。するとグラブからメールが来て、引き落とされた料金がすぐに確認できた。

（以上、神奈川県　横浜の豚）〔'24〕

都市ガイド

中部

ハノイ
ダナン
ホーチミン市

リゾート休暇を堪能するなら中部ダナンへ

人気急上昇中の極上ビーチリゾート

MAP 折表-2B

ダナン

ダナンの市外局番
0236
Đà Nẵng

サーフィンスクールなどもあるミーアン・ビーチ（→P.221）

ホーチミン市、ハノイに次ぐベトナム第3の産業都市ダナン。ソンチャー半島に囲まれた天然の良港をもつベトナムを代表する港湾都市でもある。国際貿易港としての歴史は古く、かつて海のシルクロードの中継地として栄えたホイアン（→P.238）に代わる、大型船舶が停泊できる産業港として18世紀頃から発展してきた。また、2～15世紀にかけて勢力を誇ったチャンパ人（のちのチャム族）の国、チャンパ王国の王都が現在の市街地近郊のチャーキウにおかれていた時期もあり、周辺にはミーソンをはじめとするチャンパ遺跡が残っている。

ダナンと聞けば、ベトナム戦争中に米軍最大の基地がおかれた「基地の町」をイメージする人もいるかもしれないが、今はその面影はない。近年は、ベトナムを代表するリゾート地として知名度が高く、国内外から数多くの観光客が押し寄せている。近代的な建物が増える一方で、昔ながらの港町の顔も残っている。波止場には大小さまざまな漁船が停泊し、市場では水揚げされたばかりの新鮮な魚介類が並ぶ。明るく活気ある港町そのものだ。

ヤシの木が並び南国気分を盛り上げるダナンのビーチ沿い

入国手続きについて
具体的な入国手続きについてはP.403の「入国の手順」を参考のこと。

国際線ターミナルと国内線ターミナル間の移動
ダナン国際空港の国際線ターミナルと国内線ターミナルは隣接しており、徒歩約3分。シャトルバスなどの運行はない。

ダナン国際空港到着

空港内でできること

●両　替

到着ロビーを出て左に進むと、銀行や両替所などがあり、日本円の現金からベトナム・ドンへの両替が可能だ。両替レートは各銀行、両替所ともに市内とほぼ同レート。各銀行・両替所は年中無休で、その日の最初の到着便から最終便の到着まで営業している所が多い。ATMは到着ロビーを出て左手すぐ、出発フロアへのエレベーターや階段がある屋内エリアにある。

●SIMカードの購入

SIMフリーの携帯端末を持っている場合は、SIMカードの購入がおすすめ。オンラインで地図を使えたり、グラブの配車サービスを使えたりと、数日間だとしても滞在が格段に快適になる。購入にはパスポートが必要で、購入後すぐに電話・ネットともにつながるようになる。詳細はP.422。

上／近代的な建物のダナン国際空港　下／国際線到着ロビーにはダナン・ビジターセンター（→P.225）もある

空港から市内へのアクセス

ダナン国際空港から市内中心部（ハン市場周辺）までは約3km。タクシー利用が便利。

●タクシー

到着ロビーを出てすぐの所にタクシー乗り場があり、メータータクシーが並ぶ。メータータクシーなら市内中心部（ハン市場周辺）まで5万ドン～、所要約15分。配車サービスのグラブ（→P.395）の乗り場は空港内の駐車場。通常はメータータクシーよりも若干割安。どちらも空港入場料（→欄外）がかかる。

●路線バス

一律8000ドンの市バス3路線が運行。到着ロビーを出て、左へ進んだあたりにバス停がある。空港～ノンヌック・ビーチ（MAP P.223-2B）を結ぶ6番バスと、空港～ソンチャー半島を結ぶ10番バスは5:45～18:00の間に約45分間隔で運行。空港発着ではないが、12番バスも空港を経由しており5:30～19:00の間に10～30分間隔で運行。市バスのウェブサイトやアプリ（→P.219欄外）で運行スケジュールやルートが確認できる。運休のことも多いので事前に確認を。

●旅行会社やホテルの送迎車

空港～市内間の送迎を含めたツアーに参加していたり、ホテルで空港送迎を頼んでいたりする場合は、現地スタッフが到着ロビーを出たあたりで自分の名前が書かれた紙を持って待機している。

●シャトルバス

ダナン市内を経由してホイアンへ行くシャトルバス（→P.239）が利用できる。

銀行や両替商が並ぶエリア

複数のATMが設置されている

タクシー空港入場料
空港からタクシーに乗る場合、乗車料金とは別に空港入場料がかかる。車の大きさや駐車時間によって料金が異なるが1万～1万5000ドンくらいが目安。

搭乗手続きについて
搭乗手続きについてはP.410の「国内の交通」を参照のこと。

空港使用税
国内線の空港使用税は航空券代に含まれており、空港で支払う必要はない。

ACCESS

ダナンへの行き方

●飛行機（空港の詳細は→P.408）

国際線：成田国際空港から直行便がある（→P.398）。近隣諸国はバンコク、クアラルンプール、シンガポール、香港、ソウルなどから直行便がある。

国内線：各地からベトナム航空（VN）、ベトジェットエア（VJ）、バンブー・エアウェイズ（QH）の便がある。

●ホーチミン市から（所要1時間10分～）
VN：毎日13～14便　VJ：毎日9～10便　QH：毎日5～6便

●ハノイから（所要1時間20分～）
VN：毎日6～11便　VJ：毎日3～8便

●ハイフォンから（所要約1時間15分）　VJ：毎日1便

国内線出発ロビーにはベトナム航空、ベトジェットエアのセルフチェックイン機があり、便利

●列　車

ホーチミン市（サイゴン駅）、ハノイから各毎日6便運行。所要時間は列車によって異なるが、一番速い便でホーチミン市から約17時間1分、ハノイから約15時間37分、フエから約2時間27分、ニャチャンから約9時間40分（→P.411）。

ダナン～フエ間の列車はすばらしい景色を楽しめる

●バ　ス

ホーチミン市のミエンドン・バスターミナルから7:00～18:00の間に寝台バスが9便運行。60万ドン～、所要約22時間。ハノイのザップバット・バスターミナルから13:00～21:30の間に寝台バスが7便運行。35万ドン～、所要約13時間。フエのフエ南バスターミナルからダナンの市バス（LK01番）が5:30～19:00の間に14～15分間隔で運行（ランコー村経由）。8万ドン、所要約2時間。そのほか、多くの主要都市から便がある。

Voice 港町ダナンに行ったら新鮮なシーフードをぜひ味わって。ミーアン・ビーチ（→P.221）やミーケー・ビーチ（→P.222）沿いには生けすを並べた海鮮料理店が集まっており、日本に比べると値段ははるかに安い。

地方への旅の起点

ダナンは、ホイアンやミーソン遺跡といった世界遺産をはじめとするベトナム中部旅行の起点となる町だ。近年はダナンからツアーでフエやフォンニャ・ケバン国立公園などへ足を延ばす旅行者も増えている。

●飛行機の旅の起点

ダナン国際空港　国内線ターミナル

国内線ターミナルは国際線ターミナルに隣接。出発ロビーは2階。

市内から空港への行き方

タクシー

市内中心部(ハン市場周辺)から空港まで、メータータクシーは5万ドン〜。配車サービスのグラブは若干安い場合が多い。どちらも空港入場料が別途必要（→P.217欄外）。空港までは所要約15分。

路線バス

6、10、12番の市バスが空港まで運行（→P.217）。

ホテルのシャトルバス

ホテルで送迎サービスを行っている所も多い。

シャトルバス

ダナン市内を経由してホイアン〜ダナン国際空港間を運行するバリアン・トラベルのシャトルバスが利用できる（→P.239）。

ダナン発の直行便

各地へベトナム航空（VN）、ベトジェットエア（VJ）、バンブー・エアウェイズ（QH）の便がある。

●ホーチミン市行き（所要1時間25分〜）
VN：毎日14便　VJ：毎日9〜10便　QH：毎日5〜6便

●ハノイ行き（所要1時間10分〜）
VN：毎日7〜15便　VJ：火曜以外毎日2〜7便

●ハイフォン行き（所要約1時間20分〜）
VN：毎日1便　VJ：毎日1便

●列車の旅の起点

市中心部から北西へ約2kmの所に位置するダナン駅からは、ハノイ方面とホーチミン市（サイゴン駅）方面へ列車が運行している。

ダナン駅（Ga Đà Nẵng） MAP P.237-2A

ダナン発の便

●ホーチミン市（サイゴン駅）行き　毎日6便、所要18時間3分〜。

●ハノイ行き　毎日6便、所要16時間4分〜。

●フエ行き　毎日8便運行、所要2時間26分〜。

●バスの旅の起点

大きな町はもちろん地方の小さな町へも走っており、有効な交通手段だ。

ダナン中央バスターミナル
（Bến Xe Trung Tâm Đà Nẵng） MAP P.236-2A参照

市中心部から西へ約7kmの所に位置し、長距離バスが発着する。タクシーで約20分、15万ドン〜。チケットは各バス会社のブースで買える。

●ホーチミン市行き　10:15〜19:00の間に十数便。40万ドン〜、所要約22時間。

●ハノイ行き　15:30〜20:15の間に十数便。35万ドン〜、所要約12時間。

●ニャチャン行き　17:00〜20:40の間に数便。29万ドン〜、所要約12時間。

●フエ行き　ダナンの市バス（LK01番）がランコー経由でフエ南バスターミナルまで運行。5:30〜19:00の間に14〜15分間隔。8万ドン、所要約2時間。

国内線出発ロビーにはカフェやみやげ物店がある

市内から空港までのバイクタクシー利用

市内中心部からバイクタクシーを利用した場合は3万ドン〜。

列車チケットの買い方、列車の利用方法について

詳しい列車チケットの買い方や列車の利用方法についてはP.410の「国内の交通」を参照。また、下記のベトナム鉄道のウェブサイトで時刻表や料金の確認、購入ができる。
URL dsvn.vn

ダナン駅
住202 Hải Phòng, Q. Hải Châu　☎(0236) 3821175
チケット売り場
営24時間　休無休

上／ダナン駅の駅舎　下／駅構内の待ち合い室

鉄道旅行の注意

鉄道利用の注意点やトラブルについては、P.411欄外を参照のこと。

バスチケットの買い方、バスの利用方法について

詳しいバスチケットの買い方やバスの利用方法についてはP.412〜413を参照。

ダナン中央バスターミナル

市内交通

ダナンは郊外の見どころも多く、移動には乗り物の利用が便利。

●タクシー →P.414

メータータクシー

ダナンでは複数のメータータクシー会社が営業しており、車種もさまざま。ガソリンの値段により運賃は常に変動しているが、初乗り9500～１万2000ドン、以後1kmにつき１万1700～１万5000ドン加算。

配車サービスのタクシー

ダナンでは配車サービスのグラブ（→P.395）が営業しており、通常はメータータクシーより割安で、トラブルも少ないと人気がある。ただし、混み合う時間帯や雨の日など利用する人が多いときはメータータクシーよりも割高になる場合がある。利用方法についてはP.415を参照。

●バイクタクシー →P.416

小回りが利くため、渋滞のときなどは便利。ただし事故や料金交渉などでのトラブルもあるため、利用する場合は上記配車サービスのグラブが運営するバイクタクシーを選ぼう。

●路線バス →P.416

ダナン市内を路線バス12路線が運行（2024年４月現在）。路線によって異なるが5:00～20:30の間に10～20分間隔で運行、一律8000ドン。旅行者に便利な路線はダナン国際空港とノンヌック・ビーチを結ぶ６番バス（→P.217）。

●レンタサイクル・バイク／シェアサイクル →P.417、418

シェアサイクルのTNGoが利用できる。レンタバイクは、ホテルなどで行っていることが多い。ダナンはホーチミン市やハノイに比べると交通量は多くはないが、運転する際は細心の注意を。１日15万ドンくらい～。レンタサイクルはあまり見かけない。

●シクロ →P.418

利用する場合は旅行会社などで手配しよう。

歩き方 Orientation

ダナンの町はおもに、ハン川の西側に広がる市街地（MAP P.237）と、ハン川の東側にあるファムヴァンドン・ビーチ（MAP P.236-2C）&ミーケー・ビーチエリア（MAP P.236-2B、3B）、そこから南に下ったミーアン・ビーチ周辺のアントゥーン（An Thượng）・エリア（MAP P.236-3B）、そしてさらに南下した高級リゾートホテルが建ち並ぶノンヌック・ビーチエリア（MAP P.223-2B）に分かれている。

中心部の市街地は、庶民の台所であるハン市場を中心に、ホテル、レストランなどが集中しており、リゾート目的でなければこのあたりに滞在するのがおすすめだ。ファムヴァンドン・ビーチ周辺は、中級リゾートホテルが林立するにぎやかなエリアで、大型海鮮料理店なども集まる。アントゥーン・エリアはサーフィンを楽しむ在住外国人や旅行者の姿が見られる。ノンヌック・ビーチ周辺のリゾートエリアは毎年のように新しいリゾートホテルがオープンしている。

市内交通の乗り物について

市内交通のタクシー、バイクタクシー、路線バス、レンタサイクル・バイク、シェアサイクル、シクロの詳しい利用方法はP.414～418を参照のこと。

トラブルが少ないメータータクシー会社

比較的トラブルが少ないのは以下の３社。

タクシー・ティエンサー
Taxi Tien Xa
☎(0236)3797979

マイリン・タクシー
Mai Linh Taxi
☎(0236)3565656

ビナサン・タクシー・グリーン
Vinasun Taxi Green
☎(0236)3686868

ダナン市内に多いタクシー・ティエンサー

便利な路線バスマップ

下記のウェブサイトで市内のバスの走行ルートや時刻表などが確認できる。アプリとしてスマートフォンにダウンロードも可能。
URL www.danangbus.vn

ダナンの路線バスは新しい車両が多くきれい。大型バスのほかバンタイプも多い

ブーゲンビリアの花がきれいに咲くハン川沿いの遊歩道

夕暮れ時のロン橋

週末に回転するソンハン橋
Cầu Sông Hàn
Song Han Bridge
MAP P.236-2B

ロン橋の北側に架かるソンハン橋は土・日曜23:00から約30分間、橋梁が30度ほど回転する。この橋はベトナムで最初に建設された可動橋で、もともとハン川を通る船舶を通過させるために毎晩回転していたが、現在は観光客向けに上記の時間帯のみ回転パフォーマンスが見られる。回転時は通行不可。

ソンハン橋も毎晩ライトアップされる

鯉の登龍像／愛の桟橋
住2 Trần Hưng Đạo, Q. Sơn Trà
☎(0236)3561575
開7:00～23:00 休無休 料無料

名前や日付が刻まれた南京錠の数々。南京錠は桟橋の手前にある店で販売している

ダナン大聖堂
住156 Trần Phú, Q. Hải Châu
☎なし 開観光は月～土曜8:00～11:30、13:30～16:30 休日曜
料無料

ミサは月～土曜の5:00、17:15(木・土曜は14:30、16:00もあり)。日曜は5:30、8:00(子供向け)、10:00(英語)、15:00、16:30、18:00。

ハン市場
住119 Trần Phú, Q. Hải Châu
営店によって異なるが、だいたい6:00～19:00 休無休

みやげ選びにも足を運びたい

見どころ Sightseeing

ダナンのシンボル
ロン橋
MAP P.236-3B
Cầu Rồng　Dragon Bridge

ベトナム語で龍を意味するロンという名前のとおり、龍が水面を泳ぐさまがデザインされたハン川に架かる橋。夜は赤や黄、緑など色とりどりにライトアップされる。金～日曜、祝日の21:00から約15分間、龍が口から火と水を吐くパフォーマンスがあり、大勢の人々でにぎわう。

「ブォ～ッ」と、火炎放射のように火を吹く

ライトアップされる夜に訪れよう
鯉の登龍像／愛の桟橋
MAP P.236-3B
Tượng Cá Chép Hóa Rồng / Cầu Tình Yêu Đà Nẵng　Ca Chep Hoa Rong Statue / Love Bridge

市街地からロン橋を渡ったハン川沿いにあるダナンの新名所「DHCマリーナ」の一画にある。鯉の登龍像は、鯉が急流を登り、龍に変身するという中国の故事「登龍門」に由来して造られた。鯉の登龍像の先は、愛の桟橋と呼ばれる地元の若者カップルに人気のスポットで、桟橋のあちらこちらにハート型の南京錠がかけられている。恋人同士が愛を誓い合って南京錠をかけるという。

白い鯉の登龍像。夜はライトアップされる

ピンク色の外観が美しい
ダナン大聖堂
MAP P.237-3C
Nhà Thờ Đà Nẵng　Da Nang Cathedral

フランス統治時代の1923年に約1年かけて建てられたゴシック様式のカトリック教会。正面入口はチャンフー通りだがミサ時のみ開くため観光客はイエンバイ通りから入る。ミサ時の観光は禁止。

教会内部に入れることがあるが静かに観光すること

おみやげ探しにも訪れたい
ハン市場
MAP P.237-3C
Chợ Hàn　Han Market

中心部にあり、地元の人々でにぎわう。1階は生鮮食品、スパイスや乾物などの食品売り場と食堂のほか、みやげ店やサマーバッグなどを売る店もある。2階は衣類や靴などファッション関連の店が並ぶ。

ドライフルーツやお菓子は品揃え豊富

Voice! フレスコ・ビレッジ（Fresco Village）は、グエンヴァンリン通りの路地裏にある、ベトナムやダナンをモチーフにした壁画アートエリア。MAP P.237-4B

チャンパ王国の遺産を展示 MAP P.237-4C

チャム彫刻博物館

Bảo Tàng Điêu Khắc Chăm Đà Nẵng The Museum of Cham Sculpture

チャンパにおける仏教信仰の中心地、ドンユーン遺跡の多羅菩薩（９世紀後半〜10世紀前半）は国宝

フランス極東学院による、チャンパ遺跡の調査発掘の際に発見された彫刻芸術品や石像が集められた博物館。発掘調査の際に一部の秀作はフランス本国に持ち去られてしまったといわれるが、それでも内部にはヒンドゥー教のシヴァ神やガネーシャ神の石像、リンガなど、チャム芸術の一級品がめじろ押しだ。１階はミーソン遺跡、ミーソン遺跡から約20km離れたドンユーン遺跡など、遺跡ごとに出土品が展示されている。２階はチャンパに関する展示。

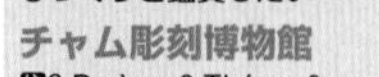
躍動感あふれる彫像の数々をじっくりと鑑賞したい

チャム彫刻博物館
住2 Đường 2 Tháng 9, Q. Hải Châu
☎(0236)3572935
開7:30〜17:00
休無休 料6万ドン
５人以上のグループであれば事前の電話予約で英語ガイド(7:30〜11:00、14:00〜17:00)を頼める。

ダナンの文化や歴史を紹介 MAP P.237-2C

ダナン博物館

Bảo Tàng Đà Nẵng Da Nang Museum

１階はダナンの文化や歴史、２階は近代戦争を中心にしたダナンの戦いの歴史、３階はダナンの人々の生活を紹介した展示。実際に使われていた生活道具や武器、写真のほか、当時の様子を再現した人形も多数あり、なかなか見応えがある。また、この博物館はディエンハイ城と呼ばれた城跡に建てられているが、城跡保存のためバクダン通りへ移転予定。

暮らしや文化を再現したコーナーはなかなか見応えがある

ダナン博物館
住24 Trần Phú, Q. Hải Châu
☎(0236)3886236 開8:00〜17:00 休無休 料2万ドン
※移転予定先はMAP P.237-2C

ホーチミン博物館
Bảo Tàng Hồ Chí Minh
Ho Chi Minh Museum
MAP P.236-3A
住3 Duy Tân, Q. Hải Châu
☎(0236)3615982 開8:00〜16:30 休無休 料6万ドン
独立戦争とホー・チ・ミンに関する展示、裏にはホーチミンの家（→P.293）を再現した建物がある。

絵画から伝統工芸まで幅広く展示 MAP P.237-2B

ダナン美術博物館

Bảo Tàng Mỹ Thuật Đà Nẵng Da Nang Fine Art Museum

伊藤豊吉氏のコレクション展示は日本語解説付き

３フロアからなり、１階は企画展、２階は油絵、漆絵、絹絵、グラフィックアート、戦争に関する作品など。３階はベトナムの民俗絵画・彫刻、ダナン出身の有名画家レ・コン・タン（Lê Công Thanh）氏の作品のほか、日本人アートコレクターの伊藤豊吉氏のコレクションが2031年まで展示されている。

ダナン美術博物館
住78 Lê Duẩn, Q. Hải Châu
☎(0236)3865668 開8:00〜17:00 休無休 料2万ドン

３階の南・中・北部それぞれの伝統芸術を展示したコーナーもおもしろい

サーフィンを楽しむ人が多い MAP P.236-3C

ミーアン・ビーチ

Bãi Tắm Mỹ An My An Beach

ダナンを代表するビーチ、ミーケー・ビーチ（→P.222）の南側のアントゥーン・エリアに近いあたりがミーアン・ビーチと改称された。海の家やビーチバーなども多く、ダナンでは一番にぎわうビーチで、サーフィンスクールなどが点在するのもこのあたり。

海水浴を楽しむなら雨が少なく快晴が多い５〜８月がおすすめ

ミーアン・ビーチ
ハン市場からアントゥーン・エリアのミーアン・ビーチまで約4.7km。タクシーで約13分。

ビーチ沿いの歩道にはキッチンカータイプの飲食店が出る

Voice ダナンの各ビーチの遊泳時間は４〜９月は4:30〜19:00、10〜３月は5:00〜18:00。

ダナンのビーチの代名詞、ミーケー・ビーチ

ミーケー・ビーチ
ハン市場から約3.5km。タクシーで約10分。

マンタイ・ビーチ
ハン市場から約5km。タクシーで約15分。

ホアンサー・ビーチ
ハン市場から約6km、タクシーで約20分。

魚介が浜辺に並ぶホアンサー・ビーチ

アジア・パーク
住1 Phan Đăng Lưu, Q. Hải Châu ☎091-1305568（携帯、ホットライン）
URLasiapark.sunworld.vn
開15:00〜22:00（観覧車とモノレールは16:30〜） 休無休
料入場料＋観覧車15万ドン、入場料＋敷地内の各アトラクション25万ドン ※子供（身長100〜140cm）は半額

リンウン・バイブット寺
住Bãi Bụt, Sơn Trà
☎090-5386726（携帯）
開6:00〜21:00
休無休 料無料

ダナンの海を見守るように立つ観音像。内部はお堂になっている

★★★ マリンスポーツが盛ん MAP P.236-2C

ミーケー・ビーチ

Bãi Tắm Mỹ Khe　My Khe Beach

ロン橋をわたった通り（ヴォーヴァンキエット通り）の東側から南へ約1km続く、ミーアン・ビーチ（→P.221）までのビーチ。海の家も多いがミーアン・ビーチに比べると人が少なめ。

★★ 早朝のSUP＆サーフィンのスポット MAP P.236-1C

マンタイ・ビーチ

Bãi Tắm Mân Thái　Man Thai Beach

ミーケー・ビーチのさらに北側にあり、朝はスタンドアップパドルボート（SUP）やサーフィンを楽しむ人でにぎわう。波が高い時期は遊泳禁止になることが多い。

乾季の早朝は特に混み合うビーチ

★★ お椀舟での漁も見られる MAP P.223-1A

ホアンサー・ビーチ

Bãi Tắm Hoàng Sa　Hoang Sa Beach

マンタイ・ビーチの北側にあり、日の出前はお椀舟での漁を見られることも。早朝は浜辺に魚介が並べられ即席の海鮮市場となる。

★ 観覧車からダナンの町が見渡せる MAP P.236-4B

アジア・パーク

Asia Park

アジアの文化や建築をフィーチャーしたテーマパーク。「インターコンチネンタル・ダナン・サン・ペニンシュラ・リゾート」（→P.232）などを手がけた著名建築家ビル・ベンスリー氏によって設計された。園内には、かつて滋賀県大津市にあった観覧車「イーゴス108」を移築した「サン・ホイール」や、園内を走行する全長1.8kmのモノレールなどのアトラクションのほか飲食店もある。

サン・ホイール（左奥）は、6人乗りで1周約15分

★★ レディ・ブッダで有名 MAP P.223-1B

リンウン・バイブット寺

Chùa Linh Ứng – Bãi Bụt　Linh Ung – Bai But Temple

ダナンに3つある仏教寺院「リンウン寺」のひとつで、ソンチャー半島の標高約700mの高台に建つ。19世紀、グエン（阮）朝ミンマン帝期に建てられたといわれており、2010年に約6年の歳月をかけて再建された。広大な敷地内には本堂、「レディ・ブッダ」の名で親しまれている巨大な観音像、涅槃像と舎利塔などがある。観音像は、高さ約67mとベトナムでも最大で、航海安全を祈願して建てられた。

ちなみに地名でもあるバイブットとは、「仏の浜」を意味する。

長い階段を上った先に建つ山門

Voice ノンヌック・ビーチ（Bãi Tắm Nóng Nước）は、五行山（→P.223）に近く、高級リゾートホテルが並ぶエリアにある白砂のビーチ。広くはないが公共の遊泳エリアもある。MAP P.223-2B

ダナンのパワースポット  下図-2B

五行山

Ngũ Hành Sơn　　Marble Mountain

木火土金水の五行にちなんで名づけられたトゥイーソン（Thủy Sơn）、モックソン（Mộc Sơn、入山不可）、キムソン（Kim Sơn）、トーソン（Thổ Sơn、入山不可）、ホアソン（Hỏa Sơn、入山不可）の五山からなり、大理石でできていることから「大理石＝マーブル」で、マーブルマウンテンとも呼ばれている。一般的に旅行者が訪れるのは、その中で一番大きいトゥイーソン（標高108m）で、山腹の洞窟には仏像が安置されており、ここが長い間人々の信仰を集めてきたことがわかる。長い石段と山道を登るとリン・ニャム洞窟（Động Linh Nham）、ヴァン・トン洞窟（Động Vân Thông）など6つの洞窟や寺、展望台があり、そこからの眺めは格別。ほかの4つの山と、白く輝くノンヌック・ビーチ、麓の町の美しい風景が広がる。さらに奥に進むと、1968年のアメリカ軍の爆撃でできた深さ10～15mの縦穴がある。ここにも仏像が祀られ、神秘的な雰囲気が漂っている。また、麓のノンヌック村では大理石の像やレリーフの工房が軒を連ねており、大理石の小物を売るみやげ物店もある。

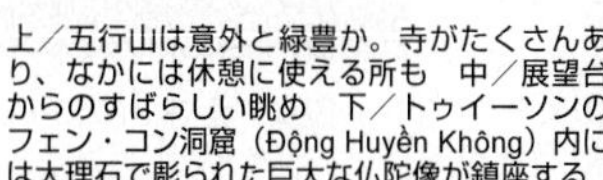

上／五行山は意外と緑豊か。寺がたくさんあり、なかには休憩に使える所も　中／展望台からのすばらしい眺め　下／トゥイーソンのフェン・コン洞窟（Động Huyền Không）内には大理石で彫られた巨大な仏陀像が鎮座する

五行山
住Huyền Trân Công Chúa, Q. Ngũ Hành Sơn
☎(0236)3961114、093-6455234、076-6506715（ともに携帯、ホットライン）
開7:30～17:30　休無休
料トゥイーソン：入山料4万ドン（入口は2ヵ所、第1ゲート付近のエレベーター 1万5000ドン）、アムフー洞窟（Động Âm Phủ）2万ドン、絵はがき付き五行山地図1万5000ドン、英語ガイド1時間20万ドン
キムソン：入山料無料（入口は1ヵ所、頂上までは登れない）

五行山のおもな道は階段が整備されているが、洞窟内などはよじ登るような箇所もあるため、スニーカーなどの歩きやすい靴が望ましい。また、洞窟内は薄暗いので懐中電灯があると便利。

五行山へはダナン中心部から、市バス6番に乗り、終点下車。そこから徒歩約10分。タクシーなら中心部から約20分。12万ドン～。バイクタクシーなら5万ドン～。

アップダウンが激しい場所もあり、水分補給は忘れずに行おう

ホアンサー展示館
Nhà Trưng Bày Hoàng Sa
The Museum of Paracel Island
MAP 左図-1A
住Hoàng Sa, Thọ Quang, Q. Sơn Trà
☎(0236)3689921
開8:00～11:30、13:30～17:00
休無休　料無料

ベトナムと中国の領土問題など、ホアンサー諸島に関する展示。

ベトナム国旗がデザインされた外観

サンワールド・バーナーヒルズへはロープウエイでアクセス

サンワールド・バーナーヒルズ
住An Sơn, Xã Hòa Ninh, Huyện Hòa Vang
☎(0236)3749888、090-5766777（携帯、ホットライン）
URL banahills.sunworld.vn
開8:00～22:00 ※22:00はロープウエイの最終便。通常チケットの場合、退園時間は17:00
休無休 料90万ドン、子供（身長100～140cm）75万ドン
※上記料金はロープウエイ、トロッコ列車、フラワーガーデンの入場料金、ファンタジーパークのゲーム料金を含む。そのほかビュッフェ付きのチケットや夜入場のチケットもある
　ダナンから車で約1時間30分。市バス3番がダナン国際空港～サンワールド・バーナーヒルズ間を7:00～18:00の間に1時間間隔で運行、3万ドン。サンワールド・バーナーヒルズ発の最終便は19:00。

手入れの行き届いたフラワーガーデンも見どころのひとつ

ハイヴァン峠
　旅行会社でダナン～フエ間の車をチャーターするとひとり35US$（ふたりで1台利用の場合）。ハイヴァン峠を通った場合、見学時間を含め所要約4時間。トンネルを通った場合は所要約3時間。五行山などを巡りながらダナン＆ホイアンへ行くフエ発のバスツアー（→P.270）もある。

峠は霧がかっていることも多い

郊外の見どころ Sightseeing

★★ 高原にあるアミューズメントパーク　MAP P.223-2A

サンワールド・バーナーヒルズ
Sun World Ba Na Hills

　ダナンの町から西へ約40km、標高約1487mの高地にある高原アミューズメントパーク。この一帯にはかつてはバナナの木が多かったためにこの名前がつけられた。

　園内は大きく4つのエリアに分かれており、各エリアはホイアン駅～マルセイユ駅間など、6ラインのロープウエイで結ばれている。一番の見どころは、「ゴールデン・ブリッジ」だ。巨大な山神の手に支えられるように設計された全長約150mの橋で、フォトジェニックな景観が話題を呼んでいる。ゴールデン・ブリッジと同じエリアには美しく手入れされたフラワーガーデン「ル・ジャルダン・ダムール」やワインセラーがある。

　ゴールデン・ブリッジとは別のエリアには、中世ヨーロッパをイメージしたフランス村があり、レストランやホテルなどが集まっている。またフランス村の近くには、さまざまなアトラクションやゲームが無料で楽しめる「ファンタジーパーク」がある。標高が高いので夏でも気温は17～20℃と涼しく、天気がいい日はダナンの町や緩やかに弧を描くビーチ、遠くにハイヴァン峠と絶景が望める。

ファンタジー感のあるゴールデン・ブリッジ。橋からはダナンの町が見える

★★ 美しい海岸線が見られる絶景スポット　MAP 折表-2B、P.223-1A

ハイヴァン峠
Đèo Hải Vân　Hai Van Pass

　ダナンとフエの間にある峠で海抜約496m。眼下には吸い込まれるような真っ青な海が広がる。ベトナム語でハイは海、ヴァンは雲を意味するが、山頂付近はその名のとおり霧や雲がかかって曇っていることが多い。この峠を境に、気候も人の気質もガラリと変わるといわれる。事実、フエは雨でもダナンは快晴、ということも珍しくない。峠の要塞はグエン（阮）朝ミンマン帝の治世（19世紀）に造られ、第2次世界大戦時の日本軍や、ベトナム戦争中にはサイゴン政府軍も監視所として使った歴史がある。運よく晴れていれば、ここからすばらしい眺めが楽しめる。

ハイヴァン峠からの景色。晴れた日は遠くまで見渡せる

　2005年、全長約6.3kmのトンネルがこの峠を貫くように開通し、ダナン～フエ間の所要時間が約40分短縮された。それにともない、ツアーバスやローカルバスは時間短縮でトンネルを利用するようになったため、この絶景を見るためにはハイヴァン峠へ立ち寄るツアーに参加するといいだろう。

Voice ゾウの渓流（Suối Voi／Elephant Springs）は、ダナンから国道1号線をフエ方面へ約40km（フエからなら約60km）、さらに山側へ数km入った山の中にある。非常に水が澄んでおり、自然景観が美しいことで知られている。MAP P.223-1A

インフォメーション INFORMATION

航空会社

●ベトナム航空　Vietnam Airlines

MAP P.236-2A参照

住39 Điện Biên Phủ, Q. Thanh Khê

☎1900-1100（ホットライン）　営8:00～11:30、13:30～17:00　休日曜、祝日　カード A J M V

●ベトジェットエア　VietJet Air

MAP P.236-3A　住200 Lê Đình Lý, Q. Hải Châu

☎(0236)3692665、1900-1886（ホットライン）

営7:00～20:00（祝日7:30～12:00、13:30～17:00）

休無休　カード J M V

銀　行

●ベトコムバンク　Vietcombank

MAP P.237-2B　住140-142 Lê Lợi, Q. Hải Châu

☎(0236)3822110

営7:30～11:30、13:30～17:00　休土・日曜

USドル、日本円の現金の両替が可能。要パスポート。

郵便局

●ダナン郵便局

MAP P.237-3C　住45 Yên Bái, Q. Hải Châu

☎(0236)3849038、1800-1096（ホットライン）

営7:00～19:00（日曜7:30～11:30、13:00～17:30）

休無休

英語の通じる救急病院

●ファミリーメディカルプラクティス・ダナン

Family Medical Practice Danang

MAP P.237-4A　住96-98 Nguyễn Văn Linh, Q. Hải Châu　☎(0236)3582699（代表）、091-3917303（救急）、(028)38221919（ホーチミン市の日本語デスク：月～金曜 8:00～17:00、土曜～12:00）

URL www.vietnammedicalpractice.com

E-mail hcmc.jpdesk@vietnammedicalpractice.com（日本語）　営8:00～17:00（土曜～12:00）　休日曜（救急時24時間対応）

内科、小児科などの診療、救急医療・搬送（国内外）を提供し、入院施設も備える。必要時はホーチミン市（→P.87）またはハノイ（→P.311）の日本人スタッフが電話でサポート。日系海外旅行保険やクレジットカード付帯保険のキャッシュレス対応も可能。日中は予約優先、救急時は24時間対応。

おもな領事館

●在ダナン日本国総領事館

MAP P.237-4C　住4-5F, Lot A17-18-19, Đường 2 Tháng 9, Q. Hải Châu　☎(0236)3555535

URL www.danang.vn.emb-japan.go.jp

開8:30～17:15（領事窓口8:30～12:00、13:30～16:45）

休土・日曜、祝日

※パスポートの新規発給、帰国のための渡航書の発給については→P.432。入館には身分証明書が必要。

旅行会社&ツアーオフィス TRAVEL OFFICE & TOUR OFFICE

●ダナン・ビジターセンター

Danang Visitor Center

MAP P.237-3C　住18 Hùng Vương, Q. Hải Châu

☎(0236)3550111　URL danangfantasticity.com

営8:00～11:45、13:30～17:30　休無休

ダナン市が運営する観光案内所。地図やパンフレットの配布のほか、さまざまな旅行情報を提供。さらにホイアン行きシャトルバス（→P.239）の手配や紛失・盗難被害に遭った際の公安での紛失届受理証明書発行手続きなどを無償で手伝ってくれる。空港内にもデスクがある。

●ヴイヴイ・グローバル・ラウンジ・プロデュースド・バイ・HIS

Vui Vui Global Lounge Produced by HIS

MAP P.237-1C

住1-3 Đống Đa, Q. Hải Châu

☎(0236)7301400

URL www.his-discover.com/vietnam

営8:30～17:30　休土・日曜、祝日　カード J M V

サンワールド・バーナーヒルズやミーソン遺跡、ホイアンなどへのツアー予約ができるツアーデスク。日本語対応可能で、アオザイレンタルあり。

ダナンのナイトマーケット

ダナンのおもなナイトマーケットはふたつ。さまざまな屋台が出て最もにぎわうのがロン橋のたもとで開かれる「ソンチャー・ナイトマーケット」で、中心部から少し離れるが地元人気が高いのが「ヘリオ・ナイトマーケット」。どちらも毎晩17:30頃～22:30頃まで。

みやげ、マッサージ、海鮮などの屋台が立つソンチャー・ナイトマーケット

中央のステージで音楽ライブが開かれるヘリオ・ナイトマーケット

ソンチャー・ナイトマーケット　Chợ Đêm Sơn Trà

MAP P.236-3B　住Mai Hắc Đế, An Hải Trung, Q. Sơn Trà

ヘリオ・ナイトマーケット　Chợ Đêm Helio

MAP P.236-4B　住1 Đường 2 Tháng 9, Q. Hải Châu

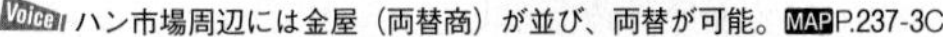

Voice ハン市場周辺には金屋（両替商）が並び、両替が可能。MAP P.237-3C

レストラン Restaurant

ソンチャー半島手前のファインダイニング

ソンチャー・リトリート

創作ベトナム料理

Son Tra Retreat

MAP P.223-1B

ダナン中心部の喧騒から離れ、自然に囲まれてリラックスしながら食事が楽しめるレストラン。ダナンの食材の魅力を最大限に引き出した調理とプレゼンテーションで新しいベトナム料理のおいしさに出合える。特に漁師から直接買い付ける新鮮な海鮮を使ったメニューはマスト。豆や野菜を混ぜた玄米に、グリルした小さなイカとガリを載せたご飯（写真手前、16万5000ドン）はプリプリとした食感に磯の香りがたまらない逸品だ。小エビ（Tép）のクレイポットライス（13万9000ドン）も絶品。

熟成ダックブレストのソテー（中央、28万9000ドン）もぜひ。非常に軟らかく芳醇な味わい

住11 Lê Văn Lương, Q. Sơn Trà
☎(0236) 3919188
営11:00～22:00（ドリンクは8:00～）
休無休　料サ別
カードJMV　予約望ましい

ソンチャー半島の手前に立地し、市内からのアクセスも良好

各地の名物料理が食べられる

ティエン・キム

ベトナム料理

Thien Kim

MAP P.237-3C

ダナン名物はもちろん、ホイアン、フエなどベトナム各地の代表的な料理がメニューに並ぶ。ハノイ風のフォー・ボー（９万8000ドン）はスープまで飲み干したくなるおいしさ。野菜や果物、肉、エビなどをライスペーパーで巻いて食べるゴーイ・グー・サック（Gỏi Ngũ Sắc）もぜひ。

右奥がゴーイ・グー・サック13万8000ドン

住166 Bạch Đằng, Q. Hải Châu　☎077-3566882（携帯）
営10:00～22:00（L.O.21:00）　休無休　カードMV　予約不要

巻き物料理が名物

ベップ・クォン

ベトナム料理

Bep Cuon

MAP P.236-3C

店名のクォンは「巻く」を意味し、ベトナムの巻き物料理が看板メニュー。生春巻、揚げ春巻、エビのすり身、豚肉の串焼きがセットの前菜盛り合わせ(Mẹt Bếp Cuốn)が特におすすめ。ダナン風バイン・セオ（→P.38、９万9000ドン～）も美味。

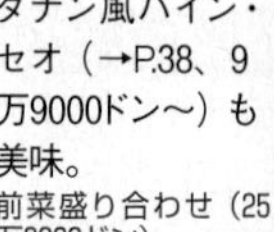

前菜盛り合わせ（25万9000ドン）

住54 Nguyễn Văn Thoại, Q. Ngũ Hành Sơn
☎070-2689989（携帯）　営10:30～21:30（L.O. 21:00）
休無休　カードJMV　予約不要

豊富なメニュー構成で人気

マダム・ラン

ベトナム料理

Madame Lan

MAP P.237-1C

ホイアンの中国風家屋を模した空間で、200品以上のベトナム料理が食べられる。店のおすすめは網状の米麺シートと焼き豚をライスペーパーで包むバン・ホーイ・ティット・ヌーン（Bánh Hỏi Thịt Nướng）や中部の名物麺ミー・クアン（→P.37、７万5000ドン～）など。

手前がバン・ホーイ・ティット・ヌーン９万9000ドン

住4 Bạch Đằng, Q. Hải Châu　☎(0236) 3616226
営6:30～21:30　休無休　カードAJMV　予約不要

地元で人気のローカルシーフード店

タンヒエン２

海鮮料理

Thanh Hien 2

MAP P.236-2C

ミーケー・ビーチ（→P.222）沿いに店を構える老舗海鮮料理店。魚介は重量での値段表示で、生けすのそばに掲示されており、グリル、ボイル、バターニンニク揚げなど調理方法も選べる。時期などによっても異なるがエビは80万ドン～／1kgが目安。

ロブスターのバターニンニク揚げ1尾70万ドン～

住254 Võ Nguyên Giáp, Q. Sơn Trà　☎090-5959469（携帯）、090-5340528（携帯）　営10:00～22:00　休年に２日間不定休　カードJMV　予約不要

各データ欄の「税・サ別」は、税・サービス料別途のことを意味し、税（VAT）は10%です。サービス料は通常５％です。

レストラン Restaurant

激安シーフードの店

ナムダン　海鮮料理

Nam Danh　MAP P.236-1C参照

中心部から距離があり、場所もかなりわかりづらいが、1皿7万～10万ドンという破格の値段で新鮮な海鮮が味わえると地元の人に大人気。チップという貝のレモングラス蒸し（Chíp Đá Hấp）やカニのタマリンド炒め（Ghẹ Rang Me、8万ドン）がおすすめ。

ハマグリに似たチップ

住139/59/38/10 Trần Quang Khải, Q. Sơn Trà
☎090-5333922（携帯）、076-2654677（携帯）
営10:30～20:30　休無休　カード不可　予約不要

ダナン風バイン・セオの有名店

バー・ユーン　ベトナム料理

Ba Duong　MAP P.237-4A

ダナン風バイン・セオ（→P.38、3万ドン／1人前）の専門店。皮がモチモチとして厚めのダナンのバイン・セオは豚肉つくねのネム・ルイ（Nem Lụi、8000ドン／1本）と一緒にライスペーパーで包んでたれに付けて食べる。店は細い路地の突き当たりにある。

野菜や香草と一緒に包み、特製味噌だれに付けていただく

住K280/23 Hoàng Diệu, Q. Hải Châu　☎(0236) 3873168
営9:30～21:30　休旧暦4/15、7/15　カード不可　予約不要

ダナン名物麺の老舗

ミー・クアン1A　麺

Mi Quang 1A　MAP P.237-2B

創業31年のミー・クアン（→P.37）の名店。ミー・クアンは定番のエビ・豚肉入り（Tôm Thịt、3万5000ドン）、エビ・豚肉・鶏肉・卵入りのスペシャル（Đặc Biệt、5万ドン）など5種類。太めの米麺はコシがあり、エビのだし入りスープとよくからむ。野菜や香草、辛味を入れ、ライムを搾って食す。

鶏肉のミー・クアン4万ドン

住1A Hải Phòng, Q. Hải Châu　☎(0236) 3827936
営6:00～21:00　休無休　カード不可　予約不要

つけ麺感覚が楽しいミー・クアン

モン・クアン・バー・ムア　ベトナム料理

Mon Quang B. Mua　MAP P.237-4C

麺と具が別盛りでサーブされ、つけ麺感覚で味わえるミー・クアン・トー（Mỳ Quảng Thố、8万5000ドン）が名物。もうひとつの人気メニュー、バイン・セオ（7万5000ドン～）は中部風と南部風の2種類のたれが付き、味変が楽しめる。

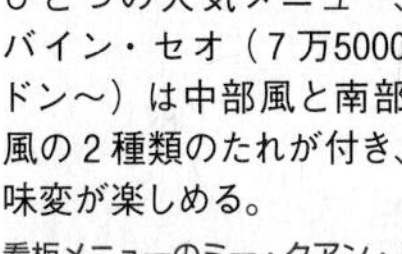

看板メニューのミー・クアン・トー。ライギョのミー・クアン（5万ドン）などもある

住42-44 Lê Đình Dương, Q. Hải Châu　☎097-5545314（携帯）　営7:00～22:00　休無休　カードAJMV　予約不要

魚のすり身揚げ入りピリ辛麺

ブン・チャー・カー109　麺

Bun Cha Ca 109　MAP P.237-2C

トウガラシが利いたピリ辛スープに、魚のすり身揚げやタケノコなどが載る、ダナンの朝ごはんの定番、ブン・チャー・カー（Bún Chả Cá）の有名店。クリアなピリ辛スープにつるつるとしたのど越しの米麺ブンがよくからみ、美味。3万ドン～でスペシャル（4万ドン～）が人気。

あっさりとした味わいで朝食にぴったり

住109 Nguyễn Chí Thanh, Q. Hải Châu　☎094-5713171（携帯）　営6:30～22:00　休無休　カード不可　予約不要

ダナン名物、手巻き豚肉の生春巻

チャン　ベトナム料理

Tran　MAP P.237-4C

野菜や香草、豚肉、軟らかくもちもち食感のライスペーパーを通常のライスペーパーで巻いて食べるダナン名物、バイン・チャン・クオン・ティット・ヘオ（Bánh Tráng Cuốn Thịt Heo）の専門店。一番ポピュラーなゆで豚のセット（Đặc Sản Trần）は19万9000ドン。ゆで豚ではなくグリルポークもある。

ゆで豚肉のセット

住11 Nguyễn Văn Linh, Q. Hải Châu　☎093-5465222（携帯）
営7:00～22:00　休無休　カード不可　予約不要

Voice! ダナンでもバイン・セオ（→P.38）がよく食べられるが南部とは異なり、ライスペーパーで野菜などと一緒に包んでこってりとした味噌だれに付けて食べる。

ベトナム風チキンライス
コム・ガー・アー・ハイ
ベトナム料理
Com Ga A. Hai MAP P.237-3B

ガックという赤い実で赤く色付けしたご飯の上にチキンを豪快に載せたベトナム式チキンライスの専門店。おすすめはパリッと揚げた弾力のある鶏肉が載ったコム・ガー・クアイ（Cơm Gà Quay、6万ドン）。裂いたゆで鶏が載ったコム・ガー・セー（Cơm Gà Xé、4万7000ドン）もある。

チキンライスにはスープと漬物が付く

住94-104 Thái Phiên, Q. Hải Châu ☎090-5312642（携帯） 営8:00～23:00 休旧暦4/15、7/15 カード不可 予約不要

栄養バランスも満点な絶品ヴィーガンカフェ
クルミ
ヴィーガン料理
Kurumi MAP P.236-3C

動物性食品不使用とは思えないほどおいしいヴィーガン料理が楽しめる。マンゴー、バナナ、スピルリナ、ナッツなどが入ったシャリッと冷たいクルミ・スムージーボウルは果物の甘味やさまざまな食感が楽しくおすすめ。店内もビーチカフェのような開放感があり心地よい空間。

左がクルミ・スムージーボウル9万5000ドン

住175 Bà Huyện Thanh Quan, Q. Ngũ Hành Sơn ☎056-9844088（携帯） 営8:00～21:00 休無休 カードAJMV 予約不要

ラスティックな雰囲気がおしゃれ
キュイジーヌ・ドゥ・ヴァン
西洋料理
Cuisine De Vin MAP P.237-3B

色あせたビンテージ風の家具に彩られたおしゃれなカジュアルレストラン。おすすめはイベリコハムとルッコラのサラダ（22万ドン）やダックのラグーソースパスタ（28万ドン）など。ひと皿の量はかなり少なめなので、サラダやスープなどの前菜とメイン料理を一緒に注文したほうがいい。

雰囲気のある店内

住176 Nguyễn Chí Thanh, Q. Hải Châu ☎090-5002050（携帯） 営10:00～22:00 休無休 カード不可 予約不要

サパがテーマのエスニックカフェ
クアゴー・カフェ
カフェ
Cua Ngo Café MAP P.237-2B

竹や木材をふんだんに使い、壁には小枝や伝統布をあしらった野趣あふれる内装で、サパの村を訪れたような気分に。ここは少数民族が多く暮らすサパの村がテーマのカフェで、民族衣装を着てお茶を楽しめる（1時間4万9000ドン）。おすすめドリンクは塩コーヒー（3万9000ドン）。

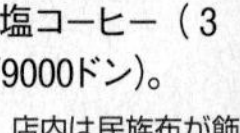

店内は民族布が飾られ、雰囲気満点

住102 Nguyễn Thị Minh Khai, Q. Hải Châu ☎077-2260005（携帯） 営6:00～22:00 休無休 カード不可 予約不要
［1号店］MAP P.236-3C 住2 Trần Bạch Đằng, Q. Sơn Trà

古道具や家具に囲まれたレトロカフェ
ナム・ハウス
カフェ
Nam House MAP P.237-3C

1960年代のベトナムの民家をイメージしたレトロな雰囲気のカフェ。小さな椅子とテーブルが置かれた店内には、年季の入ったミシンやラジカセ、ダイヤル式電話などが飾られ、不思議な居心地のよさが感じられる。ベトナム・コーヒーは2万3000ドン～。

朝早くから地元の人でいっぱいになる人気カフェ

住15/1 Lê Hồng Phong, Q. Hải Châu ☎036-6865996（携帯） 営6:00～22:00 休無休 カード不可 予約不要

ハス茶のティーセレモニーを体験
ゴック・ニャー・トゥイ・ミン
カフェ
Goc Nha Tui Minh MAP P.237-2C

ハノイやフエから取り寄せた高級ハス茶を味わえるティーハウス。注文すると、目の前でハスの花に包まれた茶葉を取り出し、ていねいに入れてくれる。ハス茶は伝統茶菓子付きで14万5000ドン（2人前）、3人以上の場合はひとり1万5000ドンずつ追加。

フルーティで甘美な香りのハス茶。三煎目まで味の変化を楽しみたい。コンブチャもおすすめ

住36/36 Lê Duẩn, Q. Hải Châu ☎034-8356627（携帯） 営7:00～22:00 休無休 カード不可 予約不要

Voice!「ゴック・ニャー・トゥイ・ミン」（→上記）は1967年に建てられた民家を改装。店内で自家製のお酒やお茶、雑貨なども販売。

レストラン Restaurant

船を眺められるレトロカフェ
ノイ・ザ・キャビン
カフェ
Noi-The Cabin　MAP P.223-1A

ローカル船が停泊する小さな港前にあるカフェ。45〜50年前のベトナムがコンセプトという店内は、古びた家具や機械、工業製品などが無秩序に配置され、独特の空気感を生み出している。風情あるローカル船が並ぶ港を眺めながらのんびりしたい。

市内に4店舗ある「ノイ・カフェ」の支店。ノイ・ミルクコーヒ（3万9000ドン）がおすすめ

住118 Chu Huy Mân, Q. Sơn Trà　☎093-5804537（携帯）　営6:30〜22:30　休無休　カード不可　予約不要

路地裏のガーデンカフェ
チン・カフェ
カフェ
Trinh Ca Phe　MAP P.237-4C

クリーミーなアボカドとコーヒーの苦味のコンビが癖になる、ダナンで大流行中のアボカドコーヒーのパイオニア的存在。1975年のベトナムをイメージしたレトロな内装で、店名の由来でもあるベトナムの国民的作曲家であるチン・コン・ソンの音楽が流れる。市内に店舗展開している。

ココナッツチップスが載るアボカドコーヒー 3万9000ドン

住22/4 Lê Đình Dương, Q. Hải Châu　☎093-2453811（携帯）　営6:30〜22:30　休無休　カード不可　予約不要

ココナッツを使ったデザート
ユア・ベンチェー190 バクダン
甘味
Dua Ben Tre 190 Bach Dang　MAP P.237-3C

川風が気持ちいい川沿いの小さな甘味屋。看板メニューはココナッツシェルに入ったココナッツゼリー（Rau Câu Trái Dừa、4万5000ドン）。周辺には同規模、同メニュー、同料金の店が数軒並んでいる。通り沿いに座ればロン橋（→P.220）のライトアップも眺められる。

ひんやり冷たくほどよい甘さが人気の秘密

住190 Bạch Đằng, Q. Hải Châu　☎090-6527272（携帯）　営9:00〜24:00　休無休　カード不可　予約不要

豆腐デザートが豊富
タウ・フー・セーラム
甘味
Tau Hu Xe Lam　MAP P.237-3C

タウ・フー（豆腐）に特化したデザート専門店で、自家製の豆乳&ヨーグルトも楽しめる。豆腐デザートは、リュウガンやアズキ、ハスの実入り（Tàu Dưỡng Nhãn、3万7000ドン）がさっぱり甘さ控えめでおすすめ。ミックスのターピールーも人気。

手前がタウ・フー・ターピールー（Tàu Hủ Tả Pí Lù、3万ドン）。バイン・ミーもある

住174-176 Trần Phú, Q. Hải Châu　☎090-5424542（携帯）　営7:00〜23:00　休無休　カード不可　予約不要

ダナン発のクラフトビール
ブルーハハ
バー
Brewhaha　MAP P.237-3C

ダナン発のクラフトビール「5エレメンツ」のタップバー。オリジナルビールは、ブランド名の五行にちなんだ「木火土金水」の5種類があり、サパ産のワンピ（黄皮）やシイタケなどを材料にしていておもしろい。どれも飲みやすく200mL2万9000ドン〜。

木火土金水のお試しセット（16万5000ドン）とシジミのあえもの（9万5000ドン）

住16 Thái Phiên, Q. Hải Châu　☎091-1340989（携帯）　営10:00〜24:30（ドリンクL.O.23:30）　休無休　カードAJMV　予約不要

大人の隠れ家的バー
テー・ミクソロジー
バー
Te Mixology　MAP P.237-3C

「コン・カフェ」内の階段を上がった3階に店を構える隠れ家的なバー。フォー・カクテルを考案したとされるハノイの「ネー・カクテル・バー」（→P.325）の姉妹店で、ここでもフォー・カクテルやベトナム風梅干しの味を再現したカクテル、オーマイ（18万ドン）などが味わえる。

フォー・カクテル（18万ドン）はカクテルを作るパフォーマンスも必見。カクテルは40種類以上

住3F, 39-41 Nguyễn Thái Học, Q. Hải Châu　☎078-8334343（携帯）　営19:00〜翌1:00　休無休　カードMV　予約不要

Voice 「ブルーハハ」のブランドキャラクターは水上人形劇に登場する案内役テウさん。店はビールジョッキを両手に持って笑うテウさんの大きな看板が目印。

ショップ

ツボをおさえた品揃えで人気

ホアリー Hoa Ly

ベトナム雑貨

MAP P.237-3C

ダナンでおみやげを買うなら一度は訪れたいのがここ。ノートやピンバッジ、キーホルダーなどこまごまとした商品からプラカゴ、陶器、刺繍商品、レトロキッチュなキッチン用品、さらにはコスメ、フードみやげまで、日本人女性オーナーのおめがねにかなった厳選アイテムがズラリと並ぶ。ベトナム数字をモチーフにしたモッ・ハイ・バー・ポーチなど、店オリジナル商品も多く、ここでしか手に入らないアイテムも。商品数は1000点以上と品揃え豊富なので、時間をかけてゆっくり選びたい。

ビーズ刺繍ポーチ、100%シルクネクタイ（各20万ドン）など

住252 Trần Phú, Q. Hải Châu
☎091-2347450（携帯）、(0236) 3565068
営10:00～18:00
休無休 カード ADJMV

左／ドロップ形刺繍ポーチ10万ドン
右／コスメ系も充実

バッグの種類が豊富

セントラル・マーケット Central Market

ベトナム雑貨

MAP P.237-3C

サマーバッグやニットバッグ、プラカゴなどバッグ類がかわいい雑貨店。マンゴーの木で作ったスプーンなど手作りの商品も多い。無添加のドライマンゴーや花＆果物をキューブ形に閉じ込めたパームシュガーティー（20万ドン）をはじめとする食品みやげ、コスメ系も充実。

ピンク色のミニバッグ35万ドンなど

住163 Trần Phú, Q. Hải Châu ☎034-5811818（携帯）
営9:00～21:00 休無休 カード JMV

変わり種チョコレートが評判

ティーブロス T-Bros

チョコレート

MAP P.237-4C

世界的チョコレート品評会で10以上もの受賞経験をもつ、ダナン発のチョコレートブランド。ダックラック省産カカオを使用したチョコは、小エビの発酵調味料マムルォック＆レモングラスやライスワインなど、ユニークなフレーバーが多く新たなチョコレートのおいしさに出合える。

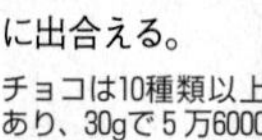

チョコは10種類以上あり、30gで５万6000ドン～

住36 Trưng Nữ Vương, Q. Hải Châu ☎094-7949898、097-8270911（携帯） 営9:00～20:00 休無休 カード MV

その他のショップ

フェヴァ Pheva

チョコレート MAP P.237-3C

住239 Trần Phú, Q. Hải Châu
☎(0236) 3566030
営8:00～19:00 休無休 カード JMV

ベンチェー産カカオを使ったシングルオリジンチョコレート専門店。フーコック産コショウなどベトナムらしい素材をトッピングした12種類のフレーバーが並び、試食もできる。好みの味を箱詰めできるひと口サイズのチョコは12個入り８万6400ドン～。

ミルクスタイル Miukstyle

ベトナム雑貨 MAP P.237-3C

住1F, Wonderlust, 96 Trần Phú, Q. Hải Châu
☎093-1941905、090-5408849（携帯）
営8:30～21:30 休無休 カード不可

カフェ＆雑貨店「ランダーラスト」内にある、花柄の布を使った小物やファッションアイテムの店。優しい雰囲気の商品が多く、布コースターセット（５万ドン）、帽子（18万ドン）、バッグ（21万ドン）などが売れ筋。

ゴー！ダナン Go!Da Nang

スーパーマーケット MAP P.237-3A

住Khu Thương Mại Vĩnh Trung, 255-257 Hùng Vương, Q. Thanh Khê ☎(0236) 3666085
営8:00～22:00 休無休 カード ADMV

ダナン中心部でも最大規模のスーパーマーケット。地元の人の利用が多く、１日中混み合っている。フォーなどの乾麺、調味料、お菓子など、食料品の品揃えが豊富で日用品なども売っている。オリジナルのエコバッグも販売。

Voice! 洋服なら「チ・バー・ブティック Chi Ba Boutique」へ。ワンピース40万ドン～。 MAP P.237-1C
住45 Lý Thường Kiệt, Q. Hải Châu ☎097-6537835（携帯） 営8:00～21:30 休無休 カード不可

スパ・マッサージ Spa & Massage

満足度が高いスパ体験

ハーバル・スパ　スパ

Herbal Spa　MAP P.236-2C

確かな技術とホスピタリティある対応で質の高いスパ体験ができる。指圧、ホットストーンなどを組み合わせたハーバル・シグネチャーマッサージや、好みのマッサージをアレンジできるビュッフェマッサージ（90万ドン／90分）が人気。

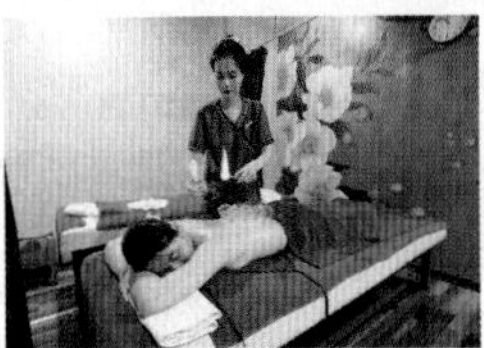

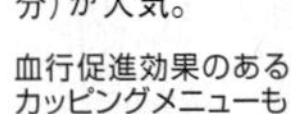

血行促進効果のあるカッピングメニューも

住90&201 Đình Nghệ, Q. Sơn Trà　☎090-1825789、076-2347999（携帯）　営9:00～22:30（メニューによりL.O.20:30～21:00）　休無休　料ハーバル・シグネチャーマッサージ55万ドン（60分）など　カードMV　予約要予約

プライベートヴィラでリラックス

ヴィー・スパ　スパ

Vie Spa　MAP P.223-2B

静かな庭園にトリートメント用の10棟のヴィラが点在。高い塀に囲まれた各ヴィラには小さなガーデンと屋外のバスタブが備えてあり、自分だけのスパタイムを満喫できる。90分から4時間まで、4種類あるパッケージメニューがおすすめ。

メニューも豊富

住5 Trường Sa, Q. Ngũ Hành Sơn（ハイアット・リージェンシー内）　☎（0236）3981234（内線8560）　営9:00～21:00（L.O. 19:30）　休無休　料ヴィー・フュージョン・マッサージ260万ドン（60分）など。税・サ別　カードADJMV　予約要予約

在住者のファンも多い実力派スパ

クイーン・スパ　スパ

Queen Spa　MAP P.236-3C

外観は、よくあるローカルなスパだが、高いマッサージ技術で在住外国人や観光客に人気。おすすめはキャンドルで肌を柔らかくなめらかにしてくれるスパ・ボディ・ローション・キャンドルや竹を使ったオイルマッサージなど。

エジプトがテーマのトリートメントルーム

住144 Phạm Cự Lượng, Q. Sơn Trà　☎（0236）2473994　営10:00～21:30（L.O. 20:30）　休無休　料スパ・ボディ・ローション・キャンドル49万ドン（60分）など　カードJMV　予約要予約

ホーチミン市の人気店がダナンに上陸

ゴールデン・ロータス・オリエンタル・オーガニック・スパ　スパ&マッサージ

Golden Lotus Oriental Organic Spa　MAP P.237-3C

マッサージの技術に定評があり、60分の足マッサージに30分の肩&首マッサージがセットになったもの（45万ドン）が一番人気。指圧を取り入れ的確にツボを押してくれるゴールデン・ロータス・マッサージもおすすめ。

施術後はお茶&マンゴーのサービスがある

住209 Trần Phú, Q. Hải Châu　☎（0236）3878889　営9:00～22:00　休無休　料ゴールデン・ロータス・マッサージ39万ドン（60分）など　カードMV　予約要予約
［支店］MAP P.236-2C　住63 Hà Bổng, Q. Sơn Trà

その他のスパ・マッサージ Spa & Massage

ミ・ソル・スパ　スパ

Mi Sol Spa　MAP P.223-1B

住Khu Du Lịch Sinh Thái Biển Bãi Bắc, Q. Sơn Trà（インターコンチネンタル・ダナン内）　☎（0236）3938888　営10:00～22:00（L.O.19:30）　休無休　料ブリスフル・マルマ3788万ドン（60分）など。税・サ別　カードADJMV　予約要予約

ソンチャー半島の緑豊かな自然と海を望む静かなラグーンに、格納庫をイメージしたヴィラタイプのスパルームが浮かぶ5つ星スパ。ベトナムの天然由来のプロダクツを使用した、極上のスパトリートメントが受けられる。

チャーム・スパ　スパ

Charm Spa　MAP P.237-3C

住283 Nguyễn Chí Thanh, Q. Hải Châu　☎（0236）3565676　営9:00～23:00　休無休　料ホットストーン&ハーバルテラピーマッサージ62万ドン（70分）など　カードJMV　予約不要

ダナンの中心部にあり、町歩きの途中に立ち寄れるカジュアルなスパ。英語可能なスタッフがおり、外国人旅行者の利用も多い。男女施術可能で、男女別のロッカールームもある。チップは任意。

コン・スパ&ネイル　スパ

Cong Spa & Nail　MAP P.237-2C

住80 Trần Phú, Q. Hải Châu　☎（0236）3825777、093-5171088（携帯）　営10:00～22:30（L.O. 21:30）　休無休　料ドライ・マッサージ31万5000ドン（60分）など　カードMV　予約不要

全国的にチェーン展開している大人気のレトロカフェ「コン・カフェ」が経営するカジュアルスパ。マッサージのほか、ネイルもでき、爪のケア&カラーポリッシュのベーシックネイルは10万ドン。ハン市場（→P.220）近くで便利な立地。

Voice スパ・マッサージのチップが料金に含まれていない場合、目安は1時間の施術で4万～5万ドン。もちろん満足なサービスを受けられなかった場合はチップ不要。

美しい自然に囲まれた高級ラグジュアリーリゾート

インターコンチネンタル・ダナン・サン・ペニンシュラ・リゾート

高級ホテル

InterContinental Danang Sun Peninsula Resort

MAP P.223-1B

ソンチャー半島の山の斜面に建つ。圧倒的な規模を誇り、ベトナム伝統デザインと自然が調和した造りのリゾート内に散りばめられたベトナムモチーフを探すのも楽しい。ミシュラン・スターシェフによる本格フレンチの「ラ・メゾン1888」など5つのレストラン&バー、「ミ・ソル・スパ」(→P.231)、無料で楽しめる各種アクティビティなどホテルライフを満喫できる設備が充実している。フットネイルケアの巨匠として世界的に有名なバスティン・ゴンザレス氏のネイルスタジオもある。

自然を生かした4層構造。各エリアへはケーブルカーとカートで移動

住Khu Du Lịch Sinh Thái Bãi Biển Bắc, Q. Sơn Trà ☎(0236) 3938888
URL danang.intercontinental.com
料ⓈⓌⓉ1500万ドン〜　スイート2300万ドン　ヴィラ4000万ドン〜（＋税・サービス料15%。朝食付き）
カード ADJMV　全201室

ロイヤルレジデンス・バイ・ザ・シーの客室

滞在を楽しみたいスパリゾート

ティア・ウェルネス・リゾート

高級ホテル

TIA Wellness Resort

MAP P.223-2A

スパに特化したリゾート「フュージョン・マイア・リゾート」から改名。さらに心身を癒やし、活力を得るウエルネスリトリートに重点をおき、パワーアップした。1泊の滞在につき、1〜2回（合計80分間）のスパトリートメントが受けられるほか、ヨガレッスンや太極拳、呼吸法などのクラスも無料で参加できる。ホワイトがメインカラーの客室はすべてプライベートプール付きのヴィラタイプ。朝食は敷地内であれば、いつでもどこでも食べられるシステム。

最も小さな1ベッドルーム・プールヴィラの客室でもかなり広い

住109 Võ Nguyên Giáp, Q. Ngũ Hành Sơn ☎(0236) 3967999
URL tiawellnessresort.com
料ⓈⓉ500US$〜（朝食付き）
カード ADJMV
全87ヴィラ

開放感あるプールサイドや白砂の美しいプライベートビーチでのんびりしたい

ダナン最長のインフィニティプールがある

シェラトン・グランド・ダナン・リゾート&コンベンションセンター

高級ホテル

Sheraton Grand Danang Resort & Convention Center

MAP P.223-2B

東南アジアでは初となる、シェラトン・グループのなかでも、より洗練された上級ブランドのシェラトン・グランド。館内は上品な調度品でまとめられ、ラグジュアリーな空間が広がる。全室バスタブ付きで、機能性を重視した客室はクリームとゴールドを基調にし、クラシカルな印象だ。約250mと、ダナンでは最も長いインフィニティプールやプライベートビーチ、贅沢気分が味わえるスパなど、リゾートライフを満喫できる施設も整う。

デラックスツイン・プールビューの客室。バルコニーからは海が見える

住35 Trường Sa, Q. Ngũ Hành Sơn
☎(0236) 3988999
URL www.sheratongranddanang.com
料ⓈⓌⓉ460万ドン〜　スイート700万ドン〜（＋税・サービス料15%）
カード ADJMV　全258室

中央に大きなプールがあり、プールを囲むように客室棟が建つ

ホテル Hotel

海が望める高層ホテル

フォー・ポイント・バイ・シェラトン・ダナン 高級ホテル

Four Points by Sheraton Danang MAP P.236-2C

シェラトン・ブランドのなかでもサービスのクオリティはそのままに比較的リーズナブルに泊まれるフォー・ポイント。マンタイ・ビーチの南側、海沿いに建つ高層ホテルで、オーシャンビューの客室からはダナンの長い海岸線が、シティビューの客室からは活気に満ちた町並みを見下ろせる。客室は、心地よい眠りにつけるシェラトン特製のベッド、防音窓など機能性を重視した造りで全室バスタブ付き。24時間オープンのジム、大海原を眺められるスパ、屋上プールなど施設も充実。

デラックスキング・オーシャンビューの客室。バルコニー付きの部屋がおすすめ

住118-120 Võ Nguyên Giáp, Q. Sơn Trà ☎(0236) 3997979
URL fourpointsdanang.com
料ⓈⓌⓉスイート225万ドン～（＋税・サービス料15%。朝食付き）
カード ADJMV 全390室

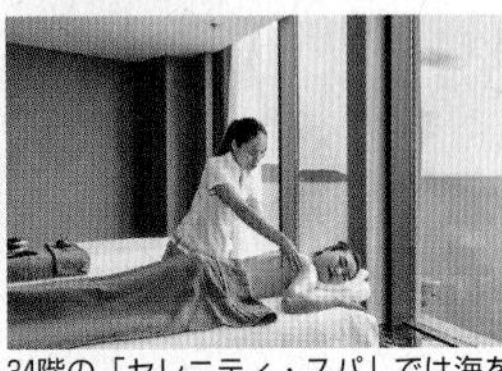
34階の「セレニティ・スパ」では海を眺められるスパルームがある

客室によって眺望が異なる

ヒルトン・ダナン 高級ホテル

Hilton Da Nang MAP P.237-2C

ロン橋のすぐ近く、ハン川沿いの28階建てシティホテル。客室をはじめ、ロビーやレストランなどパブリックエリアはヒルトンらしいエレガントで気品漂うデザインで統一。5～27階が客室で、下層階からはにぎやかな町並みが、高層階からはダナンの海を望める。

全室バスタブ付き。写真はオーシャンビューのキングベッドルーム

住50 Bạch Đằng, Q. Hải Châu ☎(0236) 3874000
URL hiltondanang.hilton.com 料ⓈⓌⓉ353万4000ドン～（＋税10%。朝食付き） カード ADJMV 全220室

充実したサービスの日系リゾート

グランヴィリオ・オーシャン・リゾート・ダナン 高級ホテル

Grandvrio Ocean Resort Danang MAP P.223-2B

男女別の大浴場をはじめ、和食、ビュッフェ、ビーチサイドでのセットメニューから選べる朝食、日本の民放番組が視聴可能、アオザイレンタル無料などのサービスが好評。

マリンスポーツや料理教室なども充実。日本人スタッフ常駐

住Võ Nguyên Giáp, Q. Điện Ngọc ☎(0235) 3788994
URL grandvriooceanresortcitydanang.com 料ⓈⓌⓉ461万ドン～ スイート905万ドン～ ヴィラ765万ドン～（朝食付き） カード ADJMV 全96室 54ヴィラ

プール付ヴィラ&竹インテリアが話題

ナムアン・リトリート 高級ホテル

Naman Retreat MAP P.223-2B

ベトナムで古くから親しまれてきた竹を随所に使い、自然に溶け合うように造られた建築デザインが話題。ランタン作りやヨガ、お椀舟体験など各種アクティビティが充実しており、滞在自体を楽しめる。最小でも45㎡ある客室のほとんどはヴィラタイプで全室プライベートプール付き。

ヴィラ宿泊者は1泊につきスパ50分間無料

住Trường Sa, Q. Ngũ Hành Sơn ☎(0236) 3959888
URL namanretreat.com 料ⓈⓌⓉ857万ドン～（朝食付き）
カード AMV 全251室

リゾートライフを楽しむ施設が充実

プルマン・ダナン・ビーチ・リゾート 高級ホテル

Pullman Danang Beach Resort MAP P.236-4C

広大な敷地をもつリゾートで、飲食施設、スパなどのほか、好評のカクテルワークショップなどアクティビティが揃い、リゾートライフを思いっきり楽しめる。客室は十分な広さでスタイリッシュなデザイン。

客室は最小でも42㎡。写真はスーペリアルーム

住101 Võ Nguyên Giáp, Q. Ngũ Hành Sơn ☎(0236) 3958888
URL www.pullman-danang.com 料ⓈⓉ718万ドン～ スイート898万6500ドン～ ヴィラ998万ドン～（＋税・サービス料15%。朝食付き） カード ADJMV 全186室 11ヴィラ

ダナンの老舗リゾートホテル

フラマ・リゾート&ヴィラ・ダナン 高級ホテル

Furama Resort & Villa Danang MAP P.223-2B

トロピカル植物に囲まれたラグーンプールが印象的。伝統的なベトナム建築にコロニアル様式のテイストを加えたリゾート感あふれる建物が点在し、広々とした客室もアジアンリゾートの趣。全客室にバルコニーまたはテラスがある。

ダナンのビーチリゾートを牽引する老舗

住103-105 Võ Nguyên Giáp, Q. Ngũ Hành Sơn ☎(0236) 3847333 URL www.furamavietnam.com
料Ⓢ㋣761万3425ドン スイート1827万2222ドン ヴィラ1054万1666ドン（朝食付き） カード ADMV 全196室 67ヴィラ

5つのプールがある超大型リゾート

ダナン・マリオット・リゾート&スパ 高級ホテル

Danang Marriott Resort & Spa MAP P.223-2B

五行山のすぐ近くにある大型リゾートホテルで、「ヴィンパール・ラグジュアリー・ダナン」からマリオット系列のリゾートに生まれ変わった。4つの飲食施設や5つのプール、スパ、ヒマラヤ岩塩のサウナなどがある。

1185㎡もあるインフィニティプール

住7 Trường Sa, Q. Ngũ Hành Sơn ☎(0236) 3968888
URL www.marriott.com/en-us/hotels/dadmr-danang-marriott-resort-and-spa 料ⓈⓌ㋣594万ドン～ ヴィラ1832万5000ドン～（朝食付き） カード ADJMV 全200室 39ヴィラ

プールの種類が豊富で家族連れに人気

ハイアット・リージェンシー・ダナン・リゾート&スパ 高級ホテル

Hyatt Regency Danang Resort & Spa MAP P.223-2B

目の前には五行山があり、ホイアンへもダナンへも便利な立地。敷地には約700mのプライベートビーチ、5つのプール、5つのレストランを含む計10軒の飲食施設、「ヴィー・スパ」（→P.231）などが点在し、電気カーでの移動となる。

プライベートビーチに面したヴィラ

住5 Trường Sa, Q. Ngũ Hành Sơn ☎(0236) 3981234
URL danang.regency.hyatt.com 料Ⓢ㋣504万6000ドン～ ヴィラ2500万ドン～（＋税・サービス料15%。朝食付き）
カード ADJMV 全198室 22ヴィラ

リゾートの趣のシティホテル

ライズマウント・プレミア・リゾート・ダナン 中級ホテル

Risemount Premier Resort Danang MAP P.236-3C

敷地内は花や木々にあふれ、リゾート感たっぷりのシティホテル。ヴィラタイプの客室は2フロア構成で、海を思わせるインテリアもすてき。ガーリーなインテリアの「エリア・バー」など3つの飲食施設やスパがある。

真っ白な建物に差し色のブルーが映える

住120 Nguyễn Văn Thoại, Q. Ngũ Hành Sơn
☎(0236) 3899999 URL risemountresort.com
料ⓈⓌ㋣163万ドン～ スイート196万ドン～（朝食付き）
カード ADJMV 全103室

客室からの眺望がすばらしい

ノボテル・ダナン・プレミア・ハン・リバー 中級ホテル

Novotel Danang Premier Han River MAP P.237-1C

町なかの37階建て高層ホテル。客室は都会的なインテリアと最新式の設備を備え、ビジネス客への各種設備やサービスも充実。スパやヨガクラス、ジム、プールもありホテル滞在を楽しめる。飲食施設も評判がいい。

リバービューの客室がおすすめ

住36 Bạch Đằng, Q. Hải Châu ☎(0236)3929999
URL www.novotel-danang-premier.com
料ⓈⓌ㋣314万6000ドン～ スイート505万5000ドン～（朝食付き） カード ADJMV 全328室

日本人宿泊客が多いシティホテル

ブリリアント・ホテル・ダナン 中級ホテル

Brilliant Hotel Danang MAP P.237-3C

ハン川沿いにあり便利な立地。規模はそれほど大きくないが、館内は洗練された内装で、サービスがよく日本人客も多い。客室は明るく都会的なデザイン。川の眺めがいいレストラン、17階にある屋上バー、スパ&マッサージ、インドアプールなど設備も充実している。

デラックスシティビュー

住162 Bạch Đằng, Q. Hải Châu ☎(0236) 3222999
URL www.brillianthotel.vn 料ⓈⓌ㋣130万ドン～ スイート220万ドン～（朝食付き） カード ADJMV 全102室

ホテル Hotel

ロン橋を眼下に望む
ヴァンダ エコノミーホテル
Vanda MAP P.237-4C

ロン橋のすぐ近くに建つ高層ホテル。橋側の客室や屋上のバーからは、ロン橋やハン川を挟んだ海沿いのエリアまで望め、ロン橋の週末夜の火炎＆水放射ショーを眺められる。ホテル名の由来でもあるランの花の絵が飾られた客室は明るくカジュアルな雰囲気。プール、スパあり。

デラックスルーム

住3 Nguyễn Văn Linh, Q. Hải Châu ☎(0236) 3525969
URL www.vandahotel.vn 料ⓈⓌⓉ110万7000ドン スイート248万8000ドン～（朝食付き） カード ADJMV 全114室

立地よく館内施設が充実
ロイヤル・ロータス・ホテル・ダナン エコノミーホテル
Royal Lotus Hotel Danang MAP P.236-3C

ミーケー・ビーチまで徒歩約５分の高層ホテル。３つの飲食施設、４階の25mインフィニティプール、ジム、スパ、キッズクラブなど豊富な館内施設で使い勝手がいい。客室は上品な雰囲気で、基本的な設備が整う。

コンシェルジュサービスもあり。写真はプレミアムツイン

住120A Nguyễn Văn Thoại, Q. Ngũ Hành Sơn
☎(0236) 6261999 URL royallotusdanang.com
料ⓈⓌⓉ130万ドン～ スイート170万ドン～（朝食付き）
カード AJMV 全192室

ミーアン・ビーチまで徒歩約１分の好立地
チュー エコノミーホテル
Chu MAP P.236-3C

ミーアン・ビーチ周辺のアントゥーン・エリアにあり、ビーチまで徒歩約１分。客室はアンティーク風の落ち着いた調度品で統一され、基本的なアメニティや設備が整う。テラス席が気持ちいいレストランを併設。人気のホテルなので予約は早めに。

客室はフローリングで広めの造り。写真はデラックスパーシャル・シービュールーム

住2-4-6 An Thượng 1, Q. Ngũ Hành Sơn ☎(0236) 3955123
E-mail chuhoteldanang@gmail.com 料ⓈⓌⓉ60万ドン～ スイート150万ドン～（＋税・サービス料15.5%。朝食付き） カード MV 全30室

ダナン市街地の中心部に建つ
ダイアー エコノミーホテル
Dai A MAP P.237-3C

ダナン市街地の中心部に位置するホテル。ビジネスにも観光にも絶好のロケーションで、設備のわりに料金はリーズナブル。選べる朝食が好評。日本語を話すスタッフがいる。

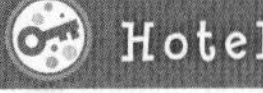
少し古いが清潔で、冷蔵庫、ドライヤーなどひととおりの設備が整う（スーペリアルーム）。NHKも視聴可能

住51 Yên Bái, Q. Hải Châu ☎(0236) 3827532 URL www.facebook.com/daia.hotel.51 料Ⓢ30万ドン～ ⓌⓉ40万ドン～ ３人部屋70万ドン～（50万ドン以上の客室は朝食付き） カード MV 全49室

その他のホテル Hotel

ワン・オペラ・ダナン エコノミーホテル
One Opera Danang MAP P.237-4A
住115 Nguyễn Văn Linh, Q. Hải Châu ☎(0236) 2223344
料ⓈⓌⓉ165万ドン～ スイート305万ドン～（朝食付き）
カード ADJMV 全206室

ダナン中心部に建つ大型ホテル。ロビーはゴージャスだが、部屋は落ち着いた色調。館内には３つのレストラン＆バーのほか、プール、スパ、サウナなどもある。

東屋 エコノミーホテル
Azumaya MAP P.236-1A
住31 Nguyễn Tất Thành, Q. Hải Châu ☎(0236)3743888
URL azumayavietnam.com
料ⓈⓌⓉ40～60US$（朝食付き） カード JMV 全32室

ホーチミン市、ハノイにも展開する人気の日系ビジネスホテル。40US$の部屋は窓なし。海が見える屋上の展望露天風呂、サウナ、足マッサージなどがあり、併設の展望居酒屋は深夜まで営業していて便利。民放、NHK視聴可能。

サン・リバー エコノミーホテル
Sun River MAP P.237-3C
住132-134-136 Bạch Đằng, Q. Hải Châu ☎(0236) 3849188
URL www.sunriverhoteldanang.com 料ⓈⓌ70万ドン～（朝食付き） カード AJMV 全45室

ハン川沿いのソンハン橋近くに建つ10階建てホテル。上層階のリバービューの客室からの眺めがよく、夜はソンハン橋のライトアップも見られる。８、９階にはレストラン、バーも完備。客室はやや狭く窓なしもある。

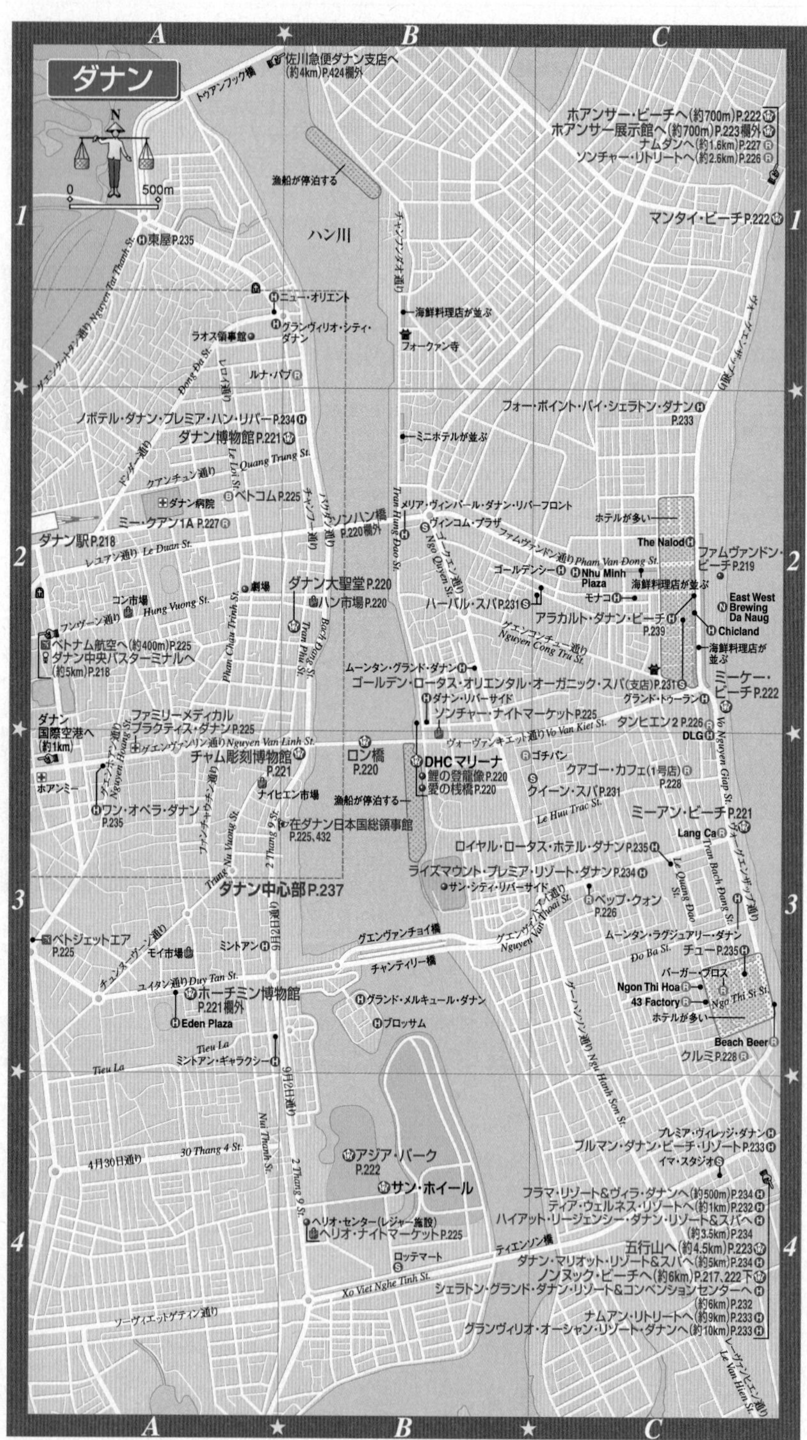

Voice ダナンにはさまざまな規模と料金のホテルがあり、それぞれにエリアが分かれている。ミニホテルはバクダン通りとファンチャウチン通りに挟まれたエリアに点在(MAP P.237-2C〜3C)。ミーケー・ビーチ（→P.222）↗

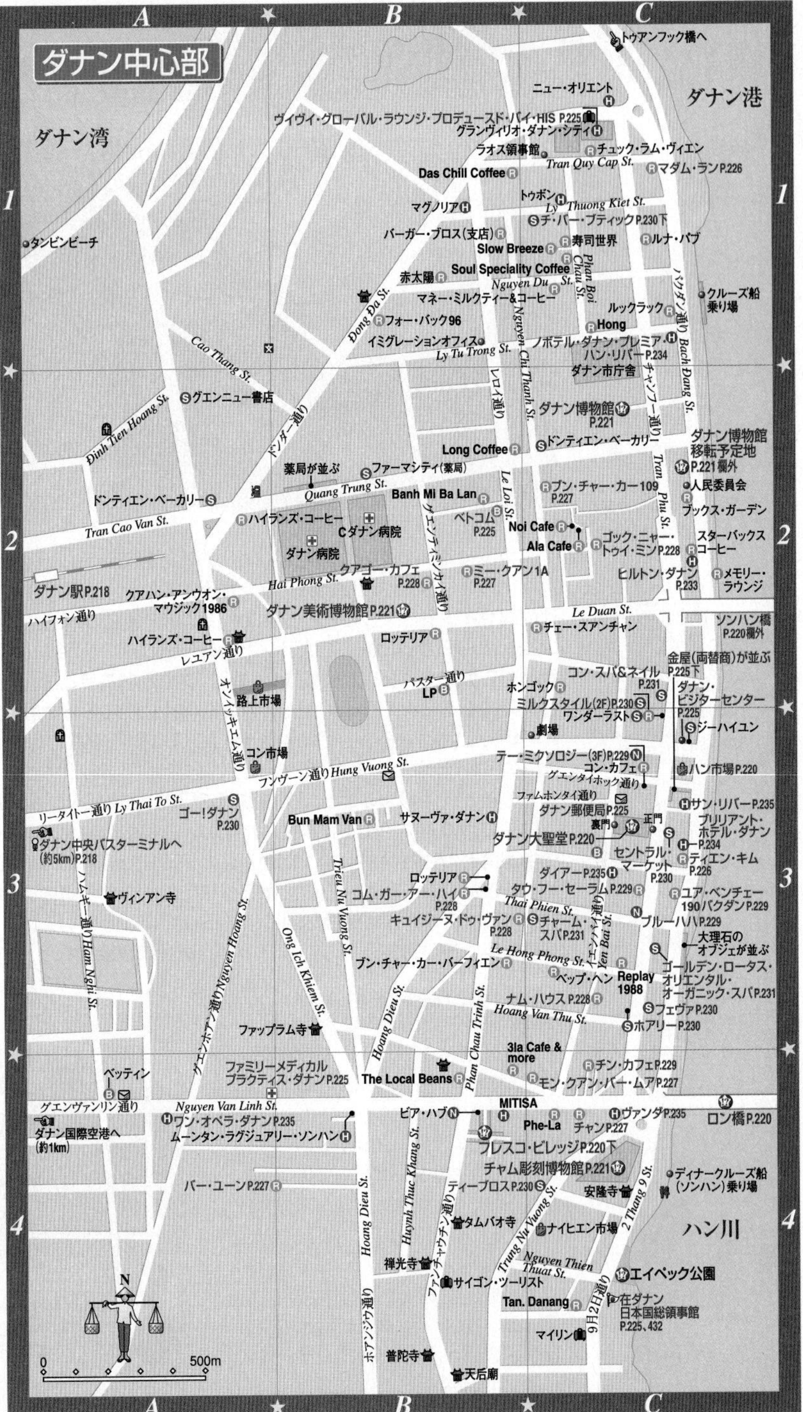

↘沿いには、ベトナム人がビーチリゾートを楽しむための20～100室（1泊20～100US$）のホテルがびっしりと並んでいる。高級リゾートホテルはノンヌック・ビーチ（→P.217、222下記Voice）沿いに並んでいる。

MAP 折表-3B

世界遺産 ホイアン

ホイアンの市外局番
0235
Hội An

ホイアンの洪水
ベトナム中部は9～11月が雨季にあたり、ホイアンは数年に1度トゥボン川が増水し、旧市街の家々の1階部分が水没するほどの大洪水に見舞われる。9～11月にホイアンを訪れる場合は事前に天気予報などで最新情報を入手しておこう。

歩行者天国
グエンティミンカイ通り、チャンフー通りと川沿いのバクダン通りに挟まれたエリアは毎日9:00～11:00、15:00～21:30（冬季～21:00）の間、ファンチャウチン通りは17:30～21:30（冬季～21:00）の間は車とバイクの乗り入れが禁止され（自転車は可能）、歩行者天国になる。

ランタン祭り
毎月旧暦の14日（ほぼ満月）の夜は旧市街の各家の電気が消され、軒下のランタンの光だけがともり、町全体が幻想的なムードに包まれる。

ホイアンの豆板醤なら
オッ・トゥーン・チウ・ファット
Ot Tuong Trieu Phat
MAP P.259-3C
住 41 Nguyễn Thái Học
☎ 090-5187798（携帯）
営 7:30～18:30　休 無休
カード 不可

ホイアン名物料理（→P.248）の味変調味料として欠かせない豆板醤。甘めだがピリッと奥深い辛さが特徴。この店は5代続く老舗で豆板醤（4万～12万ドン）を販売。

左が瓶入り豆板醤4万ドン。プラスチック容器入りもあるが漏れ出るのでしっかり梱包したほうがいい。右はピリ辛のサテーパウダー

旧市街のあちらこちらにお寺がある

ダナンの南東約30km、トゥボン川が南シナ海に流れ出る三角州に形成された沿岸都市。チャンパ王国の時代（→P.456）には中国やインド、アラブを結ぶ中継貿易都市として栄えた。その後、15～19世紀にかけてはアジアとヨーロッパの交易の中心地として繁栄し、16～17世紀頃にはアユタヤ、マニラと並んで日本人町も造られていた。最盛期には1000人以上の日本人が住んでいたといわれるが、今では旧市街の日本橋（来遠橋）や、郊外の日本人の墓がわずかにその面影を残しているのみである。

その後、江戸幕府のとった鎖国政策で日本人町が衰退したあとは、華僑の人々が多く移り住んだため、古い建築物や町並みは中国南部の色合いが濃い。だが当時、朱印船で遠くこの地にやってきた日本人商人たちの活躍に思いをはせながら町を歩けば、ぐんとベトナムが身近な国に感じられてくる。

1999年、古い町並みはユネスコの世界遺産に登録された。

歩き方 Orientation

古い町並みが残るホイアンの旧市街は、チャンフンダオ通りと川沿いのバクダン通りに挟まれたエリア。チャンフー通りの西側にある日本橋（来遠橋）がホイアン観光のスタートだ。橋を渡ってチャンフー通りを進むと、木造の古い家屋や華僑の建てた中華会館、福建会館などの中国建築が並んでいる。1本南のグエンタイホック通りにも古い木造建物が残され、往時の雰囲気が漂っている。ホイアンの町は小さいので、町なかだけなら徒歩で回ることができる。

旧市街をシクロ（30分25万ドン～）やレンタサイクル（1日2US$～）で回るのも人気

Voice ダナン～ホイアン間の路線バスはダナン中央バスターミナル（→P.218）～五行山近くの越韓情報通信技術大学間を結ぶ2番バスと、そこからホイアン・バスターミナル↗

アクセス ❀ ACCESS

ホイアンへの行き方

●シャトルバス

16人乗りのシャトルバス

ダナン国際空港の国内線ターミナル～ダナン中心部～ホイアン・ビーチエリア～ホイアンを結ぶシャトルバスを「バリアン・トラベル」（→下記）が運行している。

空港発は7:00、8:15、10:15、11:15、13:15、14:15、16:15、17:15、19:15、21:15、22:15発の11便、片道13万ドン。空港からホイアンへは所要約1時間15分。スケジュールは変更の可能性があるため事前に確認を。

ダナン市内から乗る場合は、ダナン・ビジターセンター（→P.225）、ダナン駅（→P.218欄外）、チャム彫刻博物館（→P.221）、「アラカルト・ダナン・ビーチ・ホテル」（MAP P.236-2C）前などから乗れる。利用の2時間前までに要予約。ウェブサイトから予約が可能なほか、ダナン・ビジターセンターでも予約ができる。

バリアン・トラベル Barri Ann Travel
MAP P.258-1B 住30 Trần Hưng Đạo
☎093-4936121、091-5105499（携帯） URL barrianntravel.com 営7:00～18:00 休無休 カード M V

●タクシー

ダナン中心部からホイアンまではタクシーで約45分。メータータクシーは36万ドン～、配車サービスのグラブ（→P.395）もほぼ同額か若干安いが、ホテルで車を手配したほうが安い場合もある。なお、ホイアンの歴史保存地区内は車の乗り入れ禁止。

ホイアンからの交通

●シャトルバス

バリアン・トラベル（→左記）のシャトルバスが利用できる。ホイアン中心部発は、6:00、7:00、9:00、10:00、12:00、13:00、15:00、16:00、18:00、20:00、21:00発の11便、片道13万ドン。ホイアン中心部からダナン国際空港へは所要約1時間15分。スケジュールは変更の可能性があるため事前に確認を。

ホイアンでの乗車場所は「バリアン・トラベル」オフィス前、「ホイアン・アイヴィー・ホテル」（MAP P.258-2A）前など。アンバン・ビーチ（→P.246）やクアダイ・ビーチ（→P.246欄外）からも乗れる。利用の2時間前までに要予約。ウェブサイトまたはメッセージアプリのWhatAppやZalo（→P.395）から予約が可能。

インフォメーション ❀ INFORMATION

ホイアン観光のチケット売り場

ホイアンの観光物件への入場は、各所で入場料を払うのではなく、5枚綴りになった総合チケットを購入し、各観光物件入場の際に、5枚綴りの1枚を切り取るシステムだ。つまり総合チケット1枚で任意の観光物件の5ヵ所に入場でき、6ヵ所以上を見る場合は2枚の総合チケットが必要となる。この総合チケットで入場できるのは、ホイアン観光局が指定した25ヵ所で、本書で紹介しているほとんどの観光物件にこの総合チケット（もしくはチケットなし）で入場できる。なお、世界遺産エリアに入るだけでもチケットが必要で、旧市街の入口でチケットチェックがある。

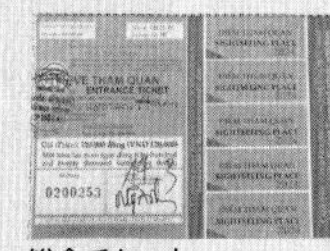

総合チケット

町なかには10ヵ所以上の総合チケット売り場があり、入場券を販売している。チケットは12万ドン。チケットには「有効期間は購入から24時間以内」と記載されているが、実際は2日間が有効期間とされている。

おもな総合チケット売り場
MAP P.259-2C 住6 Lê Lợi
MAP P.258-2B 住687 Hai Bà Trưng
MAP P.258-3B 住2 Nguyễn Phúc Chu
MAP P.258-2B 住155 Trần Phú
MAP P.258-2A 住Công Nữ Ngọc Hoa
MAP P.259-3C 住62 Bạch Đằng
営8:00～22:00（冬季～21:30） 休無休
URL www.hoianworldheritage.org.vn

インフォメーション ❀ INFORMATION

両替

●ベトコムバンク Vietcombank
MAP P.258-1B
住2 Trần Cao Vân ☎(0235) 3916619
営7:30～11:30、13:30～17:00 休土・日曜

USドル、日本円の現金の両替が可能（要パスポート）。各種クレジットカードでのベトナム・ドンのキャッシングも可能。ほかに町なかにはアグリ・バンクなどもあり、それらでも両替やキャッシングが可能。また、旧市街のチャンフー通り（MAP P.259-2C）には両替所が並び、USドルや日本円の現金からの両替ができるがレートは悪い。

雑貨店を兼ねた両替所が多い

郵便局

●ホイアン郵便局
MAP P.259-1C参照 住6 Trần Hưng Đạo
☎(0235) 3862888 営7:00～21:00 休日曜

↘（MAP P.259上図-2A）を経由してクアダイ・ビーチ（→P.246欄外）方面を結ぶLK02番を乗り継がなければならず、やや不便。5:45～18:00の間に15～30分間隔で運行、3万5000ドン。

見どころ Sightseeing

夏は19:00～21:30、冬は18:00～21:30に毎晩ライトアップされ、幻想的な姿も見せてくれる

橋の両入口脇には犬と猿の像が鎮座している

日本橋（来遠橋）
住Trần Phú　☎なし
開8:00～21:30
休無休
料チケットのみ（→P.239）。毎月旧暦14日は無料
※2024年3月現在、改修工事中。

クアンタンの家（均勝號）
住77 Trần Phú　☎(0235) 3863267　開8:00～20:00
休無休　料チケットのみ（→P.239）

上／家の奥ではホワイト・ローズと揚げワンタン（→各P.248）が食べられる　中・下／昔の洗面所や台所も当時のまま残されている

★★★ 日本人商人たちによって架けられた　MAP P.258-2B

日本橋（来遠橋）

Cầu Nhật Bản(Lai Viễn Kiều)　Japanese Bridge

1593年に造られた屋根付きの橋で、2万ドン札にも印刷されているベトナムを代表する観光名所のひとつ。当時、ホイアンに住む日本人たちによって架けられたと考えられており、その頑丈な造りは「地震にも耐えられるように」との意味合いがあったようだ。橋の中には小さな寺も造られ、橋の両側はユニークな猿と犬の像が守っている。これは申の年に建設し始めて戌の年に造り終えたからといわれている。以前はこの橋を境に内側（東側）にかつての日本人町、反対側に中国人町があったといわれていたが、近年の調査で日本人町は橋の西側ではないかという説も出て、その場所はいまだはっきりとはわかっていない。

左／正式名称は来遠橋だが、日本橋と呼ばれている　右／橋内には小さな寺があり、寺内には20世紀初めや1950年代の橋の写真が飾られている

日本橋（来遠橋）の伝説

この橋を造った人たちは、インドからホイアン、さらに日本まで達する大ナマズがいると信じていた。そして、この大ナマズが暴れると地震や洪水に見舞われると考え、大ナマズを鎮めるために、この地に橋を建て、橋内に寺を造ったといわれている。

★★★ 約300年前に建てられた中国人の住まい　MAP P.259-2C

クアンタンの家（均勝號）

Nhà Cổ Quân Thắng　Quan Thang Ancient House

旧市街の現存する建物で最も古いとされる築約300年の家屋。平屋の代表的な建築様式で中国・福建省出身の商人が建てた。ホイアンの家屋の特徴は、「うなぎの寝床」と呼ばれる京都の町屋に似て、間口が狭くて奥に長く、中庭のある造りの家が多いことだ。これらの家は木造で、外観から内部まで美しい彫刻で飾られている。

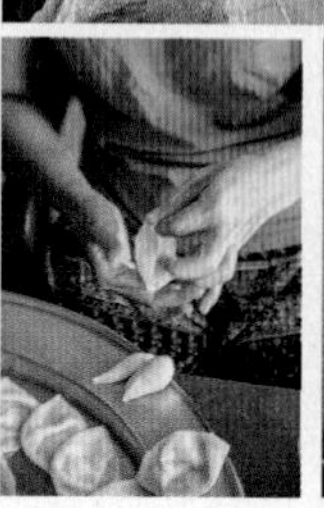

上／当時は商談も行われたという中庭　左下／ワンタン作りが見られることも　右下／装飾にも注目

日本と中国の建築様式がミックス

MAP P.258-3B

タンキーの家（進記家）

Nhà Cổ Tấn Ký　Tan Ky Ancient House

200年ほど前に建てられた中国、広東省出身のお茶や香料で財を成した漁師の家。ところどころで日本と中国の建築様式がミックスされ、それらがうまく調和している。柱や梁、格子などの螺鈿（らでん）の装飾はすばらしく、一見の価値がある。天井には洪水の際に2階に荷物を運び上げるための格子状の窓もある。

左／グエンタイホック通りの入口。バクダン通りからも入れる　中／中庭　右／昔の家具も展示。いたるところに見事な螺鈿細工の装飾も見られる

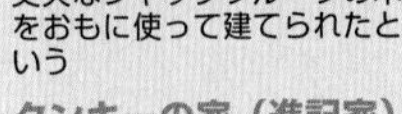

丈夫なジャックフルーツの木をおもに使って建てられたという

タンキーの家（進記家）
住101 Nguyễn Thái Học
☎(0235)3861474
開8:00～17:45　休無休
料チケットのみ（→P.239）

生活の工夫が随所に見られる

MAP P.258-2B

フーンフンの家（馮興家）

Nhà Cổ Phùng Hưng　Phung Hung Ancient House

約200年前にシルクや漢方薬を扱う貿易商人の家として建てられた木造建築で、ベトナム、中国式に加え、屋根には日本の建築様式も取り入れられている。1階の天井には、洪水の際に2階に商品を運び上げるための窓が造られているなど、随所に生活の工夫が見られる。内部はみやげ物店も兼ねている。

左／2階の手すり付き回廊は中国の建築様式　右／洪水時に使われた格子状の窓

フーンフンの家（馮興家）
住4 Nguyễn Thị Minh Khai
☎(0235)3861280　開8:00～17:30または18:00　休無休
料チケットのみ（→P.239）

上／玄関の上には魔除けの役割を表す「扉の目」。旧市街の民家にも見られる　下／ホイアンの古い家のなかでは珍しく間口が広い建築

グエン朝官吏によって建てられた

MAP P.259-2C

チャン家の祠堂（陳祠堂）

Nhà Thờ Tộc Trần　Tran Family Chapel

1802年に、中国人の血を引くグエン（阮）朝の官吏によって、祖先礼拝をする場所兼住居として建てられた。祠堂には3つの扉があり、両側は家族が使用し（外側から見て右側は男性が、左側は女性が使用）、中央の大きな扉は祖先の霊が出入りするための物で、特別な場合のみ開かれたといわれる。この祠堂が建てられた時代はすでに日本人がいなかったにもかかわらず、ベトナム、中国の建築様式に加え、屋内装飾などは日本様式が折衷されており興味深い。

左／祭壇　右／先祖代々の写真も飾られている

チャン家の祠堂（陳祠堂）
住21 Lê Lợi
☎091-7327967（携帯）
開8:00～18:00　休無休
料チケットのみ（→P.239）
　無料の英語ガイドあり。

奥が祭壇でコインを使った吉凶占いができる

交易都市ホイアンの歴史が見える
貿易陶磁博物館
Bảo Tàng Gốm Sứ Mậu Dịch　Museum of Trading Ceramics

MAP P.259-2C

　2階建ての代表的古民家がそのまま博物館になっていて、ホイアン旧市街や周辺で発掘された陶磁器の数々、沈没船から引き上げた遺物など268点が展示されている。国際貿易港としてのホイアンの町の成り立ちについて、また、チャンフー通り85番地の家など旧市街の民家や、商船の停泊地だったチャム島で発掘された陶磁器・陶磁器の破片などが展示されており、見応えがある。

チャム島周辺で発掘された15～16世紀のベトナムの陶磁器。カニをかたどったものなど手が込んでいる

17世紀頃の肥前焼も展示。ホイアンが海のシルクロードの重要地点だったことがよくわかる展示内容だ

貿易陶磁博物館
住80 Trần Phú
☎(0235) 3862944
開7:00～21:21 休毎月11・26日
料チケットのみ（→P.239）

ホイアンの歴史を知る貴重な展示
ホイアン博物館
Bảo Tàng Hội An　Hoi An Museum

MAP P.259-1C

　見どころは2階のチャンパ時代のアクセサリーや、朱印船をはじめ各国の貿易船の絵、江戸時代の通貨など、ホイアンが貿易港として栄えた時代の展示物。伝統的な民家の建築模型は旧市街の古い家屋（P.240～241）を訪れる前に行くとより理解が深まるだろう。

ホイアン古民家の建築模型

ホイアン博物館
住10B Trần Hưng Đạo
☎(0235) 3862367
開7:00～17:00 休無休
料チケットのみ（→P.239）

1987年にチャン家の祠堂（→P.241）で発見された木製のボックス

ベトナム中部で栄えたサーフィン文化の遺物を展示
サーフィン文化博物館
Bảo Tàng Văn Hóa Sa Huỳnh ở Hội An　Museum of Sa Huynh Culture in Hoi An

MAP P.258-2B

　サーフィン文化とは、チャンパ文化以前の紀元前数世紀から2世紀頃までの金属を使用し始めた頃の文化のことで、おもにベトナム中部で栄えたと考えられている。ここにはベトナム中部で出土した、当時使用された土器や埋葬の際に使用した瓶、生活用具が展示されている。

左・右／人類史の観点からも、貴重な遺物が並ぶ

サーフィン文化博物館
住149 Trần Phú
☎(0235) 3861535
開7:00～21:00（冬季～20:30）
休毎日10・25日
料チケットのみ（→P.239）

ホイアンの人々の暮らしがわかる
ホイアン民俗文化博物館
Bảo Tàng Văn Hóa Dân Gian Hội An　Museum of Folklore in Hoi An

MAP P.259-3C

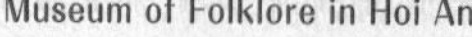

　ホイアンの文化や歴史を、人々の暮らしを通して紹介。1階はホイアンのシルク工芸に関する展示、2階は伝統的な農具や漁具のほか、伝統的な暮らしを祭壇や衣類、ベッドやタンスといった家具などの実物を用いて再現した展示で、身近な生活道具や生活の様子に興味をそそられる。

上／クアンナム省に伝わる豊漁を祈願して歌われる儀式、ハット・バー・チャオ（Hát Bả Trạo）の様子を表す模型　右／博物館は中庭がふたつある古民家でかなり広い

ホイアン民俗文化博物館
住33 Nguyễn Thái Học & 62 Bạch Đằng
☎(0235) 3910948
開7:00～21:00 休毎月13・28日
料チケットのみ（→P.239）

上／伝統的な衣服の展示
下／バクダン通り側の2階からはホアイ川が見える

★★★ 武の神、関羽を祀る
MAP P.259-2C

クアンコン廟（関公廟）

Quan Công Miếu　Quan Cong Temple

1653年に建てられた小さな寺。中央には武の神とされる関羽が祀られており、左側は側近の周倉将軍、右側は関平が守っている。龍の装飾や赤を基調とした彩色は中国様式の寺であることを物語っている。

左／祭壇の手前には小さな池がある　右／ベトナムの国家文化歴史遺跡でもある

★★★ 航海安全の守り神を祀る
MAP P.259-2C

福建会館

Hội Quán Phúc Kiến　Assembly Hall of The Fujian Chinese Congregation

寺として建てられたが後に会館に転用

会館というのは華僑の人々の同郷人の集会所で、現在でも活用されている。この福建会館には福建省出身者の多くが信仰する航海安全の守り神、天后聖母が奥へ続く途中の祭壇に祀られ、一番奥の祭壇には17世紀に中国の福建省からホイアンへやってきた６家族の家長の像が収められている。また、天后聖母の手前にはベトナム医療の礎を築いたといわれるレ・フー・チャックの小さな像も収められている。

会館内には、２週間ほど燃え続けるという願掛け用の渦巻き線香がつり下げられている

★★★ 内部の彫刻や透かし彫りに注目
MAP P.259-2D

潮州会館

Hội Quán Triều Châu　Assembly Hall of The Chaozhou Chinese Congregation

1845年に中国の潮州出身者たちによって建てられた同郷人集会所で、漢時代の武帝、伏波将軍を祀っている。柱や扉などの彫刻や透かし彫りが細かく、一番奥の扉には日本髪を結った女性の姿が施されている。

屋根部分の色彩豊かに装飾された龍にも注目

日本髪を結った女性の透かし彫り。この地で暮らした日本人女性の姿が目に浮かぶよう

祭壇の中央に祀られた大きな関羽像は迫力がある

クアンコン廟（関公廟）
住24 Trần Phú
☎(0235) 3862945
開7:30～19:00　休無休
料チケットのみ（→P.239）

福建会館
住46 Trần Phú
☎(0235) 3861252
開7:00～18:00　休無休
料チケットのみ（→P.239）

上／天后聖母の像　下／レ・フー・チャックの像

ホイアン伝統医療博物館
Bảo Tàng Nghề Y Truyền Thống Hội An
Hoi An Museum of Traditional Medicine
MAP P.259-2C
住46 Nguyễn Thái Học
☎なし　開7:00～11:30、13:00～18:00　休毎月12・27日
料チケットのみ（→P.239）
クアンナム省の伝統医療を紹介した博物館で、生薬などの展示品が興味深い。

薬局の様子を再現

潮州会館
住362 Nguyễn Duy Hiệu
☎(0235) 3914853
開8:00～19:00　休無休
料チケットのみ（→P.239）

日本橋に近くホイアンにある会館のなかでも特に観光客が多い

廣肇会館
住176 Trần Phú　☎なし
開7:30～18:00（冬季～17:30）
休無休
料チケットのみ（→P.239）

★★★ 広州&肇慶出身者による集会所　MAP P.258-2B

廣肇会館

Hội Quán Quảng Triệu　Assembly Hall of The Canton and Zhaoqing Chinese Congregation

1786年に中国の広州と肇慶出身者たちによって建てられた同郷人集会所。屋根や柱の彫刻は美しく、中央には関羽が祀られている。裏庭にはタイルと陶器で飾られた９つの頭をもつ龍の像が置かれている。

左／門をくぐった中庭にあるモザイクタイルの龍の像　右／会館の祭壇。武神・財神である関羽のほか海の守り神・媽祖も祀られる

海南会館（瓊府会館）
住10 Trần Phú
開7:00～21:30（冬季～21:00）
休無休
料チケットのみ（→P.239）

上・下／旧市街の東側にある。外観はシンプルだが祭壇のある内部はきらびやかで装飾も美しい

★★ 海南島出身者の鎮魂のために建てられた　MAP P.259-2D

海南会館（瓊府会館）

Hội Quán Hải Nam　Assembly Hall of The Hainan Chinese Congregation

1851年にホイアン近海で殺害された108人の海南島出身の商人の鎮魂を目的に建てられた会館。祭壇前の金箔を施した華やかな彫刻は、当時の中国の宮廷の生活を描いたものだといわれている。

夕方のライトアップも美しい

中華会館
住64 Trần Phú
開7:00～22:00（冬季～21:30）
休無休
料無料

★★ 中国５つの省の共同集会所　MAP P.259-2C

中華会館

Hội Quán Ngũ Bang　Chinese All-Community Assembly Hall

1741年に福建、潮州、海南など５つの省人会が共同使用の目的で建てた集会所。商談や祈りの場として、中国出身者たちの心のよりどころとなってきた。中央の建物には航海安全の守り神、天后聖母が祀られている。

青い外壁が印象的な入口

敷地内には中華学校もあり、この地に暮らす華人たちはここで中国語を学んでいる

ホイアン市場
住Ngã 3 Trần Quý Cáp－Nguyễn Thái Học / Hoàng Diệu－Bạch Đằng
営店によって異なるが、だいたい6:00～17:00　休無休

★★ ぶらぶら歩くだけでも楽しい　MAP P.259-2C、2D

ホイアン市場

Chợ Hội An　Hoi An Market

ホアンジウ通り側の市場１階はみやげ店や靴のオーダーメイド店などが集まる

カムナム橋のたもとに建つホイアンで最も大きな市場。２階建ての内部は薄暗く、日用雑貨、衣料品、布地などの店がびっしりと並んでいる。市場南側のホアイ川（トゥボン川の支流）沿いには、生鮮食料品を売る路上市場が並ぶ。西側にも市場があり、こちらもホイアン市場と呼ばれている。市場内の北側には食べ物の屋台が集まっており、外国人旅行者の姿も多い。

✉ホイアンで夜停電があり、復旧するのに３時間程度かかった。私が体験したのはディナー時で、何軒かのレストランに入ってみたものの、停電のため調理ができないとのことだった。↗

アンホイ島と旧市街の２ヵ所ある MAP P.258-3B、259-2C〜3C

ホイアン・ナイトマーケット
Chợ Đêm Hội An　Hoi An Night Market

ホイアンのナイトマーケットは、旧市街からアンホイ橋を渡ってすぐ、アンホイ島のグエンホアン通りと、旧市街のホイアン市場近くバクダン通り周辺の２ヵ所。どちらもみやげ物やローカルグルメの屋台が出るが、アンホイ島のナイトマーケットにはランタンの店が並び、写真撮影スポットになっている。

左／アンホイ島のランタン屋での撮影料は１万ドン　右／チェーの屋台が出る旧市街のナイトマーケット

ダイナミックなショーが話題 MAP P.259上図-2A

ホイアン・メモリーズ・ランド
Đảo Ký Ức Hội An　Hoi An Memories Land

トゥボン川の中州、ヘン島にある16〜17世紀のホイアンの町並みをイメージしたテーマパーク。注目は２万5000㎡の巨大なステージで500人の演者が繰り広げるダイナミックなショー「ホイアン・メモリーズ」。16〜17世紀のホイアンの歴史を中心にアオザイやランタンなどの文化を交えて紹介する５部構成で、最新鋭の照明や音響を駆使したベトナム最大級のショーだ。園内にはホイアンのストリートフードが楽しめるレストランやバーもある。

圧巻のホイアン・メモリーズのショー。上は各国の商人が集まり活気あふれる中世のホイアンを描いたシーン、下はアオザイがテーマのクライマックス

完成度の高いアクロバティックショー MAP P.259-3C

ホイアン・ルーン・センター
Hoi An Lune Center

ホーチミン市で始まったエンターテインメントショー、アー・オー・ショー（→P.80）を上演するルーン・プロダクションによるショーが楽しめる。2024年４月現在、ベトナム南西部の高原に暮らす少数民族をテーマにした「テッダー」の定期公演がある。水牛の角の楽器などで奏でられる音楽にも注目。ウェブサイトからチケット購入ができる。

上／竹を使った見事なアクロバットショー
下／アンホイ島にある

ホイアン・ナイトマーケット
住アンホイ島のナイトマーケット：Nguyễn Hoàng St.、旧市街のナイトマーケット：Bạch Đằng St. / Trần Quý Cáp St.
営18:00頃〜23:00頃
休大雨の日

アンホイ島のナイトマーケット入口

ホイアン・メモリーズ・ランド
住Cồn Hến
☎1900-636600（ホットライン）、090-4636600（携帯）
URL hoianmemoriesland.com
開15:00〜22:00（ホイアン・メモリーズは20:00〜21:00）
休火曜　料テーマパーク：５万ドン、子供（身長100〜140cm）２万5000ドン、ホイアン・メモリーズ：60万ドン〜、子供（身長100〜140cm）15万ドン〜
ホイアン・メモリーズのチケット料金にはテーマパークの入場料が含まれる。夕食付きコンボチケットなどもある。
上記ウェブサイトからチケット購入が可能。

ホイアンで伝統芸能を見るなら
ホイアン・トラディショナル・アート・パフォーマンス・ハウス
Hoi An Traditional Art Performance House
MAP P.259-3C
住66 Bạch Đằng
☎(0235) 3861159
開10:15、15:15、16:15（チケット販売は14:30〜16:30）
休無休
料チケットのみ（→P.239）
チャム族のダンスなど中部の伝統芸能が見られる。

ホイアン・ルーン・センター
住1A Nguyễn Phúc Chu
☎084-5181188（ホットライン、携帯）
URL www.luneproduction.com
開18:00〜19:00　休月・金曜
料70万〜160万ドン
カード A J M V

↘歴史地区は驚くほど真っ暗で、平日なのにこれでもかというほど歩行者がおり、歩くうえで注意を要した。小型の懐中電灯を持参しておくとよいかも。（東京都　青い蓮）['24]

上／サーフィンなどのウオータースポーツも可能だがビーチでのんびり過ごす人が多い
下／アンバン・ビーチ２にある飲食店「ソルト」

アンバン・ビーチ
開夏季：4:30〜18:30、冬季：5:00〜18:00
ホイアンの町なかから車で約10分。

タンハー陶芸村
チケット売り場
住Corner of Duy Tân St. & Phạm Phàn, Thanh Hà
☎093-7021704（ホットライン、携帯）
開8:00〜18:00　休無休
料３万5000ドン（ロクロ体験付き）

タンハー・テラコッタ・パークの入場料は５万ドン。ロクロ体験（４万ドン）のほか絵付け体験（５万ドン〜）もできる

日本人の墓
場所はわかりづらいので、しかるべきガイドかドライバーの同行が必要。ホイアンの町なかからバイクタクシーで数分。

クアダイ・ビーチ
Bãi Biển Cửa Đại
MAP P.259上図-1C
アンバン・ビーチ（→上記）の西側にある白砂の美しいビーチだが、年々侵食が進み、時期によっては全く砂浜がなくなってしまうこともある。周辺にはリゾートホテルも多い。

★★ のんびりとした雰囲気が魅力
MAP P.259上図-1A参照

アンバン・ビーチ

Bãi Biển An Bàng　　An Bang Beach

ホイアンの町なかから北へ約４kmの所に位置するビーチ。規模はそれほど大きくなく、こぢんまりとしているがのんびりでき、海もきれいとあって外国人観光客の姿が多い。ビーチ周辺にはホテルやレストランが増えている。また、ビーチは年々広がっており、南東方向にもアンバン・ビーチ２と呼ばれるビーチがある。こちらにもしゃれたカフェ、レストラン、ホステルなどが集まる。アンバン・ビーチの名物はシジミ粥。見かけたら試してみよう。

上／茅葺き屋根のビーチハットが並ぶアンバン・ビーチ
下／アンバン・ビーチ２（正式名称はタンタン・ビーチ）はさらにのんびりした雰囲気で欧米人が多い

郊外の見どころ　Sightspot

★★ 16世紀から続く伝統工芸村
MAP P.258-2A参照

タンハー陶芸村

Làng Gốm Thanh Hà　　Thanh Ha Pottery Village

ホイアンの町なかから南西へ約3kmの所に位置する、16世紀頃から続く陶芸の村。ここで作られる陶器などはタンハー焼と呼ばれ、素焼きの陶芸作品が多い。村の入口にあるチケット売り場でチケットを購入すると村内の各工房で陶芸体験が無料で何度でも楽しめる。チケット売り場近くには、博物館併設の「タンハー・テラコッタ・パーク」があり、ここでも陶芸体験ができる（有料）。

上・下／ロクロ体験はショップ兼工房の「カントゥー Khang Thu」がおすすめ　左／村にはカフェもある　右／水を入れて吹くと音がなる笛

★ 日本の方角に向けて建てられた
MAP P.259上図-1A

日本人の墓

Mộ Cổ Người Nhật　　Japanese Tombs

町外れの水田の中に「谷弥次郎兵衛」と書かれた日本人の墓がある。言い伝えによれば、彼は江戸幕府の鎖国政策により帰国を余儀なくされたが、ホイアンに残した恋人に会うために戻り、1647年にこの地で亡くなった、とされている。またこの墓は、故郷の日本の方角に向けて建てられているといわれている。

「谷弥次郎兵衛」の墓

★★★ チャンパ王国の聖地　MAP 折表-3B、P.259上図-2A参照、下図

世界遺産 ミーソン遺跡
Thánh Địa Mỹ Sơn　My Son Sanctuary

ホイアンの南西約40kmに位置するミーソン遺跡は、チャンパ王国（→P.456）の聖地だった場所。遺跡群は四方を山に囲まれ、北に聖山、マハーパルヴァタがそびえる盆地の中央にある。ここは王と一体化したシヴァ神などを祀るために多くのれんが建造物が造られた。４世紀後半、チャンパの王がシヴァ神を祀った木造の祠堂を建造したことに始まり、７世紀にはれんがを使って再建されている。現在は８世紀から13世紀末までに建てられた、70棟を超える遺構が草木に埋もれて残っている。

この遺跡の醍醐味は、遺跡の壁面を飾るチャンパの女神像や、あちこちに置かれた石像の彫像の逸品を探索できること。接着剤を使わず、すり合わせて造られたれんが建築の技術や、アーチを用いないで屋根を架ける構造などのチャンパ文化を心ゆくまで堪能したい。また、グループC、Dの一部の建築物が彫刻展示室にもなっている。一見無造作に置かれているが、どれもチャンパ芸術の一級品で、それらが間近で見られるのは貴重な体験になるだろう。自然崩壊に加え、一部の建物はベトナム戦争時には解放軍が基地として使用し、それを目標にアメリカ軍が空爆したため、かなり崩壊が進んでいる。しかし、草に埋もれた遺跡の中で、900年間チャンパ王国の聖地であり続けたミーソンの雰囲気は十分に感じ取れるはずだ。

1999年、ミーソン遺跡はユネスコの世界遺産に登録された。

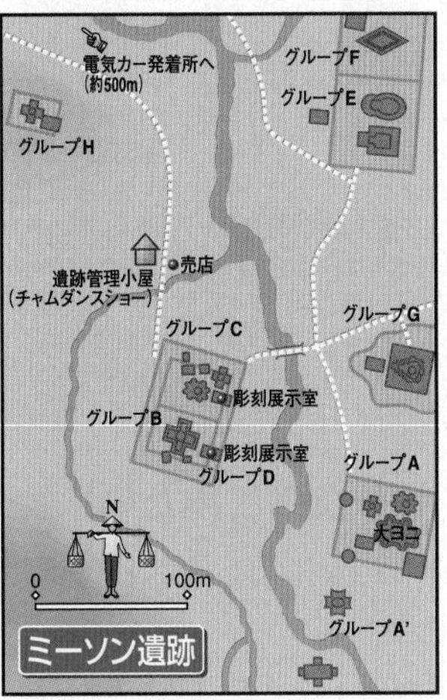

★★ ダイビングスポットとして人気　MAP 折表-2B、P.223-2B

チャム諸島
Cù Lao Chàm　Cham Islands

ホイアンから東へ約28kmの南シナ海に浮かぶ７つの島々で、メインのラオ（Lao）島は周囲約32kmで、島の大半は軍が管理しているため、自然がそのままに残されている。ジャングルのような山々と、小さいながら白砂のビーチもある。また、周辺の海はダイビングスポットとしても人気がある。

島内からは９世紀頃の物と見られるアラブの陶器やガラス片が発掘されており、海洋貿易が盛んだったことを物語っている。

島内にはバイラン（Bãi Làng）村とバイフーン（Bãi Hương）村があり、約3500人の島民が暮らす

Voice! キムボン大工村（Làng Mộc Kim Bồng）は木彫りの工芸品や舟作りが盛んな村。ホイアンの町なかからバイクで約20分。MAP P.258-3A参照

12～13世紀頃に建てられた遺跡が残るグループB。宝物庫や足を清めるための聖水が入っていたとされる小さな浴槽も残る

ミーソン遺跡
住 Xã Duy Phú, Huyện Duy Xuyên, Tỉnh Quảng Nam
☎ (0235) 3731309
URL disanvanhoamyson.vn
開 6:00～17:00
休 無休（雨天の場合、見学不可になることもある）
料 15万ドン（博物館の入館料込み）

ホイアン中心部から車で約70分、ダナン市内からは１時間30分。

チケット売り場でチケット購入後、そこから歩いて橋を渡り、100mほど行った所で待機している電気カーに乗る。５分ほどで遺跡の手前の駐車場まで行き、そこから徒歩（約10分）で遺跡に向かう。

ミーソン博物館

遺跡の入口を入って右手にある。館内では、写真や地図などで、遺跡が紹介されている。日本語での簡単な説明も書かれている。
開 8:00～16:00　休 無休
料 ミーソン遺跡のチケットに含まれている

チャム・ダンスショー

遺跡管理小屋では１日に４回、約30分間のチャム・ダンスショーが行われている。
開 9:15、10:45、14:00、15:30
休 無休　料 無料

チャム諸島

クアダイ港（MAP P.259上図-2C参照）から高速船（片道所要約20分）がラオ島まで運航しており、日帰りツアーで訪れるのが一般的。ツアー参加ではなく、高速船のみの利用の場合は、往復50万ドンが目安。高速船は基本的に旅行会社所有のため、高速船のみの利用でも事前予約が必要。海が荒れると運休になるので要注意。

旅行会社＆ツアーオフィス ❁ TRAVEL OFFICE & TOUR OFFICE

●ジャック・チャン・ツアーズ
Jack Tran Tours

MAP P. 259上図-2C参照
住 3 Phù Đổng Thiên Vương, P. Cửa Đại ☎(0235) 3928900、083-4331111（携帯）URL jacktrantours.com 営8:00～17:00 休無休 カード不可

ホイアン郊外でのカントリーサイドツアーをおもに扱う旅行会社。田植え体験、お椀舟を回転させるバスケットボートライディング、漁村での投網体験などホイアンの田舎の1日体験ツアー（250万ドン）など。自社ボートで行くサンセットクルーズも人気。

●シン・ツーリスト・ホイアン
The Sinh Tourist Hoi An

MAP P.258-1B 住 646 Hai Bà Trưng
☎(0235) 3916242、090-5525670（携帯）
URL www.thesinhtourist.vn
営8:00～19:00 休祝日 カード不可

ミーソン遺跡半日ツアー（42万9000ドン～）やチャム島ツアー（59万9000ドン～）など各種ツアーを催行。

●TNK & APT トラベル JAPAN ホイアン支店
TNK & APT travel JAPAN Hoi An

URL www.tnkjapan.com
LINE ID：https://lin.ee/bqUppns

ホーチミン市に本店（→P.89）をもつ日系旅行会社。2024年4月現在、ホイアンにオフィスはないがツアーの手配は可能。問い合わせは公式LINEまたは、ウェブサイトから。ミーソン遺跡＆ナイト・ホイアン（96US$）、チャム島ツアー（83US$）など。

おもなツアー

●ミーソン遺跡ツアー

入場料含まず、英語ガイド、軽食付きで42万9000ドン～。行きはバスで、帰りはバスまたはボートを選べるツアーもある。8:00出発、13:30頃帰着。ツアーの場合、現地での見学時間は約2時間。5:30出発、9:30頃帰着のサンライズツアーを行う所もある。

●チャム諸島への日帰りツアー

チャム諸島でスノーケリングが楽しめる。8:00出発、14:00頃帰着。ボート、英語ガイド、昼食、スノーケルセット、入島代などすべて込みで59万9000ドン～。海が荒れると中止になる。

●田植え体験

郊外の農家で、水牛で代掻き、種まきなど伝統的な田植えをダイジェストで体験。ツアーには漁村を訪れたり、お椀舟乗船などが含まれる場合がある。

●クッキングクラス

旅行会社やレストラン、ホテルが主催。旅行会社が主催するツアーの多くは、料理教室を行うレストランが増えているホイアン近郊のチャークエ村（→P.250下）で開催されることが多い。

●カムタン村でのお椀舟クルーズ

カムタン（Cẩm Thành）村はホイアン旧市街から東へ約5km。ニッパヤシの生い茂る細い水路がある小さな村で、お椀舟でのクルーズが楽しめる。9:00出発、13:00頃帰着。お椀舟クルーズ、英語ガイド、昼食付きで49万9000ドン～。午後出発のツアーや料理教室が付くツアーもある。

Column　ぜひ食べてみたい！ ホイアン四大名物

ホイアン名物といえば、「ホワイト・ローズ」、「カオ・ラウ」（→P.37）、「揚げワンタン」、「コム・ガー・ホイアン」（→P.38）の4品だ。

ホワイト・ローズは米粉で作った皮にエビのすり身を詰めて蒸し上げた物。半透明の皮が開いているさまが白いバラのように見えるから、というナイスなネーミング。しかし、ホワイト・ローズはどのレストランで食べても同じ味。というのも、ホイアンのホワイト・ローズはほとんどが「ホワイト・ローズ」（→P.250）で製造されているからだ。過去に何人もの人間がまねをして作ったが、本家の作り方には秘伝があるらしく、本家の味に近づけるのは難しいという。

揚げワンタンは、豚ミンチとエビのすり身を黄色い皮で包み揚げた物。口がていねいに折りたたまれており、手の込んだ作りだ。

カオ・ラウは日本の伊勢うどんがルーツ、日本人が伝えたともいわれる米製の麺。これはホワイト・ローズとは違い、スープやトッピングの具材により各店で微妙に味が変わる。また、揚げワンタンも揚げ加減、トッピングによって大きく味が変わる。

コム・ガー・ホイアンは中国の海南島から伝わった鶏飯がルーツといわれており、鶏だしで炊いたご飯の上にゆで鶏が載る。

4品ともにホイアンが本場で、しかもほかの町ではなかなか食べられない。ホイアンへ来たからには旅の思い出にもなるホイアン四大名物、ぜひお試しあれ。

左上／ホワイト・ローズ。まさに白いバラ　右上／揚げワンタン。トッピングの味付けで、各店独自の味になる　左下／カオ・ラウ。ライムを搾り入れ、混ぜてから食べるのが基本　右下／コム・ガー・ホイアン。香草やタマネギと一緒に食べる

Voice コム・ガー・ホイアン（→上記）は専門店ではいくつか種類がある。一般的なのは、裂いたゆで鶏が載るコム・ガー・セー（Cơm Gà Xé）。ゆで鶏もも肉が載るコム・ガー・ドゥイ（Cơm Gà Đùi）やコム・ガー・セーに鶏のキンカン（Lòng Trứng Non）を追加したものもある。

レストラン Restaurant

絶品尽くしの中部家庭料理レストラン

188ホアヴァン

ベトナム料理

188 Hoa Vang

MAP P.258-2B

ホイアン出身のシェフによる、地元の食材をふんだんに使ったベトナム中部の家庭料理が味わえる。ホイアン周辺で取れる新鮮なエビを1尾丸ごと使い、豚ひき肉とライスペーパーで包み揚げたエビの揚げ春巻（5万8000ドン）など、どれも手が込んでいて食感や味付けのバランスが絶妙。カニ身が贅沢にゴロッと載ったチャーハン（写真手前左、36万ドン）やハマグリがたっぷり入った卵焼き（写真手前右、9万8000ドン）なども味わいたい。店は日本橋からすぐで、2階席からは日本橋を眺めながら食事が楽しめる。

海苔スープ（右奥、7万8000ドン）も絶品

住188A/5 Trần Phú
☎037-3344013（携帯）
営11:00～22:00（L.O.21:00）
休不定休　カード A J M V
予約不要

窓から見える緑が風に揺れて涼しげ。夜の雰囲気もいい

食材にこだわった川沿いの大人気レストラン

マンゴールームス

創作ベトナム料理

Mangorooms

MAP P.259-2D

海鮮は毎朝漁師から直接買い付け、野菜は自家農園で育てたオーガニック野菜を使うなど、食材にとことんこだわったモダンフュージョン・ベトナム料理店。メニューはどれも斬新かつ新鮮な食材でおいしく、特に海鮮メニューは必食。大ぶりのプリプリのエビが絶品のエビのアヒージョ風ガンバ・ア・ラ・マンゴーのほか、シェフズ・スペシャルの燻製レッドスナッパーは、店内の燻製釜でスモークしたフエダイをグリルし、野菜と一緒にトルティーヤで巻いてアボカドソースに付けていただく同店自慢のメニューだ。

手前が燻製レッドスナッパー（70万ドン）、左奥がガンバ・ア・ラ・マンゴー（25万ドン）

住37 Phan Bội Châu
☎070-2655969（携帯）
営9:00～23:00　休無休
料税別　カード A J M V
予約不要

リバービューを楽しむならサンセットタイムがおすすめ

古民家で味わう彩り美しいひと皿

ホアヒエン

ベトナム料理

Hoa Hien

MAP P.259上図-2A

川沿いのホイアン式古民家を利用した落ち着いたたたずまいのレストラン。ホイアンをはじめ、ベトナム全土の料理を提供しており、化学調味料は一切不使用。野菜やハーブをふんだんに使った料理が多く、見て楽しい、食べておいしいヘルシーなベトナム料理が味わえる。おすすめは、ライスペーパーで包んで食べるもちもち食感が独特なホイアン風バイン・セオ（→P.38、8万ドン）、豚肉や野菜、錦糸卵などが盛られたフエ風ワンプレートご飯のコム・アム・フー（Cơm Âm Phủ、15万ドン）など。

おしゃれな店内。雰囲気のいい中庭席もおすすめ

住35 Trần Quang Khải
☎(0235) 3939668、090-3112237（携帯）
営9:00～21:00　休無休　カード M V（手数料＋3％）　予約望ましい

甘酸っぱいヌックマムだれでマリネした生魚をライスペーパーで包んで食べるナムオー風魚のサラダ（Gỏi Cá Trích Nam Ô、13万ドン）もファンが多い1品

Voice トゥボン川の支流、ホアイ川のサンセットを眺められる飲食店は意外と少ないが、川沿いの「ホア・アン・ダオ（サクラ）Hoa Anh Dao」（MAP P.258-3B）は料理もおいしくおすすめ。

レストラン　Restaurant

ベトナム人料理研究家がオープン
モーニング・グローリー・オリジナル　ベトナム料理
Morning Glory Original　MAP P.258-3B

中部の大衆・屋台料理を「ストリートフード」と銘打った料理の数々が評判。オーナーの祖母から受け継いだレシピで作る白身魚のバナナの葉包み蒸し（19万5000ドン）やホイアン名物料理（→P.248）も絶品。

揚げワンタン（11万5000ドン）など

住106 Nguyễn Thái Học　☎(0235) 2241555
営11:00～22:00　休無休　カードJMV　予約不要
[モーニング・グローリー・シグネチャー]
MAP P.258-3B　住2F, 41 Nguyễn Phúc Chu

心地よい風が吹き抜ける田園レストラン
フィールド　ベトナム料理
The Field　MAP P.259上図-2B

中心部から車で約5分のカムタン村にある一軒家レストラン。田園に囲まれ、リラックスしながら食事が楽しめる。メニューは地元の食材を使ったベトナム料理が中心で、サラダ12万ドン～、肉料理15万ドン～。化学調味料は一切使用せず、素材の味を生かした料理が味わえる。

見渡すかぎりの田園を眺めながらの食事は格別

住Võng Nhi Hamlet, Cẩm Thanh　☎(0235) 3923977
営8:00～22:00　休無休　カードMV　予約望ましい

チャークエ村の実力派レストラン
ベビー・マスタード　ベトナム料理
Baby Mustard　MAP P.259上図-1A

レストランが急増中のチャークエ村のなかでも特に評判がいい。竹組みの開放的な店内でいただけるのは、チャークエ村で作られた無農薬野菜やハーブを使ったシンプルな料理。サバのハーブ蒸しやチキンのレモンリーフ焼（9万5000ドン）などがおすすめ。料理教室は22US$～。

サバのハーブ蒸し（Cá Thu Hấp Cuộn Rau Thơm、13万ドン）

住Đường Biển, Cẩm Hà　☎090-5640577（携帯）
営11:00～21:00　休無休　カード不可　予約不要

レトロかわいい創作料理店
ヌー・イータリー　創作ベトナム料理
Nu Eatery　MAP P.258-2B

細い路地の中にある小さな民家を改装。レトロでかわいらしい店内で、ベトナム料理をヘルシーにアレンジした創作料理が味わえる。おすすめは甘辛煮の豚肉をふわふわの蒸しパンで挟んだ蒸しパンサンド（4万ドン）。

こぢんまりとしたかわいらしい店内。2階席もある

住10A Nguyễn Thị Minh Khai　☎082-5190190（携帯）
営12:00～21:00　休月曜　カードMV（手数料＋3%）
予約望ましい

ホイアン名物の製造卸元
ホワイト・ローズ　ベトナム料理
White Rose　MAP P.258-1B

ホイアン名物のひとつ、ホワイト・ローズ（→P.248、7万ドン）の製造卸元。ここで1日に5000個ほど、ホイアンのホワイト・ローズのほとんどが作られて各店に卸されていく。揚げワンタン（10万ドン）もおいしい。ホワイト・ローズを注文すると、一緒に蒸し餃子も盛られて出てくる。

作りたてが味わえる

住533 Hai Bà Trưng　☎(0235) 3862784、079-9000700（携帯）
営7:30～20:30　休旧暦5/5　カードJMV　予約不要

1976年創業の老舗店
カオ・ラウ・バーレー　ベトナム料理
Cao Lau Ba Le　MAP P.259-2C

バーレー井戸（→P.257）近くにある家族経営の老舗カオ・ラウ（→P.248）専門店。代々伝わる秘伝のレシピで作られるカオ・ラウ（4万ドン）は、たっぷりの野菜や豚肉、麺に甘辛いたれがからんで美味。コム・ガー・ホイアン（→P.248、4万ドン）やセットメニュー（2人前）も人気。

食堂風の小さな店

住49/3 Trần Hưng Đạo　☎093-7691891（携帯）　営11:00～21:30（土・日曜6:30～）　休無休　カード不可　予約不要

Voice! チャークエ村（Làng Trà Quế）はハーブや野菜がおいしいことで知られ、新鮮な野菜やハーブを使ったレストランが増えている。料理教室を開催する所も多い。MAP P.259上図-1A

レストラン Restaurant

しっとり鶏肉が美味
コム・ガー・ガー
ベトナム料理
Com Ga Nga MAP P.259-2C

ホイアン名物、コム・ガー・ホイアン（→P.248）の店が多いファンチューチン通りのなかでも常に客でにぎわう人気店。しっとりとした鶏肉がおいしく、裂いたゆで鶏のコム・ガー・セー（6万ドン）のほか、鶏肉とパパイヤのサラダ、ゴイ・ガー（Gỏi Gà、20万ドン〜）も人気。

店先の黄色いランタンが目印

住9 Phan Chu Trinh ☎090-5300947（携帯）
営10:00〜22:00 休不定休 カード不可 予約不要

路地裏のチキンライス
コム・ガー・ティー
ベトナム料理
Com Ga Ty MAP P.259-2C

ファンチューチン通りから路地に入った左手に店を構える家族経営のコム・ガー・ホイアン専門店。手作りのホイアン豆板醤が絶品で、コム・ガーと混ぜて食べると止まらないおいしさ。裂いたゆで鶏のコム・ガー・セー（写真、Cơm Gà Xé、3万5000ドン）が定番。

コム・ガー・セーにはスープが付く

住27-29 Phan Chu Trinh ☎078-7661943（携帯）
営11:00〜21:00 休無休 カード不可 予約不要

ソースがおいしい専門店
マダム・カン
バイン・ミー
Madam Khanh MAP P.258-1B

口コミで人気となったバイン・ミー（→P.38）店。バイン・ミーは7種類（2万5000〜3万ドン）で、味のバランスがよく特に具材を詰めたあとにかけるソースが美味。おすすめは野菜とチーズ、卵焼き入りのベジタリアン（Chay、2万5000ドン）など。イートイン席あり。

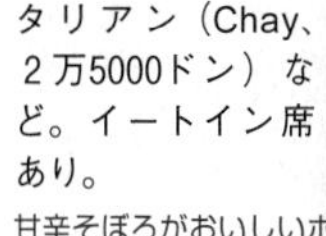

甘辛そぼろがおいしいポーク＆ハム（2万5000ドン）も人気

住115 Trần Cao Vân ☎077-7476177（携帯）
営6:30〜19:00 休毎月1日不定休 カード不可 予約不要

ベトナムで一番おいしいと話題
バイン・ミー・フーン
バイン・ミー
Banh My Phuong MAP P.259-2D

海外メディアで「ベトナム一うまいバイン・ミー」と評されたローカル店で、店先にはしばしば行列ができる。15種類あるなかでも特におすすめは、焼き豚肉のバイン・ミー・ティット・ヌーン（Bánh Mì Thịt Nướng、3万5000ドン）。ダチョウ肉入りや牛肉＆チーズなどオリジナルも多い。

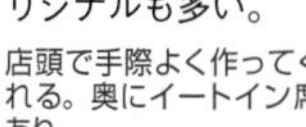

店頭で手際よく作ってくれる。奥にイートイン席あり

住2B Phan Chu Trinh ☎090-5743773（携帯）
営6:30〜21:30 休無休 カード不可 予約不要

アートに囲まれた隠れ家カフェ
ホイアン・コーヒー・ハブ
カフェ
Hoi An Coffee Hub MAP P.259-2C

見落としてしまいそうな小さな路地を進んだ先に現れる憩いのカフェ。路地の壁や店内には現代アート作品が飾られ、独特の空間だ。人気はダラット産イチゴの果肉入り自家製シロップに塩クリームを載せたソルティ・ストロベリー（4万5000ドン）。

ソルティ・ストロベリー。緑いっぱいのガーデン席でひと息つこう

住11/5 Nguyễn Thái Học ☎091-3786626（携帯）
営7:30〜19:00 休無休 カード不可 予約不要

おいしいコーヒーを飲むなら
ミア・コーヒー
カフェ
Mia Coffee MAP P.259-2D

ブーゲンビリアの花が軒先を彩る、ひきたてのコーヒーがおいしいカフェ。品質のいいダラット産コーヒー豆だけを厳選して使用し、店内で焙煎。オーダーごとにひきたての豆で入れてくれるコーヒーは香り高く、味わい深い。ベトナム・コーヒーのほかカフェラテ（4万5000ドン）もおいしい。

キャロットケーキ（4万5000ドン）もおすすめ

住20 Phan Bội Châu ☎090-5552061（携帯）
営6:00〜18:00 休無休 カードMV 予約不要

Voice チャークエ村（→P.250下記Voice）で休憩するなら「カフェ・スロー Cafe Slow」（MAP P.259上図-1A）へ。野菜畑を眺めながらおいしいコーヒーが飲める。

ダナン発のクラフトビールバー
セブン・ブリッジズ・ホイアン　バー
7 Bridges Hoi An　MAP P.259-2C

ダナン発クラフトビールブランドのタップバー。オリジナルをはじめベトナムのクラフト生ビール（7万5000ドン～）38種類を楽しめる。醸造時に排出される麦芽粕を使ったニューヨーク・ピザ（1ピース7万ドン～）など食事メニューもおいしい。奥に広々としたガーデン席がある。

奥は7種類が試せるフライト48万ドン

住36 Trần Phú　☎037-5362036（携帯）　営10:00～23:30
休無休　カード M V　予約 不要

ホイアン市場の2階にあるバー
マーケット・バー　バー
The Market Bar　MAP P.259-2D

バクダン通りとホアンジウ通り側のホイアン市場2階にあるオープンエアのバー。道側の席からは、ライトアップされた広場や夜の通り、ホアイ川を眺められる。カクテル11万ドン～、ビール6万ドン～。グラスワイン10万ドン～。ハッピーアワーは16:00～18:00。

バクダン通り側に設けられたカウンター席

住2F, Chợ Hội An, 2 Bạch Đằng　☎098-5807783（携帯）
営16:00～23:00　休無休　カード J M V　予約 不要

その他のレストラン　Restaurant

侍食堂　日本料理
Samurai Kitchen　MAP P.259-2C

住9 Tiểu La　☎077-8504627（携帯）
営11:30～21:00　休日曜、不定休
カード A J M V　予約 不要

日本人がオーナーシェフを務める日本料理店。いち押しは、おろしとんかつ（14万ドン、セットは19万5000ドン）とかつ丼（15万ドン）で、お好み焼きやラーメンも人気。またベトナム・コーヒーのかき氷など、3種類あるかき氷（4万ドン～）もおすすめ。

ファイフォー・コーヒー　カフェ
Faifo Coffee　MAP P.259-2C

住130 Trần Phú　☎(0235) 3921668
営7:00～21:30　休無休
カード M V　予約 不要

高い建物が少ない旧市街では貴重な、屋上から瓦屋根が並ぶ旧市街を見渡せる古民家カフェ。サンセットタイムは特に混み合う。2階席からも通りを見下ろせる。メニューはドリンクとケーキのみでジュースやコーヒーは9万9000ドン～。

ヒル・ステーション　カフェ・バー
The Hill Station　MAP P.259-2D

住321 Nguyễn Duy Hiệu　☎(0235) 6292999
営7:00～22:00　休無休
カード M V　予約 不要

古びた壁や床板など、廃屋のような古い建物をカフェ・バーとして再利用。店内は、建物の雰囲気に絶妙にマッチしたビンテージ感のあるインテリアで、個性際立つ空間。メイン料理で14万5000ドン～、生ビールの種類も豊富。

ショップ　 Shop

パステルカラーのライフスタイル雑貨
サンデー・イン・ホイアン　ベトナム雑貨
Sunday in Hoi An　MAP P.258-2B

淡い色合いのキュートなライフスタイル雑貨を集めたセレクトショップ。商品はハンドメイドまたはベトナムメイドの物で、レトロな柄のタイルコースター（写真手前右、各11万5000ドン）や、い草のバッグ、パステルカラーの陶器などが人気。

手前左のシルクのヘアバンド（29万9000ドン）も人気

住184 Trần Phú　☎079-7676592（携帯）
営9:30～21:30　休無休　カード J M V

シンプル服のオーダーメイド
リ　ミ　ウエア
LiMe　MAP P.258-1B

仕立て屋の多いホイアンでオーダーメイドで服を作るならここ。麻やリネンなど自然素材で着心地のいい布地を使った、シンプルで洗練されたデザインが人気。店内にあるデザインから選んで、採寸、生地を選び、24時間ほどで仕上げてくれる。

ワンピースは60万～70万ドンが目安。店内の既製品の購入も可能

住107 Trần Cao Vân　☎035-3150613（携帯）
営9:00～19:00　休日曜　カード M V

Voice!「バー・ブーイ Ba Buoi」は、ホイアンでコム・ガー・ホイアン（→P.38、248）といえば必ず名前が挙がる有名店。コム・ガーはスープが付いて5万5000ドン。行列ができることもしばしば。↗

ショップ  Shop

少数民族のアップサイクルグッズ
ハート 手工芸品
Hart MAP P.259-2D

ベトナム54民族の手工芸品を新たな商品に生まれ変わらせたオリジナルグッズの店。20～100年ほど前のビンテージ&アンティークを使った物も多く、ここでしか手に入らない商品がたくさん。ホイアン近くに暮らすホレー族やバーナー族などのアイテムにも注目。

バーナー族の木の実のネックレス（35万ドン）など

住25 Phan Bội Châu ☎093-2020604（携帯）
営8:30～20:00 休無休 カード J M V

個性派バッグ&シンプルウエア
ムイ・ザ・レーベル バッグ&ウエア
Mui The Label MAP P.259-2C

い草やウオーターヒヤシンスなど、ナチュラル素材のバッグにチロリアンテープやフリンジ、フェザーなどをデザインしたオリジナルバッグの店。形、大きさなども豊富で、小さい物なら30万ドン前後～。ショートパンツやワンピースなどの衣類もあり、カスタムメイドもできる。

個性的なサマーバッグが手に入る

住15B Lê Lợi ☎093-1900300（携帯）
営9:30～22:30 休無休 カード A J M V

オーガニック製品も多数
マスター・タン 食品&ケア用品
Master Tan MAP P.259-2C

ハノイに本店がある、お茶やドライフルーツなどの食品と、石鹸やシャンプーなどのケア用品を扱う店。ベトナム産のオーガニック商品や自然由来の商品がおもで、特にお茶はシナモンスティックとドライオレンジが個包装されたタースア（写真左、28万ドン）など、ほかにはない品揃え。

石鹸（10万9000ドン～）など

住105 Trần Phú ☎082-8341188（携帯）
営8:30～22:00 休無休 カード A J M V

靴のオーダーメイドならここ
トン 靴
Tong MAP P.259-2D

オーダーメイドの靴屋が多いホイアン旧市街のなかでも、在住外国人の顧客が多く、評判がいい。好みの色と形を選んでオーダーが可能（所要22時間～）で、宿泊先まで配達してくれる。良質な牛革と、インソールにピッグスキンを使用したバレエシューズは30US$～。

店頭のサンプルから好みの形を選ぼう

住69 Phan Bội Châu ☎090-6552686、093-2115667（携帯）
営9:00～20:30 休無休 カード M V

スパ・マッサージ  Spa & Massage

オゾン・スパ スパ
Ozone Spa MAP P.259上図-2A

住Little Riverside - A Luxury Hotel & Spa, 9 Phan Bội Châu
☎(0235)3575555 営9:00～22:00 休無休 料フット・リフレクソロジー 39万9000ドン（30分）など カード A M V 予約要予約

15年以上の経験をもつスゴ腕マッサージ師がトレーナーを務める実力派スパで、マッサージのレベルが高いスタッフを揃える。リトル・リバーサイド・ホイアン・シグネチャー・マッサージ（88万ドン／70分）など。人気が高く、予約は必須。

ホワイト・ローズ・スパ スパ
White Rose Spa MAP P.258-1B

住529 Hai Bà Trưng ☎037-6602882（携帯） 営10:00～22:00（L.O. 20:00） 休無休 料ホワイトローズ・シグネチャー・マッサージ53万ドン（60分）など カード J M V 予約望ましい

カジュアルな雰囲気の町スパ。人気はホワイトローズ・シグネチャー・マッサージやタイマッサージ（52万ドン／60分）、足マッサージ（39万ドン／60分）など。シャンプー（11万9000ドン～）やネイルメニューもある。

ラー・スパ スパ
La Spa MAP P.258-2A参照

住La Siesta Hoi An Resort & Spa, 132 Hùng Vương ☎(0235)3915915 営8:30～21:00（L.O. 20:00） 休無休 料トータル・フット・トリートメント89万5000ドン（75分）など カード A J M V 予約要予約

リゾート感あふれるホテル内のガーデンスパで、全室サウナ付きの個室。マッサージの腕が特にいいと評判で的確にツボを押しながらもみほぐしてくれる。要予約のフォーハンズマッサージ（156万5000ドン）などが人気。

↘ MAP P.259-2C 住22 Phan Chu Trinh ☎090-5767999（携帯） 営10:30～14:00、17:00～20:00 休無休 カード不可 予約不要

ホテル

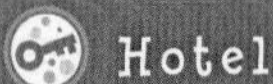

Hotel

フランス資本の５つ星ブティックホテル

ホテル・ロイヤル・ホイアン・Mギャラリー

高級ホテル

Hotel Royal Hoi An - MGallery

MAP P.258-3A

ホイアン旧市街まで徒歩数分、川沿いに建つ５つ星ホテル。フランス資本のアコーホテルズ・グループのなかでも上級ブティックホテルブランドのMギャラリーらしく、客室はモダンかつクラシカルなインテリアで統一され、洗練された雰囲気。全室バスタブ付きでコーヒーメーカーなどが備わる。館内には、スパ、ふたつの屋外プール、メインダイニングの「ファイフォー」やホイアンでは珍しい寿司店「ワカク」などの飲食施設のほか、すばらしい眺めが楽しめるルーフトップバーなどがある。

新館のグランドデラックスルーム

住39 Đào Duy Từ
☎(0235) 3950777
URL www.hotelroyal-hoian.com
料ⓈⓌⓉ322万ドン～　スイート698万8000ドン～（朝食付き）
カード A D J M V　全187室

広々としたプール。屋上にもプールがあり、こちらからはリバービューが楽しめる

何もしない贅沢を味わう非日常空間

フォーシーズンズ・リゾート・ザ・ナムハイ

高級ホテル

Four Seasons Resort The Nam Hai

MAP P.259上図-1A参照

フォーシーズンズ・グループ傘下の贅を尽くしたラグジュアリーリゾートホテル。客室はすべてヴィラタイプで、ベトナム中部の伝統的な家屋をイメージした建築に、フランス人デザイナーによる洗練されたスタイリッシュな内装がマッチし、非日常的な雰囲気を演出している。約35ヘクタールもの広大な敷地には３つのプール、約1kmにもおよぶプライベートビーチ、スパ、ジム、テニスコートなどがあり、優雅なリゾート滞在が楽しめる。クッキングクラスやヨガなどアクティビティプランも充実。

ヴィラは天井が高く、広々

住Block Hà My, Đông B, Điện Dương Ward, Điện Bàn Town　☎(0235)3940000
URL www.fourseasons.com/hoian
料１～２ベッドヴィラ700US$～　３～４ベッドヴィラ2000US$～　５ベッドヴィラ5800US$～（＋税・サービス料15%）
カード A D J M V　全100ヴィラ

静かなプライベートビーチ

全室スイート仕様の川沿いホテル

リトル・リバーサイド・ア・ラグジュアリー・ホテル＆スパ

高級ホテル

Little Riverside - A Luxury Hotel & Spa

MAP P.259上図-2A

ホテルの目の前に広がるのはトゥボン川の大パノラマ。川からの心地よい風と、対岸に並ぶトロピカルグリーンが身も心も癒やしてくれる。館内は、さりげなくホイアン伝統のモチーフで飾られ、特にゲストルームのあるエリアは風通しがよく開放的な雰囲気だ。客室は全室スイートルームで最小でも46㎡と贅沢な造り。コロニアル風の色鮮やかなタイルとフローリングを組み合わせ、ランタン風のベッドランプやクラシカルな調度品を配した洗練の空間だ。屋上プール、「オゾン・スパ」（→P.253）などがある。

全室バルコニー付き。リバービューの客室

住9 Phan Bội Châu
☎(0235) 3866999
URL www.littleriversidehoian.com
料スイート250万ドン～（朝食付き）
カード A M V　全42室

屋上のインフィニティプールからはトゥボン川のすばらしい眺望を楽しめる

ホ テ ル Hotel

旧市街近くのラグジュアリーホテル

アレグロ・ホイアン・ア・リトル・ラグジュアリー・ホテル&スパ 高級ホテル

Allegro Hoi An. A Little Luxury Hotel & Spa MAP P.258-1B

旧市街へ徒歩数分と立地がいいわりに、周辺は緑が多く静かな環境。ホイアンで展開する人気のリトル・ホイアングループのひとつとあって、上品で落ち着いた空間、行き届いたサービスであたたかく迎えてくれる。山吹色を基調にした客室は、ヘッドボードのタイルとミラーのデコレーション、ランタンモチーフのしゃれたベッドランプ、チークの引き戸などホイアンの伝統とモダンが融合したインテリア。アンホイ島の系列ブティックホテル「リトル・ホイアン・ブティックホテル&スパ」(MAP P.258-3A)も人気。

自転車レンタル無料、ビーチへのシャトルバスあり

住 2-86 Trần Hưng Đạo
☎ (0235) 3529999
URL www.allegrohoian.com
料 スイート280万ドン～(朝食付き)
カード AJMV 全94室

全室スイートルーム仕様。写真はバルコニーから屋外プールを見下ろせるリトルスイートの客室

クアダイ・ビーチ沿いのリゾート

ヴィクトリア・ホイアン・ビーチ・リゾート&スパ 高級ホテル

Victoria Hoi An Beach Resort & Spa MAP P.259上図-1C

ホイアン旧市街から車で約15分、クアダイ・ビーチに面して建つリゾートホテル。ベトナム各地に展開するヴィクトリア・グループのホテルで、昔の漁村やホイアンの町を再現した敷地内には池や小道、みやげ物店の並ぶ通りが造られ、エキゾチックな雰囲気に包まれている。客室は広々としており、スイートルームは西洋風、日本風、コロニアル風など部屋によってインテリアが異なる。海に面したプール、プライベートビーチ、レストランやバーなどの飲食施設、スパ、キッズクラブなど施設も整う。

夕日が望める屋外プール

住 Cửa Đại Beach
☎ (0235) 3927040
URL www.victoriahotels.asia
料 ⓈⓉ160US$～ スイート300US$～(+税・サービス料15%。朝食付き)
カード ADJMV
全109室

ジャクージ付きのスイートルーム

トゥボン川沿いのタイ資本のリゾート

アナンタラ・ホイアン・リゾート 高級ホテル

Anantara Hoi An Resort MAP P.259上図-2A

川沿いに建つクリーム色のフレンチコロニアル様式のホテル。6つある客室カテゴリーのうち5つがスイートルームで、全室リビングエリアと大きなデイベッドを備えたバルコニーまたはテラス付き。3つのレストラン、プール・バー、スパ、キッズクラブなどを完備。

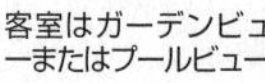

客室はガーデンビューまたはプールビュー

住 1 Phạm Hồng Thái ☎ (0235) 3914555
URL www.anantara.com/ja/hoi-an 料 ⓈⓌ675万ドン～ スイート819万2000ドン～(朝食付き) カード ADJMV 全94室

アンバン・ビーチ至近の人気ブティックホテル

アイラ・ブティック・ホイアン・ホテル&ヴィラ 中級ホテル

Aira Boutique Hoi An Hotel & Villa MAP P.259上図-1A参照

ビーチまで徒歩約1分の海をコンセプトにしたホテル。客室はナチュラル素材を取り入れ、ブルーの差し色が利いたおしゃれな空間だ。トロピカルガーデン内にある開放的なレストラン、スパ、プールがある。

センスのいいインテリアがすてき

住 126 Nguyễn Phan Vinh, Cẩm An ☎ (0235) 3926969、097-5883110(携帯) URL airaboutiquehoian.com
料 ⓈⓌⓉ165万ドン～ スイート220万ドン～ ファミリー320万ドン～ ヴィラ800万ドン～(朝食付き) カード ADJMV 全44室 1ヴィラ

アンバン・ビーチ2のブティックホテル
イェーチウ　中級ホテル
Dechiu　MAP P.259上図-1B

ベトナム女性建築家が手がけたおしゃれなブティックホテル。山岳少数民族の布やアートが散りばめられた客室は、ガーデンやワビサビなどと名付けられた6つのカテゴリーごとにインテリアが異なる。静かにのんびり過ごしたい人におすすめ。1階にカフェを併設。

ベランダ付きのゼン・ルームは35㎡

住23 Nguyễn Phan Vinh, Cẩm An　☎091-5697696(携帯)　URL dechiuhotel.com　料ⓈⓌⓉ216万～540万ドン（朝食付き）　カード MV（手数料＋3%）　全9室

旧市街付近の大型ホテル
ホイアン・ヒストリック　中級ホテル
The Hoi An Historic　MAP P.259-1C

客室棟、レストラン棟などの4つの建物のほか、屋外プールやテニスコートもある大型ホテル。客室はダークカラーのチーク材をメインにしたシックな雰囲気で設備も整う。1991年創業と歴史のあるホテルだが改装を重ね、手入れが行き届いている。

スイートルーム

住10 Trần Hưng Đạo　☎(0235)3861445　URL www.hoianhistorichotel.com.vn　料ⓈⓌⓉ130万ドン～　スイート370万ドン～（朝食付き）　カード ADJMV　全150室

豊富なサービスが自慢のブティックホテル
メゾン・ヴィー　中級ホテル
Maison Vy　MAP P.259上図-2B

「モーニング・グローリー・オリジナル」(→P.250)のオーナーシェフがオープンさせた、ターコイズブルーが基調のブティックホテル。ロフト風の客室など遊び心あるアイデアが楽しい。2024年6～7月は改装でクローズ予定。

南国リゾートの趣の屋外プール

住544 Cửa Đại　☎(0235)3862231　URL www.maisonvy.com　料ⓈⓌⓉ145万ドン～　ファミリー233万5000ドン～（朝食付き）　カード MV　全28室

有名建築家によるシティリゾート
マルベリー・コレクション・シルク・エコ　エコノミーホテル
Mulberry Collection Silk Eco　MAP P.258-2A

ベトナムの有名建築家、ヴォー・チョン・ギア(Võ Trọng Nghĩa)氏が手がけた、グリーン&エコがテーマのホテル。館内のいたるところに緑が配され、涼しげな雰囲気。リゾート感ある屋外プール、スパ、レストラン、プール・バー、ジムが備わる。全室バルコニー付き。

デラックスツイン・シティビュールーム

住30 Đào Duy Từ　☎(0235)3666222　URL silkeco.mulberrycollectionvn.com　料ⓈⓌⓉ120万ドン～　スイート160万ドン～（朝食付き）　カード ADJMV　全48室

ホイアンの古民家を改装
ホイアン・エンシェント・ハウス・リゾート&スパ　エコノミーホテル
Hoi An Ancient House Resort & Spa　MAP P.259上図-2B

古い民家を改装した雰囲気のあるホテル。広々とした敷地内には約200年前に建てられた古民家がそのまま残り、毎日5:00～16:00には昔ながらの製法でライスペーパーを作る工程を見学できる。ホテルと旧市街やビーチを結ぶ無料シャトルバスを運行。

明るく涼しげな雰囲気の客室

住377 Cửa Đại　☎(0235)3923377　URL ancienthouseresort.com　料ⓈⓉ120万ドン～　スイート280万ドン～（朝食付き）　カード ADJMV　全56室

穏やかな空気が流れる
ホイアン・シック　ミニホテル
Hoi An Chic　MAP P.259上図-1B

ホイアン旧市街から車で約10分の所にある、フレンドリーなミニホテル。一面の田んぼビューが楽しめるインフィニティプールはリゾート感満点。広々とした客室はシックでモダンな雰囲気。無料のレンタサイクルあり。

田園風景のなかにあり、自然を満喫できる造り

住Nguyễn Trãi, Cẩm Châu　☎(0235)3926799　URL hoianchic.com　料ⓈⓌⓉ120万ドン～（朝食付き）　カード AJMV（手数料＋2～3%）　全17室

Voice! ホイアンの町なかは建築規制が厳しく、新規のホテル開業が難しい。アンバン・ビーチへの道沿いやビーチ沿いには年々増えてはいるものの、町全体での部屋数は決して十分ではない。特に40万ドン以下の安↗

ホテル Hotel

ランタンのインテリアがかわいい
コージー・ホイアン・ブティック・ヴィラズ ミニホテル
Cozy Hoi An Boutique Villas MAP P.258-2A参照

旧市街から少し離れた路地裏にある、ホイアン旧市街をコンセプトにした小さなブティックホテル。上品な調度品でまとめられた客室はカラフルなランタンのモチーフが飾られ、かわいらしい雰囲気。バスタブ付きの部屋もある。

人気のホテルなので早めの予約が望ましい。無料レンタサイクルあり

住108/2 Đào Duy Từ ☎(0235) 3921666
E-mail info@cozyhoianvillas.com 料Ⓢ Ⓦ Ⓣ95万ドン～（朝食付き） カード J M V 全17室

アンバン・ビーチのアットホームなミニホテル
カシュー・ツリー・バンガロー ミニホテル
Cashew Tree Bungalows MAP P.259上図-1A参照

アンバン・ビーチまで徒歩約３分の路地に建つ。ビーチエリアにあるホテルらしく、バンガロー風の客室は天井が高く、天蓋付きのベッド、半屋外のシャワールームと開放的な雰囲気。

テラス付きの部屋もあり、朝食はテラスでとれる

住157 Nguyễn Phan Vinh, Cẩm An ☎078-8608909（携帯）
E-mail cashtrewtreebungalow@gmail.com
料Ⓢ Ⓦ50万ドン ３人部屋70万ドン
カード M V 全４室

田園ビューの人気ホテル
エデン・ホイアン・ヴィラズ ミニホテル
Eden Hoi An Villas MAP P.259上図-2A

旧市街から車で約７分の田園地帯にある比較的新しい一軒家ホテル。全12室と規模は小さいものの、客室は広々としてバルコニーからは田園風景が楽しめる。プールあり。無料のレンタサイクルもある。

チーク材を使ったシックな内装。写真はスイートルーム

住63 Lý Thái Tổ ☎091-4013355（携帯）
E-mail edenvillahoian@gmail.com
料Ⓢ Ⓦ Ⓣ70万ドン～(朝食付き) カード A J M V 全12室

居心地抜群の高コスパホテル
ラー・アン・ホームステイ ミニホテル
La An Homestay MAP P.259上図-2A

旧市街から徒歩約10分とやや離れた場所にあるが、お湯の出がいいシャワー、清潔で居心地のいい部屋とサービスのよさで人気が高い。ホイアン名物から西洋料理まで選べる朝食が充実しており、味もいい。満室になることが多いので早めに予約を。

バルコニー付きの部屋もある

住455 Hai Bà Trưng ☎094-6920808(携帯)
E-mail laanhomestay@gmail.com 料Ⓢ Ⓦ Ⓣ18US$～ ３人部屋25～28US$（朝食付き） カード A M V 全6室

Column ホイアンの不思議な水

ホイアンの小道を歩くとあちこちで井戸を見かけるが、実際に使われている形跡はほとんどない。そんななか、ホイアンの住人なら誰もが知っており、いまだ現役で利用され、そしてホイアンの食生活になくてはならない井戸がある。それがバーレー井戸(Giếng Bá Lễ MAP P.259-2C)だ。

言い伝えによると、この井戸はチャンパの時代から枯渇せず使われ続け、今にいたるという。しかも、ホワイト・ローズ(→P.248)やカオ・ラウ(→P.37、248)を作るための水はこの井戸水でなければ、あの味、あの食感は生まれないらしく、これがホワイト・ローズやカオ・ラウがほかの土地で食べられない理由のひとつでもあるという。

「狭い町での井戸水なんだから、地下水脈はつながっていて、どの井戸水も同じじゃないの？」との疑問もあるだろう。しかし、そんな疑問もどこへやら。ホイアンの人々はこのバーレー井戸の水だけは特別な物と信じ、現在はホワイト・ローズの皮やカオ・ラウの麺を作る一族にのみ利用が許されているという。

ここがバーレー井戸。ただの言い伝えなのか、水質に何かしらの秘密があるのか？

↘宿と呼ばれるホテルがほかの町に比べると少ない。ホイアンで宿泊する際、特に安宿を求める場合は早めの予約が望ましい。

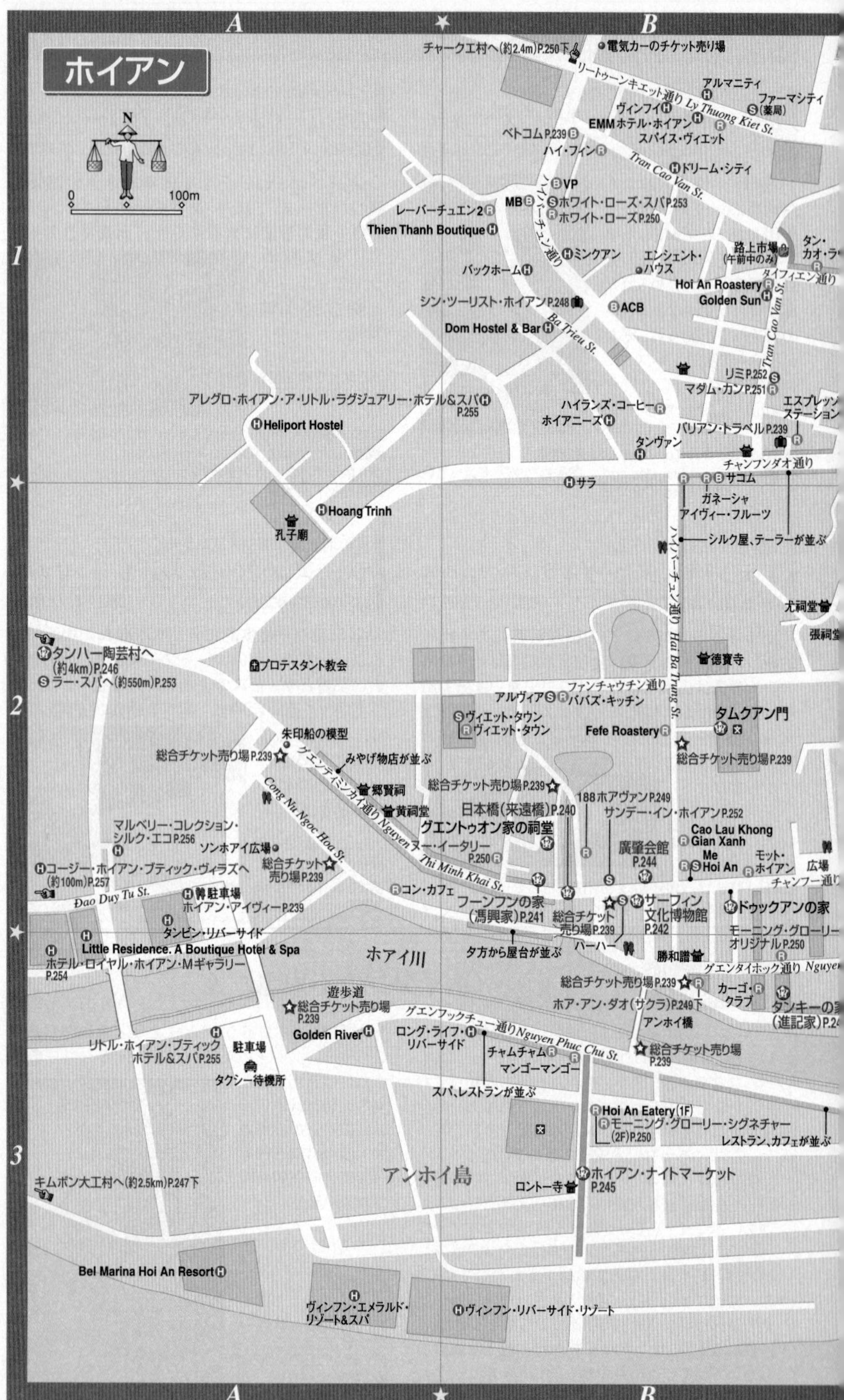
A
B
1
2
3
ホイアン
N
0
100m
チャークエ村へ(約2.4m)P.250下
電気カーのチケット売り場
リートゥーンキエット通り Ly Thuong Kiet St.
アルマニティ
ファーマシティ(薬局)
ヴィンフイ
EMMホテル・ホイアン
スパイス・ヴィエット
ベトコム P.239
ハイ・フィン
Tran Cao Van St.
ドリーム・シティ
VP
ハイバーチュン通り
MB
ホワイト・ローズ・スパ P.253
ホワイト・ローズ P.250
レーバーチュエン2
Thien Thanh Boutique
ミンクアン
エンシェント・ハウス
路上市場(午前中のみ)
タン・カオ・ラ
タイフィエン通り
バックホーム
Hoi An Roastery
Golden Sun
シン・ツーリスト・ホイアン P.248
ACB
Dom Hostel & Bar
Ba Trieu St.
Tran Cao Van St.
リミ P.252
マダム・カン P.251
アレグロ・ホイアン・ア・リトル・ラグジュアリー・ホテル&スパ P.255
ハイランズ・コーヒー
エスプレッソ・ステーション
Heliport Hostel
ホイアニーズ
バリアン・トラベル P.239
タンヴァン
チャンフンダオ通り
サラ
サコム
ガネーシャ
アイヴィー・フルーツ
Hoang Trinh
孔子廟
ハイバーチュン通り Hai Ba Trung St.
シルク屋、テーラーが並ぶ
尤祠堂
張祠堂
タンハー陶芸村へ(約4km)P.246
ラー・スパへ(約550m)P.253
プロテスタント教会
徳寶寺
ファンチャウチン通り
アルヴィア
ババズ・キッチン
ヴィエット・タウン
ヴィエット・タウン
Fefe Roastery
タムクアン門
朱印船の模型
総合チケット売り場 P.239
グエンティミンカイ通り Nguyen Thi Minh Khai St.
みやげ物店が並ぶ
総合チケット売り場 P.239
鄉賢祠
Cong Nu Ngoc Hoa St.
総合チケット売り場 P.239
黄祠堂
日本橋(来遠橋)P.240
188ホアヴァン P.249
サンデー・イン・ホイアン P.252
グエントゥオン家の祠堂
マルベリー・コレクション・シルク・エコ P.256
ヌー・イータリー P.250
Cao Lau Khong Gian Xanh
ソンホアイ広場
廣肇会館 P.244
Me Hoi An
モット・ホイアン
広場
総合チケット売り場 P.239
コージー・ホイアン・ブティック・ヴィラズへ(約100m)P.257
チャンフー通り
Đao Duy Tu St.
駐車場
コン・カフェ
フーンフンの家(馮興家)P.241
サーフィン文化博物館 P.242
ドゥックアンの家
ホイアン・アイヴィー P.239
総合チケット売り場 P.239
タンビン・リバーサイド
モーニング・グローリー・オリジナル P.250
Little Residence. A Boutique Hotel & Spa
ホアイ川
夕方から屋台が並ぶ
ハーハー
ホテル・ロイヤル・ホイアン・Mギャラリー P.254
勝和譜
グエンタイホック通り Nguyen
総合チケット売り場 P.239
遊歩道
総合チケット売り場 P.239
カーゴ・クラブ
ホア・アン・ダオ(サクラ)P.249下
タンキーの家(進記家)P.2
アンホイ橋
Golden River
ロング・ライフ・リバーサイド
グエンフックチュー通り Nguyen Phuc Chu St.
リトル・ホイアン・ブティックホテル&スパ P.255
駐車場
チャムチャム
総合チケット売り場 P.239
マンゴーマンゴー
タクシー待機所
スパ、レストランが並ぶ
Hoi An Eatery(1F)
モーニング・グローリー・シグネチャー(2F)P.250
レストラン、カフェが並ぶ
アンホイ島
ホイアン・ナイトマーケット P.245
キムボン大工村へ(約2.5km)P.247下
ロントー寺
Bel Marina Hoi An Resort
ヴィンフン・エメラルド・リゾート&スパ
ヴィンフン・リバーサイド・リゾート

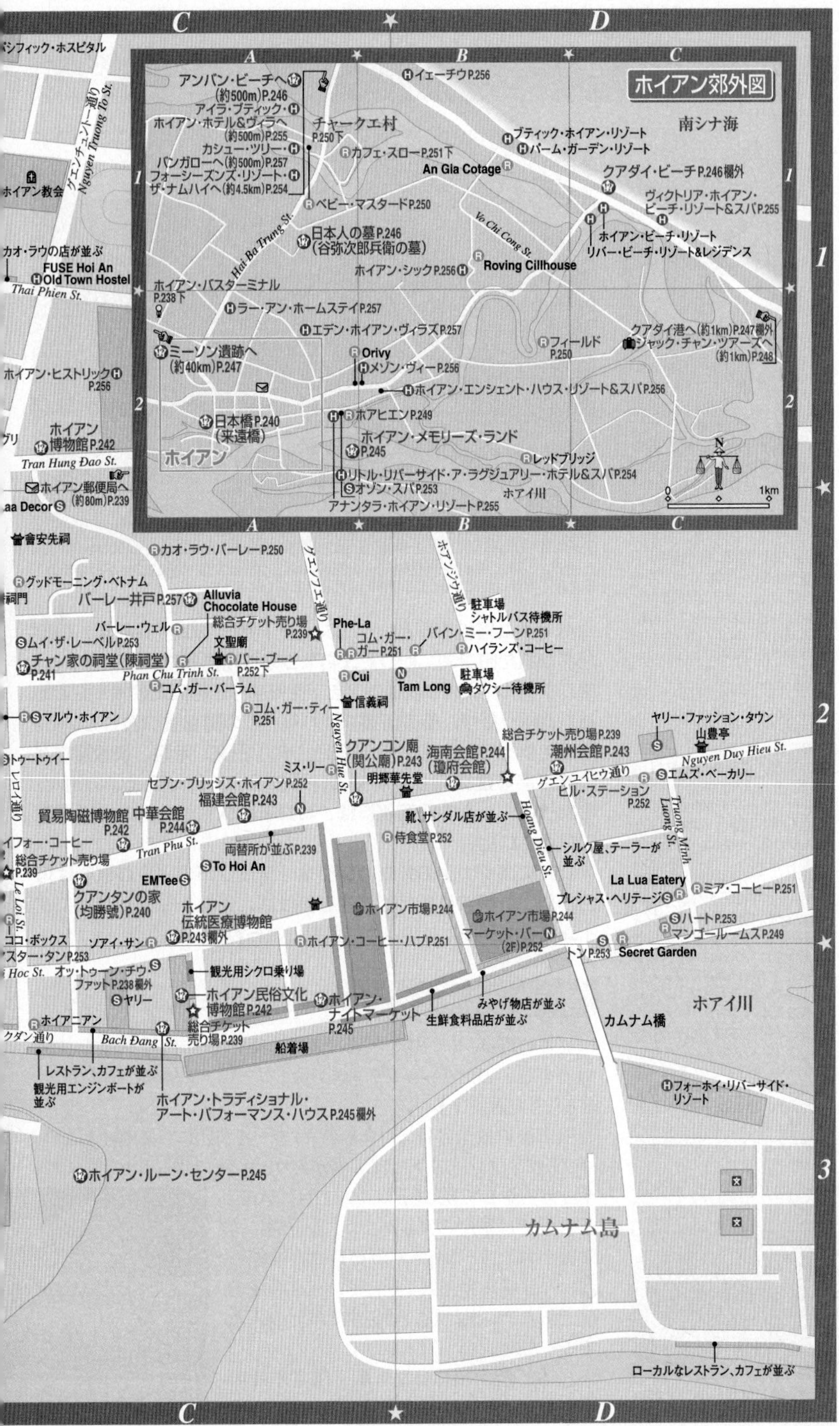
ホイアン郊外図
アンバン・ビーチへ(約500m)P.246
アイラ・ブティック
ホイアン・ホテル&ヴィラへ(約500m)P.255
カシュー・ツリー
バンガローへ(約500m)P.257
フォーシーズンズ・リゾート・ザ・ナムハイへ(約4.5km)P.254
チャークエ村
イェーチウP.256
ブティック・ホイアン・リゾート
バーム・ガーデン・リゾート
南シナ海
カフェ・スローP.251下
An Gia Cotage
クアダイ・ビーチP.246欄外
ヴィクトリア・ホイアン・ビーチ・リゾート&スパP.255
ベビー・マスタードP.250
日本人の墓P.246(谷弥次郎兵衛の墓)
ホイアン・ビーチ・リゾート
リバー・ビーチ・リゾート&レジデンス
Hai Ba Trung St.
Vo Chi Cong St.
ホイアン・シックP.256
Roving Cillhouse
ホイアン・バスターミナルP.238下
ラー・アン・ホームステイP.257
エデン・ホイアン・ヴィラズP.257
クアダイ港へ(約1km)P.247欄外
ジャック・チャン・ツアーズへ(約1km)P.248
フィールドP.250
ミーソン遺跡へ(約40km)P.247
Orivy
メゾン・ヴィーP.256
ホイアン・エンシェント・ハウス・リゾート&スパP.256
日本橋P.240(来遠橋)
ホアヒエンP.249
ホイアン・メモリーズ・ランドP.245
ホイアン
レッドブリッジ
リトル・リバーサイド・ア・ラグジュアリー・ホテル&スパP.254
オゾン・スパP.253
ホアイ川
アナンタラ・ホイアン・リゾートP.255
1km
パシフィック・ホスピタル
グエンチュント通り Nguyen Truong To St.
ホイアン教会
カオ・ラウの店が並ぶ
FUSE Hoi An Old Town Hostel
Thai Phien St.
ホイアン・ヒストリックP.256
ホイアン博物館P.242
Tran Hung Dao St.
ホイアン郵便局へ(約80m)P.239
aa Decor
會安先祠
カオ・ラウ・バーレーP.250
グッドモーニング・ベトナム
バーレー井戸P.257
Alluvia Chocolate House
総合チケット売り場P.239
バーレー・ウェル
ムイ・ザ・レーベルP.253
チャン家の祠堂(陳祠堂)P.241
文聖廟
バー・ブーイP.252下
Phe-La
コム・ガー・ガーP.251
バイン・ミー・フーンP.251
ハイランズ・コーヒー
グエンフエ通り
ホアンジウ通り
駐車場 シャトルバス待機所
Phan Chu Trinh St.
コム・ガー・バーラム
Cui
Tam Long
駐車場 タクシー待機所
コム・ガー・ティーP.251
信義祠
マルウ・ホイアン
Nguyen Hue St.
総合チケット売り場P.239
ヤリー・ファッション・タウン
山豊亭
トゥートゥイー
クアンコン廟(関公廟)P.243
海南会館P.244(瓊府会館)
潮州会館P.243
Nguyen Duy Hieu St.
ミス・リー
明郷華先堂
グエンユイヒウ通り
エムズ・ベーカリー
セブン・ブリッジズ・ホイアンP.252
福建会館P.243
ヒル・ステーションP.252
貿易陶磁博物館P.242
中華会館P.244
靴、サンダル店が並ぶ
Truong Minh Luong St.
Hoang Dieu St.
Tran Phu St.
両替所が並ぶP.239
侍食堂P.252
シルク屋、テーラーが並ぶ
イフォー・コーヒー
総合チケット売り場P.239
To Hoi An
EMTee
La Lua Eatery
ミア・コーヒーP.251
クアンタンの家(均勝號)P.240
ホイアン伝統医療博物館P.243欄外
ホイアン市場P.244
ホイアン市場P.244
プレシャス・ヘリテージ
ハートP.253
マンゴールームスP.249
Le Loi St.
ココ・ボックス
ソアイ・サン
ホイアン・コーヒー・ハブP.251
マーケット・バー(2F)P.252
トンP.253
Secret Garden
スター・タンP.253
Hoc St.
オッ・トゥーン・チウ・ファットP.238欄外
観光用シクロ乗り場
ヤリー
ホイアン民俗文化博物館P.242
ホイアン・ナイトマーケットP.245
みやげ物店が並ぶ
生鮮食料品店が並ぶ
ホアイ川
カムナム橋
ホイアニアン
総合チケット売り場P.239
クダン通り
Bach Dang St.
船着場
レストラン、カフェが並ぶ
観光用エンジンボートが並ぶ
ホイアン・トラディショナル・アート・パフォーマンス・ハウスP.245欄外
フォーホイ・リバーサイド・リゾート
ホイアン・ルーン・センターP.245
カムナム島
ローカルなレストラン、カフェが並ぶ

古都の風情が漂う、グエン朝最後の都

MAP 折表-2B

世界遺産 フエ

フエの市外局番
0234
Huế

フエの洪水

ベトナム中部は9～11月が雨季にあたり、フエは数年に1度、フーン川が増水し、新市街の家々の1階部分が水没するほどの大洪水に見舞われる。年々その周期は短くなり、1年に2度、3度と水があふれる年もある。

シクロで回る旧市街

シクロに乗ってゆっくりと王宮を1周、もしくは王宮周辺の車の少ない道を走る場合、1時間20万ドン～。シクロは町なかや王宮の出入口周辺でひろえる。

タントアン橋
Cầu Ngói Thanh Toàn
Thanh Toan Bridge
MAP P.266-1B参照
開24時間　休無休　料無料

市内から東へ約7kmのタントアン村にある、1776年建造の木造屋根付きの橋。当時は粗末な竹造りの橋しかなく、それを不便に思ったチャン・ティ・ダオという女性が村人の休憩所も兼ねる意味で、私財をはたいて造ったといわれている。橋の構造がホイアンの日本橋に似ていることから、欧米人からは「ジャパニーズ・ブリッジ」とも呼ばれる密かな人気観光地だ。橋の内部は人が座れる構造になっており、村人たちがここに座り雑談する姿も見られる。2021年に改修され、きれいになった。橋を渡った左側には農機具展示館（Nhà Trưng Bày Nông Cụ　開7:30～17:30　休無休　料2万ドン）があり、この地で使われてきた古い農機具が展示されている。

タントアン橋は村のシンボルにもなっている

カイディン帝とバオダイ帝が暮らした宮殿、キエンチュン殿（→P.263）が約4年の工事を経て再建。グエン朝王宮の新たな見どころになっている

ベトナム最後の王朝、グエン（阮）朝（1802～1945年）の都がおかれた町フエ。かつてユネスコの事務局長だったアマドゥ・マハタール・ムボウ氏はフエを「賞賛すべき建築上のポエムである」と語ったが、その言葉はズバリとこの町を言い表している。ゆったりと流れるフーン川のほとりに、王宮、寺院、皇帝陵などの風格ある建築物が点在する、落ち着いたたたずまいの町だ。これらいにしえの建造物群は、1993年にベトナム初の世界遺産に登録された。

フエにはダナンのにぎわいやホーチミン市のような喧騒は似合わない。静まり返った城内を歩けば、あたかも王朝時代にタイムスリップしたかのような錯覚にとらわれるだろう。

歩き方　Orientation

フエの町はフーン川を挟んで新市街と旧市街に分かれている。両者を結ぶのはチューンティエン橋とフースアン橋の2本の橋で、どちらも交通量は多い。

旧市街の散策は常にフラッグ・タワーを目印にして進むとよい。フラッグ・タワーの下には広場があり、木陰で語らうカップルや、サッカーをして遊ぶ子供たちも目に入る。王宮付近は平屋の家しかなく、部分的に苔に覆われた5～6mほどの石造りの城壁に囲まれ荘厳な雰囲気。逆にドンバ市場周辺は活気にあふれ、買い物をする地元の人々でごった返している。

一方、新市街にはフエ駅、住宅や商店が集まり、ホテルや観光客向けのレストラ

飲み屋やレストランが集まる新市街

Voice! クオック・ホック（Quốc Học）はホー・チ・ミンをはじめ、近代ベトナム史に名を残す要人たちが学んだ学校。かつては男子校だったが現在は共学の高校になってい↗

通り沿いにレンタル衣装店が並ぶ線香村。レンタル料5万ドン

ンも多い。特に川沿いのレロイ通り北東には「フーンジャン」（→P.275）をはじめとした大型ホテルが並び、すぐ近くのファングーラオ通り周辺はレストランやバー、みやげ物店、エコノミーホテル、ミニホテルなどが集まるツーリスティックなエリアとなっている。

トゥイースアン線香村
Làng Hương Thủy Xuân
Thuy Xuan Incense Village
MAP P.266-2A
住Corner of Lê Ngô Cát & Huyền Trân Công Chúa
トゥドゥック帝陵（→P.267）近くの線香作りで有名な村。宮廷衣装をレンタルして、色とりどりの線香と写真を撮れるスポットとして人気になっている。帝陵見物のついでにいかが？

インフォメーション ❁ INFORMATION

●ベトコムバンク　Vietcombank
MAP P.276-3C
住78 Hùng Vương　☎(0234)38119
営7:30～11:30、13:30～17:00　休土・日曜
市内各所には上記のベトコムバンク以外にも銀行があり、各行ともにUSドルと日本円の現金の両替が可能（要パスポート）。各種クレジットカードでベトナム・ドンのキャッシングが可能。ATMからはベトナム・ドンのみのキャッシングが可能。

●ベトナム航空　Vietnam Airlines
MAP P.276-3B
住23 Nguyễn Văn Cừ　☎(0234)3824709
営8:00～11:30、13:30～17:00　休日曜、祝日
カード A J M V

●中央郵便局
MAP P.277-3A
住8 Hoàng Hoa Thám　☎(0234)3826278
営7:00～19:00（日曜～18:00）　休無休

アクセス ❁ ACCESS

フエへの行き方

●飛行機
ホーチミン市からベトナム航空（VN）が毎日5便、ベトジェットエア（VJ）が毎日7便、バンブー・エアウェイズ（QH）が毎日1便運航。所要1時間25分～。ハノイからVNとVJが各毎日3便運航。所要1時間15分～。

●列車
ハノイ方面から毎日6便、ホーチミン市（サイゴン駅）方面から毎日5便ある。所要時間は列車の種類によって異なるが、一番速い便でハノイから約13時間44分、ホーチミン市（サイゴン駅）から約19時間42分、ニャチャンから約12時間21分、ダナンから約2時間26分（→P.411）。

●バス
ホーチミン市からはミエンドン・バスターミナルから7:00～17:00の間に寝台バスが6便運行。55万～90万ドン、所要約25時間。ダナンからはダナンの市バス（LK01番）が5:30 ～ 19:00の間に14～15分間隔で運行。8万ドン、所要約2時間。そのほかニャチャン、ダラットなどおもな町からも便がある。ハノイからフエへの直行便はなく、ダナンで乗り換える必要がある。ハノイ～ホーチミン市間を運行する寝台バス利用でフエ下車も可能。

フエからの交通

飛行機、列車に関しては行き方の項(→上記)参照。

●バス
南部へのバスは、新市街から南へ約3kmのフエ南バスターミナル（Bến Xe Phía Nam Huế MAP P.266-2B）から出ている。ダナン（ランコー村経由）へはダナン市バス（LK01番）が5:30～19:00の間に14～15分間隔で運行。8万ドン、所要約2時間。ホーチミン市へは8:00、10:00、12:00発の3便運行。98万ドン～、所要約25時間。旧市街から北西へ約5kmのフエ北バスターミナル（Bến Xe Phía Bắc Huế MAP P.266-1A参照）からはドンハ、ヴィン、ラオバオなどの北部への便が出ている。フエ郊外の近距離の町へはドンバ・バスターミナル（Bến Xe Đông Ba MAP P.276-2B）から出ている。

フエからラオスへの行き方

フエからダイレクトでラオスまで行く公共バスはない。旅行会社（→P.270）が運行するサバナケットやビエンチャン行きのバスを利用できる。

フーバイ空港～フエ市内のアクセス

●フーバイ空港→フエ市内
フエのフーバイ空港からフエ市内までは約15km。車で所要約20分。バスは飛行機の到着に合わせて始発便から最終便までハイヴァン社（→下記）のミニバスがフエ市内まで運行。市内であれば目的地まで送り届けてくれる。7万ドン。料金は車内で支払う。タクシーは到着ターミナルにメータータクシー各社のカウンターがあり、目安は22万ドン～。

●フエ市内→フーバイ空港
ハイヴァン社のバスが空港まで運行。9万ドン。ウェブサイトまたは電話での予約が必要だが、英語が通じないため電話での予約は宿のスタッフにお願いするといい。予約をするとピックアップに来てくれる。1フライトにバス1台の運行のため早めに予約を。

ハイヴァン　Hai Van
☎1900-6763(ホットライン)　URL haivan.com

↘る。赤いれんが造りの建物で、一面緑に覆われた校庭には、いたるところに学生が集う姿が見られる。MAP P.276- 3B

グエン朝王宮

開夏季：6:30〜17:30、冬季：7:00〜17:00　休無休
料20万ドン、子供（7〜12歳）4万ドン

王宮と帝陵がセットになったチケットもあり、王宮＋ミンマン帝陵＋カイディン帝陵の3ヵ所は42万ドン、子供8万ドン。さらにトゥドゥック帝陵も加えた4ヵ所は53万ドン、子供10万ドン。発行日から2日間有効。

英語ガイド（1時間15万ドン）や12ヵ国語対応のオーディオガイド（日本語あり、10万ドン）は入口で申し込もう。

王宮への入口は王宮門の1ヵ所のみ、出口は顕仁門または和平門の2ヵ所のみ。

入場の際はノースリーブなど肌の露出した服装、ひざ上丈のパンツ・スカートは禁止。

威風堂々としたたたずまいの王宮門。上部の建物が五鳳凰楼

王宮内の池のコイ

MAP 下図-2A

王宮門をくぐってすぐの所に池があり、数百匹の色とりどりのコイが泳いでいる。備え付けの餌（5000ドン）を投げ入れると、水しぶきを上げていっせいに集まってくる。その餌を求めるパワフルな姿は、王宮のちょっとした名物にもなっている。

見どころ　Sightseeing

紫禁城を模したグエン朝の王宮　MAP P.276-2A、下図

グエン朝王宮

Đại Nội　Imperial Enclosure

1802〜1945年の間、13代もの長期にわたって政権を握ったグエン（阮）朝の王宮。東西約642m、南北約568m、高さ約6mの城壁に囲まれ、その外側にさらに壕が張り巡らされた長方形の王宮は、中国の紫禁城を模して建てたといわれる。門は東西南北にひとつずつあり、正門は南の午門で、そのほか東の顕仁門（Cửa Hiển Nhơn）、西の彰徳門（Cửa Chương Đức）、北の和平門（Cửa Hòa Bình）がある。敷地内には、正殿であるタイホア殿、菩提寺であるテートー廟のほか、皇族の住居や劇場などが存在していた。

王宮門（午門）

MAP 下図-2A、2B

Ngọ Môn　Ngo Mon Gate

紫禁城の午門を模して建てられた入宮門。ミンマン帝期の創建でカイディン帝期に再建されている。高さ約17m、石畳上の2層式の中国風建物で、門口が5つあるが、中央の門は皇帝と各国の要人用、向かって右が文官用、左が武官用、両端の門は兵士や馬用で女性は門をくぐることが許されなかった。門の上には五鳳凰楼という木造の望楼があり、当時はすべて金箔が貼られていたといいわれる。科挙の合格発表や新年のあいさつで皇帝が姿を見せた場所で、最後の皇帝バオダイがここで退位を告げたという。左右の階段からアクセスでき、内部には皇族の金印などが展示されている。Ngọ Mônを漢字に直すと「午門」と書くが、「午」は南の意味もある。これは、古代中国の「聖人君子が南から天下に耳を傾ければ、世の中は平和に治まる」との考え方に由来しているほか、正午になると建物の真上に太陽が来るためだともいわれている。

五鳳凰楼から四方が眺められる

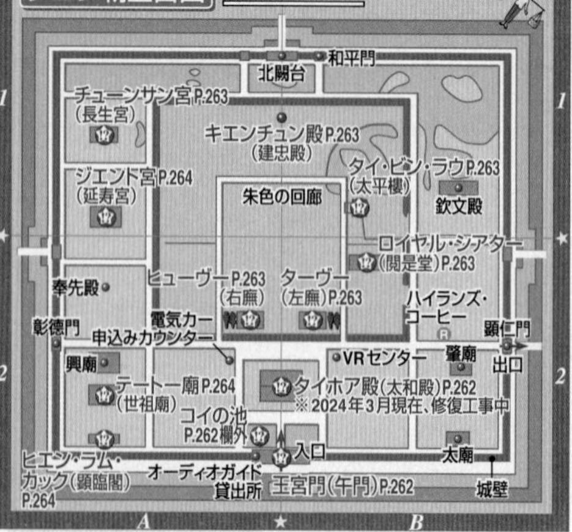

タイホア殿（太和殿）

MAP 左図-2A、2B

Nội Điện / Điện Thái Hòa　Thai Hoa Palace

王宮の正殿。中央に玉座が置かれ、ここで即位式などさまざまな儀式が行われていた。こちらも紫禁城の太和殿を模して造られた。初代皇帝ザーロン帝が創建し、その後何度か修復されたがベトナム戦争中の1968年に完全に破壊され、1970年に再建された。

重要な儀式が行われていたタイホア殿。2024年3月現在、修復工事中

キエンチュン殿（建忠殿） MAP P.262-1A、2A
Điện Kiến Trung　Kien Trung Palace

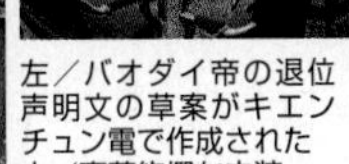
左／バオダイ帝の退位声明文の草案がキエンチュン電で作成された　上／豪華絢爛な内装

1923年にカイディン帝が建てたフエの伝統建築とヨーロッパ様式を組み合わせたユニークな宮殿。カイディン帝、そして次のバオダイ帝のふたりの皇帝の住居兼執務の場として使われた。1947年第1次インドシナ戦争時に破壊されたが2019年から約4年かけて再建し、一般公開されている。外観も内観もきらびやかな装飾が施され、カイディン帝の宮廷服や靴、グエン朝期の陶磁器コレクションなどが展示されている。キエンチュン殿はミンマン帝が自身の住まいを兼ねた木造3階建てのミンヴィエン楼跡地に建てられたことでも知られる。

ヒューヴー／ターヴー（右廡／左廡） MAP P.262-2A、2B
Hữu Vu / Tả Vu　Hall of Mandarins / Ta Vu Building

当直の高級官吏の詰所だった所で、ヒューヴーは武官、ターヴーは文官が使用していた。現在では、ヒューヴーは皇帝の衣装を着ての記念撮影所になっており、ターヴーには王宮のジオラマ展示やテートー廟などに刻まれた詩の解説展示がある。

ロイヤル・シアター（閲是堂） MAP P.262-2B
Nhà Hát Duyệt Thị Đường　Royal Theatre

かつては皇族のみが楽しんだといわれるニャー・ニャック（Nhã Nhạc：雅楽）が行われた劇場を復元した建物。1日に2回、約35分間の雅楽と宮廷舞踊のショーが催されている。ニャー・ニャックはユネスコの世界無形遺産にも登録されている。

ショーで使用される仮面や衣装の展示もしている

タイ・ビン・ラウ（太平楼） MAP P.262-1B
Thái Bình Lâu　Emperor's Reading Room

第3代皇帝ティエウチ帝のもと、書斎として建てられた2階建ての木造建築物。1921年、第12代カイディン帝の時代に一度修復されている。2010年から4年間の修復を経て、2015年に一般公開が再開された。

美しいタイルで彩られた書斎は必見

チューンサン宮（長生宮） MAP P.262-1A
Cung Trường Sanh　Truong Sanh Residence

1822年、第2代皇帝ミンマン帝の時代に建設され、当初はチューンニン宮（Trường Ninh：長寧宮）と名づけられた。幾度かの修復工事を経て、1886年頃からは皇太后の住居として使用。1923年、第12代皇帝カイディン帝の時代に現在の名前に変わった。

びっしりと施された装飾はカイディン帝陵（→P.267）を思わせる

カイディン帝の上衣も展示

ヒューヴーでは宮廷衣装で玉座に座り記念撮影ができる（19万5000ドン）

ロイヤル・シアター（閲是堂）
☎(0234) 3529219
開開演時間は10:00、15:00（最少催行人数は10名）
休無休　料20万ドン

グエン朝の歴代皇帝
1 ザーロン帝（1802～20）
2 ミンマン帝（1820～41）
ザーロン帝の四男
3 ティエウチ帝（1841～47）
ミンマン帝の長男
4 トゥドゥック帝（1847～83）
ティエウチ帝の次男
5 ズックドゥック帝（1883）
トゥドゥック帝の甥
6 ヒエップホア帝（1883）
トゥドゥック帝の弟
7 キエンフック帝（1883～84）
トゥドゥック帝の甥
8 ハムギー帝（1884～85）
トゥドゥック帝の養子
9 ドンカイン帝（1885～88）
トゥドゥック帝の養子
10 タインタイ帝（1889～1907）
ズックドゥック帝の息子
11 ズイタン帝（1907～16）
タインタイ帝の息子
12 カイディン帝（1916～25）
キエンフック帝の息子
13 バオダイ帝（1925～45）
カイディン帝の息子

敷地の周りに池があるチューンサン宮

趣あるハス池があるジエント宮

鼎は高さ約1.5m、口径約1.4m、重さは約2.5トンもある

大砲は王宮の堀の外側にあり入場料なしで見学可能

フエ宮廷骨董博物館
住3 Lê Trực
☎(0234)3524429
開夏季：6:30〜17:30、冬季：7:00〜17:00 休無休 料5万ドン、子供（7〜12歳）無料
　アンディン宮とのセットチケットもあり8万ドン。

ホーチミン博物館
住7 Lê Lợi ☎(0234)3822152
開8:00〜11:30、14:00〜17:00（土・日曜7:30〜11:00、14:00〜17:00） 休月曜 料無料

600㎡の展示スペースに1300点を展示

ホーチミンの家
Nhà Lưu Niệm Bác Hồ
Ho Chi Minh's Memorial House
MAP P.276-2A
住114 Mai Thúc Loan
☎なし 開7:30〜11:30、13:00〜17:00 休月曜 料無料
　ホー・チ・ミンが5〜11歳および16〜18歳の計10年間を過ごした家が、記念館として公開されている。

開館時間内でも閉まっていることがままある

ジエント宮（延寿宮）
MAP P.262-1A
Cung Diên Thọ　Dien Tho Residence

　ザーロン帝の母親、皇太后の住居であった建物。ザーロン帝が1804年に母親のために建て、高価な椅子や中国式のランプなど、アンティークな装いにしたが、戦争による破壊や盗難のために現在はその面影はない。

ヒエン・ラム・カック（顕臨閣）
MAP P.262-2A
Hiển Lâm Các　Hien Lam Pavilion

　テートー廟の前閣。ヒエン・ラム・カックとテートー廟の間にはミンマン帝によって造られた9つの大きな3本脚の鼎（かなえ）※（→下記）が並ぶ。鼎には、それぞれ「高」、「仁」、「章」、「英」、「毅」、「純」、「宣」、「裕」、「玄」の文字と、ベトナム各地の四季折々の絵が刻まれている。

テートー廟（世祖廟）
MAP P.262-2A
Thế Tổ Miếu　The To Temple

　グエン朝の菩提寺。13代の歴代皇帝のうち、5・6・13代以外の10人の皇帝の位牌が祀られた祭壇が並んでいる。

フラッグ・タワー
MAP P.276-2A
Kỳ Đài　Flag Tower

　1807年、ザーロン帝の時代に建てられた旗塔。台座は3層式で高さは約17.4m、塔のてっぺんまで入れると約29.52mにもなり、新市街からも眺められる。建造当初は木製だったが、大嵐や戦争で何度か破壊された。1969年に鉄筋コンクリートで建て直されたが台座には銃弾の跡が残る。

王宮門前の堀を挟んだ向かいにあり入場料なしで見学可能

大砲（九位神公）
MAP P.276-2A、2B
Cửu Vị Thần Công　Nine Holy Cannons

　初代皇帝ザーロン帝が造らせた9つの大砲。1803年より四季で分納し1年かけて完成した。王宮に向かって右側に四季（春夏秋冬）を表す4つの大砲が、左側には中国の五行思想（木火土金水）を表す5つの大砲が置かれている。大砲は一度も使われたことはないが、超自然的な霊力があり、王宮を死守しているとされている。

★★★ 貴重な宮廷コレクションが見られる
フエ宮廷骨董博物館
MAP P.276-2B
Bảo Tàng Cổ Vật Cung Đình Huế　Hue Royal Antiquities Museum

　グエン朝時代に宮廷で使用されていた玉座、衣装、日用品、御進物・貢ぎ物などを展示。グエン朝王宮を巡るマクロな視点と異なり、細かな仕事のミクロな世界に浸りたい。

★ 大通り沿いの目につく立地
ホーチミン博物館
MAP P.276-3B
Bảo Tàng Hồ Chí Minh　Ho Chi Minh Museum

　フエはホー・チ・ミンが少年時代を過ごした土地で、当時の住まい（ホーチミンの家→欄外）など、彼にまつわる場所も多い。ここでは、そうしたゆかりの場所の紹介や当時の一家の生活の再現、文書や遺物のほか、クオック・ホック（→P.260下記Voice）に関する展示もある。

※鼎：古代中国の青銅器のひとつ。初期の頃は料理を作る道具だったが、神へのお供え物を作る道具となり、やがて王や皇帝の権力の象徴として扱われるようになった。

★★★ フランス風の内装が美しい宮殿 MAP P.276-3C

アンディン宮（安定宮）

Cung An Định　An Dinh Palace

カイディン帝の離宮として1917年に建てられた宮殿で、その後バオダイ帝が譲り受け住居として使用していた。1階には王宮内の調度品が展示され、2階にはバオダイ帝やナムフーン皇后の写真が展示されている。

中央には等身大のカイディン帝の銅像が立つ

★★ 各時代の貴重な陶磁器のコレクション MAP P.276-2B

グエン王朝陶磁器博物館

Bảo Tàng Đồ Sứ Kí Kiểu Thời Nguyễn　Museum of Nguyen Dynasty Commissioned Porcelains

日本製の皿。18～20世紀の伊万里焼もある

フエの研究者チャン・ディン・ソン氏が設立した、グエン朝時代に皇族たちが使用していた陶磁器を展示した博物館。展示品は同氏の父、チャン・ディン・バー氏が1962年頃から収集し始めた貴重なコレクションばかりで、なかにはフランスや日本、中国で作られた陶磁器もある。

★★ 東遊運動の革命家の墓がある MAP P.266-2B

ファン・ボイ・チャウ記念館

Nhà Lưu Niệm Phan Bội Châu　Phan Boi Chau Memorial Hall

日露戦争の日本の勝利に影響を受け、フランスからの民族独立を目指した「東遊運動」の立役者として有名な革命家、ファン・ボイ・チャウが1925～40年までフランスに軟禁されていた場所で、住まいや彼と両親の墓が残されている。敷地内には写真館も造られているほか、チューンティエン橋のたもとには彼の胸像がある（MAP P.277-2A）。

敷地内の軟禁場所はごく簡素な造りの小屋

★ フエの市場といえばここ MAP P.276-2B

ドンバ市場

Chợ Đông Ba　Dong Ba Market

1階は食料品、雑貨類、ローカルフードの屋台、2階はおもに衣料品売り場。内部は商品が山積みにされ、迷路のようになっている。東側の路上の生鮮食料品売り場は特に活気がある。

★ 水色のかわいらしい教会 MAP P.276-3C

フエ大教会

Nhà Thờ Dòng Chúa Cứu Thế　The Most Holy Redeemer

1959～62年の間に、アメリカの援助によって建てられた教会。ヨーロッパの建築様式と伝統的なベトナムの建築様式を融合させた独特な造り。淡いブルーで装飾された教会内部には、神聖な雰囲気が漂う。

教会前の広場は風が吹き渡り心地よい

Voice 金・土曜18:00～翌2:00と日曜～24:00は新市街のファングーラオ（Phạm Ngũ Lão）通り、チューヴァンアン（Chu Văn An）通り、ヴォーティサウ（Võ Thị Sáu）通りが歩行者天国となる。

内部にはきらびやかな装飾が施されている

アンディン宮（安定宮）
住179B Phan Đình Phùng
☎なし　開夏季：6:30～17:30、冬季：7:00～17:00　休無休
料5万ドン、子供（7～12歳）無料
　フエ宮廷骨董博物館とのセットチケットもあり8万ドン。

グエン王朝陶磁器博物館
住114 Mai Thúc Loan
☎090-5775166（携帯）
開8:00～11:30、14:00～17:30
休月曜　料3万ドン

トゥアンアン・ビーチ
Bãi Tắm Thuận An
Thuan An Beach
MAP P.276-1C参照
　とてもきれいな海岸で、白砂青松とまではいかないが、やや茶色っぽい砂と透明な水が迎えてくれる。4～9月が海水浴シーズンで、特に6～8月には海の家や海鮮屋台がズラリと並び、おおいににぎわう。地元の人々はもちろん、近年は外国人旅行者の姿もちらほら見かけるようになった。10～3月は人影が少なく、海の家もほぼ休業状態。
　市内からバイクで20～30分。トゥアンアン通りをひたすら真っすぐ行けばたどり着く。

ファン・ボイ・チャウ記念館
住119 Phan Bội Châu
☎なし
開7:30～11:00、13:30～17:00
休日・月曜　料無料

ドンバ市場
営店によって異なるが、だいたい7:00～19:00　休無休

見て回るだけでも楽しい1階の食料品売り場

フエ大教会
　ミサは平日は5:15と17:30。土曜は5:15、15:00、19:30、日曜は5:30、8:00、17:00もある。ミサ以外の時間は不定期に入場可能。

崇恩殿に続く顕徳門。中央は皇帝専用のため閉じられている

ミンマン帝陵
開夏季：6:30～17:30、冬季：7:00～17:00　休無休
料15万ドン、子供（7～12歳）3万ドン

ドンカイン帝陵
開夏季：6:30～17:30、冬季：7:00～17:00　休無休　料10万ドン、子供（7～12歳）無料

郊外の見どころを回るには
ツアー参加または周遊バス（→P.276）が便利。車チャーターは帝陵3ヵ所（カイディン、ミンマン、トゥドゥック）で45万ドン～が目安。

郊外の見どころ　Sightseeing

グエン朝最隆盛を極めた皇帝の陵墓　MAP 下図-3A

ミンマン帝陵

Lăng Minh Mạng　Tomb of Minh Mang

科挙を採用するなど優れた功績を残し、グエン王朝の最盛期を築いたとされる第2代皇帝ミンマン帝の陵墓。西洋文化を排斥し、儒教を重んじた皇帝らしく、中国風の構成かつ威厳のある造りで、1840年から3年かけてミンマン帝の死後に完成した。手の込んだ装飾や自然との調和には目を見張るものがある。

ミンマン帝が亡くなった際のみ使用された正門は閉ざされており、入場は東側の左紅門または西側の右紅門から入る。陵内には、皇帝の功績をたたえる石碑や、礼拝堂であり皇帝と皇后の位牌がある崇恩殿、そこからハス池に架けられた3本の橋を渡った先にある木造の明楼などがある。三日月形の池に架けられた橋を渡ると陵墓があるが、ミンマン帝はここには埋葬されておらず埋葬場所は不明。

左／あちらこちらに詩文が見られる崇恩殿
右／明楼にはミンマン帝が使用していたベッドが置かれている

トゥドゥック帝陵からすぐ　MAP 左図-2A

ドンカイン帝陵

Lăng Đồng Khánh　Tomb of Dong Khanh

1889年に約11ヵ月かけて完成した第9代皇帝ドンカイン帝の陵墓。在位わずか4年のため、ほかの陵に比べると規模は小さいが、カイディン帝期に改修・増築されたこともあり、陵墓の近くにある石碑など西洋風の装飾が施された建物もあってなかなか見応えがある。

礼拝堂である凝禧殿の正堂内。あちらこちらに龍の紋様や装飾が見られる

Voice! ミンマン帝陵、トゥドゥック帝陵、カイディン帝陵の入口ではオーディオガイド（日本語あり）の貸し出しがある。いずれも料金は7万ドン。

★★★ 生前は離宮として利用されていた

MAP P.266-2A

トゥドゥック帝陵

Lăng Tự Đức　Tomb of Tu Duc

1864年２月から1867年３月までの約３年間を費やして造られた、第４代皇帝トゥドゥック帝の帝陵で、広々とした別荘風の落ち着いた造りが絵画的な美しさを生み出している。門を入ってすぐ右側に大きなハス池があり、池岸には釣殿と涼しさを味わうための木造の建物、スンキエム殿がある。池の西側に池を望むように皇帝を祀った寺があるが、ここは皇帝が長期滞在用に使用した宮殿といわれている。階段を戻り、池を右に見ながら200mほど歩いた左側にある階段を上ると、皇帝の功績をたたえる石碑がある。その奥にはまたハス池があり、さらに奥に石壁に囲まれた皇帝の墓がある。しかしトゥドゥック帝はここには埋葬されておらず、ほかの多くの皇帝と同様に埋葬場所がどこかはいまだにわかっていない。

左／池のほとりに建つ建物では伝統音楽の演奏が１日数回行われている
右／皇帝と皇后の位牌のある和謙殿。滞在時にはここを使用していたといわれる

★★★ 東洋と西洋が入り混じる独特の建築

MAP P.266-3B

カイディン帝陵

Lăng Khải Định　Tomb of Khai Dinh

新しい物好きだったカイディン帝は、建築にも洋の東西にかかわらずさまざまな様式を取り入れた。加えて無宗教だったため、仏教、ヒンドゥー教、キリスト教の宗教建築も混在している

第12代皇帝カイディン帝の陵。1920年からカイディン帝の死後６年経過した1931年まで、11年かけて造られた。西洋風の建築で、芸術的にも優れた陵は、ほかの陵とは異なった趣がある。石の階段の手すりには龍が刻まれ、階段の上には馬やゾウ、役人の石像が立ち、陵を守っている。陵の背後には、皇帝の偉業をたたえた２層造りで八角形の小さな石堂があり、その両側に建つ高い塔はヨーロッパ風。陵の内部には金箔を施した青銅のカイディン帝の等身大の像があり、下に皇帝の遺体が安置されている。壁と天井は中国の磁器や日本のガラスでステンドグラスのように飾られ、美しい。左側の部屋には皇帝の遺品が展示されている。

カイディン帝の像は金箔が施されている。この像の地下9mに遺体が埋葬されている。歴代皇帝の中で唯一埋葬場所がわかっている皇帝

Voice ザーロン帝陵（→欄外）の敷地はかなり広いため、チケット売り場に自転車レンタル（1万ドン／60分）や電気自動車（片道２万ドン、往復１万8000ドン）がある。

トゥドゥック帝陵
開夏季：6:30～17:30、冬季：7:00～17:00 休無休 料15万ドン、子供（７～12歳）３万ドン

その他の帝陵

ティエウチ帝陵
Lăng Thiệu Trị
Tomb of Thieu Tri
MAP P.266-2A 開夏季：6:30～17:30、冬季：7:00～17:00 休無休 料５万ドン、12歳以下無料

第３代皇帝の陵。戦争時に破壊されたが礼拝堂や門など少しずつ修復が進んでいる。この陵は、彼の次男であるトゥドゥック帝の命により建設された。構成はミンマン帝陵とよく似ており、皇帝の功績をたたえる石碑、３本の橋が架かる三日月形の池、一番奥に墳墓などがある。陵に向かって右側100mほどの離れた建物もこの陵の一部。

礼拝堂である表徳殿

ザーロン帝陵
Lăng Gia Long
Tomb of Gia Long
MAP P.266-3B 開夏季：6:30～17:30、冬季：7:00～17:00 休無休 料15万ドン、子供（７～12歳）未満無料

1815年から６年かけて造られた初代皇帝ザーロン帝の陵。フエ市内から南へ約18kmも離れ、皇帝陵のなかで最も遠くにある。

カイディン帝陵
開夏季：6:30～17:30、冬季：7:00～17:00 休無休 料15万ドン、子供（７～12歳）３万ドン

トゥイーティエン・ウオーターパーク跡
Hồ Thủy Tiên
Thuy Tien Water Park
MAP P.266-2B

カイディン帝陵近くのトゥイーティエン湖に廃墟と化したウオーターパーク跡があり、写真スポットとして人気を集めている。龍のオブジェ内に入れ、上階からは湖を見渡せる。

数年のうちに取り壊しが決定している

ベトナム戦争に抗議した住職がサイゴンまで乗った車

ティエンム寺
開敷地内は24時間開放されているが、ダイフン寺は7:00～11:00、13:30～18:00
休無休　料無料

ティエンム寺の伝説
伝説によると、あるとき、若く見える顔つきながら、白髪と白い眉毛の老婆が赤い服と緑のズボンをはいて、ここの丘の上に座っていた。彼女は地元の人に「間もなくここに支配者がやってきて、彼が塔を建てるだろう」と予言をし、どこへともなく消えていった。そしてその老婆こそ実は天女で、その天女を記念してこの寺が建てられたという。そのことから、別名「天女の寺」とも呼ばれている。

アンヒエン庭園屋敷
住58 Nguyễn Phúc Nguyên
☎(0234)3975555
開8:00 ～ 17:00
休無休
料5万ドン、12歳以下

ホンチェン殿
開夏季：6:30～17:30、冬季：7:00～17:00　休無休
料5万ドン、12歳以下無料
フーン川を下り、ミンマン帝陵へ行く途中、市内からは南へ約8km離れた森の中にある。車やバイク、自転車の場合は対岸から渡し船を利用する。往復1US$～。

上／DMZツアーのハイライトのひとつケサン基地跡。赤錆びた戦車、砲弾、輸送機、塹壕などが戦争遺物として保存されている　下／ヴィンモック・トンネル内ではベトナム戦争中、十数人の子供が産まれたという

★天女の伝説が残る　MAP P.266-1A

ティエンム寺

Chùa Thiên Mụ　Thien Mu Temple

1601年建立。「幸福と天の恵み」を意味する仏塔、トゥニャン（慈悲）塔は高さ約21.24mの七層八角形で、各層に仏像が安置されている。仏塔の裏には寺の歴史が書かれた石碑があり、その隣には約2トンの大きな鐘がある。そこを通り過ぎると、寺の中心となる釈迦を祀ったダイフン寺がある。ここの青銅の仏像は、タイソン党を破り、ザーロン帝を助けたポルトガル人のジーン・デ・ラ・クロイスによって造られた物だ。またベトナム戦争中、住職が政府に抗議して焼身自殺したことでも有名で、そのときに彼がサイゴンまで乗った車が中庭に展示されている。

トゥニャン塔はフエのシンボル。フーン川の船上から眺めると風情がある

★19世紀の庭園屋敷　MAP P.266-1A

アンヒエン庭園屋敷

Nhà Vườn An Hiên　An Hien Garden House

第5代皇帝ズックドゥック帝が娘の住居兼客人の接待用に造った屋敷。政府高官や皇族などの手を経て近年一般公開されている。ティエンム寺へ行く手前1kmあたりにある。

伝統様式の母屋とハス池

★もともとはチャム族の寺だった　MAP P.266-2A

ホンチェン殿

Điện Hòn Chén　Hon Chen Temple

もともとはY-A-NAというチャム族の寺で1872年に建立。神の遺骨の一部をニャチャンのチャム族の寺から持ってきて奉納したという伝説がある。かつては年2回の巡礼と毎年1月20日に祭礼が行われていた。未婚女性が参拝すると婚期が遅れるという言い伝えがある。

★ベトナム戦争の激戦地跡を巡る　MAP 折表-2B

DMZ（非武装地帯）

Khu Phi Quân Sự　Demilitarized Zone

DMZとは「DEMILITARIZED ZONE（非武装地帯）」の略で、17度線近くを東西に流れるベンハイ川沿いに、幅約4kmに渡って定められた軍事活動ができない地域のこと。17度線を境に北ベトナムと南ベトナムが分裂した1954年から、ベトナム戦争が終結した1975年まで定められていた。この非武装地帯の南を東西に走る国道9号線や国道1号線沿いに点在するベトナム戦争の激戦地跡を回るツアー（→P.270）がある。激戦地の町ドンハ、米軍の長距離砲基地があったロック・パイル、ブルース・スプリングスティーンの「ボーン・イン・ザ・USA」の歌詞にも登場する激戦の象徴、ケサン基地跡、地下基地&地下住居のヴィンモック・トンネル、南北分裂の象徴ともいえるベンハイ川に架かるヒエンルーン橋などを回る。

Voice フエ名物のコム・ヘン（→P.38）の本場はヘン島（MAP P.276-1C）。「ヘン島＝シジミ島」の名前のとおり、この周辺ではシジミ漁が盛んで、専門店も多い。またフーン川の支流、↗

★★★ 世界最大の洞窟を有する　MAP 折表-2B

世界遺産 フォンニャ・ケバン国立公園

Vườn Quốc Gia Phong Nha-Kẻ Bàng　Phong Nha-Ke Bang National Park

大小約300の鍾乳洞を有し、豊かな原生林に覆われた約8万6000ヘクタールの国立公園は、2003年にベトナムで5番目のユネスコ世界遺産に登録された。鍾乳洞のなかでも観光スポットとして人気なのが、フォンニャ洞窟（Động Phong Nha）、ティエンソン洞窟（Động Tiên Sơn）、天国の洞窟と呼ばれるティエンドゥーン洞窟（Động Thiên Đường）の3ヵ所。

フォンニャ洞窟とティエンソン洞窟は同じ山にあり、フォンニャ洞窟は川の水が山を削って形成された洞窟で、地底湖のような神秘的な雰囲気だ。約8kmにわたって地底川となった川をボートで進みながら見学する（途中、徒歩での見学もあり）。一方、ティエンソン洞窟は山の中腹にある洞窟で、鍾乳石が垂れ下がる開けた一部の場所が一般公開されている。

ティエンドゥーン洞窟は、フォンニャ洞窟、ティエンソン洞窟から直線距離で約7km離れた山中にあり、洞窟学者をして「世界中のどの洞窟も比べ物にならないほど美しい」と言わしめたほど石筍（せきじゅん）の美しさで知られる。

また、2009年に調査が行われたソンドン洞窟（Hang Sơn Đoòng）は、全長約9km、最大高は約240mあり、2024年4月現在、世界最大の大きさを誇っている。ソンドン洞窟の観光ツアー（→欄外）が行われているものの、まだまだ観光で訪れるにはハードルが高い。

左／天井から地面に達する長いつらら石群が圧巻（ティエンドゥーン洞窟）　右／美しいライティングがよりいっそう神秘的な雰囲気を醸し出す（ティエンソン洞窟）

★★ 美しいビーチが有名な　MAP 右下図-2B、P.223-1A

ランコー村

Lăng Cô　Lang Co Village

フエから車でハイヴァン峠（→P.224）を越えてダナンへ向かう途中に、美しい砂州の広がる村がある。ヤシの木に囲まれた小さな村だが、真っ白な砂浜に囲まれて、絵画のような美しさだ。西側が干潟、東側の砂浜は鳴き砂で有名なランコー・ビーチ。ビーチは各リゾートホテルのプライベートビーチになっている。フエからダナン＆ホイアンへ観光地を巡りながら行くバスツアーでは、ランコー村すぐ近くのラップアン・ラグーン（MAP 右図-1A～2B）に立ち寄る。

白い砂浜が続くランコー・ビーチ。ハイヴァン峠の中腹からもランコー村が見える

フォンニャ・ケバン国立公園
☎(0232)3677110　開7:30～16:00
休無休　料フォンニャ洞窟：15万ドン、ティエンソン洞窟：8万ドン、身長130cm以下無料

上記の入場料以外に船代が必要。船は最大12人まで乗船可能で、洞窟ふたつを回って1隻55万ドン、所要約4時間。シェアしたい人が集まるのを待って乗ると安くできる。

ベストシーズンは3～8月。9～11月は雨季にあたり、川が増水して洞窟へ入れなくなることもあるため、事前に現地の旅行会社などで確認を。

ドンホイからツアーに参加するのが一般的だが、フエからもツアーがある（→P.270）。

ティエンドゥーン洞窟（天国の洞窟）
☎(0232)3506777　開夏季：6:30～17:00、冬季：7:00～16:00
休無休　料25万ドン、身長110～130cm12万5000ドン、110cm未満無料

駐車場から洞窟の入口の階段までは約1.5km。道は整備された森の中の一本道で迷うことはないが、電気カーもある。4人乗りは片道6万ドン、往復10万ドン。6人乗りは片道9万ドン、往復15万ドン。電気カー停車場から10分ほど石段を上ると洞窟の入口に到着する。

ソンドン洞窟へのツアー
オキザリス・アドベンチャー・ツアーズ
Oxalis Adventure Tours
住Phong Nha, Bố Trạch, Tỉnh Quảng Bình
☎(0232)3677678、091-9900357（携帯、ホットライン）
URL oxalisadventure.com
営7:30～12:00、13:30～17:30（土曜～12:00）
休日曜　カード JMV

ソンドン洞窟ツアー（5泊6日7200万ドン～）を主催。3ヵ月前までにウェブサイトから要予約。

ランコー村
フエ中心部から車で約1時間30分。

ランコー村
フエへ（約60km）
国道1号線
南シナ海
ランコー・スパ&リゾート
ランコー・ビーチ・リゾート
ランコー・ビーチ
ラップアン・ラグーン P.269
ランコー村 P.269
ダナンへ（約25km）
フエへ（約35km）
ハイヴァン峠へ（約6km）P.224
ハイヴァン・トンネル
ランコー駅
0　1km

↘ニューイー川沿い（MAP P.276-2C）にもコム・ヘンを出す店が多い。お気に入りの味を探し、ディープな世界を探求するのもいいだろう。ただし、どの店も英語は通じにくい。

旅行会社＆ツアーオフィス ✿ TRAVEL OFFICE & TOUR OFFICE

旅行会社&ツアーオフィス

●フエ観光情報促進センター
Hue Tourism Information
MAP P.276-2A 住106 Đinh Tiên Hoàng
☎(0234) 3828288
URL www.vietnamhuekanko.com
営8:00～11:30、14:00～17:00 休土・日曜
政府が運営するインフォメーションセンターで、無料の地図やパンフレットを配布しているほか、旅行会社の紹介などをしてくれる。

●バックパッカー・ホステルズ・トラベルデスク
Backpacker Hostels Travel Desk
MAP P.277-1B 住10 Phạm Ngũ Lão
URL www.vietnambackpackerhostels.com
☎(0234) 3933423 営7:00～23:00 休無休
カード不可
欧米人に人気のゲストハウスのツアーデスクで宿泊客以外も参加可能。DMZツアー 49US$、市内ツアー 13US$など。

●アンフー・トラベル Anh Phu Travel
MAP P.277-2C 住44 Chu Văn An
☎(0234) 3833897、090-5174055（携帯）
営7:00～21:30 休無休 カード不可
市内ツアーやフォンニャ洞窟ツアーなどのほか、タントアン橋やハイヴァン峠、五行山などを回りながらダナン＆ホイアンへ行くツアー（30万ドン）が人気。ベトナム各地はもちろん、ラオスのサバナケット（所要約10時間、70万ドン）やビエンチャン（所要約20時間、150万ドン）へのバス予約もできる。メッセージアプリのWhatsAppで予約ができ、便利。

●ハン・カフェ（ハーフーン・ツーリスト）
Hanh Cafe（Ha Phuong Tourist）
MAP P.277-1C 住28 Chu Văn An
☎(0234) 3837279
営7:30～18:00 休無休 カード不可
市内ツアー、ダナン＆ホイアン行きツアーなどのほか、おもな町へのバスを運行している。

バス会社

●フーンチャン Phuong Trang
MAP P.266-2B
住97 An Dương Vương（フエ南バスターミナル内）
☎1900-6067（ホットライン）、091-1994426（携帯）
営7:00～20:00 休無休 カード不可
大手バス会社でホーチミン市（42万ドン）、ダラット（43万ドン）など、おもな町へのバスを運行。上記へは基本的に3列×2段の寝台バスでWi-Fiも無料だが、バスのタイプは事前に要確認。

●キャメル・トラベル Camel Travel
MAP P.277-2C 住62 Chu Văn An
☎(0234) 3829456
営7:30～19:00 休無休 カード不可
ダナンやホイアン（8:00、13:00発の2便、各20万ドン）、フォンニャ洞窟のあるドンホイへの夜行バス（17:00発、20万ドン）など、おもな町へのバスを運行する。

現地ツアーについて

フエにはグエン（阮）朝時代の遺跡が数多く点在し、それらを巡るシティツアーが人気。また、中部ベトナムはベトナム戦争の激戦地でもあり、当時の戦跡をたどるDMZツアーが各旅行会社で催行されている。近年は、自転車やバイクで近郊の村を回るツアーのほか、フエの北約25kmにあるタムジャン・ラグーン（Phá Tam Giang）や約50km南にあるバックマー国立公園（Vườn Quốc Gia Bạch Mã）へのツアーも人気。
旅行会社はチューヴァンアン（Chu Văn An）通りやグエンタイホック（Nguyễn Thái Học）通りに多く集まるが、ホテルでツアーを申し込める所も多い。旅行会社によってツアー料金や内容は若干変わる。

●シティツアー
ホテルまでのピックアップ、英語のガイド、昼食付きで22万ドン～（各入場料は別料金）。8:00頃出発、16:30頃帰着。午前中にティエンム寺、アンヒエン庭園屋敷、グエン朝王宮を船で巡り、昼食後にミンマン帝陵、カイディン帝陵、トゥイースアン線香村などをバスで回るのが一般的。ツアーではないが、乗り降り自由な周遊バスで各見どころを巡ることもできる（→P.276）。

●DMZツアー
英語ガイド、各見どころの入場料込みで105万ドン～。ロック・パイル、ヒエンルーン橋、ヴィンモック・トンネル、ホーチミン・ルート、ケサン基地跡、戦没者墓地などの戦跡を見学する。7:00頃出発、18:00頃帰着。帰りは渋滞に巻き込まれることもある。

●フォンニャ洞窟ツアー
英語ガイド、昼食付きで75万ドン～（入場料、ボート代込み）。6:30頃出発、20:00頃帰着。各旅行会社ともに6～8月のみ催行している。9～11月は水量が増して洞窟へ入れないこともある。

●ティエンドゥーン洞窟（天国の洞窟）ツアー
英語ガイド、昼食付きで80万ドン～（入場料込み）。6:30頃出発、20:00頃帰着。ティエンドゥーン洞窟（天国の洞窟）は季節に関係なく入場可能。通常、フォンニャ洞窟とティエンドゥーン洞窟を一度に回る場合は1泊2日ツアーとなる。

●フーン川遊覧＆カー・フエ Ca Huế
トアカム船着場 Bến Thuyền Tòa Khâm
MAP P.277-1B 住49 Lê Lợi ☎(0234) 3846743
宮廷音楽を聴きながら遊覧船が楽しめる。船乗り場はトアカム船着場で、船は19:00、20:00、21:00発の1日3便。所要約45分の遊覧航行。1隻は25人乗りで、ひとり15万ドン。トアカム船着場手前に簡素なチケット売り場があるが、英語が通じないこともありトラブルも起きているので、旅行会社などを通したほうが無難。

レストラン Restaurant

フエの家庭料理を楽しめる
チャン　フエ&ベトナム料理
Chan　MAP P.276-2C

木造建築のあたたかみのある店内でいただけるのは、素朴な味わいのフエ家庭料理。おすすめは、ゆで豚肉やエビの甘辛煮、サラダなど7品おかずのワンプレートご飯とスープがセットになったチャンズ・プレート。39万ドン〜のセットメニューもある。カフェを併設。

右がチャンズ・プレート9万5000ドン

住19 Nguyễn Thái Học　☎079-6799679（携帯）　営6:00〜22:00（カフェ〜24:00）　休無休　カード不可　予約不要
［本店］MAP P.277-2C　住1 Nguyễn Thái Học

瀟洒なヴィラ空間で優雅なひとときを
レ・ジャルダン・ドゥ・ラ・カランボル　ベトナム&フランス料理
Les Jardins De La Carambole　MAP P.276-3A

コロニアル様式のヴィラレストラン。優雅な雰囲気と上質のサービスとともに、フエ料理を含むベトナム料理やフランス料理を味わえる。ベトナム料理のセットメニューが38万ドン〜。少しカジュアルな雰囲気の2号店（MAP P.277-1C）もある。

おすすめは庭が見えるテラス席。天気の良い日はガーデン席も○

住32 Đặng Trần Côn　☎(0234) 3548815
営7:00〜23:00　休無休　カードMV　予約不要

美しい庭が自慢の宮廷料理店
イータオ・ガーデン　宮廷料理
Y Thao Garden　MAP P.276-2A参照

広く美しい庭を開放した静かなガーデン席、王朝時代の建物を模した上品なアンティークルームなど4つのエリアに分かれている。ランチ、ディナーともに美しい盛りつけの宮廷料理（→P.40）のセットメニュー（28万〜60万ドン／ひとり用）のほか、アラカルトメニューもある。

約150席を擁する大型店で、陶磁器コレクションも有名

住3 Thạch Hãn　☎(0234) 3523018　営11:00〜22:00
休無休　カードAJMV　予約望ましい

フエ料理を気軽にたっぷり食べられる
ハン　フエ料理
Hanh　MAP P.277-2C

バイン・セオ（→P.38）のフエ版バイン・コアイ（写真左奥、3万5000ドン）、ライスペーパーで食べる豚つくねのネム・ルイ（写真右、15万ドン）、バイン・ベオ（写真手前、9万ドン）の専門食堂として開業した老舗レストラン。3品のほかフエの代表的な料理がおいしいと評判。

値段も手頃で店内も清潔と大人気の店

住11-15 Phó Đức Chính　☎(0234) 3833552
営10:30〜20:30　休無休　カード不可　予約不要

安くておいしいカジュアルレストラン
マダム・トゥー　ベトナム料理
Madam Thu　MAP P.277-1C

バイン・ベオ（→P.30、6万ドン／10個）などフエの名物料理を気軽に味わえるカジュアルな店。1品5万ドン〜とリーズナブルで、ひとりでも入りやすい雰囲気。おすすめは、フエ料理全種のスペシャルセット（写真）。

10種類のフエ料理を少しずつ楽しめて19万ドン

住45 Võ Thị Sáu　☎090-5126661（携帯）
営9:00〜22:30　休無休　カード不可　予約不要
［マダム・トゥー 2］MAP P.277-2C　住4 Võ Thị Sáu

シジミご飯の有名店
ニョー　フエ料理
Nho　MAP P.277-3A

ピーナッツやバナナの花のつぼみなどの具が載り、食感が楽しいフエ名物のシジミご飯、コム・ヘン（→P.38、1万5000ドン）の名店。創業23年のこの店は、フエに多数あるシジミご飯店のなかでも特においしいと有名。ほかにブン・ヘン（シジミ入り米麺、1万5000ドン）もお試しあれ。売り切れ次第閉店。

注文が入ると手早く作ってくれる

住7 Phạm Hồng Thái　☎090-6433223（携帯）
営7:00〜19:00　休無休　カード不可　予約不要

Voice「ニナズ・カフェ Nina's Cafe」は1品5万ドンくらいから食事が楽しめる。MAP P.277-3B　住16/34 Nguyễn Tri Phương　☎(0234) 3838636　営8:00〜22:00　休無休　カード不可　予約不要

バイン系料理の殿堂的存在
バードー
フエ料理
Ba Do　MAP P.276-1B

バイン・ボット・ロック（→P.31）の名店。ほかにも、フエを代表する「バイン○○」といった料理（5万ドン～）が勢揃いで、どれも他店よりプリプリしていておいしい。庶民的な雰囲気の店内は広いが、いつも多くの地元の人や観光客で混雑している。

バイン・ベオ（→P.30）は6万ドン、バイン・ボット・ロックは5万ドン

住8 Nguyễn Bỉnh Khiêm　☎(0234)3541182
営7:00～20:00　休無休　カード不可　予約不要

必ず食べたいフエの牛肉麺
キムドン1
麺
Kim Dong 1　MAP P.276-3B

食事時は地元の人で満席になるブン・ボー・フエ（→P.36）の店。人気の秘密はフワフワに仕上がった分厚い牛肉。スパイシーなスープやツルツルの麺との相性も抜群だ。1杯3万5000ドン～。支店は11:00までの営業。

牛肩バラ肉とつみれのBún Bò Nạm + Chả（3万5000ドン）

住56 Hai Bà Trưng　☎091-5088175（携帯）
営6:00～22:00　休無休　カード不可　予約不要
［キムドン2］MAP P.276-3C　住21 Nguyễn Thị Minh Khai

讃岐うどん好きなら気に入るはず
フーン
麺
Huong　MAP P.277-3A

フエに数あるバイン・カイン・クア（→P.36）の店の中でも、ここが1番人気。濃厚なカニ味噌風味のスープとコシのある太麺が絶品と評判だ。ときどきカニの殻が入っているのが玉にキズだが、本物のカニをふんだんに使っている証拠だと思えば許せる範囲。

ベーシックなクア・ロイ（Cua Rời）は3万5000ドン

住30 Phạm Hồng Thái　☎089-9230320（携帯）
営6:00～21:00　休無休　カード不可　予約不要

焼きたてクロワッサンがおいしい
ハオ・クロワッサン
ベーカリー
Hao Croissant　MAP P.277-1C

クロワッサンをメインにさまざまなペストリーを販売するベーカリー。クロワッサンは2万5000ドンで、中にクリームを詰めることもでき、カスタード、クリームチーズ、塩エッグクリームから選べて3万2000ドン。常時焼き続けているため焼きたてが食べられることも。イートイン可。

バターたっぷりでサクサクのクロワッサン

住24 Chu Văn An　☎094-5288001（携帯）
営6:30～22:00　休無休　カード不可　予約不要

遠慮していては注文できない混雑店
チェー・モ・トンディック
甘味
Che Mo Ton Dich　MAP P.276-2B

伝統的な種類がひととおり揃う、フエで最も人気が高いチェー（→P.46）の店。店内は狭く、開店してすぐに周囲の路上に客があふれかえる。1品1万5000ドン～。数人で訪れるなら、12種類のチェーを一度に味わえるセットメニュー（8万ドン）をぜひ試してみて。

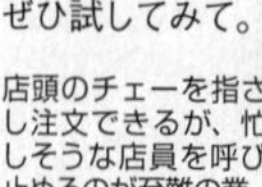

店頭のチェーを指さし注文できるが、忙しそうな店員を呼び止めるのが至難の業

住20 Đinh Tiên Hoàng　☎098-6408694（携帯）
営18:00～24:00　休無休　カード不可　予約不可

路地裏のおしゃれカフェ
フエ・カフェ
カフェ
Hue Cafe　MAP P.277-2C

フエにはユニークなドリンクとハイセンスでおしゃれなカフェが多いが、ここもそのひとつ。フィルターで楽しめるベトナム・コーヒー（3万5000ドン）やフエ名物の塩コーヒーはもちろん、紫イモとエスプレッソを合わせたフエ（4万5000ドン）やヨーグルトコーヒー（4万ドン）もある。

路地裏にあり、2階にはテラス席もある

住Hẻm 10 Bến Nghé　☎091-8168164（携帯）
営7:00～22:00　休無休　カード不可　予約不要

Voice! フエのおしゃれカフェなら「タン・カフェ Thanh Cafe」もおすすめ。MAP P.276-2C　住24 Văn Cao　☎089-9232313（携帯）　営6:30～22:00　休無休　カード不可　予約不要

ドンバ市場２階のカフェ
デポー
カフェ
De-Po MAP P.276-2B

ドンバ市場北側の専用階段からアクセスする隠れ家カフェ。古びたタイルや壁など市場の古い雰囲気を生かしたビンテージ風の内装で、細長いテラス席からは通りを見下ろせる。コーヒーは３万2000ドン〜で、クリームブリュレコーヒー（４万9000ドン）など変わったメニューもある。

デポーとはフランス語で倉庫を意味する

住2F, Chợ Đông Ba, 2 Trần Hưng Đạo ☎077-5525679（携帯）
営6:30 〜 22:00 休無休 カード不可 予約不要

フエを代表するカフェ
タン・カフェ
カフェ
Tan. Cafe MAP P.276-2B

2017年にノスタルジックな内装と変わり種コーヒーメニューで瞬く間に若者の心をつかんだ大人気カフェの旧市街店。メニューはコーンコーヒー（４万9000ドン）やコーヒーにバナナとココナッツを合わせたものなど、試したくなるユニークなドリンクばかり。フエ市内に３店舗ある。

旧市街店は工場をイメージしたインテリア

住86 Đinh Tiên Hoàng ☎077-7167610（携帯）
営6:30 〜 22:00 休無休 カード不可 予約不要

その他のレストラン Restaurant

チェー・ヘム
Che Hem
甘味 MAP P.277-3B
住1/29 Hùng Vương ☎(0234) 3822099
営10:00〜22:00 休無休
カード不可 予約不要

路地の奥のローカル度100%のチェー（→P.46）の店。チェーはどれも素朴な味わいで、紫イモのチェー（Chè Khoai Tía）など15種類あり、すべて１万5000ドン。店内は小さなテーブルと椅子があるだけだが、夕方には若者たちでいっぱいに。

フィンホリック
PhinHolic
カフェ MAP P.277-3C
住65 Bến Nghé ☎091-1715551（携帯）
営7:00 〜 22:00 休無休
カード J M V 予約不要

フエ郊外の山地で栽培されるアラビカ種アールーイ（A Lưới）の自家焙煎コーヒーが楽しめる（３万5000ドン〜）。フエ名物の塩コーヒー（３万5000ドン）は他店とは異なりベトナム・コーヒーのフィルターで入れてくれる。

ヴィー・ヤ・スア
Vỹ Da Xua
カフェ MAP P.276-1C
住131 Nguyễn Sinh Cung ☎(0234) 3827131
営6:15〜22:30 休無休
カード不可 予約不要

店内からも庭が眺められるベトナム風ガーデンレストラン＆カフェ。ここでは伝統茶菓子が付くフエ名物の宮廷茶のセット（10万4000ドン／ひとり用）が楽しめる。宮廷茶は生薬のブレンド別に６種類から選べる。

ショップ Shop

上品なウエアが手に入る
シエロ
ウエア
Cielo MAP P.277-1C

フエ出身のデザイナーが経営する小さなブティック。フラワープリントなどをあしらったフェミニンなアイテムが豊富で、生地はリネンやコットンなど肌に優しい素材をチョイス。シルエットもゆったりとした物が多いのも特徴だ。ワンピースは80万〜150万ドン。

カンカン帽（38万ドン〜）やバッグなどの小物類もチェックしたい

住31 Chu Văn An ☎090-5531189（携帯）
営8:30 〜 22:00 休無休 カード A J M V

フエにゆかりのある作家作品を集めた
ター・ギャラリー
ギャラリー＆ベトナム雑貨
Ta Gallery MAP P.277-2C

フエ出身またはフエ在住アーティストの作品を展示・販売するショップ＆ギャラリー。漆絵と油絵が中心で、フエの風景を鮮やかな色彩で表現した作品は、見るだけでも楽しい。バッチャン焼をはじめとする陶器やウエア、布小物などのハンドメイド雑貨もある。

漆絵は小さいもので85万ドン〜

住44 Phạm Ngũ Lão ☎(0234)3824894、091-4196992（携帯）
営8:00〜22:00（月・金曜12:00〜） 休無休 カード A J M V

Voice! 食品みやげを買うなら旧市街にあるスーパーマーケット、「コープマート Co.opmart」（MAP P.276-2B）がおすすめ。宮廷茶（→上記「ヴィー・ヤ・スア」参照）も売っている。

ホテル Hotel

コロニアル邸宅を改装した
アゼライ・ラ・レジデンス・フエ 高級ホテル
Azerai La Residence, Hue MAP P.276-3A

フーン川沿いの5つ星ホテル。建物の一部は、1930年代に建てられたフランス統治時代の提督の邸宅を改装したもので、客室をはじめ館内の内装や調度品はクラシカルで洗練された空間だ。ほとんどの客室がリバービューでバルコニー付き。フーン川のプライベートクルーズも好評。

コロニアルスイート

住5 Lê Lợi ☎(0234) 3837475 URL azerai.com/azerai-la-residence-hue 料ⓈⓌⓉ539万ドン～ スイート1213万ドン～(朝食付き) カード ADJMV 全122室

中心部に近いナチュラル系リゾート
ピルグリミッジ・ビレッジ 高級ホテル
The Pilgrimage Village MAP P.266-2B

広い敷地内には、コテージタイプの客室、スパ棟、レストラン棟などが点在。100%ナチュラルなプロダクツを使用したスパやヨガクラスは豊富なメニューで、非日常の時間が流れる。飲食施設は5つあり、宮廷料理も楽しめる。

プール付きのヴィラもある

住130 Minh Mạng ☎(0234) 3885461
URL www.pilgrimagevillage.com
料ⓈⓌⓉ235万ドン～ スイート444万ドン～(朝食付き)
カード ADJMV 全173室

フエとダナンの中間に位置するリゾート
アンサナ・ランコー 高級ホテル
Angsana Lang Co MAP P.223-1A参照

フエ・フーバイ空港から約42km、ランコー村(→P.269)に近い海沿いに建つナチュラルリゾート。客室はスタイリッシュな内装だが随所にベトナムらしいモチーフが加わりユニーク。スパ、プール、ウオーターアクティビティなど館内施設も充実。

ガーデンバルコニーの客室。プール付きの部屋もある

住Cù Dù Village, Lộc Vĩnh Commune, Phú Lộc
☎(0234)3695800 URL www.angsana.com/vietnam/lang-co
料ⓈⓌⓉ360万ドン～ スイート510万ドン～
カード AJMV 全220室

重厚な装飾で気分は王侯貴族
エンシェント・フエ・ガーデン・ハウジーズ 高級ホテル
Ancient Hue Garden Houses MAP P.266-1A

王宮近くにある、フエ宮廷料理の高級レストランが開いた隠れ家ホテル。フエの伝統家屋を模したヴィラに、部屋ごとに異なる趣向を凝らした9室だけの客室を擁する。フエ王朝時代の貴族の気分を味わえそうだ。プール、ジム、スパを完備。レストランだけの利用も可。

ヴォンカン・ハウスと名づけられた客室

住104/47 Kim Long ☎(0234) 3590902
URL www.ancienthue.com.vn 料ⓈⓌⓉ450万ドン～ スイート550万ドン～ カード MV 全9室

フエで最も歴史あるホテル
ホテル・サイゴン・モリン 高級ホテル
Hotel Saigon Morin MAP P.277-2A

1901年創業の、フエで最も歴史あるホテル。白を基調にしたコロニアル調の内装が上品な印象。客室内の調度品はモダンで、設備も十分。ベトナム料理を中心としたレストランのほか、中庭にはプールとガーデンカフェがある。

コロニアルデラックスルーム

住30 Lê Lợi ☎(0234) 3823526
URL www.morinhotel.com.vn 料Ⓢ252万～336万ドン Ⓦ Ⓣ294万～378万ドン スイート735万～2100万ドン(＋税・サービス料15%。朝食付き) カード ADJMV 全180室

明るく広々とした大型ホテル
ムーンタン・ホリデイ・フエ 中級ホテル
Muong Thanh Holiday Hue MAP P.277-2B

フーン川沿いのレロイ通りにある11階建てホテル。まぶしいほどに白い外観が印象的で、明るく広々としたロビーは都会的なデザイン。全室バルコニー付きで広く、設備、調度品ともに高級感がある。11階のバーからはフーン川を眺められる。

バスルームとベッドルームはガラスで仕切られ、開放感がある(デラックスダブルルーム)

住38 Lê Lợi ☎(0234) 3936688
URL holidayhue.muongthanh.com 料ⓈⓌⓉ145万ドン～ スイート280万ドン～(朝食付き) カード AMV 全108室

ホテル　Hotel

開放的な屋上プールがある
ジェイド・シーン　エコノミーホテル
Jade Scene　MAP P.276-2C

ミニホテルがひしめく路地奥にあるが、歩ける範囲に飲食店が多く、ホテル前までタクシーも入れるので便利。ほとんどの部屋にバルコニーが付くうえ、屋上のプールからはフエ市内が一望できる。スタッフの応対もていねい。

屋上プール。館内にはスパもある

住30/42 Nguyễn Công Trứ　☎093-5353117（携帯）
URL www.facebook.com/JadeSceneHotel　料Ⓢ Ⓦ75万ドン～　スイート115万ドン～　ファミリー125万ドン（朝食付き）
カード J M V（手数料＋3％）　全35室

繁華街に近くて何かと便利
タンティエン・フレンドリー　エコノミーホテル
Than Thien Friendly　MAP P.277-1C

レストランやカフェ・バーの集まるエリアにあり町歩きに便利。清潔な客室は上品な家具で統一され、テレビ、冷蔵庫、ドライヤー完備。シャワー・トイレ別室で、気持ちよく過ごせる。1階レストランでの朝食ビュッフェは評判がいい。

大きな窓から日差しが入るデラックスルーム

住10 Nguyễn Công Trứ　☎(0234) 3834666
URL thanthienhotel.com.vn　料Ⓢ Ⓦ Ⓣ17US$～　3人部屋20US$～（朝食付き）　カード A D J M V　全36室

清潔&リーズナブル
ストップ&ゴー・ホームステイ　ミニホテル
Stop & Go Homestay　MAP P.276-2C

ミニホテルやエコノミーホテルが並ぶ路地に建つ。スタッフの応対がよく、ツアーアレンジなどの相談にも乗ってくれる。客室は広くはないが、明るく清潔に保たれていて気持ちがいい。テレビ、ミニ冷蔵庫、ドライヤーなど基本設備も揃う。

シンプルで小ぎれいな客室

住43 Lane 42 Nguyễn Công Trứ　☎(0234) 3841269
URL www.stopandgohomestay.com　料Ⓢ Ⓦ Ⓣ34万ドン～
カード A M V　全9室

居心地抜群の人気ホテル
サニー C（オリジナル・ビンジュオン 4）　ミニホテル
Sunny C(Original Binh Duong 4)　MAP P.276-3B

オーナーやスタッフは日本語が堪能で、オーナーの配偶者は日本人。客の面倒見がよく、旅行者に大人気。レンタサイクル・バイク、日本語の本のほか、ツアーアレンジも可能だ。静かな環境&客室は明るく清潔と、人気のため早めの予約を。

室内設備は高級ホテルに遜色ないほど充実

住7/25 Hai Bà Trưng　☎(0234) 3849662、093-4716780（携帯、日本語可能）　URL binhduonghotel.info/100
E-mail binhduong_aki@yahoo.co.jp（日本語可能）　料Ⓢ16US$　Ⓦ17US$　Ⓣ18～20US$　Ⓓ3US$　カード M V　全10室

その他のホテル　Hotel

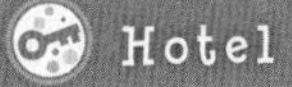

TTCインペリアル　高級ホテル
TTC Imperial　MAP P.277-3B
住8 Hùng Vương　☎(0234) 3882222　URL ttchospitality.vn/ttc-hotel/ttc-imperial-hotel　料Ⓢ Ⓣ320万ドン～　スイート340万ドン～（朝食付き）　カード J M V　全192室

日本のVIPも宿泊した新市街の中心部に建つ高層ホテル。晴れた日の上階からの展望は自慢のひとつで、特に最上階の「キングス・パノラマ・バー」のテラス席からの眺めはすばらしい。レストラン、スパ、ツアーデスクも完備。

フーンジャン　中級ホテル
Huong Giang　MAP P.277-1C
住51 Lê Lợi　☎(0234) 3822122
URL www.huonggianghotel.com.vn　料Ⓢ Ⓣ90万ドン～　スイート200万ドン～（朝食付き）　カード A J M V　全164室

フーン川沿いの大型ホテルで、リバービューの客室からは美しい川の流れが眺められる。客室には籐の家具が配され、設備も十分。3棟からなる館内には、宮廷料理を楽しめる「ロイヤル」など3つの飲食施設、プール、サウナ、スパがある。

サニー A（オリジナル・ビンジュオン 1）　ミニホテル
Sunny A(Original Binh Duong 1)　MAP P.277-3B
住17/34 Nguyễn Tri Phương　☎(0234) 3829990、091-3495663（携帯、日本語可能）　URL E-mail サニーC（→上記）と同じ
料Ⓢ10～12US$　Ⓦ12US$　Ⓣ12～14US$　カード M V　全24室

世界中のバックパッカーに大人気の老舗ホテル。ツアーアレンジ、レンタサイクル・バイクなどが可能。全室エアコン、テレビ、ホットシャワー付き。サニーA～Cまで3軒が同経営で、同じ路地にあるサニーBは料Ⓢ Ⓣ16US$～。

Column フエ郊外の見どころへは周遊バスが便利

ドンバ市場、王宮、アンヒエン庭園屋敷、ティエンム寺、トゥドゥック帝陵、カイディン帝陵、線香村など主要なスポット12ヵ所を巡る、乗り降り自由な周遊バスがフエに登場。郊外の見どころへのアクセスが便利になった。以下２社ともにルートは同じでチケット販売・バス発着場所はトアカム船着場(Bến Thuyền Tòa Khâm)前。MAP P.277-1B 住 49 Lê Lợi

●シティサイトシーイング・フエ City Sightseeing Hue

1周約90分

乗り降り自由のオープントップのダブルデッカーバスで、8:00～17:20の間に40分間隔で運行。チケットは４時間有効が15万ドン、24時間有効が42万9000ドン、48時間有効が59万9000ドン。日本語オーディオガイド付き。

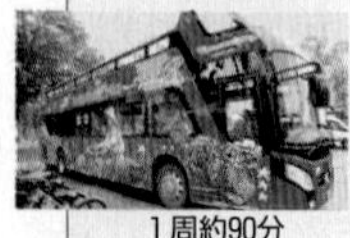

☎079-7602602（携帯） URL city-sightseeing.com/en/166/hue 営8:00～17:20 休無休 カード不可

●フエ・シティツアー Hue City Tour

昼は8:00～17:00の間に1時間間隔で運行

18人乗りのバンを使用した周遊バス。降りずに一周(約90分)する場合は11万ドン、２ヵ所降りられる４時間有効チケットは15万ドン、乗り降り自由な24時間有効チケットは30万ドン。中心部６ヵ所を回るナイトツアーもある。

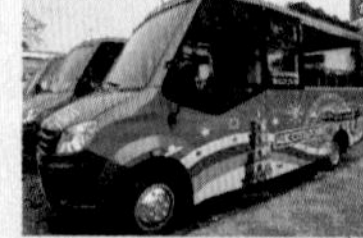

☎091-8297575（携帯） 営8:00～17:00、18:00～21:00 休無休 カード不可

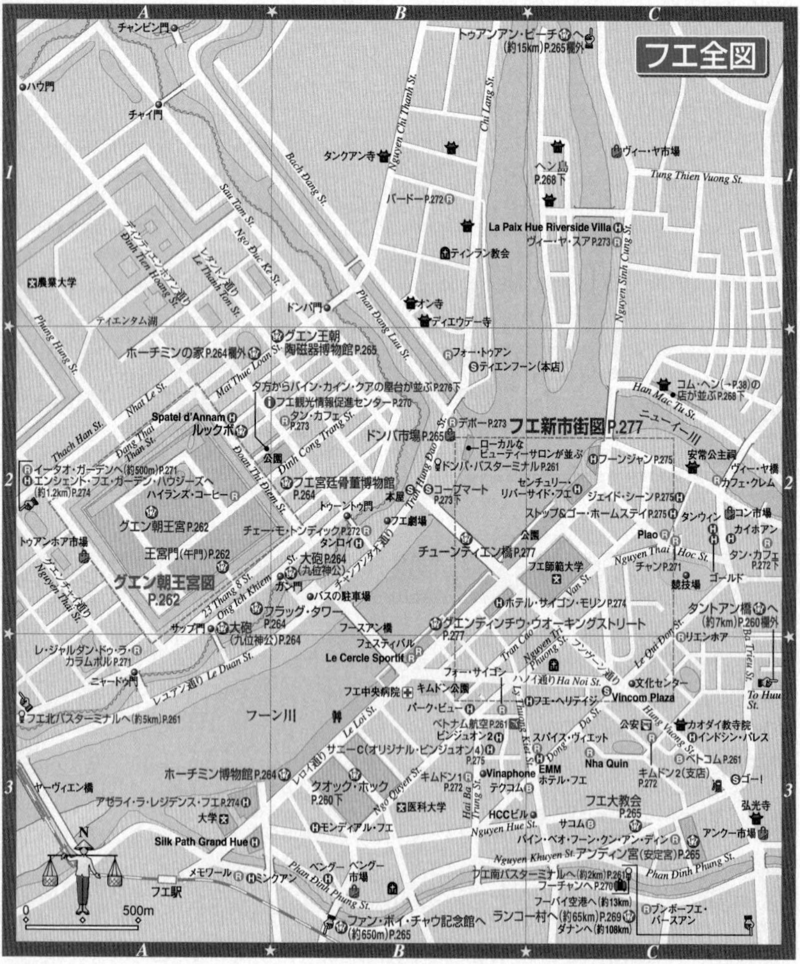
フエ全図
チャンビン門
ハウ門
チャイ門
トゥアンアン・ビーチへ(約15km)P.265欄外
タンクアン寺
バードーP.272
ヘン島 P.268下
ヴィー・ヤ市場
Tung Thien Vuong St.
La Paix Hue Riverside Villa
ヴィー・ヤ・スアP.273
ティンラン教会
農業大学
ドンバ門
オン寺
ディエウデー寺
ティエンタム湖
グエン王朝陶磁器博物館P.265
ホーチミンの家P.264欄外
フォー・トゥアン
ティエンフーン(本店)
コム・ヘン(→P.38)の店が並ぶP.268下
夕方からバイン・カイン・クアの屋台が並ぶP.276下
フエ観光情報促進センターP.270
タン・カフェ P.273
Spatel d'Annam
ルックボ
デポーP.273
フエ新市街図P.277
ニューイー川
ドンバ市場P.265
ローカルなビューティーサロンが並ぶ
フーンジャンP.275
安常公主祠
ドンバ・バスターミナルP.261
イータオ・ガーデンへ(約500m)P.271
エンシェント・フエ・ガーデン・ハウジーズへ(約1.2km)P.274
フエ宮廷骨董博物館P.264
ハイランズ・コーヒー
コープマートP.273下
センチュリー・リバーサイド・フエ
ジェイド・シーンP.275
ヴィー・ヤ橋
カフェ・クレム
トゥーントゥ門
ストップ&ゴー・ホームステイP.275
タンウィン
コン市場
グエン朝王宮P.262
チェー・モ・トンディックP.272
フエ劇場
Plao
カイホアン
トゥアンホア市場
タンロイ
公園
王宮門(午門)P.262
大砲P.264(九位神公)
チューンティエン橋P.277
フエ師範大学
タン・カフェP.272下
チャンP.271
ゴールド
競技場
グエン朝王宮図P.262
ガン門
バスの駐車場
ホテル・サイゴン・モリンP.274
タントアン橋へ(約7km)P.260欄外
フラッグ・タワーP.264
グエンディンチウ・ウオーキングストリートP.277
サップ門
大砲(九位神公)P.264
フースアン橋
フェスティバル
リエンホア
レ・ジャルダン・ドゥ・ラ・カラムボルP.271
Le Cercle Sportif
ニャードゥ門
フォー・サイゴン
文化センター
フエ中央病院
キムドン公園
ハノイ通りHa Noi St.
To Huu St.
パーク・ビュー
フエ・ヘリテイジ
Vincom Plaza
フエ北バスターミナルへ(約5km)P.261
フーン川
ベトナム航空P.261
公安
カオダイ教寺院
ビンジュオン2
スパイス・ヴィエット
インドシン・パレス
サニーC(オリジナル・ビンジュオン4)P.275
Nha Quin
ベトコムP.261
ホーチミン博物館P.264
キムドン1P.272
Vinaphone
EMM ホテル・フエ
キムドン2(支店)P.272
ゴー！
ヤーヴィエン橋
クオック・ホックP.260下
テクコム
アゼライ・ラ・レジデンス・フエP.274
医科大学
フエ大教会P.265
弘光寺
大学
HCCビル
Nguyen Hue St.
サコム
アンクー市場
モンディアル・フエ
Silk Path Grand Hue
バイン・ベオ・フーン・クン・アン・ディン
アンディン宮(安定宮)P.265
Nguyen Khuyen St.
Phan Dinh Phung St.
メモワール
ミンクアン
ベングー
ベングー市場
フエ南バスターミナルへ(約2km)P.261
フーチャンへP.270
フエ駅
フーバイ空港へ(約13km)
ランコー村へ(約65km)P.269
ダナンへ(約108km)
ブンボーフエ・バースアン
ファン・ボイ・チャウ記念館へ(約650m)P.265
500m
Bach Dang St.
Nguyen Chi Thanh St.
Chi Lang St.
Sau Tam St.
Ngo Duc Ke St.
Dinh Tien Hoang St.
Le Thanh Ton St.
Phan Dang Luu St.
Nguyen Sinh Cung St.
Phung Hung St.
Mai Thuc Loan St.
Nhat Le St.
Thach Han St.
Dang Thai Than St.
Doan Thi Diem St.
Dinh Cong Trang St.
Tran Hung Dao St.
Han Mac Tu St.
Nguyen Thai Hoc St.
Nguyen Thai St.
23 Thang 8 St.
Ong Ich Khiem St.
Le Duan St.
Tran Cao Van St.
Nguyen Tri Phuong St.
Le Quy Don St.
Ba Trieu St.
Le Loi St.
Dong Da St.
Hung Vuong St.
Ly Thuong Kiet St.
Ngo Quyen St.
Hai Ba Trung St.
Dong Da St.

Voice 旧市街のハントゥエン（Hàn Thuyên）通り（MAP P.276-2A、2B）は、毎日だいたい15:00～翌3:00くらいに、バン・カン・ドゥーン・ハントゥエン（Bánh Canh Đường Hàn Thuyên）と呼ばれるバイン・↗

ひと味違ったフエの見方

●チューンティエン橋のライトアップをウオーキングストリートから眺めよう

夜、時間をもて余しているのならフーン川に架かるチューンティエン橋（MAP P.276-2B）のライトアップ（毎日18:00～22:00）を見に行ってみよう。橋のたもとから眺めるのもいいが、おすすめはグエンディンチウ・ウオーキングストリート（MAP P.276-2C～3B）からの眺め。フーン川にややせり出す形で、1km弱にわたって木道が設けられており、チューンティエン橋と同様に、道自体もライトアップされ数秒ごとにライトの色が変わる。夜風に吹かれて夜のフーン川とチューンティエン橋を眺めながら、のんびりと歩くのはなかなか気持ちがいい。

ウオーキングストリートから見たチューンティエン橋

ライトアップされたグエンディンチウ・ウオーキングストリート。観光客や地元のカップル、家族連れの姿も多い

ちなみに、チューンティエン橋は1897年にフランスによって架けられた鉄骨の古い橋で、設計はエッフェル塔で有名なギュスターヴ・エッフェルといわれている。

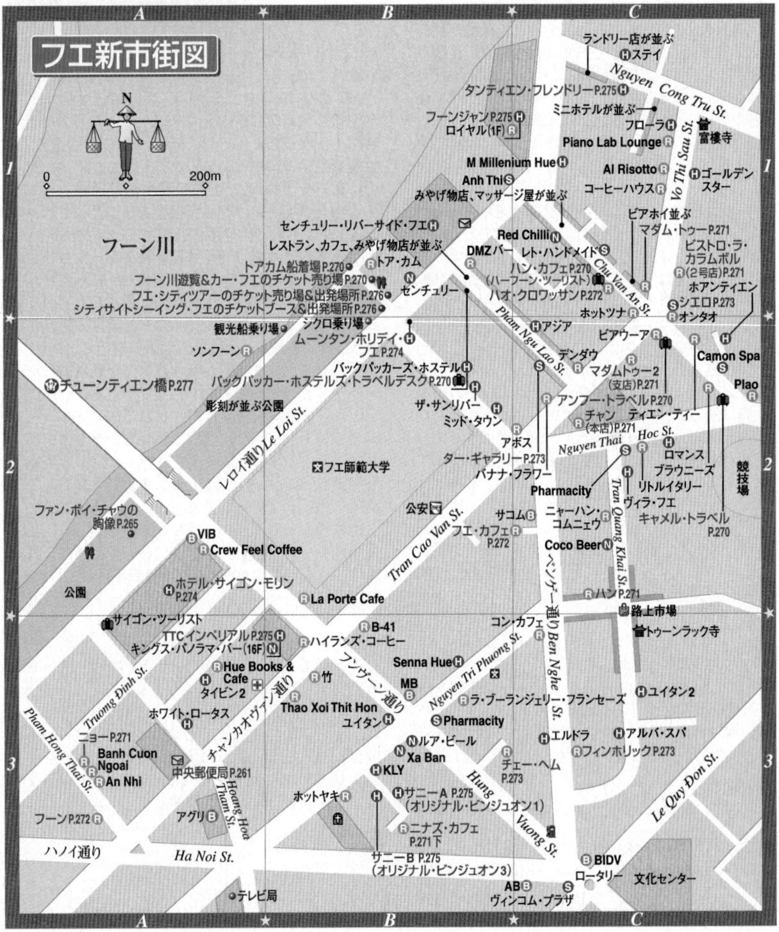

フエ新市街図

A B C
1 2 3
N
0 200m

フーン川
ランドリー店が並ぶ
ステイ
Nguyen Cong Tru St.
タンティエン・フレンドリー P.275
ミニホテルが並ぶ
フーンジャン P.275
ロイヤル(1F)
フローラ
富楼寺
Piano Lab Lounge
M Millenium Hue
Al Risotto
ゴールデンスター
Anh Thi
コーヒーハウス
Vo Thi Sau St.
みやげ物店、マッサージ屋が並ぶ
ビアホイ並ぶ
センチュリー・リバーサイド・フエ
Red Chilli
マダム・トゥー P.271
レストラン、カフェ、みやげ物店が並ぶ
DMZバー
レト・ハンドメイド
ビストロ・ラ・カラムボル(2号店) P.271
トアカム船着場 P.270
トア・カム
ハン・カフェ P.270（ハーフーン・ツーリスト）
ホアンティエン
フーン川遊覧&カー・フエのチケット売り場 P.270
Chu Van An St.
シエロ P.273
フエ・シティツアーのチケット売り場&出発場所 P.276
センチュリー
ハオ・クロワッサン P.272
オンタオ
シティサイトシーイング・フエのチケットブース&出発場所 P.276
ホットツナ
シクロ乗り場
Pham Ngu Lao St.
アジア
観光船乗り場
ムーンタン・ホリデイ・フエ P.274
ビアウーア
Camon Spa
ソンフーン
デンダウ
バックパッカーズ・ホステル
マダムトゥー2(支店) P.271
Plao
チューンティエン橋 P.277
バックパッカー・ホステルズ・トラベルデスク P.270
アンフー・トラベル P.270
彫刻が並ぶ公園
ザ・サンリバー
チャン(本店) P.271
ティエン・ティー
ミッド・タウン
Hoc St.
アボス
Nguyen Thai
ロマンス
レロイ通り Le Loi St.
フエ師範大学
ター・ギャラリー P.273
ブラウニーズ
競技場
バナナ・フラワー
リトルイタリー
Pharmacity
ヴィラ・フエ
ファン・ボイ・チャウの胸像 P.265
公安
サコム
ニャーハン・コムニェウ
キャメル・トラベル P.270
VIB
フエ・カフェ P.272
Crew Feel Coffee
Tran Cao Van St.
Coco Beer
Tran Quang Khai St.
ホテル・サイゴン・モリン P.274
公園
La Porte Cafe
ハン P.271
サイゴン・ツーリスト
B-41
コン・カフェ
路上市場
TTCインペリアル P.275
ハイランズ・コーヒー
ベンゲー通り Ben Nghe St.
トゥーンラック寺
キングス・パノラマ・バー(16F)
Senna Hue
Hue Books & Cafe
竹
MB
ユイタン2
タイビン2
Nguyen Tri Phuong St.
チャンカオヴァン通り
グエンチーフーン通り
ラ・ブーランジェリー・フランセーズ
Truong Dinh St.
ホワイト・ロータス
Thao Xoi Thit Hon
Pharmacity
ユイタン
エルドラ
アルバ・スパ
ニョー P.271
ルア・ビール
Banh Cuon Ngoai
Xa Ban
フィンホリック P.273
中央郵便局 P.261
チェー・ヘム P.273
An Nhi
KLY
Pham Hong Thai St.
Le Quy Don St.
ホットヤキ
サニーA P.275（オリジナル・ビンジュオン1）
Hung Vuong St.
フーン P.272
アグリ
Hoang Hoa Tham St.
ニナズ・カフェ P.271下
ハノイ通り
Ha Noi St.
BIDV
サニーB P.275（オリジナル・ビンジュオン3）
ロータリー
文化センター
AB
ヴィンコム・プラザ
テレビ局

↘カイン・クア（→P.36）の屋台が並ぶ屋台街に変身する。地元の人々になかなかの人気だ。ちなみにフエではライギョのバン・カンもあり、ピリ辛味でこちらもとてもおいしい。

読者投稿

空港から市内へのタクシー

ホーチミン市のタンソンニャット国際空港から市内へのメータータクシーで「評判がいいのはビナサン・タクシー、マイリン・タクシー」という記述がありますが（→ P.57 欄外）、現地のぼったくり白タクもこの情報を知っており、メーター使用のタクシー乗り場に向かって歩いていると、「ビナサン・タクシーですよ」とか「マイリン・タクシーだよ」と声をかけてきます。つい信用しそうになりますが、うそですから必ずタクシー乗り場まで行って車体を見てから乗車してください。

（東京都　きえっち）['24]

ニンビンのチャンアン・クルーズ

屋根のない小舟に乗って楽しむチャンアン・クルーズは、ピンクのハスの花が咲く川をのんびりと進みます。頭を低くしないと通れない洞窟の入口には、「LAM CAVE」などの名称や長さを記した看板が取り付けられているのでお見逃しなく。いくつかの洞窟のほかにも、黄金に輝く仏像が祀られた寺院や鐘楼が建てられた小島があり、上陸してリラックスする方々も見受けられました。帽子・日傘・飲み物を持参して暑さ対策をしながらの2時間……。ときおり川面に吹く風に癒やされました。

（東京都　石原麻紀）['23]

ハザンのルンフィン市場

ハザンで有名な市はドンヴァンとメオヴァックの日曜市（→ P.392）ですが、旧暦の猿の日、虎の日に開かれるルンフィンの市もおすすめです。ルンフィンまではドンヴァンからバイクで約1時間。バイクを運転できない私はバイクタクシーを予約、6:00 にドンヴァンを出発。メオヴァック経由ではなく、ロックマウンテンを抜けるルートを要望。眼下に霧の立ち込めるなか走る風景は美しかったです。ドンヴァン、メオヴァックが町なかの市場なのに対して、ルンフィンは山あいの小さな村全体が市場！　という感じです。観光客慣れしているサパ、バックハーと違い、おみやげを強くすすめてくることもなく、「地元の人々の市」を味わえます。

バンゾック滝、グオムガオ洞窟おすすめルート

カオバンからバスで3時間かけバンゾック滝へ。滝を見学したあと、バイクタクシーでグオムガオ洞窟へ。片道5万ドン。帰りは洞窟入口のおみやげ屋さんに声をかけてバイクを出してもらおう。滝まで戻る必要はないので、バスの通る道路まで3万ドンで送ってもらい、バンゾック滝からのバスに乗りカオバンに戻る。滝から洞窟の 3km を歩きたくなければ、このルートがおすすめです。

（以上、神奈川県　山崎かおり）['23]

窃盗タクシーに注意

空港出口で待ち受けるタクシーの客引きに引っかかり、現金を盗まれました。手口はこうです。
①ビナサン・タクシーの社員証（おそらく偽物）を見せて信用させ、車に誘導する。
②車に乗せたあと、料金交渉を持ちかけ、前払いさせる（料金はそんなに高くない）。
③料金を支払おうとして、財布から札を取り出そうとすると、数えてあげると言い、強引に札を取り上げる。
④取り返そうと、もみ合いになる。
⑤この間にお金を抜かれる（50 万ドンを 3 枚抜かれましたが、そのときは、あまりの早技にまったく気づきませんでした）。
⑥別の車に乗り換えさせられる（おそらく、⑤で抜いた金を回収するため）。
⑦何事もなかったかのように、目的地まで送る（カムフラージュのためか、やけに親切で愛想がいい）。

まず、声をかけてくるタクシーには、絶対に乗らないほうがいいです。出口から少し歩けば、客を待つまともなタクシーが並んでいるので、社名とメーターを確認のうえ、自分で声をかけて乗れば、ほぼ間違いないと思います。

（東京都　たかし）['24]

ハロン湾ワンナイトクルーズ

初めてのベトナム旅行でハロン湾に行ってみたかったのですが、ハノイから片道4時間というネット情報を見てゆっくり1泊することにしたところ期待以上に楽しめました。バーヤ・クルーズの宿泊、往復送迎込みのプランで、ツアーにはカヌー約 30 分、ビーチでの海水浴約 40 分、洞窟探検、ベトナム料理ショー、早朝の太極拳などなど、イベント盛りだくさんで飽きずに過ごすことができます。むしろやること盛りだくさんで夜はぐっすりでした。もちろん興味がわかなかったり、ゆっくりしたい人などは参加は自由。食事は到着した日のランチビュッフェ、選べるディナーと翌日の朝食とブランチも出ます。ベトナム料理が苦手だったり、自分のタイミングで何か食べたい人は乗船前にハノイから食べ物や飲み物を持っていったほうがいいと思います。船上にはバーがあるのでアルコールやソフトドリンクには困りません。部屋はダブルベッドとシャワー＆トイレ付き。冷房・冷蔵庫も完備。Wi-Fi もありましたが、部屋では弱いので食堂で使用してる人が多かったです。非日常的な景色を楽しみながらゆっくりと時間を過ごし、とても癒やされました。ちなみにハノイとハロン湾の往復は高速道路を利用して 2 時間半ほどでした。

（神奈川県　ミチコッシー）['23]

サパで少数民族グッズを買うなら

どの店も値段が高いサパで、サパ博物館（→ P.372欄外）1 階の「トーカム・ルオン・トゥイー・コーポレーティブ HTX Tho Cam Luong Thuy」（MAP P.372A 図-2A）は適正価格で売ってくれる。少数民族の生地を使った洋服や雑貨などが売られていて、押し売りもしてこないのでゆっくり見れますし気分よく買えます。

（兵庫県　R　'23）

都市ガイド

北部

人々の素朴な生活が今も残る山岳部のハザン

新旧が隣り合う、政治と文化の中心地

MAP 折表-1B

ハノイ

ハノイの市外局番
024

Hà Nội

寺社の呼び名は？
ベトナム、特にハノイには多くの寺社が存在するが、その呼び名には微妙な使い分けがある。これを知っておくだけでも、寺社を理解するのに大きな手がかりとなるはずだ。
Chùa（チュア）：仏教寺で、漢字では寺。
Đền（デン）：歴史上の実在した人物を神格化して祀った建物で、漢字では祠。
Miếu（ミエウ）：歴史上の実在した人物の霊を祀った建物で、漢字では廟。
Điện（ディエン）：神々を祀った建物で、漢字では殿。
Đình（ディン）：庭に造られた休息用などの建物で、漢字では亭。

国内線と国際線の移動
国内線のターミナル1と国際線のターミナル2は約850m離れており、無料シャトルバスが5:00～翌1:00の間に20分間隔で運行している。そのほか、電気カーが5000ドン（交渉可）で、路線バス乗り場（→P.282）から運行。

入国手続きについて
具体的な入国手続きについてはP.403の「入国の手順」を参照のこと。

空港のツーリストインフォメーション
Tourist Information
営8:00～20:00　休無休
ハノイ市が運営するツーリストインフォメーション（→P.313）。

※ドイモイ政策：1986年、第6回ベトナム共産党大会において、市場経済と外交開放を柱に提起されたスローガン。「刷新」と訳されることも多い。

かつての城下町の趣をたたえるハノイ旧市街（→P.288）。気の向くまま散策しよう

ベトナム社会主義共和国の首都、ハノイ。南のホーチミン市が商業の中心なら、こちらは政治・文化の中心都市だ。11世紀に首都タンロン（昇龍）がおかれ、以来1000年の歴史をもつ古都にふさわしく由緒ある寺社が多い。その一方では、フランス統治時代に建てられた洋館や教会も多く残されている。整然と走る美しい並木の道路、点在する湖や公園。道行く人々の表情もどこか穏やかな感じで、町全体に落ち着いた雰囲気が漂う。

ドイモイ政策※（→欄外）にともなう経済改革では、ホーチミン市に一歩リードされているかのようだが、ハノイも負けてはいない。町なかのビルはどんどんと建て替えられ、2021年にはベトナム初の都市鉄道が開通。バイクや高級車の数も急増している。特に市の南西側のミーディン地区、カウザイ区は近代的な高層ビルが続々と建ち、ハノイの新都心となりつつある。

ハノイはハロン湾やサパ、ニンビンなど北部観光の起点にもなる町だ。また、陶器村のバッチャンや伝統文化村のドゥオンラムなど、伝統工芸や歴史に触れられる見どころも注目され、年々、外国人観光客も増えている。

ハノイ・ノイバイ国際空港到着

空港内でできること

●両　替

到着ホールにはベッティン・バンクなどがあり、日本円、USドルなどの現金からベトナム・ドンへの両替が可能で、両替レートは市内の各本店とほぼ同レート。ATMコーナーもあり、マスターカード、ビザカードなどからベトナム・ドンのキャッシングが可能。銀行の営業時間、ATMの稼働時間ともに年中無休で、その日の始発便の到着時間から最終便到着時間まで、とされているが、銀行は不定期に無人になることが多い。また国際空港といえど、テト（旧正月）の3日間はすべての銀行が休むため要注意。

ハノイの住所欄の表記について：住所欄には通り名に続き、行政区画の区を入れていますが、ベトナム語で区を表す「Quận」を略し、例えばバーディン区なら↗

●SIMカードの購入

SIMフリーの携帯端末を持っている場合は、SIMカードの購入がおすすめ。オンラインで地図が見られたり、グラブ（→P.395）などの配車サービスを使えたりと、数日間だとしてもベトナム滞在が格段に快適になる。到着ロビーには、ヴィナフォン（Vinaphone）、ヴィッテル（Viettel）、モビフォン（Mobifone）の大手通信会社のブースがあり、ここでSIMカードを購入できる。購入にはパスポートが必要で、購入後すぐに電話・ネットともにつながるようになる。データ通信のみのSIMとデータ通信＋通話のSIMがある。SIMカード購入についてはP.422。

空港から市内へのアクセス

ノイバイ国際空港からハノイ市中心部までは約30km。空港から市中心部までのアクセスにはタクシー、エアポートバス・ミニバス、路線バスなどがある。

タクシー、ミニバスでの料金トラブルが頻繁に起きているため、事前に宿泊先のホテルや旅行会社で送迎を頼むか、配車サービスの利用がおすすめ。

●タクシー

到着ホールを出て左右の両端にあるタクシー乗り場からタクシーが利用できる。市内までは所要約35分。複数のタクシー会社が乗り入れており、各社ともに４人乗りのセダンと７人乗りのバンの２車種がある。

ハノイ市内までの料金の目安は、ハノイ駅周辺（MAP P.341-2D）で50万ドン～、旧市街周辺（MAP P.341-2D）で45万ドン～、タイ湖の北側周辺（MAP P.341-1C）で40万ドン～、ミーディン地区やカウザイ区周辺（MAP P.340-2A、2B & 3A、3B）で50万ドン～くらいを考えておこう。渋滞に巻き込まれるとさらに高くなる。比較的安心なタクシー会社は、Ｇ７タクシー、マイリン・タクシー、タクシーグループなど（→P.283欄外）。

なお、車体に社名の入っていない、いわゆる白タクや、料金メーターの周辺に運転手の写真入り社員証がない車には絶対に乗車しないこと。車体に社名が入っているタクシーでもトラブルは頻発しているため、配車サービスアプリ（→P.395）を利用するか（旧市街までだいたい30万ドン～）、若干割高ではあるが、空港の到着ロビーにあるハノイ・ツーリズムインフォメーションで市内までの定額タクシーを手配してもらうのが安心（旧市街まで１台50万ドン）。

また、グラブの制服を着用し「Grab Taxi」のプレートを持って到着ロビーで客引きしている運転手がたくさんいるが、すべて偽者。アプリを使ってタクシーを呼び、運転手のスマートフォンに自分の名前が表示されているのを確認してから乗車すること。

●エアポートバス・ミニバス

到着ホールを出て目の前の車道を渡り、左手に進むと、ベトジェットエアのバス乗り場があり、空港と市内を結ぶエアポートバスが発着している。また、ターミナル１（国内線）からベトナム航空のミニバスが運行。市内までは所要約40分。市内の到着場所は、チャンニャントン通りのトンニャット（統一）公園正門近く（MAP P.348-1A）。料金はベトジェットエアが６万ドン、ベトナム航空が４万ドンで、乗車後に支払うシステム。ベトナム航空のミニバスの場合、6:30 ～ 19:30の間に約１時間間隔で運行しているが、ある程度人が集まらないと出発しない。特に離れたエリアでなければ指定したホテル前まで行ってくれる。しかし、旧市街の道幅の狭いエリアにあるホテルだと途中で降ろされることも多い。

ミニバスを利用する前に、乗車の際の注意点（→欄外）に目を通しておこう。

↘「Q. Ba Đình」のように「Q. ○○」と表示しています。ただしホアンキエム区に限り、通り名のみで区の表記は省略して表示しています。

空港からのタクシーについて

グラブなどの配車サービス（→P.415）の普及にともない、ハノイのメータータクシーの質が急激に悪化しており、近頃は地元の人や在住外国人でも避けるほど。空港から市内へは距離があり、白タクに乗ってしまっても降りるタイミングがないため、事前の送迎手配が望ましい。

出迎えの偽ガイド被害が多発！

ハノイの空港では、旅行会社のプラカードを持った偽ガイドによる強盗・詐欺被害が多発している。不審に感じたら、ガイドのスマートフォンを借りて旅行会社のオフィスに確認をしよう。

上／タクシー乗り場には各タクシー会社の料金表が掲示されている　下／到着ロビーには銀行が複数あり両替可能。数軒でレートや手数料を確認してから両替しよう

エアポートミニバス乗車の際の注意点

エアポートミニバスは、リーズナブルにホテルまで行けるのが利点だが、悪質なミニバスが多く、あまりおすすめしない。下記のようなトラブルが多発しているので、利用するなら危険性を十分に把握しておこう。

- 満席になるまで出発せず、１時間以上も車内で待たされることがある。
- ホテルを指定すると、５万ドン程度、ひどい場合は数十万ドンの追加料金を要求されることがある。事前に要確認。
- 指定したホテルとまったく違う場所で降ろされる。

安いがトラブルも多いエアポートミニバス

路線バスは赤と黄色の車体が目印

ツーリスト用の86番バスはオレンジ色の車体

86番の車内。スーツケースの持ち込みに追加料金を支払う必要はない。Wi-Fi無料

空港使用税

国内線の空港使用税は航空券購入時に支払うシステムになっており、空港では支払う必要はない。

国内線航空券の買い方、搭乗手続きについて

搭乗手続きについてはP.410の「国内の交通」を参照のこと。

路線バスの乗車拒否？

空港～市内間を運行する7番、90番、109番の路線バスは、空港職員の運送をおもな目的に運行されているため、時間帯によっては外国人が大きな荷物を持って乗り込もうとすると乗車を拒否されることもあるようだ。その点、86番は旅行者向けなので路線バスより運賃は高いが、英語も通じるため利用しやすい。

●路線バス

路線バスの7番、90番、109番、ツーリストバスの86番が空港と市内間を運行している。キムマー・エリアでの宿泊を予定しているなら7番か90番利用、旧市街での宿泊を予定しているなら、86番でロンビエン・バスターミナル（MAP P.343-1D）まで行くか、終点下車が便利。

7番バス：ターミナル2を出て、左手に進んだ所にあるバスターミナル～カウザイ・バスターミナル（MAP P.340-2B）間を運行。5:00～22:30の間に10～15分間隔。8000ドン、所要約50分。

90番バス：ターミナル2を出て、左手に進んだ所にあるバスターミナル～キムマー・バスターミナル（MAP P.342-2B）間を運行。6:40～22:30の間に20～30分間隔。9000ドン、所要約1時間5分。

109番：ターミナル2を出て、左手に進んだ所にあるバスターミナル～ミーディン・バスターミナル（MAP P.340-2A）間を運行。5:00～21:30の間に20～30分間隔。8000ドン、所要約1時間。

86番バス：ターミナル2を出て、目の前の歩道を渡り、左手に進んだ「86番」乗り場～ハノイ駅（→P.284）間を運行。7:00～22:00の間に約45分間隔。4万5000ドン、所要約1時間10分。市内の停車ポイントはロンビエン・バスターミナル、市劇場前、「メリア・ハノイ・ホテル」前など。

●旅行会社やホテルのシャトルバス＆送迎車

空港～市内間の送迎を含めたツアーに参加していれば、到着ホールを出たあたりで社名と名前入りのプラカードを持ったガイドが待機している。個人旅行の場合も、事前にホテルや旅行会社のウェブサイトから送迎の申し込みが可能。万が一、ガイドやホテルスタッフと会えなかった場合の連絡先を控えておくこと。

ACCESS

ハノイへの行き方

●飛行機（空港の詳細は→P.409）

国際線：成田国際空港、羽田空港、関西国際空港、中部国際空港、福岡空港、広島空港から直行便がある（→P.398)。近隣諸国はバンコク、プノンペン、クアラルンプール、シンガポール、香港、ソウルなどから直行便がある。

国内線：各地からベトナム航空（VN)、ベトジェットエア（VJ)、バンブー・エアウェイズ（QH）の便がある。

●ホーチミン市から（所要2時間10分～）
VN：毎日22～23便　VJ：毎日24～26便　QH：毎日9～11便

●フーコック島から（所要2時間～）
VN：毎日2～3便　VJ：毎日5便

●カントーから（所要2時間10分～）
VN：毎日3便　VJ：毎日2～3便

●クイニョンから（所要1時間35分～）
VN：毎日1～2便　VJ：毎日2便　QH：週4便

●バンメトートから（所要1時間45分～）VN：毎日1便　VJ：毎日3便

●ダラットから（所要1時間50分～）
VN：毎日2便　VJ：毎日4便　QH：毎日1便

●ニャチャンから（所要1時間50分～）
VN：毎日0～7便　VJ：毎日4～5便　QH：毎日1便

●ダナンから（所要1時間10分～）
VN：毎日7～15便　VJ：毎日0～7便

✉国際線→国内線ターミナル間の移動は、国際線のターミナル2から無料のシャトルバスサービスを利用するとよい。国内線ターミナルのベトナム航空カウンターは行き先で分かれて↗

●フエから（所要1時間15分～）
VN：毎日3便　VJ：毎日1便
●ドンホイから（所要約1時間5分）　VN：毎日1便
●ディエンビエンフーから（所要約1時間）　VN：毎日1便　VJ：週3便

●列　車

ホーチミン市（サイゴン駅）方面から毎日5便、ラオカイから2便、ハイフォンから4便運行している。所要時間は一番速い便で、ホーチミン市（サイゴン駅）からは約35時間40分、ダナンから約16時間4分（→P.411）、ラオカイからは約7時間35分、ハイフォンからは約2時間35分。ハノイにはハノイ駅（Ga Hà Nội）、ザーラム駅（Ga Gia Lâm）、ロンビエン駅（Ga Long Biên）の3つがあるので要注意。

●バ　ス

ハイフォン、バイチャイ（ハロン湾）、ディエンビエンフー、カオバン、ラオカイ、フエ、ダナン、ダラット、ニャチャン、ホーチミン市など、ほとんどの主要都市から毎日運行している。詳しくは各町のアクセスの項参照。

地方への旅の起点

ベトナムの北部に位置する首都ハノイは、世界遺産のハロン湾やニンビン、少数民族が住むサパなどの北部観光の起点となる。国内の移動手段には飛行機、列車、バスなどがある。旅行のスタイルに合わせて選ぼう。

●飛行機の旅の起点

ノイバイ国際空港　国内線ターミナル

ターミナル2から約850mの距離にある、ターミナル1が国内線。航空会社によって利用ロビーが分かれており、ベトナム航空はロビーB、ベトジェットエアはロビーAとE、バンブー・エアウェイズはロビーA、ヴィエットラベル航空はロビーE。

市内から空港への行き方

タクシー

数社のタクシー会社が定額料金で運行している（→欄外）。空港までは所要約35分。メーター制のタクシー会社もあるので事前に確認を。

配車サービス（→P.415）を利用するのもいい。旧市街からなら45万ドンくらい～。利用者の多い時間帯は割高になる。

エアポートミニバス

チャンニャントン通りのトンニャット（統一）公園正門近く（MAP P.348-1A）から約24人乗りのミニバスを使用したエアポートミニバスが運行している。空港までは所要40分。4:00～21:00の間に1時間間隔で運行、料金はひとり5万ドン。

路線バス

空港へは、路線バスの7番がカウザイ・バスターミナル（MAP P.340-2B）から、90番がキムマー・バスターミナル（MAP P.342-2B）から、109番がミーディン・バスターミナル（MAP P.340-2A）から、ツーリストバスの86番がハノイ駅（→P.284）から運行している。7番バスは5:00～21:30の間に10～15分間隔で運行し、所要約50分。90番バスは5:30～21:10の間に30分間隔で運行し、所要約60分。109番バスは5:00～21:00の間に20～30分間隔で運行し、所要約60分。86番バスは5:30～20:30の間に30分間隔で運行し、所要約1時間10分。運賃は、7番と109番は8000ドン、90番は9000ドン、86番は4万5000ドン。旧市街周辺からなら86番バスの利用が便

↘いるので注意が必要です。また、セキュリティチェックにかなり時間がかかる場合もあるので、時間に余裕をもってのトランジットをおすすめします。（埼玉県　ジョン・キッチン）['23]

ハノイ駅のエリアA。周辺にはカフェや食堂、ホテルがある

チャンクイカップ通りに面したハノイ駅のエリアB

市内から空港までのタクシー定額料金

市内から空港まではタクシー会社数社が定額料金で運行。G7タクシーなどのように一定距離まで定額で、それ以降は料金加算という会社もあるので事前に確認を。

G7タクシー
G7 Taxi
☎(024)32575757
初乗り30kmまで4人乗り26万ドン、7人乗り30万ドン。それ以降は1kmごとに4人乗り1万5000ドン、7人乗り1万6500ドン加算。

マイリン・タクシー
Mai Linh Taxi
☎(024)38333333
初乗り30kmまで4人乗り、7人乗りとともに25万ドン。それ以降はともに1kmごとに1万6500ドン加算。

タクシーグループ（→P.286欄外）のエアポートタクシー
☎(024)38515151(空港)、38535353(市内)
初乗り30kmまで4人乗り30万ドン、7人乗り33万ドン。それ以降は1kmごとに4人乗り1万5000ドン、7人乗り1万7200ドン加算。

利だ。路線バスはターミナル２の、１階到着ホールを出たあたりに到着する。ロンビエン・バスターミナル（MAP P.343-1D）発の17番バスはターミナル１（国内線）着。

ホテルのシャトルバス＆送迎車

ホテルの送迎サービスが最も安心で確実だ。料金はホテルによって異なる。

ハノイ発の直行便

各地へベトナム航空（VN）、ベトジェットエア（VJ）、バンブー・エアウェイズ（QH）の便がある。

●ホーチミン市行き（所要２時間10分～）
VN：毎日22～23便　VJ：毎日25～27便　QH：毎日９便

●フーコック島行き（所要２時間～）
VN：毎日２～３便　VJ：毎日５便

●カントー行き（所要２時間10分～）
VN：毎日３便　VJ：毎日２～３便

●クイニョン行き（所要１時間35分～）
VN：毎日２便　VJ：毎日１便　QH：毎日１便

●バンメトート行き（所要１時間45分～）
VN：毎日１便　VJ：毎日２便

●ダラット行き（所要１時間50分～）
VN：毎日２便　VJ：毎日４便　QH：毎日１便

●ニャチャン行き（所要１時間50分～）
VN：毎日３便　VJ：毎日４便　QH：毎日１便

●ダナン行き（所要１時間20分～）
VN：毎日６～11便　VJ：毎日３～８便

●フエ行き（所要１時間15分～）　VN：毎日３便　VJ：毎日３便

●ドンホイ行き（所要約１時間30分）　VN：毎日２便　QH：毎日１便

●ディエンビエンフー行き（所要約55分）　VN：毎日１便　VJ：週３便

●列車の旅の起点

ハノイ市内の鉄道駅は、ハノイ駅のほかにザーラム駅とロンビエン駅などがある。ハノイ駅からはホーチミン市（サイゴン駅）方面、ラオカイ方面、ハイフォン方面が主要路線。ザーラム駅からは中国の北京への国際列車も運行されている（2024年３月現在、運休中）。

ハノイ駅（Ga Hà Nội） MAP P.343-3C

ハノイ駅はレズアン通りのエリアAと、裏側のチャンクイカップ（Trần Quý Cáp）通りに面したエリアBがあり、便によってどちらの改札を利用するかが異なる。エリアAとB間は徒歩約15分。

ザーラム駅（Ga Gia Lâm） MAP P.341-1D参照

北部地方行きが発着。ザーラム駅は市の東、ホン河のチュオンズオン橋を渡って、さらに約2km行った所にある。ハノイ駅からタクシーで約30分。

ロンビエン駅（Ga Long Biên） MAP P.344-1B

ハイフォン、ラオカイなど東・北部地方行きが発着。ロンビエン駅は旧市街の北側にある。ハノイ駅からタクシーで約15分。

ハノイ発の便

●ホーチミン市（サイゴン駅）行き　毎日５便、所要35時間15分～。途中フエ、ダナン、ニャチャンなどで停車する（→P.411）。

●ラオカイ行き　毎日１～２便、所要７時間40分～。

●ハイフォン行き　毎日４便、所要２時間25分～。

✉タンロン遺跡からタンロン水上人形劇場までタクシーを利用した際、２万～３万ドンのはずがメーターはどんどん上がり、運転手と口論に。運転手は20万ドンと言い張りますが、「警↗

国内線チェックインカウンター。遅くとも出発の１時間30分前には到着したい

列車のチケットの買い方、利用方法、注意点について

詳しい列車のチケットの買い方、利用方法、注意点についてはP.410～411を参照のこと。

また、下記のベトナム鉄道のウェブサイトで鉄道の時刻表や料金の確認、購入ができる。
URL dsvn.vn

ハノイ駅のチケット売り場。行き先別に窓口が分かれている

ハノイ駅
MAP P.343-3C
住 120 Lê Duẩn（エリアA）＆1 Trần Quý Cáp（エリアB）
☎1900-0109（ホットライン）
チケット売り場
営 5:00～22:00（エリアA）／7:00～18:00（エリアB）　休 無休

ザーラム駅、ロンビエン駅のチケット窓口は、7:00～18:00まで開く。

ハノイ駅の荷物預かり所
開 24時間
料 ４時間まで５万ドン、４～８時間10万ドン、24時間を超える場合は30万ドン

ロッカー式の荷物預かり所で、スーツケースも収納可能。

●バスの旅の起点

鉄道網が発達していないベトナムでは、バスは非常に有効な交通手段だ。大きな町はもちろん、地方の小さな町へもバスは走っている。おもなバスターミナルは市内に３ヵ所あり、行き先方面によって分かれている。

ミーディン・バスターミナル（Bến Xe Mỹ Đình） MAP P.340-2A

市の西、トゥーレ公園からさらに約2km行ったミーディン地区にある。おもに北・西部方面への中距離バスが発着している。ハノイ駅からタクシーで約40分。

●ディエンビエンフー行き　寝台バスが16:00、16:30、17:45、19:00、20:00の５便。45万ドン～、所要約10時間。

●ラオカイ行き　5:30～23:00の間に寝台バスが１時間間隔。25万ドン、所要約４時間30分。

●カオバン行き　6:00～21:00の間に１～２時間間隔。20万ドン、所要６～７時間。

●ランソン行き　5:00～18:00の間に20分間隔。15万ドン、所要約５時間。

●サパ行き　6:00～23:55の間に寝台バスが１時間間隔。31万ドン、所要５時間～６時間30分。

●バイチャイ（ハロン湾）行き　10:00～19:30の間に30分間隔。高速道路を利用する便はなく、一般道利用で25万ドン、所要約４時間30分。

●ハザン行き　5:45 ～ 17:45の間に寝台バスが30分～ １時間30分間隔。25万ドン、所要約７時間。

ザップバット・バスターミナル（Bến Xe Giáp Bát） MAP P.341-3D参照

ハノイ駅から南へ約5kmの所にある。おもに中・南部方面への長距離バスが発着している。フィアナム（Phía Nam）・バスターミナルとも呼ばれている。ハノイ駅からタクシーで約20分、７万ドン～。

●ホーチミン市行き　12:30～19:00の間に５便。92万ドン、所要34～36時間。

●ダナン行き　13:00～21:30の間に寝台バスが７便。35万ドン～、所要約13時間。

●ニンビン行き　6:00～18:00の間に30分間隔。７万～９万ドン、所要約２時間30分。

●ハイフォン（トゥオンリー・バスターミナル）行き　5:15～19:50の間に１時間間隔。15万ドン、所要約１時間40分。

●ランソン行き　6:00～16:30の間に30分間隔。10万ドン、所要４～５時間。

ザーラム・バスターミナル（Bến Xe Gia Lâm） MAP P.341-1D参照

市の東、ホン河のチュオンズオン橋を渡ってさらに約2km行った所にある。おもに北・東部方面への中距離バスが発着している。ハノイ駅からタクシーで約30分。

●ハイフォン（ヴィンニエム・バスターミナル）行き　5:30～20:30の間に１時間間隔。15万ドン、所要約１時間10分。

●バイチャイ（ハロン湾）行き　3:00～19:00の間に１時間間隔。25万ドン、所要約４時間。

●ラオカイ行き　6:30～23:10の間に10便。28万ドン、所要約５時間。

寝台バス

ホーチミン市、ダナン、サパなどへ、数社の会社が寝台バスを運行。事前にオンラインで予約しておくと安心。

↘察呼ぶよ！」と言って１万ドンを支払って降りました。初日なら相場がわからないので払っていたかもしれません。気をつけてください。（徳島県　みっぴー）［'23］

ラオカイ行き列車の改札は列車やチケットによって変わる

ラオカイ行きの寝台列車には、１両をそのままホテルや旅行会社が使用し、独自の名称で販売している車両もある。ラオカイ行きの一般的な座席や寝台の場合はハノイ駅エリアBの改札利用だが、こういった車両の寝台はバウチャー（チケットの引換券）だけを渡され、当日の出発前に駅の指定された場所でチケットへの引き換え、となる場合が多い。その場合は「○○時に、ハノイ駅を入った右側の○○待合室に集合してください」となり、ハノイ駅の集合となることも多く、その場合はハノイ駅の改札利用となる。チケット引き換えの場合は、正確に指定場所と時間を確認しておこう。

ハノイ発北京行きの国際列車

ザーラム駅から北京行きが、ドンダン、中国の憑祥、南寧、桂林などを経由して、火・金曜の週２便、所要約40時間で運行している。
※2024年３月現在、運休中。

バスのチケットの買い方、利用方法、注意点について

詳しいバスのチケットの買い方、利用方法、注意点についてはP.412～413を参照のこと。

規模の大きいミーディン・バスターミナル

カラフルな車体のバスが並ぶ（ミーディン・バスターミナル）

市内交通

ハノイ市内は広く、観光には乗り物の利用が欠かせない。市内の移動や観光手段にはタクシー、バイクタクシー、シクロ、路線バス、レンタサイクル・バイクなどがあり、旅行者が利用しやすいのはタクシーだ。

●タクシー　→P.414

数社が営業しており、軽自動車、セダン、ワゴンなど使用されている車の種類もさまざま。各社メーター制で、「ミニタクシー」と呼ばれる軽自動車タイプが最も安い。ガソリン価格により常に変動するが、目安として軽自動車のG７タクシーで初乗り0.5kmまで１万2000ドン、その後20kmまでは1kmごとに１万4500ドン加算。流しのタクシーをひろうほか、各タクシー会社に電話したり、配車サービスのアプリ（→欄外）を利用してホテルなどへ呼ぶこともできる。ハノイ市内には一方通行や、通りによってはタクシー乗り入れ禁止の時間帯もあるので、タクシー利用時にはおおまかに目的地までの地図を確認しておこう。

タクシーグループのタクシー

●バイクタクシー　→P.416

あらゆる場所で客待ちしており気軽に利用できるが、事故や料金トラブルもあるため、利用するなら配車サービスアプリ利用がおすすめ（→P.416）。流しのバイクタクシーは、タクシー利用とそれほど料金が変わらず、料金は事前交渉制で、外国人旅行者なら1kmで５万ドンくらいが目安。運転手は予備のヘルメットを持っているので、バイクタクシー乗車時は必ず着用すること。

配車サービスのグラブのバイクタクシーの運転手は、緑の制服を着用している

●シクロ　→P.418

ハノイでは移動手段としてではなく、時間とルートを決めて旧市街を巡る観光目的で利用されることがほとんど。MAP P.347-2Dに観光用シクロが集まる所があり、そこから旧市街周辺を巡るコースが人気。

シクロに乗るなら旅行会社を通すのがベター

案内はすべてベトナム語のため、外国人には難易度の高い交通手段だ

●路線バス　→P.416

市内・郊外を50以上の路線でバスが走っている。路線によって大型バス、ミニバスの違いはあるが、たいていはエアコン付きで、運賃は市内なら7000、9000ドンと路線によって異なる。運行時間は路線によって若干異なるが、だいたい5:00〜21:00頃までで、ほぼ15〜30分間隔で運行されている。ただし、路線や路線番号の変更が頻繁に行われているので要注意。

市内交通の乗り物について

市内交通のタクシー、バイクタクシー、シクロ、路線バス、レンタサイクル・バイク、都市鉄道の詳しい利用方法はP.414〜418を参照のこと。

市内交通のトラブル

タクシー、バイクタクシーでのトラブルはP.429の「旅のトラブル対策」を参照のこと。

トラブルが少ないタクシー会社

市内を走るタクシーで比較的トラブルが少ないのは、G７タクシー、タクシーグループなど。G７、タクシーグループともに配車アプリあり。

G７タクシー
G7 Taxi
☎(024) 32575757

タクシーグループ
Taxi Group
☎(024) 38535353（代表）

タクシー、バイクタクシーの配車サービスアプリ

グラブやゴジェックなどのアプリを使えば、簡単にタクシー、バイクタクシーを呼ぶことができる。事前に料金もわかるので便利（→P.395）。

シクロ乗り入れ禁止道路もある

ホアンキエム湖周辺のレタイトー通り、ディンティエンホアン通り、チャンティ通り、レズアン通りなどはシクロの乗り入れ禁止となっている。

シクロ料金は？

各自の交渉能力やルートにもよるが、ひとり乗りで旧市街を約１時間巡ってもらって20万ドン〜。ちなみに移動手段としての目安は1km、５万ドン〜。

路線バスのルート検索

下記のウェブサイトで市内のバス運賃や走行ルートが確認できる（アプリとしてスマートフォンにダウンロードも可能）。
URL busmap.vn
「Tìm Buýt」というバスアプリもある。

✉旅行代理店でシクロに交渉してもらった。料金は前払いで旅行代理店に支払い、１時間の市内観光後に旅行代理店からシクロ運転手へお金を支払う、という形で無事にシクロを楽し↗

●レンタサイクル・バイク →P.418

旧市街のミニホテルやゲストハウスで貸し出しているところもある。しかし、ハノイ市内は交通量が多く、運転マナーも悪いため、慣れない外国人には非常に危険だ。実際にバイクの運転で事故を起こす外国人は多い。またバイクの運転は、運転技術や交通ルール以外にもベトナム人特有の呼吸やタイミングも重要な要素となっている。これが理解できないともらい事故にもつながる。自転車は1日8万ドン～、バイクは1日15万ドン～（ガソリン代は別）。ベトナムでは50ccを超えるバイクの運転には免許証が必要だが、日本の国際免許証は通用しない。

旅行者の運転はおすすめできない

●電気カー

旧市街周辺

ホアンキエム湖や旧市街のおもな見どころ、外国人旅行者に人気の通りを観光電気カーが運行している。出発地点はタンロン水上人形劇場前（MAP P.345-3C）とドンスアン市場前（MAP P.344-1B）の2ヵ所。2ルートあり、ルート1は旧市街の喧騒をダイレクトに感じられるホアンキエム湖北側の旧市街を走り、ルート2はホアンキエム湖の西側から南側の比較的大きな通りを走る。運行ルートはP.344-345、P.346-347の地図を参照。

7人まで乗車可能。グループで1台貸し切るシステム

ドンスアン・コマーシャル・ジョイント・ストック・カンパニー（旧市街周辺電気カー）
Dongxuan Commercial Joint Stock Company
☎098-7134156（携帯）、093-6624566（携帯）
運行時間 8:00～21:00（金～日曜～17:00）
休 無休
料 2ルートともにスピード運転で所要約30分、1台24万5000ドン。スロー運転で所要約60分、36万ドン。7人まで乗車可能

●都市鉄道（ハノイ・メトロ） →P.13、417

2010年に着工したハノイの要所を結ぶ都市鉄道が、2021年運行開始。2024年2月現在開通しているのは、ドンダー区カットリン駅（MAP P.342-2B）～ハドン区イエンギア駅（MAP P.340-3B参照）間の約13kmを高架で結ぶ2A号線で、全12駅。始発駅から終着駅までを約24分で走行。料金は距離により1万3000～1万5000ドン。

カウザイ区にあるチュアハー（Chùa Hà）駅

Column 旧市街ハノイ36通り（→P.288）

ベトナム文学作品のなかには、ハノイを描いた物、あるいは題名にハノイの名をつけた物が数多くある。これらの作品に現れるハノイは、単にベトナムの首都というだけではなく、それぞれに作者たちの思い入れが込められている。ハノイをこよなく愛した作家のひとりに、タック・ラム(1910～1942)がいる。生前に出版された彼の最後の作品『ハノイ36通り』は、ハノイ旧市街区の風物、人、食べ物について繊細な筆致で描写した、ハノイ賛歌である。

ところで現在、ハノイには、大はブルバードと呼べるような大通りから、小は十数mしかない小道にいたるまで、無数の通りがある。タック・ラムの『ハノイ36通り』とは、このうちハノイ中心部のホアンキエム湖北側の通りのことである。この一帯は、往時の首都、タンロン(昇龍)のあった所である。ハノイは長い歴史の間に町域を拡大してきた。拡大された新町域の通りには、ディエンビエンフーやグエンチャイなど、歴史上の事件や民族英雄の名がついている。これに対し、昇龍の市域にある「ハノイ36通り」には、当時この地に興った小商工業の名をつけたものが多い。例えば、ホアンキエム湖から北へ4番目の東西に走る筋にハンバック通りがある。「ハンバック」の「ハン」は商品、「バック」は銀の意味である。つまりハンバック通りとは銀通りである。昔、この通りには銀鍛冶、装身具製造、換金業など銀に関係した人たちがいたのでこの名がある。またこの通りは、古き昇龍のなかでも、比較的早くから商業が栄えた区域だったようだ。

一つひとつ例を挙げれば枚挙にいとまがないが、このほか各通りはそれぞれ歴史的由来をもっている。

（加藤　栄）

↘めた。1台にふたり乗って、チップ込みで15US$だった。ガイドの話ではシクロは悪評が高く、旅行者は徐々に電気自動車へ移っているとの話だった。（宮城県　ベガっち）['23]

郷愁と混沌の小路に迷い込む

北部観光ハイライト

Phố Cổ (フォー・コー) ハノイ旧市街さんぽ

濃厚な生活の匂いが染み込んだ旧市街。気の向くまま散策してみた

ホアンキエム湖の北側に広がる旧市街（Phố Cổフォー・コー）は、昔ながらの商業区として風情と趣をたたえたエリアだ。「ハノイ36通り」（→P.287コラム）と称されるこの一画は、ハノイに都がおかれていた時代（11～19世紀）から商業の町として栄え、その機能と形態を今に引き継いでいる。通りごとに同種の職人工房や店が集まり、角を曲がるたびにめくるめく光景に出くわす。長い時の流れに培われた文化、生活の匂いが、一瞬にして別世界へと導いてくれる。

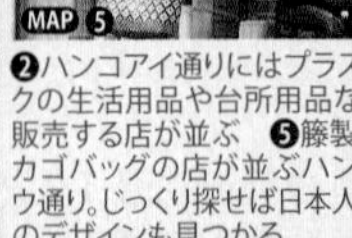

❷ハンコアイ通りにはプラスクの生活用品や台所用品な販売する店が並ぶ　❺籐製カゴバッグの店が並ぶハンウ通り。じっくり探せば日本人のデザインも見つかる

金魚形の木型を発見

⓲冥器や祭祀用の紙製品などを扱う店が並び、中国色が濃厚なハンマー通り

MAP 10

MAP 20

❿ハンドゥオン通りにはムッ（Mứtライフルーツ）の店が並ぶ　⓫ハンン通り48番の家は、ホー・チ・ミン独立宣言を起草した場として記念館なっている（MAP P.344-2B）㉑漢方屋がズラリと並ぶランオン通り　ンヴァイ通りには竹と一緒に、竹パプたばこを店先に並べる店が

MAP 22

㉒刺繍パーツやチャイナボタンなどさまざまな手芸用品が買えるハンボー通り

⓱キッチングッズの掘り出し物が多いハンティエック通り

MAP 17

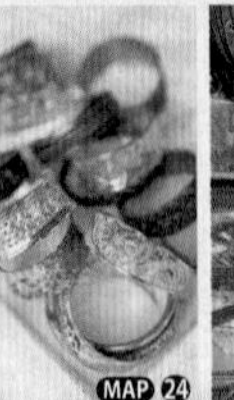

㉔ハンバック通りは、"バック＝銀"を意味するとおり、銀屋が並ぶ

㉝ベトナム製の珍しい楽器が見られハンノン通り。使い方を聞いて試しみよう

昔ながらの木鼓

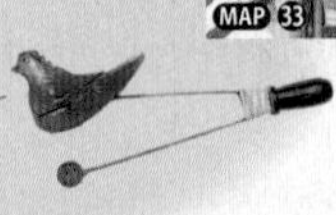

㉖ハンバック通り東側には墓石店が数軒ある　㉕クリーム色の壁とグリーンの木窓の建物が並ぶタヒエン通りは、夕方から路上にテーブルと椅子が並び、飲み屋街に変身　㉛はんこ屋が多いハンクアット通り。月餅用の木型を製作する店もある　㉞店先に造花があふれるハンチャイ通り。ハノイの人々は本当に花が好きだ

旧市街職人街

❶ **野菜、果物、乾物などの路上市場**
グエンティエントゥアット通り(Nguyen Thien Thuat St.)、カオタン通り(Cao Thang St.)

❷ **生活雑貨の路上市場**
ハンコアイ通り(Hang Khoai St.)

❸ **肉、海鮮の路上市場**
タインハー通り(Thanh Ha St.)

❹ **寝具、衣料品**
ドンスアン通り(Dong Xuan St.)

❺ **ゴザ、籐の編み籠**
ハンチエウ通り(Hang Chieu St.)

❻ **みやげ物**
マーマイ通り(Ma May St.)

❼ **小麦粉、ジュース問屋**
ダオズイトゥ通り(Dao Duy Tu St.)

❽ **たばこ問屋**
グエンシエウ通り(Nguyen Sieu St.)

❾ **お菓子問屋**
ハンザイ通り(Hang Giay St.)

❿ **ドライフルーツ**
ハンドゥオン通り(Hang Duong St.)

⓫ **衣料品**
ハンドゥオン通り(Hang Duong St.)、ハンガン通り(Hang Ngang St.)

⓬ **時計**
ハンダオ通り(Hang Dao St.)

⓭ **玩具**
チャーカー通り(Cha Ca St.)

⓮ **衣料品、文具**
チャーカー通り(Cha Ca St.)、ハンカン通り(Hang Can St.)

⓯ **玩具、アオザイ、バイン・バオ(肉まん)**
ルオンヴァンカン通り(Luong Van Can St.)

⓰ **金物**
トゥオックバック通り(Thuoc Bac St.)

⓱ **ブリキ製品、台所用品**
ハンティエック通り(Hang Thiec St.)

⓲ **祭祀用の紙製品**
ハンマー通り(Hang Ma St.)

⓳ **金物、メッキ**
ハンドン通り(Hang Dong St.)

⓴ **竹製品**
ハンヴァイ通り(Hang Vai St.)

㉑ **漢方薬**
ランオン通り(Lan Ong St.)

㉒ **裁縫道具**
ハンボー通り(Hang Bo St.)

㉓ **お茶、寝具**
ハンディエウ通り(Hang Dieu St.)

㉔ **銀製品、みやげ物**
ハンバック通り(Hang Bac St.)

㉕ **飲み屋街**
タヒエン通り(Ta Hien St.)

㉖ **墓石**
ハンバック通り(Hang Bac St.)

㉗ **みやげ物**
ハンベー通り(Hang Be St.)

㉘ **野菜、果物、肉、乾物などの路上市場**
カウゴー市場通り(Cho Cau Go)

㉙ **靴、サンダル**
ハンザウ通り(Hang Dau St.)、カウゴー通り(Cau Go St.)

㉚ **フォー屋、食堂**
ロースー通り(Lo Su St.)、グエンヒューフアン通り(Nguyen Huu Huan St.)

㉛ **儀式・祭礼用品、はんこ**
ハンクアット通り(Hang Quat St.)

㉜ **シン・トー(フルーツジュース)、ハッ・ゼー(甘栗)、ホア・クア・ザム(フルーツチェー)**
トーティック通り(To Tich St.)

㉝ **楽器**
ハンノン通り(Hang Non St.)

㉞ **造花**
ハンチャイ通り(Hang Chai St.)

旧市街の町並みの保存と変遷

旧市街のタヒエン通り（→P.305）の民家の壁がクリーム色、木窓はグリーンに統一されているのはハノイの姉妹都市、フランスのトゥールズ市との「旧市街の保存・整備活動」の成果。また、電線の地中化工事も進んでおり、町のアイコンでもあった複雑にからみ合う電線は、中心部では見られなくなってきた。

飲食店が並ぶタヒエン通り

旧市街の北端に建つ給水塔

ハンダウ給水塔
Tháp Nước Hàng Đậu
Hang Dau Water Tower
MAP P.344-1A
住 Hàng Đậu

赤痢の蔓延を受けてインドシナ政府が1894年に建造。当時は旧市街をはじめ、インドシナ政府の官舎などへ水を供給していた。

高さ約25mで、およそ1250㎥を貯水できる

ホアンキエム湖周辺の歩行者天国エリア

MAP P.347-1C、2C

毎週金曜の19:00～日曜24:00の間、ホアンキエム湖の外周道路と、その付近の通り（以下）が歩行者天国になる。

ディンティエンホアン通り、レライ通り、レタック通り、ディンレー通り、グエンシー通り、チャンティエン通り、ハンカイ通り、レタイトー通り、ロースー通り、ハンザウ通り、ドンキンギアトゥック広場、チャングエンハン通り、ルオンヴァンカン通り。

布市場

ホム市場
Chợ Hôm　Hom Market
MAP P.349-1C

次々とショッピングセンターに建て替えられるハノイの市場にあって、いまだ古きよき市場の雰囲気を残す。１階は生鮮食品と衣料品、２階は生地売り場が並ぶ。生地の品揃えがいいことで知られている。

歩き方　Orientation

歴史を感じさせるコロニアル様式の家並みがあちらこちらに見られる

ハノイは中心部から東西南北それぞれ６～７kmの広がりをもつ大きな町だ。市内はエリアによってそれぞれに個性があり、違いがはっきりしている。ここではそれぞれのエリア別に紹介する。旅行の形態や目的に合わせて訪れる地域を考えよう。

歩いて楽しい旧市街　MAP P.344～345

ホアンキエム湖の北側一帯は、「ハノイ36通り」（→P.287、288）と呼ばれる地域だ。11世紀、リー（李）朝の都、タンロンがおかれて以来、産業の中心として栄えた場所である。このあたり一帯は保存地域にも指定されており、許可なく取り壊しや建て替えができない。そのためお菓子屋通り、衣料品通り、金物屋通りなど、個性豊かな路地が入り組み、古い家並みが残っている。時間を忘れて、気の向くまま歩いてみたい。ホテルや旅行会社なども多く、ハノイで最も外国人旅行者が集まるエリアともなっている。

路上にまでテーブルと椅子を並べて営業する麺屋やカフェは、旧市街でよく見かける光景

旅行者に便利なホアンキエム湖周辺　MAP P.346～347

旅行者にとって便利な繁華街はホアンキエム湖を中心に広がっている。湖周辺は遊歩道になっており、週末の歩行者天国（→欄外）は１日中多くの人々でにぎわう。湖の南側一帯はホテルやレストラン、旅行会社、航空会社などが集まり、フランス統治時代の面影を残す建物も目にする。そして、旅行者にとってのメインストリートともいえるのがチャンティエン通りである。湖の南端から市劇場まで延びる通りの両側にはギャラリー、本屋、ブティック、カフェなどが並んでいる。

緑豊かなホアンキエム湖畔の遊歩道。朝や夕方の涼しい時間の散歩がおすすめ

ホアンキエム湖南部、ホム市場周辺　MAP P.348～349

町の南部、ホム市場の周辺には、人々の生活臭がいっぱいの細い通りが走っている。ローカル食堂やカフェなど飲食店が集まっていることで知られており、名店も多い。チエウヴィエットヴオン通り周辺には日本料理店が多く、どの店も連日在住日本人やベトナム人でにぎわっている。

ホム市場は別名「布市場」とも呼ばれる

✉ハノイ市内は車道を横切る際も信号機が少ないため左右の確認は絶対に必要だ。またベトナム人から「道路を渡る場合はゆっくり歩いて横切るとよい」とアドバイスされた。↗

見どころが多いホーチミン廟周辺

MAP P.343-2C

旧市街の西側は博物館や廟、寺が多い観光エリアだ。鉄道の線路を越えたあたりから西へ延びるグエンタイホック通りに入ると人々の生活臭は薄くなり、大使館や政府の建物が増え、官庁街の様相を見せ始める。ホアンジエウ通りの東側はタンロン遺跡(旧ハノイ城跡)(→P.294)で、ベトナム王朝時代の城壁や城門が歴史を感じさせてくれる。さらにディエンビエンフー通りを北へ行くと、バーディン広場に出る。ホーチミン廟が建つ広場周辺は観光物件が集中しており、外国人旅行者が一度は訪れるエリアだ。広場の北側は緑豊かなバックタオ公園、さらにタイ湖と自然豊かなエリアへと移ってゆく。

威風堂々とした姿で建つホーチミン廟

欧米人が多く住むタイ湖北側

MAP 下図

タイ湖の北側、スアンジエウ通り周辺は静かな環境と景観のよさから欧米人が好んで住むエリアで、在住者が集う隠れ家的なバーやカフェ、スパが点在している。さらに近年は、町なかの家賃高騰で、この周辺にオープンするレストランも増えている。高級ホテルはあるものの見どころが点在するわけではなく、決してツーリスティックなエリアではないが、食に関しては注目すべき店が多い。ちなみにレストランの項(→P.316)で紹介している以外では、ステーキの「エル・ガウチョ El Gaucho」、カフェの「メゾン・ドゥ・テト・デコール Maison de Tet Decor」などが人気。

タイ湖の北岸からは、対岸のキムマー・エリアの高層ビル群が一望のもと

郊外のメガモールに注目

ヴィンコム・メガモール・タイムズ・シティ
Vincom Mega Mall Times City

MAP P.341-3D参照
住 458 Minh Khai, Q. Hai Bà Trưng ☎097-4876218(携帯)

ベトナム最大の水族館もあり、水中トンネル状の歩道を歩く海のトンネルが人気だ。また「ヴィンメック・インターナショナル・ホスピタル」(→P.311)もある。

ヴィンコム・メガモール・ロイヤル・シティ
Vincom Mega Mall Royal City

MAP P.341-3C
住 72A Nguyễn Trãi, Q. Thanh Xuân ☎097-9901101(携帯)

ベトナム最大のショッピングモール、レストラン街、映画館、東南アジア最大のアイススケートリンク、ベトナム最大の屋内プールまであり、その広さは東南アジア最大級。

ギネスブックに登録された、世界最大の陶器モザイク壁画

MAP P.343-1D

ハノイの陶器モザイク壁画が世界最大としてギネスブックに登録されている。2010年のタンロン・ハノイ建都1000年を記念して国内外のアーティストによって制作されたもので、約7kmの長さを誇る。場所は、ハノイ市街北東のアウコー(Âu Cơ)通りから、南へイエンフ(Yên Phụ)通り、チャンクアンカイ(Trần Quang Khải)通りへと続き、ロンビエン橋までの道沿いの壁画。

壁画には、バッチャン村(→P.308)の陶器が使用されている

町なかのトイレ情報

公衆トイレが市内各所、市場内などに設置されている。使用料は5000ドン〜。係員がいて、一応、掃除もされている。

↘ゆっくり歩けばバイクが避けていってくれるそうだ。確かにベトナム人を見ていると、道路はゆっくり歩いて横切っていた。(福岡県　輪菜)['23]

上／日本語の看板が並ぶリンラン通り　下／ローカルな雰囲気のリンラン市場

薬局
ハプハルコ　Hapharco
MAP P.347-2C
住2 Hàng Bài
☎(024)38255998
営7:00～20:00　休無休
カード不可
　使用期限切れの薬も売られているハノイでも、在住外国人に信頼されている薬局。市内各所に店舗がある。

日本料理店が並ぶキムマー通り、リンラン通り周辺

MAP P.342-2A

　市の西側、キムマー通り周辺は、在住外国人用のアパートメントが多く、また日本国大使館もあることから日本人が多く住むエリアだ。そのため日本料理店が多く、特にキムマー通りとグエンチータイン通りが交差する西側と、トゥーレ公園の北側のリンラン通りに集中している。ラーメン、定食、居酒屋、焼肉、海鮮とチョイスも多く、店舗は今も増え続けている。食べ疲れたり、日本食が恋しくなったりしたらこのあたりへ。

最新ショッピングスポット、ハノイ大教会周辺　MAP左図

　ホーチミン市に追いつけ追い越せで、ハノイにも洗練されたレストランやベトナム雑貨のショップが増えている。ハノイはホーチミン市と違い古い建築が残り、それらを改築した趣のある建物がショッピングをより楽しいものにしてくれる。そんななか、注目されているのがハノイ大教会（→P.300）周辺だ。教会前のニャートー通り、リークオックスー通り、ニャーチュン通り、ハンチョン通り、ハンガイ通りは、この十数年で、みやげ物店が並ぶオシャレなエリアに変身した。レストランやカフェはもちろん、オリジナルの商品を扱うハイセンスなみやげ物店が増え、その独自のセンスが外国人旅行者の心をくすぐっている。もちろんベトナムチックなキッチュな小物みやげの店も増え続けている。買い物に興味がある人もない人も、このエリアを歩いてみれば、おもしろいハノイの一面が垣間見られるだろう。

ハノイ大教会の外壁は、2021年にかつての色に似せて塗り替えられた

「ヒエンヴァン・セラミックス」（→P.327）が入る趣あるコロニアル調の建物

✉パンデミック規制がまだあるからかもしれませんが、ホーチミン廟周辺の史跡や博物館への入り方がしょっちゅう変わってるみたいです。滞在中、一柱寺に3回行ったのです↗

見どころ Sightseeing

★★★ ベトナム建国の父、ホー・チ・ミンが眠る MAP P.343-2C

ホーチミン廟

Lăng Chủ Tịch Hồ Chí Minh Ho Chi Minh Mausoleum

毎朝執り行われる国旗掲揚儀式。広場は厳粛な雰囲気に包まれる

このホーチミン廟ができたのは1975年9月2日の建国記念日。総大理石造りの廟は、ハスの花をかたどっていて、内部にはベトナムの民族的英雄、ホー・チ・ミンの遺体がガラスケースに入れられて安置されている。毎日ベトナム全土から人々が参拝に訪れ、ホー・チ・ミンが亡くなった9月2日（1969年）の命日には、特にたくさんの人々が訪れる。ホーチミン廟の前にあるバーディン広場（Quảng Trường Ba Đình）は、1945年9月2日にホー・チ・ミンがベトナム民主共和国の独立宣言を読み上げた場所として有名で、廟の左右には大きく「Nước Cộng Hòa Xã Hội Chủ Nghĩa Việt Nam Muôn Năm！：ベトナム社会主義国万歳！」「Chủ Tịch Hồ Chí Minh Vĩ Đại Sống Mãi Trong Sự Nghiệp Của Chúng Ta！：偉大なるホー・チ・ミン主席は、永遠に我々の中で生きている！」の文字が掲げられている。

ホーチミン廟は、夜は22:00くらいまで美しくライトアップされ、バーディン広場には夕涼みや見学に人々が集まってくる。ちなみに広場の国旗掲揚塔では、毎日6:00（冬季は6:30）からは国旗掲揚儀式、毎晩21:00からは国旗降納儀式が、純白の制服を着た衛兵たちによっておごそかに行われている。一般見学も可能だ。

★★★ 素朴で庶民的だった人柄がしのばれる MAP P.343-2C

ホーチミンの家（ホーおじさんの家）

Nhà Sàn Bác Hồ Chí Minh Ho Chi Minh's Stilt House

ホー・チ・ミンの家の敷地へ入り、まず右側に見えるクリーム色の洋館は、ホー・チ・ミンが1954年から亡くなる1969年まで執務を行った大統領府。残念ながら見学はできない。さらに道なりに進むと左側に平屋の建物が見えてくる。左側に展示されているのは実際にホー・チ・ミンが使用していた車で、右側は1954年から1958年までホー・チ・ミンが書斎として使った部屋。壁にマルクスやレーニンの肖像画が飾られているのが印象的だ。池を左手に見ながら進むと1969年まで住んでいた家が見えてくる。室内へ入ることはできないが、周りの廊下から書斎や寝室内の小さな木の机、簡素なベッド、愛読書や時計などが、生前のたたずまいのまま見学できる。

池のほとりに1958年に建てられた高床式の住居

↘が、3回とも入口が違って、ウロウロ探し回る羽目になりました。係の人さえ把握していませんでした。（大阪府　ちゃこ　'23）

ホーチミン廟

住 17 Ngọc Hà, Q. Ba Đình（入口は住19 Ngọc Hà）
☎(024)38455128
開 4～10月：8:00～10:30（土・日曜、祝日～11:00）、11～3月：8:00～11:00（土・日曜、祝日～11:30）
休 月・金曜、メンテナンスのため、毎年6月15日～8月15日は休館。元日、旧正月の元日、国慶節、ホー・チ・ミンの誕生日である5月19日は月・金曜でも開館
料 無料

入口はホーチミン廟の西側、ゴックハー通り沿いにある。X線手荷物検査ののち、バッグやカメラなどは入口横のラゲージルームに預けて番号札をもらい、見学後にこの場所へ戻り番号札と引き換えに受け取る。ツアーなどでガイドがあらかじめ訪問予定申請し許可書を取得していれば、優先的に廟の南側の入口から入場できる。見学は1日に1回のみで、一列に並んで入場する。1～2時間待ちになることもあるため、開館時間からの訪問が望ましい。

半ズボンやノースリーブ、ひざ上丈のスカート、サングラスは禁止。廟内では私語や中で立ち止まったり、写真撮影も厳禁。

廟の見学にあたっては、廟見学後にその流れのまま「ホーチミンの家」も半強制的に見学することになるが、見学を放棄してそのまま流れから外れることも可能。また撮影不可は廟内のみで、その後の撮影に制限はない。

ホーチミンの家（ホーおじさんの家）

住 1 Hoàng Hoa Thám, Q. Ba Đình（入口は住19 Ngọc Hà。13:30以降はバーディン広場の北と南の入口からも入れる）
☎0804-4287（ホットライン）
開 4/1～10/31：7:30～11:00、13:30～16:00、11/1～3/31：8:00～11:00、13:30～16:00
休 月曜の午後　料 4万ドン

敷地への入場の際はX線手荷物検査があり、ライターは持ち込み不可。

書斎は当時のまま保存

バックタオ公園（ボタニカル・ガーデン）

Công Viên Bách Thảo
Botanical Gardens
MAP P.342-2B
開 7:00～22:00　休 無休
料 3000ドン

「ホーチミンの家」の北西側一帯に広がる大きな公園。園内にはさまざまな植物が植えられ緑豊かな美しい公園だ。

ハスの花をかたどった大規模な博物館 MAP P.342-2B

ホーチミン博物館

Bảo Tàng Hồ Chí Minh　Ho Chi Minh Museum

ホーチミン廟のそばにある白い立派な建物で、1990年5月19日、ホー・チ・ミンの生誕100周年を記念して建てられた博物館。旧ソ連などの援助でレーニン博物館の専門家が設計や内装を担当し、斬新でアーティスティックな造りと内装だ。ホー・チ・ミンの生家の模型、愛用品、書簡などの展示のほか、革命への歩みもわかりやすく展示されている。

5000ドン硬貨にも描かれる名所 MAP P.343-2C

一柱寺

Chùa Một Cột　One Pillar Pagoda

リー(李)朝のリー・タイ・トン(太宗)が1049年に建立したジエンフー寺(Diên Hựu Tự：延祐寺)内の楼閣で、1本の柱の上に仏堂を載せたユニークな形から、この名で呼び親しまれている。先の太宗は蓮華の上で子供を抱いた観音菩薩の夢を見てから、間もなく子供を授かった。太宗は夢の観音菩薩に感謝し、ハスの花に見立ててこの寺を建てたと言い伝えられている。仏堂は小さいがベトナムを代表する古刹であり、ハス池の中に浮かび立つ優雅な姿はハノイのシンボルのひとつに挙げられる。

御堂内には小さな仏像が安置されており、お参りをすれば子宝に恵まれるといわれている

1010～1804年の間、都がおかれた場所 MAP P.343-2C

世界遺産 タンロン遺跡（旧ハノイ城跡）

Di Tích Hoàng Thành Thăng Long　Imperial Citadel of Thang Long

威風堂々としたドアン門（端門）

旧市街の西側、バーディン広場の東側に、11～19世紀に栄えたベトナム王朝の城が築かれていた。その一帯は軍の管理下におかれ一般の入域は制限されていたが、2005年から、発掘調査を終えたタンロン遺跡の一部が一般公開されている。時間が許すなら、ぜひこれらの遺跡にも足を運び、栄華を極めた首都、タンロン（昇龍）の匂いを感じてほしい。タンロン遺跡は2010年、ベトナムで6ヵ所目のユネスコの世界遺産に登録された。

2024年4月現在、遺跡内の各見どころは一般公開されているが、再調査・発掘のため入域制限されることもあるので、訪れる前に旅行会社などで確認するのが望ましい。

ドアン門（端門） MAP P.343-2C

Đoan Môn　Doan Gate

第一城壁に配されていた正門。楼閣に上ることができ、上からの眺めがよい。すぐ裏側には発掘調査の跡があり、現場の一部では地中深く何層にもれんがが積まれている様子が見学できる。

✉金・土曜の夜にタンロン遺跡が開催するナイトツアーに参加した。90分30万ドンと少し高いが、ライトアップされた史跡の写真を撮ったり、伝統芸能のミニ上演があったりで、↗

ホーチミン博物館
住19 Ngọc Hà, Q. Ba Đình
☎(024) 38463757
開8:00～12:00、14:00～16:30
休月・金曜の午後　料4万ドン
無料の英語パンフレットあり。館内の写真撮影は禁止。敷地への入場の際はX線手荷物検査があり、ライターは持ち込み不可。

現代芸術を織り交ぜた展示法は、美術館のようでもある

一柱寺
開8:00～12:00、14:00～16:30
休月・金曜の午後
料無料
敷地への入場の際はX線手荷物検査があり、ライターは持ち込み不可。

「蓮花台」の扁額の下に8手の黄金の観音菩薩が鎮座している

タンロン遺跡（旧ハノイ城跡）
住9 Hoàng Diệu, Q. Ba Đình
☎(024) 37345427
開8:00～17:00　休無休
料10万ドン、15歳以下無料
チケット売り場はホアンジエウ通り南側（MAP P.343-2C）。チケット売り場内には、昔のハノイの町並みを再現した撮影スポットがあり、宮廷衣装やアオザイのレンタルも可能(30分15万ドン)。バック門（正北門）へ行くには一度敷地を出なければならず、こちらの入場にもチケットが必要。

発掘現場の展示や、遺跡内から出土した遺物を展示した資料館もある

キンティエン殿（敬天殿） MAP P.343-2C
Điện Kính Thiên　Kinh Thien Palace

この龍の階段を境にして上段が皇帝の政庁、下段が役人の政庁に分けられていた

龍の手すりの石階段の上が皇帝の宮殿があったとされる一画だ。建物自体は近年に建てられ、発掘された土器などが展示されている。キンティエン殿のすぐ裏（北側）に、フランス統治時代にフランス軍やその後の旧北ベトナム軍が作戦司令部として使用した建物（薄緑色の建物）も残されており、地下約10mの「D-67」と呼ばれた地下室が公開されている。この作戦司令部は旧ソ連の援助で造られ、原子爆弾にも耐えられる設計だったといわれており、それほどに徹底抗戦の覚悟があったことがうかがえる。さらにここから約17km離れたハドンまで地下道が延びていたといわれているが、地下道は公開されていない。また、ドアン門（端門）のすぐ裏の建物の西側にも地下室があり、こちらも公開されている。壁に貼られた手書きの地図にはアメリカ軍の基地があった日本の沖縄もマーキングされており、ベトナム戦争時の日本とベトナムの微妙な関係も見てとれる。

D-67内部の作戦会議室。ほかに通信機器が置かれた部屋もある

後楼はこぢんまりとした質素な建物

後楼 MAP P.343-2C
Hậu Lâu　Ladies' Pavilion

キンティエン殿（敬天殿）の楼閣として建てられ、王に仕えた側近たちに利用されていた所。内部の階段で上ることができる。

バック門（正北門） MAP P.343-2C
Bắc Môn　Northern Gate

バック門は外観だけなら常時見学可能。左上と左下の穴は砲弾の跡

1805年に建てられ、第２城壁で現存する唯一の門。門の上部にはフランス軍と戦った英雄ホアン・ジエウとグエン・チー・フオンが祀られている。正面の左上と左下には1882年、ホン河に停泊するフランス軍の艦艇から放たれた砲弾の跡が残されている。

国旗掲揚塔 MAP P.343-2C
Cột Cờ Hà Nội　Flag Tower

国旗掲揚塔上部の展望室からは、博物館の中庭やドアン門の眺めが見事。夜は美しくライトアップされる

ベトナム軍事歴史博物館（→P.296）の一画に建つ国旗掲揚塔も世界遺産に含まれている。れんが造りの八角柱の塔は、1812年、ザーロン帝によって８年間かけて城の監視塔として建てられた。３段の正方形の台座も含めて高さは約33m。内部はらせん状の階段があり、展望室まで上ることができる。展望室からはドアン門(端門)を正面から眺められる。国旗掲揚塔のみなら入場料不要。

ホアンジエウ18番遺跡 MAP P.343-2C
Khu Khảo Cổ 18 Hoàng Diệu　Archeological site at 18 Hoang Dieu

国会議事堂の移転計画で、2002年にこの地を調査した際に発見された。８世紀以降のさまざまな時代の柱の土台や基礎、井戸などが折り重なるように残されている。その中心となるのはリー(李)朝(1010年～）とチャン(陳)朝（1225年～）の物と考えられており、年号や名前が漢字で書かれたれんがやタイルに混じって、チャム文字が書かれたれんがも発見されている。ほかにも各時代の中国の陶磁器や日本の有田焼、伊万里焼などの陶磁器も発見されており、各王朝が他文化との交流が盛んだったこともうかがえる。

各王朝の建物は木造だったため、建物はまったく残っていない（ホアンジエウ18番遺跡）

↘ベトナム語がわからなくても楽しめた。要予約（☎084-8455222、091-3012021〈携帯〉）なので、ホテルで頼んで参加してみては。（神奈川県　こうじ　'23）

ベトナム軍事歴史博物館
住28A Điện Biên Phủ
☎(024)62531367
開8:00～11:30、13:00～16:30
休月・金曜
料4万ドン、7歳～大学生2万ドン、6歳以下無料（カメラの持ち込みは3万ドン）
博物館の敷地内に国旗掲揚塔（→P.295）があり、こちらのみの見学なら入場無料。

右／サイゴン陥落の際に大統領官邸に突入したソ連製のT54B型843号戦車　下／北ベトナム軍が撃ち落とした米軍機の残骸で作ったモニュメントが目を引く

ベトナム軍の歴史を紹介した博物館　MAP P.343-2C

ベトナム軍事歴史博物館

Bảo Tàng Lịch Sử Quân Sự Việt Nam　Military History Museum of Vietnam

特にベトナム戦争当時、北ベトナム軍、アメリカ軍に使われた小火器や爆弾、戦闘機などの展示が充実している。なかでも1975年4月30日のサイゴン陥落の際、大統領官邸（現、統一会堂→P.74）に突入したT54B型843号戦車と、博物館入口左側に展示されているミグ21型5121号戦闘機は、ベトナムの歴史を語るうえで貴重な遺物で、2012年に国宝に認定。さらに2015年には、博物館入口左側に展示されているミグ21型4324号戦闘機と「ホーチミン決心戦役地図」が新たに国宝に認定されている。

文廟
住58 Quốc Tử Giám, Q. Đống Đa
☎(024)38235601
開8:00～17:00　休無休
料7万ドン、15歳以下無料
入口はクオックトゥザム（Quốc Tử Giám）通り側。英語の無料案内アプリ（Van Mieu Audio Guide）あり。日本語のオーディオツアーはひとり10万ドン。

上／科挙試験合格者の名を刻んだ石碑と亀趺。触れることはできない
下／本殿に祀られた孔子像

“学問の神”孔子を祀る廟　MAP P.343-2C

文廟

Văn Miếu　Temple of Literature

クエ・ヴァン・カックは10万ドン札の図柄にもなっている

1070年、孔子を祀るために建立された廟で、孔子廟とも呼ばれる。1076年には、境内にベトナムで最初の大学が開設され、1779年までの約700年の間に数多くの学者や政治指導者を輩出した。大学施設として使われていた建物のなかでも、19世紀のグエン（阮）朝時代にできたクエ・ヴァン・カック（Khuê Văn Các：奎文閣）はハノイの象徴のひとつとなっている。

クエ・ヴァン・カックを通り抜けた先にある池を囲むように並ぶ82の石碑は、すべて異なる顔をした亀趺（きふ）（亀形の台石）の上に置かれており、1442～1779年の間の科挙試験合格者1304人の名前が刻んである（科挙試験は3年に1度の官吏登用試験。ベトナムではリー〈李〉朝より採用されていた）。この82の石碑は、2011年にユネスコの世界の記憶遺産※（→下記）に登録された。

ベトナム美術博物館
住66 Nguyễn Thái Học, Q. Đống Đa　☎(024)38233084
開8:30～17:00　休無休
料4万ドン、6～15歳1万ドン、5歳以下無料

仏領時代に、インドシナ政府子弟のための寄宿舎だった建物を利用

6000点に及ぶ美術作品を所蔵　MAP P.343-2C

ベトナム美術博物館

Bảo Tàng Mỹ Thuật Việt Nam　Vietnam Fine Arts Museum

近代美術から文化的芸術品まで、幅広い視点で芸術を捉えた美術作品、資料を展示。建物は2棟に分かれ、正面棟の1階は青銅器を中心とした考古学的視点、仏教的視点の展示物。2階、3階は絵画を中心にした近代美術品が展示されている。本館の左側の建物では、地下に陶器、2階にドンホー版画（→P.453）や地獄絵図、ベトナム中部高原に住むジャライ族による木彫りの像などが展示されているほか、3階では少数民族の衣装や生活道具が見られる。

木造の千手観音菩薩像は国宝に指定されている

※世界の記憶遺産：ユネスコが主催する遺産保護事業のひとつで、不動産を対象とする「世界遺産」を補う形で登録される文化財保護事業。「世界記録遺産」とも呼ばれる。ほかに↗

★★★ ハノイ市民の憩いの場

MAP P.347-1C、2C

ホアンキエム湖

Hồ Hoàn Kiếm　Hoan Kiem Lake

ハノイ市街の中心にある穏やかな姿の湖。ここはホアンキエム（還剣という意味→下記の伝説）湖、別名ホー・グオム（剣湖）と呼ばれ、緑豊かな湖畔は人々の憩いの場となっている。もともとはホン河の浸食でできた三日月湖とも考えられており、16世紀頃にはふたつの湖に分かれていて左望湖と呼ばれていた（もう一方の右望湖は現存しない）。毎週金曜の19:00〜日曜24:00の間は湖周辺が歩行者天国になり（→P.290欄外）、よりいっそうにぎわう。

ホアンキエム湖の伝説

1428年、レ（黎）朝の始祖、レ・ロイ（＝レ・タイ・トー）は、湖にすむ亀から授かった宝剣で明軍を駆逐し、ベトナムを中国支配から解放した。平和が訪れた頃、再び亀が姿を現し、剣を返すよう啓示され、湖の中の小島で剣を返した。現在、湖の南に小さな亀の塔が建っている場所こそ、レ・ロイが剣を亀に奉還したと言い伝えられている所である。

左上／ハノイの象徴のひとつでもある亀の塔　右上／水上人形劇にも、ホアンキエム湖の大亀伝説をもとにした演目がある　左下／湖に架かるテーフック橋　右下／朝の湖の周辺は、ウオーキングやダンスなどを思いおもいに楽しむ市民でにぎわう

ホアンキエム湖の大亀

2016年、ホアンキエム湖に生息していた最後の大亀の死亡が確認された。シャンハイハナスッポンと呼ばれる中国南部からベトナム北部にかけて生息する大型の淡水亀で、体長は1.8mほど。ゴックソン祠に鎮座する剥製の大亀とほぼ同サイズだった。

シャンハイハナスッポンはホアンキエム湖に１頭が生息していたほかは、中国の動物園に２頭生息するだけで、野生の個体は絶滅したと考えられてきた。しかし2008年、アメリカの研究チームが同じベトナム北部の湖で野生のシャンハイハナスッポンを再発見し、再び脚光を浴びた。

古来、ベトナムでは亀は神聖なものとして崇められ、姿を現すことは吉兆を意味するともいわれている。

★★★ ホアンキエム湖に浮かぶ、由緒ある祠

MAP P.347-1C

ゴックソン祠（玉山祠）

Đền Ngọc Sơn　Ngoc Son Temple

ホアンキエム湖上のゴックソン島にあり、その創建は13世紀のチャン（陳）朝の時代まで遡るが、現在の建物は1865年に建立、後に再建された物。入口の門柱には著名な儒学者グエン・ヴァン・ズーによる二文字の書、幸福を意味する「福」と、豊かさを意味する「禄」が見える。さらに岸から真紅のテーフック橋（棲旭橋、朝日の差す橋の意）を渡って正殿（得月楼）へと進めば文・武・医の三聖人が、さらに進めば13世紀に元の進撃を撃退した英雄、チャン・フン・ダオが祀られている。その隣室に鎮座している体長約2mの大亀の剥製（はくせい）は、1968年にこの湖で捕獲されたもので、発見当時はこれが還剣伝説の亀ではないかと話題を呼んだ。

ゴックソン祠の入口門

ゴックソン祠（玉山祠）
住 Đinh Tiên Hoàng
☎ (024) 38255289
開 7:00〜19:00（金〜日曜〜22:00）　休 無休
料 5万ドン、15歳以下無料

塔には「寫青天」の文言。人が得た知識は世に広めねばならない、という意味だ

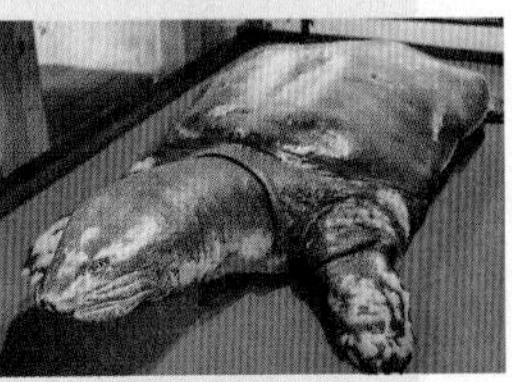

祠内に鎮座する伝説（？）の大亀の剥製

↘「無形文化遺産」を含めて「三大遺産事業」と称すこともある。

水上人形劇
タンロン水上人形劇場
Nhà Hát Múa Rối Thăng Long
Thang Long Water Puppet Theatre
MAP P.345-3C
住57B Đinh Tiên Hoàng
☎(024) 38249494
URL thanglongwaterpuppet.com
開毎日16:10、17:20、18:30の3回公演、観客が多い日は20:00の回もある
休無休 料10万、15万、20万ドン（劇場入口横のチケット窓口は8:30～20:30） カード不可
　日本語のオーディオガイドは5万ドン。座席は全席指定で、満席となった時点で販売打ち切りとなるので、チケットは早めに買っておこう。チケットは市内の旅行会社でも手配してくれる。後方の座席は人形が小さくしか見えず理解できない、なんてこともある。入口付近に日本語を含む各国語に翻訳された無料のパンフレットあり。

ロータス水上人形劇
Múa Rối Nước Bông Sen
Lotus Water Puppet
MAP P.347-1C
住16 Lê Thái Tổ
☎097-2030420（携帯）
URL bongsenwaterpuppet.vn
開毎日17:15 休無休
料10万、15万ドン。3歳以下無料
カード不可
　タンロン水上人形劇場とは別グループが行う。こちらも水上人形劇の代表的な演目や構成で、劇場が若干小さいことを除けば、上記のタンロン水上人形劇と大きな違いはないが、演目の説明のナレーションが英語で流れる。

ドンスアン市場
営店によって異なるが、だいたい7:00～18:00 休無休

ドンハー門（東河門）
Đông Hà Môn
Dong Ha Gate
MAP P.345-1C
　旧市街のハンチエウ（Hàng Chiếu）通りに残る、16あった旧ハノイ城の門のひとつ。1749年に建てられ、その後、19世紀に修復されている。

現存する旧ハノイ城の門はここだけ

★★★ ハノイを代表するエンターテインメント
水上人形劇
Múa Rối Nước　　Water Puppetry

クライマックスを飾る天女の舞（タンロン水上人形劇場）

水面を舞台にして繰り広げられる人形劇はベトナムの伝統芸能。舞台は3～5分の短編が9話。それぞれのテーマに沿って、民話、習慣、伝説、民族的な話が、ベトナム伝統楽器の軽やかな音色とともに、水中で操られる人形によって綴られてゆく。言葉がわからなくても、そのコミカルで繊細な人形の動きには見入ってしまい、おおまかなストーリーは理解できる。

この水上人形劇は1000年も昔から伝わるもので、もともとはタイビン省の農民たちが、収穫の祭りのときなどに屋外の水辺を使って演じていた。11～15世紀（リー朝、チャン朝）の頃には、娯楽として宮廷にまで広まったといわれている。ハノイ中心部にはふたつの劇場があり（→欄外）、おすすめはタンロン水上人形劇場。ここは1956年、ホー・チ・ミンが子供たちのために建てた劇場。何度も修繕、改築がなされ、今も大切に使われている。

左／ボートレースの演目は激しい水しぶきが上がり、迫力満点（タンロン水上人形劇場） 右／ロータス水上人形劇場

★★ 旧市街にあるハノイ中心部最大の市場　MAP P.344-1B
ドンスアン市場
Chợ Đồng Xuân　　Dong Xuan Market

1階は日用雑貨、みやげ物、2、3階は衣料品の店が並んでおり、特に綿やシルク生地の品揃えが豊富で安いことでも知られている。また建物周辺は生鮮食料品の路上市場になっており、さらに活気がある。

左／日用雑貨や衣料品、小物は卸売りの店もある。そんな店はひとつ、1枚の買い物には応じてくれないので要注意 右／1階にはお茶やお菓子、みやげ物を売る店もある。町なかよりは若干安く、意外と使える

★★ 1000年以上の歴史をもつハノイ最古の祠　MAP P.345-2C

バックマー祠（白馬最靈祠）

Đền Bạch Mã　Bach Ma Temple

国の守り神であるロンドー（龍肚）と白馬神を祀っている。ヴォイフック祠（→P.303）、鎮武観（→P.302）、キムリエン祠（金蓮祠）とともにハノイの東西南北を守る「ハノイ四鎮」のひとつ。本祠に祀られている白馬神には、「タンロン（現在のハノイ）建都の際に、リー朝の始祖リー・タイ・トーの夢に白馬が現れ城壁の要所を示した」という伝説がある。

白馬像の両側には、長寿の象徴である亀に乗った鶴の像が祀られている

★★ 重要文化財の建築を利用した博物館　MAP P.345-2C

旧家保存館

Bảo Tồn, Tôn Tạo Phố Cổ Hà Nội　87 Ma May's House

19世紀後半に建てられた伝統的な中国風の木造民家。旧市街の古い町並みを保存する活動の一環として1999年に修復され、一般公開されている。家内は当時の生活を物語るように、居間、台所、寝室、トイレなどが保存されている。光を取り入れ、風通しをよくするための中庭を造る技法はホイアン（→P.238）の古い家々にも見られる。館内は2014年に改築され、柱や梁の一部は新しくなった。

かつては５家族が住んでいたこともあるという

★ ハノイのシンボルのひとつ　MAP P.343-1D

ロンビエン橋

Cầu Long Biên　Long Bien Bridge

ホン河に架かる約1700mの鉄道橋。海の玄関口ハイフォン港とハノイとを結ぶ交通の要として1902年に完成し、当時は世界で２番目の長さを誇っていた。完成からしばらくは、インドシナ提督のポール・ドメールにちなんで「ドメール橋」と名づけられていたが、第２次世界大戦終戦後にロンビエン橋と改名され現在にいたる。ベトナム戦争時には補給路を絶つため何度もアメリカ軍による爆撃を受け、そのたびに補修されてきた歴史がある。現在も随時、補修工事がされているが、老朽化が進み、取り壊しの計画が浮上したことも。この橋は、パリのエッフェル塔を設計したギュスターヴ・エッフェルの設計との説もあるが、現在ではDayde & Pille社という建設会社が請け負ったとの説が最有力だ。よく見て歩けば、橋の鉄骨に「1899-1920 Dayde & Pille Paris」と書かれた鉄板がはめ込まれているのに気がつくだろう。

近々全面改修が予定されている

Voice! 「サレン・カフェ Serein Cafe」（MAP P.344-1B）からは、ロンビエン橋が俯瞰できる。

バックマー祠（白馬最靈祠）

住76 Hàng Buồm
☎なし　開8:00～12:00、13:30～17:00（旧暦1・15日8:00～21:00）　休月曜　料無料

旧家保存館

住87 Mã Mây　☎(024) 3928 5604　開8:00～12:00、13:30～17:00（土・日曜は19:00～21:30も開館）　休無休　料1万ドン

奥行きの深い建物の一番奥に台所がある

ハノイ旧市街文化交流センター

Trung Tâm Giao Lưu Văn Hóa Phố Cổ Hà Nội
Hanoi Old Quarter Cultural Exchanges Center
MAP P.345-2C
住50 Đào Duy Từ　☎なし
開8:00～12:00、13:30～17:30
休無休　料無料

旧市街における有形・無形文化遺産の保存と発信を目指し創設。１階はベトナム文化にまつわる企画展、２階はタンロン時代から今日までの旧市街の発展の歴史や風習についてのパネル、伝統家屋のジオラマなどを展示。説明はベトナム語、英語、フランス語。

訪れる人は少なく、ゆっくり観賞できる

ロンビエン橋

料無料

橋上、橋付近は、夕方以降はやや治安が悪くなるため、見学は日の高いうちに。

橋には歩道も設けられ、徒歩で渡っているベトナム人もいるが、実は徒歩で渡ることは禁止されている。歩道と車道の間に柵はなく、歩行者すれすれをバイクが走り抜けるほど幅も狭い。また歩道に敷かれたコンクリートブロックが抜け落ちている個所もあり、十数m下の川へ落ちそうになり非常に危険だ。ひとり、ふたりの外国人が歩くのは黙認されているが、複数だと橋手前に立つ交通公安官（交通警察官）に止められることもある。その場合は素直に従おう。

ハノイで最も大きな教会 MAP P.346-1B

ハノイ大教会（セント・ジョセフ教会）

Nhà Thờ Lớn　St. Joseph's Cathedral

1886年、仏教寺院の跡地に建立され、その後、1900年初頭に現在のふたつの尖塔を有するネオゴシック様式に改築された。外壁は白と黒の石材を使用して建てられ、カビとほこりで黒ずんでいたが、修復工事で塗装された。内部は美しいステンドグラスで飾られ、教会の厳粛な雰囲気と相まって幻想的な空間を造り出している。このステンドグラスはイタリアのベネチアから輸入された物だという。ハノイ周辺のカトリック信者にとっては信仰の中心的な教会だ。

ハノイ大教会（セント・ジョセフ教会）
住Nhà Thờ　☎なし
開5:00～11:00、14:00～19:30
休無休　料無料
ミサは月～金曜の5:30と18:30、土曜の5:30と18:00、日曜の5:00、7:00、8:30、10:00、11:30、16:00、18:00、20:00。ミサ以外の時間は、正面左側の裏門から入場する。

ライトアップされた夜の姿も美しい

威厳を放つフレンチコロニアル建築 MAP P.347-2D

市劇場

Nhà Hát Lớn Hà Nội　Hanoi Opera House

フランス統治時代の1911年、パリのオペラ・ガルニエ（オペラ座）を模して建築された劇場。オペラハウスとも呼ばれ、ハノイのフランス風建築のひとつに挙げられる。現在、コンサートや演劇などが上演されているが、残念ながら見学のみの一般公開はされていないため、外観のみの見学に限られる。劇場でコンサートや演劇が行われる日は、19:00頃から終了時間までライトアップされ、昼間とはまた違った幻想的な姿を見せてくれる。

市劇場前は、ツアーバスなどの集合場所としてよく利用される

市劇場
住Lê Thánh Tông
☎(024)39330113
市劇場では、日本人の本名徹次氏が首席指揮者を務めるベトナム国立交響楽団(VNSO)の定期演奏会も開催。
URLwww.vnso.com.vn
当日券は劇場入口右手の窓口で、公演のある日の8:30～17:30に販売している。
チケットベトナム・ドットコム ticketvn.com
☎091-3489858（携帯）、096-5765946（携帯）
URLticketvn.com　カード A J M V
市劇場で開催されるオペラなどのチケットをオンラインで販売。

先史時代から近代まで、ベトナムの歴史をたどる MAP P.347-2D

国立歴史博物館

Bảo Tàng Lịch Sử Quốc Gia　National Museum of Vietnamese History

1932年完成の建物はインドシナ様式の代表作

道路を挟んでふたつの建物で構成される博物館。エリアA（チャンティエン通り側）は先史時代から近代までのベトナムの歴史が年代を追って紹介されている。1階の注目はドンソン遺跡から出土した銅鼓コレクションで、最も古いゴクリュ銅鼓は紀元前5世紀前後の物。2階の注目はチャンパ王国時代のヒンドゥー神の彫刻の数々で、クアンナム遺跡群から出土した11世紀頃のガルーダ神の頭部、ビンディン遺跡群から出土した12世紀頃のシヴァ神の彫刻などはチャンパ芸術の一級品だ。

エリアB（チャンクアンカイ通り側）はフランス植民地時代の税務署だった所で、2000年来のベトナム人民の抵抗と独立への苦難の歴史が、その記念の品々とパネルなどで時代順に紹介されている。19世紀中頃の抗仏運動からインドシナ戦争終結、そして現代の発展まで、ベトナムの歴史をたどることができる。

国立歴史博物館
住1 Tràng Tiền（エリアA）& 216 Trần Quang Khải（エリアB）
☎(024)38252853
開8:00～12:00、13:30～17:00
休月曜
料4万ドン、大学生2万ドン、学生1万5000ドン、6歳以下無料（カメラの持ち込みは1万5000ドン、ビデオカメラの持ち込みは3万ドン）
パスポートを提示すれば英語のオーディオガイドがレンタルできる。バッグは入口の無料ロッカーに預けるシステム。

展示物の充実度はベトナムでも屈指の博物館

Voice! 2008年のアメリカ大統領選で共和党から出馬した故ジョン・マケイン氏も、ベトナム戦争時にホアロー収容所（→P.301）に収容されていた。1967年、爆撃作戦に参加↗

★★女性の姿を通してベトナムを見つめる MAP P.347-2C
ベトナム女性博物館
Bảo Tàng Phụ Nữ Việt Nam　Vietnamese Women's Museum

アオザイや少数民族の衣装展示が充実

歴史・文化においてベトナム女性が担ってきた役割、その活躍ぶりをさまざまな展示で紹介。暮らし、服装から戦争中の女性兵士について、またあらゆる方面での女性の業績などが資料や模型、映像、写真などで展示されている。ベトナムにおける女性の立場の重要さ、なぜベトナム女性が強いといわれるのかがわかるとともに、この国の歴史や文化の一面に触れられる。

★ベトナムの公安の昔と今を紹介 MAP P.346-2B
ハノイ公安博物館
Bảo Tàng Công An Hà Nội　Hanoi Police Museum

1945年の公安組織発足から現代までの歴史が年代順に紹介されている。前半はフランス軍スパイや米中央情報局（CIA）スパイとの戦いが紹介されているほか、空襲時の対応などベトナム戦争中の公安の知られざる活躍を知ることができる。後半では交通違反・違法ドラッグ・偽造品等の対策といった現代の公安の果たしている役割についても紹介。年代別の制服・バッジの変遷などは実物の展示もありわかりやすい。各種公安グッズも販売されており、おみやげによい。

★★19世紀末にフランスによって造られた監獄 MAP P.346-2B
ホアロー収容所
Di Tích Lịch Sử Nhà Tù Hỏa Lò　Hoa Lo Prison

ベトナムの歴史の暗部ともいえる建造物が市内のど真ん中に取り残されている。1km²にも及ぶ敷地内には、最も多いとき（1953年）で、2000人以上も収容されていたという。ディエンビエンフーの戦い（1954年）でフランス軍が敗戦したあとも、ベトナム戦争におけるベトナム人民軍の捕虜収容所として使われていた。その後1993年に完全に閉鎖となり、半分以上が取り壊され、1997年にサマセット・グランド・ハノイ（通称ハノイ・タワーズ）という高層ビルが建設された。だが、一部は歴史的遺物として保存され、1997年、一般公開されるにいたった。

館内には、独房・集団房の内部、拷問の道具やその様子を描いたレリーフ、処刑に使われたギロチン台、収容者の持ち物などが展示されている。ベトナム戦争当時、収容所内の過酷な状況を皮肉って、米軍の収容者からは「ハノイ・ヒルトン」とも呼ばれ、後に捕虜としてこの収容所で暮らした米軍兵士の体験が『ハノイ・ヒルトン』のタイトルで映画化もされている。

↘したマケイン氏が搭乗した航空機がハノイ上空で撃墜され、パラシュートで脱出した際に捕虜となり、その後の約5年間をこの収容所で過ごしている。

ベトナム女性博物館
住 36 Lý Thường Kiệt
☎ (024) 39365973
開 8:00～17:00　休 無休
料 4万5000ドン（カメラの持ち込みは5万ドン）
1階に無料ロッカー、少数民族グッズなどを扱うショップがある。

ハノイ公安博物館
住 67 Lý Thường Kiệt
☎ 069-2342098（携帯）
開 8:00～16:30　休 土～月曜
料 無料

プロパガンダアートをあしらった外観が目を引く

本屋
ハノイ・ブックストリート
Phố Sách Hà Nội
Hanoi Book Street
MAP P.346-2B
住 19 Tháng 12　営 店によって異なるが8:00～22:00頃
書店やブックカフェが約20店並ぶ通称「本屋通り」。小説、児童書、漫画など幅広いラインアップで、散策するだけでも楽しめる。

若者の間では撮影スポットとしても人気

ホアロー収容所
住 1 Hỏa Lò
☎ (024) 39342253
開 8:00～17:00　休 無休
料 5万ドン、15歳未満無料
日本語のオーディオガイドは10万ドン。

集団房の様子は人形を使って再現されている

チャンクオック寺（鎮国寺）
㊟Thanh Niên, Q. Ba Đình
☎なし　開7:30～11:30、13:30～17:30　休無休　料無料

高い仏塔の前に並ぶのは、歴代住職の墓塔

★★ ハノイ最古の寺

MAP P.343-1C

チャンクオック寺（鎮国寺）

Chùa Trấn Quốc　　Tran Quoc Pagoda

もとはリー・ナム・デー（李南帝、在位544～548年）の時代にホン河のほとりに建立された（当時の名称は開国寺）。17世紀に今のタイ湖畔の小島に移され、名前もチャンクオック（鎮国）寺と改称された。境内には釈迦や菩薩、関羽のほか、13世紀に元の侵攻を撃退したベトナムの英雄チャン・フン・ダオまで、さまざまな神様や聖人が祀られている。湖岸から眺めると、湖面に仏塔や木々が映り、何とも風情がある。

100ドン札（現在ではほとんど流通していない古銭扱いの札）にも描かれているチャンクオック寺。寺ではあるが「廟」や「祠」の意味合いもあり、さまざまな建築様式が混在する

鎮武観
㊟Thanh Niên, Q. Ba Đình
開8:00～17:00
休無休　料1万ドン

立派な門構えの鎮武観

★ 玄天鎮武神の足先に触れて願掛け

MAP P.343-1C

鎮武観

Đền Quán Trấn Vũ　　Quan Thanh Temple

チュックバック湖の南にある苔むした道教寺院。11世紀のリー（李）朝時代に北の守護殿として建てられ、別名クアン・タイン祠（Đền Quán Thánh）とも呼ばれている。北敵を討って国を守ったという玄天鎮武神が祀られており、寺院内には蛇と亀を従えた高さ約4m、重さ約４トンの玄天鎮武神の大きな銅像が鎮座している。

玄天鎮武神の足先に触れると御利益があると信じられているが、コロナ禍以降接触禁止となっている

西湖府
㊟Đặng Thai Mai, Q. Tây Hồ
☎なし
開5:00～18:00（旧暦１・15日～21:00）
休無休　料無料

山積みで売られているバイン・トム・ホー・タイ

★ タイ湖に静かにたたずむ

MAP P.341-1C

西湖府

Phủ Tây Hồ　　Tay Ho Pagoda

民間信仰の聖母道（ダオマウ：Đạo Mẫu）を祀る総本山。天を司る柳杏聖母など、聖母道の女神が祀られ、ハノイの人々に親しまれている。特に、毎月、旧暦の１日、15日、テト（旧正月）後の２週間は、たくさんの人がここに先祖供養にやってくる。また、参道はタイ湖名物のバイン・トム・ホー・タイ（→P.34）やライギョ、タニシ料理の専門店が並ぶことで知られている。

左／柳杏聖母や玉皇上帝が祀られている西湖顕跡。熱心に祈りをささげる人々の姿が見られる　右／山荘洞には山岳を司る女神である上岸聖母が祀られている

★★★ 少数民族に興味があるなら訪問する価値あり

MAP P.340-2B

ベトナム民族学博物館

Bảo Tàng Dân Tộc Học Việt Nam　Vietnam Museum of Ethnology

ベトナムを構成する54の民族の暮らし、風俗、祭礼などがこと細かに展示されており、ベトナム全土から収集された資料は1万5000点にも及ぶ。生活道具や衣装、図解や模型、ビデオを用いた視覚的な展示がほとんどなので、たいへんわかりやすい。北部、中部、南部と地域ごとに分けられていて、順路をたどるにつれ、ベトナムが多民族国家だということがよくわかる。常設展示の中南部高原地帯の文化を紹介した「タイグエンのゾウ」や各国の大使館と協働した企画展にも注目したい。また、建物の裏庭には各民族の住居やお墓が移築されている。

ベトナム中部の高原地帯、コントゥム省から移築されたバーナー族のコミュニティハウス

新館では世界の民族文化の展示や企画展を開催

ベトナム民族学博物館
住Nguyễn Văn Huyên, Q.Cầu Giấy　☎(024) 37562193
開8:30～17:30　休月曜
料4万ドン、5歳以下無料（カメラ、ビデオカメラの持ち込みは5万ドン）
英語ガイド（約1時間10万ドン）あり。裏庭で土・日曜の10:00、11:00、14:00、15:30から水上人形劇の上演がある。料金は5万ドン、子供3万ドン。

★ ハノイのことをもっと知りたいなら

MAP P.340-3A

ハノイ博物館

Bảo Tàng Hà Nội　Hanoi Museum

ハノイの歴史を紹介した博物館。1～4階まである館内は国内最大規模の展示面積を有し、中央にらせん階段が貫く近代的な造り。1階はタンロン王朝時代の出土品が並び、2階はハノイ周辺の鉱物や動植物の剥製(はくせい)が並ぶ自然科学と、土器や矢じりなどが並ぶ考古学のフロア。3～4階は特別フロアで、青銅器、古銭、焼物、4階は近代のハノイを写真で紹介する展示物が並べられている。ベトナムという国の歴史や側面に触れられる見応えある博物館だ。

特異な外観の建築は、コンペで選ばれたドイツの有名設計事務所GMPによるもの

ハノイ博物館
住Phạm Hùng, Q. Nam Từ Liêm
☎098-4997579（携帯）、098-3073688（携帯）
開8:00～11:00、13:30～17:00
休月曜　料無料
館内の写真撮影は禁止。カメラ、バッグは入口の無料ロッカーに預けるシステム。

★ 動物園や遊園地もある大きな公園

MAP P.340-2B

トゥーレ公園

Công Viên Thủ Lệ　Thu Le Park

市の西側に位置する広い公園。緑が豊富でトゥーレ湖もあり、市民の憩いの場にもなっている。特に併設されている動物園が人気。また園内にはヴォイフック祠（Đền Voi Phục：象伏祠 MAP P.340-2B）と呼ばれる祠もあり、人々のあつい信仰を集めている。

ヴォイフック祠の伝説

リー（李）朝の3代皇帝リー・タイン・トンの息子のリン・ランは中国軍が攻め入ってきた際、王から授かったゾウとともに戦いに出向いた。あるときリン・ランがゾウに伏せるように命じたところ、ゾウはそれに従ってひざまずいた。リン・ランは忠実なゾウの助けもあり敵軍に打ち勝った。

左／ヴォイフック祠の入口はV Tower（住649 Kim Mã）の北あたり　右／足を鎖でつながれていると欧米などから非難を浴びたトゥーレ公園のゾウ。今は鎖を外され自由に歩いている

トゥーレ公園
住32 Thủ Lệ, Q. Ba Đình
☎(024) 38347395
開7:00～18:00
休無休
料4万ドン、子供（身長130cm以下）2万ドン

トンニャット（統一）公園
Công Viên Thống Nhất
Thong Nhat Park
MAP P.348-1A、2A
☎(024) 35724163
開6:00～22:00　休無休
料無料
広い公園内にはバイマウ湖があり、遊歩道が敷かれている。緑も多く、静かでのんびりとした公園だ。

まだまだあるハノイの見どころ

●防空・空軍博物館
Bảo Tàng Phòng Không-Không Quân
Air Force Museum

MAP P.341-3C 住173C Trường Chinh, Q. Thanh Xuân ☎098-3600253（携帯） 開8:00～11:00、13:00～16:00（土・日曜は屋外展示のみ） 休金曜 料3万ドン（カメラの持ち込みは5000ドン、スマートフォンでの撮影無料）

ベトナム戦争を中心にベトナム空軍の歴史を紹介。写真や軍用機の部品を3フロアにわたって展示している。

敷地内にはベトナム戦争当時に使用されたミグ戦闘機やヘリコプターなども展示されている

●B52池 Hồ B52 B-52 Wreckage MAP P.342-2B
ホーチミン廟の裏あたりの空き地に、アメリカ軍の爆撃機、B52が墜落した池がある。池の中には1972年12月に撃墜された機体の残骸が戦争遺物として保存されている。墜落当時はある程度の形は残っていたらしいが、その後クズ鉄として売るために盗難され続け、現在は原形をとどめていない。正しくはヒューティエップ池（Hồ Hữu Tiệp）だが、ホーB52のほうがとおりがいい。

池には記念碑も建つ

●ハイバーチュン祠（二徴夫人祠）
Đền Hai Bà Trưng Hai Ba Trung Temple

MAP P.349-2C 住12 Hương Viên, Q. Hai Bà Trưng ☎090-4242029（携帯）、034-2391018（携帯） 開7:00～20:00（旧暦1日～20:00） 休不定期に閉館 料無料

中国の漢の支配下、厳しい搾取に対して民衆を率いて反乱を起こしたチュン（徴）姉妹を祀るため、1142年に建立された祠。「チュン（徴）姉妹の反乱」（→P.438）は、紀元40年に起きた反乱で、その後44年に漢軍によって鎮圧された。

住宅街の奥にたたずむ

●B52戦勝博物館
Bảo Tàng Chiến Thắng B52 B52 Victory Museum

MAP P.342-2B 住157 Đội Cấn, Q. Ba Đình ☎(024) 62730994 開8:00～11:00、13:30～16:30 ※5人以上の入館は事前予約が望ましい。休月・金曜 料無料

ベトナム戦争当時、ハノイを空爆したアメリカ軍の爆撃機B52に、ベトナム人民軍がいかに対抗したかを写真と戦争遺物で綴った博物館。

前庭にはB52の残骸やSA-2地対空ミサイルなどを展示

●伝統芸能
コロナ禍前までのハノイでは、宮廷歌劇のハット・トゥオン（Hát Tuồng）や、大衆オペラのハット・チェオ（Hát Chèo）、そしてベトナムの伝統文化をアクロバティックでコンテンポラリーな舞台芸術に昇華した人気パフォーマンス「ラン・トイ（Làng Tôi）」など、さまざまな伝統芸能やショーが楽しめたが、2024年3月現在、休演が続いている。

旧市街に専用劇場があるハット・トゥオン

ハノイ最"高"の展望スポット

約272mという国内3番目の高さのビル「ロッテ・センター・ハノイ」の65階にある展望台。253m地点に浮かんでいるような体験ができるガラス張りの床「スカイウオーク」やカフェがある。同ビルの屋上の「トップ・オブ・ハノイ」はハノイ一高所にあるルーフトップバー。どちらも晴れた日に訪れるのがおすすめ。

ロッテ・オブザベーション・デッキ
Lotte Observation Deck

MAP P.342-2A 住65F, Lotte Center Hanoi, 54 Liễu Giai, Q. Ba Đình 開9:00～22:30 休無休 料23万ドン、子供（3～12歳）17万ドン

左／床もガラス張りの撮影スポットはスリル満点
右／展望台からはハノイ市街を見渡せる

✉ロッテ・オブザベーション・デッキ（→上記）は絶対に平日に行ったほうがいいです。週末や祝日は混み合うので、眺望を背景にした写真撮影は難しいですが、平日はけっこうす↗

ハノイの夜遊びスポット

ハノイの夜はおしゃれなバー（→P.325）もいいけれど、もう少し遊びたいなら夜の町に繰り出してみよう。

週末の夜は旧市街でショッピング
●ナイトマーケット　Night Market

毎週金～日曜（夏季：19:00 ～ 24:00、冬季：18:00 ～ 24:00）に、旧市街のドンスアン市場北側（MAP P.344-1B）からホアンキエム湖（MAP P.345-3C）間のハンザイ通り～ハンダオ通りが歩行者天国になり、みやげ物やファッション、スナックなど約200店の露店が並ぶ。このナイトマーケットに加えてMAP P.344-2B、P.345-1C ～ 2Cのハンチエウ通り～ハンブオム通り～マーマイ通り～ダオズイトゥ通り～ハンザイ通り～ルオンゴッククエン通り～タヒエン通りも歩行者天国になるので、ゆっくり夜の町歩きを楽しむのもいい。スリ被害が多数報告されているため、手荷物やスマートフォンの管理には十分気をつけよう。

定番みやげやベトナムモチーフのTシャツの店がズラリと並ぶ

上／日用品を売る店が多く、みやげ物は少なめ　下／スナック屋台も多く、食べ歩きが楽しめる

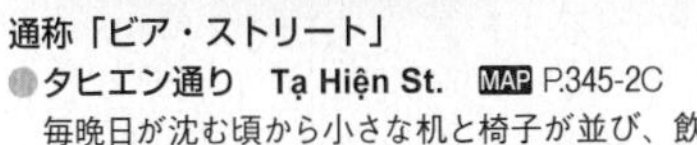

通称「ビア・ストリート」
●タヒエン通り　Tạ Hiện St.　MAP P.345-2C

毎晩日が沈む頃から小さな机と椅子が並び、飲み屋ストリートと化すタヒエン通り。小さな路地に地元の若者や旅行者がびっしりと並び、ビールやBBQを楽しむ姿は今や旧市街名物だ。にぎやかに外飲みを楽しみたい人におすすめ。

左上／ベトナム料理、鍋、BBQなどの店が並ぶ。ビールは2万ドンくらいから　中上・右上／毎晩20:00頃からにぎわう。金・土曜は特に混み合う　右／タヒエン通りの中心部にあるクラブ「1900」は劇場を改装したおしゃれな造り

ローカルな食堂が並ぶ

上／24時間営業の「ソファ・カフェ Xofa Cafe」（MAP P.346-1A）は夜は満席に　下／このあたりでは老舗の「ブク・カフェ＆スポーツバー」（→P.324）

24時間営業がうれしい
●フォー・アム・トゥック
Phố Ẩm Thực

MAP P.346-1A

住 Tống Duy Tân

トンズイタン通りは、麺屋、お粥屋、鍋屋などの食堂が軒を並べる食堂街。夜の早いハノイにおいて、市内で唯一飲食店の24時間営業が認められているエリア（実際には深夜は客が少なくほとんどが閉店）。

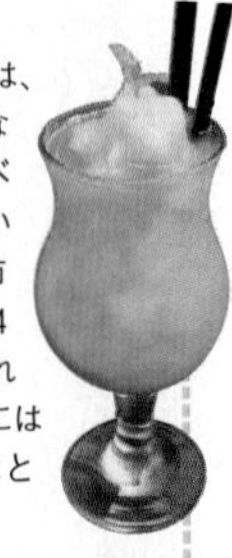

↘いています。（ハノイ在住　ミー　'23）

ホー朝城跡
住Vĩnh Tiến, Huyện Vĩnh Lộc, Tỉnh Thanh Hóa
☎(0237)8929181、3728661
開夏季：6:30～17:30、冬季：7:00～17:00　休無休
料4万ドン、8～15歳2万ドン、7歳以下無料
　ハノイから車で約3時間。車のチャーターは150US$～。

上／小さな博物館が建てられており、瓦やれんがなどの発掘品が展示されている　右／石造りの城門は、現在もごく普通に村人に利用されている

フオン寺（香寺）
住Hương Sơn, Huyện Mỹ Đức　開24時間　休無休
料入場料12万ドン、舟代5万ドン※通常1隻につき10万～20万ドンほどのチップが必要。
　舟を降りて十数分ほど歩いた所から、山頂付近までゴンドラも運行している。所要約10分。

（次ページへ続く）

郊外の見どころ　Sightseeing

2011年に世界遺産に登録された　MAP 折表-1B

世界遺産 ホー朝城跡
Thành Nhà Hồ　Citadel of Ho Dynasty

　ハノイから南へ直線距離で約130kmの所に、ホー（胡）朝の城跡が残されている。ホー朝は、1400～1407年のわずか7年間というベトナムの歴史のなかでは短命で消えた王朝。しかし、その間に造り上げられた石の城は当時の東南アジアでは最大規模だったと考えられている。しかも10トン、20トンもの石を積み上げての築城を、わずか数ヵ月で終えたほど建築技術が高かった。その城跡の一部がタインホア省の片田舎の水田に囲まれた、わずか1km四方の中に残されている。残念ながら四方に残された石造りの城門以外にこれといった建造物は残されていないが、城門や要所に建つ石造りやれんが造りの建築遺物は歴史的な意味合いが深く、非常に貴重な物だ。

山頂の洞窟寺院は圧巻!　MAP 下図-2A

フオン寺（香寺）
Chùa Hương　Perfume Pagoda

　ハノイ市街から南へ約65km、緩やかな岩山の中にあるフオン寺。毎年テト（旧正月）が明けた2月から3月の祭りの頃、多くの参拝者が集まる有名な寺だ。フオン寺（香寺）とはフオン山（Hương

ハノイ近郊図

鉄道
ハイウェイ
国道
0　20km
ヴィエットチー
ノイバイ国際空港
バックザン
ホン河
ドンキー P.310
バックニン
コーロア P.307
タンソン
ドゥオンラム P.310
ソンタイ
レマット P.40
タイ寺(天福寺) P.307
ザーラム空港
ドンホー P.309
タイフオン寺(西方崇福寺) P.307
ハノイ
ブッタップ寺 P.307 (筆塔寺)
ヴァンフック P.309
ハドン
バッチャン P.308
バンイエンニャン
ハイズオン
ダー川
ホアビン
クアットドン／タンロイ P.310
ムオンケン
ホン河
マイチャウ P.310
タンハ
フンイエン
フオン寺(香寺) P.306
ハーナム
ナムディン
タイビン
クアンホア
クックフオン国立公園 P.353
エメラルダ・リゾート・ニンビン P.354
ニンビン P.350
ランチャン
バックボ湾（トンキン湾）

✉ハノイからフオン寺へ1日ツアーに参加した。小舟からの景色は絶景だったが、問題は下船時。チップを支払うことが習慣になっているとのことで、同乗したドイツ人がドルで渡したところ、こぎ↗

Sơn：香山）に散在する13の寺を総した呼び方で、このあたり一帯は仏教の聖域とされている。

駐車場近くから小舟に乗り、川を約１時間30分上ると、フオン寺のある岩山に到着する。この小舟から眺める、水田と石灰岩の山々が連なる景色は水墨画のようにすばらしい。寺を参拝することに大きな意味をもたない外国人旅行者にとっては、この小舟からの景色こそがフオン寺のハイライトかもしれない。

大きく口を開けたような山頂の洞窟寺院の入口

小舟を降り、各寺を参拝しながら急な斜面の岩の道を上ること約１時間30分（ゴンドラもある）、入口が直径50mはあろうかという洞窟寺院にたどり着く。長い年月を経てできた巨大な鍾乳洞が見せる、その神秘的で崇高なさまは感動的だ。触れると金運がよくなる、子宝に恵まれるなど御利益があるといわれる鍾乳石もある。

（前ページから）
営旧暦１〜３月末：4:00〜20:00（それ以外は運行時間が頻繁に変更になるため現地で要確認）
休無休
料往復18万ドン、子供（身長110cm以下）12万ドン。片道12万ドン、子供（身長110cm以下）９万ドン

ハノイ中心部から車で約１時間30分。車のチャーターは１日で70US$〜。ハノイ中心部からツアー利用が便利。

※寺までの道は足場が悪い所もあり、非常に滑りやすいので、スニーカーなどの歩きやすい靴で。またスリが多く、特に暗い洞窟内は要注意。

★国宝の十六羅漢像は必見 MAP P.306-1A

タイフオン寺（西方崇福寺）

Chùa Tây Phương　Tay Phoung Pagoda

ハノイ市街から西へ約30km、水牛の姿に似ているといわれる小さな丘の上に建つ寺。約230段の階段を上ると、頂上には３つの祠堂が平行に並んだタイフオン寺が姿を現す。梁に施された彫刻や、堂内の仏像には芸術的に優れた物もあり興味深い。創建は３世紀頃とされ、その後、増改築が繰り返されてきたが、現存する最も古い建物は８世紀頃の物だと考察されている。

タイフオン寺（西方崇福寺）
住184 Thạch Xá, Huyện Thạch Thất
☎なし　開7:00〜17:00
休無休　料１万ドン

ハノイ中心部から車で約１時間。車のチャーターは半日で45US$〜。ハノイ中心部からツアーもある。

本堂内にはジャックフルーツの木に彫られた十六羅漢像が並び、信仰の対象になっている

★水上人形劇発祥の地との説がある MAP P.306-1A

タイ寺（天福寺）

Chùa Thầy　Thay Temple

ハノイ市街から西へ約20kmの所に、仏陀と18人の阿羅漢（あらかん）にささげられたタイ寺が建っている。阿羅漢像の右側に、12世紀に実在した高僧（マスター）、トゥー・ダオ・ハインの像もあり、英語ではマスター・パゴダとも呼ばれている。正面の池の中央には歴代の王たちが寺の正面門付近から観賞した、水上人形劇のための舞台が造られている。現在でも祭りの際に、水上人形劇が行われることもある。

タイ寺（天福寺）
住Sài Sơn, Huyện Quốc Oai
☎なし　開6:00〜17:00
休無休　料１万ドン

ハノイ中心部から車で約40分。車のチャーターは半日で65US$〜。ハノイ中心部からツアーもある。

★ベトナム仏教美術の傑作が眠る古刹 MAP P.306-1B

ブッタップ寺（筆塔寺）

Chùa Bút Tháp　But Thap Pagoda

ハノイから東へ約25km、バックニン省ののどかな田園の中に、ぽつんとブッタップ寺が建っている。建立されたのは17世紀頃と考えられており、筆のような姿の五重塔が、寺院の名前の由来だ。建立当時の姿を保っていると考えられ、木彫りの千手観音像や修行僧の姿も、表情豊かで芸術的に貴重な物だ。

ブッタップ寺（筆塔寺）
住Bút Tháp, Huyện Thuận Thành, Tỉnh Bắc Ninh
☎なし　開24時間　休無休
料無料

ハノイから車で約１時間。車のチャーターは半日で70US$〜。ハノイからツアーもある。

境内には石造りの架け橋や五重塔などがあり、木造と石造が混在している

★ベトナムで最も古い都城があった場所 MAP P.306-1B

コーロア

Cổ Loa　Co Loa

ハノイ市街から約18km北にある村。紀元前３世紀頃、アウラック国（Âu Lạc：甌駱国）の王、アン・ズオン・ヴオン（An Dương Vương：安陽王）によって建築された数km四方に及ぶ都城があった

↘手の女性は「ドルではだめだ。ドンでくれ」と怒りだし、舟を揺らして降りられないようにされた。結局２万ドンを渡して降りたが、先に渡したドルは返そうともしなかった。（神奈川県　ヒロ）['23]

が、現在はいくつかの寺と祠、亭などが点在するのみ。村は小さく、各見どころは数百mの範囲に集中しており、徒歩で十分見学できる。歴史や考古学に興味がなくても、ハノイの喧騒を忘れ、アウラックの時代に思いをはせながら散策するのもいいかもしれない。毎年、旧暦の1月6日には、アン・ズオン・ヴオンをしのぶ盛大な祭りが催される。

郊外の町

リー朝から続く陶器村

MAP 下図、P.306-1B

バッチャン

Bát Tràng

ハノイ市街から約10km南東へ行ったホン河沿いのバッチャン村は陶器の村として有名で、外国人旅行者の人気を呼んでいる。今もこのあたり一帯ではれんが作りの窯があちこちで見られるが、もともとこの村はれんが作りが盛んだった。陶磁器生産が盛んに行われるようになったのは15世紀頃からで、今では大小約100軒の工房がある。村の人口約5000人のうち9割近くが陶器作りを行っている。村はゆっくり歩いても30分ほどで回れる大きさで、通りには陶器の店が並んでいる。路地の壁には、窯焚き用の泥炭を張り付けて干す光景も見られる。外国人旅行者の増加にともない、観光客用の店も増え、村の景観も変わりつつある。それでもほとんどの店は卸を生業としているため、ハノイ市街より価格は若干安く、落ち着いて買い物が楽しめる。また、バス停の横と前にはバッチャン焼物市場があり、100軒ほどの小さな店が並ぶ。

バッチャンの見どころ Sightseeing

2022年にオープンした新名所

MAP 上図

★★★ ベトナム工芸村センター

Trung Tâm Tinh Hoa Làng Nghề Việt The Center for Vietnamese Craft Village Essence

ろくろで陶器を成形する様子に着想を得たという奇抜な館内には、バッチャン村や陶器の歴史についての博物館や陶芸体験ができる施設、レストランやカフェ、ショップなどがあり、屋上には休憩スペースも完備。

焼窯や製造工程に関する展示

コーロア

開8:00～17:00 休無休
料3万ドン

ハノイ中心部から車で約40分。車のチャーターは半日で50US$～。ハノイ中心部からのツアーを催行しているのは一部の旅行会社に限られる。また、ザーラム・バスターミナル（MAP P.341-1D参照）から路線バス15番、ロンビエン・バスターミナル（MAP P.343-1D）から路線バス17番、ミーディン・バスターミナル（MAP P.340-2A）から路線バス46番でも行ける。

バッチャンの市外局番 024

バッチャン

ハノイ中心部から車で約20分。車のチャーターは半日で25US$～。ハノイ中心部からツアーもある。また、ロンビエン・バスターミナル（MAP P.343-1D）から路線バス47A番、47B番で行ける。47A番バスは終点下車。ともに片道7000ドン、所要約40分。

バッチャンと日本とのかかわり

バッチャン焼と日本とのかかわりは古く、16世紀頃には日本にも輸出され、茶人たちに愛用されていた。当時、日本人が注文したトンボをモチーフにした絵柄は、その後ベトナムでも一般的になり、現在でも数多く生産されている。

バッチャン焼物市場（→P.309欄外）は圧巻の品揃え

ベトナム工芸村センター

住28 Thôn 5, Bát Tràng
☎086-6959288（携帯）
URL tinhhoalangnghe.vn
開8:00～17:30（土・日曜～18:00） 休無休 料5万ドン

ベトナム人建築家による設計

バッチャンのショップ Shop

LCホーム
LC Home

陶磁器
MAP 上図

住34 Xóm 5, Bát Tràng ☎(024)38788222
営8:00～16:30
休無休 カード不可

熱に強く、電子レンジや食洗器に対応した、新しいタイプのバッチャン焼「ニュー・バッチャン」を製作する工房兼ショールーム。レトロからモダンまで幅広いデザインと、小皿5万ドン～というリーズナブルな価格が魅力。

✉バッチャンへは路線バスがおすすめ。ロンビエン・バスターミナルから47A番で40分くらいだが、バッチャンは終点なのでわかりやすい。通勤・通学の時間帯だととても混み合うが、9:00以降に行き15:00に戻る↗

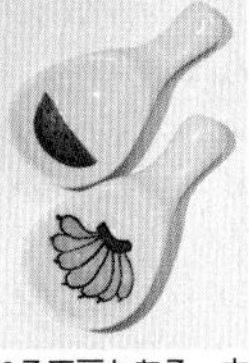

左／旅行者に絵付けの見学や体験をさせてくれる工房もある　中／レトロからモダンまで絵柄は種類豊富　右／洗練されたバッチャン焼の店「LCホーム」（→P.308）

40年ほど前までは20基以上が稼働していた妊婦窯。窯は1030㎡で「紅河窯」という名前がある

シルク織りの村として有名　MAP P.306-1A

ヴァンフック
Vạn Phúc

ハノイ市街の南西約10kmの所に位置するヴァンフック村は非常に小さく、村人の多くがシルク織物関係の仕事に従事している。各シルク工房はいずれも織機を数台稼動させる程度の家内工業だ。れんが敷きの入り組んだ小道を歩くと、各家々からは「ガタン、ガタン」と織機の音が響き、風情を感じさせる。思わぬ所で縫製工房や染色工房が発見できたりもする。シルク店の品揃えはハノイ市街の専門店には劣るが、価格は安めだ。

木版画制作の村　MAP P.306-1B

ドンホー
Đông Hồ

ハノイから東へ約30kmの所に位置するバックニン省のドンホー村。ここがみやげ物店で見かけるドンホー版画（→P.453）が制作されている村だ。版画制作が始まったのは16世紀頃からで、各家は代々継承された版木を持ち、村全体で絵画作りを行っていた。しかし、現在は村の人口約2000人のうち、約50人が版画刷りに携わり、制作だけで生計を立てている家は2軒のみになってしまった。

ドンホー版画は海外からも高い評価を得ており、グエン・ダン・チェ氏とグエン・ヒュー・サム氏は、日本でいえば無形文化財にあたる勲章を授与されたこともあるドンホー版画の第一人者。グエン・ヒュー・サム氏は2016年に他界したものの、両氏の工房は、観光客の見学を受け入れている。

工房では版画制作も見学できる（グエン・ダン・チェ氏の工房にて）

妊婦窯
Lò Bầu Cổ
Lo Bau Co
MAP P.308 住 Xóm 3, Bát Tràng
☎097-9236326（携帯）
開8:00～17:00　休無休
料無料

バッチャンに唯一残る登り窯（現在は使用されていない）が保存されている工房。登り窯とは、大量に陶器を焼成できるように斜面を利用し炉内を一定の高温に保てるよう工夫した窯のこと。その窯の形状が妊婦のおなかのように見えることから妊婦窯と呼ばれている。この工房ではその窯が見学でき、またろくろ回しや絵付けにも挑戦できる。カフェを併設。

バッチャン焼物市場
Chợ Gốm Làng Cổ Bát Tràng
Bat Trang Pottery Market
MAP P.308
☎086-8933169（携帯）
営店によって異なるが、だいたい8:00～18:00　休無休

ヴァンフック
ハノイから車で約30分。車のチャーターは半日で30US$～。ハノイからツアーもある。

ドンホーの市外局番 0222

ドンホー
ハノイから車で約1時間。車のチャーターは半日で50US$～。ハノイからツアーもある。

ドンホーの工房・ショップ　Shop

グエン・ダン・チェ氏の工房　版画工房
Nguyen Dang Che
住 Làng Đông Hồ, Tỉnh Bắc Ninh　☎(0222) 3865308
営6:30～17:00
休無休　カード

チェ氏は文化活動で各地へ赴くため、不在のことが多いが、彼の弟子たちが版画制作を行っている。

グエン・ヒュー・サム氏の工房　版画工房
Nguyen Huu Sam
住 Làng Đông Hồ, Tỉnh Bắc Ninh　☎(0222) 3865482
営7:00～17:00
休無休　カード不可

現在はサム氏の娘で女性初のドンホー版画家のオアイン（Oanh）氏が経営している。工房から徒歩約5分の所にファミリーのグエン・ヒュー・クア（Nguyễn Hữu Quả）氏の工房（☎(0222) 3873847）があり、見学も可能。

↘と車内はガラガラで快適。またバッチャンでの買い物は店によって値段は変わるが、小さい物をまとめて買うと値切れてお得。（埼玉県　かこ）['23]

ドゥオンラム
開7:00～17:00 休無休
料入村料２万ドン、15歳以下無料。料金を徴収しない寺や廟へは小額の喜捨を
ハノイ中心部から車で約１時間30分。ハノイ中心部からツアーを催行しているのは一部の旅行会社に限られる。車のチャーターは半日で40US$～。カウザイ・バスターミナル（MAP P.340-2B）から路線バス20B番バスでも行ける。終点のソンタイ（Sơn Tây）まで所要約１時間、9000ドン。ソンタイからタクシーで約10分（10万ドン前後）。村内は広く道が複雑なため、ガイドの同行が望ましい。
また、村内での写真撮影の際は、村人にひと言断りを入れること。
ドゥオンラム村観光情報センター
Văn Phòng Thông Tin Du Lịch Làng Cổ Đường Lâm
Duong Lam Tourism Information Office
☎(024) 33831080
URL www.duonglamvillage.com
見学、農業体験、伝統料理教室、地場産業体験などの問い合わせを受け付けており、またガイドの手配が可能。

ドンキー
ハノイから車で約１時間。車のチャーターは半日で20US$～。ツアーには組み込まれていないため、車をチャーターするしかない。
村で売られているのは家具のみで、みやげ物になるような小物は売られていないので要注意。

クアットドン／タンロイ
ハノイ中心部から車で約40分。車のチャーターは半日で30US$～。ツアーには組み込まれていないため、車をチャーターするしかない。狭いエリアに工房が集中していたり、みやげ物店が並んでいるわけではないので要注意。

マイチャウ
ハノイから車で約３時間30分。ハノイからツアーもある。

牧歌的な景観が広がる

数百年前から時の流れが止まったかのような村 MAP P.306-1A
ドゥオンラム
Đường Lâm

ハノイ市街から西へ約50km、田園地帯の一画にドゥオンラム村がある。村はモンフ、カムティン、ドンサン、ドアイザップ、カムラムの５つの集落からなる約800ヘクタールの広さで、約8000人が生活している。村内には数百年前に建てられた民家や井戸、寺、廟などが点在し、れんが敷きの小道が入り組んだ景観は訪れる者をノスタルジックな気分にさせてくれる。また、家具や衣服、祭りや食にも、昔ながらの独特な伝統文化が受け継がれており、村の長い歴史を感じさせる。

日本の大学やJICAを中心にドゥオンラム村の保存調査が行われ、村そのものがユネスコ・アジア太平洋遺産賞を受賞した。ハノイ市街からの日帰り旅行先として近年、密かな人気を博している。

右上／ツアーに参加すれば、築100年以上の民家見学も可能　左下／れんが敷きの小道やれんが造りの家が並ぶ　右下／畑仕事を終えた牛も帰路につく

螺鈿細工の技を伝える職人村 MAP P.306-1B
ドンキー
Đồng Kỵ

ハノイから北東へ約18kmの所に位置するバックニン省のドンキー村は木工家具で有名な村。通りには材木を満載したトラックや馬車が行き交う。螺鈿（らでん）細工の家具が並べられた店もあり、店のすぐ裏からはのこぎりや木づちの音が響いてくる。

数多くの刺繍製品が生まれる村 MAP P.306-1B
クアットドン／タンロイ
Quất Động ／ Thắng Lợi

ハノイ市街から南へ約25km、国道１号線沿いの小さな村、クアットドン村、タンロイ村周辺は伝統的な刺繍村として有名な所だ。ハノイ市街で見かける刺繍製品の多くはこの村周辺で制作されている。各家々が家族数人で働く工房になっていて見学もできる。ただし、訪れる際はしかるべきガイド、ドライバーの同行が必要となる。

少数民族に会える MAP 折表-1A、P.306-2A
マイチャウ
Mai Châu

ハノイから南西に約100km、ホアビン省のホアビンから、さらに約70km西のラオス国境に近い山岳地帯のマイチャウ周辺には、ターイ族やムオン族の村が点在している。マイチャウの近くのヴァン村をベースに、各村を歩いて回るツアーが人気だ。ラック村のターイ族の民家に宿泊し、ターイ族の料理や民族舞踊を楽しみ、暮らしの一端に触れる。早朝には町の市場見学に出かけ、珍しい山の幸や少数民族の人々の手作りの品々にも出合えるだろう。

✉ハノイからのツアーで陸路約４時間30分のマイチャウ（→上記）は、山間部の小さな村。昭和初期の日本の田園地帯を彷彿させる風景のなかでゆっくりできる。村の宿泊施設↗

インフォメーション ❀ INFORMATION

銀　行

●ベトコムバンク　Vietcombank

[本店]　MAP P.347-1D　住198 Trần Quang Khải
☎(024)39343137　営8:00～12:00、13:00～16:00
休土・日曜

USドルと日本円の現金の両替が可能（要パスポート）。窓口ではJCBカード、マスターカード、ビザカードでのUSドル、ベトナム・ドンのキャッシングが可能。また本店のみベトナム・ドンからUSドル、日本円へ再両替も可能。

※市内各所に支店があり、ATMではマスターカード、ビザカードでのベトナム・ドンのキャッシングも可能。

●VIB　Vietnam International Commercial Joint Stock Bank

MAP P.347-1C　住79 Hàng Trống
☎(024)39382180　営8:00～12:00、13:00～17:00（土曜～12:00）　休日曜

USドルと日本円の現金の両替が可能。入口にATMがあり、マスターカード、ビザカードでのベトナム・ドンのキャッシングが可能。

●両替商が並ぶ通り

MAP P.346-1A、1B

ハンザ・ギャレリアの南側のハーチュン（Hà Trung）通りには両替商が並び、USドル、日本円の現金の両替が可能。各店ともに銀行より若干レートがよい。数は少ないがハンガイ通り（MAP P.292-1A）、ハンバック通り（MAP P.345-2C）の金屋、銀屋にも両替可能な所がある。

おもな病院

●東京インターナショナル・クリニック
Tokyo International Clinic

MAP P.347-3D　住10F, Hanoi Tourist Bldg., 18 Lý Thường Kiệt　☎(024)36611919　URL www.tokyo-clinic.tokyo　営8:00～17:00　休日曜、祝祭日

日系クリニック。内科一般、小児科、消化器科、外科、皮膚科、泌尿器科、整形外科、心療内科などの診察が可能で、日本語で対応。日本人医師が常駐。無料送迎サービスあり。LINE ID：egaonoouchiから日本語で予約可能。

●ロータスクリニック ハノイ　Lotus Clinic Hanoi

MAP P.342-3B　住4F, D2 Bldg., Giảng Võ, Q. Ba Đình
☎(024)38170000　URL lotus-clinic.com　営9:00～12:30、14:00～18:00（土曜～13:00、予約受付8:30～12:00、13:30～17:30、土曜の予約受付～12:30）　休日曜、祝日

ホーチミン市にあるベトナム初の日系クリニックのハノイ分院。日本人医師と日本人看護師が常駐。一般内科をはじめ診療全般を行う。医療機器や設備も整っている。各種日系海外旅行保険会社のキャッシュレス対応も可能。予約優先なので、受診の際はまず電話連絡を（日本語対応可能）。

●さくらクリニック
Sakura Medical & Dental Clinic

MAP P.341-1C参照　住65 Trịnh Công Sơn, Q. Tây Hồ
☎(024)37181000　URL sakurahanoi.com
営8:30～12:30、13:30～18:00、歯科は9:00～13:00、14:00～18:00（土曜～13:00）
休日曜、祝祭日

日系の病院で一般内科、小児科などの総合診療のほか、歯科もある。日本人医師および日本人歯科医が常駐。

●ファミリーメディカルプラクティス・ハノイ
Family Medical Practice Hanoi

MAP P.342-2A　住298i Kim Mã, Q. Ba Đình
☎(024)38430748（緊急時は24時間対応）
URL www.vietnammedicalpractice.com
営8:30～17:30（土曜～12:30）　休日曜、祝祭日（緊急時は24時間対応だが時間外料金が必要）

一般内科、小児科、婦人科、整形外科、その他専門科の診療が可能。予約優先。日本人医師、日本人スタッフ常勤。

●ヴィンメック・インターナショナル・ホスピタル
Vinmec International Hospital

MAP P.341-3D参照　住458 Minh Khai, Q. Hai Bà Trưng
☎(024)39743556（代表）、090-2144455（日本語通訳、24時間受付）　URL www.vinmec.com
営8:00～12:00、13:00～17:00（土曜～12:00）
休日曜、祝祭日

内科、外科、小児科、産婦人科などが診察可能で、最新の医療機器が備わりハイレベルな手術も行える。日本語通訳が勤務。

●ラッフルズ・メディカル・ハノイ・クリニック
Raffles Medical Hanoi Clinic

MAP P.291-1A　住51 Xuân Diệu, Q. Tây Hồ
☎1900-545506（日本語対応）、(024)39340666
URL www.rafflesmedical.vn　営8:00～19:00（土曜～16:00）　休日曜、祝日

日本人内科・泌尿器科医の勤務時間は月～金曜8:00～19:00（水曜～12:00）。ほかにも婦人科と小児科の日本人医師が勤務（診療時間は要問い合わせ）。緊急の場合を除き予約制。

※緊急来院の場合でも事前に電話連絡しておくことが望ましい。6院ともにおもな海外旅行保険の会社と提携しており、基本的に加入者はキャッシュレスで治療が受けられるが、対象外の治療もあるため、事前に要確認。また、クレジットカード付帯の海外旅行保険は、基本的にキャッシュレスの対象外で、現地で治療費を支払い、帰国後に保険会社に請求することになる（各自で要確認）。さらにカード会社によって保険会社が違うため、事前に自分のクレジットカードに付帯されている保険会社名を確認しておこう。

↘はすべて民宿で、竹でできた高床式住居に宿泊する。ハノイの旅行会社からツアーが出ている。（東京都　宮嶋美香）['23]

おもな航空会社

●ベトナム航空　Vietnam Airlines
MAP P.346-2B
住25 Tràng Thi (1 Quang Trung)　☎1900-1100 (ホットライン)　営8:00～11:30、13:30～17:00　休無休
カード A D J M V

●ベトジェットエア　Vietjet Air
MAP P.342-2A
住302 Kim Mã, Q. Ba Đình　☎(024) 71082868
営8:30～19:30
休土・日曜　カード M V

●バンブー・エアウェイズ　Bamboo Airways
MAP P.340-2B
住22F, The West, 265 Cầu Giấy, Q. Cầu Giấy
☎1900-1166 (ホットライン)
営9:00～18:00　休無休　カード J M V

●日本航空　Japan Airlines
MAP P.340-2A
住1F, Hyatt Regency West Hanoi, 36 Lê Đức Thọ, Q. Nam Từ Liêm (ハイアット・リージェンシー・ウエスト・ハノイ内)　☎(028) 38422161 (日本語ホットライン)　営7:00～17:00
カウンター業務は行っておらず、電話対応のみ。

●全日空　All Nippon Airways
MAP P.347-1D
住9F, BIDV Tower, 194 Trần Quang Khải
☎(024) 39262808　営8:30～17:30
休土・日曜、祝日
カウンター業務は行っておらず、電話対応のみ。

●大韓航空　Korean Air
MAP P.340-2B
住14F, Discovery Complex, 302 Cầu Giấy, Q. Cầu Giấy　☎(024) 39347247　営8:30～12:00、13:30～17:30　休土・日曜、祝日　カード M V

●チャイナ・エアライン　China Airlines
MAP P.347-2D
住4F, Opera Business Centre Bldg., 60 Lý Thái Tổ
☎(024) 39366364　営8:00～12:00、13:00～17:00 (土曜～12:00)　休日曜　カード A J M V

●ラオス航空ブッキングオフィス
Lao Airlines Booking Office
MAP P.342-2A
住3 Liễu Giai, Q. Ba Đình
☎043-9425362 (携帯)　営8:00～12:00、13:00～17:00　休土・日曜　カード不可

郵　便

●国際郵便局
MAP P.347-2C　住75 Đinh Tiên Hoàng
☎(024) 38255948　営7:30～19:00　休無休
国際郵便・小包、切手販売の窓口がある。

●中央郵便局
MAP P.347-2C　住75 Đinh Tiên Hoàng
☎(024) 39333355　営7:30～19:00　休無休

おもな大使館

●日本国大使館
MAP P.342-2A　住27 Liễu Giai, Q. Ba Đình
☎(024) 38463000 (緊急時は365日24時間対応)
URL www.vn.emb-japan.go.jp
開8:30～17:15 (領事窓口8:30～12:00、13:30～16:45)
休土・日曜、原則としてベトナムのすべての祝祭日と日本の一部の祝祭日
※パスポートの新規発給、帰国のための渡航書の発給については→P.432。

●中国大使館
MAP P.343-2C　住46 Hoàng Diệu, Q. Ba Đình
☎(024) 38235569
開9:00～11:00、14:30～15:30　休土・日曜、祝日

中国ビザ申請サービスセンター
Chinese Visa Application Service Centre
MAP P.340-2B
住7F, Trường Thịnh Tower, Tràng An Complex, 1 Phùng Chí Kiên, Q. Cầu Giấy
☎(024) 32753888　URL www.visaforchina.cn
E-mail hanoicenter@visaforchina.org
開9:00～12:00　休土・日曜、祝日
日本国籍の場合、一般の観光ならビザなしで15日間の滞在が可能。それ以上滞在する場合は、中国ビザ申請サービスセンターへ。3ヵ月間以上滞在可能なビザを取得する場合は、残存有効期間が3ヵ月以上 (申請するビザの種類によって変わる) あるパスポート、顔写真1枚が必要。料金は所要4業務日が30US$ (3ヵ月シングル) ～60US$ (6ヵ月マルチ)、所要3業務日が各プラス25US$。

●ラオス大使館
MAP P.346-3B　住40 Quang Trung　☎(024) 39424576　開8:30～11:30、13:30～16:00　休土・日曜
日本国籍の場合、入国時点でパスポートに6ヵ月以上の残存有効期間があれば、ビザなしで15日以内の滞在が可能。30日間滞在できるアライバルビザ (40US$、写真2枚要) や、公式ウェブサイトからeビザ (50US$、所要3業務日) も取得可能。
URL application.visalaos.com/application
大使館では30日間滞在可能な観光ビザが取得可能。顔写真1枚が必要。料金は35US$。通常は申請の3業務日以降の受け取りだが、プラス5US$で翌日の受け取りが可能。

●カンボジア大使館
MAP P.346-3B　住71 Trần Hưng Đạo　☎(024) 39424789　開8:00～11:30、14:00～17:00　休土・日曜
空港でのアライバルビザ (30US$) またはeビザ (36US$、所要3業務日) が取得可能。どちらも30日間滞在可能な観光シングルビザ。eビザは以下公式ウェブサイトから申し込む。
URL www.evisa.gov.kh
大使館では30日間滞在可能な観光ビザが取得可能。顔写真1枚が必要。料金は50US$。申請から3～5業務日以降に受け取り。

旅行会社&ツアーオフィス TRAVEL OFFICE & TOUR OFFICE

インフォメーションセンター

●ツーリストインフォメーション
Tourist Information
MAP P.345-3C　住28 Hàng Dầu　休無休
MAP P.347-2C　住Lê Thạch　休土・日曜
☎なし　営9:00〜18:00　カード不可
　キオスクのような造りだが、れっきとしたハノイ市観光局が運営するツーリストインフォメーション。ハンザウ通りのセンターは、ベトナム・ツーリズム（→P.314）が催行するフリーツアーのブッキングカウンターを併設しており、カフェもある。ほかに空港の到着ホール（→P.280欄外）にもある。

旅行会社&ツアーオフィス

●HISハノイ支店
HIS Hanoi
MAP P.347-3C
住10F, Hong Ha Center Bldg., 25 Lý Thường Kiệt
☎（024）3923-3370
URL www.his-discover.com/vietnam
営8:30 〜 17:30
休土・日曜、ベトナムの祝日
カード A J M V （一部手数料が発生する場合あり）
　日本語可能なスタッフが在籍するツアーカウンター。国内のオプショナルツアーの申し込みや、スパやレストランの予約代行が可能。旧市街エリアまで徒歩約15分と立地もよい。アオザイレンタル（半日15US$）も行っており、アオザイを着て旧市街散策をするのもおすすめ。
[各種ツアー]
　ハノイお気軽半日観光（40US$）、ハロン湾とバッチャン村1日（200US$）、ホアルーとチャンアン終日観光（150US$）、ハノイの夜（65US$）、バッチャン半日観光（40US$）など。
※2名参加時のひとり料金。料金は一例で、シーズンなどによって変動する。

●TNK & APT トラベル JAPAN ハノイ支店
TNK & APT Travel JAPAN Ha Noi
MAP P.292-1B
住99 Hàng Gai
URL www.tnkjapan.com
LINE ID：https://lin.ee//bqUppns
営8:00〜20:00　休無休
カード J M V
　ハロン湾宿泊ボートの取り扱い数が豊富で、ハロン湾ボートのスペシャリストが在籍している。現地ツアーのほかにホテル予約、航空券、専用車チャーター、列車のチケット、サパ行きのバスの手配も可能。またハノイ発ツアーだけではなく、ニンビン発やサパ発、ハロン湾・ハイフォン発のツアーなど、さまざまなリクエストに合わせたツアーも豊富。ホーチミン市（→P.89）に本店がある。
問い合わせはウェブサイトまたは公式LINEから。
[各種ツアー]
　格安ハロン湾日本語ツアー（76US$）、高級ALOVA船ハロン湾日帰りツアー（120US$）、高級WONDER船ハロン湾日帰りツアー（144US$）、ホアルー&チャンアンツアー（113US$）、ハンムア寺&タムコックツアー（119US$）、ハノイ観光半日ツアー（42US$）、ナイトハノイツアー（59US$）、貸切ナイトハノイ（78US$）、ヴァンロンでの川下りと巨大寺院バイディン寺を巡るツアー（165US$）、寝台バスで行くサパ1泊2日ツアー（150US$）など。
※2名参加時のひとり料金。

●ウェンディーツアー
Wendy Tour（SMI-VN Travel Co., Ltd.）
MAP P.291-2B
住401, 62 Yên Phụ, Q. Ba Đình
☎093-8685778（携帯）
URL www.wendytour.com/vietnam
E-mail vietnam@wendytour.jp（日本語可能）
営9:00〜18:00
休土・日曜、ベトナムの祝日　カード V
　日本人スタッフが駐在し、全コース日本語ガイド付きのツアーを催行している。航空券やホテルの手配なども可能。
[各種ツアー]
　ハノイ市内半日（87万ドン）、バッチャン半日（70万ドン）、アオザイフォトツアー（300万ドン、アオザイレンタル、メイク、写真10枚、撮影代を含む）、チャンアン&ホアルー1日（280万ドン、昼食付き）、往復高速道路利用の日帰りハロン湾クルーズ（460万ドン、昼食付き）など10種類以上のツアーを行っている。前日までに要予約。
※2名参加時のひとり料金。

●スケッチトラベル ハノイ店
Sketch Travel Hanoi
MAP P.341-3D
住8F, 59 Phương Liệt, Q. Thanh Xuân
☎（024）7307-6068
URL vietnam.sketch-travel.com
E-mail vietnam@sketch-travel.com
営9:00 〜 12:00、13:00 〜 16:30
休土・日曜、祝日　カード J M V
　実績20年の老舗旅行会社。ハノイ発の日本語ガイドツアーやスパの予約、航空券の手配などが可能。日本語対応可能だがツアーデスク機能はないため、予約・問い合わせはウェブサイトから。
[各種ツアー]
　日帰りハロン湾クルーズ（175US$ 〜）、古都ホアルー&世界遺産チャンアン（105 US$ 〜）、バッチャン★ドンホー（45 US$ 〜）、マイチャウツアー（120 US$ 〜）、琉球ガラス工芸製作所訪問ツアー（90US$ 〜）など。
※2名参加時のひとり料金。

旅行会社&ツアーオフィス ✿ TRAVEL OFFICE & TOUR OFFICE

●シン・ツーリスト・ハノイ
The Sinh Tourist Hanoi
MAP P.345-2C　住52 Lương Ngọc Quyến
☎096-9690685（携帯）　URL www.thesinhtouristhanoi.vn　営7:00～22:00　休無休　カード A J M V（手数料＋3～4％）

ベトナムのおもな観光地に支店をもつシン・ツーリスト（以前のシン・カフェ）のハノイ・オフィス。観光地を結んだオープンツアーバスや各種ツアーを催行。航空券や鉄道チケットの手配も可能。

［各種ツアー］
ハロン湾1日（119万ドン～）、ハロン湾とカットバ・ビーチリゾート1泊2日（265万ドン～）、バイディン寺&チャンアン1日（109万ドン）、ホアルー&タムコック1日（109万ドン）、マイチャウ&モックチャウ1泊2日（129万ドン）、ハノイ・シティツアー（79万ドン）など、10種類以上のツアーを催行。
※ハノイにはシン・カフェ（現シン・ツーリスト・ハノイ）の看板を出す所が無数にあるが、ホーチミン市に本店があり、全国展開をしているシン・ツーリストのハノイ・オフィスは上記のみ。

●ハンドスパン・トラベル・インドシナ
Handspan Travel Indochina
MAP P.345-2C
住78 Mã Mây　☎(024) 39262828
URL www.handspan.com
営9:00～17:30　休土・日曜　カード A J M V

トレッキングやカヤック、マウンテンバイクなど各種アウトドアツアーに強い。ハロン湾カヤックなど、ユニークなエコツアーを主催している。

［各種ツアー］
ハロン湾シー・カヤッキング1泊2日（167US$～）、サパ・レジャー&トレック1泊2日（192US$～）など。

●トパス・トラベル・ベトナム
Topas Travel Vietnam
MAP P.291-1A
住12/70 Đặng Thai Mai, Quảng An, Q. Tây Hồ
☎(024)73070899　URL topastravel.vn
営8:00～17:00　休土・日曜　カード M V

サパにあるトパス・エコロッジ（→P.377）を運営するトパス・トラベルのハノイ・オフィス。ツアーや宿泊の相談、予約が可能。

［各種ツアー］
トパス・エコロッジとトパス・リバーサイドロッジに泊まる2泊3日のリトリートプラン（768万ドン）など。

バス会社

●キャメル・トラベル
Camel Travel
MAP P.349-3C
住459 Trần Khát Chân, Q. Hai Bà Trưng
☎(024) 36250659
営8:00～19:00　休無休　カード不可

ハノイ～フエ、ダナン、ホイアンなどへの寝台バスを運行する。40万ドン～。前日までに要予約。

●サパ・エクスプレス
Sapa Express
MAP P.345-3D　住70C Nguyễn Hữu Huân
☎(024) 66821555　URL sapaexpress.com
営6:00～21:00　休無休
カード不可

ハノイのオフィス～サパ中心部の支店間を結ぶバスを運行する。全24席の寝台バス（20US$）は毎日22:00発、全28席のリムジンバス（18US$）は毎日7:00発。所要約6時間。前日までに要予約。

●ダイイチ・トラベル
Daiichi Travel
MAP P.345-3D　住96 Nguyễn Hữu Huân
☎096-1004709（携帯）　URL daiichitravel.com
営6:00～21:00　休無休　カード不可

ハノイのオフィスからカットバ島（30万ドン）、ハザン（25万ドン）、ハロン湾（20万ドン）、サパ（25万ドン）へのバスを運行するほか、ニンビン～サパ、ニンビン～ハザンなど珍しいルートも運行。ミネラルウォーターとお菓子付きでバスの乗務員は英語も可能。

国営旅行会社

●ベトナム・ツーリズム
Vietnam Tourism
MAP P.347-2C　住43 Tràng Tiền
☎1900-558865（ホットライン）

学生のボランティアガイドが英語で案内する、市内フリーツアーを催行している。旧市街、コロニアル建築、寺院や教会などの史跡を歩いて巡るふたつのコースがあり、各所要約1時間30分～。申し込みは下記のカウンターで。

［フリーツアー・オペレーション&ブッキングカウンター］
MAP P.345-3C　住28 Hàng Dầu（ツーリストインフォメーション内）　☎033-6678438（携帯）　営9:00～17:00（フリーツアーは前日までに要予約）　休不定休
※最少催行人数は1名。最大10名まで。

たいへん混み合うので予約は早めに

旧市街ツアーでは、特色ある通りを歩きながら名産品や歴史について解説してくれる

✉スマホ片手にグラブのバイクタクシーを待っていると、「お待たせ」といったしぐさで目の前にグラブの制服を着たバイクが止まりました。でも続けてもう1台が到着。1台目は偽者でした。乗る↗

Column 乗り降り自由の市内周遊バス

オープントップのダブルデッカーバスに乗って、音声ガイドを聞きながら観光名所を見て回る「ホップオン・ホップオフ」を使えば、見どころが点在するハノイの市内観光がぐんと楽に。2024年3月現在、2社が運行しており、チケットの有効期間や料金、ルートが異なる（MAP P.342～343参照）。

●ベトナム・サイトシーイング Vietnam Sightseeing

ベトナム・サイトシーイングが運営する赤色の車体のダブルデッカーバス。降車ポイントは14ヵ所（金曜午後～日曜は郵便局前とハノイ大教会前は通らない）、1周約80分。日本人による日本語音声ガイドを採用しており理解が深まる。Wi-Fi無料。

チケットブース＆出発場所

MAP P.343-3D　住51 Lý Thái Tổ　☎1900-558865（ホットライン）　URL vn-sightseeing.com　営9:15～17:15に30分間隔、19:30発に運行。チケットブースは8:30～19:00　休無休

料24時間42万9000ドン、48時間59万9000ドン、19:30発のナイトツアー18万ドン（19:30発は当日19:00までに要予約）　カード M V

●ハノイ・シティツアー　Hanoi City Tour

赤い車体のダブルデッカーバス。降車ポイントは13ヵ所、1周約60分。

チケットブース＆出発場所

MAP P.343-2D　住ホアンキエム湖北側※土・日曜は市劇場（→P.300）前　☎083-4828833（携帯）

URL hopon-hopoff.vn

営8:30～17:00に30～45分間隔、途中下車不可のナイト・シティツアーは17:30～21:30に運行。チケットブースは8:30～21:30（土・日曜～20:00）　休無休

料4時間30万ドン、24時間45万ドン、48時間65万ドン、ナイト・シティツアー15万ドン　カード不可

チケットブースのほか車内でもチケット購入可能

上／車内でのWi-Fi無料。ミネラルウオーター1本もサービス　左／ホアンキエム湖北側にあるチケットブース

Column ハノイ発のオプショナルツアー

ハノイを中心としたベトナム北部には、特異な自然景観を生かしたさまざまな観光地がある。それらへはハノイの旅行会社からツアーが催行されており、各社ともに、安さ、豪華さ、日本語ガイド付き、各種オプション付きなど、オリジナル色を出したツアーを企画し、外国人旅行者に利用されている。以下にハノイの旅行会社で聞いた外国人旅行者に人気のオプショナルツアーを記してみたので、旅行の参考にしてほしい。

第1位：ハロン湾（→P.356）

「世界遺産」というブランド価値もあり、圧倒的な人気。晴れてよし雨降ってよし、夏もいいし冬もいいと、どんな条件でもそれなりの姿を見せてくれる。調査によるとハノイを訪れる外国人の90%以上がハロン湾を訪れるという。ハノイからの日帰りツアーは時間のない日本人には大人気。ほかに、カットバ島を含めた1泊or2泊ツアー、豪華客船での船上1泊or2泊ツアー（→P.362）なども欧米人には人気だ。

第2位：ニンビン（→P.350）

"陸のハロン湾"とも呼ばれる風光明媚な奇岩群が楽しめ、ハノイから日帰りが可能。これらの奇岩群を含むエリア一帯は「チャンアン複合景観」としてベトナム初の世界複合遺産に登録されている。

第3位：サパ（→P.369）

都市部とは別世界のような少数民族の暮らしに触れられるとあって、欧米人に大人気。ハノイを訪れる欧米人の70%が訪れるとの統計もある。ただし、ハノイから距離があり、最低でも3泊はみておきたい。

前記のツアーをメインに日程に組み込み、さらにフオン寺ツアー（→P.306）、バッチャン・ツアー（→P.308）、ハノイのおもな見どころがぎゅっと詰まった市内ツアー、ディナーと水上人形劇などをセットにしたナイトツアーなども、日帰りor半日とお手軽に参加できておすすめだ。また、この1～2年、在住者を中心にドゥオンラム・ツアー（→P.310）とゴルフツアーの人気がじわりじわりと高まっている。

山あり海あり歴史ありと、さまざまな姿を見せてくれるベトナム北部。オプショナルツアーをうまく活用して、旅行にオリジナルのアクセントをつけよう。

↘前に必ず、自分が呼んだバイクなのか確認したほうがいいと思いました。（和歌山県　マコ　'23）

気取らないベトナム家庭料理が味わえる

タムヴィ

Tam Vi

ベトナム料理

MAP P.343-2C

ベトナムの懐かしくも味わい深い家庭料理が楽しめるレストラン。日本人が思い描く「ベトナム料理」とは少し違うかもしれないが、ベトナムの家庭では定番のメニューをラインアップ。古いベトナムの邸宅を模したインテリアが上品に配置された店内席と、緑豊かなテラス席がある。人気店のため事前予約を。予約は当月分のみで、月初めの予約がおすすめ。ただしベトナム語のみなので、現地旅行会社や宿泊予定のホテルなどを通じて電話してもらうしかない。写真付きメニューあり。

中央は豚肉のカリカリ焼き（14万8000ドン）

住4B Yên Thế, Q. Ba Đình
☎096-6323131（携帯）
営11:00～14:30、17:00～22:00
休無休
カード M V
予約要予約

古民家風の心地よい空間

文廟横に建つ、世界のグルメ絶賛の名店

ザー

Gia

ベトナム料理

MAP P.343-3C

2023年、ベトナムで初めてミシュランガイドが星付きレストランを発表したうちの1店だが、ここがナンバーワンとの美食家たちの呼び声も高い。海外で腕を磨いたふたりのベトナム人シェフが生み出す創作ベトナム料理は、食感と素材の味のコンビネーションが絶妙で、芸術品のような精緻な盛りつけが特徴。12種類のセットメニュー（309万ドン～）のほか、お得なランチセット（140万ドン）も。ミシュラン掲載以降は極めて予約が難しいが、ぜひ訪れてみたい。

ディナーはアルコールのペアリングコースもある

住61 Văn Miếu, Q. Đống Đa
☎089-6682996（携帯）
営11:30～14:30、18:00～23:00
休日・月曜　料税・サ別
カード M V
予約要予約

内装は、昔ながらのタウンハウスをイメージ

驚きのひと皿に出合えるハス料理

センテ

Sente

ベトナム料理

MAP P.344-3A

ハスのモザイク画が目を引くかわいらしい内装が印象的なこのレストランは、ハスの実や茎、レンコンなどすべての料理にハスを使った、ありそうでなかったハス料理専門店。食感や味の変化が楽しめるよう、ハスとともにさまざまな食材を組み合わせた独創的な料理の数々は、新鮮な驚きを与えてくれる。玄米やたっぷりの野菜を使ったヘルシーな料理にこだわっているのも特徴だ。食後にはハスミルク入りココナッツコーヒーや、ハスの実を包んだタピオカ入り玄米&ハスの実ドリンクを。料理は8万5000ドン～。メニューは写真付き。

手前はオーストラリア産牛カルビ入り玄米ご飯（Cơm Gạo Lứt Dẻ Sườn Bò Úc、13万5000ドン）

住20 Nguyễn Quang Bích
☎098-9823412（携帯）
営10:00～14:00、17:30～22:00
休無休　料税別
カード D J M V
予約望ましい

中庭からの陽光が程よく差し込むレトロな店内

各データ欄の「税・サ別」は、税・サービス料別途のことを意味し、税（VAT）は10%です。サービス料は通常5%です。

レストラン Restaurant

ホアンキエム湖ビューならこの店

カウゴー

ベトナム料理

Cau Go

MAP P.345-3C

オーセンティックなベトナム料理を供するホアンキエム湖畔の人気レストラン。ベトナム料理の定番であるバナナの花と鶏肉のサラダ（15万ドン）や春巻の盛り合わせのほか、揚げ豆腐や魚の煮付けなどの家庭料理もおいしい。寒い時期はダラット名物のバートア風牛鍋（Lẩu Bò Ba Toa、35万ドン／2人前）や鶏鍋のラウ・ガー・ラー・エー（→P.39、29万ドン／2人前）といった鍋料理もおすすめ。6階にはウッドデッキの広々としたテラス席があり、夜風に吹かれながらすばらしいレイクビューとともに食事が楽しめる。

エビと豚肉の生春巻、フォー生地の生春巻などは人数に合わせて注文できる

住6-7F, 9 Đinh Tiên Hoàng（レストラン「Fu Rong Hua」内のエレベーターを利用用） ☎083-8332688（携帯）
営10:00～22:00
休無休 料税・サ別
カード A J M V 予約ディナーは要予約

テラス席は人気なので早めに予約を

ハノイならではの薄味が素材の風味を引き立てる

ソイ・コム

ベトナム料理

Xoi Com

MAP P.340-3B

決して凝った調理法や高価な食材を使っているわけではないが、どこか家庭のあたたかみを感じさせる、北部の家庭料理が食べられる。メニューは一応あるが、旬の食材を使った日替わり料理がメインなので、店員におまかせするのがおすすめ。ご飯は昔ながらの素焼きの土鍋と竹の箸で供され、使い方の説明書が付くのも楽しい。内装は1970年代頃のハノイの家庭の居間をイメージ。個人のお宅でごちそうになっている気分に浸れる。スープや前菜は6万ドン～、メインは10万ドン～と価格もリーズナブルだ。

あれもこれも、一般家庭で普通に出てくる品々だ

住Ngõ 36, 170 Láng Hạ, Q. Đống Đa
☎086-6810736（携帯）
営10:30～14:00、17:30～21:00
休無休
カード不可
予約不要

大通りから路地を50mほど入った左手にある

五感を使って楽しめる珠玉のコース料理

トゥン・ダイニング

創作料理

T.U.N.G Dining

MAP P.346-2B

フィンランドの大学を卒業後、ヘルシンキやコペンハーゲンのミシュラン獲得レストランで働きながら料理を学んだ新進気鋭のベトナム人シェフ、ホアン・トゥン氏によるファインダイニング。季節ごとに変わるメニューは一品一品が斬新で個性的。約20品のコースが245万ドン。店名の「T.U.N.G」とはツイスト、ユニーク、ナチュラル、ガストロノミックの頭文字を取った略語。その名のとおり、北欧とアジアを融合させた驚きの食体験が待っている。完全予約制で、予約はウェブサイトから。

旬の食材を取り入れたコースは3～4ヵ月ごとに変わる。写真はアンコウのリンゴ仕立て

住2C Quang Trung
☎085-9933970（携帯）
URL www.tungdining.com/reservation
営18:00～23:00
休月曜、祝日 料税・サ別
カード A D M V 予約要予約

店内は北欧風のインテリア。カクテルバーの「Kuusi」を併設している

Voice 「センテ」（→P.316）は、ハスの実とココナッツ風味のコーヒー（5万5000ドン）などドリンク類もオリジナリティあふれるメニューが多い。

看板メニューの田ガニ鍋が絶品
モッチンボンサウ
1946

ベトナム料理
MAP P.343-1C

店名の1946年は第１次インドシナ戦争が勃発した、ベトナムの転換期ともいえる時代。そんな1946年頃のベトナム料理を楽しめる、ノスタルジックなレストラン。おすすめはトマトベースのスープに、カニ肉＆カニ味噌、揚げ豆腐、牛すね肉、たっぷりのハーブや米麺などを入れて食べる田ガニ鍋（Lẩu Cua Bồng Rượu、35万ドン～）。コクのあるスープにトマトのさわやかな酸味が加わり何とも贅沢。田ガニの素揚げ（Cua Đồng Rang Muối、８万5000ドン）など、おつまみにぴったりなメニューも豊富。

田ガニの素揚げのクリスピーさは癖になる食感

住3 Ngõ Yên Thành, 61 Cửa Bắc, Q. Ba Đình
☎(024)62961946、090-9661946（携帯）
営9:30～22:30　休無休
カード J M
予約望ましい

路地裏にある隠れ家レストラン。内部はインドシナ様式で、２階席もある

カジュアルなのに本格派
チャオバン
Chao Ban

ベトナム料理
MAP P.291-1A

近年、惜しまれつつ閉店した人気のベトナム料理店「マダム・ヒエン」で腕を振るったシェフとスタッフによるレストラン。フレンチビストロのようなおしゃれな雰囲気のなか、ていねいに作られたベトナム料理が味わえる。人気はバナナの葉で蒸し焼きにしたスズキにパッションフルーツソースをかけた、スズキのバナナの葉包み焼きや、ハノイ風揚げ春巻（６万5000ドン）など。家庭料理のような優しい味わいのベトナム料理にファンが多い。日本語メニューあり。

ランチセットは２品コースが21万ドン、３品コースは25万ドン

住98 Tô Ngọc Vân, Q. Tây Hồ
☎(024)36333435
営11:00～14:30、17:30～21:00
休無休
カード J M V
予約望ましい

こぢんまりとした隠れ家レストラン。テラス席もおすすめ

ベトナム全土の料理が大集合
クアンアン・ゴン
Quan An Ngon

ベトナム料理
MAP P.346-2A

「安くておいしいベトナム料理を食べるならここ」と、地元の人や在住外国人が太鼓判を押す人気のレストラン。100種類以上のメニューがあり、生春巻やバイン・セオ（→P.38）など、ハノイでは意外と見かけない南部の定番料理や、ホイアンの名物麺のカオ・ラウ（→P.37）、ストリートフード、海鮮、鍋までベトナム全土のメニューを網羅。開放的なテラス席で屋台風のライブキッチンを眺めながら、ベトナムのグルメツアーを楽しもう。前菜は３万5000ドン～、麺料理は７万ドン～、メインは20万ドン～。

豪華な内装の屋内席や大人数で楽しめるテラス席など気分で選べる

住18 Phan Bội Châu
☎090-3246968（携帯）
営7:00～21:30
休無休　料税別
カード A D J M V
予約不要

屋台を見て指さし注文もできる。これはハロン湾名物イカのさつま揚げの屋台

レストラン Restaurant

感動を呼ぶ精進料理

ウーダムチャイ

ヴィーガン料理

Uu Dam Chay

MAP P.346-3B

マントラが流れるアーティスティックな空間で、動物性食品を一切使用しないヴィーガン料理が楽しめる。えりすぐりの食材で作るベトナム＆タイ料理は見た目にも美しく、ヴィーガンとは思えないほど豊かな味わい。メニューによっては美肌効果やデトックス効果も期待できる。おすすめは花や果実で色付けした5色のおこわ（Xôi Mạn Đà La、19万5000ドン）やベトナム南部で食べられている花鍋（Lẩu Bông Gạo、35万5000ドン）など。写真付きメニューがあり、選びやすい。

手前は古代米と海苔を混ぜたご飯（Cơm Gạo Lức Rong Biển、13万5000ドン）

住55 Nguyễn Du
☎098-1349898（携帯）
営10:30～22:00
休無休
カード A J M V
予約望ましい

東洋と西洋を融合させたインテリア

湖を望むガーデン席が気持ちいい

ゴン・ガーデン

ベトナム料理

Ngon Garden

MAP P.346-3A

「クアンアン・ゴン」（→P.318）と同経営のガーデンレストラン。ベトナム全土の家庭料理や麺料理から、豪華な海鮮料理まで網羅するメニューの多彩さに加え、ラグジュアリーを追求したのが「ゴン・ガーデン」だ。熱帯の花や木々に包まれた、ハノイ最大規模のガーデンスペースが自慢。インドシナ様式の屋内席は雰囲気がよく、屋台形式のオープンキッチンや個室も完備。朝食、ランチ、ティータイムから夕食まで幅広く利用できるのも魅力的。前菜16万5000ドン～、メイン18万5000ドンくらいから。

スパイシーなシチューのようなスープのフォー・ボー・カイ（Phở Bò Cay、8万5000ドン）

住70 Nguyễn Du, Q. Hai Bà Trưng
☎090-2226224（携帯）
営6:30～21:00
休無休
カード J M V 料税別
予約湖側のテラス席は要予約

ティエンクアン湖畔に建ち、レイクビューも楽しめる

オペラハウスの舞台裏がコンセプトのダイニング

バックステージ

ベトナム料理

Backstage

MAP P.347-2D

カメラを構えるパパラッチ達が描かれたエントランスを抜けると、赤とゴールドを基調としたラグジュアリーできらびやかな別世界。そんな"舞台裏"で味わえるのはクリエイティブな北ベトナム料理。伝統のスタイルを守りつつ、素材使いやプレゼンテーションにひねりを加えた料理はどれも絶品だ。フォーやワンタンメン（各18万ドン～）といった名物麺のほか、サパのトラウトサーモンを使った生春巻（36万ドン）、ニンビンのヤギ肉シチュー（65万ドン）など北部の特産品にもトライしたい。朝食の食べ放題もある（92万ドン）。

オペラの衣装なども展示されている

住11 Lê Phụng Hiểu（カペラ・ハノイ内）
☎（024）39878888
営6:30～11:00、11:30～14:30、17:30～22:30 休無休 料税・サ別
カード A D J M V 予約要予約
ドレスコード スマートカジュアル

前菜は30万ドン～、メインは50万ドンくらいから

おしゃれな雰囲気で味わう創作ベトナム料理
ルックラック　ベトナム料理
Luk Lak　MAP P.347-3D

5つ星ホテルで20年以上のシェフ歴を誇るビン氏が腕を振るう。もち米を詰めたハトの五香粉グリル(Bồ Câu Nhồi Nướng Ngũ Vị、33万ドン)など、伝統的なメニューをモダンにアレンジした創造的なレシピが話題。食材へのこだわりはもちろん、四季折々の名物や地元の野菜を取り入れたメニューも多い。

個室や屋外席などもある

住4A Lê Thánh Tông　☎094-3143686(携帯)
営7:00〜23:00　休無休　カードADJMV　予約不要

キノコ鍋ブームを巻き起こした
アシマ　ベトナム料理
Ashima　MAP P.348-2B

ヘルシーなキノコ鍋、ラウ・ナム(→P.39)の専門店。スープ（15万ドン〜)、30種類以上あるキノコ（8万9000〜82万ドン)、肉、野菜などを煮込み、キノコからだしが染み出した頃に、ゴマ、ピーナッツ、塩をミックスしたたれで食す。

おいしくてヘルシーと地元の人にも観光客にも大人気

住182 Triệu Việt Vương, Q. Hai Bà Trưng
☎(024)73007318　営11:00〜22:00　休無休　カードJMV
予約望ましい
[支店] MAP P.342-2B　住60 Giang Văn Minh

ボリューム満点のチャー・カーは必食
タンタン　ベトナム料理
Tan Tan　MAP P.347-2C

常連客の多い北部家庭料理の店。分厚い切り身で食べ応えのあるチャー・カー・ハノイ（→P.35のチャー・カー・タン・ロン）が有名で、白身魚にはナマズを使用。コロッケのような味わいのタンタン風エビの揚げ春巻（Nem Tôm Tân Tân、2万5000ドン／1本)も人気。

チャー・カー・ハノイはひとりからでも注文可能。12万ドン

住2F, 15 Tràng Thi　☎(024)39342591　営10:30〜14:00、17:00〜21:00　休無休　カード不可　予約大人数は要予約

配給制時代のハノイを体験
クアハン・アンウォン・マウジック・ソー37　ベトナム料理
Cua Hang An Uong Mau Dich So 37　MAP P.343-1C

1976〜1986年の配給制時代をテーマにした店で、メニューはもちろん、店の雰囲気やホーローカップなど使われる食器も忠実に当時を再現している。食券ならぬ「配給券」を買ってから料理と交換するシステム。おすすめはエビや香草、発酵米をレタスで巻いたオリジナルの生春巻(15万ドン)など。

2023年に現住所へ移転

住136G Trần Vũ, Q. Ba Đình　☎(024)37154336
営9:00〜15:30、17:00〜22:00　休無休　カード不可　予約不要

ヤギ肉が味わえる大型レストラン
ニャットリー　ベトナム料理
Nhat Ly　MAP P.344-1A

ベトナムではポピュラーなヤギ肉料理が味わえる店。まずはヤギのおっぱい肉（Bẹ Sữa)、数種類のスパイスで漬け込んだヤギ肉（Dê Ướp Nướng、各15万ドン）などを焼肉で食べ、ヤギ鍋（Lẩu Dê、37万ドン〜）で締めるのが地元流。ヤギの脳みそ（Óc Dê）といった珍味も。

湯葉、クコの実やナツメなども入り滋養強壮効果たっぷりのヤギ鍋

住15A Hàng Cót　☎(024)39271434　営10:00〜15:00、17:00〜22:00　休無休　カードJMV　予約不要

カリッとしたバゲットがおいしい
バイン・ミー25　バイン・ミー
Banh Mi 25　MAP P.344-2B

口コミで人気に火がついたバイン・ミー店。屋台の向かい側にはカフェスペースがある。バイン・ミーは2万ドン〜で、炭火であぶったバゲットにパテ、焼き豚、ハム、ソーセージをはさんだタップ・カム（4万ドン)や豆腐のヴィーガン・バイン・ミー（4万ドン）がおすすめ。

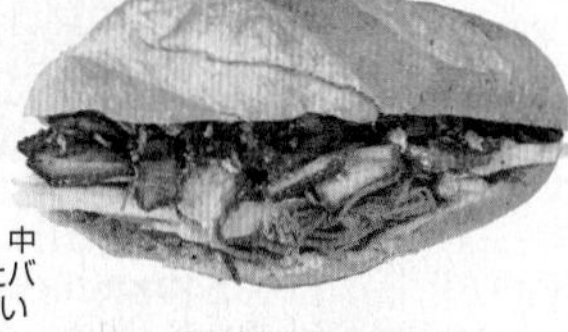
表面はカリッ、中はフワッとしたバゲットがおいしい

住25&30 Hàng Cá　☎094-2548214(携帯)
営7:00〜21:00　休無休　カード不可　予約不要

Voice! 人気が高い麺屋はいつも大混雑。隣接ないしは向かいにカフェがあれば、その店でドリンクなどを注文し、麺をカフェまで持ってきてもらうこともできる。

レストラン Restaurant

行列の絶えない人気フォー屋
ザーチュエン 麺
Gia Truyen MAP P.344-3A

ハノイで最も歴史があり、最もおいしいと評判のフォー・ボー（→P.36）が食べられる。ウェルダン(Chín、5万ドン)、レア(Tái、5万5000ドン)、牛バラ&レア（Tái Nạm、6万ドン）など。牛1頭を仕入れて前夜からスープを煮込み、麺も自家製で作りたてを使用。めったに列を作らないベトナム人が、開店と同時に並び始め、食事時には長蛇の列ができるほどの人気店だ。店頭で先払いし、料理を受け取ってから着席するシステム。

牛バラ&レアなら2種類のトッピングを同時に味わえる

住49 Bát Đàn
☎なし
営6:00～11:00、18:00～20:30（スープがなくなり次第閉店）
休無休 カード不可
予約不要

開店直後の朝6:00にすでに列ができ始める

こだわり続けた珠玉の一杯
フォー・ティン 麺
Pho Thin MAP P.349-1C

1979年創業の超人気フォー屋。メニューはサッと炒めた牛肉入りのフォー・タイ・ラン(Phở Tái Lăn、7万ドン)のみで、ネギとアサツキがどっさりと載る。本店はたいへん混み合うので食事時をずらしたほうがよいvスープがなくなり次第閉店となるので注意。

スープはこってり濃いめの味わい

住13 Lò Đúc, Q. Hai Bà Trưng ☎なし 営6:00～21:00
休無休 カード不可 予約不要 ［2号店］MAP P.340-3B
住19 Hoàng Ngọc Phách, Q. Đống Đa

鶏ガラスープのあっさりフォー
マイアイン 麺
Mai Anh MAP P.347-3C

創業40年を超える鶏肉フォーの専門店。看板メニューの肉団子入りフォー・ガー（→P.36）は中6万ドン、大9万ドン。あっさりヘルシーで特に女性に人気がある。トッピングには揚げパン（Quẩy、5000ドン）や卵（Trứng Gà、5000ドン）をぜひ。

鶏ガラを10～12時間煮込んで取るスープはうま味たっぷり

住32 Lê Văn Hưu, Q. Hai Bà Trưng ☎090-4196635（携帯）
営5:00～16:00 休無休 カード不可 予約不要

フォー・クオン専門店
フオンマイ ベトナム料理
Huong Mai MAP P.343-1C

麺を細切りする前のクレープ状の生フォーで具材をくるむフォー・クオン(Phở Cuốn）発祥の地にある人気店。周囲には同様の店が並ぶ。おすすめは揚げた生フォーに野菜・肉入りあんをかけた揚げフォー。同店はハノイでチェーン展開している。

揚げフォー（Phở Chiên Phồng）小サイズは7万ドン

住25 Ngũ Xã, Q. Ba Đình ☎094-9224068（携帯）
営9:00～23:00 休無休 カード不可 予約不要

北部の名物麺が味わえる
ミエン・バイン・ダー・クア・リークオックスー 麺
Mien Banh Da Cua Ly Quoc Su MAP P.344-1A

戦争中に不足する米の代替品として開発されたハノイの春雨ミエン(Miến)も、今やすっかり郷土の味。野菜やカニの身、ソーセージなどを載せて甘辛いたれをかけたミエン・チョン（Miến Trộn）はすき焼きに似て、日本人の舌に合う。

すり身にした田ガニがたっぷり載ったミエン・チョン3万5000ドン

住6 Phùng Hưng ☎なし 営8:00～20:00 休無休
カード不可 予約不要

ハノイのがっつりご当地麺
ダックキム
麺
Dac Kim　MAP P.344-3B

1966年創業のブン・チャー（→P.37、7万ドン）専門店。細い米麺ブンを、焼肉や肉団子、香草と一緒に、青パパイヤ入りヌックマムベースのたれに付けて食べるハノイ名物だ。一緒にカニ肉入り揚げ春巻（Nem Cua Bể、1本2万5000ドン）を。同店は肉も麺も盛りがいい。

写真付きのセットメニューから選ぶと楽

住1 Hàng Mành　☎(024)38285022　営8:00〜21:00　休無休　カード不可　予約不要　[支店]MAP P.346-1B　住67 Đường Thành

ハノイ名物のおこわを味わう
ソイ・イエン
ベトナム料理
Xoi Yen　MAP P.345-3D

ベトナム風おこわのソイ（Xôi）の専門店。ソイ・ゴー（トウモロコシ入りおこわ）、ソイ・セオ（ターメリックで色付けされ、緑豆ペーストを載せたおこわ）、ソイ・チャン（白おこわ）の3種類（各2万ドン）からベースのおこわを選び、トッピングを注文する。

トッピングは卵の煮付け（Trứng Kho、1万ドン）、チャーシュー（Thịt Xá Xíu、2万2000ドン）など

住35B Nguyễn Hữu Huân　☎(024)39263427　営6:30〜24:00　休無休　カード不可　予約不要

ひとりでも気軽に入れる
コム・フォー・コー
大衆食堂
Com Pho Co　MAP P.345-2C

地元ベトナム人、旅行者ともに人気のクアンコム・ビンザン（→P.41）。11:00〜14:00、18:00〜21:00の間は、定番から昆虫などの郷土料理まで店頭に約40種類のおかずが並ぶ。北部の家庭料理が味わいたいならこの時間帯に。英語の写真付きメニューもある。

ご飯の上に好みの野菜料理、豆腐料理、肉料理を1品ずつ載せて8万ドン〜

住16 Nguyễn Siêu　☎036-8192826（携帯）　営10:30〜14:00、17:30〜21:00　休無休　カード J M V　予約不要

バックパッカーに人気の食堂
ニュー・デイ
大衆食堂
New Day　MAP P.345-2C

英語メニューがあり英語も通じるクアンコム・ビンザン（→P.41）。明朗会計で、食事時は欧米人で満席となる。各種おかずは小皿が2万ドン〜、大皿が野菜3万ドン〜、肉類5万ドン〜。手頃な料金でベトナムの庶民の味がおなかいっぱい食べられる。

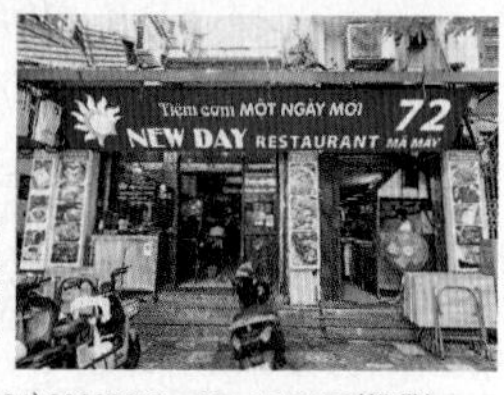

ひとりなら皿にご飯とおかずを載せたコムディア・スタイル（ぶっかけご飯）も可能。目安は9万ドン〜

住72 Mã Mây　☎(024)38280315、091-3312772（携帯）　営10:00〜22:30　休無休　カード J M V　予約不要

上質のワインが豊富に揃う
コレット
フランス料理
Colette　MAP P.345-3D

フランス料理とワインをカジュアルに楽しめるフレンチビストロ。32種類のワインがグラスでオーダーでき、飲み比べも楽しめる（グラス15万ドン〜）。おすすめはチーズフォンデュ、ラクレットなど。料理とマッチするワインがメニューに記載されているのでオーダーの参考に。

平日ランチは前菜とメイン、デザートのセットが39万5000ドン

住12 Lò Sũ　☎076-6253630（携帯）　営11:30〜23:00　休月曜　カード D J M V　料税別　予約望ましい

創意工夫のフュージョン・チャイニーズ
ペペ・ラ・プール
創作中華＆パスタ
Pepe La Poule　MAP P.291-2A

高級中華料理店で腕を磨いた日本人シェフによるカジュアルレストラン。何を食べてもおいしいと、在住外国人が足繁く通う。おすすめは本気麻婆豆腐（21万ドン）や四川担担麺（19万5000ドン）など。平日は、サラダ、メイン、ドリンク、デザート付きのランチメニュー（19万ドン〜）あり。

屋上からはタイ湖が望める

住22 Quảng Khánh, Q. Tây Hồ　☎(024)62912641　営11:00〜22:30（L.O.21:30）　休無休　カード J M V　予約要予約

✉ヤギの焼肉店が並ぶ界隈（MAP P.344-1B）へ行くと、ベトナム語で焼肉に使う肉の種類が4種類ほど書かれた看板がある。「Nam」という文字を指さし注文するとヤギのおっぱい焼肉が出てくる。店のスタ↗

レストラン Restaurant

スペシャルなチョコレートスイーツを召し上がれ
メゾン・マルウ・ハノイ カフェ
Maison Marou Hanoi MAP P.346-3B

ホーチミン市発のシングルオリジンチョコレートブランド「マルウ」のカフェ&ショップ。国内の6つの農園から直接仕入れたカカオを店内奥の工房で焙煎して作る、香り豊かなチョコレートスイーツやドリンク（9万ドン～）が観光の疲れを吹き飛ばしてくれる。

オープンキッチンのため、パティシエたちの奮闘ぶりも楽しめる

住91A Thợ Nhuộm ☎(024) 37173969 営9:00～22:00（金・土曜～22:30） 休無休 カード ADJMV 予約不要

タイ湖エリア散策の休憩に
アボス&マンゴー カフェ
Avos & Mango MAP P.291-1A

モーニングやブランチが人気のカフェ。マンゴーとアボカドを中心に、ハノイで楽しめる季節のフルーツをたっぷり使ったスイーツはどれも絶品で見た目もキュート。ショップスペースではローカルアーティストのプロダクトも販売している。

フルーツたっぷりのトースト（12万ドン）

住50/12 Đặng Thai Mai, Q. Tây Hồ ☎039-6834404（携帯） 営8:30～18:00 休無休 カード ADJMV 予約不要

フォトジェニックな人気カフェチェーン
コン・カフェ カフェ
Cong Caphe MAP P.292-3B

共産主義カラーに彩られたレトロカフェ。コンクリートの壁にプロパガンダアートがかけられ、古びた本が無造作に本棚に並ぶ。名物はフローズンココナッツミルク入りのココナッツコーヒー（Cốt Dừa Cà Phê、5万5000ドン～）で、コーヒーは2万9000ドン～。

左がココナッツコーヒー。夏にぴったり

住27 Nhà Thờ ☎086-9353605（携帯） 営7:30～23:30 休無休 カード不可 予約不要

古民家を改装した旧市街のカフェ
バンコン・カフェ カフェ
Bancong Cafe MAP P.345-3C

築100年以上の古い建物の雰囲気をそのままに、昔ながらの家具を配した和みのカフェ。エッグベネディクトなどの朝食メニュー（13万5000ドン～）やパスタといった食事メニューがおいしい。店は3フロアからなり、2階のテラス席からは通りを見下ろせる。

不思議な居心地のよさでゆったりとした時間が過ごせる

住2 Đinh Liệt ☎096-5300860（携帯） 営8:00～23:00（土・日曜～23:30） 休無休 カード MV 予約不要

エッグコーヒー発祥の店
カフェ・ザン カフェ
Cafe Giang MAP P.345-3D

エッグコーヒーとは、コーヒーに卵黄とコンデンスミルクのホイップクリームを注ぐという、1940年代のハノイで生まれたメニュー。ビターなベトナム・コーヒーとまろやかな甘いクリームがマッチして、まるでスイーツのような口当たり。ぜひ発祥のこの店で味わいたい。

エッグコーヒー（Cà Phê Trứng）は3万5000ドン。抹茶やオレオ入りといった変わり種もある

住39 Nguyễn Hữu Huân ☎091-7002299（携帯） 営7:00～22:00 休無休 カード不可 予約不要

体に優しくおいしい、素朴なチェー
チェー・ボンムア 甘味
Che 4 Mua MAP P.344-2B

ひっきりなしに地元客が訪れる、旧市街のローカルチェー屋。おすすめは冬季限定の白玉団子のチェー（Bánh Trôi Nóng、2万ドン）。もっちりとした生地にぎっしりと黒ゴマペーストが詰まった白玉団子にココナッツミルクをかけた温かいスープチェーは、体も心も温めてくれる。

古代米の黒米と甘いヨーグルトを合わせたチェー（Sữa Chua Nếp Cẩm、2万5000ドン）

住4 Hàng Cân ☎098-4583333（携帯） 営9:00～24:00 休無休 カード不可 予約不要

↘ッフが目の前で焼いてくれるので安心。かなり脂っこいので、フランスパンを同時に注文して一緒に食べるといいと思う。現地の人もそうしていた。（大阪府　吹田A.U.）['23]

レストラン Restaurant

フルーツを使った甘味店
ホアベオ 甘味
Hoa Beo MAP P.344-3B

いつも地元客でにぎわっている甘味店。フルーツのチェー、ホア・クア・ザム(→P.46)をはじめ、フルーツにソフトクリームが載ったホア・クア・ケム(Hoa Quả Kem、4万ドン)、角切りのマンゴーが山盛りのピンス風かき氷(6万ドン)など、どれもおいしい。写真付きメニューあり。

ホア・クア・ザム(3万ドン)

住17 Tô Tịch ☎093-7541988(携帯)
営10:00～23:30 休無休 カード不可 予約不要

現存するハノイ最古のカフェ
カフェ・ディン カフェ
Cafe Dinh MAP P.345-3C

ホアンキエム湖に面した商店の奥にある、暗く狭い急な階段を上った2階の店内に足を踏み入れると、時が止まったかのようなレトロな空間が広がる。同店の始まりはフランス統治時代の自転車でのコーヒーの歩き売り。長きにわたりハノイの知識層に愛されてきた。コーヒーが3万ドン～。

ホアンキエム湖を見晴らせるテラス席もある

住2F, 13 Đinh Tiên Hoàng ☎(024)38242960
営7:00～22:00 休無休 カード不可 予約不要

その他のレストラン Restaurant

ベジー・キャッスル ヴィーガン料理
Veggie Castle MAP P.343-1C
住7 Yên Ninh, Q. Ba Đình ☎086-6911741(携帯)
営11:00～14:00、18:00～21:30 休無休
カード不可 予約不要

肉や魚を一切使用しないヴィーガン料理のビュッフェを提供するカフェ。スタイリッシュな内装と、ひとり9万ドンというリーズナブルさで、ひっきりなしに客が訪れる。サラダ、ゆで野菜、炒め物、揚げ物、蒸し物などはどれも優しい味付けでつい食べ過ぎてしまいそう。

バイン・クオン・バー・ホアン ベトナム料理
Banh Cuon Ba Hoanh MAP P.348-2B
住66 Tô Hiến Thành ☎098-9083570(携帯)
営6:00～20:00 休無休
カード不可 予約不要

創業は約100年前と、ハノイ中心部で最も古いレストランのひとつ。プリプリ食感のバイン・クオン(→P.38)は、豚肉の練り物(Cha)入りの甘酸っぱい付けだれと相性抜群(セットで3万5000ドン)。焼き豚入りの付けだれセット(4万5000ドン)もある。

59ハンマー 麺
59 Hang Ma MAP P.344-2B
住59 Hàng Mã ☎094-2892895(携帯)
営10:00～16:00 休不定休
カード不可 予約不要

創業50年以上、旧市街の住人でも知る人ぞ知るブン・チャー(5万ドン)の老舗。ブン・チャーはもちろん、カニ肉入り揚げ春巻のネム・クア・ベー(3万ドン/1個)も絶品! 小さな店のため11:00～13:00頃のピーク時間を外して来店を。

スイ・カオ・トム・トゥオイ 麺
Sui Cao Tom Tuoi MAP P.344-2B
住22 Hàng Phèn ☎098-3213638(携帯)、093-7111898(携帯)
営6:30～21:00頃 休無休
カード不可 予約不要

ワンタンメン(Mỳ Vằn Thắn、→P.36)の人気店。ほんのり甘いだしの利いたスープに極細の中華麺、そして具がいっぱいの巨大揚げワンタンが絶妙の取り合わせ(4万ドン)。量が多く、食べ応えあり。

カフェ・フォー・コー カフェ
Cafe Pho Co MAP P.345-3C
住11 Hàng Gai(みやげ物店内の階段を上る)
☎(024)39288153
営8:00～23:00 休無休 カード不可 予約不要

フォー・コーとは旧市街という意味。古い中国式民家をカフェにした店は、旧市街ならではの風情。屋上からはホアンキエム湖が見下ろせる。メニューはコーヒー(3万5000ドン～)など。卵入りのエッグコーヒー(→P.323、4万5000ドン)が名物。

キンドー・ハノイ・カフェ 252 カフェ
Kinh Do Hanoi Cafe 252 MAP P.346-1A
住252 Hàng Bông ☎(024)38250216
営7:00～19:30 休無休
カード不可 予約不要

カトリーヌ・ドヌーヴが映画『インドシナ』の撮影時に通ったハノイの老舗カフェ。時代に取り残された感のある渋い店内、"甘い""濃い"とわかりやすい味のコーヒー(3万ドン～)やホームメイドのパンやケーキも、どこか懐かしい風情だ。

プク・カフェ&スポーツバー カフェ&バー
Puku Cafe & Sports Bar MAP P.346-1A
住16-18 Tống Duy Tân ☎(024)39381745
営24時間 休無休(まれに深夜閉店)
カード J M V 予約不要

ハノイでは貴重な24時間営業のカフェ&バー。店内の壁にはオールド・アメリカンの看板やポスターがかけられ、気取らないカジュアルな雰囲気のなか静かに会話が楽しめる。ビール4万ドン～、カクテル9万ドン～などのほか、食事もおいしい。

Voice! ハノイでジャズを聴きたいなら「ビンミン・ジャズ・クラブBinh Minh Jazz Club」。ベトナムのジャズ界第一人者、グエン・ヴァン・ミン氏が経営する老舗のジャズクラブだ。ライブは毎晩21:00～。↗

ナイトライフ Night Life

変わり種カクテルが味わえる
ネー・カクテル・バー　カクテル・バー
Ne Cocktail Bar　MAP P.346-1A

ハノイ発祥フォー・カクテル（26万ドン）を考案した名バーテンダーがオーナーのひとり。豆腐のデザートをアレンジしたカクテル（23万ドン）や早稲米（Cốm）を使ったカクテルなどハノイならではの変わり種カクテルが楽しめる。日曜21:30〜23:00はライブ演奏あり。

緑色の早稲米コム（Cơm）を使った甘めのカクテル

住3B Tống Duy Tân　☎079-3993934（携帯）　営19:30〜翌1:00（金・土曜〜翌2:00）　休無休　カードAMV　予約不要
［支店］MAP P.344-2A　住12 Cửa Đông

心地いい空間でカクテルを楽しむ
バンブー・バー　バー
Bamboo Bar　MAP P.347-2D

名門ホテルのバーながら、カジュアル使いもできるのが魅力。竹製のファンが回るオープンエアな空間で、チャーリー・チャップリン（29万ドン）やグレアム・グリーン（31万ドン）など、ホテルに宿泊した著名人の名を冠した創作カクテルを。モクテルや軽食もある。

茅葺き屋根が印象的。プールのすぐそばにあり開放感抜群

住15 Ngô Quyền（ソフィテル・レジェンド・メトロポール・ハノイ内）　☎（024）38266919　営6:00 〜 22:30　休無休　カードADJMV　料税・サ別　予約不要

ロマンティックなルーフトップバー
サミット　バー
The Summit　MAP P.343-1C

５つ星ホテルの20階から眺める360度の壮大なパノラマが自慢のバー。ハノイでも１、２の眺めを誇り、在住外国人の姿も多い。タイ湖側には広々としたバルコニーがあり、タイ湖に沈む美しい夕日が眺められる。カクテル（19万ドン〜）も種類が多くおすすめ。

バルコニーから眺めるサンセットはハノイでも屈指

住20F, 1 Thanh Niên, Q. Ba Đình（パン・パシフィック・ハノイ内）　☎（024）38238888　営14:00〜24:00　休無休　カードADJMV　料税・サ別　予約不要

ベトナム風居酒屋
ハイウエイ４　レストラン・バー
Highway 4　MAP P.345-3D

フルーツや米など十数種類のオリジナルの地酒（４種のサンプリングは11万5000ドン〜）とともに、北部料理が味わえる。アルコール度は45〜50度と強いが、果実酒をリキュールとミックスしたカクテルは飲みやすい。

地酒に合う郷土料理もバラエティ豊富。好みの地酒に合う料理を店員に聞いてみよう

住5 Hàng Tre　☎（024）39264200　営10:00〜23:30（L.O. 22:00）　休無休　カードJMV　予約不要

ハノイ発クラフトビール専門店
ボックス　ビールバー
The Box　MAP P.291-1A

花市場の裏路地にあるブルワリー&ビアガーデン「The 100」（MAP P.291-1B）が経営するビールバー。フォーと同じスパイスを配合したビア・フォーなどハノイ愛と遊び心あふれるフレッシュなクラフトビール（５万ドン〜）が常時20種類ほど揃う。

６種類のテイスティングセット（12万ドン）もある。IBU（苦味の目安）とアルコール度数をチェックして試飲させてもらおう

住8 Ngõ 52 Tô Ngọc Vân, Q. Tây Hồ　☎091-266736（携帯）　営16:00〜23:30（金・土曜17:00〜翌1:00）　休無休　カードJMV　予約不要

カクテルがおいしい小さなカフェ&バー
インフュージョン　カフェ・バー
Infusion　MAP P.292-3A

近所にあったら毎日通いたくなるようなアットホームなカフェ・バー。ジャパニーズクラフトジンROKUをベースに、バラとエルダーフラワーの香り、そしてドリップコーヒーをアクセントに加えたオリジナルカクテル、エルダーフラワーガーデン（17万ドン）がおすすめ。

手前がノンアルコールのプラムティー、奥はエルダーフラワーガーデン

住20 Âu Triệu　☎096-4379293（携帯）　営8:00〜23:30　休無休　カードADJMV　予約不要

↘ビール11万9000ドン〜など。MAP P.347-2D　住1A Tràng Tiền　☎（024）39336555　営9:00 〜 24:00　休無休

上質な少数民族雑貨&ウエア

インディゴ・ストア

Indigo Store

ウエア＆布小物

MAP P.343-2C

黒ターイ族の藍染めコットンのワンピースや、モン族の刺繍ポーチなど、ベトナム北部の少数民族の伝統布を使ったフェアトレード品を扱う店。1階は小物やウエア、2階ではアンティークの民族衣装を販売。天然の染料で一つひとつ染め上げるスカーフやウエアはすべて一点物。日本人オーナーがデザインを手がけており、どれも洗練されているのはもちろん使い心地も考慮されていて、長く使いたい逸品に出合えるだろう。藍染めワークショップ（23万ドン、2日前までに要予約）も開催している。

藍染のコットンドレス（250万ドン）とスカーフ（177万ドン）

住33A Văn Miếu, Q. Đống Đa
☎(024) 37193090
営8:00〜19:00
休不定休
カードADJMV

コインケース（19万ドン）やパスポートケース（31万ドン）など小物類も豊富

洗練された民族雑貨が見つかる

チエ・ズプズパ

Chie Du Pu Du Pa

手工芸品＆布小物

MAP P.292-2B

ベトナム少数民族の刺繍やろうけつ染め、手織り布といった伝統文化を守る組織が経営するクラフトショップ。ターイ族やラオ族、モン族の伝統布を使った布小物やウエアを扱っていて、値札にはアイテムの産地や素材を記載。少数民族雑貨好きはぜひ訪れたいお店だ。優しい色合いのコットンやシルクの布小物はどれも上品で、日本でも使えそう。人気はセンスがよくしっかりとした作りのポーチで、15万ドンくらいから。日本のJICAやNGOも商品開発や販売に携わり、地域振興に協力している。

赤ザオ族の成人女性の刺繍がインパクト大な麻のトートバッグ（95万ドン）

住66 Hàng Trống
☎(024) 39387215
営8:30〜21:00
休無休
カードADJMV

1階では雑貨やウエアを販売、2階には少数民族の古道具や衣装が展示されている

注目の地元ブランドが集合

コレクティブ・メモリー

Collective Memory

ベトナム雑貨

MAP P.292-3B

トラベルライターとカメラマンとして世界を旅してきたオーナーカップルによるセレクトショップ。「オリジナリティと高品質」をキーワードに、ベトナム全土を回って出合った約30のブランドをラインアップ。ハノイではこの店でしか扱っていないブランドも多数ある。ビンテージ小物で彩られた店内には、デザイン雑貨、少数民族雑貨、ウエア、ドライフルーツやジャムなどの食品、モダンな陶器、自然派コスメなど、好感度なアイテムが詰まっていて、ギフト選びにもぴったり。

ハノイのイラストマップがデザインされたトートバッグ

住12 Nhà Chung
☎098-6474243（携帯）
営10:00〜18:30
休無休
カードDJMV

地元のデザイナーとコラボしたポスターやティータオルなど、アイテムは多彩

ショップ Shop

手描きのバッチャン焼にひとめ惚れ

セレンダー Cerender

陶器 MAP P.347-2C

バッチャン（→P.308）に工房を構えるデザインチーム「Jork Pap」が製作する、バッチャン焼の専門店。10人以上の職人による手作業で絵付けされたニュータイプのバッチャン焼は、電子レンジや食洗器も使用可能。サイズが豊富で使い勝手もよい。手描きでしか出せない味わい深さとリーズナブルさで、ついつい目移りしてしまいそう。おすすめはネコ形の箸置きや、魚を描いたティースプーン。作家やサイズによって値段が変わるが、ティースプーンは７万ドン～、薬味皿６万ドン～など。

魚のティースプーンは７万ドン、花の絵柄の小皿は９万ドン

住11A Tràng Thi
☎093-8632481（携帯）
営8:30～21:00
休無休
カード J M V

他店にはない色合いや絵柄の陶器が揃う店。陶器好きは要チェック

少数民族雑貨の老舗

サ パ Sapa

バッグ＆布小物 MAP P.292-1A

北部の少数民族が暮らす地名のサパ（→P.369）を店名にし、少数民族の布を使ったバッグや財布、ペンケース、スマホケース、ポシェットなどの布小物がごっちゃりと山積みされている。少数民族の布を使ったエスニックなワンピースやシャツなども販売。

アイテムの約半分がオリジナル。アンティークの布や靴といったお宝もある

住90 & 108 Hàng Gai ☎097-6869807（携帯）
営8:30～21:00 休無休 カード A D J M V

古いフレンチヴィラ内の隠れ家ショップ

ヒエンヴァン・セラミックス Hien Van Ceramics

陶器 MAP P.292-2A

バックニン省ヒエンヴァン村にある陶器工房直営のショールーム兼ショップ。ベトナム王朝時代の陶器愛好家でもあるアーティストのブイ・ホアイ・マイ氏が伝統的な陶器の美しさを継承しつつ、モダンなエッセンスを加えた陶器ブランドのヒエンヴァンが、静かな人気を呼んでいる。

どこか懐かしさを感じるヒエンヴァン陶器。小皿15万ドン～、大皿30万ドン～など

住2F, 8 Chân Cầm ☎094-4683390（携帯）
営9:00～18:00 休無休 カード J M V

ナチュラル&かわいいがいっぱい！

ナ グ Nagu

ベトナム雑貨 MAP P.292-2B

さりげないベトナムらしさを感じる刺繍を施したあたたかみのあるハンドメイド雑貨は、日本人デザイナーの手によるもの。おみやげにはポーチ（30万ドン～）やパスポートケース（52万8000ドン）などが人気。特にすげ笠をかぶったテディベアは、全サイズを集めたくなるかわいさだ。

テディベアは38万4000ドン～。縫製もていねいだ

住78 Hàng Trống ☎（024）39288020
営9:00～19:00 休無休 カード A J M V

宝石からキッチュな雑貨まで揃う

スター・ロータス Star Lotus

ジュエリー＆ベトナム雑貨 MAP P.349-2C

石の中に星状の反射光が見える、アジアでも一部でしか産出されない希少なスタールビーとベトナム雑貨の店。スタールビーは280US$～で日本人オーナーの目で選び抜かれた品々が並ぶ。ルビー、スピネル、アクアマリンなどの石ずり体験(50US$～)が可能。

ハスの花をモチーフにしたデザインが人気

住111 Mai Hắc Đế, Q. Hai Bà Trưng ☎（024）39749710、091-8152992（携帯） 営10:30～19:30 休無休 カード J M V

ショップ  Shop

お値打ち価格で陶器をゲット
ドラゴンフライ　手工芸品&陶器
Dragonfly　MAP P.344-3B

陶器や竹製品、漆製品といった、ベトナムの伝統手工芸品をモダンにアレンジしたハイセンスな品が手に入る。パステルカラーの陶器のテーブルウエアは、手になじむ曲線のフォルムが斬新で、電子レンジでも使える優れ物。小皿は4万ドン〜、マグカップは7万ドン。

木製のカトラリーや水牛の角製品もある

住10 Tô Tịch　☎097-3274956（携帯）
営8:00〜18:00　休無休　カード A J M V

珍しい民族雑貨を扱う
クラフト・リンク　布小物
Craft Link　MAP P.343-3C

手工芸品生産者への援助を目的としたNPOが運営する少数民族雑貨の店。花モン族、ザオ族、ターイ族、ヌン族、マ族などの伝統布をアレンジしたグッズは、ポーチやバッグ、ピアスなど市内随一の品揃え。水牛の角製のアクセサリーや漆器なども扱う。

ビーズを織り込んだデザインが珍しい、カトゥー族の雑貨は要チェック

住51 Văn Miếu, Q. Đống Đa　☎(024)38437710
営9:00〜18:00　休無休　カード A J M V

ポップなデザインのご当地Tシャツで有名
ギンコー・コンセプトストア　Tシャツ
Ginkgo Concept Store　MAP P.292-1B

ベトナムのありふれた日常風景や、アイコンをデザインしたTシャツの専門店「ギンコー」がオープンさせたコンセプトストア。オリジナルのTシャツ（60万ドン〜）はもちろん、トーヘー（→P.329）など国内の多数のブランドからセレクトした、とっておきのアイテムが揃う。

店内奥にセレクト雑貨のスペースがある

住60 Hàng Gai　☎(024)39382265
営9:00〜22:00　休無休　カード A D J M V

ベトナム発の気鋭のブランドをチェック
タンミー・デザイン　ウエア&ベトナム雑貨
Tanmy Design　MAP P.292-1B

3世代にわたってハノイのファッションをリードしてきたシルクショップがプロデュースする大型ブティック。ベトナムで活躍する各国のデザイナーのウエアやアクセサリーなど洗練されたアイテムをセレクト。オリジナルの巾着（7万1000ドン〜）などの刺繍小物は2階にある。

3階建てで、1階にはカフェを展開

住61 & 63 Hàng Gai　☎(024)39381154
営8:30〜20:00　休無休　カード A J M V

おみやげのまとめ買いに便利
アメージング・ハノイ　ベトナム雑貨
Amazing Hanoi　MAP P.292-1B

刺繍小物、バッチャン焼、竹細工、水牛の角のアクセサリー、ナチュラルコスメ、キーホルダーなど、ベトナムみやげの品揃えは圧巻。ベトナムモチーフのマグネット（6万ドン）などが人気。欲しい物が見つからなければスタッフに聞いてみよう。

店の隣に同経営のカフェがある

住69-73 Hàng Gai　☎(024)38285104
営9:00〜22:00　休無休　カード M V

ホーチミン市のトレンドをキャッチ
クラフト・ハウス　ベトナム雑貨
Craft House　MAP P.346-1B

ベトナム発のブランドを集めた、ホーチミン市の人気ショップがハノイに進出。クラフト雑貨からフード、アルコール、スキンケア商品までこだわりの詰まったアイテムがズラリ。見ているだけで楽しい雑貨たちは、ブランドごとに陳列されている。

ベトナムの名所が描かれた陶器のコースターは4個セットで26万200ドン

住19 Nhà Chung　☎090-9991042（携帯）
営9:00〜21:30　休無休　カード M V

✉やはり「フックロイ」（→P.329）のハンコはおすすめ！　図柄を選び、友人の名前などを彫ってもらってみやげ物にするのが私の定番ですが、時間があるのなら住所のハンコを作るのもおすすめ。画数の↗

ショップ Shop

日本で着たい高品質なリネンウエア
モリコ・サイゴン　ウエア＆布小物
Moriko Saigon　MAP P.292-3A

繊細で美しい手刺繍と淡い色合いのリネン生地で仕立てられたワンピースやアオザイ（196万ドン〜）のブティック。ホーチミン市の工房で作られたワンピースはどれも日本人好みのスタイル。ハザン省の天然素材から作られたナチュラルコスメブランド「Story of the Forest」の製品も扱う。

小物もあり、トートバック75万ドン〜、マスク12万ドン〜など

住18 Ấu Triệu　☎093-8780522（携帯）
営8:30 〜 20:30　休無休　カード J M V

一点物のモダン・アオザイ
ヒューララ　アオザイ
Huulala　MAP P.292-3B

伝統の技が生きたキュートな刺繍入りのアオザイ（350万ドン〜）や、花柄や水玉模様といった1点1点生地や風合いが異なるカジュアルなアオザイなど、ベトナム人女性デザイナーのヒュー氏の手による色とりどりのアオザイに乙女心がくすぐられる。

フランス統治時代のタウンハウスを改装した店舗はフォトジェニック

住2 Nhà Chung　☎089-8128223（携帯）
営9:00〜22:00　休無休　カード J M V

遊び心とエッジの利いたドレス
チュラ　ウエア
Chula　MAP P.291-1A参照

スペイン人デザイナーのブティック。文化、食、人、建築物や風景など、ベトナムのあらゆるものから受けたインスピレーションを、ベトナムの素材で表現したドレスはまるで芸術品。ロンビエン橋やフォーがデザインされており、そのアイデアには脱帽。ドレスは400万ドン〜。

極彩色の店内にはソファもあり、ゆったり買い物ができる

住43 Nhật Chiêu, Q. Tây Hồ　☎098-9886480（携帯）
営9:00〜18:00　休無休　カード A D J M V

味わい深い雑貨に出合える
トーヘー　ベトナム雑貨
Tohe　MAP P.340-3B

カラフルな色使い、のびのびとした作風はどれもアーティスティックでほっと心が和む。ここの商品はベトナム北部の障がいをもつ子供や貧困家庭に生まれた子供たちの絵を、布小物やバッグにデザインした物がメインで、非営利団体が運営。人気はポーチ（17万ドン〜）など。

人気のラップトップケースは38万ドン

住8 Đỗ Quang, Q. Cầu Giấy　☎083-7790465（携帯）
営9:00〜18:30　休無休　カード M V

ストーリー性のあるアイテムに出合う
ヒューマニティ・ハノイ　ウエア＆雑貨
Humanity Hanoi　MAP P.291-1A

環境や社会に配慮したものづくりを行うベトナムや東南アジア諸国の作り手の商品をセレクトしているライフスタイルショップ。ショップオリジナルの衣類やアクセサリーもセンスがよく、良質なアイテムが多数。収益の5％は地元の慈善団体に寄付される。

コスメやインテリア雑貨も揃う

住47 Ngõ 52 Tô Ngọc Vân, Q. Tây Hồ　☎079-6100050（携帯）　営10:00〜20:00　休無休　カード A J M V

老舗のハンコ屋
フックロイ　ハンコ
Phuc Loi　MAP P.344-3B

店頭にはベトナムゆかりの動物や生活、文化などをモチーフにしたハンコが並ぶ。オーダーメイドも可能で、好みの大きさ、絵柄、文字（漢字、ひらがな、カタカナなど可能）で彫ってくれる。所要30分〜（受注状況により異なる）、5万ドン〜。似顔絵ハンコは25万ドン。

ハンコの素材は木や石、水牛の角、ゴム、プラスチックなど

住6 Hàng Quạt　☎(024)39940970　営7:30〜17:30　休無休　カード不可　［支店］MAP P.345-2C　住2B Tạ Hiện

↘多い漢字、ひらがなを彫る技術には脱帽。「フックロイ」は小さな間口で2軒並んでいますが、どちらも「フックロイ」。（神奈川県　山崎かおり）['23]

ショップ

Shop

ベトナムフレーバーのチョコレート

フェヴァ

Pheva

チョコレート

MAP P.346-1A

ベトナム南部のベンチェー（→P.141）で栽培されたトリニタリオ種カカオ豆を使用したシングルオリジンのチョコレートショップ。黒コショウやオレンジピール、コーヒーなどフレーバーは18種類。6、12、24、48個入りの4種類のボックスがあり好みのフレーバーを詰められる。試食可能。

チョコレートバーもあり各3万2400ドンとリーズナブル

住8B Phan Bội Châu　☎(024) 32668579
営8:00〜19:00　休無休　カード A J M V

レトロなホーロー食器にときめく

ニョム・ハイフォン

Nhom Hai Phong

ホーロー製品

MAP P.344-1A

ハノイではあまり見られなくなったホーロー食器がズラリと揃う店。ハイフォンの工場で作られており、動物やバラなどの花が描かれたレトロな皿は25万ドン〜、コップは15万ドン〜。小さな店なので見逃さないように。

生産数が少なくなり、値段の上昇が激しいベトナム製のホーロー食器

住38A Hàng Cót　☎(024) 38269448
営8:00〜18:00　休無休　カード不可

贈り物におすすめの"本物の"ハス茶

フオンセン

Huong Sen

お茶

MAP P.344-3A

王侯貴族に愛されたハス茶（80万ドン／100g）を昔ながらの製法を守って作り続け、今に伝える店。収穫は6〜7月の年に1度だけで、雄しべのみを使用するため、100gのハス茶を作るのに120個以上のハスの花が必要とか。現在は4代目のハイ氏が営む。試飲も可能。

ジャスミン茶（20万ドン／100g）やハスの実の砂糖漬け（Mứt Sen、5万ドン／100g）もある

住15 Hàng Điếu　☎(024) 38246625、034-4585378（携帯）
営8:00〜18:30　休無休　カード J M V

水上人形劇の待ち時間にショッピング

マスター・タン

Master Tan

食品＆ケア用品

MAP P.347-1C

オーガニックにこだわったお茶やお菓子、スパイス、バス用品、コスメなどのセレクトショップ。パッケージもかわいい商品が揃い、おすすめはココナッツソープ（8万6000ドン〜）。試食や試飲も用意されているのでカウンター席でぜひお試しを。

ハノイ大教会近くに支店がある

住57 Đinh Tiên Hoàng　☎082-8341188（携帯）
営9:00〜22:00　休無休　カード A J M V
［支店］MAP P.292-2A　住35 Lý Quốc Sư

その他のショップ

Shop

アンナム・グルメ・マーケット

Annam Gourmet Market

食料品

MAP P.291-1A

住1F, Syrena Shopping Center, 51 Xuân Diệu, Q. Tây Hồ
☎(024) 66739661　営7:00〜21:00（土・日曜8:30〜21:30）
休無休　カード A D J M V

輸入食料品やベトナム国内で生産された高品質な食品や化粧品を扱う高級スーパーマーケット。「マルウ」をはじめとするベトナム発のチョコレートブランドなども販売しており、おみやげ買いに使える。オリジナルのエコバッグもかわいい。

ロッテ・マート

Lotte Mart

スーパーマーケット

MAP P.342-2A

住B1, Lotte Center Hanoi, 54 Liễu Giai, Q. Ba Đình
☎(024) 37247501　営8:00〜22:00
休無休　カード D J M V

「ロッテ・デパートメント・ストア」の地下1階にある、フードみやげのまとめ買いに便利なスーパーマーケット。ベトナムみやげのコーナーを大々的に展開しており、小さなフードコートもある。

BRGマート

BRG Mart

スーパーマーケット

MAP P.347-1C

住120 Hàng Trống
☎(024) 38256148　営6:00〜22:00
休無休　カード M V

観光エリアにあり、おみやげ買いに便利なスーパー。1〜2階にはローカルな総菜や冷凍食品をはじめ、酒やお菓子などの輸入品も豊富に並ぶ。3階はみやげ物や生活雑貨売り場。

Voice! ベトナムは今、ジャコウネコにコーヒー豆を食べさせ、その糞の中にある未消化の豆を高級品としてブランド化するプロジェクトが進んでいる。有名なインドネシアの「コピ・ルアク」と同じ製法だ。↗

スパ・マッサージ　Spa & Massage

非日常にトリップ
ル・スパ・デュ・メトロポール　スパ
Le Spa du Metropole　MAP P.347-2D

5つ星ホテルならではの上品な雰囲気が味わえる。温かいハーバル・ボールを用いたベトナム式マッサージのベトナミーズ・ジャーニーやフランス発のコスメ、ソティスのプロダクツを使用したフェイシャルが人気。

全7室あり、インテリアが異なる

住15 Ngô Quyền（ソフィテル・レジェンド・メトロポール・ハノイ内）　☎(024)38266919　営10:00～22:00　休無休　料ボディトリートメント230万ドン～（60分）など　料税・サ別　カードADJMV　予約要予約

雰囲気・サービス・熟練の技術が3拍子揃う
レッセンス・ドゥ・ラ・ヴィ・スパ　スパ
L'essence De La Vie Spa　MAP P.292-1A

ハノイでも指折りの高級スパだが、料金はさほど高くないのがうれしい。英語のできるスタッフが多く、空港送迎を含むパッケージプランもあり旅行者に人気。3時間以上のコースには、食事も付く。「ラ・ベラ・ヴィ・スパ」（MAP P.344-3B）は系列店。

個室にはジャクージとハーバルバスを完備

住99 Hàng Gai　☎(024)66703818　営9:00～22:00　休無休　料ボディスクラブ88万ドン（45分）、ユニーク・テラピー159万ドン（1時間30分）など　カードMV　予約要予約

コスパ最高のおしゃれスパ
オリエント・スパ&ネイルズ　スパ
Orient Spa & Nails　MAP P.292-2B

スパが林立するハノイ大教会周辺で、ハノイをよく知る在住外国人にも人気のスパ。こぢんまりした造りだが、高級感とサービスのよさも兼ね備え、満足度が高い。アウチエウ通りにある本店もおすすめ。

施術前のワクワク感が高まるエキゾチックなレセプション

住18 Báo Khánh　☎086-6903499（携帯）　営10:00～22:00（L.O.21:15）　休無休　料フット・トリートメント29万ドン（45分）、アロマテラピー・マッサージ39万ドン（60分）など　カードJMV　予約要予約　［本店］MAP P.292-3A　住34 Ấu Triệu

日本人に人気のカジュアルなスパ
アーバン・オアシス・スパ　スパ
Urban Oasis Spa　MAP P.292-1B

約50%が日本人客というだけあり、ハイレベルな施術とていねいな接客、リーズナブルな価格は満足度が高い。ココナッツ・スクラブ、ボディマッサージ、フェイシャルを含むサマー・パッケージ（135万ドン／2時間30分）がおすすめ。

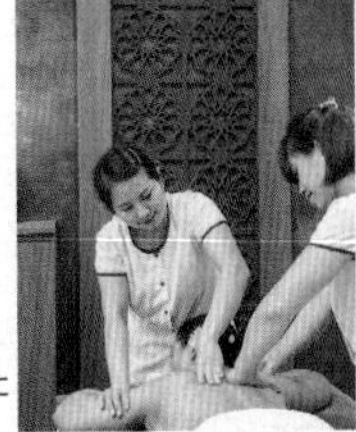
エレベーターを完備した7階建ての大型スパ

住39A Ngõ Hàng Hành　☎(024)33543333　営9:00～22:00（L.O.21:30）　休無休　料ボディマッサージ43万ドン（60分）、ハンド&ヘッドマッサージ29万ドン（45分）など　カードJMV　予約望ましい

赤ザオ族の民間療法にトライ
ザオズ・ケア　マッサージ
Dao's Care　MAP P.342-1A

赤ザオ族の伝統的な民間療法である薬草風呂（16万5000ドン／15～20分）や、薬草を用いたマッサージが受けられる。施術は視覚障がい者が行う。中心部から少し外れた立地だが、ほかにはないメニューとサービス内容なので行く価値はある。

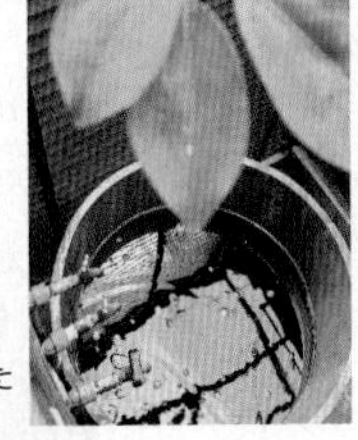
数種類の薬草が入った赤ザオ族の薬草風呂

住351 Hoàng Hoa Thám, Q. Ba Đình　☎(024)37228316、097-8899539（携帯）　営9:00～21:00　休火曜　料ザオ・マッサージ33万ドン、ハーバル・マッサージ35万ドン（各60分）など　カードMV　予約望ましい

確かな技術力で在住外国に人気が高い
オマモリ・スパ　スパ
Omamori Spa　MAP P.292-3A

視覚障がい者の自立を支援する団体が運営するスパ。ハイレベルかつていねいな施術で、全身のこりをじっくりほぐしてくれる。営利目的ではないため、料金も良心的。施術スタッフの性別や力の強さは選べる。チップ不要。

ふたりのテラピストによるマッサージも人気

住48 Ngõ Huyện　☎(024)37739919　営10:00～22:30（L.O.21:30）　休無休　料スウェディッシュ・マッサージ30万ドン、ノンオイルマッサージ35万ドン（各60分）など　カード不可　予約不要

↘ベトナムの市場にはすでに相当数が「Weasel Coffee：イタチ・コーヒー」と称して出回っているが、その多くが人為的に香りをつけただけの偽物。本物に出合うには確かな目、鼻、舌、そしてお金が必要なようだ。

ホテル　Hotel

随所にこだわりが光る最旬ホテル

カペラ・ハノイ
Capella Hanoi

高級ホテル

MAP P.347-2D

　2022年にハノイ中心部にオープンした、シンガポール系のカペラ・ホテルズ&リゾーツが運営するラグジュアリーな5つ星ホテル。ハノイのオペラハウスから着想を得て、フランス統治時代のインドシナ様式をデザインに取り入れている。ベトナム国内の数々の人気リゾートを手がける建築家ビル・ベンズリー氏による設計で、そのきらびやかな世界観には圧倒されるばかり。「バックステージ」(→P.319)や、ミシュランの星付き高級日本料理店「光輝」といったレストランもハイレベル。プールやスパなど施設も充実している。

アーティスティックな内装のデラックス・スイート

住11 Lê Phụng Hiểu
☎(024)39878888
URL capellahotels.com/en/capella-hanoi
料ⓌⓉ1100万ドン～　スイート1300万ドン～（＋税・サービス料15%。朝食付き）
カード ADJMV　全47室

市劇場やホアンキエム湖に近く、観光に便利な立地

ハノイ随一の名門ホテル

ソフィテル・レジェンド・メトロポール・ハノイ
Sofitel Legend Metropole Hanoi

高級ホテル

MAP P.347-2D

　伝統と格式を誇る100年以上の歴史が、クラシカルな内装や調度品の随所に刻まれており、各国のVIPや著名人が多数宿泊している。上質のリネン類やスマートなサービスなど、こまやかなもてなしの心も光る。フレンチではベトナム一(いち)といわれるレストランの「ル・ボリュー」など5つの飲食施設、個室を備えた高級スパ「ル・スパ・デュ・メトロポール」(→P.331)など、宿泊以外にも魅力がいっぱいだ。歴史あるヘリテージ・ウイング(本館)と洗練されたネオクラシカルな内装のオペラ・ウイング(新館)がある。

本館のレジェンダリー・スイート

住15 Ngô Quyền
☎(024)38266919
URL www.sofitel-legend-metropole-hanoi.com
料ⓈⓌⓉ660万ドン～　スイート2400万ドン（＋税・サービス料15%）
カード ADJMV　全364室

新館のプレスティージ・スイート

各国のVIPも利用する

シェラトン・ハノイ
Sheraton Hanoi

高級ホテル

MAP P.291-2B

　町の喧騒を忘れさせる静かな環境に建ち、タイ湖の眺めはハノイ随一。サウナやマッサージを併設したフィットネスジム、プールやビジネスセンター、ハイレベルな4つの飲食施設など施設はトップクラス。特に「オーヴンドール」のランチやディナービュッフェはおすすめだ。全室に快眠を追求した特別注文のスイート・スリーパー・ベッドやセンスのいい調度品が配置されているなど、設備にも格式の高さがうかがえる。日本人スタッフも在駐し、ベトナム文化のなかに日本のきめ細かなサービスも生きている。

屋外施設では、随所にベトナムの伝統建築を取り入れている

住K5 Nghi Tàm, 11 Xuân Diệu, Q. Tây Hồ　☎(024)37199000
URL www.marriott.com/en-us/hotels/hanhs-sheraton-hanoi-hotel
料ⓈⓌⓉ400万ドン～　スイート900万ドン～（＋税・サービス料17%）
カード ADJMV　全299室

客室は天井が高く、開放感がある

ホテル Hotel

タイ湖を眺めながら極上の癒やしを
インターコンチネンタル・ハノイ・ウエストレイク
InterContinental Hanoi Westlake
高級ホテル
MAP P.291-2B

タイ湖上に客室棟を配し、プライベートな空間と時間を造り出している、贅を尽くした5つ星ホテル。全室バルコニー付きで、すばらしい眺めを堪能でき、特にタイ湖が見える客室からの眺めは圧巻。客室は上品なインテリアと優しい配色でリラックスした空間だ。また全室43m²以上の広さがあり、これはハノイのホテルのなかではトップクラスの広さ。優雅にハイティーが楽しめる「ディプロマット・ラウンジ」、アジア料理や多種のワインが自慢の「サイゴン」、「サンセット・バー」など厳選のレストランやバーも魅力的。

モダンだが落ち着いた内装のレジデンスルーム

住5 Từ Hoa, Q. Tây Hồ
☎(024) 62708888
URL hanoi.intercontinental.com
料ⓈⓌⓉ160US$～（＋税・サービス料15.5%。朝食付き）
カード ADJMV　全318室

夕日の美しさを堪能するなら1階のオープンバーへ

タイ湖畔にそびえる、シンガポール系の5つ星ホテル
パン・パシフィック・ハノイ
Pan Pacific Hanoi
高級ホテル
MAP P.343-1C

全室に上質なリネンで眠りを誘う特注のベッドが配されており、さらにデラックスルームにはバスタブのほかにシャワーブースもありくつろげる。プールは開閉ルーフ式全天候型の温水プールで、1年中利用できる。360度のパノラマが楽しめる最上階のバー「サミット」（→P.325）、飲茶がおいしいと評判の「ミン・レストラン」、インターナショナル・ビュッフェの「パシフィカ」など飲食施設も充実。サービスアパートメントもあり、ビジネスなどの長期滞在にも対応している。

プレミアレイクビューのキングルーム

住1 Thanh Niên, Q. Tây Hồ
☎(024) 38238888
URL www.panpacific.com/ja/hotels-and-resorts/pp-hanoi.html
料ⓈⓌⓉ390万ドン～　スイート580万ドン～（＋税・サービス料15%。朝食付き）
カード ADJMV　全270室

冬も泳げる屋内温水プールを完備

新都心のシンボリックな最上級ホテル
JWマリオット・ハノイ
JW Marriott Hanoi
高級ホテル
MAP P.340-3A

JWマリオットは、マリオット傘下でも最高位のブランド。上層階が突出した印象的な外観は、隣接する湖のほとりに横たわる龍をイメージした設計だ。ハイテクを駆使した客室設備は使い勝手がよく、ツインルームにダブルベッドを2台配するなど、広々とした客室が自慢。緑の丘を配した広大な庭園はちょっとした散歩コースになっている。観光の中心となる旧市街からは少し距離があるが、ホテル内だけで何日でも過ごせそうなほどの設備の充実ぶりだ。フランス料理の「フレンチ・グリル」、創作日本料理の「Kumihimo」など飲食レベルも高い。

エグゼクティブ・レイクビュールーム

住8 Đỗ Đức Dục, Q. Nam Từ Liêm
☎(024) 38335588
URL www.marriott.com/ja/hotels/hanjw-jw-marriott-hotel-hanoi/overview
料ⓈⓌⓉ600万ドン～　スイート1070万ドン（＋税・サービス料15%）
カード ADJMV　全450室

アメリカ人の有名建築家カルロス・ザパタ氏による設計

ホテル

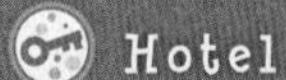

ハノイ市街を眼下に望む絶景ホテル

ロッテ・ホテル・ハノイ

高級ホテル

Lotte Hotel Hanoi

MAP P.342-2A

地下5階、地上65階建てで、高さ267mというベトナム国内3位の高さを誇るビル「ロッテ・センター・ハノイ」の38階から61階を占めるホテル。どの客室も窓が大きく、ハノイ市内をはるか遠くまで見渡せるのが魅力だ。優しい色合いで統一された客室は、全室バスタブ、温水洗浄トイレ完備。屋上のレストラン・バー「トップ・オブ・ハノイ」、36階の「ティムホーワン（添好運）」など、7つある飲食施設は名店揃い。35階にはミネラルウオーターでおなじみの「エビアン」のスパがあり、こちらも人気。

デラックスルーム。大きな窓から町を一望

住Lotte Center Hanoi, 54 Liễu Giai, Q. Ba Đình　☎(024)33331000
URL www.lottehotel.com/hanoi
料ⓈⓌⓉ300US$〜　スイート600〜1万US$（＋税・サービス料15.5%。朝食付き）　カード A D J M V　全318室

38階「ラウンジ・スカイ」のアフタヌーンティー（営14:00〜18:00）もおすすめ

日本のおもてなしを世界の人々へ

ホテル デュ パルク ハノイ

高級ホテル

HÔTEL du PARC HANOÏ

MAP P.348-1A

ハノイ唯一の日系5つ星ホテル。高級感をそのままにシックでエレガントな雰囲気をプラスし、上質で心地よい空間を演出。日本人スタッフも在籍し、日系ならではの質の高いサービスを提供している。日本食を含む朝食ビュッフェに加え、全室バスタブ、温水洗浄トイレの完備のほか、無料靴磨きサービスなど、日本人ゲストへの心配りも好評。プール、ジム、スパ・マッサージを併設し、インターナショナルダイニング「ボヤージュ」、日本料理「麻布」などレストランも充実。

ホテル名の由来となった公園が望める客室も

住84 Trần Nhân Tông, Q. Hai Bà Trưng
☎(024)38223535
URL hotelduparchanoi.com
料ⓈⓌⓉ300万ドン〜　スイート1080万ドン〜（＋税・サービス料15.5%。朝食付き）
カード A D J M V　全255室

喫煙フロアあり

屋上のプール&バーでシティリゾートが味わえる

ペリドット・グランド・ラグジュアリー・ブティック

高級ホテル

Peridot Grand Luxury Boutique

MAP P.344-3A

2022年にグランドオープンした5つ星ブティックホテル。旧市街にありながらも路地奥に位置するので、周りの喧騒がうそのような異空間。周辺には市場やストリートフードの露店、ビア・ホイなどがある、地元の生活が垣間見られる立地で、ハノイをディープに楽しみたい人におすすめ。エレガントな雰囲気の館内や客室のインテリアには、木や竹など自然の素材を用い、環境にも配慮。プレミアデラックス以上の客室は窓付き。ルーフトップにはプールとスカイバーがあり、旧市街の町並みを上から楽しめる。

青を基調としたプレミアデラックスルーム

住33 Đường Thành
☎(024)38280099
URL peridotgrandhotel.com
料ⓈⓉ430万ドン〜　スイート600万ドン〜（＋税・サービス料15%。朝食付き）
カード A D M V　全104室

旧市街を一望できるインフィニティプール

ホテル Hotel

立地抜群の５つ星ブティックホテル

ホテル・ドゥ・ロペラ・ハノイ・Mギャラリー

高級ホテル

Hotel De L'Opera Hanoi-MGallery

MAP P.347-2D

フレンチコロニアルな雰囲気が漂うたたずまいから一転、一歩館内に入ればモダンでアーティスティックな空間が広がる。大きなシャンデリアが飾られたフロントや、噴水のあるアトリウムはどこを切り取ってもおしゃれで、思わず写真に収めたくなる。モダンとレトロが融合するヒップな客室は、高品質なベッドマットレスやコーヒー&ティーセットを備え、設備も十分。テーマ性のあるアフタヌーンティーが好評な「ラフェ・ベルト」やベトナム料理の「サティーヌ」といったレストランもレベルが高く、食事のみの利用もおすすめ。

市劇場を見下ろせる部屋もある

住29 Tràng Tiền
☎(024)62825555
URL www.hoteldelopera.com
料ⓈⓉ550万ドン～　スイート700万ドン～（＋税・サービス料15%）
カード ADJMV　全107室

屋外プールと屋内プールを完備。プールサイドには雰囲気のよいバルコニーもある

滞在とともにアートも楽しめる

アプリコット

高級ホテル

Apricot

MAP P.347-1C

「リビング・アート・ミュージアム」をテーマに、ロビーやレストラン、スパ、客室などすべての施設にベトナム人アーティストのオブジェや絵画600点以上を展示した、美術館顔負けの５つ星ホテル。ホアンキエム湖のほとりという好立地だが、ネオクラシカル様式の館内はきらびやかな別世界で、町の喧騒を忘れさせてくれる。客室はキャンバス、ギャラリーなどアートにちなんだ名前がつけられた全10タイプ。レストラン、アフタヌーンティーができるカフェ、屋上にはプールとルーフトップバーの「ワン36」がある。

キャンバスと名づけられた客室。各客室に２作品以上のアートが配されている

住136 Hàng Trống　☎(024)38289595
URL www.apricothotels.com
料ⓈⓌⓉ614万1176ドン～　スイート1143万5294ドン～（＋税・サービス料15%。朝食付き）
カード ADJMV　全123室

週末はホテル前の道路が歩行者天国になるため注意が必要

各国の要人も利用する高級ホテル

メリア・ハノイ

高級ホテル

Melia Hanoi

MAP P.346-2B

洗練されたサービスと空間が自慢。ロケーションがよく、町のランドマーク的存在。地中海料理の「モザイク」、アジア料理の「チャム・レストラン」など飲食施設が充実。

機能性と快適さを追求した客室は広々としていて、優雅な滞在ができる。日本人スタッフ在駐

住44B Lý Thường Kiệt　☎(024)39343343
URL www.melia.com　料ⓈⓌⓉ135US$～　スイート200US$～（＋税・サービス料15%）　カード ADJMV　全306室

ハノイでも屈指の大型ホテル

デウー

高級ホテル

Daewoo

MAP P.342-2A

セキュリティ面が重視されており、各界の著名人やVIP客も多い。客室は上品なファブリックでまとめられ、設備も申し分ない。日本料理の「江戸」、中華料理の「シルクロード」などレストランも充実している。

約80mのプールがあり、リゾート型の滞在にも対応

住360 Kim Mã, Q. Ba Đình　☎(024)38315000　URL www.daewoohotel.com/ja　料Ⓢ115US$～ Ⓣ140US$～ スイート270US$～（＋税・サービス料15%。朝食付き）　カード ADJMV　全411室

ホスピタリティの高さに定評あり

オリエンタル・ジェイド・ホテル&スパ　中級ホテル

Oriental Jade Hotel & Spa　MAP P.292-2B

ハノイ大教会（→P.300）近くの12階建てホテル。ハノイの文化とモダンの融合をコンセプトにしたデザインで、ラグジュアリーな雰囲気。客室の設備も申し分なく、レストランやスパを完備。

屋上にはインフィニティプールもある

住92-94 Hàng Trống　☎(024) 39367777
URL www.theorientaljadehotel.com
料ⓈⓌ130US$～（＋税・サービス料15%。朝食付き）
カード ADJMV　全120室

アコー・グループが経営する

プルマン・ハノイ　中級ホテル

Pullman Hanoi　MAP P.342-2B

明るく開放感ある吹き抜けのロビーをはじめ、館内や客室は都会的なデザインで、明るい色調でまとまっている。設備も機能的で、ミニバーのソフトドリンクは無料など、うれしいサービスも。ビジネス利用が多い。

シックな内装のデラックス・ツインルーム

住40 Cát Linh, Q. Đống Đa　☎(024) 37330688
URL pullman-hanoi.com
料ⓈⓉ368万5700ドン～　スイート718万5700ドン～（＋税・サービス料15%。朝食付き）　カード ADJMV　全237室

観光にもショッピングにも便利

アナトール・ホテル・ハノイ　中級ホテル

Anatole Hotel Hanoi　MAP P.292-3B

この価格帯としては設備もサービスも水準が高く、周囲には飲食店やみやげ物店が多い。特にハノイ大教会エリアを見晴らせる屋上プールとバーはフォトジェニック。館内や客室の内装もほどよく豪華で居心地がよい。

サウナやジャクージも備えている

住 26-28-30 Nhà Chung　☎(024) 36751888　URL anatolehotelhanoi.com　料ⓈⓌⓉ181US$～　スイート255US$～（＋税・サービス料15%。朝食付き）　カード AMV　全70室

飲食施設のレベルも高い

ラ・シエスタ・プレミアム・ハンベー　中級ホテル

La Siesta Premium Hang Be　MAP P.345-3D

スタイリッシュなデザインと洗練されたサービスで知られるラ・シエスタグループのホテル。静かで優雅な滞在が期待できる。ルーフトップバーの「ライトハウス・スカイバー」は宿泊せずとも利用したい夜景スポットだ。

客室は8種類ある。間接照明が心身を休めてくれるスーペリアルーム

住27 Hàng Bè　☎(024) 39290011
URL lasiestahotels.vn/hangbe　料ⓈⓉ220万ドン～　スイート320万ドン～（朝食付き）　カード ADJMV　全50室

コロニアルな雰囲気のブティックホテル

アイラ・ブティック・ハノイ・ホテル&スパ　中級ホテル

Aira Boutique Hanoi Hotel & Spa　MAP P.346-1A

人気ホテル「エッセンス・ハノイ」が移転し、さらにホテル名を変えリニューアル。エッセンス時代から変わらぬホスピタリティあふれる対応と居心地のよさで人気を集めている。スーペリアルームでも小さな窓付きで明るい雰囲気。

清掃、メンテナンスが行き届いている

住38A Trần Phú　☎(024) 39352485
URL airaboutiquehanoi.com　料ⓈⓉ200万ドン～　スイート350万ドン～（朝食付き）　カード ADJMV　全55室

お値打ちのビジネスホテル

ヒルトン・ガーデン・イン・ハノイ　中級ホテル

Hilton Garden Inn Hanoi　MAP P.347-3C

館内は上品なビジネスホテルといった雰囲気で、全館禁煙。全室に洗浄便座とバスタブ付きで、机が広くビジネス宿泊にも対応している。ヒルトン・グループだけにサービスはハイレベル。立地や設備、サービスを考えるとお得感がある。

客室のベッドや椅子はヒルトンの特注品

住20 Phan Chu Trinh　☎(024) 39449396　URL www.hanoi.hgi.com　料ⓈⓌⓉ205万ドン　スイート375万ドン（＋税・サービス料15%）　カード ADJMV　全87室

ホテル Hotel

アーティスティックなインテリアで飾られた
メルキュール・ハノイ・ラ・ガール 中級ホテル
Mercure Hanoi La Gare MAP P.346-2A

ハノイ駅から徒歩数分の立地で、館内には鉄道をテーマにした写真やインテリアが配されている。レストラン、バー、フィットネスジム、ビジネスセンターなどの施設を有し、スタッフの応対もスマート。旅行にもビジネスにも便利。

スタイリッシュで機能的なスーペリア・クイーン

住94 Lý Thường Kiệt ☎(024)39713888 URL all.accor.com/hotel/7049/index.ja.shtml 料ⓈⓉ200万ドン スイート320万ドン（＋税・サービス料15%） カード ADJMV 全100室

清潔で居心地のよいホテル
コニファー・ブティック 中級ホテル
Conifer Boutique MAP P.347-2D

ブティックやレストランが多い、市劇場近くのおしゃれエリアに建ち、あらゆるシーンに便利。エントランス前にはカフェが、正面にはベーカリーがある。日本人客向けに日本名をつけた客室も用意されている。

館内や客室はやや狭いが、明るく上品な造りで、設備も十分

住9 Lý Đạo Thành ☎(024)32669999 URL www.coniferhotel.com.vn 料ⓈⓉ95US$～ スイート140US$～（＋税・サービス料15%。朝食付き） カード ADJMV 全34室

バルコニー付きの客室がおすすめ
MKプレミア・ブティック 中級ホテル
MK Premier Boutique MAP P.345-2C

バックマー祠（→P.299）の隣に建つ、旧市街観光にうってつけのホテル。棚田を彷彿させる奇抜な外観で、客室の3分の1はバルコニー付き。週末の夜はナイトマーケットが楽しめるが、周辺が歩行者天国になる。

インテリアにはラタンや竹がふんだんに使われている

住72-74 Hàng Buồm ☎(024)32668896 URL mkpremier.vn 料ⓈⓌⓉ75US$～ スイート140US$～（＋税・サービス料15%。朝食付き） カード AJMV 全52室

日本発デザイナーズホテル
くれたけイン キンマー132 エコノミーホテル
Kuretake Inn Kim Ma 132 MAP P.342-2B

ホテル呉竹荘グループ傘下のため、日本語を話せるスタッフが多く、全室にバスタブや空気清浄機、温水洗浄トイレなどを備え、朝食ビュッフェには和食が多い。日本のテレビ番組のほか、漫画も楽しめる。

電子レンジを備えたミニキッチンも全室に備わる

住132 Kim Mã, Q. Ba Đình ☎(024)39877777 URL kuretake-inn.com 料ⓈⓉ55US$～（朝食付き） カード ADJMV 全83室

日本人、欧米人に人気で常に満室状態
ドゥ・セロイア エコノミーホテル
De Syloia MAP P.347-3D

規模こそ小さいものの、設備と上質なサービスは高級ホテルにも引けを取らない。改装を終え、2022年リニューアルオープン。1階のベトナム料理を中心とするレストラン「カイカウ」は雰囲気、味ともにハイレベル。

コロニアルムードが高級感を醸し出す

住17A Trần Hưng Đạo ☎(024)38245346 URL www.desyloia.com 料ⓈⓌⓉ200万ドン～ スイート280万ドン～（＋税・サービス料15%。朝食付き） カード ADJMV 全33室

旧市街にどっぷり浸かりたいなら
ハノイ・アリュール エコノミーホテル
Hanoi Allure MAP P.345-2C

バロック様式の豪華なたたずまいが印象的。全室バルコニー付きで、コネクティングルームも完備。旧市街を満喫するのにぴったりなホテルだが、週末の夜はホテル前の道路が歩行者天国になるため注意。

客室は白とグリーンでまとめられており、すっきりと落ち着いた雰囲気

住52 Đào Duy Từ ☎(024)33958899 URL hanoiallurehotel.com 料ⓈⓌⓉ170万ドン～ スイート210万ドン～（朝食付き） カード ADJMV 全38室

ホテル Hotel

ベトナム全土で展開するビジネスホテル
東屋ホテル キンマー2号店 エコノミーホテル
Azumaya Hotel Kim Ma 2 MAP P.342-3A

ここのウリはサウナ付きの露天風呂。朝食に和食、日本語可能なスタッフ、全室で日本の民放番組がリアルタイムで視聴可能など、日系ならではのサービスもうれしい。和食ダイニング、足マッサージもある。

ハノイに4つあり、キンマー2号店は男女ともに専用露天風呂&サウナを完備

住18A Phạm Huy Thông, Q. Ba Đình ☎(024)37247570 URL azumayavietnam.com 料ⓈⓌⓉ118万～158万ドン（＋税10%。朝食付き） カード JMV 全37室

日本食レストランが多いエリアに建つ
サクラ・ホテルI エコノミーホテル
Sakura Hotel I MAP P.342-2A

すべて日本語対応で日本人スタッフが在駐。館内には男性専用大浴場やサウナ、無料で利用できるランドリーなどを完備し、朝食は和食を提供。客室には、日本式の風呂や空気清浄機の設置など、きめ細やかなサービスが特徴だ。

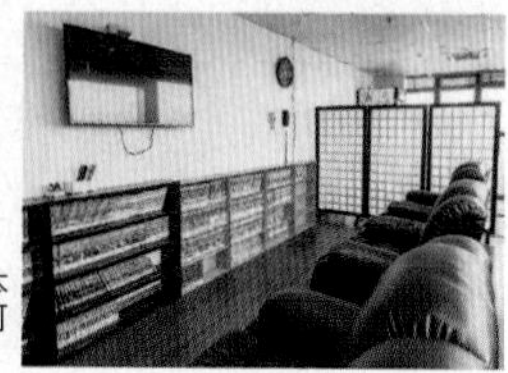

バスタブ付きで日本の民放番組も視聴可能。漫画室まである

住16 Liễu Giai, Q. Ba Đình ☎(024)71065678 URL www.sakurahotel.net 料ⓈⓌⓉ60～80US$（＋税・サービス料15%。朝食付き） カード ADJMV 全47室

町歩き派におすすめ
メイ・ドゥ・ヴィル・ラグジュアリー・ホテル&スパ エコノミーホテル
May De Ville Luxury Hotel & Spa MAP P.345-3C

市内に5つのホテルを有するグループのなかで最も規模が大きい。旧市街の中心にあり、観光にぴったり。スパ、カフェ・バーやプールもある。「メイ・ドゥ・ヴィル・トレンディ・ホテル&スパ」（MAP P.349-1D）は静かな立地。

全室セーフティボックス、ドライヤー、バスローブを完備

住43 Gia Ngư ☎(024)39335688 URL www.maydevilleluxuryhotel.com 料ⓈⓌⓉ160万ドン～（＋税・サービス料15%。朝食付き） カード ADJMV 全120室

スタッフがフレンドリー
ハノイ・ル・ジャルダン・ホテル&スパ エコノミーホテル
Hanoi Le Jardin Hotel & Spa MAP P.343-1C

ユニークな外観とかわいらしいインテリアが特徴のホテル。評判のよいベトナム料理の「クエ・レストラン」や、ネイルケアもできる「ラムール・スパ」などホテル施設も充実。道を挟んだ向かい側に系列の「ル・ジャルダン・ホテル・オートクチュール」（MAP P.343-1C）がある。

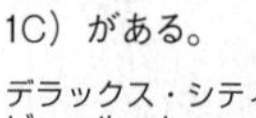

デラックス・シティビュールーム

住46A Nguyễn Trường Tộ, Q. Ba Đình ☎(024)66682299 URL lejardinhotels.com 料ⓈⓉ172万ドン～ スイート320万ドン～（朝食付き） カード MV 全72室

路地裏の静かな立地も魅力
ハノイ・インペリアル エコノミーホテル
Hanoi Imperial MAP P.292-1B

ホアンキエム湖へ徒歩数分の立地で、周辺にはカフェやレストラン、みやげ物店が多く便利。こぢんまりとした造りながら館内は清潔で、スパ&マッサージや眺めのいいレストランがある。客室の設備も十分。

日本人利用が多く、宿泊客の約30%が日本人。日本語スタッフも常駐

住44 Hàng Hành ☎(024)39225555 URL www.hanoiimperialhotel.com 料ⓈⓌⓉ170万ドン スイート250万ドン カード AJMV 全40室

繁華街の路地裏にあるリラックスホテル
ハノイ・カリスタ ミニホテル
Hanoi Calista MAP P.346-1A

旧市街からハノイ駅方面に行った静かな環境に建つ。シンプルながらも手入れの行き届いた客室と、きめ細かいサービスで、居心地よく滞在できる。24時間営業の飲食店街、トンズイタン通り（→P.305）へも至近距離。

白を基調としたインテリアは狭さを感じさせない

住161 Hàng Bông ☎(024)33633636 URL hanoicalistahotel.com 料ⓈⓌⓉ110万ドン～ スイート130万ドン～ カード ADJMV 全20室

Voice ここ数年、ホテル予約サイトから予約できる無人ゲストハウスが増えている。充実した設備のわりにお得料金のことが多いが、ベトナム慣れしていない人は避けたほうがいい。滞在中のフォローが↗

ホテル・ゲストハウス Hotel

旧市街のプチブティックホテル
ハノイ・グレイスフル ミニホテル
Hanoi Graceful MAP P.344-2B

旧市街のフレンチコロニアル建築を改装した小さなブティックホテル。客室はやや狭いものの、センスのいい調度品で統一されシックな雰囲気が漂う。スタッフの応対がよく、サパへのバスやトレッキングの予約代行もしてくれる。

スイートルーム。窓なしの部屋もある

住21 Hàng Phèn ☎(024) 39233397
URL hanoigracefulhotel.com 料Ⓢ Ⓦ Ⓣ90万ドン～ スイート150万ドン～(+税・サービス料15%)
カード A J M V 全21室

心温まるサービスに癒やされる
ホリデイ・エメラルド ミニホテル
Holiday Emerald MAP P.292-1A

一見よくあるミニホテルだが、人気ホテルグループが手がけているだけあって、遊び心あふれるインテリアやきめ細かなサービスで、快適な滞在を約束してくれる。旧市街の中心にあり、観光にも便利。

客室にはミニバー、湯沸かし器などを完備。窓なしの部屋もあるが、宿泊客が使用できるテラスがある

住24 Hàng Mành ☎(024) 38282814
URL www.holidayemeraldhotel.com 料Ⓢ Ⓦ Ⓣ70万ドン～ ファミリー120万ドン～(朝食付き) カード M V 全17室

ドミトリーのある清潔なホステル
リトル・チャーム・ハノイ・ホステル ゲストハウス
Little Charm Hanoi Hostel MAP P.344-3B

手芸用品店が並ぶハンボー通り沿いという、旧市街ど真ん中の立地なので、旧市街散策を楽しみたい人にはおすすめ。宿泊客は旧市街散策ツアー(無料)やベトナム料理教室(45US$)にも参加できる。室内プール、女性専用ドミトリーあり。

小さいながらもプールあり

住44 Hàng Bồ ☎(024) 22116895
URL littlecharmhanoihostel.vn 料Ⓓ15万～35万ドン(朝食付き) カード A D J M V 全24室(148ベッド)

暮らすように滞在するキッチン付きゲストハウス
ウィコージー ゲストハウス
Wecozy MAP P.346-1A

飲食店が集まる通りにあるが、奥まっており比較的静か。室料に対し広さも設備も申し分ない高コスパホテル。旧市街(MAP P.345-2C 住Ngõ Nội Miếu, Lương Văn Can)にも系列の無人ゲストハウス(→P.338下)がある。

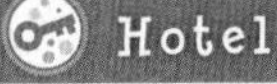
寝室とは別に広々としたキッチン付きリビングがある

住20 Tống Duy Tân ☎098-3616620(携帯)
URL wecozy.com 料Ⓢ Ⓦ Ⓣ76万ドン～
カード J M V 全15室

その他のホテル Hotel

シルク・パス・ホテル・ハノイ 中級ホテル **Silk Path Hotel Hanoi** MAP P.346-1A 住195-199 Hàng Bông ☎(024) 32665555 URL silkpathhotel.com 料Ⓢ Ⓦ Ⓣ180万ドン～ スイート200万ドン～(+税・サービス料15%) カード A J M V 全106室	旧市街周辺では規模が大きく、壁材はイタリアから輸入された大理石を使用し、造り、インテリアともに都会的なデザインだ。ピザがおいしいと評判の「ベリッシモ」を含む2軒のレストラン、スパ、ジムがある。
チー・ブティック 中級ホテル **Chi Boutique** MAP P.292-3B 住13-15 Nhà Chung ☎(024) 37192939 URL www.thechihotel.com 料Ⓢ Ⓦ Ⓣ75US$～ スイート110US$(+税・サービス料15%) カード A J M V 全42室	ショッピング派におすすめのブティックホテル。全館モダンでシックなデザインで統一されており、1階には飲茶を提供する広東&ベトナム料理のダイニングがある。周辺には朝から晩までさまざまな屋台が出る。
ティラント エコノミーホテル **Tirant** MAP P.345-3C 住36-38 Gia Ngư ☎(024) 62698899、62655999 URL www.tiranthotel.com 料Ⓢ Ⓦ Ⓣ160万ドン～ スイート300万ドン～(朝食付き) カード A D J M V 全80室	ロビーはゴージャスだが、客室はクラシカルな雰囲気で設備も十分。全室禁煙でパソコン付き。客室は若干狭く、窓なしもあるため、予約時に要確認。屋上の屋外プールや9階のバーから旧市街が見渡せる。

↘受けられないうえ、チェックアウト後の荷物の預かりなどもお願いできない。

A
B
ハノイ全図
N
0
1km
1
2
3
ノイバイ国際空港へ(約30km)
ホアビン公園
Dragon Cello
Co Nhue St.
Pham Van Dong St.
Tran Cung St.
Chanh Xa
電力大学
ホアンクオックヴィエット通り
佐川急便ハノイ支店 P.424欄外
ベトナム自然博物館
Hoang Quoc Viet St.
ファンヴァンドン通り
Nhuyen Phong Sac St.
Nguyen Van Huyen St.
Buoi St.
中国ビザ申請サービスセンター
ベトナム民族学博物館 P.303
Nguyen
Khanh Toan St.
マイジック墓地
ハノイ国家大学 外国語大学
ハノイ教育大学
Ho Tung Mau St.
ハノイ商科大学
インドチャイナ・プラザ
大韓航空(14F)P.312
ディスカバリー・コンプレックス
カウザイ通り
ドイカン通り
Le Duc Tho St.
銀座
バンブー・エアウェイズP.312
ロッテ・センター・ハノイ
Top of Hanoi(67F)
ロッテ・オブザベーション・デッキ(65F)P.304
ロッテ・ホテル・ハノイP.334
Duy Tan St.
サクラ・ホテルII
Cau Giay St.
トゥーレ公園P.303
ノボテル・スイーツ・ハノイ
カウザイ区
Q. Cau Giay
ヴォイフック祠P.303
キムマー通り
デウーP.335
ウィンマート
ミーディン・バスターミナル P.282、283、285、308欄外
クムホ・ヴィエット・タインP.356 (バイチャイ行きバス乗り場)
Tran Thai Tong St.
カウザイ公園
カウザイ・バスターミナル P.282、283、310欄外
ハイアット・リージェンシー・ウエスト・ハノイ
日本航空(1F)P.312
ミーディン国際競技場
ファムフン通り
ラン通り
Nguyen Chi Thanh St.
AONハノイ・ランドマークタワー
インターコンチネンタル・ハノイ・ランドマーク72(61-71F)
The Garden
フォー・ティン(2号店)P.321
キャピタル・ガーデン
ソイ・コムP.317
和美
Me Tri St.
Pham Hung St.
Trung Kinh St.
Lang St.
Le Quang Dao St.
Tran Duy Hung St.
Do Quang St.
ハノイ国家計画展示会館
ハノイ博物館P.303
トーヘーP.329
JWマリオット・ハノイP.333
Kumihimo
フレンチ・グリル
グランド・プラザ・ハノイ
ゴー!
ナショナル・コンベンション・センター
Thang Long St.
Le Van Luong St.
Khuat Duy Tien St.
Hoang Minh Giam St.
The Dinning
Hoa Vien
レヴァンルオン通り
イエンギア駅Yen Nghiaへ (約7km)P.13、287

C
D
タイ湖北側図 P.291
ノイバイ国際空港へ(約30km)
さくらクリニックへ(約1km) P.311
花市場
参寶寺
シレナ・ショッピング・センター
タイホー区
Q. Tay Ho
シェラトン・ハノイ P.332
ンターコンチネンタル・ハノイ・ウエストレイク P.333
タンロイ
西湖府 P.302
ホン河(紅河)
ハノイ中心部図 P.342-343
ハノイ・クラブ
サミット(20F) P.325
パン・パシフィック・ハノイ P.333
タイ湖(西湖)
チャンクオック寺(鎮国寺) P.302
チュックバック湖
タンクアン寺
ザーラム・バスターミナルへ(約3km) P.285、308欄外
ザーラム駅へ(約3km) P.284
ロンビエン橋 P.299
タンロン・ハノイ建都1000年記念陶器モザイク壁画 P.291欄外
バーディン区
Q. Ba Đinh
鎮武観 P.302
ロンビエン・バスターミナル P.282、284、308欄外
ザオズ・ケア P.331
バックタオ公園 P.293欄外(ボタニカル・ガーデン)
ロンビエン駅 P.284
チュオンズオン橋
イオンモール・ロンビエンへ(約6km)
B52池 P.304
ホーチミン廟 P.293
バーディン広場
タンロン遺跡 P.294(旧ハノイ城跡)
ドンスアン市場 P.298
旧市街
ホーチミン博物館 P.294
旧市街図 P.344-345
ベトナム軍事歴史博物館 P.296
本国大使館 312、432
キムマー・バスターミナル P.282、283
ホアンキエム区
Q. Hoan Kiem
プルマン・ハノイ P.336
ハノイ競技場
カットリン駅 P.13、287
Cat Linh
文廟 P.296
ホアンキエム湖 P.297
ザンボー湖
ハノイ
ドンダー区
Q. Đong Da
ホアロー収容所 P.301
ハノイ駅(エリアB) P.284欄外
ハノイ駅(エリアA) P.284、284欄外
市劇場 P.300
チャンフンダオ通り
ホアンキエム湖周辺図 P.346-347
ラータイン駅
La Thanh
都市鉄道(ハノイメトロ)
ティエンクアン湖
ホテル デュパルク ハノイ P.334
ホム市場 P.290欄外
ドンダー湖
トンニャット(統一)公園 P.303欄外
タイハー駅
Thai Ha
ハイバーチュン区
Q. Hai Ba Trung
ナムズオン湖
バーマウ湖
バイマウ湖
ヴィンコム・センター
ヴィエット・タワー
キムリエン
オーシャン・パーク
バックコア大学
ラン駅
Lang
チャンニャン湖
ホアンキエム湖南部図 P.348-349
ハノイ・フレンチ・ホスピタル
チュオンチン通り
ヴィンメック・インターナショナル・ホスピタル P.311
ヴィンコム・メガモール・ロイヤル・シティ P.291欄外
防空・空軍博物館 P.304
ヴィンコム・メガモール・タイムズ・シティへ(約500m) P.291欄外
トゥオンディン駅
Thuong Đinh
スケッチトラベル ハノイ店(8F) P.313
ザップバット・バスターミナルへ(約2km) P.285
1
2
3

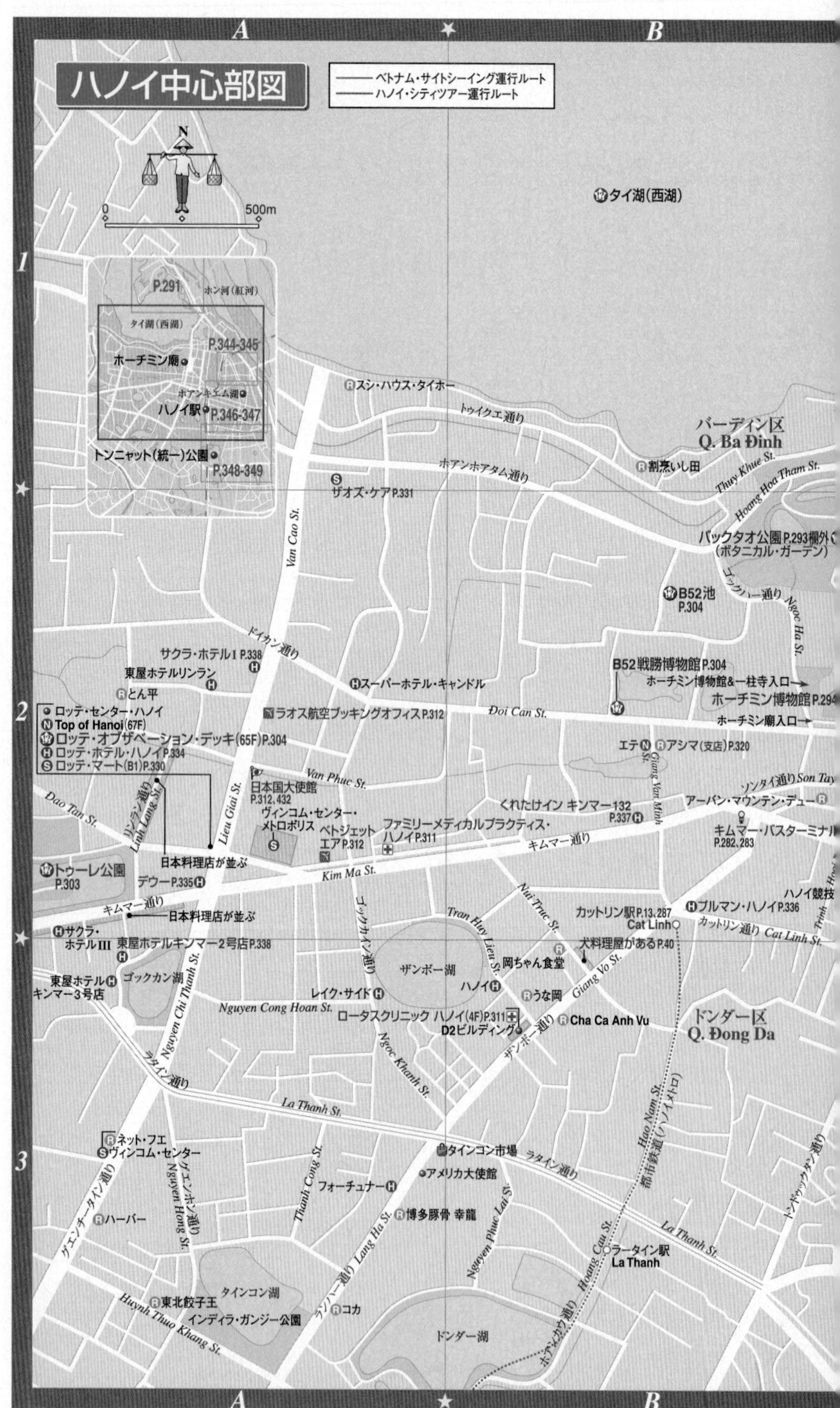

※地図中、左上の小エリア図の赤枠部分が、ハノイ全図（P.340-341）でのこの地図の位置を示しています。

ホン河（紅河）
ハノイ・クラブ
パン・パシフィック・ハノイ P.333
サミット（20F）P.325
チャンクオック寺（鎮国寺）P.302
スタンディング・バー
タンクアン寺
フオンマイ P.321
ベジロー
チュックバック湖
クアハン・アンウォン・マウジック・ソー37 P.320
ボート乗り場
ハイランズ・コーヒー
花売りが多い P.13
ハノイ・ル・ジャルダン・ホテル＆スパ P.338
ベジー・キャッスル P.324
ル・ジャルダン・ホテル・オートクチュール P.338
タンロン・ハノイ建都1000年記念陶器モザイク壁画 P.291欄外
鎮武観 P.302
Oc Di Tu
フォー・ガー・チャム
バインワオン・バー・スアン
モッチンボンサウ P.318
Tuyet Bun Cha 34
ロンビエン橋 P.299
ロンビエン・バスターミナル P.282、284、306欄外
バック門（正北門）P.295
旧市街図 P.344-345
ロンビエン駅 P.284
ドンスアン市場 P.298
ホーチミンの家 P.293（ホーおじさんの家）
後楼 P.295
ホアンジエウ18番遺跡 P.295
キンティエン殿（敬天殿）P.295
ホーチミン廟 P.293
一柱寺 P.294
ドアン門（端門）P.294
タンロン遺跡 P.294（旧ハノイ城跡）
入口＆チケット売り場
旧市街
チュオンズオン橋
ハンボー通り Hang Bo St.
ハンバック通り Hang Bac St.
国旗掲揚塔 P.295
ベトナム軍事歴史博物館 P.296
中国大使館 P.312
イミグレーションオフィス（入国管理局）
レーニン公園
ハノイ・シティツアー チケットブース＆出発場所 P.315
ベトナム美術博物館 P.296
ホアンキエム湖周辺図 P.346-347
ホアンキエム湖 P.297
文廟 P.296
タムヴィ P.316
インディゴ・ストア P.326
クラフト・リンク P.328
ザー P.316
ハノイ大教会 P.300（セント・ジョセフ教会）
ベトナム・サイトシーイング チケットブース＆出発場所 P.315
フロッグ・ガーデン
ゴーシーリエン市場
ザム湖
ハノイ駅（エリアB）P.284、284欄外
ホアロー収容所 P.301
市劇場 P.300
ハノイ駅（エリアA）P.284、284欄外
ベトナム女性博物館 P.301
ホアンキエム湖南部図 P.348-349
ティエンクアン湖
ホテル デュ パルク ハノイ P.334
ホム市場 P.290欄外
トンニャット（統一）公園 P.303欄外
Nghi Tam St.
イエンフ通り Yen Phu St.
Thanh Nien St.
チャンヴー通り Tran Vu St.
クアバック通り Cua Bac St.
クアンタイン通り Quan Thanh St.
ファンディンフン通り Phan Dinh Phung St.
Hung Vuong St.
Hoang Dieu St.
Nguyen Tri Phuong St.
ホアンヴァントゥ通り Hoang Van Thu St.
Ly Nam De St.
リーナムデー通り
Phung Hung St.
フーンフン通り
チャンニャットズアット通り Tran Nhat Duat St.
ドックラップ通り Doc Lap St.
ディエンビエンフー通り Dien Bien Phu St.
ホアンジエウ通り
レーホンフォン通り Le Hong Phong St.
チャンフー通り Tran Phu St.
Chu Van An St.
エンタイホック通り Nguyen Thai Hoc St.
チャンクアンカイ通り Tran Quang Khai St.
リータイトー通り Le Thai To St.
チャングエンハン通り Tran Nguyen Han St.
ヴァンミエウ通り Van Mieu St.
Ton Duc Thang St.
Quoc Tu Giam St.
チャンティ通り Trang Thi St.
ハイバーチュン通り
Ngo Si Lien St.
ディンティエンホアン通り
レタイトー通り
チャンティエン通り Trang Tien St.
Hai Ba Trung St.
Thong Phong St
リートゥオンキエット通り Ly Thuong Kiet St.
Quang Trung St.
Ba Trieu St.
Hang Bai St.
Phan Chu Trinh St.
チャンフンダオ通り Tran Hung Dao St.
レタイントン通り
Le Duan St.
チャンクオックトアン通り Tran Quoc Toan St.
クアンチュン通り
バーチエウ通り
ハンバイ通り
ファンチューチン通り
ハントゥエン通り Han Thuyen St.
Kham Thien St.
レズアン通り
チャンニャントン通り Tran Nhan Tong St.
チャンスアンソアン通り Tran Xuan Soan St.
ロードゥック通り Lo Duc St.
C
D
1
2
3
入口
出入口
バーディン広場

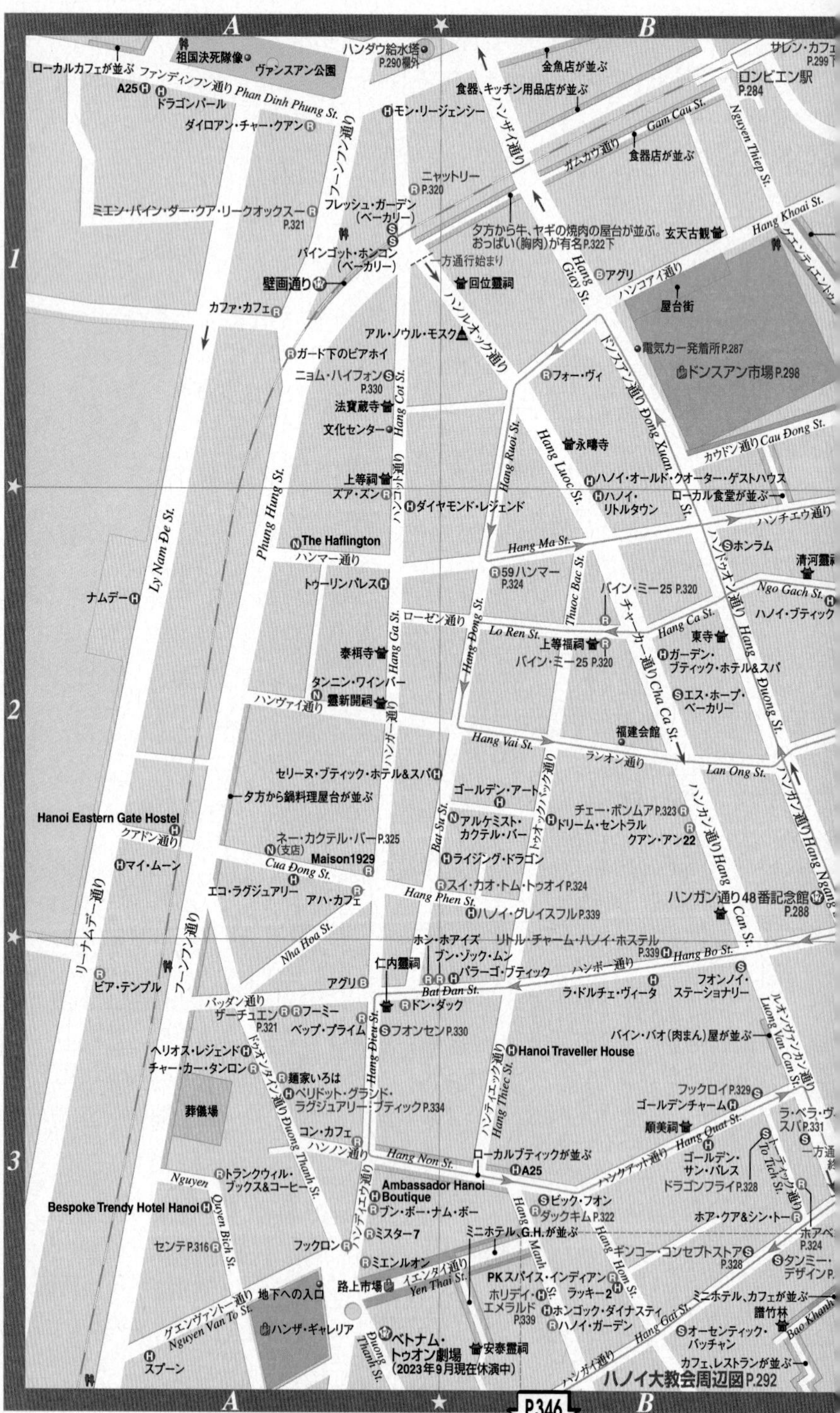

A
B
1
2
3
ローカルカフェが並ぶ
祖国決死隊像
ヴァンスアン公園
ハンダウ給水塔 P.290欄外
サレン・カフェ P.299下
ロンビエン駅 P.284
金魚店が並ぶ
食器、キッチン用品店が並ぶ
ファンディンフン通り Phan Dinh Phung St.
A25
ドラゴンパール
モン・リージェンシー
ダイロアン・チャー・クアン
フーンフン通り
ハンザイ通り
ガムカウ通り Gam Cau St.
食器店が並ぶ
Nguyen Thiep St.
ニャットリー P.320
ミエン・バイン・ダー・クア・リークオックスー P.321
フレッシュ・ガーデン（ベーカリー）
夕方から牛、ヤギの焼肉の屋台が並ぶ。おっぱい（胸肉）が有名 P.322下
玄天古観
Hang Khoai St.
バインゴット・ホンコン（ベーカリー）
一方通行始まり
Hang Giay St.
アグリ
壁画通り
回位靈祠
ハンコアイ通り
屋台街
カファ・カフェ
ハンルオック通り
アル・ノウル・モスク
ドンスアン通り Đong Xuan St.
電気カー発着所 P.287
ガード下のビアホイ
ニョム・ハイフォン P.330
フォー・ヴィ
ドンスアン市場 P.298
法寶蔵寺
Hang Cot St.
文化センター
Hang Ruoi St.
Hang Luoc St.
永晴寺
カウドン通り Cau Đong St.
上等祠
ハンコット通り
ハノイ・オールド・クオーター・ゲストハウス
ズア・ズン
ダイヤモンド・レジェンド
ハノイ・リトルタウン
ローカル食堂が並ぶ
ハンチエウ通り
Ly Nam Đe St.
Phung Hung St.
The Haflington
ハンマー通り
Hang Ma St.
ハンドゥオン通り Hang Đuong St.
ホンラム
清河靈祠
トゥーリンパレス
59ハンマー P.324
Thuoc Bac St.
バイン・ミー25 P.320
Ngo Gach St.
ナムデー
ローゼン通り
Lo Ren St.
Hang Đong St.
チャーカー通り Cha Ca St.
Hang Ca St.
ハノイ・ブティック
東寺
泰相寺
Hang Ga St.
上等福祠
バイン・ミー25 P.320
ガーデン・ブティック・ホテル&スパ
タンニン・ワインバー
靈新開祠
ハンヴァイ通り
エス・ホープ・ベーカリー
ハンガー通り
福建会館
Hang Vai St.
ランオン通り
Lan Ong St.
セリーヌ・ブティック・ホテル&スパ
ハントゥオックバック通り
夕方から鍋料理屋台が並ぶ
ゴールデン・アート
ハンガン通り Hang Can St.
ハンガン通り Hang Ngang St.
Hanoi Eastern Gate Hostel
クアドン通り
Bat Su St.
アルケミスト・カクテル・バー
チェー・ボンムア P.323
ドリーム・セントラル
クアン・アン22
ネー・カクテル・バー P.325（支店）
マイ・ムーン
Maison1929
ライジング・ドラゴン
Cua Đong St.
エコ・ラグジュアリー
アハ・カフェ
スイ・カオ・トム・トゥオイ P.324
ハンガン通り48番記念館 P.288
Hang Phen St.
ハノイ・グレイスフル P.339
リーナムデー通り
Nha Hoa St.
ホン・ホアイズ
リトル・チャーム・ハノイ・ホステル P.339
ブン・ゾック・ムン
Hang Bo St.
ビア・テンプル
フーンフン通り
仁内靈祠
パラーゴ・ブティック
アグリ
ハンボー通り
フォンノイ・ステーショナリー
Bat Dan St.
ラ・ドルチェ・ヴィータ
バッダン通り
ザーチュエン P.321
フーミー
ドン・ダック
ルオンヴァンカン通り Luong Van Can St.
ベップ・プライム
フオンセン P.330
バイン・バオ（肉まん）屋が並ぶ
ヘリオス・レジェンド
Hang Dieu St.
Hanoi Traveller House
チャー・カー・タンロン
ドゥオンタイン通り Đuong Thanh St.
麺家いろは
フックロイ P.329
ペリドット・グランド・ラグジュアリー・ブティック P.334
ハンティエック通り Hang Thiec St.
ゴールデンチャーム
葬儀場
ラ・ベラ・ヴ スパ P.331
コン・カフェ
順美祠
一方通
ハンノン通り
Hang Non St.
ローカルブティックが並ぶ
ハンクアット通り Hang Quat St.
ゴールデン・サン・パレス
トーティック通り To Tich St.
A25
ドラゴンフライ P.328
トランクウィル・ブックス&コーヒー
ハンディエウ通り
Ambassador Hanoi Boutique
Nguyen Quyen Bich St.
Bespoke Trendy Hotel Hanoi
ビック・フオン
ダックキム P.322
ブン・ボー・ナム・ボー
ホア・クア&シン・トー
Hang Manh St.
Hang Hom St.
ホアベ P.324
センテ P.316
ミスター7
ミニホテル、G.H.が並ぶ
フックロン
ギンコー・コンセプトストア P.328
ミエンルオン
タンミー・デザイン P.
イエンタイ通り Yen Thai St.
PKスパイス・インディアン
ラッキー2
路上市場
地下への入口
ホリデイ・エメラルド P.339
ミニホテル、カフェが並ぶ
グエンヴァントー通り Nguyen Van To St.
ホンゴック・ダイナスティ
譜竹林
ハノイ・ガーデン
Hang Gai St.
ハンザ・ギャレリア
ベトナム・トゥオン劇場（2023年9月現在休演中）
オーセンティック・バッチャン
安泰靈祠
Đuong Thanh St.
Bao Khanh
スプーン
カフェ、レストランが並ぶ
ハンガイ通り
ハノイ大教会周辺図 P.292
P.346

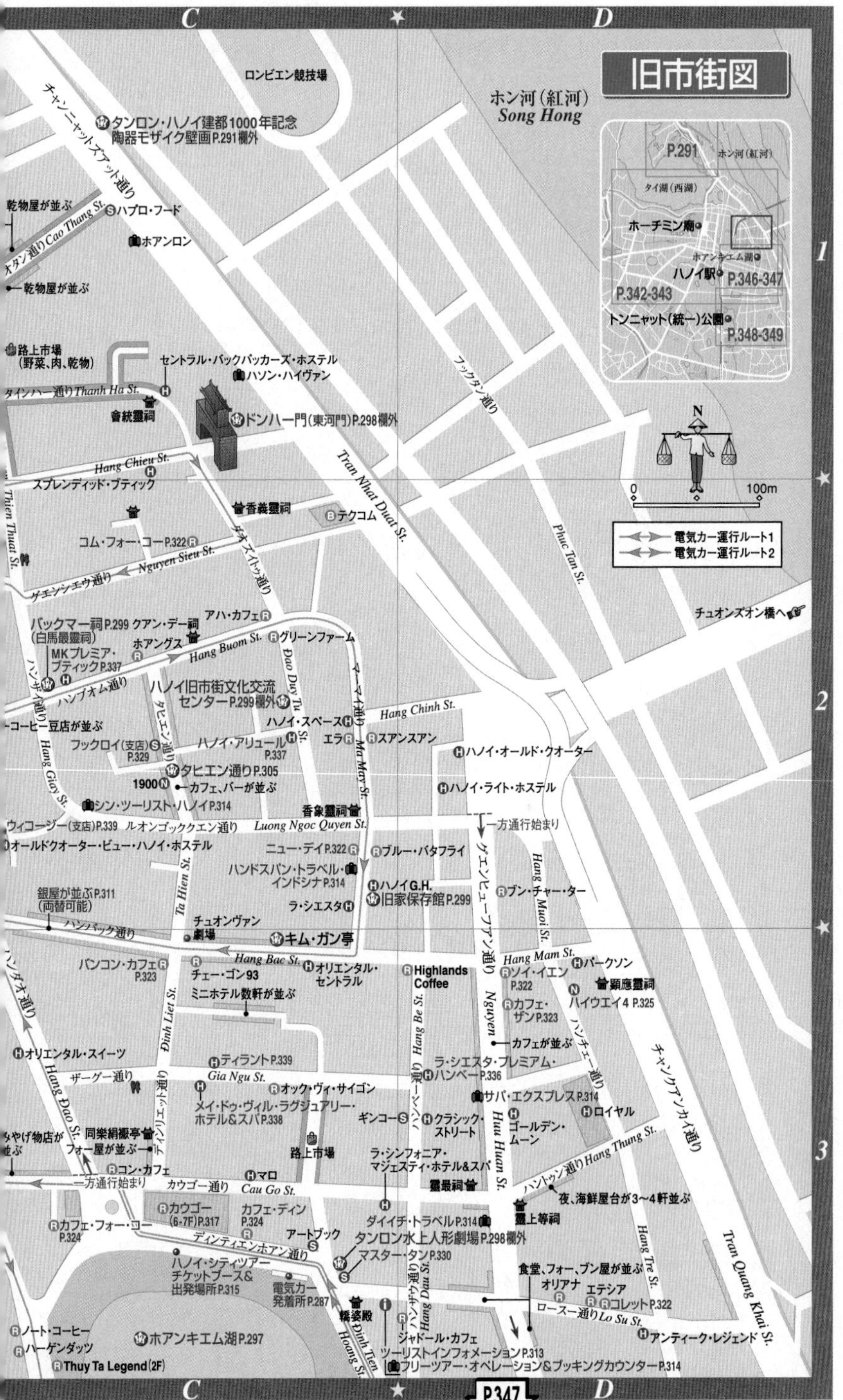

※地図中、右上の小エリア図の赤枠部分が、ハノイ全図（P.340-341）でのこの地図の位置を示しています。

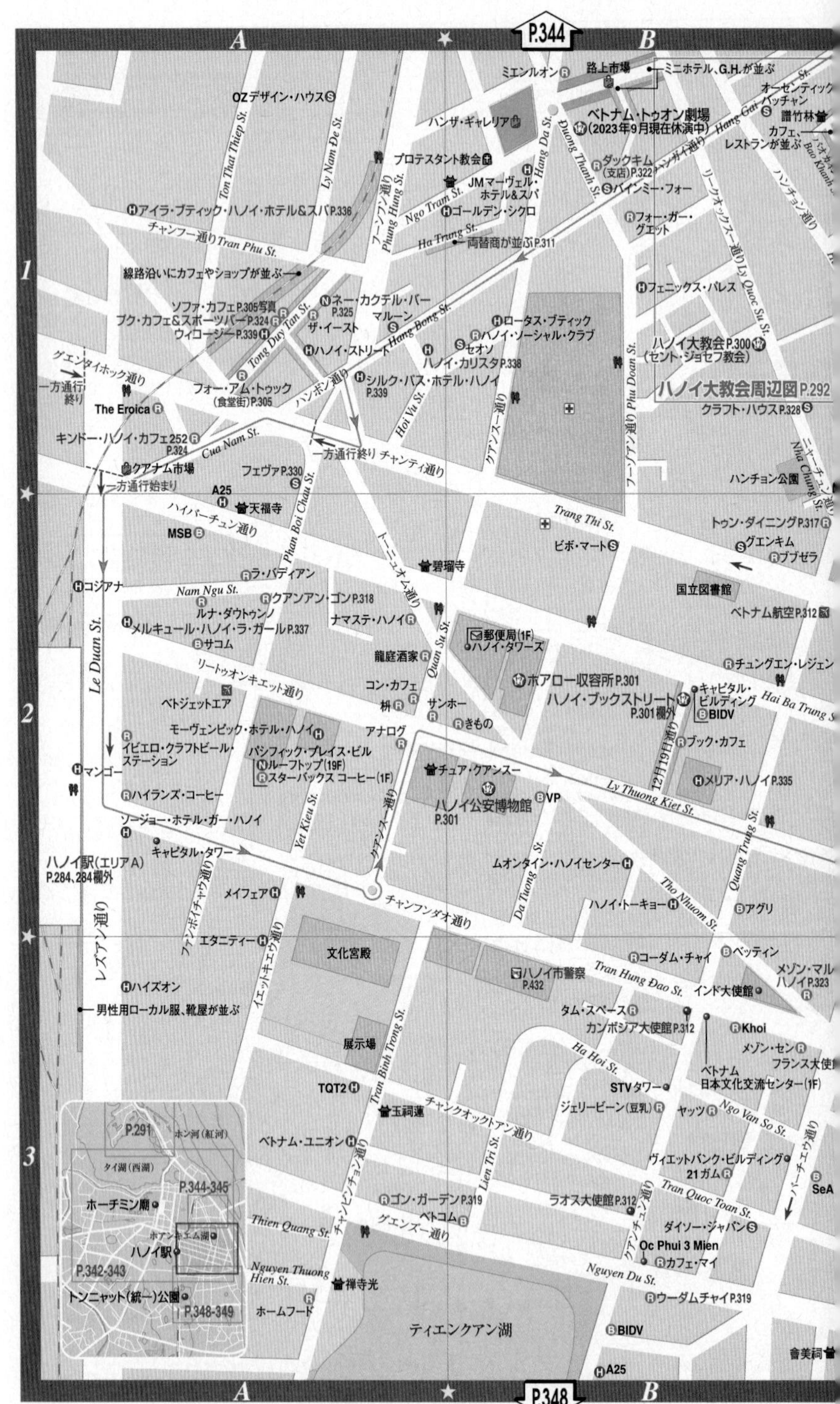

※地図中、左下の小エリア図の赤枠部分が、ハノイ全図（P.340-341）でのこの地図の位置を示しています。

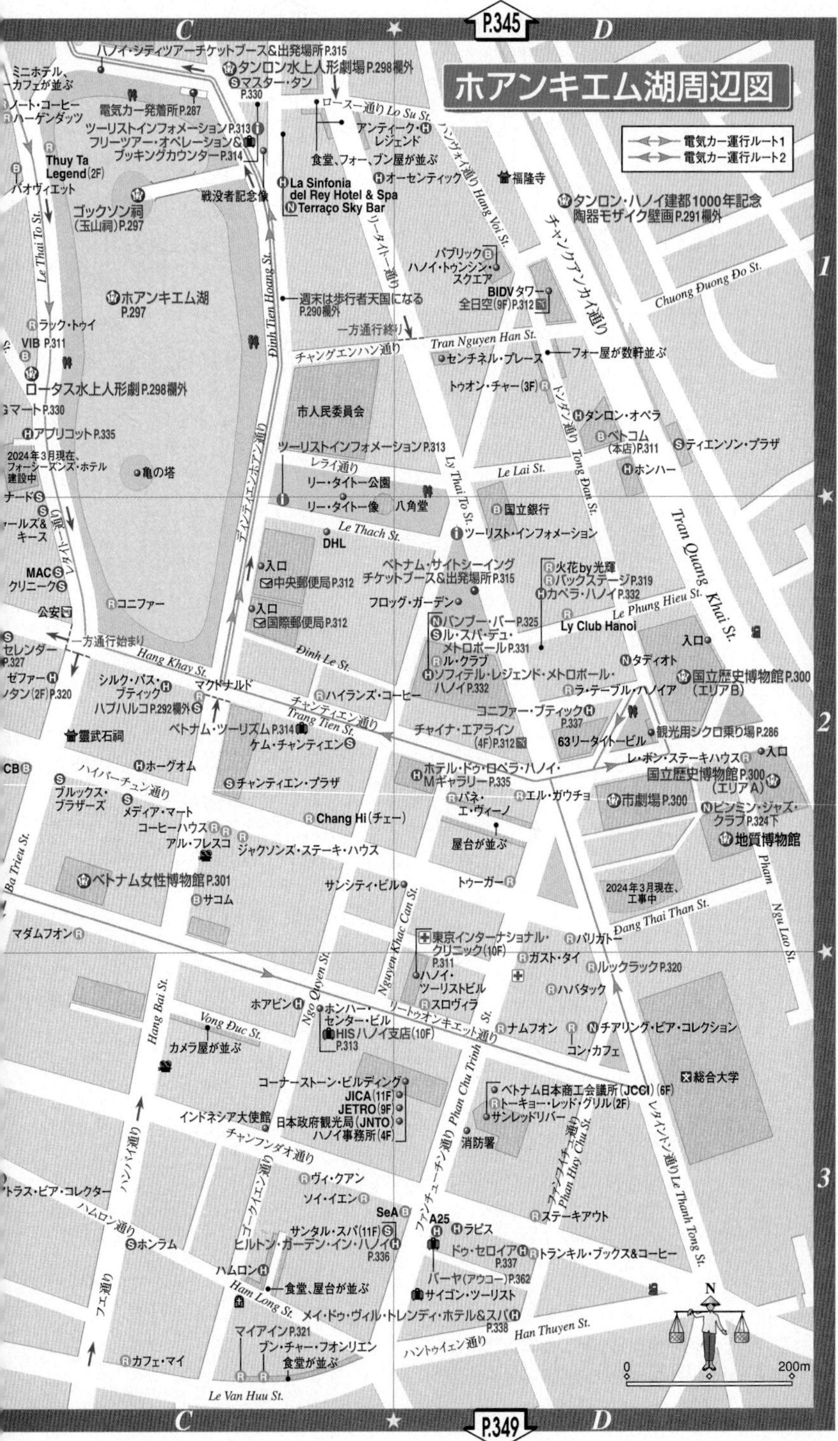
ホアンキエム湖周辺図
P.345
P.349
C
D
1
2
3
電気カー運行ルート1
電気カー運行ルート2
ハノイ・シティツアーチケットブース＆出発場所P.315
タンロン水上人形劇場P.298欄外
マスター・タン P.330
ミニホテル、カフェが並ぶ
ノート・コーヒー
ハーゲンダッツ
電気カー発着所P.287
ツーリストインフォメーションP.313
フリーツアー・オペレーション＆ブッキングカウンターP.314
Thuy Ta Legend(2F)
バオヴィエット
戦没者記念像
ローースー通り Lo Su St.
アンティーク・レジェンド
食堂、フォー、ブン屋が並ぶ
La Sinfonia del Rey Hotel & Spa
Terraço Sky Bar
オーセンティック
福隆寺
タンロン・ハノイ建都1000年記念陶器モザイク壁画P.291欄外
ハンヴァイ通り Hang Voi St.
リータイトー通り
チャンクアンカイ通り
ゴックソン祠(玉山祠)P.297
パブリック
ハノイ・トゥンシン・スクエア
BIDVタワー
全日空(9F)P.312
Chuong Duong Do St.
Le Thai To St.
Dinh Tien Hoang St.
週末は歩行者天国になるP.290欄外
ホアンキエム湖 P.297
ラック・トゥイ
VIB P.311
ロータス水上人形劇P.298欄外
一方通行終わり
Tran Nguyen Han St.
チャングエンハン通り
センチネル・プレース
フォー屋が数軒並ぶ
トゥオン・チャー(3F)
トンダン通り Tong Dan St.
市人民委員会
タンロン・オペラ
ベトコム(本店)P.311
ティエンソン・プラザ
マートP.330
アプリコットP.335
2024年3月現在、フォーシーズンズ・ホテル建設中
亀の塔
ティンティエンホアン通り
ツーリストインフォメーションP.313
レライ通り
Le Lai St.
ホンハー
リー・タイトー公園
リー・タイトー像
八角堂
国立銀行
Tran Quang Khai St.
Le Thach St.
DHL
ツーリスト・インフォメーション
入口
中央郵便局P.312
ベトナム・サイトシーイングチケットブース＆出発場所P.326
火花by光輝
バックステージP.319
カペラ・ハノイP.332
MAC クリニーク
コニファー
フロッグ・ガーデン
入口
国際郵便局P.312
Le Phung Hieu St.
Ly Club Hanoi
公安
バンブー・バーP.325
ル・スパ・デュ・メトロポールP.331
ル・クラブ
ソフィテル・レジェンド・メトロポール・ハノイP.332
入口
タディオト
一方通行始まり
Hang Khay St.
Dinh Le St.
国立歴史博物館P.300(エリアB)
センレンダー P.327
ゼファー
タン(2F)P.320
シルク・パス・ブティック
ハブハルコP.292欄外
マクドナルド
ハイランズ・コーヒー
ラ・テーブル・ハノイア
チャンティエン通り Trang Tien St.
コニファー・ブティック P.337
ベトナム・ツーリズムP.314
ケム・チャンティエン
チャイナ・エアライン(4F)P.312
63リータイトービル
観光用シクロ乗り場P.286
靈武石祠
レ・ボン・ステーキハウス
入口
ホーグオム
ホテル・ドゥ・ロペラ・ハノイ・Mギャラリー P.335
国立歴史博物館P.300(エリアA)
CB
チャンティエン・プラザ
ハイバーチュン通り
ブルックス・ブラザーズ
メディア・マート
パネ・エ・ヴィーノ
エル・ガウチョ
市劇場P.300
ビンミン・ジャズ・クラブP.324下
コーヒーハウス
アル・フレスコ
ジャクソンズ・ステーキ・ハウス
Chang Hi(チェー)
屋台が並ぶ
地質博物館
Ba Trieu St.
ベトナム女性博物館P.301
サコム
サンシティ・ビル
トゥーガー
2024年3月現在、工事中
Phan Ngu Lao St.
Dang Thai Than St.
マダムフオン
Nguyen Khac Can St.
東京インターナショナル・クリニック(10F)P.311
パリガトー
ガスト・タイ
ルックラックP.320
ハノイ・ツーリストビル
ハバタック
スロヴィラ
Hang Bai St.
Ngo Quyen St.
ホアビン
ホンハー・センター・ビル
HISハノイ支店(10F)P.313
リートゥオンキエット通り
ナムフオン
コン・カフェ
チアリング・ビア・コレクション
Vong Duc St.
カメラ屋が並ぶ
総合大学
コーナーストーン・ビルディング
JICA(11F)
JETRO(9F)
日本政府観光局(JNTO)ハノイ事務所(4F)
Phan Chu Trinh St.
ベトナム日本商工会議所(JCCI)(6F)
トーキョー・レッド・グリル(2F)
サンレッドリバー
インドネシア大使館
消防署
チャンフンダオ通り
ハンバイ通り
ゴークイエン通り
ファンチューチン通り
ファンフイチュー通り Phan Huy Chu St.
レタイントン通り Le Thanh Tong St.
ヴィ・クアン
トラス・ビア・コレクター
ソイ・イエン
SeA
ハムロン通り
サンタル・スパ(11F)
ヒルトン・ガーデン・イン・ハノイ P.336
A25
ラピス
ステーキアウト
ホンラム
ドゥ・セロイア P.337
トランキル・ブックス＆コーヒー
ハムロン
食堂、屋台が並ぶ
バーヤ(アウコー)P.362
Ham Long St.
サイゴン・ツーリスト
フエ通り
メイ・ドゥ・ヴィル・トレンディ・ホテル＆スパ P.338
マイアインP.321
ブン・チャー・フオンリエン
食堂が並ぶ
Han Thuyen St.
ハントゥイエン通り
カフェ・マイ
Le Van Huu St.
N
0
200m

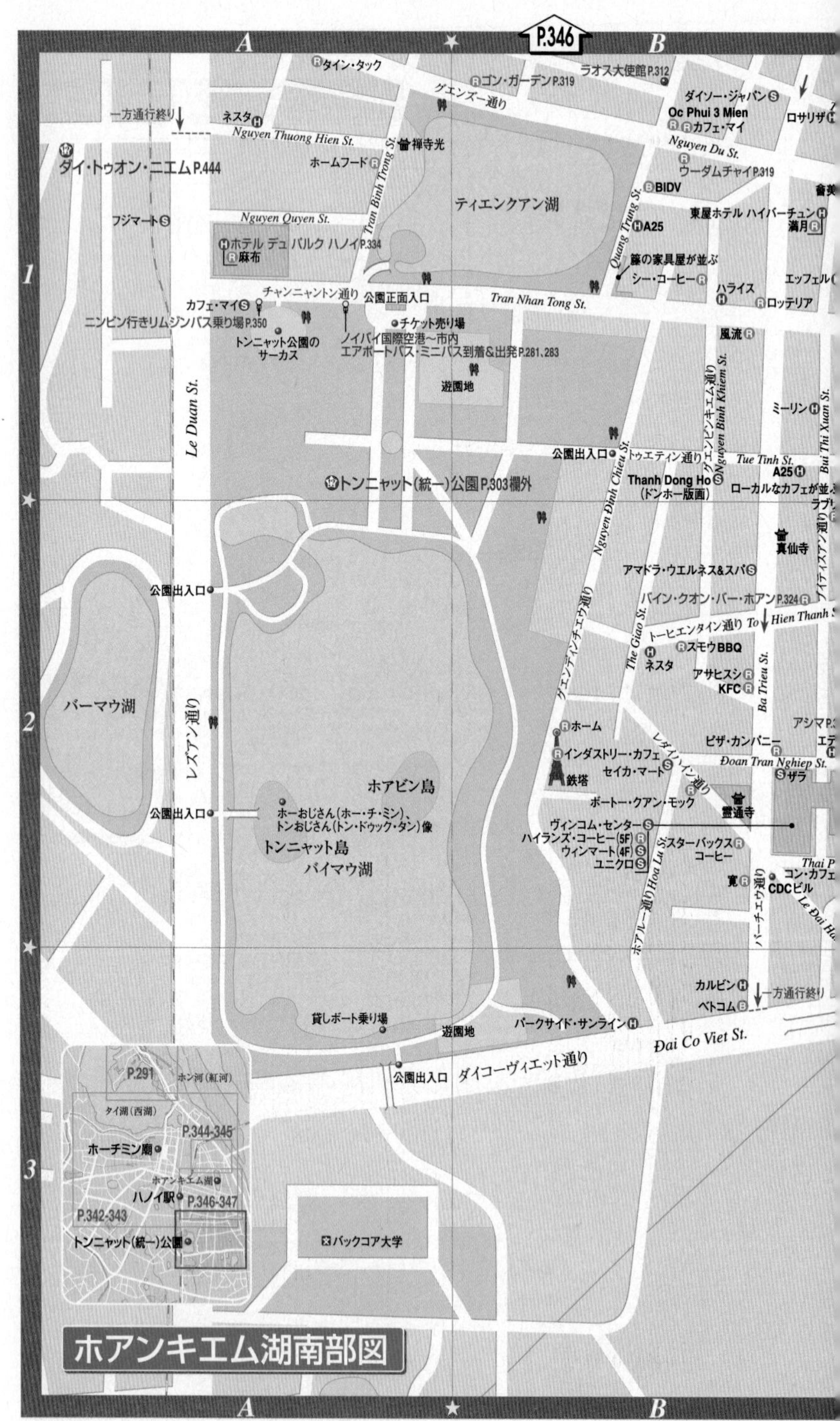

※地図中、左下の小エリア図の赤枠部分が、ハノイ全図（P.340-341）でのこの地図の位置を示しています。

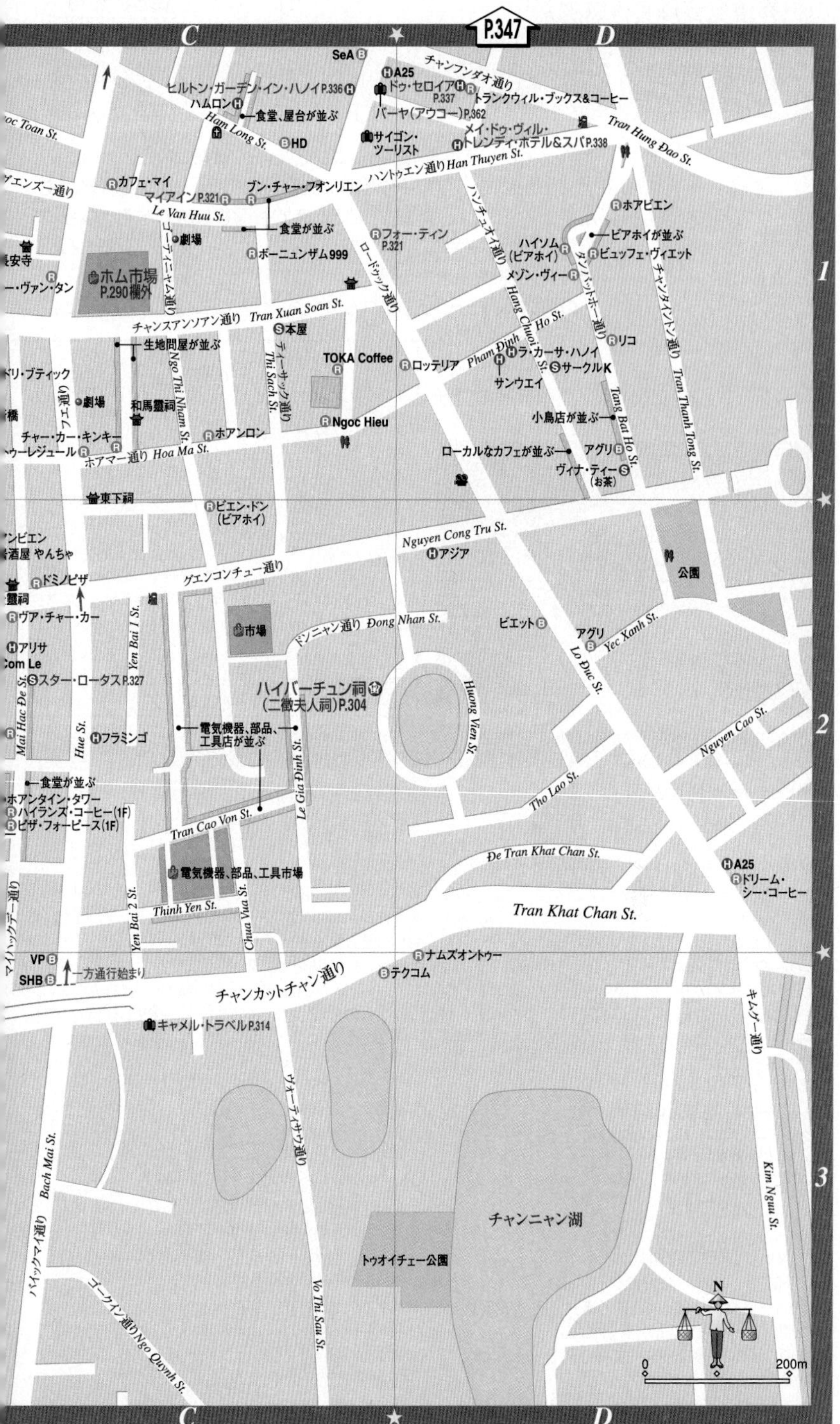
P.347
C
D
SeA
A25
チャンフンダオ通り
ヒルトン・ガーデン・イン・ハノイ P.336
ドゥ・セロイア P.337
トランクウィル・ブックス&コーヒー
ハムロン
食堂、屋台が並ぶ
バーヤ(アウコー) P.362
Ham Long St.
HD
サイゴン・ツーリスト
メイ・ドゥ・ヴィル・トレンディ・ホテル&スパ P.338
Tran Hung Dao St.
Han Thuyen St.
ハントゥエン通り
カフェ・マイ
マイアイン P.321
ブン・チャー・フオンリエン
Le Van Huu St.
食堂が並ぶ
フォー・ティン P.321
ホアビエン
劇場
ボーニュンザム999
ゴーティニャム通り
ロードゥック通り
ハンチュオイ通り
ハイソム(ビアホイ)
ビアホイが並ぶ
ビュッフェ・ヴィエット
タンバットホー通り
チャンタイントン通り
メゾン・ヴィー
ホム市場 P.290欄外
チャンスアンソアン通り
Tran Xuan Soan St.
本屋
生地問屋が並ぶ
ティーサック通り
Thi Sach St.
TOKA Coffee
ロッテリア
Pham Dinh Ho St.
ラ・カーサ・ハノイ
サークルK
リコ
Hang Chuoi St.
サンウエイ
フエ通り
劇場
和馬靈祠
Ngo Thi Nham St.
Ngoc Hieu
小鳥店が並ぶ
Tang Bat Ho St.
Tran Thanh Tong St.
チャー・カー・キンキー
ホアンロン
ローカルなカフェが並ぶ
アグリ
ヴィナ・ティー(お茶)
ホアマー通り Hoa Ma St.
東下祠
ビエン・ドン(ビアホイ)
Nguyen Cong Tru St.
アジア
ドミノピザ
グエンコンチュー通り
公園
ヴア・チャー・カー
市場
ドンニャン通り Dong Nhan St.
ビエット
アグリ
Yec Xanh St.
アリサ
Yen Bai 1 St.
Lo Duc St.
スター・ロータス P.327
ハイバーチュン祠(二徴夫人祠) P.304
Huong Vien St.
Mai Hac De St.
Hue St.
フラミンゴ
電気機器、部品、工具店が並ぶ
Le Gia Dinh St.
Nguyen Cao St.
食堂が並ぶ
ホアンタイン・タワー
ハイランズ・コーヒー(1F)
ピザ・フォーピース(1F)
Tran Cao Von St.
Tho Lao St.
De Tran Khat Chan St.
A25
ドリーム・シー・コーヒー
電気機器、部品、工具市場
マイハックデー通り
Yen Bai 2 St.
Thinh Yen St.
Chua Vua St.
Tran Khat Chan St.
ナムズオントゥー
VP
SHB
一方通行始まり
テクコム
チャンカットチャン通り
キムグー通り
キャメル・トラベル P.314
ヴォーティサウ通り
Bach Mai St.
チャンニャン湖
Kim Nguu St.
バイックマイ通り
トゥオイチェー公園
ゴークイン通り Ngo Quynh St.
Vo Thi Sau St.
N
0
200m
1
2
3

世界遺産登録で人気過熱中

MAP 折表-1B

ニンビン

ニンビンの市外局番
0229

Ninh Bình

ハノイから南へ約100km、ニンビン省の省都ニンビン。10～11世紀にかけて、現在の市西部に広がるホアルーの地に首都がおかれた、ベトナムの歴史を知るうえでも重要な町である。なかでも"陸のハロン湾"と称されるタムコックやチャンアンは、石灰岩の奇岩奇峰が連なる風光明媚な景勝地。2014年、古都ホアルーの遺跡群、チャンアン、タムコック、ビックドン寺などの洞窟寺院を含むチャンアン複合景観（→P.27）が世界遺産に登録された。

洞窟遊覧が楽しいニンビン。写真はヴァンロン（→P.352欄外）

アクセス ❀ ACCESS

ニンビンへの行き方

●列車

ハノイから毎日６便運行。一番速い便で所要約２時間14分。フエ、ダナン、ニャチャン、ホーチミン市方面からは毎日５便ある。

●バス

ハノイのザップバット・バスターミナルから6:00～18:00の間に30分間隔で運行。７万～９万ドン、所要約２時間30分。ハイフォン（ヴィンニエム）、ハロン湾（バイチャイ）、フエ、ダナン方面などからも毎日便がある。

●リムジンバス

ハノイの「ホテル デュ パルク ハノイ」向かいのバス乗り場（MAP P.348-1A）からニンビン中心部まで、セー・ベトナム（→右記）が９人乗りのリムジンバスを毎日５～８便運行。17万ドン、所要約１時間20分。前日までにウェブサイトか電話で要予約。ほかにも数社が運行。

ニンビンからの交通

●列車

ハノイへは毎日６便運行。一番速い便で所要約２時間14分。ホーチミン市行き（フエ、ダナン、ニャチャン経由）は毎日５便運行。一番速い便で所要約31時間40分。

※ニンビン駅のチケット売り場は11:30～12:30、18:30～19:30はクローズとなる。ニンビン駅では無料Wi-Fi可能。

●バス

ニンビン・バスターミナル（MAP P.351-2B）から、ハノイのザップバット・バスターミナル行きが5:00～17:00の間に15～25分間隔で運行、７万ドン～。ハイフォン行きは6:15発の１便運行、11万ドン。ランソン行きは5:30発の１便運行、14万ドン～。ハロン湾（バイチャイ）行きは5:30発の１便運行、17万ドン。また、同バスターミナルからは4:00～16:00の間にハノイ行きのミニバスも頻発している。７万ドン～、所要約２時間。

●リムジンバス

ニンビン中心部からハノイの「ホテル デュ パルク ハノイ」向かいのバス乗り場（MAP P.348-1A）まで、セー・ベトナム（→下記）が９人乗りのリムジンバスを毎日５～11便運行。17万ドン、所要約１時間20分。前日までにウェブサイトか電話で要予約。予約すれば市内のホテルまでピックアップに来てくれる。ほかにも数社が運行。会社によっては、出発２時間前まで予約できたり、ハノイの宿泊ホテルまで送ってくれるところもある。

セー・ベトナム　X.E Viet Nam

☎1900-1731（ホットライン）
営6:00～20:00

電話はベトナム語対応のみ。滞在しているホテルに予約を頼むのが確実。

ベッティン・バンク Vietin Bank：MAP P.351-2B　住951 Trần Hưng Đạo　☎（0229）3872675　営7:00～11:30（冬季7:30～）、13:30～17:00（冬季13:00～）　休土・日↗

見どころ Sightseeing

★★★ ベトナム初の独立王朝の首都 MAP P.350

古都ホアルー

Cố Đô Hoa Lư　Hoa Lu Ancient Capital

歴史を感じさせるディン・ティエン・ホアン祠の門

968年のディン（丁）朝の建都から1010年にタンロン（現ハノイ）へ遷都されるまでの約40年間、ディン朝と前レ（黎）朝の都がおかれていた所。10世紀半ば、天下統一を巡って各地の土豪が争うなか、ついに地元出身のディン・ボ・リン（＝ディン・ティエン・ホアン、在位968～980年）がベトナム北部を統一。国号をダイコーヴィエット（大瞿越）と定め、初の独立王朝が誕生した。古都ホアルーの中心地は市街地から北西へ約12km、現在のディン・ティエン・ホアン祠とレ・ダイ・ハン（＝２代皇帝、在位980～1005年）祠が建っているあたりだと考えられている。いずれも17世紀に再建された重要文化財で、内部に祀られているのはそれぞれの皇帝と皇族たち。小さな祠ではあるが、ベトナムの歴史上、非常に重要な所だ。かつての宮殿は堅固な城壁に囲まれていたといわれ、その一部が現存している。

古都ホアルー

☎(0229)3620099 開夏季：6:30～17:00、冬季：6:30～18:00 休無休 料２万ドン、子供（6～15歳）1万ドン、6歳未満無料

近隣6つの史跡をバイクタクシーで回ると10万ドン～。

ニンビン博物館

Bảo Tàng Ninh Bình
Ninh Binh Museum

MAP 左下図-1B
住 Lê Đại Hành
☎(0229)3871462
開7:30～11:00、13:30～16:30
休土・日曜 料無料

ニンビン周辺で発掘された石器や銅鼓、近代の戦争写真などを展示する博物館。

博物館はこぢんまりして静か

ムア洞窟

Hang Múa　Mua Cave

MAP 左図-2A参照
☎なし 開6:00～19:00
休無休 料10万ドン

石灰岩の鍾乳洞があり、裏山の頂上からはタムコックの景観が眺められる。頂上までは急な階段なのでスニーカーなどの歩きやすい靴で。

約450段の階段を上れば、絶景が待っている

観光のアドバイス

●ニンビン近郊の見どころを回るには、ホテルでアレンジを頼むとよい。車（4人乗り）のチャーターは1日150万ドン～（行き先による）。バイクタクシーなら1日50万ドン～。レンタバイクは1日8US$～、レンタサイクルは1日5US$～。

●ニンビン中心部～古都ホアルー～バイディン寺～クックフオン国立公園から10kmほどの町を結ぶ8番の路線バス（2万5000ドン～ 営6:30～17:00）も利用価値大。バスには国道1号線沿いで手を挙げて乗車し、乗車後運転手に目的地を告げて、降車ポイントを教えてもらおう。

●チャンアン、バイディン寺のビジターセンターで帰りのタクシーを呼んでもらうことも可能。

●ボートツアー終了後はこぎ手ひとりにつき5万ドン程度のチップを渡すのが望ましい。

チャンアン
☎(0229)3620335
開夏季：6:00～17:00、冬季：7:00～17:00　休無休
料ボート込みで25万ドン、子供12万ドン（4～5人乗り。4人に満たない場合は相乗りになるが、5人分の料金を支払えばチャーターできる）

ボートツアーのルートは3種類あるが、ルート③が人気。詳細は下記のとおり。
ルート①：トイ洞窟やナウジウ洞窟を含む9つの洞窟、3つの祠と寺院を巡る。
ルート②、③：それぞれ3つの洞窟、3つの寺院を巡る。
※ルート②、③は巡るエリアはほぼ同じだが、訪れるポイントが異なる。

タムコック／タイヴィー祠
☎094-9585180（携帯）
開7:00～17:00　休無休
料12万ドン(子供6万ドン)＋ボート代15万ドン(乗船人数で割る。1隻に外国人ふたりまで)

タイヴィー祠へはタムコックのボートツアーの途中で舟を降り、水田の中の一本道を約10分歩くと到着。ここで舟に待ってもらって再度舟で舟乗り場へ戻る場合は少額のチップを。

その他のボートツアー
ヴァンロン　Vân Long
MAP P.350　☎096-3406222（携帯）　開6:00～17:00　休無休
料入場料はひとり2万ドン。ボート代は1隻8万ドン（ふたり乗り）

約3000ヘクタールに及ぶ北部デルタ最大の湿地帯を巡る、約1時間のクルーズが楽しめる。457種類の植物、39種類の動物が生息するとされる、手つかずの大自然に圧倒される。

昔ながらの竹製の手こぎボートでのクルーズはヴァンロンだけ

ティエンハー洞窟
☎091-3292458（携帯）
開8:00～18:00　休無休
料ボート代込みで20万ドン～と25万ドン～の2コース（人数による）

ティエンハー洞窟、ティエンタイン洞窟などを巡る約2時間のコース。ソンハー村を出発してタムコックへ抜けるルートもある。

★★★ 神秘的な鍾乳洞内をボートクルーズ MAP P.350

チャンアン
Tràng An　Trang An

人気撮影ポイント、ヴーラム宮（Hành Cung Vũ Lâm）

石灰岩の奇岩が連なるチャンアンのカルスト地形は、約2億4000万年前にできたとされ、世界で最も新しいといわれる。考古学的にも珍しい優美な景観を誇るチャンアンには48もの鍾乳洞があり、洞窟や祠、寺院を訪れる所要約3時間のボートツアーが大人気だ。頭をかがめなければならないほど狭く320mもの長さがあるトイ洞窟（Hang Tối）や、きれいな水が湧き出るため、かつて酒造りが行われていたナウジウ洞窟（Hang Nấu Rượu）などを手こぎボートでゆっくり進めば、悠久の歴史と自然の美しさに触れることができる。

鍾乳石に覆われた洞窟の多さもチャンアンの魅力

★★★ 水田の中をまったりクルーズ MAP P.350

タムコック
Tam Cốc　Tam Coc

上／水田の中をクルーズするタムコックは、稲の収穫前の3、6月頃が美しい　下／ニンビンで最初に開発されたボート巡りスポットがタムコックだ

タムコックとはベトナム語で“3つの洞窟”を意味するとおり、途中、舟は3回ほど鍾乳石の垂れ下がる真っ暗な洞窟をくぐり抜ける。このボートツアーの途中に、13世紀のチャン（陳）朝時代に建てられたタイヴィー祠（Đền Thái Vi）がある。ここは当時の軍拠点、ブーラム宮がおかれていた場所で、内部にはチャン朝の初代の皇帝チャン・タイ・トンのほか4人の皇帝が祀られている。

★★★ 洞窟内に広がる“小宇宙”をクルーズ MAP P.350

ティエンハー洞窟
Động Thiên Hà　Thien Ha Cave

10世紀中頃、ホアルー王朝を守る自然要塞であったトゥオン山脈にある鍾乳洞。ソンハー村のツアーセンターから手こぎボートで運河を渡って洞窟へ。この洞窟のハイライトは、洞窟内の水路クルーズ。ライトアップされた鍾乳石が水面に反射して、銀河のような絶景が見られることから「ギャラクシー・ケイブ」という別名がつけられているほど。

ないだ水面が鏡のよう

★★★ まるで仏教のテーマパーク

バイディン寺

Chùa Bái Đính　Bai Dinh Pagoda

MAP P.350

ニンビン中心部から北西へ約18km離れた小山に建立された新しい仏教寺。あらゆる物が規格外の大きさで、敷地面積も仏教寺としては東南アジア一の広さを誇る。釈迦仏殿に鎮座する御本尊は高さ約10m、重量約100トンで、アジア最大の金銅像といわれる。ほかにも重さ約36トンのベトナム一大きな鐘楼や五百羅漢など、見どころは多い。ちなみにもともとのバイディン寺は新しい寺の裏山を約800m歩いた場所にある洞窟寺で、約1000年前に高僧リー・クオック・スーによって建てられた。

★★ 神聖な洞窟寺

ビックドン寺（碧哃）

Chùa Bích Động　Bich Dong Pagoda

MAP P.350

2010年に建て替えられた中寺

タムコックから約2km奥へ進んだ山懐にある。1705年に創建され、1774年にチン・サムによって今の名前がつけられた。麓から急な石段を上ると下寺（チュア・ハ：Chùa Hạ）、続いて11世紀頃に開かれたという中寺（チュア・チュン：Chùa Trung）にたどり着く。岩山を背にした寺内部には大きな洞窟が広がり、奥に数体の仏像を祀る。洞窟を出てさらに石段を上りきった所に上寺（チュア・トゥオン：Chùa Thượng）がある。

★★ 新旧東西の建築様式が混ざり合う

ファッジエム教会堂

Nhà Thờ Đá Phát Diệm　Phat Diem Cathedral

MAP P.350

市内から南東約30kmに、1875年建造のファッジエム教会堂がある。伝統的な寺院建築とゴシック様式をミックスした独特な建築美を誇る。石組みアーチ門の上に瓦屋根が載ったユニークな鐘楼、その後部には幅24m、奥行き80m、高さ18mの大聖堂（1891年建立）が続く。正面部分は石造りで後方の屋根全体が瓦葺き、側面や内部はどっしりした木の列柱が支える。裏手にはアオザイを着たマリア像も見られる。

石造と木造が調和した珍しい建築物

★ トレッキングツアーが人気

クックフオン国立公園

Vườn Quốc Gia Cúc Phương　Cuc Phuong National Park

MAP P.350

市内から北西に約65km、ハノイからは南西に約90km。約2万2200ヘクタールの自然林に覆われたクックフオンは、1962年にベトナム初の国立公園に認定された。その広大なエリア内には2200種類以上もの珍しい植物や、リス、サル、トカゲ、チョウなど多種類の動物が生息する。ここでは樹齢1000年といわれる巨木を目指して、3～4時間のトレッキングを楽しもう。園内には石灰岩の洞窟（先史時代の石器が発見された所）が点在し、それらを訪れるコースもある。

Voice! ファッジエム教会堂だけでなく、町なかのニンビン教会（MAP P.351-2B）も仏教寺のデザインを取り入れた造りでおもしろい。旅行者でも入場可能。

あまり歩きたくない人は電気カーがおすすめ

バイディン寺
☎(0229) 3620099　開6:30～17:00　休無休　料2万ドン、子供1万ドン（宝塔は5万ドン）
駐車場から寺の入口までは徒歩約20分。電気カー（営7:00～21:30）なら所要約5分で往復6万ドン。トイレ2000ドン。

ビックドン寺（碧哃）
☎なし　開6:30～18:30
休無休　料無料

ファッジエム教会堂
☎なし　開敷地内は5:00～17:30。教会堂内は5:00と17:00のミサ以外は不定期にオープン
休無休　料無料
ニンビンのバスターミナルから5:30～18:30の間に約30分間隔で運行する2番のバス（5万ドン）が、教会から徒歩約5分のバス停に留まる。途中下車に自信がなければ、手前のキムソン・バスターミナルで降りて、バイクタクシー（2万ドン～）に乗り換えよう。

フォー・コー・ホアルー
Phố Cổ Hoa Lư
Hoa Lu Old Quarter
MAP P.351-1A参照　住Tràng An 2　☎1900-866635（ホットライン）　営店によって異なるが、だいたい7:00～23:00　休無休
キーラン山に続く湖沿いに再現した10世紀の町並みに、飲食店やみやげ物店が並ぶ。18:00以降はランタンをともしたボートでの遊覧も楽しめる。

週末や連休には屋台も出てひときわ混み合う

クックフオン国立公園
☎(0229) 3848006　開6:00～22:00　休無休　料6万ドン、子供1万ドン
園内ではゴミの投げ捨て厳禁。園内にはバンガローがあり、宿泊可能。レンタバイクもある。

「ヴォック」など絶滅危惧種のサルの保護施設もある

レストラン Restaurant

ニンビンに来たらヤギ肉は必食！

チョ・クエ・ラ・メゾン　ベトナム料理

Cho Que La Maison　MAP P.351-1A

ヤギ肉料理の有名店は郊外に多いが、市内ならここが人気。ほとんどの客が注文するヤギ肉料理、ゼー・タイ・チャイン（Dê Tái Chanh）は、ふんわり軟らかく仕上げたヤギ肉を、香りの強い香草とともにライスペーパーで巻いて食べる。コム・チャイ（→下記Voice）もある。

少人数なら、16万ドンのハーフサイズで十分

住Tràng An 2　☎094-1948666（携帯）　営9:00～21:30
休無休　カード JMV　予約不要

ご当地麺ブン・モックの専門店

クエットニュン　麺

Quyet Nhung　MAP P.351-2B

ニンビン南東部にあるキムソン（Kim Sơn）地区の名物麺ブン・モック（→P.36）の専門店。細い米麺ブンに、豚肉団子のモック（Mọc）とさつま揚げ風豚ハムのゾー・チャー（Giò Chả）、揚げニンニクを載せ、豚骨でとったあっさりスープをかけた、朝の定番メニュー（2万5000ドン）。

プリッとした食感の豚肉団子がおいしい

住13, Ngõ 4, Vân Giang　☎094-8649165（携帯）
営5:00～10:00　休無休　カード不可　予約不要

その他のレストラン Restaurant

チェー・ゴン　甘味
Che Ngon　MAP P.351-1B
住17 Đinh Tiên Hoàng　☎(0229) 6287022
営8:00～22:00　休無休
カード不可　予約不要

チェーの専門店。チェー初心者は緑豆、黒豆、アズキ、ココナッツミルクなどが入ったチェー・タップ・カム（→P.46、2万ドン）を。ザボンのチェー（Chè Bưởi、2万ドン）もおいしい。写真付きメニューあり。

チョーキーズ・ハイダウエイ　各国料理
Chookie's Hideaway　MAP P.351-2B
住147 Nguyễn Huệ　☎091-9103558（携帯）
営9:00～22:00　休無休
カード MV　予約不要

もっちりした生地にとろーりチーズと地元の野菜を載せたピザやバーガーと、ニンビンのローカルビール（3万ドン）の相性が抜群。豆腐ピザなどヴィーガンメニューも揃う。開放感あふれるガーデン席には、廃材をリメイクしたというあたたかみのあるインテリアが配される。

ホ　テ　ル Hotel

ホテル滞在が目的になる４つ星リゾート

エメラルダ・リゾート・ニンビン　高級ホテル

Emeralda Resort Ninh Binh　MAP P.351-1A参照

ニンビン随一のリゾートホテル。ヴァンロン（→P.352欄外）のボート乗り場へは徒歩約10分。広大な敷地に９つのヴィラエリア、大小５つのプール、スパ、レストラン、バーが点在し、まるでひとつの村のよう。木を使ったあたたかみのあるヴィラタイプの客室は、50～107㎡と広々としていて、メゾネットタイプもある。チャンアンやタムコックのほか、ビックドン国立公園などへの個人ツアーの申し込みも可能。日常を離れて心身ともにリフレッシュしたいときにおすすめのホテルだ。

広大な敷地はカートで移動する

住Vân Long Nature Reserve, Gia Vân, Gia Viễn
☎(0229) 3658333
URL www.emeraldaresort.com
料ⓈⓌⓉ195万～485万ドン（朝食付き）
カード AJMV　全172室

伝統的な木造家屋を模した客室はすべてヴィラタイプ

Voice! ニンビンで食べたい郷土料理はヤギ肉料理とコム・チャイ（おこげご飯）。特に、スープをおこげご飯にかけて食べる料理は絶品！　コム・チャイは観光地などでみやげ品としても販売している。

ホテル Hotel

タムコック船着場の目の前にオープン！
エメラルダ・リゾート・タムコック 高級ホテル
Emeralda Resort Tam Coc MAP P.351-2A参照

2023年にオープンした、ハイレベルのサービスで知られるエメラルダ系の新リゾート。遊覧ボートの船着場横に突き出たふたつの浮島のような土地が丸ごとリゾートになっており、客室「島」とプールやレストランがある「島」は小さな橋で行き来する。

最終的には全86室になる予定

住 Quần Thể Danh Thắng Tràng An, Tam Cốc, Thôn Văn Lâm, Hoa Lư ☎(0229) 3626688
URL www.emeraldatamcoc.com 料ⓈⓌⓉ490万ドン～ スイート580万ドン～ カード ADJMV 全25室

観光に便利なラグジュアリーホテル
ニンビン・ヒドゥン・チャーム・ホテル&リゾート 高級ホテル
Ninh Binh Hidden Charm Hotel & Resort MAP P.351-2A参照

観光もリゾート気分も満喫したい人におすすめ。タムコックのボート乗り場までは徒歩数分。館内はモダンで洗練された別空間で、ふたつのレストラン、バー、スパ、会議室など施設も充実している。屋外プールからは、タムコックの奇岩が目の前という贅沢な造り。

上品なインテリアのエグゼクティブルーム。全室バスタブ付き

住 9 Tam Cốc, Bích Động ☎(0229) 3888555
URL hiddencharmresort.com 料ⓈⓌⓉ165万ドン～ スイート700万ドン～（朝食付き） カード ADJMV 全96室

タムコックの奇岩をひとり占め
タムコック・ガーデン 高級ホテル
Tam Coc Garden MAP P.351-2A参照

田園の中にひっそりとたたずむプチリゾート。全8棟のバンガローはフレンチタイルと自然素材がマッチしたあたたかい雰囲気で、レストランでは新鮮な有機野菜を使った食事を提供。料理や刺繍、魚釣りといったホテルアクティビティ（有料）に参加してベトナム文化を体験するのもおすすめ。

プールの先には奇岩と田園風景が広がる

住 Thôn Hải Nham, Xã Ninh Hải, Hoa Lư ☎ 037-8253555（携帯）
URL www.tamcocgarden.com 料ⓈⓌⓉ490万ドン～、スイート580万ドン～（朝食付き） カード ADJMV 全25バンガロー＆ヴィラ

町歩きしたい旅人におすすめ
トゥイーアイン エコノミーホテル
Thuy Anh MAP P.351-2A

中心部に建ち、町歩きも楽しめるロケーション。1階にレストラン、6階にルーフトップバーがある。ニンビンでは老舗のホテルだが、館内は清潔に保たれ、スタッフの応対もしっかりしており人気が高い。「ニンビン・レジェンド」（→下記）と同経営。

客室はかなり広く、料金のわりにお得感がある

住 2 Trương Hán Siêu ☎(0229) 3871602、3882712
URL www.facebook.com/thuyanhhotel 料ⓈⓌⓉ53万～73万ドン（朝食付き） カード JMV 全35室

その他のホテル Hotel

ニンビン・レジェンド 高級ホテル
Ninh Binh Legend MAP P.351-1A参照

住 177 Lê Thái Tổ, Xuân Thành ☎(0229) 3899880
URL www.ninhbinhlegendhotel.com 料ⓈⓌⓉ165万ドン～ スイート280万ドン（朝食付き） カード ADJMV 全250室

「サービス第一」というオーナーのおもてなし精神が隅々まで行き届き、スタッフの笑顔が疲れを癒やしてくれる。客室は広く、全室バスタブ付き。プール、サウナ、テニスコート、バーなど館内施設が整い、ツアーやバスの手配も可能。

リード 高級ホテル
The Reed MAP P.351-1B

住 Đinh Điền, Đông Thành ☎(0229) 3889979
URL thereedhotel.com 料ⓈⓌⓉ145万5000ドン～ スイート243万ドン～（朝食付き） カード AJMV 全140室

中心部にあるコンベンションセンターを併設したモダンな大型ホテル。広々とした客室は、シンプルで機能的にまとめられており使いやすい。全室バスタブ&バルコニー付き。インフィニティプールやガラス張りのおしゃれなベトナム料理レストランなど、施設もハイレベル。

ホアンハイ エコノミーホテル
Hoang Hai MAP P.351-2A

住 28&34 Trương Hán Siêu ☎(0229) 2210631、3875177
URL ninhbinhhotel.com.vn 料新館：ⓈⓌⓉ50万～70万ドン 旧館：ⓈⓌⓉ35万ドン～ カード MV 全43室

創業26年目のニンビンの老舗ホテル。町なかに建ち、バスターミナルへは徒歩圏内。新館（No.28）と旧館（No.34）があり、どちらもレストランあり。客室はシンプルな造りで全室エアコン、テレビ付き。清潔感もある。

MAP 折表-1B

世界遺産 ハロン湾

ハロン湾の市外局番
0203

Vịnh Hạ Long

ベストシーズンはいつ？
晴天の日が多い11月。12〜3月は晴れてもかなり寒いので防寒着が必要。4〜10月は雨も降るが、島などで泳ぎたいなら5〜6月がベスト。9月中旬〜10月は台風シーズン。

クルーズ船にはプール付きの豪華船も（→P.362、写真はパラダイスのクルーズ船）

ハロン湾は北部観光のハイライト

海面からニョキニョキと突き出した大小2000の奇岩が静かな海面にその姿を映し出す幻想的な光景は、まさに"海の桂林※（→下記）"。まるで一幅の絵画を見ているような美しさだ。ハロンという地名は、ハ＝降りる、ロン＝龍を意味している。その昔、外敵の侵略に悩まされていたこの地に龍の親子が降り立ち（→P.361のロンティエン寺）、敵を打ち破って宝玉を吹き出した。それが奇岩となり、その後、海からの外敵の侵入を防いだという。深いエメラルドグリーンの海はそんな伝説がよく似合う、神秘的な雰囲気に包まれている。

1994年、ユネスコの世界遺産に登録され、世界各国の旅行者の注目を集めている。それに呼応して、近年、観光開発が著しく、外資系のホテルや観光スポットが次々に建設され、今や北部を代表する一大観光地となっている。

アクセス ❀ ACCESS

ハロン湾への行き方

●飛行機

ホーチミン市からベトナム航空が週3便、ベトジェットエアが毎日1便運航。所要約2時間5分〜。

●バス

ハノイのザーラム・バスターミナルからバイチャイ行きが3:00〜19:00の間に1時間間隔で運行。25万ドン、所要約4時間。同ミーディン・バスターミナル横の乗り場（MAP P.340-2A）からクムホ・ヴィエット・タイン（Kumho Viet Thanh）社のバスがバイチャイ行きを6:00〜18:30の間に9便運行。12万ドン〜、所要約4時間30分。ラオカイ行きのバスもバイチャイに寄るが、待ち時間が長くおすすめしない。

ハノイからは乗降場所の送迎サービスを含むリムジンバスが数多く運行しており、ヴェーセーレー（Vexere URL vexere.com）でオンライン予約が可能。ホテルでも予約を代行してくれる所がある。ハノイから26万ドン〜、所要約2時間。

※ハロン湾行きのバスはバイチャイ（Bãi Cháy）やホンガイ（Hồng Gai）など、町名で行き先が表示されているので要注意。また、ハロン湾のバイチャイ・バスターミナル（MAP P.359-1A）とバイチャイのホテルエリアは数kmの距離があり、タクシーで7万ドン〜、バイクタクシーで3万5000ドン〜。

●船

カットバ島のザールアン（Gia Luận）からトゥアンチャウ（Tuần Châu）島へフェリーが定期運航している。9:00、11:30、13:00、15:00、16:00（冬季は9:00、13:00、16:00）発。6万ドン、所要約1時間。

ハロン湾からの交通

飛行機に関しては行き方の項（→左記）参照。

●バス

バイチャイ・バスターミナル（MAP P.359-1A）からハノイのザーラム・バスターミナルへ8:30〜15:00の間に30分間隔で運行、25万ドン。同ミーディン・バスターミナルへは7:30〜17:30の間に60分間隔で運行。12万ドン〜、所要3時間30分〜4時間。

※ハノイ行きのバスは「ザーラム」「ミーディン」などバスターミナル名が書かれていることも。ホテル送迎のあるリムジンカー利用も便利。ハイフォンやニンビンへも直接行ける。

●船

トゥアンチャウ島の船乗り場（MAP P.359右図）からカットバ島のザールアンへフェリーが定期運航している。7:30、9:00、11:30、13:30、15:00（冬季は8:00、11:30、15:00）発。6万ドン、所要約1時間。

※悪天候や、30人以上集まらない場合は出航しないため要注意。

※桂林：中華人民共和国広西チワン族自治区にある、石灰岩の山々が連なる水墨画の題材として有名な景勝地。

歩き方 Orientation

一般的にハロン湾と呼ばれるのは、クアンニン省バイチャイ(Bãi Cháy)とホンガイ(Hồng Gai)のふたつの町を合わせたエリアだ。このふたつの町は湾で隔てられ橋で結ばれているが、観光に便利なのはバイチャイのほう。ハロン通りからホテル「ムオンタイン・ラグジュアリー・クアンニン」(→P.364)を左手に見ながらヴオンダオ(Vườn Đào)通りを入ると、1泊20～40US$程度のミニホテルや食堂などが並ぶツーリスティックなエリアになる。

ハロン通りを西へ直進するとデラックスホテルが建ち並ぶ観光エリアだ。海岸沿いには、テーマパークの「サンワールド・ハロン・コンプレックス」(→P.359)や、大規模なクルーズ船ターミナルであるハロン国際港(→欄外)があり、現在も開発が進められている。バイチャイの南西の海沿いは埋め立てた新興地区で、近年エコノミーホテルが多くできているが、食事をするにはまだ不便なエリアだ。

さらに西へ進み海上に架かる橋を渡ると、トゥアンチャウ国際港(→欄外)があるトゥアンチャウ島へといたる。島内のトゥアンチャウ国際港は、ハロン国際港の開港以降も、団体ツアーのクルーズ船乗り場としてにぎわっている。トゥアンチャウ島からはカットバ島へ渡ることができる。

バイチャイの対岸のホンガイのホテルやレストランが集まる中心部は、ハロン市場周辺。新鮮な海産物が安く売られている。近年、埋め立てによるニュータウンや5つ星ホテルの建設が進められ、開発が加速している注目のエリアだ。

ハロン通りには生けすを備えたシーフードレストランも並ぶ

見どころ Sightseeing

★★★ 北部観光のハイライト MAP P.359

ハロン湾クルーズ
Ha Long Bay Cruise

ハロン湾クルーズツアーは、奇岩を眺めたり鍾乳洞やフローティングビレッジに立ち寄ったりする3～5時間のコースが一般的だ。ツアー、個人ともにハロン国際港かトゥアンチャウ国際港から出航。ツアーならハノイ発が一般的だが、ハロン湾周辺のホテルでツアーに申し込んだり、港でチケットを購入したりすることも可能。ツアーには通常すべての料金が含まれている。個人の場合は乗り合いとなり、下記コースの1か2を選択し、カウンターでチケットを購入する。定員になるまで長時間待つ可能性もあるので注意。

	見学ルート	ハロン湾入域料金	ボート代金	ひとり当たりの合計
コース1(所要約3時間)	犬の形に見える岩～闘鶏岩～フローティングビレッジ～**ティエンクン洞窟**	29万ドン(洞窟1ヵ所の入場料込み)	15万ドン	**44万ドン**
コース2(所要約5時間)	犬の形に見える岩～闘鶏岩～フローティングビレッジ～**スンソット洞窟**～ティートップ島		20万ドン	**49万ドン**

ベトコムバンク
Vietcombank
MAP P.360-2A
住 166 Hạ Long, Bãi Cháy
☎ (0203) 3811808
営 7:30～11:30、13:00～16:30
休 土・日曜

USドル、日本円の現金の両替が可能。24時間稼働のATMがあり、マスターカード、ビザカードでのキャッシングが可能。

バイチャイ橋
Cầu Bãi Cháy
Bai Chay Bridge
MAP P.361-1C

バイチャイ～ホンガイ間に、日本のODAと当時最新の建築技術で架けられた橋。この橋の全長は903m、主塔間の長さは435mで、橋のたもとからの海の眺めはなかなかのもの。

夕日やライトアップで、さらに魅力が増すバイチャイ橋

ハロン湾クルーズ船の乗り場

ハロン国際港
Halong International Cruise Port
MAP P.360-2B
住 9 Hạ Long, Bãi Cháy
☎ 032-8225699(携帯)
営 7:00～19:00 休 無休

トゥアンチャウ国際港
Tuan Chau International Marina
MAP P.359右図
住 Tuần Châu Island
☎ (0203) 3821299
営 6:30～17:00 休 無休

上記2港ともに、ハロン湾クルーズ船が発着する大規模なターミナル。個人の場合はカウンターで乗り合いのクルーズチケットを購入しよう。料金は左下の表を参照。

船を貸し切る場合は、平日は1時間70万ドン～(週末やベトナムの祝日は最大30%加算される)。

※天候によっては当日に突然中止となることもあるので、台風接近時などは要注意。

2019年に開港したハロン国際港

20万ドン札にも印刷されている有名な岩「香炉岩」

こちらもハロン湾を代表する岩のひとつ「闘鶏岩」

ファンタジー感があるスンソット洞窟

コース2で上陸するティートップ島で泳ぎたい人は、水着の用意をお忘れなく

ティエンクン洞窟
Động Thiên Cung　MAP P.359-1A　Thien Cung Cave

ティエンクン洞窟の中の階段は滑りやすいので注意

　ティエンクン洞窟はダウゴー島にある鍾乳洞で、天宮の意味がある。ハロン湾に点在する鍾乳洞のなかで、クルーズで立ち寄る最もポピュラーな鍾乳洞。鍾乳洞の内部は高さ約20m、幅10mほどでさほど広くはないが、ライトアップされていて幻想的な世界。階段やフットライトで整備された順路には、ユニークな名前がつけられた鍾乳石や石筍（せきじゅん）がある。

　ティエンクン洞窟から約300mの所にあるダウゴー洞窟（Hang Đầu Gỗ MAP P.359-1A）は、13世紀の元の侵攻の際、チャン・フン・ダオ将軍がこの洞窟に木の杭を隠したという言い伝えがある。

スンソット洞窟
Hang Sửng Sốt　MAP P.359-2B　Sung Sot Cave

　バイチャイの南約13kmに位置する、ボーホン島にあるハロン湾で最も大きな鍾乳洞。スンソットとはベトナム語で「びっくり」を意味し、その大きさは圧倒的で、ライトアップされた珍しい形状の奇岩が人気だ。ティエンクン洞窟と比べて観光客が少ないぶん、静かに散策できるが、こちらに立ち寄るのは長時間クルーズか、船上泊の1泊2日クルーズの船のみ。

チョン洞窟
Hang Trống　MAP P.359-2B　Trong Cave

　この周辺には複数の鍾乳洞が点在し、特に風が強いときには洞窟内を抜ける風音が複雑な音を作り出し、太鼓の音のように聞こえるといわれている。

コース１でたどるハロン湾クルーズ

13:00 クルーズ船に乗船し出発。

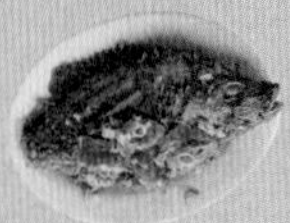

上／乗船後すぐに船内で昼食　右／犬の形に見える岩

13:30 フローティングビレッジに到着。手こぎの小舟に乗り換えて奇岩見学。

手こぎ舟やカヤックの料金が含まれているか否かは、事前に要確認

14:30 ダウゴー島に到着。下船してティエンクン洞窟を見学。

自然が織りなす造形美を堪能できる

15:30 見学後、再度乗船し帰路に着く。

天気がよければデッキへ出て奇岩をバックに記念撮影

16:00 右側に遠くバイチャイ橋を見ながらクルーズ船乗り場へ帰着。

✉クルーズ途中で乗り換える小舟の料金はツアー料金に含まれておらず、舟主に直接支払う場合も多いようですが、ぜひ参加をおすすめします。小舟は島の近くまで寄ってく↗

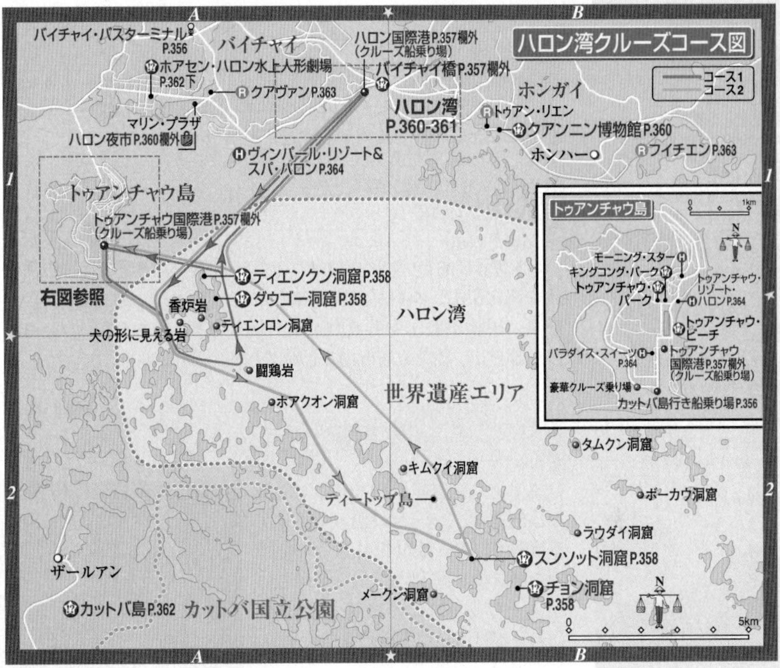

ハロン湾クルーズコース図

コース1
コース2
バイチャイ・バスターミナル P.356
バイチャイ
ホアセン・ハロン水上人形劇場 P.362下
クアヴァン P.363
マリン・プラザ
ハロン夜市 P.360欄外
ハロン国際港 P.357欄外（クルーズ船乗り場）
バイチャイ橋 P.357欄外
ハロン湾 P.360-361
ホンガイ
トゥアン・リエン
クアンニン博物館 P.360
ホンハー
フイチエン P.363
ヴィンパール・リゾート＆スパ・ハロン P.364
トゥアンチャウ島
トゥアンチャウ国際港 P.357欄外（クルーズ船乗り場）
右図参照
ティエンクン洞窟 P.358
ダウゴー洞窟 P.358
香炉岩
ティエンロン洞窟
犬の形に見える岩
ハロン湾
闘鶏岩
ホアクオン洞窟
世界遺産エリア
キムクイ洞窟
ティートップ島
タムクン洞窟
ボーカウ洞窟
ラウダイ洞窟
スンソット洞窟 P.358
チョン洞窟 P.358
メークン洞窟
ザールアン
カットバ島 P.362
カットバ国立公園
5km

トゥアンチャウ島
1km
モーニング・スター
キングコング・パーク
トゥアンチャウ・パーク
トゥアンチャウ・リゾート・ハロン P.364
トゥアンチャウ・ビーチ
パラダイス・スイーツ P.364
トゥアンチャウ国際港 P.357欄外（クルーズ船乗り場）
豪華クルーズ乗り場
カットバ島行き船乗り場 P.356

★★ ベトナム色満載の巨大テーマパーク　MAP P.360-2A～2B、1B～1C

サンワールド・ハロン・コンプレックス
Sun World Ha Long Complex

観覧車のあるホンガイ側へはロープウエイでアクセスする

“ベトナム最大” と銘打った一大テーマパーク。約214ヘクタールのテーマパークは、ビーチサイドとバーデオ（Ba Đèo）山の山頂サイドに分かれ、両エリアは全長約２kmのクイーン・ケーブルカー（ロープウエイ）で結ばれている。

ビーチサイドは、スリル満点のコースターやボートライドなど約20のアトラクションが楽しめる遊園地「ドラゴンパーク」とビーチ、12のウオータースライダーやアトラクションを備えるテーマパーク型プール「タイフーン・ウオーターパーク」がオープン。

山頂サイドの「ミスティック・マウンテン」には、日本の庭園を模した「ゼン・ガーデン」や、ろう人形館「フェイム・ホール」などがある。目玉のアトラクションはハロン湾の大パノラマが楽しめる観覧車「サン・ホイール・ハロン」。

各エリアにはレストランやショップもあり、たっぷり半日は楽しめる。それぞれのエリアごとにチケットの購入が必要。

広大な園内はテーマ別のエリアに分かれ、料金も異なる

サンワールド・ハロン・コンプレックス
住 9 Hạ Long, Bãi Cháy
☎ (0203) 2238888、098-9200699（携帯）URL halong.sunworld.vn 休 無休 カード J M V
サン・ヒルズ＆クイーン・ケーブルカー
開 14:00～20:00（土・日曜9:00～）
料 36万ドン、子供26万ドン
ドラゴンパーク
開 9:00～18:00（月・火曜14:00～）料 30万ドン、子供20万ドン
タイフーン・ウオーターパーク
開 9:00～18:30
料 35万ドン、子供25万ドン
※時期により開園時間や料金が異なるため、事前に要確認。

ハロン湾を横目に疾走するジェットコースター「ドラゴンズ・ラン」

↘れ、水面から見上げる切り立った岩壁の景色は大型船からでは味わえない迫力があります。小舟かカヤックかを選べるツアーもあるようです。（東京都　匿名希望）['23]

バイチャイ市場
営店によって異なるが、だいたい7:00〜17:00　休無休

ハロン市場
営店によって異なるが、だいたい7:00〜17:00　休無休

ハロン夜市
Chợ Đêm Hạ Long
MAP P.359-1A
住Marine Plaza, Hoàng Quốc Việt, Bãi Cháy
☎076-2366086（携帯）
営17:00〜22:00　休無休
　みやげ物店が集まり、夕方以降に営業。

クアンニン博物館
住Trần Quốc Nghiễn, Hồng Gai　☎(0203)3825031
URL www.baotangquangninh.vn　開8:00〜12:00、13:00〜17:00　休無休　料4万ドン、学生2万ドン、子供1万ドン、身長120cm未満無料

スペイン人建築家設計の奇抜な建物は存在感抜群

★生活感漂うローカル市場　MAP 下図-1B

バイチャイ市場

Chợ Bãi Cháy　Bai Chay Market

　バイチャイで最も大きな市場。ハロン市場と比べれば魚介類を売る店は少なく、生活雑貨や衣料品の店が多い。

★活気あふれる大きな市場　MAP P.361-2D

ハロン市場

Chợ Hạ Long　Ha Long Market

　ホンガイにあるハロン湾で最も大きな市場。2階建てで、生活雑貨や電化製品、衣料品の店が整然と並んでいる。裏には魚介類や野菜、果物が並ぶ生鮮食料品売り場がある。こちらもハロン市場の一部だが、ホンガイ市場とも呼ばれている。

★ハロン湾だけじゃない、クアンニン省の魅力に触れる　MAP P.359-1B

クアンニン博物館

Bảo Tàng Quảng Ninh　Quang Ninh Museum

　クアンニン省の歴史や文化、自然などを、時代やテーマに沿って紹介する博物館。1〜3世紀に造られた井戸など貴重な出土品をはじめ、珍しい楽器から戦争時代の映像まで、多岐にわたる展示品は2万点を超える。

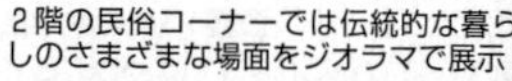
2階の民俗コーナーでは伝統的な暮らしのさまざまな場面をジオラマで展示

ハロン湾

N
0　500m
バイチャイ
カイラン通り
Cai Lan St.
チャンミー
ホテルが並ぶ
スター
ライト P.364
ハロン・ダイヤモンド
バイチャイ市場 P.360
ピース
ティエンロン
ミニホテルが並ぶ
ヘリポート
ハロン・ドリーム
リラックス・ハロン
ビエンドン
ミニホテル、食堂が点在する
Ha Long St.
海鮮料理店が並ぶ
ハロン湾周遊バスチケットブース P.360下
ムオンタイン・ラグジュアリー・クアンニン P.364
ソル・ハロン
ホンハイン3 P.363
ヘリテージ・ハロン
ハロン通り
グランド・ハロン
入口
駐車場
駐車場
レストラン、みやげ物店が並ぶ
コンドアン・ハロン
ハロン・コーヒー
オーシャン・ステーション（ロープウエイ乗り場）
レストラン、みやげ物店が並ぶ
ハロン国際港 P.357欄外（クルーズ船乗り場）
アセアン・ハロン
ハウカン通り Hau Can St.
コン・カフェ
サンワールド・ハロン・コンプレックス P.359
Ha Long St.
コーソー00 P.363
クアンフォン
タイフーン・ウオーターパーク
ロイヤル・カジノ
ノボテル・ハロン・ベイ P.364
ロイヤル・ハロン
ハロン・パール
ベトコム P.357欄外
ハロン通り
サイゴン・ハロン P.364
ドラゴンパーク
ハロン湾
サン・プレミア・ビレッジ・ハロンベイ
バイチャイ・バスターミナルへ（約4km）P.356
トゥアンチャウ国際港（クルーズ船乗り場）へ（約15km）P.357欄外
ハロン夜市へ（約4km）P.360欄外
灯台
バイチャイ・ビーチ

Voice! 乗り降り自由のハロン湾周遊バスが便利。ベトナム・サイトシーイング運営のダブルデッカーバスでハロン湾のおもな見どころを回れる。降車ポイントは10ヵ所で2時↗

★降龍伝説の舞台といわれる

ロンティエン寺

Chùa Long Tiên　Long Tien Temple

MAP 下図-2D

背後にもハロン特有のそり立った岩山が迫る

ハロン湾で最も大きな寺で、1941年建立と比較的新しい。伝説によれば、この地こそが龍が最初に降り立った場所（→P.356）といわれている。平日でも参拝者が絶えず、旧暦の３月24日には盛大な祭りも行われる。

ロンティエン寺
住Long Tiên, Bãi Cháy
☎なし
開5:00～20:00（毎月旧暦の1日～21:00）
休無休　料無料

市場でも、チャー・ムックが山盛りで売られている

ハロンで必食！ イカのさつま揚げ・チャー・ムック

ハロン湾名物といえばイカのすり身のさつま揚げ、チャー・ムック（Chả Mực）。麺やおこわなどのトッピングも、ハロン湾ではチャー・ムックが一般的だ。町にはチャー・ムック添えおこわ（Xôi Chả Mực、５万ドン前後）やチャー・ムック載せ汁麺（Bún Chả Mực、5万ドン前後）の看板を掲げる、観光客向けの飲食店も多い。おすすめは、「ゴックバン」（→下記）のチャー・ムック添えバイン・クオン（→P.38、4万ドン）。いつも地元民でにぎわっている。

バイン・クオン・チャー・ムック

チャー・ムック添えおこわのソイ・チャー・ムック

Rゴックバン　Goc Bang
MAP 下図-2D
住189 Ngõ 1, Rạp Hát　☎076-2366086（携帯）
営7:00～15:00　休無休　カード不可　予約不要

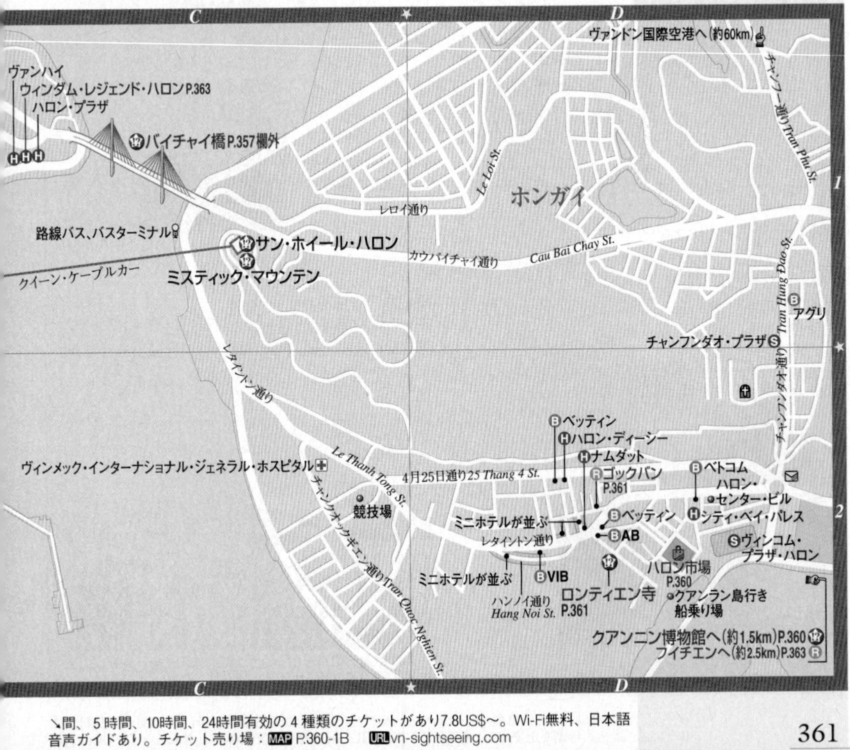

C　D
ヴァンドン国際空港へ（約60km）
ヴァンハイ
ウィンダム・レジェンド・ハロン P.363
ハロン・プラザ
バイチャイ橋 P.357欄外
チャンフー通り Tran Phu St.
Le Loi St.
ホンガイ
レロイ通り
路線バス、バスターミナル
サン・ホイール・ハロン
カウバイチャイ通り　Cau Bai Chay St.
クイーン・ケーブルカー
ミスティック・マウンテン
Tran Hung Dao St.
アグリ
チャンフンダオ・プラザ
レタイントン通り
チャンフンダオ通り
ベッティン
ハロン・ディーシー
ナムダット
ヴィンメック・インターナショナル・ジェネラル・ホスピタル
Le Thanh Tong St.
4月25日通り 25 Thang 4 St.
ゴックバン P.361
ベトコム
ハロン・センター・ビル
チャンクオックギエン通り Tran Quoc Nghien St.
競技場
ミニホテルが並ぶ
ベッティン
AB
シティ・ベイ・パレス
レタイントン通り
ヴィンコム・プラザ・ハロン
ハロン市場 P.360
ミニホテルが並ぶ
VIB
クアンラン島行き船乗り場
ハンノイ通り Hang Noi St.
ロンティエン寺 P.361
クアンニン博物館へ（約1.5km）P.360
フイチエンへ（約2.5km）P.363
1　2

↘間、５時間、10時間、24時間有効の４種類のチケットがあり7.8US$～。Wi-Fi無料、日本語音声ガイドあり。チケット売り場：MAP P.360-1B　URL vn-sightseeing.com

カットバ島への行き方、カットバ島からの交通

カットバ島はツアーならハロン湾からが一般的。定期船はハロン湾のトゥアンチャウ島（→P.356）から出ている。

ハノイからの場合は、あらかじめハノイの旅行会社でチケットを予約しておくことが望ましい。

国立公園トレッキング

2～6時間までさまざまなコースがあり、これらにカットバ島周辺のクルーズを組み合わせることも可能。たいていのホテルでトレッキングツアーのアレンジを行っている。

個人で手配した場合、ガイド、国立公園入域料、車（または船、バイク）すべて込みで、2時間15US$～、6時間30US$～が目安。

透明度の高いカットコー・ビーチ（Bãi Tắm Cát Cò）

★★ ハロン湾に浮かぶ野生の楽園

カットバ島

Đảo Cát Bà

MAP P.359-2A

Cat Ba Island

海抜177mの場所に造られた要塞「キャノン・フォート」からの絶景

カットバ島はバイチャイから南へ約10kmに位置する、ハロン湾で一番大きな島。南北約18km、面積約354km²の島の約半分と南東側、ダウベー島を含む近海90km²は、島の自然を保護するために国立公園に指定されている。その自然は亜熱帯の常緑樹の森林、マングローブの林、湖、滝、鍾乳洞など千差万別で見どころは多い。また野生動物も生息しており、金色の毛をしたサルなど珍しい動物も多い。周辺の海には約1000種類にも及ぶ魚介類やイルカ、アザラシなどの海洋動物も多く、まさに自然の宝庫だ。

島内にはホテルやレストランもあり、時間が許すならぜひ1～2泊はしたいところだ。バイチャイと比べればまだまだ観光開発はされていないが、美しいビーチもあり夏にはハノイからのベトナム人観光客でにぎわっている。

ベトナム戦争時に病院として使用された洞窟「ホスピタル・ケイブ」

Column ハロン湾1泊2日クルーズの旅

ハロン湾へはハノイからの日帰りツアーが主流だったが、ここ数年、クルーズ船内に宿泊するツアーが人気上昇中。船上で朝日や夕日を眺めたり、マッサージを受けたりと、泊まりならではのスペシャルな体験ができる。どの船も人気が高いため、ウェブサイトなどで早めの予約を。

※下記は、ハノイからの往復送迎付き、1泊2日の値段。

●パラダイス　Paradise

ハロン湾のラグジュアリーホテル「パラダイス・スイーツ」（→P.364）と同経営。海も陸もたっぷり味わえるのが魅力。エレガンス、グランド、セイルズなど4種類のクルーズ船がある。

料575万ドン～
URL www.paradisevietnam.com
☎090-6099606（携帯）

エレガンス・クルーズのデラックス・バルコニールーム

仏領時代のジャンク船を模した船も

●エメロード　Emeraude

フランス統治時代にハロン湾を遊覧した豪華クルーズ船、エメロード号が復活。当時の面影を残した洗練された内装。

料1948万ドン／2名～　URL www.emeraude-cruises.com
☎1800-599955（ホットライン）

フランス統治時代の蒸気船を彷彿とさせるクルーズ船も

●バーヤ　Bhaya

11隻の豪華客船を有する、ハロン湾最大級のクルーズ会社。船上では太極拳や料理教室などさまざまなアクティビティが楽しめる。

料313US$～
URL bhayacruises.com

〔ハノイ・オフィス〕
MAP P.347-3D
住47 Phan Chu Trinh
☎(024) 39446777

左／豪華設備のバーヤ・レジェンド・スイート・キャビン
右／人気のアクティビティ、朝ヨガ

Voice! ホアセン・ハロン水上人形劇場（Nhà Hát Múa Rối Nước Hoa Sen Hạ Long）では、毎日16:30と17:30の2回、水上人形劇を上演する。MAP P.359-1A　住Lô 46 - Khu Bán Đảo 2, Khu Đô Thị Dịch Vụ↗

レストラン Restaurant

名物シャコ入り麺ならココ！
フイチエン
麺
Huy Chien MAP P.359-1B

鮮度が失われやすいシャコは産地のハロン湾で食べるのが一番。地元ではシャコをたっぷり載せた米麺ブンが名物で、同店は地元で大人気の海鮮麺店。中心部から離れた郊外の住宅地にある簡素な店だが、食事時には空席を見つけるのが難しいほどだ。

シャコがたっぷり入って5万ドン

住Tổ 2 Khu 6C, Hồng Hải ☎098-2883528（携帯）
営6:00〜10:30 休無休 カード不可 予約不要

ベトナム北部の人気スイーツはハロン湾が発祥
コーソー00
甘味
Co So 00 MAP P.360-2A

この10年ほどでベトナム北部で人気を博した、タピオカ入りヨーグルトアイスクリーム、スア・チュア・チャン・チャウ・ハロン（Sữa Chua Trân Châu Hạ Long）。同店はその総本山ともいうべき人気チェーン発祥の店。4万ドン〜。

スア・チュア・チャン・チャウ・ハロンの小豆載せ5万ドン

住C107-109, Khu Phố Cổ, Bãi Cháy ☎083-6635635（携帯）
営8:00〜23:00 休無休 カード不可 予約不要

その他のレストラン Restaurant

クアヴァン
Cua Vang
海鮮料理
MAP P.359-1A
住32 Phan Chu Trinh ☎(0203) 9986999
営8:00〜22:00 休無休
カード A J M V 予約グループは要予約

カニ料理が有名なレストラン。店頭の生けすから素材を選んで好きな調理法も指定できる。カニ80万〜120万ドン／kg、エビ60万ドン／kg、シャコ70万ドン／kg。肉料理などもあり10万ドン〜。

ホンハイン3
Hong Hanh 3
海鮮料理
MAP P.360-1B
住50 Hạ Long, Bãi Cháy ☎(0203) 3812345
営10:30〜14:00、17:30〜21:00 休無休
カード不可 予約不要

地元で人気のシーフードレストラン。複数店舗あるが、3号店が一番評判がいい。シーフードは重量で注文し、調理法を指定するのが一般的。値段は時価で、イカやシャコはそれぞれ68万ドン〜／kgなど。

ホテル Hotel

バイチャイ・エリア初の5つ星ホテル
ウィンダム・レジェンド・ハロン
高級ホテル
Wyndham Legend Halong MAP P.361-1C

バイチャイ橋のそばにそびえる5つ星ホテル。ロビーに一歩足を踏み入れると、高い天井が生む広々とした空間と毛足の長い絨毯が高級感を演出する。広めの客室はエレガントな内装で、上階の屋外プールからは、沖合に連なる世界遺産の奇岩を眺めながら水遊びに興じることができる。このプールからはバイチャイ橋や対岸の山頂に建つ観覧車も一望できるので、ライトアップされた夜景や朝日に輝く壮麗な光景をお見逃しなく。飲食施設やスパ、サウナ、ジム、キッズクラブ、ツアーデスクなどの施設も充実している。

海側の部屋でなくとも、プールから絶景を楽しめる

住12 Hạ Long, Bãi Cháy
☎(0203) 3636555
URL www.wyndhamhalong.com
料ⓈⓌⓉ330万ドン〜　スイート470万ドン〜（朝食付き）
カード A D J M V　全450室

落ち着いた色合いでまとめられたスーペリアツイン

↘Hùng Thắng ☎090-4686151（携帯） 料8万ドン カード不可

ホテル

バイチャイ・エリアの高層ホテル
ムオンタイン・ラグジュアリー・クアンニン 高級ホテル
Muong Thanh Luxury Quang Ninh MAP P.360-1B

バイチャイのツーリスティックなエリアにある大型ホテル。ハロン湾で最も高い34階を有し、高層の海側からの眺めは絶景。プール、レストラン、スパ&マッサージ、テニスコートなどの施設はもちろん、客室の設備も最新式が揃う。

バイチャイ観光にもってこいの立地

住Hạ Long, Bãi Cháy ☎(0203) 3646618
URL luxuryquangninh.muongthanh.com
料ⓈⓌⓉ200万ドン～ スイート320万ドン（朝食付き）
カード ADJMV 全508室

ハロン通り沿いの4つ星高層ホテル
ノボテル・ハロン・ベイ 高級ホテル
Novotel Halong Bay MAP P.360-2A

屋外プール、レストラン、バー、スパ&ジムなどの施設を備える高層ホテル。近代的な設備と、スタイリッシュな内装がリゾート感を盛り上げる。約65%の客室がベイビューで、そのほかはマウンテンビュー。

スーペリアベイビューの客室。バスタブの有無はリクエスト可

住160 Hạ Long, Bãi Cháy ☎(0203) 3848108
URL www.novotelhalongbay.com
料ⓈⓉ160万ドン～ スイート450万ドン～（＋税・サービス料15%。朝食付き） カード ADJMV 全225室

ゼウ（Rều）島にある5つ星リゾート
ヴィンパール・リゾート&スパ・ハロン 高級ホテル
Vinpearl Resort & Spa Ha Long MAP P.359-1A

バイチャイから専用のボートでアクセスするプライベートアイランドに建つラグジュアリーな5つ星ホテル。小さい客室でも40㎡あり、全室バスタブとバルコニー付きで開放感あふれる造り。館内には5つの飲食施設やスパがあり、どれもハイレベル。

屋外プールや約1.5kmのプライベートビーチも備わる

住Đảo Rều, Bãi Cháy ☎(0203) 3556868 URL vinpearl.com
料ⓈⓌⓉ282万ドン～ スイート459万ドン～（＋税・サービス料15%。朝食付き） カード AJMV 全384室

サービス&清潔な客室に定評あり
ライト ミニホテル
The Light MAP P.360-1B

サービス、客室設備ともに人気が高いミニホテル。明るく清潔感がある客室にはテレビ、エアコン、冷蔵庫、電気ポットが備えられている。ツアーデスクもあり、ハロン湾クルーズやバスの手配、バイクレンタルなどが可能。レストランと屋上にプールがある。

客室は、さわやかなブルーを基調としたカジュアルな内装

住108A Vườn Đào, Bãi Cháy ☎(0203) 3848518
URL www.facebook.com/thelight.108
料ⓈⓌⓉ40万ドン～ カード ADJMV 全45室

その他のホテル

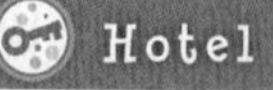

トゥアンチャウ・リゾート・ハロン 高級ホテル
Tuan Chau Resort Ha Long MAP P.359右図

住Tuần Châu Island, Hạ Long ☎(0203) 3842999 URL www.facebook.com/tuanchauresorthalong 料ⓈⓌⓉ185万～215万ドン スイート225万～255万ドン（朝食付き） カード AJMV 全170室

静かな環境にあるリゾートホテルで、広い敷地内にはプライベートビーチ、プール、ベトナム&西洋料理のレストランのほか、サウナやスパなどもある。オリエンタルな家具を配した客室はリゾートを意識したモダンな内装で設備も十分。

パラダイス・スイーツ 高級ホテル
Paradise Suites MAP P.359右図

住Paradise Town, Tuần Châu ☎(0203) 3815088
URL www.paradisevietnam.com 料ⓈⓌⓉ155万ドン～（＋税・サービス料15%。朝食付き） カード ADJMV 全154室

トゥアンチャウ島のブティックホテル。コロニアル様式の宿泊棟に加え、レストランやバー、スパ、プールなど施設も充実。クルーズ（→P.362）も運営しており、クルーズとホテルステイがセットになったプランもある。

サイゴン・ハロン 高級ホテル
Saigon Halong MAP P.360-2A

住168 Hạ Long, Bãi Cháy ☎(0203) 3845845
料ⓈⓉ130万ドン～ スイート250万ドン～（朝食付き）
カード ADJMV 全215室 4ヴィラ（17室）

14階建ての近代的な客室棟とヴィラからなるリゾートタイプのホテル。ここの特徴は何といっても最上階（14階）のレストランから望む、180度開けたハロン湾の絶景だ。シービュールームは全室バルコニー付き。

北部の海の玄関口

MAP 折表-1B

ハイフォン

ハイフォンの市外局番
0225

Hải Phòng

町のあちらこちらに古いフランス建築が残り、町歩きが楽しいハイフォン。仏領時代に開通したハイフォン駅も見もの

ハノイの東約100kmに位置する、北部ではハノイに次ぐ規模をもつ都市。ホーチミン市のサイゴン港と並ぶ国際的なハイフォン港があり、港湾都市として有名だ。ハイフォンは漢字で「海防」と表されるが、それはグエン（阮）朝時代に外国と貿易を行うための港（現在のハイフォン港）が建設され、同時に海防局が設置されたことに由来する。フランス植民地下でハイフォン市が設立され、鉄道駅が造られるなどベトナム北部の重要拠点とされてきた。近年は郊外に外国企業の工場が数多く建ち、町なかには外国人の姿が増え、ますます活気に満ちている。5月には、フランス風の建物が並ぶエキゾチックな通り沿いに、火炎樹が真っ赤な花をつけ町全体を赤く染める。

町の中心はディエンビエンフー通りとクアンチュン通り周辺。このあたりにはホテルやレストラン、ツアーオフィス、銀行などが集まっていて便利。

ハイフォンのフランス風建築

ハイフォンの町なかには、ハイフォン市劇場（→P.367）、中央郵便局、ハイフォン駅、ハイフォン大聖堂、ハイフォン博物館などのフランス風建築が数多く残されている。町を歩く際には周辺の建物にも目を向けてみると、意外と楽しい町並みに気がつくことだろう。ちなみに市劇場内はハノイの市劇場（→P.300）よりも豪華な造りといわれている。

アクセス ACCESS

ハイフォンへの行き方

●飛行機

ホーチミン市からベトナム航空（VN）とベトジェットエア（VJ）が毎日各4便運航。所要2時間～。ダナンからはVNとVJが毎日各1便運航。所要1時間20分～。ニャチャンからはVJが毎日1便運航。所要約1時間45分。

●列車

ハノイから毎日4便運行。10万1000ドン～、一番速い便で所要約2時間25分。

●バス

ハノイのザップバット・バスターミナルからトゥオンリー・バスターミナル（Bến Xe Thượng Lý MAP P.366B図-1A参照）へは5:15～19:50の間に1時間間隔で運行。15万ドン。所要約1時間40分。同ザーラム・バスターミナルからヴィンニエム・バスターミナル（Bến Xe Vĩnh Niệm MAP P.366B図-2A参照）へは5:30～20:30の間に1時間間隔で運行。15万ドン。所要約1時間10分。

ハイフォンからの交通

飛行機に関しては行き方の項（→左記）参照。

●列車

ハノイ駅へは6:10、9:10、15:00、18:40発の4便運行。8万ドン～、一番速い便で所要約2時間35分。

●バス

ヴィンニエム・バスターミナル（MAP P.366B図-2A参照）からハノイのザーラム・バスターミナル行きが5:00～20:00の間に30分間隔で運行。同イエンギア・バスターミナル行きは5:00～20:00の間に50分間隔で運行。いずれも15万ドン。所要2時間～。ニンビン、ラオカイ、ディエンビエンフーなど北部の各町のほか、ホーチミン市行きなど南部への便も少しある。トゥオンリー・バスターミナル（MAP P.366B図-1A参照）からもハノイ行きの便がある。

見どころ Sightseeing

ハイフォンの歩みを知ることができる

ハイフォン博物館

MAP 下A図-1A

Bảo Tàng Hải Phòng　Hai Phong Museum

紀元前から近代まで、2万点を超えるさまざまな展示品でハイフォンの歴史を振り返る。1階はハイフォン近郊で出土した紀元前の青銅器や、フランス統治時代に使用されていた人力車など、2階はホー・チ・ミンとハイフォンのかかわりや、港町ハイフォンの発展の歴史に関する資料を展示。英語の説明書きもある。

1919年に建てられたゴシック建築を利用した博物館

「軍港の町」ハイフォンの歴史を学ぶ

海軍博物館

MAP 下B図-2B参照

Bảo Tàng Hải Quân　Navy Museum

グエン（阮）朝の時代から軍事基地がおかれ、フランス統治時代には極東最大のフランス海軍基地もあったハイフォンは、漢字で「海防」と表記する軍港の町だ。そんなハイフォンならではの、ベトナム海軍の歴史を写真や模型で紹介した博物館。

A図

ディエンビエンフー通り周辺

B図

✉「チェー・タイ・ラン＆バイン・ミー・カイ」（MAP上A図-2A）はハイフォン名物の小さめバイン・ミー（→P.38）の有名店。（東京都　匿名希望）['23]

ハイフォン博物館
住66 Điện Biên Phủ
☎(0225) 3823451
開8:00 ～ 10:30、14:00 ～ 16:30（土・日曜～10:30）
休月曜　料無料

海軍博物館
住353 Cầu Rào, Q. Dương Kính
☎(0225)3814788　開8:00～11:00、14:00～16:30（開館時間でも閉まっていることがあるので要注意）休日曜　料無料

前庭には実物のヘリコプターや機関砲、機雷なども展示されている

花市場
Chợ Hoa　Flower Market
MAP 右B図-2B　住Hoàng Văn Thụ　営店によって異なるが、だいたい7:30～20:00　休無休

季節の花々で彩られた十数軒の花屋が集まる。切り花はもちろん、美しく盛られたフラワーギフトも見もの。

この一画だけまるで花園のよう

ベトコムバンク
Vietcombank
MAP 右B図-1B
住11 Hoàng Diệu
☎(0225) 3822423
営7:30～11:30、13:00～17:00
休土・日曜

日本円の現金の両替が可能。要パスポート。

ベトナム航空
MAP 右B図-2B
住166 Hoàng Văn Thụ
☎(0225)3810890
営8:00～11:30、13:30～17:00
休日曜、祝日　カード A J M V

中央郵便局
MAP 右B図-1B
住5 Nguyễn Tri Phương
☎(0225)3842547
営7:00 ～ 12:00、13:00 ～ 19:00（日曜7:30～12:00、13:00～17:30）休無休

DHLのオフィスがある。

★★ 混沌とした雰囲気が楽しい
MAP P.366B図-2A

タムバック市場

Chợ Tam Bạc　Tam Bac Market

古いフランス建築が残る歴史ある市場。市場の内部には生地や衣料品の店が入っており、各店には商品がうずたかく積まれている。通路が狭く、人とすれ違うのですらひと苦労。商品に囲まれて自分の居場所がわからなくなるほどだ。また、散策するなら市場周辺の路上市場もおもしろい。路上にはびっしりと露店が並び、生鮮食料品、日用雑貨、衣料品などありとあらゆる物が売られており、活気がある。

午前中が最もにぎわうが、市場内は昼過ぎまで人であふれている

★★ ハイフォンを代表するコロニアル建築
MAP P.366B図-2B

ハイフォン市劇場

Nhà Hát Thành Phố Hải Phòng　Hai Phong Opera House

フランス統治時代の建物が数多く残るハイフォンでも有名なコロニアル建築で、1888年に設立。町の中心部に位置し、劇場前の広場は日本とフランスの両軍に対する抗議集会をはじめ、ハイフォンにおけるさまざまな抵抗運動の中心的な場所となってきた。

郊外の町

海沿いの保養地
MAP 折表-1B、P.366B図-2B参照

ドーソン

Đồ Sơn

ハイフォンの南東約20kmの所に位置する海沿いの町。ハノイやハイフォンの人々にとっては日帰りができる保養地として、シーズン中にはたくさんの観光客でにぎわう。また在住外国人の間ではカジノがあることでも知られている。

町の建設に尽力した女傑、レ・チャン（Lê Chân）像（MAP P.366B図-2A）が町を見守る

タムバック市場
住4 Hoàng Ngân　営店によって異なるが、だいたい7:00〜18:00　休無休

ハイフォン市劇場
住 27 Trần Hưng Đạo

通常は内部は非公開

ハイフォンの名物料理
バイン・ダー・クア（→P.36）はハイフォンの名物麺。米粉にサトウキビ汁を練り込んだ麺に、カニをすりつぶした濃厚なだし汁がからむ。

チャンフー通りの有名屋台（→下記）のバイン・ダー・クア

レストラン　Restaurant

バイン・ダー・クアの有名屋台

バイン・ダー・クア・ザーリエウ　麺

Banh Da Cua Da Lieu　MAP P.366B図-2B

バイン・ダー・クア（→P.36、367欄外。3万5000ドン）の屋台。一風変わったこの麺は、ほかの町ではめったに食べられないので、ぜひこの機会に。ここは屋台ではあるが、「バイン・ダー・クア・チャンフー」と言えば誰でも知っている超有名店。

一度食べるとやみつきになる味わい。週末はかなり混み合うので食事時を外すのがベター

住140 Trần Phú　☎なし　営7:00〜19:00（スープがなくなり次第閉店）　休無休　カード不可　予約不要

海ガニを使った名物麺

バイン・ダー・クア・バーク　麺

Banh Da Cua Ba Cu　MAP P.366B図-2B

ここのバイン・ダー・クア（4万ドン）は他店とは違い海ガニを使っている。海ガニの身がゴロンと載って贅沢。トッピングの野菜は別皿で出され、食べ放題。ネム・クア・ベー（カニ肉入り揚げ春巻、5万ドン）も絶品で、こちらも必食。

カニの身がぎっしり詰まったネム・クア・ベーは必食。バイン・ダー・クアは汁なしもある

住179 Cầu Đất　☎090-4666053（携帯）、098-3963384（携帯）　営7:00〜21:00　休無休　カード不可　予約不要

✉「バイン・ダー・クア・バーク」（→上記）のネム・クア・ベー（カニ肉入り揚げ春巻）は、ネム・クア・ベーを食べ慣れたハノイの人々も絶賛するおいしさ。バイン・ダー・クアとともにぜひ食べてほしい。（東京都　匿名希望）['23]

その他のレストラン Restaurant

バイン・ミー・カイ・バーザー バイン・ミー
Banh Mi Cay Ba Gia　MAP P.366B図-2B参照
住57 Lê Lợi　☎(0225)3552806、081-2230057(携帯)
営8:00～20:00　休無休
カード不可　予約不要

ハイフォン名物の小ぶりで細長いフランスパン、バイン・ミー・クエー（1本3000ドン）の店。バターとレバーパテを塗っただけのシンプルなサンドイッチはおやつにぴったり。

ミンクイン 鍋
Minh Quynh　MAP P.366B図-2B参照
住188 Văn Cao　☎(0225)3501533
営10:00～23:00　休無休
カード不可　予約不要

ハイフォンの名物鍋ラウ・クア・ドン(Lẩu Cua Đồng、田ガニ鍋)の有名店。すりつぶした田ガニとトマトベースのスープで、豆腐、キノコ、野菜、魚介類、肉類などを煮込んだ鍋だ。カニのすり身を練り込んだ幅広麺バイン・ダーで締めよう。15万ドン。

バックヴィエット・コーヒー カフェ
Bac Viet Coffee　MAP P.366B図-2A
住103 Tam Bạc　☎098-8727554(携帯)
営7:00 ～ 22:00　休無休
カード不可　予約不要

レトロなベトナムをテーマにした、若者に人気のカフェ。プロパガンダアートやビンテージ家具が飾られたおしゃれな店内で、コーヒーやシン・トー（3万9000ドン～）を。屋上のテラス席がおすすめ。MAP P.366B図-1Bの支店のほか市内に8店あり。

ホ　テ　ル Hotel

コロニアル様式の白亜の外観
アヴァニ・ハイフォン・ハーバー・ビュー 高級ホテル
Avani Hai Phong Harbour View　MAP P.366B図-1B

　フレンチコロニアル風デザインを随所に取り入れたデラックスホテル。客室の無料ミニバーや夕方にハウスキーピングが入るターンダウンサービスなど、サービスのよさに定評がある。4つの飲食施設、スパ、プール、ジムを完備。

客室は落ち着いた雰囲気で居心地がいい

住12 Trần Phú　☎(0225)3827827　URL www.avanihotels.com/ja/hai-phong　料Ⓢ Ⓦ219万ドン～　Ⓣ242万3000ドン～　スイート595万ドン～（＋税・サービス料15%。朝食付き）
カード A D J M V　全122室

28階建ての高層ホテル
メルキュール・ハイフォン 高級ホテル
Mercure Hai Phong　MAP P.366B図-2B参照

　世界最大規模のホテルグループ、アコーホテルズによるホテルブランドで、市内を望む好立地。プリビレッジルームに宿泊すると無料のアフタヌーンティーやディナーが楽しめるラウンジへのアクセスが可能。屋上プール、スパあり。

紫色を基調にした客室。アパートもある

住12 Lạch Tray　☎(0225)3240999
URL www.mercurehaiphong.com　料Ⓢ72US$～　Ⓦ Ⓣ80.5US$～　スイート120US$～　カード A D J M V　全233室

設備が整ったお値打ちホテル
パール・リバー 中級ホテル
Pearl River　MAP P.366B図-2B参照

　町外れのロケーションながら、ヨーロッパ調の豪華な内装と、レベルの高いサービスで、料金以上のお得感がある。ふたつのレストランやバー、屋外プール、スパ＆サウナ、ジム、会議室など館内設備も整う。

清潔で居心地のいい客室。写真はスーペリアクイーンルーム

住Km 8 Phạm Văn Đồng　☎(0225)3880888　URL www.pearlriverhotel.vn　料Ⓣ74～150US$　スイート185～716US$(＋税・サービス料15%。朝食付き)　カード A D J M V　全113室

町歩きに便利な高層ホテル
インペリアル・ボート 中級ホテル
Imperial Boat　MAP P.366A図-1B

　ホテルが建ち並ぶディエンビエンフー通りで、特徴的なフォルムがひときわ異彩を放つ3つ星ホテル。客室はシンプルにまとまっており、広さも十分。デラックスルームはバスタブ付き。レストラン、スパがある。

高層階の客室からは市内を望める

住48 Điện Biên Phủ　☎(0225)3666789
料Ⓢ Ⓦ Ⓣ200万～270万ドン（朝食付き）
カード A J M V　全110室

Voice ハイフォン名物の幅広麺バイン・ダー（Bánh Đa）のなかでも、米粉にサトウキビを混ぜて作る茶褐色の麺はバイン・ダー・ドー（Bánh Đa Đỏ）と呼ばれる。特にズーハンケイン（Dư Hàng Kênh）村産が有名。

美しき棚田と少数民族の里

MAP 折表-1A

サパ

サパの市外局番
0214

Sa Pa

サパ旅行の楽しみは少数民族布を使った雑貨ショッピング。町には露店も多い

サパはラオカイ（→P.379）から南西へ約29km、ホアンリエンソン山脈中、海抜1560mの山間部にある。1918年、この地を訪れたイエズス会の宣教師によって初めて欧米人に紹介された。その後フランス人によって多くの別荘が建てられ、避暑地として有名に。1954年にディエンビエンフーの戦い（→P.383、445）でフランス軍が敗れると、フランス人はこの地を去り、ほとんどのフランス風建築が破壊された。現在ではその面影を残す建物はほとんど残っていない。

サパでは、西方約9kmの所にそびえるベトナムの最高峰、ファンシーパン山（→P.373）や、周囲の山中に点在する少数民族の村々を巡るトレッキング（→P.370）を楽しみたい。毎週土曜と日曜には大きな市が開かれ、たくさんの少数民族の人たちでにぎわうので、サパへは週末に行くといいだろう。

アグリ・バンク

Agri Bank

MAP P.372A図-2A　住1 Cầu Mây　☎(0214)3871206
営夏季：7:00～11:30、13:30～17:00、冬季：7:30～12:00、13:00～16:30　休土・日曜

USドルと日本円などの現金の両替可能。24時間稼働のATMがあり、JCBカード、マスターカード、ビザカードでのキャッシングが可能。

両替

たいていのホテルで、USドルの現金からベトナム・ドンへの両替が可能。一部の高級ホテルでは日本円の両替も可能。

夜もにぎわうスアンヴィエン通り

アクセス ACCESS

サパへの行き方

●バス

ラオカイ駅近くのバス停（MAP P.379A図-2B）から路線バス1番が5:30～16:00の間に30分間隔で運行。4万ドン、所要約1時間。バス停横の駐車場（MAP P.379A図-2B）から列車の到着時間に合わせてミニバスが運行。6万ドン、所要約45分。ハノイのミーディン・バスターミナルから6:00～23:55の間に寝台バスが1時間間隔で運行。31万ドン、所要5時間～6時間30分。

ハノイ発サパ行きリムジンバス

乗降場所の送迎サービスを含むリムジンバスが数多く運行。URL vexere.comでオンライン予約が可能。

サパからの交通

●バス

ラオカイへは公園近くのバス発着所（MAP P.372A図-2B）から路線バス1番が7:30～18:00の間に30分間隔で運行。4万ドン、所要約1時間。ミニバスは6万ドン、所要約45分。ホテルで要予約。数は少ないが、ハロン湾やニンビン、ハザンなどへ行くバスもある。

ハノイ行き寝台バス＆リムジンバス

ハソン・ハイヴァン　Hason Hai Van

MAP P.372B図-1B　☎1900-6776（ホットライン）
営8:00～17:00　休無休　カード不可

サパ市場北東隣の専用バスターミナルからミーディン・バスターミナルへ運行。ザーラム・バスターミナル行きも数便ある。VIP仕様車で60万ドン。所要約5時間。

サパ・エクスプレス　Sapa Express

MAP P.372B図-1B　住6 Ngõ Vườn Treo　☎098-4890055（携帯）、098-6107055（携帯）　URL sapaexpress.com　営6:30～21:00　休無休　カード不可

サパとハノイ（→P.314）の同社オフィス間を毎日運行。14:00発（全24席）20US$、15:00発（全28席）18US$。要予約。ハノイのノイバイ国際空港下車も可能。

※ほかにもサオ・ヴィエット（Sao Viet MAP P.372B図-1B）など複数社が運行。

少数民族の里を訪ねる

トレッキングツアー

サパ周辺の山中には少数民族の村々が点在し、それらを巡るトレッキングが楽しめる。個人で行くことも可能だが、道に迷いやすいので、ツアーに参加するのが無難。いずれも長時間歩くことになるため、自分の体力をよく考えてから参加しよう。

おもな日帰りツアー

ツアーによっては車を使うことも可能。ホームステイができるのは、タフィン、カットカット、ラオチャイ、タヴァン、バンホー、ザンタチャイなど。ミーソンはサフォー族の村で、日帰りツアーをアレンジしてくれる旅行会社(→ P.374)もあるので尋ねてみよう。

カットカット／シンチャイ
Cát Cát / Sín Chải

黒モン族のふたつの村と滝などを歩いて巡る(4～5時間)。比較的近いため、参加者が多い。

イーリンホー／ラオチャイ／タヴァン
Ý Linh Hồ / Lao Chải / Tả Van

最も美しいといわれるイーリンホーの棚田を歩き、黒モン族の村、ラオチャイとザイ族、黒モン族、赤ザオ族が住むタヴァンを訪問。

マーチャ／タフィン Má Tra / Tả Phìn

赤ザオ族の村を訪問。近郊には黒モン族の美しい棚田が見られる。

バンコアン／タザンフィン Bản Khoang / Tả Giàng Phình

赤ザオ族の村、バンコアンと黒モン族の村、タザンフィンを訪問。タザンフィンへは入域許可証が必要で、旅行会社によってはツアーがないところもある。前日までに要予約。

バンホー／タインフー Bản Hồ / Thanh Phú

タイ族とザイ族の村を訪問。

サパ近郊図

N
タザンフィン
Ta Giang Phinh
(黒モン族)
ラオカイ
紅河
Song Hong
バンコアン
Ban Khoang
(赤ザオ族)
タフィン(黒モン族、赤ザオ族)
Ta Phin
チュンチャイ
Trung Chai
ライチャウへ(約55km)
バック滝P.373
(シルバー・ウオーターフォール)
ティンイエウ滝P.373
(ラブ・ウオーターフォール)
マーチャ(黒モン族)
Ma Tra
トラム
シンチャイ
(黒モン族)
Sin Chai
サパ
ハムロン丘P.374
サーセン
Sa Seng
ハウタオ(黒モン族)
Hau Thao
ロープウエイ
カットカット
(黒モン族)
Cat Cat
ファンシーパン山
イーリンホー(黒モン族)
Y Linh Ho
ラオチャイ(黒モン族)
Lao Chai
タインフー
Thanh Phu
(タイ族)
タヴァン Ta Van
(赤ザオ族、黒モン族、ザイ族)
サンワールド・
ファンシーパン・
レジェンドP.373
Muong Hoa
トパス・
エコロッジP.377
ザンタチャイ(赤ザオ族)
Giang Ta Chai
バンホー(タイ族)
Ban Ho
ミーソン
My Son
(サフォー族)
0
10km

トレッキングツアーでトラブル多発

トラブルの多くは、「最初の説明と実際のツアー内容が違った」というものだ。ツアーを決める前に内容を細部まで確認するとともに、旅行会社のシステムや管理態勢にも注意を払い、見極めたい。

サパ周辺の少数民族の服装

各民族ともに、女性の衣装に大きな特徴が見られる。

黒モン族 Black H'mong

袖口と襟に刺繍が入った藍色シャツに、スカート、ソックスを着用。光沢のあるベストを着用する人もいる。髪を束ね、筒状の帽子をかぶるのも特徴。

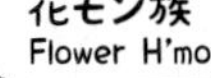

花モン族 Flower H'mong

襟から右脇にかけて刺繍が入ったシャツに、刺繍入りのエプロンを着用。ベトナムで最も色鮮やかな衣装。刺繍のスカートは1kgほどあり、最近は中国製のプリントスカートを着用する人がほとんど。

フーラー族 Phu La

黒いパンツに藍色のシャツを着用。腕章のようなカラフルな刺繍が特徴。

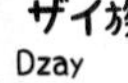

タイ族 Tay

黒いパンツにシャツ、かぶりものを着用する。現在では黒いパンツのみが特徴。右は伝統的なスタイル。

ザイ族 Dzay

薄い色の生地に襟から右の脇にかけて刺繍入りの布を縫い合わせたシャツに黒いパンツを着用。

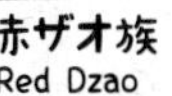

赤ザオ族 Red Dzao

刺繍入りパンツと襟と袖口に刺繍が入った黒い上着を着用し、頭に鈴や房飾りを付けた赤い布を巻いている。成人女性は眉毛、髪を剃るのも特徴。

サパで見つけた少数民族グッズ

市場には緻密な刺繍がびっしり施された衣類も©

花モン族の布を使った帽子42万ドンⓐ

民族模様を刺繍したヘアバンド20万ドンⓐ

モン族の藍染めを組み合わせたシックなポーチ15万ドンⓑ

タブレットケースとパスポートケース各20万ドンⓑ

ⓐインディゴ・キャット Indigo Cat MAP P.372A図-3A 住34 Phan Xi Păng ☎098-2403647（携帯） 営8:30～21:00 休 無休 カード MV ⓑヘンプ & エンブロイダリー Hemp & Embroidery MAP P.372A図-3B 住4 Mường Hoa ☎035-5523850（携帯） 営8:00～22:00 休 無休 カード 不可 ©サパ市場 （→ P.374）

ツーリストインフォメーションセンター
Tourist Information Center
MAP 右図-2A 住 2F, 2 Phan Xi Păng ☎038-8789888（携帯）
URL www.sapa-tourism.com
営 7:30～11:30、14:00～17:30
休 不定休

トレッキングのアレンジやホテルの紹介を行っている。ラオカイ発ハノイ行きの列車のチケット手配もできる。不定期に閉まるので、行く前に電話で確認したほうがよい。

サパ博物館
Bảo Tàng Sa Pa
Sa Pa Museum
MAP 右図-2A 住 2F, 2 Phan Xi Păng ☎（0214）3873239
開 7:30～11:30、13:30～17:00
休 不定休 料 無料

サパの歴史や自然、周辺で暮らす各少数民族の生活を、細部まで実物を展示し、見応えがある。1階は各少数民族の協同組合が運営するショップ「トーカム・ルオン・トゥイー・コーポレーティブ HTX Tho Cam Luong Thuy」（→P.278）。

ベストシーズンと服装のアドバイス

トレッキングをするなら4～5月頃と9～11月頃がベスト。特に9月頃は金色の稲穂が実った美しい棚田が見られる。6～8月にかけては雨が多く、1～3月は寒さが厳しい。気候は夏でも涼しく、夜は10℃近くまで下がることもあるので、上着やセーター類を用意して行こう。冬は防寒着（厚手のセーター・ジャンパー類・靴下など）が必要。また、トレッキングは必ず履き慣れたシューズで。雨具や長靴のレンタルもできる。

A図

B図

✉ファンシーパン山の登山は現地で簡単に申し込みが可能。2名参加の場合、ホテルを通すとひとり90～120US$。旅行会社ではひとり80US$。1泊2日で登る人がほとんど ↗

見どころ Sightseeing

★★★ ロープウエイでインドシナ最高峰へ MAP P.370

サンワールド・ファンシーパン・レジェンド
Sun World Fansipan Legend

ホアンリエンソン（Hoàng Liên Sơn）山脈の一部で、インドシナ半島最高峰（3143m）の高さを誇るファンシーパン山を舞台にした一大テーマパーク。サパ中心部にあるサパ・ステーション（MAP P.372A図-2A）からトラムでムオンホア・ステーションへ。そこから徒歩約10分の所にあるホアンリエン・ステーションでロープウエイに乗り、山頂付近のファンシーパン・ステーションへ（約30分）。ここから山頂まではトロッコが運行。山頂で記念撮影後、山頂付近に設けられた大仏や寺を見学しながらファンシーパン・ステーションまで下りる。

左／全長6292.5m、標高差1410mのロープウエイ。棚田や雄大な山々の景色を楽しめる
右／ファンシーパン・ステーション周辺には10を超える寺や仏塔がある

★★ 愛の伝説にちなんで名づけられた MAP P.370

ティンイェウ滝（ラブ・ウォーターフォール）
Thác Tình Yêu Love Waterfall

サパ中心部から西に約15km、ファンシーパン山の登山口付近にあるロマンティックな名前の滝。ここに伝わる妖精と青年の愛の伝説にちなんで「愛の滝」と名づけられ、ベトナム人カップルにも人気だ。滝から流れる渓流は黄金に見えることから「ゴールデン・ストリーム」とも呼ばれる。

上／落差は約100m。夏は滝つぼで泳ぐ外国人観光客の姿も
下／滝道には少数民族の物売りが並ぶ

★ 「銀のシルク」を意味する MAP P.370

バック滝（シルバー・ウオーターフォール）
Thác Bạc Silver Waterfall

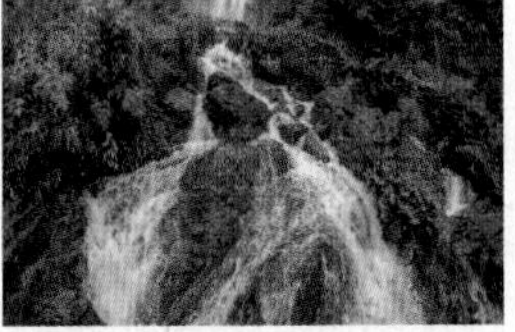

岩肌をぬって落下する水の流れが、銀色の絹に例えられている

サパからティンイェウ滝へいたる道中にある滝。標高1800mのムオンホア（Mường Hoa）山の頂から約200mの高さを、数段にカーブを描いて落下するさまは迫力満点。階段を上って滝の近くを散策することも可能。

↘ で、食料、寝袋、ガイド料などを含むため、防寒着とヘッドランプなどの小物のみの軽装で登ることができる。ファンシーパン山の入域料は25US$。（匿名希望）['23]

各見どころへの行き方

サパ教会（→P.374）前の広場周辺にタクシーやバイクタクシーの乗り場（MAP P.372A図-2A）がある。カットカット（→P.370）へは片道5万ドン、バック滝（→下記）へは片道7万ドンなど。

時期によるが、初乗りでもタクシーは5万ドン、バイクタクシーは2万ドンより安くならない。グラブ（→P.395）もあまり機能していない。レンタバイクは1日8万ドン～。

サンワールド・ファンシーパン・レジェンド

☎(0214) 3818888
URL fansipanlegend.sunworld.vn/en 開7:45～18:30（土・日曜7:00～19:30） 休無休
料トラム往復15万ドン、ロープウエイ往復80万ドン（土・日曜は85万ドン）、山頂へのトロッコ登り15万ドン、下り12万ドン カード M V

各ステーションにレストラン、カフェ、ショップあり。山頂はかなり気温が低いので、暖かい服装で。
※心臓病や高血圧、糖尿病など高所に不安がある場合は要注意。

上／サパ・ステーション～ムオンホア・ステーション間はトラムで片道約10分 中／山頂には記念碑と国旗が立ち、記念撮影スポットになっている 下／山頂のカフェはガラス張り。山々が一望できる

ティンイェウ滝（ラブ・ウオーターフォール）

開9:00～17:00 休無休
料7万ドン

バック滝（シルバー・ウオーターフォール）

開8:00～17:30 休無休
料2万ドン

ハムロン丘
☎091-8957366（携帯）
開6:00～18:00（夏季～18:30）
休無休　料7万ドン、子供（身長130cm以下）3万5000ドン
無料の遊歩道図がもらえる。園内のエスニック・ビレッジでは、1日4～6回、少数民族のダンスショーが行われる。※2023年9月現在、ダンスショーや博物館、売店などは休止中。

サパ教会
ミサは月～土曜の5:30、18:30、19:00。日曜は8:30、9:00、19:00。

町のランドマークとなるサパ教会

サパ市場
営6:00頃～18:00頃　休無休
サパ教会前～サパ市場間を電気自動車が運行。片道5万ドン。人数次第で交渉可。

民族雑貨の豊富さに圧倒される

★★ 美しいサパの町並みが見下ろせる　MAP P.370

ハムロン丘

Đồi Hàm Rồng　Ham Rong Hill

町の東側に白色や灰色の石灰岩がニョキニョキと突き出た丘陵地帯があり（その景観が龍の顎に似ていることからハムロン〈ハム＝顎、ロン＝龍〉と呼ばれている）、周辺は自然公園のように整備されている。園内にはジュースを売る東屋や少数民族の暮らしを紹介した博物館などもある。ここではぜひサン・マイ（Sân Mây）と呼ばれる頂上まで登ってみよう。サパの町、天気がよければファンシーパン山までが一望できる。南側の丘を登ったラジオアンテナが建つチャム・ヴィバ（Trạm Viba）からの眺めもすばらしい。

ハムロン丘には複数のビューポイントがあり、サパの町や山々が見渡せる

★ 町のシンボル的存在　MAP P.372A図-2B

サパ教会

Nhà Thờ Sa Pa　Sa Pa Church

1920年にフランス人によって建てられた教会。1954年、ディエンビエンフーの戦いでフランス軍が敗れると同時に教会も一部破壊されたが、その後、十数年にわたって修復されてきた。ミサの時間以外は門が閉ざされ中へ入ることはできない。

★★★ 少数民族グッズを手に入れるならココ　MAP P.372B図-1B

サパ市場

Chợ Sa Pa　Sa Pa Market

サパ湖の北側にある近代的な市場。市場の前はバス停になっており、周辺には安い食堂なども多い。1階はみやげ物、洋服、スパイス、漢方、生鮮食品売り場と食堂があり、2階はおもに洋服売り場。2階の北側は黒モン族や赤ザオ族などの少数民族雑貨の製作&販売スペースになっている。観光客へのセールス攻撃は激しいが、少数民族の雑貨が欲しいなら、ここが一番種類豊富でリーズナブルだ。

旅行会社＆ツアーオフィス ❁ TRAVEL OFFICE & TOUR OFFICE

●サパ・トラベルメイト　Sapa Travelmate
MAP P.372A図-3B
住5 Mường Hoa（ロータス・ホテル内）
☎091-2346693（携帯）、098-6059929（携帯）
E-mail daiphongsapa@gmail.com　営7:00～11:30、14:00～18:00　休無休　カード J M V
赤ザオ族、モン族を含む15人の地元ガイドがおり、日帰りから1週間までさまざまなツアーを主催。人気はマーチャやタフィンへの1日ツアー（20US$～）やバックハー・ツアー（35US$～）。ラオチャイやタヴァンでのホームステイは日帰りが15US$～、1泊2日30US$～。ファンシーパン山トレッキングもアレンジ可能。

●トパス・トラベル　Topas Travel
MAP P.372B図-1B　住15 Lê Văn Tám
☎091-4330286（携帯）　URL www.topastravel.vn
営8:00～12:00、13:00～17:00　休無休
カード A D J M V
サパから約18km離れた赤ザオ族の村に「トパス・エコロッジ」（→P.377）、約35km離れたナムカン村に「リバーサイドロッジ」をもつ旅行会社。各ロッジを拠点にしたユニークな個人ツアーをアレンジ。ツアーには基本的にハノイからの送迎、ツアーガイド、宿泊代、飲食代、入域料などが含まれる。

●ドゥックミン・トラベル　Duc Minh Travel
MAP P.372A図-2A
住10 Cầu Mây（サパ・センター・ホテル内）
☎（0214）3871881　URL ducminhtravel.com
営6:00～22:00　休無休　カード J M V
少数民族ホームステイ（1泊2日～）やファンシーパン山ツアー（2泊3日～）、自転車ツアーなどが人気。セオチュア、チュンチャイ、モンセンといった少数民族の村や棚田を歩く1日トレッキングツアーもある。

✉カットカット村（→P.370）はテーマパークのようで、入域料も15万ドンと高め。時間があるなら、少し遠くてもほかの村に行ったほうがいい。（福岡県　匿名希望　'23）

郊外の町

少数民族が集まるマーケットが開かれる　MAP 折表-1A、下図

バックハー

Bắc Hà

サパから北東へ約110km、ラオカイから車で約２時間の山奥にある。普段は静かなこの町も、毎週日曜になると朝から開かれるマーケットを目指して、各少数民族の人々が周辺の山村から続々と集まり、小さな町はいきおい活気づく。せっかく週末にサパまで来たのなら、日曜はバックハーへ出かけよう。まだまだ素朴な魅力にあふれる人々と、どこか懐かしい農村の風景が待っている。

バックハーの見どころ　Sightseeing

★★★ 花モン族でにぎわう日曜市で有名　MAP 上図-1B、2B

バックハー市場

Chợ Bắc Hà　Bac Ha Market

このマーケットへはぜひ日曜に訪れたい。カラフルな民族衣装をまとった花モン族の女性たちが、農作物を売り買いしたり、友達に会うために、遠くは夜明け前に出発して約20kmもの道のりを歩いてやってくるという。市場とその周辺には野菜や日用品、民族衣装などの露店がズラリと並び、大きなカゴを背負った女性たちでごったがえしている。その色とりどりの衣装が集うさまは、まさに満開の花畑を眺めているようだ。ほかにフーラー族や赤ザオ族、タイ族などの人々もやってくるが、人数自体は少ない。マーケットは6:00頃開始し、ピークは8:00～10:00頃。また、バックハー近郊のカンカウでは土曜の朝に、コックリーでは火曜の朝にマーケットが開かれる。

バックハーの日曜市は鮮やかな民族衣装をまとった花モン族であふれ返る

左／鮮やかな刺繍が施されたグッズがズラリと並ぶ　右／市場には食堂エリアもあり、麺類や馬肉料理などが食べられる

バックハーの市外局番 0214

バックハーへの行き方・バックハーからの交通

ラオカイからは、ミンカイ通りの長距離バス乗り場（MAP P.379A図-2B）やグエンコンホアン（Nguyễn Công Hoan）通りの高架下（MAP P.379B図-2B）などからバックハー行きのバスに乗れる。バックハーからラオカイへのミニバスは、バックハー祠前の広場（MAP 左図-2A）から出る。双方向ともに、昼食時を除く早朝から夕方まで約30分間隔で運行。7万～9万ドン、所要2時間～2時間30分。

サパからはラオカイ乗り換えが一般的。日曜は直行ミニバス（15万ドン～）もあり、ホテルを通して要予約。ハノイからなら、ミーディン・バスターミナルから出るハソン・ハイヴァン社などの直行夜行バスが便利。タクシーならサパ～バックハー片道120US$～、ラオカイ～バックハー片道60US$～。サパからのグループツアーは多くがバンホー（Bản Hồ）村へも寄る。参加人数によるが７～38US$で、7:00～15:00までのツアーが多い。

両替

たいていのホテルでUSドルの現金からベトナム・ドンへの両替が可能。

バックハーでの食事

バックハー市場や９月20日通り、ゴックウイエン通りに多く、カフェもある。

少数民族グッズはサパより安い

バックハーの旅行会社

旅行会社はないが、「ガンガー・バックハー」（→P.378）のツアーは宿泊客以外でも参加OK。レンタルバイクは８US$～。

その他の郊外の見どころ

カンカウ　Cán Cấu

MAP 左上図-1B参照

カンカウはバックハーの北約20kmに位置し、車またはバイクで約30分。サパからは車で約４時間、２名参加でひとり90US$ぐらい。

コックリー　Cốc Ly

MAP 左上図-2A参照

コックリーはバックハーの南西約18kmに位置し、車またはバイクで約40分。サパからは車で約３時間30分、２名参加でひとり95US$ぐらい。

レストラン Restaurant

少数民族テイストを味わえる人気店
レッド・ザオ・ハウス
各国料理

Red Dzao House　MAP P.372A図-2A

山小屋風の落ち着いた雰囲気の店。西洋料理がメインでチキンやポークなどの肉料理（15万ドン～）がおいしい。一番のおすすめは、サパ・サーモンのホイル焼き。ほぐした魚の身を香草とともにライスペーパーで巻いて食べる。店員が赤ザオ族の民族衣装で迎えてくれるのもポイントが高い。

サパ・サーモンのホイル焼き（31万ドン）

住4B Thác Bạc　☎(0214) 3872927　営8:00～21:00
休無休　カード MV　予約要予約

サパの郷土料理を楽しむならここ
アーフー
ベトナム料理

A Phu　MAP P.372A図-2A

夕食時には、モン族の民家をイメージした店内で、馬肉鍋（Lẩu Thắng Cố、50万ドン～）やサパ・サーモン鍋（Lẩu Cá Hồi、50万ドン～）をつつきながら地酒で乾杯するベトナム人旅行者でにぎわう。おすすめは、炒めた馬ひき肉をもち米で包み、さっと揚げた馬肉おこわ。

馬肉おこわ（Xôi Ngựa）は12万ドン

住15 Fansipan　☎086-8159900（携帯）
営9:00～23:00　休無休　カード不可　予約不要

ラオカイ料理のニューウェーブ
コンスイ・オン・ハー
麺

Con Sui Ong Ha　MAP P.372B図-1B

フォーに似た平麺にシチュー味のあんをかけ、細切り肉と揚げポテトが載ったコンスイ。隣接する中国・雲南省の麺料理がベトナム風にアレンジされ、ここ10年ほどでラオカイ省の定番麺になった。ハノイのシチュー麺、フォー・ソット・ヴァン（Phở Sốt Vang）よりあっさりした味だ。

同店はサパの人気店。写真はコンスイ（Cốn Sủi、5万ドン）

住436 Điện Biên Phủ　☎087-8226777（携帯）
営4:00～14:00　休無休　カード不可　予約不要

町なかの眺望満喫カフェ
サパ・スカイビュー
カフェ

Sapa Sky View　MAP P.372A図-3B

サパで流行中の山々を見晴らすカフェ。ほとんどは郊外の山肌にあり行きづらいが、同店はサパ中心部で天空気分を味わえる。ドリンク片手に新鮮な空気を胸一杯に吸い込み、眼前に広がる山のパノラマを楽しむのがおすすめだ。

雨の日の霞がかかった山並みも一興。スムージー 5万ドンなど

住24 Đông Lợi（チャウロン・ホテル内）　☎091-4602529（携帯）　営7:00～22:00　休無休　カード MV　予約不要

その他のレストラン Restaurant

カムファー・ヴィエット
ベトナム料理

Kham Pha Viet　MAP P.372A図-2B

住15 Thạch Sơn　☎091-2032430（携帯）
営9:00～22:00　休無休
カード不可　予約不要

地元に愛される大衆酒場で、中国に起源をもつといわれるモン族伝統の馬肉鍋（Lẩu Thắng Cố、40万ドン～）が楽しめる。サーモン鍋（Lẩu Cá Hồi、50万ドン～）や特産の野菜（Rau Cải Mèo、5万ドン～）を使った料理などサパ名物もおすすめ。

ビストロ・サパ
西洋料理

Bistro.sapa　MAP P.372A図-3B

住9 Thung Lũng Mường Hoa　☎035-8476533（携帯）
URL www.facebook.com/bistro.sapa　営8:00～24:00　休無休
カード不可　予約不要

2023年オープン。欧米人が経営しており、夜は在住外国人や欧米人旅行者でにぎわう。カクテルは12万ドン～、料理はホウレンソウ&フェタやオージービーフパイ（各18万ドン）などがおすすめ。不定期でライブもある。Facebookで確認を。

モン・シスターズ
バー

The H'mong Sisters　MAP P.372A図-3B

住31 Mường Hoa　☎097-6934303（携帯）
営16:00～深夜　休月曜
カード不可　予約不要

花モン族のファブリックで彩られたおしゃれなバー。バーの少ないサパでは貴重な存在。ビールは4万5000ドン～、アイリッシュ・マティーニなどのカクテルは各12万ドン。チーズフォンデュ（35万ドン）ほか、軽食（13万ドン～）もある。

Voice サパ名物のひとつ、サパ・サーモンとはマス（英語ではトラウトTrout）のこと。

ホテル　Hotel

環境に寄りそうエコリゾート

トパス・エコロッジ

高級ホテル

Topas Ecolodge　MAP P.370

サパ中心部から約18km、美しい棚田が広がる山あいにある自然に囲まれたリゾート。小高い丘に、タイ族の伝統的な高床式家屋を移築して建てられたレセプション、レストラン、スパ、49のバンガロー、棚田ビューが楽しめるインフィニティプール、野菜畑などが点在し、まるでひとつの村のよう。環境や地域に寄り添うエコリゾートらしく、料理には敷地内の畑または近隣の村の野菜が使われ、客室の家具にはエコプロダクトが採用されている。自然に溶け込んだ空間で、何もしない贅沢な時間を思う存分楽しみたい。

周囲の自然に同化する建築が見事

住Bản Lếch Dao, Xã Thanh Bình
☎(024)73070899(ハノイ・オフィス)
URL topasecolodge.com　料Ⓢ Ⓦ Ⓣ270US$〜、スイート360US$〜(朝食付き)
カード A D J M V　全49バンガロー＆ヴィラ

客室はすべてバンガローまたはヴィラタイプでテレビやインターネットはない。Wi-Fiはラウンジで使用可

豪奢な5つ星ホテル

シルク・パス・グランド・サパ・リゾート＆スパ

高級ホテル

Silk Path Grand Sapa Resort & Spa　MAP P.372B図-1A

中心部を見下ろす小高い丘の上にあり、館内はラグジュアリーな別世界が広がる。少数民族のテキスタイルで彩られた客室は、全室バルコニーかテラス付き。赤ザオ族の薬草風呂が体験できる「チー・スパ」など施設もハイレベル。

一面ガラス張りの温水プール

住Đội Quản 6　☎(0214)3788555
URL silkpathhotel.com/en/sapa　料Ⓢ Ⓦ Ⓣ280万ドン〜(＋税・サービス料15%)　カード A J M V　全152室

非日常を味わえる圧巻の意匠

オテル・ドゥ・ラ・クーポール・Mギャラリー

高級ホテル

Hôtel de la Coupole - MGallery　MAP P.372A図-2A

イエローとグリーンのコロニアルな外観のホテルは、フランス領インドシナ時代のノスタルジーと少数民族の伝統文化の融合がコンセプト。エントランスやレストラン、客室からエレベーターまでどこを切り取っても絵になる建築は、まるでアート作品のよう。

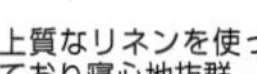

上質なリネンを使っており寝心地抜群

住1 Hoàng Liên　☎(0214)3629999　URL mgallery.com
料Ⓢ Ⓦ Ⓣ398万7000ドン〜　スイート779万5000ドン〜(＋税・サービス料15%)　カード A D J M V　全249室

棚田ビューをひとり占め

パオス・サパ・レジャー

高級ホテル

Pao's Sapa Leisure　MAP P.372A図-3B参照

ムオンホア渓谷の壮大な棚田を望むパノラマビューが魅力の5つ星ホテル。客室からはもちろん、レストランやルーフトップバー、温水プールからも牧歌的な風景を満喫できる。棚田トレッキングには便利な立地。

差し色にオレンジを施したモダンなデラックスルーム

住Mường Hoa　☎(0214)6253999　URL paoshotel.com
料Ⓢ Ⓦ Ⓣ402万2000ドン〜　スイート1033万3333ドン〜(朝食付き)　カード A D J M V　全223室

すばらしい眺望のラグジュアリーホテル

ピスタチオ・ホテル・サパ

高級ホテル

Pistachio Hotel Sapa　MAP P.372A図-2A

ホアンリエンソン山脈とムオンホア渓谷を望む好立地でサンライズやサンセットも楽しめる。少数民族布をあしらった客室は、高級感がありながらも居心地のよさが評判。スパ、屋内＆屋外のふたつの温水プール、飲食店がある。

天空に浮かぶかのような感覚を味わえる屋外プール

住29, Tổ 5, Thác Bạc　☎(0214)3566666
URL pistachiohotel.com　料Ⓢ Ⓦ Ⓣ280万ドン〜　スイート500万ドン〜(朝食付き)　カード A D J M V　全106室

ホ テ ル

谷側の客室からの眺めがすばらしい

バンブー•サパ

中級ホテル

Bamboo Sapa MAP P.372A図-3B

山小屋風のデザインをベースに近代的な設備を配した清潔感のあるホテル。飲食店やみやげ物店の多いエリアに建つ。客室の設備も整い、眺めのよいレストランは味のレベルも高い。人気なので早めの予約を。

全室に電気ヒーターと暖炉が設置されている

住18 Mường Hoa ☎(0214) 3871075
URL www.bamboosapahotel.com.vn 料Ⓢ①150万ドン～ スイート260万ドン～（朝食付き） カード ADJMV 全109室

サパ教会裏のアットホームなホテル

フンヴオン

ミニホテル

Hung Vuong MAP P.372A図-2B

観光スポットや飲食店街が近いにもかかわらず、路地を入るので静か。この価格帯のホテルとしては部屋が広く、ベッドも大きい。設備も新しくて、アメニティも充実。オーナーはじめ従業員は英語は話せないが、翻訳アプリ片手に頑張ってくれ、とてもフレンドリーで親切だ。

部屋の位置にもよるが、窓からの眺めもよい

住14 Phạm Xuân Huân ☎(0214) 3873135
料80万ドン～（朝食付き） カード MV 全21室

その他のホテル

Hotel

サパ・リラックス・ホテル＆スパ

エコノミーホテル

Sapa Relax Hotel & Spa MAP P.372A図-3A

住19 A Đông Lợi ☎(0214) 3800368
URL www.saparelaxhotel.com 料ⓈⓌ①70万ドン～ スイート140万ドン～（朝食付き） カード MV 全50室

迫力のホアンリエンソン山脈を望むホテルで、客室のバルコニーからは青々とした山々や田園風景が楽しめる。フローリングの清潔感あふれる客室は設備が整い、暖房も完備。スパでは赤ザオ族の伝統薬草風呂やサウナが人気。

バックハーのホテル

Hotel

ガンガー・バックハー

ミニホテル

Ngan Nga Bac Ha MAP P.375-1A

住117 Ngọc Uyển ☎(0214) 3880286
URL www.nganngabachahotel.com
料Ⓢ①15～50US$（朝食付き） カード JMV 全12室

バックハーではわりと大きく、宿泊客以外も参加できるツアーデスクもあって欧米人の利用も多い。レストランの味がよく、サパからの日帰りツアーの昼食で使われることが多い。

コンフー

ミニホテル

Cong Fu MAP P.375-1B

住152 Ngọc Uyển ☎(0214) 3880254、097-7415929（携帯）
E-mail congfuhotel@gmail.com 料Ⓢ60万ドン Ⓦ①70万ドン～ 3人部屋80万ドン～（朝食付き） カード MV 全25室

バックハーでは比較的新しいホテル。客室はシンプルでやや狭いが、テラス付きタイプなら開放感があり、気にならない。電気ヒーターやエアコンなど、設備も揃っている。

Column 消えたサパの歌垣

サパを訪れる外国人旅行者が増えるにしたがい、各少数民族の文化や風習に変化が生じている。そのひとつの例が歌垣※（ラブマーケット）の消滅だ。90年代後半までは、週末の夜になるとサパ市場周辺にザオ族の若い男女が集まり、女の子たちは男の子たちの気を引くためにハミングのような独特な歌声で歌ったり、カセットテープレコーダーで音楽を流す姿が見られたものだった。しかし、今ではその姿もほとんど見られなくなってしまった（サパ以外の某村では行われている）。その原因のひとつが、外国人旅行者が見物に集まったためといわれている。

少数民族の文化や風習に興味をもつのはよいが、「われわれは訪問者」の立場をしっかりと認識し、むやみに彼らの生活に立ち入らないよう注意を払いたい。

※歌垣とは未婚の男女が集まり、歌謡をかけ合い求婚する習俗。古い習慣で、現在でも中国南部から東南アジアにかけての一部の地域で行われている。古くは日本でも行われていた。

サパ観光の起点となる中国国境の町

MAP 折表-1A

ラオカイ

ラオカイの市外局番
0214
Lào Cai

ハノイの北西約240km、中国・雲南省と接する国境の町。1979年の中越紛争以来、国境は閉鎖されていたが、1993年に再び門戸が開かれた。ベトナムと中国を結ぶ貨物列車が行き交うようになり、国境貿易でおおいににぎわっている。ホーキエウ2橋を核として、町は加速度を増して変化。さらに、2014年にはハノイから中国・昆明までの高速道路の一部が開通し、10時間かかっていたハノイ～ラオカイ間をわずか4時間あまりで結ぶようになった。

中国へと続く線路。ゲートの向こうはもう中国だ

両替

駅前、国境のイミグレーションオフィス近く、コックレウ地区に銀行があり、USドルの現金からベトナム・ドンへの両替が可能。グエンフエ通りの商店でも中国元、USドルの現金からベトナム・ドンへの両替が可能。

アクセス ❀ ACCESS

ラオカイへの行き方

●列車

ハノイ駅から21:35、22:00発の毎日1～2便運行。所要7時間40分～。ホテルや旅行会社が独自の名称で販売する車両チケットもある。

●バス

ハノイのミーディン・バスターミナルから5:30～23:00の間に寝台バスが1時間間隔で運行。25万ドン、所要約4時間30分。ラオカイ中央バスターミナル(Bến Xe Trung Tâm Lào Cai MAP 上A図-2B参照)で、ラオカイ駅へ行くシャトルバスに乗り換える。路線上なら途中下車可。ザーラム・バスターミナルからも数便ある。サパからは、公園近くのバス発着所(MAP P.372A図-2B)から路線バス1番が7:30～18:00の間に30分間隔で運行。4万ドン、所要約1時間。バックハーからはP.375欄外参照。

ラオカイからの交通

●列車

ハノイ駅へは8:30、21:30発の毎日2便運行。29万5000ドン～、所要7時間35分～。

●バス

サパへはラオカイ駅近くのバス停(MAP 上A図-2B)から路線バス1番が5:30～16:00の間に30分間隔で運行。4万ドン、所要約1時間。また、バス停横の駐車場(MAP 上A図-2B)から列車の到着時間に合わせてミニバスが運行。6万ドン、所要約45分。ハノイ行きは、ラオカイ中央バスターミナル(MAP 上A図-2B参照)からハソン・ハイヴァン社(→P.369)の大型バスがザーラムやミーディンのバスターミナルへ1日数便出る。町なかの長距離バス乗り場(MAP 上A図-2B)からも、数社のバスがハノイやディエンビエンフーなど多方面へ出る。バックハーへはP.375欄外参照。

Voice! ハノイ発ラオカイ行きのバスは、サパ・エクスプレス(→P.314)など、サパ行きバスの会社が運行する場合が多い。

上／ラオカイ駅　下／駅前のグエンフエ通り。ホテルや食堂が並ぶ

国境開放時間
開7:00～22:00

ナムティー川の向こうは中国。漢字看板が目につく

トゥオン祠
☎なし　開7:00～22:00
休無休　料無料

上／階段を上った右側の菩提樹は、数百年前からこの地に立つといわれている
右／国境のホーキエウ２橋からすぐの場所にある

歩き方　Orientation

ラオカイはホン河を挟んでコックレウ（Cốc Lếu）地区とラオカイ地区に分けられる。コックレウ側のメインストリートとなるホアンリエン通り周辺には郵便局、学校、市場などが並び、町の機能の中心はこちら側に集中している。両地区を結ぶコックレウ橋を渡ってラオカイ地区を歩けば、細い通り沿いにホテルや食堂などが並ぶ。この通りを北へ10分ほど歩けば中国との国境の橋だ。その周辺は天秤棒を担いだ荷運びの人々が行き交い、バイクタクシーがたむろし、ちょっとしたにぎわいを見せている。近年では中国からの観光客の姿が増えている。

ホーキエウ２橋のたもとからは中国がすぐ目の前に見える

見どころ　Sightseeing

★英雄を祀る神社　MAP P.379B図-1B

トゥオン祠
Đền Thượng　Thuong Shrine

13世紀後半、元の侵攻を撃退した武将チャン・フン・ダオ（本名チャン・クオック・トアン）を祀る。チャン・フン・ダオは国を救った英雄として神格化され、ベトナム全土で広く信仰されている。入口近くの十二支広場は、地元で人気の写真映えスポットになっている。

ホテル　Hotel

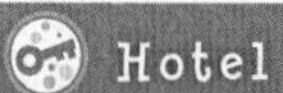

ラオカイでのホテルの探し方

ラオカイでホテルを探すなら、駅前のグエンフエ通り、ファンディンフン通り沿いへ行けば、１泊30万～50万ドンのミニホテルが並んでいる。割高にはなるが、２時間15万ドンなど時間貸しするホテルもあり、夜行バスや列車を使う場合の休憩に利用できる。

サパリー　Sapaly　中級ホテル　MAP P.379B図-2B
住48 Nguyễn Huệ　☎(0214)3666222
URL sapalyhotel.com　料Ⓢ Ⓣ85万～125万ドン　スイート170万ドン～（朝食付き）　カード A D J M V　全186室

17階建てで上階からの景色がよく、客室の設備は申し分なし。飲食施設は３つあり、ベトナム料理と中国料理のレベルは高い。中国国境近くにある。

ラオカイ・スター　Lao Cai Star　中級ホテル　MAP P.379A図-1A
住3 Hoàng Liên　☎(0214)3823328　URL www.laocaistarhotel.com　料Ⓢ Ⓦ Ⓣ98万ドン～　スイート170万ドン～（朝食付き）
カード A J M V　全141室

コックレウ地区の中心部、コックレウ市場近くに建つ大型ホテル。客室は明るく、設備も申し分ない。館内にはマッサージ、レストラン、カフェがある。旧館と新館がある。

ティエンハイ　Thien Hai　エコノミーホテル　MAP P.379A図-2B
住306 Khánh Yên
☎093-2320996（携帯）
料Ⓢ Ⓦ Ⓣ50万～80万ドン（朝食付き）　カード不可　全45室

ラオカイ駅から徒歩約30秒の場所に建つ10階建てのホテル。駅周辺では最も規模が大きく、設備は近代的で、お湯がためられるバスタブ付き。ツアーデスクもあり便利。最上階（10階）のカフェ・バーからは、ラオカイの景色が楽しめる。

歴史的勝利を収めた激戦地

MAP 折表-1A

ディエンビエンフー

ディエンビエンフーの市外局番 **0215**

Điện Biên Phủ

フランス軍の塹壕陣地がそのまま残るA 1の丘（→P.382）

ハノイから車を飛ばし約10時間、飛行機なら約 1 時間の、丘に囲まれたこの小さな町が、世界史の教科書にも登場する有名な場所。この場所こそベトナム独立戦争の分岐点となった、フランス植民地軍とベトミン軍※（→下記）との最後の激戦地である（→P.383、445）。長年ベトナムを植民地支配してきたフランスはこの戦いで敗北。これによって西欧の植民地政策にピリオドが打たれた。

町の中心から30分も歩けば、一面の水田とターイ族の高床式の家が建つのんびりとした山奥の田舎町だが、道路やホテルが整備されつつあり、年々、外国人観光客の姿も増えている。

歩き方 Orientation

ソンラーを経てディエンビエンフーに入ると、国道の左右にいくつもの丘が見えてくる。それらのほとんどがかつてのフランス軍の陣地だった所。それぞれの丘には番号がつけられ、そのうちのいくつかはコンクリートで認識番号が示されている。小さな町とはいえ、それらの丘すべてを巡ることは現実的ではない。A 1の丘（→P.382）やド・カストリーの司令部跡（→P.383）なら観光用に整備されており、また町なかにあるため、徒歩で移動できる。

ノンニャイ記念碑

Đài Kỷ Niệm Noong Nhai
Noong Nhai Monument

MAP P.382-2B参照

町なかから約2.5kmの所に、1954年 4 月25日のフランス軍による空爆で亡くなった444人の慰霊碑として、死んだわが子を抱きかかえる母親像が建てられている。

パートム洞窟

Động Pa Thơm
Pa Thom Cave

MAP P.382-2B参照

町なかから約40km、ラオスとの国境に近い山中に大きな鍾乳洞がある。洞窟内へは100mほど進めるが、ライトアップなどの観光整備はされておらず、懐中電灯が必要。また途中のパートム村（Xã Pa Thơm）からの道はかなり険しいので、しかるべきドライバー、ガイドの同行が必要。

アクセス ❁ ACCESS

ディエンビエンフーへの行き方

●飛行機

ハノイからベトナム航空が毎日 1 便、ベトジェットエアが週 3 便運航。所要約55分。

●バス

ハノイのミーディン・バスターミナルから寝台バスが16:00、16:30、17:45、19:00、20:00の 5 便運行。45万ドン～、所要約10時間。ほかにソンラー、ライチャウなどからも便がある。

ディエンビエンフーからの交通

●飛行機

行き方の項（→左記）参照。

●バス

ディエンビエン・バスターミナル（MAP P.382-1A）からハノイのミーディン・バスターミナルへ寝台バスが20:00、21:00発の 2 便運行。40万ドン～、所要約12時間。ソンラー、ライチャウ行きの便もある。

※ベトミン（Việt Minh）：ベトナム独立同盟（Việt Nam Độc Lập Đồng Minh Hội）の略称で、1941年ホー・チ・ミンの呼びかけのもと、フランスと日本からの独立を目指して結成された民族統一組織。

見どころ Sightseeing

ディエンビエンフーの戦いの資料が充実 MAP 下図-2B

ディエンビエンフー歴史的戦勝博物館

Bảo Tàng Chiến Thắng Lịch Sử Điện Biên Phủ　Dien Bien Phu Victory Museum

ディエンビエンフー歴史的戦勝博物館
住Tổ 1, P. Mường Thanh
☎(0215) 3831341
開7:30～11:00、13:30～18:00（冬季～17:30）
休無休　料10万ドン

強固な塹壕を作り、フランス軍が立てこもったA1の丘（→下記）の様子

規模の大きな博物館で、ディエンビエンフーの戦いを４つのテーマに分けて約1000点もの資料や写真とともに紹介している。当時使用されていた小火器や写真、人形などが展示されており、ベトミン軍の物資輸送は人力、武器の多くは旧式で数も不十分という劣勢のなかで、いかにフランス軍と戦ったかがよくわかる。建物は、ディエンビエンフーの戦いで兵士たちがかぶっていた竹の帽子をモチーフにしている。

フランス軍が使用した武器や弾薬

抗仏戦争でフランス軍が立てこもった MAP 下図-2B

A1の丘

Đồi A 1　A1 Hill

A1の丘
☎(0215) 3830874
開7:00～11:00、13:30～17:00
休無休　料２万ドン

左／フランス軍の戦車数機が屋外に展示されている　右／フランス軍の塹壕　下／960kgの爆弾の爆発跡。一説には数kmといわれるトンネルを掘り進めたベトミン軍が、フランス軍の塹壕の下あたりに爆弾を仕掛け、起爆させた

攻め来るベトミン軍に対して、フランス軍が最後まで立てこもった丘のひとつ。丘の南側には当時使用されていた戦車や砲、重火器が並べられている。小さな塹壕を左に見ながら小道を上ると、頂上付近には記念碑が建てられ、その横にはフランス軍が使用したM24戦車が壊れたまま置かれている。さらにフランス軍の強固な塹壕陣地も残されている。頂上から東へ20mほど下ると、ベトミン軍が使用した960kgの爆弾の跡がすり鉢状に残っており、さらに下ると両軍が掘り進めた塹壕が網の目のように残され、有刺鉄線を張り巡らせて当時の要塞の模様も再現。この丘の数百m西側にはフランス軍の総司令部があり、まさに雌雄を決する最後の砦となり、両軍ともに総力をあげた激戦地だったといわれる。

★★ フランス軍の総司令部跡

MAP P.382-2A

ド・カストリーの司令部跡

Hầm Kiên Cố của Tướng De Castries　Bunker of Colonel De Castries

カマボコ型の鉄板や内部の材木は当時の物がそのまま残されている

フランス軍のディエンビエンフー基地の総司令部跡。当時の地下壕は少数民族に切り出させた丸太を天井に渡し、鉄板を敷いた上に2.5mも土を積み上げ、さらにその上をカマボコ型の天板で覆っていたという。内部は中央通路を挟んで左右に4室ずつ部屋があり、北側の入口から入った左の3室目がド・カストリーの司令室、右の4室は通信室。

ド・カストリーの司令部跡
☎なし
開8:00～11:00、13:30～17:30
休無休　料2万ドン

薄暗い司令部内

★ 戦勝50周年を記念して建てられた

MAP P.382-1B

勝利の記念像

Tượng Đài Chiến Thắng　Victory Monument

ディエンビエンフーの戦いの際、フランス軍の陣地のひとつでもあった丘上に、2004年、戦勝50周年を記念に建てられた像がある。旗を振る兵士はド・カストリー司令部を落とした際に、屋根に上ったベトミン軍の兵士がモデルといわれている。この丘の上からの町の展望は見事。

長い階段を上った先にある

勝利の記念像
☎なし
開7:00～11:00、13:30～18:00（冬季～17:00）
休無休
料2万ドン（時間外は無料）

★ フランス軍が架けた鉄橋

MAP P.382-2A

ムオンタイン橋

Cầu Mường Thanh　Muong Thanh Bridge

フランス軍がナムゾム川に架けた全長約30m、幅約5mの鉄橋。橋のたもとには「1954年5月7日の14:00、第312師団360中隊がムオンタイン橋を攻撃し、司令部を撃破した」と記された石碑が立っている。

現在も当時のままの姿で利用されているムオンタイン橋。橋の東側はムオンタイン市場のため、利用者は多い

ディエンビエンフーの戦い

開戦当初の勢いを失ったド・カストリー司令官率いるフランス軍は、劣勢を打破すべくラオスとの国境に近いディエンビエンフーに飛行場、砲陣地を含めた強固な陣を築き上げた。この地を選んだのは、ベトミン軍が航空機をもたないゆえの地理的優位性、ベトミン軍のラオスからの補給路を断ち切る戦略的意味などがあったといわれている。これに対してベトミン軍は、フランス軍が「物資輸送は不可能」と考えた険しい山中を、昼夜を問わず突き進み、砲や弾薬を運び続け、やがてディエンビエンフーの盆地を見下ろす山々にたどり着いた。攻撃されにくいように巧みに砲陣地を作り上げ、攻撃準備を整えたベトミン軍は、1954年3月13日、フランス軍陣地に向けて砲撃を開始。フランス軍は圧倒的な人海戦術とゲリラ戦法で攻め入るベトミン軍に対し、空軍を中心に兵員増強、物資輸送、爆撃を繰り返したが、ベトミン軍の対空砲により作戦は進まず後退を余儀なくされる。フランス軍はムオンタインの南方、国道12号線沿いのホンクムに背水の陣を敷いたが、ベトミン軍は夜間に猛烈な攻撃を仕掛けてきた。当初は兵器の数、装備ともにフランス軍が圧倒的優位ではあったが、最後には負傷者の救出もできない状態となり、1954年5月7日、2000人以上の戦死者を出して敗退した。

町のあちらこちらにフランス軍の砲や戦車の残骸が残されている

ムオンタイン市場
営店によって異なるが、だいたい7:00～17:00
休無休

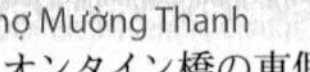

★ディエンビエンフー最大の市場 MAP P.382-1A

ムオンタイン市場

Chợ Mường Thanh　Muong Thanh Market

ムオンタイン橋の東側にある市場で、食材から生活用品までさまざまな商品が売られている。食品売り場には、地域特産のキノコや木の実、見慣れない獣肉、川魚なども並び、山の市場ならではの品揃えで見て歩くのも楽しい。

お茶や漢方食材なども並ぶ

レストラン　Restaurant

リエントゥオイ　ベトナム料理
Lien Tuoi　MAP P.382-2B参照
住64 Hoàng Văn Thái, P. Mường Thanh　☎094-1003999（携帯）
営11:30～14:00、17:30～22:00　休無休
カード不可　予約望ましい

ディエンビエンフーでは誰もが知る有名店。メイン料理はチキン、ビーフ、魚と豊富で、味もいい。英語メニューあり。ほとんどがグループ用メニューのため、ひと皿の量が多いので要注意。目安は20万ドン～。

ザントック・クアン　ターイ族料理
Dan Toc Quan　MAP P.382-2A
住Thanh Trường　☎(0215) 3828666、091-2575405（携帯）
営10:00～23:00　休無休
カード不可　予約不要

ターイ族の経営で、ターイ族の木造高床式の家を改築し、靴を脱いで床に座るスタイル。肉料理がおいしく、地酒もある。珍しい料理が多いので、ふたり以上ならいろいろ試せるセット料理（40万ドン～）がおすすめ。写真付き英語メニューあり。

ホテル　Hotel

町一番の大型ホテル

ムオンタイン・グランド・ディエンビエンフー　中級ホテル

Muong Thanh Grand Dien Bien Phu　MAP P.382-1B参照

町の中心部に立つ8階建ての4つ星ホテル。建物はやや古いものの、設備は近代的で、ちょっとだけ豪華なビジネスホテルといった趣。館内にはふたつのレストラン、屋外プール、スパ＆マッサージなどの施設がある。

落ち着いた雰囲気の客室

住514 Võ Nguyên Giáp, P. Him Lam　☎(0215) 3810043
URL dienbienphu.muongthanh.com　料ⓈⓌⓉ150万ドン～　スイート240万ドン～（朝食付き）　カードMV　全134室

緑に囲まれた山小屋風ホテル

ヒムラム・リゾート　エコノミーホテル

Him Lam Resort　MAP P.382-1B参照

中心部から西へ約4km、湖のほとりに位置する自然に囲まれたベトナム式高原リゾート。広大な敷地内にはターイ族の高床式家屋を模した宿泊棟やレストランなどの飲食施設、屋外プール、サウナ、ジムなどが点在。

レストランではターイ族の郷土料理を提供

住Tổ 6, P. Him Lam　☎(0215) 3811666
URL himlamresort.vn　料ⓈⓌⓉ60万～100万ドン（朝食付き）
カードMV　全83室

その他のホテル　Hotel

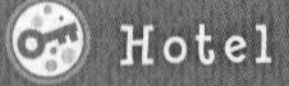

ファーディン　エコノミーホテル
Pha Din　MAP P.382-1A
住63, Tổ 3, Trần Đăng Ninh, P. Thanh Bình　☎(0215) 6558888
E-mail phadinhotel@gmail.com　料ⓈⓌ35万ドン　Ⓣ45万ドン　スイート70万ドン　カードMV　全68室

観光地へのアクセスがよく、周辺には食堂が多い好立地で、外国人旅行者からの評価が高いホテル。客室は明るく清潔で、スタンダードな部屋でも24㎡と広さも十分で、設備も整う。カフェを併設。

ルビー　エコノミーホテル
Ruby　MAP P.382-1A
住43 Nguyễn Chí Thanh, P. Mường Thanh　☎(0215) 3835568
料Ⓢ56万ドン　ⓌⓉ68万～79万ドン　3人部屋90万ドン　スイート170万ドン（朝食付き）　カードMV　全31室

館内設備はレストランのみとシンプルだが、立地がよく、掃除の行き届いた客室も明るく清潔とあって人気がある。ミニバーやエアコンなど客室設備も十分。

Voice! ディエンビエンフーのお米（ムオンタイン米）は、もっちりとした食感で香りがよいことで有名。

中国との貿易でにぎわう国境近くの町

MAP 折表-1B

ランソン

ランソンの市外局番
0205

Lạng Sơn

にぎやかなランソンの町なか

ランソンはハノイの北東約150kmに位置し、中国の国境までは約15km。1979年の中越紛争（→P.442）時には中国軍の侵攻を受け、町は大半が破壊されたが、中国との国交が正常化した現在では活気を取り戻している。

中国との盛んな国境貿易を物語るように、市場では中国から輸入された電化製品、食器、漢方薬の材料らしき物などが並べられている。また、黒い民族衣装を着たヌン族の人たちの姿も見られる。

両替

町なかにはいたるところに銀行があり、USドルや中国元などからベトナム・ドンへの両替が可能。日本円の両替はできない。

見どころ　Sightseeing

★岩山からの眺望も楽しめる鍾乳洞　MAP P.386-1A参照

タムタイン洞窟（三清洞）

Động Tam Thanh　Tam Thanh Cave

町外れの小高い岩山の中に鍾乳洞があり、山腹に寺も建てられ人々の信仰を集めている。鍾乳洞内は美しくライティングされており、見学も可能だ。また岩山の頂上からは、ランソンの町と、のどかな田園風景が見渡せる。

★仏教寺がある美しい鍾乳洞　MAP P.386-1A参照

ニタイン洞窟（二清洞）

Động Nhị Thanh　Nhi Thanh Cave

タムタイン洞窟と同じく鍾乳洞があり、内部はライティングされている。ここにも仏教寺があり、聖なる場所とされている。

タムタイン洞窟（三清洞）

☎なし　開6:00～18:00
休無休　料2万ドン

タムタイン洞窟の奥はライティングされているが、足元が暗い。懐中電灯があると便利

ニタイン洞窟（二清洞）

☎なし　開7:00～17:00
休無休　料2万ドン

アクセス　ACCESS

ランソンへの行き方

●列車

ハノイ駅からのランソン行きの便は2024年３月現在、運休中。また、ハノイのザーラム駅からドンダン（→P.386）経由で中国・南寧行きの列車が火・金曜21:20発の週２便運行していたが、2024年３月現在、運休中。再開は未定。

●バス

ハノイのミーディン・バスターミナルから5:00～18:00の間に20分間隔で運行。15万ドン、所要約５時間。同ザップバット・バスターミナルから6:00～16:30の間に30分間隔で運行。10万ドン、所要４～５時間。ハザンからも便がある。

ランソンからの交通

●列車

ハノイ駅への便は2024年３月現在、運休中。また、中国・南寧からハノイのザーラム駅行きの列車がドンダン1:55発の１便運行していたが、2024年３月現在、運休中。再開未定。

●バス

ランソン北バスターミナル（Bến Xe Phía Bắc Lạng Sơn MAP P.386-1B参照）から4:35～17:00の間に、ハノイのミーディン・バスターミナル、ザップバット・バスターミナル行きが頻発。15万ドン～、所要約３～５時間。ランソン市内またはドンダンからもバスが頻発しており、乗降場所の送迎サービスを含むバスもある。URL vexere.comでオンライン予約が可能。

ランソンの市場

ジエンヴォン市場
Chợ Giếng Vuông
Gieng Vuong Market

MAP右図-1A
営だいたい6:00〜16:00 休無休

ランソンで最も大きく、特に生鮮食料品と衣料品が豊富。目の前のバックソン通りも、午前中は路上市場になる。

ドンキン市場
Chợ Đông Kinh
Dong Kinh Market

MAP右図-2A
営だいたい6:00〜18:00 休無休

中国製品が豊富に並ぶ。

キールア・ナイトマーケット
Chợ Đêm Kỳ Lừa
Ky Lua Night Market

MAP右図-1A
営だいたい7:00〜23:00（土・日曜17:00〜24:00） 休無休

土・日曜は屋台が並ぶナイトマーケットに。

ランソンのレストラン

ニュー・センチュリー
New Century

MAP右図-1A
住Đảo Hồ Phai Loạn ☎(0205) 3898000 営9:00 〜 23:00
休無休 カード不可 予約不要

代表的なベトナム料理から海鮮料理までメニューが豊富で味もいい。10万ドン〜が目安。

ドンダンの市外局番 0205

ドンダンへの行き方

ランソンから車で約20分。

郊外の町

中国・広西壮族自治区と国境を接する町　MAP 折表-1B、上図-1B参照

ドンダン
Đồng Đăng

ランソンよりさらに北北西約13kmの所に位置し、中国・広西壮族自治区と接する国境の町。ドンダン駅から北へ約2km（タクシーで約5分）、中国の商品が並ぶ市場の周囲400〜500mが町と呼べるあたりだ。町なかからタクシーで10分ほど行くと、中国との国境に出る。国境の先、中国側には友誼関と呼ばれる関所がある。

ドンダンにある中国国境、友誼関

ホテル　Hotel

ムオンタイン・ラグジュアリー・ランソン　中級ホテル
Muong Thanh Luxury Lang Son　MAP 上図-1B
住68 Ngô Quyền ☎(0205) 3866668
URLluxurylangson.muongthanh.com 料ⓈⓉ80万〜150万ドン スイート250万ドン（朝食付き） カードADJMV 全124室

ランソンで最も大きなホテルで高級感もある。レストラン、プール、マッサージ、サウナなどの施設があり、12階のカフェ＆バー（営9:00〜22:00）からの眺めはランソン随一。客室の設備も申し分なし。

ホアン・ソン・ハイ　ミニホテル
Hoang Son Hai　MAP 上図-2A
住57 Tam Thanh ☎(0205) 3710479
E-mailhoangsonhai.tpls@gmail.com
料ⓈⓉ40万ドン〜 カード不可 全32室

ニタイン洞窟やタムタイン洞窟へ徒歩十数分の所に建つ9階建てホテル。この周辺では比較的大きい規模だが、客室はやや狭く、設備も古い。エアコン、テレビなどひととおり揃っている。

ナムキン（南京賓館）　ミニホテル
Nam Kinh　MAP 上図-2B
住40 Ngô Gia Tự ☎(0205) 3717698
料ⓈⓌⓉ45万〜100万ドン
カード不可 全27室

ドンキン市場（→欄外）のすぐ裏に建つ、造りの古い8階建てホテル。掃除はされており清潔感はある。シングルでも広さは十分。中国人の利用が多い。英語がやや通じにくいのが難点。

Voice! キールア・ナイトマーケット（→欄外）の西側の入口付近には飯屋やフォー屋が並ぶ一画がある。やや不衛生ではあるが、手頃な料金で食事ができる。

ホー・チ・ミン主席ゆかりの地

MAP 折表-1B

カオバン

カオバンの市外局番
0206
Cao Bằng

ハノイの北、直線距離で約200kmに位置するカオバンは、中国と国境を接するカオバン省の省都。バン川沿いに開けた町は意外と大きく、市場周辺は活気に満ちている。町にはこれといった見どころはないが、郊外のバンゾック滝、パックボー遺跡、タンヘン湖、バーベー湖などへの拠点となる町だ。

バンゾック滝（→下記）。雨季は川幅いっぱいに水が流れ落ち、圧巻の光景

郊外の見どころ Sightseeing

★★★ 山峡に流れる神秘の滝

MAP 折表-1B、P.388-1B参照

バンゾック滝

Thác Bản Giốc　Ban Gioc Waterfall

中国との国境沿いの山の中にある、高さ約50m、幅約300mというベトナムで最も大きな滝。階段状に流れ落ちる滝は美しく、特に水量の多い雨季の5～9月は迫力満点だ。ここでは竹組の筏（いかだ）に乗り、水しぶきがかかる滝の近くまで行くこともできる。この地域は川を挟んで中国と国境を接しており、対岸の中国側からも多くの中国人観光客が筏に乗ってやってきて遊覧を楽しんでいる。また滝の手前約3kmの山中に、グオムガオ洞窟と呼ばれる鍾乳洞もあり、滝と合わせて観光することも可能だ。

世界で4番目、アジアでは最大の大きさを誇る。中国側の滝は徳天瀑布という

バンゾック滝
料4万ドン、ボート5万ドン
カオバン・バスターミナルからバンゾック（Bản Giốc）行きのミニバスが5:20～16:45の間に12便運行。8万5000ドン、所要約2時間。グオムガオ洞窟へはドライバーに頼んで滝の手前で降ろしてもらおう（7万ドン）。グオムガオ洞窟から滝までは徒歩約45分。舗装された車道の1本道でわかりやすい。バイクタクシーなら片道5万ドン。

入出国管理局
Phòng Quản Lý Xuất Nhập Cảnh
Immigration Division
MAP P.388-2A 住54 Kim Đồng
☎(0206)3852940
開7:30～11:30、13:30～16:30
休土・日曜
中国国境近くへ行く場合は入域許可証(10US$)が必要。入出国管理局で即日取得可能。

グオムガオ洞窟
Động Ngườm Ngao
Nguom Ngao Cave
MAP P.388-1B参照
開7:30～17:00 休無休
料4万5000ドン、ツアー（約1時間30分）19万5000ドン

石筍（せきじゅん）が垂れ下がるグオムガオ洞窟内は数百m奥まで徒歩で進める

アクセス ACCESS

カオバンへの行き方

●バス

ハノイのミーディン・バスターミナルから6:00～21:00の間に1～2時間間隔で運行。20万ドン、所要6～7時間。

カオバンからの交通

●バス

カオバン・バスターミナル（MAP P.388-1B）からハノイのミーディン・バスターミナルへ寝台バスが20:00、21:00発の2便運行。30万ドン～、所要7～8時間。

パックボー遺跡
コックボー洞窟
Hang Cốc Bó
Coc Bo Cave
料2万ドン
ホーおじさん記念館
Nhà Tưởng Niệm Bác Hồ
Memorial Hall of Uncle Ho
開7:30～12:00、13:30～17:00
休無休　料無料

カオバンからハークアン（Hà Quảng）行きの路線バスが6:00～17:00の間に30分間隔で運行。バスは町なかを循環しており各バス停で乗車できるが、わかりやすいのはバスターミナル前の道を北方向（ターミナルを背にして左方向）へ向かう車線のバス停。3万5000ドン、所要約1時間10分。ハークアンで下車し、そこからバイクタクシーに乗る。所要約15分でチケット売り場に到着。バイクタクシーは往復で交渉し10万ドン～。チケット売り場からさらに約800m進むと、駐車場に到着。そこでバイクタクシーを降りて徒歩約15分で洞窟に到着。電気カー（往復4万5000ドン）もある。

ホー・チ・ミンが暮らした
パックボー遺跡
Khu Di Tích Pác Bó

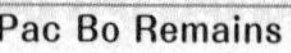
MAP 折表-1B、下図-1B参照

Pac Bo Remains

敷地内は牧歌的な風景が広がる。ピクニックを楽しむ地元の若者の姿も

カオバン中心部から約55km、中国との国境の約3km手前にパックボー遺跡がある。ここはホー・チ・ミンが海外から帰国した1941年2月8日から、当時、北ベトナムを支配していた大日本帝国に対する革命の構想を練るために4年間住んだ所で、ベトナム人にとってはある意味、神聖な場所とされている。

パックボー遺跡に含まれるのは、ホー・チ・ミンが実際に寝起きをしていたコックボーと呼ばれる小さな洞窟、洞窟チケット売り場前にあるホーおじさん記念館、洞窟の正面にあるホー・チ・ミンが名づけたレーニン渓流（Suối Lê Nin）など。コックボー洞窟内の簡素な木のベッドや、机と椅子代わりに仕事をしていた岩、詩を詠んでいたといわれる場所、仕事終わりにレーニン渓流で魚釣りを楽しんだ場所など、ホー・チ・ミンゆかりの場所が残されている。

なお、中国との国境沿いに隠れ住んだのは、フランス軍の追っ手が迫っても国境を越えて逃げやすかったからといわれている。

左上／ホー・チ・ミンが机と椅子代わりにして仕事をしていたといわれる岩
右上／コックボー洞窟内にある薄い木の板でできた簡素なホー・チ・ミンのベッド

エメラルド色で透明度が高いレーニン渓流

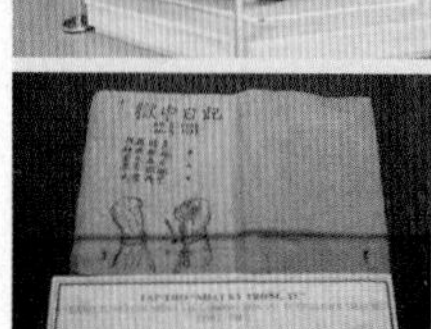

上・下／この地でのホー・チ・ミンの暮らしを紹介したホーおじさん記念館。ホー・チ・ミンの獄中日記も展示されている

ベトナムの南端と北端を結ぶホーチミン道路の終点を示す碑

✉グオムガオ洞窟は普通の鍾乳洞だが、一番奥は大きな空洞が開けており、ハスの花の岩などがあってなかなか見応えがある。（神奈川県　だーおー）['23]

★★ ダイヤモンド形の大きな湖 MAP P.388-1B参照

タンヘン湖

Hồ Thang Hen　Thang Hen Lake

11〜3月の乾季は水位が下がり、レストランも休業する

カオバンから中国国境方面へ約30kmに位置する大きな湖で、周辺にはタンヘン湖を含めて大小36の湖がある。7〜8月は水量も多く、週末にはカオバンからピクニックで訪れる人々でにぎわう。湖畔にはレストランがあり、湖には筏(いかだ)を改造した遊覧船もある。

タンヘン湖
料3万ドン
バイクタクシーで往復20US$〜、車なら往復30US$〜、片道約1時間。

★★ 森に囲まれた淡水湖 MAP 折表-1B、P.388-1A参照

バーベー湖

Hồ Ba Bể　Ba Be Lake

豊かな生態系をもち、絶滅危惧種に指定された多くの生物も確認されている

カオバンから約130km南東に位置するバックカン（Bắc Kạn）省にある世界最大級の淡水湖。周辺には滝、渓谷、洞窟などがあり、国立公園に指定されている。湖は海抜約150mの所にあり、周囲約8km、水面面積は650ヘクタールにも及ぶ大きさだ。近くを流れるナン川（Sông Năng）では、タイ族やザイ族の村々を回るクルーズもできる。また、近くにあるプオン洞窟（Động Puông）は高さ約30m、全長約300mの大きさがあり、クルーズの大きな目玉になっている。

バーベー湖
車で往復50US$〜、片道約3時間。距離があるので、バイクタクシー利用は現実的ではない。

バーベー湖からプオン洞窟を中心に巡るボートツアーは約4時間

ホテル　Hotel

町の中心部にある好立地ホテル

マックス・ブティック

Max Boutique　エコノミーホテル　MAP P.388-1A

サイン市場まで徒歩約3分、周辺には飲食店も多く、滞在するには便利な立地。客室にはセーフティボックス、ミニバー、無料のコーヒー＆ティーセットなどが備え付けられ設備は申し分ない。客室のほとんどがマウンテンビューまたはリバービュー。レストラン、ツアーデスクを併設。

カジュアルで清潔感のある客室。写真はデラックスダブルルーム

住117 Vườn Cam
☎(0206) 3881999、083-9781555（携帯）
E-mail Sales@maxboutiquehotel.com
料Ⓢ Ⓦ Ⓣ55万ドン〜（朝食付き）※金・土曜59万5000ドン〜
カード V　全40室

中心部にある高層ホテル

サニー

Sunny　エコノミーホテル　MAP P.388-2A

国道4A号線沿いの11階建てホテル。ホテルの造り、客室の内装ともに比較的新しく都会的で、非常に居心地がいい。ミニバー、電気ケトルなど客室設備も申し分ない。そのわりに料金も安くお得感がある。11階のベトナム料理店は味がよく、眺めもいい。

バルコニーが備わり、広々としたダブルベッドルーム

住40 Kim Đồng
☎(0206) 3828888
E-mail sunnyhotelcb@gmail.com
料Ⓢ15US$〜 Ⓦ40US$〜 Ⓣ35US$〜 スイート390US$〜（朝食付き）
カード J M V　全80室

Voice カオバンのフォーは、ローストダック、豚バラ肉、タケノコなどが載った汁なしフォー。酸味があり、ピリ辛で美味！

山奥に残された桃源郷

MAP折表-1A

ハザン

ハザンの市外局番
0219
Hà Giang

ベトナム最北端の山岳地帯に位置するハザン省。悠久の時が育んだカルスト台地の絶景と、石灰岩の岩肌をひたむきに耕す少数民族の人々の姿は見る者の心を打つ。「ベトナム最後のフロンティア」と呼ばれるハザンの絶景スポットを巡りながら一周してみよう。

ハザンでは少数民族の暮らしに触れられるホームステイもおすすめ

見どころ Sightseeing

ヘヴン・ゲート
住Tam Sơn, Quản Bạ
☎(0219) 3846929（クアンバ・ビジターセンター）
開24時間 休無休 料無料
ハザン市中心部から車で約1時間。

★★★ 天国のような絶景が広がる

MAP下図

ヘヴン・ゲート
Cổng Trời

Heaven Gate

ハザン市から40kmほど北のクアンバにある絶景ポイント。クアンバ・ビジターセンター脇の海抜1500mに位置する展望台からは、タムソン村を一望できる。田園風景のなかにきれいな円錐形のカルストがふたつ連なっており、この地に伝わるモン族男性と妖精の伝説にちなんで「おっぱい山 Núi Đôi (Fairy Mountain)」と呼ばれている。

中国
カフェ・クックバック P.392下
ルンクー・フラッグタワー P.391
王の屋敷跡 P.391
ドンヴァン Đong Van
ドンヴァン旧市街 P.392
ルンカム村カルチャーヴィレッジ
マーピーレン峠 P.391
メオヴァックの日曜市 P.392
ヘヴン・ゲート P.390
ルンクイー洞窟 P.391
メオヴァック Meo Vac
カウヴァイ・ラブマーケット
イエンミン Yen Minn
クアンバ Quan Ba
リーターハン
ルンタム・リネン・コーポレーティブ P.391欄外
ハザン省博物館 P.391欄外
ハザン Ha Giang
ロイヤル P.392
ハザン・バスターミナル P.390
バックメ Bac Me
ホアンスーフィー Hoang Su Phi
ヴィスエン Vi Xuyen
クアンビン Quan Binh
バッククアン Bac Quang
N
0 30km
ハザン全図

右側のふたつの小山がおっぱい山

アクセス ACCESS

ハザンへの行き方

●バス

ハノイのミーディン・バスターミナルからハザン市のハザン・バスターミナル（MAP上図）まで、寝台バスが5:45～17:45の間に30分～1時間30分間隔で運行。25万ドン、所要約7時間。

ハザンからの交通

●バス

ハザン市のハザン・バスターミナル（MAP上図）からハノイのミーディン・バスターミナルへは、5:00～21:00頃の間に頻発。25万ドン～、所要約7時間。ほかにラオカイ、サパなどへも便がある。

ハザン・バスターミナルからドンヴァンへのミニバスも頻発。11万ドン、所要約5時間30分。

各見どころへの移動方法

車移動がベスト。ハザン市のホテルでドライバーを手配してもらう場合、1日当たり100万～200万ドン（ドライバーの宿泊費、ガソリン代込み）が目安。ツーリングも人気だが、ベトナムは日本が加盟する国際運転免許が通用しないので注意。

Voice 入境許可証はハザン市だけなら必要ないが、ドンヴァンなど国境付近に行く場合は必要。22万ドン。宿泊先のホテルで手配を頼める。基本的に確認されることはないが、↗

自然の神秘を感じる鍾乳洞　MAP P.390

ルンクイー洞窟

Động Lùng Khúy　Lung Khuy Cave

世界ジオパークに指定されているハザン省には無数の鍾乳洞があるが、見学できるのはクアンバにあるここだけ。鍾乳洞まではゴツゴツした岩肌を耕してトウモロコシを植えるモン族の人々を横目に約30分のトレッキング。洞窟は全長約500mと広く、訪れる人も少ないため探検気分満点。妊婦のおなかのように見える石筍（せきじゅん）など、ユニークな造形が楽しめる。

洞窟内は木の歩道が整備されている

巨大な権力を握ったモン族の王の家　MAP P.390

王の屋敷跡

Di Tích Kiến Trúc - Nghệ Thuật Nhà Vương　Vuong Castle

木と石でできている。敷地面積は1120㎡

かつてアヘンの原料となるケシ栽培と貿易で財を築き、ドンヴァン全域、約7万人を支配していたモン族の王チン・ドゥック（Chính Đức、1865～1947年）の屋敷跡。王の権力が最高潮に達した1919年から約8年の歳月をかけて建てられた。中国、フランス、そしてモン族の伝統建築が融合した建物内には、王の写真や手彫りの石風呂などが残る。

中国・雲南省との国境付近に建つ　MAP P.390

ルンクー・フラッグタワー

Cột Cờ Lũng Cú　Lung Cu Flag Pole

ベトナム最北端にあるルンクー村のロン山（Núi Rồng）の山頂に建つフラッグタワー。掲げられた国旗の面積はベトナムの民族の数と同じ54㎡。タワーの頂上からはドンヴァンのカルスト台地や棚田、中国まで見渡すことができる。みやげ物店あり。

タワーまでは約400段、タワーの頂上までは140段の階段を上る

天空のドライブが味わえる　MAP P.390

マーピーレン峠

Đèo Mã Pí Lèng　Ma Pi Leng Pass

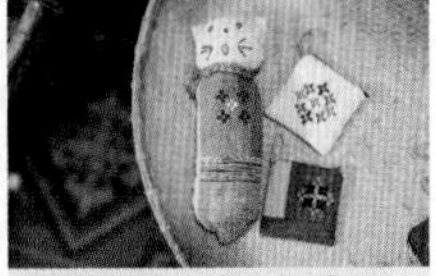

ドンヴァンとメオヴァックを結ぶマーピーレン峠を曲折するハイウエイは、1959～65年にかけて建設された。最高地点は標高2000m、全長約20kmのこの道は「スカイパス」という別名をもち、ベトナム一（いち）の絶景が見られるといわれる。ドライブ中の景観はもちろん、峠の中腹にあるツーリストセンターの展望台から望むワイルドな石灰岩の山々と、渓谷を流れるニョークエ川の光景は圧巻！

毎年4月にはこの峠を舞台にハザン・マラソンが開催

↘念のため携帯しておこう。万が一警察に提示を求められた場合に未取得でも、その場で発行してもらうことができる。

ルンクイー洞窟
住Quản Bạ　☎なし　開7:30～17:30　休無休　料3万ドン
ハザン市中心部から車で約1時間30分。

ハザン省博物館
Bảo Tàng Tỉnh Hà Giang
Ha Giang Province Museum
MAP P.390
住Nguyễn Trãi, Hà Giang
☎(0219) 3867029
開8:00～11:00、14:00～17:00（金～日曜は19:30～21:30も開館）
休月曜　料無料
1階はハザンの歴史や自然についての展示、2階はロロ族、ザイ族、フーラー族、ラーチー族などハザンに住む少数民族について写真や衣装、農具や祭具などを用いてわかりやすく展示している。

王の屋敷跡
住Xà Phìn, Đồng Văn
☎なし　開7:30～17:00
休無休　料3万ドン
ドンヴァン旧市街から車で約30分。

ルンクー・フラッグタワー
住Lũng Cú, Đồng Văn
☎なし　開7:00～17:30
休無休　料4万ドン
ドンヴァン旧市街から車で約1時間。

マーピーレン峠
ドンヴァン旧市街からマーピーレン峠を越えてメオヴァックへ行く場合、見学も含めて所要約1時間。

ルンタム・リネン・コーポレーティブ
Hợp Tác Xã Lanh Lùng Tám
Lung Tam Linen Cooperative
MAP P.390　住Lùng Tám, Quản Bạ　☎085-5147665（携帯）　開9:00頃～17:30頃
休無休　料無料
モン族の伝統布の工房兼ショップ。糸を紡ぎ、色を抜き、手織りしたヘンプを臼でたたいて柔らかく仕上げるという伝統的な布作りの工程が見学できる。

素朴な風合いがかわいらしい

旧ドンヴァン市場前の広場の背後には石灰岩の岸壁がそびえる

築約100年の古民家が並ぶ

ドンヴァン旧市街

MAP P.390、下図-1A

Phố Cổ Đồng Văn　Dong Van Ancient Street

ドンヴァンは、ハザン観光の主要エリアのひとつ。カルスト台地のトレッキングや少数民族の朝市巡り、ベトナム最北端のルンクー村などへはドンヴァンが起点となる。ドンヴァン旧市街は、フランス統治時代に造られた旧ドンヴァン市場（現在はみやげ物店とレストラン）の北側と西側に古民家が並ぶ小さな通り。旧市街を中心に、ホテルや食堂、商店が並んでいる。旧ドンヴァン市場の北側にはかつてフランス軍が建造した要塞があり、ここに上れば町を一望できる。

モン族が集う日曜市

ドンヴァンの日曜市

MAP 上図-2A

Chợ Đồng Văn　Dong Van Market

毎週日曜の日が昇る頃から昼頃まで行われる曜日市。常設のドンヴァン市場の周辺に米や野菜、衣類から家畜まで、さまざまな路上市場が立つ。訪れるのはほとんどがモン族。

ドンヴァンの日曜市
住Đồng Văn
開日曜6:00～12:00頃

野菜や米のほか、牛や豚、鶏なども売買される

大規模な日曜市

メオヴァックの日曜市

MAP P.390

Chợ Mèo Vạc　Meo Vac Market

ドンヴァン中心部から約20km南下した場所にあるメオヴァック中心部で毎週日曜に開催。ドンヴァンの日曜市より規模が大きく、モン族を中心にザオ族などにも出会える。

チャイナ生地で作った民族衣装のモン族女性

メオヴァックの日曜市
住Mèo Vạc
開日曜6:00～12:00頃

ホテル

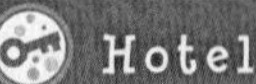

ロイヤル　Royal
中級ホテル　MAP P.390

住89-91 Lê Quý Đôn, Hà Giang　☎(0219) 3867515
E-mail royalhotelhagiang@gmail.com　料Ⓢ Ⓦ Ⓣ40万～45万ドン　3人部屋50万ドン　カード M V（手数料+3.5%）　全22室

ハザン・バスターミナルから車で10分ほどの場所にある近代的な3つ星ホテル。客室は広々としており、エアコン、湯沸かしポットやドライヤーなども揃う。ホテルを通してドライバーを雇いプライベートツアーをアレンジしてもらうことも可能。

ホアクオン　Hoa Cuong
中級ホテル　MAP 上図-1B

住5 Thị Trấn, Đồng Văn　☎(0219) 3856868
URL kshoacuong.vn　料Ⓢ Ⓦ Ⓣ60万ドン　3人部屋80万ドン　VIP130万ドン（朝食付き）　カード 不可　全81室

ドンヴァンでは最大の規模を誇る8階建てホテル。白で統一された客室は広々としており開放感抜群。ホテル棟の隣に大きなレストラン棟がある。入境許可証の取得代行やツアーアレンジが可能。

ホアンゴック　Hoang Ngoc
中級ホテル　MAP 上図-1A

住Quốc Lộ 4C, Đồng Văn　☎(0219) 3875888
料Ⓢ Ⓦ Ⓣ40万～50万ドン　3人部屋50万ドン　ファミリー70万ドン　VIP90万ドン　カード M V　全45室

ドンヴァン中心部に建ち、周辺には食堂や商店が多く便利。新館の客室はとても清潔で湯沸かしポット、冷蔵庫などが揃う。1階にレストランあり。入境許可証の取得代行やツアーアレンジが可能。

Voice 築約150年のロロ族の伝統家屋を改装した「カフェ・クックバック Cafe Cuc Bac」へぜひ行ってみて。MAP P.390　住Lũng Cú, Đồng Văn　☎098-1925303（携帯）　営10:00～16:00　休無休

旅の準備と技術編

昔ながらの路上床屋も健在（ハノイ）

旅の予算

予算の組み方
ベトナムでは、バックパッカー旅からリッチなセレブ旅まで、スタイルに合わせた滞在が楽しめる。タイプ別の予算は、節約重視のバックパッカー旅なら1日5000円くらい、やや高めのミニホテルや安めの中級ホテルに泊まり、レストランで食事を取る中流派なら1日1万円くらい、リッチで贅沢な旅を楽しむセレブ派なら1日5万円くらいが目安。実際に用意するのは、1日の予算×日数×予備費1.5倍くらいの予算を組んでおこう。

おもな物価
ミネラルウオーターなどのおもな物価は以下のとおり。
- ●ミネラルウオーター(500mL) 4000ドン～
- ●缶ビール(330mL) 1万2000ドン～
- ●コーヒー(路上) 1万ドン～
- ●使い切りシャンプー(5g) 2000ドン～
- ●日焼け止め 10万ドン～

ベトナムの物価

ベトナムの諸物価は、日本よりも安いが、近年の物価上昇と円安により、おおむね日本の2分の1から3分の2といったところ。都市部や観光地は物価高、地方は物価安の傾向にあり、輸入品や外国資本のサービスは日本と同等かそれ以上の場合も多い。

宿泊費

1泊35万ドン(約2200円)前後のゲストハウスやミニホテルから、1泊800万ドン（約5万円）以上の高級ホテルまであり、旅のスタイルに合わせて選べる（→P.425）。

食費

価格に幅があり、ホーチミン市の場合、カジュアルなレストランは1食50万ドン前後～、高級店なら300万ドン以上の所もある。庶民的な食堂なら1食10万ドン、屋台なら1食4万ドンくらい～。

交通費

ホーチミン市からハノイまで飛行機を利用すると150万ドン～。早期発券ならもっと安いこともある。バスなら寝台で110万ドン～。鉄道ならソフトベッドで242万6000ドン～。市内交通は、安くて便利なのはタクシーで初乗り1万1000ドンくらい～。原油価格によって乗車料金は頻繁に数千ドン単位で変わる。

旅の情報収集

ベトナムで情報収集

ベトナム観光総局は政府観光局にあたる機関だが、他国のような個人旅行者向けのサービスは行っていない。そのため現地では、旅行会社や都市部にあるツーリストインフォーメーションセンターなどから情報を得るといいだろう。

在住者向けの日本語フリーペーパーは、旅行・生活情報の『ベトナムスケッチ』（URL www.vietnam-sketch.com)、ニュースやビジネス情報の『週刊Vetter』（URL wkvetter.com)、ビジネス情報に特化した『Access』（URL access-online.net)などがある。日系をはじめとする飲食店やショップなどで手に入る。

ベトナム情報収集に便利なサイト

旅行会社から個人制作のホームページまで、さまざまなウェブサイトからベトナムの旅の情報を入手できる。近年は、上記の日本語フリーペーパー3誌もウェブサイトをもつほか、多数の情報サイトが存在する。出発前のお役立ち情報満載の「地球の歩き方」ホームページをはじめニュースサイトなど有益な情報サイトをご紹介。

「地球の歩き方」ホームページ
URL www.arukikata.co.jp
「地球の歩き方」公式サイト。ガイドブックの更新情報や、海外在住特派員の現地最新ネタ、ホテル予約など旅の準備に役立つコンテンツ満載。

ジェトロ(日本貿易振興機構)
URL www.jetro.go.jp
ビジネス情報がメイン。ニュース・レポートや統計など情報豊富。

ベトナム観光総局
URL vietnam.travel
政府観光局にあたる観光総局のホームページ。ベトナム南部・中部・北部のおもな観光スポットの紹介、ビザ情報など。

ベトナム総合情報サイト「ベトジョー」
URL www.viet-jo.com
社会、経済、観光などベトナムのニュースを配信。さまざまなテーマの読みものもあり、情報豊富。

Poste
URL poste-vn.com
ベトナムの生活情報サイト。医療・交通などの生活基本情報から新店情報、ニュースや情報掲示板もあり。

旅の準備 ベトナム旅行で役立つ無料アプリ

今やベトナム旅行に欠かせない必須アプリから、あると便利なアプリまで編集部が選んだおすすめをご紹介。渡航が決まったら、スマートフォンにインストールしておこう。

交通系アプリ

グラブ　Grab

Grab

車(タクシー)やバイクタクシーをアプリを通して呼び出せる配車アプリ。現在地と目的地を入力すると、グラブに登録されているドライバーが現在地まで迎えに来てくれ、料金交渉なしで目的地まで移動できる。ドライバーの評価制度があるため、トラブルが少ない。都市部では車、バイクタクシーの配車が可能だが、地方の小さな町はバイクタクシーのみの配車、あるいはグラブが使えない所もある。現金・クレジットカードの決済が可能。利用方法の詳細はP.415をチェック。

ゴジェック　Gojek

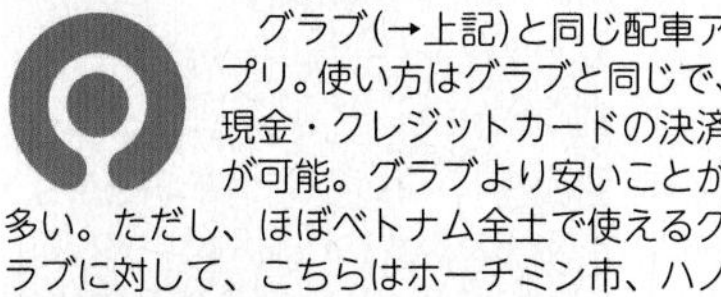

グラブ(→上記)と同じ配車アプリ。使い方はグラブと同じで、現金・クレジットカードの決済が可能。グラブより安いことが多い。ただし、ほぼベトナム全土で使えるグラブに対して、こちらはホーチミン市、ハノイなど都市部のみ。

マイリン　Mai Linh

ベトナム全土で展開する大手タクシー会社マイリンの専用アプリ。使い方はグラブと同じ。クレジットカードでの決済は不可。

ビナサン　Vinasun

ベトナム南・中部で展開する大手タクシー会社のビナサンの専用アプリ。使い方はグラブと同じ。クレジットカードでの決済は不可。

ヴェーセーレー　Vexere

ベトナム国内のバス予約サイト。バス会社名、出発・到着時刻、所要時間、料金、レーティングなどが表示され、バス会社の比較もできて便利。座席や乗車・降車場所が選べ、決済はコンビニで可能。ただし、運行数の少ない路線によってはかなり割高のバスが表示されることも。バス会社によってはベトナム語のみの対応もあるので注意。

Googleアプリ

Googleマップ

地図アプリ。ホーチミン市などの都市部では路線バスも表示されるので利用する人には便利。また、あらかじめ地図をダウンロードしておくとインターネットに接続していない場合でも使えるオフライン機能がある。ただし、ベトナムの地方では地図の更新が遅いことがあるので注意。

Google翻訳

翻訳アプリ。文字の翻訳機能のほか、スマートフォンのマイクに向かって話すと音声付きの文字翻訳ができる音声入力機能などがある。また、画面右下の「カメラ」をタップすると、カメラ機能が立ち上がり文字を翻訳してくれる機能もある。

コミュニケーションアプリ

ザロ　Zalo

ベトナム版LINE。チャット、音声メッセージ、グループチャット、電話機能(ビデオ通話あり)などがある。ベトナム人の多くが利用しており、レストランやホテル予約などZaloの専用番号を設けている所も多い。

ワッツアップ　WhatsApp

全世界で利用者が多く、Zalo同様にレストランやホテル予約など専用番号を設けている所もある。

その他のアプリ

万能電卓

一般計算機能はもちろん、通貨換算、割引計算、消費税計算などが付いた多機能計算機アプリ。

旅のシーズンと持ち物

旅のシーズン

南部・ニャチャン周辺の気候
同じ南部のホーチミン市周辺とは乾季と雨季の期間が異なる。5～8月頃まではかなり暑いが雨は比較的少ない。特に風が弱く、海が穏やかな4～5月は海の水もクリアでダイビングや海水浴には最適。反対に曇りがちで雨が最も多いのは9～12月頃で、この時期には台風もやってくる。

「地球の歩き方」公式LINEスタンプが登場！
旅先で出合うあれこれがスタンプに。旅好き同士のコミュニケーションにおすすめ。LINE STOREで「地球の歩き方」と検索！

地域で異なる気候

ベトナム全体としては、高温多湿、年間平均気温は22℃以上という熱帯モンスーン気候だが、南北に細長い国土のため、地域によってかなり気候は異なる。なおP.10に、南部のホーチミン市、中部のダナン、北部のハノイの、それぞれの気温と降水量グラフを掲載しているので、そちらも参考にしてほしい。

南部の気候

大きく乾季（11～4月頃）と雨季（5～10月頃）に分けられ、年間の平均気温は26℃くらい。雨季には「マンゴーシャワー」と呼ばれる激しい雨が1日に1時間程度降るだけで、雨のあとは気温が下がり涼しく感じられる。雨量が最も多いのは6～7月と9月。乾季は、日差しは強いものの、湿度が下がり暑さもいくらかしのげる。特に、1～2月はカラリとした晴天の日が多く、朝夕は日本の初秋と同じくらい涼しく感じられることもある。また、雨季に入る直前の4月頃は、強烈な日差しに加えて湿度が80～90％まで上がる日もあり、じっとしていても汗が流れ出すほどの蒸し暑さだ。この時期を「暑季」と呼んで区別することもある。

突然のスコールもなんのその。バイク文化のベトナムではバイク用の雨合羽も種類豊富

▶南部のベストシーズン

比較的涼しく雨が少ない11～3月頃。ただし、雨季でも1日中雨が降り続くことは少ないので、1年を通して旅行シーズンといえる。

中部の気候

1年を通して降水量や気温の変化が著しい。南部同様に雨季と乾季に分けられるが、雨季（9～2月）は少々肌寒い雨の季節で、乾季（3～8月）は雨が少なく気温の高い日が続く。中部の暑さは半端ではなく、特に8月が最も暑く38～40℃になることも。10月に入ると雨量が増え、1日中雨が降り続く日本の梅雨に似た雨季に突入する。10～11月が最も雨が多い時期で、気温も下がり、16℃前後になる日もある。1～ 2月も20℃を下回る肌寒い日が続く。

フエとダナンの境界にあるハイヴァン峠（→P.224）を境に、気候も人の気質もガラリと変わるといわれている

また、中部は台風の進路に当たり、毎年いくつも台風が上陸して（9～12月）、町が水浸しになり、田んぼが沼と化すことも珍しくない。台風が続くとフエやホイアンも床下や床上浸水となり、観光どころではなくなる。

▶中部のベストシーズン

ビーチを楽しむなら乾季のなかでも晴天が多い5～8月。観光メインなら暑さもさほどではない3月中旬の乾季に入って間もない頃。

北部の気候

亜熱帯気候に属し一応四季がある。夏の5～10月下旬が雨季にあたり、ほぼ毎日短時間の激しいスコールに見舞われ、気温も高い。特に6～8月は猛烈に暑くなり、連日最高気温が30℃を超える「猛暑季」となる。湿度も90%近くと、まるでサウナに入っているようなじっとりした蒸し暑さで、夜になってもほとんど気温は下がらない。ソンラー付近ではフェーン現象で40℃を超えることもある。11～4月が乾季にあたり、ごく短い秋冬春が巡る。1～4月にかけてはベトナム語でムアフン（ムアモック）と呼ばれる霧雨が降り、このときはかなり涼しくなる。特に12～2月頃は最低気温が7～8℃くらいまで下がることもある。

12～3月のハノイは曇りの日が続き肌寒い。日中でも上着が必要だ

▶北部のベストシーズン

秋にあたる10～11月。雨が少なく、涼しい日が続き、1年で一番過ごしやすい季節となる。

旅の持ち物

季節に合わせた服装を

ベトナムは、地域や季節によって気候が異なるので、旅行する時期や行き先によって服装を考えよう。南部は1年を通して夏服で過ごせるが、屋内の施設はエアコンが強めに利いていることがあるので、羽織れる長袖などを持参するといいだろう。注意したいのは、冬の北部で、ハノイでも12～2月頃は冷え込む日が多いため、防寒具が必要だ。また、サパなどの山岳地帯へ行く予定がある場合はダウンジャケットやマフラーなど、しっかりとした防寒対策をしたい。

日用品は現地で調達可能

シャンプーや歯ブラシ、ティッシュなど、たいていの日用品は現地のスーパーマーケットや商店などで手に入る。基本の持ち物は以下のチェックリストを活用しよう。

基本の持ち物チェックリスト

貴重品
- ☐ パスポート
- ☐ ビザ（必要な人のみ）
- ☐ 航空券（eチケット控え）
- ☐ クレジットカード
- ☐ 現金
- ☐ 海外旅行保険証書

洗面用具
- ☐ シャンプー類
- ☐ 歯磨きセット
- ☐ 洗顔ソープ
- ☐ 化粧水、乳液
- ☐ タオル
- ☐ ヒゲソリ、安全カミソリ

衣類
- ☐ 普段着
- ☐ 下着、靴下
- ☐ 帽子
- ☐ サンダル

その他
- ☐ サングラス
- ☐ マスク
- ☐ 日焼け止め
- ☐ 雨具（折りたたみ傘）
- ☐ ウェットティッシュ
- ☐ 虫除けスプレー
- ☐ 薬
- ☐ カメラ
- ☐ 電池、充電器
- ☐ スマートフォン

北部・山岳地帯の気候

山岳部のサパにも雨季と乾季があり、1～6月が乾季にあたる。乾季といってもまったく雨が降らないわけではなく、午後の夕立程度は頻繁に降る。6～8月も雨は降るが、ハノイ周辺と比べれば格段に涼しい。12～3月は霧雨が降り、気温も0℃近くまで下がることもある。

北部・山岳地帯にあるサパ。12～3月は霧が出て、小雨が降り続くことが多い。冬の時期はダウンジャケットが必要

靴は履き慣れた物がベスト

旅行中は思いのほか、歩く時間が長くなる。都市部でのグルメと買い物だけが目的ならパンプスや革靴でもいいかもしれないが、そうでないなら履き慣れたスニーカーがベスト。また、ビーチサンダルがあると便利。ビーチへ行く時はもちろん、ゲストハウスなどの宿泊先で、あるいはちょっとした散歩へ出る時などに活躍する。

蚊対策はしっかり

ベトナムでは都市部でも蚊が多く、デング熱やジカ熱にかかることもある。虫除けスプレーを持参してこまめにつける、肌を露出させない、池や水たまりなど水辺に近づかないなど、対策をとろう。

貴重品の保管方法

ホテルの客室内にあるセーフティボックスが最も安全。フロントで貴重品を預けるのはトラブルのもとになるし、施錠したスーツケース内などに保管しても開けられたというケースもあるので注意。なお、ベトナムではパスポートをホテルに預ける習慣があるので提示を求められたら素直に従おう。

「地球の歩き方」ホームページで海外旅行保険について知ろう

「地球の歩き方」ホームページでは海外旅行保険情報を紹介している。保険のタイプや加入方法の参考に。
URL www.arukikata.co.jp/web/article/item/3000681/

ベトナムへのアクセス

ベトナムへのフライトルート

日本〜ベトナム間は毎日直行便が運航

日本とベトナムをダイレクトに結ぶ航空会社は、ベトジェットエア(VJ)、ベトナム航空(VN)、全日空(NH)、日本航空(JL)の4社。ホーチミン市、ハノイへの直行便がある空港は、成田国際空港(以下、成田)、羽田空港（以下、羽田)、関西国際空港(以下、関空)、中部国際空港セントレア(以下、中部)、福岡空港、広島空港。ダナンへは成田から直行便がある。

日本〜ベトナム間を運航するベトジェットエア

日本→ベトナム直行便フライトスケジュール

▶ホーチミン市行き

出発地	到着地	出発日	航空会社	出発時刻	到着時刻	所要時間
成田	ホーチミン市	毎日	VJ/JL	8:55	12:55	6時間
成田	ホーチミン市	毎日	VN/NH	9:30	13:45	6時間15分
成田	ホーチミン市	毎日	JL	17:45	21:45	6時間
成田	ホーチミン市	毎日	NH/VN	19:10	23:45	6時間35分
羽田	ホーチミン市	毎日	JL	1:25	5:00	5時間35分
羽田	ホーチミン市	毎日	VJ	2:00	6:10	6時間10分
羽田	ホーチミン市	毎日	VN/NH	17:10	21:25	6時間15分
関空	ホーチミン市	毎日	VJ	9:30	13:00	5時間30分
関空	ホーチミン市	毎日	VN/NH	10:30	14:05	5時間35分
中部	ホーチミン市	月水木土日	VN/NH	9:00	12:45	5時間45分
福岡	ホーチミン市	水日	VN/NH	10:30	13:50	5時間20分

▶ハノイ行き

出発地	到着地	出発日	航空会社	出発時刻	到着時刻	所要時間
成田	ハノイ	毎日	VJ	9:30	13:05	5時間35分
成田	ハノイ	毎日	VN	10:00	14:00	6時間
成田	ハノイ	毎日	VJ	16:55	20:30	5時間35分
成田	ハノイ	毎日	JL	18:15	21:50	5時間35分
成田	ハノイ	毎日	NH/VN	18:30	22:15	5時間45分
羽田	ハノイ	毎日	VN/NH	16:35	19:55	5時間20分
関空	ハノイ	毎日	VJ	9:20	12:20	5時間
関空	ハノイ	毎日	VN	10:30	13:40	5時間10分
関空	ハノイ	毎日	VJ/JL	16:00	19:00	5時間35分
中部	ハノイ	月水金日	VJ	9:00	12:25	5時間25分
中部	ハノイ	毎日	VN/NH	10:15	13:30	5時間15分
福岡	ハノイ	火木土	VJ	9:15	11:45	4時間30分
福岡	ハノイ	毎日	VN/NH	10:30	13:00	4時間30分
広島	ハノイ	木日	VJ	13:30	16:20	4時間50分

▶ダナン行き

出発地	到着地	出発日	航空会社	出発時刻	到着時刻	所要時間
成田	ダナン	毎日	VN/NH	10:30	14:25	5時間55分

国際観光旅客税

2019年より日本を出国するすべての人に、出国1回につき1000円の国際観光旅客税がかかる。支払いは原則、航空券代に上乗せされる。

日本〜ベトナム間の直行便はベトジェットエアが便利

ベトジェットエアはベトナム３都市と日本の各都市の直行便を運航。成田・関空〜ハノイ・ホーチミン市は毎日運航、羽田〜ホーチミン市も毎日運航、福岡〜ハノイ間は週3便、名古屋〜ハノイ間は週4便、広島〜ハノイ間は週2便運航している。

●ベトジェットエア
Vietjet Air
☎(03)5937-0821
URL www.vietjetair.com
営10:00〜12:00、13:00〜17:00
休土・日曜、祝日

各航空会社のウェブサイト

●ベトナム航空
URL www.vietnamairlines.com
●全日空
URL www.ana.co.jp
●日本航空
URL www.jal.co.jp

eチケットについて

eチケットは電子航空券のこと。航空会社のホームページやアプリなどで直接予約・発券すると、eチケットをウェブ上で表示・保存できるほか自分のeメールに送ることもできる。

航空会社によっては搭乗券になる２次元コードを取得できることもある。また、旅行会社を通じて航空券を発券するとeメールで送られてくることが多い。

リコンファームについて

現在、多数の航空会社がリコンファーム（予約再確認）を不要としている。ベトナム航空、全日空、日本航空、ベトジェットエア、バンブー・エアウェイズをはじめ、大韓航空、アシアナ航空、キャセイパシフィック航空など、ベトナムに乗り入れている各航空会社も多くはリコンファーム不要。

ベトナム→日本直行便フライトスケジュール

▶ホーチミン市から

出発地	到着地	出発日	航空会社	出発時刻	到着時刻	所要時間
ホーチミン市	成田	毎日	VN/NH	0:10	8:00	5時間50分
ホーチミン市	成田	毎日	NH/VN	7:00	15:10	6時間10分
ホーチミン市	成田	毎日	JL	8:00	16:00	6時間
ホーチミン市	成田	毎日	VJ/JL	23:20	7:40(+1)	6時間20分
ホーチミン市	羽田	毎日	VJ	16:30	1:00(+1)	6時間30分
ホーチミン市	羽田	毎日	NH/VN	22:45	6:45(+1)	6時間
ホーチミン市	羽田	毎日	JL	23:10	6:50(+1)	5時間40分
ホーチミン市	関空	毎日	VN/NH	0:10	7:20	5時間10分
ホーチミン市	関空	毎日	VJ	1:00	8:30	5時間30分
ホーチミン市	中部	月水木土日	VN/NH	0:05	7:30	5時間25分
ホーチミン市	福岡	水日	VN/NH	0:15	7:20	5時間5分

▶ハノイから

出発地	到着地	出発日	航空会社	出発時刻	到着時刻	所要時間
ハノイ	成田	毎日	VN/NH	0:20	7:35	5時間15分
ハノイ	成田	毎日	VJ	0:30	8:00	5時間30分
ハノイ	成田	毎日	VJ	8:25	15:55	5時間30分
ハノイ	成田	毎日	JL	23:20	6:35(+1)	5時間15分
ハノイ	成田	毎日	NH/VN	23:35	6:45(+1)	5時間10分
ハノイ	羽田	毎日	VN/NH	8:00	15:05	5時間5分
ハノイ	関空	毎日	VN	0:30	6:40	4時間10分
ハノイ	関空	毎日	VJ/JL	1:20	7:50	4時間30分
ハノイ	関空	毎日	VJ/JL	8:00	14:30	4時間30分
ハノイ	中部	毎日	VN/NH	0:15	6:55	4時間40分
ハノイ	中部	月水金日	VJ	1:05	8:00	4時間55分
ハノイ	福岡	毎日	VN/NH	1:05	7:20	4時間15分
ハノイ	福岡	火木土	VJ	1:50	8:05	4時間15分
ハノイ	広島	木日	VJ	6:00	12:30	4時間30分

▶ダナンから

出発地	到着地	出発日	航空会社	出発時刻	到着時刻	所要時間
ダナン	成田	毎日	VN/NH	0:05	7:35	5時間30分

・VJ=ベトジェットエア　VN=ベトナム航空　NH=全日空　JL=日本航空
・航空会社併記の場合は共同運航便で、一番目（左側）に記載されている航空会社による運航。例）VN/NH=ベトナム航空と全日空の共同運航便でベトナム航空による運航
※フライトスケジュールは2024年1月現在のもの。スケジュールは季節ごとに変更されるため、出発前に各自で確認を。

同日着ができるおもな乗り継ぎ都市

近隣諸国で乗り継ぎ、同日着が可能な便は、タイ、韓国、シンガポール、香港、マカオ経由などがある。

陸路での入国

陸路入国の注意点

中国、ラオス、カンボジアからは陸路でも入国できるが、外国人が陸路入国できるルートは限られている。道路や交通機関が未整備な所もあり、ルートによっては同日着ができない場合もあるので、

格安航空券を上手に利用

各航空会社の販売する正規割引運賃（PEX）よりも割安な格安航空券は、各旅行会社が独自設定値段で販売する個人旅行者向けの航空券。旅行者の少ない時期には割引率が高くなるので確認してみよう。

「地球の歩き方」格安航空券検索サイト
URL arukikata.com

格安航空券検索＆予約サイト
●スカイスキャナー
URL www.skyscanner.jp
旅行代理店や航空会社など1200社以上の運賃や運航スケジュールを一度に検索＆予約できるウェブサイト。

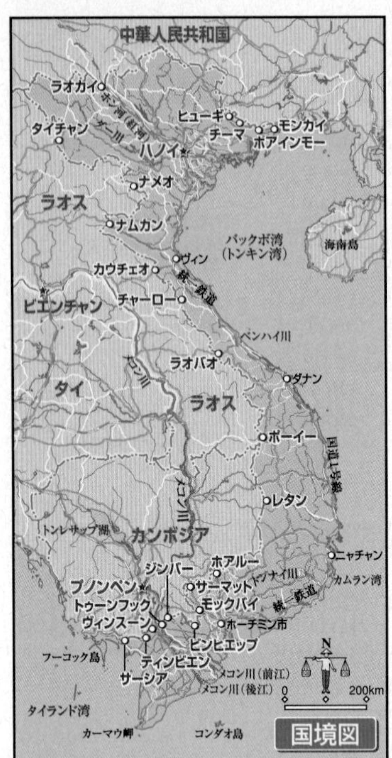

事前に下調べをしておこう。

外国人の通過が認められているおもな国境は以下のとおり。

中国国境

モンカイ(Móng Cái)、ヒューギ(Hữu Nghị)、ラオカイ(Lào Cai)、チーマ(Chi Ma)、ホアインモー(Hoành Mô)の5ヵ所。外国人旅行者にポピュラーなのは、列車も通っているラオカイだ。なお、ハノイ～中国・南寧、北京間の国際列車は2024年3月現在、運休中。

ラオス国境

タイチャン(Tây Trang)、ナメオ(Na Mèo)、ナムカン(Năm Căn)、カウチェオ(Cầu Treo)、チャーロー(Cha Lo)、ラオバオ(Lao Bảo)、ポーイー(Pờ Y)の7ヵ所。外国人旅行者にポピュラーなのは、カウチェオとラオバオで、ハノイ～ラオス間の直行バスはカウチェオを、フエ～ラオス間の直行バスはラオバオを通る。

カンボジア国境

ホアルー(Hoa Lư)、サーマット(Xa Mát)、モックバイ(Mộc Bài)、ビンヒエップ(Bình Hiệp)、トゥーンフック(Thường Phước)、ヴィンスーン(Vĩnh Xương)、ティンビエン(Tịnh Biên)、サーシア(Xà Xía)、レタン(Lệ Thanh)、ジンバー(Dinh Bà)の10ヵ所。最もメジャーなルートは、ホーチミン市～プノンペンをわずか7時間程度で結ぶモックバイ・ルート(カンボジア側の町はバベット)で、ホーチミン市～プノンペン間を走る直行バスもこのルートを通る。ちなみに、ヴィンスーン・ルートは、チャウドック(Châu Đốc)～プノンペン間を運航するスピードボートによる国境越えとなる。

パッケージツアーを利用

お得なパッケージツアー

旅行期間が4～10日間と短く、2名以上での旅行を考えているのなら、個人手配よりもパッケージツアーのほうがお得な場合がある。特にホーチミン市、ハノイへは、航空券、ホテルのみが付く価格重視のツアーが主流で、旅行時期や滞在都市、宿泊先などによっても異なるが、7万円前後～のプランが多い。この場合の宿泊先はエコノミークラスのホテルがほとんどだが、旅行会社やプランによっては、追加料金でホテルのグレードが選べたり、無料で空港送迎が付いていたりするものもある。滞在期間中は、ほぼ自由行動のため、現地ツアーに参加するなど、アレンジしやすいのも特徴だ。

そのほか、ベトナム各地の世界遺産を巡る周遊ツアー、食文化体験ツアー、北部・山岳地帯の秘境ハザン・ツアーなど、多種多様なパッケージツアーがあるので、希望に合うプランを探してみよう。

パッケージツアー比較サイト
●エクスペディア
URL www.expedia.co.jp/tour
●トラベルコ
URL www.tour.ne.jp

パスポートとビザ取得

パスポート

パスポートの申請について

10年用のパスポート。5年用は青色

パスポート（旅券）は、所持者が日本国民であることを証明し、渡航先国に対する安全な通過や保護を要請した公文書。つまり、政府から発給される国際的な身分証明書で、旅の準備はパスポートの申請から始まる。

パスポートは発給日から5年／10年間有効で、自分でどちらの期間にするか選択できる（18歳未満は5年用のみ取得可能）。有効期間内なら何度でも使える。申請は、自分の住民票がある各都道府県のパスポートセンターで行う。学生などで現住所と住民票のある場所が異なる場合は、現住所のパスポートセンターに相談してみるといい。

なお、ベトナムに入国するためのパスポートの残存有効期間は、入国時から6ヵ月以上なければならない。期限ギリギリのパスポートを持っている人は早めに更新を。

申請から受領までの期間と申請手数料

申請後7～10業務日で旅券が発給される。受領日には申請時に受け取った受理票と発給手数料（5年用1万1000円　※12歳未満は6000円、10年用1万6000円）を持って、必ず本人が受領に行くこと。

2023年3月からパスポート更新手続きはオンライン化

2023年3月27日より、パスポートの残存有効期間が1年未満で、新しいパスポートに切り替え申請する場合は、オンラインでの申請ができるようになり、申請時にパスポートセンターへ出向く必要がなくなった。更新と同様に、紛失した場合もオンラインでの届出が可能となった。詳細は下記の外務省ウェブサイトを確認。

URL www.mofa.go.jp/mofaj/press/release/press3_000939.html

ビザ

45日以内の滞在はビザ不要

通常、ベトナムの入国にはビザが必要だが、日本国籍のパスポートを所持する者で、下記の条件を満たす場合のみ、45日以内のビザなし滞在が可能。

❶ 入国時点でパスポート残存有効期間が6ヵ月以上ある。
❷ ベトナムの法令で入国禁止措置の対象になっていないこと。

45日以上滞在する場合はeビザ申請を

45日以上ベトナムに滞在する場合、eビザ申請が早くて便利。取得できるのは90日間滞在可能なビザで、入出国が1回に限られるシングルビザ（25US$）と有効期間内なら何度でも入出国が可能なマルチプルビザ（50US$）が選べる。次ページの専用ウェブサイトから、

パスポート申請に必要な書類

❶一般旅券発給申請書1通
用紙は各都道府県のパスポートセンターで手に入るほか、下記よりウェブ上で必要事項を入力し、申請書PDFを作成・印刷が可能。
URL www.mofa.go.jp/mofaj/toko/passport/download/top.html

❷戸籍謄本1通
6ヵ月以内に発行されたもの。本籍地の市区町村役所で発行してくれ、本人以外の代理人の受領も可能。現在有効なパスポートを所持し、氏名、本籍地に変更がなければ不要。

❸身元確認のための証明書
顔写真付きの身分証明書1点（運転免許証、マイナンバーカードなど。※マイナンバーカードの通知カードは不可）。または、写真が付いていない保険証や年金証書2点、うち1点は写真付き学生証、会社の身分証明書でも可能。

❹顔写真1枚
サイズ縦4.5cm×横3.5cm、顔の大きさ3.4cm±0.2cm（細かい規格規定があるので注意）。6ヵ月以内に撮影されたもの。背景無地、無帽正面向き。前髪が長すぎて目元が見えない、顔の輪郭が隠れるなどは不可。
※住民票は住基ネット運用済みの自治体では原則不要。

パスポート問い合わせ
●パスポート電話案内センター
東京☎(03)5908-0400
大阪☎(06)6944-6626
●外務省パスポート情報
URL www.mofa.go.jp/mofaj/toko/passport/index.html

パスポートは発行後6ヵ月以内に受け取ること
発行後6ヵ月以内に受け取らない場合、発行したパスポートは失効となる。失効後、5年以内に再度パスポートの発行申請をする場合、手数料が通常より高くなるので、必ず6ヵ月以内に受け取るようにしよう。

渡航先で最新の安全情報を確認できる「たびレジ」に登録しよう
外務省の提供する「たびレジ」に登録すれば、渡航先の安全情報メールや緊急連絡を無料で受け取ることができる。出発前にぜひ登録しよう。
URL www.ezairyu.mofa.go.jp/index.html

大使館・領事館での ビザ申請に必要な物
①残存有効期間が6ヵ月以上あるパスポート。
②顔写真（縦4cm×横3cm）。
③ベトナム入国管理局またはベトナム外務省・領事局発行の入国許可書（ベトナムで取得）

ベトナム社会主義共和国大使館
住〒151-0062
東京都渋谷区元代々木町50-11
☎(03) 3466-3311
URL www.vnembassy-jp.org/ja
開9:30～12:00、14:00～17:00
休土・日曜、両国祝祭日

ベトナム社会主義共和国在大阪総領事館
住〒590-0952
大阪府堺市堺区市之町東4-2-15
☎(072) 221-6666
URL vnconsulate-osaka.org/ja
開9:00～12:00、15:30～17:00
休土・日曜、両国祝祭日

ベトナム社会主義共和国在福岡総領事館
住〒810-0801
福岡県福岡市博多区中洲5-3-8 アクア博多ビル4F
☎(0922) 63-7668
開9:00～12:00、14:00～17:00
休土・日曜、両国祝祭日

パスポートおよび顔写真をアップロード&必要事項を入力、カード決済でビザ料金を支払う。所要3業務日。ビザ発給後はeメールで送られてくる電子ビザをプリントアウトし、入国時に提示する。
URL visa.mofa.gov.vn/Homepage.aspx

ビジネスビザについて

ベトナムのビジネスビザはタイプ別に細分化されているが、事実上適用されているのはビザタイプDN1～2（ベトナム現地企業への訪問あるいは業務）と、ビザタイプNN1～3（駐在員事務所や支店で勤務する者等）。いずれも在ベトナム企業の申請に基づく、ベトナム入出国管理局が発行する入国許可書が必要。ビジネスビザは大使館・領事館での申請となる。

ビザの延長

2024年2月現在、eビザの延長は不可。延長ではなく、新たにeビザを取得する必要があり、ビザが満期を迎えたらベトナムを出国しなければならない。ビジネスビザの場合は現地での延長が可能だが、必ず現地の旅行会社やビザ延長手続きを行ってくれる会社を通して行うこと。なお、ビザ失効後の超過滞在は出国時に罰金が科せられる。

付加価値税（VAT：Value Added Tax）還付制度

付加価値税とは、売上税の一種で、生産の各段階で賦課徴収する税のことで、英語ではValue Added Taxと呼ばれ、略してVATとも呼ばれている。付加価値税還付とは、外国で支払った付加価値税を決められた手続きを経て還付（払い戻し）してもらうこと。

2024年2月現在、ホーチミン市のタンソンニャット国際空港、ハノイのノイバイ国際空港、ダナン国際空港、カンホア省のカムラン国際空港、フーコック国際空港の5つの空港と、ホーチミン市のカンホイ港、ダナン港、ニャチャン港の3つの港に付加価値税還付カウンター（VAT Refund Counter）が設けられ、実施されている。

還付対象者

・ベトナム以外のパスポートを所持している者。

還付対象商品

・付加価値税対象の未使用品で、飛行機への持ち込みが可能な商品。
・輸出規制品目リストに登録されていない商品。
・付加価値税申告書兼インボイス（領収書）が出国日から逆算して30日以内に発行された物であること。
・同日に同店で購入した商品の購入金額が200万ドン以上であること。

付加価値税還付の手順

①還付手続き可能な還付登録店（購入前に要確認）で商品を購入する。
②支払い時にパスポートを提示して付加価値税申告書兼インボイス（領収書）を作成してもらう。
③商品購入から30日以内に、前述の5つの空港と3つの港のいずれかにて、チェックイン手続きで荷物を預ける前に、付加価値税還付カウンターでパスポート、航空券、商品、付加価値税申告書兼インボイス（領収書）を提示する。購入した品物は一つひとつチェックされ、購入に使用したクレジットカードや購入履歴などの提示を求められることもあるので用意しておこう。
④税関職員に「Checked」のスタンプを付加価値税申告書兼インボイスに押してもらい、チェックイン手続きをして出国審査へ。
⑤出国審査を済ませたら、還付金の手続きカウンターへ行き、「Checked」のスタンプが押された付加価値税申告書兼インボイス、航空券、パスポートを提示し、還付を受ける。

原則としてベトナム・ドンでの受け取りだが、為替レートに応じてUSドルで還付されることもある。なお、まれに還付金の受け取り場所は、空港内の銀行窓口を指定されることもある。

ベトナム入出国

入国の手順

2024年2月現在、ベトナム入国の際は入出国カードの提出は必要ない。ただし、入国時に税関申告を必要とする物品を持っている場合は、税関申告書(→P.404)を提出しなければならない。

空港での手続き

1 入国審査(イミグレーション)

到着ターミナルに入ったらイミグレーションカウンターへ向かおう。日本人は「All Passport」と書かれた所に並ぶ。入国審査官にパスポートを提出する。出国便のeチケットの提出を求められることがあるので、用意をしておこう。陸路で出国予定の人は出国用のバスチケット提示でも可能だが、審査官のさじ加減で航空券を買わされる場合があるので、出国用の航空券提示が望ましい。

2 荷物の受け取り

入国審査を終えたら、電光掲示板でターンテーブル番号をチェックし、機内預けにした荷物を受け取る。荷物が出てこない場合は、近くにいる係員に搭乗地でもらった手荷物引換証（クレームタグ）を見せて、探してもらおう。

3 税関検査

申告の対象となる物品を持っていない場合は緑のランプの検査台へ。荷物をX線検査機に通し、検査を受ける。税関申告を必要とする物品を持っている場合は、税関で税関申告書をもらって記入し、赤のランプの検査台でパスポートと一緒に提出する。荷物をX線検査機に通し、係官の指示に従って荷物の検査を受ける。検査終了後、税関申告書の出国用の半券が返却される。これは出国の際、税関検査時に必要となるため大切に保管しておこう。

4 到着ロビーへ

空港出口で、搭乗地のチェックイン時にもらった機内預け荷物用の手荷物引換証と、手荷物に付けられているタグの番号が合っているかをチェックされることがあるので、この時点まで捨てないように。

入国時に申告の対象となる物品
（2024年2月現在）

●たばこ
たばこ200本、または葉巻20本、または刻みたばこ250gのいずれか。

●酒類
度数20度以上のもの1.5L、または度数20度未満のもの2L、またはその他ビールなどのアルコール飲料3Lのいずれか。

●外貨
5000US$、または同額相当の外貨、または1500万ドン。
※上記以上を持ち込む場合で申告せず、出国時に上記以上の現金を持ち出す場合は没収の可能性あり。

●貴金属・ジュエリー
金の原石（Raw Gold)、ジュエリーは300g。銀行小切手、銀、プラチナ、宝石類は3億ドン相当。

●その他
ビデオカメラ、ラジカセ、テレビ、パソコン、通信機器など500万ドン相当を超える品。申告の際はメーカーや機種の明記が必要。

持ち込み禁止品

麻薬、毒物、花火、骨董品、銃器類、社会主義批判または卑猥な出版物や映像など。植物(種子も含む)やキノコ類、動物性の生鮮食品も持ち込み禁止。

空港に着いたら

空港内での両替、空港から市内へのアクセスなどについては、ホーチミン市P.57、ダナンP.216、ハノイP.280を参照。

Column わいせつ雑誌は持ち込み禁止

ベトナムは社会主義やベトナムを批判する印刷物やDVD、わいせつ雑誌やわいせつDVDなどの持ち込みを厳しく制限している。そんななか、わいせつ雑誌とDVDの持ち込みを税関で発見され、罰金を徴収される日本人があとを絶たないという。日本の空港で買った雑誌でも、ベトナムではちょっとした写真1枚がアウト！　日本人はこのちょっとした雑誌1冊で引っかかるケースが多い。もし税関で見つかった場合は現物の没収と多額の罰金を徴収される。罰金の金額はケース・バイ・ケースで数百ドルから、なかには数千ドルを取られたケースもある。

ちなみに、わいせつ雑誌と判断されるボーダーラインは何か？　については、在ベトナム十数年の観光業の日本人によれば、「税関職員によって曖昧のようですが、女性の乳首が服から透けて見える写真、女性の水着姿でも乳首のラインが見える写真はアウト！　と思ってください」とのこと。さらに、DVDも大量に持っていると厳しく検査されることがあるようだ。十分に注意したい。

税関申告書の書き方

署名以外はすべてアルファベットのブロック体で記入すること。

❶ 姓名
❷ 性別
（男ならMaleに、女ならFemaleに✔を付ける）
❸ 生年月日（※を参照）
❹ 国籍（日本国籍なら　JAPANESE　と記入）
❺ パスポートの番号
❻ 到着便名（飛行機なら便名を記入。例：ベトナム航空の951便の場合は　VN951　と記入）

AB　0105647

1. Họ và tên trong hộ chiếu (chữ in hoa) /*Full name as appears in passport (please fill in block letters):*
❶
2. Giới tính/*Sex:* ❷ Nam/*Male*　Nữ/*Female*
3. Sinh ngày/*Date of birth:* ❸
Ngày/*Date*　tháng/*month*　năm/*year*
4. Quốc tịch/*Nationality:*
❹
5. Số hộ chiếu/*Passport No:*
❺
6. Số chuyến bay/Tên tàu/Biển số xe *(Flight/Vessel/Car No):*
❻
7. Ngày/*Date:*....../....../20...... (DD/MM/YY) ❼
Chữ ký/ *Signature:*
❽
8. Xác nhận của Hải quan /*Certification by Customs:*

2

❼ 入国日（※を参照）
❽ 署名（必ずパスポートと同じサインを記入）
❾ 滞在日数
❿ 携帯荷物の数
⓫ 別送品の数
⓬ 一時的にベトナムに持ち込み持ち出す物、または一時的にベトナムから持ち出し持ち帰る物を持っているか？
旅行者の場合は、持ち込んでそのまま持ち帰る、高価なパソコンやカメラがこれに相当する（持っている場合はYesに✔を付ける）
⓭ 免税品以外の品物を持っているか？
（持っている場合はYesに✔を付ける）
⓮ 携帯する現金
⓯ 数
⓰ ベトナム・ドン、USドル、その他の外貨
（右の欄に通貨別に金額を記入）
⓱ 手形（産業手形や銀行手形など）、小切手など
（右の欄に項目別に金額を記入）
⓲ 貴金属やジェムストーン（金を除く）
（右の欄に項目別に数・金額を記入）
⓳ 銀、プラチナ
（右の欄に項目別に数・金額を記入）
⓴ ダイヤモンド、ルビー、サファイア、エメラルド
（右の欄に項目別に数・金額を記入）
㉑ 金（右の欄にグラム数で記入）
※Day（日）、Month（月）、Year（年）の順で記入。
例：2024年11月10日は10　11　2024　と記入。

AB　0105647

1. Họ và tên trong hộ chiếu (chữ in hoa)/*Full name as appears in passport (please fill in block letters):*
❶
2. Giới tính/*Sex:* ❷
Nam/*Male*　Nữ/*Female*
3. Sinh ngày/*Date of birth:* ❸
Ngày/*Date*　tháng/*month*　năm/*year*
4. Quốc tịch/*Nationality:*
❹
5. Số hộ chiếu/*Passport No:*
❺
6. Số chuyến bay/Tên tàu/Biển số xe *(Flight/Vessel/Car No.):*
❻
7. Thời gian lưu trú/ *Duration of stay:*
❾
8. Hành lý mang theo/ *Accompanied baggage* ❿　kiện, túi/ *pieces*
9. Hành lý không cùng chuyến/ *Unaccompanied baggage* ⓫　kiện, túi/ *pieces*
10. Hàng hóa tạm nhập - tái xuất hoặc tạm xuất – tái nhập/ *Temporary import, re-export goods or temporary export, re-import goods:* ⓬　Có/*Yes*　Không/*No*
11. Hàng hóa phải nộp thuế/*Goods subject to duty:* ⓭　Có/*Yes*　Không/*No*

12. Lượng tiền mang theo/ *Carry on cash:* ⓮	Trị giá/ *Amount:* ⓯
- Đồng Việt Nam / VND: - Đô la Mỹ/USD: - Ngoại tệ khác/ *other foreign currencies* (GBP, EUR, CAD...) ⓰	
Hối phiếu, séc/ *Drafts, cheques:* ⓱	

13. Kim loại quý, đá quý mang theo (trừ vàng)/ *Bringing precious metals, gemstone (other than gold).* ⓲	Trị giá/ *Amount:*
Kim loại quý: Bạc, bạch kim/ *Precious metals: Silver, platinum:* ⓳	
Đá quý: Kim cương, ruby, saphia, và ê-mơ-rốt/ *Gemstone: Diamond, ruby, sapphire and emerald.* ⓴	
14. Vàng/*Gold:* ㉑	Trọng lượng/ *Gross weight:* ....gram.
15. Ngày/*Date:*....../....../20...... (DD/MM/YY) ❼ Chữ ký/ *Signature:* ❽	

3

出国の手順

2024年2月現在、ベトナム出国の際は5000US$相当以上の外貨、1500万ドン以上のベトナム・ドンは持ち出せず、X線検査などで見つかると没収される。なお、ほとんどの航空会社ではリコンファームは不要(→P.398欄外)。

空港での手続き

1 搭乗手続き(チェックイン)

国際線ターミナルは、ホーチミン市のタンソンニャット国際空港は3階、ダナン国際空港は2階、ハノイのノイバイ国際空港は、ターミナル2の3階にある。チェックインは通常出発の2時間前（ベトナム航空は3時間前)から始まる。便数の多い夜発の便で日本に帰国する場合は、搭乗手続き、出国審査ともにかなり混み合うため、チェックイン開始時間に合わせて余裕をもって空港に到着したい。ウェブチェックイン(→欄外)もしておくと安心だ。チェックインカウンターは航空会社ごとに分かれているので、電光掲示版(サインボード)でこれから乗る飛行機の便名とカウンターの番号を確認しよう。チェックインカウンターはさらにエコノミークラス、ビジネスクラス、ウェブチェックイン済みの搭乗客用の預け荷物専用カウンターに窓口が分かれている。機内荷物を預け、搭乗券(ボーディングパス)を受け取ったら搭乗手続きは終了。

2 出国審査(イミグレーション)

各空港ともに、税関検査と保安検査（セキュリティチェック）の前に出国審査となる。イミグレーションカウンターでパスポートと搭乗券を提出し、問題がなければパスポートに出国スタンプが押されて返却される。

3 税関審査&保安検査(セキュリティチェック)

税関申告すべき物がある人は、チェックインが終わったら窓口へ。入国時に税関申告をした場合は、返却された税関申告書と搭乗券とパスポートの3点を提示する。税関申告をしていない場合は、保安検査(セキュリティチェック)へ進もう。搭乗券とパスポートを提示し、手荷物をX線検査機に通す。持ち出しが禁止されている物や申告が必要な物（→P.403欄外）が見つかった場合は、没収および罰金が科せられることもある。骨董価値がありそうな古い皿や壺、陶磁器、仏像などを持っている場合も、徹底的に調べられることがあるので注意（→欄外)。また、飲料水などの液体物やはさみは禁止されているので没収される。ライターは航空会社によって異なる(→欄外)。

4 搭乗

手続きがすべて終了したら、搭乗券に記載された搭乗ゲートへ向かおう。たまに出発ゲートが変更されることがあるので、構内アナウンスにも注意したい。

便利なウェブチェックイン
ウェブ上でチェックインすることにより空港での搭乗手続きが不要となるサービス。利用は航空会社によって異なるが出発の24時間前から2時間前あるいは1時間前まで。LCCでも利用可能だ。なお、ウェブチェックイン済みだとしても出国審査などで混み合うため、時間に余裕をもって空港に到着するようにしたい。

自動チェックイン&発券機
ホーチミン市、ダナン、ハノイの各国際空港には、ベトナム航空の自動チェックイン&発券機が設置されており、予約コードやeチケット番号などを入力すると搭乗券が印刷される。チェックインカウンターに並ばずにスムーズにチェックインできるので便利。

機内持ち込み荷物について
刃物に該当する物、スプレー類、ガス、オイル、100mLを超える液体物（ジェル含む）は持ち込み禁止。なお、ライターの機内預けは禁止、機内持ち込みはベトナム航空とベトジェットエアは不可、全日空と日本航空はひとり1個までだがコードシェア便は他社ルールになることがあるので注意。
●国土交通省（液体物持込制限について）
URL www.mlit.go.jp/koku/15_bf_000006.html

機内預け荷物&手荷物の重量制限
各航空会社によって異なる。ベトナム航空の場合、路線によっても異なり、ホーチミン市・ハノイ～東京・大阪間はエコノミークラスの預け荷物は各23kg以内2個までで、縦・横・高さの合計が158cm以内の物。手荷物は3辺の合計が115cm以内の物1個と付帯品1個で合計12kgまで。

骨董品&コピー商品持ち出しに注意
ベトナムからは基本的に骨董品の持ち出しはできない。購入店でレッドインボイス(Red Invoice）と呼ばれるベトナムの正式な領収書を発行してもらえば没収は免れるようだが、賄賂を要求されることもある。また、偽ブランドや音楽ソフトなどを違法に複製したコピー商品を持って帰国すると、没収されるだけでなく場合によっては損害賠償請求を受けることも。

再両替
ホーチミン市、ダナン、ハノイの各国際空港ともに、空港内の銀行または両替所でベトナム・ドンからUSドルまたは日本円への再両替が可能。

Visit Japan Web
URL www.vjw.digital.go.jp

日本入国時の免税範囲
酒類：3本（1本760mL程度の物）。たばこ：紙巻きのみの場合200本。加熱式たばこのみの場合、個装等10個（1箱当たりの数量は、紙巻たばこ20本相当。アイコスなら200本）。葉巻たばこのみの場合50本。その他250g。
香水：2オンス（56mL）。オーデコロン、オードトワレは含まれない。
その他：1品ごとの海外小売価格の合計額が1万円以下の物（例：1本5000円のネクタイ2本の場合は免税）。上記以外の合計が海外小売価格で20万円以内の物（1個で20万円を超える品物は、その1個の全額が課税される）。

●携帯品・別送品や税関手続きに関する税関のウェブサイト
URL www.customs.go.jp

日本入国

体調不良の場合は入国審査前の検疫カウンターで申告を。顔認証自動化ゲートで入国審査を済ませたらターンテーブルで預け荷物を受け取り、税関審査へ。

なお、日本入国時の税関申告をウェブで行うことができるサービス「Visit Japan Web」で利用登録・帰国の手続きを入力しておけば、空港内に設置された電子端末で税関申告が可能。羽田空港、福岡空港では、ターンテーブルで預け荷物を待つ間に電子端末の利用ができる。端末での税関申告を終えたら専用の電子申告ゲートを通過し、スピーディに入国できる。従来の書面での申告も可能。

別送品の送り方・受け取り方

携帯品・別送品申告書記入例（表）

（A面）

日本国税関
税関様式C第5360号

携帯品・別送品申告書

下記及び裏面の事項について記入し、税関職員へ提出してください。
家族が同時に検査を受ける場合は、代表者が1枚提出してください。

搭乗機（船）名	VN 000
出発地	ホーチミン市
入国日	2024年11月20日
フリガナ	チキュウ アユミ
氏名	地球 歩
現住所（日本での滞在先）	141-8425 東京都品川区西五反田2-11-8
電話	03（1234）5678
職業	会社員
生年月日	1985年01月15日
旅券番号（パスポート番号）	AA1234567
同伴家族	20歳以上 0名　6歳以上20歳未満 0名　6歳未満 0名

※ 以下の質問について、該当する□に"✓"でチェックしてください。

1．下記に掲げるものを持っていますか？	はい	いいえ
① 麻薬、銃砲、爆発物等の日本への持込みが禁止又は制限されているもの（B面1．及び2．を参照）	□	☑
② 金地金又は金製品	□	☑
③ 免税範囲（B面3．を参照）を超える購入品・お土産品・贈答品など	☑	□
④ 商業貨物・商品サンプル	□	☑
⑤ 他人から預かったもの	□	☑

＊上記のいずれかで「はい」を選択した方は、B面に入国時に携帯して持ち込むものを記入してください。

2．100万円相当額を超える現金、有価証券又は1kgを超える貴金属などを持っていますか？	はい	いいえ
	□	☑

＊「はい」を選択した方は、別途「支払手段等の携帯輸出・輸入申告書」を提出してください。

3．別送品　入国の際に携帯せず、郵送などの方法により別に送った荷物（引越荷物を含む。）がありますか？
☑ はい（　　個）　□ いいえ
＊「はい」を選択した方は、入国時に携帯して持ち込むものをB面に記入したこの申告書を2部、税関に提出して、税関の確認を受けてください。（入国後6か月以内に輸入するものに限る。）
確認を受けた申告書は、別送品を通関する際に必要となります。

（裏）

（B面）

※入国時に携帯して持ち込むものについて、下記の表に記入してください。（A面の1．及び3．ですべて「いいえ」を選択した方は記入する必要はありません。）
（注）「その他の品名」欄は、個人的使用に供する購入品等に限り、1品目毎の海外市価の合計額が1万円以下のものは記入不要です。また、別送品も記入不要です。

酒類		4	本
たばこ	紙巻	200	本
	加熱式		箱
	葉巻		本
	その他		グラム
香水		2	オンス

＊税関記入欄

その他の品名	数量	価格
衣類	1	50 000
腕時計	1	150 000
ハンドバッグ	1	80 000
指輪	1	120 000

＊税関記入欄　　円

ベトナムから品物（みやげ物など）を送る場合は、外装や送り状に「別送品（Unacco-mpanied Baggage）」と明記し、受取人は本人とする。日本に帰国したら到着空港で「携帯品・別送品申告書」2通を税関に提出し確認印をもらい、1通を保管。荷物が到着すると税関からはがきが届くので、その指示に従い荷物を受け取る。

なお、郵便で到着した別送品の外装などに「別送品」の表示がない場合は、課税対象となり、税関から「国際郵便物課税通知書」が送付されることがある。その場合は、納税前に課税通知書を発送した税関外郵出張所に免税扱いか確認をしよう。

日本入国時の食品持ち込みに注意！

海外からの植物・果物や肉類の持ち込みは厳しく規制されている。特に肉類は厳罰化されているので注意が必要だ。たとえ持ち込みが可能なものでも、入国したら植物検疫カウンターまたは動物検疫カウンターで申告し、検査を受けること。持ち込みが制限されているおもな食品は以下。

野菜・果物
生野菜、果物、根付きの植物、種子は不可。ドライフルーツ、瓶詰めのジャムなどは可。

肉類
生肉、卵、乾燥肉、ハムやベーコンなどの加工肉は不可（調理済みの肉類も不可）。長時間加熱調理し、長期で常温保存が可能な缶詰などは可。

乳製品
牛乳、生クリームは不可。チーズ、ヨーグルトは可。

なお、植物防疫所ホームページでは持ち込みが制限されている植物の検索ができるので、日本へ持ち込む予定がある人は検索してみよう。

植物防疫所
URL www.maff.go.jp/pps/j/trip/keikouhin.html

動物検疫所
URL www.maff.go.jp/aqs/tetuzuki/product/aq2.html

Voice 特にホーチミン市、ハノイの国際線ターミナルは、深夜発の便が集中しているため、2時間前に着いてもチェックインやセキュリティチェックに時間を取られてギリギリになってしまうことが多い。必ずウェブ↗

空港ガイド

日本からの直行便がある空港は3つ

日本からの直行便がある空港は、ホーチミン市のタンソンニャット国際空港、ダナン国際空港、ハノイのノイバイ国際空港の3つだ。各空港の詳細マップを紹介しよう。

ホーチミン市

空港～市内間の交通に関しては →P.57

タンソンニャット国際空港 国際線ターミナル

国際線出発ロビー 3F

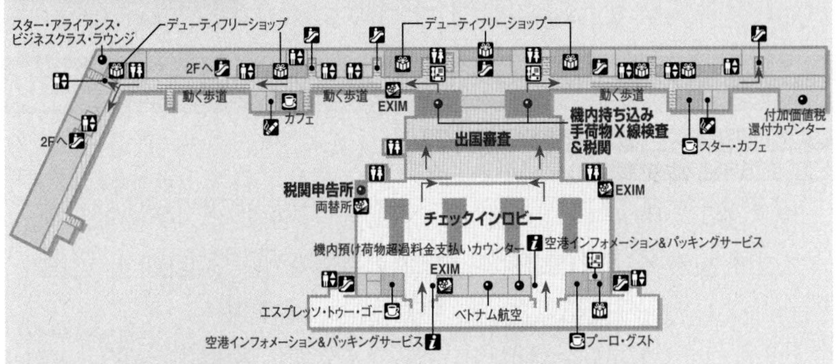

国際線到着ゲート 2F

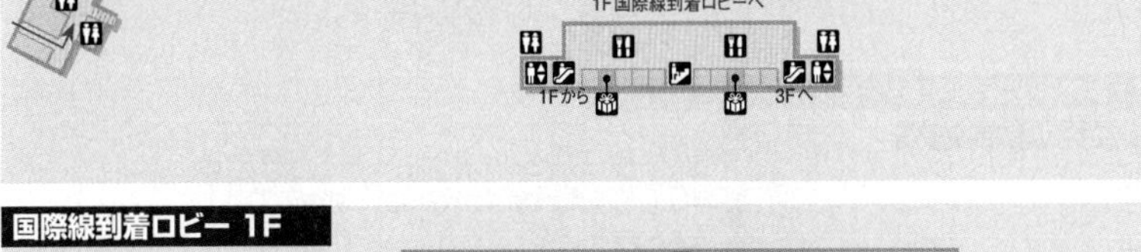

国際線到着ロビー 1F

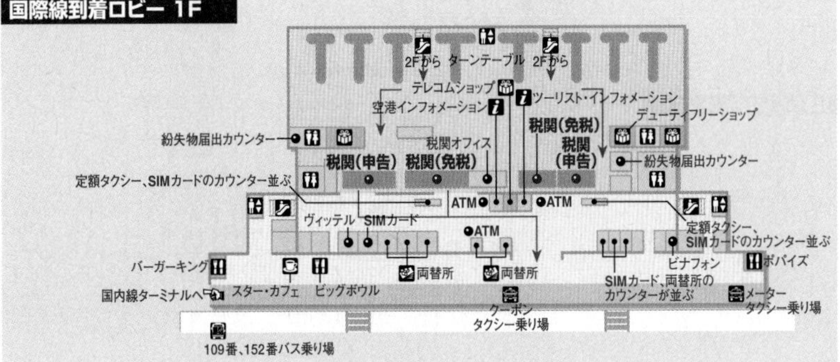

↘チェックインを済ませ、2時間30分ほど前には到着するようにしたい。

タンソンニャット国際空港 国内線ターミナル

国内線出発ロビー 2F

ゲート3
ゲート4
ゲート5
ゲート6
ゲート7
ゲート8,9
ゲート10
ゲート12
ゲート1,2
ゲート14
ゲート15～20
ゲート11へ
イス
待合室
(イスが並ぶ)
フードコート
カルバン・クライン
ナイキ
コスメ&パフューム
バーガーキング
ボバイズ
Le Saigonnais
サスコ・ラウンジ
1Fから
機内持ち込み手荷物X線検査
スター・カフェ

国内線チェックインロビー&到着ロビー 1F

ターンテーブル
到着ゲート
VASCOチケットオフィス
ベトナム航空チケットオフィス
2Fへ
チェックインカウンター
フェニックス
チェックイン
カウンター
空港インフォメーション
機内預け荷物超過料金支払いカウンター
エスプレッソ・
トゥー・ゴー
出発ホールB
(ベトナム航空)
到着ホール
出発ホールA
(ベトジェットエア)
自動チェックイン機が並ぶ
タクシーカウンターが並ぶ
プーロ・グスト
国際線ターミナルへ

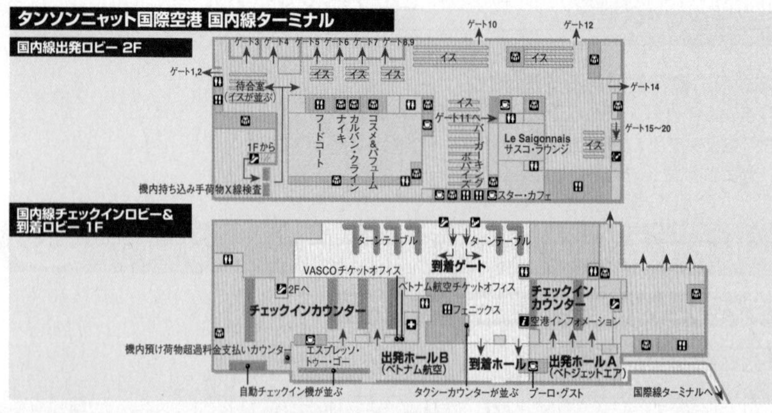

ダナン

空港～市内間の交通に関しては →P.217

ダナン国際空港 国際線ターミナル

国際線出発ロビー 3F

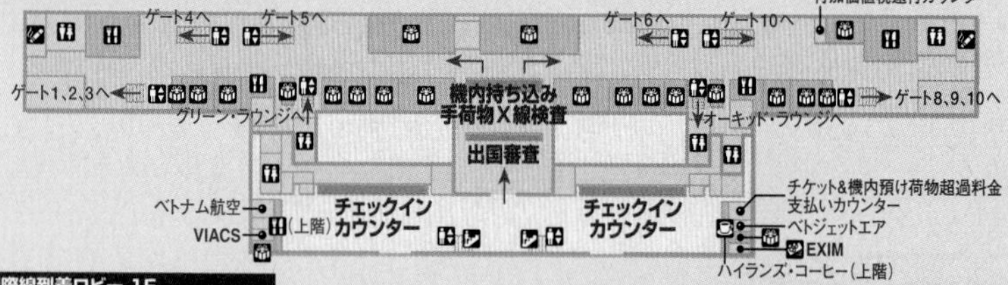

付加価値税還付カウンター
ゲート4へ
ゲート5へ
ゲート6へ
ゲート10へ
ゲート1、2、3へ
ゲート8、9、10へ
グリーン・ラウンジへ
オーキッド・ラウンジへ
機内持ち込み
手荷物X線検査
出国審査
チケット&機内預け荷物超過料金
支払いカウンター
ベトナム航空
VIACS
(上階)
チェックイン
カウンター
チェックイン
カウンター
ベトジェットエア
EXIM
ハイランズ・コーヒー(上階)

国際線到着ロビー 1F

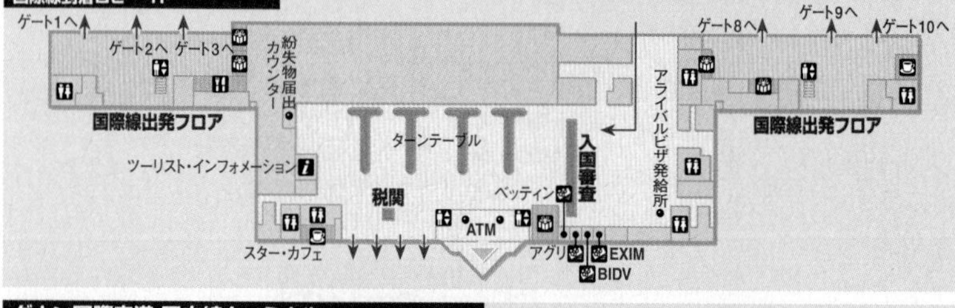

ゲート1へ
ゲート2へ
ゲート3へ
ゲート8へ
ゲート9へ
ゲート10へ
紛失物届出カウンター
アライバルビザ発給所
国際線出発フロア
国際線出発フロア
ターンテーブル
入国審査
ツーリスト・インフォメーション
税関
ベッティン
ATM
スター・カフェ
アグリ
EXIM
BIDV

ダナン国際空港 国内線ターミナル

出発ロビー 2F

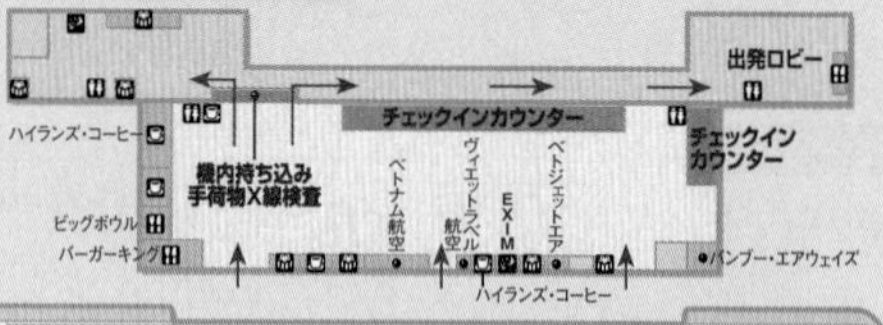

出発ロビー
チェックインカウンター
チェックイン
カウンター
ハイランズ・コーヒー
機内持ち込み
手荷物X線検査
ベトナム航空
ヴィエットラベル航空
EXIM
ベトジェットエア
ビッグボウル
バーガーキング
バンブー・エアウェイズ
ハイランズ・コーヒー

到着ロビー 1F

紛失物届け出カウンター
2Fから
2Fから
ターンテーブル
ターンテーブル
ダナン・ビジターセンター
ベトナム航空
ツーリズム・インフォメーション
ツーリズム・インフォメーション
フラマ・リゾート・ダナン
ハイランズ・コーヒー
ATM

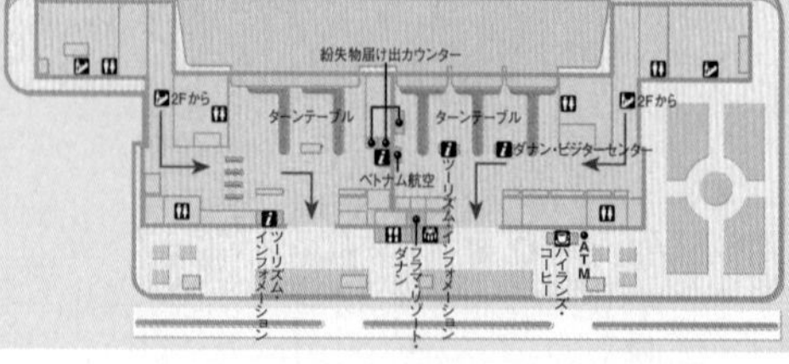

ハノイ

空港〜市内間の交通に関しては →P.281

ノイバイ国際空港 国際線ターミナル(ターミナル2)

国際線出発ロビー 3F

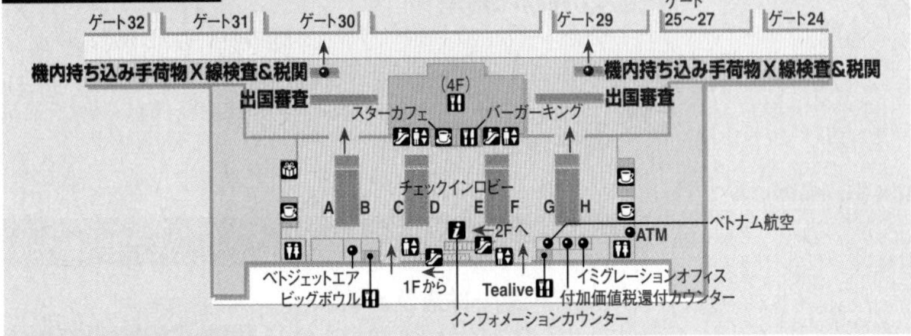

ゲート32
ゲート31
ゲート30
ゲート29
ゲート25〜27
ゲート24
機内持ち込み手荷物X線検査&税関
機内持ち込み手荷物X線検査&税関
(4F)
出国審査
出国審査
スターカフェ
バーガーキング
チェックインロビー
A B C D E F G H
2Fへ
ベトナム航空
ATM
ベトジェットエア
ビッグボウル
1Fから
Tealive
イミグレーションオフィス
付加価値税還付カウンター
インフォメーションカウンター

国際線到着ゲート 2F

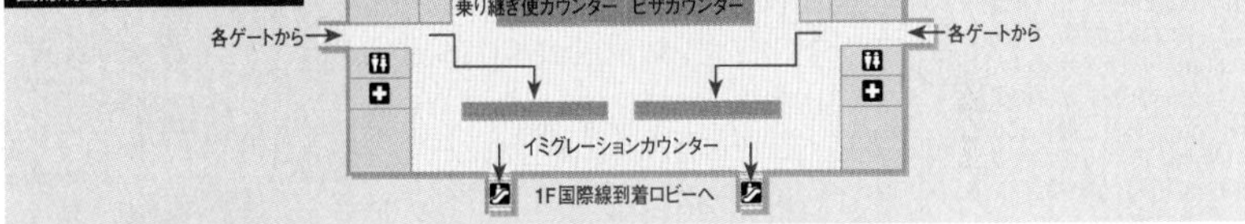

乗り継ぎ便カウンター ビザカウンター
各ゲートから
各ゲートから
イミグレーションカウンター
1F国際線到着ロビーへ

国際線到着ロビー 1F

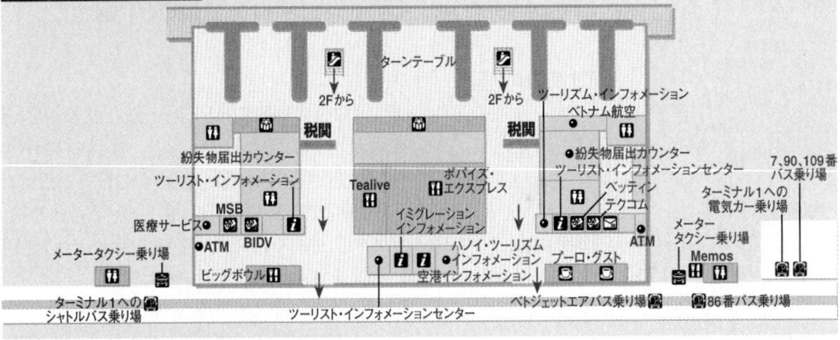

ターンテーブル
2Fから
2Fから
ツーリズム・インフォメーション
ベトナム航空
税関
税関
紛失物届出カウンター
紛失物届出カウンター
ツーリスト・インフォメーションセンター
ツーリスト・インフォメーション
Tealive
ボパイズ・エクスプレス
ベッティン
テクコム
7、90、109番バス乗り場
ターミナル1への電気カー乗り場
MSB
医療サービス
BIDV
ATM
イミグレーションインフォメーション
ハノイ・ツーリズムインフォメーション
メーター・タクシー乗り場
ATM
Memos
メータータクシー乗り場
ビッグボウル
プーロ・グスト
空港インフォメーション
ターミナル1へのシャトルバス乗り場
ベトジェットエアバス乗り場
86番バス乗り場
ツーリスト・インフォメーションセンター

ノイバイ国際空港 国内線ターミナル(ターミナル1)

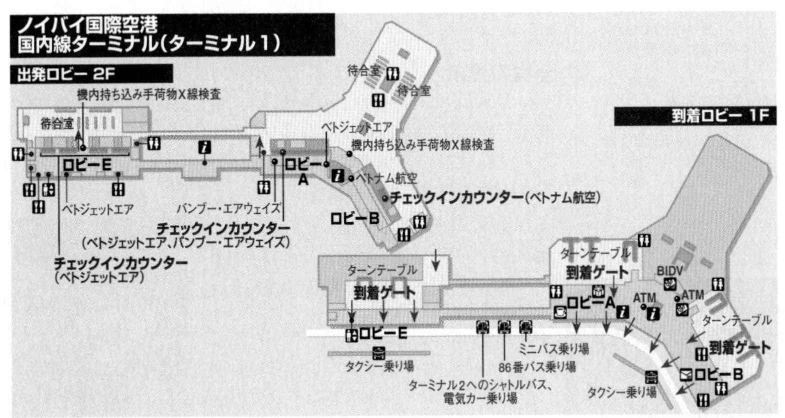

国内の交通

飛行機　Máy Bay

国内の路線は充実

ベトナム航空とベトジェットエアが国内の主要な20数都市の間を結んでおり、短時間で移動したい人には有効な交通手段だ。また、バンブー・エアウェイズやヴィエットラベル航空も一部の路線を運航しているが、便数はベトナム航空やベトジェットエアに比べると少ない。

列車　Tàu Hỏa

南北を結ぶ統一鉄道がメイン

のんびり鉄道旅を楽しもう

ベトナムの鉄道は、国営のベトナム鉄道が運営している。ハノイ〜ホーチミン市（サイゴン駅）の全長約1726kmを結ぶ南北線、いわゆる統一鉄道が主要路線だ。その他、ホーチミン市〜ファンティエット線とホーチミン市〜ニャチャン線のホーチミン市起点の2路線と、ハノイ〜ハイフォン線、ハノイ〜ラオカイ線などハノイを起点とした地方路線が4本ある。

列車の種類

統一鉄道（ハノイ〜サイゴン）の列車にはSE1・SE2などの番号が付けられていて、奇数番号がハノイ発サイゴン行き、偶数番号がサイゴン発ハノイ行きの列車となっている。最も速いのはSE1とSE2で、ハノイ〜サイゴン間をSE1は約32時間5分、SE2は約31時間50分で結ぶ。全車両エアコン付き。スケジュールは頻繁に変更されるため利用前に確認しよう。また、テトなどの祝日には増便される。

サパへ行く際に利用されるハノイ〜ラオカイ間の寝台列車（通称SP1〜4）には、ホテルや旅行会社が使用し、独自の名称で販売している車両もある。

座席の種類

座席のカテゴリーは列車の種類によってさまざまな分け方があり、それぞれ運賃が異なる。統一鉄道の場合、座席のカテゴリーは以下で、カテゴリーごとに車両が異なる。

▶統一鉄道の座席のカテゴリー

- ●ソフトシート：座席は狭いがリクライニング式。
- ●ハードベッド：上・中・下段の3段ベッド。薄いマットレスが敷いてある。上段→中段→下段の順に運賃が高くなる。
- ●ソフトベッド：上下2段のベッドで、4名1室（2名1室もあり）のコンパートメント。クッションの利いたベッドで快適。上段より下段のほうが運賃が高い。

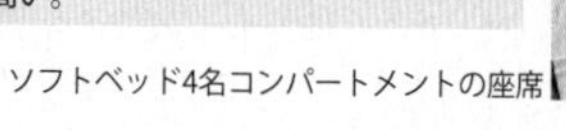
ソフトベッド4名コンパートメントの座席

おもな国内線航空会社
●ベトナム航空
URL www.vietnamairlines.com
●ベトジェットエア
URL www.vietjetair.com
●バンブー・エアウェイズ
URL www.bambooairways.com
●ヴィエットラベル航空
URL www.vietravelairlines.com

機内持ち込み荷物について
刃物に該当する物、スプレー類、ガス、オイル、ライターは持ち込み禁止。ベトナム航空の場合、電子たばこや加熱式たばこは持ち込み可能だが、機内での使用や充電は不可。バッテリーは短絡事故を防ぐため、保護パウチなどに個々の電池を収納して持ち込むこと。また、ドリアンやヌックマムなど匂いの強い食品・物品は持ち込み不可。液体物も空港や時期によって厳しくチェックされる場合がある。

機内預け荷物＆手荷物の重量制限
国際線同様、リチウム電池は預け荷物には入れられないため、必ず手荷物へ。重量制限は各航空会社によって異なるが、ベトナム航空の場合は、国内線エコノミークラスで、機内預け荷物23kgまでと手荷物1個まで。

国内線の搭乗手続き
上記の各航空会社はいずれもリコンファームは不要だが、遅延や欠便もあるため、スケジュール確認はしたほうがいい。チェックインが始まるのは、出発時刻の2時間前。ウェブチェックイン済みだとしても、空港や時間帯によっては混み合うため、出発時刻の1時間30分〜2時間前までには空港に到着しておきたい。

中国への国際列車
ベトナムから中国の南寧、北京、昆明への列車は2024年3月現在、運休中。再開未定。

ソフトシートの車両

切符の予約と買い方

長距離列車の座席・寝台を利用するときは、予約をする必要がある。特に、テト前後などのピーク時は、1週間待ちと言われることもある。統一鉄道のチケット変更は出発の24時間前まで、手数料2万ドン。キャンセルは出発の4時間前までで、キャンセル料は24時間前までは10%、4～24時間前は20%。

▶駅で購入

各鉄道駅の窓口で予約とチケット購入ができる（要パスポート）。通常、予約は1ヵ月くらい前から可能。サイゴン駅やハノイ駅など、外国人利用が多い駅では英語が通じる（ハノイ駅は国際列車専用窓口もある）。また、地方の町の駅窓口は1日中開いているわけではなく、列車出発時刻の1時間前ぐらいから開くところもある。

▶旅行会社で購入

多くの旅行会社で予約・発券代行をしている。数ドル程度の手数料がかかるが、旅行会社で手配してもらうのが確実で便利。

▶ウェブサイトで購入

ベトナム鉄道のウェブサイトで購入できる。オンライン決済または後払いが選べる。後払いの場合は、指定の郵便局または銀行で支払いが可能。また、ウェブサイトは、タイムテーブルや料金確認のためにも使えて便利なのでチェックしてみよう。

列車の乗り方

列車の運行はかなり正確で、遅れることはあまりない。駅ではホームに入る前に改札があるので係員にチケットを見せて、始発駅なら停車している列車のなかから自分の乗る便を探そう。途中駅から乗る場合は、列車が到着するまで待合室やホームで待つことになる。いずれの場合も1日の列車本数は多くないので、ホームで迷うことはない。

ベトナム鉄道
Vietnam Railways
URL dsvn.vn

鉄道旅行の注意点

駅構内や列車内はスリや置き引きなどが多い。列車内では荷物に鍵をかけ、荷物から目を離さないようにしよう。貴重品は常に持ち歩くよう心がけること。

海沿いも走るダナン～フエ間は、車窓からの景色を楽しめる

ダナン駅には電光掲示板があり、プラットホームや列車の到着時刻を確認できる

統一鉄道の時刻表（ハノイ～サイゴン）

▶ハノイ駅発

駅名＼列車番号	SE1	SE3	SE5	SE7
ハノイ	21:10	19:20	15:30	6:10
ニンビン	23:28	21:34	17:49	8:29
ドンホイ	8:05	5:50	2:39	17:11
フエ	11:11	8:56	5:45	20:43
ダナン	14:01	11:45	8:46	23:33
ニャチャン	0:06	22:07	20:41	10:05
サイゴン	8:25	6:30	5:40	18:36

▶サイゴン駅発

駅名＼列車番号	SE2	SE4	SE6	SE8
サイゴン	20:50	19:00	15:25	6:00
ニャチャン	4:32	2:41	0:00	14:12
ダナン	15:11	12:58	10:40	1:01
フエ	17:41	15:40	13:47	3:31
ドンホイ	20:53	18:51	17:03	7:08
ニンビン	5:53	3:30	2:13	16:29
ハノイ	8:30	5:55	4:40	19:12

※主要駅のみを掲載。始発駅以外は到着時間。ハノイ→サイゴンは毎日5便（→P.284）、サイゴン→ハノイも毎日5便（→P.61）が運行。（2023年12月現在）

統一鉄道料金表

▶ハノイ⇨サイゴン　SE1（約32時間17分）　単位:千ドン

行き先＼種類	ソフトシート（エアコン付き）	3段ベッド上段（エアコン付き）	3段ベッド中段（エアコン付き）	3段ベッド下段（エアコン付き）	2段ベッド上段（エアコン付き）	2段ベッド下段（エアコン付き）
フエ	898	1067	1173	1226	1306	1309
ダナン	980	1126	1237	1294	1375	1378
ニャチャン	1590	1817	1996	2090	2199	2203
サイゴン	1838	2008	2206	2308	2426	2431

▶サイゴン⇨ハノイ　SE2（約32時間30分）　単位:千ドン

行き先＼種類	ソフトシート（エアコン付き）	3段ベッド上段（エアコン付き）	3段ベッド中段（エアコン付き）	3段ベッド下段（エアコン付き）	2段ベッド上段（エアコン付き）	2段ベッド下段（エアコン付き）
ニャチャン	383	534	620	670	709	752
ダナン	685	794	925	998	1045	1109
フエ	717	847	989	1066	1113	1183
ハノイ	1002	1100	1281	1382	1432	1524

※主要駅のみを掲載。（2023年12月現在）

バス　Xe Khách

小さな町まで網羅する庶民の足

　バスはほかの交通機関に比べれば安上がり。飛行機や鉄道路線のない町までバス路線がカバーしていて、地方の小さな町にも行くことができる。

ベトナムのバス比較サイト
●ヴェーセーレー　Vexere
URL vexere.com
　アプリもある(→P.395)。

中・近距離を走る大型バス

よくある寝台バスの車内。前後左右の間隔がもっと狭いタイプも多い

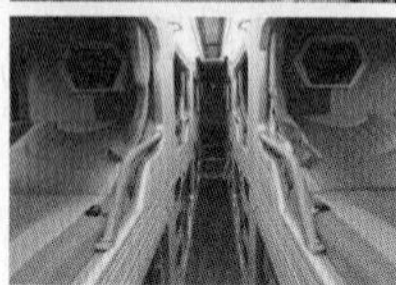
上・下／カーテンを閉めると個室になるカプセル型の超快適な寝台バスも登場。写真はホーチミン市～ハーティエンを結ぶトゥアンガーのバス

バス運賃について
　中・長距離バスでは、バス会社によって同じ路線でも運賃が多少異なる。また、同じバス会社で同じ路線でも窓口に複数の運賃が表示されていることがあるが、これはバスのクオリティによる差で、運賃が高ければ快適度もアップする。オープンツアーは料金システムがはっきりしており安心だ。

バスの種類

▶中・長距離バス

　発着は各町のバスターミナルで、国内のおもな町を結ぶ。複数のバス会社が運行しており、バスの種類や発着時間、運賃もさまざま。最近は各バス会社の比較サイトも登場し、オンラインや電話で予約もできて便利。予約&支払い方法はバス会社によって異なる。

▶近郊バス

　だいたい100km以内の距離の短い町と町を結ぶ。中型かミニバスを使用し、途中の町のバスターミナルのほか、道中どこでも乗り降り可能な場合も。外国人旅行者が訪れるような町なら、朝から夕方まで30分～1時間間隔で運行している。

▶寝台バス

　上下２段のベッドが並び、ベッドの幅は狭いが体を横にして伸ばせるぶんだけ快適で、長距離移動に向いている。数多くの会社が運行しており、Wi-Fi無料、トイレ付きで食事が付くタイプもある。さらに「目的地まで途中でほかの客はひろわない」、「荷物にはタグを付けて盗難防止」など、こまやかなサービスをウリにする所もある。

▶ミニバス・リムジンバス

　ひと昔前はマイクロバスやワゴン車を使用し、客が集まり次第出発&客引きをしながら走るローカルバスがあったが、近年はほとんど見かけない。ほぼ定時で出発するミニバスが多く、さらにここ数年かなり数が増えているのが、バンやワゴン車を改造し、ゆったりとした座席でサービスもしっかりとしたリムジンバス。運行会社にもよるが、マッサージチェアの座席やWi-Fi完備のVIP仕様のバスもある。

前後左右にスペースがあり、リクライニングが利く快適なシートのリムジンバス

▶オープンツアーバス

　旅行会社が運行するバスで、おもな観光地間を毎日運行している。ハノイからホーチミン市へ行く場合、最終目的地のホーチミン市までチケットを買い、ハノイ➡フエ➡ダナン➡ニャチャン➡ホーチミン市というように途中下車をしながら旅行できるシステムだ。バスの予約は各町の支店で、次の目的地へ出発する前日までに行う。エアコン付きで、ミニバスか大型バス、長距離では寝台バスを使用。各町の支店前か旅行会社の契約ホテルまで運行している。

　近年は、見どころで途中停車したり、途中でツアーが分かれたりと便利になった反面、やや路線が複雑になりつつあるため、集合場所・時間を間違える、バスを乗り間違えるなどのトラブルが多い。時間、場所、運賃など基本的な内容を必ず確認すること。

バスチケットの予約と買い方

バスターミナルのチケット売り場。バス会社ごとにブースをもっている

▶中・長距離バス

長距離バスターミナル内にはチケット売り場があり、民営のバス会社ごとに窓口が分かれている。都市部の窓口ではたいてい片言程度の英語が通じるが、地方では通じないことも多い。近郊バスは、車掌やドライバーに直接運賃を支払って乗る場合も多い。チケット購入は、30分〜1時間ごとに頻発しているような便数の多い路線なら、当日でも大丈夫。1日に数便しかないような長距離バスは、前日までに窓口で購入しておいたほうがよい。

▶ミニバス・リムジンバス

座席数の少ないミニバスやリムジンバスは、人気の路線だと売り切れることが多い。各社のオフィス（バスターミナルに窓口をもつ会社もある）または、電話で事前の予約が望ましい。電話の場合はホテルの人にお願いするとスムーズ。ヴェーセーレー（→P.412欄外）からも予約できるバスがある。バス会社によってはホテルへのピックアップサービスもあるので、聞いてみよう。

▶オープンツアーバス

出発する前日までに各旅行会社で申し込む。通しで最終目的地まで買うこともできるが、1区間だけの利用も可能。

バスの乗り方と運行状態

バスはたいてい時間どおりに出発するので、出発予定時刻の30分前までにはバスターミナルに到着しているようにしたい。中・長距離バスのチケットには車のナンバーが記されているので、わかりやすい。近年は、長距離であれば座席指定のバスが増えているが、中・近距離は自由席が基本。また、車内で大音量のベトナムミュージックを流すバスもあったが、近年は減少傾向にある。中・長距離の場合は、途中でトイレ休憩・食事休憩がある。

バス利用の注意点

大型バス以外のミニバスやリムジンバスを利用する場合、スーツケースなどの大きな荷物は持ち込めないこともあるので、事前に確認を。大型バスの場合は、大きな荷物は床下の荷物入れか屋根に積まれるため、貴重品や壊れやすい物は手元に確保しておこう。かばんの中やポケットから物がなくなることも多いので要注意だ。バックパックなどを預ける場合は、大きなビニール袋などに入れるのも手。トイレ休憩の際は、貴重品を持ち、乗車時に迷わないよう自分のバスナンバーや特徴を確認しておこう。

おもにベトナム南部の各町を走る大手バス会社のフーンチャンは各町のバスターミナルの敷地内に専用のチケット売り場兼待合室、乗り場をもっていることが多い

ほとんどのバスターミナルには売店やカフェがある。写真はダラット市外バスターミナル

船 Tàu Thủy

航路によっては利用価値大

旅行者にも利用しやすいおもな水上交通は、ホーチミン市〜ブンタウ、フーコック島〜ラックジャー、フーコック島〜ハーティエン、ブンタウ〜コンダオ島、ハロン湾（トゥアンチャウ島）〜カットバ島などを運航する航路だ。

ホーチミン市〜ブンタウ間は、片道約2時間と、バスと同じくらい時間がかかるが、中心部からの発着なので、利便性が高い（→P.62）。また、ハロン湾（トゥアンチャウ島）〜カットバ島間は、ハロン湾の景色を眺められ、クルーズも同時に楽しめる（→ P.356）。

フーコック島〜ハーティエン間を結ぶスピードボート、スーパードン

市内交通

タクシー利用の注意点

車が走り出したらメーターが作動しているか確認し、遠回りをしないか地図で車が走っている位置を確認しよう。

なかには「会社のルールで一律料金だ」、「メーターはドル表示だ」などと言ってくる悪質なドライバーもいるので注意。

ハノイでは多くの地元客がグラブなどの配車サービス（→P.415）に流れていることもあり、メーターに細工を施した悪質なぼったくりタクシーが急増している。下記コラムの特徴に当てはまるタクシーには乗らないよう注意したい。

EVタクシーが営業開始

電気自動車を使ったタクシー、「サインSM」がホーチミン市、ハノイ、ダナン、ニャチャンなどベトナムの主要都市でサービスを開始。運賃は地域や車種、時間帯によって異なるが、ホーチミン市の場合、初乗り1kmまで2万ドン、以後12kmまで1kmにつき1万6000ドンずつ加算。ホーチミン市ではサインSMのバイクタクシーもある。専用配車アプリもあり。

サインSM　Xanh SM
☎1900-2088（ホットライン）

下2桁を省いて表示されるメーターもある。6.0と表示されていたら6000ドンということ

タクシー　Taxi

メータータクシーは安くて利用価値大

旅行者にとって最も利用しやすいのはタクシーだろう。都市部のドライバーのなかにはしっかりと教育され礼儀正しく、どんな細かい路地も把握したプロフェッショナルもいる。大手タクシー会社はトラブルが比較的少なく安心だ。

タクシーの車種

大きく分けて、ミニバン使用の7人乗り、セダン使用の4人乗り、軽自動車使用の3人乗り（通称ミニタクシー）がある。

左／大手ビナサン・タクシーの7人乗り　右上／ハノイのタクシーグループの4人乗り
右下／3人乗りのミニタクシー。ハノイに多い

タクシーの運賃システム

初乗り料金やその後の加算システムは、タクシー会社によって異なるが、初乗り1万2000ドンが目安。数kmの移動なら、どの会社でも最終的な運賃にそれほど大きな差はない。また、ホーチミン市では7人乗りと4人乗りでは運賃に差はないが、ハノイでは7人乗り、4人乗り、3人乗りの順番に運賃は安くなっていくなど、町によっても多少異なる場合がある。

タクシーの乗り方

トラブルの少ないタクシー会社を指定し、ホテルやレストラン、ショップなどからスタッフに呼んでもらうのが安心。マイリンやビナサンなど大手タクシー会社なら各社の専用配車アプリもある。路上で止める場合は日本と同様、手を挙げて合図する。ドアは自動ドアではないので、自分で開けて閉める。行き先は地図を見せるより、有名な観光地やホテル、レストランならその名称を伝えるか、そうでなければ住所を書いた紙を見せるほうが確実だ。

Column　トラブルタクシーの見分け方

以下にトラブルに巻き込まれやすいタクシーの特徴を記しておくので参考にしよう。

❶車の屋根に社名表示灯はあるが、車体には社名が書かれていないタクシー。個人タクシーで、運賃が高い場合が多い。

❷大手タクシー会社のロゴやカラーリングに似せた車体。よく見ると、1文字違っていたり、ロゴが異なっていたりする。個人タクシーで、運賃が高い場合が多い。

❸メーターのカバーやドライバーの顔写真がないタクシー。メーターが細工されているか、ドライバーや運賃管理にいい加減な会社の可能性がある。大手のタクシー会社はドライバーのメーター操作を防ぐために、メーターと顔写真にプラスチックカバーをかぶせ、シールで封印している。

❹メーター利用ではなく「そこまでなら○○ドンでどう？」と持ちかけてくるドライバー。交渉しても一見の外国人には一切のメリットはない。

一般的に観光地で客待ちしているタクシーは前記のどれかにあてはまることが多く、要注意だ。

配車サービスを上手に活用

スマートフォンやタブレットに専用アプリをインストールし、車（タクシー）やバイクタクシー(→P.416)を呼ぶシステム。以前は都市部に限られていたが、地方でも配車サービスを使える町が増えてきている(町によってはバイクタクシー配車のみのサービスも多い)。通常のタクシーよりも運賃が安くなる場合が多く、評価システムや運転手の身分が明確なことからトラブルが少ないため、利用者数はここ数年で増加傾向にあり、地元ベトナム人でも配車サービスしか使わない人も多い。

ベトナム全土で広く展開しており、使いやすいのはグラブ（→P.395）で、近年はグラブよりもやや運賃が安いインドネシア発のゴジェック(→P.395)も人気。運賃の目安は利用する地域や車種によって異なるが、初乗り2kmまで2万2000〜2万5000ドン。時間指定での配車予約も可能だ。

▶配車サービスの利用方法

ここではグラブの利用方法を紹介するが、ほかの配車アプリでも利用の流れは基本的に同じ。利用前にアプリをインストールし、アカウント登録を忘れずに。

①アプリを開き、上部の「Car」または「Bike」のアイコンをタップする。

②目的地と乗車場所を入力する。住所の入力も可能だが、店名などの物件名を入力すると自動的に候補の目的地が物件名・住所とともに表示される。地図上でプロットすることも可能。

③バイクや4シーターの車など、車種の選択肢が料金とともに表示されるので、利用する車種を選ぶ。クレジットカードをあらかじめ登録していれば、ここで支払い方法も選べる。

④近くにいるドライバーが承諾すると、ドライバーの名前、顔写真、車のナンバー、車種、ドライバーの評価レートなどが表示される。さらに、ドライバーの地図上の現在位置が表示され、到着までのおおよその時間が表示される。SIMカードを購入し、ベトナムの電話番号を登録した場合、電話がかかってくることもあるが、メッセージでのやりとりも可能。

⑤ドライバーが到着したら、車のナンバーを確認し、乗車する。無事目的地に着いたら、現金払いの場合はアプリに表示された料金を支払って降りる。クレジットカード払いなら、そのまま降りる。

左／利用方法③の画面　右／④のドライバーの情報画面。右上から通話またはメッセージが送れる

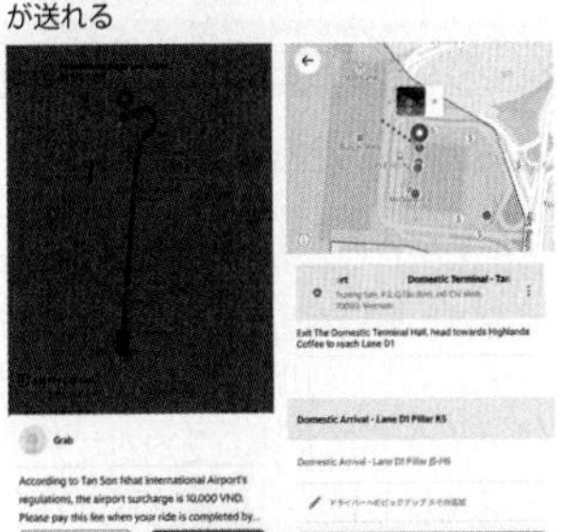

左／乗車場所が空港の場合、グラブ乗車料金とは別に空港使用料を別途支払う必要がある旨のメッセージが表示される　右／タンソンニャット国際空港で乗車する場合、乗車ポイントがいくつかあるので注意

おもな配車サービスアプリ

ベトナム国内で利用できる地域が多く、稼働台数も多いのがシンガポールを拠点とするグラブ（→P.395）。ホーチミン市とハノイで使えるインドネシア発のゴジェック（→P.395）やベトナム発のbeなどがある。

なお、いずれのアプリも登録にはSMSで認証番号を受信できる電話番号が必要となる。日本で登録を済ませ、現地ではWi-Fiを使って配車サービスを利用することもできる。ベトナムの電話番号で登録する場合はSIMカードを購入しよう。SIMカードは空港や市内の通信会社などで取得できる(→P.422)。

配車サービス利用の注意点

普通のタクシーに比べてトラブルが少ないといっても、遠回りをされる、下車させないなどのトラブルは起きている(→P.429)ので、油断は禁物。また、路上でのスマートフォン操作はひったくりに狙われるため、極力屋内でアプリを使うようにしよう。

✉グラブを呼ぶときの注意

グラブでタクシーを呼ぶとき、はっきり場所がわからないと電話がかかってくることがあります。ホテルにいるときはフロントの人に携帯電話を渡して答えてもらいましょう。ベトナム語ですから、日本人にはわかりません。行き先も料金も事前にわかるため、説明しなくてもよいのでとても楽です。どんなに道が混んでいても料金は変わりませんから安心です。ホーチミン市では女ひとりでグラブをよく利用していますが、安心できます。（滋賀県　きょうさん）['24]

バイクタクシー Xe Ôm

バイクタクシー利用の注意点

流しのバイクタクシーの場合は、とにかく利用する前の運賃交渉をしっかりとすること。バイクタクシーの営業にはライセンスも登録も必要ないため、質の悪いドライバーが多い。ぼったくりはもとより、強盗やレイプ事件も起きている。また、交通事故が多いことも知っておきたい。

小回りが利き、便利な交通手段

普通の50〜100ccのバイクの後部座席に客を乗せて走る交通機関。小回りが利くので路地や渋滞時などに利用すると便利。

上／グラブ・バイクの運転手は緑色のジャンパーを着用　下／流しのバイクタクシー

バイクタクシーの運賃システム

▶配車サービスの場合

タクシー配車サービスのグラブ（→P.395）が距離に応じた定額制のバイクタクシーを都市部をはじめ、地方の町でも展開。初乗り2kmまで1万2000ドン〜と通常のバイクタクシーよりも格安。運賃も配車タクシーと同様、事前に目的地までの運賃が表示され、降車時にアプリに表示された運賃を支払うだけなのでわかりやすく、トラブルも少ない。

▶流しのバイクタクシーの場合

事前の運賃交渉が必要。地域によって異なり、都市部は1km2万ドン〜、地方は1km1万5000ドン〜が目安。時間単位で利用する場合は移動距離によって異なり、都市部は1時間20万ドン〜、地方は1時間15万ドン〜。

バイクタクシーの利用方法

流しのバイクタクシーは通りの角に数台単位で停まり、客待ちしていたり、町なかで「バイクタクシー?」などと声をかけられるので、運賃交渉して利用する。配車サービスはP.415の利用方法を参照。いずれも乗車時はヘルメット要着用で、ドライバーから手渡される。

✉便利な路線バスアプリ

難易度の高そうな路線バスですが、ハノイもホーチミン市も、公式バスアプリが無料提供されています。iOS・Android対応です。なかなかの優れもので、現在地、バス停、バス停に来るバスの番号、バスの最新の路線図、そしてほとんどのバスがGPS対応のため、どのバスがどこにいるかもアプリ内の地図上でわかります。ハノイは「Tim Buyt」、ホーチミン市は「Bus Map」で検索できます。

（千葉県　小池匡史）['24]

路線バス Xe Buýt

主要都市で走行

ルートが決まっているうえ運賃も安く、エアコン付きもある（各町の項参照）。ホーチミン市やハノイは路線が多く、朝・夕のラッシュ時は道路も車内も想像以上の混雑状態で乗車拒否も起きているので、ラッシュ時の利用は避けたい。運行時間は、だいたい5:00〜21:00頃（都市部では深夜走行するルートもあり）で、10〜20分間隔で運行。

路線バス利用の注意点

乗車の際には小額紙幣を用意しておこう。車内やターミナルにはスリが非常に多いので、十分注意すること。ホーチミン市、ハノイは路線が複雑なので、乗り間違えにも注意したい。

バスの番号は車体に大きく表示されている（ホーチミン市、サイゴン・バスターミナル）

バスの運賃システム

路線バスの運賃は路線によって異なるが、一律料金の場合が多い。ホーチミン市の場合、6000〜7000ドンがほとんどで、一部5000ドン。ハノイの場合は路線によって7000ドンと9000ドンとがある。ダナンは8000ドンが多い。

バスの乗り方

乗車は発着ターミナルか途中のバス停から。各バス停には路線番号のプレートが出ているのでわかりやすいが、特にバス停名は付いていない。一応時刻表はあるが、正確に運行されているとは限らない。前後にドアがあるバスは前乗り、後ろ降り。

バスに乗車したら車掌かドライバーに運賃を支払い、切符を受け取る。あとでもう一度確認しに来ることもあるので、切符は降りるときまでなくさないようにしよう。目的地をあらかじめ車掌やドライバーに伝えておくと、降りる場所が近づくと教えてくれる。

上／乗るバスの番号によって待つ場所が違うので、しっかり確かめておこう（ハノイ、ミーディン・バスターミナル）
下／ハノイを走る路線バス

都市鉄道 Tàu Điện Metro

ハノイ・メトロが運行&ホーチミン・メトロも運行予定

ベトナム初の都市鉄道がハノイで運行している。2024年2月現在、ドンダー区カットリン駅～ハドン区イエンギア駅の約13kmを高架で結ぶ2A号線が、始発駅から終着駅までを約24分で走行。料金は距離により1万3000～1万5000ドン、5:30～22:30の間に6～10分間隔で運行している。ハノイでは2030年までに空港や中心部を網羅した8路線が整備される予定。

一方、ホーチミン市でも都市鉄道の建設が進められており、ホーチミン・メトロ1号線（ベンタン市場駅～スイティエン駅）が2024年7月に運行を開始予定。運賃は距離により1万2000～1万8000ドンを予定。

緑色の車体のハノイ・メトロ

都市鉄道の乗り方

▶切符の購入

日本と同様に自動券売機でICカードの切符を購入する。画面右下のボタンで英語表記に切り替え、画面に表示された路線図で行き先をタップ。表示された金額を投入する。

▶改札の通り方

改札に入るには、ICカード切符を改札機上部にあるセンサーにかざす。改札を出るときは改札機の投入口に切符を入れる。

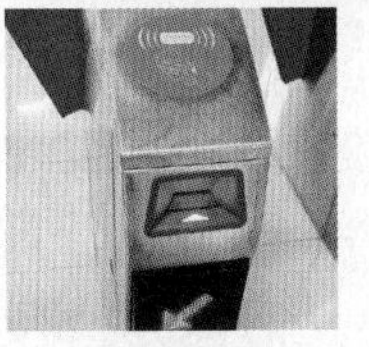

上／支払いは現金のみ
下／改札に入ったら駅のホームへ向かおう

シェアサイクル Xe Đạp Công Cộng

一部の町で利用可能

ホーチミン市、ハノイ、ダナン、ブンタウ、ハイフォンなどで公共自転車サービスのTNGoが24時間利用できる。利用にはベトナムの電話番号でのアプリへの登録が必要。

シェアサイクルの料金システム

普通自転車は1回（60分以内）1万ドン、1日（7時間30分以内）5万ドン。いずれも利用時間を過ぎた場合は、以降15分ごとに3000ドン加算。電動自転車は1回（60分以内）2万ドン、1日（7時間30分以内）10万ドン。いずれも利用時間を過ぎた場合は、以降15分ごとに6000ドン加算。

自転車が停められているステーションは各町で異なるが、ホーチミン市は40ヵ所以上ある

TNGo
☎1900-633548（ホットライン）
URL tngo.vn

シェアサイクルの利用方法

利用前にアプリにお金をチャージする。アプリ上で「Deposit」から「Payyoo」を選択。「Pay@Store」を選ぶと「Payment Code」が表示されるのでコンビニで提示し支払う。チャージされたらアプリ上の「Find Station」から利用するステーションを探し、自転車を選んだらサドル後ろあたりに二次元コードがあるので、アプリで読み取り、スタートをタップすると解錠される。施錠する際は車輪近くの鍵を手動で下ろす。再度の解錠はアプリで「Unlock」をタップ。

チャージではなくプリペイドカードもあるが、販売している場所がまだ少ないためアプリへのチャージがおすすめ。

レンタサイクル／レンタバイク Xe Đạp Cho Thuê / Xe Máy Cho Thuê

町によっては利用価値大

ホテルや旅行会社、レンタサイクル・レンタバイクの専用店などで貸し出している。ホーチミン市やハノイは交通量が多く、利用はあまりおすすめしないが、交通量の少ないホイアンではレンタサイクルで回る人が多いなど、町によっては使い勝手がいい乗り物だ。

レンタサイクル＆レンタバイクの料金システム

借りるときにはパスポートかデポジットを求められることがあるが、極力デポジットで借りられる所を探そう。料金は自転車1日5万ドン～、バイクは15万ドン～で、ガソリン代は別。

シクロ Xích Lô

観光地巡りで利用したい

自転車の前に人力車の座席をくっつけたような乗り物。以前は庶民の交通手段とされていたが、都市部ではほぼ観光用の乗り物になっている。町ごとに微妙に形状が異なり、乗り比べてみるのもおもしろいが、旅行会社などを通して利用するのがいいだろう。

ホイアンの旧市街を巡る観光客向けのシクロは大人気

シクロの利用方法

個人で利用する場合、ハノイやホイアン、フエなどの観光地では、観光用シクロの停車場所があり（各町ページや地図参照）、停車しているシクロに料金交渉して利用する。

レンタカー Xe Ôtô Cho Thuê

ドライバー付きが基本

ここでいうレンタカーはドライバー付きのプライベートカーや貸切ハイヤーのことで、車種は乗用車からワゴンカーまでさまざま。旅行会社やホテルなどで手配できる。

シェアサイクル利用の注意点

歩道は走行不可で、車道を走ること（右側走行）。ヘルメットは付いていないため、交通量の多い道は避けたほうがよい。逆走するバイクもいるため周囲に気を配りながら、安全運転を心がけること。また、自転車にはカゴが付いているがひったくりも多いため、不用意に荷物を入れないようにしたい。

レンタサイクル・レンタバイクの注意点

借りる前にはブレーキやタイヤの空気、鍵がかかるかどうかの確認を忘れずに。また保険がないため、盗難に遭ったら借りた人の責任で補償しなければならない。盗難防止のため、駐輪する場合は必ず施錠するように。ベトナムでは、車・バイクは右側通行。自転車も歩道ではなく、車道（右側通行）を走る。

日本の国際免許は通用しない

ベトナムでは50ccを超えるバイクおよび車の運転には免許証の携帯が義務付けられており、外国人もその対象だ。万一、免許証不携帯で警察の検問に合った場合は、外国人でも罰せられる。ちなみに、ベトナムは日本と加盟する国際運転免許証の条約が異なるため、日本の国際運転免許証は通用しない。

シクロ利用の注意点

都市部では悪質なドライバーもおり、評判はよくない。また、ホーチミン市やハノイの大通りにはシクロ乗り入れ禁止エリア（各町の項参照）があるので、利用する際は注意しよう。

道路を横断するときの注意点

ベトナムは基本的な交通法規はあるが、交通マナーに関する関心は低く、逆走や信号無視などもあるため道路横断には十分注意を。信号のない道路を横断する際は、一定のペースでゆっくり歩行すること。急に走り出したり、止まったりするのがいちばん危険。

住所を頼りに物件を探すには

ベトナムの住所番号は、道路を境に偶数番号側、奇数番号側とはっきりと分かれている。住所を頼りに物件を探すとき、参考にするとよい。

通貨と両替

ベトナムの通貨

ベトナム・ドン

ベトナムの通貨単位はベトナム・ドン（Đồng=VND）で、「VND」や「đ」と表記される。

USドルは流通していない

ベトナムでは、原則として外貨での価格表示・支払いは禁止されている。以前はUSドルが流通していたが、現在は指定された場所以外での外貨支払いはできない。わかりやすいようにUSドルで料金を伝えられることもあるが、支払いはベトナム・ドンを使用するように。

ベトナム・ドンの紙幣。左列の上から100、200、500、1000ドン。中列の上から2000、5000、1万、2万ドン。右列の上から5万、10万、20万、50万ドン。100、200ドンはほとんど流通していない

ベトナム・ドンの硬貨。左から200、500、1000、2000、5000ドン。硬貨はほとんど流通していない

ベトナム・ドン→日本円の簡単な計算方法
ベトナム・ドン表示価格の0をふたつ取って、×0.6が日本円に換算時のおおよその価格。

価格に記された「K」とは？
価格を表示する際に「20K」などと「K」を使うことがある。Kは1000を表しており、「20K」なら「20000」ドンということになる。

お金の持ち方

日本円を持っていくのがベスト

日本円を持っていき、現地でベトナム・ドンに両替するのが最も効率的でお得。USドルが手元にある場合は持っていってもいいが、わざわざ日本円から換金する必要はない。日本で日本円をUSドルに換金し、さらにそれを現地でベトナム・ドンに両替すると、日本円➡USドル➡ベトナム・ドンと、両替手数料を2度支払うことになるためだ。また、日本の一部の空港では日本円からベトナム・ドンへの両替が可能だが、現地で両替したほうがレートはいい。

クレジットカードがあると安心

都市部ではホテルやレストラン、ショップなどでクレジットカードが使える所は多く、地方でも使える所が増えている。ただ、クレジットカードでの支払いができなくても、ATMでのキャッシングなどで利用できるので、1枚持っておくと安心だろう。クレジットカード利用に関する詳細はP.421を参照。

ATMは空港をはじめ、町なかにもある

PIN（暗証番号）を確認しよう
ICカード（ICチップ付きのクレジットカード）で支払う際は、サインではなくPIN（暗証番号）が必要だ。日本出発前にカード発行金融機関に確認し、忘れないようにしよう。

デビットカード
使用方法はクレジットカードと同じだが支払いは後払いではなく、発行金融機関の預金口座から即時引き落としが原則となる。口座残高以上に使えないので予算管理をしやすい。加えて、現地ATMから現地通貨を引き出すこともできる。

両替

ベトナムでの両替

外貨からベトナム・ドンへの両替は、空港や町なかでできる。なお、ベトナムでは銀行代理の両替認可証をもたない所での外貨両替は認められておらず、認可証のないゴールドショップ(金・アクセサリー屋)や両替商での両替は違法となる。

▶銀行で換える

銀行内の外貨両替窓口(Foreign Currency Exchange)で両替できる。ベトコムバンクといったベトナムの大手銀行は、各主要都市に支店があり、日本円、USドルをはじめ主要各国の通貨の両替が可能だ。なお、銀行によっては両替にパスポートの提示が必要な場合もあるので確認しよう。

▶両替所で換える

ホーチミン市など都市部には銀行代理の両替認可証をもつ両替所が数ヵ所あり、銀行よりも営業時間が長く、手軽に利用できて便利。なお認可証をもつ両替所は、代理銀行のレート表を表示している。

▶空港で換える

空港によっても異なるが、両替レートは町なかの銀行とほぼ同じ。ただし手数料がかかる所もあるので確認してから両替しよう。

上手に両替するコツ

旅行形態にもよるが、ベトナム・ドンへの両替は一度にたくさんしないほうがいい。残ったドンの再両替は場所が限られており、分厚い札束を持ち歩くのも無用心。2泊、3泊程度の短期旅行なら、到着時に1万円を両替し、様子を見ながら都度、両替していくのがおすすめ。なお、小さな店やタクシーでは、20万ドン以上の札を出すとおつりがないと言われることがあるので、両替時に1万ドン、2万ドン札に崩してもらうと使いやすい。地方へ行く場合は、両替できる場所が限られるため都市部で両替をして行ったほうがいい。

再両替

ベトナム・ドンから日本円、USドルへの再両替は、銀行、銀行代理の両替認可証をもつ両替所、各国際空港などでできる。ただし、日本円への再両替に関しては、少額の両替の場合はしてもらえないことがあり、小銭はベトナム・ドンで換金される場合がほとんどのため、両替したお金はすべて使い切ったほうがいい。

ベトナム・ドンの参考レート

1US$≒2万5345ドン
1円≒160ドン
1ドン≒0.0062円
(1000ドン≒6円)
(2024年5月現在)

両替レート表の見方

日本円からのベトナム・ドンへ両替は「Buy」欄のレートが適用される。「170.13」と表示されている場合、10000÷170.13で1万ドン=約59円となる。1万円を両替すると10000×170.13で170万1300ドン。

両替レートはどこもほぼ同じ

多少の差はあるものの、各銀行の出すレートはどこもほぼ同じだ。レートのいい両替所があったとしても、その差は1万円を両替して170万ドンか169万ドンかの違いだ。1度の両替が2、3万円程度なら差額は小さく、時間をかけてレートのいい両替所を探したり、わざわざタクシーで両替所へ行ったりするメリットはほとんどない。

両替したら必ず確認を

両替した紙幣を受け取ったら、必ずその場(窓口のスタッフの目の前)でレートと見比べて金額を確認しよう。また、受け取った紙幣の中に破れた紙幣、セロテープで補修してある紙幣、汚れのひどい紙幣などが混じっていたら、すぐに取り替えてもらうこと。破れた札や汚い札は受け取ってもらえないことがあるからだ。

テト期間の両替は注意

テト(旧正月)の3〜7日間は銀行、両替所ともに休みとなるので、前もって両替しておこう。

キャッシュレス決済

都市部では電子決済でのキャッシュレス化が進んでいるが、ベトナムの銀行口座&電話番号がないと利用はできない。

海外専用プリペイドカード

カード作成時に審査がなく、外貨両替の手間や不安を解消してくれる便利なカード。出発前にコンビニATMなどで円をチャージ(入金)し、入金した残高の範囲内で渡航先のATMで現地通貨の引き出しやショッピングができる。各種手数料が別途かかるが、使い過ぎや多額の現金を持ち歩く不安もない。

トラベレックスジャパン発行「Travelex Money Card トラベレックスマネーカード」
URL www.travelex.co.jp/travel-money-card
三井住友カード発行「Visaプリペ」
URL www.smbc-card.com/prepaid/visaprepaid/index.jsp

クレジットカード

クレジットカード利用の現状

都市部ではクレジットカードが普及しており、ホテルや旅行会社、ショップ、レストランなど、旅行者が訪れる場所で利用できることが多い。店によっては手数料を取る、数十万ドン以上の支払いでなければ使用できないなどの制限がある場合も。地方でも普及しつつある。5つ星ホテルでは、チェックイン時にデポジットとしてカードの提示が求められる場合がある。

ベトナムに持っていくクレジットカードの種類

ベトナムでの通用度はVisaカード、Mastercardが最も高く、続いてJCBカード、アメリカン・エキスプレス・カード、ダイナースクラブカードの順なので、VisaカードかMastercardのどちらかを持っていくと安心だろう。その他、ホーチミン市やハノイなどの都市部ではJCBカードやアメリカン・エキスプレス・カードを使える所も。ダイナースクラブカードは5つ星ホテルなどで使える場合がある。

クレジットカードのメリット

ベトナムでのクレジットカード利用のおもなメリットは、以下が挙げられる。

①紛失や盗難に対する補償

万一、カードの紛失や盗難といったトラブルに遭っても、カード発行金融機関に連絡すれば無効にしてくれる。また、被害届を出しておくと、一定期間遡り、補償してくれる場合がある。

②ATMでのキャッシング

海外キャッシュレスサービスの設定があるクレジットカードを持っていれば、空港や銀行、町なかに設置されているATMでベトナム・ドンの現金引き出しができる。手数料は各銀行やカード発行金融機関によって異なるが、3～4%程度。

日本で口座から引き落とされるのは1～2ヵ月後で、カード発行金融機関が決めたその日のレートに規定分が上乗せされ、さらに利息がかかる。カードのキャッシングは年利18%(20日で約1%)が一般的なため、帰国後すぐにカード発行金融機関に連絡し、海外キャッシング分の一括返済の予約をすれば余分な金利を支払わずに済む。

③クレジットカード付帯のサービス

カードによっては海外旅行保険付帯やショッピングの割引、空港ラウンジが無料で利用できるなどの特典が付いているものがある。出発前に手持ちのカードにどんな特典があるかチェックしておこう。

クレジットカードのデメリット

①ほかの国に比べて加盟店はまだ少なく、使える場所が限られている、②実際の金額よりも多く決済するなどのトラブルやスキミング被害がある、③店によっては手数料が高いなど。店やホテルでカードを使う場合は、目の前で処理してもらい、レシートはきちんと保管し、帰国後は利用代金明細書などで確認するようにしたい。

ATMでのベトナム・ドンの引き出し方

各クレジットカードに対応しているロゴを確認し、利用できるATMの機械を探そう。

- ●アメリカン・エキスプレス・カード
  AMERICAN EXPRESSのロゴ
- ●JCBカード
  Cirrusのロゴ
- ●Mastercard
  Cirrusのロゴ
- ●Visaカード
  PLUSのロゴ

ATM利用のトラブル

都市部のATMではカードが機械に入ったまま出てこなくなるトラブルが多発している。銀行内のATMならその場でスタッフを呼べるが、夜の市中のATMだとその場を離れることができない。ATMを利用する場合は極力、営業中の銀行内のATMを利用しよう。

クレジットカードを紛失したら

カード発行金融機関に連絡してカード停止とともに、再発行の手続きをしよう。万一の紛失を考え、カード発行金融機関の緊急用電話番号、カード番号と有効期限を控えておこう。

チップは必要？

もともとベトナムにはチップの習慣はないが、特にホーチミン市などの都市部では外国人旅行者の増加によって、一部では半ば習慣化されつつある。チップの相場は以下を参考に。なお、タクシードライバーにはチップ不要。

●ホテル

ホテルのポーターやベッドメイクには1万～2万ドン程度。

●観光客向けのレストランやカフェ

通常、10%の税金と5 %のサービス料が加算されているが、レシートを確認して、サービス料が含まれていなかったら、料金の5～10%以内でつり銭を残しておけばOK。

●ツアーガイドやドライバー

プライベートツアーの場合、1日5万～10万ドンくらい。格安ツアーの場合は、渡しても渡さなくてもOK。

●マッサージやスパ

5万～10万ドン程度を目安に。料金にチップが含まれている、チップは気持ち次第としている所もあるので事前に確認しておこう。

通信と郵便

電話

国内電話のかけ方

▶市内電話

ホテルの客室からは、外線番号(ホテルによって異なるが「9」または「0」が多い)➡相手の電話番号と続ける。料金はホテルからかけると、1分間300〜1万ドン程度(携帯電話へは1分間1000〜1万ドン程度)。ホテルによっては市内通話は無料の所もある。

▶市外電話

市外局番(各町の項参照)➡相手の電話番号をダイヤル。

国際電話のかけ方

▶ベトナムから日本へかける

ホテルの客室内の電話から、ダイヤル直通で国際電話がかけられる。これをIDD(International Direct Dialing)という。かけ方は、(外線番号)➡国際電話識別番号「00」➡日本の国番号「81」➡市外局番(最初の「0」不要)➡相手の電話番号をダイヤル。通話料金は1分間ごとに2万4000ドンで、通話秒数で請求される。相手が電話に出なくても料金がチャージされることがあるので注意。

▶日本からベトナムへかける

国際電話会社の番号➡国際電話識別番号「010」➡ベトナムの国番号「84」➡市外局番(最初の「0」不要)➡相手の電話番号。

ベトナムで携帯電話を使う

ベトナムでの携帯電話の普及率は非常に高く、スマートフォンの利用者も多い。都市部だけでなく郊外や農村部でも、基本的にはほぼ問題なく通話が可能だが、観光名所のハロン湾の船上などでは、電波が通じにくい場合がある。

長期旅行や数回にわたって訪問する予定があるならベトナムの携帯電話番号を入手し、携帯電話SIMカードを購入するのがおすすめ。ベトナムのSIMカードを使うためには、携帯端末が必要になるが、日本の携帯端末を使う場合はSIMロック解除をするか、あらかじめSIMフリーの携帯端末を手に入れよう。なお、ベトナムでも携帯電話は購入できる(→P.423)。通話料金は各通信キャリアによって微妙に異なるが、国内電話ならおよそ1分980〜1780ドン、日本への国際電話は1分4114ドン〜と日本に比べると安い。

▶SIMカードの購入

SIMカードは、通信キャリア会社の直営店や携帯ショップなどで購入できる。ホーチミン市、ダナン、ハノイの各国際空港ではおもな通信キャリア会社のブースがあり、SIMカードの購入ができる。ホーチミン市の空港のヴィナフォンの場合、5Gデータ通信のみのSIMカードは10日間利用可能なもので15万ドン(3GB/日)〜、通話+データ通信のSIMカードは15日間利用可能なもので22万ドン(5GB/日、国内通話100分+ヴィナフォン携帯への通話1500分)〜。

なお、ベトナムでは携帯はプリペイド(先払い)方式が一般的。残

電話はどこからかけられる?
国内電話、国際電話ともに、ホテルのほか携帯電話などからかけられる。

ベトナムからのコレクトコール
コレクトコールとは、着信者が通話料を払う国際電話サービスで、日本語オペレーターを通じて電話がかけられる。通話料金は通常の国際電話料金よりも高い。
●KDDIジャパンダイレクト
☎120-81-0010

日本での国際電話の問い合わせ先
●au
Free 0057(一般電話などから)
Free 157(au携帯から)
URL www.au.com
●NTTドコモ
Free 0120-800-000(一般電話などから)
Free 151(ドコモ携帯から)
URL www.docomo.ne.jp
●ソフトバンク
Free 0800-919-0157
Free 157(ソフトバンク携帯から)
URL www.softbank.jp

ベトナムのおもな通信キャリア
大手はモビフォン(Mobifone)、ヴィナフォン(Vinaphone)、ヴィッテル(Viettel)の3社。3社ともにホーチミン市、ダナン、ハノイに限られるが5G対応のSIMカードを販売している。

楽天モバイル&アハモの海外ローミング
楽天モバイルやアハモ(ahamo)では追加契約なしで、海外ローミングができる。楽天モバイルは海外では2GBまで無料で使える。料金プランは1ヵ月3GB利用なら1078円、20GB利用なら2178円、それ以上は3278円。アハモは月間利用可能データ量で、15日以内であれば速度制限がかからずに使える。料金プランは1ヵ月20GBまで使えて2970円。どちらも機種によって使えない場合があるので、各ウェブサイトで確認を。
●楽天モバイル
URL network.mobile.rakuten.co.jp
●アハモ ahamo
URL ahamo.com

ベトナム国内での電話のかけ方

市外局番 ※1	+	相手先の電話番号

※1市内通話なら市外局番は不要。携帯電話からかける場合は市内でも市外局番が必要。

ベトナムから東京へかける場合

ホテルの客室からなら外線番号（客室以外なら不要）	+	国際電話識別番号 00	+	日本の国番号 81	+	市外局番の「0」を除く 3 ※2	+	相手先の電話番号 1234-5678

※2ベトナムから日本の携帯電話の090-12345678へかける場合は、最初の「0」を除き90＋相手先の電話番号12345678となる。

日本からホーチミン市へかける場合

国際電話識別番号 010※3	+	ベトナムの国番号 84	+	市外局番の「0」を除く 28	+	相手先の電話番号 12345678

※3携帯電話の場合は010のかわりに「0」を長押しして「＋」を表示させると、国番号からかけられる。
※NTTドコモ（携帯電話）は事前にWORLD CALLの登録が必要。

高がなくなったらチャージ（Top Up）する必要がある。トップアップカードは、通信キャリア会社の直営店、携帯ショップのほか商店やコンビニなどで販売している。

▶携帯電話端末の購入

携帯電話端末は、携帯ショップで新品を200万ドンくらいから購入できる。おもな携帯ショップは、主要都市に店舗展開している「テーゾイジードン（The Gioi Di Dong）」など。

▶携帯電話から電話をかける

国内の固定電話へかける場合は、市外局番➡相手の電話番号。国際電話もかけられ、日本へかける場合は、「＋」➡日本の国番号「81」➡市外局番（最初の「0」不要）➡相手の電話番号をダイヤル。携帯電話からの国際電話でフリーダイヤルやナビダイヤルにはかけられない。

Wi-Fi環境について

Wi-Fi（インターネットの無線LAN接続）環境が整っており、各空港をはじめ、ホテル、レストラン、カフェ、ショップなどでWi-Fiが無料で使える。パスワードを設定している所がほとんどなので、スタッフに尋ねてみよう。ほかにも海外用モバイルWi-Fiルーターをレンタルする方法もある。

海外でのスマートフォンやタブレットの利用、Wi-Fi接続の方法

「地球の歩き方」ホームページでは、海外でのスマートフォンなどの利用方法をまとめた特集ページを公開中。
URL www.arukikata.co.jp/net

INFORMATION

ベトナムでスマホ、ネットを使うには

スマホ利用やインターネットアクセスをするための方法はいろいろあるが、一番手軽なのはホテルなどのネットサービス（有料または無料）、Wi-Fiスポット（インターネットアクセスポイント。無料）を活用することだろう。主要ホテルや町なかにWi-Fiスポットがあるので、宿泊ホテルでの利用可否やどこにWi-Fiスポットがあるかなどの情報を事前にネットなどで調べておくとよい。ただしWi-Fiスポットでは、通信速度が不安定だったり、繋がらない場合があったり、利用できる場所が限定されたりするというデメリットもある。そのほか契約している携帯電話会社の「パケット定額」を利用したり、現地キャリアに対応したSIMカードを使用したりと選択肢は豊富だが、ストレスなく安心してスマホやネットを使うなら、以下の方法も検討したい。

☆海外用モバイルWi-Fiルーターをレンタル

ベトナムで利用できる「Wi-Fiルーター」をレンタルする方法がある。定額料金で利用できるもので、「グローバルWiFi（【URL】https://townwifi.com/）」など各社が提供している。Wi-Fiルーターとは、現地でもスマホやタブレット、PCなどでネットを利用するための機器のことをいい、事前に予約しておいて、空港などで受け取る。利用料金が安く、ルーター1台で複数の機器と接続できる（同行者とシェアできる）ほか、いつでもどこでも、移動しながらでも快適にネットを利用できるとして、利用者が増えている。

▼グローバルWiFi

海外旅行先のスマホ接続、ネット利用の詳しい情報は「地球の歩き方」ホームページで確認してほしい。
【URL】http://www.arukikata.co.jp/net/

サービスごとに窓口が分かれているホーチミン市の中央郵便局

郵便

ベトナムの郵便局でできること

ベトナムの郵便局はベトナムポスト(Vietnam Post Corporation)と呼ばれる郵便公社が運営していて、郵便・小包を国内外に送れる。

国際郵便

▶はがき・封書

ポストから投函できるが、郵便局の窓口から出すほうが確実。窓口で郵便物を差し出すと重さを量って料金のスタンプが押されるか切手をくれるので、料金を支払ってそのまま係員に渡す。通常郵便(所要10～30日)で日本までは下記の料金表を参照。

国際郵便料金

重量(g)	～24	25～104	105～254	255～504	505～1004	1005～1504	1505～2000
はがき、封書、印刷物(VND)	2万3000	4万8000	8万3000	15万4000	30万6000	49万	67万6000

▶EMS(国際スピード郵便)

最高30kgまで、国際郵便のなかで最優先に取り扱う郵便システムで、各町の郵便局にEMSの窓口がある。

日本へは、手紙・書類が500gまで52万200ドン。以後500g増すごとにプラス8万5200ドン。物品・小包は500gまで66万6800ドン。以後500g増すごとにプラス9万9200ドン。2～5kgは92万5000ドン。所要2～5日。

▶国際小包

船便と航空便があり、船便は2kg以上からの受け付けで2kg約1200万ドン、日本まで所要約3～4ヵ月。船便は大量の荷物ならお得だが、小包の場合は航空便より料金が高いわりに日数がかかるためおすすめしない。航空便は2.5kgまで63万8400ドン、所要5～20日。

申請用紙に英語で各荷物の名称、個数、価格などを記入し、荷物と一緒に窓口で係員に提出。郵便税関で内容物の検査を受けなければならず、検査後に送料と、必要に応じて梱包代を払う。箱や包装紙(有料)は用意されているが、緩衝材は用意されていないので持参しよう。

国際宅配便

各主要都市ではDHL、FedEX(フェデラルエクスプレス)などの国際宅配便が使える。ホーチミン市、ハノイ、ダナンには佐川急便もあり、日本までドア・トゥ・ドアで届けてくれる。所要日数は各社によって異なるが、日本まで5～7日ほど。佐川急便の場合、日本への手紙・書類は500gまで55.5US$、500g以上は66US$～。以後500g増すごとにプラス10.5US$。物品小包は5kg151.9US$、10kg246.7US$、20kg368.1US$。前記料金はすべて目安の料金で、関税・消費税等の実費費用は含まれない。食品は輸送不可、食器は発送制限あり。利用の際は最低でも出国の3日前までに連絡を。

国内郵便の料金

重さ、郵送方法によって料金が異なる。封書の場合、普通郵便なら24g以下が5500～8500ドン、25g以上が7000ドン～。

ベトナムの郵便ポスト

国際郵便専用、国内郵便専用の2種類のポストがある。国際郵便専用のポストには「International」と書かれている。

日本へ送れない物

送付できない物は、ワシントン条約で規制されている物品、薬物、銃刀、100年以上経過した希少価値のある骨董品(陶器は100年未満でも不可な場合がある)、情報文化省の許認可シールのない海賊版DVD、CDなど。なお、荷物を送ったら日本帰国時に税関で「携帯品・別送品申告書」の提出(→P.406)を忘れずに。

佐川急便ベトナム

URL sagawa-vtm.com.vn
ホテルなどへの集荷も可能。
●ホーチミン市支店
→P.88
●ハノイ支店
MAP P.340-1B
住 3F, MHDI Bldg., 60 Hoàng Quốc Việt, Q. Cầu Giấy
☎(024)38432088
E-mail sgv.marketing@sgh-global.com
●ダナン支店
MAP P.236-1A参照
住 Lot 15 Block A2, Kinh Dương Vương, Khu Phức Hợp Đô Thị Thương Mại Cao Tầng Phương Trang, Q. Liên Chiểu
☎(0236)3832248

ホテル事情

ホテルのタイプ

高級ホテルは年々レベルアップしている。客室の豪華さやサービスはもちろん、飲食店やスパといった館内施設も一流揃いの5つ星ホテルが登場(ハノイ、カペラ・ハノイ)

高級ホテル

▶1泊120～1000US$

レストラン、バー、ビジネスセンター、ジム、プール、スパなどの館内施設の充実はもちろん、24時間ルームサービス、ランドリーなど十分なサービスが期待できる。全室エアコン、バス、トイレ、電話、インターネット接続、テレビ、ミニバー、セーフティボックスなどが備わり、バスアメニティも標準装備。掃除も行き届いている。フロントでは英語が必ず通じるし、日本人スタッフをおくホテルもある。都市部では外資系デラックスホテルが多い。

中級ホテル

▶1泊60～160US$

客室数50前後のホテルが多いが、設備面では高級ホテルと大差ない所もあり、快適に過ごせる。客室の設備、バスアメニティともにグレードはやや落ちるものの高級ホテルと同様の場合が多く、掃除も行き届いている。町の中心街の便利な地区に多く、値段も手頃。女性や初めてのベトナム旅行でちょっと不安という人も、このクラスならまず大丈夫。

最新機器を備え、おしゃれなインテリアで統一した高級感あふれるブティックホテルも増えてきた(ホーチミン市、オディス)

エコノミーホテル

▶1泊35～95US$

館内施設は高級&中級ホテルに比べると充実しておらず、レストランのみという所もある。室内設備は、エアコン、トイレ、ホットシャワー、テレビ、電話、インターネット接続、ミニバー付きで、朝食が付くことも多く、それなりに快適に過ごせる。特に都市部でこのタイプのホテルが増えてきている。

エコノミーホテルでもホテルによって設備は異なる。日本風露天風呂をもつホテルも(ハノイ、東屋ホテル キンマー2号店)

ミニホテル・ゲストハウス

▶1泊10～60US$

年々増えているのが、個人経営のミニホテル。特にハノイやホーチミン市に多い。たいてい5～20室程度のこぢんまりとした建物だが、民家の一部を改装したものから、立派な建物まである。客室設備は

チェックイン&チェックアウト

ベトナムではチェックインの際にパスポートを預けるシステム。パスポートをコピーしてすぐに返却してくれるホテルもある。チェックイン時間はホテルによって異なり、14:00または15:00の所が多いが、早めにチェックインできる場合もある。チェックアウトは通常12:00。

デポジットについて

高級ホテルでは、チェックインの際にデポジットとして、クレジットカードの提示または現金が必要な場合がある。クレジットカードの場合は、通常ホテル側がカードのコピーを保管し、チェックアウト時にコピーを破棄し、支払い請求がくることはない。現金でデポジットを支払った場合は、チェックアウト時に返金される。

宿泊料金について

2024年2月現在、USドルを併記しているホテルがあるが支払いはベトナム・ドン。なお、この項でも便宜上、USドルで表記している。

客室のタイプについて

ベトナムでは、1部屋にシングルベッドがひとつ置かれている、純粋なシングルルームはほとんどない。大きなダブルベッドがひとつ置かれ、ひとりで宿泊するか、ふたりで宿泊するかで料金が変わるホテルもある。本書では⑤は1ベッドだけの純粋なシングルルームの料金もしくはツイン・ダブルルームをひとりで使用する場合の料金を掲載している。また、ⓉⓌはツイン・ダブルルームにふたりで宿泊する場合の1部屋の料金を、Ⓓはドミトリーの1ベッドの料金を掲載している。

外国人が泊まれない宿

ベトナム語でホテルはKhách Sạnという。その他の宿泊施設としてNhà Nghỉ(ゲストハウス、ラブホテル)、Nhà Trọ(宿屋)、Nhà Khách(公営の宿)があるが、外国人は泊まれない場合が多い。

知っておきたい
客室の設備＆サービス

ベトナムのホテルでのおもな客室設備およびサービスは以下のとおり。

●シャワー

ミニホテルでもたいていはホットシャワー付き。タンク式の場合は途中から水に変わることもある。

●エアコン

ベトナムでは冷房のみのクーラーのこともエアコンと呼ぶ。暖房が付いているホテルは北部でも少ない（サパの各ホテルは暖房設備あり）。

●タオル

エコノミー以上はもちろん、ミニホテルやゲストハウスでもほとんどが備わっている。

●バスアメニティ

歯磨きセット、石鹸、シャンプーはミニホテルやゲストハウスでも置いている所がある。

●テレビ

ミニホテルでも備わっていることが多く、衛星放送やケーブルテレビなども見られる。日本人の利用が多いホテルではNHKBS放送や民放番組が見られることも。

●ミニバー

1泊15US$以上ならたいていある。ただし、外出時にルームキーを抜くと電源が落ちるタイプもある。

●セーフティボックス

ミニホテルやゲストハウスでも備わっていることがある。

●ランドリーサービス

中・高級ホテルなら「シャツ1枚○○ドン」のスタイルで、客室備え付けの申込用紙に記入して出し、チェックアウト時に精算。ミニホテルやゲストハウスなら「1kg、○○万ドン」などと、ホテルによってさまざま。無料サービスはほとんどない。洗濯物の入れ間違いを防ぐために洋服のタグに油性ペンで部屋番号などが書かれることがある。

●インターネット（Wi-Fi）

高級ホテルからミニホテル・ゲストハウスまで、Wi-Fi接続は無料という所がほとんど。ただし、ミニホテル・ゲストハウスなどでは電波が弱くつながりにくい場合もある。

ホテル予約サイト

●アゴダ　Agoda

URL www.agoda.com

●エクスペディア　Expedia

URL www.expedia.co.jp

●ホテルズドットコム
Hotels.com

URL jp.hotels.com

ドミトリーでも大きめのベッドで居心地のいいホステルが多い（ホーチミン市、9ホステル＆バー）

料金によって変わるが、20US$程度の客室では、たいていエアコン、トイレ、ホットシャワー、テレビ、インターネット接続、ミニバー、簡易バスアメニティが備わる。ホテルによっては、セーフティボックスや朝食付きの場合も。清潔でサービスがよいとあって、なかなか人気がある。

また、ここ数年ではドミトリールーム中心のしゃれたミニホテル＆ゲストハウスが都市部を中心に増えており、欧米人やベトナム人の若者に人気がある。

リゾートホテル

▶1泊180〜1800US$

のどかな風景に癒やされるカントリーサイドのリゾートホテルも増えている（カントー、アゼライ・カントー）

ダナンやニャチャン、フーコック島などには、リゾートタイプのホテルがある。特にダナンとホイアン間の海岸線沿いには急増中だ。高級ホテルと同様の館内施設、客室設備、サービスで、リゾート内で楽しめる各種アクティビティやマリンスポーツを楽しむための設備が充実しているホテルもある。客室はヴィラタイプ＆プライベートプール付きの所も多い。

ホテルの予約

予約は必要？

ホーチミン市やハノイなどの都市部ではホテルの数が多いので、普通は予約なしでも大丈夫。何軒かあたれば必ずどこかに空室がある。ただ、人気の宿や高級ホテルへの宿泊、あるいは夜遅く到着予定の場合は、予約をしたほうがよい。またベトナムの祝日や連休にリゾート地へ行く場合は、どこもベトナム人観光客で混み合うため早めの予約が望ましい。ちなみにハノイの高級ホテルは、慢性的な部屋不足が続いているため、ハノイで高級ホテルに宿泊したい場合は早めの予約を。

便利＆お得な予約方法

▶ホテル予約サイトを利用する際の注意

ホテル予約サイトは多数のホテルを比較できて便利だが、ホテル予約サイトを通じて予約したホテルへ行ってみると、すでに閉館していた、予約ができておらず泊まれなかったなどのトラブルが起きている。利用する場合は必ず最新の口コミを読み、ホテルに連絡を取ってみること。

▶各ホテルの正規割引

時期によって、各種キャンペーンによる割引料金をはじめ、さまざまなお得なプランを用意している高級ホテルは多い。キャンペーン内容は各ホテルのウェブサイトまたは、日本国内の予約センターへ問い合わせを。また、インターネット予約のみの特別割引を行っていることもあるのでチェックしたい。

旅の健康管理

ベトナムの医療事情

都市部では設備の整っている病院があり、ホーチミン市、ハノイ、ダナンには外資系・日系クリニックもある。地方では設備・医薬品の不足、衛生面など、問題のある病院も多い。そのため治療を受けるなら地方よりも都市部の病院がよいだろう。重症の場合は、第三国（シンガポールやバンコク）へ行くか、日本に帰国して治療を受けたほうがよい。第三国へ緊急移送してくれる病院もあるが、膨大な費用がかかるので、緊急移送も含めた海外旅行保険に加入しておこう。

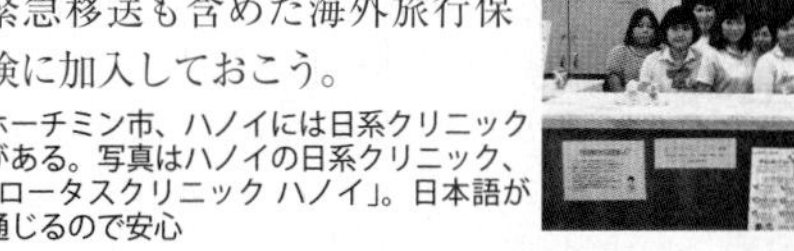

ホーチミン市、ハノイには日系クリニックがある。写真はハノイの日系クリニック、「ロータスクリニック ハノイ」。日本語が通じるので安心

ベトナムでかかりやすい病気

ベトナムでかかりやすい病気の特徴

旅行者は、気候風土と衛生状態の悪さから病気にかかる場合が多い。衛生状態は年々よくなってきてはいるが、地方ではまだまだ安心できないのが現状だ。都市部を中心とした観光旅行程度なら、飲食に気をつけるだけで、かなりの病気は防げる。

▶細菌性腸炎（食中毒）

患者や保菌者の汚物から、食物、手などを介して細菌が経口感染する。通常は下痢、腹痛、嘔吐、発熱をともなう。菌の種類にもよるが、菌が体内から出てしまえば治ることが多い。下痢止めの使用は控え、脱水症状に注意し、十分な水分・ミネラル補給を行うこと。

▶ウイルス性肝炎

A・B・C・E型肝炎のうち、旅行中にかかりやすいのはA型肝炎。ウイルスはベトナム全土に存在し、肝炎患者の糞尿に汚染された水や食べ物、またウイルスに汚染された食べ物（特に貝類）から感染する急性肝炎だ。全身倦怠、食欲低下、発熱などの症状が数日間続き、黄疸が現れる（出ない場合もある）。肝炎の疑いがある場合は早めに医師の診察を受けよう。A・B型肝炎にはワクチンがあり、予防接種ができるが効果は数ヵ月間。またB型肝炎は性交渉でも感染する。

▶デング熱

イエ蚊（普通の蚊）に刺されて感染するウイルス感染症で、一般的に雨季に多いといわれるが、1年を通して存在する。ベトナムでは都市部でも感染し、数年おきに大流行する。通常2〜7日間の潜伏期間後、突然の高熱、頭痛、腰部を中心とした激しい筋肉痛、全身の関節痛、眼痛が現れ、3〜4日で発疹が現れる。重症型になると毛細血管からの出血や肝臓障害をともなう場合もある。治るまでに1ヵ月以上かかることもあり、ときには死亡することもある（特に子供は死亡しやすい）。疑いがある場合は、一刻も早く医師の診察を受けよう。予防はとにかく蚊に刺されないようにするしかない。

感染症危険情報を事前にチェック

●外務省海外安全ホームページ
URL www.anzen.mofa.go.jp

病気の予防

●水
ベトナムの水は硬水のため、軟水に慣れた日本人が口にすると下痢を起こしやすい。町なかではミネラルウオーターも売られている。また氷も生水から作られている場合があるので、避けたほうがよい。

●生野菜
地方はもちろん、都市部でも屋台などで出される生野菜や水は極力避けたほうがよい。ベトナムでは畑の肥料に人糞を使用している所もあるため、生野菜には寄生虫がいる場合もあり要注意だ。

●魚介類
寄生虫がいる可能性がある。また、貝類はA型肝炎のウイルスをもちやすいので、しっかりと火が通った物を食べるようにしよう。

●乳製品
乳製品は菌が発生しやすいので衛生状態が悪い店の物は避けること。

●虫・動物
虫除けや蚊取り線香などの防虫準備をしておこう（現地でも手に入る）。ハエ、ダニ、ノミもさまざまな寄生虫を媒介する虫であることを頭に入れておこう。また、動物はさまざまな病原体をもっている場合が多く、狂犬病をもっている可能性もあるのでむやみに近寄らないようにしよう。

●河川などでの水遊び
特にメコン川流域には皮膚から侵入するメコン住血吸虫がいる。感染すると肝機能障害を引き起こし、最悪の場合死亡することもある。暑いから、地元の人が泳いでいるからと、むやみに川や湖に入らないように。

●はだし
土中や水中には破傷風菌や寄生虫が生息しており、小さな傷口からも感染する。衛生状態の悪い地域では、はだしで歩かないこと。

感染症が多くなる季節は？

●南部

感染症は年間を通してほぼ平均的に流行するが、特に雨季（5～10月）に多発する傾向がある。マラリアやデング熱は10月の雨季明けに多発。また、熱中症にも気をつけたい。

●中部

9～2月頃の雨季のなかでも10～11月の最も雨の多い時期。マラリアやデング熱などもこの時期に多い。

●北部

4～10月の気温の高い時期。マラリアやデング熱などもこの時期に多い。

交通事故によるけがにも注意

交通量の多い町ではレンタサイクルやバイクの運転は極力避けよう。ホーチミン市などの都市部では、外国人を狙ったバイクによるひったくりが多く、けがをするケースもある。事故や外傷は、そのときはたいしたことがなくても、あとで後遺症に悩まされることもあるため、けがをしたときは医師による適切な処置を受けたほうがよい。

残留枯れ葉剤について

ベトナム戦争に使用された枯れ葉剤が、所により残留している可能性がある。野生の果物などをむやみに食べないこと。特に妊娠中の人は注意したい。

予防接種について

ベトナムへの入国にあたって、特に義務付けられた予防接種はない。予防接種に関しては、各地区の保健所や市・区役所の保険予防課に問い合わせてみよう。

海外旅行保険に加入しよう

海外旅行保険は、旅行中の死亡、傷害、病気、盗難事件などを補償するもの。海外旅行保険が自動的に付帯するクレジットカードも多いが、補償額が小さい、疾病死亡が補償されないなどカバーされる範囲が限られている。特に新型コロナに感染した場合の治療費は高額になるため、必ず新型コロナ治療費をカバーする保険に加入すること。

▶マラリア

都市部での感染は少ないが、山岳地帯では珍しい病気ではない。ハマダラカ属の蚊に刺されることで感染し、一般的に熱帯熱マラリア、四日熱マラリア、三日熱マラリア、卵型マラリアの4種に分けられる。ベトナムでかかるのは大半が熱帯熱マラリアで、そのほとんどが薬剤耐性のため、早期に的確な診断、治療を受けないと数日のうちに脳マラリアを起こし死亡することもある。潜伏期間は12日（熱帯熱マラリア）～30日前後と種類によって異なる。熱帯熱マラリアの症状は、潜伏期間の後、悪寒、震え、高熱が1～2時間続き、その後悪寒は治まるが熱はさらに上昇し、顔面紅潮、結膜充血、嘔吐、頭痛、筋肉痛などが起こる。これが数時間続き、その後発汗とともに解熱する。マラリアの疑いがある場合は、一刻も早く医師の診察を受けよう。予防法はとにかく蚊に刺されないようにするしかない。また、感染しても発病を抑える予防内服薬が何種類かあるが、薬剤耐性マラリアの出現や薬の副作用などの問題もあり、服用する際は十分な注意が必要。

▶ジカウイルス感染症

ジカウイルスをもったヤブカ属の蚊によって感染する。潜伏期間は2～12日間で、デング熱と似た軽度の症状が2～7日間続く。流行地ではジカウイルス感染症後に小頭症の新生児の増加や急性・多発性根神経炎であるギラン・バレー症候群の発症が報告されている。蚊に刺されないようにすることが最善の予防方法。ベトナムでも2016年にジカウイルス感染症が発生している。

▶寄生虫・原虫

ベトナムにはさまざまな寄生虫・原虫が存在する。基本的には消化器官に寄生し、下痢、腹痛、体重減少などの症状を呈する。幼虫が消化器以外の臓器に寄生することも多い。治療よりも予防を心がけ、生ものを食べることは極力避け、川で泳いだり、はだしで水辺を歩いたりしないよう注意すること。

▶エイズ（後天性免疫不全症候群）

南部、特にホーチミン市あたりでは風俗関係者や麻薬中毒者を中心にエイズ感染者が急増中で、ベトナムのエイズ感染者の80～90%が性交渉で感染しているともいわれている。予防法は各人の良識ある行動以外にない。

▶鳥インフルエンザ

2005年前後に東南アジアから中央アジア、欧州で流行した鳥インフルエンザ。ベトナムでも感染による犠牲者が出たが、情報がオープンで対策も早かった。2013年初頭に中国で発生した新型鳥インフルエンザ（H7N9型）の予防法は家禽類との接触は避けることと、鶏肉や卵を食す場合は加熱調理された物にすることだ。

▶新型コロナウイルス（COVID-19）

新種のコロナウイルスを病原体とする感染症で、2019年末に中国の武漢で初めて確認された。2020年初頭からパンデミックに陥り、ベトナムでも多数の感染者、死亡者を出している。2024年5月現在も研究過程にあるウイルスだが、インフルエンザなどと同様に飛沫等で感染することがわかっている。最新情報は外務省海外安全ホームページや在ベトナム日本国大使館等のホームページで確認を。

旅のトラブル対策

ベトナムの全体的な治安はそれほど悪くなく、テロなどの凶悪犯罪は報告されていない。しかしながら、スリやひったくりといった盗難をはじめとする軽犯罪は日常的に起きており、その発生率は日本よりも高く、特に都市部では外国人旅行者が狙われるケースは多い。以下に実際に起こったトラブルの実例を紹介し、傾向と対策を考えてみたい。

タクシー利用のトラブル

空港からのタクシーに注意

ビナサン・タクシーで、ホーチミン市の空港から統一会堂まで向かった。道中、いろいろ案内してくれて、よいドライバーだと思っていたが、統一会堂に着くと態度が一変。ベトナム・ドンは0が多いからと、ひと桁多い120万ドンを支払うよう要求してきた。口論になり、結局40万ドンを置いて下車。トラブルが少ないといわれているビナサン・タクシーだったので安心しすぎていた。（福岡県　かんた　'20)['24]

悪質な白タク

ベンタン市場からタクシーに乗った。ビナサン・タクシーと思って乗ったがフロントガラスの右上に番号もなく、あとから偽物だと気づいた。10分足らずの乗車で38万1000ドンを請求してきたので、抗議したが聞き入れてもらえず、仕方なく40万ドン支払った。すると運転手は20万ドン札を1万ドン札にすり替えて足りないと怒りだす始末。下車しようとしたところ、ドアがロックされていて開かない。運転手が操作しないとドアが開かないように細工されていたのだ。また、助けを呼べないよう窓のハンドルは外されていた。運転手をひっぱたいてドアを開けさせたが、降りてびっくり目的地ではなかった。

（匿名希望)['24]

配車サービスでのトラブル

ホイアンからダナンへ行く際に乗車したグラブのタクシーでは、連絡できるSNSを交換しないとドアを開けて下車させてもらえないというトラブルに遭った。ホーチミン市やハノイと比較してダナン～ホイアン間は交通の便が悪く、グラブの利用価値が高いことは事実。グラブの運転手もその特徴を理解してか、「帰りの時間を教えろ、迎えにいくから」と。当日予定を決めたかった私と友人(ふたりとも女性)は、「男性に連絡先を教えるのは怖い」、「今日の予定を行き当たりばったりで決めたいので何時に迎えにきてほしいかは伝えられない」と説明してもなかなか下車させてもらえなかった。20分ほどの押し問答の末、LINEを交換して下車させてもらえたが、1日中「何時に帰るか教えろ」と連絡が途絶えず、その日はあまり楽しむことができなかった。

（東京都　すぎぃ　'23)

▶傾向と対策

白タクはほぼ100%に近い確率でトラブルに遭うため、絶対に利用しないこと。実例のように巧妙に大手タクシー会社に似せた車体を使っている白タクもいるので、要注意だ（トラブルタクシーの見分け方は→P.414コラム)。また、タクシーのメーターは2桁省略した金額を表示している会社があり、それを悪用してひと桁多く請求したり、「単位はドル」と言い張ったりする手口も多い。その場合はメーターどおりの金額をベトナム・ドンで支払い、さっさと立ち去ること。メーターが細工されている場合は、気づいた時点で降ろしてもらい、そこまでの金額を支払ったほうが面倒なことにはならない。

メータータクシーに比べるとトラブルが少ないグラブなどの配車サービス（→P.415）でも、なかには悪質なドライバーもいる。配車前にドライバーの評価レートを確認し、低いレートならキャンセルしよう。また実際にトラブルに遭った場合は、すぐに利用した配車サービスのサポートセンターへ連絡を。

空港でのトラブル

タンソンニャット国際空港でお金を抜かれた

タンソンニャット国際空港のカウンターでタクシーを手配した。支払いの際に金額がわからず、財布の中身を見せてしまい金額を抜いてもらってしまった。後で一緒に入っていた日本円が数万円なくなっていることに気づいた。空港のカウンターで手配したからといって優良タクシーとは限らないので、財布の中身は決して見せないこと。金額がわからない場合は書いてもらうか電卓をたたいてもらうようにしたほうがいい。　（東京都　匿名希望　'23)

ハノイの空港からのミニバスはトラブル続出

ハノイの空港からミニバスを利用したとき、市内に入ると男がバスに乗り込んできて「どこのホテル？僕がもっといいホテルを知っている」と客引きを始めた。「予約をしてある」と言い張ったら、「じゃあ近いからここで降りてくれ」と降ろされたが、ホテルまで30分以上歩かなければならない場所だった。

（大分県　ばおばぶ)['24]

空港のX線検査時の金属探知機

ダナンとハノイの空港を利用したが、ベルトのバックル、おなかに巻くセキュリティポーチ内の鍵なども金属探知機にひっかかる。スニーカーも脱ぐよう言われたので、スムーズにチェックを抜けたい場合は、体から外せるものは全部外し、靴はすぐ脱げるようにしておくといい。　（匿名希望　'20)['24]

▶傾向と対策

ベトナム・ドンは桁が多いため、特に初めてのベトナム旅行だと戸惑う人も多いはず。ベトナム・ドンに慣れないうちは、空港からの移動はグラブ(→P.395)などの配車サービスを利用し、クレジットカード払いが理想。現金支払いなら車の中で落ち着いて金額を数えること。空港に限らず町なかなどでも金額がわからない場合は、必ず電卓などで表示してもらい、お金を確認してから支払おう。お釣りをもらう際も落ち着いてその場で確認を忘れずに。財布の中身を見せてお金を抜いてもらうことは絶対にしないようにしよう。

ハノイの空港からのミニバスはとにかくトラブルが多い。このほかにも「数十万ドンを請求された」「支払いしたのに乗車後にもう一度しつこく請求された」といった被害が報告されている。なるべくミニバスは利用せず、ハノイやホーチミン市なら路線バス(→各町の項参照)が使い勝手がいい。トラブルに遭ってしまった場合はドライバーや客引きの言いなりにはならず、毅然とした態度で断ろう。脅し言葉には「ポリス!」のひと言で引き下がることも意外と多い。また、ミニバスが連れていくホテルはトラブル多発のホテルであることも知っておきたい。

ベトナムの空港でのセキュリティチェックは時間をかけて厳密に行われることを覚えておこう。そのため深夜発の便が多いハノイの国際線ターミナルのセキュリティチェックでは長時間待たされることもしばしば。時間に余裕をもって訪れるようにしたい。また、ライターは没収されるので注意。

町なかでのスリ・窃盗

✉バイクにスマホを奪われた

ホーチミン市でスマートフォンを持って歩いていたら、バイクに乗った中年女性が後ろから近づいてきて、あっという間にスマートフォンを奪っていった。スピードの出たバイクで奪う、手慣れた鮮やかな手さばきだった。　(台湾　ふぉんうぇい)['24]

▶傾向と対策

昼夜問わず、スマートフォンのバイクによるひったくり被害は多数報告されている。歩きながらの使用はもちろん、ポケットに入れていてもひったくられるので、路上での使用は控え、かばんにしまおう。また、たすきがけのバッグも無理やりひったくられ、引きずられるというケースもあるので、リュックにするか、あるいはたすきがけにするならバッグは体の正面に持ち、手で押さえながら歩くようにしよう。

また、ハノイのナイトマーケットはスリが多く、かばんを刃物で切り裂かれ、貴重品を盗られたケースも報告されている。ナイトマーケットに限らず、人混みは地元のベトナム人でもスリに気をつける危険地帯。貴重品は持ち歩かないようにしたい。

町なかでのトラブル

✉ハノイの強制募金

夜、ハノイの旧市街を散歩していると、ベトナム人女性から流暢な日本語で声をかけられた。学生で支援活動団体に属し、ボランティアで世界中の学生に募金を呼びかけているとのこと。募金したと思われる人たちが書いた署名ノートを見せながら「募金は10US$以上、日本円で1000円 から」と要求してきた。払わないでいたら財布に手を入れてきそうになった。　(東京都　Keishi)['24]

✉ハノイの靴磨きに注意

大教会周辺を歩いていると、靴磨きの男性が靴先にボンドのような物を塗り付けてきた。新しい靴なので、修理の必要がないと立ち去ろうとすると修理代を要求された。　(匿名希望)['24]

▶傾向と対策

旅行者をターゲットにしたハノイの強制募金や靴磨きによる被害は多数報告されており、上記例のほかにも金額が少ないと「最低でも50US$!」と強い口調で脅されたり、断ると汚い言葉で捨て台詞を吐かれたといった報告もある。過去には詐欺で現行犯逮捕されたグループがあり、犯人たちは支援活動団体の偽造身分証明書や6つの言語に翻訳した書類を所持するなど、その手口は巧妙で、約2年間にわたって外国人相手に詐欺を繰り返していたという。詐欺グループに遭遇した場合は、①徹底的に無視する、②提示する身分証明書あるいは相手の顔写真を撮ろうとすると、引き下がる、あるいは逃げるという報告がある。

ショッピングでのトラブル

✉商品の郵送で脅された

バッチャンで「日本へ郵送する」契約で先払いの買い物をしたが、何ヵ月たっても送られてこない。店に電話すると「送ってほしかったら、あと1000US$払え」と脅された。　(匿名希望)['24]

▶傾向と対策

先払いで日本へ郵送してもらう場合、商品到着後に半額を支払うなどのリスクを分散させよう。

レストランでのトラブル

✉注文していない料理の請求がきた

某有名レストランで食事をしたとき、注文していない料理まで運ばれてきた。「サービスだ」と言っていたが、あやしいと思い下げてもらった。会計時にレシートを見ると、案の定その料理の名前が書かれており、さらに運ばれてきてもいない料理の名前や、注文した料理もメニュー表示より高い金額で請求されていた。

（神奈川県　匿名希望）['24]

✉破損紙幣にすり替えられた

とある日本食レストランでの支払い時、スタッフはテーブルで支払ったお金を受け取り、金額を確認しつつ背を向けた次の瞬間、振り向き直して「このお札は破れている」と、微妙に破れた50万ドン札を突き返してきた。その店では以前も同じことがあったため、おかしいと感じ「手に持っているお札と伝票をすべてテーブルに出しなさい」と出させたところ、案の定50万ドン札が1枚多い。つまりこちらが50万ドン札で支払うことを見越して、あらかじめ破れた札を隠し持ち、瞬時に支払ったお札を破れた札とすり替えて突き返してきたわけだ。店長を呼んで謝罪させたが、スタッフひとりではなく複数のスタッフがグルであったと思われる。

（ホーチミン市在住　匿名希望）['24]

▶傾向と対策

レシートの間違いは日常的に起きている。支払いの際は必ずレシート内容の確認を。実例のように故意にレシートの請求額を上増しする店もあるので、毅然とした態度で相手の非を正すこと。

ベトナムでは破れたり汚れたりしているお札は受け取ってもらえないことがあるが、外国人旅行者は破損紙幣をつかまされる確率が高い。支払いのときは実例のようにすり替えられても毅然とした態度で臨むこと、またおつりをもらうときは、破損紙幣がないか必ず確認を。

マッサージ店でのトラブル

✉強引に表示額以上の料金を取られた

ハノイのマッサージ店で、表示料金よりも高く請求され、強引に40万ドンを取られた。返金の要求をしても「10万ドンは1US$だ」と、うそのレートを主張して取り合ってくれなかった。

（東京都　匿名希望）['24]

✉性的なマッサージのセールス

某ホテルの客室内でマッサージを受けたところ、まともなのは最初の5分だけで、その後は一切の手を止めて性的なマッサージのセールスに変身。最後には冷蔵庫から勝手に飲み物を取り出して飲み始めた。「出て行け！」と言っても知らん顔。フロントに電話をして警備員に連れ出してもらった。もちろん一切のお金は支払わず。

（東京都　匿名希望）['24]

▶傾向と対策

マッサージのチップの相場は5万～10万ドン程度。法外なチップの強要はきちんと断ること。

またベトナムではいかがわしいマッサージ店が多いのは事実。中級クラス以下のホテルに併設されている店、大通りから外れた場所に建つ店にその傾向が強い。そういった店ではチップ強要以外のトラブルも多く、おすすめできない。

ホテルでのトラブル

✉客室のセーフティボックスから現金が盗まれた

ハノイの由緒ある中級ホテルのセーフティボックスから1万円札を2枚、100ドル札を3枚抜き取られた。現金は封筒に入れて管理し記録していたので間違いない。セーフティボックスは「パスワードのみ」や「マスターキーとゲスト用キー」で開けられるタイプではなく、「マスターキーのみ」で簡単に開けられるタイプだった。

（東京都　匿名希望）['24]

▶傾向と対策

セーフティボックスにはさまざまなタイプがあり、緊急解錠は一般のスタッフでも簡単にできてしまうタイプもある。セーフティボックスが信用できないと判断した場合は、貴重品はセーフティボックスと24時間肌身から離さないなど小分けしてリスクを分散させるしかない。また、安宿などではチェックイン時は客室の窓が開いていることが多いので戸締りをしてから外出をしよう。

そのほかの注意事項

カード賭博の詐欺にも注意

言葉巧みにポーカーなどに誘い、最初は勝たせて最終的には有り金すべてを巻き上げるカード詐欺も確認されている。手口は、町なかで日本とのかかわりや、こちらの服や持ち物に興味があるかのように声をかけ、仲よくなったところでアジトに連れ込み、頃合いを見てカード遊びに誘い込むというもの。必ず勝てるような説明を受けるが最終的には全額を巻き上げられ、クレジットカードでも限度額まで引き出される。町なかで親しげに声をかけてくる輩には注意ということを覚えておこう。

過去にホーチミン市でカード詐欺グループのひとつ（フィリピン人）が逮捕されたが、その後も被害が報告されており、今後も注意が必要だ。

なお、ベトナムでは国営以外のギャンブルは違法で、外国人でも罰せられる。

現地ツアーでの注意

ハロン湾での観光船沈没など、ツアー中に人命にかかわるような事故が起きている。ツアーを利用する場合は保険内容の確認も忘れずに。ただし私営の旅行会社では、事故が起きた場合の保険はほとんど無視されている状態のため、もしもの場合は十分な補償は受けられないと考え、あらかじめ海外旅行保険に加入しておくことはもとより、各自で備えをしておく必要がある。

また、ツアーオフィスではなく安宿で申し込んだツアーが、同じツアー内容にもかかわらず旅行会社で申し込むより高額というケースは多い。極力、旅行会社へ足を運び、直接ツアー内容と料金を確認して申し込むようにしたい。

警察へ行くときの注意

盗難に遭った場合、警察署では保険金請求のための紛失届受理証明書は発行してくれるが、被害に遭った同地域の警察でないと発行してくれないので要注意。また、一般の警察署ではほとんど英語は通じないため、ホテルのスタッフに同行してもらうなど通訳を付けたほうがいい。

治安情報を入手する

出発前に、以下のウェブサイトなどで現地の最新治安状況をチェックしよう。また、トラブル体験などもウェブ上で検索するとたくさん出てくるので参考に。

●外務省海外安全ホームページ
URL www.anzen.mofa.go.jp
●在ベトナム日本国大使館
URL www.vn.emb-japan.go.jp
●在ホーチミン日本国総領事館
URL www.hcmcgj.vn.emb-japan.go.jp
●在ダナン日本国総領事館
URL www.danang.vn.emb-japan.go.jp

緊急連絡先

●日本国大使館(ハノイ)
MAP P.342-2A　住 27 Liễu Giai, Q. Ba Đình
☎ (024)38463000(緊急時は365日24時間対応)
開 8:30～12:00、13:30～16:45(領事窓口)
休 土・日曜、ベトナムのすべての祝祭日と日本の一部の祝祭日

●日本国総領事館(ホーチミン市)
MAP P.122-2B　住 261 Điện Biên Phủ, Q. 3
☎ (028)39333510
開 8:30～12:00、13:15～16:45(領事窓口)
休 大使館と同じ

●在ダナン日本国総領事館
MAP P.237-4C　住 4-5F, Lot A17-18-19, Đường 2 Tháng 9, Q. Hải Châu　☎ (0236)3555535
開 8:30 ～ 12:00、13:30 ～ 16:45(領事窓口)
休 大使館と同じ
※各館ともに来館にはパスポートまたは写真付き身分証明書が必要。

●警察 ☎113　**●消防署** ☎114　**●救急車** ☎115

●ハノイ市警察　MAP P.346-3B
☎ (024)39423076(24時間)
☎ (024)39396100

パスポートを紛失した場合

万一パスポート(旅券)をなくしたら、まず紛失した地区内の公安局(警察署)へ行き、紛失届受理証明書を発行してもらう。次に日本大使館・領事館でパスポートの紛失届出をし、パスポートの新規発給または帰国のための渡航書の発給を申請する。

パスポートの顔写真があるページと航空券や日程表のコピーがあると手続きがスムーズ。コピーは原本とは別の場所に保管しておこう。

※新規発給のパスポートで出国するためには、申請後、10日間～2週間、帰国のための渡航書で出国するためには、申請後、1～2週間は現地で足止めとなることを覚悟しておこう。また、ベトナムでは原則としてパスポートがなければホテルに宿泊できないことになっているため、その間はほかの町への移動は不可能と考えるべきである。

●パスポートの紛失届出

[必要書類]

①公安(警察)が発行した紛失届受理証明書
②顔写真1枚(縦4.5cm×横3.5cm。背景白色、撮影から6ヵ月以内)
③身分を証明する物(運転免許証、学生証など)
④紛失一般旅券等届出書(各館の申請窓口にある)
※紛失届は手数料無料。

●パスポートの新規発給

[必要書類・費用・所要日数]

必要書類はP.401欄外参照。

有効期間が5年間のパスポートは190万ドン(12歳未満103万ドン)、10年間の物は276万ドン(ドン払いのみ)。所要3業務日。さらに発給後、イミグレーションオフィスで滞在許可証と出国許可証を取得する。料金は数十～100US$ (滞在許可日数によって異なる)。所要7～10業務日。

URL xuatnhapcanh.gov.vn/en/gioi-thieu/contact

●帰国のための渡航書の発給

[必要書類・費用・所要日数]

①顔写真1枚(縦4.5cm×横3.5cm。背景白色、撮影から6ヵ月以内)
②帰国便の予約を確認できる書類
③日本国籍を確認できる公的文書(戸籍謄本、抄本、本籍地記載の住民票など)
④渡航書発給申請書(各館の申請窓口にある)

渡航書の発給は43万ドン。翌日発給(即日も可能)。さらに発給後、イミグレーションオフィスで滞在許可証と出国許可証を取得する。料金は数十～100US$ (滞在許可日数によって異なる)。所要5～7業務日。

ベトナム百科

カフェ文化が根付くベトナム。ベトナム最北端の町、ハザンにて

地形と自然

まず地図を広げてみよう

インドシナ半島の東側をふちどるようなベトナムは、北緯8.35度～23.4度、東経102.8度～109.4度に位置し、スリムなS字形をしている。このS字形、ベトナムでは天秤棒の両端にふたつの籠を下げた形、あるいは逆立ちした龍の姿にたとえられている。

ベトナムの4分の3は山岳地帯である。ベトナムの背骨、チュオンソン山脈が、西側を南北に走り、ラオス・カンボジアとの国境をなしている。一方、東側は南シナ海に面し、約3260kmという長さの遠浅の海岸線。そのため西から東、北から南へと大小さまざまな川が流れ、下流にはデルタが形成されている。特に、チュオンソン山脈の切れた南のほうには、広大な三角州、メコンデルタがある。このようにベトナムには、山あり海あり平野あり……といった、バラエティに富んだ風景がある。

南　部

タイのバンコクからベトナム第1の都市、ホーチミン市までは飛行機で約1時間30分。途中、窓から見下ろせば雄大なメコンデルタが広がり、視線はすっかり下界に釘付けにされてしまう。全体では約4.4万km²、ベトナム領内でも約3.6万km²という、母なる大地メコンデルタ。雲海の切れ目から見えるものは、「混沌」という言葉がぴったりの、どろどろとした感じの緑地と悠々と蛇行する大河メコン。これがどこまでも果てしなく広がっている。

この平坦なデルタを形成するメコン川はインドシナ最大の河川で、実に全長約4300km、流域面積約79.5万km²というスケールの大きさ。はるかチベット高原に源を発し、中国・ミャンマー・ラオス・タイ・カンボジアの諸国を旅してベトナムの地を流れる。ベトナム領内では全長の20分の1ほどしか流れていないが、9つの河口を作り大海に注いでいる。

ベトナムの人々がメコン川に付けたニックネームは「九龍」。人々は、ときには龍のように荒れ狂い、大地を作り、大地を水浸しにするメコン川と格闘して水田を広げている。

メコンデルタと聞けば、いかにもじめじめした湿地帯や木々が生い茂るジャングルなどを想像するが、上空から眺めると、むしろフランス領時代から開発整備され始めた運河網が縦横に走る水田地帯を目にすることのほうが多い。メコンデルタはベトナムの、いやアジアの一大穀倉地である。

メコンデルタの町、カントーは、南部ベトナムの米の大集積地。実り豊かな産物が並ぶ、活気あふれる町だ。

ホーチミン市から南へ約75km、ミトーへ向かう道の両側は、実にのどかな水田地帯が続いている。ところどころにヤシなどの熱帯の樹木がひゅうと天を突いて立ち並び、日本の水田を見慣れた私たちにとっては妙な組み合わせである。また、国土の4分の3が山岳地帯というのに、周りに山ひとつ見えないのには、メコンデルタの広大さを改めて痛感……。

メコンデルタに足を踏み入れれば、真っ赤な道が真っすぐ延びて、熱帯植物の深い緑と絶妙なコントラストを呈している。この赤い土、つまり玄武岩が風化した紅土（テール・ルージュ）が肥沃な土地をもたらしてくれているのだ。

メコンデルタの東北を流れるドンナイ川支流のサイゴン川右岸に開けた大都市ホーチミン市は、赤やオレンジの原色の花が咲き、街路樹もすくすくと育った美しい南国情緒あふれる町。それもそのはず、年間を通しての最低気温が20℃前後という暑さなのだ。

ベトナム南部の沿岸には水深100mにも達しない大陸棚が広がっている。遠浅の海岸ではプランクトンが発生し、豊かな漁場が作られる。どうりで海の幸がおいしいわけだ。デルタ地帯の海岸は砂丘もあるが砂浜の続く平坦な所が多く、ブンタウは1年中泳げる白砂の美しい海岸として有名である。

支流が網目のように張り巡らされたメコンデルタでは、船は重要な交通手段だ（ベンチェー）

中　部

中部の海岸都市、ダナンを目指してホーチミン市をたつと、やがて山が見えてくる。ベトナムを縦断して走るチュオンソン山脈だ。中部では、海岸線までこのチュオンソン山脈が迫っているので、南部とはガラッと景色が変わる。西側には山、東側には海といった地形が特徴的だ。

ハイヴァン峠は霧がかかっていることが多く、フエ方面とダナン方面でまったく異なる天気が見られることも

中部の二大都市フエとダナンの間にあるハイヴァン峠は、まさしく山地が海に迫る交通の難所。全長約20km、海抜496mのこの峠は、展望もすばらしく、古くから軍事上の要衝として南と北を隔ててきた。天気もここで大きく変わるといわれる。

ハイヴァン峠からは南シナ海のすばらしい景色や、砂州の上にできた教会のあるランコーという美しい漁村が見渡せる。

2005年にこの峠を貫くハイヴァン・トンネルが完成し、残念ながら一般車は峠越えをしなくなってしまったが、ハイヴァン峠へ立ち寄るフエ～ホイアン間のツアーバスが出ており、この峠越えの景色がすばらしく、旅情を感じさせると人気がある。

中部の海岸部には天然の良港が多く、ダナンもそのひとつである。ここにはミーケー・ビーチのような海水浴場もあるが、1年中は泳げない。

マリンスポーツが楽しめるダナンのミーケー・ビーチ

北　部

北部は、南国的な樹木は少なくなって、どことなく日本の水田地帯に似た風景が広がる。ベトナムの首都ハノイは、そんな紅河（ホン河）デルタの中にある。ちなみにハノイのハは河、ノイは内側という意味。

ハノイ市郊外の空港から市内へ向かう途中、巨大なニャッタン橋を渡る。この橋の下をゆっくり流れる大河が紅河で、その名のとおり鉄分の多い紅い土が水に混じっている。紅河はメコン川と異なり、川の多くのシーンをベトナム領内で展開している。全長約1140km、中国の雲南省に源を発し、ベトナム領内ではラオカイから約500kmを流れている。上流では密林に覆われ川幅も狭く激流だが、下流になるとぐっと川幅は広くなり、流れもゆったりとしてくる。上流での姿が想像もできないほど、ニャッタン橋の下を紅河はのんびり堂々と流れ、紅河デルタを蛇行していく。たくさんの支流を集め、大量の泥土を運ぶため、デルタ内では川床の高い天井川となっている。川沿いの地で堤防を見かけるのはこのためだ。

北部を代表する景勝地といえばハロン湾。ユニークな形の島がボコボコと顔を出す

北部では、デルタばかりでなくバラエティに富んだ風景を楽しむことができるが、その筆頭に挙げられるのが、ベトナムでも指折りの景勝地、ハロン湾だ。石灰岩質の大小さまざまな2000もの島々がユニークな形をした岩をそそり立たせて、「海の桂林」といわれるほど。自然が創り出した美しき姿である。

どうしてこれほどの風光明媚な景観ができあがったのかといえば、それは山岳部に目を向ければわかる。北部の山岳地帯のうち東北部、つまり中国との国境をなすあたりは、1000m級の石灰岩質の丘陵山地で、長い年月の間に風雨にさらされて侵食され、奇峰が林立するいわゆるカルスト地形だ。このカルスト地形がストンと沈降した状態がハロン湾の景観というわけだ。紅河デルタの中に散らばっている石灰岩質の岩の丘も同様である。

また、ラオスとの国境部、北西部は多くの少数民族が暮らす地域として知られる。インドシナ半島で最高峰のファンシーパン山（標高3143m）などの高山もある山岳地帯となっている。

ベトナム最北端のハザンはカルスト台地の絶景が見られる

政治・経済

放縦イメージと一党独裁

ベトナムでは1976年の南北統一以降、共産党の一党支配が続いている。社会の無秩序さから受ける表向きの放縦イメージと裏腹に政治的統制は厳しく、ほかの政党は許されていない。その統制ぶりは100%近い国会投票率からもうかがえる。非党員の国会議員もごく少数いるが、反体制派ではない。

国と党の最高人事は、国家主席、首相、党書記長の３職。国家主席は国の元首でやや儀礼的な存在。首相は行政の責任者で、書記長が最高実力者とされる。

党大会は５年ごとに開かれ、国の進路や書記長をはじめとする党内人事を決める。その数ヵ月後に、国会と地方議会の選挙が全国いっせいに行われるが、それに向けて立てられる候補者や、新しく決まる国と地方の指導者は、党大会で定まった党内人事に沿うのが基本だ。

書記長は2011年からグエン・フー・チョン。2021年から首相はファム・ミン・チンが務め、2023年にヴォー・ヴァン・トゥオンが国家主席に就任したが2024年３月に辞任した。

共産国としては個人独裁の傾向が小さく、集団指導が定着しているが、批判勢力がないため腐敗はあとを絶たず、汚職撲滅の努力は大きいものの、期待どおりの成果は上がっていない。

教条社会主義からドイモイへ

1976年の南北統一後、市場制を否定する教条的な社会主義を南部にも適用して大きな失敗をこうむったあと、1986年にドイモイ（刷新→P.280欄外）と呼ばれる改革が始まった。当初は政治改革も想定していたが、中国の天安門事件（1989年）やソ連・東欧の共産政権崩壊（1989～91年）の衝撃を受けて経済面に限定され、「市場経済導入」「対外開放」の２本柱に沿って進められた。

1978～89年のカンボジア侵攻で国際的に孤立したが、1991年に後ろ盾だったソ連が崩壊して全方位外交への転換が進行。1995年に東南アジア諸国連合（アセアン）に加盟し、アメリカとの国交も回復した。

2007年に世界貿易機関（WTO）に加盟。2009年に日越経済連携協定（JVEPA）が発効。2015年にはアセアン経済共同体（AEC）が発足した。日本など11ヵ国の環太平洋連携協定（TPP）も2019年に発効。欧州連合（EU）との自由貿易協定（EVFTA）も2020年に発効するなど、ここ15年で自由貿易体制への参加が大きく進んだ。これにともなって激しい国際競争にも直面している。2018年にはアセアン各国から輸入する自動車への関税が廃止され、輸入車の圧迫を受けている。地場ビングループは2019年、欧州製の設備を使って国産車の生産を始めたが、2022年１月にガソリン車からの撤退という衝撃の発表を行って、電気自動車（EV）生産に移行した。

株式化で国営企業を効率化

自由な経済活動を解禁したドイモイ以降、民間企業が急増する一方、非効率な国営企業が多く残った。その象徴が2010～12年の国営造船（ビナシン）と国営海運（ビナライン）の破綻だが、最近では民間企業による違法な資金作りが次々摘発され、大手企業の著名創業者らが逮捕されて国民を驚かせている。

市場経済化に合わせて、2000年にホーチミン市証券取引所（HOSE）、2005年にハノイ証券取引所（HNX）が開設。政府は国営企業の株式化に積極的で、政府保有株を国内外の投資家に売却して経営に参画させ、企業改革を進めている。国営企業は企業総数の0.1%にも満たないが、国内総生産（GDP）の３割を占めている。

輸出の７割超は外資系企業

ベトナムの主な輸出品は、電子製品（携帯端末など）、繊維製品、履物、機械類、木工品、水産物、鉄鋼など。これらの大半は組立や加工に大量の人手を要する品目で、低賃金労働に頼る部分が大きい。

外資系企業は輸出の主力で、輸出総額の４分の３近くを担う。特にスマートフォンなどを生産する韓国サムスン電子の存在は大きく、同社だけで輸出総額の２割を占める。

農産物には競争力があり、コショウ輸出やカシューナッツ加工量で世界１位。コメやコーヒー輸出では世界２位を占める年が多い。1986年から南部・中部沖で採取されてきた原油は、かつておもな輸出品だったが、近年は先細りで、むしろ石油輸入国になりつつある。

長年の悩みだった電力不足は、大型火力発電所の建設で改善した。日本とロシアの支援で進んでいた原発建設計画は、火力と再生可能エネルギーに軸足が移って2016年末にいったん撤回されたが、世界的な風向き変化を受けて2022年から再検討の動きが出ている。

体制の違いを超えた友好国

日本への輸出品としては衣料、機械、木工品、車両、水産物、電子製品が目立つ。日本は長年にわたる最大の投資国だったが、中国での生産に見切りをつけた韓国企業も大挙押し寄せている。

日本の自動車とバイクはベトナムで大きなシェアを占め、多くが国内で組立生産されているが、自由貿易体制の中で、タイやインドネシアで生産された日本車の輸入が増えている。

日本は長年、最大の政府開発援助（ODA）供与国であり、日本のODAは、ホーチミン市のタンソンニャット空港新ターミナルや都市鉄道１号線（建設中）、ハノイのノイバイ空港第２ターミナルなど交通インフラ整備や、発電所建設、下水道整備などエネルギー、環境、医療、教育の改善に貢献している。

日越関係は良好で、現政権も体制の違いを超えて日本を主要な友好国と位置付けている。国民の対日感情も全般によく、日本語を第２外国語として学ぶ人も多い。ベトナム語には漢語起源の言葉が極めて多いので、日本語を学べば自国語への理解も深まるだろう。

日本への旅行や留学、実習生の形での派遣労働が急増し、在留ベトナム人は40万人を超えた。在留外国人のなかでは韓国人を抜いて２位で、中国人に次ぐ多さになっている。

新型コロナでマイナス成長も

ベトナム経済は2015～19年に７％程度の堅実な成長が続いたが、2020年には新型コロナウイルスの世界的感染拡大で、一転して先行き不透明になった。当初は中国式に近い強権的な感染抑え込み策が奏功したものの、2021年に破綻。都市や工場の封鎖が相次ぎ、国民生活は苦境に。経済成長率が２％台に低下したほか、ホーチミン市ではマイナス成長に陥った。特に観光・運輸は大打撃を受け、国営ベトナム航空も破綻の瀬戸際だ。経済は回復中で、成長率は７％近くに戻りそうだ。

全国初の都市鉄道ついに開業

近年社会で目立つのが、貧富の格差、麻薬、環境汚染など、経済拡大の陰で発生する各種の弊害だ。交通事情も劣悪で悲惨な事故が多発しているが、公共交通は整備されつつある。2021年末にはハノイで国内初の都市鉄道（高架）が開業した。ホーチミン市でも日本の援助による都市鉄道（高架＋地下）が2024年夏の開業を目指している。

政治面では、多元主義を否定する政権への不満がくすぶり、インターネット上の発言でブロガーが逮捕されることもある。国境なき記者団（本部パリ）による報道の自由度調査（2022年度）では、180ヵ国のうち下から７番目と長年向上していない。2019年には教育省の通達で、生徒がソーシャルネットワーク（SNS）上で共産党の路線や国の政策に反する内容を発信することが禁じられるなど、日本とは異質な社会も顔をのぞかせる。

南シナ海紛争と反中感情

スプラトリー諸島（中国名・南沙諸島、越名・チュオンサー諸島）、パラセル諸島（西沙諸島、ホアンサー諸島）の領有権紛争を抱える南シナ海では、中国船によるベトナム漁船・公船への銃撃や体当たり、中国によるベトナム排他的経済水域（EEZ）での一方的な石油掘削装置（オイルリグ）設置が起きてきた。国民の反中感情は根強く、2018年には反中国の暴動も起きた。

中国の南シナ海領有権の主張は2016年にオランダ・ハーグの仲裁裁判所の判決で退けられたが、中国はこれを踏みにじる形で島々の軍事化を進めている。このなかにはベトナムが領有を主張する島や岩礁が含まれており、危機感が募るベトナムは海軍力強化を急いでいる。2017年までにロシア製潜水艦６隻を受領。米国は2016年にベトナム向け武器輸出を全面解禁し、日本も2015年に巡視船６隻を供与した。2017～20年には海上自衛隊最大の艦艇であるヘリコプター搭載護衛艦「いずも」やアメリカの空母が寄港するなど国際的な対中国牽制も行われている。一方、ウクライナ戦争では一貫してロシア非難を避けるベトナムと日米欧との間にはすきま風も吹く。

（岡　和明）

ベトナムの歴史

ベトナムと聞いて、誰もが思い出すのは、ベトナム戦争のことだろう。ベトナムは、中国と国境を接しているために、古くから中国やその他の国に長い間占領された歴史をもつ。つまりベトナムの歴史は、ひと言でいえば、常に被征服の歴史といっても過言ではない。そしてその傷跡は今でも残されている。

ベトナムの先史文化

ベトナムの人類最古の痕跡は、北部タインホア省のド山（標高158m）で発見された、約30万年前の前期旧石器時代の石器である。

紀元前１万年から前5000年の間のホアビン文化と呼ばれる頃になると、現在と同じ気候、地理的環境になっていた。ベトナムの考古学者は、この文化内で原始農業の発生、土器の出現を考えている。

前8000年から前6000年代頃の前期新石器時代にはバクソン文化となる。次に北部ベトナムで発見された前4000年頃のダブット文化、クィンヴァン文化へと続き、以前の居住地である山地の洞窟や岩陰を離れ、広い土地に下りてきたダブット人は、狩猟、漁労、農業に従事していた。

前3000年頃の後期新石器時代の文化として、バウチョ文化、ハロン文化などがあり、農耕文化とともに漁労文化が発展した。

●青銅器文化

青銅器文化には、フングエン、ドウダウ、ゴームンの３文化がある。これらの遺跡は、北部ベトナムの紅河（ホン河）流域に分布し、前2000年から前1000年の間と考えられている。この段階は、農耕が主体で、青銅器が農業生産に使用されだし、社会の階層分化をみた時代であった。

東南アジア地域から出土する青銅器中の白眉、銅鼓（どうこ）（青銅製太鼓）をもつのがドンソン文化だ。この文化の名前はそれらが出土した地名からつけられている。この文化は青銅器文化と思われていたが、この遺跡から鉄器も出土しており、鉄器時代に入るものと考えられている。前８世紀から後１～２世紀頃である。ドンソン社会は農耕生活を行い、首長が共同体の成員を支配する階級社会であった。また、ベトナムの史書によると、前1000年の中頃、紅河沿いにフンヴオン（雄王）と呼ばれる王家がヴァンラン（文郎）国と呼ばれる国家を造っていたという。ベトナム人学者は、このドンソン文化とそれ以前の青銅器文化を伝説の王、フンヴオン王、ヴァンラン国と結び付けて考えている。このヴァンラン国は前257年にアンズオン（安陽）王によって滅ぼされ、アウラック（甌駱）国が建設された。

中国支配の時代（前編）

もともと中国は雲南から海に出る最短ルートとして、紅河の支配を望んでいた。つまり、この紅河デルタは西方との交易の重要な拠点となっていたわけである。

秦は、始皇帝の死後、ベトナムへの支配力が弱まりつつあった。秦代の末期に、南海部（中国が辺境支配のためにおいた地方行政区）の支配者であった趙佗（ちょうだ）が独立し、今の中国の広州を首都として南越国を建国した。南越は紀元前208年に南の甌駱を征服したが、秦を継いで中国の統一王朝となった漢が紀元前111年に南越国を滅ぼしたことにより、ベトナムも漢の支配下に入り、これ以後約1000年間、中国の支配を受けることになった。また、この頃中部ではチャンパが国を造り（林邑（りんゆう）・占城（せんじょう））、独立国となっていた。さらに南部には、クメール族の国、扶南（ふなん）が存在していた。

ベトナムを支配した漢は官吏を送り込み、住民から厳しい搾取を行ったため、逆に住民に強く民族意識を目覚めさせ、たびたび反抗を受けるようになった。中国の支配期間には40～44年のチュン（徴）姉妹の反乱（→P.304、ハイバーチュン祠）、248年のハンチエウ（趙嫗）の反乱、541年のリーボン（李賁）の反乱、766～779年の間のフーンフン（馮興）の反乱と４回の大きな反乱が起きたが、どれも数年しか持続できず、中国支配に甘んじていた。

●扶南（ふなん）王国の盛衰

メコン川下流域に１世紀頃建国した王朝である。伝説では次のように建国について伝えられている。扶南はもともと柳葉（りゅうよう）という王女が統治しており、あるときインドの東部にあった模跌（もてつ）の国の混愼（こんてん）という男が商船に乗ってこの地を訪れ、混愼は柳葉と結婚しこの国の王となった。したがって扶南ではインド文化が色濃く反映され、言葉もサンスクリット語が使用されヒンドゥー教が信仰された。また高い文化的水準を有していた。扶南は中東・

西洋と中国を結ぶ中継貿易の重要地となり、海のシルクロードの中心となっていったのである。しかし、その繁栄のため、かえって征服される危険性をはらんでいた。そして中国の分裂により貿易収入は減り始め、徐々に勢力は弱まり、550年頃にクメール族の真蠟(しんろう)に滅ぼされてしまった。

●4世紀からのチャンパ

チャム人の国、チャンパは192年に今のフエ地方に興り、347年に范文(はんぶん)王が王宮の建築や軍事機構について中国の様式を取り入れたが、王の孫のバドラヴァルマン王はヒンドゥー教のシヴァ神を崇拝し、チャム芸術の代表となるミーソン寺院を建立した（→P.247、456)。この国は中国とバグダッドの中間に位置していたため、通商貿易の拠点となり（いわゆる海のシルクロード)、経済的にもおおいに繁栄した。

8世紀半ばには、ニャチャン、ファンランと都を遷し、安南都護府(あんなんとごふ)の衰退にともなって、中部ドンユーンに再遷都したが、北部ベトナムの圧迫に耐えかね、南部ヴィジャヤに1000年に3度目の遷都をした。

北部ベトナムの圧迫に対し、南部に進出しメコンデルタを占領し生き長らえたが、1471年にベトナム軍に敗退し滅亡してしまった。

ダナンのチャム彫刻博物館には数多くのチャム芸術の一級品が展示されている

ベトナムの独立

907年に唐が滅ぶと、広州に地方政権の南漢国が成立し、ベトナムはこの南漢に支配されたが、938年にゴー・クエン（呉権）が南漢の軍を紅河デルタの入口、バクダン江で破り、939年にコーロアを都とし、自ら王となり、長い中国支配からベトナムを解放した。

しかしゴー（呉）朝は965年に滅亡し、内部紛争が起こった。その後、ディン（丁）朝(968～980年)、さらに前レ（黎）朝と続いたが、この前レ朝もわずか30年間（980～1009年）しか持続できず、短命の王朝が続いた。しかし、この前レ朝の始祖レ・ホアン（黎桓）が南部のチャンパを破ったため、このときからチャンパはベトナムに朝貢するようになり、ある意味でベトナムの統一がなされた。

リー（李）朝

1010年にリー・コン・ウアン（李公蘊）がタンロン（昇龍、現ハノイ）に都を定め、国号をダイコーヴィエット（大瞿越）とするリー（李）朝を興した。このリー朝がベトナム初めての長期王朝となったのである。リー朝は宋代の中国のシステムをいろいろ取り入れて、国家を充実させた。1070年には現在、ハノイの名所となっている文廟（→P.296）を設け、1075年には科挙の制度を導入した。また仏教を導入し、それにともない文学や芸術も普及した。現在ホーチミン廟の隣にある一柱寺（→P.294）は、このリー朝期の創建である。

また、この時代にチャンパへ3度遠征し、その一部を奪い取った。また南洋諸国とも交易し繁栄したが、やがて農民への圧政に起因する反乱の結果、政権をチャン（陳）一族に譲った。

チャン（陳）朝

1225年にチャン（陳）氏は政権を獲得し、都をタンロン（昇龍）に定め、制度もほぼリー朝を踏襲した。

文学が栄え、固有の文字、いわゆるチューノム（字喃）を作り、中国漢字から独立して自国の文字をもつようになった。農業が発達しただけではなく、商工業も発達し、貨幣経済が浸透し始めた。特筆すべきことは、元の軍隊をゲリラ戦で撃破したことである。しかし、元は撃退したものの、そのため国家が疲弊し、さらに飢饉が起こり、山岳民族の反乱などで国家が乱れた。また、地方官が農民を虐げたために反乱が起こり、1400年にレ氏（後のホー〈胡〉氏）に政権を奪われ、チャン朝も滅んでしまった。しかし、チャン朝を支持していた人々はホー氏に逆らい内乱状態となった。このとき、機を見るに敏な中国（明）が侵入し、ホー（胡）朝を滅ぼしてしまった。

中国支配の時代（後編）

ホー（胡）氏を滅ぼした明は1414年から1427年までベトナムを支配し、ベトナム固有の言語や風俗などを排斥し、中国風を強制し、さらに暴政を敷いたので、人民は各地で蜂起し、1418年にレ・ロイ（黎利）が決起した。

動乱の時代

レ・ロイは人民の支持を得て1428年にベトナムを解放した。これが後レ（黎）朝である。行政・軍事の制度を充実させ農業を奨励した。また法律上、女性と男性とが家庭内では同等の権利を有した。チャンパを完全に支配し、ベトナムを統一した。しかし無能な王が続いたため、諸侯の抗争が起き、マック・ダン・ズン（莫登庸）が1527年に帝位を奪ったが、南北に分裂し、北部はチン（鄭）氏、南部はグエン（阮）氏が実権を握り、約200年にわたって対立した。

ここでいう南部とは現在のフエ地方のことで、実際は中部地方を指すことになる。南部のグエン氏は南進を続け、コーチシナを獲得し、さらにカンボジアの一部を併合した。この頃、宣教師アレキサンドル・ド・ロードがベトナム語をローマ字で綴り（つづ）、クオック・グー：Quốc Ngữ（国語）の起源となった。

1771年、グエン氏の末期にタイソン（西山）の3兄弟が圧政・物価高騰の不満から蜂起し、中部、続いてコーチシナを獲得。1777年にグエン氏を追放し、さらに北上してチン氏を討ち、1786年にタンロンに入城し南北を統一したが、やがて一族の対立から、グエン・アイン（阮映）の巻き返しを許してしまった。これがタイソン党の乱である。

グエン（阮）朝とフランスの進出

グエン・アインは1788年に中部ベトナムを奪回し、大砲と海軍力でタイソン党を圧倒し、1801年にフエを落とした。翌年にはタンロンに入城し、ベトナムの統一を回復したが、この際、フランスの志願兵と宣教師の助力を仰いだため、この後のフランスの進出を許すこととなった。彼は皇帝となり、ザーロン（嘉隆）と名乗った。現在のベトナム領を統治し、さらにカンボジアを保護下において、首都をフエに定めた。これがグエン朝である。

次のミンマン（明命）帝は、カトリックの布教や西欧諸国を排絶する方向を選んだので、フランスは1858年にダナン（トゥーラン）に砲撃を加え開国を迫った。その結果1862年6月にフランスと協定を結び、メコンデルタの一部の割譲とカトリックの布教を認めたが、地方官や農民の抵抗に遭ったフランスは、全土の直接支配を目指し、メコンデルタ全域を併合した。1882年にはハノイを占領し、フエ政府の形骸化が始まった。この結果、ベトナムはフランスの保護下におかれ、実質的に植民地化されてしまった。

ベトナム最後の王朝、グエン朝がおかれていたフエ。写真はグエン朝王宮

●フランス支配時の地方体制

ベトナム住民の敵意と反抗のなか、フランスは直接支配を行い、上部はフランス人が司ったが、下部の行政実務はベトナム人に委ねた。

当初は反発が多かったが、徐々にベトナム人の中にも対仏協力者が現れた。旧官僚とノタブル層（地方支配者階級）である。フランス化を図るための学校まで生み出し、このフランス化政策によって輩出された知識層が、後に南部ベトナムの特権階級となった。

仏領インドシナ時代

フランスにとってみれば、支配しやすい植民地となったが、ベトナムからみれば激しい搾取に遭うことになり、強い排仏運動が起きた。フランスはノタブル（地方支配者階級）を取り込み、ベトナム人を分裂させた。農民は零落（れいらく）し、中部・北部では農村を中心に反仏運動が展開された。

この頃、日本が日露戦争でロシアを破ったことを聞き、同じアジアの日本が援助してくれるのではないかという期待があったが、日本がフランスの要請に従い、日本国内のベトナム人の迫害を行ったため、日本に頼るという夢を捨て、自国民がベトナムを解放しなければならないと考えるようになった。

第1次世界大戦後、フランス社会党大会でホー・チ・ミン（グエン・アイ・クオック）が「われわれを救え」と演説し、1925年には中国の広州でベトナム青年革命同志会を組織した。彼らは武力による解放を目指し、1930年にはゲティン地方で大蜂起したが、弾圧され、革命は一時停滞した。

●生活破壊

フランスはベトナムに対して、不平等関税制度を導入し、さらに中国・日本からも輸入を行ったので、激しい貿易赤字を生み出すことになった。さらに、塩・アヘン・アルコールを専売制度にしたため、これらの価格を激

しく上昇させることになった。

●教育の変遷

1907年に進歩的な知識人や官僚、都市商人などにより、ハノイに「東京義塾」が設立された。これは単なる学校ではなく、教育・宣伝・著作・財政の部門をもつ総合機関であった。教育部門では、クオック・グー（ローマ字化したベトナム語）、漢文、フランス語、歴史、文学などを教えた。ほとんどの生徒は上流階級や裕福な商人の子弟であった。宣伝部門では、パンフレットの配布や演説会の実施などを行い、著作部門では民族意識を高める出版を行った。次第に反フランスの思想が強く出てきたために、フランスは「東京義塾」の閉鎖を命令した。

一方、フランスは都市知識層の切り崩しのため、インドシナ大学を設立し、フランス文化の宣伝とクオック・グーの普及を図り、ほかのベトナム人に対する懐柔策も含めて、ある程度の成功を収めた。

ベトナムの教育制度は着実に伸び、非公認学校も含めれば、1935年には在校生徒が43万人を超え、ハノイ大学でも612人中518人がベトナム人学生であった。しかし、これらの層の人々は就職や待遇の面においてフランス人と著しく差別されたため、世界状況を知っていた彼らは、かえって反フランスの中心的存在となった。これは、フランスにとってみればたいへん皮肉なことであった。

日本軍の進駐と独立運動、そしてフランスの再侵略

第2次世界大戦の初期（1940年）にフランスがナチスドイツに敗れると、日本は北部ベトナムに進駐し、さらに翌年南部にも進駐した。

日本は「大東亜共栄圏」をスローガンとしたが、日本がビシー政府のフランスとも協定を結んだために、ベトナムは日仏の二重支配を受けることとなった。地下に潜っていた共産党（ベトナム青年革命同志会の後裔）は抗日・抗仏の武装蜂起を計画し、ベトナム独立同盟会（ベトミン）を結成して、帝国主義者と裏切り者の土地を没収し貧困層へ分配することと、地代と利子の軽減をスローガンとした。

●フランスの再侵略

日本の無条件降伏が決まると、1945年8月19日、ハノイで蜂起が起こり、八月革命が始まった。さらにフエでも蜂起が起こり、バオダイは退位し、グエン朝は完全に崩壊した。ポツダム宣言では、北部は中国が、南部はイギリスが日本軍の武装解除を行うことになっていたが、9月からイギリスの支援でフランスの再侵略が始まり、翌年2月までに北緯15度線以南が平定され、フランスの支配下となり、これから長い南北分裂と南部解放政策が始まることとなる。

南北分断国家時代とアメリカの弾圧　ベトナム戦争

ホー・チ・ミンは9月26日に「南部同胞への呼びかけ」を通じて、フランス植民地主義に反対し、南部への支援を約束し、南部でもフランス軍への抵抗が強まった。

北部ではホー・チ・ミンが1946年の総選挙で95%という圧倒的な支持を受けた。11月にはハイフォンでのフランス軍の攻撃が始まり、多数の死者を出した。ハノイでも戦闘が始まり、2ヵ月間にわたって続いた。南部でも抵抗軍が攻撃を始めた。これが第1次インドシナ戦争である。

開戦当初はフランス軍が優勢であったが、フランスの経済が破綻をきたし始めたため、フランスは休戦交渉を提案した。北ベトナムはこれに従わなかったため、フランスはベトナム軍の拠点である山岳地区を攻撃したが、大損害を被り戦闘は長期化した。

●1950年代のレジスタンス

1950年には中国とソ連がベトナム民主共和国を承認し、長い孤立の時代が終わった。しかし、アメリカはフランスの傀儡（かいらい）政権であるバオダイ―ベトナム国を承認した。ベトナム民主共和国は反攻に転じ、フランス軍を消耗させ、その結果フランスはアメリカに依存するようになった。1954年3月にディエンビエンフーの戦い（→P.383、445）が起こり、55日に及ぶ戦いでフランス軍は敗退し、劣勢が明らかとなる。5月にはジュネーブ会議で停戦問題が話し合われ、結果的には北緯17度線を軍事境界線として、国家は名目上も実質上も分裂することとなった。

北部のベトナム民主共和国では、1960年にはベトナムの悲願である統一を目的とする憲法が公布された。南部ではアメリカのあと押しでジエム政権ができたが、激しい弾圧を反政府者に加え、かえって民衆を武装闘争に走らせてしまった。

1954年に「サイゴン・チョロン平和委員会」が結成され、宗教者や知識階級に広まり、反米・反ジエムの運動が公然と起こった。また、これとは別に労働者や農民もジエム政権に抵抗し、1960年12月には「南ベトナム解

放民族戦線」ができ、これらの抵抗グループを結集した。この団体はアメリカとジエム政権に対して宣戦布告を行い、第2次インドシナ戦争が始まった。

●アメリカの本格的侵略

ケネディ大統領は本格的な軍事介入を行ったが、解放戦線は各地で勢力を伸ばし、戦争は泥沼化した。アメリカもさすがにジエム政権を見放して新政府を擁立し、1964年に反政府ゲリラの拠点と思われる北部へ爆撃を始めた。

しかし、反政府軍は必死に戦い、アメリカに多大な損害を与えた。南部のベトナム共和国政府内ではたび重なる内閣改造が行われ、1965年にはグエン・ヴァン・チューとグエン・カオ・キの政権が「血の弾圧」を繰り返す恐怖政治を行い、民衆の心は離れるばかりであった。

●ベトナムの解放

1968年旧正月（テト）にベトナム軍や解放戦線の攻撃が全土で始まり、再び激しい戦闘状態となった。アメリカ軍は1972年2月にハノイを大爆撃したが、もはや収拾がつかない状況になった。1973年のパリ協定でアメリカ軍の撤兵が決まったが、アメリカは実質的な援助と介入を続けた。

1973年に北ベトナム軍は反攻に転じ、1975年にメコンデルタ地区をはじめ、各地を攻略した。南ベトナムのサイゴン政府は自壊状態となり、4月30日にサイゴンが陥落し、長い長い分裂状態に終止符を打った。翌1976年に統一国会が開かれ、ベトナム社会主義共和国となり、共産党が実権を握った。

●中越紛争

中国はもともとベトナムを支援していたが、1970年初頭から関係が悪化し始めた。おもな原因は次の3つであろう。ひとつは中国とアメリカの接近である。ベトナムにとってみれば、戦争をしている相手国であり、とても見過ごせないことであったのは当然である。これによって、ベトナムはよりどころを失い、結果的に旧ソ連との関係を徐々に深めることになった。ふたつめは国境紛争で、南沙諸島と西沙諸島の領有問題が勃発した。さらに3つめとしてカンボジア紛争が持ち上がった。カンボジア人民を迫害したポル・ポト政権は中国に支援を依頼し、ベトナムはプノンペンを攻略しヘン・サムリン政権を樹立した。しかし、中国がカンボジア国内で戦うポル・ポト軍に援助を続けたため両国の関係は最悪の状態となった。また一方で、1978年にはベトナム国内の華僑を迫害したため、1979年2月にベトナム北部に中国軍が侵攻し、両国は紛争状態となってしまった。

中国との国交が正常化した現在では国境貿易も行われている（中国側の国境の町、河口）

●統一後の南部の商工業改造

ベトナム統一後、1978年に南部の資本主義的工場経営を禁止するため時の副首相ド・ムオイは、3万人の商工業者を国営の流通企業に加入するか、国営企業に就職するか、合作社を組織するかの強制措置を実施した。そのためこれに賛成しない華僑や南部ベトナム人の国外脱出が発生した。この措置が中国の反感を招いて中越紛争の原因のひとつともなった。

●現在のベトナム

1988年12月にベトナム国会で憲法前文の修正が決議され、フランス、日本、アメリカ、中国に対する批判的文言は削除された。さらに現在はドイモイ（刷新）政策により、西側諸国との協力関係を拡大している。ベトナム軍のカンボジアからの撤退を契機に、中越の国境貿易が再開。1991年11月には中国との国交正常化が宣言され、中越対立は約20年ぶりに修復された。

1986年12月に共産党第6回大会で採択されたドイモイ（刷新）政策で、農業と工業の改革を一段と進めるようになった。これは食料・消費財・輸出品の三大増産政策である。また統制経済の縮小化と市場経済の導入を実施することになり、外国資本・技術の導入が図られた。この政策によって、米は世界第2位の輸出国となった。旧ソ連の援助削減にともない、西側諸国との関係をより緊密化させ、アセアン諸国との貿易を拡大し、ソ連の崩壊と反比例して台湾、香港といった東アジアの各国、イギリス、オーストラリアといった先進国からの援助を受け、資本の導入を図った。

確かにこれらの国とのジョイント企業や産業・建設物を大都市でかなり見かける。またベトナム戦争のときは、現政権とは敵国であった韓国とも貿易を開始し、1995年7月にはアメリカとも国交正常化を果たした。

ベトナム戦争

2015年４月30日、ベトナム戦争終結から40年目にあたる日を迎えたホーチミン市では、南北ベトナム統一40周年を記念した式典が開かれた。映画『プラトーン』『フルメタル・ジャケット』などでも描かれたベトナム戦争。ベトナムで何が起こり、何が変わったのだろうか。ベトナム戦争とはわれわれにとって何だったのだろうか？

現在からベトナム戦争の時代へと時を遡ってみよう。

1975年４月30日　サイゴン

オートバイや車の往来も騒々しいホーチミン市（旧サイゴン）。1975年までのこの町は、外見上、今とは趣を異にしていた。

市劇場や市庁舎に挟まれたドンコイ通り。こういう主要な目抜き通り沿いには、現在より豊かな木立がこんもりと繁っていた。その道の上を、映画『グッドモーニング，ベトナム』でも描かれたように、車やオートバイがわが物顔にけたたましく走り回っていた。そんな時代もあったのだ。

アメリカをはじめとする資本主義文化がサイゴンに浸透していた時代。それに比べると今のホーチミン市は、往来の激しさにもかかわらず静かになったとさえいえる。

今は亡き哲学者の吉野源三郎は、ベトナム革命が人類の歴史のなかで、やがてフランス革命やアメリカ独立戦争に匹敵するものとして位置付けられるだろうと評したことがある。

ホーチミン市を歩いていると、そのベトナム戦争の象徴的シーンを追体験させる場所がいくつも残っている。「レユアン通り」（旧「４月30日通り」）の突き当たりにあるのが旧大統領官邸。今では統一会堂（独立宮殿）と呼ばれている。1975年４月26日。北ベトナム正規軍など数十万の解放勢力がサイゴン攻略へと向かった。「ホーチミン作戦」である。そして４月30日。ベトナム報道で知られる近藤紘一の表現によれば、「解放軍の兵士たちは銃を手に、まさしくひたひたとホーチミン・サンダルの音を立ててサイゴン市内へと入ってきた」。やがて地響きとともに路上に姿を現した解放軍の戦車の列。

解放戦線旗を掲げた戦車が大統領官邸へ入ったのが正午。それから30分後、官邸屋上には解放戦線旗が風にたなびき、高く翻った。こうしてベトナム戦争は終わった。

この旧大統領官邸に足を踏み入れてみる。いくつもの豪華な会議室。金色の壁もまばゆい大統領執務室。大統領夫人が友人たちを招き談笑したという部屋。ダンスホールやバー、映画室、屋上にはヘリポートまであった。

屋上から、解放軍の戦車が入ってきた鉄製の門を眺める。今ではその向こう側にうっそうと繁った木立に囲まれ、車やバイク、自転車がいつもと変わりなく走っている。だが40余年前、その同じ道路の上を解放軍がひたひたと、そして地鳴りを轟かせて、まさしくこの場所を目がけて押し寄せてきた。

解放軍兵士の眼。そして大統領官邸に残った人たちの眼。ひとつの門を境にして垣間見えたこれからの世界と人生は、まったく異なったものだったに違いない。

戦火を逃げまどう一家。今ではこの幼女も母親となった。「安全への逃避」と題された沢田教一氏撮影のこの写真は1966年、ピュリッツアー賞を受賞した

©Bettmann/CORBIS/amanaimages

旧大統領官邸（現統一会堂）から見たレユアン通り。1975年４月30日、この道を解放軍の戦車がやってきた

この旧大統領官邸をレユアン通りに沿って４筋ほど歩いていく。すると左側にアメリカ領事館が見えてくる。かつてのアメリカ大使館だ。1975年にはここでも壮絶な場面が展開された。サイゴン陥落がもはや誰の眼にも明らかとなったとき、富ある者はアメリカ大使館を通じて亡命しようと、群れとなって押し寄せたのだった。

地下トンネル　クチ

ホーチミン市街から車で約１時間30分、左右に水田を配した細い道を走っていく。日本の田園さながらののんびりした風景だ。小さな森の中で車を降り、木漏れ日の差す道を歩いていくと、枯れ木を組み合わせて屋根にした長方形の穴が開いていた。戦争中、南ベトナム解放民族戦線（ベトコンと米軍は呼んだ）の指導者たちが、自然を利用して作られたこの“会議室”で作戦を練っていたのだ。

そこから少しばかり歩いていくと、長方形の木の板が土の中からひっそりと顔を出していた。板を持ち上げると、人間ひとりがやっと入れる穴がポッカリと開いている。地下トンネルの入口だった。

この地下トンネルは、ベトナム戦争中200kmとも250kmともいわれるほど掘られ、サイゴンでの戦いを指導する解放戦線の本拠地となっていた。トンネル内は診療所まで造られるほど精巧だった。

トンネルを利用する解放戦線は神出鬼没だった。そのため米軍や政府軍は、手榴弾、毒ガスと水をトンネル内に入れて攻めたが、さしたる効果をあげ得なかった。当時、このあたりはゴム園だったが、解放戦線の根拠地のため米軍によって枯れ葉剤が散布され、爆撃も激しかった。まさしく根こそぎ破壊されてしまったのである。

大量虐殺事件　ソンミー

ホーチミン市郊外のタンソンニャット国際空港から空路約１時間で、中部最大の都市ダナンに着く。ダナンの町から南へ約130km行くとクアンガイ市に入る。車を走らせると左側に「ソンミー記念館まで12km」という看板が掲げられている。車１台がようやく通れるほどの悪路を進む。デコボコが激しく距離は短いのに優に１時間ぐらいかかる。周りはベトナムのほかの農村と同じのどかな水田風景。山々の緑が美しい。やがて左側にソンミー記念館が見えてくる。

1968年３月16日の朝。山あいにある基地を飛び立ったヘリコプターがこの村に着陸した。空は青く晴れ渡っていたそうだ。いつものように朝食を用意していた村人たち。そこへカリー中尉率いる小隊が突然侵入してきた。問答無用の殺戮。504人の村人が犠牲となったのだ。

この大量虐殺事件の現場も、今では緑美しく整備され、緩やかな小川が静かな音を立てて流れている。そんな静寂のなかで右手を空に向かって突き立て、左手でわが子を抱いた母親の像が、この場で起こった凄惨な事件を忘れるなと、強く訴えている。

テト攻勢　フエ

ダナンから北へ向かう。ハイヴァン・トンネルを抜け、穏やかな舗装道路を走り続ける。やがて古都フエだ。フーン川のゆったりとした流れ、ハイビスカスの赤がまぶしい。水面には漁に出る小舟の往来も多い。この古都にある大きな城壁と濠で囲まれたグエン朝王宮は、昔のたたずまいのまま、ゆったりとその姿を残している。かつては皇帝しか通れなかったという王宮門。その門を通ろうとして途中でたたずみ、歴史の重みをたたえた石造りの壁や路面に眼をやる。するとあちこちに何かがぶつかって弾けたような亀裂がある。弾痕だ。1968年２月のフエの攻防は、ベトナム戦争で最も激しい闘いのひとつとなった。いわゆるテト攻勢である。古城の壁を背に闘う米兵たち。その姿は、34歳で戦場に散った沢田教一の写真でリアルに残されているとおりだ。この戦闘で破壊されたザーロン帝陵は、いまだ当時のまま瓦礫となり、無残な姿をさらしている。

北爆　ハノイ

ベトナムの首都、ハノイに入る。車やバイクなどの交通量は、ホーチミン市に負けず劣らず多い。人々の顔付きは南部より穏やかだ。

この町に米軍によって落とされた爆弾の総量は８万トン。だが、今ではその爪跡はまったく残っていない。ただハノイ駅から少し南に下ったカムティエン町には、死んだ幼児を抱いて立つ母親の像が記念碑として建てられている（ダイ・トゥオン・ニエム MAP P.348-1A）。

ハノイの目抜き通りには、カフェやレストラン、雑貨店などが並んでいる。路上のカフェに座り込み新聞や小説に読みふける人たち。ベトナムのどこの町にもありそうな何の変哲もない沿道。だが1965年から始まった米軍による北爆以降、この沿道には空襲を避けるためのタコツボが無数に作られた。空襲警報が鳴る。すると市民や子供たちは、タコツボのふたを開け、その中に身を隠す。この戦争の遺物も今ではすっかり町から姿を消してしまった。

機雷封鎖された港　ハイフォン

ハノイから東へ約100km行くと、ハイフォンがある。世界中の船が出入りし、軍港にもなっている。町並みには火炎樹の並木も目立ち、荷出しやフェリーの客で交通も激しい。

このハイフォンの町も繰り返し米軍の爆撃を受けた。この港がベトナムを支援する国や団体の支援物資を受け入れる要衝だったからだ。特に1972年、この港が機雷封鎖されたとき、国際世論は強くアメリカを非難した。

今では軍港であるゆえに「許可なしでの写真撮影は禁止」程度の緊張感を感じさせるくらいだ。むしろフェリーを利用してベトナムの名勝であるハロン湾方面との往来に急ぐ庶民たちの生活臭に、今のベトナムのおかれた姿が表現されているかのようだ。

ベトナム戦争の始まり　ディエンビエンフー

ハノイから国道６号線を西へ約475km。ラオスとの国境の山中にあるディエンビエンフー。その道行きは渓谷を越え、まるで桃源郷に向かうかのようだ。紅河の西側にあるこの地方。標高も2000～3000mで、ターイ族などの少数民族が住んでいる。朝もやに煙る少数民族の村の姿は、日本人などからすれば、まったく別世界に迷い込んだかのようだ。

1954年、この土地でベトナム史を二分する戦闘が行われた。ベトナム人民軍（ベトミン）とフランス軍とのディエンビエンフーの戦いだ。フランス軍陣地を包囲するように掘り進められたベトナム人民軍の陣地網。近代兵器に対する人力の勝利でもあった。

フランス軍が敗れ、次にベトナムに侵入してきたのがアメリカだ。だからディエンビエンフーでの戦いは、ひとつの戦争の終わりとともにアメリカとの戦闘――ベトナム戦争の始まりでもあった。

ベトナム戦史データ

ディエンビエンフーの戦い

1945年８月、日本の敗戦とともにベトミンが総決起し、９月２日にベトナム民主共和国が独立宣言を発した。ところがフランスはインドシナへの復帰を目指し、1946年11月からベトナム軍との戦闘が始まった。フランス軍は全戦費の半分36億ドルをアメリカの援助に頼ったが、1954年５月７日、ディエンビエンフー要塞が陥落して敗北が決定的となった。

ハノイ爆撃

米軍による北ベトナム爆撃が始まったのは1965年。ハノイの爆撃が特に激しかったのは、1972年12月の12日間にわたるものだった。そのとき、繁華街のカムティエン通り、アンズオン住宅区、バックマイ病院が全壊した。死者は1318人。だが米軍が誇ったB52爆撃機は、ハノイ周辺で34機が撃墜されている。

テト攻勢

1968年１月30日、解放戦線は旧正月（テト）入りを期して大攻勢を開始した。このときフエの町は１ヵ月間にわたって解放戦線が制圧した。このテト攻勢でサイゴンのアメリカ大使館、タンソンニャット空港、大統領官邸なども攻撃を受け、約1500人が犠牲となった。これ以降、アメリカのベトナム政策に再検討が加えられ始めた。

ソンミー村事件

1968年３月16日、この村で米軍による無差別虐殺事件が起きた。現場のソンミー村ミーライ集落では、妊婦17人、老人60人、子供173人、１歳以下の幼児56人を含む504人が殺され、生き残ったのはわずか５、６人のみであった。指揮官のカリー中尉は、1974年にいったん無罪判決が出されたが、翌年取り消された。

ハイフォン機雷封鎖

北爆で米軍の主要な目標となったのがハイフォン港だった。ここは1972年に機雷封鎖された。当時、北ベトナムへの支援物資を積んだ船舶が沖合に停泊していた。そのため物資を陸揚げするため、決死隊が船舶と埠頭の間を行き来した。さらにこの1972年には市街地も爆撃を受け、アンズオン地区では200人以上が死傷した。

ベトナム全土解放

1975年４月30日、北ベトナム正規軍と解放戦線の一斉攻撃によりサイゴンが陥落した。ベトナム戦争の終結である。この攻勢については、1974年12月から1975年１月に開かれたベトナム労働党政治局会議で決定された。当初の方針では1975年に総攻撃の条件を作り、1976年に一斉決起、全土解放の予定だった。

ベトナム人のアイデンティティ

ベトナム人の起源

ベトナムの町を歩きながら人の顔を見ていると、ふと日本のどこかを歩いているような気持ちになる。ベトナム人の祖先は、漢民族が進出する以前に中国の揚子江の南に存在していた百越の世界の担い手であった。

この百越は、日本の古代の基層文化の形成に大きな影響を与えたと考えられている。古い昔、日本人の祖先とベトナム人の祖先の間の距離は、今よりももっと近かったのかもしれない。

さて、ここでベトナム人という言葉を使ったが、これは今日、多民族国家として存在しているベトナムの人口の約86%を占めている、キン族ないしはベト族と呼ばれている多数民族のことである。

このベトナム人の起源に関して、現在、最も有力な仮説は、インドシナ半島の山岳地帯に住んでいたモン・クメール系（現在のカンボジア人などにつながる、古代の大陸部東南アジアの主要住民）の集団が、現在の北部ベトナムにあたる紅河（ホン河）の下流域に進出し、そこで北方のタイ系（現在のタイ人にもつながる集団で、かつては百越の主要住民であった）の集団と交わり、後のベトナム人となる人間集団の基礎が形成されたという説である。

北部ではカーキ色の服にムーコーイと呼ばれるサファリ帽のスタイルが根強く残っている

ベトナムにはキン族（狭義のベトナム人）以外に53の少数民族も暮らしている。写真はサパの黒モン族

町のあちらこちらで働く女性の姿を見かける。穏やかな笑顔が印象的

ベトナム人の民族意識

ベトナムの建国神話

今日に伝えられているベトナムの建国神話は、漢民族の起源を伝える伝説である中国の三皇伝説のひとり、炎帝神農氏の話から始まる。その子孫で、龍の一族である男性と仙女が結ばれ、ふたりの間に生まれた100の卵から100人の男子が生まれた。後に50人は父に従って海辺の平野に、50人は母に従って山へ行き、父に従った者の中からフンヴオン（雄王）が出てベトナム最初の国家、ヴァンラン（文郎）国を建てた。

この話の後半部分、つまり水と火の精が交わって胞状の物が生まれ、その中から自分たちの王者やさまざまな民族の祖先が生まれたという話は、インドシナ半島に居住する多くの民族に共有された神話であり、おそらくはベトナム土着の伝承であると考えられている。

これに対して炎帝神農氏から始まる前半部分は、明らかに中国から輸入された話で、中国の伝奇に通じたベトナムの学者があとで付け足した部分であると考えられている。

一方で中国とのつながりを強調し、他方ではベトナムの独自の土着性も保持しているこの神話の構成は、ベトナムの伝統文化のあり方をよく示している。

原初的な民族意識

紅河下流域に、ドンソン銅鼓に象徴される高度な青銅器文化を形成したベトナム人の祖先たちは、その後、紀元前２世紀から紀元10世紀にかけて、1000年以上にわたる中国の直接支配下におかれた。

中国から自立を達成したあとも、北方の巨人＝中国は、ベトナムにとってあるときには存立そのものを脅かす大敵であり、あるときにはベトナムの国家建設に役立つモデルを提供してくれる模範であった。

このような体験のなかで、中国文化を積極的に摂取した人々が今日のベトナム人の主流のキン族につながり、あまり中国文化の影響を受容しなかった人々が、ベトナムの少数民族のひとつであるムオン族になったと考えられる。

中国に対する抵抗とそこからの文化の受容を通じて、ベトナム人の間で、原初的な民族意識とでもいうべきものが形成されていった。

それは中国を北国とし、自らを南国と規定する南国意識であった。ベトナムが決して蛮夷(ばんい)の国ではなく、中国と同様に文明の光に照らされた「中華世界」の一員であることを主張するとともに、その「中華世界」の中で、ベトナムは中国とは明確に区別された独自の領域・文化・王朝・歴史をもった存在であるとするものであった。

ベトナムは小中国か？

ベトナム人の国家は、10世紀から15世紀までは今日の北部ベトナムから中部ベトナムの北の部分を版図にしていたに過ぎなかったが、15世紀の末に、今日の中部ベトナムに大きな力をもっていたチャム人のチャンパ王国を事実上滅ぼして以降、本格的に南へ版図を拡大し、18世紀には従来クメール人（カンボジア人）の勢力範囲であったメコンデルタにまで進出するようになった。

この過程で、ベトナムは自らの版図の中に紅河デルタ地帯とは異なる多様性をもった世界を組み込むとともに、ラオス、カンボジアなど周辺のインドシナ半島全域の世界とのかかわりを強めていった。

ベトナムのいたるところで中国の文化が息づく（カントー、廣肇会館）

ソクチャンやカントー、国境の町ハーティエンなどメコンデルタにはクメール寺院が多い。写真はカントー

そこで新しく提起された国内の統合と地域的な秩序の形成という課題に対して、ベトナムの支配者たちは自らを小中華とし、内には儒教イデオロギーに基づく集権的な国家体制を築き、外に対しては周辺民族を「蛮族」としてそれを自らの統制下におくという形で対応しようとした。つまり、ベトナムを小中国にしようとしたのである。

しかし、この試みは地方ごとにある多様な土着性の反発を受け、また周辺諸国に対して、中国のような圧倒的国力をベトナムがもっていなかったために、挫折せざるを得なかった。

19世紀の後半、フランスの植民地支配下におかれたベトナム人には、伝統的な「中華世界」観を脱して、世界の中およびインドシナ植民地という同じ支配の枠組の中に組み込まれたラオス、カンボジアをはじめとする周辺の東南アジア世界の中に、ベトナムを位置付けるという課題が提示されたのである。

この課題への回答を模索するなかで、一部の人々はベトナム＝小中国論を継承し、ベトナムの伝統文化の精華は儒教であるとして、それを中核に新しいベトナム文化の構築を提唱した。これに対し、内に対してはベトナムのより土着的な価値に注目し、長い中国諸王朝への抵抗のなかで形成された「愛国主義」を伝統の最も重要な価値とし、外に対しては、国際共産主義運動との連帯やカンボジア、ラオスの解放運動との連携という新しい広がりをもつことを提唱したのが、ホー・チ・ミンが指導した革命勢力であった。後者の試みが、第２次世界大戦後のフランスとアメリカに対する果敢な抵抗運動の構築に大きく貢献することになったのである。

今日のベトナムで、建国神話の中で継承すべき価値を含んでいるとして重視されているのは、神話の後半部分。この部分がベトナムを構成している平地民や山岳民などの諸民族は「同胞」であることを教えているとして、多民族国家ベトナムの統合のシンボルとされている。

上は弱く民は強いベトナム社会

いまひとつベトナム人の社会の特徴を挙げれば、それが極めて強固なムラ社会であるということであろう。

ベトナムのことわざに「王の法律も村の垣根まで」（→下記コラム）というのがあるが、ベトナムの村落が国家に対して相対的な自立性を獲得していくのは、16世紀から18世紀にかけての戦乱期であった。この過程で本来は「おおやけ」、つまりは国家の田であった公田は、村落内の有力者たちにその処分が委ねられることになり、やがては村落共同体の共有田と見なされるようになっていった。

ベトナム人の外に対しては自立性を主張し、内に対しては強い共同体的な規制をもつムラ社会という社会構造は、村の支配者が地主や儒学者でなくなったという変革を経てではあるが、社会主義国という看板が掲げられている今日のベトナムでも、依然として重要な役割を果たしている。

国家機関の一つひとつも、人々の発想ではムラのようなものである。したがって中は運命共同体でひどくまとまりがよいのだが、上からの指導がヨソ者の意見と受け止められるとあまり受け入れられないし、機関同士の横の連携ということになるとまったくといってよいくらいダメである。また外部世界については、ほとんど関心がなくなる傾向も強い。

また16世紀から18世紀にかけて、村が自立性を高め、結合力を増していった時代は、他方で、村の中から冒険者や食いつめ者を村の外部に放り出し、多量の流民が発生した時代でもあった。

外に出た者は成功すれば村に錦を飾れたので、村との縁がまったく切れたわけではなかったが、内なるまとまりと外への排除は、表裏一体であった。

このような現象と、1970年代後半から80年代のいわゆるベトナムからの難民流出の問題も、まったく無縁とは言い切れないであろう。かつては外に出た人々が目指したフロンティアは南部のメコンデルタであったが、今はそれが全世界に広がっているといえるかもしれない。

カカア天下

市場や商店、露店などでのお金の管理は女性が行うことが多い

ベトナムに襲いかかった者は、侵略者の常としてベトナムの人々や文化を軽蔑する傾向が強かったが、それでもほぼ例外なくほめちぎっていることがひとつだけある。それはベトナムの女性の美しさである。もっとも美しさに見惚れていたためではないだろうが、侵略者はベトナムの女性の強さに、十分には気づかなかったようだ。

農業社会ではもともと女性の地位が高いのだが、それに加えて長い戦争で男たちが戦場におもむき、銃後の社会の運営は大きく女性に依存せざるを得なかったベトナムでは、女性の社会的活躍の場がいっそう拡大することになった。儒教的な男尊女卑の発想が根強い一方で、実際に仕事をこなし、家を切り回しているのは女性という面もベトナム社会では強い。ムラ社会では主婦のことを「内主」と呼んでいるが、「王の法が村の掟に負ける」のと同様、「主人の命令も内主の言葉に負ける」のがベトナムの人々の日常である。（古田元夫）

Column　ベトナムの村落構成

かつてベトナムの村落は4つの階層で構成されていた。最上位はマンダラン・ノタブルと呼ばれた官吏・科挙の合格者・村役人であり、権力をもっていた。第2位はキーラオ・クァンラオと呼ばれた長老階級であった。彼らは象徴的存在で権力は有していなかった。第3位がザイと呼ばれた普通の成年男子であり、最下位が未成年者と女性であった。村落の会議はマンダラン・ノタブルの世話人が木魚をたたいて招集し、成年男子は全員参加できたが、上位階級の者には異を唱えることができなかった。そしてこれらの組織は封建制のほかに独立性と閉鎖性を帯びていた。例えば、16世紀頃から村落の長は選挙で選ばれるようになり、徴税を請け負い、兵役も自村落で出し、公田も自村落で運営したのである。

また村の周りは竹で囲い、中国の城壁のようなものを造り、そこに設けられた門からしか出入りできないようになっていた。この頃のベトナムのことわざに「王の法律も村の垣根まで(王法も村落の秩序には及ばないという意味)」というものがある。

多民族国家ベトナム

ベトナムの国民は自分がベトナム社会主義共和国の公民であるという市民籍とともに、多民族国家ベトナムを形成しているどの民族に所属しているのかという民族籍とでもいうべきものをもっている。

現在、ベトナムの国家がベトナムを構成している民族として認定しているのは54民族である。この中には多数民族であるキン族（あるいはベト族）が含まれているから、残りの53民族がいわゆる少数民族ということになる。もっとも、この53という数字は固定的なものではなく、ある集団の自己意識の変化や行政側の認識の変化によって、新たに民族として認定される集団が生まれたり、独自の民族としての取り扱いをやめさせられたりするので、変化する可能性がある。

多数の少数民族

これら諸民族の分布の特徴を考えると、まずいえることは民族として識別される集団の多さ、多様さであろう。これはベトナムが「民族の十字路」と呼ばれ、歴史上数多くの民族の興亡の舞台となった東南アジアの一画に位置していることとともに、以前は中国の華南地方に居住していた民族が漢民族の発展に圧迫されて南下し、その行き着く先がベトナムであったという歴史とも関係している。

モザイク模様の民族分布

ベトナムの民族分布を地図にすると非常に細かいモザイク模様となる。多数民族であるキン族は平野の民であり、現在最も生産力の高いハノイを含めた紅河デルタ・中部海岸平野・メコンデルタが居住空間である。このキン族と同じ空間に住む民族としては、中国系ベトナム人（華人）や、中部海岸平野・メコンデルタの先住民であるチャム族・クメール族などがいる。

紅河を遡っていくと、扇状地や山間盆地の小平野で水田耕作を行っているムオン族や、ターイ族・タイ族・ヌン族といったキン族と近いが、タイ系に属する諸民族が居住している。彼らの居住地を囲む高地やさらに山間部深くには、モン族（メオ族）やザオ族（中国でヤオ族と呼ばれている集団）などの焼畑耕作を行う山岳民族が住んでいる。

要するにデルタ地帯を除く山間部・高原地帯は少数民族の居住空間であり、人口でいえばベトナムの総人口の10%を占めるに過ぎない少数民族の居住空間が、中国との国境の越北地方やラオスとの国境の西北地方、そして南部ベトナムの中部高原などベトナムの国土の3分の2を占めている。

サパは旅行者が最も少数民族の暮らしに触れやすい町

民族の住み分け

近年では、平野部の人口過剰状態を解消し、あわせて山間部の経済開発を促進するためにキン族の山間部への移住が奨励されているので、民族分布に変化が生まれているが、以前は平地民と山地民の間には「住み分け」の原理が存在していた。

山地民は通常、平野の国家や土侯の支配下におかれてはいたが、その支配は厳格なものではなく、居住空間の高度に応じて平地民と山地民がそれぞれの「縄張り」を認め合い、相互の社会の内部的なあり方には干渉をしないという関係が保たれることが多かった。

もっとも、それぞれの民族が小さいながらも独自の居住空間をもってはいたものの、彼らの居住地域を含む行政単位ごとに見ると、そこには多数の民族が雑居しているといえる場合が多く、今日でも山間部ではひとつの村に5つ以上の民族が居住しているような例が多数見られる。

それでも、このような人々が新しい問題に直面していることも事実である。平地民と同じ組織に入ってだまされたりしないだろうか、対等の競争など可能であろうかという不安をモン族の人々はもつし、彼らを迎え入れた平地民の側でも、不作などの問題に直面するとモン族などという「やっかい者」を抱えているからうまくいかないのだという発想が頭をもたげることがしばしばある。

1960年代から建設が始まった山間部での合作社も、これまでの60年を超える歴史は、事実上の解体と再建の繰り返しであった。

昔ならば「住み分け」の原理が働くなかでの諸民族の「共生」は、互いの相手の社会の内部には介入しないということで済んでいたが、今ではそのようなことは不可能である。そのなかでの新しい「共生」の模索が続く世界が、ベトナムの山々の中に広がっている。（古田元夫）

ベトナムの少数民族

ベトナムでは「ドイモイ（刷新→P.280欄外）」の中で、伝統文化への再評価が進み、かつての一時は見かけることが少なくなっていたアオザイ姿が再び目に付くようになっている。高校生の白いアオザイ姿が復活し、ベトナム航空のキャビンアテンダントもアオザイを着るようになった。ベトナム伝統の深く切れ込んだ裾が特徴のアオザイの復活――これも「刷新」が生み出した社会現象である。

どこの女性が美しいか――ベトナム人の友人に尋ねると、たちまちベトナム人同士の大論争が始まる。定評があるのは、北ではバックニン、ハイフォン、中部ではかつての王都フエと、ホー・チ・ミンが生まれたゲアン、南ではホーチミン市などである。その多くが、民族的な混淆の地であることに気づく。港町はともかく、バックニンなどの農村はどうなのかという疑問があるかもしれないが、バックニンは、かつてベトナム中部に君臨していたチャンパ王国（→P.456）の戦争捕虜がベトナムの王朝によって入植させられた所で、この歴史が美人とクアンホ民謡という芸術性の高い音楽を生み出したといわれている。

美人のルーツは、ベトナムの多様な民族構成というわけだ。今日のベトナムは、国家が公認しているだけで53の少数民族が存在する多民族国家である。少数民族は、ベトナムの総人口の１割を占めるだけだが、その構成は、タイ系、クメール系、マレー系、ビルマ系があり、そして華人もいてと、東南アジア世界全体を包摂する多様性をもっている。

ベトナム美人のルーツ――少数民族の生活に触れてみよう。

ベトナムの伝統衣装、アオザイを着た女性たち

ムオン族

ハノイから車で西に１時間も走れば、もうそこはムオン族の村が点在する地域である。ムオン族は、ベトナムの少数民族の中では、最もキン族（ベトナムの多数民族、狭義のベトナム人）に近い関係にあり、ベトナム人の古い文化を現在にまで伝えている民族といわれている。

今はキン族とムオン族を見分けることはたやすい。キン族の女性がクアンと呼ばれるズボンをはいているのに対して、ムオン族の女性は１枚の布でできた腰巻きを着用している。家もムオン族は高床式の家に住んでいるので、すぐにわかる。高床式の家では、床の下がブタやニワトリなどの家畜の飼育場になっていて、ムオン族の家に泊まると、下から響く家畜の鳴き声で目を覚ますことがある。

ムオン族の人々が祭りや遠来の客を迎えたときに行う最大のもてなしは、カンと呼ばれる酒である。モチ米で作られた酒が大きな壺に入れられ、壺の口からは竹の管が四方に伸びていて、これで酒を飲むのだ。

カンと同様に宴会になくてはならないのが、2000年以上も前のドンソン文化の時代から伝わる銅鼓（どうこ）である。銅鼓は、ムオン族の人々の祭祀の対象でもあり、春祭りのときには、銅鼓を祀った山の洞窟の祭壇に人々がお参りをする。

ターイ族

ムオン族の居住地域を過ぎてさらに西に向かい、ラオスと国境を接する西北地方に入ると、そこはターイ族の居住地域である。このターイ族は、今日タイ王国を築いているタイ系の諸民族の最も古い文化を保持しているといわれている。

西北地方の入口、ソンラー省モックチャウにある白ターイ族の高床式の家は、横15m、縦10mもある堂々たる構えの家である。中に入ると中央には囲炉裏があり、ゴザが敷いてあるので、何となく日本の伝統的な農家を彷彿とさせる。入口を背にして左の奥にあるのが未婚の女性の部屋で、ここは家族といえども自由に立ち入れないことになっている。そのためフランスとの抵抗戦争を戦っている頃には、ゲリラをかくまうのにこの部屋がよく使われたという。

ここでは遠来の見知らぬ人が訪ねてきた場合には、酒をすすめて客が眠りこんだあと、その足先に糸くずを挟んで火を付け、それでも客が目を覚まさなかったら、この客はわが家の歓待を快く受け入れた心配のない人物だということで、家の人々も安心して寝るという習慣があったという。

その酒を飲みながら、ターイ族のソエと呼ばれる踊りを楽しむのが、西北地方の夜の過ごし方である。

モン族

「魚は水に泳ぎ、鳥は空を飛び、われらは山に生きる」というのは、中国南部からインドシナ半島の北部にかけて広く分布する山地民のモン（メオ、ミャオ）族のことわざである。「山に生きる」ことは、モン族の人々の基本的な生活形態になっており、山地での焼畑農業を生活の基盤とし、耕地が疲弊すると新たな土地を求めて山地を移動するという暮らしをしている。

モン族がもともと焼畑農耕民であったのかどうかは不明であるが、ほかの有力な民族があまり魅力を感じない山間部を自らの居住空間とし、政治的・経済的に卓越した「主民」に対する「客民」として自分たちを位置付け、独自のアイデンティティを維持してきたのがモン族であった。

山奥に暮らしているからといって、モン族の人々が世界の影響から遮断されていたわけではない。このことは、19世紀の半ば以降に、彼らが国際的な市場で消費されるアヘンの原料となるケシ栽培民となったことを見ても明らかだろう。

ベトナム政府は、モン族がケシの栽培からほかの作物の栽培に転換するように努力をしてきたが、近年の少数民族地域への国家補助金の削減により、一部ではケシ栽培に復帰する人が増え、アヘン吸引者の数も増大して社会問題になっている。

ジャライ族

さて、今度は南に飛んでみよう。南の少数民族が集中しているのは中部高原である。ここには、クメール系やマレー系の民族が居住しているが、その中でも最大のグループが、ジャライ省、コントゥム省を中心に居住するマレー系のジャライ族である。

中部高原は、今でこそ平地からのキン族の入植で、ジャライ族などの先住民が少数派になってしまっているが、フランス植民地支配が形成された頃は、まだ半ば独立的な地位を保っており、「火の王」と「水の王」と呼ばれたジャライ族の首長が、周辺諸民族に対して精神的な権威をもっていた。

それゆえにこの地域には、ベトナムの中央政府に抵抗する分離運動が、さまざまな形態で存在していた。そのため、中部高原への外国人の立ち入りは困難であったが、1991年にカンボジアに国連暫定統治機構が設置された際に、最後の武装抵抗グループが武装解除に応じたため、中部高原も徐々に外国人旅行者へ門扉を開いてきた。

ジャライ族の集落には、「ゾン」と呼ばれる、高い屋根のそそり立つ高床式のコミュナルハウスがある。今では、都市近郊に住むジャライ族はベトナム人と同じような服装をしているが、祭りなどのときには「ゾン」の前で、裸体にふんどしを着け、銅や鉛や錫、あるいは水牛の角で作った腕輪、首飾りをまとったジャライ族の男たちの勇壮な姿を目にすることができる。

クメール族

メコンデルタには、この地の先住民であるクメール人の村落が多数存在している。彼らは、カンボジアのクメール人同様、南方上座部仏教（いわゆる小乗仏教）の信徒で、タイやカンボジアで見られるような様式の寺院を中心とした村落を形成しているので、見つけるのは容易である。女性も、ベトナム農民のようなすげ笠ではなく、大きなタオルのような布を頭に巻いている。

かつて、メコンデルタを中心としたコーチシナはフランスの直轄領であったため、ここのクメール人は、カンボジア本土のクメール人よりも近代教育を受ける機会に恵まれていた。このことから、この地のクメール人は、カンボジア本土のクメール人からはベトナムの手先のように見られ、ベトナム人からはカンボジアの手先のように思われて、複雑なベトナム・カンボジア関係の狭間を揺れ動かなければならなかった。このような事情が重なって、この地からはカンボジア近現代史で活躍する多数の政治家が生まれてきた。1993年の総選挙後、カンボジア議会で議長を務めたソン・サン氏も、メコンデルタ出身である。

メコンの雄大な流れを前に、そこで生活するクメール人の姿は、私たちにこの地域の歴史の複雑なひだを示してくれる。（古田元夫）

少数民族に会うために

ムオン族の住む集落は、ハノイから西へ100kmほど行ったホアビン省のホアビン周辺に多い。ターイ族はモックチャウ、ソンラー、ディエンビエンフー周辺、モン族はムオンライ、サパ、ソンラー周辺、ジャライ族はコントゥム、プレイク周辺、クメール族はメコンデルタに、各集落がある。

山間部の村へは旅行会社で車をチャーターするとよい。また、ハノイの旅行会社ではホアビンやサパの少数民族の村を訪ねるツアーを行っているので、それを利用する手もある。

ベトナム文化

ベトナム語とその表記法

自らが「中華世界」の一員であると考えていたベトナムの伝統的な知識人は、「中華世界」の聖なる文字である漢字を使って文章を書くことに疑問をもたなかった。特に公文書は漢文で書かれていた。そのような中でベトナム語にも、日本語や朝鮮語同様に多数の漢語が取り入れられることになった。

しかし、もともと中国語とは別系統の言語であるベトナム語を、すべて漢字で書くことには限界があった。そこでベトナムの知識人は、日本の万葉仮名のように漢字の部首を組み合わせるなどしてチューノムという独自の文字を考案し、ベトナム語で詩を詠むときなどにはこれを使用するようになった。

だが、このチューノムは漢字をさらに複雑にしたような文字で、漢字をすでに知っている知識人以外にはマスターすることが不可能な文字であった。日本のひらがな・カタカナや朝鮮のハングルのような文字の簡易化へは向かわなかったのである。これにはベトナム語が声調言語で、音節の種類がたいへん多く、ひとつの音節にひとつの文字を対応させるのでは、4000以上の文字が必要であったことも関連していたように思われる。

ベトナムを植民地化したフランスは、かつて漢字・漢文がベトナムで果たしていた地位をフランス語が取って代わることを構想し、フランス語にベトナム人を導く補助手段として、ヨーロッパ人宣教師が発明したベトナム語のローマ字表記法を奨励する政策を採用した。

当初ベトナム人はこれに反発し、反仏的な知識人は漢字・チューノムで文章を書き続けたが、20世紀の初頭になって民族運動を一般大衆へ広める必要が生じると、漢字の理解を前提としたチューノムの限界は明白であった。そこで、民族主義的な知識人もベトナム語のローマ字表記法を受容し、これを「クオック・グー（国語）」と呼んで、その普及と表現能力の向上に努めるようになった。

クオック・グーは植民地時代にはフランス語の補助手段であり、その読み書きができる人の数も限定されていたが、ベトナムが独立を達成してからは、文字どおりベトナムの国語となり、今日ではベトナム語表記はすべてこのクオック・グーで行われるようになっている。

このことは、識字率を上げて文字をすべての人々の物とし、かつ世界や周辺民族からの語彙や音節の借用を可能にして、ベトナム語の新たな可能性を開いた点では大きな成果があった。しかし他面では、もはや漢字は学校で中国語やベトナムの古典を読むための特別な訓練を受けた人以外には理解できなくなっており、このことが伝統との断絶など別の文化的問題を生んでいることも事実である。

クアンホ（民謡）

「あなた行かないで、ここにいて。行ってしまわないで。あなたが行ってしまったら、私は涙に濡れるでしょう……。あなたが行ってしまうなら、また会う日を決めましょう。私の愛はあなたを待っています。誰とも一緒になったりしないでね。行かないであなた……」。

これは、ベトナム戦争中の北ベトナムで爆発的にヒットした歌謡曲の一節である。この歌は、もともとは「クアンホ」と呼ばれる紅河デルタのバックニン地方の民謡であった。

クアンホは村の祭りのときに青年男女が歌合戦の形式で歌う恋愛歌で、日本にも昔は存在し、ベトナムでもさまざまな民族の間で今日なお伝えられている歌垣の歌である。

ハノイ方言で6つの声調をもつベトナム語は、非常に音楽的な言語であり、詩歌の発展には適切な言語であった。漢字という文字の世界からは排除されていた民衆の間でも、詩歌の形式を取った芸術的な作品が口伝えに伝播・継承され、それが豊かな民謡の世界を形成していた。クアンホの歌詞も、6・8体というベトナムの伝統的な詩の形式になっているものが多い。

最初に紹介した歌は、このクアンホの祭りの最後に親しくなった男女がその別れを惜しんで歌った物であった。それが1960年代の半ば、ベトナム戦争が次第に激しくなり、多くの青年男子が軍隊に赴くようになった時期に現代的にアレンジされて、ベトナム全土で歌われる流行歌となったのである。南ベトナム

ベトナムの民族楽器のひとつ、一弦琴のダンバウ

の人々も、この歌が放送されるハノイ放送の民謡の時間になると、こっそりとハノイ放送に耳を傾けていた。

ベトナムの歌の世界では、声のよさとともに詩を作る能力が重視されている。クアンホでも、相手がレパートリーの中から１曲歌った場合には、受け手は同旋律だが自作の歌詞で応えることが求められる。そのため全国的な流行歌になったこの歌のような場合でも、それぞれの歌手や合唱団ごとに独特の歌詞をもって歌われることになった。

民衆文学

文学においても、声調言語ということが大きな影響を与えており、詩という形で著され、現代へと受け継がれてきた。民衆文学＝民謡といっても過言ではないだろう。長い物は8000行にも及び、全体を通してみると、物語と呼べる物であった。内容は古くから生活の不満を訴えた物、支配者を皮肉った物が多く、やはり「クアンホ」のように、各地方によって独自の呼び名が付けられていた。

そうしたベトナム民族文学の代表作といえるのが、18〜19世紀にチューノム文字で著されたグエン・ズー（阮攸）作の『キムヴァンキエウ（金雲翹）』である。これも６・８体の詩の形式が取られており、表現は口伝えの物を取り入れている。官僚にいじめられ、ひどい仕打ちを受けた美少女の悲劇の生涯の話で、封建社会への批判が込められている。話の題材は中国から伝わった物だが、この作品にはベトナム人のメンタリティが強く表れている。

今も残る歌垣（→P.378コラム）

男女の自由な恋愛の形式をもった歌垣が、少数民族の間で伝えられている。ハノイの北東部バックニン省ではキン族（ベトナム人）の間でも、この歌垣の形式が現存し、年に１度春の行事としてとり行われる。古代より延々と受け継がれてきた男女の恋愛を歌った歌垣は、ベトナムの貴重な文化遺産である。

バックニン省は特に恋愛の歌が盛んな所だが、ここで生まれた歌のいくつかは、南北に分断されていたときでも、南部の町にも伝わり愛好されていた。

ハット・チェオ　民衆歌劇

「ティ・キンは富裕な家の妻として幸せな暮らしをしていたが、ある晩、仕事机に向かったまま眠ってしまった夫の髭を剃ろうとして剃刀を持って近づいたところ、不意に目を覚ました夫が自分を殺そうとしたのだと思い込み、離縁されてしまう。途方にくれたティ・キンは男に変装して寺に入った。ところが、村の金持ちの娘が、このティ・キンが変装した「美形」の僧に恋をして愛を迫った。ティ・キンがつれない態度をとるのに腹を立てた娘は、召使の男と関係をもち妊娠してしまった。ティ・キンは娘を妊娠させた責めを負わされ、娘の子供を押し付けられて寺から出ざるを得なくなる。物乞いをしながら子供を育てたティ・キンは、子供が３歳になったとき、極楽浄土へと旅立っていく。」

これは、ベトナムの伝統的な民族歌劇「ハット・チェオ」の代表作である「ティ・キン（観音）」のあらすじである。「ハット・チェオ」は、中国劇の影響が強い宮廷歌劇「ハット・トゥオン」よりも古くから存在し、ベトナム的な特色の強い歌劇と考えられている。チェオは村祭りなどの際に、村の広場の即興の舞台で上演されていた。俳優は村の歌上手であったし、観客も客というよりは劇の脇役として、その一部を構成する性格が強かった。

例えば、おもだった登場人物は、最初の出演のときに観客に「出てよいか」と問いかける。これに観客が「よいとも」と答えて初めて俳優の登場となるのである。

今では、チェオ、トゥオンともに専門の劇団をもち、芸術的にも洗練された上演をハノイの近代的な劇場で見られることもあるが、どうも野外の即興の舞台で見たほうが似つかわしい感じのする劇である。

ドンホー版画

もうひとつムラ社会が生み出した芸術を紹介しておきたい。それは、「クアンホ」の故郷と同じバックニン省のドンホー村（→P.309）で制作された版画である。生活や四季の風物や民族英雄などをモチーフとし、手すきの紙に柑子色やからし色などで下地を塗り、その上に多彩な色で手刷りされた多版多色の木版画で、今も正月の飾りとして人々に愛好されている。

ドンホー版画の代表作のひとつに「嫉妬」（→P.454写真）というのがある。絵に添えられたチューノムの句は、正妻と妾の関係を調停しようとする身勝手な男の言葉として、「まぁまぁ怒りを和らげよ、われも人も恥ずかしむるは無益なれば」とある。

こうしたドンホー版画は、ドンホーやハノイ

ドンホー版画の紙は、中国との国境周辺に自生するゾーと呼ばれる樹木から作られる。この紙をすく職人も今では2、3人になってしまった。写真はドンホー版画の代表作「嫉妬」

の美術館、書店などで購入することができる。

絵画・彫刻

ベトナムの特徴的な絵画として、絹絵と漆絵が挙げられる。絹絵は絹織物の上に、主として女性の肖像を描いた物で、その手法は水墨画の物、近代絵画の物がある。漆絵には、美しい貝殻細工が施された物がある。

彫刻はチャム族の石の彫刻が著名だが、ベトナム独自の物といえば、フエの王宮に施された彫刻が挙げられる。王宮の装飾として柱や調度品などに、王権の象徴である龍が彫られている。この龍は、いかめしさや力強さはなく、線が細く繊細で、蛇のようにも見えるのが特徴だ。

以上のような歌や演劇や絵画を見ると、ベトナムの芸術は民衆的な物ほど見るべき物が多いような気がする。

これは、ベトナムが社会主義体制をとっていて民衆的な芸術に高い評価を与えているためなのか、あるいは「民は強く、お上は弱し」というベトナム社会の伝統を反映しているからなのか、どちらであろうか。

チャム族の文化との関連

「石の文化」、「紙の文化」という分類において、キン族の文化は紙の文化といえるが、チャム族の文化は、インド文化の影響を受けたほかの東アジア地域と共通して、石の文化の担い手だった。インド文化の取り入れ方は各地域によって異なるが、石碑をはじめ、石の建造物に独自の彫刻がなされている点で共通している。

ベトナムの宮廷音楽には、このチャム族の民族音楽の影響が色濃く見られ、ひいては日本の雅楽の中にもその影響が及んでいる。

（古田元夫）

ベトナムの祭り

●テト（旧正月）

1月下旬から2月中旬の旧正月に国を挙げて祝う伝統的な農民の春祭り。

●花市

テトの7日前に始まり、大晦日の24:00までハノイのドンスアン市場(→P.298)そばのハンルオック通りで催される。

●新春の花の展示会

旧正月初日から2週間、ハノイのトンニャット公園(→P.303欄外)で行われる。種々の花や盆栽のコンテストがあり、優勝者には賞も贈られる。

●タイ寺（天福寺、→P.307）の祭り

タイ寺の前には池があり、その池の中で水上人形劇が催されることもある

ハノイ西部のサイソンにあるタイ寺で、旧暦3月5日から7日まで行われる祭り。この寺は美しい山と洞窟で有名。人々は山登りや洞窟巡り、民族芸能、水上人形劇などを楽しむ。

●リム村の祭り

バックニン省のリム村の祭りで、旧暦1月13日に催される。獅子舞い、チェスや闘鶏・闘鳥が行われる。子供たちがグループに分かれて歌いながら問答する「花一匁（はないちもんめ）」のような遊び、クアンホ(→P.452)が行われる。

●フオン寺（香寺、→P.306）の祭り

巨大な鍾乳洞の洞窟寺院が見もののフオン寺。テトの頃には全国から参拝者が訪れ、大変なにぎわいを見せる

旧暦の2月半ばから3月末まで、ハノイ南西部フオンソン地区の川や山、寺、洞窟を訪れ、ボート遊びや山登りなどを楽しむ。この時期は例年、気候がよい。

●中秋節

旧暦8月15日(日本のお月見の頃にあたる)の子供の祭り。人々は、ハノイの旧市街、ハンマー通りにおもちゃや提灯を買いに押し寄せる。町は獅子舞や提灯、太鼓を持って歩く子供たちでにぎわう。この日はバイン・チュン・トゥー：Bánh Trung Thu (月餅)を食べる。

●ドンダーの祭り

1788年、中国清軍がタンロン(昇龍、現ハノイ)を占領するべく20万人の兵を送り込んだ。クアンチュン王は農民を率いて侵入者を撃退し、旧暦1月5日に勝利を収めた。毎年この日にハノイの中心地から約5kmの所にあるドンダーで記念の祭りが催され、レスリングの試合などが行われている。

※旧暦表示の日は毎年変わるので要チェック。2025年のテト元日は1月29日。2026年は2月17日。

Column 世界遺産について

ベトナムの世界遺産は8つ

ニンビン省にある「チャンアン複合景観」(→P.27、350)が、2014年にベトナム初の複合遺産として登録された。世界遺産には文化遺産と自然遺産に加えて、ふたつの要素を併せもつ複合遺産がある。チャンアンはこれまでも海の自然遺産としてのハロン湾(→P.26、356)に対して、陸の景勝地として知られていた。しかし、なぜ自然遺産ではなくて複合遺産とされたのであろうか。チャンアン近郊には短いながらハノイに都が移るまでディン(丁)朝の首都・ホアルー(→P.351)があったためである。再建された物もあるが、10世紀から11世紀のディン朝·前レ(黎)朝の英雄を祀った霊廟建築(ディン廟、レ廟)などが、仙人の住むような神霊な雰囲気の世界に残されている。現在、一部は博物館として公開されて、タンロン遺跡などと同様に重要な文化・観光の拠点となっている。見どころは17世紀の再建ながらディン·ティエン・ホアン祠(→P.351)や見事な彫刻の床タイルの残る宮殿跡やディン廟、レ廟などである。ニンビン省には、そのほかファッジエム教会堂(→P.353)がある。ベトナムにおける本格的なキリスト教の布教は16世紀頃に始まるが、当初は宣教師主導の西洋式教会が建てられた。ベトナムの伝統的な寺院建築の様式を用いてゴシック様式のベトナム式教会堂を表現しており、興味深い。

これでベトナムの世界遺産は8つになった。自然遺産がふたつ(ハロン湾→P.26、356、フォンニャ・ケバン国立公園→P.29、269)に、文化遺産が5つ(フエ王宮群→P.28、260、ホイアン→P.28、238、ミーソン遺跡群→P.29、247、タンロン遺跡→P.27、294、ホー朝城跡→P.27、306)、そして複合遺産として前述のチャンアン複合景観である。

歴史から見る世界遺産

タンロン遺跡はハノイ都心にあり、7世紀頃に中国が築いた拠点(安南都護府(あんなんとごふ))上に造られた11世紀(リー〈李〉朝)以降のチャン(陳)朝・レ朝の宮殿跡である。この遺跡は、国会議事堂建設のための発掘によって宮殿遺構と大量の陶磁器が発見された。歴代の宮殿の遺構が地下に保存状態よく保たれているため、今後、各時代の王の生活が解明されることになるだろう。それに加えて中国に支配されていた時代から独立までの間に短期政権であったディン朝の遺産が世界遺産になったことの意義は大きい。

中国の影響を強く受けた政権の遺産であるタンロン遺跡とホー朝城跡、ヒンドゥー教のチャンパの聖地ミーソン、その交易拠点が町並みとして残されたホイアン、そして北部から中部に政権が移った19世紀の王都フエというように、ベトナム史を形作った各地の拠点がしだいに浮彫りとなっている。

自然遺産のハロン湾は自然が創り出した奇観であり、中国庭園や日本の枯山水(かれさんすい)に通じる自然と一体化した世界観が垣間見られる。クルーズで自然が織りなす造形美を満喫できるし、船から見る落陽はドラマチックで、どんな人も詩人にしてくれる。

ミーソンは2世紀末頃から17世紀末まで栄えたチャンパの宗教的聖地で、8世紀から13世紀までのれんが造建築が残る。単なる復元整備という手法で遺跡の価値を残すのではなく、遺跡の入口に遺跡を楽しむためのサイトミュージアムが日本のODAにより建設され、訪れた人それぞれが想像力をかきたてて、歴史を感じ取る仕組みがとられている。

ホイアンは交易国家、チャンパの屋台骨を支えた中心港であった。生活や祭事と一体化した町並みとして、生きた世界遺産としての意味が大きい。

フエは北部の政治の中心が中部に正式に移った19世紀初頭の都城跡である。チャンパの旧領土を次第に侵食してベトナムの南北統一を果たしたグエン朝は、各地から商人や職人を王都に集め、新国家造りをスタートする。ベトナムに維新をもたらしたグエン朝だったが、急速な統一と近代化の推進により、フランスの介入に甘んじることとなった。

以上のように、まったく独立したように見える文化遺産だが、世界遺産を深く理解するだけで、ベトナム史が浮かび上がってくる。

世界遺産登録の意義

もうひとつ、ベトナムにとって世界遺産に登録されることは、観光収入を得るための財源確保という側面と、人々にベトナム文化に対する誇りを与えるという側面がある。日本でも明治時代以降に外国人によって「再発見」された文化は数多いし、戦前には研究者も技術者も限られていた。ベトナムではまだ世界遺産とそれ以外の文化財を含めて、それらを専門とする研究者や技術者、それらを統括する組織の整備が追いついていないことは認めざるをえない。

最初にフエ王宮群が世界遺産に登録されてから約30年が経過した。遺跡を管理するフエ遺跡保存センターも年々充実しており、王宮内の復元も進んでいる。それ以上に当初から比べると、訪れる旅行者がバックパッカーの若者、女性グループ、長期滞在者など多様化してきている。文化観光で重要なことは、人々にもう一度訪れたいという印象を与える配慮だ。

ベトナムの文化財保護システムの未成熟さを指摘したが、人材の育成や組織の充実には時間がかかる。そのためには世界遺産を核にしながら、周辺にある文化遺産に世界の人々が目を向ける必要がある。そのことによって、ベトナムの人々にこれらがベトナムの遺産だということに気づいてもらうことだ。彼らの意識の高まりが、保存の裾野を広げることになる。

ベトナムには文化財として保護されるべき遺産が各地にある。北部に点在する仏教寺院と、そのそばに造られた教会堂、村の集会施設としてのディン、グエン朝時代に造られた本格的な民家群などさまざまである。日本では多くの近代以降の遺産が失われてしまったが、ベトナムではまだそれぞれが生活の中に生きている。私たちは外国人としてそれらを再発見することしかできないが、そのことがベトナムの遺産を将来に伝えることにつながるのだろうと思う。

(重枝　豊)

Column チャンパ王国とチャンパの遺跡

チャンパ王国は２世紀末から17世紀まで、ベトナム中部の海岸平野を中心に栄えた。特に９世紀以降は、東南アジアの海上交易の担い手であった。古都ホイアン、南方のニャチャン、ファンティエットなどの港町は、高地から取れる栴檀（せんだん）・伽羅（きゃら）などの香木や香辛料などを主要商品としていた。東南アジアにおけるチャンパ王国の存在は、中国とオリエントを結ぶ中継貿易の拠点だったのである。

王国の繁栄していた時期に建立された建造物の遺跡は、ほぼ８世紀末から17世紀にかけての物が残っている。それらを分類すると、聖地ミーソン地域に残る「ミーソン遺跡群」、それらを除くダナン近郊に残る「クアンナム遺跡群」、クイニョン近郊に残る「ビンディン遺跡群」、ニャチャン地区に残る「ポー・ナガル遺跡群」、ファンラン-タップチャム、ファンティエットの「ポー・ハイ遺跡群」、王国末期に属する「衰亡期の遺跡群」の６つに区分できる。

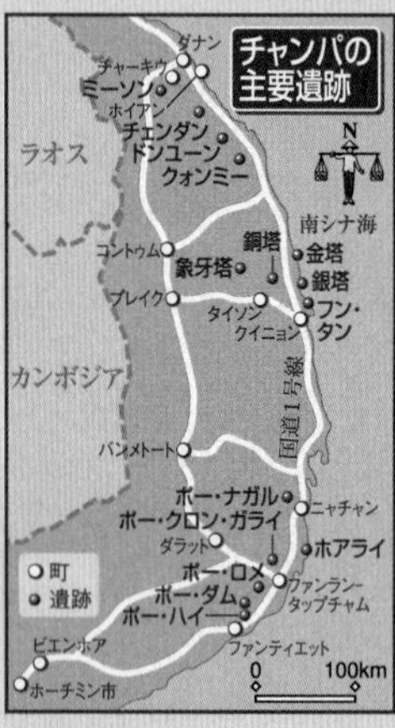

各遺跡群を訪ねる

1. ミーソン遺跡群（→P.29、247）

碑文によると４世紀から13世紀まで900年にわたり、チャンパ王国の聖地として宗教建築が建設された。東南アジアにおいて同じ地域に宗教建築が継続的に造営される例は珍しく、東南アジア史を知るうえで極めて重要な遺跡群である。現在はＡ～Ｇに分類された建築群が整備されている。

四方を山々に囲まれた神秘的なミーソン遺跡

2. クアンナム遺跡群

クアンナム省に残るこの遺跡群には、ドンユーン遺跡（９世紀末～10世紀初頭）、クォンミー遺跡（10～11世紀初頭）、チェンダン遺跡（11～12世紀）、バンアン遺跡（12世紀）が含まれている。建設された時期は異なるが、平坦な敷地に展開していること、ミーソンの建物に比べて規模が大きいことなどの共通点がある。ドンユーン遺跡はチャンパの最大規模の伽藍（がらん）をもつ仏教寺院であったが、抗仏戦争の際に徹底的に破壊され、現在は瓦礫（がれき）の山と化している。クォンミー遺跡の壁面装飾にはクメールとジャワの美術様式の融合が見られる。チェンダン遺跡は基檀の装飾に一部砂岩を用いた方形の平面である。クォンミー、チェンダン遺跡はともに３つの中心建物（祠堂）が東向きに配置されているのも特徴的である。バンアン遺跡はチャンパで唯一、八角形平面の珍しい主祠堂が残されている。クォンミー、チェンダンともに考古学発掘が現在進行中である。

3. ビンディン遺跡群

ダナンから約300km南下すると、クイニョンに到着する。この周辺部には金塔（13～14世紀）、銀塔（11世紀初頭）、銅塔（13～14世紀）、象牙塔（11世紀）、フン・タン（10世紀初頭）、トゥーティエン（13～14世紀）、雁塔（がんとう）（11世紀）、ビン・ラム（11世紀）の８つの遺跡が集中して残っている。フン・タン、トゥーティエン、ビン・ラムの３遺跡は平坦地に展開した寺院であるが、ほかは小高い丘陵上に伽藍が配置されている。この町を訪れたらぜひ、銀塔（バンイット）に登ってみるといい。南シナ海とクイニョン市内を見渡すことのできるこの寺院からの眺望は絶品である。天気がよいとほかの遺跡の位置も確認できる。銀塔は壁面の彫刻など装飾性は乏しいのだが、それぞれの建物の規模が大きく、都市の中から遺跡を見上げるという遠望を意識した造形が意図されていることに気づくはずである。

4. ポー・ナガル遺跡群（→P.183）

ニャチャンの市街地にある参道を上ると、ニャチャン川の河口に広がる雄大な南シナ海の眺望が展開する。今から1200年以上も前、この地域がカウターラ国と呼ばれていた頃、774年と784年の2度にわたってジャワ軍から侵攻され、創建期の木造寺院は焼き払われ壊滅的な被害を受けた。同時に、貴重な宝物のほとんどが持ち去られた。"海の道"は現在

ポー・ナガルは、規模こそ小さいが、迫力あるレリーフが見られる。ニャチャンの町なかから近く、アクセスしやすいのも魅力

よりも身近な存在だったようである。その後、れんがと砂岩による最初の寺院が再建されている。伽藍は丘上の500m四方に密集して建てられていた。8世紀から13世紀までチャンパの王によって諸塔が建立され続けたが、現在は主祠堂、副祠堂や列柱廊など5棟の建物が残るのみである。

この遺跡の見どころのひとつは、主祠堂の内部に残されているポー・ナガルを祀った神像である。線香の煙で充満した堂内には、10本の腕をもって台座の上に足を組んで座り、着飾った姿が見える。チャンパ遺跡の多くはベトナム人から見捨てられ、彫像のほとんどは博物館に収蔵されている。この寺院ではベトナム人の信仰と結び付くことによって、辛うじて信仰とつながっている。

5. ポー・ハイ遺跡群

この遺跡群にはポー･シャヌ(→P.176)、ポー･ダム、ホアライの3つが含まれ、チャンパの中部都市からファンラン-タップチャム、ファンティエット周辺に点在している。それぞれ8世紀から9世紀中葉までに創建され、チャンパ遺跡のなかでも古い部類に入る。カンボジア領内のプレアンコール期の建築と類似点が多く、貴重な存在である。ホアライ遺跡はニャチャンから南下する国道1号線に接していて、壁面に施された精緻(せいち)な彫刻は必見に値する。ポー・シャヌ遺跡はファンティエットの町の東約7kmにあり、南シナ海と市街地を眺望できる景勝の地に配置されている。

6. 王国衰亡期の遺跡群

ファンラン-タップチャムにあるポー・クロン・ガライ(14世紀初頭、→P.187)、ポー・ロメ(17世紀初頭、→P.188)が造営された時期には、チャンパは越族の圧迫などを受け隷属化した地方勢力となっていた。ポー・クロン・ガライ遺跡は地味の薄い地域の丘上に建てられ、主祠堂や供物を収める倉庫(宝物庫)と塔門から構成されている。十数年前に修復が行われた。門前ではチャム族の織物や衣装をみやげ物として売っている。

ポー・ロメ遺跡は、ニントゥアン省の人里離れた不毛の地の中央にあるチャム族の最後の遺跡である。主祠堂にはポー・ロメ王が、小祠堂にはポー・ロメ王の王妃とポー・ロメ王の葬儀に際して捧げられた碑文が祀られている。チャム族最後の遺跡であるせいか、物悲しい雰囲気が漂っている。

人里から離れひっそりとした遺跡だが、祭りのときには大勢の人々でにぎわう（ポー・クロン・ガライ）

Column チャンパ建築のマメ知識

チャンパ建築の中心となる建物は祠堂と呼ばれる。そこには神格化された王のリンガやシヴァ神像などが祀られる。それを囲むように副祠堂、小祠堂、付属建築物、周壁などで構成されている。

ヒンドゥー教、特にシヴァ信仰の強かったチャンパでは、祠堂の中に女性を象徴するヨニ、その上に男性を象徴するリンガが多く安置されている。祠堂は王や貴族による儀式のための空間であった。このチャンパ建築の特徴を紹介しておこう。

左／グループBの主祠堂に残るシヴァリンガ（ミーソン）
右／ミーソン遺跡にポツンと立つ彫像。ドヴァラパーラ（守護神）と見られるが、頭部は持ち去られたようだ

ひとつ目は、チャンパの宗教建築は、れんがを少しずつずらして積んで屋根を支える迫り出し構造で内部空間を構成していることである。そのため大きな空間を造ることができなかった。より大きな建築物を造るために、時代を経るに従って建物そのものが高くなっていったのである。

ふたつ目は、古い建物ほど壁体が厚く、建築の技術・構造的な解明が進むにつれて壁厚は薄くなることである。遺跡から受ける印象は、古い物ほど重々しく、構造技術が進化するにつれて次第にリズミカルな、軽快な建築を目指すようになる。これは建物に施される彫刻装飾も同様で、力強さが徐々に失われてゆく。

3つ目は、チャンパの宗教建築では日干しれんがではなく、焼成されたれんがが建築材料としておもに使われたことである。そのれんがの各面はすり合わせて施工されている。さらに、れんがの壁面は、建物の形ができあがってから外部の装飾彫刻を行っている。チャンパの宗教建築造営のこの工程は、明快で合理的な分業化のシステムがあったからこそ可能であったのである。　（重枝　豊）

ベトナム歌謡

ザン・カー（民歌）とニャック・チェー（若曲）

ベトナム歌謡は大きく「ザン・カー：Dân Ca（民歌）」と「ニャック・チェー：Nhạc Trẻ（若曲）」に分けられるだろう。ザン・カーが演歌・民謡、ニャック・チェーがポップスにあたり、近年はVポップと呼ばれている。一般的にザン・カーはベトナム人の生活に密着した内容の歌詞が多く、恋愛の歌詞が多いニャック・チェーよりも息が長いといえる。

やはり年配者にはザン・カー人気が強く、若者にはニャック・チェー、Vポップが人気だ。

ベトナム歌謡の変貌

1995年頃から越僑※歌手によるベトナム歌謡が盛り上がり、それまで静かだったベトナム歌謡界が急ににぎやかになり始めた。1997年になると、男性ではラム・チューンLam Trường、女性ではホン・ニュンHồng Nhung、フーン・タンPhương Thanhなど、ベトナム国内の歌手がニャック・チェー界をにぎわせた。

2000年に入った頃から、男性ではしっとりした曲を中心に歌うクアン・ユンQuang Dũng、男らしい歌声と派手なパフォーマンスのダム・ヴィン・フンĐàm Vĩnh Hưng、女性ではポップな曲を歌うミー・タムMỹ Tâmなどが活躍している。モデル出身で広告にも多数起用される、歌唱力抜群のホー・ゴック・ハー Hồ Ngọc Hàも台頭してきた。

2005年あたりから越僑でもベトナム国内でのCD発売が可能になり、越僑歌手もベトナム歌謡界に登場し始めた。逆に、この頃から国内の歌手も、頻繁に海外公演に行くようになり、海外でもベトナムで活躍する歌手の歌声を生で聞けるようになった。

近年の新人歌手は、ミュージックビデオ（以下MV）にも力を入れており、品質のよいMVも作られるようになってきた。MVはおもにケーブルテレビの音楽専門番組やユーチューブ（YouTube）などで視聴できる。また、K-POPの影響を受けヴィジュアルやダンスに力を入れるグループも出てきた。

若者の間で一番注目を集めているのは自ら作詞・作曲をし、俳優、司会までもこなす、女性ではドン・ニー Đông Nhi、男性ではソン・トゥン・エム・テーペー Sơn Tùng M-TPだろう。このふたりはアジアの音楽授賞式でもさまざまな賞を受賞している。ファッションリーダー的存在で甘いマスクと歌声のヌー・フック・チンNoo Phước Thịnh、多くのバラードでファンを魅了しているブイ・アイン・トゥアンBùi Anh Tuấnも人気だ。

そのほか、近年、若者の間ではヒップホップ、ラップが流行っており、ベトナム語による多くのラッパーが現れている。男性では、カリックKarik、女性ではスボイSboi、キミーズkimmeseなどが若者の支持を得ている。

また、ベトナムであまり支持されていなかったロックも、若者の間で徐々に聞かれるようになり、ロックイベントやテレビで大々的にロックコンテストが行われ、伝説のロックバンド、ブックトゥーンBức Tường（2016年にボーカルが癌により41歳の若さで死去）のように、アルバムを出し多くの若者に影響を与えたベトナムロック界を代表するバンドが出てきた。2001年より活動しているマイクロウェーブMICROWAVEをはじめ、最近ではチリーズChillies、ゴットNgọtなどに注目だ。

大御所歌手

ダム・ヴィン・フン（Đàm Vĩnh Hưng）
男らしい歌声と派手なパフォーマンスで、観客を魅了。

ホン・ニュン（Hồng Nhung）
大御所作曲家、故チン・コン・ソン（Trịnh Công Sơn）などの聴かせる歌が得意。

ミー・タム（Mỹ Tâm）
隣のお姉さん的存在で、低音を利かせた歌いっぷりが人気。

レ・クイン（Lệ Quyên）
聴かせる曲が多く、若者から年配者まで好まれている。

人気歌手

ソン・トゥン・エム・テーペー（Sơn Tùng M-TP）
今一番勢いのある歌手で、映画の主演にも抜擢され、歌を披露している。

ヌー・フック・チン（Noo Phước Thịnh）
ルックス、ファッション、歌唱力でファンを魅了する。大阪で撮影されたPVも人気。

ドン・ニー（Đông Nhi）
多くの賞を受賞し、作詞作曲も手がける。女性若手No.1の実力。

ブイ・アイン・トゥアン（Bùi Anh Tuấn）
透きとおった高音で歌うしっとりした歌声は、多くのヒットバラードを生み出している。

※越僑：世界各地に暮らすベトナム人のこと。

ザン・カーに関しては、今のベトナム歌謡界では新人歌手が育ちにくい状況ではあるものの、近年ボレロという1950年頃の南部で流行ったラテンアメリカ系音楽（おもにルンバ、スローなど）とザン・カーに影響を受けたジャンルの曲が人気を集めるようになってきている。ボレロの歌謡コンテストには老若男女問わず多くの参加者があり、注目を集めている。男性では、大御所ゴック・ソンNgọc Sơn、若手のクアン・レーQuang Lê、女性では聴かせるレ・クインLệ Quyênが人気だ。

ベトナム国内の作曲家

今までは、歌手よりも作曲家の地位がはるかに高かったが、近年は作曲家よりも歌手のほうが人気を集めている。また、歌手自身が作詞・作曲を試み始めており、これらの歌手が活躍し始めている。

昔は自由にいろいろな曲が歌えたベトナム歌謡界も、2007年頃から著作権の問題が浮上し、ステージで自由に歌えない曲も出てきている。

ライブを楽しむ

ベトナムでの音楽の中心といえば、やはりハノイよりもホーチミン市だろう。以前は大きなホールでしか聴けなかった人気歌手の曲も、近年は小さな歌謡喫茶で聴けるようになってきた。トップ歌手が歌う場所は限られているが、新人・中堅歌手の歌は市内のさまざまな場所で聴くことができるので、時間のある人はぜひ一度のぞいてみることをおすすめする。ロックやラップなどを楽しみたい人には、近年ライブハウスも増えてきているホーチミン市で、ベトナムの若者と一緒に盛り上がるのもいいだろう。ライブハウスはちょっと苦手という人には、アコースティックライブを行っているカフェもたくさんあるので気軽に足を運んでみよう。

音楽配信について

以前は多くのベトナム歌謡のCDが販売されていたが、近年はCDを出すのにお金がかかるようになり、今の若手歌手はおもにネットなどで、自分の曲やMVを配信し、それによる広告収入が大きな売り上げとなっている。おもなサイトは下記。ベトナム語のサイトだが、ぜひチェックして最新ベトナム音楽を入手しよう。また、YouTubeにあるベトナム歌手オフィシャルサイトでも多くの曲が聞ける。

ホーチミン市でライブが楽しめる場所

有名歌手がよく歌っている歌謡喫茶

有名歌手の出演日は、テーブルチャージがかかる場合があり、公演によって異なるが50万ドン～が目安。出演スケジュールはFacebookページで確認できる。

●ドンヤオ　Dong Dao
MAP P.126-2B　住164 Pasteur, Q. 1
☎(028)38296210、091-8488585（携帯）
URL www.facebook.com/phongtracanhacdongdao

有名歌手がよく出演する野外ステージ歌謡ショー

公園の常設ステージなどで歌あり、踊りあり、コントありの庶民的歌謡ショーが土・日曜、祝日に開かれている。入場料は10万ドン～。飲み物などは持ち込み可能。

●サンカウ・カーニャック・チョンドン
San Khau Ca Nhac Trong Dong　MAP P.123-2C
住12B Cách Mạng Tháng Tám, Q. 1
☎093-8699655(携帯)、076-7396979(携帯)

人気のバンドやラッパーが出演するライブハウス

ベトナムの若者に人気のロック、ラップなどさまざまなジャンルの音楽ライブが楽しめる。ライブは通常21:15～24:00。出演スケジュールはFacebookページで確認できる。

●アコースティック　Acoustic　MAP P.122-2B
住6E1 Ngô Thời Nhiệm, Q.3
☎081-6777773(携帯)
URL www.facebook.com/acousticbarngothoinhiem

ホーチミン市でCDやDVDが買える店

●フーンナム書店　Nha Sach Phuong Nam
MAP P.127-2C　住B2, Vincom Center, 72 Lê Thánh Tôn, Q. 1　☎091-4129286(携帯)
※最近はCDを取り扱う店が非常に少なく、品数も少なくなってきている。

ベトナム音楽の配信サイト

●Nhac.vn　URL nhac.vn
●Zing mp 3　URL zingmp3.vn

ベトナム人の信仰

ベトナム人の信仰には、まず万物に霊魂の存在を認めるアニミズムや、その霊と交流するシャーマニズムに代表されるベトナム固有の信仰に基づくものがある。さらに、仏教・道教・儒教・キリスト教・イスラム教などの外来宗教に基づくものがある。そして、外来宗教の中でも、最も接触の多い中国の道教と儒教、さらに漢文教典を用いる中国系大乗仏教が、アニミズムとシャーマニズムと結び付いて造り出された民間信仰が数多くある。

さまざまな民間信仰

祭壇にはブタの丸焼きも供えられる

ベトナム人の家屋には、日本の仏壇と神棚のような「バーントー」という祭壇がある。一般家庭の「バーントー」は、壁の高い位置につるされた棚に、いくつかの線香鉢が置かれている。それらの線香鉢は、5代前までの先祖や、家屋や敷地を魔物から守る土公、または土地精霊という土地神に捧げられている。観音や布袋の像や仏画が安置されている家庭も少なくない。祖先の命日や毎月1日と15日には、燃やした箒(ほうき)の灰を満たした線香鉢に、赤い竹ヒゴに香を塗った長い線香が供えられる。普段は線香が燃え尽きて竹ヒゴだけになっても捨てることがないので、たいがいの線香鉢は竹ヒゴでいっぱいである。年末になって初めて3本だけを残し、あとは紙に包んで川に流すのだ。また台所に3つのれんがまたは石を三角に並べて作られた、使われていないかまどがある。これはかまど神の二柱の男神と一柱の女神を象徴している。この神は毎年、旧暦12月23日になると、その家庭の善悪を道教の玉皇上帝という天の神に報告に行くというので、その日にはかまど神の乗り物とされる生きた鯉や、神を象徴する紙製の冠や靴が供えられる。ドイモイ政策による経済発展により、ベトナムでは各地に3、4階建ての個人住宅が続々と新築されているが、その屋上にも祠(ほこら)の形をした「バーントー」が設けられていることが多い。そこには観音などの仏像や、昔その地に住んでいたと考えられている先住者の霊の祟りを防ぐため、それを先主と呼んで祀っている。

テト（旧正月）には多くの人々が寺院にお参りにやってくる（ハノイ）

一方、商店では高い場所に置かれた「バーントー」に、土公に捧げられた線香鉢がただひとつ置かれていることが多い。近頃は商店に限らず、国営のゲストハウスや博物館など公共の建物でも、この土公を祀った「バーントー」を見かけるようになった。また商店の床には、別に箱型の「バーントー」が直接置かれていることが少なくない。この中には、頭巾をかぶり笑みを浮かべた太鼓腹の「土地」と呼ばれる神と、白髪の「財神」が安置されている。これらはベトナム南部で祀られ始めた神々であるが、最近では北部でもよく祀られている。土地という神は、特に店舗をもった商人の守り神であり、財神は行商人の守り神である。土地は日本の七福神の大黒天に似ているが、この神は南部の農民の姿に、弥勒菩薩の化身である布袋と、道教の正一教教主の張天師などが重ねられて創造された神といわれる。財神の起源は明確ではないが、おそらく、これも日本の七福神の福禄寿、または寿老人の起源となった龍骨座のα星カノープスが神格化した南極老人星と深い関連があると思われる。ベトナムのことわざに「土地の口は、財神を導く」といわれるように、穀物、貴金属や宝石を生み出す豊かな大地は、貨幣などの財産のもとを作り出すと考えられている。そこで土地も財神の一種と見なされているのだ。

家々の周辺の守り神

ベトナム人の家屋の周辺にも、小規模のさまざまな祭祀の場所がある。中南部の一般家屋の庭には、一本柱の上に四角い板を置き線香鉢を置いた簡単な祭壇がある。これは「チャーントー」と呼ばれ天を祀った物である。

大木には死者の霊が集まると信じられており、線香や花を添えて供養する（フエ）

中南部では木製やれんが製の柱の上に百葉箱のような小さな祠を載せた物もよく見かけられる。これは「アム」と呼ばれ、

各町の市場には祭祀用の紙製品「マー」を売る店がある

その家の近くで事故や行き倒れで亡くなった人々や、本命と呼ばれる家人の守り星などが祀られている。路傍には「ミエウ」と呼ばれる小さな祠があり、変死者や木火土金水の五行などが祀られている。ガジュマルのような大木の幹にも、線香鉢を置いた小さな棚がつるされたり、あるいは幹に直接多くの線香が差し込まれている。おもにこれは大木に集まると信じられている、誰にも祀られない死者の霊魂を供養するための物だ。

家の庭や近くの路上でも、いずれも旧暦の夏の初めの4月、夏の終わる7月、年末の12月、年明けの1月に「マー」という紙銭、紙製の金銀貨や衣服を燃やして祀られない死者を供養する。特に7月15日は赦罪亡人の日と呼ばれて、日本と同様にお盆の行事があり、「マー」を焼くほか、白粥を地面にまいて祀られない死者を慰める。これは祀り手のいない死者への哀れみとともに、彼らを供養しないと疫病などの祟りがあるとの恐れに基づいている。そのほか、各家庭では大晦日に庭や路上に簡単な祭壇を設け、冠や靴の「マー」や酒、肉、線香などを供える。これは当年行遣という年神に対するもので、旧年の年神を送り、新年の年神を迎える風習である。

旧暦の毎月1日と15日、特に1月15日の上元節には、多くのベトナム人が寺や神社に参拝する。仏教寺院は「チュア」と呼ばれ、大きな神社は「デン」、小さい物は「ミエウ」と呼ばれる。村落には集会所を兼ねた鎮守の社の「ディン」がある。これらは単独に建立されている物もあるが、「前は神、後ろは仏」というベトナムの宗教建築の様式施設を示すことわざがあるように、前方は「デン」で後方は「チュア」、その反対に前方は「チュア」で後方は「デン」、さらに「デン」と「チュア」がひとつの壁を隔てて併設されている物も珍しくない。「チュア」の背部には、聖母や公主と呼ばれる女神たちを祀る「ディエン」という建物がある。

ハノイの代表的な「デン」のひとつ、鎮武観（デン・クアン・チャンヴー）

女神たちには多くの種類があり、北部では人間界を支配する赤い衣を着た玉皇上帝の娘の柳杏聖母(りゅうきょうせいぼ)を筆頭に、山と山林を支配する緑の衣を着た上岸聖母、水界を支配する水宮聖母が信仰されている。中部ではチャム族の信仰したヒンドゥー教の女神ウマを起源とするティエンイーアナー聖母、または主仙聖母の信仰が盛んであり、南部ではクメール族が信仰したヒンドゥー教の神を起源とすると見られる主処聖母や霊山聖母が有名である。

以上のように、ベトナムには儒教や死霊信仰に基づく祖先崇拝、道教とアニミズムに基づく女神信仰など、極めて多様な信仰体系がある。さらに経済活動の活発化とともに、北部バックニン省の主庫聖母のような新たな財神の信仰も、1990年頃から盛んになってきている。（大西和彦）

Column 混在するさまざまな宗教

ベトナムでは国民の約8割が仏教徒(大乗仏教)といわれる。仏教がいつ頃ベトナムに伝来したかは諸説あるが、11～13世紀のリー（李)朝、13～15世紀のチャン(陳)朝では歴代皇帝の多くが禅師でもあり、国教として保護されたため次第に民衆に浸透していったとされる。それと同時にリー朝廷では官吏登用試験(科挙)を実施するなど儒教の普及にも熱心で、15～18世紀のレ(黎)朝にいたっては儒教のほうが優勢を占めていった。現在でも常に先祖を敬うなど、人々の生活習慣や考え方の根底には儒教的な影響が強く見られる。

仏教に続いて信徒数が多いのはキリスト教で、そのうち約600万人がカトリック。プロテスタントは約30万人と少ない。カトリックは14世紀頃宣教師たちによって伝えられたとされるが、グエン(阮)朝時代にはキリスト教は激しく弾圧された。それがフランス軍の介入を招いて植民地化につながったが、その後の仏領インドシナ時代には保護を受けた。その後、国を二分した1954年のジュネーブ協定後は多くのキリスト教徒が北から南ベトナムへ移住。現在でも南部のほうが信徒数、教会数ともに多い。

一方、新興宗教にもベトナム独特なものが見られる。なかでもタイニン省に本部をおくカオダイ教(→P.132)は、派手な寺院建築と内部に据えられたシンボルの巨大な眼“天眼”が目を引く。仏教、儒教、キリスト教、イスラム教などを融合した混合宗教で、カオダイによる人類救済を教義として掲げている。また、メコンデルタのアンジャン省を中心に信仰されているホアハオ仏教は、仏教系の新興宗教で、教祖は釈迦の生まれ変わりとされている。

このほかにも、おもにチャム族に信仰されているイスラム教、鮮やかな寺院のヒンドゥー教、中国系の天女信仰(天后宮)など、社会主義国でありながら、ベトナムにはさまざまな宗教が息づいている。

旅のベトナム語

ベトナム語の特徴

ベトナムは多くの民族が住む多民族国家だが、公用語はベトナム語。ひと口にベトナム語といっても、北部、中部、南部ではそれぞれ発音に違いがある。普通北部の発音は濁音が多く、南部に行くにつれて発音は柔らかくなっていくが、文法や単語にそれほど大きな違いはない。現在公用語として一般的に使われているのは、ハノイを中心とした北部の言葉だ。

また、ベトナム語の最大の特徴は前置詞や女性名詞、男性名詞などによる語形変化がなく、動詞や形容詞、時制の変化すらないということだ。そのうえ日本語のような敬語表現も少ない。

6つの声調

ベトナム語の一番難しい点は声調が6つ(六声)あることだ。つまり、ベトナム語の発音は音の上がり下がりの変化に富んでいるということで、6つの声調はそれぞれ主母音の上下に符号を付けて区別されている。同じ綴りの単語でも、この声調を間違うとどんでもない意味になったりするので要注意だ。以下、maという単語を例に説明しよう。

①	ma	悪魔	真っすぐ
②	mà	しかし	下がる
③	má	ほお	上がる
④	mả	墓	ゆっくり下がったあとで再び上がる
⑤	mã	馬	声帯を緊張させてはねるように上げ、高い所で終わる
⑥	mạ	苗	普通より低い所から始まり、のどを閉めてさらに低く終わる

このように、日本語でふりがなを付けるとほとんどマーになってしまい、実際にこれらの声調をきちんと区別して正確に発音するのは大変だ。でも、初めはなかなか通じなくても、何回か繰り返せばきっと理解してもらえるので、諦めずにチャレンジしてみよう。

基礎構文

〈平常文〉

① AはBです(A là B)
Tôi là người Nhật.　私は日本人です

② Aは～する(主語+動詞+目的語)
Tôi đi Hà Nội.
私はハノイに行きます

③ Aは～したい(主語+ muốn +動詞)
Tôi muốn ăn cơm.
私はご飯が食べたい

④ Aは～できる(主語+動詞+ được +目的語)
Tôi nói được tiếng Việt.
私はベトナム語が話せます

〈疑問文〉

① AはBですか(A là B + phải không?)
Anh là người Nhật, phải không?
あなたは日本人ですか?

② Aは～しますか(主語+ có +動詞+目的語+ không?)
Anh có đi Hà Nội không?
あなたはハノイに行きますか?

〈命令文〉

② ～しなさい(主語+動詞+目的語+ đi)
Anh đi Hà Nội đi.
ハノイに行きなさい

〈時制〉

普通ベトナム語は時制による変化はないが、時制を強調したいときは動詞の前に以下のような副詞をおく。

① 過去形　đã +動詞
② 未来形　sẽ +動詞
③ 現在進行形　đang +動詞
④ 完了形　đã +動詞+ rồi

ベトナム語会話

以下の各例文では便宜上、二人称(あなた)は年上の若い男性に対して使われる「anh」を使用しているが、実際に話すときは相手の性別や年齢などに合わせて使い分けること。

基礎会話

※( )内はおもに南部で使われる言葉。

1 こんにちは
Xin chào.
シン　チャオ

2 ありがとう
Cảm ơn (Cám ơn).
カム　オン (カム　オン)

3 どういたしまして
Không có gì (Không có chi).
ホン　コー ジー (ホン　コー　チー)

4 ごめんなさい
Xin lỗi.
シン　ローイ

Google翻訳アプリ(→P.395):入力した言語を108の言語で翻訳してくれるアプリ。特に便利なのはカメラを向けるだけでリアルタイムで画像内のテキストを翻訳してくれるカメラ翻訳。食料品の成分表や商品の説明書きを知りたいときなどに便利。

5 どうぞ
Xin mời.
シン モーイ

6 すみませんが……
Xin lỗi.
シン ローイ

7 はい／いいえ
Vâng（Dạ).／Không.
ヴァン （ヤ） ホン

8 さようなら
Tạm biệt.
タム ビエット

9 あなたはどこの国の人ですか？
Anh là người nước nào?
アイン ラー グオイ ヌオック ナオ

10 私は日本人です。
Tôi là người Nhật.
トイ ラー グオイ ニャット

11 あなたのお名前は？
Anh tên gì?
アイン テン ジー

12 私の名前は佐藤です。
Tôi tên là Sato.
トイ テン ラー サトー

13 あなたは何歳ですか？
Anh bao nhiêu tuổi?
アイン バオ ニュウ トゥオイ

14 私は22歳です。
Tôi 22 tuổi.
トイ トゥオイ

15 お元気ですか？
Anh khỏe không?
アイン ホエー ホン

16 はい、元気です。
Vâng（Dạ), tôi khỏe.
ヴァン （ヤ） トイ ホエー

17 あなたのお仕事は？
Anh làm nghề gì?
アイン ラム ゲー ジー

18 私はビジネスマンです。
Tôi là nhà kinh doanh.
トイ ラー ニャー キン ゾアン

19 私は大学生です。
Tôi là sinh viên.
トイ ラー シン ヴィエン

20 何人家族ですか？
Gia đình anh có mấy người?
ザー ディン アイン コー メイ グオイ

21 3人です。
Ba người.
バー グオイ

22 英語が話せますか？
Anh nói được tiếng Anh không?
アイン ノイ ドゥォックティエン アイン ホン

23 はい、話せます。
Vâng（Dạ), tôi nói được.
ヴァン （ヤ） トイ ノイ ドゥォック

24 いいえ、話せません。
Không, tôi không nói được.
ホン トイ ホン ノイ ドゥォック

25 もう1回言ってください。
Xin anh nói lại một lần nữa.
シン アイン ノイ ライ モッ ラン ヌア

26 もっとゆっくり言ってください。
Xin anh nói chậm.
シン アイン ノイ チャム

27 また会いましょう。
Hẹn gặp lại.
ヘン ガップ ライ

28 お元気で。
Xin anh giữ sức khỏe.
シン アイン ジィウ スック ホエー

私	tôi トイ	姉	chị チ	エンジニア	kỹ sư キー スゥ
あなた	anh（年上の若い男性） アイン	弟	em trai エムチャイ	留学生	lưu học sinh ルー ホック シン
	chị（年上の若い女性） チ	妹	em gái エム ガイ	日本人	người Nhật グオイニャット
	ông（年配の男性） オン	夫	chồng チョン	ベトナム人	người グオイ
	bà（年配の女性） バー	妻	vợ ヴォ		Việt Nam ヴィエットナーム
彼	ông ấy ／ anh ấy オン エイ アイン エイ	息子	con trai コン チャイ	外国人	người nước グオイ ヌオック
彼女	bà ấy ／ chị ấy バー エイ チ エイ	娘	con gái コン ガイ		ngoài ゴアイ
父	bố（ba） ボー（バー）	会社員	nhân viên công ty ニャンヴィエン コン ティ	これ	cái này カイ ナイ
母	mẹ（má） メ（マー）	公務員	công chức コン チュック	それ	cái đó カイ ドー
兄	anh アイン	教師	giáo viên ザオ ヴィエン	あれ	cái kia カイキーア

数と曜日、月・時間

1 một モッ　2 hai ハイ　3 ba バー　4 bốn ボン　5 năm ナム　6 sáu サウ　7 bảy バイー　8 tám タム　9 chín チン　10 mười ムオイ
11 mười một ムオイ モッ　12 mười hai ムオイ ハイ　13 mười ba ムオイ バー　14 mười bốn ムオイ ボン　15 mười lăm ムオイ ラム
16 mười sáu ムオイ サウ　17 mười bảy ムオイ バイー　18 mười tám ムオイ タム　19 mười chín ムオイ チン　20 hai mươi ハイ ムオイ
100 một trăm モッ チャム　1000 một nghìn モッ ギン　10000 mười nghìn ムオイ ギン　10万 một trăm nghìn モッ チャム ギン

※ ── の下線部は会話の対象となる人の性、年齢によって使う単語が変わります。上の囲み内「あなた」の項参照（以下同）。

日曜日 chủ nhật チューニャット	月曜日 thứ hai トゥー ハイ	火曜日 thứ ba トゥー バー	水曜日 thứ tư トゥー トゥ
木曜日 thứ năm トゥー ナム	金曜日 thứ sáu トゥー サウ	土曜日 thứ bảy トゥーバイー	
今日 hôm nay ホム ナイ	昨日 hôm qua ホム クア	明日 ngày mai ガイ マイ	

1月 tháng giêng タン ジエン	2月 tháng hai タン ハイ	3月 tháng ba タン バー	4月 tháng tư タン トゥ	5月 tháng năm タン ナム
6月 tháng sáu タン サウ	7月 tháng bảy タン バイー	8月 tháng tám タン タム	9月 tháng chín タン チン	
10月 tháng mười タン ムオイ	11月 tháng mười một タン ムオイ モッ	12月 tháng mười hai タン ムオイ ハイ		

1時間 một tiếng モッ ティエン	1分 một phút モッ フッ	2時10分 hai giờ mười phút ハイ ゾー ムオイ フッ	
1日間 một ngày モッ ガイ	1週間 một tuần モットゥアン	1カ月 một tháng モッ タン	1年 một năm モッ ナム

疑問詞

いつ khi nào ヒー ナオ	だれ ai アイ	なぜ tại sao タイサーオ	いくら・いくつ bao nhiêu バオ ニュウ
どこ ở đâu オーダウ	なに cái gì カイジー	どんな nào ナオ	何時 mấy giờ メイ ゾー

ホテルで

1 空き部屋はありますか？
Ở đây còn phòng trống không?
オー ディ コン フォン チョン ホン

2 1泊いくらですか？
Một đêm bao nhiêu tiền?
モッ デム バオ ニュウ ティエン

3 もっと安い部屋はありませんか？
Có phòng rẻ hơn không?
コー フォン ゼー ホン ホン

4 朝食付きですか？
Có gồm cả ăn sáng không?
コー ゴム カー アン サン ホン

5 部屋を見せてください。
Xin cho tôi xem phòng.
シン チョー トイ セム フォン

6 部屋を代えてください。
Xin đổi cho tôi phòng khác.
シン ドーイ チョー トイ フォン カック

7 3泊します。
Tôi sẽ ở 3 đêm.
トイ セー オーバー デム

8 部屋を予約してあります。
Tôi đã đặt phòng trước rồi.
トイ ダー ダッ フォン チュオック ゾイ

9 予約していません。
Tôi không đặt trước.
トイ ホン ダッ チュオック

10 朝食は何時ですか？
Mấy giờ có ăn sáng được?
メイ ゾー コー アン サン ドゥオック

11 チェックアウトは何時ですか？
Mấy giờ tôi phải trả phòng?
メイ ゾー トイ ファーイ チャー フォン

12 クーラーが故障しています。
Máy lạnh bị hỏng(bị hư) .
マイ ライン ビ ホーン ビ フー

13 ホットシャワーですか？
Có nước nóng không?
コー ヌオック ノン ホン

14 1日早く出発したいのですが。
Tôi muốn khởi hành sớm một ngày.
トイ ムオン コーイ ハイン ソム モッ ガイ

15 荷物を預かってください。
Xin giữ hành lý cho tôi.
シン ズゥ ハイン リー チョー トイ

16 チェックアウトしてください。
Xin tính tiền cho tôi.
シン ティン ティエン チョー トイ

17 ホテルを紹介してください。
Xin giới thiệu khách sạn.
シン ゾーイ ティエウ カック ザン

ホテル khách sạn カック サン	ツイン phòng đôi フォン ドイ	トイレ nhà vệ sinh ニャーヴェ シン	扇風機 quạt máy クァット マイ
部屋 phòng フォン	シングル phòng đơn フォン ドン	毛布 chăn (mền) チャン (メン)	鍵 chìa khóa チア ホア
ゲストハウス nhà nghỉ ニャー ギー	クリーニング giặt ủi quần áo ザットウィクアンアオ	予約 đặt trước ダッ チュオック	フロント tiếp tân ティエップタン
クーラー máy lạnh マイ ライン	シーツ khăn trải giường カン チャイ ズゥン	タオル khăn tắm カン タム	石鹸 xà phòng サー フォン
窓 cửa sổ クーア ソー	貸自転車 xe đạp thuê セー ダップトゥエ	風呂 tắm タム	シャンプー dầu gội đầu ザウゴイダウ

レストランで

1 4人席を予約したい。
Tôi muốn đặt bàn cho bốn người.
トイ ムオン ダッ バン チョー ボン グオイ

2 メニューを見せてください。
Xin cho tôi xem thực đơn.
シン チョー トイ セム トゥック ドン

3 何がおいしいですか？
Món nào ngon?
モン ナオ ゴン

4 これは何の料理ですか？
Món này là món gì?
モン ナイ ラー モン ジー

5 これをください。
Cho tôi món này.
チョー トイ モン ナイ

6 フォーはありますか？
Có phở không?
コー フォー ホン

7 フォーをください。
Cho tôi phở.
チョー トイ フォー

8 飲み物は何にしますか？
Anh uống gì?
アイン ウォン ジー

9 ベトナム料理が食べたい。
Tôi muốn ăn món ăn Việt Nam.
トイ ムオン アン モン アンヴィエットナーム

10 おいしい！
Ngon quá!
ゴン クア

11 缶ビールをもう１本ください。
Cho tôi thêm một lon bia.
チョー トイ テム モッ ロン ビア

12 お勘定をお願いします。
Tính tiền cho tôi.
ティン ティエン チョー トイ

レストラン nhà hàng ニャー ハン	ご飯 cơm コム	フォー phở フォー	箸 đũa ドゥア
メニュー thực đơn トゥック ドン	パン bánh mì バイン ミー	氷 đá ダー	フォーク dĩa（nĩa） ジア ニア
つまようじ tăm xỉa răng タム シア ザン	水 nước suối ヌオックスォイ	ビール bia ビア	ナイフ dao ザオ
スプーン thìa（muỗng） ティア（ムーン）	おしぼり khăn lạnh カン ライン	コップ cốc（ly） コック（リー）	茶碗 bát（chén） バット（チェン）

ショッピング

1 これは何ですか？
Cái này là cái gì?
カイ ナイ ラー カイ ジー

2 これはいくらですか？
Cái này giá bao nhiêu?
カイ ナイ ザー バオ ニュウ

3 高過ぎる！
Đắt quá!（Mắc quá!）
ダッ クア マッ クア

4 まけてください。
Xin bớt cho tôi.
シン ボッ チョー トイ

5 これをください。
Cho tôi cái này.
チョー トイ カイ ナイ

6 Tシャツが欲しい。
Tôi muốn mua áo phông(thun).
トイ ムオン ムア アオ フォン トゥン

7 あれを見せてください。
Xin cho tôi xem（coi）cái kia.
シン チョー トイ セム コイ カイ キーア

8 おつりをください。
Xin tiền thối lại cho tôi.
シン ティエン トイ ライ チョー トイ

9 コーヒー豆はどこで売っていますか？
Ở đâu bán hạt cà phê?
オー ダウ バン ハッ カー フェー

10 アオザイを作りたい。
Tôi muốn may áo dài.
トイ ムオン マイ アオ ザーイ

11 何日かかりますか？
Mất mấy ngày?
マッ メイ ガイ

12 赤色が欲しい。
Tôi muốn màu đỏ.
トイ ムオン マウ ドー

13 これは気に入らない。
Tôi không thích cái này.
トイ ホン ティック カイ ナイ

14 これは何でできていますか？
Cái này bằng cái gì?
カイ ナイ バン カイ ジー

15 クレジットカードは使えますか？
Tôi trả tiền bằng thẻ tín dụng được không?
トイ チャーティエン バン テーティン ズン ドゥオック ホン

16 全部でいくらですか？
Tất cả giá bao nhiêu?
タット カー ザー バオ ニュウ

みやげ物 quà đặc sản クア ダック サン	お金 tiền ティエン	漆製品 đồ sơn mài ドー ソン マイ	高い đắt（mắc） ダッ（マッ）
アオザイ áo dài アオザーイ	地図 bản đồ バーン ドー	骨董品 đồ cổ ドーコー	安い rẻ ゼー
絵画 tranh チャイン	コーヒー豆 hạt cà phê ハッ カー フェー	たばこ thuốc lá トゥオックラー	大きい lớn ロン
シルク lụa ルア	新聞 báo バオ	ライター bật lửa バッルーア	小さい nhỏ ニョー

町で・交通

1 ドンスアン市場はどこですか？
Chợ Đồng Xuân ở đâu?
チョ　ドン　スアン　オー　ダウ

2 近いですか？
Có gần không?
コー　ガン　ホン

3 何分くらいかかりますか？
Khoảng mấy phút?
ホアン　メイ　フッ

4 ハノイに行きたい。
Tôi muốn đi Hà Nội.
トイ　ムオン　ディー　ハ　ノイ

5 ハノイ行きの切符はいくらですか？
Vé đi Hà Nội giá bao nhiêu?
ヴェー ディーハ ノイ　ザー　バオ　ニュウ

6 ハノイ行きの切符を１枚ください。
Cho tôi một vé đi Hà Nội.
チョー　トイ　モッ　ヴェーディー　ハ　ノイ

7 予約が必要ですか？
Có cần đặt trước không?
コー　カン　ダッ チュオック　ホン

8 何時に出発しますか？
Mấy giờ xe chạy?
メイ　ゾー　セー　チャイ

9 このバスはブンタウ行きですか？
Xe này có đi Vũng Tàu không?
セー　ナイ　コーディー　ヴン　タウ　ホン

10 降ります！
Tôi xuống !
トイ　スオン

11 住所を書いてください。
Xin anh viết địa chỉ cho tôi.
シン　アインヴィエットディア　チー　チョー　トイ

12 ここはどこですか？
Đây là ở đâu?
デイ　ラーオー　ダウ

13 徒歩で行けますか？
Đi bộ được không??
ディーボ　ドゥオック　ホン

14 そこを右に曲がってください。
Xin anh rẽ tay (quẹo) phải.
シン　アイン　ゼー　タイ　ウェオ　ファーイ

15 (シクロなどに) 1時間いくら？
Một tiếng giá bao nhiêu?
モッ　ティエン　ザー　バオ　ニュウ

16 切符はどこで買えますか？
Mua vé ở đâu?
ムア　ベー オー　ダウ

切符売り場 quầy bán vé ／ phòng vé クアイ バンヴェー　フォン ヴェー	バス xe buýt セーブィット	駅 ga ガー
バスターミナル bến xe buýt ／ trạm xe ベン セーブィット　チャムセー	列車 tàu hỏa タウ ホア	空港 sân bay サン バイ
時刻表 bảng ghi thời gian バーン ギー トイ ザン	飛行機 máy bay マイ バイ	自転車 xe đạp セー ダップ
博物館 bảo tàng バオ タン	通り đường ドゥオン	バイクタクシー xe ôm セー オーム
大使館 đại sứ quán ダイ スー クアン	市場 chợ チョ	まっすぐ đi thẳng ディー ターン
銀行 ngân hàng ガン ハン　教会 nhà thờ ニャー トー	公園 công viên コンヴィエン	右 phải ファーイ
郵便局 bưu điện ブーディエン　寺院 chùa チュア	劇場 nhà hát ニャーハット	左 trái チャイ

郵便・電話・両替

1 この手紙は日本までいくらですか？
Cái bức thư này gửi sang Nhật bao nhiêu?
カイブックトゥ ナイグーイ サン ニャットバオ ニュウ

2 日本まで何日くらいで着きますか？
Khoảng mấy ngày thư tới Nhật?
ホアン　メイ　ガイ　トゥ　トイ　ニャット

3 電報を打ちたいのですが。
Tôi muốn đánh điện.
トイ　ムオン　ダイン　ディエン

4 電話を貸してください。
Xin cho tôi dùng máy điện thoại.
シン　チョー　トイ　ズン　マイ　ディエン　トアイ

5 電話番号は××です。
Số điện thoại là ××.
ソー　ディエン　トアイ　ラー

6 もしもし、こちらは○○です。
Alô, tôi là ○○.
アロー　トイ　ラー

7 ○○さんをお願いします。
Cho tôi gặp anh ○○.
チョー　トイ　ガップ　アイン

8 どこで両替できますか？
Ở đâu đổi tiền được?
オー　ダウ　ドーイ ティエン ドゥオック

9 日本円をベトナムドンに両替したい。
Tôi muốn đổi tiền Nhật sang tiền Việt.
トイ　ムオン　ドーイ ティエン　ニャット　サン　ティエン ヴィエット

航空便 đường hàng không ドゥオン　ハン　ホン	船便 đường thủy ドゥオントゥイー	切手 tem テーム	住所 địa chỉ ディアチー
国際電話 điện thoại quốc tế ディエン トアイ クオックテー	速達 gửi nhanh グーイ ニャイン	絵はがき bưu thiếp ブー ティエップ	両替 đổi tiền ドーイティエン
電話番号 số điện thoại ソーディエントアイ	小包 bưu phẩm ブー ファム	携帯電話 điện thoại di động ディエン トアイジードン	現金 tiền mặt ティエンマット
電話 điện thoại ディエントアイ	封筒 phong bì フォンビー	手数料 tiền hoa hồng ティエンホア ホン	USドル tiền đo la ティエンドーラー

トラブル・病気・けが

1 カメラを盗られました。
Tôi bị ăn cướp máy ảnh.
トイ ビ アン クオップ マイ アイン

2 パスポートをなくしました。
Tôi bị mất hộ chiếu rồi.
トイ ビ マッ ホ チエウ ゾーイ

3 交通事故に遭いました。
Tôi bị gặp tai nạn giao thông.
トイ ビ ガップ タイ ナン ザオ トン

4 日本大使館(領事館)に連絡をしたいです。
Tôi muốn liên hệ với đại sứ quán (lãnh sự quán).
トイ ムオン リエン ヘ ヴォイ ダイ スー クアン ラン スー クアン

5 医者に診てもらいたい。
Tôi muốn đi khám bác sĩ.
トイ ムオン ディー カム バック シー

6 おなかが痛い。
Tôi bị đau bụng.
トイ ビ ダウ ブン

7 風邪をひきました。
Tôi bị cảm.
トイ ビ カーム

8 熱があります。
Tôi bị sốt.
トイ ビ ソット

9 助けて!
Cứu tôi với !
クゥ トイ ヴォイ

10 泥棒!
Ăn cướp !
アン クップ

11 あっちへ行け!
Đi đi !
ディーディー

12 紛失届受理証明書を書いてください。
Xin viết cho tôi giấy chứng nhận mất đồ.
シン ヴィエット チョー トイ ザイ チュン ニャン マッ ドー

13 警察(公安)を呼んでください。
Xin gọi công an cho tôi với.
シン ゴイ コン アン チョー トイ ヴォイ

14 病院へ行きたい。
Tôi muốn đi bệnh viện.
トイ ムオン ディー ベイン ヴィエン

15 ここに英語を話せる医者はいますか?
Ở đây có bác sĩ nào nói tiếng Anh không?
オー デイ コー バック シー ナオ ノイ ティエン アイン ホン

16 何の病気ですか?
Tôi bị bệnh gì?
トイ ビ ベイン ジー

17 吐き気がする。
Tôi buồn nôn.
トイ ブオン ノン

18 悪寒がします。
Tôi rét.
トイ ゼット

19 下痢をしています。
Tôi tiêu chảy.
トイ ティエウ チャイ

20 歯が痛い。
Tôi đau răng.
トイ ダウ ザン

21 これは何の薬ですか?
Cái thuốc này là thuốc gì?
カイ トゥオック ナイ ラー トゥオック ジー

22 診断書をください。
Cho tôi giấy chuẩn đoán bệnh của bệnh viện.
チョー トイ ザイ チュアン ドアン ベイン クア ベイン ヴィエン

紛失届受理証明書 giấy chứng nhận mất đồ ザイ チュン ニャンマッドー	病院 bệnh viện ベイン ヴィエン	手術 phẫu thuật ファウ トゥアット	下痢 tiêu chảy ティエウ チャイ
泥棒 ăn trộm / ăn cướp アン チョム アンクオップ	病気 bệnh (ốm) ベイン (オム)	薬 thuốc トゥオック	エイズ si đa シ ダ
警察(公安) công an コン アン	薬局 nhà thuốc tây ニャートゥオックタイ	痛い đau ダウ	盲腸炎 viêm ruột thừa ヴィエム ズオット トゥア
再発給 cấp phát lại カップ ファットライ	医者 bác sĩ バックシー	かゆい ngứa グア	マラリア sốt rét ソットゼット
パスポート hộ chiếu ホ チエウ	看護師 y tá イーター	風邪 cảm カーム	デング熱 sốt xuất huyết ソット スワット フイエット
交通事故 tai nạn giao thông タイ ナン ザオ トン	血液型 nhóm máu ニョム マウ	食あたり ngộ độc thực phẩm ゴ ドック トゥック ファーム	破傷風 uốn ván ウォン ヴァン
海外旅行保険 bảo hiểm du lịch nước ngoài バオ ヒエム ズー リック ヌオック ゴアイ	注射 tiêm ティエム	肝炎 viêm ヴィエム	骨折 gãy xương ガーイ スオン

遊ぶ・友達になる

1 おいしいレストランを紹介してください。
Xin anh giới thiệu cho
シン アイン ゾーイ ティエウ チョー
tôi một tiệm ăn ngon.
トイ モッ ティエム アン ゴン

2 写真を撮ってもいいですか?
Chụp ảnh được không?
チュップ アイン ドゥォック ホン

3 写真を撮ってください。
Chụp giùm tôi.
チュップ ズム トイ

4 結婚していますか?
Anh có gia đình chưa?
アイン コー ザー ディン チュア

5 まだです。
Chưa.
チュア

6 手紙を書いてください。
Xin anh viết thư cho tôi.
シン アイン ヴィエットトゥ チョー トイ

7 楽しい?
Vui không?
ヴイ ホン

こんな本を読んでみよう

ベトナム旅行の前に、そして旅行から帰ったあとで、より深くベトナムを知る手助けとなる本を紹介しよう。

人々の生活と文化を知るために

『サイゴンから来た妻と娘』
近藤　紘一著（文春文庫）

戦火のサイゴンで働く新聞記者が、子連れのベトナム人女性と結婚。その文化の違いを日常生活からユーモラスに描く。大宅壮一ノンフィクション賞受賞。

『ベトナムの微笑み』
樋口　健夫著（平凡社新書）

日本とベトナム、異なるビジネス慣行にとまどいつつも、すっかりベトナムに魅せられた商社マンのハノイ滞在記。

『ハノイ挽歌』
辺見　庸著（文春文庫）

共同通信ハノイ支局長を務めた筆者が、ベトナムの神髄を鮮やかに描く随想集。

『一号線を北上せよ〈ヴェトナム街道編〉』
沢木　耕太郎著（講談社文庫）

『深夜特急』の著者がホーチミン市からハノイまでを結ぶ国道一号線をバスで走破する、ベトナム縦断旅行記。

『ベトナムの風に吹かれて』
小松　みゆき著（角川文庫）

ハノイで日本語教師をしていた著者が認知症の母を迎え、ハノイで海外介護の日常をユーモラスに綴った感動のエッセイ。2016年に松坂慶子主演で映画化された。

『ベトナムめし楽食大図鑑』
伊藤　忍／福井　隆也共著（情報センター出版局）

北から南、麺から甘味まで、ベトナムの食を膨大な量の写真とともに網羅。「ベトナムへは食の旅行」、という人は必読の一冊。

『ベトナムかあさんの味とレシピ』
伊藤　忍著（誠文堂新光社）

本場ベトナムの家庭で日々の食卓にのぼるリアルなごはんを、料理自慢の北部・南部のかあさんたちが紹介。空心菜のニンニク炒めやチェーなど、素朴でおいしいグルメが盛りだくさん。

『米旅・麺旅のベトナム』
木村　聡著（弦書房）

ベトナムを30年以上にわたって取材し続けた写真家の、ベトナム食文化に関する写真記録集。

文学で読むベトナム

『トゥイ・キョウの物語』
グエン・ズー原作、レ・スァン・トゥイ越英訳・脚注、佐藤　清二／黒田　佳子英和訳（吉備人出版）

ベトナム文学界に金字塔を打ち立てたといわれる名作。ある美少女の悲しい生涯を長編詩で綴（つづ）ったこの作品は、中国の古い物語を作者グエン・ズーが翻案したもので、ストーリーに盛られた教訓の数々は学校教科書にも採用された。

『輝ける闇』
開高　健著（新潮文庫）

戦争中のベトナム社会を、自身の従軍記者の経験をベースに小説化した物。開高文学の代表作のひとつ。

『愛人　ラマン』
マルグリット・デュラス著（河出文庫）

少女時代をフランス統治時代の南ベトナムで送ったデュラスが、少女から女へと成長していく姿を綴（つづ）った自伝的小説。ゴンクール賞受賞。

『インドシナ』
クリスチャン・ド・モンテラ著（二見書房）

1930年代のインドシナを舞台に、揺れ動く歴史の中で愛に生きるフランス人女性の生涯を描く。カトリーヌ・ドヌーヴ主演で映画化された。

『天と地』（全4巻）
レ・リ・ヘイスリップ著（角川文庫）

ベトナム戦争中、アメリカ人との結婚で祖国を逃れたベトナム人女性が、新天地で必死に生き抜いていくノンフィクション。

『浮　雲』
林　芙美子著（新潮文庫）

第2次世界大戦下、美しいダラットで出会い、激しい恋に落ちた男女は悲劇的な結末へ。

『虚構の楽園』
ズオン・トゥー・フオン著（段々社）

1950年代の土地改革を背景に、革命の波に翻弄され葛藤するふたつの家族を、気鋭の女性作家が力強く描き出している。農村の伝統風俗の描写も瑞々しい。アメリカ、イギリス、フランスなどでも翻訳出版されている。

『安南　愛の王国』
クリストフ・バタイユ著（集英社）

18世紀末の仏領インドシナに派遣されたドミニコ会修道士と修道女たち。仏革命の混乱のなか、故国から忘れ去られた彼らが見た“愛の王国”とは？　1994年ドゥ・マゴ賞受賞。

『戦争の悲しみ』
バオ・ニン著　井川　一久訳（めるくまーる社）
ハノイを舞台に、ベトナム戦争で心身ともに傷ついた若い男女の悲劇を描いた作品。1991年にベトナム作家協会賞受賞、1994年に英国インディペンデント紙文学賞海外小説部門最優秀作に選ばれた、ドイモイ文学の最高作。

ベトナムの歴史をもっと知る

『歴史としてのベトナム戦争』
古田　元夫著（大月書店）
ベトナムというアジアの小国が、なぜアメリカに戦争で勝つことができたのかがわかる。

『戦場の村』
本多　勝一著（朝日文庫）
戦火にさらされた庶民の視点から、ベトナム戦争の最前線を現場から報告。

『ベトナム戦記』
開高　健著（朝日文庫）
1964～65年にかけてサイゴンから書き送られたルポをまとめた一冊。

『ベトナム戦争と私 カメラマンの記録した戦場』
石川　文洋著（朝日選書）
ベトナム戦争報道で知られる写真家によるベトナム戦争の記録。ベトナム戦争から50年たってもなお語りきれない戦地を深く書いた。

『サイゴンのいちばん長い日』
近藤　紘一著（文春文庫）
ベトナム戦争末期、首都サイゴン陥落前後の混乱を、民衆と生活をともにした新聞記者が綴ったルポ。

『クォン・デーもう一人のラスト・エンペラー』
森　達也著（角川文庫）
フランス植民地支配からの祖国解放運動のため来日したベトナムの王子クォン・デは、なぜ祖国へ帰れず、日本で孤独死をする運命になったのか。知られざる歴史の裏側にスポットを当てたノンフィクション。

『物語ヴェトナムの歴史』
小倉　貞男著（中公新書）
エネルギッシュなベトナムパワーはどこから生まれるのか？　紀元前の伝説王朝まで遡り、抵抗と独立の戦いに勝ち抜いてきた国民性を探る。

『チャンパ遺跡：海に向かって立つ』
チャン・キィ・フォン／重枝　豊共著（連合出版）
ダナンのミーソンをはじめ、チャンパの遺跡建築についてわかりやすく解説。ベトナム中南部に点在する遺跡を訪れる前に一読を。

ベトナム雑学

『ベトナムの事典』
石井　米雄監修（同朋舎）
歴史、文化、宗教から政治経済まで、第一線のベトナム人研究者87人が総力を結集して編纂した、全448ページの最強のベトナム事典。

『現代ベトナムを知るための60章　第２版』
今井　昭夫、岩井　美佐紀編著、他（エリア・スタディーズ39）
歴史、文化、経済、政治、映画、文学など、さまざまなトピックについて多くの著者が各２～４ページ程度の章を60立てて執筆。

ガイドブック

『arucoホーチミン』『arucoハノイ』『arucoダナン ホイアン フエ』
地球の歩き方シリーズ（Gakken）
旅好き女子なら必ず体験したくなるような、魅力あふれるテーマの旅を『aruco』では「プチぼうけん」と名づけて紹介。2010年３月の発刊以来、海外旅行ビギナーから、こだわり派リピーターまで、すべての女性旅行者に大人気。

『Platホーチミン ハノイ ダナン ホイアン』
地球の歩き方シリーズ（Gakken）
初めてその場所を旅する人や、短い滞在時間で効率的に観光したい旅人におすすめのシリーズ。限られた時間で、主要なエリアや見どころを効率よく回りたいアクティブな旅行者にぴったりのガイドブック。

『地球の歩き方リゾートスタイル ダナン／ホイアン／ホーチミン／ハノイ』
地球の歩き方シリーズ（Gakken）
今、人気急上昇中のベトナム中部のリゾート地ダナン、世界遺産の町ホイアンを中心に紹介。ベトナム中部を楽しむのにおすすめの一冊。

『ハノイから行ける　ベトナム北部の少数民族紀行　かわいい雑貨と美しい衣装に出会う旅』
西澤　智子著（Gakken）
繊細な刺繍、黄金に輝く棚田、彩りあふれる市場や衣装、ご当地グルメなど、知られざるベトナム少数民族の暮らしの撮影をライフワークにしてきた西澤智子氏による、ベトナム少数民族の『かわいい』を詰め込んだ、役に立つ紀行本。

索　引

ホーチミン市、ダナン、ハノイの主要な見どころと、おもなレストラン、ショップ、ホテルを載せています。

ホーチミン市

見どころ

レストラン

ショップ

ホテル

ダナン

見どころ

レストラン

〈凡例〉**レストラン**（べ）：ベトナム料理　（海）：海鮮料理　（大）：大衆食堂・屋台　（麺）：麺料理　（各）：フランス・中華などの各国料理　（甘）：甘味　（カ）：カフェ　（他）：そのほかの料理
ショップ（べ）：ベトナム雑貨　（ウ）：ウエア　（バ）：バッグ　（手）：手工芸品　（ス）：スーパーマーケット・デパート　（他）：そのほかのショップ

地球の歩き方 シリーズ一覧

2024年6月現在

＊地球の歩き方ガイドブックは、改訂時に価格が変わることがあります。＊表示価格は定価（税込）です。＊最新情報は、ホームページをご覧ください。www.arukikata.co.jp/guidebook/

地球の歩き方　ガイドブック

A　ヨーロッパ

A01	ヨーロッパ	¥1870
A02	イギリス	¥2530
A03	ロンドン	¥1980
A04	湖水地方&スコットランド	¥1870
A05	アイルランド	¥2310
A06	フランス	¥2420
A07	パリ&近郊の町	¥2200
A08	南仏プロヴァンス　コート・ダジュール&モナコ	¥1760
A09	イタリア	¥2530
A10	ローマ	¥1760
A11	ミラノ　ヴェネツィアと湖水地方	¥1870
A12	フィレンツェとトスカーナ	¥1870
A13	南イタリアとシチリア	¥1870
A14	ドイツ	¥1980
A15	南ドイツ　フランクフルト　ミュンヘン　ロマンチック街道　古城街道	¥2090
A16	ベルリンと北ドイツ　ハンブルク　ドレスデン　ライプツィヒ	¥1870
A17	ウィーンとオーストリア	¥2090
A18	スイス	¥2200
A19	オランダ　ベルギー　ルクセンブルク	¥2420
A20	スペイン	¥2420
A21	マドリードとアンダルシア	¥1760
A22	バルセロナ&近郊の町　イビサ島／マヨルカ島	¥1760
A23	ポルトガル	¥2200
A24	ギリシアとエーゲ海の島々&キプロス	¥1870
A25	中欧	¥1980
A26	チェコ　ポーランド　スロヴァキア	¥1870
A27	ハンガリー	¥1870
A28	ブルガリア　ルーマニア	¥1980
A29	北欧　デンマーク　ノルウェー　スウェーデン　フィンランド	¥2640
A30	バルトの国々　エストニア　ラトヴィア　リトアニア	¥1870
A31	ロシア　ベラルーシ　ウクライナ　モルドヴァ　コーカサスの国々	¥2090
A32	極東ロシア　シベリア　サハリン	¥1980
A34	クロアチア　スロヴェニア	¥2200

B　南北アメリカ

B01	アメリカ	¥2090
B02	アメリカ西海岸	¥2200
B03	ロスアンゼルス	¥2090
B04	サンフランシスコとシリコンバレー	¥1870
B05	シアトル　ポートランド	¥2420
B06	ニューヨーク　マンハッタン&ブルックリン	¥2200
B07	ボストン	¥1980
B08	ワシントンDC	¥2420
B09	ラスベガス　セドナ&グランドキャニオンと大西部	¥2090
B10	フロリダ	¥2310
B11	シカゴ	¥1870
B12	アメリカ南部	¥1980
B13	アメリカの国立公園	¥2640
B14	ダラス　ヒューストン　デンバー　グランドサークル　フェニックス　サンタフェ	¥1980
B15	アラスカ	¥1980
B16	カナダ	¥2420
B17	カナダ西部　カナディアン・ロッキーとバンクーバー	¥2090
B18	カナダ東部　ナイアガラ・フォールズ　メープル街道　プリンス・エドワード島　トロント　オタワ　モントリオール　ケベック・シティ	¥2090
B19	メキシコ	¥1980
B20	中米	¥2090
B21	ブラジル　ベネズエラ	¥2200
B22	アルゼンチン　チリ　パラグアイ　ウルグアイ	¥2200
B23	ペルー　ボリビア　エクアドル　コロンビア	¥2200
B24	キューバ　バハマ　ジャマイカ　カリブの島々	¥2035
B25	アメリカ・ドライブ	¥1980

C　太平洋／インド洋島々

C01	ハワイ　オアフ島&ホノルル	¥2200
C02	ハワイ島	¥2200
C03	サイパン　ロタ&テニアン	¥1540
C04	グアム	¥1980
C05	タヒチ　イースター島	¥1870
C06	フィジー	¥1650
C07	ニューカレドニア	¥1650
C08	モルディブ	¥1870
C10	ニュージーランド	¥2200
C11	オーストラリア	¥2750
C12	ゴールドコースト&ケアンズ	¥2420
C13	シドニー&メルボルン	¥1760

D　アジア

D01	中国	¥2090
D02	上海　杭州　蘇州	¥1870
D03	北京	¥1760
D04	大連　瀋陽　ハルビン　中国東北部の自然と文化	¥1980
D05	広州　アモイ　桂林　珠江デルタと華南地方	¥1980
D06	成都　重慶　九寨溝　麗江　四川　雲南	¥1980
D07	西安　敦煌　ウルムチ　シルクロードと中国北西部	¥1980
D08	チベット	¥2090
D09	香港　マカオ　深圳	¥2420
D10	台湾	¥2090
D11	台北	¥1980
D13	台南　高雄　屏東&南台湾の町	¥1980
D14	モンゴル	¥2420
D15	中央アジア　サマルカンドとシルクロードの国々	¥2090
D16	東南アジア	¥1870
D17	タイ	¥2200
D18	バンコク	¥1980
D19	マレーシア　ブルネイ	¥2090
D20	シンガポール	¥1980
D21	ベトナム	¥2090
D22	アンコール・ワットとカンボジア	¥2200
D23	ラオス	¥2
D24	ミャンマー（ビルマ）	¥2
D25	インドネシア	¥2
D26	バリ島	¥2
D27	フィリピン　マニラ　セブ　ボラカイ　ボホール　エルニド	¥2
D28	インド	¥2
D29	ネパールとヒマラヤトレッキング	¥2
D30	スリランカ	¥1
D31	ブータン	¥1
D33	マカオ	¥1
D34	釜山　慶州	¥1
D35	バングラデシュ	¥2
D37	韓国	¥2
D38	ソウル	¥1

E　中近東　アフリカ

E01	ドバイとアラビア半島の国々	¥2
E02	エジプト	¥2
E03	イスタンブールとトルコの大地	¥2
E04	ペトラ遺跡とヨルダン　レバノン	¥2
E05	イスラエル	¥2
E06	イラン　ペルシアの旅	¥2
E07	モロッコ	¥1
E08	チュニジア	¥2
E09	東アフリカ　ウガンダ　エチオピア　ケニア　タンザニア　ルワンダ	¥2
E10	南アフリカ	¥2
E11	リビア	¥2
E12	マダガスカル	¥1

J　国内版

J00	日本	¥3
J01	東京　23区	¥2
J02	東京　多摩地域	¥2
J03	京都	¥2
J04	沖縄	¥2
J05	北海道	¥2
J06	神奈川	¥2
J07	埼玉	¥2
J08	千葉	¥2
J09	札幌・小樽	¥2
J10	愛知	¥2
J11	世田谷区	¥2
J12	四国	¥2
J13	北九州市	¥2
J14	東京の島々	¥2

地球の歩き方　aruco

●海外

1	パリ	¥1650
2	ソウル	¥1650
3	台北	¥1650
4	トルコ	¥1430
5	インド	¥1540
6	ロンドン	¥1650
7	香港	¥1320
9	ニューヨーク	¥1650
10	ホーチミン　ダナン　ホイアン	¥1650
11	ホノルル	¥1650
12	バリ島	¥1650
13	上海	¥1320
14	モロッコ	¥1540
15	チェコ	¥1320
16	ベルギー	¥1430
17	ウィーン　ブダペスト	¥1320
18	イタリア	¥1760
19	スリランカ	¥1540
20	クロアチア　スロヴェニア	¥1430
21	スペイン	¥1320
22	シンガポール	¥1650
23	バンコク	¥1650
24	グアム	¥1320
25	オーストラリア	¥1760
26	フィンランド　エストニア	¥1430
27	アンコール・ワット	¥1430
28	ドイツ	¥1760
29	ハノイ	¥1650
30	台湾	¥1650
31	カナダ	¥1320
33	サイパン　テニアン　ロタ	¥1320
34	セブ　ボホール　エルニド	¥1320
35	ロスアンゼルス	¥1320
36	フランス	¥1430
37	ポルトガル	¥1650
38	ダナン　ホイアン　フエ	¥1430

●国内

北海道	¥1760
京都	¥1760
沖縄	¥1760
東京	¥1540
東京で楽しむフランス	¥1430
東京で楽しむ韓国	¥1430
東京で楽しむ台湾	¥1430
東京の手みやげ	¥1430
東京おやつさんぽ	¥1430
東京のパン屋さん	¥1430
東京で楽しむ北欧	¥1430
東京のカフェめぐり	¥1480
東京で楽しむハワイ	¥1480
nyaruco　東京ねこさんぽ	¥1480
東京で楽しむイタリア&スペイン	¥1480
東京で楽しむアジアの国々	¥1480
東京ひとりさんぽ	¥1480
東京パワースポットさんぽ	¥1599
東京で楽しむ英国	¥1599

地球の歩き方　Plat

1	パリ	¥1320
2	ニューヨーク	¥1320
3	台北	¥1100
4	ロンドン	¥1650
6	ドイツ	¥1320
7	ホーチミン／ハノイ／ダナン／ホイアン	¥1320
8	スペイン	¥1320
9	バンコク	¥1540
10	シンガポール	¥1540
11	アイスランド	¥1540
13	マニラ　セブ	¥1650
14	マルタ	¥1540
15	フィンランド	¥1320
16	クアラルンプール　マラッカ	¥1650
17	ウラジオストク／ハバロフスク	¥1430
18	サンクトペテルブルク／モスクワ	¥1540
19	エジプト	¥1320
20	香港	¥1100
22	ブルネイ	¥1430
23	ウズベキスタン　サマルカンド　ブハラ　ヒヴァ　タシケント	¥16
24	ドバイ	¥13
25	サンフランシスコ	¥13
26	パース／西オーストラリア	¥13
27	ジョージア	¥15
28	台南	¥14

地球の歩き方　リゾートスタイル

R02	ハワイ島	¥16
R03	マウイ島	¥16
R04	カウアイ島	¥18
R05	こどもと行くハワイ	¥15
R06	ハワイ　ドライブ・マップ	¥19
R07	ハワイ　バスの旅	¥13
R08	グアム	¥14
R09	こどもと行くグアム	¥16
R10	パラオ	¥16
R12	プーケット　サムイ島　ピピ島	¥16
R13	ペナン　ランカウイ　クアラルンプール	¥16
R14	バリ島	¥14
R15	セブ&ボラカイ　ボホール　シキホール	¥16
R16	テーマパークｉｎオーランド	¥18
R17	カンクン　コスメル　イスラ・ムヘーレス	¥16
R20	ダナン　ホイアン　ホーチミン　ハノイ	¥16

地球の歩き方 御朱印

	御朱印でめぐる鎌倉のお寺 三十三観音完全掲載 三訂版	¥1650
	御朱印でめぐる京都のお寺 改訂版	¥1650
	御朱印でめぐる奈良のお寺	¥1760
	御朱印でめぐる東京のお寺	¥1650
	日本全国この御朱印が凄い！ 第壱集 増補改訂版	¥1650
	日本全国この御朱印が凄い！ 第弐集 都道府県網羅版	¥1650
	御朱印でめぐる全国の神社 開運さんぽ	¥1430
	御朱印でめぐる高野山 三訂版	¥1760
	御朱印でめぐる関東の神社 週末開運さんぽ	¥1430
	御朱印でめぐる秩父の寺社 三十四観音完全掲載 改訂版	¥1650
	御朱印でめぐる関東の百寺 坂東三十三観音と古寺	¥1650
	御朱印でめぐる関西の神社 週末開運さんぽ	¥1430
	御朱印でめぐる関西の百寺 西国三十三所と古寺	¥1650
	御朱印でめぐる東京の神社 週末開運さんぽ 改訂版	¥1540
	御朱印でめぐる神奈川の神社 週末開運さんぽ 改訂版	¥1540
	御朱印でめぐる埼玉の神社 週末開運さんぽ 改訂版	¥1540
	御朱印でめぐる北海道の神社 週末開運さんぽ	¥1430
	御朱印でめぐる九州の神社 週末開運さんぽ 改訂版	¥1540
	御朱印でめぐる千葉の神社 週末開運さんぽ 改訂版	¥1540
	御朱印でめぐる東海の神社 週末開運さんぽ	¥1430
	御朱印でめぐる京都の神社 週末開運さんぽ 改訂版	¥1540
	御朱印でめぐる神奈川のお寺	¥1650
	御朱印でめぐる大阪 兵庫の神社 週末開運さんぽ	¥1430
	御朱印でめぐる愛知の神社 週末開運さんぽ 改訂版	¥1540
	御朱印でめぐる栃木 日光の神社 週末開運さんぽ	¥1430
	御朱印でめぐる福岡の神社 週末開運さんぽ 改訂版	¥1540
	御朱印でめぐる広島 岡山の神社 週末開運さんぽ	¥1430
	御朱印でめぐる山陰 山陽の神社 週末開運さんぽ	¥1430
	御朱印でめぐる埼玉のお寺	¥1650
	御朱印でめぐる千葉のお寺	¥1650
	御朱印でめぐる東京の七福神	¥1540
	御朱印でめぐる東北の神社 週末開運さんぽ 改訂版	¥1540
	御朱印でめぐる全国の稲荷神社 週末開運さんぽ	¥1430
	御朱印でめぐる新潟 佐渡の神社 週末開運さんぽ	¥1430
	御朱印でめぐる静岡 富士 伊豆の神社 週末開運さんぽ 改訂版	¥1540
	御朱印でめぐる四国の神社 週末開運さんぽ	¥1430
	御朱印でめぐる中央線沿線の寺社 週末開運さんぽ	¥1540
	御朱印でめぐる東急線沿線の寺社 週末開運さんぽ	¥1540
	御朱印でめぐる茨城の神社 週末開運さんぽ	¥1430
	御朱印でめぐる関東の聖地 週末開運さんぽ	¥1430
	御朱印でめぐる東海のお寺	¥1650
	日本全国ねこの御朱印&お守りめぐり 週末開運にゃんさんぽ	¥1760
	御朱印でめぐる信州 甲州の神社 週末開運さんぽ	¥1430
	御朱印でめぐる全国の聖地 週末開運さんぽ	¥1430
	御朱印でめぐる茨城のお寺	¥1650
	御朱印でめぐる全国のお寺 週末開運さんぽ	¥1540
	日本全国 日本酒でめぐる 酒蔵&ちょこっと御朱印〈東日本編〉	¥1760
	日本全国 日本酒でめぐる 酒蔵&ちょこっと御朱印〈西日本編〉	¥1760
	関東版ねこの御朱印&お守りめぐり 週末開運にゃんさんぽ	¥1760
52	一生に一度は参りたい！ 御朱印でめぐる全国の絶景寺社図鑑	¥2479
53	御朱印でめぐる東北のお寺 週末開運さんぽ	¥1650
54	御朱印でめぐる関西のお寺 週末開運さんぽ	¥1760
D51	鉄印帳でめぐる全国の魅力的な鉄道40	¥1650
	御朱印はじめました 関東の神社 週末開運さんぽ	¥1210

地球の歩き方 島旅

1	五島列島 3訂版	¥1650
2	奄美大島 喜界島 加計呂麻島（奄美群島①）4訂版	¥1650
3	与論島 沖永良部島 徳之島（奄美群島②）改訂版	¥1650
4	利尻 礼文 4訂版	¥1650
5	天草 改訂版	¥1760
6	壱岐 4訂版	¥1650
7	種子島 3訂版	¥1650
8	小笠原 父島 母島 3訂版	¥1650
9	隠岐 3訂版	¥1870
10	佐渡 3訂版	¥1650
11	宮古島 伊良部島 下地島 来間島 池間島 多良間島 大神島 改訂版	¥1650
12	久米島 渡名喜島 改訂版	¥1650
13	小豆島～瀬戸内の島々1～ 改訂版	¥1650
14	直島 豊島 女木島 男木島 犬島～瀬戸内の島々2～	¥1650
15	伊豆大島 利島～伊豆諸島1～ 改訂版	¥1650
16	新島 式根島 神津島～伊豆諸島2～改訂版	¥1650
17	沖縄本島周辺15離島	¥1650
18	たけとみの島々 竹富島 西表島 波照間島 小浜島 黒島 鳩間島 新城島 由布島 加屋	¥1650
19	淡路島～瀬戸内の島々3～ 改訂版	¥1760
20	石垣島 竹富島 西表島 小浜島 由布島 新城島 波照間島	¥1650
21	対馬	¥1650
22	島旅ねこ にゃんこの島の歩き方	¥1344
23	屋久島	¥1760

地球の歩き方 旅の図鑑

W01	世界244の国と地域	¥1760
W02	世界の指導者図鑑	¥1650
W03	世界の魅力的な奇岩と巨石139選	¥1760
W04	世界246の首都と主要都市	¥1760
W05	世界のすごい島300	¥1760
W06	地球の歩き方的！ 世界なんでもランキング	¥1760
W07	世界のグルメ図鑑 116の国と地域の名物料理を食の雑学とともに解説	¥1760
W08	世界のすごい巨像	¥1760
W09	世界のすごい城と宮殿333	¥1760
W10	世界197ヵ国のふしぎな聖地&パワースポット	¥1870
W11	世界の祝祭	¥1760
W12	世界のカレー図鑑	¥1980
W13	世界遺産 絶景でめぐる自然遺産 完全版	¥1980
W15	地球の果ての歩き方	¥1980
W16	世界の中華料理図鑑	¥1980
W17	世界の地元メシ図鑑	¥1980
W18	世界遺産の歩き方 学んで旅する！ すごい世界遺産190選	¥1980
W19	世界の魅力的なビーチと湖	¥1980
W20	世界のすごい駅	¥1980
W21	世界のおみやげ図鑑	¥1980
W22	いつか旅してみたい世界の美しい古都	¥1980
W23	世界のすごいホテル	¥1980
W24	日本の凄い神木	¥2200
W25	世界のお菓子図鑑	¥1980
W26	世界の麺図鑑	¥1980
W27	世界のお酒図鑑	¥1980
W28	世界の魅力的な道	¥1980
W29	世界の映画の舞台&ロケ地	¥2090
W30	すごい地球！	¥2200
W31	世界のすごい墓	¥1980
W32	日本のグルメ図鑑	¥1980
W34	日本の虫旅	¥2200

地球の歩き方 旅の名言 & 絶景

ALOHAを感じるハワイのことばと絶景100	¥1650
自分らしく生きるフランスのことばと絶景100	¥1650
人生観が変わるインドのことばと絶景100	¥1650
生きる知恵を授かるアラブのことばと絶景100	¥1650
心に寄り添う台湾のことばと絶景100	¥1650
道しるべとなるドイツのことばと絶景100	¥1650
共感と勇気がわく韓国のことばと絶景100	¥1650
人生を楽しみ尽くすイタリアのことばと絶景100	¥1650
今すぐ旅に出たくなる！ 地球の歩き方のことばと絶景100	¥1650
悠久の教えをひもとく 中国のことばと絶景100	¥1650

地球の歩き方 旅と健康

地球のなぞり方 旅地図 アメリカ大陸編	¥1430
地球のなぞり方 旅地図 ヨーロッパ編	¥1430
地球のなぞり方 旅地図 アジア編	¥1430
地球のなぞり方 旅地図 日本編	¥1430
脳がどんどん強くなる！ すごい地球の歩き方	¥1650

地球の歩き方 旅の読み物

今こそ学びたい日本のこと	¥1760
週末だけで70ヵ国159都市を旅したリーマントラベラーが教える自分の時間の作り方	¥1540
史跡と神話の舞台をホロホロ！ ハワイ・カルチャーさんぽ	¥1760

地球の歩き方 BOOKS

ハワイ ランキング&マル得テクニック！	¥1430
台湾 ランキング&マル得テクニック！	¥1430
御船印でめぐる船旅	¥1870
BRAND NEW HAWAII とびきりリアルな最新ハワイガイド	¥1650
FAMILY TAIWAN TRIP #子連れ台湾	¥1518
GIRL'S GETAWAY TO LOS ANGELES	¥1760
HAWAII RISA'S FAVORITES 大人女子はハワイで美味しく美しく	¥1650
LOVELY GREEN NEW ZEALAND 未来の国を旅するガイドブック	¥1760
MAKI'S DEAREST HAWAII	¥1540
MY TRAVEL, MY LIFE Maki's Family Travel Book	¥1760
いろはに北欧	¥1760
ヴィクトリア朝が教えてくれる英国の魅力	¥1320
ダナン&ホイアン PHOTO TRAVEL GUIDE	¥1650
とっておきのフィンランド	¥1760
フィンランドでかなえる100の夢	¥1760
マレーシア 地元で愛される名物食堂	¥1430
香港 地元で愛される名物食堂	¥1540
最高のハワイの過ごし方	¥1540
子連れで沖縄 旅のアドレス&テクニック117	¥1100
食事作りに手間暇かけないドイツ人、手料理神話にこだわり続ける日本人	¥1100
台北 メトロさんぽ MRTを使って、おいしいとかわいいを巡る旅	¥1518
北欧が好き！ フィンランド・スウェーデン・デンマーク・ノルウェーの素敵な町めぐり	¥1210
北欧が好き！2 建築&デザインでめぐるフィンランド・スウェーデン・デンマーク・ノルウェー	¥1210
日本全国 開運神社 このお守りがすごい！	¥1522
地球の歩き方 ディズニーの世界 名作アニメーション映画の舞台	¥2420

地球の歩き方 スペシャルコラボ BOOK

地球の歩き方 ムー	¥2420
地球の歩き方 JOJO ジョジョの奇妙な冒険	¥2420
地球の歩き方 宇宙兄弟 We are Space Travelers!	¥2420
地球の歩き方 ムーJAPAN ～神秘の国の歩き方～	¥2420

地球の歩き方 関連書籍のご案内

ベトナムとその周辺諸国をめぐる東南アジアの旅を「地球の歩き方」が応援します!

地球の歩き方 ガイドブック

- D09 香港 マカオ ¥2,420
- D16 東南アジア ¥1,870
- D17 タイ ¥2,200
- D18 バンコク ¥1,980
- D19 マレーシア ブルネイ ¥2,090
- D20 シンガポール ¥1,980
- D21 ベトナム ¥2,090
- D22 アンコール・ワットとカンボジア ¥2,200
- D23 ラオス ¥2,420
- D25 インドネシア ¥2,420
- D26 バリ島 ¥2,200
- D27 フィリピン マニラ セブ ボラカイ ¥2,200
- D33 マカオ ¥1,760

地球の歩き方 aruco

- 07 aruco 香港 ¥1,320
- 10 aruco ホーチミン ダナン ホイアン ¥1,650
- 12 aruco バリ島 ¥1,650
- 22 aruco シンガポール ¥1,650
- 23 aruco バンコク ¥1,650
- 27 aruco アンコール・ワット ¥1,430
- 29 aruco ハノイ ¥1,650
- 34 aruco セブ ボホール ¥1,320
- 38 aruco ダナン ホイアン ¥1,430

地球の歩き方 Plat

- 07 Plat ホーチミン ハノイ ¥1,320
- 10 Plat シンガポール ¥1,540
- 13 Plat マニラ セブ ¥1,650
- 16 Plat クアラルンプール ¥1,650
- 20 Plat 香港 ¥1,100
- 22 Plat ブルネイ ¥1,430

地球の歩き方 リゾートスタイル

- R12 プーケット ¥1,650
- R14 バリ島 ¥1,430
- R15 セブ&ボラカイ ¥1,650
- R20 ダナン ホイアン ¥1,650

地球の歩き方 BOOKS

ダナン&ホイアン PHOTOTRAVEL ¥1,650
マレーシア 地元で愛される名物食堂 ¥1,430
香港 地元で愛される名物食堂 ¥1,540

地球の歩き方 aruco 国内版

aruco 東京で楽しむアジアの国々 ¥1,480

※表示価格は定価（税込）です。改訂時に価格が変更になる場合があります。

地球の歩き方 旅の図鑑シリーズ

見て読んで海外のことを学ぶことができ、旅気分を楽しめる新シリーズ。
1979年の創刊以来、長年蓄積してきた世界各国の情報と取材経験を生かし、
従来の「地球の歩き方」には載せきれなかった、
旅にぐっと深みが増すような雑学や豆知識が盛り込まれています。

W01
世界244の国と地域
¥1760

W07
世界のグルメ図鑑
¥1760

W02
世界の指導者図鑑
¥1650

W03
世界の魅力的な
奇岩と巨石139選
¥1760

W04
世界246の首都と
主要都市
¥1760

W05
世界のすごい島300
¥1760

W06
世界なんでも
ランキング
¥1760

W08
世界のすごい巨像
¥1760

W09
世界のすごい城と
宮殿333
¥1760

W11
世界の祝祭
¥1760

- W10 世界197ヵ国のふしぎな聖地&パワースポット ¥1870
- W13 世界遺産　絶景でめぐる自然遺産　完全版 ¥1980
- W16 世界の中華料理図鑑 ¥1980
- W18 世界遺産の歩き方 ¥1980
- W20 世界のすごい駅 ¥1980
- W22 いつか旅してみたい世界の美しい古都 ¥1980
- W24 日本の凄い神木 ¥2200
- W26 世界の麺図鑑 ¥1980
- W28 世界の魅力的な道 178 選 ¥1980
- W30 すごい地球！ ¥2200
- W32 日本のグルメ図鑑 ¥1980
- W34 日本の虫旅 ¥2200
- W12 世界のカレー図鑑 ¥1980
- W15 地球の果ての歩き方 ¥1980
- W17 世界の地元メシ図鑑 ¥1980
- W19 世界の魅力的なビーチと湖 ¥1980
- W21 世界のおみやげ図鑑 ¥1980
- W23 世界のすごいホテル ¥1980
- W25 世界のお菓子図鑑 ¥1980
- W27 世界のお酒図鑑 ¥1980
- W29 世界の映画の舞台&ロケ地 ¥2090
- W31 世界のすごい墓 ¥1980

※表示価格は定価（税込）です。改訂時に価格が変更になる場合があります。

地球の歩き方

ぷらっと地球を歩こう!

ぷらっと
Plat

自分流に
旅を楽しむための
コンパクトガイド

これ1冊に
すべて
凝縮!

軽くて
持ち歩きに
ピッタリ!

- 01 パリ
- 02 ニューヨーク
- 03 台北
- P04 ロンドン
- 05 グアム
- 06 ドイツ
- 07 ホーチミン/ハノイ ダナン/ホイアン
- 08 スペイン
- P09 バンコク
- P10 シンガポール
- 11 アイスランド
- 12 ホノルル
- P13 マニラ セブ
- 14 マルタ
- 15 フィンランド
- P16 クアラルンプール マラッカ
- 17 ウラジオストク
- 18 サンクトペテルブルク/モスクワ
- 19 エジプト
- 20 香港
- 21 ブルックリン
- 22 ブルネイ
- P23 ウズベキスタン サマルカンド ブハラ ヒヴァ タシケント
- 24 ドバイ
- 25 サンフランシスコ
- 26 パース 西オーストラリア
- 27 ジョージア
- P28 台南

定価1100円～1650円（税込）

＼写真や図解でわかりやすい!／

人気の観光スポットや旅のテーマは、
じっくり読み込まなくても写真や図解でわかりやすく紹介

＼モデルプラン&散策コースが充実!／

そのまま使えて効率よく楽しめる
モデルプラン&所要時間付きで便利な散策コースが満載

海外女子旅には
この1冊でOK！

旅好き女子のためのプチぼうけん応援ガイド

地球の歩き方
aruco

人気都市ではみんなとちょっと違う
新鮮ワクワク旅を。
いつか行ってみたい旅先では、
憧れを実現するための
安心プランをご紹介。
世界を旅する女性のための最強ガイド！

全38タイトル！

ヨーロッパ
1 パリ
6 ロンドン
15 チェコ
16 ベルギー
17 ウィーン/ブダペスト
18 イタリア
20 クロアチア/スロヴェニア
21 スペイン
26 フィンランド/エストニア
28 ドイツ
32 オランダ
36 フランス
37 ポルトガル

アジア
2 ソウル
3 台北
5 インド
7 香港
10 ホーチミン/ダナン/ホイアン
12 バリ島
13 上海
19 スリランカ
22 シンガポール
23 バンコク
27 アンコール・ワット
29 ハノイ
30 台湾
34 セブ/ボホール/エルニド
38 ダナン/ホイアン/フエ

アメリカ/オセアニア
9 ニューヨーク
11 ホノルル
24 グアム
25 オーストラリア
31 カナダ
33 サイパン/テニアン/ロタ
35 ロスアンゼルス

中近東/アフリカ
4 トルコ
8 エジプト
14 モロッコ

今後も続々発行予定！

定価：本体1320円(税込)～
お求めは全国の書店で

arucoはハンディサイズなのに情報たっぷり！

旅のテンションUP！

point 1
一枚ウワテの
プチぼうけん
プラン満載

友達に自慢できちゃう、
魅力溢れるテーマがいっぱい。
みんなとちょっと違うとっておきの
体験がしたい人におすすめ

point 2
aruco調査隊が
おいしい&かわいいを
徹底取材！

女性スタッフが現地で食べ比べた
グルメ、試したコスメ、
リアル買いしたおみやげなど
「本当にイイモノ」を厳選紹介

point 3
読者の口コミ&
編集部のアドバイスも
チェック！

取り外して使える
便利な
別冊MAP付！

Check!
欄外には
読者から届いた
耳より情報を多数掲載！

Check!
編集部からの
役立つプチアドバイスも

ウェブ&SNSで旬ネタ発信中！

メルマガが配信中！
登録はこちら

aruco公式サイト
www.arukikata.co.jp/aruco
aruco編集部が、本誌で紹介しきれなかったこぼれネタや女子が気になる
最旬情報を、発信しちゃいます！新刊や改訂版の発行予定などもチェック☆

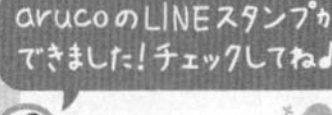

Instagram @arukikata_aruco　X @aruco_arukikata　Facebook @aruco55

「地球の歩き方」公認
地球の歩き方
オンラインショップ

スーツケース・キャリーバッグはもちろん旅行用バッグやトラベル便利グッズ、デザイン雑貨などを豊富に取り揃え、あなたの「快適な旅」をサポートします。

環境に優しいサステナブルなスーツケース

TIERRAL

今まで無意識に使っていたスーツケースを「TIERRAL（ティエラル）」に替えて旅に出る。それが環境配慮への小さな第一歩。
ボディの外装素材にリサイクルPET樹脂を使用した環境に優しい、2つのタイプの「TIERRAL」誕生！

スライド操作でトマル

TOMARU

伸縮ハンドルのベース部分に設置されたスライドスイッチで背面2輪が固定できる「キャスターストッパー」機能を搭載。しゃがみこんだり、足で踏んだりせずに、ワンタッチでのロックが可能に。信号待ちや傾斜のある場所、揺れる電車・バスでの不用意な動き出しを防げるストレスフリーなスーツケース【TOMARU】。

TORERU

旅から帰ったら、すぐに汚れたキャスターが簡単に“トレル”。清潔にスッキリと収納できるスーツケース【TORERU】。別売りのリペアキャスターを使用すれば擦り減ったキャスターだけを自分で簡単に交換することも可能。長く使い続けてもらうこと、それも「TIERRAL」が提案するサステナビリティ。

5,500円以上
送料無料

平日12時までの
ご注文で
当日発送可能

各種ブランド・
メーカー
正規販売店

当店だけの
お得なイベントや
セール情報も満載

楽天市場店

Yahoo!ショッピング店

地球の歩き方オンラインショップ　検索

<運 営> TTC株式会社

あなたの**旅の体験談**をお送りください

「地球の歩き方」は、たくさんの旅行者からご協力をいただいて、
改訂版や新刊を制作しています。
あなたの旅の体験や貴重な情報を、これから旅に出る人たちへ分けてあげてください。
なお、お送りいただいたご投稿がガイドブックに掲載された場合は、
初回掲載本を1冊プレゼントします！(発送は国内に限らせていただきます)

ご投稿はインターネットから！

URL www.arukikata.co.jp/guidebook/toukou.html

画像も送れるカンタン「投稿フォーム」

※左記の二次元コードをスマートフォンなどで読み取ってアクセス！

または「地球の歩き方　投稿」で検索してもすぐに見つかります

地球の歩き方　投稿

▶投稿にあたってのお願い

★ご投稿は、次のような《テーマ》に分けてお書きください。

《新発見》————ガイドブック未掲載のレストラン、ホテル、ショップなどの情報
《旅の提案》———未掲載の町や見どころ、新しいルートや楽しみ方などの情報
《アドバイス》——旅先で工夫したこと、注意したこと、トラブル体験など
《訂正・反論》——掲載されている記事・データの追加修正や更新、異論、反論など

※記入例「○○編20XX年度版△△ページ掲載の□□ホテルが移転していました……」

★データはできるだけ正確に。
ホテルやレストランなどの情報は、名称、住所、電話番号、アクセスなどを正確にお書きください。
ウェブサイトのURLや地図などは画像でご投稿いただくのもおすすめです。

★ご自身の体験をお寄せください。
雑誌やインターネット上の情報などの丸写しはせず、実際の体験に基づいた具体的な情報をお待ちしています。

▶ご確認ください

※採用されたご投稿は、必ずしも該当タイトルに掲載されるわけではありません。関連他タイトルへの掲載もありえます。
※例えば「新しい市内交通パスが発売されている」など、すでに編集部で取材・調査を終えているものと同内容のご投稿をいただいた場合は、ご投稿を採用したとはみなされず掲載本をプレゼントできないケースがあります。
※当社は個人情報を第三者へ提供いたしません。また、ご記入いただきましたご自身の情報については、ご投稿内容の確認や掲載本の送付などの用途以外には使用いたしません。
※ご投稿の採用の可否についてのお問い合わせはご遠慮ください。
※原稿は原文を尊重しますが、スペースなどの関係で編集部でリライトする場合があります。

あとがき

取材で訪れる町は、いつ訪れてもどこもベトナムらしい活気とにぎやかさで満ちあふれています。ベトナムは、2023 年に総人口が 1 億人を突破しました。そしてホーチミン市でもハノイに次ぐ 2 路線目となる都市鉄道が 2024 年夏に遂に開通予定と、明るい話題が続きます。これからますますおもしろくなるベトナム。ぜひご自身の目で見て、体験してください。本書がどうか皆様の旅のお役に立ちますよう。最後に、取材にご協力いただいた皆様に心より感謝申し上げます。

STAFF

Producer：
今井歩　Ayumu Imai
Editors：
大久保民　Tami Okubo、小坂歩　Ayumi Kosaka（有限会社アジアランド　Asia Land Co.Ltd）
Writer：
板坂真季　Maki Itasaka
Researchers & Coordinators：
ルー・ビック・ユン　Luu Bich Dung、高野有貴　Yuki Takano、
MORE プロダクション・ベトナム　MORE Production Vietnam　勝恵美　Megumi Katsu
Designer：
山中遼子　Ryoko Yamanaka
Proofreaders：
戸村悦子　Etsuko Tomura、松崎恵子　Keiko Matsuzaki
Cartographers：
辻野良晃　Yoshiaki Tsujino
Photographers：
湯山繁　Shigeru Yuyama、岩渕正樹　Masaki Iwabuchi、竹之下三緒　Mio Takenoshita 、大池直人　Naoto Ohike、
西澤智子　Tomoko Nishizawa、松本光子　Mitsuko Matsumoto、杉田憲昭　Noriaki Sugita、©iStock
Cover Designer：
日出嶋昭男　Akio Hidejima

Special Thanks

岡和明さん / 河村きくみさん / 重枝豊さん / 吉田元夫さん / 大西和彦さん / 近江かおるさん / 有田芳生さん（順不同）

本書についてのご意見・ご感想はこちらまで
読者投稿　〒 141-8425　東京都品川区西五反田 2-11-8
株式会社地球の歩き方
地球の歩き方サービスデスク「ベトナム編」投稿係
https://www.arukikata.co.jp/guidebook/toukou.html
地球の歩き方ホームページ（海外・国内旅行の総合情報）　https://www.arukikata.co.jp/
ガイドブック『地球の歩き方』公式サイト　https://www.arukikata.co.jp/guidebook/

地球の歩き方 D21
ベトナム 2025～2026年版

2023年1月3日　初版第1刷発行
2024年6月25日　改訂第2版　第1刷発行

Published by Arukikata. Co., Ltd.
2-11-8 Nishigotanda, Shinagawa-ku, Tokyo, 141-8425, Japan

著作編集　地球の歩き方編集室
発 行 人　新井 邦弘
編 集 人　由良 暁世
発 行 所　株式会社地球の歩き方　〒 141-8425　東京都品川区西五反田 2-11-8
発 売 元　株式会社Gakken　〒 141-8416　東京都品川区西五反田 2-11-8
印刷製本　開成堂印刷株式会社

※本書は基本的に 2023 年 8 月～ 2024 年 3 月の取材データに基づいて作られています。発行後に料金、営業時間、定休日などが変更になる場合がありますのでご了承ください。更新・訂正情報：https://www.arukikata.co.jp/travel-support/

●この本に関する各種お問い合わせ先
・本の内容については、下記サイトのお問い合わせフォームよりお願いします。
URL ▶ https://www.arukikata.co.jp/guidebook/contact.html
・広告については、下記サイトのお問い合わせフォームよりお願いします。
URL ▶ https://www.arukikata.co.jp/ad_contact/
・在庫については　Tel 03-6431-1250（販売部）
・不良品（乱丁、落丁）については　Tel 0570-000577
学研業務センター　〒 354-0045　埼玉県入間郡三芳町上富 279-1
・上記以外のお問い合わせは　Tel 0570-056-710（学研グループ総合案内）

© Arukikata. Co., Ltd.
本書の無断転載、複製、複写（コピー）、翻訳を禁じます。本書を代行業者等の第三者に依頼してスキャンやデジタル化することは、たとえ個人や家庭内の利用であっても、著作権法上、認められておりません。
All rights reserved. No part of this publication may be reproduced or used in any form or by any means, graphic, electronic or mechanical, including photocopying, without written permission of the publisher.

※本書は株式会社ダイヤモンド・ビッグ社より 1994 年 3 月に初版発行したものの最新・改訂版です。
学研グループの書籍・雑誌についての新刊情報・詳細情報は、右記をご覧ください。学研出版サイト　https://hon.gakken.jp/